Prof. Dr. Gilbert J.B. PROBST

Organisation

Prof. Dr. Gilbert J. B. Probst

unter Mitarbeit von

Jean-Yves Mercier
Olivier Bruggimann
Aina Rakotobarison

Organisation
Strukturen
Lenkungsinstrumente
Entwicklungsperspektiven

Aus dem Französischen von Gaby Krause und
Barbara Vaccaro

 verlag
moderne industrie

Die Deutsche Bibliothek – CIP-Einheitsaufnahme

Probst, Gilbert J. B.:
Organisation : Strukturen, Lenkungsinstrumente und
Entwicklungsperspektiven / Gilbert Probst. [Übers. Barbara
Vaccaro ; Gaby Krause]. – 1. Aufl. – Landsberg/Lech : Verl.
Moderne Industrie, 1992
   Einheitssacht.: Organisation et management <dt.>
   ISBN 3-478-39440-6

Umschlaggestaltung: Atelier van Gemert, 8915 Fuchstal-Leeder
Satz: Satzrechenzentrum kühn & weyh Software GmbH, Freiburg i. Br.
Druck und Bindearbeiten: Kösel, 8960 Kempten
Printed in Germany 390 440 / 493 602
ISBN 3-478-39440-6

Inhaltsübersicht

Inhaltsverzeichnis

Vorwort

Wir sind in ein Zeitalter der Reorganisationen und der Organisation schlechthin eingetreten. Dabei geht es um die Frage, wie Ordnungsmuster entstehen und sich verändern. Welche gestaltenden und lenkenden Aktivitäten führen zu Strukturen, die wie Leitplanken Sicherheit geben, aber gleichzeitig auch Flexibilität, Anpassung und Innovation erlauben? Wie lernen soziale Systeme, und wie entwickeln sie sich? Diese Fragen haben mich seit einem Jahrzehnt in Theorie und Praxis beschäftigt. Sie stellen auch meine Lehrtätigkeit dar, die ich im Rahmen der Ausbildung zum Betriebswirtschafter, im Programm zum Master of Business Administration an der Universität Genf oder in Seminaren für Führungskräfte ausübe. Die Basis habe ich mit meinen Arbeiten im systemorientierten, integrierten Management in St. Gallen gelegt. Meine Denkhaltung wurde wesentlich durch die Zusammenarbeit mit Hans Ulrich in St. Gallen (HSG) an einem *ganzheitlichen Management* und mit Russell Ackoff (Wharton, Philadelphia) an *systemorientiertem Lernen und Lehren* geprägt. Eine weitere langjährige Freundschaft und Kooperation mit Rüdiger Klimecki (Konstanz) hat dazu beigetragen, von den systemischen Ansätzen der Selbstorganisation zu einem *entwicklungsorientierten Management* vorzustoßen. Das vorliegende dreiteilige Werk haben meine Mitarbeiter durch ihre Erfahrungen und die entsprechenden Lehrveranstaltungen wesentlich mit- und weiterentwickelt. Ich danke Jean-Yves Mercier, Oliver Bruggimann und Aina Rakotobarison für die hervorragende und kreative Teamarbeit in Genf. Sie hat dazu geführt, daß dieses Buch zuerst in französischer Sprache erschienen und pädagogisch bereits getestet ist. Parallel dazu ist diese deutsche Fassung entstanden und in dieser europäischen Kooperation von Herausgebern (Serie Eurobusiness des Network Leaders in Management) verlegt worden. Einmal mehr kann ich von einer angenehmen und ausgezeichnet funktionierenden Teamarbeit berichten. Ich danke den Übersetzerinnen, Frau Krause und Frau Vaccaro, die es nicht leicht hatten, mit einem deutschsprachigen Autor zu „verhandeln", und Frau Heike Horstkotte und Herrn Henrik Naujoks für die Korrekturarbeiten. Dazu kamen unzählige Stunden der Koordinationsarbeit für Frau Dauenhauer vom Verlag moderne industrie, um die Arbeit auch ansprechend zu präsentieren. Aber urteilen Sie selbst . . .

Prof. Dr. Gilbert Probst

Was Sie wissen sollten, bevor Sie weiterlesen ...

Wir alle sind in verschiedene Systeme eingebunden, deren Strukturen Grundlage unseres Handelns sind. Die meiste Zeit unseres Lebens sind wir Teil eines sozialen Systems wie Schule, Firma, Familie oder Institutionen, denen wir entweder als Mitglieder angehören oder mit denen wir es im Alltag zu tun haben (zum Beispiel Krankenhäuser oder öffentliche Dienstleistungsbetriebe). All diese Institutionen haben ihre eigenen Regelungen, ihre eigene interne Ordnung beziehungsweise Konfiguration, die die notwendigen Rahmenbedingungen sowie Stabilität und Kontinuität schaffen, die für eine weitgehende Invarianz der spezifischen Umwelt eines jeden Organisationsmitglieds notwendig sind; es ist ein solcher Ordnungsrahmen, der unser Handeln bestimmt und den wir im Rahmen unserer Möglichkeiten mit beeinflussen wollen.

Aber wie stellt sich eine solche Ordnung dar? Wie entsteht Ordnung? Wie sind verschiedene soziale Systeme organisiert, und wie könnte man sie organisieren? Alle Institutionen, mit denen wir es im Alltag zu tun haben, schaffen sich ihre eigene Struktur auf der Grundlage offizieller Regelungen und einer formalen hierarchischen Gliederung, aber auch auf der Basis spontaner, informaler Wechselbeziehungen. Diese „Strukturen" als Ausdruck einer spezifischen Ordnung sind jedoch keineswegs endgültig und können es in der heutigen Zeit vor allem angesichts der Änderungsdynamik der Umwelt auch gar nicht sein. Das vorliegende Werk soll es dem Leser erleichtern, die Bedeutung des organisatorischen Gestaltens innerhalb eines Sozialgebildes besser zu verstehen, vor allem auf der Ebene privater Unternehmen und staatlicher Institutionen. Allerdings können wir keine Anleitung dafür liefern, wie man als Organisator irgendeine beliebige Ordnung schafft und kontrolliert. In multipersonalen Gebilden kann ein einzelner ein bestimmtes System zwar mitgestalten, es jedoch nie völlig unter Kontrolle bekommen. Systeme haben ihre eigene Dynamik, sie entwickeln sich im Laufe des Strukturierungprozesses zu einer übergreifenden Gesamtordnung, unterliegen eigenen Gesetzen und existieren relativ autonom im Bereich ihres Aktionsfelds. Eine Ordnung ist das Ergebnis zahlreicher Wechselbeziehungen zwischen den Organisationsmitgliedern, von denen jedes versucht, an der Gestaltung der Gesamtstruktur mitzuwirken, die aus diesem Grunde weder von einem einzelnen noch von einigen wenigen Organisatoren oder Führungskräften kontrolliert werden kann. Dennoch haben gerade letztere eine besonders wichtige Funktion: Sie können strukturelle Rahmenbedingungen und Grundregelungen schaffen, die sich – je nach Situation – im Hinblick auf Erfolg, Anpassungsfähigkeit und Entwicklung des Unternehmens oder der Institution als besonders geeignet erweisen. Gerade in dieser Hinsicht soll das vorliegende Werk Organisatoren, Führungskräften und Studenten eine Orientierungshilfe sein, indem es einen Überblick darüber bietet, welche organisatorischen Instrumente es gibt, welcher Zusammenhang zwischen diesen besteht, welche Vor- und Nachteile sie haben, wann und wie man sie am besten einsetzt.

In einem ersten Teil wird aufgezeigt, daß ein Unternehmen sich ständig neue Organisationsstrukturen erarbeiten und erhalten muß. Hier wird das Rüstzeug eines Organisators oder einer organisierenden Führungskraft vermittelt. Die verschiedenen Grundstrukturen und Orientierungsrichtlinien werden genauso aufgezeichnet wie die zur Verfügung stehenden Instrumente. Diese organisatorischen Instrumente wie Strukturformen, Funktionendiagramme, Ablaufschaubilder usw. werden in ihrem Aufbau anhand von Beispielen und bezüglich ihrer Vor- und Nachteile diskutiert. Ist dieses Wissen vorhanden, so geht es darum, die Anwendung und Umsetzung zu erlernen.

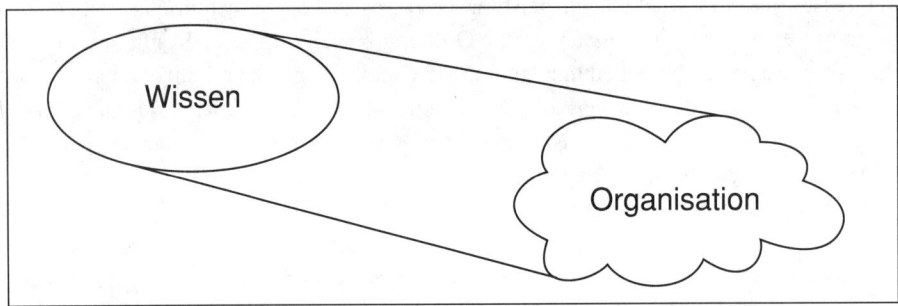

Der zweite Teil widmet sich der Organisationsmethodik. Dabei geht es nicht einfach um das Können bei einer Reorganisation, sondern um Prozesse des Wandels an sich. Hier erst wird ersichtlich, daß bei der Lenkung eines organisatorischen Wandels eine umfassende ganzheitliche Sicht notwendig ist. Das Zusammenspiel von Kultur, Strategie, Machtstrukturen, Technologie und Konfigurationen wird in systemischer, vernetzter Weise dargelegt. Angesichts der Vielfalt und Dynamik der Interaktionen zwischen diesen Faktoren und der wachsenden Änderungsdynamik in der Umwelt ist es nicht sinnvoll, nach einer einzigen und konstant gültigen Lösung zu suchen. Die organisatorischen Rahmen müssen vielmehr adaptiv sein, von den Systemmitgliedern breit getragen werden, flexibel und lernfähig sein. Die Kenntnisse und Fähigkeiten des Könnens werden in einer systemischen Organisationsmethodik vermittelt und die unterstützenden Instrumente diskutiert. Hier hinein gehören die Projektorganisation, die Auswahl der Projektmitglieder, das Teammanagement, Kommunikation, Kreativität, Evaluationsverfahren, Umsetzungshilfen usw.

In diesem zweiten Teil zum Lenken der Organisationsgestaltung gehen wir also vor allem auf den Organisations- und Reorganisationsprozeß ein. Mit Hilfe einer auf systembezogenen, ganzheitlichen Hypothesen beruhenden Methodologie werden Ablauf, Schwierigkeiten und Möglichkeiten der Organisationsgestaltung geschildert. Die ständig zunehmende Änderungsdynamik und Komplexität der Umwelt lassen keine starren, statischen Strukturen zu, da ein solchermaßen strukturiertes Unternehmen angesichts der unsicheren, instabilen und variablen Umweltfaktoren langfristig nicht überlebensfähig wäre. Vor diesem Hintergrund wäre es denkbar, die formale Unternehmensstruktur und die interne Stabilität des Systems auf einige wenige dauerhafte Grundregelungen zu bauen, das Unternehmensgefüge ansonsten jedoch insgesamt flexibel sowie anpassungs- und entwicklungsfähig zu lassen. Wichtig ist, daß die Akteure innerhalb eines sozialen Systems ein gewisses *Vertrauen* in dasselbe haben. Sie brauchen eine Grundkonfiguration, auf die sie sich stützen können. Aber gleichzeitig dürfen Innovationsfähigkeit, Kreativität, Offenheit gegenüber Veränderungen und Entwicklungsfähigkeit nicht verlorengehen, sondern müssen ständig verbessert werden. Die organisatorischen Hilfsmittel sind daher die Mindestvoraussetzung für die Schaffung einer Grundstruktur, die diese Offenheit, Kreativität, Flexibilität und Lernfähigkeit – Eigenschaften, die für den Fortbestand des Unternehmens unerläßlich sind – in den kleinsten Einheiten und bei den Organisationsmitgliedern ermöglichen. Diese Grundstruktur, deren Parameter im ersten Teil beschrieben werden, scheint ihrerseits klar umrissen, zeitlos und überraschungsfrei zu sein. Sie läßt sich im voraus konzipieren, charakterisieren und klassifizieren. Außerdem ist sie genau festgelegt. Sie ist in ihrer formalen Ausprägung das Ergebnis des organisatorischen Gestaltens und durch eng gekoppelte Wechselbeziehungen gekennzeichnet. Die Detailstrukturen, das heißt die der kleineren Einheiten, bleiben dagegen offen und flexibel, wodurch Kreativität und Innovationsfähigkeit gefördert werden. Diese Ebene ist gekennzeichnet durch Spontanität, Veränderungen, Neuorientierungen, Risikofähigkeit und lose wandelfähige Interaktionen. Daß eine Organisationsstruktur beides braucht – stabile Grundstruktur und flexible Detailstrukturen –, liegt auf der Hand. Daß wir beides miteinander verknüpfen und damit auch organisieren können, ist dagegen wieder ein ganz anderer Aspekt, auf den wir mit Hilfe eines ganzheitlichen Ansatzes zur Lösung komplexer Probleme eingehen werden. Auf dieser Grundlage werden wir beschreiben, wie sich ein organisatorischer Wandel – unabhängig von seinem Umfang – gestalten und lenken läßt, und außerdem *Handlungsmöglichkeiten (Können)* aufzeigen, die es ermöglichen, das im ersten Teil erworbene *Know-how oder Wissen* in die Praxis umzusetzen.

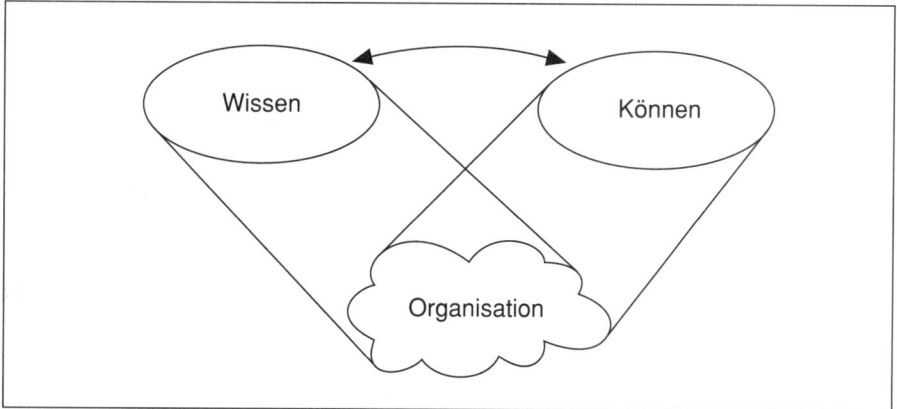

Implizit in unserer Anwendung des Wissens, in unseren organisatorischen Handlungen, liegt ein weiter nicht spezifiziertes Ideal. Zwar war der Mensch in allen angeschnittenen Punkten präsent, die Frage nach seinem Verhalten blieb aber gegenüber den Einflußfaktoren und Phasen struktureller Veränderung eher im Hintergrund. Nachdem wir die Hilfsmittel und die Methodik des Organisierens und Reorganisierens untersucht haben, wollen wir nunmehr den Bezugsrahmen erkennbar machen, auf dem unsere Ausführungen basieren, und das näher beschreiben, was ein zeitgemäßes Management ausmachen sollte in dem Sinne, daß die Menschen die wichtigsten Elemente eines erfolgreichen, gut funktionierenden Unternehmens sind. Das heißt, wir wollen unser „Wollen" definieren, das von der Idee getragen ist, den Menschen und seine Werte in den Mittelpunkt des Wirtschaftslebens zu stellen. Wir wollen den Nachweis führen, warum und inwiefern das Ziel der Unternehmensführung und unserer organisatorischen Handlungen letztlich in der Unternehmensentwicklung liegt.

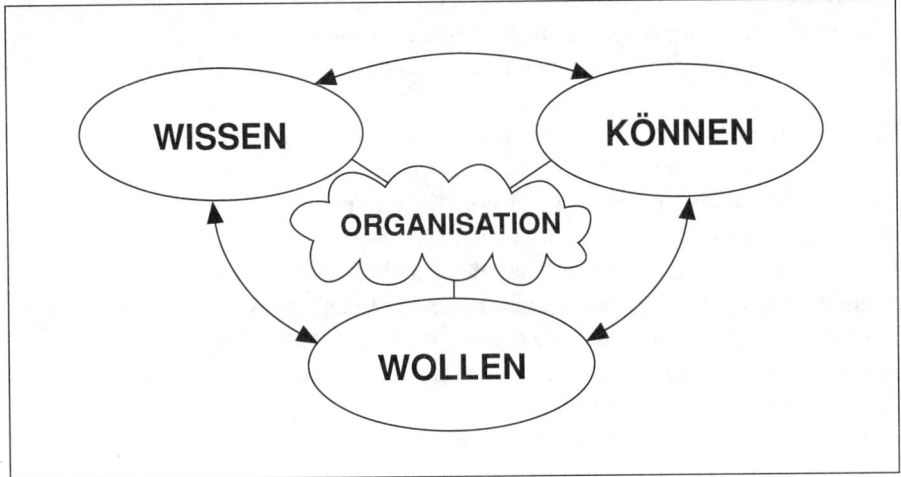

Der letzte Teil dieses Werks – das Fördern der Unternehmensentwicklung – will dem Leser dabei helfen, sinnvolle Verbindungen zwischen den verschiedenen organisatorischen Maßnahmen herzustellen. Organisation wird nicht nur als Mittel der Unternehmensführung, sondern als aktiver Beitrag zur Unternehmensentwicklung gesehen. Denn Entwicklung verlangt Freiheit, Kreativität, Autonomie und Engagement. Dieser Ansatz bedeutet für das Unternehmen eine höhere Qualität, eine Erweiterung und Bereicherung seines Potentials durch sinngebende Zuordnung der Dinge mit Blick auf eine Ethik des übergeordneten Ganzen („Dürfen"). Entwicklung resultiert im sozialen System also nicht nur aus dem Willensakt eines einzelnen, sondern ist darüber hinaus das Ergebnis von interagierenden, sich selbst organisierenden Prozessen. Sollen Organisation und Management die Entwicklung eines Unternehmens oder einer Institution gestaltend lenken, so sind dies Aktivitäten, die uns eine besondere Philosophie abverlangen, eine Art, die Dinge unter dem Aspekt der Interaktion zu sehen. Sie benötigen aber auch bestimmte Techniken und Hilfsmittel und setzen zumindest eine angemessene Bewertung und Verwendung der organisatorischen Gestaltungsinstrumente voraus. Mit anderen Worten: Dort, wo Organisation traditionell auf Mißtrauen beruhte, indem sie Abläufe in allen Einzelheiten regelte, vorschrieb, kontrollierte und korrigierte, soll sich ein Verhalten herausbilden, das auf dem Prinzip des Vertrauens gründet. Reflexion, Partizipation, Errichtung von Freiräumen und Rahmenbedingungen statt präziser Anweisungen werden den Weg zu neuen Leitlinien freimachen.

Dieses Werk beruht auf systemorientiertem, ganzheitlichem Denken; jede Form der Reduktion, d. h. was nicht das Ganze im Sinne seiner wichtigsten Interaktionsbeziehungen erfaßt, wird verworfen. Jedes Instrument wird zwar gesondert beschrieben, es wird auf Vor- und Nachteile, Funktionsweise und Anwendungsbereiche geprüft, aber immer soll dabei erkennbar werden, wie sich das Instrument in das Ganze integriert und in welcher Beziehung es zu diesem steht. Wir vertreten die Ansicht, daß ein Hilfsmittel nur in bezug auf sein Umfeld verstanden werden kann und nicht als Summe von Teilaspekten. Für Organisation und Management von heute ist dieser spezifische Ansatz notwendig. Um Einflußfaktoren und Instrumente der Organisation und des Managements zu verstehen, müssen ihre Eigenschaften im Rahmen der Dynamik des Ganzen gesehen werden. Man muß das Ganze erfassen, ehe man es in seinen Teilen verstehen kann. Solange nicht das Ganze sichtbar ist, lassen sich interne Subtilitäten nicht erkennen. Analyse *und* Synthese sind die beiden Grundpfeiler der vorliegenden Arbeit.

Damit kann es auch nicht einfach darum gehen, sich das organisatorische Wissen und Können anzueignen und zu hinterfragen, was wir damit erreichen wollen. Im Rahmen eines größeren Ganzen stellt sich gleichzeitig die Frage, was wir gestaltend und lenkend auch tun dürfen oder tun sollen.

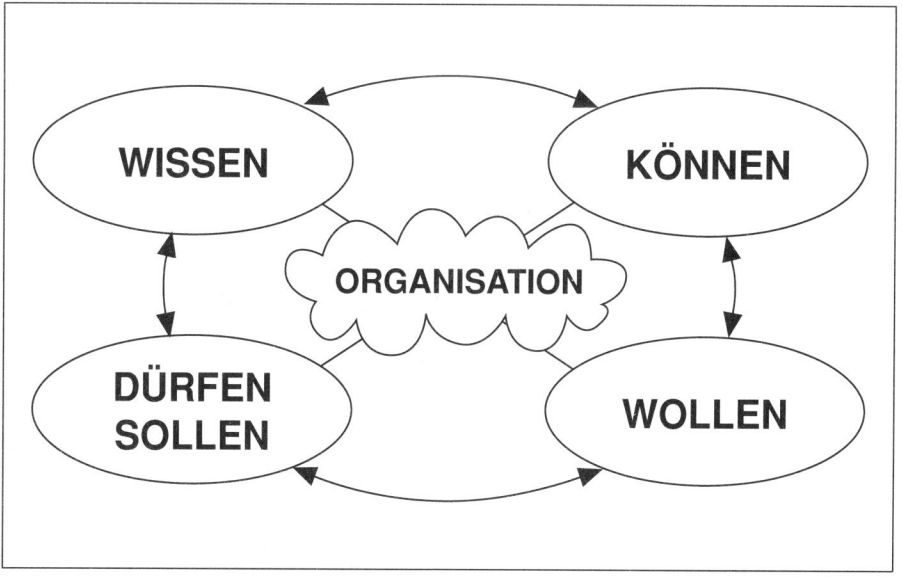

Die Fähigkeit, ganzheitlich zu denken und zu handeln, zeichnet den Manager von morgen aus. Organisation ist heute immer weniger eine Sache der Spezialisten und wird von all jenen Generalisten übernommen, die praktische Verantwortung in einem Unternehmen tragen. Marketing wird in zunehmendem Maße von dem Verhalten aller Unternehmensmitglieder gegenüber dem Kunden bestimmt. Budgetentscheidungen und finanzielle Verantwortlichkeiten werden immer häufiger an Aktionsträger abgegeben, die im Rahmen kleiner Unternehmenseinheiten handeln, die als Profit oder Cost Center organisiert sind. So wird jeder zum Organisator und muß in der Lage sein, diese Sicht der Dinge in sein Handeln einzubeziehen. Leitungsfunktionen haben immer mehrere Aspekte, weisen vielfache Interaktionsbeziehungen auf und müssen stets der Änderungsdynamik von Um- und Inwelt Rechnung tragen. Dies bedeutet, daß die Logik und Kohärenz des Ganzen eine doppelte Integration voraussetzen, ein Thema, mit dem wir uns in allen Teilen dieses Buches beschäftigen: gemeint ist eine *interne und externe Integration*. Zum einen wirken organisatorische Steuerungsprozesse auf die internen Elemente und Aktivitäten des Systems ein und tragen damit zu der konstanten Gestaltung eines sinnerfüllten und entwicklungsfähigen Ganzen bei; zum anderen erweist sich jedoch auch eine externe Integration als notwendig, um das System in Beziehung zu setzen zu seiner sozialen, wirtschaftlichen, technologischen, politischen, rechtlichen und ökologischen Umwelt und um eine bessere Beurteilung seiner Evolution zu ermöglichen.

Die dargestellten Techniken und Hilfsmittel sind keineswegs neu. Sie werden jedoch in ihrer Beziehung zueinander dargestellt und als Ganzes gesehen. Im Grunde werden sie als Instrumente der Systementwicklung interpretiert. Denn jede Anwendung eines organisatorischen Hilfmittels hängt in seinem Wirkungsgrad davon ab, wie wir es verstehen und interpretieren. Uns geht es um Management, das eine qualitative und ethische Entwicklung erreichen will, das das Potential des Systems erweitert und mit Sinn erfüllt.

Erster Teil: Gestalten der Organisation

1. Kapitel

Der Fall Logimed

Organisation ist heutzutage ein sehr geläufiges Wort, das nicht nur in der Wirtschaft, sondern auch in unserem Alltag Verwendung findet. Es steht für alles mögliche, und oft charakterisiert es ein Problem, für das wir keine Lösung finden. Wir haben vielleicht Probleme, unseren Zeitplan, unseren Urlaub, unsere Arbeit oder ein Vertriebsnetz für unsere Firma zu organisieren. Einige dieser Fälle lassen sich lösen, andere nicht. Einige haben tatsächlich etwas zu tun mit Fragen des organisatorischen Gestaltens, andere sind völlig anders gelagert. Bevor wir auf unser eigentliches Thema eingehen, müssen wir uns daher fragen, welche Situationen dazu führen, daß ein Unternehmen oder auch eine andere Einrichtung sich veranlaßt sieht, über Organisation nachzudenken. Wir müssen zu den ersten Fragen vordringen, die sich in bezug auf den organisatorischen Gestaltungsprozeß stellen, und wollen zu diesem Zweck gemeinsam den Weg verfolgen, den eine Firma im Verlauf ihrer Geschichte zurücklegt. Wir beginnen mit der ersten Etappe und nehmen das Beispiel einer Firmengründung.

Am Anfang eines jeden vom Menschen geschaffenen Systems steht eine Idee, ein Phantasieprodukt einer oder mehrerer Personen. Erhärtet sich nun das Interesse an dieser Idee, so wird man versuchen, daraus ein Projekt zu entwickeln. Mag dieses auch noch so vage und abstrakt erscheinen, man wird sich gedanklich intensiv mit ihm befassen und es schließlich als ein Ziel erkennen. Der oder die Initiatoren werden in ihren Bemühungen nicht nachlassen und versuchen, die für die Projektrealisation notwendigen Mittel zu beschaffen, die sehr unterschiedlicher Natur sein können: Maschinen, Kapital, Geschäftsräume, Mobiliar, Spezialwissen und Fertigkeiten oder auch Personen. Die Humanressourcen können in der Tat zur Zielerreichung beitragen, und zwar nicht nur durch ihre Arbeit, sondern auch durch ihre Kreativität, ihre Überlegungen und ihre Erfahrung. Das Projekt wird nach und nach Gestalt annehmen, verbessert, verändert oder neu formuliert werden. Aus der Zusammenarbeit entsteht ein Ergebnis, das sich weiterentwickeln, unter Umständen auch von seinem Ausgangspunkt entfernen wird.

Zur Veranschaulichung soll hier die Entstehung einer Gesellschaft nachgezeichnet werden:

Herr B. ist bei einer großen Firma der Informatikbranche beschäftigt und spielt mit dem Gedanken, sich selbständig zu machen. Er beabsichtigt, eine spezielle Software für Ärzte zu entwickeln, die vor allem bei der Diagnose, der Medikamentenwahl, der Auswertung von Laborergebnissen und der Rechnungsstellung ihren Einsatz finden soll. Er rechnet mit einem erheblichen Kundenpotential, das er vor allem unter den niedergelassenen Ärzten vermutet. Zunächst befaßt er sich mit der Planung für die Softwareentwicklung und ihrer kommerziellen Verwertbarkeit. Er besucht Kurse, um sich ein bestimmtes Grundwissen in Buchführung und Finanzfragen anzueignen – Bereiche, in denen er über keinerlei Kenntnisse verfügt, die er aber in Hinblick auf seinen erfolgreichen Start als Unternehmer für unbedingt notwendig hält.

Über seine Hausbank beschafft er sich das notwendige Kapital, kündigt bei seinem bisherigen Arbeitnehmer und richtet sich ein Büro ein, das er mit allen für seine Arbeit notwendigen Hilfsmitteln (Computer, Telefon, Drucker usw.) ausstattet: Die Firma Logimed erblickt das Licht der Welt. Herr B. hat damit eine Ein-Mann-Gesellschaft gegründet, in der er alle wesentlichen Funktionen auf sich vereinigt: Er ist Eigentümer, Firmenchef, Begünstigter und Gewährsmann.

Herr B. hatte die Idee, Softwareprogramme zu entwickeln und sie selbst am Markt anzubieten. Er setzte die Idee in ein konkretes Projekt um, verschaffte sich die nötigen Sachmittel und entsprechende Kenntnisse und konnte somit die Gründung eines eigenen Unternehmens zufriedenstellend organisieren.

Welche Aktivitäten wurden in diesem konkreten Fall von dem Initiator übernommen, der sein eigenes Unternehmen gründen will? Wir stellen fest, daß er sich allein um alles kümmert. Er entwickelt das Produkt, er beschafft die „Rohstoffe" (hier sind es Disketten, Papier oder Auskünfte), er übernimmt Werbung und Absatz, stellt die Verbindung zum Kunden her, erledigt die Buchführung, stellt Rechnungen: Alle Funktionen fallen ihm zu. Probleme der Koordination unter verschiedenen Mitarbeitern stellen sich nicht, denn die gesamte Information ist auf eine Person konzentriert.

Dieses Beispiel führt uns zu dem ersten Definitionsmerkmal, das für jedes Unternehmen, jede Organisation oder Gruppe gilt, für eine Firma in der Größenordnung von Logimed ebenso wie für ein Unternehmen wie Nestlé oder Peugeot : *Damit ein System funktioniert, sind zum einen Elemente erforderlich, die von außen kommen (Input), und zum anderen solche, die nach außen an die Umwelt abgegeben werden (Output).* Hier findet das Prinzip der Blackbox Anwendung, das sich wie folgt darstellen läßt:

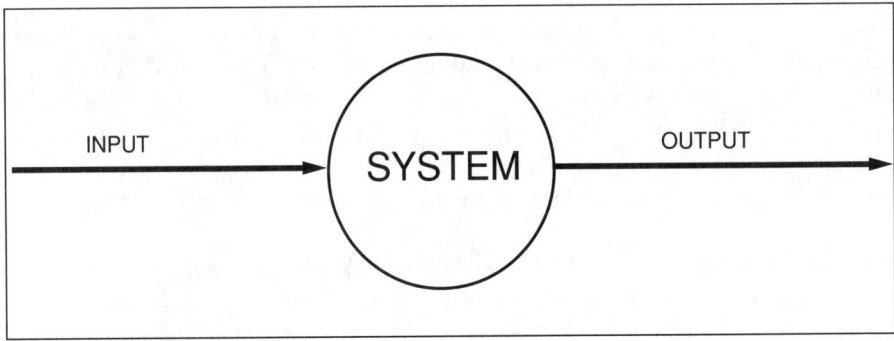

Das Prinzip der Blackbox

Als *Inputs* bezeichnet man alle für eine Aufgabenerfüllung notwendigen Systemelemente; sie werden vom System entweder beschafft oder aufgenommen. Inputs sind zum Beispiel Rohstoffe, Energie, Arbeitskraft, Reflexion, Gebäude, Kapital.

Outputs sind dagegen die Systemprodukte: Sachmittel, Dienstleistungen, Gewinne, Löhne usw.

Die Blackbox steht für das Ganze, in dem auf besondere, spezifische und im Detail schwer zu kontrollierende Art und Weise die Umwandlung der Inputs in Outputs erfolgt. Unser Beispiel bezog sich auf Logimed, es wäre aber ohne weiteres auch auf jedes andere Unternehmen, jede Gesellschaft oder Institution, auf jedes System anwendbar. Wir stellen also fest:

> **Ein System ist ein dynamisches Ganzes mit spezifischen Eigenschaften und Verhaltensweisen. Es besteht aus Teilen, die untereinander in Wechselwirkung stehen, so daß keines der Teile völlig unabhängig von allen übrigen Teilen existieren kann und das Verhalten des Ganzen durch den Wirkungszusammenhang der systembildenden Teile beeinflußt wird.**

Systeme lassen sich nach dem Bereich, in dem sie anzutreffen sind, und nach dem Aspekt, unter dem sie betrachtet werden sollen, klassifizieren. Man spricht von

- einem *technischen System*, wenn in ihm ausschließlich technische Aggregate zusammengefaßt sind,
- einem *sozialen System*, wenn nur Menschen, Tiere und Pflanzen einbezogen werden,
- einem *soziotechnischen System*, wenn die beiden vorhergenannten Aspekte Berücksichtigung finden,
- einem *multipersonalen System*, wenn man sich auf ein Gebilde von mehreren Personen bezieht, deren Verhalten und Beziehungsverhältnisse untersucht werden.

Das System wird nach unserem Verständnis als *dynamisch* definiert. Es soll damit betont werden, daß es nicht in Unbeweglichkeit erstarren darf, was sein Ende bedeuten würde, sondern daß es sich entwickeln, verändern und der Änderungsdynamik der Umwelt entsprechen soll, um durch eine stets neue Konfiguration Einfluß auf seine Umwelt nehmen zu können. Denn das System lebt nicht isoliert und abgeschottet, sondern eingebettet in seine Umwelt.

> **Unter Umwelt eines Systems sind die externen Bedingungen zu verstehen, in deren Rahmen sich ein System entwickelt. Sie besteht aus externen Elementen, mit denen das System in einen Wirkungszusammenhang tritt.**

Zu der Umwelt eines Unternehmens gehören beispielsweise verbundene oder konkurrierende Unternehmen, Rechtsstrukturen, steuerrechtliche Bedingungen, Kunden und Lieferanten, der Arbeitsmarkt, der Rohstoffmarkt, der ökonomisch-politische Kontext. Allgemein geht man davon aus, daß ein soziales System ständig von sechs wichtigen Umweltsegmenten abhängt, und zwar von

- den ökologischen Umweltbedingungen,
- den technologischen Umweltbedingungen,
- den ökonomischen Umweltbedingungen,
- den sozialen Umweltbedingungen,
- den politischen Umweltbedingungen,
- den rechtlichen Umweltbedingungen.

Das System in seiner Umwelt läßt sich wie folgt darstellen:

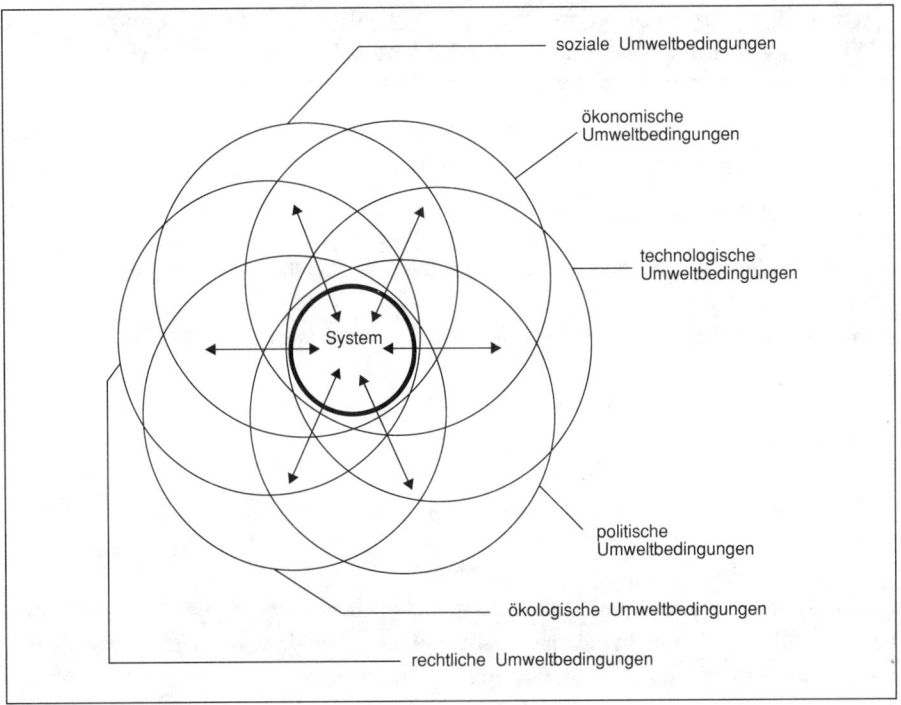

Verschiedene Umweltsegmente eines Systems

Jedes System muß sich auf die verschiedenen Umweltsegmente einstellen, die auf dieses zwangsläufig einen gewissen Einfluß ausüben. Umgekehrt wird das System mit eigenen Aktionen seine Umwelt verändern. Das System „Unternehmen" ist also der Welt gegenüber offen und tritt zu ihr in ständige Interaktion.

28

Parallel dazu stützt sich die hier verwendete Systemdefinition auf die internen Systemkomponenten, auf die Elemente, die systembildenden *Teile*. Jedes dieser Teile ist nur gemeinsam mit allen übrigen Teilen handlungsfähig. Hierzu ein einfaches Beispiel: Ein Mann sitzt in einem Boot und rudert. Systemisch gesehen, lassen sich vier wesentliche Teile unterscheiden: der Mann, das Boot, die beiden Ruder. Keines der Teile reicht für die gemeinsame Zielerreichung aus, den Fluß zu überqueren, ohne dabei naß zu werden. Der Fluß, der Wind und andere Boote stellen die Umwelt dar. In diesem Kontext ist es dem Mann, auf sich allein gestellt, nicht möglich, trocken an das andere Ufer zu gelangen, das gleiche gilt für jedes der Ruder oder für das Boot, wenn man sie isoliert betrachtet. Fehlt eines der Elemente, ist das Ziel nicht mehr zu erreichen. Mit nur einem Ruder, einseitig betätigt, würde sich das Boot drehen. Setzt man den Mann außer Funktion, würde das Boot abdriften, ziellos dahinschwimmen und hilflos allen Störfaktoren der Umwelt ausgesetzt sein. Was ohne das Boot geschieht, braucht nicht weiter ausgeführt zu werden.

Aber kehren wir zurück zu Logimed, das für uns als System sehr viel interessanter ist.

Nach einigen Monaten tragen die Bemühungen von Herrn B. erste Früchte. Einige der Programme können erfolgreich abgesetzt werden; mehrere Ärzte haben bereits Aufträge erteilt und bestätigen, daß es Herrn B. gelungen sei, eine Marktlücke zu füllen, was die Verwaltungsarbeiten in Arztpraxen anbelangt.

Die Nachfrage steigt, und Herr B. gerät mit seinen Lieferterminen in Rückstand; er würde sich gerne von einem Teil seiner Arbeit entlasten, vor allem von Verwaltungs- und Büroarbeiten, da diese zuviel Zeit kosten, eine Zeit, die er lieber für die Entwicklung weiterer Programme verwenden würde.

Er beschließt, zwei Mitarbeiterinnen einzustellen. Die eine soll die den Programmen beigelegten Betriebsanleitungen tippen und die wie in jedem Unternehmen sehr umfangreich anfallende Korrespondenz erledigen; die andere Mitarbeiterin wird mit der Buchführung beauftragt und hat den Verkehr mit der kleinen Zahl von Lieferanten abzuwickeln. Darüber hinaus kauft Herr B. ein leistungsfähiges Fotokopiergerät, um seinen Angestellten ein schnelleres Arbeiten zu ermöglichen.

Welche Entwicklung hat hier stattgefunden? Aus dem Ein-Personen-Unternehmen von einst ist eine Personengruppe geworden, die zwar einfach strukturiert ist, aber wichtige Organisationsveränderungen bedingt. Wir haben es mit einem neuen Begriff zu tun, dem der *Gruppe*.

> **Eine Gruppe ist ein multipersonales System beschränkter Größe. Voraussetzung ist, daß sich alle Gruppenmitglieder der Zugehörigkeit zu einer Gesamtordnung bewußt sind, ein gemeinsames Ziel haben und in Interaktion treten.**

Eine Seilschaft beispielsweise stellt eine Gruppe dar. Das Ziel, den Gipfel zu ersteigen und den Abstieg zu bewältigen, ist allen gemeinsam. Interaktion ist unbedingt erforderlich. Der Führer der Seilschaft kann nicht zügig aufsteigen, ohne Rücksicht auf den letzten zu nehmen, der womöglich am Ende seiner Kräfte ist; er kann auch nicht den zweiten der Seilschaft außer acht lassen, der unter Umständen gerade eine schwierige Passage überwindet oder dem Führer eine drohende Gefahr signalisiert. Gleichzeitig wird hier das Gruppenbewußtsein deutlich, denn jeder einzelne kann das gemeinsame Ziel nur durch die Gruppe erreichen.

Dagegen kann man nicht von einer Gruppe sprechen, wenn sich mehrere Passagiere während der Überfahrt von Calais nach Dover eher zufällig auf der Brücke eines Fährschiffs befinden. Sie treten nicht in direkte Interaktion, kennen sich nicht untereinander und machen in der Regel nicht den Eindruck, eine Einheit zu bilden.

Häufig wird die Gruppe mit einer Gruppenstärke zwischen zwei und zwölf Personen angesetzt. Das heißt nicht, daß nicht auch zwanzig Personen eine Gruppe bilden könnten, aber das Verhalten des einzelnen ändert sich ganz erheblich, je nachdem, ob er innerhalb einer Gruppe oder einer größeren Menge handelt. Häufig verliert sich der einzelne in einer größeren Menge und beeinflußt die Gesamtheit lediglich volumenmäßig. Bei einer beschränkten Anzahl von Personen jedoch spielt jeder, auch der Gleichgültige, durch sein Verhalten, bewußt oder unbewußt, eine bestimmte Rolle.

Logimed verzeichnet außerordentlich gute Geschäftsergebnisse. Es kommt zu einem kräftigen Anstieg der Absatzzahlen, was darauf zurückzuführen ist, daß es Herrn B. in hohem Maße gelingt, seine Programme auf die unterschiedlichen Bedürfnisse verschiedener Arztpraxen abzustimmen. Dabei steigt selbstverständlich auch der Arbeitsanfall erheblich. Hinzu kommt, daß die Konkurrenz in bestimmten Marktbereichen sehr viel stärker wird und somit an die Qualität der Programme, aber auch der Dienstleistungen höchste Ansprüche gestellt werden müssen. Herr B. stellt daraufhin zwei Programmierer und einen Marketingfachmann ein, denn er will seinen Absatz auf Zahnärzte und auf einen völlig neuen Bereich, den der Anwalts- und Notarkanzleien, ausweiten. Das soll ihm die Möglichkeit geben, sich weiter zu spezialisieren und sich der Entwicklung neuer Programme zu widmen. Die Struktur der Firma Logimed stellt sich nun folgendermaßen dar:

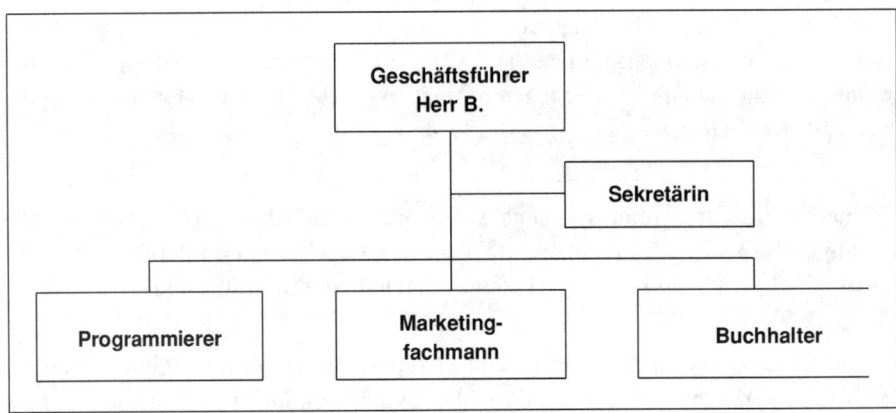

Einfache Struktur von Logimed

Durch die Personalausweitung werden größere Räume benötigt, das Unternehmen zieht um; zusätzlich müssen neue Geräte und Einrichtungsgegenstände gekauft werden. Herr B. finanziert diese Investitionen mit einem Darlehen, das ihm einer seiner Freunde zur Verfügung stellt.

Das Unternehmen entwickelt sich rasch. Solange der Personenkreis beschränkt bleibt, ist auch die Kommunikation leicht herzustellen. Direktor und Angestellte sind in der Regel sehr schnell im Besitz der wichtigsten Informationen. Der Geschäftsführer, der selbst direkt an den verschiedenen Aktivitäten des Unternehmens – Forschung, Produktion, Absatz, Verwaltung – beteiligt ist, kann in voller Kenntnis der Sachlage alle notwendigen Entscheidungen treffen, ohne sich ständig bei seinen Angestellten informieren zu müssen. Im übrigen kann die Information ohne große Schwierigkeit mündlich erfolgen, schriftliche Dokumente sind relativ selten.

In der Phase, die Logimed in dieser Zeit durchläuft, ist *Kreativität* das wichtigste Element. Alle Anstrengungen sind auf neue Ideen, auf Produktentwicklung und Markterschließung gerichtet. Fragen der Unternehmensführung im engeren Sinne stehen nicht im Vordergrund. Das Unternehmen „läuft", ohne daß sich jemand konkret um den allgemeinen Betriebsablauf kümmert, es sei denn, es geht um Finanzfragen; aufgrund der beschränkten Unternehmensgröße ist diese Situation unbedenklich.

Ein hochmotiviertes Personal, ein expandierender Markt und Ideen, die bei den potentiellen Kunden auf außerordentlich großes Interesse stoßen, haben Logimed vorangebracht. Eine Reihe neuer Mitarbeiter wurde eingestellt, und der Personalbestand umfaßt derzeit etwa 20 Personen.

Nun treten jedoch bestimmte Probleme auf: Die Angestellten sind der Koordination ihrer Arbeit nicht mehr gewachsen, es kommt zu Lieferverzug, Irrtümern bei der Programmierung und immer häufiger zu Kundenreklamationen. Herr B. erkennt diesen Mißstand sehr schnell und beschließt, seine bisher im wesentlichen operative Funktion aufzugeben und sich in vollem Umfang der Unternehmensführung zu widmen. Er hat zudem neue Rechner angeschafft, die einen äußerst raschen Informations- und Datenaustausch ermöglichen, was zu neuen Formen der Arbeitsorganisation führt. Bestimmte schriftliche Dokumente sind nicht mehr notwendig, da die Informationen direkt über die Rechner geführt werden können. Die verbesserten Kommunikationsmöglichkeiten bieten zudem die Chance, den Arbeitsplatz einiger Mitarbeiter in eine andere Stadt zu verlagern, eine Möglichkeit, die sich als hochinteressant erweist, da man auf diese Weise geografisch näher an einem stark expandierenden Markt operieren kann.

Nach intensiven Anstrengungen gelingt es Herrn B., die Aufgaben seines Personals zu strukturieren. Er nimmt eine exakte Aufgabenverteilung vor. Einige Mitarbeiter sollen sich der Markterschließung widmen, andere den direkten Kontakt zu den interessierten Kunden pflegen; die Programmierer sollen eine an den Bedürfnissen der Kunden orientierte Softwareentwicklung betreiben und die Sekretärin die Verwaltung und Buchführung übernehmen; ein Informatikfachmann ist vorgesehen, um die in der Firma arbeitenden Rechner betriebsbereit zu halten und bei Bedarf nachzurüsten. Es muß nun die Realisierung dieser Reorganisationsvorhaben folgen. Die neuen Zielsetzungen machen Schulungsmaßnahmen notwendig. Die hierarchische Gliederung muß verän-

dert und die Verlegung einiger Arbeitsplätze in die neue Zweigstelle organisiert wer-
den. In der Folge dieses Reorganisationsprozesses müssen bestehende Strukturen
„aufgebrochen" werden, um sie zu verändern und den einzelnen Mitarbeiter an neue
Arbeitsmethoden, Organisations- und Kommunikationsmuster zu gewöhnen. Innerhalb
eines gewissen Zeitraums werden diese Probleme weitgehend gelöst.

Die neue Kompetenzenverteilung sieht jetzt folgendermaßen aus:

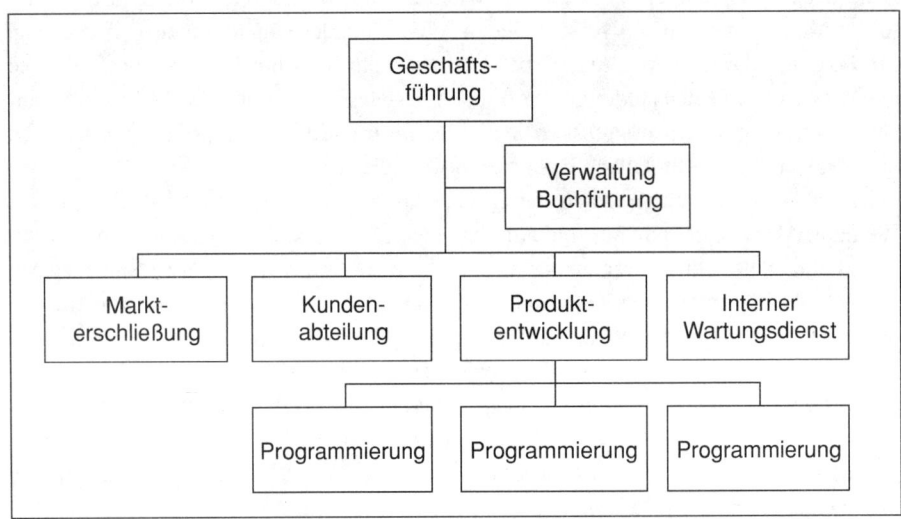

Struktur von Logimed nach Expansion

Die Expansion eines jungen Unternehmens, die häufig mit einer Personalerweite-
rung einhergeht, setzt voraus, daß sich eine Person nicht mehr direkt mit der Produkt-
oder Leistungserstellung befaßt, sondern mit der Führung des Gesamtunternehmens.
Damit stellt sich für den frischgebackenen „Manager" die Frage nach den wichtigsten
Aufgaben der Unternehmensführung. Ohne die vielfältigen Aktivitäten einer Führungskraft auf wenige Schlüsselbegriffe reduzieren zu wollen, kann man doch sagen,
daß Vorhersehen, Organisieren, Planen, Kontrollieren, Verwalten, Kommunizieren,
Hinhören, Beurteilen und Entwickeln als spezifische Führungsaufgaben zu betrachten sind.

Vorhersehen

Man kann ein generelles Konzept, eine Charta, eine Politik der Unternehmensführung entwickeln und formulieren, um den Rahmen und die allgemeinen Ziele der Unternehmensaktivität festzulegen. In jedem Fall müssen die Überlegungen eines Managers über das laufende Geschäftsjahr hinausgehen. Er muß Szenarien entwerfen, Problemsituationen vorhersehen, in die sein Unternehmen geraten könnte. Seine Antizipa-
tionsfähigkeit soll ihn in die Lage versetzen, unter Berücksichtigung bestimmter Herausforderungen agieren bzw. reagieren zu können und unternehmerisches Gespür dort
einzusetzen, wo angesichts der Unsicherheit der Zukunft Planung nicht mehr greift.

Als wichtigste Aufgabe der Unternehmensführung ist somit die *Festlegung klarer Unternehmensziele* zu sehen. Dazu sind „Prognosen" erforderlich, die je nach Tätigkeitsbereich des Unternehmens für unterschiedliche Zeiträume erstellt werden und bei grober Unterteilung den langfristigen, mittelfristigen und kurzfristigen Bereich umfassen.

Der Manager muß Um- und Inwelt des Unternehmens wahrnehmen, um aus den beobachteten Tendenzen und Entwicklungen Entscheidungen in Hinblick auf die Zielorientierung und Gesamtzielsetzung des Unternehmens ableiten zu können.

Organisieren

Jedes Unternehmen benötig für seine Zielerreichung eine Organisation, die seine spezifische Tätigkeit, seine Mitglieder, seine Umwelt, die angewendete Technologie, die Unternehmenskultur und -strategien in eine Gesamtordnung einfügt. Der oder die Manager müssen Strukturen und Arbeitserfüllungsprozesse festlegen, um die Effizienz des Systems zu gewährleisten. Dabei ist eine gewisse Flexibilität unerläßlich, um eine schnelle Anpassung von Ressourcen, Techniken, Verfahren oder Umweltfaktoren an Veränderungen interner oder externer Bedingungen zu ermöglichen.

Planen

Ausgehend von langfristigen Zielen und einer bereits implementierten Organisation werden *Strategien* und *Pläne* erarbeitet, die der Zielerreichung dienen. Eine solche Planung kann mehr oder weniger detailliert vorgenommen werden und gegebenenfalls sogar das Tagesgeschäft erfassen.

In ihrer Feinabstimmung sollte sich die Planung jedoch auf die Besonderheiten des Betriebs und seiner Umwelt konzentrieren: Planung sollte nicht die Anpassungsfähigkeit und Flexibilität eines Systems als Gesamtordnung ersticken. Es ist nicht alles planbar ...

Kontrollieren

Kontrolle gehört ebenfalls zu den Aufgaben des Unternehmers. Er muß regelmäßig überprüfen, ob einwandfreie Arbeit geleistet wird und ob die Standards erreicht werden, die er allein oder in Zusammenarbeit mit seinen Mitarbeitern festgesetzt hat. Durch die Bewertung seiner Arbeitsleistung wird dem Mitarbeiter gegebenenfalls signalisiert, daß er seinen bisher praktizierten Arbeitsstil ändern muß, er verfügt in diesem Fall über eine Orientierungsbasis für die Fortsetzung seiner Tätigkeit. Bei geringerer Betonung des autoritären Kontrollcharakters eröffnet sich dem Vorgesetzen eine weitere Möglichkeit: Er kann Bedingungen schaffen, unter denen der Mitarbeiter zur Selbstkontrolle angehalten wird; der Vorgesetzte greift nicht mehr direkt ein, sondern überprüft die Leistung oder das Erzeugnis erst im Stadium des Endprodukts, wobei das Arbeitsergebnis und weniger die Arbeitsweise Gegenstand der Überprüfung ist.

Verwalten

Der Unternehmer muß in der Lage sein, die von ihm zu verwaltenden Sachmittel und Humanressourcen in Beziehung zu setzen zu den Methoden des Unternehmens und dessen Umwelt. Es muß ein harmonisches Ganzes entstehen, damit Unternehmensziele unter Berücksichtigung individueller Wünsche und Freiheiten optimal verwirklicht werden können.

Kommunizieren

Kommunikation ist zunächst einmal wichtig, damit jeder Akteur die ihn betreffenden Informationen erhält, ohne mit unnötigen Mitteilungen überhäuft zu werden. Innerhalb eines hierarchisch gegliederten Systems sind Führungskräfte das wichtigste Element der Informationsübertragung: Eine Führungskraft muß Auskünfte, die sie von ihren Vorgesetzten erhalten hat, an die ihr unterstellten Mitarbeiter, zumindest soweit diese betroffen sind, weitergeben.

Darüber hinaus ist Kommunikation vor allem für arbeitsteilige Prozesse unerläßlich, für die Vertrauensbildung im täglichen Umgang miteinander, für die Übertragung abteilungsbezogener Zielvorstellungen vom Vorgesetzten auf den unterstellten Mitarbeiter, für die Weitergabe von Wünschen und Vorschlägen der Mitarbeiter an den Vorgesetzten. Ganz sicher läßt sich hier nicht in wenigen Zeilen der volle Bedeutungsumfang von Kommunikation darstellen. Sie übernimmt die Rolle eines Vektors für alles, was unsere Existenz ausmacht, und das gilt vor allen Dingen für die Interaktionsbeziehung, in der wir mit anderen Menschen stehen. Im Grunde geht es einfach darum, den Wert von Kommunikation anzuerkennen, sich nicht an seinem Arbeitsplatz abzuschotten, den ständigen Austausch von Ideen und Informationen zuzulassen. Mit Recht heißt es daher, daß ein Vorgesetzter heutzutage mehr als drei Viertel seiner Zeit mit Kommunikation verbringt.

Zuhören

Obwohl Kommunikation in der Regel Dialog bedeutet, soll betont werden, wie wichtig es ist, daß der Manager von heute zuhören kann. Angestellte haben immer etwas zu sagen, sie haben eine Botschaft, die sich ebensogut auf einen konkreten Aspekt der Abteilungsarbeit wie auf zwischenmenschliche Probleme beziehen kann. Der Vorgesetzte muß zuhören, helfend und ermutigend auf den Mitarbeiter einwirken, damit sich die Botschaft eventuell zu einem Vorschlag formuliert. Kommt jemand mit einer Beschwerde, so sollte man weder versuchen, diese zu ignorieren, noch sich selbst zu verteidigen. Eine Haltung, ein Wort, sie sind stets Ausdruck eines Gefühls, einer bestimmten Sicht der Dinge. Statt die eigenen Ansichten darzulegen, was ihm in einem hierarchisch gegliederten System zweifellos möglich ist, sollte der Vorgesetzte zunächst nur zuhören und dann mit dem Mitarbeiter klären, wie es zu der Verschlechterung des Arbeitsklimas kommen konnte.

Beurteilen

Da dem Vorgesetzten die Kontrollfunktion obliegt, muß er die Arbeitsleistung seiner Mitarbeiter einer ständigen Beurteilung unterziehen. Er muß sagen und begründen, wie er die Arbeit des einzelnen und seinen Beitrag zur Teamarbeit einschätzt. Lob ist nur anzubringen, wenn es *ernst gemeint* ist, aber auch Kritik sollte, wenn auch in ruhigem Ton, ohne Beschönigung vorgebracht und begründet werden. Das sind zwar alles bekannte Dinge, aber vielen Vorgesetzten fällt es schwer, sich offen und aufrichtig im Umgang mit ihren Mitarbeitern zu geben. Vorgesetzte müssen darüber hinaus die Vorschläge ihrer Mitarbeiter prüfen, sie annehmen oder ablehnen und auch hier ihre Entscheidung begründen; nur so wird die Motivation der Mitarbeiter erhalten bleiben und Entscheidungen zu Orientierungshilfen werden.

Entwickeln

Der Verantwortungsträger eines Systems oder Subsystems achtet darauf, daß sich nicht nur der ihm unterstellte Bereich, sondern auch seine Mitarbeiter weiterentwickeln. Sie sind sein Team und seine Stärke, er muß ihnen die Möglichkeit geben, sich weiterzubilden und weiterzuentwickeln, so daß sie sich im Rahmen des Unternehmens voll entfalten können.

Einige Jahre später hat die Zahl der Mitarbeiter der Firma Logimed weiter zugenommen. Das Unternehmen wurde in eine Aktiengesellschaft umgewandelt, eine Lösung, zu der sich Herr B. entschloß, um die Eigenkapitalbasis des Unternehmens zu vergrößern. Die Aktionäre – die nunmehr Eigentümer sind – bringen Kapital in die Firma ein in einer Höhe, die von Herrn B. nicht hätte aufgebracht werden können.

Leider treten auch neue Probleme auf. Die Art, wie Herr B. das Unternehmen führt, stößt wiederholt auf Kritik bei seinen Angestellten. Man macht ihm zum Vorwurf, daß er sich um Dinge kümmert, die ihn nichts angehen. Er dagegen verteidigt sich mit dem Hinweis, daß er sich als Chef der Firma über alle Aktivitäten des Unternehmens auf dem laufenden halten muß. Die Spannungen nehmen zu, das Betriebsklima verschlechtert sich, und die Qualität der Arbeitsleistung beginnt darunter zu leiden. Herr B. beschließt, innerhalb des Unternehmens Einheiten zu bilden und an deren Spitzen seine besten Mitarbeiter zu setzen. Er überträgt ihnen die Entscheidungsbefugnis für Bereiche, für die sie bisher zuständig waren. Auf diese Weise entstehen die Abteilungen Entwicklung, Absatz, Produktion und Verwaltung. Das bedeutet nun allerdings nicht, daß sich Herr B. zur Ruhe setzt. Im Gegenteil, er führt nunmehr das Unternehmen als Ganzes und sorgt für eine optimale Koordination aller Aktionsträger.

Wenn sich ein Unternehmen vergrößert, was in dem vorliegenden Fall durch Erweiterung des Personalbestands geschieht, tauchen früher oder später Kommunikationsschwierigkeiten auf. Die Entscheidungen im Bereich der verschiedenen Unternehmensaktivitäten können nicht mehr von einem einzelnen getroffen werden, wie sich aus dem oben angeführten Beispiel ergibt. Bei unipersonaler Leitung gerät die Autonomie in eine Krise. Da der Unternehmer nicht mehr allein die Gesamtheit aller Entscheidungsbefugnisse wahrnehmen kann, muß er einen Teil seiner bisherigen Kompetenezen an Personen aus dem Kreis seiner Mitarbeiter abgeben. Damit *delegiert* er aber nicht nur Aufgaben und Zuständigkeiten, sondern auch Entscheidungsbefugnisse und Leitungsfunktionen, die nun auf verschiedene Subsysteme übergehen.

Es bildet sich mehr und mehr eine Unternehmensgliederung mit dem Merkmal der Einfachunterstellung heraus, bei der interpersonelle Beziehungen entstehen.

Bei komplexeren Systemen entstehen diese Beziehungen zwischen den Subsystemen, die unter der Leitung einer oder mehrerer Personen stehen. Jeder dieser Funktionsbereiche trägt die Verantwortung für eine bestimmte Unternehmensaktivität, für Produktion und Absatz zum Beispiel. Subsysteme können noch weiter unterteilt werden und kleinere Einheiten bilden, die ihrerseits weiter untergliederbar sind. Die verschiedenen Funktionen lassen sich in Form eines Organigramms darstellen, wobei jedes Kästchen auch für eine Personengruppe stehen kann:

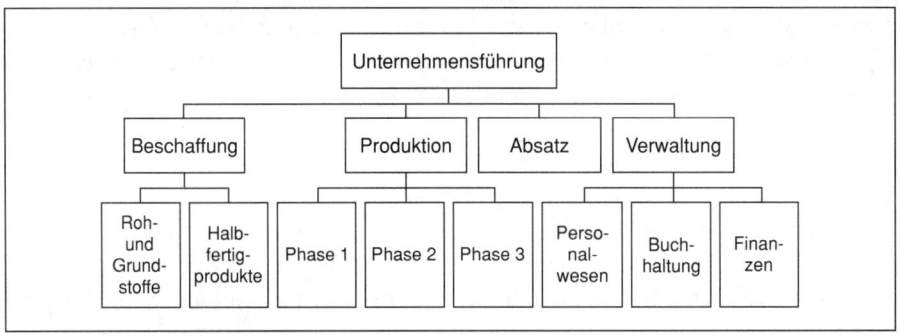

Strukturbeispiel nach Funktionen

Die *Struktur*, das Rückgrat des Unternehmens, regelt unter anderem den Informationsfluß. Eine Organisation, die eine hierarchische Gliederung mit mehreren Ebenen aufweist, kann eine gute Kommunikation zwischen Unternehmensspitze und Basis, oder auch umgekehrt, erschweren, denn jede Ebene stellt einen neuen Übergang, eine zusätzliche Barriere dar. Auch eine horizontale Kommunikation, das heißt die Kommunikation zwischen zwei Personen auf der gleichen hierarchischen Ebene, kann, wenn Mitarbeiter verschiedener Abteilungen einbezogen werden, schwierig werden, wenn sich die Abteilungen zu stark abschotten. Es besteht dann die Gefahr, daß die Unternehmenseinheit verlorengeht.

Die Gliederung der Firma Logimed sieht vor, daß sich die verschiedenen Abteilungsleiter regelmäßig zusammenfinden, um Strategien zu entwickeln, um allen Mitarbeitern die gleiche Zielorientierung zu vermitteln. Eine Reihe von Kontroll- maßnahmen muß daher ergriffen werden, um einen Leistungsvergleich zwischen den verschiedenen Erfassungszeiträumen, aber auch zwischen verschiedenen Abteilungen und Mitarbeitern herstellen zu können. Die Unternehmensleitung hat somit die Möglichkeit, den Produktivitätsgrad des Unternehmens, seine Stärken und Schwächen, bestehende oder fehlende Kohärenz festzustellen.

Wie bereits erwähnt, hat der Manager unter anderem die Aufgabe, die Leistung seiner Mitarbeiter zu überwachen. Delegieren heißt zugleich kontrollieren. Bekommt diese Kontrolle allerdings zuviel Gewicht und Bedeutung, besteht die Gefahr, daß sie zum Selbstzweck wird und die eigentlichen Ziele in den Hintergrund rücken. Unternehmenswachstum, Produktentwicklung, Gewinnerzielung, Markterschließung oder Serviceleistungen können langfristige Unternehmensziele darstellen, nicht aber die Tatsache, daß man seine eigenen Angestellten kontrollieren muß!

Erfahrungsgemäß kann Kontrolle durch die Schaffung logistischer Einheiten begrenzt und eine sehr viel wirksamere Einbindung in das Leistungsgefüge erreicht werden. Eine solche Struktur, die zwar nicht produktiv im eigentlichen Sinne ist, langfristig aber dafür sorgt, daß mangelnde Qualität nicht zu versteckten Mehrkosten führt, verbessert in der Regel die Arbeitsmotivation des Personals: Die größere Gestaltungsfreiheit bietet dem einzelnen sehr viel mehr Handlungsspielraum und persönliche Entfaltungsmöglichkeiten. Diese Flexibilität erfordert einen *Koordination*sbeitrag, der von logistischen Einheiten geleistet werden kann. Sie gestalten beispielsweise den Übergang zu gleitenden Arbeitszeiten, beteiligen sich an der Laufbahnentwicklungsplanung oder an der generellen Umstellung eines Betriebs auf PC-Arbeitsplätze.

Wenn ein Unternehmen mehr (Dienstleistungs-)Abteilungen bildet, ist dies meist damit verbunden, daß sich festgelegte Arbeitserfüllungsprozesse entwickeln. Nachdem wir es immer wieder mit *Strukturen* zu tun hatten, dem statischen Aspekt der Systemkonfiguration, wird nun auch der dynamische Aspekt erkennbar: der *Prozeß*. Als Prozeß bezeichnet man einen Fluß, wie etwa den Informationsfluß, Energiefluß, Papierfluß u.ä. Wie ein solcher Prozeß aussehen kann, zeigt folgendes Beispiel: In besonders krassen Fällen kann es passieren, daß eine Lieferantenrechnung, bevor sie zur Zahlung angewiesen werden kann, der Buchhaltung zur Registrierung vorgelegt werden muß, dann durch Hauspost an die Kundenabteilung geht, dort mit einem Sichtvermerk versehen wird, dann einer Überprüfung zu unterziehen ist, für die umfangreiche Informationen erforderlich sind, dann wieder an die Buchhaltung geht, die diesmal das Einverständnis der Kundenabteilung zur Kenntnis nimmt, daraufhin zur Veranlassung der Zahlung an die Kasse geschickt und schließlich zur Ablage an die Buchhaltung zurückgeleitet wird ... Und falls Sie im Zeitalter der Informatik und bürotechnischen Rationalisierungsmaßnahmen solche Vorkommnisse belächeln sollten, dann denken Sie doch einmal darüber nach, wann Sie sich das letzte Mal über die schwerfällige Bürokratie irgendeiner Verwaltungsbehörde geärgert haben!

Tatsache aber ist, daß man für die Leitung eines Unternehmens mit einer Vielzahl von Sparten, Divisionen und Abteilungen oft ein ganzes Bataillon von Direktoren, stellvertretenden Direktoren, Direktionsassistenten, Bevollmächtigten, Referenten, Leitern und stellvertretenden Leitern benötigt, die, allein weil sie so zahlreich sind, die Informationsübertragung – sowohl in vertikaler als auch in horizontaler Richtung – hemmen. Die Hierarchie wird zu einer Belastung und verliert durch die vielen verschiedenen Hierarchieebenen die notwendige Flexibilität, um sich der heute immer stärkeren Änderungsdynamik der Umwelt kurzfristig anpassen zu können.

Nach mehrjähriger Geschäftstätigkeit hat die Logimed AG auch die Auslandsmärkte erobert. Ihre Produkte sind hochgradig diversifiziert, sie entwickelt Programme für sehr unterschiedliche Anwendungsbereiche, stellt Computer her, übernimmt die Umstellung von Betrieben auf EDV, betreut umfangreiche Datenbanken und befaßt sich mit der Konzeption telematischer Einrichtungen. Logimed hat eine Reihe konkurrierender Unternehmen aufgekauft und somit eine äußerst starke Marktposition errungen. Zur Zeit ist das Unternehmen im Bereich Absatz von Produkten und Dienstleistungen divisional nach Ländern gegliedert. Die Fertigung selbst ist nach Produktbereichen strukturiert. Es gibt die Sparten „Software für kleine und mittlere Betriebe", „Consulting", „Büroautomation", „Forschung und Entwicklung neuer Produkte" und „Wartung". Das Unternehmen beschäftigt mehr als 5 000 Personen. Herr B. hat sich, um einem optimalen Management nicht im Weg zu stehen, zurückgezogen und seinen Platz dem neuen Geschäftsführer überlassen, der zusammen mit dem Aufsichtsrat und mehreren Direktoren die Geschäftsleitung übernimmt.

Aber die Spartenvielfalt hat das System sehr unflexibel gemacht. Es wird immer schwieriger, die angesichts einer sehr dynamischen Umwelt dringend erforderlichen Anpassungsmaßnahmen vorzunehmen. Die Unternehmensleitung sieht dieses Problem und entwickelt eine gezielte Unternehmenspolitik: Die Mitarbeiter sollen in Zukunft gewisse Aufgaben eigenverantwortlich erfüllen, und Entscheidungsbefugnisse wird man in bestimmten Fällen delegieren.

In diesem Stadium legt man besonderes Gewicht auf die *Mitbestimmung* der Angestellten. Man geht davon aus, daß sie die Verantwortung für ihre Arbeit tragen, mehr noch, daß sie sich selbst verantwortlich fühlen. Sie sind nicht mehr nur Aufgabenträger der ausführenden Ebene, sondern nehmen an Entscheidungsprozessen teil und handeln als Kontrollorgane. Diese Varietät der Verantwortlichkeit stärkt in der Regel die Leistungsmotivation in bezug auf eine bestimmte Aufgabe oder verschiedenartige Aufgaben. Viele Unternehmen wenden heutzutage Formen der partizipativen Leitung an – Qualitätszirkel, „Junior Board", autonome Gruppen –, auf die wir noch in Teil drei zurückkommen. Konzeptionen dieser Art versetzen die Firmen mehr und mehr in die Lage, ihr eigenes Innovationspotential zu gestalten, ihre *Entwicklung* mit zu lenken.

Die Geschichte der Firma Logimed kann hier stellvertretend gesehen werden für die vieler bedeutender Unternehmen von heute ... oder morgen ... Und sie geht weiter! Unser Anliegen jedoch war es, im ersten Teil dieser Einführung den Weg zu beschreiben, den ein Unternehmen von seiner Gründung bis hin zur Erschließung der Auslandsmärkte geht. Wir konnten an unserem Beispiel erkennen, daß es mehrere Phasen gab und daß zwischen den Phasen jeweils Krisen auftraten. Das nachfolgende Schema veranschaulicht die wichtigsten Phasen des Unternehmenswachstums, die wir nun mit Bezug auf die für Logimed beschriebenen Phasen noch einmal aufnehmen wollen:

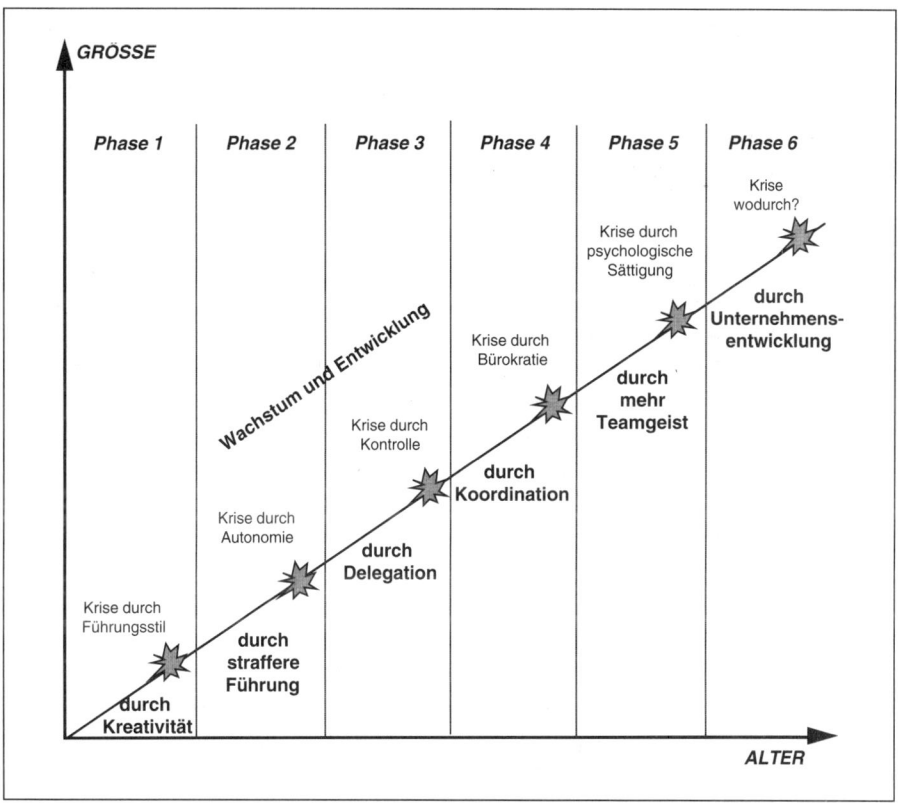

GRÖSSE

| Phase 1 | Phase 2 | Phase 3 | Phase 4 | Phase 5 | Phase 6 |

Wachstum und Entwicklung

Krise
wodurch?

Krise durch
psychologische
Sättigung

**durch
Unternehmens-
entwicklung**

Krise durch
Bürokratie

**durch
mehr
Teamgeist**

Krise durch
Kontrolle

**durch
Koordination**

Krise durch
Autonomie

**durch
Delegation**

Krise durch
Führungsstil

**durch
straffere
Führung**

**durch
Kreativität**

ALTER

Wachstumsphasen eines Unternehmens (nach Greiner, 1977; Churchill/Lewis, 1983)

Phase 1: Wachstum durch Kreativität

Bei seiner Gründung hat das Unternehmen das Ziel, ein neues Produkt zu entwikkeln und (oder) einen neuen Markt zu erschließen. Vielfach sind die Gründer Techniker, auf das jeweilige Produkt spezialisierte Unternehmer, die ihre ganze Energie für
Produktentwicklung und Absatz aufwenden. Sie befassen sich in der Regel sehr wenig
mit Managementproblemen, was naheliegt, da die Firma zunächst nur aus einem beschränkten Personenkreis besteht, die Kommunikation unter den Mitarbeitern spontan,
problemlos und informell funktioniert. Über den Erfolg und die Qualität der Produktion entscheidet allein der Markt.

Krise durch Führungsstil: Ist dem Unternehmen ein erfolgreicher Start gelungen, so
muß es sich vergrößern, um die gestiegene Nachfrage befriedigen, mehr Produktions-
faktoren einsetzen und mehr Mitarbeiter einstellen zu können. Fremdkapital ist erforderlich, aber auch gewisse Grundkenntnisse der Unternehmensführung, um die Leitungsfunktion in einem System wahrnehmen zu können, das sich bei ständig zunehmender Größe mit einfachen informellen Kommunikationsbeziehungen nicht mehr be-
gnügen kann. Neue Entscheidungsträger müssen eingesetzt werden, die persönlich kei-

nerlei Bezug mehr haben zu der ursprünglichen Idee. Eine solche Krise geht durchaus nicht immer glimpflich aus: Denken Sie an Steve Jobs, einer der beiden Gründer der Firma Apple, der letztlich gezwungen war, den Verwaltungsrat „seiner" Gesellschaft zu verlassen, weil er weder etwas von Unternehmensführung verstand noch mit dem außerordentlichen Erfolg fertig wurde, den ihm seine Computer bescherten.

Phase 2: Wachstum durch straffere Führung

Unternehmen, die diese erste Krise überwinden konnten, taten dies, indem sie einen Geschäftsführer mit starker Persönlichkeit einsetzten oder die Entscheidungsbefugnisse auf den (die) Gründer konzentrierten; jedenfalls wählten sie einen „Entscheidungsträger", der in der Lage war, die Entwicklung des Unternehmens voranzutreiben. Eine Hierarchie etabliert sich, die Kommunikationsbeziehungen werden formaler und unpersönlicher. Eine funktionale Struktur wird implementiert, die für die Bereiche Produktion, Absatz und Verwaltung eine klare Abgrenzung von Kompetenzen und Aufgaben schafft. Leistungsanforderungen werden formuliert und Stellenbeschreibungen erarbeitet. Alle Befugnisse liegen bei der Unternehmensspitze.

Krise durch Autonomie: Trotz Einführung von Managementtechniken kann die Leitung bei zunehmender Unternehmensgröße und Komplexität nicht mehr nur auf die Spitze der Pyramide konzentriert werden. Die Leistungsmotivation der Angestellten nimmt ab, und sie verlangen mehr oder weniger offen mehr Autonomie. Ein Teil der Entscheidungsbefugnisse und Kompetenzen muß daraufhin delegiert werden. Nehmen wir das Beispiel André Citroën oder Henry Ford Jr., beide Pioniere der Automobilindustrie: Sie waren ideenreiche Ingenieure, Werbefachleute und Manager, erregten einiges Aufsehen (der eine mit seiner Werbung auf dem Eiffelturm und der andere wegen seiner hartnäckigen Bemühung um die Serienproduktion nur eines Modells). Jahrelang standen sie im Mittelpunkt des Interesses, dann aber mußten auch sie ihre Grenzen erkennen, als nämlich das Automobil zu einem Massengebrauchsgut geworden war. Ihre Unternehmen konnten nicht mehr zentral gesteuert werden.

Phase 3: Wachstum durch Delegation

In dieser Phase werden Verantwortlichkeiten mehr und mehr dezentralisiert und Produkt- oder Marktleitern übertragen, es bildet sich eine Systemgliederung nach strategischen Gesichtspunkten heraus, es entstehen Subsysteme, die häufig als unabhängige Profit Center handeln; Mitarbeiter erhalten beispielsweise eine Prämie als Anreiz für gute Ergebniserzielung in ihrem eigenen Bereich.

Krise durch Kontrolle: In dem Maße, in dem die Unternehmensleitung Entscheidungsbefugnisse und Kompetenzen delegiert, verliert sie die allgemeine Kontrolle über das System. Es besteht sogar die Gefahr, daß die autonomen Bereiche ihre eigenen Ziele verfolgen und die übergeordneten Ziele der Gesamtunternehmung vernachlässigen; der an sich wünschenswerte Wettbewerb unter Abteilungen kann zu einem Abteilungskrieg ausarten und dazu führen, daß jeder nur seine Politik verfolgt und im

Alleingang operiert, wobei sinnvolle Synergieeffekte verpaßt und Ungereimtheiten begünstigt werden. Ein typisches Beispiel für diesen Sachverhalt lieferten Gesellschaften wie die UAP, die Groupama oder Helvetia, die einem unter Umständen gleich zwei Versicherungsvertreter ins Haus schickten, die sich nicht einmal untereinander kannten, wobei der eine eine Feuerversicherung und der andere eine Diebstahlversicherung abschließen wollte. Hier war Koordinationsbedarf gegeben, wollte man sich nicht den Ärger der Kunden zuziehen, und so entstand die heute von einigen Vertretern angebotene Globalpolice, die mehrere Risiken abdeckt.

Phase 4: Wachstum durch Koordination

Zur Erhaltung des Unternehmens als Einheit („unité de doctrine") werden nun formale Koordinationssysteme geschaffen, die der Leitungsinstanz unterstellt sind und von dieser den Organisationsmitgliedern bekanntgemacht und erläutert werden. Produktgruppen bilden dezentralisierte Einheiten, Ausgaben werden überdacht und Finanzmittel gerecht auf das ganze Unternehmen verteilt, Planungssysteme werden erarbeitet und ständig auf den neuesten Stand gebracht. Bestimmte technische Funktionen, wie etwa die elektronische Datenverarbeitung, werden als Stäbe organisiert.

Krise durch Bürokratie: Es gibt ein Übermaß an Planung, die ihre Wirksamkeit zu verlieren beginnt, immer mehr Probleme werden verwaltet, immer weniger gelöst. Die Organisation wird zu komplex und läßt sich mit starren Regelmechanismen nicht mehr bewältigen; engere Zusammenarbeit zwischen den Abteilungen und mehr Handlungsspielraum erweisen sich als notwendig. Überlegungen dieser Art haben Swissair und Crédit Suisse dazu veranlaßt, Organisationsformen „ohne Tiefe" zu schaffen, die auf schneller Kommunikation und ausreichender Entscheidungsfähigkeit des einzelnen basieren.

Phase 5: Wachstum durch mehr Teamgeist

Der Führungsstil gewinnt in dieser Phase an Spontaneität, wird partizipativer: Es werden Teams geschaffen und interdisziplinäre Zusammenkünfte organisiert; soziale Kontrolle und Selbstdisziplin ersetzen formale Kontrollfunktionen. Das übergeordnete Ziel der Organisation ist die schnelle Problemlösung in Teamarbeit; die Stäbe werden zahlenmäßig reduziert und interdisziplinär eingesetzt. Häufig entsteht eine komplexe Struktur, die unter anderem Schulungsprogramme vorsieht, um Manager auf Teamarbeit und Konfliktlösungsmodelle vorzubereiten. Eigeninitiative wird begrüßt.

Krise der psychologischen Übersättigung: So kann vielleicht die Krise bezeichnet werden, die heute bei vielen Unternehmen auftritt, die den Versuch mit partizipativen Methoden gewagt haben. Aufgrund der Zunahme von Beziehungsgefügen leiden die Mitglieder unter einem gewissen Unvermögen, sich mit ihrem Unternehmen oder ihrer Arbeit zu identifizieren; die Komplexität ihrer Arbeitswelt erschwert ihnen die Orientierung. Greiner (1977) empfiehlt bei Übersättigungerscheinungen, die Begrenzung von Freiräumen flexibler zu gestalten, um dem einzelnen die Möglichkeit zu geben, sich zu regenerieren und neue Kräfte zu schöpfen.

Phase 6: Wachstum durch Entwicklung

Wie wir meinen, sollte man sich in diesem Stadium vor allem auf die Entwicklung der Menschen und des Unternehmens als Ganzes konzentrieren, damit das System lernt, von sich aus Ungewißheiten und Widersprüchlichkeiten zu bewältigen, und sich eine eigene Ethik entwickelt, der sich alle Unternehmensmitglieder verpflichtet fühlen können. Wir werden diesen Punkt noch im dritten Teil vertiefen, wenn wir uns mit den modernen Managementmethoden befassen.

Das Beispiel Logimed wurde in Hinblick auf die Evolution und die Wachstumsphasen stark vereinfacht dargestellt. Natürlich kann sich auch jedes Unternehmen nicht weiter- bzw. rückläufig entwickeln oder sich auflösen. Manchmal setzt die Wachstumsdynamik erst nach Überwindung einer rückläufigen Phase ein. Aber gerade um diese Phasen und die in ihrem Zusammenhang auftretenden Einflußgrößen geht es uns in diesem ersten Teil dieses Werks, weil gerade sie es sind, die einen Unternehmer zu der Frage veranlassen, wie er in einer bestimmten Situation das Ganze organisieren soll, damit ein zielgerichtetes Gebilde entsteht.

2. Kapitel

Aufbauorganisation

Unser Fallbeispiel Logimed hat gezeigt, daß viele der verschiedenen Probleme, mit denen Herr B. konfrontiert wird, Fragen der organisatorischen Gestaltung und Aufgabenverteilung betreffen, die er dadurch löst, daß er *„Aufgaben seines Personals gestaltet", „eine exakte Aufgabenverteilung"* vornimmt und beschließt, *„innerhalb des Unternehmens Einheiten zu bilden und an deren Spitzen seine besten Mitarbeiter zu setzen".*

Das erste Kapitel enthält somit die Lektion, daß jedes Unternehmen wie jedes soziale System einen Rahmen braucht, der zum einen die in ihm ablaufenden Handlungen ausrichtet, gliedert und deren formale Festlegung erleichtert und zum anderen bewirkt, daß Handlungen Gültigkeit und einen Sinn bekommen. Organisatorisches Gestalten kann als Tätigkeit gesehen werden, die diesen Rahmen schafft, der als solcher die Systemorganisation darstellt.

Organisation läßt sich definieren als

- **organisatorische Gestaltungshandlung, die darin besteht, eine Struktur, Prozesse und eine systembezogene Ordnung zu schaffen;**
- **Gestaltungsrahmen, der für die Mitglieder den Zustand eines Systems als Gestaltungsergebnis darstellt und vor allem als Struktur und Kultur in Erscheinung tritt;**
- **soziale Institution in Form eines strukturierten Gebildes.**

Wir wollen uns zunächst mit dem strukturellen Organisationsbegriff befassen, d. h. mit dem streng formalen Aspekt von Organisation. Wie wird eine Gesamtaufgabe gestaltet, ein Produkt gefertigt, eine Dienstleistung erstellt oder ein Objekt realisiert, wenn dabei nicht nur die auf das System wirkenden wirtschaftlichen Bedingungen – im weitesten Sinne des Wortes –, sondern auch die Umweltfaktoren, die Menschen und Technologien Berücksichtigung finden sollen. Wir müssen uns folgende grundlegende Fragen stellen: Wie lassen sich für jede Einzelperson oder Personengruppe Aktivitäten festlegen, koordinieren und kontrollieren? Und wie kann die Anpassung des Ganzen an eine veränderte Umwelt, d. h. an wirtschaftliche, technische, ökologische und andere Bedingungen, so erfolgen, daß eine optimale Erfüllung der Gesamtaufgabe erreicht wird?

Natürlich kann der Grad der Ausrichtung, Gliederung und Formalisierung von Handlungen unterschiedlich hoch sein. Das Unternehmen wird in der Tat bewußt oder unbewußt versuchen, seine Struktur so zu gestalten, daß unterschiedliche und zum Teil einander entgegengesetzte Anforderungen bewältigt werden können. Die Organisation muß dabei so flexibel sein, daß sie sich innerhalb kurzer Zeit, aktiv oder passiv, an eine veränderte Umwelt anpassen kann, und das bei rationeller und produktivitätsorientierter Arbeitsweise, wobei die Komponente Mensch nicht unberücksichtigt bleiben darf. Wie weit Strukturen formalisiert werden, hängt dabei zum Teil davon ab, wieviel Flexibilität und Freiraum der Organisator für die verschiedenen Teile des Systems vorsehen will. Eine Struktur ist im übrigen nicht unbedingt und ausschließlich starr: Sie enthält flexible, mehr oder weniger anpassungsfähige Teile. Mit der Struktur ist lediglich festgelegt, wo potentielle Autonomie gegeben ist und wo die Führungslinien verlaufen. Der formale Organisationsgrad stellt sich somit als eine Variable dar, deren Bestimmung zahlreiche Auswirkungen auf das Verhalten des Unternehmens selbst und seiner Mitglieder hat. *Fertige* Lösungen gibt es nicht, jeder Fall verlangt besondere Dispositionen, die nicht in einem allgemeinen Handbuch stehen können. Das vorliegende Werk kann jedoch mit seinen Ausführungen Denkanstöße geben und auf wichtige Sachverhalte hinweisen, um somit als Entscheidungshilfe zu dienen.

Der erste Schritt unserer Überlegungen gilt den Gestaltungszielen und möglichen Formen einer dauerhaften Struktur. Sie soll die Verteilung von Aufgaben, Kompetenzen und Entscheidungsbefugnissen auf die verschiedenen Teile eines sozialen Systems, das heißt auf Stellen und Abteilungen eines Unternehmens, festlegen. Die Gestaltung von Strukturen entspricht der formalen Seite organisatorischen Handelns, sie schafft das Sichtbare, Statische, Feste. Geschichtlich betrachtet wurde darin lange Zeit das eigentliche Wesen der Organisation gesehen, wobei man sich vor allem mit Gestaltungsaspekten wie *Aufgabenverteilung, raum-zeitliche Anordnung von Beziehungsverhältnissen, Einsatz der für die Aufgabenerfüllung notwendigen Sachmittel, Informationspflicht und Informationsrecht* befaßte. Diese Konzepte haben sich auf breiter Ebene durchgesetzt, nicht zuletzt durch die Studien des amerikanischen Ingenieurs Frederick Taylor. Und obwohl es sich hierbei um eine stark reduktionistische Sichtweise handelt, gibt es doch heute viele Unternehmen, in denen Organisatoren genau mit diesen Aktivitäten beschäftigt sind. Jedes Unternehmen verfügt in einem gewissen Umfang über Sachmittel, Personen, Kommunikationsbeziehungen und Finanzmittel, die in einen Zusammenhang zu bringen – also zu ordnen – sind, und das heißt im Sinne der klassischen Organisationsbegriffe

- rationell koordinieren
- mit der Absicht, festgelegte Ziele zu erreichen
- durch Arbeitsteilung und Aufgabenverteilung
- und durch eine hierarchische Anordnung von Autoritätsbeziehungen und Verantwortlichkeiten.

Aber auch hier darf sich eine umfassend verstandene Unternehmensorganisation nicht auf eine verwaltungsmäßige Rolle oder logistische Dienstleistung beschränken. Strukturen müssen, wenn sie ihren Sinn und Zweck erfüllen sollen, durch eine dynamische Gestaltungskomponente, die sogenannten Arbeitsabläufe, ergänzt werden. Abläufe innerhalb strukturierter Kreisläufe beschreiben, wie die Arbeit verrichtet werden soll, und sind folglich von den Strukturen abhängig. Umgekehrt geben aber erst sie den Strukturen einen Sinn, legitimieren die ohne sie sinnleeren Gebilde. Diese gegenseitige Abhängigkeit führt zu folgenden Feststellungen: Strukturen und Abläufe bedingen sich wechselseitig, sie sind einander Stütze und Legitimation. Außerdem darf man nicht vergessen, daß Strukturen, die zunächst nur auf dem Papier stehen, später den Rahmen für konkrete Arbeitsabläufe bilden sollen, und so gesehen müssen sie einer möglichen funktionalen Wirklichkeit des Systems entsprechen. Das schließt natürlich nicht aus, daß sich auch die sogenannte „informale Organisation" eines Unternehmens herausbildet: Sie ist ein Teil der Rahmenstruktur und entsteht von selbst als Folge des alltäglichen Kommunikationsbedarfs, der sich durch die Arbeit oder bestehende Machtverhältnisse ergibt. Es kann durchaus sein, daß eine Abteilung in Beziehung zu einer anderen tritt oder die Division X eine bestimmte Aufgabe übernimmt, ohne daß dies vom Organisator vorgesehen war. Diese Besonderheit eines multipersonalen Systems wird vielfach mit dem Bild des Eisbergs (vgl. Selfridge/Sokolik, 1975; Staerkle, 1988) verglichen:

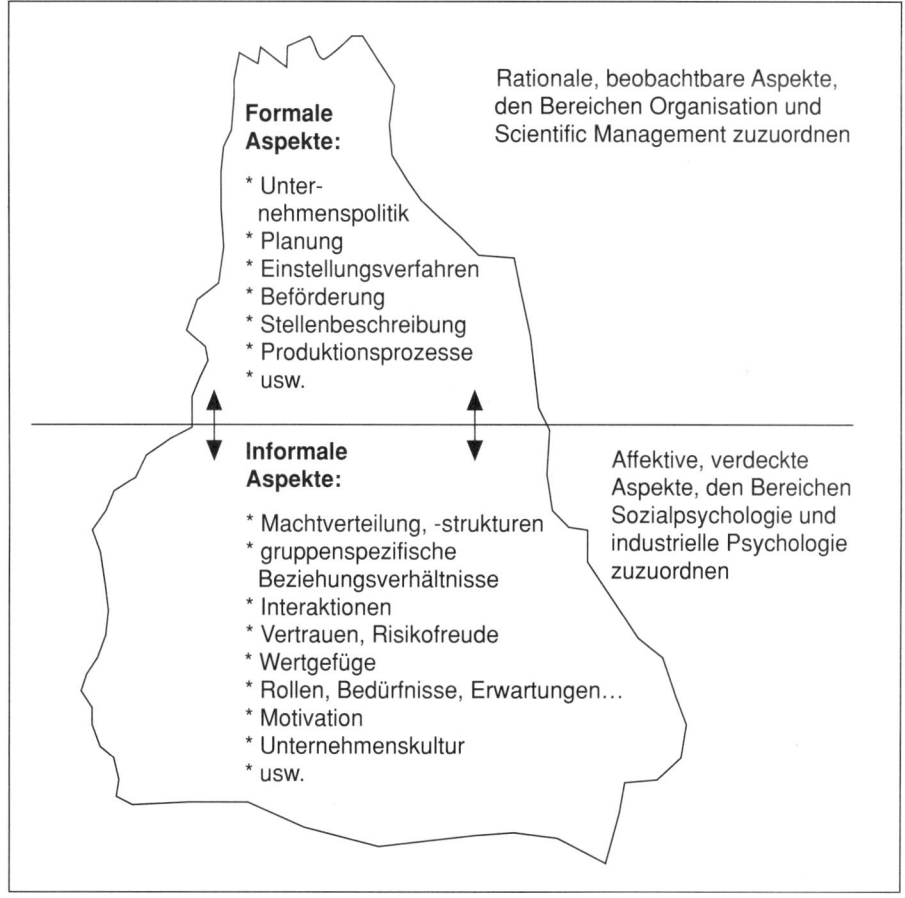

Formale Aspekte:

* Unternehmenspolitik
* Planung
* Einstellungsverfahren
* Beförderung
* Stellenbeschreibung
* Produktionsprozesse
* usw.

Rationale, beobachtbare Aspekte, den Bereichen Organisation und Scientific Management zuzuordnen

Informale Aspekte:

* Machtverteilung, -strukturen
* gruppenspezifische Beziehungsverhältnisse
* Interaktionen
* Vertrauen, Risikofreude
* Wertgefüge
* Rollen, Bedürfnisse, Erwartungen…
* Motivation
* Unternehmenskultur
* usw.

Affektive, verdeckte Aspekte, den Bereichen Sozialpsychologie und industrielle Psychologie zuzuordnen

Formale und informale Aspekte der Organisation, dargestellt am Bild des Eisbergs

45

Der angestrebte Organisationsgrad hängt weitgehend davon ab, wie weit strukturbedingte Zwänge als noch tragbar empfunden werden. Außerdem ist die implementierte Struktur als Gestaltungsergebnis grundsätzlich auslegungsfähig und wird von verschiedenen Menschen stets verschieden beurteilt werden. Machtverhältnisse und effektive Aufgabenverteilung bleiben somit mehr oder weniger „konjunkturabhängig und in ständiger Bewegung" (vergl. Bartoli, 1990). Zwei Dinge sind jedoch zu beachten: Zum einen trägt eine sanktionierte, dauerhafte Konfiguration, die normativ wirkt und von allen anerkannt wird, zur notwendigen Konsensbildung in Hinblick auf die Zuweisung von Verantwortlichkeiten bei. Zum anderen besteht ein gewisser Anpassungsdruck aufgrund einer sich ständig ändernden soziotechnischen Umwelt, die den Menschen dazu treibt, nach immer mehr Autonomie zu streben, und das Unternehmen zwingt, die Nutzung des ihm zur Verfügung stehenden Potentials zu optimieren. In diesem Prozeß verlieren Strukturen ihre Bedeutung, sie werden ersetzt durch Initiativen und Kommunikationsbeziehungen der unterschiedlichsten Art. Zusammenfassend ergibt sich (nach Schmidt, 1989b):

Die Strukturen eines Systems:
- legen seine Gesamtaufgabe fest
- verteilen Funktionen und Verantwortlichkeiten
- ermöglichen Koordinationsinstrumente
- beschreiben individuelle und kollektive Aktivitäten sowie die zwischen ihnen bestehenden Kommunikationsbeziehungen

Sie werden beschrieben und beziehen sich auf:
- Aktivitäten und Leistungen
- das hierarchische Gefüge und die Beziehungsverhältnisse zwischen den Einheiten
- die Kompetenzabgrenzungen innerhalb des Systems

Sie gestalten:
- Zeit
- Ort
- Menge

Sie beziehen sich und nehmen Einfluß auf:
- Aufgabenerfüllungsprozesse und Leistungserstellungen
- Einzelpersonen und Kommunikationsbeziehungen
- Sachmittel und Ressourcen
- Technologien, Machtverhältnisse, Strategien sowie die Unternehmenskultur

---

Wir wollen nun untersuchen, welche Hilfsmittel dem Organisator für die Gestaltung und Formalisierung der Unternehmensstrukturen zur Verfügung stehen und wie er sie einsetzen kann. Mit diesem Instrumentarium wird es möglich sein, Probleme im Hinblick auf ihre Lösungsmöglichkeiten präziser zu erfassen.

I. Grundstruktur und Detailstruktur

Strukturen müssen einen für alle sinnvollen formalen Gestaltungsrahmen schaffen, sowohl für die Menschen als auch für das System selbst, sie müssen die allgemeinen Aspekte des Unternehmens – Finanzen, Politik und Märkte – und die mikrostrukturellen Aspekte – Aufgaben und Leistungserstellungen der einzelnen Mitglieder – erfassen und in Beziehung setzen. Unser erstes Instrument, das Organigramm, soll die Grundordnung veranschaulichen und festlegen, nach der ein Unternehmen seine großen Segmente in die wichtigsten Aktivitäten, Bereiche und Hauptabteilungen gliedert, während am „anderen Ende" die wichtigsten Operationen stehen sollen, die für die Funktionsfähigkeit des Ganzen benötigt werden; dies ist Gegenstand der Stellenbeschreibung, die die einzelnen Verrichtungen und die Gesamtaufgabe einer Funktion festhält. Da es sich dabei jedoch um eine rein schematische Aufzählung von im voraus fixierten Anforderungen handelt, die von den potentiellen Stelleninhabern in Frage gestellt oder erweitert werden können, geben bestimmte Beurteilungskriterien die Möglichkeit, durch Anpassung von Kompetenzen und Erwartungen an die Stelle bzw. durch Anpassung der Stelle an Kompetenzen und Erwartungen eine Eingliederung des Aufgabenträgers in die Gesamtordnung zu erreichen. Um das Beziehungsgefüge zwischen den Aufgaben der Gesamtstruktur und der „Stelle-Person"-Aktivitäten darzustellen, kann man sich des Funktionendiagramms bedienen, das den Beitrag jedes einzelnen zum Ganzen sichtbar macht.

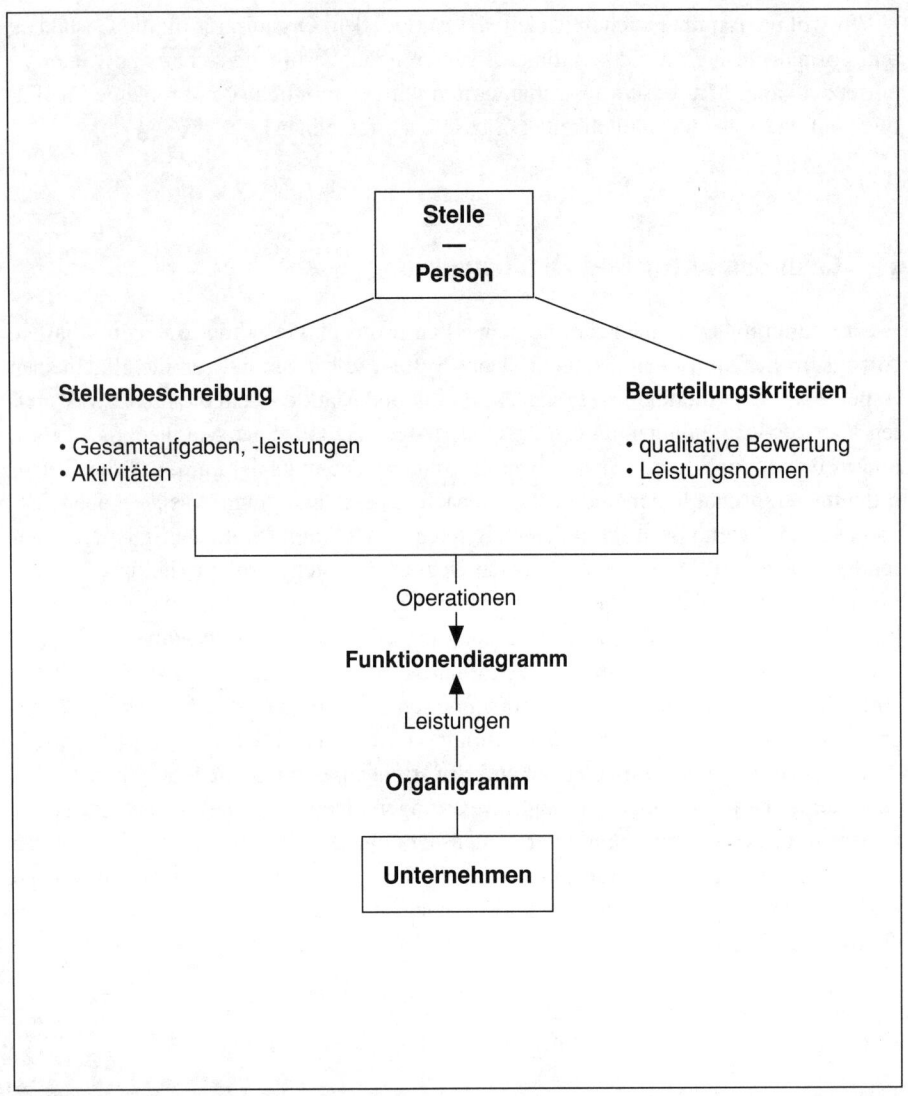

Organisationsinstrumente im Zusammenhang

Wir untersuchen zunächst die allgemeine Unternehmensstruktur

II. Allgemeine Unternehmensstruktur

a) Das Organigramm als Hilfsmittel der Präsentation

Das Organigramm ist eine Graphik, die die Gesamtstruktur eines Unternehmens als Beziehungsgefüge darstellt und sichtbar macht, welchen Platz die einzelnen Funktionen innerhalb der Gesamtstruktur einnehmen, welche Arbeitsbeziehungen zwischen ihnen bestehen und wie diese sich hierarchisch gliedern. Eventuell bestehende Überschneidungen können auf diese Weise erkannt und Kompetenzstreitigkeiten bzw. Autoritätskonflikte bereinigt werden. Das klassische Organigramm ist mehr oder weniger pyramidenförmig angelegt und dokumentiert die hierarchischen – u. U. auch funktionalen – Abhängigkeitsbeziehungen zwischen Mitarbeitern und Abteilungen. Sie erscheinen als Rechtecke, in die man die Bezeichnung der Stellen und den Namen des Stelleninhabers einträgt. Die Leitungsinstanzen stehen an der Spitze der Pyramide, während die Basis von den Ausführenden, den operativen Systemmitgliedern, gebildet wird. Auf diese Weise lassen sich hierarchisch angeordnete Ebenen und Linien, Rangordnungen und Dienstwege erkennen.

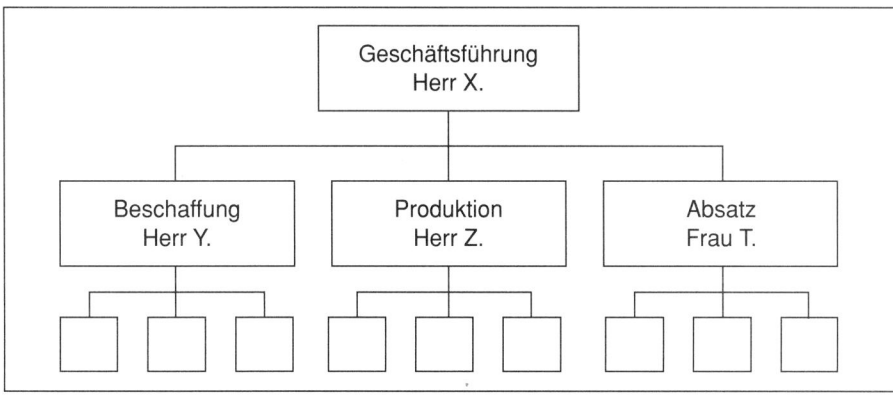

Darstellung des Organigramms

Um den sehr hierarchischen Aspekt dieser Präsentation etwas abzuschwächen, arbeitet man heute vielfach mit Organigrammen, die kreisförmig oder sternförmig angeordnet sind.

Im Grunde ist das Organigramm aber nur ein Hilfsmittel der Präsentation, um Autoritätsbeziehungen und die Verteilung von Verantwortlichkeiten innerhalb eines Systems zu verdeutlichen: Ein Organigramm zeigt, welche Einheit/Einheiten einer anderen unterstellt ist/ sind und formalisiert in vereinfachter Weise die hierarchische Anordnung der Positionen, den Rang und die offizielle Bildung von Abteilungen, die in der Regel nach ihrer Hauptaufgabe benannt werden. Das Organigramm als Modellie-

49

rungsinstrument reicht allerdings nicht aus, um die funktionale Struktur des Unternehmens zu gestalten. (vgl. Bartoli, 1990).

Es bleibt dennoch das grundlegende Instrument zur Präsentation der Makrostruktur eines Unternehmens und verdeutlicht die wichtigen Gestaltungsentscheidungen eines Managements. Aus diesem Grund wollen wir uns als erstes mit dieser Darstellungsform befassen.

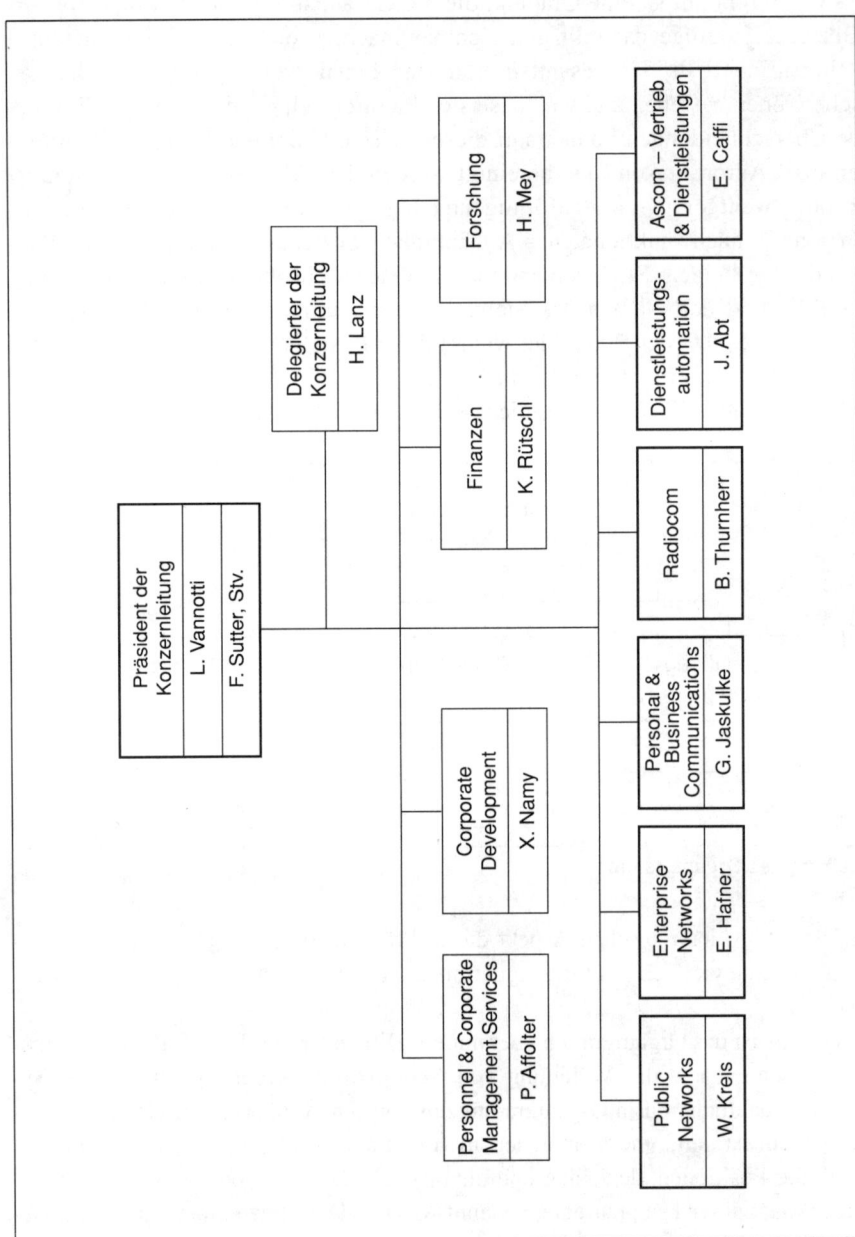

Konzernorganigramm der ASCOM (vgl. Rühle, 1992, S.154)

DAS ORGANIGRAMM	
Bedingungen:	**Anwendungsbereich:**
• Vorhandensein einer Organisation bzw. Absicht, diese zu implementieren • Übereinstimmung von Konzeption und Wirklichkeit	• Jedes Unternehmen • Informations-, Referenz- und Konzeptualisierungsinstrument
Vorteile:	**Nachteile:**
• Formalisierung allgemeiner Strukturen • Bezugsrahmen für das Unternehmen	• Stark vereinfachend (unvollständiges Beziehungsgefüge) • Nur linear und vertikal • Statisch

b) Organisationsformen

Es gibt verschiedene Möglichkeiten, organisatorische Strukturen zu gestalten und darzustellen. Der Organisator sieht sich mit sehr unterschiedlichen Fragen konfrontiert, auf die es selbstverständlich unterschiedliche Antworten gibt. Er kann die Überlegung anstellen, ob ein und dieselbe Person eine mehr oder weniger große Anzahl von Abteilungen leiten soll und kann, ob für das Unternehmen viele oder wenige hierarchische Ebenen notwendig sind, ob bestimmte Abteilungen, die Berührungspunkte zur gesamten Unternehmenstätigkeit haben (Humanressourcen, Datenverarbeitung . . .) zentral organisiert werden sollen, ob man sie auf verschiedene Bereiche verteilen oder als eine normale Abteilung wie die Produktion z. B. betrachten will; und es ist zu klären, ob jeder Mitarbeiter nur einen Vorgesetzten haben soll, auch dann, wenn die verrichtete Arbeit in Verbindung mit mehreren Tätigkeitsbereichen steht. Unser Fragenkatalog ist sicher nicht vollständig, läßt aber bereits die Vielfalt möglicher Gestaltungsstrukturen erahnen. Damit kommen wir zu unserem nächsten Punkt, in dem wir auf Vorteile, Nachteile, Bedingungen und Anwendungsbereiche der verschiedenen Strukturformen eingehen werden (vgl. hierzu auch Staerkle, 1987; Hill et al., 1981; Capet et al., 1986).

1. Linienorganisation

Das klassische Organigramm, so wie es im vorangehenden beschrieben wurde, ist leicht verständlich und darstellbar. Die Anordnungswege verlaufen auf einer Linie, die Verantwortlichkeiten sind klar abgegrenzt. Jedes „Rechteck" übernimmt – eindeutig und ohne Einschränkung – die Leitungsfunktion für die ihm direkt unterstellten Personen. Wir haben es mit einer Linienorganisation zu tun, die man vor allem bei kleineren Unternehmen traditioneller Art antrifft. Sie beruht auf dem Prinzip der Einheit der Leitung und setzt voraus, daß jeder Mitarbeiter nur einen ihm gegenüber weisungsberechtigten Vorgesetzten hat. Die Verbindung „Vorgesetzter – Unterstellter" wird als *Dienstweg* bezeichnet. Jede Ebene ist mit der jeweils übergeordneten Ebene durch eine hierarchische Beziehung verbunden, dadurch entsteht eine Struktur mit einer entsprechenden Gliederungstiefe (Anzahl der hierarchischen Ebenen) und Gliederungsbreite (Anzahl der jeder hierarchischen Ebene unterstellten Abteilungen). Die vertikale Gliederung (Beschaffung, Fertigung und Absatz, vgl. Schaubild S. 49) führt zur Ausbildung von Teilbereichen, die man je nach Unternehmen als Divisionen, Geschäftsbereiche oder Sparten bezeichnet, während die „Rechtecke", die diesen zugeordnet sind, eher die Bezeichnung *Einheiten* oder *Abteilungen* tragen.

Dies ist die einfachste Organisationsstruktur. Sie findet Anwendung in kleinen Familienbetrieben, in denen die Leitungsfunktion fast immer in den Händen des Firmengründers oder seiner Erben liegt; mitunter trifft man sie auch bei großen Verwaltungsbehörden – im Wehrbereich, in der Hochschulverwaltung – an, die in der Regel eine stark formalisierte Arbeitsweise praktizieren. Jede „Linie" des Organigramms legt somit die „normalen", d. h. vorgesehenen und geregelten Kommunikationswege fest.

LINIENORGANISATION	
Bedingungen:	**Anwendungsbereich:**
• Klar definierte, relativ gleichbleibende, sich wiederholende Aufgaben, geringe Interaktion • Für Unternehmen mit festen Verhaltensregeln, die auf funktionaler Autorität und vertikaler Gliederung beruhen • Einheit der Auftragserteilung und des Auftragsempfangs	• Klein- und Mittelbetriebe, Verwaltungsbehörden • Neugründungen • Holdings • Notwendigkeit zur Komplexitätsreduktion in Organisationen
Vorteile:	**Nachteile:**
• Klare und überschaubare Verteilung von Aufgaben, Kompetenzen, Entscheidungsbefugnissen und Verantwortlichkeiten • Kohärenz der Managemententscheidungen • Sicherheitsgefühl • Möglichkeit schneller Entscheidungsfindung und Weisungserteilung • Leicht kontrollierbar	• Überlastung der Unternehmensleitung • Lange Kommunikationswege: langsamer Informationsfluß und Filterung von Informationen • Zusammenarbeit und Koordination erschwert, Tendenz zu Segmentierung von Aktivitäten • Übermäßige Zentralisierung von Macht und Entscheidungsbefugnissen: Motivationsverlust bei den Mitarbeitern, geringes Engagement • Notwendigkeit von Passerellen (= Verbindungen) zwischen den Abteilungen, Bedarf an Kommissionen und Stäben • Gefahr übermäßiger Bürokratisierung

Jeder Austausch von Information über einen nicht genannten Kanal bleibt inoffiziell und ist so gesehen allenfalls als Versuch der Einflußnahme zu bewerten. Somit wird durch die Starrheit dieser Organisationsstruktur jede Aktion außerhalb der Leitungshemisphäre verhindert. Alles muß genau festgelegt und begründet sein, ein Merkmal, das Industrien mit Serienproduktion und einige staatliche Verwaltungsbehörden gemein haben.

Machtkonzentration und sehr einfache Strukturen gehören zum typischen Erscheinungsbild von Linienorganisationen. Sie wird von den meisten Familienbetrieben bevorzugt, ist aber auch bei großen Konzernen zu finden, bei Holdings, die die übergeordneten Gesamtentscheidungen einer kleinen organisatorischen Einheit übertragen, alle strategischen und operativen Maßnahmen jedoch ihren Tochtergesellschaften überlassen. Die bereits beschriebenen Nachteile sind allerdings so erheblich, daß sich zwischen den hierarchischen Ebenen „Passerellen" bilden, die einer spontaneren Kommunikation dienen. In diesem Fall entsteht die nicht zu unterschätzende Gefahr, daß Organigramm und Wirklichkeit nicht mehr übereinstimmen, eine Gefahr, die um so schwerer wiegt, als die Unternehmen im wirtschaftlichen Kontext unserer Zeit darauf angewiesen sind, auf die Vorstellungen ihrer Mitarbeiter einzugehen, was mit einer organisatorischen Zwangsjacke sicherlich nicht zu erreichen ist.

2. Funktionale Organisation

Bestimmte Organisationen benötigen, aufgrund ihrer innovativen Ausrichtung z. B., mehrfache Kommunikationsbeziehungen zwischen Spezialisten einerseits und zwischen Unternehmensspitze und Spezialisten andererseits. Hier wird die funktionale Organisation benötigt, wie man sie bei Engeneering-Firmen oder Unternehmen der Spitzentechnologie antrifft. Nehmen wir als Beispiel eine Firma für Standardsoftware: Sie verfügt in unserem Fall über eine Abteilung für BTX-Software und eine andere, die Programme für den Handel entwickelt. Bei funktionaler Organisation kann sich nun der Projektleiter der erstgenannten Abteilung direkt an den Programmierer des zweiten Aufgabenbereichs (Database „Kunden") wenden mit der Bitte, die von ihm gesetzten Anforderungsdefinitionen mit aufzunehmen und, wenn möglich, Parameter einzu-

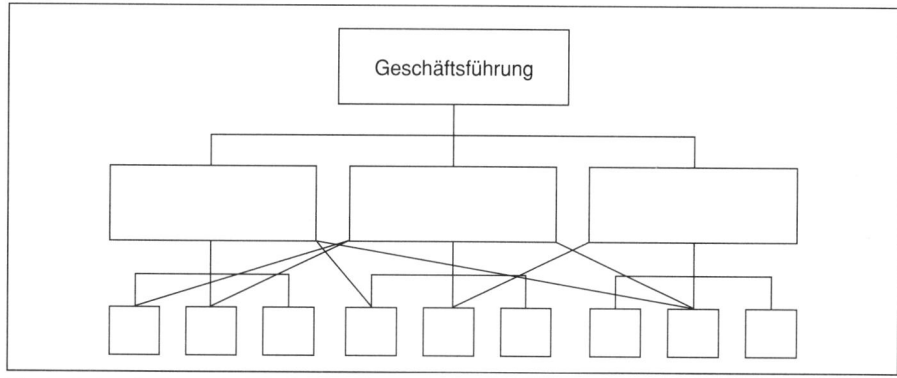

Die funktionale Organisation

beziehen, die die direkte Aufzeichnung telematisch abrufbarer Befehle ermöglichen. Durch diese Vorgehensweise entsteht ohne Einschaltung irgendwelcher Instanzen eine wesentlich bessere Koordination bei Aufgaben, die innerhalb einer bestimmten Zeit gelöst werden müssen und mehrere Unternehmensbereiche betreffen.

Die Einführung eines Systems mit Mehrfachunterstellung bedeutet zwangsläufig eine Zunahme an Komplexität und kann zu Konflikten zwischen zwei Vorgesetzten derselben Person führen. Eine sorgfältige Kompetenzabgrenzung ist in diesem Fall unerläßlich.

FUNKTIONALE ORGANISATION	
Bedingungen: • Einsatz spezialisierter Führungskräfte, die in der Lage sind, technische Koordinationsprobleme zu bewältigen • Problemanalyse und Entscheidungsfindung müssen immer der (den) gleichen Person(en)überlassen sein • Notwendigkeit direkter Kommunikation zwischen den Einheiten • Stark gegliederte Entscheidungs- und Sachkompetenzen	**Anwendungsbereich:** • Spitzentechnologie, Forschung und Produktion • Beteiligungsgesellschaften (Holdings) • Zwischenstufe zwischen ein- und mehrdimensionalen Strukturen • Heraushebung von Spezialwissen
Vorteile: • Spezialistenarbeit • Leichte Abgrenzbarkeit der individuellen Kompetenzen • Direkter Zugang zu Mitarbeitern, die mit einem bestimmten Problem/Projekt befaßt sind, leichte Kontaktaufnahme und Kommunikation • Einheitlichere Information • Wenig hierarchische Ebenen • Leichte Koordination	**Nachteile:** • Mögliche Prioritätenkonflikte unter den Spezialisten • Der ausführende Mitarbeiter hat unter Umständen mehrere Vorgesetzte, seinen Abteilungsleiter und Leiter anderer Bereiche • Bedarf an zahlreichen Führungskräften der gleichen Rangordnung • Unklare Machtverhältnisse, Verunsicherung • Mangelnder Überblick • Zeitverlust durch schleppende Entscheidungsfindung (endlose Sitzungen und Debatten!)

3. Stab-Linien-Organisation

Man kann die hierarchische, linienmäßige Konzeption durch Stäbe erweitern, die man den verschiedenen Leitungsinstanzen angliedert. Es handelt sich dabei um Einheiten mit beratender Funktion, ohne Weisungsrecht auf die übrigen Abteilungen; sie unterstützen die Linie und stehen zwischen den Abteilungen, die sich auf die üblichen hierarchischen Ebenen verteilen. Damit lassen sich zwei Arten von Unternehmenseinheiten unterscheiden:

- Einheiten, die einer leitenden Ebene unterstellt sind, lediglich eine unterstützende Funktion ausüben und weder produzieren noch ein Produkt vertreiben, wie etwa das „Personalbüro" oder die „EDV-Zentrale": Das sind die *Stäbe*.
- Einheiten, deren Funktion in der Fertigung, der Lieferung, dem Absatz oder anderen direkt mit dem Ablauf der Geschäftstätigkeit verbundenen Aufgaben besteht und als Teilaufgaben wahrgenommen werden, die durch Segmentierung der Gesamtaufgabe im Rahmen einer divisionalen Strukturgestaltung mit hierarchischer und vertikaler Gliederung entstehen. Es kann sich dabei um eine Montageeinheit für Fahrgestelle des R5 der Firma Renault handeln, die ihrerseits von der Produktionsabteilung „Renault 5" abhängt, welche wiederum der Sparte „Kleinwagen" unterstellt ist. Alle drei Einheiten gehören aufgrund ihrer Funktion und hierarchischen Abhängigkeitsbeziehung der *Linie* an.

Bei einer Mischstruktur, die diese beiden organisatorischen Einheiten kombiniert, spricht man allgemein von einer Stab-Linien-Organisation. Sie ist vor allem bei Unternehmen mittlerer Betriebsgröße verbreitet und bietet die Möglichkeit, bestimmte Aufgaben der Linie auf mehrere Aufgabenträger zu verteilen und gleichzeitig eine gewisse funktionale Spezialisierung im Bereich der Leitungsfunktion herbeizuführen.

Auf nachfolgendem Schaubild werden die Stäbe bzw. Einheiten mit Beratungsfunktion durch Kreise dargestellt. Wir unterscheiden die Stabsspezialisten, Stäbe mit funktionalen Aufgaben, die die verschiedenen Abteilungen (etwa im Bereich der Informatik) fachlich beraten, und die Stabsgeneralisten, Stäbe, die für die Linie sehr gezielte,

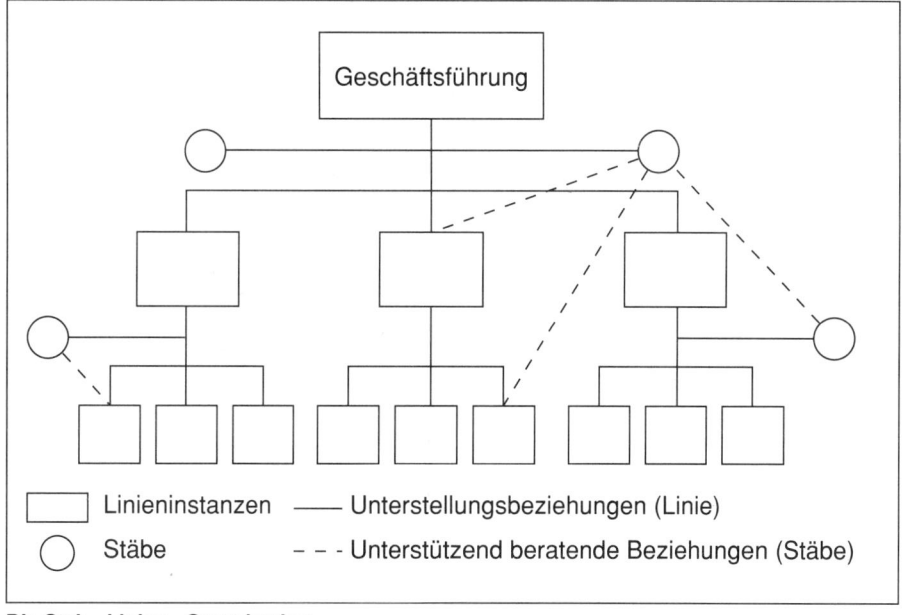

Die Stab - Linien - Organisation

55

entscheidungsvorbereitende Vorschläge erarbeiten, für Sonderaufgaben zur Verfügung stehen (z. B. als Direktionsassistenten) oder bestimmte Teilaufgaben erfüllen (z. B. Übernahme des Sekretariats).

Ob nun die eine oder andere Funktion als Stab gestaltet wird, ist eine Frage der Strukturwahl und nicht etwa durch ein besonderes Merkmal einer bestimmten Funktion bedingt. Ein Marketingleiter zum Beispiel könnte durchaus in dem einen Unternehmen eine Linienfunktion wahrnehmen und in einem anderen als Mitglied eines Stabs fungieren. Im ersten Fall wird er, dem Bereich Absatz zugeordnet, im wesentlichen das Marketing eines Produkts übernehmen, das von seiner Sparte vertrieben wird. Im zweiten Fall hat er die Aufgabe, das gesamte Unternehmen in dem ihm zugewiesenen Bereich in allen Fragen zu beraten, die die Marke betreffen (Imagepflege, Kommunikation oder Vertrieb).

Die Bildung von Stäben ermöglicht einem jungen, expandierenden Unternehmen, Spezialbereiche zu schaffen, noch bevor diese für die Organisation eine gewisse Größenordnung erreicht haben. Die Abteilung „Finanzen" zum Beispiel wird zunächst nur mit einem sehr geringen Personalbestand arbeiten, und man kann ihr funktional nicht das gleiche Gewicht beimessen wie etwa der Produktion. Aber auch in größeren Systemen werden Stäbe eingesetzt, um dort die Aufgaben der Koordination, Planung oder technischen Leitung in einem bestimmten und für die Firma sensiblen Bereich zu übernehmen. Das bedeutet, daß Rechte und Pflichten eines jeden Stabs (Information,

STAB-LINIEN-ORGANISATION	
Bedingungen:	**Anwendungsbereich:**
• Trennung von Entscheidungsbefugnis und Fachkompetenz • Einheit der Auftragserteilung • Innovative Aufgaben, Bedarf an fachspezifischem Wissen in bestimmten Bereichen	• Markt- bzw. produktorientierte Unternehmensstruktur • Vorstufe zur Errichtung zentraler Dienststellen mit Entscheidungsbefugnis • Notwendigkeit einer Entlastung der Linie
Vorteile:	**Nachteile:**
• Entlastung der Linie von der Entscheidungsvorbereitung • Erleichterung der Entscheidungsfindung durch Anwendung moderner Managementmethoden • Bereichernder Gedankenaustausch zwischen der Linie und den Spezialisten spezifischer Bereiche • Gute Schulungsmöglichkeiten im Stab • Nutzung individueller Potentiale und Erwartungshaltungen (Stab/Linie)	• Stäbe neigen dazu, sich ein eigenes Machtpotential zu schaffen, eine parallele Hierarchie zu bilden und zahlenmäßig ständig anzuwachsen (Bürokratismus) • Allzu starke Tendenz zur Kommissionsbildung (endlose Debatten!) • Mögliche Konflikte zwischen Linie und Stab • Wenig Entscheidungstransparenz • Der Stab „entscheidet" mitunter, ohne verantwortlich zu sein • Spaltung in zwei Klassen: Technokraten und operative Kräfte

Beratung, Koordination . . .) sorgfältig abgegrenzt werden müssen, um nicht die Einheit der Auftragserteilung in Frage zu stellen oder Autoritätskonflikte zwischen Linie und Stab zu provozieren.

4. Organisation mit Zentralbereichen

Es spricht nichts dagegen, die beiden zuvor genannten Organisationsformen miteinander zu kombinieren oder, anders formuliert, Stäbe mit Entscheidungsbefugnissen auszustatten. So werden in großen Unternehmen häufig Zentralbereiche (oder auch zentrale Dienststellen) gebildet, die beauftragt sind, selbständig eine Reihe begrenzter Aufgaben für das Gesamtsystem zu lösen. Diese Zentralbereiche – oder Service Center – sind in unmittelbarer Nähe der Unternehmensleitung angesiedelt. Zum Teil handelt es sich um frühere Stäbe, deren Funktion für die Firma im Laufe der Zeit an Bedeutung zugenommen hat – Controlling, Rechtswesen, Büroautomatik – und die aus diesem Grund und nicht wegen allgemeiner Merkmale ihrer Position in die Linie aufgestiegen sind. Eine solche Entwicklung kann zum Beispiel für die Funktion Personalwesen eintreten. Damit entstehen nun für bestimmte operative Abteilungen zweierlei Beziehungsverhältnisse, sie sind sowohl den Linieninstanzen als auch den zentralen Dienststellen unterstellt. Das hat zwar den Vorteil einer besseren Problemkoordination, führt aber unter Umständen zu Kompetenzstreitigkeiten: Im Unterschied zum Stab, der nur eine beratende Funktion einnimmt, haben zentrale Dienststellen je nach ihrer funktionsbezogenen Fachkompetenz eine hierarchische Autorität; ein Angestellter kann bei ein und derselben Aufgabenerfüllung von zwei oder mehreren Vorgesetzten abhängen, deren Vorstellungen mitunter differieren, und sei es auch nur in Hinblick auf die Zeitvorgabe, die der Mitarbeiter bei der Ausführung der verschiedenen Arbeitsschritte berücksichtigen soll und muß.

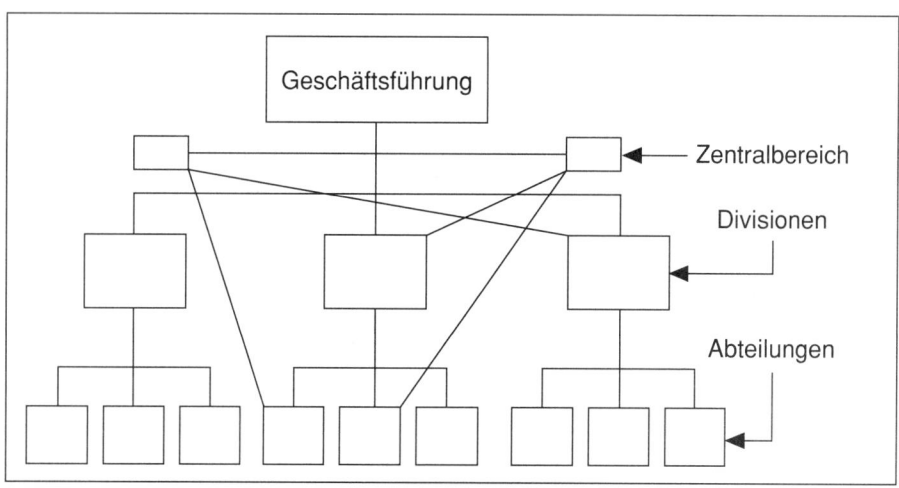

Die Organisation mit Zentralbereichen

57

ORGANISATION MIT ZENTRALBEREICHEN	
Bedingungen:	**Anwendungsbereich:**
• Große Unternehmen, in denen es möglich und sinnvoll ist, bestimmte Fähigkeiten, ausgestattet mit eigener Fach-, Entscheidungs- und Anordnungskomptetenz, zu zentralisieren • Trennung von Verwaltungsaufgaben	• Übertragung von Entscheidungsbefugnissen und Planungsaufgaben auf zentrale Dienststellen • Kontrolle der Aktivitäten • Zentralisierung gemeinsamer operativer Aufgaben (Werbung, Forschung, Personalwesen, Informatik, Rechtswesen, Organisation . . .) • Koordination aller Tätigkeitsbereiche
Vorteile:	**Nachteile:**
• Entlastung und Unterstützung der Leitungsinstanzen auf allen Ebenen • Gute Nutzbarmachung und Auslastung von kostenintensiven Fachspezialisten und Anlagen für das gesamte Unternehmen • Wirksame Koordinierung bestimmter Aufgaben • Zentralisierte Datenverarbeitung • Organisation mit eher funktionaler als hierarchischer Autorität	• Zunehmender Spezialistenbedarf (kostenträchtig) • Gefahr von Kompetenzstreitigkeiten (zwei oder mehrere Vorgesetzte) • Gefahr eines übermäßigen Ressortdenkens und ungenügende Berücksichtigung der Bedürfnisse der Linie • Autonomieverlust und eingeschränkte Verantwortlichkeit der strategischen Einheiten

5. Matrixorganisation und mehrdimensionale Strukturen

Einer der wichtigsten Gründe, die ein Unternehmen zur Abkehr vom Einliniensystem bewegen, ist, wie wir feststellen konnten, die Notwendigkeit, bestimmte Stellen durch Besetzung mit einer weiteren entscheidungsberechtigten oder beratenden Person für zwei Funktionstypen zu öffnen und in enge Beziehung zu verschiedenen Unternehmensbereichen zu setzen. In umfangreichen Organisationen mit komplexen Strukturen und großem Personalbestand wird das System der dualen Führung vielfach als notwendig empfunden. Es schafft eine neue Form der Kommunikation. Bei zunehmender Unternehmensgröße besteht somit die Tendenz, mehr und mehr zu zwei-, aber auch mehrdimensionalen Strukturen überzugehen.

Mehrliniensysteme entstehen durch die Angliederung einer oder mehrerer Strukturen (sekundäre, tertiäre Strukturen, hier 1, 2, 3) an die Primärstruktur (Primärstruktur: hier A, B, C). Damit schafft man bewußt mehrfache, jedoch komplementäre hierarchische Beziehungen und ermöglicht auf diese Weise eine flexiblere Anpassung der verschiedenen Aufgabenerfüllungen an die Komplexität einer sich ständig ändernden Umwelt. Durch „Kompetenzkreuzungen", die man für bestimmte Schlüsselstellen des Unternehmens vorsieht, wird die Zusammenarbeit zwischen den verschiedenen Instanzen begünstigt.

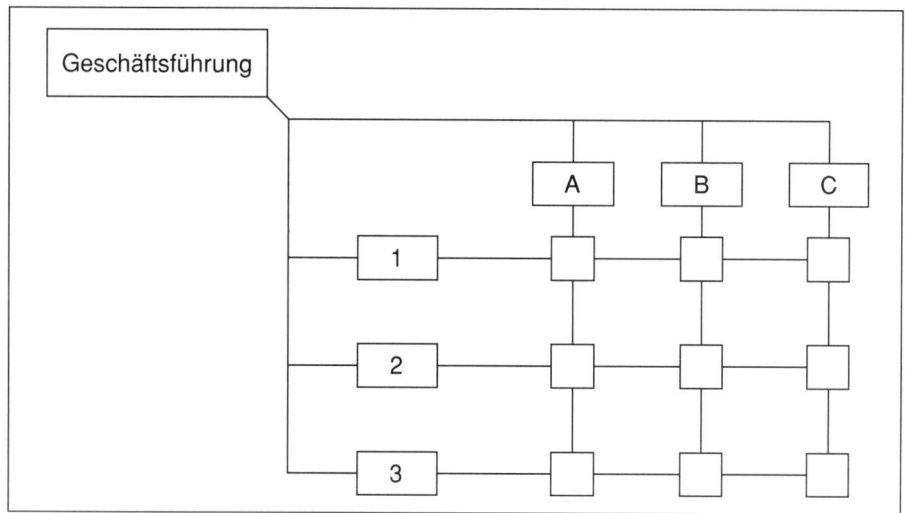

Die Matrix Organisation

Allerdings wird deutlich, daß die eigentliche Problematik dieser Strukturform in der klaren Abgrenzung der Entscheidungsbefugnisse liegt. Soll ein Produkt im Ausland abgesetzt werden, wird der Markt-Regionalleiter über das „Was" und „Wann" und der Marketingleiter über das „Wer" und „Wie" entscheiden. Hier muß ein Konsens herbeigeführt werden. Und für die Abgrenzung und Festlegung von Verantwortlichkeiten ist besondere Sorgfalt angezeigt. In der Praxis zieht man es im übrigen meist vor, einer der Strukturen (die man dann als Primärstruktur oder Primus inter pares bezeichnet) ein Kompetenzübergewicht einzuräumen.

Matrixorganisationen sind zwar kostspielig in ihrer Implementierung und Aufrechterhaltung, da zahlreiche Führungskräfte und Ausschüsse benötigt werden. Sie ermöglichen aber – wie wir gesehen haben – die Überlappung und Koordination von Arbeitsbereichen, die mehrere Typen von Verantwortlichkeiten implizieren. Wenn nun mehrere Führungskräfte derselben Ebene mit verschiedenen Situationen konfrontiert werden, dann gibt weniger die Entscheidung eines durch seine hierarchische Position „legitimierten" Vorgesetzten den Ausschlag als vielmehr der Konsens, zu dem man durch Meinungsaustausch gelangt ist. Das wäre der Idealfall, der jedoch selten eintritt, und häufig kommt es zu Kompetenzstreitigkeiten. Oft beschränkt man sich darauf, unbedingt notwendige Passerellen zu schaffen, und bedient sich einer Vielzahl von organisatorischen Zwischenformen und Kombinationen.

59

MATRIXORGANISATION UND MEHRDIMENSIONALE STRUKTUREN	

Bedingungen:
 	
 • Klare Regelung der Kompetenz-
  überlagerung
 • Turbulente Umwelt
 • Komplexität der von strategischen
  Einheiten tangierten Bereiche
	Anwendungsbereich:
	
	 • Große Unternehmen mit Präsenz auf
	  mehreren Märkten und/oder mehreren
	  Projekten
	 • Divisionalisierung nach Produkten und
	  Funktionen bzw. nach Märkten und
	  Funktionen

Vorteile:
 	
 • Entlastung der Geschäftsleitung
 • Kürzere Kommunikationswege
 • Problemlösung durch die betroffenen
  Abteilungen und Spezialisten
 • Gute Integration der Projekte
 • Die Behandlung von Problemen von
  unterschiedlichen Standpunkten aus
  macht auch komplexe Situationen
  beherrschbar, Konfliktmanagement im
  Tagesgeschäft
 • Höhere Flexibilität
 • Vorrang der Sachkompetenz über
  Privilegien der Hierarchie
 • Begünstigung der Persönlichkeits-
  entfaltung durch Teamarbeit und
  Konsensfindung
 • Spezialisierung von Führungsfunktionen
	Nachteile:
	
	 • Gefahr von Kompetenz- und Handlungs-
	  konflikten, Machtkämpfe
	 • Gefahr von unbefriedigenden
	  Kompromissen
	 • Unsicherheit der Führungskräfte
	  angesichts von Mehrfachunterstellung
	 • Schwerfälligkeit der Prozeßabläufe,
	  schleppende Entscheidungsfindung,
	  hoher Kommunikationsbedarf, lange
	  Verhandlungszeiten, erheblicher Umfang
	  an Kompetenzenregelungen und Arbeits-
	  sitzungen zu Koordinationszwecken
	 • Kostenintensiv
	 • Bedarf an zahlreichen Führungskräften
	 • Verlust der Unité de doctrine oder der
	  einheitlichen Führungsgrundsätze
	 • Gefahr der Übernahme und Beherrschung
	  durch „Primärstruktur"
	 • Tendenz zur Schaffung einer über-
	  geordneten (Super-) Struktur mit
	  Koordinations-, Gestaltungs- und Konflikt-
	  lösungsaufgaben

c) Die wichtigsten Strukturierungskriterien

Nach Darstellung der verschiedenen Organisationstypen kommen wir nun zur Frage der Gliederung von Entscheidungsbefugnissen. Wer löst welche Aufgaben, oder anders ausgedrückt: Welche Einheiten füllen die Rechtecke des Organigramms? Die Frage ist selbstverständlich in Entsprechung und ständiger Interaktion zu der gewählten Strukturform zu sehen. Ein junges Unternehmen zum Beispiel, das zunächst eine funktionale Gliederung nach Beschaffung, Produktion, Absatz . . . gewählt hat, kann sich später für eine Stab-Linien-Organisation entscheiden, weil es aufgrund diversifizierter Produkte oder erweiterter Absatzmärkte eine Reflexions- und Entscheidungsstruktur benötigt, die sich am Produkt oder

Markt orientiert. Das Organigramm legt die Aufgabenverteilung innerhalb dieses Systems fest. Somit lassen sich Strukturformen „nach der Art der Spezialisierung von Aufgaben und ihrer Zusammenfassung auf höherer Ebene" (vgl. Capet/Causse/Meunier, 1986) definieren, je nachdem, ob die Gliederung nach *Funktionen* oder nach *strategischen Gesichtspunkten* erfolgt. Wir werden nun die verschiedenen Möglichkeiten untersuchen: Gliederung nach Funktionen, Produkten oder Märkten.

1. Gliederung nach Funktionsbereichen

„Nach Funktionsbereichen" bedeutet, daß sich die Linienvorgesetzten überwiegend aus den Leitern der Divisionen, wie z. B. „Finanzen, „Absatz" oder „Fertigung", zusammensetzen, was zur Folge hat, daß die Entscheidungsstrukturen vor allem auf eine Optimierung der betreffenden Funktionsbereiche ausgerichtet sind. Man denkt eher über betriebliche Rationalisierung als über den Markt nach. Die wichtigsten Entscheidungsbefugnisse werden im wesentlichen sachbezogen den leitenden Funktionsträgern der verschiedenen Unternehmensbereiche übertragen. Ihr individuelles Erfolgsziel ist die Produktionssteigerung ihrer Abteilung und nicht die Produktivität des Gesamtunternehmens, das heißt, sie werden partielle Rationalisierungseffekte durch bessere Ressourcenverwendung anstreben, nicht aber das Ergebnis des Gesamtunternehmens steigern wollen. Man wird nach betriebswirtschaftlichen Gesichtspunkten produzieren, nach Synergie der Mittelverwendung und Kostensenkung streben und versuchen, eine gewisse Produktivitätsquote zu erreichen, denn es sind die Ergebnisse im Fertigungsbereich, nach denen der Produktionsleiter beurteilt wird; das aber kann zu Lasten notwendiger Anpassungsprozesse gehen, die aufgrund einer veränderten Nachfragesituation bei dem einen oder anderen Produkt eingeleitet werden müßten. Auch bleiben unter Umständen bestimmte Besonderheiten lokaler Märkte unberücksichtigt, weil sich im Bereich Produktion niemand dieser Frage annimmt. Eine verbesserte Ertragssituation wird in diesen Fällen nur durch eine Kostenverringerung erzielt und nicht durch eine erweiterte Produktpalette.

Die Gliederung nach Funktionsbereichen ist noch bei vielen alteingesessenen oder expandierenden Unternehmen verbreitet, denn sie stellt die naheliegendste Form von Aufgabenteilung dar: Sie ist die logische Entsprechung zu den im Unternehmen existierenden Funktionen. Ihr Vorteil liegt in einer transparenten Kompetenzverteilung, die mitunter zu Lasten einer zufriedenstellenden Koordination geht. Transparenz ist im wesentlichen auch der Grund, warum Konzerne mit unterschiedlichen Aktivitäten ihre Leitung funktional organisieren: Sie nehmen damit auf einfache Weise eine angesichts komplexer Holdingstrukturen notwendige Abgrenzung der verschiedenen Bereiche vor. Wir möchten dies mit dem Organigramm der Firma Peugeot belegen.

GLIEDERUNG NACH FUNKTIONSBEREICHEN

Bedingungen:

- Umwelt und Markt sind relativ stabil

Anwendungsbereich:

- Kleine und mittlere Handels- und Industrieunternehmen
- Holdinggesellschaften mit verschiedenen Tätigkeitsbereichen
- Dominanz bestimmter Funktionen (Absatz, Beschaffung, Forschung usw.)

Vorteile:

- Entspricht dem Prinzip der Arbeitsteilung
- Strukturiert nach beruflicher Spezialisierung
- Transparente Struktur, „einfache" organisatorische Gestaltung, gut kontrollierbar
- Machtbefugnisse und Ansehen für die Hauptfunktionen, begrenzt auf ein klar definiertes Aktionsfeld
- Begrenzter Bedarf an Führungskräften

Nachteile:

- Nachteilige Auswirkung auf die Koordination
- Übergewicht des Spezialistentums; mangelnder Gesamtüberblick über die Firma und ihre Situation; erschwerte Gesamtkontrolle
- Konzentration der Leitungsaufgaben auf die Unternehmensspitze, Sensibilisierung für Belange des Marktes schwierig
- Verlust der Markt- und Kundenübersicht
- Überlastung der Geschäftsleitung durch Koordinationsprobleme
- Geringe Laufbahndiversität

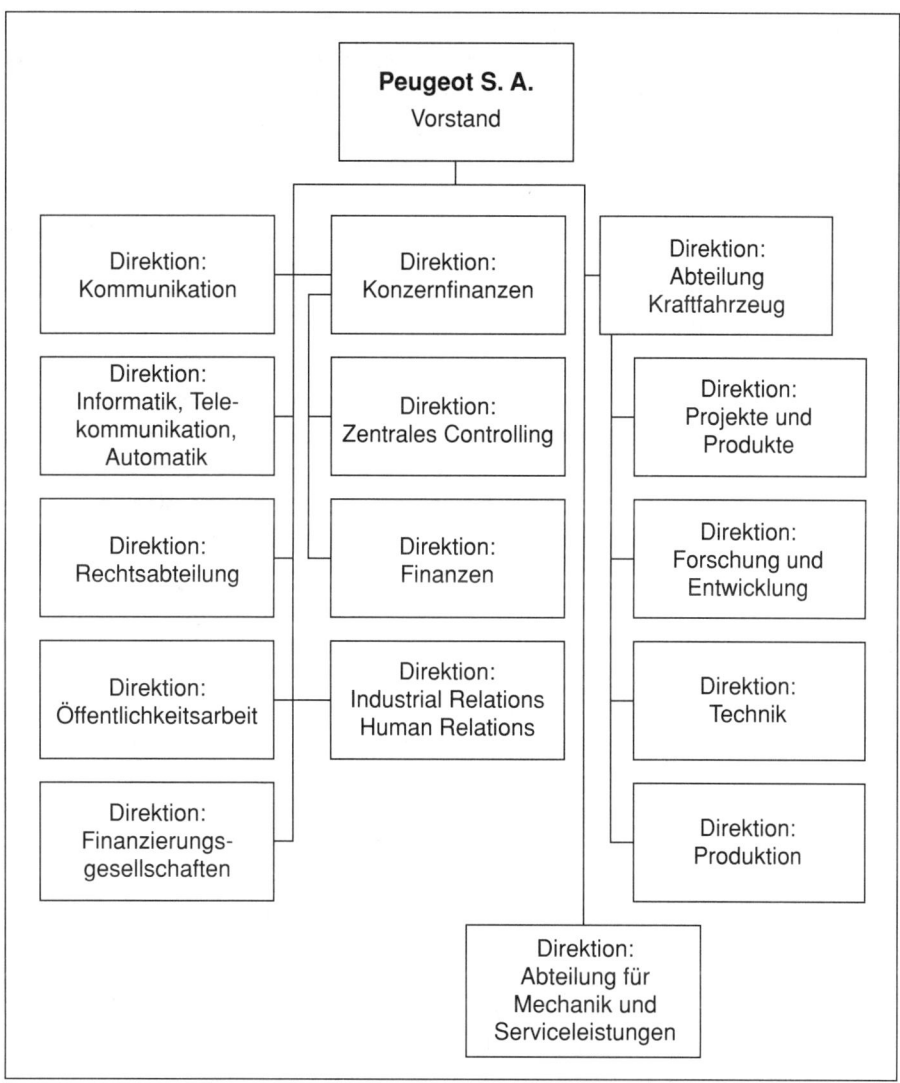

Peugeot S. A.
Vorstand

Direktion:
Kommunikation

Direktion:
Konzernfinanzen

Direktion:
Abteilung
Kraftfahrzeug

Direktion:
Informatik, Tele-
kommunikation,
Automatik

Direktion:
Zentrales Controlling

Direktion:
Projekte und
Produkte

Direktion:
Rechtsabteilung

Direktion:
Finanzen

Direktion:
Forschung und
Entwicklung

Direktion:
Öffentlichkeitsarbeit

Direktion:
Industrial Relations
Human Relations

Direktion:
Technik

Direktion:
Finanzierungs-
gesellschaften

Direktion:
Produktion

Direktion:
Abteilung für
Mechanik und
Serviceleistungen

Beispiel für eine Gliederung nach Funktionsbereichen: Peugeot S.A.

2. *Gliederung nach strategischen Gesichtspunkten*

„Nach strategischen Gesichtpunkten" bedeutet im Unterschied zu einer funktionalen
Gliederung, daß Aktionsvektoren Vorrang haben: Linienvorgesetzte sind entweder
Produkt-Manager in Unternehmen, die eine Vielzahl von Gütern und Dienstleistungen
produzieren, oder Markt-Manager in Organisationen, die ein bestimmtes Produkt auf
geografisch breit gestreuten Märkten absetzen. Häufig wird die individuelle Verantwortlichkeit dadurch unterstrichen, daß Geschäftsbereiche als *Profit Center* (PC) orga-

nisiert werden. Der jeweilige Bereich wird in diesem Fall wie ein eigenes kleines Unternehmen geführt, mit eigener Erfolgsrechnung. PC-Leiter führen die ihnen unterstellte Unternehmenseinheit autonom und werden in ihrer Leistung nicht wie alle anderen, sondern am Zielerfüllungsgrad gemessen, das heißt an den Gewinnen und Verlusten, die sie mit ihrem Produkt oder auf ihrem Markt erzielen. Diese Profit Center werden, ob produkt- oder marktorientiert, von der Geschäftsleitung mit den notwendigen Linienkompetenzen ausgestattet, sie bilden eigene Verantwortlichkeitsbereiche und sind nach abrechnungstechnischen Gesichtspunkten ausgegrenzt. In der Praxis haben sich PC-Varianten durchgesetzt, die häufig nach einem etwas restriktiveren Steuerungskonzept funktionieren, etwa das *Budget Center*, verantwortlich für Ausgaben in einer bestimmten Zeitperiode, oder das *Cost Center*, verantwortlich für verursachte Kosten. In einigen Fällen ist die Leitung auch für Gewinne sowie den Einsatz und die Nutzung des investierten Kapitals verantwortlich, das heißt, die Leistungsbeurteilung erfolgt nach der PC-Rentabilität. Man spricht hier von sog. „Investment Center". Unabhängig davon, ob man sich nun für die eine oder andere Dezentralisierungform entscheidet, ist es bei dieser Struktur, die auf verantwortungsvolles Handeln abzielt, wichtig, daß strategische Einheiten eine ihnen entsprechende Autonomie und Form der Unterstellung erhalten.

2.1 Gliederung nach Produktbereichen

In einem Unternehmen, das mehrere Tätigkeitsbereiche mit klar erkennbaren Spezialisierungsunterschieden zusammenfaßt, tendiert man häufig zu Strukturen, die eine produktbezogene Gliederung schaffen, um die vom Produkt her determinierten Aktivitäten, Kosten und Erträge getrennt erfassen zu können.

Matra zum Beispiel stellt Telefonapparate und Raketen her, wo sollte es da Gemeinsamkeiten geben? Jede Sparte hat ihre Umwelt, ihre Bedingungen und Wertigkeiten, und es kann durchaus sinnvoll sein, eine Trennung zwischen den Verantwortlichkeiten für die Bereiche Produktion und Marketing vorzunehmen. Auch bei einer Konzernbildung, selbst dann, wenn die Tochterunternehmen sich mit sehr ähnlichen Aktivitäten befassen, ist es üblich, die ursprüngliche Trennung der Geschäftsbereiche aufrechtzuerhalten, damit jede der Konzerntöchter weiterhin als eigenständiges Unternehmen geführt werden kann, das auf seinen eigenen Markt ausgerichtet ist. Der SEB-Konzern z. B., der bekanntlich Tefal und Calor beherrscht, bedient den Markt für Haushaltsgeräte über verschiedene Firmen, die zwar rechtlich aufgrund ihrer Kapitalstruktur miteinander verbunden sind, sich in der Öffentlichkeit jedoch als jeweils eigene Marke präsentieren.

Das Organigramm des Schweizerischen Bankvereins zeigt, wie sich eine Bank produktbezogen organisiert und in die Bereiche Finanzprodukte, Anlagengeschäft und Handel gliedert, wobei die Logistik die Koordinationsfunktion übernimmt.

GLIEDERUNG NACH PRODUKTBEREICHEN

Bedingungen:	**Anwendungsbereich:**
• In Hinblick auf Forschung, Produktion und Absatz stark differenzierte Produkte • Heterogene Märkte durch differenzierte Produkte	• Große Unternehmen, Konzerne • Diversifizierung der dominanten Produkte • Übertragung von Verantwortlichkeit auf relativ autonome Subsysteme
Vorteile:	**Nachteile:**
• Entlastung der Geschäftsleitung von der Koordination zwischen Funktionen, die dasselbe Produkt betreffen • Geringerer Zeitaufwand für die Koordination unter verschiedenen Produktbereichen • Verantwortlichkeiten und Gewinnerzielung lassen sich produktbezogen trennen • Gute Kenntnis der spezifischen Umwelt eines jeden Produktes, produktnahe Entscheidungen • Mehr Autonomie und Entwicklungsmöglichkeiten für die verschiedenen Produktbereiche • Hohe Flexibilität und Anpassungsfähigkeit • Begünstigung der Kaderentwicklung durch Aufgabenvielfalt und hohen Verantwortungsgrad • Motivation durch Ergebnisverantwortung	• Bedarf an zahlreichen qualifizierten Führungskräften • Notwendigkeit von Stellen zur Koordination der verschiedenen Produktbereiche, mehrfache Ausbildung tragender Funktionen des Unternehmens (mehrere Personalleiter z. B.) • Gefahr der Suboptimierung bestimmmter Funktionen • Parzellierung des Unternehmens • Möglicher Verlust der Unité de doctrine, der einheitlichen Führungsgrundsätze und Identitätsverlust • Koordination zwischen Produkten und Nutzung von Synergieeffekten sehr schwerfällig • Gefahr der Überschneidung und Redundanz

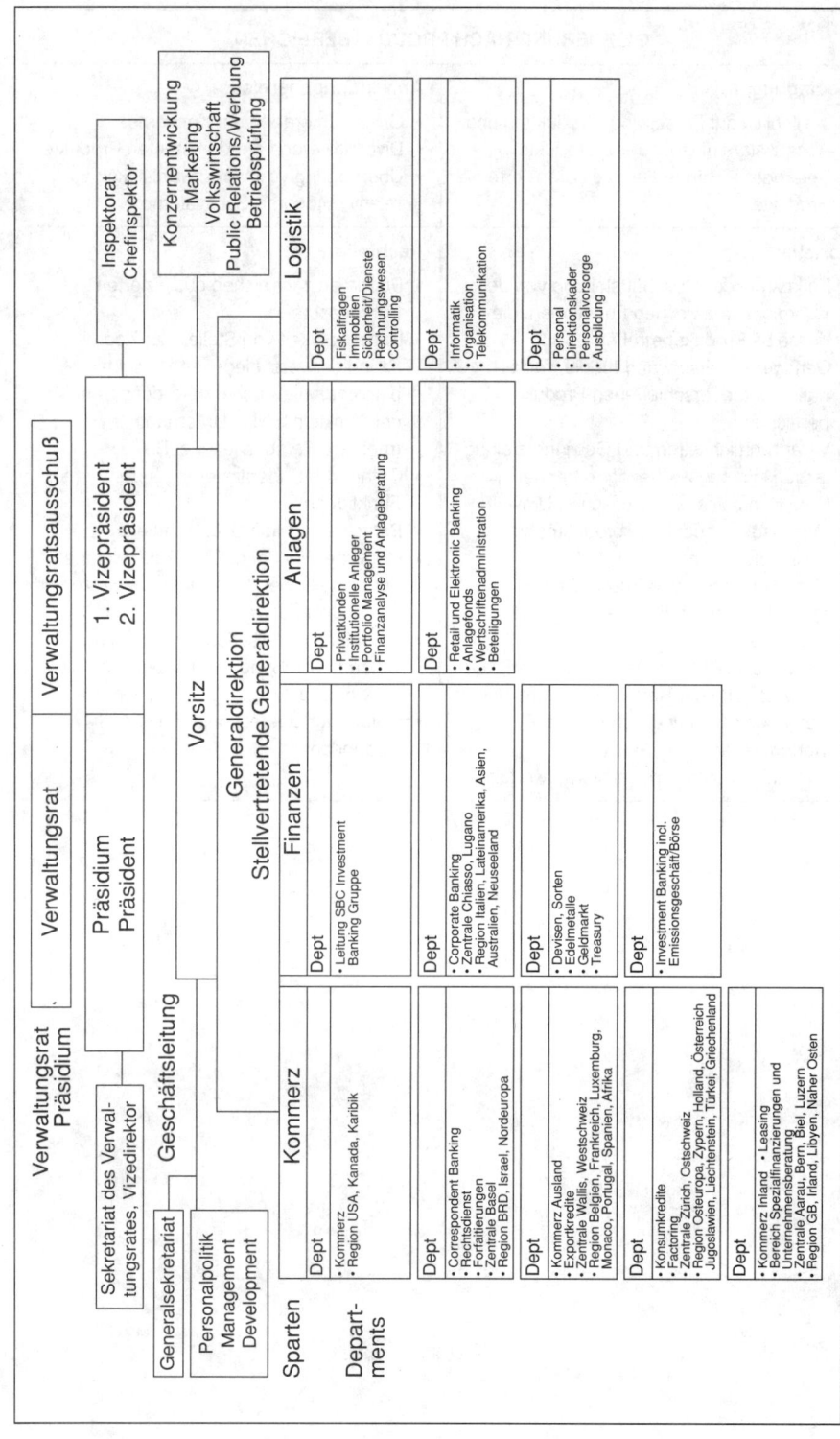

Organigramm des Schweizerischen Bankvereins (Stand: 1. 2. 1988)

Es gibt heutzutage eine Reihe von Industriekonzernen, die aufgrund ihrer Unternehmensgröße sowohl im Absatz als auch in der Produktion weltweite Dimension erlangt haben. Das geht so weit, daß die lokale Ansiedlung von Fertigungsbetrieben im Ausland nicht nur wegen einer günstigen Arbeitsmarktsituation und niedriger Lohnkosten erfolgt, sondern auch, weil einem geografisch zu spezifizierenden Bedarf entsprochen werden soll. Wer Mexiko kennt, wird festgestellt haben, daß man auf den Straßen überall den VW Käfer sieht. Dieses Auto entspricht trotz seines überholten Designs, das schon vor Jahrzehnten entstand, den Bedürfnissen des Mexikaners, der von einem Auto robuste Ausführung, günstige Preislage und eine sehr lange Lebensdauer erwartet. Die Volkswagenwerke von Puebla, Mexiko, stellen den Käfer also weiterhin für diesen lokalen Markt her, obwohl die Produktion überall sonst seit Jahren eingestellt ist. An der Fortführung der Käferproduktion waren im übrigen sowohl der deutsche Hersteller interessiert – Marktdominanz und Gewinnerzielung – als auch der mexikanische Staat – erschwingliches Auto für das mexikanische Volk und 16 000 Arbeitsplätze. So kam es zu lokalen Vereinbarungen, die dem gemeinsamen Interesse von Industrie und Politik dienten: Volkswagen kalkulierte die Herstellungskosten äußerst knapp, die mexikanische Regierung senkte die für den Kauf eines Käfers anfallenden Steuern, und die Wiederverkäufer gaben sich mit niedrigeren Gewinnspannen zufrieden.

Ähnlich wie bei der Gliederung nach Produktbereichen hat die Absatzsteigerung – verbesserte Ergebniserfolge auf einem lokalen Markt – Vorrang vor dem Produktivitätszuwachs durch Minimierung der Gesamtkosten. Dabei handelt es sich allerdings eher um eine Tendenz, denn in der Regel ist es so, daß sowohl Finanzexperten als auch Marketingfachleute eines Unternehmens beide Ziele verfolgen, Absatzsteigerung und Produktivitätszuwachs. Wenn vor allem territoriale Überlegungen eine Rolle spielen, ist es einleuchtend, daß sich bestimmte Mischkonzerne für eine Gliederung nach Marktbereichen entscheiden. Nachstehendes Schaubild stellt die Organisation des Kuoni-Konzerns dar, der als Tour Operator zur Weltspitze der Branche gehört.

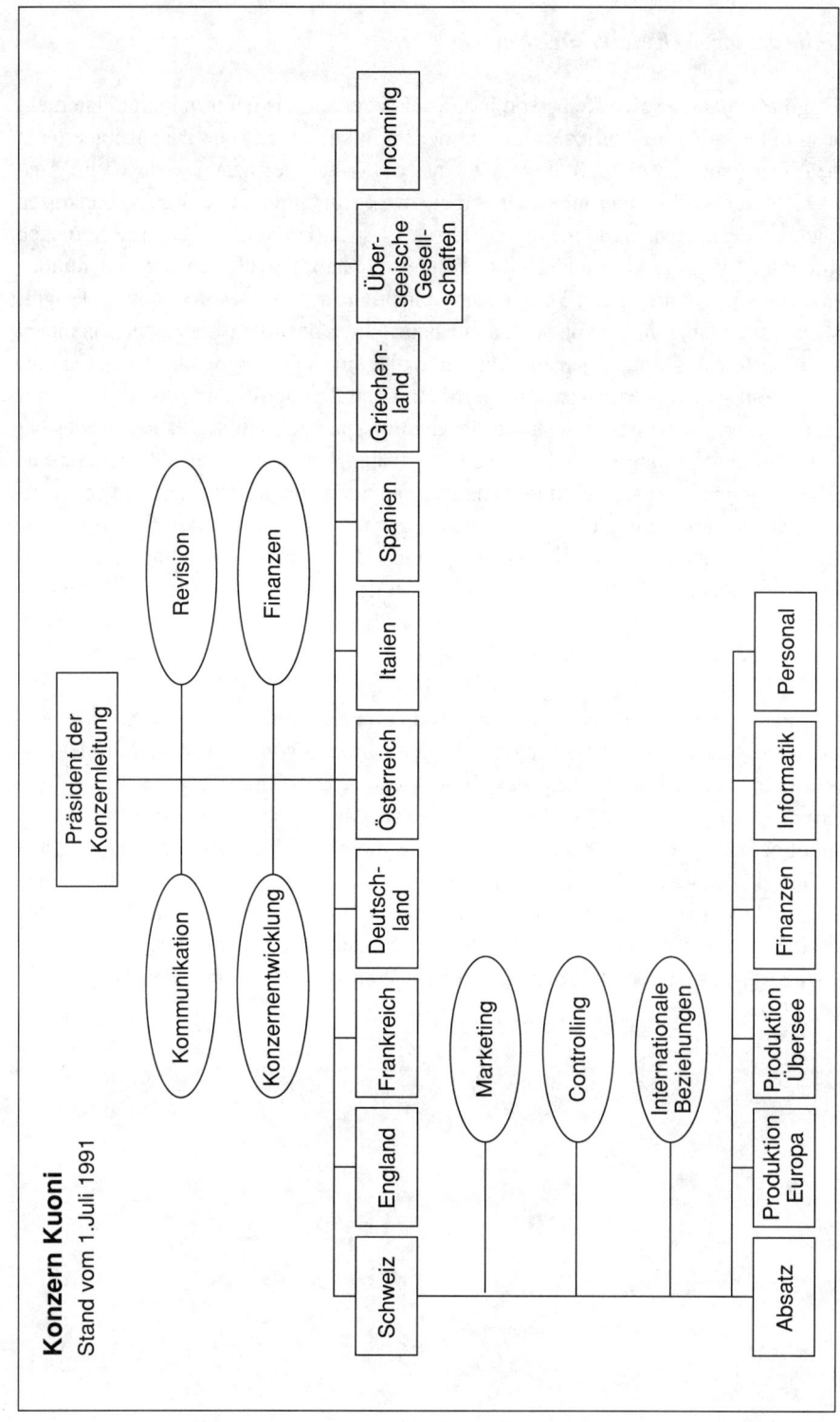

Konzern Kuoni
Stand vom 1.Juli 1991

Präsident der
Konzernleitung

Revision

Finanzen

Kommunikation

Konzernentwicklung

Schweiz

England

Frankreich

Deutsch-
land

Österreich

Italien

Spanien

Griechen-
land

Über-
seeische
Gesell-
schaften

Incoming

Marketing

Controlling

Internationale
Beziehungen

Absatz

Produktion
Europa

Produktion
Übersee

Finanzen

Informatik

Personal

Beispiel für eine Gliederung nach Marktbereichen: Konzern Kuoni

Diese beiden wichtigsten Strukturformen, Gliederung nach Funktionsbereichen und Gliederung nach strategischen Gesichtspunkten, schließen sich gegenseitig nicht aus, und das um so weniger, als bestimmte Strukturformen auch als Mischsystem sinnvoll sind. Hiermit kommen wir zu unserem nächsten Punkt, dem Zusammenhang von Organisationsformen und Strukturierungskriterien.

GLIEDERUNG NACH MARKTBEREICHEN

Bedingungen:	Anwendungsbereich:
• Sehr unterschiedliche Absatzregionen und Produktionsgebiete • Standortbezogen angepaßte Betriebsstätten oder Filialen	• Große Unternehmen, Konglomerate, multinationale Gesellschaften • Diversifizierung der dominanten Märkte • Schaffung relativ autonomer Verantwortungsbereiche

Vorteile:	Nachteile:
• Entlastung der Geschäftsleitung von der Koordination zwischen Funktionen, die dasselbe Produkt betreffen • Geringerer Zeitaufwand für die Koordination unter den Marktbereichen • Verantwortlichkeiten und Gewinnerzielung lassen sich marktbezogen trennen • Gute Kenntnis der spezifischen Umwelt eines jeden Produkts, marktnahe Entscheidungen • Mehr Autonomie und Entwicklungsmöglichkeiten für die verschiedenen Marktbereiche • Hohe Flexibilität und Anpassungsfähigkeit • Begünstigung der Kaderentwicklung durch Aufgabenvielfalt und hohen Verantwortungsgrad • Motivation durch Ergebnisverantwortung	• Bedarf an zahlreichen Führungskräften • Notwendigkeit von Stellen zur Koordination der verschiedenen Produktbereiche, mehrfache Ausbildung tragender Funktionen des Unternehmens (mehrere Personalleiter z. B.) • Gefahr der Suboptimierung bestimmter Funktionen • Parzellierung des Unternehmens • Möglicher Verlust der Unité de doctrine und Identitätsverlust • Koordination zwischen Märkten und Nutzung von Synergieeffekten sehr schwerfällig • Gefahr der Überschneidung • Markt-Manager setzen eigenen Erfolg über den Gesamterfolg des Unternehmens

---

d) Konkordanz und Kohärenz zwischen Organisationsformen und Strukturierungskriterien

Ohne dieses Thema besonders vertiefen zu wollen, ist doch festzustellen, daß die zuvor behandelten Strukturformen nicht unabhängig voneinander existieren. Mehrdimensionale Strukturen (Stab-Linien-Organisation, funktionale Gliederung und Matrixorganisation) entsprechen der Notwendigkeit, von einer Gliederung nach Funktionsbereichen – oft ist dies die erste Gliederung, die sich eine junge Organisation schafft – auf ein System überzugehen, das in stärkerem Maße die Komplexität der Umwelt berücksichtigt. Entscheidungen in diesem Bereich muß eine problemorientierte Untersuchung bestehender Interaktionen unter Berücksichtigung der zuvor genannten Parameter vorausgehen. Wir wollen an einem Beispiel deutlich machen, wie eine Struktur sich im Laufe der Zeit verzweigt, mehrere Strukturtypen kombiniert und schließlich zu einer dualen oder mehrdimensionalen Geschäftsbereichsorganisation gelangt.

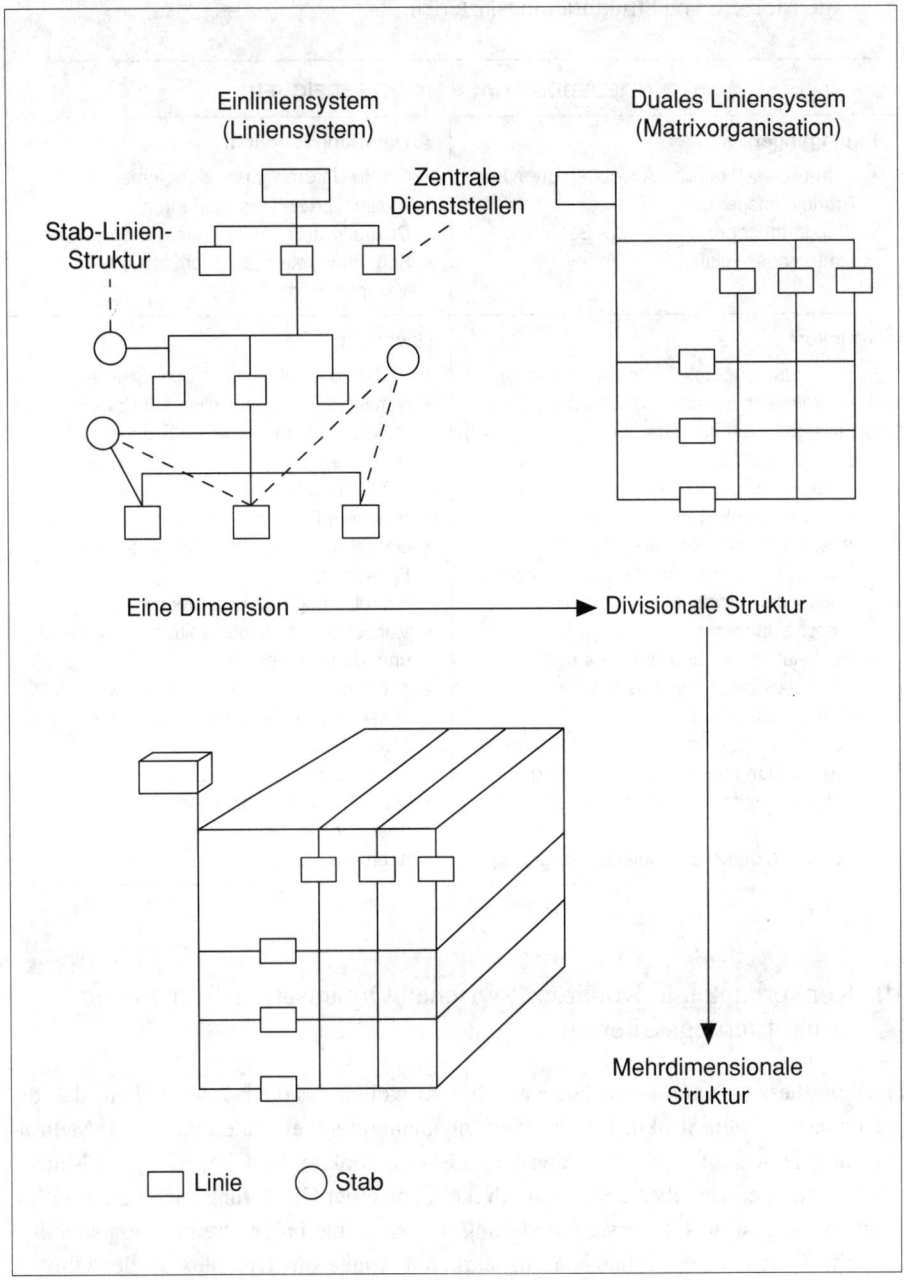

Dimensionale Entwicklungsmöglichkeiten von Strukturformen

70

Einige Aussagen des vorangegangenen Schaubilds finden sich wieder in dem Organigramm der Matrixorganisation des internationalen Konzerns Hilti, der Werkzeuge und chemische Produkte für die Bauwirtschaft herstellt; Hilti hat seinen Sitz im Fürstentum Liechtenstein (s. Abb. S. 72).

Zunächst stellen wir fest, daß die Organisation eines großen internationalen Konzerns alle Strukturparameter, Funktionen, Produkte und Märkte, einbeziehen muß. Je nach Ausrichtung des Aufbaus eines Konzerns und der diesbezüglich gefällten Entscheidungen wird organisatorisch ein eher umfangreiches System entstehen und sich eine Option realisieren, die irgendwo in einer Kombination verschiedener Strukturen und einem mehrdimensionalen Funktionieren angesiedelt ist.

Aus den Kombinationen dieser Strukturen entstehen Ordnungsmuster, die von einem Unternehmen zum anderen variieren (s. Abb. S. 73).

Eine mehrdimensionale Struktur gibt dem Unternehmen zum Beispiel die Möglichkeit, seine Organisation nicht nur unter Berücksichtigung der drei großen Strukturelemente Funktion, Produkt und Markt zu gestalten, sondern auch die wichtigsten Kunden – „Key Accounts" der Computergesellschaften oder Dienstleistungsunternehmen im EDV-Bereich – und Projekte – bedeutende, langfristige Bauvorhaben eines Unternehmens der Hoch- und Tiefbaubranche – strukturell einzubeziehen (vgl. Abb. S. 73).

In diesem mehrdimensionalen Modell ist demnach gegebenenfalls jede strategische Geschäftseinheit mehreren strategischen Linieninstanzen unterstellt und einer Funktion zugeordnet.

Ein amerikanischer Jeanshersteller, der seine Produkte überall in der Welt absetzt, kann sein Unternehmen nach „Hosen", „Jacken" und „Zubehör" einerseits gliedern, zum anderen nach den Regionen „Europa", „USA" und „Übrige Welt" und schließlich nach den Bereichen „Produktion", „Marketing" und „Finanzen". Ist die Primärstruktur marktbezogen, so wird der Marketing-Manager für den Absatz von Jeans in Europa am Verwaltungssitz der Muttergesellschaft arbeiten und dem Manager für die Region „Europa" unterstellt sein; gleichzeitig wird er sich mit der Markenpolitik des Geschäftsbereichs „Marketing" am Hauptsitz der Gesellschaft abstimmen müssen und die technischen Daten berücksichtigen, die der Leiter des in den USA angesiedelten Geschäftsbereichs „Hosen" vorgibt.

Wie komplex solche großen Systeme angelegt sein können, läßt sich am Beispiel des deutschen Siemens-Konzerns nachvollziehen. Das sternförmig angeordnete Organigramm zeigt eine Struktur, die divisional nach Funktionen (Finanzen, Forschung etc.), Produkten (Telekommunikation, Kraftfahrzeuge etc.) und geografischen Bereichen (Niederlassungen in Deutschland und im Ausland) gegliedert ist.

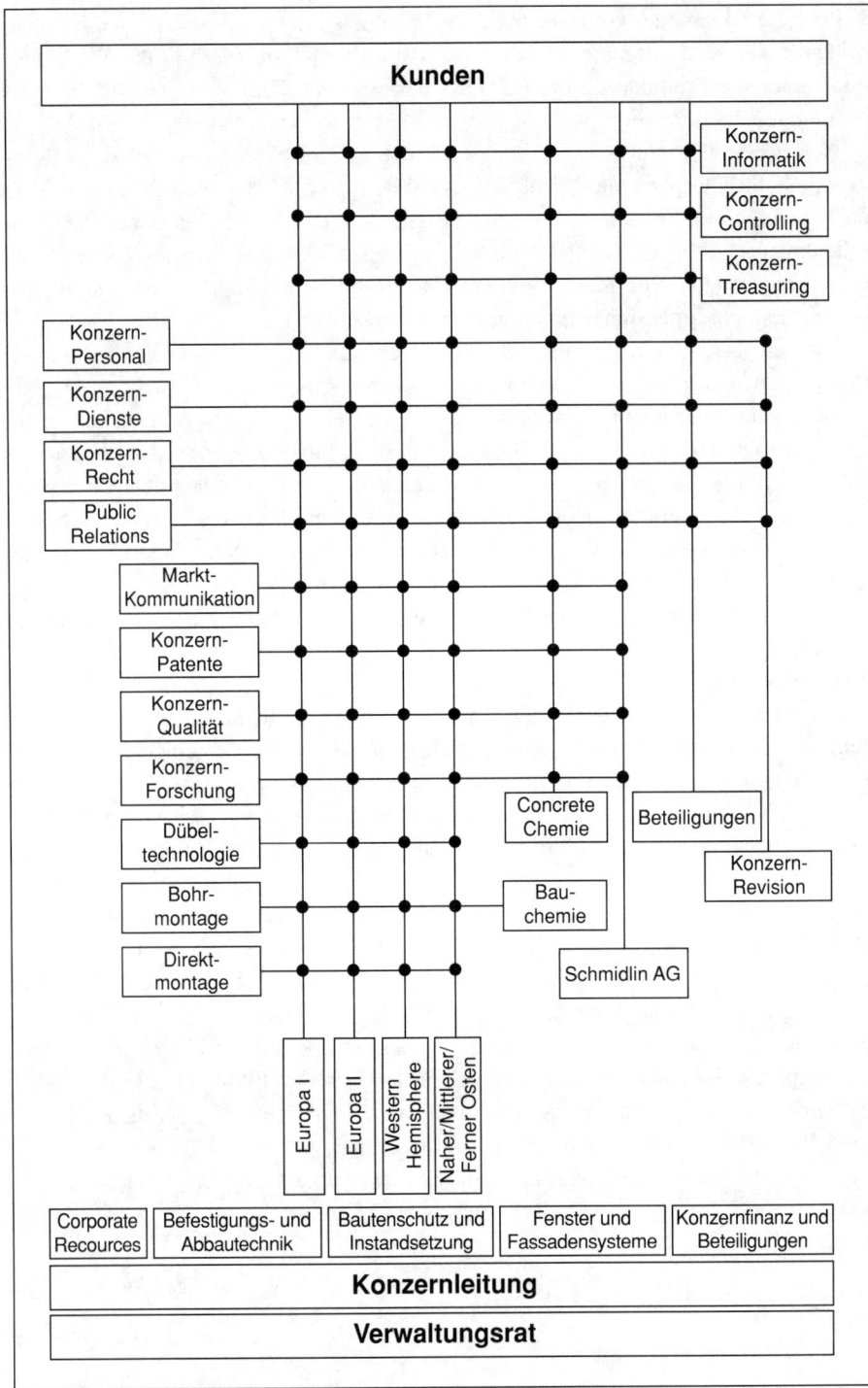

Beispiel einer Matrixorganisation: Hilti

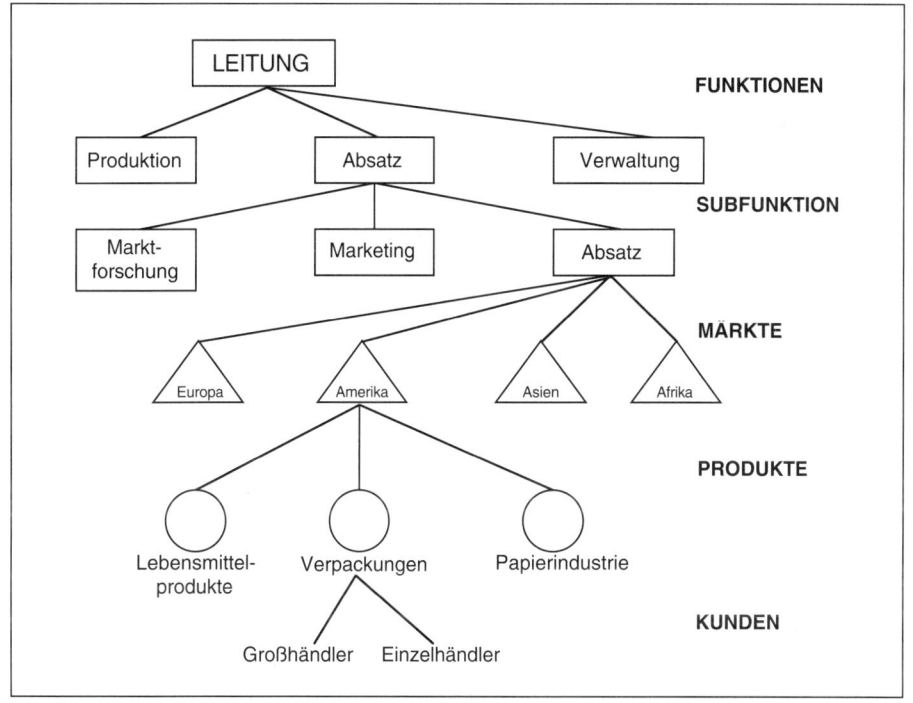

Kombination verschiedener Strukturformen

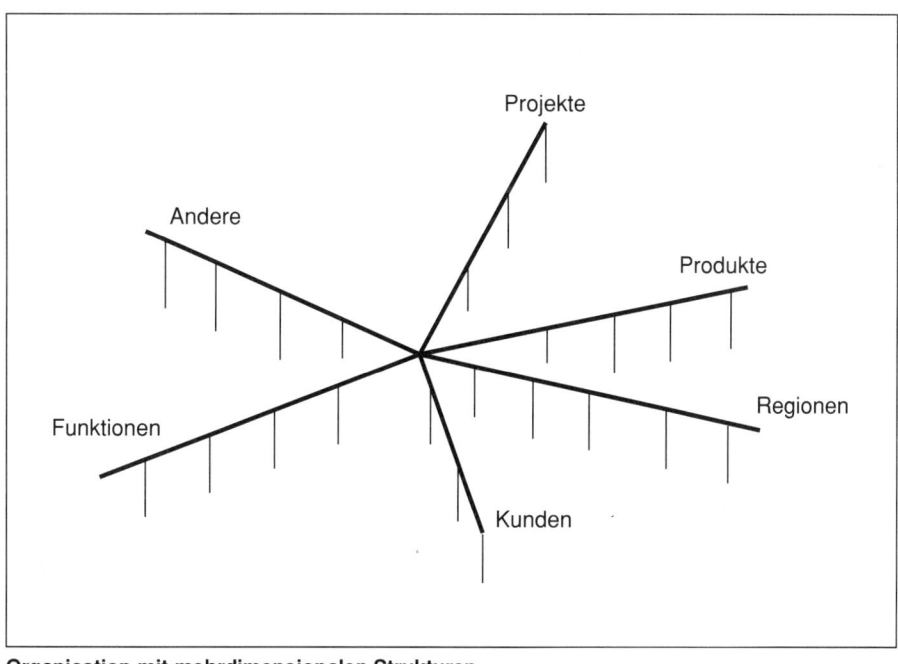

Organisation mit mehrdimensionalen Strukturen

73

Siemens AG

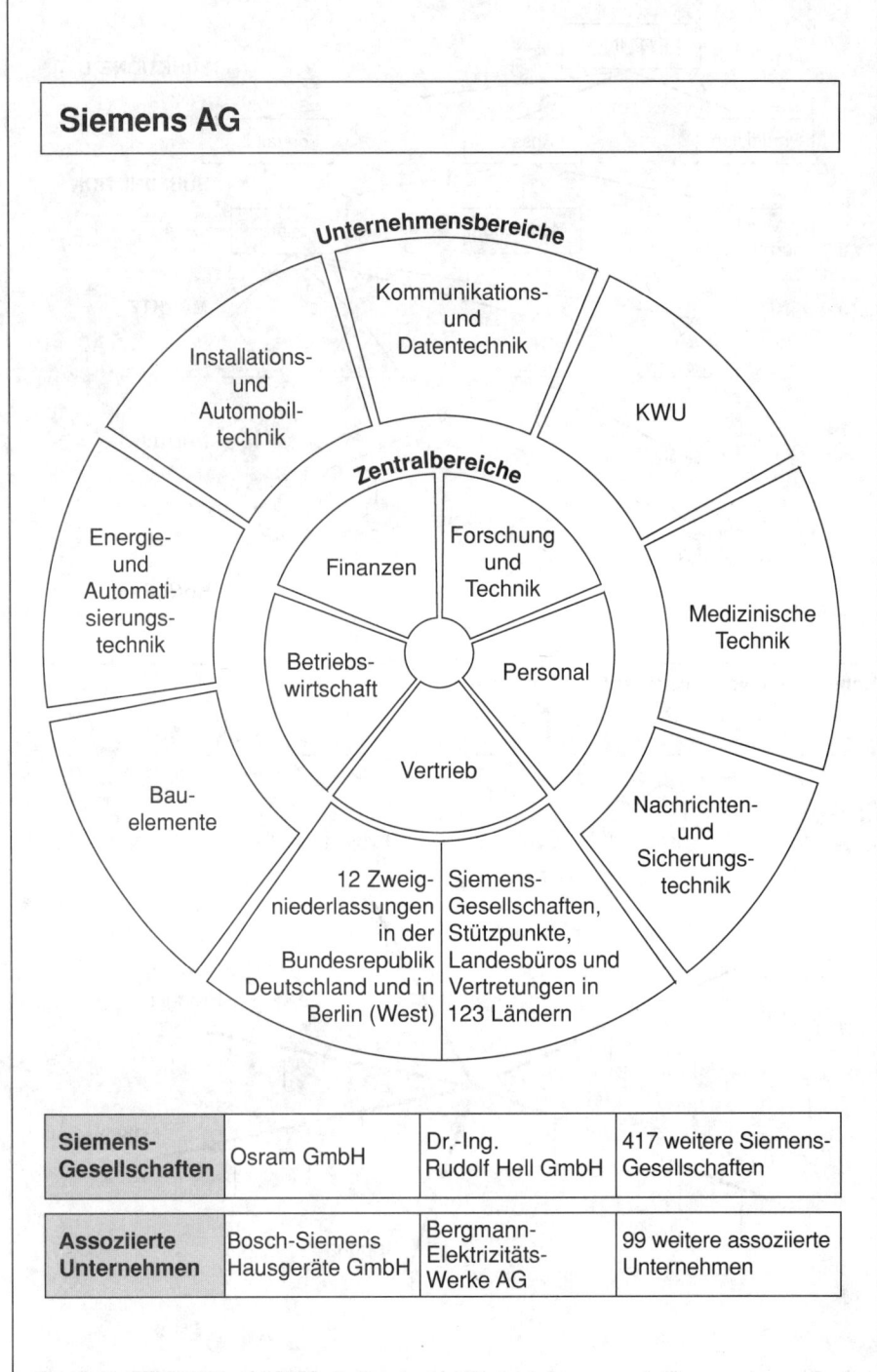

Unternehmensbereiche

- Kommunikations- und Datentechnik
- KWU
- Medizinische Technik
- Nachrichten- und Sicherungstechnik
- Installations- und Automobiltechnik
- Energie- und Automatisierungstechnik
- Bauelemente

Zentralbereiche

- Finanzen
- Forschung und Technik
- Betriebswirtschaft
- Personal
- Vertrieb

12 Zweigniederlassungen in der Bundesrepublik Deutschland und in Berlin (West)

Siemens-Gesellschaften, Stützpunkte, Landesbüros und Vertretungen in 123 Ländern

Siemens-Gesellschaften	Osram GmbH	Dr.-Ing. Rudolf Hell GmbH	417 weitere Siemens-Gesellschaften

Assoziierte Unternehmen	Bosch-Siemens Hausgeräte GmbH	Bergmann-Elektrizitäts-Werke AG	99 weitere assoziierte Unternehmen

Beispiel einer multidimensionalen Struktur: Siemens

74

e) Unternehmenskonzentration: Organisationsstruktur einer Holding

Die zunehmende Komplexität, aber auch die wachsenden Anforderungen des Marktes und die allgemeine Tendenz zur Dezentralisierung von Entscheidungsbefugnissen veranlassen mehr und mehr Unternehmen dazu, sich zusammenzuschließen, gleichzeitig aber den verschiedenen Unternehmenseinheiten volle Freiheit in Hinblick auf ihre Organisation und Gestaltung zu lassen. Diese Form der Zusammenarbeit, die auf mehr Synergie abzielt, wird als *Konzernstruktur* bezeichnet oder aber, im Sinne der nachfolgenden Ausführungen, als *Holding*.

Die Holding ist eine Organisationsform, die auf der obersten Leitungsebene nach Funktionen und auf der nachgeordneten Ebene nach strategischen Geschäftseinheiten (Produkt- oder Marktbereiche) gegliedert ist und Unternehmen mit eigener Rechtspersönlichkeit zusammenfaßt (vgl. Bühner, 1987). Die Holding besteht somit aus wirtschaftlich selbständigen strategischen Geschäftseinheiten unter zentraler Führung – Holdingleitung –, die über die Einheit des Ganzen wacht. Die Unterstellung der Geschäftsbereiche unter die Holdingleitung ist in diesem Fall jedoch weder funktional noch hierarchisch begründet, sondern wirtschaftlich-rechtlicher Natur: Sie ergibt sich aus den Kapitalanteilen und den Mehrheitsverhältnissen in den verschiedenen Verwaltungsräten. Hier ein Beispiel: Die Asea Brown Boveri – ABB –, ein schwedisch-schweizerischer Industriekonzern, beschäftigt 240 000 Personen in aller Welt, die auf etwa 1 100 Firmen verteilt sind. Am Hauptsitz der Holding arbeiten 500 Personen, die mit der Finanzverwaltung und der Leitung des Konzerns betraut sind. ABB besitzt eine mehrheitliche Kapitalbeteiligung an den vorgenannten 1 100 Gesellschaften. Diese sind in eine Matrixorganisation mit Markt- und Produktbereichen eingebunden und der Muttergesellschaft unterstellt. Aber abgesehen von Fällen, in denen Fragen der Synergie eine Rolle spielen, wie bei der Materialbeschaffung oder bei Technologien, die im Rahmen des Konzerns entwickelt wurden, verhält sich jedes dieser Unternehmen so, als läge das Gesellschaftskapital nur in Händen lokaler Aktionäre.

Es gibt drei Gründe für die Errichtung einer Holding. Erstens: Eine Gesellschaft soll in verschiedene Unternehmen aufgegliedert werden, da der Wunsch nach Dezentralisierung besteht und bestimmte Marktsegmente als eigene Verantwortlichkeitsbereiche geführt werden sollen. Die Holding ist hier sozusagen die letzte Stufe bei der Errichtung von Profit Center, wobei alle wichtigen strategischen Entscheidungen vom Konzern selbst gefällt werden.

Zweitens: Die Holding ist das Ergebnis einer Übernahme von Firmen, die im gleichen Bereich wie die sich zu einer Holding entwickelnden Gesellschaft tätig sind. Man bemüht sich um bestimmte Synergieeffekte im Kostenbereich – economies of scale –, im Marketingbereich – Ergänzung der Leistungspalette – oder Technologiebereich – gemeinsame Forschung oder Beherrschung eines vollständigen Fertigungsprozesses –, wobei die Holdingleitung nur Aspekte verfolgt, die die Nutzung von Synergievorteilen betreffen.

Drittens: Die Holding hat rein finanziellen Charakter und zielt auf Ertrags- und Wertsteigerung des Konzerns ab; sie besteht sozusagen aus einem harten Kern und einer Reihe von Unternehmen, die sie je nach Marktwert kauft oder verkauft. Hier wird vor allem der Bereich Finanzen zentralisiert.

	Finanzholding	Management-Holding	Holding mit operativen Aufgaben
Management-aktivitäten auf Holdingebene	- Finanzen	- Finanzen - Strategische Aufgaben	- Operative Aufgaben - Finanzen - Strategische Aufgaben
Selbständigkeit der verbundenen Gesellschaften	- Rechtlich gegeben - Als eigene Verantwortlich-keitsbereiche geführt (Strategische, operative Aufgaben)	- Rechtlich gegeben - Als eigene Verantwortlich keitsbereiche geführt (operative Aufgaben)	- Rechtlich gegeben - Operative Selbständigkeit stark eingeschränkt
Leitungs-autonomie	- Zentrale Steuerung der selbständigen Einheiten auf den Finanzbereich beschränkt, bei funktionaler ebenso wie bei divisionaler Gliederung	- Bei divisionaler Gliederung: Koordination auf der Leitungsebene der Konzerngesellschaften - Bei funktionaler Gliederung: Koordination strategischer Aufgaben durch Mitglieder der Holdingleitung	Übernahme des Manage-ments sowie aller zentralen Aktivitäten durch die Holding, bei divisionaler ebenso wie bei funktionaler Gliederung. Schafft operationale Verbindungen zwischen Konzerngesellschaften des gleichen Typs

Die drei Grundtypen der Holdinggesellschaften

Wie man sieht, schaltet sich das Management der Holding um so stärker in das Tagesgeschäft ihrer Tochtergesellschaften ein, je größer ihr Interesse an der Nutzung operativer Synergieeffekte ist. Eine doppelte Tendenz zeichnet sich ab: Einerseits wird die Dezentralisierung und Übernahme finanzieller Verantwortung durch die Konzerngesellschaften begünstigt, und zwar sehr viel mehr, als das im Rahmen der klassischen Geschäftsbereichsorganisation ohne finanzielle Unabhängigkeit der Fall ist. Zum anderen versucht man, die Aktivitäten der Konzerngesellschaften zu koordinieren, um Wissen und Informationen auszutauschen und Synergieeffekte zu nutzen. Dieser letzte Punkt ist um so wichtiger, als, wie Toffler feststellt (1991), nicht mehr die Macht des Geldes, sondern vielmehr die Macht des Wissens zum Motiv für Unternehmenskonzentration wird; mit anderen Worten, man will durch Zugriff auf Information Daten beherrschen sowie Vermögens- und Wertzuwachs realisieren.

76

Während die Tochtergesellschaften strategische und operative Aufgaben im lokalen Bereich meist selbständig erfüllen, behält sich die Holdingleitung alle Entscheidungen vor, die wie bereits erwähnt die Konzernfinanzen, die Verwaltung der Humanressourcen, die Gesamtstrategie und Kultur des Konzerns betreffen; sie handelt auch Rahmenverträge aus, soweit diese einen größeren Teil des Konzerns betreffen. Das nachstehende Beispiel zeigt eine mögliche Holdingstruktur. Forbo, weltweit führender Linoleum-Hersteller, ist ein internationaler Konzern, der sich aus etwa 100 Unternehmen zusammensetzt, die sich auf Bodenbeläge und Wandverkleidung spezialisiert haben. Am Hauptsitz, wo etwa 50 Personen beschäftigt sind, werden die finanzpolitischen Entscheidungen für den gesamten Konzern getroffen. Der Konzernleitung sind vier große Geschäftsbereiche unterstellt:

„Synthetische Bodenbeläge", „Textilbeläge", „Wandverkleidungen" und „Verschiedene Industrieprodukte".

Beispiel für eine Holdingstruktur: Forbo

HOLDINGSTRUKTUR	
Bedingungen:	**Anwendungsbereich:**
• Streben nach Diversifizierung, Nutzung von Synergieeffekten oder Dezentralisierung • Rechtliche Unabhängigkeit der verschiedenen Konzerngesellschaften • Komplexität der Gesamtstruktur	• Große Unternehmen mit breiter Produktpalette und einer Vielzahl von Absatzmärkten, rechtliche Selbständigkeit
Vorteile:	**Nachteile:**
• Steuervorteile • Verbesserung des Innovationspotentials Dezentralisierung • Flexibilität des Gesamtunternehmens • Gemeinsame Leitung für verschiedene rechtlich selbständige Unternehmen • Große Aktionsfreiheit bei gemeinsamer Politik • Günstige Kooperationsbedingungen • Synergien • Schaffung von Verantwortlichkeitsbereichen	• Möglicher Verlust der Unité de doctrine • Tendenz, das Unternehmen nur unter rein wirtschaftlichen und finanziellen Aspekten zu sehen • Mögliche Konflikte zwischen lokalen Interessen – einer Tochtergesellschaft – und Gesamtinteresse des Konzerns • Gefahr einer übertrieben starken Kontrollausweitung • Mangelnde Transparenz aufgrund von Schachtelbeteiligungen

f) Entscheidungsparameter bei der Wahl der Organisationsstruktur

Im Verlauf unserer bisherigen Ausführungen sind wir auf eine Reihe von Gestaltungsüberlegungen eingegangen, die der Entscheidung für eine bestimmte Organisationsstruktur vorausgehen. Bereits eingangs haben wir auf zwei Aspekte hingewiesen, auf den angestrebten Strukturierungsgrad und das Verhältnis zwischen formuliertem Organigramm und Wirklichkeit. Während der zweite Punkt als das Ergebnis organisatorischen Gestaltens gesehen werden kann, das im Zuge einer Reorganisation zu verwirklichen ist, ist der Gliederungsgrad in erster Linie eine Frage der Anpassung an die Umwelt: In einem System mit stabiler Umwelt (was immer seltener der Fall ist), können routinisierte Handlungsabläufe formal festgelegt werden; ein anderes System jedoch, das mit einer ständig sich ändernden Umwelt konfrontiert wird, ist auf ein gewisses Maß an Flexibilität angewiesen. Dieses Thema wird in Teil drei erörtert, der sich stärker mit aktuellen Tendenzen der Organisationsgestaltung befaßt.

Es gibt jedoch eine ganze Reihe weiterer Faktoren, die die Organisationsstruktur beeinflussen. Im wesentlichen sind sie kultureller, strategischer oder auch technologischer Natur. Es stellt sich die Frage nach den Machtverhältnissen, den Philosophien der Führungskräfte, den Werten, die das System transportiert, den großen Aktionslinien, den Aktivitäten, dem notwendigen Innovationswillen. Alle diese Faktoren werden im übrigen von den bereits implementierten Organisationsstrukturen beeinflußt, die sie prägen, die eine Entwicklung in die eine oder die andere Richtung begünstigen oder hemmen. Ebenso spielen Größe und Alter der Organisation eine erhebliche Rolle in bezug auf ihre Gestaltung: Wie wir gesehen haben, wird sich ein junges Unternehmen zunächst für eine Gliederung nach Funktionsbereichen entscheiden. Diese Interaktionen sind zwar von grundlegender Bedeutung, ergeben sich jedoch aus einer bestimmten Realität unabhängig vom Gestaltungswillen des Organisators und lassen sich wenig manipulieren. Natürlich müssen auch diese Faktoren berücksichtigt werden. Wir aber möchten uns hier auf die großen Gestaltungsentscheidungen beschränken, vor die sich der Manager oder Organisator gestellt sieht.

Eine der wichtigsten Überlegungen betrifft die *Kosten* einer Organisation. Einerseits zwingen die Rentabilitätsanforderungen dazu, wenig Personal einzustellen – dieses aber voll zu beschäftigen – und nur die notwendigsten Kommunikationsbeziehungen herzustellen; andererseits jedoch machen die ständigen Veränderungen der Umwelt eine gewisse Redundanz erforderlich – mehrere Mitarbeiter sollten ein und dieselbe Aufgabe übernehmen können – und erfordern verstärkte Informationsanstrengungen. Für jedes Unternehmen muß das ihm eigene Gleichgewicht gefunden werden. Kurz gesagt, man hat sich bisher nur mit unmittelbar finanziellen Auswirkungen der Unternehmensorganisation befaßt, muß aber festellen, daß sich hier aufgrund der wachsenden Änderungsdynamik unserer Umwelt und damit auch der Unternehmensumwelt neue Tendenzen anbahnen.

Eine weitere Einflußgröße, mit der wir uns befassen müssen, ist das Dilemma der *Leitungsspanne*. Diese darf nur so groß sein, daß jeder Abteilungsleiter den ihm unterstellten Bereich zufriedenstellend führen und kontrollieren kann; dabei sollte der *Weisungsweg* zwischen Leitungsinstanz und Ausführungsstellen nicht zu lang sein, damit Anweisungen und wechselseitige Informationen relativ ungehindert und unverfälscht zirkulieren können. Das Dilemma besteht nun darin, daß ein System um so mehr Hierarchieebenen benötigt, auf die sich Menschen und Aktivitäten verteilen, je weniger Personen der direkten Führung der Abteilungsleiter unterstellt sind. Für dieses Problem zeichnet sich jedoch eine deutliche Entwicklung ab. Bisher ging es in erster Linie um eine „gute" Verteilung von Aufgaben und Kompetenzen und deren laufende Kontrolle durch den Vorgesetzten. Heutzutage, und auch das ist eine Reaktion auf die Änderungsdynamik der Umwelt, neigt man eher zu der Ansicht, daß sich jedes System möglichst schnell anpassen muß, und zwar durch die gemeinsame Anstrengung der Mitarbeiter. Zum einen müssen sich Kommunikations- und Informationswege verkürzen und Entscheidungen kurzfristig möglich sein, und zum anderen wird von den Führungskräften erwartet, daß sie nicht so sehr ihre autoritäre Rolle als „Chef" betonen, sondern zu Animateuren und Koordinatoren werden, die delegieren, zuhören und verstehen. Diese Auffassung setzt sich mehr und mehr durch, so auch bei der Schweizerischen Kreditanstalt, die durch Reorganisation die Zahl ihrer Hierarchieebenen von 30 auf 3 reduziert hat. Aber auch hier hat jedes System seine eigenen Parameter und läßt sich nicht nach Allgemeinplätzen oder allgemeinen Vorstellungen gestalten. Nehmen wir das Beispiel der Post: Sie kann leichter als andere Unternehmen eine starre und relativ formale Struktur aufrechterhalten, ohne um ihr Überleben fürchten zu müssen, weil sie eine Monopolstellung einnimmt und eine begrenzte Zahl von standardisierten Aufgaben für ihre Kunden zu erfüllen hat. Wie dem auch sei, wichtig ist die Erkenntnis, daß eine Struktur immer nur Hilfsmittel zur Erreichung der Unternehmensziele sein kann, nicht aber eine Rechtfertigung für den Versuch, Ziele an Strukturen zu orientieren. Und weil nun nicht zu leugnen ist, daß die Struktur tatsächlich einen gewissen Einfluß auf die Unternehmensstrategie nimmt, neigen immer mehr Unternehmen dazu, das Gewicht organisatorischer Strukturen zu verringern.

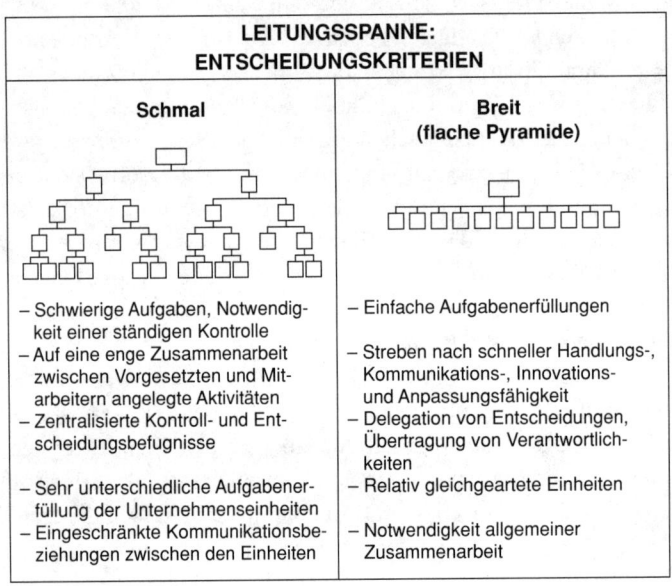

Weitere mehr oder weniger komplementäre Kriterien sind für Gestaltungsüberlegungen wichtig: Soll man Aufgaben, Kompetenzen und Verantwortlichkeiten zentralisieren oder dezentralisieren? Welche Kompetenzen sollen oder können delegiert werden? Soll man Betriebseinheiten spezialisieren? Wie lassen sich Teileinheiten in die Gesamtstruktur integrieren und ihre Koordination bewältigen (vgl. Cuendet, 1981)? Auch diese Fragen sind nicht zu trennen von denen nach der Flexibilität und Fähigkeit, auf eine veränderte Umwelt gestaltend zu reagieren. Wir werden noch im Teil zwei auf diesen Komplex zurückkommen.

Abschließend möchten wir auch hier wieder unterstreichen, daß es, vorausgesetzt, eine begründete und nach Prüfung der vorangehenden Fragen erfolgte Entscheidung für einen bestimmten Organisationsgrad hat stattgefunden, vor allem darum geht, sich bei der Gestaltung und Festlegung von Organisationsstrukturen beständig von dem Streben nach Kohärenz leiten zu lassen. Und diese Kohärenz stellt sich ein durch Integration der Arbeitsverrichtung eines jeden einzelnen in die Gesamtstruktur als ein zielgerichtetes Ganzes, so wie wir sie im vorangehenden beschrieben haben.

III. Stellenbeschreibung

Innerhalb einer Gesamtstruktur, die so, wie sie im Organigramm dargestellt ist, für das ganze System gelten soll, muß jeder seinen Platz, seinen Freiraum und seine individuelle Handlungspflicht kennen. Die Tatsache, daß es hierbei um begrenzte Faktoren geht, ändert nichts daran, daß jeder Mitarbeiter das Bedürfnis hat zu wissen, welche Position er in dem multipersonalen System einnimmt und welche Aufgabenerfüllung die Gruppe von ihm erwartet. Denn sobald eine Person in einem System zum Funktionsträger wird, übernimmt sie eine Rolle, durch die eine Vielzahl von mehr oder weniger präzisen Erwartungshaltungen entstehen. *Jeder kann sich fragen, was man von seiten der Vorgesetzten, der Unterstellten, der direkten oder indirekten Mitarbeiter und der normativen Umwelt des Unternehmens (Gesetze, Vorschriften, Usancen) von ihm in Hinblick darauf erwartet, wie er in seiner Position das Problem der Zielerreichung löst, mit Budgetverantwortung umgeht und die ihm übertragenen Kompetenzen und Verantwortlichkeiten wahrnehmen wird.* Die Stellenbeschreibung – auch Funktionsbeschreibung oder Lastenheft, ein Begriff, der auch in anderen Zusammenhängen verwendet wird, zum Beispiel bei Auftragserteilung an einen Consultant – gibt auf diese Fragen eine Antwort und ist gleichzeitig eine wertvolle Informationsbasis für die Neubesetzung vakanter Stellen, für die Erarbeitung von Lohn- und Gehaltstabellen, Beförderungsplänen und Schulungsvorhaben. Das bedeutet: Stellenbeschreibungen werden von Personalleitern und Organisatoren gleichermaßen erstellt und genutzt.

Es gibt kein einheitliches Muster für Stellenbeschreibungen, man kann jedoch davon ausgehen, daß sie mindestens folgende Angaben enthalten sollten (vgl. Werther/Dawis/Les-Gosselin, 1985):

- Was tut die Person, die diese Stelle innehat? Welche Haupt- und Nebenaufgaben physischer und verhaltensorientierter Art werden erfüllt?
- Wie sieht die Aufgabenerfüllung aus? Welche Methoden werden angewandt? Welche Instrumente physischer Orientierung? Welche Hilfsmittel, Bewegungen, Arbeitsrhythmen, Kontrollmechanismen (kontrolliert der Stelleninhaber, oder wird er kontrolliert?) und welche Instrumente verhaltensorientierter Art, Vorausschauen, Beurteilen, Entscheiden usw., werden eingesetzt? Welche Unterstützung bietet die Organisation? Wie ist die Umwelt beschaffen? Welche Leistungsnormen liegen vor?
- Warum besetzt die Person diese Stelle? Warum existiert diese Stelle (Ist-Zustände, keine Soll-Zustände beschreiben; Antworten auf die vorgenannten Fragenkomplexe begründen)?
- Mit wem arbeitet der Stelleninhaber zusammen (ständige und für die Aufgabenerfüllung notwendige Arbeitsbeziehungen festlegen)?

Jede Aufgabe ist auf ein bestimmtes Ziel gerichtet, und wenn man eine Aufgabe analysiert, geht es vor allem um ihre Beschreibung in bezug auf das *Objekt* (worauf richtet sie sich?) und die *Verrichtung* (was tut man, wie tut man es?). Eine Funktion bildet sich dann durch eine Aufgabe, die Zuweisung bestimmter Kompetenzen und entsprechender Verantwortlichkeiten (vgl. Hill/Fehlbaum/Ulrich, 1981; Staerkle, 1987).

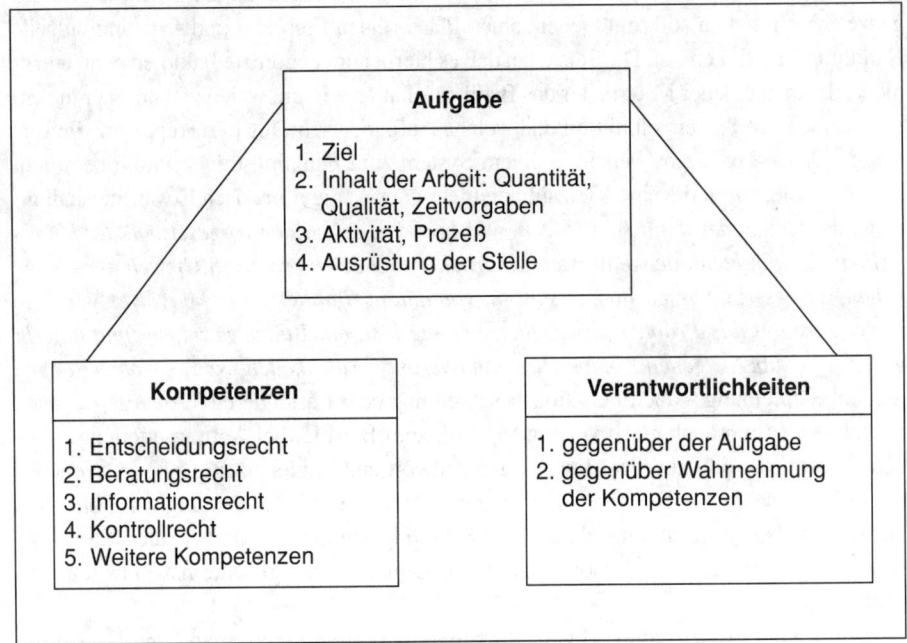

Aufgabe

1. Ziel
2. Inhalt der Arbeit: Quantität, Qualität, Zeitvorgaben
3. Aktivität, Prozeß
4. Ausrüstung der Stelle

Kompetenzen

1. Entscheidungsrecht
2. Beratungsrecht
3. Informationsrecht
4. Kontrollrecht
5. Weitere Kompetenzen

Verantwortlichkeiten

1. gegenüber der Aufgabe
2. gegenüber Wahrnehmung der Kompetenzen

Komponenten einer Stelle

In der Regel wählt jedes Unternehmen sein eigenes System für die Errichtung einer Stellenbeschreibung. Der Form nach gibt es mehrere Möglichkeiten, in jedem Fall aber sollten die zuvor genannten Kriterien Berücksichtigung finden. Es passiert nur allzu oft, daß in einer Stellenbeschreibung die für die Erfüllung der Aufgaben notwendigen Kompetenzen „einfach" weggelassen werden. Daraus ergeben sich schwerwiegende Folgen, einmal für den Organisator, aber ebenso für den Stelleninhaber, dem bestimmte Verantwortlichkeiten zufallen, ohne daß er über die notwendigen Vollmachten und Rechte verfügt, um diese wahrzunehmen.

Mit nachstehender Checkliste machen wir einen konkreten Vorschlag, welche Angaben in eine Stellenbeschreibung aufgenommen werden sollten.

Die Stellenbeschreibung sollte nach Möglichkeit klar, eindeutig und unmißverständlich abgefaßt sein. Wir zitieren hierzu die Empfehlungen des Europäischen Wirtschaftsrats aus dem Jahre 1955 (Sekiou, 1986):

- Im Aktiv formulieren
- Präzise Begriffe verwenden, Verben wie „machen", „tun" oder ähnliches vermeiden
- Wertigkeit der Aufgabe berücksichtigen
- Aufgaben nach qualitativen und quantitativen Kriterien bewerten
- Mitwirkung des Stellenvorgesetzen an der Stellenbeschreibung veranlassen

82

1. Stellenbezeichnung
2. Abteilung, Instanz, der die Stelle unterstellt ist
3. Hauptziel der Stelle
4. Rang des Stelleninhabers
5. Der (die) Vorgesetzte/Vorgesetzten des Stelleninhabers
6. Stellencode oder Lohngruppe
7. Direkt unterstellte Mitarbeiter
8. Vertretung (von und durch ...)
9. Allgemeine Aufgabenerfüllungsziele der Stelle
10. Individuelle Aufgaben
11. Abgrenzung der Verantwortlichkeiten
12. Vollmachten und Kompetenzen des Stelleninhabers
13. Informationsrechte und -pflichten
14. Zusammenarbeit mit anderen Stellen
15. Beteiligung an Ausschüssen oder anderen Organen
16. Individuelle Aufträge
17. Formale Anforderungen an den Stelleninhaber (Studium, Berufs-
    erfahrung ...)
18. Arbeitsbedingungen
19. Budget der Stelle
20. Arbeitsort
21. Arbeitszeit
22. Urlaub
23. Vergütung
24. Sozialleistungen
25. Besondere Merkmale des Unternehmens (Vertraulichkeitsgrad u.ä.)

Inhalte einer Stellenbeschreibung

Auf Seite 85 bringen wir das Beispiel einer Stellenbeschreibung. Sie können nun vergleichen, inwieweit die hier ausgeführten Empfehlungen in der Stellenbeschreibung berücksichtigt wurden. Das Dokument erfaßt den leitenden Angestellten einer großen Schweizer Bank, den man natürlich in diesem besonderen Kontext zu sehen hat: Auf ein anderes Unternehmen mit anderen Aufgabenerfüllungen übertragen, können die entsprechenden Spalten durchaus mehr oder weniger Angaben enthalten. Wesentlich ist die Klarheit der Stellenbeschreibung – keine überflüssigen Details, keine übertriebenen Verkürzungen – in allen wichtigen Aspekten, den vorgenannten Kriterien, die als relativ zeitbeständig gelten dürften. Man wird die Angaben der Stellenbeschreibung nicht ändern, wenn der betreffende Stelleninhaber für kurze Zeit an einer Arbeitsgruppe teilnimmt. Die Stellenbeschreibung will Klarheit schaffen über die Rolle eines bestimmten Stelleninhabers, sowohl für das Unternehmen als auch für den Stelleninhaber selbst, keinesfalls aber soll sie zur restriktiven, einengenden und sinnleeren Verwaltungsmaßnahme werden.

Wie sehr man auch den Nutzen von Stellenbeschreibungen betonen mag, man darf ihre Bedeutung keinesfalls überschätzen. Ein Nachteil liegt zum Beispiel darin, daß eine schnelle Anpassung an veränderte Bedingungen bei diesem Hilfsmittel kaum möglich ist. Gerade aus heutiger Sicht, wo man Flexibilität fördert und Kreativität freisetzen möchte, kann sich das Festschreiben bestimmter Aufgaben eines Mitarbeiters geradezu als Handicap auswirken. Ein Beispiel für diesen Trend gibt die GSI (Générale de Services Informatiques). Sie wehrt sich gegen starre Regeln und Strukturen sowie gegen die Behinderung möglicher Interaktionen zwischen den Mitarbeitern und lehnt offen jede Form von Funktionsbeschreibungen ab: Die Unternehmensleitung will unbedingt vermeiden, daß sich der einzelne Mitarbeiter nur auf seine Aufgabe beschränkt. Jeder soll die Möglichkeit haben, in jedem Bereich neue Ideen einzubringen, jeder soll sich verantwortlich fühlen. Diese Sachlage wird den Bewerbern schon in den ersten Vorstellungsgesprächen klargemacht, sie können sie akzeptieren oder ablehnen. Viele Unternehmen arbeiten ohne Stellenbeschreibungen. Im Fall der GSI ist interessant, mit welcher Grundeinstellung man dort an Organisationsstrukturen herangeht (Crozier, 1989) und mit welcher Begründung man die Vorteile des Hilfsmittels, das im vorangehenden Abschnitt beschrieben wurde, verneint.

Es gibt aber auch Firmen, die die Stellenbeschreibung weder stur anwenden noch kategorisch ablehnen, sondern versuchen, diese flexibel und adaptiv einzusetzen. Givaudan, eine Firma, die viele große Parfumhersteller mit wichtigen Essenzen beliefert, arbeitet zum Beispiel mit sog. Job Contracts. Hat man sich für einen Stellenbewerber entschieden, so werden die wichtigsten Aufgaben dieser Stelle noch einmal mit dem Kandidaten diskutiert, ehe man sie zusammen mit den von ihm eingegangenen Verpflichtungen, seinen Zielen, den bestehenden Leistungsanforderungen und Bewertungskriterien sowie der Kompetenzenzuweisung schriftlich fixiert. Auf diese Weise werden sowohl die Belange des Unternehmens (die Stelle) als auch die des Bewerbers (seine Erwartungen) berücksichtigt, und es bleibt für beide der erforderliche Anpassungsspielraum.

Wir stellen abschließend fest, daß Gegner von Stellenbeschreibungen diese als zu analytisch, zu mechanisch, auf grundsätzliche Operationen konzentriert und als völlig zusammenhangslos bezeichnen. Der Trend heute geht daher mehr in die Richtung, eine Stelle nicht mehr nur unter dem Aspekt der Verrichtungen – Geschäftsbriefe öffnen, Telefongespräche führen, Akten heraussuchen und ablegen – zu sehen, sondern vor allem als Dienstleistungen – Beitrag zur Bearbeitung von Kundenwünschen. Damit kommt der Aspekt „Verhalten" wieder zu seinem Recht und wird gegenüber der technischen Seite einer Funktion mehr betont, wobei man die Dienstleistung nach ihrer Qualität bewertet – schnelle Erledigung, freundliches, aber sachdienliches Antwortschreiben an den Kunden –, während die Aktivität sich quantitativ bemißt – Anzahl der bearbeiteten Akten, Telefongespräche, erledigte Korrespondenzvorgänge pro Stunde. Diese Dualität ist jedoch mit der Stellenbeschreibung durchaus zu vereinbaren, sie gibt ihr einen erhöhten Grad an Realitätsnähe und berücksichtigt sowohl die einzelne Verrichtung als auch die Dienstleistung als Ganzes, die die Stelle erbringt oder zu der sie beiträgt.

Stellenbeschreibung

① Stelleninhaber   Name: Vorname:

               Funktion: Geschäftsbereichsleiter   Titel: Direktor

② Organisationsstruktur (siehe Organigramm des Organisationshandbuchs)

Direkter Vorgesetzter	funktional: Leiter Logistik bei Generaldirektion
	Lokale Verw.: Herr B., geschäftsführender Direktor
Direkte Mitarbeiter	Ressortleiter und Leiter der übrigen direkt unterstellten Organisationseinheiten

③ Vertretung

Vertretung von	Herrn A., Ressortleiter Humanressourcen
Vertretung durch	Herrn A., Ressortleiter Humanressourcen

④ Ausschußarbeit

Interne Ausschüsse	Sitzungen des Vorstands
	Sitzungen der Geschäftsbereichsleiter für Logistik der vier Schweizer Niederlassungen
Externe Ausschüsse	

⑥ Ziel der Stelle

- Kollegiale Geschäftsführung der Niederlassung Genf, Mitglied des Vorstands
- Leitung des Geschäftsbereichs Logistik
- Den übrigen Geschäftsbereichen und Ressorts die Möglichkeiten geben, ihre eigenen Strategien im Innen- und Außenverhältnis zu entwickeln

⑦ Verantwortlichkeiten

- ihnen Unterstützung im Sinne der „Gesamtaufgabe" zu gewähren

7.1 Hauptaufgaben (allgemeine Ziele der Unternehmenseinheit bzw. der Stelle)

- Geschäftsbereich Logistik verwalten und leiten
- Verantwortung für die Koordination zwischen den Ressorts und den übrigen direkt unterstellten Organisationseinheiten übernehmen
- Vorstand und Geschäftsleitung der Niederlassung informieren (Rechnungswesen, Controlling und Verwaltung)
- Personal einstellen, schulen, befördern
- in Abstimmung mit der Geschäftsführung Lohn- und Gehaltspolitik festlegen und Kriterien der Gewährung von Sozialleistungen definieren
- Geschäftsräume, technische Infrastruktur, Betriebsmittel, notwendige Arbeitshilfsmittel zur Verfügung stellen
- Einführung zentraler EDV-Anlagen unterstützen
- fortschreitende Büroautomation am Arbeitsplatz gewährleisten
- Arbeitsbereich der Niederlassung mit EDV-Anlagen ausstatten

- Arbeitsbereich der Niederlassung mit EDV-Anlagen ausstatten
- Zahlungsverkehr (?) und Portfolio-Geschäft (?) gewährleisten,
  Kommunikationssysteme nutzen und unterhalten
- Sicherheit der Niederlassung gewährleisten und geeignete Maßnahmen der
  Überwachung treffen
- für ein reibungsloses Funktionieren der inneren Dienste (Post, Archiv,
  Handwerker) sorgen
- Budget für die Periode eines Jahres bzw. von fünf Jahren errichten und
  Budgetkontrolle übernehmen

⑧ Kompetenzen

8.1 Tätigkeitsbereich   Geschäftsbereich der Niederlassung Genf

8.2 Festgelegt durch   – Organisationsrechtliche Vereinbarung vom 4. 11. 1986
                           (Kapitel D)
                         – Geschäftsordnung der S.B.S.,
                           Kapitel 5 vom 4. 11. 1986
                         – Vereinbarung über die Leitung von Niederlassungen,
                           ausgegeben durch die Generaldirektion am 2. 5. 1988

8.3 Einschränkungen

⑨ Informationen

zu erteilen   – an Zentralbereichsleiter für Logistik bei der
                           Generaldirektion und ihren Fachabteilungen
                         – an die Geschäftsleitung der Niederlassung und den
                           Vorstand
                         – an die direkten Vorgesetzten

erhält Informationen von – den obengenannten Instanzen

⑩ Profilanforderung   – erfahrene Führungskraft
                         – langjährige Berufserfahrung im Bankwesen
                         – dreisprachig: Französisch/Deutsch/Englisch
                         – entscheidungsfreudig
                         – große Anpassungfähigkeit
                         – gute Kenntnisse im Bereich der EDV/Büroautomation
                         – leitende Tätigkeit bei der Generaldirektion

Beispiel einer Stellenbeschreibung im Schweizerischen Bankverein

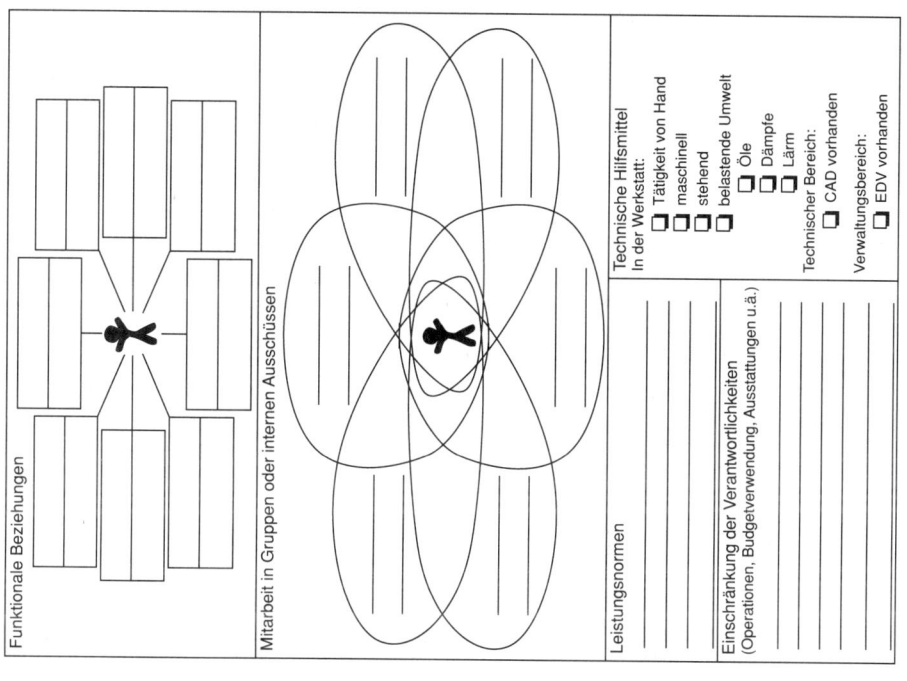

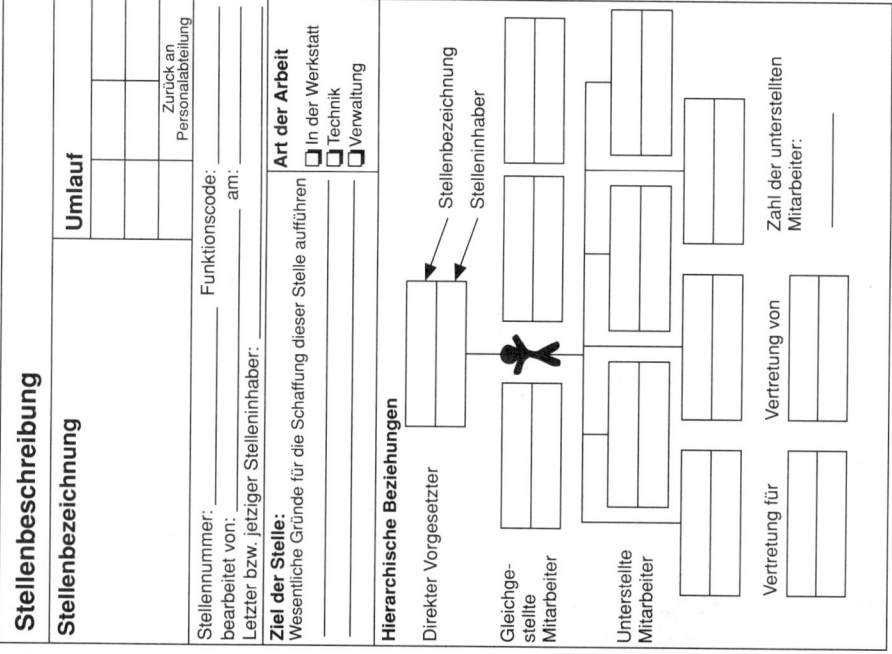

Zur Verfügung stehende Mittel (Räumlichkeiten, Maschinen, Fahrzeuge, Mobiliar, u.ä.)

Arbeitsbedingungen

Arbeitsort:

Arbeitsentgelt:

Bruttolohn: von ___ bis ___

Prämien, Provision, Kommission u.a.:

Ausgaben:

Arbeitszeit: ☐ Teilzeit: ___ %

☐ beliebig
☐ nachts   von ___ bis ___
☐ festgelegt von ___ bis ___

Urlaub:

Sozialleistungen (Altersversorgung, Versicherungen, Dienstwagen u.ä.):

Aufstiegsmöglichkeiten:

Aufgaben

Art der Aufgabe   Risiken

Kurze Beschreibung der Aufgabe	Entscheidung/Planung	Mitbestimmung	Beratung	Ausführung	Kontrolle/Rechnungsstellung	Autonomie (ja/nein)	Kontrolle der Aufgabenerfüllung durch einen Dritten	(stark/gering)	Häufigkeit	Für die Aufgabenerfüllung benötigter Arbeitszeitanteil (in %)
										100%

Formularbeispiel Stellenbeschreibung

DIE STELLENBESCHREIBUNG	
Bedingungen:	**Anwendungsbereich:**
• Absicht, Klarheit in Hinblick auf die Rollen im Unternehmen zu schaffen	• Unternehmen, die über das Stadium hinaus sind, in dem „alle alles machen" • Organisationsformen mit sich wiederholenden Abläufen
Vorteile:	**Nachteile:**
• Klare Unterstellungs- und Delegationsbeziehungen • Engagement erleichtert • Klare Zuweisung aller Aufgaben, Verantwortlichkeiten und Kompetenzen • Bezugsmöglichkeit bei auftretenden Konflikten • Grundlage für Mitarbeiterbeurteilung • Basis eines Informationssystems • Begünstigt die allgemeine Verbreitung einer Unité de doctrine	• Gefahr mangelnder Flexibilität, zu viele Details • Überschneidungen oder Lücken nur schwer auffindbar • Schleppend und zeitaufwendig in der Realisierung und Aktualisierung • Beziehungen zu hierarchisch nicht unmittelbar angegliederten Unternehmensbereichen nicht erfaßt • Verlust an Flexibilität und Kreativität

Da Erwartungen und Vorstellungen, die verschiedene Personen in bezug auf ein und dasselbe Objekt haben, sehr unterschiedlich sein können, vor allem, wenn es dabei um eine Funktion geht, halten viele Unternehmer es für sinnvoll, Stellenbeschreibungen zu verwenden. Von Vorteil ist auch die Möglichkeit, die sie für die Bewertung der Arbeit des Stelleninhabers eröffnet, da sie bereits die Kriterien der Leistungsbeurteilung beinhaltet. Diese Überlegung führt uns zum nächsten Punkt.

IV. Beurteilungskriterien für Stellen und Stelleninhaber

Um den Sinn und Nutzen von Strukturen und Hilfsmitteln, so wie sie hier dargelegt werden, erkennbar zu machen, muß ein Orientierungsrahmen geschaffen werden, der Aufschluß gibt über den Umfang und die Qualität der Arbeit, die von dem einzelnen Arbeitsträger erwartet wird – das sind die Erwartungen des Unternehmens –, und über die Entfaltungsmöglichkeit sowie persönlichen Aspekte, die mit der Arbeit verbunden sein können – das sind die Erwartungen des Stelleninhabers. Im Grunde geht es hier darum, eine Möglichkeit zu schaffen, um die Übereinstimmung des Stelleninhabers mit der Stelle und umgekehrt prüfen zu können. Dies läßt sich z. B. erreichen, indem man mit den verschiedenen Führungskräften des Unternehmens überprüfbare Zielvorgaben erarbeitet. Will man aber jeden Mitarbeiter einbeziehen und jeden von ihnen in die Lage versetzen, seine Aufgabe noch genauer zu kennen, so könnte man *Leistungsnormen* und qualitative *Beurteilungskriterien* in Erwägung ziehen.

In der Regel wird man Leistungsnormen dort festlegen, wo es gilt, die Arbeitsleistung von Arbeitnehmern zu beurteilen, die Aufgaben mit Wiederholungscharakter erfüllen und nicht oder nur in geringem Maße an den verschiedenen (innovativen) Unternehmensprojekten mitwirken. Es sind Weisungen, die sich klar, präzise und meßbar auf das beziehen, was man von dem betroffenen Stelleninhaber erwartet, wobei Kriterien erstellt werden, nach denen sich die Arbeitsleistung des einzelnen bemißt. Diese Leistungsnormen können allerdings nur dann greifen, wenn sie zahlenmäßig begrenzt sind und für weniger als etwa zehn der Hauptaufgaben eines Angestellten Anwendung finden. Die Norm ist im Grunde schon geschaffen, wenn man ergänzend zu den Komponenten einer jeden Funktion hinzufügt: „Diese Aufgabe gilt als zufriedenstellend erfüllt, wenn . . . “ Man beschreibt also einen Idealwert, der quantitativ und qualitativ ein ausreichendes Ergebnis gewährleistet, vom Mitarbeiter aber durchaus übertroffen werden kann. Normen dieser Art gelten in der Tat nicht nur für Führungskräfte, sondern für das gesamte Personal. Man darf nicht vergessen, daß viele Angestellte völlig andere Prioritäten setzen als ihre Arbeitsleistung. Selbst wenn diese Arbeit sie in gewisser Weise befriedigt, so sollte man doch nicht von vornherein verlangen, daß sie Überstunden leisten, nur um des Wohles eines Unternehmens willen, das viele von ihnen eher als einen Fremdkörper betrachten. Normen haben die ausschließliche Aufgabe, ein Ziel zu fixieren, Aktivitäten eines Stelleninhabers in Hinblick auf die Stelle, die er innehat, klarer zu definieren. Die festgelegten Ziele zu erreichen, sollte sich jeder bemühen; diese zu übertreffen kann jedoch nur das Ergebnis einer persönlichen Entscheidung sein, für die es mehrere Gründe geben kann: Gewissenhaftigkeit oder Motivation, Hoffnung auf Gehaltserhöhung oder Beförderung.

Leistungsnormen sollten stets zusammen mit dem Mitarbeiter und einem seiner Vorgesetzten festgelegt werden. Sie können aber nur, daran sei noch einmal erinnert, für Stellen gelten, für die Kreativität keine wesentliche Rolle spielt: Diese könnte nämlich im Keim ersticken, würde man sie stur nach Quantitäten messen wollen. Ist nun für das Unternehmen ein Innovationsbeitrag wichtiger als die Beherrschung der auf allen hierarchischen Ebenen täglich anfallenden Arbeitsabläufe, so wird es einen Maßstab anlegen, der die Arbeitsleistung des Angestellten nach qualitativen Kriterien bewertet. Diese können durch die Frage ermittelt werden: „Welchen Beitrag haben Sie in diesem Jahr für die Firma geleistet?“ Das heißt, man beurteilt die Leistung nicht nach der Zahl der tatsächlich ausgeführten, routinisierten Operationen, sondern nach den Dienstleistungen, die für interne und externe Abnehmer im Interesse des Unternehmens erstellt wurden. Und auch hier wird klar, zumal es um die Beurteilung eines Verhaltens und nicht einer technischen Fertigkeit geht, daß auch qualitative Kriterien von dem Vorgesetzten und Mitarbeiter gemeinsam festgestellt werden müssen. Allein durch seine Persönlichkeit hat der Mitarbeiter Möglichkeiten der Aufgabenbereicherung, und diese muß er selbst formulieren und vorschlagen können. Der Vorgesetzte weiß, was er für seine Abteilung will, aber auch der Mitarbeiter hat seine Vorstellung, was seine Zukunft am Arbeitsplatz anbetrifft. *Beurteilungskriterien müssen demnach so konzipiert sein, daß sie nicht nur quantitative Leistungsnormen enthalten, sondern auch die Möglichkeit bieten, die Qualität von Dienstleistungen und Entwicklungspotentialen des*

Mitarbeiters zu bewerten. Wer Innovation beabsichtigt, wird immer Wege finden, wie sich Ziele kooperativ im Sinne einer erfolgreichen Entwicklung des Gesamtunternehmens formulieren lassen, Ziele, die der Mitarbeiter nach eigenen Vorstellungen durch verantwortliches, autonomes Handeln erreichen soll. Man wählt hierbei meist eine Führung durch Zielvereinbarung (Management by Objectives, MbO), die wir in Teil drei dieses Buches behandeln werden.

Ein Beispiel für solche Zielvereinbarungen wird nachstehend gegeben, zunächst in der Form von Leistungsnormen, dann als Beurteilungsbogen. Beide Dokumente beziehen sich auf die gleiche Gesellschaft und lassen somit die Entwicklung eines Unternehmens erkennen, das zunächst rein quantitative Kriterien anwendet und im Laufe der Zeit immer mehr die qualitativen Aspekte berücksichtigt.

LEISTUNGSNORMEN BEURTEILUNSKRITERIEN	
Bedingungen: • Regelmäßige (jährliche) Gespräche zwischen Vorgesetztem und Mitarbeiter • Funktionen werden von Einzelpersonen und weniger als Team übernommen	**Anwendungsbereich:** • Große und mittlere Unternehmen • Gesellschaften, die eine vorausschauende Ressourcenverwaltung mit der Entwicklung und Entfaltung ihres Personals verbinden möchten
Vorteile: • Klärt Zielvorstellungen bei den Beteiligten, macht sie verständlich • Verbessert den Dialog • Zeigt Entwicklungspotentiale und Schwächen auf, macht somit auch Schulungsbedarf deutlich	**Nachteile:** • Starr und restriktiv • Erschwert die Beherrschung unvorhergesehener und somit nicht prioritärer Ereignisse • Gefahr der Berufung auf Normen als Konfliktbewältigungsmechanismus statt des Dialogs

Auszug aus den Leistungsnormen
(gültig bis 1980) für die Stelle des
Leiters Zentralbuchhaltung
SWISSAIR Zürich

A. Ständige Aufgabe (oder allgemeine Ziele)

Der Leiter der Zentralbuchhaltung hat seine Aufgabe zufriedenstellend erfüllt in Hinblick auf

1. die Organisation der Buchführung, die Führung und den Abschluß der Konten, die ordnungsgemäße, lückenlose und periodengerechte Aufzeichnung aller Geschäftsvorfälle, Errichtung der Bilanzunterlagen, der Gewinn- und Verlustrechnung, wenn

    1.1 Aufzeichnungen und Abschlüsse ordnungsgemäß und entsprechend den gesetzlichen und satzungsmäßigen Vorschriften erfolgt sind,

    1.2 die Aufzeichnungen und Abschlüsse fristgerecht erfolgen,

    1.3 alle Geschäftsvorfälle buchungsmäßig erfaßt und ausgewiesen sind,

    1.6 der Geschäftsbereich wirtschaftlich arbeitet und die Kosten 0,25% des Umsatzes nicht übersteigen,

    1.11 das Arbeitsklima in diesem Geschäftsbereich gut ist und der Personalwechsel (mit Neueinstellung) unter 20% liegt.

B. Vorübergehende Ziele

Der Geschäftsbereichsleiter für die Zentralbuchhaltung hat seine Aufgabe zufriedenstellend erfüllt in Hinblick auf

3. die Planung und Organisation der Buchführung sowie der Arbeitsweise der dezentralisierten Buchführungsabteilungen, wenn

    3.1 die Stellenbeschreibungen, der Organisationsaufbau und die Arbeitsabläufe regelmäßig überprüft werden,

    3.2 neue Entwicklungen im Bereich der Buchführung sowie Erfahrungswerte anderer Unternehmen fortlaufend einbezogen werden.

Beispiel für Leistungsnormen (Auszüge): SWISSAIR

swissair

Geschäftsbereich R

B E U R T E I L U N G S G E S P R Ä C H

Mitarbeiter   Vorgesetzter

Abteilung

Funktion   seit dem

Die Unterhaltung ist im wesentlichen als Dialog zu führen. Ergebnisse, insbesondere Vereinbarungen, sollten jedoch schriftlich niedergelegt werden. Jeder Gesprächsteilnehmer erhält ein Exemplar des Protokolls, das Original der Mitarbeiter, die Kopie verbleibt beim Vorgesetzten.

Der Mitarbeiter entscheidet darüber, ob eine weitere Kopie der Personalabteilung zur Aufnahme in die Personalakte zugeleitet werden soll.

Welches Formular (A/B) soll verwendet werden? Die Entscheidung sollte im Einvernehmen getroffen werden und kann unterschiedlich ausfallen in Hinblick auf die Dauer der Betriebszugehörigkeit und die Art der Funktion.

Ohne Rücksicht auf das Geschlecht (männlich oder weiblich) werden der Einfachheit halber ausschließlich die Begriffe „Mitarbeiter und Vorgesetzter" verwendet.

R / Januar 1989 / hz

---

swissair

Leitfaden für die Gesprächsführung

Regelmäßige Gespräche zwischen dem Vorgesetzten und dem Mitarbeiter sind wichtig, um ein angenehmes Arbeitsklima zu schaffen und gute Leistungen zu erzielen. Diese Gespräche werden nur dann das gewünschte Ergebnis erzielen, wenn der Vorgesetzte und der Mitarbeiter die gleiche Grundeinstellung mitbringen und im Dialog zustande kommt. Der Zeitfaktor sollte bei diesen Gesprächen keine Rolle spielen.

Es sollten bewußt nur die Punkte angesprochen werden, die zu Veränderungen oder Verbesserungen führen. Es ist zu überprüfen, ob Entscheidungen, die im Laufe vorangehender Gespräche getroffen wurden, durchgeführt wurden.

Grundlegende Themen des Beurteilungsgespräches sind:

AUFGABEN

Die wesentlichen Komponenten sind in Form einer gemeinsamen Zielvereinbarung zwischen dem Vorgesetzten und dem Mitarbeiter herauszuarbeiten und festzulegen.

LEISTUNGEN

Der Vorgesetzte und der Mitarbeiter definieren, was sie unter Qualität, Quantität und Sorgfalt der Aufgabenerfüllung verstehen. Daraus ergibt sich unmißverständlich, was jeder vom anderen erwartet.

ÄUSSERES ERSCHEINUNGSBILD, IMAGE

Wie beurteilt der Vorgesetzte das Verhalten und die äußerliche Erscheinung des Mitarbeiters.

MITARBEITER

Wie fügt sich der Mitarbeiter in eine Gruppe ein. Wie verhält er sich gegenüber seinem Vorgesetzten und seinen Kollegen.

BERUFLICHE STELLUNG

Wie bewertet der Mitarbeiter seine berufliche Stellung. Wie beurteilt er die Zusammenarbeit mit anderen und die Wertschätzung, die ihm entgegengebracht wird. Was erwartet er von seinem Vorgesetzten. Was würde er gern an seiner beruflichen Stellung verändern.

ENTWICKLUNG

Hier muß analysiert werden, welchen Kenntnisstand der Mitarbeiter im Hinblick auf seine berufliche Entwicklung hat, welches seine Wünsche und Möglichkeiten sind. Nur solche Ziele und Abmachungen, die von beiden Seiten klar definiert wurden, haben langfristig ihren Wert (Was erfolgt nach Ablauf einer bestimmten Frist, wann werden die fixierten Ziele überprüft?). In bestimmten Fällen, wenn die zu ergreifenden Maßnahmen die Kompetenz des Vorgesetzten übersteigen, wird dieser die Akte weiterleiten (bei Fortbildungswünschen, Arbeitsplatzveränderung).

Für Mitarbeiter, die das 58. Lebensjahr erreicht haben, besteht die Möglichkeit, in den vorzeitigen Ruhestand zu treten.

THEMA DES JAHRES

Jeder Mitarbeiter des Geschäftsbereichs soll sich zum Thema des Jahres Gedanken machen und Vorstellungen entwickeln; alle Mitarbeiter einer Organisation müssen sich vom Thema des Jahres angesprochen fühlen, sie sollen sich damit befassen, Überlegungen anstellen, diese vertiefen, Ideen und Vorschläge vorbringen.

swissair

Beurteilungsgespräch   Typ B

Protokoll

Gemeinsame Vereinbarung:
(Verantwortung, Frist)

Datum:

Unterschrift des Vorgesetzten   Unterschrift des Mitarbeiters

---

Beurteilungsgespräch   Typ A

Welche Aufgabe hat der Mitarbeiter	
Wie ist die Leistung des Mitarbeiters zu bewerten im Hinblick auf – die Qualität – die Quantität (Welches sind die Stärken/Schwächen)	
Wie ist die Zusammenarbeit zwischen Mitarbeiter und Vorgesetztem sowie unter den Kollegen (in der Gruppe) zu bewerten	
Was befriedigt den Mitarbeiter besonders in seiner beruflichen Stellung und in seiner Arbeitswelt, was gefällt ihm weniger	
Was wollen wir an der beruflichen Entwicklung verändern bzw. verbessern (Aufzeichnungen über die zu ergreifenden Maßnahmen, über die Unterstützung von seiten des Vorgesetzten und wie diese Unterstützung aussehen soll)	
Was gibt es noch anzumerken (von seiten des Vorgesetzten)	
Was gibt es noch anzumerken (von seiten des Mitarbeiters)	
Thema des Jahres	
Datum Unterschrift des Vorgesetzten	Unterschrift des Mitarbeiters

V. Funktionendiagramm

Neben einer Analyse der Gesamtstruktur aller Leistungen in einem Unternehmen muß man sich Aufschluß darüber verschaffen, wie sich Teilaufgaben, die zur Erfüllung der Gesamtaufgaben führen, einordnen lassen. Es ist festzustellen, worin jeder einzelne Funktionsträger seinen Beitrag zur Erfüllung der gestellten Aufgaben leistet. Hier ist das Funktionendiagramm hilfreich, das einen Überblick über diese Funktionen gibt und die Beziehungsverhältnisse der einzelnen Stellen einer Abteilung oder eines Geschäftsbereichs untereinander aufzeigt. Jede Funktion ist zwar eingegliedert in die hierarchische Ordnung eines Unternehmens, so wie sie durch die Organisationsstruktur definiert und im Organigramm dargestellt wird. Sie muß darüber hinaus aber auch in die Arbeitsorganisation einbezogen werden, die die sequentielle Anordnung und die Verfahren der Aufgabenerfüllungen regelt. Aufschlüsse dieser Art können Stellenbeschreibungen nicht leisten, weil sie zu sehr auf die Einzelperson abgestellt sind und Schnittstellen zwischen Funktionen nicht ohne weiteres erkennen lassen.

Das Funktionendiagramm stellt damit eine Verbindung her zwischen dem Organigramm des Unternehmens und den Aktivitäten der einzelnen Aufgabenträger. Einem Funktionendiagramm liegt die Erkenntnis zugrunde, daß jede Aktivität im Erfüllungsprozeß mehrere Stadien durchläuft: Entscheidung, Vorbereitung, Ausführung, Überprüfung, Kontrolle, um nur die wichtigsten zu nennen. Das Funktionendiagramm ist ein Schaubild, das sich aus zweifacher Perspektive erschließt: Die Zeile nennt die verschiedenen Aufgaben, die zu erfüllen sind, und die Spalte nennt die Stellen, die mit diesen Aufgabenerfüllungen betraut sind; in der Schnittstelle wird die Funktion, die eine bestimmte Stelle an einer konkreten Sachaufgabe in einem der oben genannten Stadien zu erfüllen hat, durch ein Symbol dargestellt. Dabei steht es dem Organisator frei, dieses Diagramm mehr oder weniger detailliert zu erstellen.

Das Funktionendiagramm zeigt somit auf kleinstem Raum und sehr klar, welche Stellen welche Aktivitäten in welcher Funktion auszuführen haben. Auf der Horizontalachse läßt sich die für eine Aufgabenerfüllung vorgesehene Arbeitsteilung ablesen, während die vertikale Achse die Arten der Aufgabenverrichtung einer Stelle aufzeigt. Das nachstehende Beispiel macht deutlich, was ein Funktionendiagramm leistet, läßt aber auch seine Grenzen erkennen: Dieses Hilfsmittel sagt zum Beispiel nichts über die tatsächliche Arbeitsbelastung aus, die für die jeweilige Stelle besteht (vgl. Staerkle, 1987); man darf es also wieder nur als Hilfsmittel der Strukturgestaltung und nicht etwa als ein Instrument der Arbeitsanalyse betrachten.

Rangstufen

1	Unternehmensleitung	
2	Abteilungschefs	
3	Departementschefs	
4	Bürochefs und -angestellte	

Sachaufgaben / Stellen →	Geschäftsleitung	Verkaufsdirektor	Inland Verkaufschef	Inland Verkaufsbüro	Inland Vertreter	Export Verkaufschef	Export Verkaufsbüro	Export Vertreter	Dessinateur	Mustererste	Orderbüro	Fertiglager	Spedition
1 Verkaufspolitik	EG	EM	B		B	B		B	B				
2 Verkaufsprogramm	EG/W	EN	EM		B	EM		B	B				
3 Marktforschung	EG	EM	EN	A	A	EN	A	A					
4 Musterdessins	EW	EN	EM		B	EM		B	B/A	B			
5 Verkaufsmusterung	EW	EN	EM		B	EM		B	B	B/A			
6 Preiskalkulation	EG/W	EW	EN	A		EN	A						
7 Werbung	EG	EW	EN	A	B/A	E/N	A	B/A					
8 Kundenbesuche	EW/AW	EW/AW	EN/AW		A	EN/AW		A	AW				
9 Kundenempfänge	EW/AW	EW/AW	EN/AW	A	A	EN/AW	A	AW	AW				
10 Verkaufskorrespondenz	EW	EW	EN	A		EN	A						
11 Verkaufsstatistik	EW	E	K	A		K	A						
12 Auftragsabwicklung		EW	EM			EM					EN/A		
13 Fertiglager		EW	EM			EM						EN/A	
14 Spedition		EW	EN			EN							EN/A
15 Fakturierung		EA	EN	A		EN	A						
16 Kundenreklamationen	EW	EW	EN	A		EN	A						

Funktionendiagramm für den Geschäftsbereich Verkauf einer Textilfirma

Legende:
EG = Entscheidung in Grundsatzfragen   B = Funktionale Autorität oder beratende Funktion
EN = Entscheidung in Normalfällen   A = Ausführung, Bearbeitung
EW = Entscheidung in wichtigen Fällen   AW = Ausführung in wichtigen Fällen
EM = Mitentscheidung   K = Kontrolle

DAS FUNKTIONENDIAGRAMM	
Bedingungen:	**Anwendungsbereich:**
• Geschäftsbereiche oder Abteilungen mit Zusammenarbeit • Vorhandensein eines Organigramms • Aufgabenerfüllung ohne Mitwirkung mehrerer Geschäftsbereiche möglich	• Unternehmen, Geschäftsbereiche oder Abteilungen mit überwiegend gleichbleibenden Arbeitsprozessen • Projektgruppen
Vorteile:	**Nachteile:**
• Guter Überblick über die Verteilung von Aufgaben, Kompetenzen und Verantwortlichkeiten • Überblick als Voraussetzung für ergonometrische Arbeitsplatzstudien • Überblick über notwendige Formen der Zusammenarbeit zwischen Arbeitsgruppen • Ökonomischeres Erstellen eines vollständigen Lastenhefts • Problemlose Aktualisierung	• Angemessene Abgrenzung von Teilaufgaben schwierig • Normierung gewöhnlicher Arbeitsprozesse, keine Berücksichtigung von Ausnahmesituationen • Weder Mehrfachunterstellungen noch z. B. informale Beziehungen lassen sich aufzeigen • Prozeßbeginn schwierig

VI. Einsatz organisatorischer Hilfsmittel in der Praxis

Nachdem wir uns nacheinander mit den verschiedenen Komponenten der formalen Organisationsgestaltung sowohl im makro- als auch im mikrostrukturellen Bereich befaßt haben, wenden wir uns nun der praktischen Anwendung dieser Hilfsmittel zu.

a) Komplementarität

Unser erster Hinweis gilt der Komplementarität dieser Instrumente und ihrer Einführung im Unternehmen. Natürlich kann ein Organigramm für sich genommen die formalen Strukturen der Machtverteilung, Kommunikationswege und Aktivitäten darstellen. Es gibt jedoch auch eine informelle Struktur, die man ohne weiteres in einem sehr ähnlichen Schema festhalten kann und dann als Soziogramm bezeichnet. Dieses Hilfsmittel wird im nachfolgenden Kapitel über die Ablauforganisation geschildert. Damit wird der Wert und damit auch die Bedeutung des Organigramms mehr oder weniger in Frage stellt, und je stärker Soziogramm und Organigramm voneinander abweichen, um so mehr ist erfahrungsgemäß mit Kompetenzkonflikten zu rechnen. Hilfsmittel wie das Funktionendiagramm und die Stellenbeschreibung geben nun die Möglichkeit, die im Organigramm vorgesehene Gliederung anzuwenden und gleichzeitig, der Anordnung der Ebenen entsprechend, Informationen über die Aufgabenerfüllung zu kanalisieren. Umgekehrt können Stellenbeschreibungen, die von den verschiedenen Abteilungen eines Unternehmens ohne Bezug zu einem Organigramm erstellt werden – weil dieses fehlt oder ignoriert wird –, zu Funktionsüberschneidungen oder Lücken in einem der Aufgabenerfüllungsprozesse führen. Funktionendiagramm und Organigramm dienen in diesem Fall der Integration und Koordination. Die Mitarbeiterbeurteilungen schließlich bereichern die Stellenbeschreibungen. Diese sind nun nicht mehr nur ein Formular unter vielen, sondern eine wichtige Arbeitsunterlage, die nicht nur die im Jahresverlauf beobachteten Veränderungen im Bereich der Sachaufgaben, sondern auch Entwicklungen des Funktionsträgers aufzeichnet und entsprechend aktualisierbar ist. Denn eine Funktion innerhalb des Unternehmens ist mehr als nur die Stelle und auch mehr als die Summe aller Handlungen, die eine Person ausführt: Sie ist das Ergebnis von Interaktion zwischen Stelle und Stelleninhaber. Das Lastenheft entsteht aus der Sicht des Unternehmens und gibt an, was für die Erfüllung einer Aufgabe notwendig und wünschenswert ist; Beurteilungskriterien dagegen schaffen die Möglichkeit, auch die humane Komponente mit ihren Grenzen und Möglichkeiten in die Formalisierung der Struktur einzubeziehen. Die Verbindung zwischen diesen beiden Hilfsmitteln ist daher auch mehr die Aufgabe der Personalverwaltung als der Organisationsgestaltung. Wenn für eine frei gewordene oder frei werdende Stelle eine Beschreibung vorliegt, kann mit Hilfe der datengespeicherten Aufzeichnungen über die wichtigsten Ergebnisse der Beurteilungsgespräche versucht werden, eine Person innerhalb der Firma zu finden, die alle Voraussetzungen für diese Stelle erfüllt. So gesehen *stimuliert* das Unternehmen seine Mitarbeiter und bietet ihnen Karriere- und Laufbahnentwicklungspläne an, an die sie vielleicht selbst nie gedacht hätten. Man kann auch frei gewordene Stellen intern bekanntmachen, die Bewerbungen interessierter Mitarbeiter entgegennehmen und die bereits vorliegenden Beurteilungen als Kriterien für die Auswahl und Einarbeitung des Kandidaten nutzen. Die Firma gibt dem zukünftigen Mitarbeiter dann die Möglichkeit, *seine Wünsche zu formulieren*, und kann sich dabei vergewissern, ob der Kandidat über das notwendige Engagement verfügt und tatsächlich entschlossen ist, eine bestimmte Funktion zu übernehmen. Diese beiden Perspektiven können einander entgegenstehen oder sich ergänzen, in jedem Fall aber sind sie der Beweis dafür, daß die Art, wie der Mitarbeiter selbst und seine Handlungen gesehen werden, nicht ohne Einfluß auf das Phänomen der Organisation bleiben kann.

Wichtig ist auch hier die Feststellung, daß bei der Realisierung von Organigrammen und Stellenbeschreibungen nicht so sehr das Detail zählt, sondern die Kohärenz der Konzeption. Die Behauptung „Jedes Organigramm ist besser als gar nichts" dürfte dabei nicht für jedes Unternehmen stimmen. Alles hängt von dem angestrebten Organisationsgrad ab. Wenn wir im Verlauf dieses Kapitels darauf eingegangen sind, wie umstritten die Anwendung bestimmter Hilfsmittel ist, so doch nur, um die unterschiedlichen Sichtweisen zu verdeutlichen, die es in diesem Punkt gibt. Den Idealzustand gibt es ebensowenig wie die allgemeingültige Lösung. Für jeden Kontext, jedes Ziel gibt es eigene Möglichkeiten einer mehr oder weniger formalen Strukturierung. Man muß diese nur kennen, um bewußt, in Kenntnis der Sachlage entscheiden zu können. Ob man nun aber ein Organigramm oder Kriterien für Mitarbeiter entwickelt, immer bedarf die Synthese der Analyse und die Analyse der Synthese, um Koordination und Integration zu ermöglichen. Und auch wenn diese Strukturelemente auf Dauer angelegt sind, so sind sie doch ebenso Antwort auf eine bestimmte Realität wie Ausdruck eines Gestaltungswillens. Diese Kommunikation in zwei Richtungen muß stattfinden, damit wichtige Veränderungen, die festgestellt oder gewünscht werden, in einen aktuellen Gestaltungszusammenhang gebracht werden können.

b) Das Unternehmen und der Anwendungsgrad organisatorischer Instrumente

Ein weiterer Punkt ist die praktische Anwendung dieser organisatorischen Hilfsmittel im Unternehmen. Organigramme gibt es inzwischen in fast allen Gesellschaften, die das Stadium eines handwerklichen Betriebs oder reinen Familienunternehmens überschritten haben; Stellenbeschreibungen dagegen sind in den Unternehmen keinesfalls die Regel, und auch dort, wo es sie gibt, sind es meist bloße Formulare ohne wirkliche Bedeutung oder wegen fehlender Angaben nicht verwertbar. Ob auf der Grundlage dieser Beschreibungen Koordination und Integration stattfinden, hängt vielfach nur von der Bereitwilligkeit des betroffenen Vorgesetzten ab. Funktionendiagramme oder vergleichbare Arbeitsdokumente sind noch seltener anzutreffen und werden meist nur in großen Systemen entwickelt, wo es eine Abteilung für Organisation gibt. Mit anderen Worten, eine sorgfältige Abstimmung der verschiedenen organisatorischen Hilfsmittel wird meist nur in sehr großen Unternehmen vorgenommen, wo es Spezialabteilungen gibt, die diese Strukturen errichten und aufrechterhalten. Nachstehendes Schaubild zeigt die Ergebnisse einer Schweizer Umfrage aus dem Jahre 1980 (vgl. Staerkle, 1981), die, wie anzunehmen ist, bei einer ähnlichen Untersuchung für den übrigen europäischen Raum tendenziell in etwa gleich ausfallen würde. Interessant ist hierbei die Feststellung, daß mehr als 25% der Gesellschaften mit mehr als 1 000 Beschäftigten trotz mangelnder Flexibilität und Transparenz keine systematische Stellenbeschreibung vorgenommen haben.

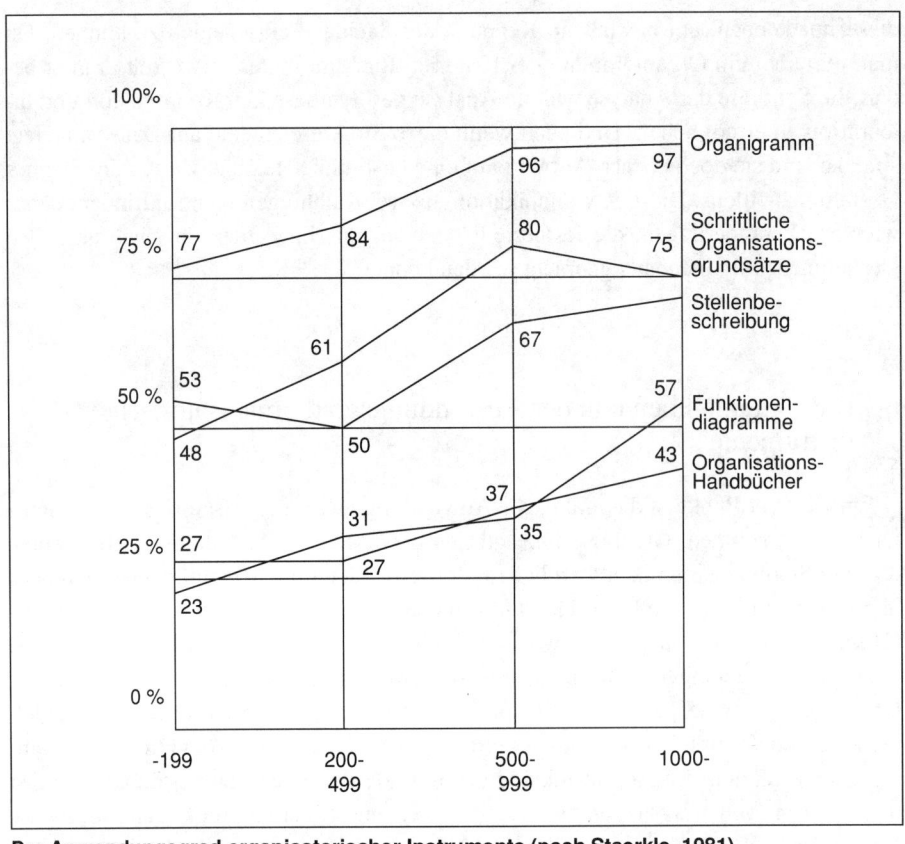

Der Anwendungsgrad organisatorischer Instrumente (nach Staerkle, 1981)

c) Individuum und Struktur

Ein weiterer wichtiger Aspekt der organisatorischen Gestaltung ist die Bedeutung der Machtverteilung und die Ausübung von Macht im und auf das Unternehmen. Diese Machtverteilung beinflußt die Gestaltungsentscheidungen, ist jedoch umgekehrt auf das Gewicht und die Bedeutung angewiesen, die ihr der organisatorische Rahmen verleiht. Machtausübung ist unvermeidbar: Sie entsteht durch Interaktionen, Beziehungen und Spannungen im zwischenmenschlichen Bereich. Jede Organisation braucht ein bestimmtes Maß an Kohäsion zwischen ihren Mitgliedern, die ihrerseits jedoch ihre Identität als Akteure innerhalb des Systems nicht aufgeben können.

Es gibt viele Formen und Akteure der Macht. Letztere bedeutet Handlungsmöglichkeit für den einzelnen, findet jedoch in der Interaktionsbeziehung zwischen Personen statt, die nicht die gleichen Handlungsmöglichkeiten haben. Macht ist also ein relativer Begriff: Sie besteht nicht als solche, sondern in Beziehungsverhältnissen zu anderen Menschen und Einheiten wie den organisatorischen Gebilden, die in ihrer formalen Struktur das für die Koordination der verschiedenen Interaktionen notwendige Autoritätsgefüge festlegen. Die Struktur ist somit die Legitimation der Autorität, sowohl per-

100

sonell – Machtinhaber entscheiden, andere führen aus – als auch normativ – Regeln legen allgemeine Verhaltensnormen fest, mit denen „normale" Beziehungen entstehen und Spannungen zwischen den Interakteuren vermieden werden sollen. Die Strukturierung eines Unternehmens muß in Kenntnis dieser Sachlage erfolgen. Entwickelt sich eine stark zentralisierte Organisation, und überwiegt die Macht der Hierarchie? Oder hat man es mit einer funktionalen Gliederung und zahlreichen Stäben zu tun, wo Macht mit Expertentum verbunden ist und vor allem von denen wahrgenommen wird, die über das systemnotwendige Spezialwissen verfügen? Welche Passerellen bestehen zwischen den Abteilungen? Begünstigen oder verhindern diese eine lokale Machtausübung, die durch scharfe Abgrenzung der Abteilungen gegeneinander eingeschränkt ist? Sind die Stellenbeschreibungen so konzipiert, daß ein durchgehender Informationsfluß vorgesehen ist, oder besteht die Möglichkeit, daß dieser durch bestimmte strategische Stellen unterbrochen wird (Crozier/Friedberg, 1977; Mintzberg, 1986)? All diese Formen der Machtausübung existieren. Es geht also nicht darum zu prüfen, ob Macht ausgeübt wird, sondern ob sie legitim ausgeübt wird. Nur dann wird sie von den Aktionsträgern des Unternehmens akzeptiert werden und die kollektive Handlungsfähigkeit nicht blockieren (vgl. hierzu auch Teil zwei).

Abschließend sei darauf hingewiesen, daß das Problem der Machtausübung zwar äußerst wichtig, aber sehr schwer zu handhaben ist. Tatsächlich kann nur derjenige über die Legitimität von Macht entscheiden, der selbst über ein hohes Maß an Macht verfügt. Und selbst wenn die implementierte Struktur für eine weitgehende Gewichtung der Machtsphären sorgt, so wird diese doch in erheblichem Umfang von der amtierenden Unternehmensleitung beeinflußt sein.

d) Delegation

Mit der Strukturierung eines Systems fällt unter anderem die Entscheidung über den Grad der Delegation von Aufgaben, Kompetenzen und Verantwortlichkeiten. Sie bestimmt als wesentliche Einflußgröße die Stellenbeschreibung – welche Verantwortlichkeiten sind mit welcher Aufgabenerfüllung verbunden –, das Funktionendiagramm – wird die Aufgabe vom Abteilungsleiter erfüllt oder nur überwacht – und die Effizienz der Strukturen – liegt zum Beispiel bei einer Matrixorganisation eine bestimmte Aufgabe in der Kompetenz der Sparte oder müssen die beiden Vorgesetzten ständig hinzugezogen werden. Delegation bedeutet also nicht nur die Übertragung einer bestimmten Aufgabe von dem Vorgesetzen auf einen ihm unterstellten Mitarbeiter, sondern eine Entscheidung über die Zentralisierung oder Dezentralisierung von Verantwortlichkeiten. Delegieren heißt nicht, „sich einer Aufgabe entledigen", sondern *„Mittel* und *Kompetenzen* für die Erstellung einer von der organisatorischen Einheit – d. h. dem Unternehmen – benötigten Leistung dort einzusetzen, wo eine optimale Entsprechung von Kompetenz und Interesse anzunehmen ist".

Der Begriff Delegation ist heute in Managementkreisen sehr geläufig, man sollte ihn jedoch nicht durch wahllosen Gebrauch abnutzen. Die Delegation bedarf wie jede

Managementtechnik sorgfältiger Vorarbeit und hat bestimmte Voraussetzungen. Der Delegierende muß eine ganze Reihe von Fragen prüfen, um festzustellen, ob er, sei es in Hinblick auf Sparten, Abteilungen oder Mitarbeiter, die „richtige Delegationsentscheidung" getroffen hat. Ist die Aufgabe delegierbar? Hat man den Beauftragten mit den entsprechenden Kompetenzen ausgestattet? Handelt es sich lediglich um eine Aufgabe oder auch um eine Verantwortung? Wurde zwischen dem delegierenden Vorgesetzten und dem beauftragten Mitarbeiter geklärt, welche Unternehmensziele erreicht werden sollen? Verfügt der Beauftragte über die notwendigen fachlichen Kompetenzen? Läßt sich absehen, welche Konsequenzen eventuelle Fehler des Beauftragten haben könnten?

Wenn nun feststeht, mit welchen Kompetenzen die zu delegierende Aufgabe ausgestattet sein muß und alle sachlichen Aspekte berücksichtigt wurden, so bleiben noch die menschlichen Aspekte zu klären, die keineswegs vernachlässigt werden dürfen: Es geht nicht an, daß ein Vorgesetzter ausschließlich solche Arbeiten, selbst wenn sie interessant sind, delegiert, die er nicht gerne tut oder nicht ausreichend beherrscht. Er muß ferner an die Entfaltung und Entwicklung seiner Mitarbeiter denken, zumindest im Interesse der Abteilung und des Unternehmens, und ihnen die Mitwirkung an besonders bereichernden Aufgaben seines Tätigkeitsbereichs ermöglichen. Damit wird er nicht nur seine Beziehungen zu den Mitarbeitern verbessern, sondern auch neue Ideen aufnehmen können, die von seiten derer formuliert werden, die die konkreten Auswirkungen seiner Entscheidungen kennen. Auf seiten der Mitarbeiter wird das motivationale Potential in dem Maße aktiviert, in dem sich ihr Aktionsbereich erweitert. Wir halten es in diesem Zusammenhang für erwägenswert, statt einer Vielzahl verschiedener Teilaufgaben einen in sich geschlossenen Aufgabenkomplex zu delegieren, da der Ausführende in diesem Fall seine Handlung in einem Sinnzusammenhang erkennen kann und durch den Ergebniserfolg stimuliert wird. Aus diesen Überlegungen ergibt sich weiterhin, daß Delegation ein Zeichen des Vertrauens ist bzw. Vertrauen voraussetzt, wenn sie wirklich erfolgreich sein soll. Die Kontrollen sind nach Möglichkeit erst am Ende und global vorzunehmen, um jedem die Möglichkeit zu geben, aus eigenen Fehlern zu lernen und selbst herauszufinden, wo im einzelnen Korrekturbedarf gegeben ist.

e) Die Schaffung der Organisationshilfsmittel

Bei der Gestaltung der notwendigen Organisationshilfmittel wie Organigramme, Stellenbeschreibungen u.ä. stützt man sich auf verschiedene Prozesse. Das Organigramm, sozusagen eine Fotografie der Unternehmensorganisation, muß zumindest auf zwei Fragen eine Antwort geben:

● Welches sind die Aufgaben des Unternehmens?
● Wie sind diese hierarchisch gegliedert?

Stellenbeschreibungen, Funktionendiagramme und Beurteilungskriterien dagegen sind das Ergebnis einer Analyse der Gesamtheit aller Aufgaben einer Abteilung, der einzelnen Aufgabenerfüllungen, der Arbeit eines jeden Mitarbeiters und der Verhaltenserwartungen des Systems. Untersuchungen dieser Art werden entweder von der Organisationsabteilung, der für Humanressourcen zuständigen Stelle oder Abteilung oder von der Direktion selbst durchgeführt, und zwar in Zusammenarbeit mit den jeweiligen Aufgabenträgern oder ihren direkten Vorgesetzten. Heute besteht allerdings eine gewisse Tendenz, diese Verantwortlichkeiten an den direkt betroffenen Personenkreis abzugeben, d. h. an die Linie und ihre internen Leistungsempfänger – den übrigen Unternehmenseinheiten – oder externe Abnehmer. Die Beteiligung der Mitglieder an der Gestaltung ihrer Organisationsstruktur trägt dazu bei, daß Organigramm und Funktionendiagramm in noch stärkerem Maße den Bedürfnissen und Anforderungen des Tagesgeschäfts entsprechen. Sie werden besser ausfallen als das Gestaltungsergebnis von externen Stäben und externen Beratern. Außerdem bewirkt diese Verfahrensweise, daß andere operative Bereiche zu organisatorischen Überlegungen angeregt werden und beginnen, die Dinge aus einer ganzheitlichen Perspektive zu sehen. Im Grunde sollten Stellen für Organisation und Humanressourcen eher methodische Hilfestellungen geben und aufgelöst oder entlastet werden, wenn ihre Kompetenzen und Verantwortlichkeiten an die Linie abgegeben werden können. Die gleiche Überlegung – Dezentralisierung von Entscheidungen durch Delegation an die jeweils betroffene Zielgruppe – veranlaßt bestimmte Firmen dazu, sogar den Leistungsempfänger, das heißt ihre Kunden, bei der Gestaltung von Stellenbeschreibungen einzubeziehen. Die Arbeitsleistung eines Lagerverwalters zum Beispiel würde dann zusammen vom Vorgesetzten und all denen, die Zugang zu dem Lager haben, festgelegt und die Aufgaben eines Bankangestellten von dem Filialleiter und den Bankkunden definiert.

Nun stellt sich natürlich die Frage, wie solche Analysen aussehen sollen, vor allem, wenn auch an die Mitwirkung externer Kunden gedacht wird. Dem Organisator, der in der Tat ständig mit Untersuchungen dieser Art zu tun hat, stehen hierzu verschiedene Hilfsmittel, Interviews, Umfragen u. ä. zur Verfügung, auf die wir in Teil zwei dieses Buches näher eingehen werden, wenn wir im Rahmen der Reorganisationsprozesse die verschiedenen Erhebungstechniken vorstellen.

VII. Fazit

Die organisatorische Gestaltung stellt sich in der Regel als ein absichtsvoller Prozeß dar. Es gibt jedoch eine Reihe von umweltbezogenen, strategischen und kulturellen Einflußgrößen, die weder eine nur rationale noch eine möglichst einfache Systemstrukturierung zulassen. Ein Unternehmen entsteht nicht so schnell wie ein Organigramm, und auch die Existenz von Stellenbeschreibungen, so wie sie im vorangehenden erläutert wurden, darf nicht darüber hinwegtäuschen, daß es Entscheidungszwänge gibt, denen der Organisator nicht ausweichen kann. Diese weiterführenden Überlegungen sind Gegenstand des zweiten Teils und werden im Zusammenhang mit der Entwicklung organisatorischer Strukturen und ihrer Reorganisation behandelt.

3. Kapitel

Ablauforganisation

Die Entwicklung der Firma Logimed, so wie sie im ersten Kapitel beschrieben wurde, hat gezeigt, daß es im Laufe der Zeit zu organisatorischen Unzulänglichkeiten kommen kann, die vor allem bei rasch zunehmender Unternehmensgröße festzustellen sind. Es wurde weiterhin gesagt, daß sich die Unternehmenslenkung bei einem stark expandierenden Markt nicht mehr ausschließlich verbaler Kommunikationswege bedienen kann, um den notwendigen Informationsfluß herzustellen, und daß auch eine bloße Aneinanderreihung von Aufgaben und Aktivitäten ohne einen ganzheitlichen Gestaltungsansatz unbefriediegend ist: Ein Unternehmen muß in Hinblick auf seine Arbeitsweise als Ganzes gesehen werden, und in dem Maße, in dem die Zahl der Mitarbeiter wächst, treten ernsthafte Probleme der Koordination auf.

Die Anschaffung neuer Hilfsmittel, in diesem Fall Computer mit moderner Kommunikations- und Datentechnik, hatte für Logimed die Konsequenz, daß für bestimmte Dokumente neue Formen der Erstellung, Weiterleitung und Archivierung gefunden werden mußten. Durch das Vorhaben, eine Zweigstelle zu errichten, entstand zusätzlicher Planungsbedarf: Wie sollte der Umzug und wie die Einarbeitung bestimmter Mitarbeiter gestaltet werden, die neue Verantwortlichkeiten zu übernehmen hatten.

Vorgänge dieser Art müssen vom Unternehmen ebenso wie die Lieferung von Produkten oder Bearbeitung von Kundenreklamationen prozessual gestaltet werden, damit sie zur Zielerreichung beitragen. Aus betriebswirtschaftlicher Sicht werden diese Prozesse häufig als *Abläufe* bezeichnet, und diese entwickeln und strukturieren sich in dem Maße, in dem sich die Zahl der systembildenden Einheiten erhöht. In Hinblick auf die Organisationsstruktur bedeutet dies nicht Konflikt, sondern Integration: *Prozesse erfüllen Strukturen mit Sinn* und definieren sie als Rahmen für festgelegte Aktivitäten. Unter *Ablauforganisation* versteht man demnach die Aneinanderreihung unternehmensinterner, systembildender Elemente, die räumlich und zeitlich so angeordnet sind, daß das Unternehmen funktionsfähig ist und die Leistungen erstellen kann, die intern und extern von ihm erwartet werden.

Prozesse in einem sehr umfassenden Begriffsverständnis sind zum Beispiel auch: Rechnungslegung, Arbeits- und Konferenzplanung, Softwareentwicklung, Lastenhefterstellung für einen Berater, Sprechstundenregelung in einer Arztpraxis. Auch die Projektgestaltung gehört in den Katalog möglicher Prozesse, zumindest im Bereich der Vorbereitung, Ausführung und Beobachtung eines zielgerichteten Handlungskomplexes. Bei der Verwendung von Gütern oder immateriellen Werten in Form von Material, Humanressourcen, technischen Verfahren und Informationen – wird man ablauforganisatorische Prozesse so gestalten, daß ihre räumliche und zeitliche Anordnung bestimmten Rationalitätserfordernissen gerecht wird.

Genauer gesagt, der ökonomische Ansatz hat bis heute für die Minimierung der prozeßgenerierten Gesamtkosten plädiert, und zwar unter dem Aspekt des Nutzens, d. h. der effizienten und effektiven Nutzung der eingesetzten Mittel. Die ökonomische Sichtweise will eine „wissenschaftliche (und rationelle) Betriebsführung" (Taylor, 1911). Es ist aber mitunter problematisch, die tatsächlichen Kosten von sozusagen „unnötigen" Arbeitsprozessen abzugrenzen. Dazu ein Beispiel: Die Empörung eines Kunden über das Verfahren, das ihm zugemutet wird, bis Logimed seine Reklamationen, Anfragen oder Wünsche registriert, kann de facto erst bei Vorhandensein von Indikatoren – Reklamationslisten zum Beispiel – oder eines Früherkennungssystems, das kostenmäßige Auswirkungen mißt und anzeigt – möglicher Verlust eines Kunden – zu einer Korrektur bestehender Abläufe führen.

Hier kommen wir zu dem für die Organisation wesentlichen Begriff der „verdeckten Kosten": Er deutet auf interne Fehlentwicklungen hin, die durch einen Mangel an *Zweckmäßigkeit* in Hinblick auf Investitionen und Ressourcenverwendung verursacht werden können. Es gibt allerdings noch keine gesicherten Kontrollmöglichkeiten, um definitiv festzustellen, ob Prozesse und Abläufe tatsächlich ökonomisch und rationell gestaltet sind. Auch eine Neuformulierung bestehender Prozesse löst nicht das Problem, welche Kosten dadurch entstehen, daß Sachmittelinvestitionen der einen und nicht der anderen Stelle zugewiesen wurden. Statt sich nun mit der unendlichen Fülle von theoretischen Modellen der Bewirtschaftung knapper Güter zu befassen, könnte man den *Schwerpunkt* der Zielgerichtetheit von Maßnahmen verlagern und die Kosten eines Arbeitsprozesses oder die Notwendigkeit einer Gestaltungshandlung nicht in erster Linie nach quantitativen, betriebswirtschaftlichen Gesichtspunkten, sondern nach den Belangen des Managements und des Systems beurteilen. Das heißt, daß ein Unternehmen die Arbeitsabläufe und den internen Wirkungsverlauf organisatorischer Maßnahmen auch mit Blick auf die Werte und Erwartungen, die die Kunden mit „Konsum" verbinden, konzipieren kann und nicht nur als ein optimales Aneinanderfügen von Mitteln mit dem Ziel, etwas zu produzieren. In der traditionellen Sichtweise ging man von den Arbeitsabläufen aus und verbesserte das Ablaufergebnis. Heute dagegen zieht man die Zielerwartung des Unternehmens und seiner Kunden in Betracht und gestaltet äußerst zweckgerichtete, manchmal überraschend unkomplizierte Abläufe unter diesem Aspekt. „Kunden" bedeutet hier die Gesamtheit aller Personen, die entweder durch ihren Beitrag oder durch ihre Aktivitäten innerhalb eines sozialen Systems mit den verschiedenen Ablaufvorgängen oder deren Endprodukten in Beziehung treten. Das bisherige Umweltverständnis siedelte die Kunden außerhalb des Unternehmens an. Wir dagegen gehen von einem „Client System" aus, das unter anderem Mitarbeiter, Unterlieferanten und „Konsumenten" in die Prozeßfinalität einschließt, und sehen in ihm das Zentrum aller Gestaltungsaktivitäten. Wenn das „Client System" in seinen Erwartungen nicht mehr befriedigt wird, kann aufgrund der bestehenden Wahlmöglich-

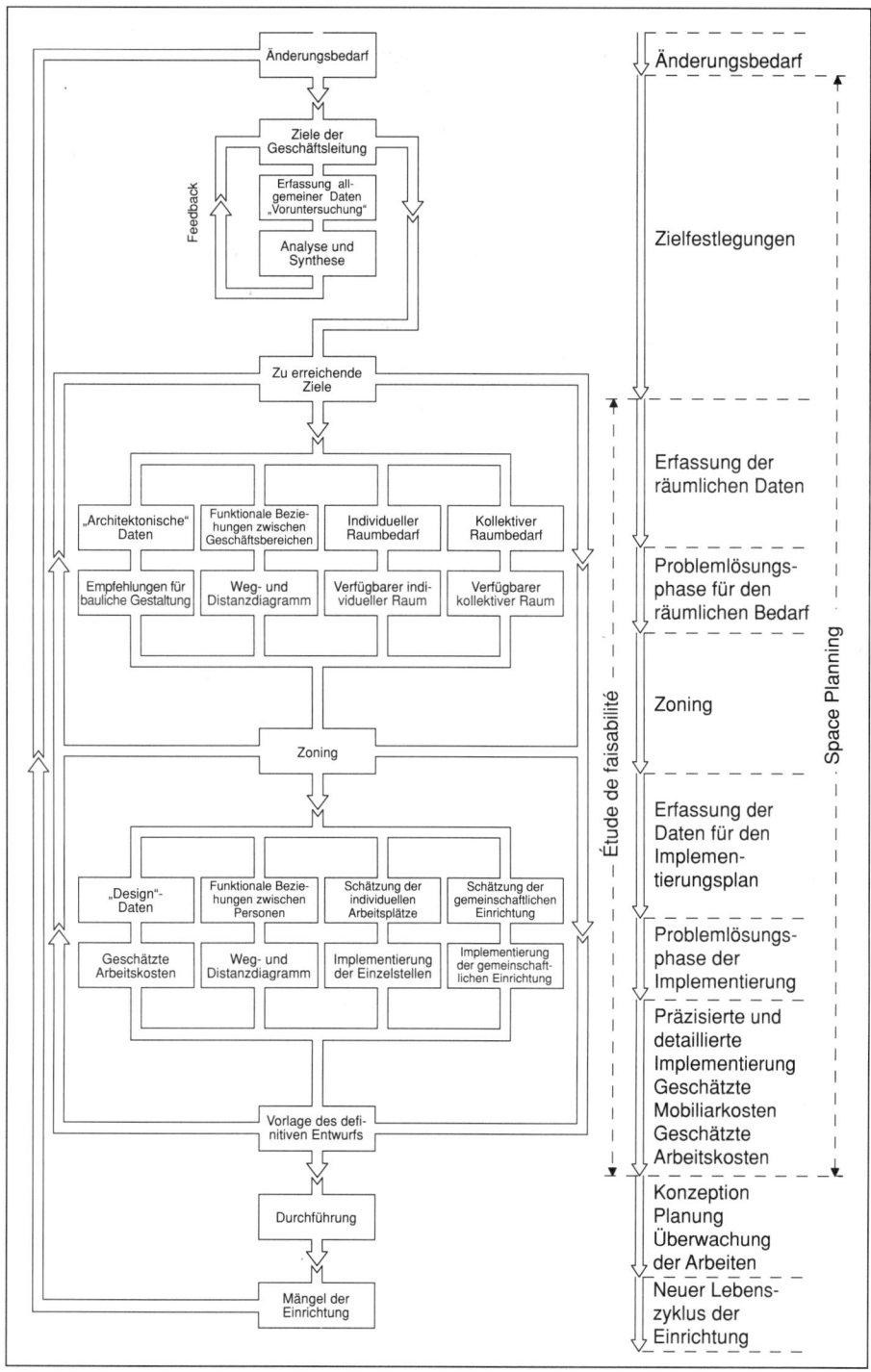

Ablaufschaubild eines Auftrags für Büroeinrichtung, Unidesign SA

keiten ein natürlicher Ausleseprozeß einsetzen, es sei denn, das Unternehmen genießt Monopolstellung. Ein rein ökonomischer Ansatz der Prozeßgestaltung ist unter Umständen wenig sinnvoll, da sich Lösungsvorschläge, um die Zielerwartungen (doch) zu erfüllen, meist darauf beschränken, „Ausgabenkürzungen" zu fordern und ein „Ideal" zu postulieren, ohne die kontingente Natur des „Client System" zu erfassen und zu internalisieren.

Allerdings muß jeder Organisator und Manager, der die eigene Arbeit und die seiner Mitarbeiter gestalten will, wissen, welche Prozesse es gibt und wie sie sich im Bedarfsfall als Abläufe beschreiben lassen. Weiterhin sollte man nicht übersehen, daß das angestrebte Ausmaß der Zielerreichung bei Einsatz eines bestimmten organisatorischen Hilfsmittels, wie beispielsweise der mathematischen Optimierung, vom Arbeitsumfeld und dem angestreben Ziel der Aufgabenerfüllung abhängt. Ablaufgestaltung strebt nicht unbedingt die Feinabstimmung von Aktivitäten oder ein besonderes Maß an Präzision an, beides könnte den umgekehrten Effekt zur Folge haben und zu einer unerwünschten Bürokratisierung im weitesten Sinne führen. Fest steht jedoch, daß man ab einer gewissen Unternehmensgröße nicht mehr ohne die hier beschriebenen Instrumente auskommt und sie einsetzen muß, um zumindest unstrukturierte, chaotische oder nahezu chaotische Zustände zu ordnen. Um dem Leser das Verständnis für die verschiedenen organisatorischen Hilfsmittel zu erleichtern, geben wir nun, wie im vorangehenden Kapitel, einen Überblick über Vor- und Nachteile, Bedingungen und Anwendungsbereiche der einzelnen Instrumente.

Arbeitsabläufe in einem System:
- **organisieren den Ablauf von Arbeitsvorgängen**
- **formalisieren die Verantwortlichkeiten innerhalb der Vorgangssequenzen**
- **geben die Möglichkeit, die Arbeit zu rationalisieren, zu optimieren, zu vereinfachen, zu standardisieren oder die Abfolge sich wiederholender Arbeitsvorgänge festzulegen**
- **beschreiben Arbeitsvorgänge unter dem räumlichen Aspekt und in der Dimension von Objekten und Personen**
- **operationalisieren die Struktur des Systems, stellen seine Funktionsweisen im Detail dar**

I.   Ziele der Ablauforganisation

Mitunter wird nicht klar unterschieden zwischen Arbeitsprozeß und Arbeitsablauf. Abläufe, die man oft auf ihre betriebswirtschaftliche Konnotation reduziert, beschreiben im wesentlichen die Verrichtung, die an Gegenständen – das können Dokumente,

Anfragen oder Informationen sein – vollzogen wird. Arbeitsprozesse dagegen sind sicherlich sehr viel stärker auf den Menschen bezogen, auf seine Lern- und Evolutionsfähigkeit. Sie sind daher nie ganz abgeschlossen und befinden sich in ständiger „Selbst-Gestaltung". In diesem Teil des Buches, der sich mit dem formalen und dauerhaften Aspekt der Organisation befaßt, gehen wir in erster Linie auf Abläufe ein. Diese Eingrenzung führt uns zunächst zu den Ablaufzielen, die für die Arbeitsstelle und die Arbeitsverrichtung an Gegenständen zu definieren sind.

Diese Ziele finden nun aber nicht unbedingt Anwendung, wenn es um Prozesse geht, die völlig andere Merkmale aufweisen als die Bearbeitung eines Kreditantrags zum Beispiel. Der Projektgestaltung einer neu zu errichtenden Zweigniederlassung oder dem Lastenheft für den Auftrag an einen Berater liegen in der Praxis keine deterministisch festgelegten Arbeitsabläufe zugrunde. Bei eher komplexen Prozessen sind unvorhergesehene Entwicklungen nicht auszuschließen, und da jede auftretende Störung zu Änderungen und unerwarteten Initiativen führt, müßte man bei der Darstellung und kritischen Betrachtung des zur Anwendung kommenden Hilfsmittels Parameter einbeziehen, die der prozeßinternen Dynamik Rechnung tragen. Wir aber wollen uns auf eine schematische Darstellung von Abläufen beschränken und gehen von den nach Schmidt (1989 a) wichtigsten Zielen der Ablauforganisation aus, wohl wissend, daß die aus ihr ableitbaren Techniken dem Bereich der personenorientierten Prozesse zuzuordnen sind, deren Eigenschaften wir in Teil zwei und drei dieses Buches näher erläutern werden.

Es gibt einige wichtige gedankliche Ansätze, nach denen sich allgemeine und für organisatorische Abläufe geltende Gestaltungsziele unterscheiden lassen:

- *Aufgaben* oder *Gegenstände* (meist abgegrenzt), die mit Hilfe elementarer Operationen zu erfüllen bzw. zu bearbeiten sind
- *Instanzen*, die für die Ausführung verantwortlich zeichnen
- durch Rangfolge oder Termine bedingte Sequenzen der *zeitlichen Anordnung* von Arbeitsabläufen
- *räumliche Anordnung* in Form der Arbeitsraum- und Arbeitsplatzverteilung
- Methoden einer systematischen *Sachmittel*verwendung

Wenn sich ein Unternehmen Ziele setzt und diese als Leitmotiv formuliert, wie etwa: „Qualität über alles", „Orientierung am Markt", „Flexibilität und Kundennähe", so müssen diese zunächst pauschal ausgegebenen Leitlinien in die tägliche Arbeit umgesetzt werden. Sie sind als solche zunächst Idealvorstellungen, die die Ablauforganisation verwirklichen kann und muß, verdeutlichen aber auch die Kluft zwischen der tatsächlichen Gestaltungsrealität und den Erwartungen – oder der ursprünglichen Vorstellung – des Unternehmens.

Die Vorgehensweise, mit der Arbeitsprozesse, unter Umständen in Form eines Organisationsberichts, erfaßt oder ihre Implementierung in einem jungen Unternehmen erleichtert werden können, umspannt zwangsläufig mehrere Dimensionen. Mit Hilfe besonderer Methoden, den sogenannten Erhebungstechniken, läßt sich die Vielfalt der

Fragestellungen so aufbereiten, daß sie letztlich auf das eigentliche Problem hinführen. Damit erst läßt sich das Instrument der Ablaufgestaltung erarbeiten.

a) Erhebungstechniken in der Ablaufanalyse

Die „richtigen" Fragen zu stellen ist eine Technik, die jeder Organisator oder interessierte Beobachter von sich aus anwenden sollte, mag der Grund dafür Zweifel, Kritik oder Neugierde sein. Wenn das Unternehmen bei steigenden Kosten stagnierende Umsatzzahlen registriert, ist es durchaus nicht immer sinnvoll oder zweckmäßig, eine Ausgabenkürzung von 10% zu fordern und Entlassungen ins Auge zu fassen. Arbeit wird grundsätzlich von Menschen und Maschinen geleistet, diese aber sind nicht herauszulösen aus einer bestimmten Konstellation von unnötigen oder minderwertigen Arbeiten, bürokratischen und veralteten Verfahrensweisen, Beziehungsverhältnissen

110

verschiedenster Art und belastenden Streßsituationen, die dadurch entstehen können, daß zu knapp kalkulierte Ziele erreicht werden sollen.

Angesichts solcher Fehlentwicklungen oder zur Verhinderung des Rückgriffs auf allzu schnelle Lösungen – die im übrigen nicht immer leicht durchzuführen sind – ermöglichen bestimmte Erhebungstechniken ein gezieltes organisatorisches Eingreifen. Diese Methode arbeitet mit einer Folge von Schlüsselfragen, mit denen Daten systematisch erfaßt und kritisch durchleuchtet werden. Sie stellt Grundfragen: Was? Wer? Wo? Wann? Wie? Wo wird diese Arbeit verrichtet? Wo befinden sich die Personen? Wohin bewegen sich die Gegenstände? Wo werden Informationen gesammelt? Welche Werkstatt, welche Einheit, welche Stelle in der Organisation sind Durchlaufstationen? Zu welchem Zeitpunkt des Jahres, des Monats, der Woche oder des Tages wird die Arbeit verrichtet? Wann wird der Arbeitsvorgang beendet, wann beginnt er? Wie sind die Arbeitsvorgänge sequentiell angeordnet? Zu welchem Zeitpunkt sollten Informationen vorliegen ? Wann sind sie abrufbar?

Erhebungstechniken führen durch gezielte Fragen zu einer möglichen Gestaltung von Wegen und Abläufen und bieten zugleich die Voraussetzungen für einen kritischen Ansatz. Sie sind der Einstieg in eine Analyse der internen und täglichen Arbeitsabläufe in einem Unternehmen, da sie durch besondere Fragestellungen die verschiedenen Faktoren des prozessualen Geschehens gezielt angehen. Gerade dadurch können prozeßbedingte Funktionsstörungen diagnostiziert werden, wenn nämlich die Antwort auf eine bestimmte Frage nur zögernd erfolgt. Kann zum Beispiel die Frage nach dem Wo nicht spontan beantwortet werden, dann läßt sich daraus schließen, daß die zu implementierende oder zu verändernde Ablaufart in dem Bereich der räumlichen Anordnung zu suchen ist. Die Erhebung wird damit zu einem wertvollen Hilfsmittel zur Aufdeckung von Mißständen, ohne daß gleichzeitig eine bestimmte Lösung angeboten wird; sie übernimmt lediglich die Rolle eines Detektors.

b) Gestaltung der Ablauforganisation

Die Ablauforganisation gibt es nicht erst seit Beginn des 20. Jahrhunderts, obwohl diese Epoche dazu beitrug, daß es in einer Umwelt, in der die produktiven Kräfte vor allem von Maschinen und körperlicher Arbeit ausgingen, eine Verbindung von „Industrial Engineering" und Arbeitsorganisation gab. Schon lange zuvor, zu Zeiten Platos und Xenophons, kannte man bereits das Prinzip der Arbeitsverteilung, der Personenauswahl („the right man at the right place"), der Arbeitsteilung und beruflichen Bildung, wobei sich die Methoden im Laufe der Zeit verfeinerten und auf eine optimale Ausübung der jeweils genau definierten Berufe abzielten. Man fand sich nicht damit ab, daß Menschen nur für die Befriedigung ihrer eigenen Bedürfnisse arbeiten, ohne sich um die der Gemeinschaft zu kümmern, und strebte nach einer gewissen Optimierung des Ganzen, indem man die arbeitsteilige Fertigung von Gütern des allgemeinen Bedarfs vorantrieb und fortschrittliche Methoden dort unterstützte, wo sie berufliche Fähigkeiten und Fertigkeiten verbessern halfen. Mit der Industrialisierung und dem

Aufkommen des Engineerings war es nicht nur gelungen, den Menschen durch eigens für berufsspezifische Probleme konzipierte Maschinen zu entlasten, man hatte nun auch die Möglichkeit, Fähigkeiten und Fertigkeiten zu strukturieren, indem man Arbeitsaufgaben und Arbeitsvorgänge in elementare Arbeitsschritte aufgliederte. Zu Beginn unseres Jahrhunderts gingen die intensiven Bemühungen des Engineerings dahin, alle Arbeitssequenzen mathematisch zu erfassen, wobei man Gesetzmäßigkeiten und Regeln untersuchte, die sich im übrigen stark an die gedankliche Konzeption Descartes anlehnten. Man analysierte zunächst die Bewegungsabläufe, dann die Zeit, die für diese benötigt wurde, und erfaßte auch Mikrobewegungen. Durch die seit dem Zweiten Weltkrieg gewonnenen methodologischen Erkenntnisse und angesichts der spezifischen Anforderungen der Rüstungsindustrie konnte eine Reihe von Fragen im Bereich der Planung, Projektgestaltung und Budgetierung durch Einsatz des Operations Research und die Verwendung grafischer Darstellung gelöst werden, und es gelang, sehr komplexe Abläufe zu gestalten und zu kontrollieren. Desgleichen konnte man nun Abläufe und Prozesse analysieren, da man die logische Aneinanderreihung von Aktivitäten und Bewegungen nun als sequentielle Anordnung von Aufgaben und Arbeitsschritten formalisierte. Bei betrieblichen Abläufen kann es unterschiedliche Kriterien für die zeitliche Anordnung von Arbeitsschritten geben, die bei der Erwägung von Gestaltungsalternativen zu berücksichtigen sind. Solche Ablaufmöglichkeiten lassen sich anhand des nachstehenden Beziehungsschemas nachvollziehen, das sich an den Erwartungen des „Client System" (nach Emery/Nankobogo, 1987) orientiert.

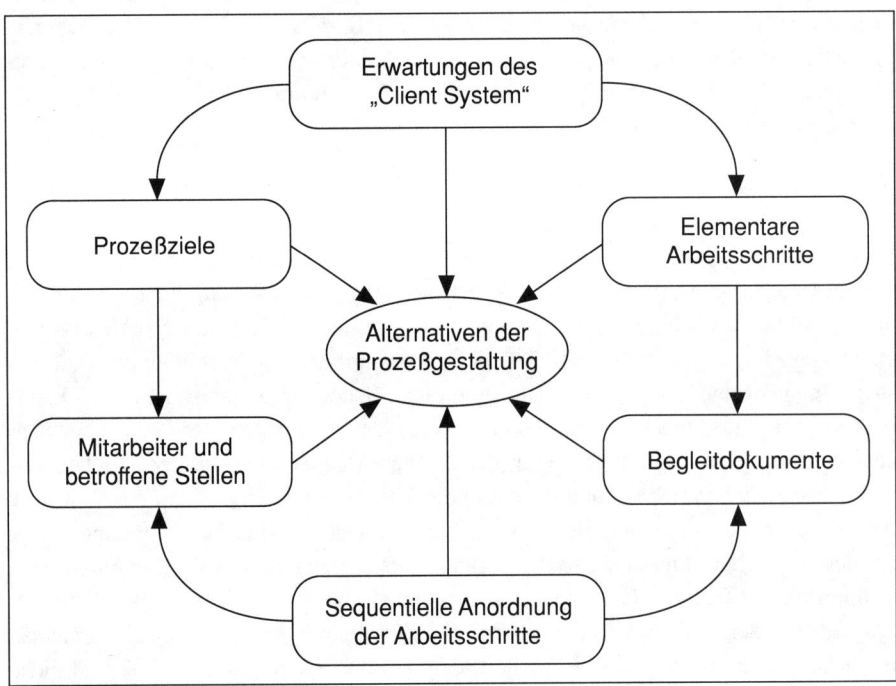

Ablaufmöglichkeiten aus der Sicht des „Client System"

Bei der Handlung an einem Objekt, der Bearbeitung eines Kreditantrags in einer Bank zum Beispiel, ist eine zeitliche Abfolge von Sachmitteln und Handlungen zu beobachten, die sich nach Ablaufzielen des Leistungserbringers richtet. Entweder die Bank wünscht eine Überprüfung der Zahlungsfähigkeit des Kunden, oder sie möchte alle Anfragen eher zügig bearbeiten lassen und die anderen Abteilungen nach Möglichkeit nicht einschalten, oder aber sie bemüht sich um hohe Kapazitätsauslastung von Personen und Sachmitteln.

Unter Reihenfolgeplanung oder auch Stückprozessen oder sequentieller Abhandlung versteht man die Anwendung spezifischer Regeln, nach denen eine Verrichtung vollzogen werden soll. Diese Regeln zur Planung und Gestaltung der Bearbeitung an einem Objekt können je nach Interaktion der Gestaltungsziele sehr unterschiedlich ausfallen. Wenn beispielsweise die Notwendigkeit besteht, Leerzeiten abzubauen, Dokumentenlaufzeiten zu verkürzen, die Arbeitsanforderungen zu vergrößern und Kundenwünsche zu erfüllen, kann sich ein Organisator für die Verschärfung der Regeln entscheiden, um die Komplexität der Vorgänge einzuschränken.

Je nach der Gleichartigkeit von Arbeitsgängen oder dem erforderlichen Arbeitstempo bezieht sich die zeitliche Abfolge von Handlungen bzw. die sequentielle Anordnung von Arbeitsgängen von Fall zu Fall auf eine individuelle Bearbeitung pro Gegenstand oder auf einen Ablauf, der mehrere Arbeitsgänge vereinigt bzw. zu Los-Mengen zusammenfaßt. Optimierungsmethoden und vor allem das Operation Research erleichtern die Festlegung optimaler Verfahren, wenn die einzelnen Elemente der Reihenfolgeplanung im voraus weitgehend bekannt sind. Dieser Ansatz, Abläufe vom Objekt her zu bestimmen, ist ein spezifisches Anliegen der Ingenieure der Arbeitsmethodik und meist auf effiziente Sachmittelverwendung gerichtet.

Mitunter läßt sich jedoch die Leistungsqualität, die durch die Erwartungen anspruchsvoller Kunden vorgegeben ist, nur schwer mit kurzen Durchlaufzeiten vereinbaren, die sich aus der Summe der Zeitkomponenten Warten, In-Gang-Setzen, Bearbeiten und Dokumentenlauf errechnen. Bei der organisatorischen Gestaltung einer Werbekampagne oder der Bearbeitung eines Kreditantrags sind bestimmte Ablauffolgen unter Umständen zwangsläufig gegeben. Die Kriterien dieser Zwangsläufigkeit können durch gezielte Fragestellungen ermittelt werden: Sollte man die Adressenliste für ein Mailing persönlich erstellen oder einen Spezialisten mit diesen Vorarbeiten betrauen? Sollte man wichtige Angaben über einen potentiellen Kreditnehmer erst im Handelsregister nachprüfen lassen oder den Kredit auf Vertrauensbasis gewähren? Eine Verlängerung der Ablaufzeiten ist unvermeidlich, wenn zusätzliche Regeln berücksichtigt werden sollen oder mit einer Operation erst nach Abschluß eines vorgelagerten Arbeitsschrittes begonnen werden kann. In nachstehendem Beispiel geht es um die Projektgestaltung einer Unternehmensberatung, die geradezu lehrbuchhaft die wichtigsten Merkmale des Ablaufprozesses darstellt:

1. Der Klient richtet seine Anfrage an den Projektmanager.
2. Der Manager nimmt die Anfrage nach Beratungsleistungen im Bereich des Handelsrechts entgegen.
3. Der Manager gibt das Aktendossier an den Leiter der Rechtsabteilung weiter.
4. Es werden Vorausinformationen eingeholt.
5. Die Zahlungsfähigkeit des Auftraggebers wird überprüft.
6. Der Leiter der Rechtsabteilung bildet eine Projektgruppe.
7. Die Gruppe setzt sich mit Geschäftspartnern auf dem Rechtsgebiet der Studie in Verbindung.
8. Die Projektgruppe unterbreitet ein Angebot.
9. Der auftragerteilende Klient schließt einen Vertrag mit der Projektgruppe ab.
10. Die Projektgruppe erfüllt den Vertrag selbständig.
11. Eine befugte Instanz entscheidet über die Möglichkeit einer Fristverlängerung.
12. Im Falle einer Fristverlängerung wird der Kunde informiert.
13. Versand der Rechnungen, wie im Vertrag vorgesehen.
14. Die Projektgruppe legt dem Kunden die Ergebnisse vor.
15. Die Verwaltung registriert diese in den Auftragsabschlußdokumenten.
16. Erfolgt keine Reklamation: Ende des Auftrags.

Die Ablauforganisation hat häufig den Zielkonflikt zu lösen, der zwischen voller Auslastung der bestehenden Kapazitäten und der Anforderung, hochwertige Leistungen bei minimalen Durchlaufzeiten zu erbringen, gegeben ist. In diesem Zusammenhang ist es besonders wichtig, die Präsentation organisatorischer Abläufe in Raum und Zeit qualitativ zu ergänzen, auch wenn nicht immer objektiv begründbar. Die Analyse von stellenbezogenen Vorgangsarten und objektbezogenen Verrichtungsabfolgen kann im übrigen zur Vereinfachung von Kreisläufen und betrieblichen Abläufen führen, wobei hier weniger die rein deskriptive als vielmehr die kritische Hinterfragung weiterhilft.

Wie lassen sich Abläufe erfassen? Man kann sich auf eine ausformulierte Beschreibung beschränken oder entsprechend deskriptive Schaubilder verwenden. In der Regel ist es so, daß eine zunehmende Prozeßkomplexität immer anspruchsvollere Präsentationstechniken erforderlich macht, um Interdependenzen leicht verständlich darzustellen. Die Formalisierung von Abläufen, ob es sich nun um den räumlichen oder zeitlichen Aspekt von Aktivitäten handelt, hat hier den Vorteil, daß eine dauerhafte Festschreibung erfolgt, die dem Benutzer dieses Instruments während des gesamten Ablaufs als Orientierungshilfe dienen kann.

Bei der Darstellung von Abläufen werden wir deswegen zwischen Hilfsmitteln der Präsentation räumlicher Abläufe, Hilfsmitteln der Präsentation zeitlicher Abläufe und Hilfsmitteln der Formalisierung von Arbeitsvorgängen unterscheiden. Nachstehend einige Beispiele:

PRÄSENTATION	
RAUM	**ZEIT**
• Analyse manueller Aktivitäten (Simogramm) • Arbeitsablaufdiagramme • Flußdiagramme und Soziogramme	• Ablaufplanung mit Hilfe von Histogrammen (Gantt-Diagramme) • Netzplantechnik (Pert) • Eisenhower-Matrix • Just-in-time
Formalisierung von Arbeitsanweisungen	
• Grafiken mit Texteinbindung • Funktionale Ablaufkarten (Stellenablaufdiagramme, Dokumentenlaufkarten, Arbeitsablaufkarten) • Programmablauf- und Arbeitsflußdiagramme	

Dieser Überblick erhebt – ebensowenig wie der vorangehende Teil – keinen Anspruch auf Vollständigkeit, denn es gibt Hunderte solcher Abläufe, die in einem Unternehmen denkbar wären. Es wurden lediglich einige repräsentative Beispiele herausgegriffen (vgl. Schmidt, 1989; Charrier/Kemoune, 1989; Lemaître/Maders, 1989; Leclère, 1989), die jedoch je nach Gestaltungssituation unbeschränkt variiert werden können.

Wir werden uns im nachstehenden auf die Darstellung der wesentlichen Merkmale dieser Hilfsmittel, auf das tragende Gerüst dieser Hilfsmittel, beschränken und beginnen mit der Präsentation räumlicher Aspekte.

II. Grafische Darstellung des räumlichen Ablaufs

In der Vergangenheit richtete sich die Untersuchung von Abläufen und Prozessen auf Bewegungen, manuelle Fertigkeiten und eine effiziente Nutzung der menschlichen Energie. Man erinnere sich an die anekdotische Anmerkung von Adam Smith (1937) über die Arbeit in einer Nadelfabrik: Die Zahl der Arbeitnehmer und die Zahl der produzierten Stricknadeln reichten diesem Nationalökonomen als Material aus, um alle Deduktionen und Schlußfolgerungen vornehmen zu können. Natürlich hat sich die Arbeitsumwelt der Arbeitnehmer und ihrer Vorgesetzten durch die Entwicklung und den Einsatz immer intelligenterer Maschinen verändert; die Gestaltung des Arbeitsraums jedoch bezieht sich, analytisch gesehen, nach wie vor auf die begrenzte Umwelt von einigen Quadratmetern und eine erweiterte Umwelt, in der sich Arbeitssubjekte, Material und Arbeitsobjekte bewegen.

a) Spektrum und Analyse manueller Aktivitäten

Mitunter ist der Bewegungsraum, in dem Aufgaben und Verrichtungen erfüllt werden sollen, beschränkt. Denkt man zum Beispiel an eine Feinmechanikwerkstatt, an die Wechselstube einer Bank oder an den Arbeitsplatz einer Sekretärin, so wird deutlich, wie wichtig es ist, daß das ausführende Arbeitssubjekt auf beschränktem Raum alle benötigten Arbeitshilfsmittel optimal anordnet und darauf achtet, daß manuelle Aktivitäten nicht ständig Streß auslösen. Bekanntlich läßt sich die Arbeitsumwelt beeinflussen, wie die vielfältigen und flexiblen Konfigurationen von Arbeitsräumen beweisen. Ebenso kann man für die Aufgabenerfüllung besonders geeignete Hilfsmittel bereitstellen, den Arbeitsplatz vor allem bei Präzisionsarbeiten gezielt ausstatten und schließlich alle Körperteile bewußt berücksichtigen, die bei den verschiedenen Verrichtungen beansprucht werden (vgl. Grandjean, 1983; Strafor, 1990).

Manuelle Aktivitäten eines Büroangestellten – Telefonhörer abnehmen, Computertaste drücken, um sich den Vorgang des in der Leitung befindlichen Kunden einspielen zu lassen, einen Block für wichtige Notizen holen, die wichtigsten Daten des Gesprächs in eine Datenbank aufnehmen –, aber auch manuelle Verrichtungen bei der Produktion – elektronische Module von Hand auf eine Chip-Karte montieren – können Gegenstand der Arbeitsraumgestaltung sein, die bei der Amplitude der Körperbewegungen ansetzt und die Abfolge der Bewegungen entsprechend ablauforganisatorischen Regeln festlegt.

Das nachstehende Schema zeigt die mögliche Bewegungsamplitude von den Armen über die Finger bis zu den Schultern. Wenn sich nur die Hände bewegen, kann es sich um sich wiederholende Bewegungen handeln, die wesentlich stärker ermüden, als wenn auch die Handgelenke eingesetzt werden. Und die Körperhaltung verändert sich in dem Maße, in dem sich bei der Verrichtung die verschiedenen Teile der Arme bewegen. Um zwingend vorgegebene Bewegungen zu erleichtern, sollten die Arbeitsobjekte in Reichweite sein, und Hilfsmittel, die bewegt werden müssen, sowie alles, was ein Arbeitssubjekt benötigt, sollten sich in seinem normalen Gesichtsfeld befinden. Das *Simogramm* ermöglicht die Analyse gleichzeitig ablaufender Körperbewegungen.

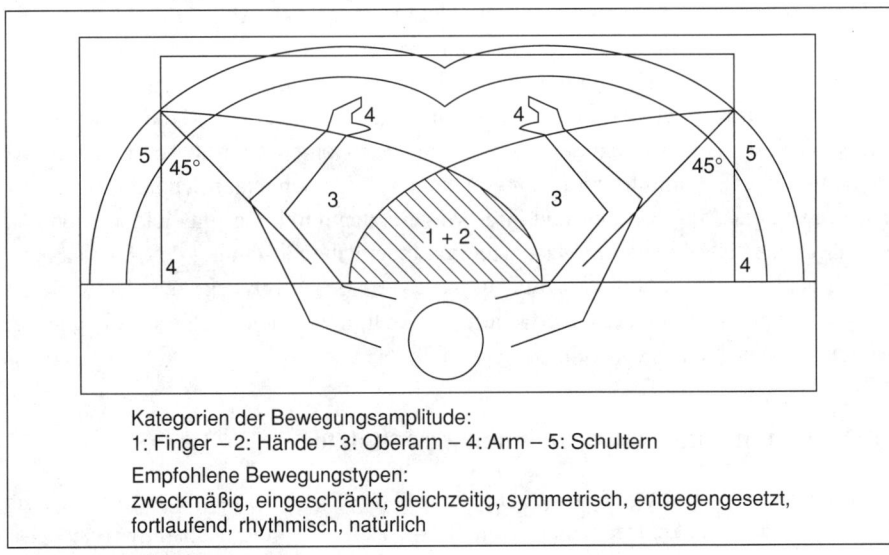

Kategorien der Bewegungsamplitude:
1: Finger – 2: Hände – 3: Oberarm – 4: Arm – 5: Schultern

Empfohlene Bewegungstypen:
zweckmäßig, eingeschränkt, gleichzeitig, symmetrisch, entgegengesetzt, fortlaufend, rhythmisch, natürlich

Grundlagen für ein Simogramm

SIMOGRAMM	
Bedingungen:	**Anwendungsbereich:**
• Bekannte und analysierbare (unnötige) Bewegungen • Genau bezeichnete Bewegungstypen	• Organisation eines Arbeitstischs • Organisation einer Stelle mit sich wiederholenden Arbeitsvorgängen
Vorteile:	**Nachteile:**
• Verringerung der Wartezeiten • Verringerung von Verspannungen und physischem Streß • Körpergerechte Abstimmung der Bewegungsabläufe während der Arbeit • Optimierung einer Arbeitsstelle	• Risiken einseitiger Körperbelastung • Festschreibung detaillierter Bewegungsabläufe kann individuelle Fertigkeiten ungenutzt lassen • Schadet der Kreativität • Technokratische Vorgehensweise • Gefahr der ungenügenden Beachtung von kollektiven Aspekten der Aufgabenerfüllung

Die Analyse elementarer Arbeitsschritte beschränkt sich in den meisten Fällen auf repetitive Arbeitsgänge mit analysierbaren, festgelegten Bewegungen, die von einer Einzelperson ausgeführt werden. Handelt es sich um unterschiedliche Aktivitäten, bei denen mehrere Personen in Beziehung treten und sich im Raum bewegen, wird man in stärkerem Maße die Bewegungsabläufe in ihrer Gesamtheit beachten und es dem einzelnen überlassen, sich selbst zu organisieren, um auf diese Weise auf die Gruppe zu wirken. Das im folgenden vorgestellte Hilfsmittel leistet hier gute Dienste.

b) Arbeitsablaufdiagramme

Je nach der räumlichen Konfiguration der Sachmittel, der Anordnung der Arbeitsplätze und Räume kann die Verrichtung eines Arbeitsablaufes verschiedene Standortveränderungen notwendig machen, die bisweilen über mehrere Etagen eines Gebäudes oder an verschiedene Orte führen. Das Ablaufdiagramm stellt in schematischer Form einen Arbeitsfluß unter dem räumlichen Aspekt dar.

Mit Hilfe eines leicht zu erstellenden, in der Verwendung unkomplizierten Diagramms lassen sich die Wege erfassen, die von einer Person zurückgelegt werden. Dieses Diagramm kann in der Weise erstellt werden, daß man auf einem vereinfachten Raum- und Lageplan die Wege als Striche einzeichnet oder mit Fäden arbeitet, die man über ein mit Nägeln versehenes Brett spannt. Aus den beiden nachstehenden Schaubildern läßt sich ersehen, wie der Weg eines Kunden optimal gestaltet werden kann, wenn man ihn nicht unnötigerweise hin- und zurückgehen läßt und die Weglänge verkürzt. Der Plan B zeigt einen vereinfachten Wegeverlauf: Stellen, die der Kunde nicht aufsucht, wurden verlegt, andere, die der Kunde passieren muß, befinden sich nun näher am Eingang bzw. Ausgang (Information, Kasse). Für den Direktor, der in Ausübung seiner Tätigkeit bei Bedarf die Büroräume seines Geschäftsbereichs aufsuchen muß, wurde zur Verbesserung der Kommunikationswege statt der eher abseits liegenden Räumlichkeiten im Längstrakt der Bereich Z vorgesehen.

Es gibt nur eine Möglichkeit, ein solches Diagramm zu erstellen: Man muß alle Wege nachverfolgen, die eine Person zurücklegt; dabei ist genau festzuhalten, wie der Weg verläuft, wo er endet (Ziel) und welche Objekte (mit Angabe von Maßen, Gewicht, Bedeutung und Dringlichkeit) transportiert werden.

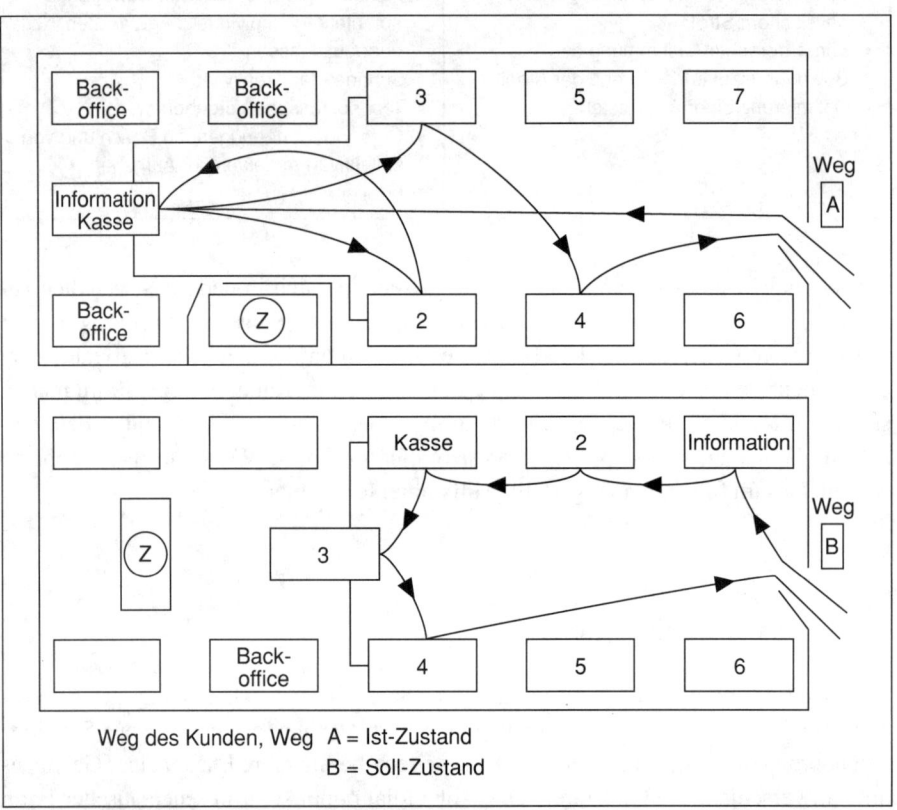

Beispiel eines Ablaufprozesses: Ist und Soll

Nehmen wir als Beispiel den Ablaufprozeß eines Kreditantrags. Soll man den Kunden an verschiedene Schalter gehen lassen, bis er den richtigen Gesprächspartner findet, oder wäre es besser, ihm durch entsprechende Hinweisschilder am Eingang den richtigen Weg zu signalisieren? Wäre es u.U. sinnvoll, daß sich diese Kunden grundsätzlich erst an die Information wenden? Die Antwort wird von Fall zu Fall unterschiedlich ausfallen. Außerdem muß die raumbezogene Kommunikation unter dem Aspekt des technologischen Fortschritts gesehen werden, wobei das Gestaltungsziel in jedem Fall in der Verkürzung der Durchlaufzeit besteht. Diese richtet sich nach der Zeit der Bearbeitung von Gegenständen, von Hand oder maschinell, nach der Trans-

118

portzeit und der Wartezeit, die unter Umständen durch zwingend vorgegebene Arbeitsschrittfolgen bedingt ist oder dadurch entsteht, daß erst nach Abschluß des vorgelagerten Arbeitsschritts mit dem darauffolgenden begonnen werden kann. Anhand der nachstehenden Hinweise auf Vor- und Nachteile, Bedingungen und Anwendungsbereich von Arbeitsablaufdiagrammen wird man über·die Zweckmäßigkeit dieses Instruments befinden können:

ARBEITSABLAUFDIAGRAMM	
Bedingungen: • Häufige Bewegungen innerhalb der Räume • Interpersonelle Kommunikation aufgrund notwendiger Kontaktaufnahmen	**Anwendungsbereich:** • Darstellung sensibler Wegverläufe • Streben nach Zeitgewinn durch Optimierung der zurückgelegten Entfernungen • Räumliche und ergonomische Konfiguration eines Bürokomplexes • Transport von großen, schweren oder gefährlichen Gegenständen
Vorteile: • Einfach in der Anwendung, auch für Nichtspezialisten • Hinweis auf physische Mängel • Darstellung von Wegen und Durchlaufstationen	**Nachteile:** • Eindimensional • Bei häufigen Kreuzungen unübersichtlich

Im Anschluß an die Analyse von Raumbelegung und Raumanordnung steht ein weiteres Hilfsmittel zur Verfügung, das Beziehungsflüsse aufzeigt, die sich unter Umständen über eine sehr viel längere Zeitspanne erstrecken, als dies bei Abläufen oder Prozessen der Fall ist. Die Summe der Prozesse, die über mehrere Tage, eine ganze Woche, einen Monat oder ein Jahr lang zu beobachten sind, führt zu interpersonellen Beziehungen, die man kennen sollte, wenn es um die Anordnung von Räumen geht. Zu diesem Zweck verwendet man das Flußdiagramm oder das Soziogramm.

c) Flußdiagramm und Soziogramm

Die Analyse von Beziehungsverhältnissen unter Mitgliedern eines sozialen Systems kann Gestaltungsmängel in der personellen Raumbelegung aufdecken. Man kann diese Analyse rein quantitativ in Form des Flußdiagramms, oder, besser noch, unter Einbeziehung qualitativer Kriterien mit Hilfe des Soziogramms vornehmen. Das Soziogramm erfaßt nicht nur Anzahl und Beschaffenheit der Beziehungsverhältnisse sowie die Häufigkeit von Wegen, die von Person zu Person oder von Abteilung zu Abteilung, *jeweils paarweise* aufgezeichnet, zurückgelegt werden, sondern macht auch Beziehungsflüsse kenntlich, aus denen die besondere Bedeutung des einen oder anderen Beziehungsverhältnisses hervorgeht und die Entfernung zu entnehmen ist, die für jeden Weg aufgrund der gegebenen Architektur und Lage der Räume anzusetzen ist.

Man sollte in jedem Fall mit dem Flußdiagramm beginnen, das wir anhand der beiden nachstehenden Abbildungen veranschaulichen wollen: In einem sozialen System mit verschiedenen Einheiten wurden systematisch alle innerhalb einer bestimmten Zeit nachweisbaren Kontakte zwischen den einzelnen Einheiten gezählt. Man kann die Analyse noch verfeinern, indem man noch eine Ebene tiefer in die Beobachtung einsteigt und sämtliche Kontakte zwischen den Mitarbeitern ein und derselben Einheit erfaßt.

Einheiten	A	B	C	D	E	Total	Rang
A	/	10	10	5	5	30	5
B	10	/	20	30	30	90	1
C	10	20	/	20	10	60	3
D	5	30	20	/	10	65	2
E	5	30	10	10	/	55	4

Analyse in Matrixform

Schema wichtiger Beziehungsflüsse

Doppelstrich: 21 bis 30 Kontakte
Einfacher Strich: 10 bis 20 Kontakte
Beziehungsflüsse von 1 bis 10 Kontakten
wurden nicht dargestellt

Beziehungsanalysen anhand des Flußdiagramms

Normalerweise dient dieses Hilfsmittel vor allem der quantitativen Erfassung bestehender Beziehungsverhältnisse zwischen den Einheiten; aber aus den daraus gewonnenen Erkenntnissen lassen sich auch raumbezogene Einflußgrößen bestimmen: physische Distanz zwischen zwei Gesprächspartnern oder physische Hindernisse (Mauern, Etagen, Räumlichkeiten), die zwischen ihnen liegen. Damit kann eine Analyse dieser Art auch die räumliche Disposition der Organisationsmitglieder verbessern, geht im übrigen aber nicht über einen quantitativen Zählvorgang hinaus. Aus den Ergebnissen läßt sich auch nicht ableiten, inwiefern die räumliche Nähe bestimmter Einheiten zu mehr Kommunikation führt als bei einer anderen Konfiguration. Bevor konkrete Schlüsse gezogen werden können, muß daher das Flußdiagramm um eine zusätzliche Komponente ergänzt werden, die erkennen läßt, warum ein Kontaktinteresse besteht und was diese Kontakte beinhalten.

Bei dem nachstehenden *Soziogramm* geht es daher vor allem um die Beschaffenheit von Gruppenbeziehungen. Diese Präsentationsform zeichnet sich dadurch aus, daß sie ein realistischeres Bild der tatsächlichen Arbeitsbeziehungen unter den verschiedenen Unternehmensmitgliedern entwirft. Bei der Erarbeitung eines Soziogramms sollte man sich deshalb nicht von den im Organigramm formal und offiziell festgelegten Beziehungen beeinflussen lassen. Noch vor ihrer systematischen Beschreibung, für die es mehrere Möglichkeiten gibt, werden bestehende Beziehungen erfaßt. In der Regel wählt man Pfeile, um das Volumen der Beziehungsflüsse darzustellen, und Anmerkungen, um Bewertungen abzugeben. Ein Soziogramm entsteht dadurch, daß man die Mitglieder danach befragt, wie sie ihre Austauschbeziehungen einschätzen: Dienen sie der Zusammenarbeit, sind sie konfliktträchtig, bereichernd, funktional oder von Konkurrenzdenken geprägt? Damit haben wir die Grundlagen für eine Analyse, die Mißstände aufdeckt, welche in den meisten Fällen Symptome für tieferliegende Funktionsstörungen sind. Man muß dann nach den Gründen suchen und die Probleme definieren. Es kann sich zum Beispiel herausstellen, daß die räumliche Anordnung von Einheiten zu einem Abschottungseffekt führt, der sich nachteilig auf die Aufrechterhaltung interpersoneller Beziehungen der Mitglieder untereinander oder mit Kunden außerhalb des Unternehmens auswirkt, ein Zustand, der von den Mitarbeitern häufig als Konfliktsituation empfunden und bezeichnet wird: „Die Kollegen vom Büro X kapseln sich ab, der Rest des Unternehmens ist ihnen völlig egal; außerdem geben sie Informationen, die wir für unsere Arbeit brauchen, grundsätzlich nicht weiter . . .“

Nachstehend bringen wir das Beispiel eines Soziogramms, das für die Abteilung Interne Revision eines Unternehmens erstellt wurde. Auffällig ist, daß die Beziehungen zwischen dieser Einheit und der Geschäftsführung zahlenmäßig sehr stark sind, während die Geschäftsleitung die Interne Revision, die versucht, sich kooperativ zu verhalten, als Konkurrenz zu empfinden scheint. Es ist abzusehen, daß es hier zu Konflikten kommen wird, denn interpersonelle Beziehungen können nur vorübergehend ein derartiges Mißverhältnis zwischen „Geben“ und „Nehmen“ ertragen.

Abschließend sei vermerkt, daß die drei vorgestellten Hilfsmittel der Präsentation räumlicher Abläufe vor allem deswegen interessant sind, weil mit ihrer Hilfe Kontakte, Positionsanordnungen und Bewegungen im Raum, die sich aus den Aktivitäten der Abteilung/en ergeben, schematisch dargestellt werden können. Sie unterstützen den Organisator in drei wichtigen Anliegen der Ergonomie: rationelle Raumgestaltung, Optimierung psychologisch wirksamer Nähe-/Distanz-Verhältnisse zwischen den Mitarbeitern und körperliches Wohlbefinden des arbeitenden Menschen.

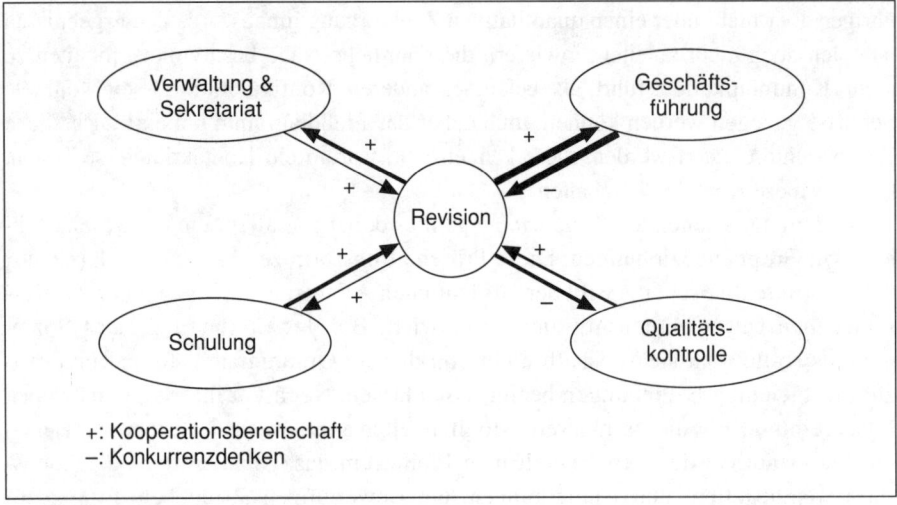

+: Kooperationsbereitschaft
−: Konkurrenzdenken

Beispiel eines Soziogramms

SOZIOGRAMM	
Bedingungen:	**Anwendungsbereich:**
• Detaillierte Prozeßanalyse im Bereich bestehender Beziehungsverhältnisse • Beschränkung der Analyse auf die wichtigsten Beziehungsflüsse	• Suche nach optimalen Lösungen der Raumgestaltung • Verbesserung der Arbeit in Gruppen • Streben nach Partizipation auf allen Ebenen
Vorteile:	**Nachteile:**
• Macht bestehende Beziehungsflüsse erkennbar • Ordnet Kontakthäufigkeit • Dient der Wegeverkürzung • Führt zu optimaler Raumnutzung bei Großraumbüros	• Häufig Reduzierung auf quantitative und räumliche Dimensionen • Konfligäres Potential zu Organigrammen

Ohne behaupten zu wollen, daß der Erfolg eines Unternehmens von ergonomisch guten Raumlösungen abhängt, ist doch nicht zu leugnen, daß körperliches und geistiges Wohlbefinden sowie der Abbau täglicher Konflikte am Arbeitsplatz eine gute Voraussetzung für hohe Arbeitszufriedenheit der Mitarbeiter in ihrer Umwelt sind. Die Präsentation räumlicher Abläufe ist als solche kein Lösungsbeitrag für motivationale Probleme, sie hilft jedoch, Hindernisse zu beseitigen, die dieser Motivation entgegenstehen könnten.

Mit diesen Hilfsmitteln erreicht man im Rahmen der Analyse räumlicher Abläufe mehr als mit Interviews und mündlicher Befragung. Ein optimales Gesamtergebnis bei der Erreichung ablauforganisatorischer Ziele ist jedoch mit diesen Instrumenten nur bedingt zu realisieren, wenn die zeitliche Dimension in vollem Umfang berücksichtigt werden soll. Ihre Verwendung setzt voraus, daß Zeitmessungen für die Überwindung von Wegstrecken und die Dauer von Kontakten möglich sind: eine schwerfällige Verfahrensweise, die dem eigentlichen Sinn dieses Instrumentariums nicht gerecht wird. Bevor man es einsetzt, sollte man deshalb unbedingt eine umfassende Analyse bereits eingeführter Prozesse vornehmen, um unnötige Aufgaben vorab zu streichen, und die Gestaltung der Ablaufzeiten überdenken.

III. Grafische Darstellung des zeitlichen Ablaufs

Wenn ein Unternehmen ein Projekt gestalten, Unternehmenseinheiten reorganisieren oder neue ablauforganisatorische Regeln einführen möchte, entscheidet häufig der Zeitfaktor über Erfolg oder Mißerfolg der jeweiligen Aktion: Einerseits muß der Zeitaufwand so gering wie möglich gehalten werden – „Zeit ist Geld" –, zum anderen aber muß Zeit wirken und Ungereimtheiten glätten können – „Kommt Zeit, kommt Rat . . ."

Da jede Terminverzögerung Kosten verursacht, muß der Ablauf der Arbeitsvorgänge genau überwacht werden. Daher kommt die Bedeutung von Zeitkontrollen und Zeitplanung. Bei Arbeitsabläufen mit Wiederholungscharakter kann man mit Hilfe der Planung von Rüstzeiten, sequentieller Anordnung, In-Gang-Setzung und Überwachung der Arbeiten den zeitlichen Ablauf der Arbeitsschritte terminieren und kurzfristig ändern. Allerdings lassen sich bei kontinuierlich ablaufenden Aktivitäten zusätzliche Arbeitsbelastungen für Mensch und Maschine oder Veränderungen, die auf unvorhergesehene Entwicklungen oder besondere Kundenwünsche zurückzuführen sind, organisatorisch nur schwer berücksichtigen, ohne die sequentielle Anordnung der Arbeitsvorgänge zu verändern. Andere Aktivitäten dagegen, die nur selten oder sehr punktuell auftreten, müssen, gerade weil sie nicht routinemäßig anfallen, sorgfältig vorbereitet und in Hinblick auf ihren zeitlichen Ablauf beobachtet werden. Im übrigen kann man nicht unbedingt auf den Lerneffekt der Gewohnheit zählen oder darauf warten, daß sich bei Einführung von Neuheiten die Routine allmählich einstellt. Es wurden daher einige Hilfsmittel entwickelt und verfeinert, mit denen komplizierte Prozesse oder Abläufe gestaltet werden können. Wir stellen drei dieser Methoden vor: das Histogramm, das PERT-System und das Speed Management.

a) Histogramm (Gantt-Diagramm)

Mit Hilfe dieser Methode läßt sich der zeitliche Ablauf von aufeinanderfolgenden Arbeitsschritten darstellen, die für die Realisierung eines Projekts, die Fertigung eines Produkts oder die Ausführung einer Unternehmensaktivität notwendig sind. Dieses Hilfsmittel, das zu den ältesten Instrumenten der Planung gehört, ist einfach in der Anwendung, hat aber auch seine Grenzen. Die Erstellung dieser Diagramme folgt einem Prinzip: Wie sollen die Arbeitschritte in logischer Abfolge und unter Berücksichtigung des Zeitablaufs auf die verschiedenen Arbeitsstellen verteilt werden, oder wie lassen sich zunächst die Arbeiten mit den längsten Ablaufzeiten im Zeitplan einfügen. Das setzt eine genaue Kenntnis der Aufgaben und die Berechnung der gesamten Bearbeitungszeit voraus. Man bedient sich hierzu eines Koordinatensystems, in das waagerecht Material, Stellen oder Aktivitäten eingetragen werden und senkrecht die Zeitangaben erscheinen.

Vorgänge \ Tage	1	2	3	4	5	6	7	8	9	10	11	12	13	14	15	16	17	18	19
1. Eingang der Ausschreibung	▨																		
2. Evaluation des Auftrags		▨	▨	▨															
3. Vorschläge					▨														
4. Lastenheft						▨													
5. Wahl des Projektleiters							▨												
6. Vertrags-unterzeichnung								▨	▨	▨									
7. Vorstudie											▨	▨	▨	▨	▨	▨	▨	▨	▨

Zeitliche Ablaufplanung eines Auftrags zur Erstellung einer Vorstudie

Das Histogramm hat im wesentlichen die Aufgabe, die Abfolge von Arbeitsschritten zu beschreiben. Es kann jedoch auch eine mögliche Auslastung der verfügbaren Mittel anzeigen und die Mindestdauer eines Prozesses, den sog. *kritischen Weg*, festlegen. Als Planungsinstrument können Histogramme Fehlentwicklungen, das heißt Abweichungen zwischen Soll- und Ist-Zustand, aufdecken. Sie geben uns nicht nur die Möglichkeit, die Arbeitsschritte der Ausführenden in ihrer zeitlichen Abfolge festzulegen und die Sachmittelverwendung abzustimmen, sondern dienen auch der Optimierung der Kapazitätenplanung in Verbindung mit der Zeitplanung, und dies durch Gestaltung einer sequentiellen Anordnung, die den Anforderungen des Ablaufziels in bestmöglicher Weise entspricht.

	Teilaufgaben \ Zeit	1	2	3	4	5	6	7	8	9	10	11	12
								Monat					
Hauptstudie	Auftrag	▨											
	Erfassung/ Analyse		▨	▨	▨								
	kritische Beurteilung					▨							
	Lösungs-entwurf						▨	▨	▨				
	Beurteilung									▨			
	Entscheidung										▨		

Diagramm zur Überprüfung der Phase „Hauptstudie" (SOLL-ZUSTAND)

124

Teil-aufgaben	Zeit	Monat											
		1	2	3	4	5	6	7	8	9	10	11	12
Hauptstudie – Auftrag		▨											
Erfassung/ Analyse			▨	▨	▨								
kritische Beurteilung							▨						
Lösungs-entwurf								▨					
Beurteilung								▨					
Entscheidung								▨					

Darstellung des Ablaufs der Phase „Hauptstudie" (IST)

Durch den Vergleich dieser beiden Diagramme läßt sich der Grad des linearen Arbeitsfortschritts und die für jeden Vorgang benötigte Zeit feststellen. Kam es nach der Analyse zu einer überzogenen Steigerung des Arbeitstempos? Man weiß eigentlich nicht, was zu dieser Beschleunigung im letzten Stadium geführt hat. Da die Kausalität undeutlich ist, kann man sich nur im nachhinein fragen, ob die zuletzt getroffene Lösungsentscheidung ausreichend durchdacht war. Im umgekehrten Fall, wenn nämlich die Fristen nicht eingehalten werden, zeigt das Diagramm noch während die Studie läuft, mit welchen Terminverzögerungen am Ende des Projekts zu rechnen ist, und signalisiert Handlungsbedarf. Nachstehend finden Sie die Verwendungsmerkmale von Histogrammen:

HISTOGRAMM	
Bedingungen: • Zahl der elementaren Arbeitsschritte und ihre Dauer sind bekannt • In der Abfolge zwingend vorgegebene Arbeitsschritte sind in der Reihenfolge ihrer Ausführung bekannt • Vorrangige Berücksichtigung von Kundenwünschen bei der Zeitplanung	**Anwendungsbereich:** • Projekte mit geringer Zahl von Projektelementen • Relativ zufallsunabhängige Projekte oder Arbeitsabläufe • Gestaltung von Abfolgen technischer Abläufe (Fertigung bzw. Bearbeitung in der Werkstatt . . .)
Vorteile: • Überblick über die zeitliche Abfolge elementarer Arbeitsschritte • Wünschenswerte und tatsächliche Arbeitsfortschritte können parallel verfolgt werden • Hinweis auf den jeweiligen Stand jedes Projektelementes in seinem Zeitbezug zur Entwicklung des Ganzen	**Nachteile:** • Keinerlei Hinweis auf Beziehungsverhältnisse möglich • Kein Hinweis darauf, inwieweit sich Zeitgewinne oder Zeitverluste eines Projektelements auf weitere Elemente auswirken • Begrenzte Präsentationsfähigkeit im Fall komplexer Projekte oder Abläufe

Wie man sieht, liegt der eigentliche Nachteil von Histogrammen darin, daß Beziehungsverhältnisse zwischen den verschiedenen Aktivitäten, die hier in einfacher Sukzession angenommen werden, nicht aufgezeigt werden können. Wenn dies beabsichtigt ist, hat man durch den Einsatz eines anderen Instruments, der Netzplantechnik, die Möglichkeit, komplexe Abläufe zu planen und zu überwachen. Sie stellt dar, wie sich Veränderungen im zeitlichen Ablauf eines Arbeitsschritts oder eines Elements auf alle übrigen Elemente auswirken.

b) Netzplantechnik nach dem PERT-System

Bei einer hohen Anzahl von elementaren Arbeitsschritten einer Aufgabe, bei Projekten wie Bauvorhaben, Errichtung einer Zweigniederlassung im Ausland oder Anschluß der Tochtergesellschaften an das EDV-Netz der Muttergesellschaft, ist das Histogramm überfordert. Ab einer gewissen Größenordnung verläuft die chronologische Abfolge der Aktivitäten unter Umständen parallel, und die Koordination der Zeitverteilung ist dann nur möglich, wenn der Arbeitsfortschritt sowie die Auswirkungen von Zeitgewinn oder Zeitverlust bei einem Element auf das Gesamtprojekt beherrscht werden.

Eine der Netzplantechniken, bekannt unter dem Namen PERT (Program Evaluation and Review Technique) ermöglicht in Verbindung mit der Zeitplanung eine Optimierung der Kapazitätsauslastung. Anekdotische Anmerkung: 1956 wird die Gesellschaft Booz, Allan & Hamilton im Rahmen eines Kooperationsauftrags mit der US-Navy mit der Projektgestaltung eines Rüstungsauftrags namens Polaris beauftragt. Es ist budgetiert mit vier Milliarden $ und schließt die Mitarbeit von 250 Lieferfirmen und 9000 Zulieferern ein, Projektdauer 6 Jahre. Die daraufhin auftretenden Probleme der zeitlichen Ablaufgestaltung zeigen, wieviel Verluste, aber auch Einsparungen in einer solchen neuen Situation möglich werden, wenn man sich mit einer derartigen Fülle von Beziehungsverhältnissen zwischen den verschiedenen Aktivitäten konfrontiert sieht. Ein neues Hilfsmittel organisatorischer Gestaltung wurde gebraucht, und das war die Chance für PERT. Der heutige Bekanntheitsgrad dieser Methode ist weitgehend darauf zurückzuführen, daß es mit ihr gelang, die ursprüngliche Dauer des Projekts um zweieinhalb Jahre zu verkürzen. In der Folgezeit wurde das System weiterentwickelt, und inzwischen gibt es auch Varianten des gleichen Typs, wie die CPM (Critical Path Method) oder die MPM (Metra Potential Method) (vergl. Poggioli, 1986).

Das PERT-System setzt voraus, daß alle projektinduzierten Aktivitäten bekannt sind. Es zielt darauf ab, alle Arbeitsschritte in Abhängigkeit von den bestehenden Bedingungen in einen optimalen Ablaufplan einzufügen. Nach Feststellung eines Gestaltungsziels und der sich daraus ergebenden Vorgänge und Vorgangszeiten ordnet man diese Komponenten in zeitlicher Abfolge an, wobei bestimmte Vorgänge anderen Vorgängen vorgelagert sein müssen. Nach dem Zeitablauf der logisch und ohne Leerzeit aufeinanderfolgenden Aktivitäten wird die sogenannte *Mean Time* ermittelt. Diese erhält man durch Addition aller Zeitabläufe, die von jedem dieser Vorgänge für den *kritischen Weg* benötigt werden. Der kritische Weg schließt keine Zeitreserve ein und entspricht demnach der kürzesten Zeit, die für die Realisierung des Programmablaufs anzusetzen ist. Durch Vorgabe des Endtermins kann man den frühesten und spätesten Anfangstermin eines Vorgangs errechnen und ermitteln, bei welchen – nichtkritischen – Ereignissen Zeitverschiebungen ungefährlich sind.

Im Sinne des PERT-Systems sind *Vorgänge* die elementaren Arbeitsschritte, die gestaltet und ausgeführt werden sollen. Man kennzeichnet sie mit Pfeilen. Die *Ereignisse* sind die Knoten zwischen den Vorgängen: Sie verbinden die Pfeile. Diese Verbindungen zwischen Vorgängen und Ereignissen bilden das Netz von zeitlich aufeinanderfolgenden Arbeitsschritten. Für jeden Knoten – also für jedes Ereignis – wird der frühestmögliche Zeitpunkt, D1, in Vorwärtsrechnung vom spätestmöglichen Zeitpunkt der verschiedenen Vorgänge errechnet, sofern es mehrere Pfeile gibt, die auf den Knoten treffen. Für den spätestmöglichen Zeitpunkt, D2, geht man in Rückwärtsrechnung vor und wählt den frühesten unter den möglichen Endterminen, sofern mehrere Pfeile vom Knoten ausgehen (vergl. Lambert, 1975). Für das Ereignis ergibt sich aus der Differenz zwischen spätestem Zeitpunkt und frühestem Zeitpunkt eine Pufferzeit *(Zeitreserve)*, das heißt eine Spanne, innerhalb derer die Aufgabe erfüllt werden kann, ohne den Programmablauf als Ganzes zu beeinträchtigen. Bei nichtkritischen Vorgängen ist diese Spanne, die Pufferzeit, kein Nullwert. Sie wird auf zweierlei Art errechnet: einmal als *Gesamtpufferzeit* eines Vorgangs, der sich aus der Differenz zwischen dem spätesten Anfangstermin der Aktivität N + 1 und dem frühesten Anfangstermin des Vorgangs N ergibt, wobei stets die Dauer des Vorgangs zwischen den beiden Ereignissen abzuziehen ist; zum anderen spricht man von der *freien Pufferzeit*, für die im Prinzip das gleiche gilt, mit einem Unterschied: Man errechnet die Differenz zwischen den frühesten Anfangsterminen beider Vorgänge.

Anhand einer geometrischen Figur mit Symbolen wird nachstehend ein Knoten dargestellt: N steht für eine Zahl und bezeichnet die sequentielle Anordnung des Vorgangs, D1 und D2 bezeichnen den jeweiligen End- und Anfangstermin. Bei einem kritischen Ereignis ist die Zeitreserve gleich null, da man Anfangs- und Endtermine nicht ohne Konsequenzen für die Gesamtdauer des Projekts verändern kann.

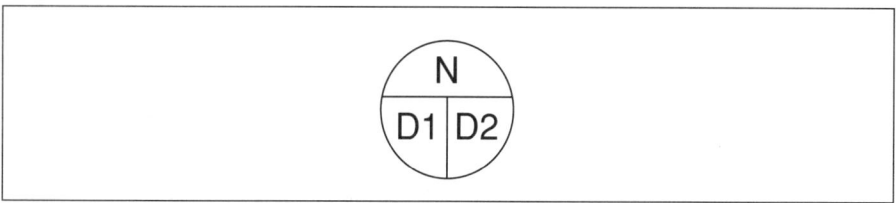

Knoten in einem Netzplan

Das nachstehende Fallbeispiel enthält Hinweise und Bedingungen, die für den Ablauf von Arbeitsschritten zu berücksichtigen sind:

Vorgänge	Dauer in Wochen	Vor-geschaltete Vorgänge	Nach-geschaltete Vorgänge
A. Vorbereitung der Aktion	5	–	B.-C.-D.
B. Information des Kaders	2	A.	E.
C. Beurteilung der bestehenden Systeme	9	A.	E.
D. Erhebung durch Fragebögen	8	A.	E.
E. Schlußfolgerung aus Beurteilung und Erhebung	3	B.-C.-D.	F.-G.
F. Schulungsseminare	3	E.	H.
G. Einführung des MbO-Systems (Zielvereinbarung)	24	E.	H.
H. Beurteilung der Ergebnisse	4	F.-G.	K.
K. Information des Umfeldes	2	H.	–

Ablaufplan für die Einführung eines Management durch Zielvereinbarung
(vgl. Simonet, 1984)

Man kann den vorgangsorientierten Netzplan mit Hilfe einer Abhängigkeitsliste grafisch darstellen und sich der optimalen Lösung nach dem heuristischen Prinzip durch Iteration annähern. Das nachstehende Schaubild ist aus der oben dargestellten Tabelle abgeleitet: Man beginnt mit dem ersten Knoten, dem ersten Vorgang, A, zeichnet ihn mit Angabe der Dauer ein und verbindet ihn anschließend über einen zweiten Knoten mit drei nachfolgenden Vorgängen usw.

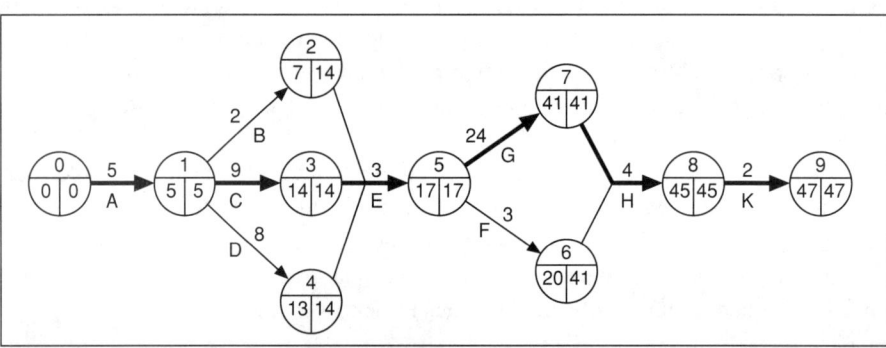

Beispiel einer Planung nach dem PERT-System

Der kritische Weg ist, wie der Leser erkennen kann, durch fettgedruckte Pfeile markiert. Die Programmflexibilität ergibt sich aus den errechneten Pufferzeiten und Zeitreserven. Und damit wird eine der schwierigsten Fragen der Projektgestaltung angeschnitten: die Beherrschung der für die Aufgaben des kritischen Weges errechneten Zeitvorgaben, die Programmverzögerungen verhindern sollen.

Drei begriffliche Ergänzungen sollen das Verständnis des PERT-Systems noch vertiefen: Die Untersuchung von *Zufallsvariablen* für bestimmte Vorgangsdauern, die *fiktiven Wege* und die *Abandon-Kosten* eines kritischen Ereignisses.

Zum ersten Punkt: Es gibt bestimmte Aufgaben, die für ein Unternehmen völlig neu sind. So kann es zum Beispiel schwierig sein, die Dauer von Vorgängen im Bereich der Forschung und Entwicklung mit Genauigkeit zu bestimmen. Mit Hilfe der Wahrscheinlichkeitsrechnung, die hier nicht thematisiert werden soll, ist es möglich, das PERT-System einzusetzen, ein Planungsinstrument, das nicht nur mit deterministischen, sondern auch stochastischen Ausführungszeiten der Vorgänge arbeitet.

Punkt zwei: Der fiktive Weg. Er verbindet zwei zeitlich aufeinanderfolgende Vorgänge oder Ereignisse mit der Besonderheit, daß es keinen Verknüpfungsvorgang gibt. Ein fiktiver Weg kann dadurch entstehen, daß bestimmte Bedingungen existieren, an die das Programm gebunden ist; möglicherweise muß man mehrere Prozesse gleichzeitig einleiten, die im Endzeitpunkt wieder zusammengeführt werden, oder die gleichen Mittel (Maschinen/Menschen) sind für verschiedene Prozesse erforderlich, was in der Praxis nicht selten der Fall ist. Die Bedeutung eines fiktiven Wegs liegt darin, daß aus ihm die Zeitreserve abgelesen werden kann, über die ein vorgelagerter Vorgang verfügt.

Dritter Punkt: Es kann vorkommen, daß man die Projektdauer, die sich im kritischen Weg ausdrückt, verkürzen will. Das ist zwar möglich, aber mit Kosten verbunden, die durch die Beschleunigung des Programmablaufs bedingt sind; diese Beschleunigung erfordert nicht nur eine Neufestlegung des kritischen Wegs, sondern bedarf auch der sorgfältigen Abwägung zwischen der Kostenbelastung durch Beschleunigung und dem tatsächlichen Zeitgewinn. Optimierung durch Anwendung des PERT-Systems besteht darin, daß zunächst die Berechnung des kritischen Wegs erfolgt und dann versucht wird, die Ablaufzeit zu verkürzen, was durch die Auffindung eines neuen kritischen Weges bewirkt wird. Dieser Prozeß wird so lange fortgesetzt, bis der Zeitgewinn, gemessen an der damit verbundenen Kostensteigerung, uninteressant wird. In der Fachliteratur wird dieser Prozeß der Zeitplanoptimierung unter dem Begriff PERT-Kosten behandelt. Zur Veranschaulichung wollen wir hier ein Fallbeispiel bringen: Eine Baufirma will anläßlich einer Ausschreibung für den Bau einer Brücke eine Offerte unterbreiten. Für die Ausführung der Arbeiten setzt sie einen Zeitraum von zwei Jahren an, eine Dauer, die sie nach dem PERT-System errechnet hat, d. h., sie legt einen kritischen Weg zugrunde, der z. B. Vorgänge wie Geländegestaltung, Grundlegung des Hauptträgers, Bau der Brücke, Bearbeitung der Fahrbahn und des Straßenbelags einschließt. Um nun bestimmte Konkurrenten ausschalten zu können, die für die Bauarbeiten achtzehn Monate veranschlagt haben, muß man unter Umständen die zunächst kalkulierte Projektdauer verkürzen. Technisch besteht zwar die Möglichkeit, bei den Bauarbeiten für die Fahrbahn drei Wochen einzusparen, aber es muß geprüft werden, ob sich durch die entstehenden Mehrkosten – Einstellung zusätzlicher Arbeitskräfte, Einsatz von Betriebsmitteln, die für andere Baustellen vorgesehen waren . . . – der Gewinn nicht so stark reduziert, daß das Geschäft als unrentabel bezeichnet werden müßte. Die nachstehende Tabelle gibt einen kurzen Überblick über die Merkmale des PERT-Systems:

DAS PERT-SYSTEM	
Bedingungen:	**Anwendungsbereich:**
• Zahl der Vorgänge und ihr zeitlicher Ablauf sind bekannt • Zwingende Vorgaben der sequentiellen Anordung sind bekannt • Gesamtheit ist kürzer als die Summe der Ausführungszeiten der einzelnen erforderlichen Vorgänge • Ablaufvarianten gegeben	• Konzeption und Gestaltung von Großprojekten und komplexen Arbeitsabläufen • Fertigung, Entwicklung eines Produkts und seine Einführung auf dem Markt
Vorteile:	**Nachteile:**
• Flexibles Planungsinstrument, geeignet für Projektentwicklung und -koordination • Angaben über die Abfolge von Ergebnissen • Optimierung der Ausführungszeiten • Beherrschung kritischer Daten • Schnell erfaßbar, leicht aktualisierbar • Anpassungsfähig in Hinblick auf interne Vorgangsveränderungen	• Kein Hinweis auf Kapazitätsauslastung und Ausführende • Äußeres Erscheinungsbild der Präsentation oft kompliziert • Linear, Rückwirkungen nicht aufzeigbar

Einer der Nachteile, die mit dem PERT-System verbunden sind, liegt im Determinismus des Ganzen. Nicht selten treten bei rigoroser Planung Störungen auf, unabweisbare Fakten, die den gesamten Zeitplan umwerfen können. Diese Störungen müssen, da sie Belastungen erzeugen, vorrangig beachtet werden, ein Problem, auf das wir im nachfolgenden eingehen wollen.

c) Weitere Instrumente des Speed Management

Wenn eine Projektplanung wegen unvorhergesehener Entwicklungen in Frage gestellt wird, ist es eine häufige und sehr menschliche Reaktion, sich zunächst mit den Aufgaben zu befassen, an denen man besonders interessiert ist, für die man sich kompetent fühlt oder . . . bei denen der Druck der Vorgesetzten am härtesten zu spüren ist. Es bedarf hier einer geradezu methodisch angelegten Auflistung der Prioritäten, um hinterher nicht das Gefühl haben zu müssen, man sei von den Ereignissen überrollt worden. In solchen Fällen ist das Eisenhower-Diagramm eine sinnvolle Unterstützung: Es hilft, Dringlichkeiten einzuordnen, und führt zu mehr Delegation an Mitarbeiter oder Vergabe von Aufträgen an Unterlieferanten.

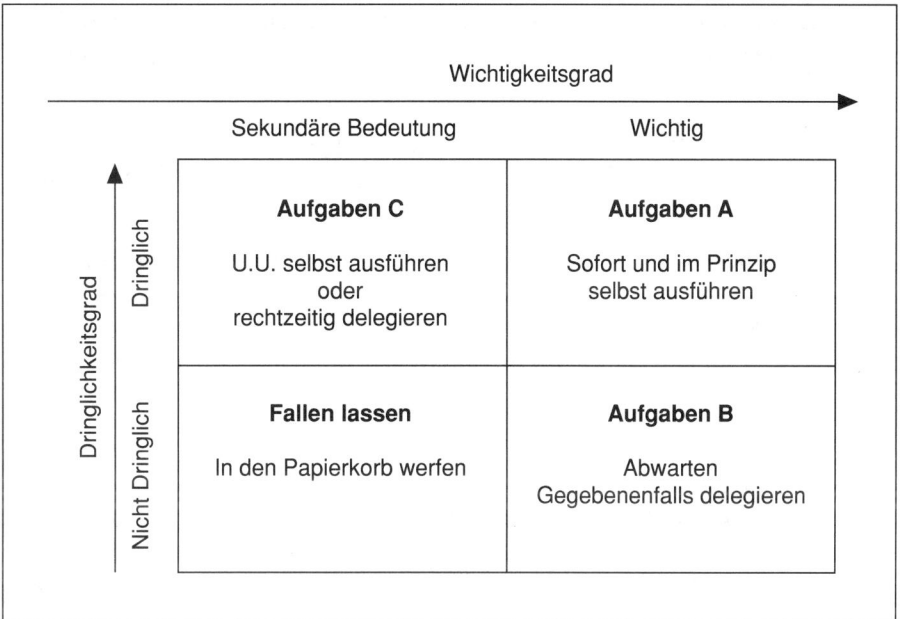

„Eisenhower-Matrix": Beurteilung der Aufgaben

Die Eisenhower-Matrix ist auch bei saisonbedingten Arbeitsspitzen verwendbar, wenn bei fluktuierendem Arbeitsanfall das Management vorhandener Kapazitäten besonders wichtig ist. Es stellt sich die Frage, nach welchen Prioritäten die Arbeitsverteilung auf Mensch und Maschine vorgenommen werden soll, ohne dabei künftige Entwicklungen zu präjudizieren. Die Regulierung der Aktivitäten soll in diesem Fall eine Leistungsverschlechterung verhindern, die etwa verursacht werden kann durch Fehlerhäufungen, Gewinnausfall durch Überlastung, Verlängerung der Lieferfristen, mangelnde Kontrolle und Übersicht bei einer Fülle von Arbeitsvorgängen, abnehmende Verantwortungsbereitschaft oder Mangel an Betriebsmitteln, die zur Ausführung unvermeidlicher Zusatzarbeiten notwendig wären. Die organisatorische Bewältigung von Überlastungszuständen soll also verdeckte Kosten gering halten. Eine Möglichkeit besteht darin, zusätzliche Kapazitäten zu schaffen, zum Beispiel durch Motivation der Ausführenden zu konzentrierterer und engagierter Aufgabenerfüllung, durch die Einstellung zusätzlicher Mitarbeiter, durch Vergabe von Auftragsteilen an Unterlieferanten oder punktuelle Beschaffung notwendiger Betriebsmittel. Die Arbeit mit der Eisenhower-Matrix birgt die Gefahr in sich, daß unter Umständen langfristige Perspektiven kurzfristigen Zwängen geopfert werden. Die Aufgabe des Managers, vorauszuschauen und zu planen, ist ebenso wichtig wie seine Verpflichtung, im Augenblick zu handeln. Die vorrangige Beschäftigung mit dringenden Aufgaben ist nur gerechtfertigt, wenn Dringlichkeit funktionsbezogen verstanden wird. Es kann durchaus dringender sein, einen Investitionsplan für die kommenden fünf Jahre zu erstellen, als einen Wartungsauftrag zu erledigen. Es wird an dieser Stelle deutlich, daß die Bewältigung von Überlastungszuständen nicht nur, wie zunächst beschrieben, bei dem Mitarbeiter ansetzen kann, sondern leistungsfähigerer Gestaltungsmöglichkeiten bedarf.

Die bisher beschriebenen Hilfsmittel können in diesem Sinne zu einer besseren Gestaltung räumlicher und zeitlicher Abläufe beitragen, und zwar durch eine Bestandsaufnahme

- notwendiger und nachgefragter Aktivitäten,
- überlastungsgefährdeter Bereiche und möglicher Probleme
- von Betriebsmitteln und Mitarbeitern, die ggf. für Stellen mit hohen Leistungsanforderungen abgerufen werden können.

Die wesentliche Gestaltungsaufgabe besteht jedoch darin, Fluktuationen hinsichtlich des Arbeitsvolumens (anfallende Vorgänge und Arbeitsschritte) einerseits, aber auch vorhandene und notwendige Kapazitäten andererseits zu quantifizieren. Grundsätzlich gibt es für ein produktives soziales System drei Möglichkeiten, um zu einem Gleichgewicht zwischen Leistungsqualität und kurzen Durchlaufzeiten zu gelangen:

a. Sortieren der Kundenaufträge und -wünsche; das Ziel besteht darin, dringende und wichtige Aufgaben vorrangig zu erfüllen.

b. Ausgleichung der Handlungsmöglichkeiten und Arbeitsflüsse; sich überlagernde Vorgänge können zerlegt oder auf einen längeren Zeitraum verteilt werden, wobei nach Möglichkeit nicht auf zusätzliche Kapazitäten (zurück)gegriffen werden soll.

c. Nutzung der Philosophie des „Just-in-time"; dieses Prinzip ist anwendbar, wenn es sich bei den Abläufen um repetitive Aktivitäten handelt und sich der Arbeitsfortschritt zeitlich in linearer Abfolge vollzieht.

EISENHOWER-DIAGRAMM	
Bedingungen:	**Anwendungsbereich:**
• Normale Arbeitsaufgaben sind erfaßt • Mitarbeiter bzw. Unterlieferanten sind bekannt • Verfügbare Zeit (pro Tag, pro Woche . . .) ist bekannt • Feststehende Aufgaben und Verpflichtungen sind erfaßt	• Organisationsgestaltung durch Delegation • Organisation nach persönlichen Gestaltungszielen • Bestandsaufnahme der Aufgabenkategorien • Technik persönlicher Arbeitsorganisation • Organisatorische Bewältigung von Störungen
Vorteile:	**Nachteile:**
• Zwingt zur Auflistung von Aufgaben und Prioritäten • Schnelle Klassifizierung von Aufgaben nach Kategorien • Ermöglicht die Delegation von Aufgaben und Kompetenzen • Ermöglicht Abbau von Streß • Ermöglicht die Begrenzung verdeckter Kosten, die durch Qualitätsmängel entstehen • Führt zu größerer Übereinstimmung zwischen Aufgaben und Aufgabenträgern • Leicht verständlich	• Begünstigt u. U. kurzfristiges Denken in Hinblick auf Aufgaben und ihre Bedeutung • Simplifizierende Sichtweise, zu grobe Sortierung der Aufgaben • Sehr subjektiv • Zu starke Betonung des zeitlichen Aspekts operativer Vorgänge gegenüber strategischen Überlegungen • Gefahr von unerledigten „Aktenbergen" wegen vorrangiger Erledigung dringender Aufgaben

Indem man Aufgabenträger räumlich weitgehend autonom in kleinen Einheiten zusammenfaßt, einen direkten Bezug zwischen Kundenauftrag und Leistungsersteller schafft und Warte- sowie Durchlaufzeiten abstimmt, versucht man, auf Zeitdruck zurückzuführende Arbeitsmängel zu vermeiden. Arbeitsleistung und sequentiell angeordnete Prozesse werden zu diesem Zweck in Stufen organisiert. Ideal ist in diesem Fall der Abbau von „Lagerbeständen", von Fertigprodukten oder in Bearbeitung befindlichen Ressourcen und Gegenständen, indem die produzierten Waren dem Markt direkt zugeführt werden. Die Vorgangsabfolge der *Just-in-time*-Produktion, die nach Möglichkeit unter der Verantwortung von Teams stehen sollte, kann komplexe Abfolgen vereinfachen und eine Belastungsverlagerung auf Stellen vermeiden, die normalerweise nicht tangiert werden sollten. Diese Art der Ablaufgestaltung ist eine Alternative zu den Dispatching-Prozessen, die nach keinem festen Zeitplan ablaufen, jedoch bei jeder Intervention eine Überprüfung aller noch nicht ausgeführten Arbeitsschritte erforderlich machen, bevor die Arbeit fortgesetzt wird. Es gibt bestimmte Regeln, die man im Rahmen des Dispatching intuitiv anwendet, zum Beispiel „Wer zuerst kommt, mahlt zuerst" oder „Sich Zeit lassen", um keine Überraschungen zu erleben. Auf der anderen Seite gibt es eine Parallele zwischen zunehmender Verbreitung des Just-in-time und der immer stärkeren Orientierung des Marketings an den Erfordernissen des Marktes. Der Nachfrageboom in den vergangenen Jahren hatte viele Unternehmen dazu veranlaßt, eine, wie es heißt, „Push"-Strategie zu verfolgen: Man hatte sich für Massenproduktion entschieden und erfüllte die Aufträge nach wirtschaftlichen und rationellen Gestaltungskriterien; das Verkaufspersonal wurde angehalten, alle Produkte, die das Werk verließen, abzusetzen und wurde dabei von einem Marketing unterstützt, das bestrebt war, ständig neue Bedürfnisse zu wecken. Heute versucht man im Kontakt mit dem Kunden, ihn dahingehend zu beeinflussen, daß er selbst seine Wünsche formuliert, auf die sich das Unternehmen dann mit dem entsprechenden Produkt einstellt. Man verfolgt hier eine „Pull"-Strategie. Der Auftrag setzt die Just-in-time-Produktion in Gang, Absatz wird zum Motor der Produktion.

Ein gewisses Problem liegt darin, daß das „Client System" mitunter Leistungen in größerem Umfang wünscht, ohne daß diese Nachfragesituation vorgesehen war. Und alle Kunden sind wichtig! Die organisatorische Bewältigung außergewöhnlicher Arbeitsbelastungen erfolgt in diesem Fall durch eine Kombination von Scientific Management, das den rationellen Aspekt der Produktion abdeckt, und Gestaltungsinitiativen, die auf die Motivation der Mitarbeiter abzielen. Nehmen wir noch einmal das Ablaufbeispiel des Kreditantrags: Hier gibt es keinen „Lagerbestand" an Formularen, der erforderlich wäre, um den Bearbeitungsvorgang in Gang zu setzen und auszuführen. In einem solchen Fall würde sich der Just-in-time-Prozeß auf Möglichkeiten der Datenverarbeitung stützen und für sämtliche Vorgänge und Voraussetzungen der Entscheidungsfindung Kapazitäten in Form von Speichereinheiten, Dateien und Dateientransfer benötigen. Mit einer entsprechenden Mitarbeiterschulung im Bereich Informatik und Telematik könnte vermieden werden, daß Akten zwischen zwei Vorgängen hängenbleiben und den Empfänger zu spät erreichen. Das sind Mißstände, die nicht selten durch den rein physischen Transport der Akten von einer Stelle zur anderen bewirkt und noch verstärkt werden durch den Bürokratismus stark gegliederter Hierarchiestrukturen. Dagegen bietet das moderne Kommunikationsinstrumentarium zweckdienliche Einrichtungen, die einer noch so rationell organisierten Arbeit mit Formularen weit überlegen sind. Für komplizierte Abläufe kann man die zusätzliche Verwendung eines Expertensystems als Hilfsmittel der Entscheidungsfindung ins Auge fassen.

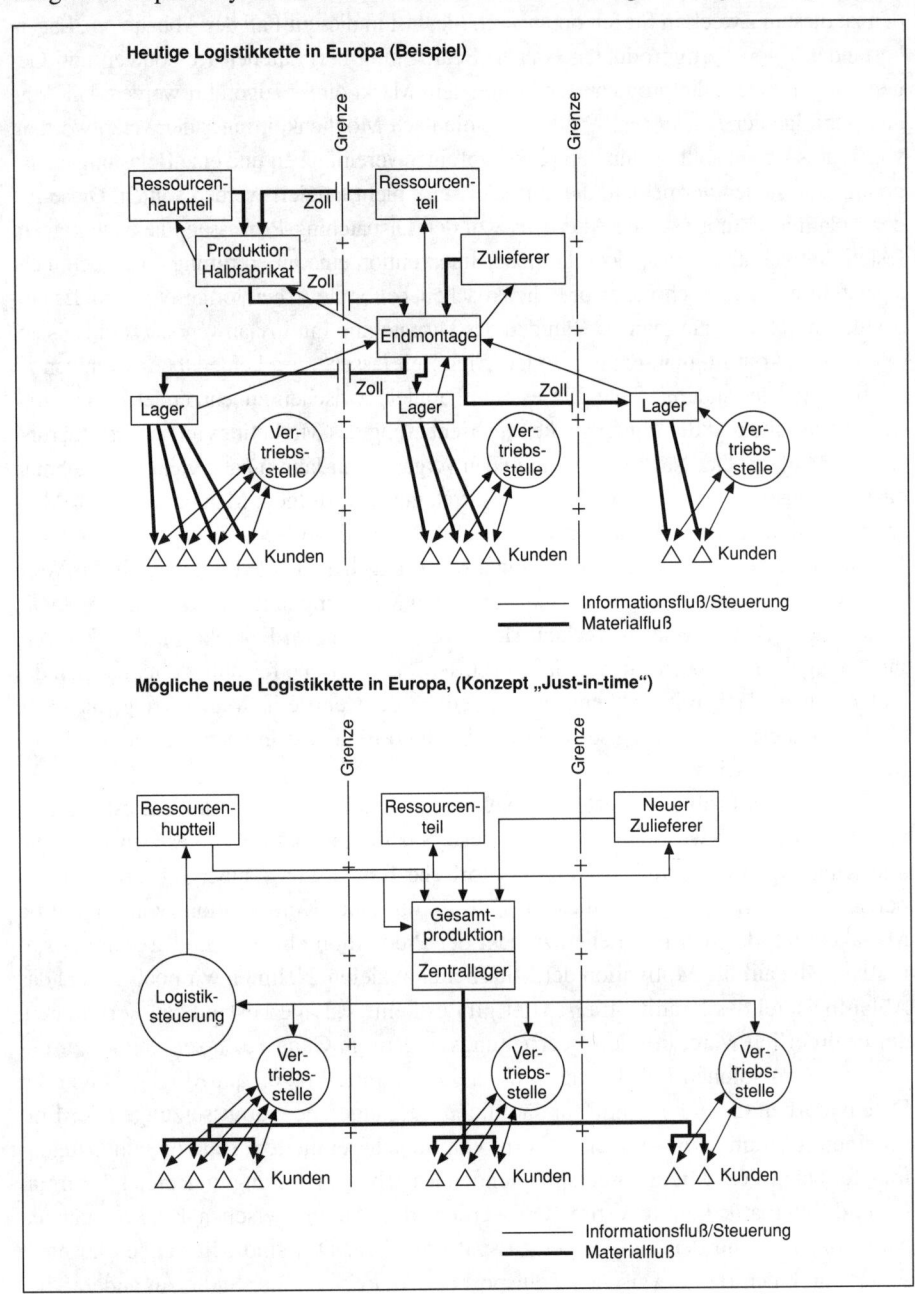

Aktuelles Konzeptionsbeispiel einer logistischen Kette in Europa

In unserem Fall der Kreditgewährung reduziert sich das Problem auf die Festsetzung eines Limits und die Begrenzung einer Entscheidung bezüglich Annahme oder Ablehnung. Die Anwendung eines Expertensystems, in dem das für die Kreditgewährung notwendige Spezialwissen repräsentiert wird, kann die Vorgangsfolgen des Prozesses verkürzen und auf die Autorität des Kundenberaters und die Verantwortung eines Vorgesetzten beschränken. Damit ist es möglich, die Zahl der früher benötigten Ablaufvorgänge zu verringern.

JUST-IN-TIME	
Bedingungen: • Bereitschaft zur Verhaltensänderung und Anpassung an die Komplexität der Umwelt • Verzicht auf eine Push-Strategie zugunsten einer Pull-Strategie im Bereich von Leistungen und Diensten • Schulungsbedarf für neue operative Techniken, um mit Veränderungen verbundene Verunsicherung abzubauen • Sehr kooperative Lieferanten und Unterlieferanten • Produktionsprozeß mit (sehr) niedriger Rentabilitätsschwelle • Anwendung eines flexiblen Systems für computergestützte Planung und Organisation • Polyvalente Mitarbeiter	**Anwendungsbereich:** • Technische Bereiche der Produktion, der Werkstatt- und Lagerverwaltung • Verwaltungsabteilungen, Vertrieb, Verkauf
Vorteile: • Größere Flexibilität in Hinblick auf Anpassung und Gestaltung des Prozeßablaufs • Ermöglicht den Abbau von „Lagerbeständen" • Verringert die Anzahl der für die Abfolge von Aktivitäten zwingend vorgegebenen Arbeitsschritte • Verringert Warte- und Durchlaufzeiten • Ermöglicht Arbeitsgestaltung in Gruppen	**Nachteile:** • Implementierung schwierig, unter Umständen nicht ohne Reorganisation der betroffenen Abteilungen möglich • Zu Anfang hoher Investitionsbedarf

Informatik und Organisation ergänzen sich hervorragend bei Gestaltungsaufgaben im Bereich des computergestützten Designs (CAD), des Produktionsplanungs- und Steuerungssystems (PPS), der rechnergestützten Werkzeugmaschinen (CNC), der Industrieroboter oder der flexiblen Fertigungssysteme (FFS): Instrumente, die dem allgemeinen Begriff des CIM (computer-integrated manufacturing) zuzuordnen sind. Aber welche neuen Anforderungen entstehen durch die Anwendung dieser ablauforganisatorischen Techniken? Oberstes Gebot ist die Nutzwertanalyse: Sie ist von größter Bedeutung bei allen Aufgaben der Produktgestaltung und Produktplanung. Welche Funktion läßt sich automatisieren? Ist es möglich, ein Maximum unterschiedlicher Produkte unter Einsatz eines Minimums von Komponenten oder Material zu produzieren? Ist es möglich, die Produkte erst im letzten Stadium der Montage zu differenzieren? Können unnötige Vorgänge oder Teile vermieden werden? Lassen sich im voraus Leistungs- und Produktkomponenten erstellen, die dann schnell und mühelos verbunden bzw. montiert werden können? Ist es möglich, nicht alle Leistungen und Produkte einer nochmaligen Kontrolle zu unterziehen? Können Humanressourcen von Aufgaben abgezogen werden, die Maschinen leichter und kostengünstiger erfüllen? Zu diesem Thema gibt es viele Fragen, die mit der organisatorischen Bewältigung von Arbeitsüberlastung und dem Problem der Arbeitslosigkeit untrennbar verbunden sind. Deshalb ist es wichtig, Fragen der Ressourcenverwaltung im Rahmen einer langfristigen Planung anzugehen, denn die Entscheidung, bestimmte Investitionen in neue Technologien vorzunehmen oder abzulehnen – über positive und negative Auswirkungen wird noch zu einem späteren Zeitpunkt zu berichten sein –, kann oft zu unvorhergesehenen Entwicklungen führen. Es ist zum Beispiel wenig sinnvoll, manuelle und administrative Arbeiten auf EDV umstellen zu wollen, wenn das Personal nicht entsprechend geschult oder nicht fähig ist, mit diesen technischen Hilfsmitteln umzugehen. Nicht selten kommt es vor, daß Material „brachliegt", weil nicht ausreichend in Schulungsmaßnahmen investiert wurde, und das bedeutet dann unvermeidlich verdeckte Kosten.

Ein für das „Speed Management" weitergehendes Instrument finden wir im vernetzten Denken. Anhand dieser Methodik können Netzwerke darauf analysiert werden, welche zeitlichen Beziehungsabläufe in verschiedenen Kreisläufen vorliegen und wie diese eventuell verkürzt werden können. Damit wird ein Instrument zur Verfügung gestellt, das ebenfalls zeitliche Abläufe visualisiert, Zeitverzögerungen herausarbeiten läßt und lenkende Maßnahmen für zeitliche Verschiebungen simulieren hilft. Auf diese Methodik wird im zweiten Teil ausführlicher eingegangen. Es soll daher ein beispielhafter Auszug aus einem Projekt des Zeitmanagements bei der Einführung neuer Produkte bei der Firma HILTI in der Befestigungstechnik genügen (vgl. Meister, 1992, S. 145ff.; Ulrich/Probst, 1989; Probst/Gomez, 1992).

In diesem ersten Teil, in dem es um die Modellierung von Prozessen geht, kommen wir damit zu den organisatorischen Hilfsmitteln, die nicht nur informativen Charakter haben und eine kritische Betrachtung der Arbeitsabläufe ermöglichen, sondern auch dazu dienen können, unser Gestaltungsinteresse in den Dimensionen des kritischen Fragenkatalogs „Was – Wer– Wo – Wann – Wie" grafisch darzustellen, wobei sich diese Instrumente gleichzeitig an all diejenigen richten, die von einem bestimmten Ablauf betroffen sind. Denn es stellt sich die Frage, wie festgelegte Vorgangsweisen und optimale Ablauffolgen weitergegeben und institutionalisiert werden können. Unter diesem Aspekt muß man sich um das Problem der Formalisierung bemühen.

IV. Die Formalisierung von Abläufen und Prozessen

Es gibt verschiedene Techniken, mit denen Kreisläufe und Abläufe vereinfacht und formalisiert werden können: Anweisungen, freie Beschreibung, grafische Darstellung mit Texteinbindung, Tabellen mit Symbolen und anderes mehr. Ganz wesentlich ist es jedoch, daß man, bevor Hilfsmittel zur Detailanalyse eines Prozesses eingesetzt werden, diese in ihrer Ganzheit und in allen ihren Teilen begreift. Anschließend ist zu klären, an wen sich die Formalisierung der Prozesse richtet; wer sie nur zur Kenntnis nehmen soll, wer sie verstehen und in seinem Verhalten umsetzen muß. Manchmal wird sich der Organisator einer einfachen Sprache bedienen müssen, um von den Mitarbeitern, die nicht unbedingt die Symbolsprache der Ablauforganisation beherrschen, verstanden zu werden.

Ziele der Formalisierung von Abläufen:
- **Den Ist-Zustand einer „dynamischen" Organisation sichtbar machen**
- **Die Möglichkeit schaffen, Problematik und Mängel in der sequentiellen Anordnung von Vorgängen festzustellen**
- **Nach ablauforganisatorischen Gestaltungsalternativen suchen und optimale Vorgangsabläufe unter Berücksichtigung der jeweiligen Zielbestimmung ermöglichen**
- **Veränderungen sich ständig wiederholender Vorgangsweisen konzipieren und Automatisierung vorbereiten**
- **Aufzeichnung von Prozessen auf Kommunikationsträger zu Schulungszwecken, als Archivbestand oder Gedächnisstütze ermöglichen.**

Die nun folgenden Hilfsmittel unterstützen den Organisator darin, alles Überflüssige wegzulassen und die wesentlichen Aspekte der Arbeitsvorgänge zu berücksichtigen, um die tatsächliche Prozeßdynamik besser erkennen zu können.

a) Grafiken mit Texteinbindung

Ein wesentlicher Nachteil eines vollkommen freien Textes liegt darin, daß Abläufe ohne formale Bindung und Untergliederung beschrieben werden. Wichtige Ereignisse können dabei in wortreichen Ausführungen untergehen. Natürlich kann man Textstellen unterstreichen oder wichtige Punkte kennzeichnen, damit werden aber die Beziehungen zwischen den Prozeßteilen nicht ohne weiteres erkennbar. Ein Rückkoppelungseffekt läßt sich nicht direkt feststellen. Daß ein frei formulierter Text allgemein verständlich ist, heißt noch nicht, daß er auch schnell verstanden wird. Man kann einen Text so aufbereiten, daß er in Form eines Kastens, Blocks oder Gitters erscheint:

Ziel ist es, jeweils nur das unbedingt Notwendige zu präsentieren. Die Verwendung der Matrixform ermöglicht darüber hinaus, mehrere Gestaltungselemente, die hier Berücksichtigung finden sollen, darzustellen und ihre dynamische Interaktion aufzuzeigen.

1. Blockdiagramme

Die übersichtliche Anordnung eines frei formulierten Textes läßt sich dadurch erreichen, daß man den Prozeß zerlegt und in die gewünschte Zahl unterschiedlicher Prozeßteile aufgliedert. Zur Veranschaulichung beziehen wir uns noch einmal auf den Verhandlungsablauf eines Beratungsauftrags. Gelesen wird, wie üblich, von oben nach unten und von links nach rechts. Die sequentielle Anordnung eines Ablaufs ist verständlich und bleibt im Ganzen übersichtlich, solange die Prozeßaufgliederung nicht über der kognitiven Verständnisschwelle liegt. Bei komplizierten Abläufen ist diese Darstellungsform einem freien Text vorzuziehen, allerdings kann die Verständnisschwelle nicht beliebig angesetzt werden, da der Raum der zur Verfügung stehenden Textfelder begrenzt ist.

Den Kunden bei der Formulierung seiner Wünsche lenken Den Auftrag entgegennehmen Akte anlegen und weiterleiten	
Auskünfte einholen Zahlungsfähigkeit des Kunden prüfen	Projektgruppe bilden
Geschäftspartner kontaktieren Dienstleistungsangebot unterbreiten	

Vertrag unterzeichnen	
Auftrag ausführen	Fristen überprüfen

Verzug: Kunden informieren und verhandeln	Termingerecht: Ergebnisse vorlegen

Rechnungen erstellen	Schlußdokumente ausfüllen
Auftrag beendet	

Wie wir deutlich sehen, haben Blocktexte ihre Grenzen; die Darstellung von Rückkoppelungen und sich überschneidender Ablaufentscheidungen stößt auf Schwierigkeiten, und die Tatsache, daß Aktivitäten möglichst kurz beschrieben werden müssen, bedeutet eine Beschränkung. Dagegen bieten Blocktexte den Vorteil einer synthetischen Darstellung von Abläufen, die auch von neuen Mitarbeitern, die von ihnen betroffen sind, verstanden werden können.

BLOCKDIAGRAMME	
Bedingungen:	**Anwendungsbereich:**
• Relativ einfach strukturierte Abläufe • Lineare Abläufe ohne mehrfache Rückkoppelungen • Verbal beschreibbare Aktivitäten	• Genaue Beschreibung der Aktivitäten • Beschreibung gleichbleibender und wiederkehrender Abläufe • Gedächtnisstütze und Lernhilfe • Analyse zeitlich inkohärenter Abläufe
Vorteile:	**Nachteile:**
• Leicht verständlich • Gesamtüberblick über eine sequentielle Prozeßanordnung • Allgemein verständliche Darstellung des Ablaufs • Für jeden zugänglich • Kurze erklärende Zusätze möglich	• Beziehungsverhältnisse nicht sichtbar • Verknüpfungsmöglichkeiten beschränkt • Minimale Erläuterungen

2. Ablaufschaubilder oder Arbeitsablaufdiagramme

Die Verwendung von Ablaufschaubildern ermöglicht eine noch weitergehende Synthese, setzt aber die Kenntnis einiger Symbole voraus, wobei in dem Maße, in dem die Anzahl der zu erfassenden Dimensionen zunimmt, die Lesbarkeit erschwert wird. Vier Symbole müssen bekannt sein: O = Operation (oder Bearbeitung, Aktivität), I = Inspektion (Prüfung, Kontrolle), T = Transport, L = Lagerung (Stillstand, Ablage).

Die grafische Darstellung von Abläufen zeigt die sequentielle Anordnung von Arbeitsvorgängen, das heißt die Reihung elementarer Arbeitsschritte, mit Angabe der Ausführenden. Sehr detaillierte Schaubilder decken in ihrer Prozeßbeschreibung die Dimensionen des Fragebogens „Was – Wer – Wo – Wann – Wie" weitgehend ab. Im Prinzip handelt es sich bei dem Ablaufschaubild um eine Darstellung verschiedener Angaben in Matrixform, wie etwa das „Was" und das „Wer" einer Aktivität. Es gibt verschiedene Formen:

2.1 Stellenablaufpläne

Eine dieser Formen ist der Stellenablaufplan. Er ist leicht verständlich und ermöglicht durch Verwendung der vier Grundsymbole eine weitgehend detaillierte Darstellung. Begleitend kann ein formulierter Text verwendet werden, der die Aktivitäten eines sequentiellen Ablaufs beschreibt und jeden Ausführenden darüber informiert, an welchem Punkt der Ablauffolge er tätig wird und welchen Arbeitsschritt er auszuführen hat. Die Analyse eines einzelnen Arbeitsgangs kann mit Hilfe einer durchgezogenen Linie erleichtert werden, was allerdings dann nicht mehr sinnvoll ist, wenn sich die Prozesse zu stark verzweigen oder mehrfache Rückkoppelungen enthalten. Als Er-

Arbeitsablauf	Inhalt Abteilung o. Bereich								
Aufgenommen von	Geprüft von								
am	am								

Lfd. Nr.	Ablaufstufen	Ver-richtung	Poststelle	Abteilungsleiter	Gruppenleiter	Sachbearbeiter	Fakturistin	Rechnungsprüfer	Lagerkarteiführer
1	Bestellschein (BS)	O I ~~X~~ S	1						
2	Legt ab, wenn Lieferschein fehlt (LS)	O I T ~~S~~				2			
3	2 LS-Kopien	O I ~~X~~ S	3						
4	Trennt Kopien	~~O~~ I T S				4			
5	1 Kopie	O I ~~X~~ S							5
6	Verbucht Lieferung	~~O~~ I T S							6
7	Legt Kopie ab	O I T ~~S~~							7
8	Fügt BS und 2. Kopie zusammen	~~O~~ I T S				8			
9	Prüft Übereinstimmung	O ~~X~~ T S				9			
10	Prüft Konditionen	O ~~X~~ T S				10			
11	LS und BS	O I ~~X~~ S						11	
12	Schreibt Rechnung	~~O~~ I T S						12	
13	Rechnung, LS, BS	O I ~~X~~ S							13
14	Mengen, Preis, Konditionen, Adresse	O ~~X~~ T S							14
15	Kopien verteilt	O I ~~X~~ S							
16		O I T S							
17		O I T S							
18		O I T S							
19		O I T S							
20		O I T S							
21		O I T S							
.		O I T S							
.		O I T S							
.		O I T S							
28		O I T S							
29		O I T S							

Beispiel eines Stellenablaufplans (vgl. Schmidt, 1989)

gänzung zu Blockdiagrammen wird mit diesem Instrument durch sichtbare Abtrennung von Aufgaben und Ausführenden eine noch schnellere Lesbarkeit erreicht.

STELLENABLAUFPLAN	
Bedingungen:	**Anwendungsbereich:**
• Der Ablaufweg darf nicht zu stark verzweigt sein • Für die Bezeichnung der Aufgaben muß ein Verb verwendet werden können	• Analyse inkohärenter Abfolgen • Gedächtnisstütze • Erfassung der Intervenierenden
Vorteile:	**Nachteile:**
• Das „Wer" wird dargestellt • Überschaubarer als ein Text • Vollständiger Überblick über einen Ablauf und die Beziehungsverhältnisse • Leicht verständlich • Aufgrund von Symbolen schnell erfaßbar	• Schwierigkeit, Verzweigungen darzustellen • Verknüpfungen mit dem „Wo" sind ohne Text schwer zu erkennen • Kompetenzenverteilung undeutlich

2.2 Dokumentenlaufkarten

Neben der Kenntnis von Abläufen, die auf Personen bezogen sind, gibt es häufig auch Abläufe, die den Dokumentenlauf beschreiben. Woher kommen die Dokumente, wohin gehen sie? Wer ihren Weg kennt, hat die Bürokratie besser im Griff. Der Umlauf eines Dokuments kann mit Hilfe einer eigenen, allgemein eingeführten Kodierung dargestellt und in Verbindung mit den zuvor genannten Grundsymbolen verwendet werden.

Die Formalisierung eines Dokumentenlaufs kann nur der Beschreibung dienen oder besser, einen kritischen Beitrag zu den Zuständen einer Organisation liefern. Man kann auf diese Weise wortreiche Erklärungen vermeiden, im Grunde aber eignet sich dieses Hilfsmittel wegen der Spezifität seiner Symbole nur für Spezialisten.

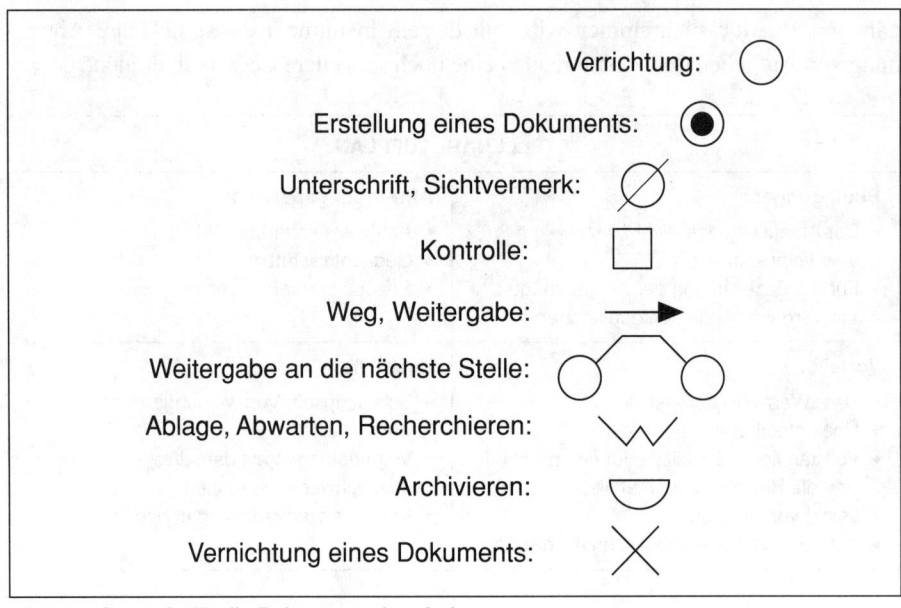

Wichtige Symbole für die Dokumentenbearbeitung

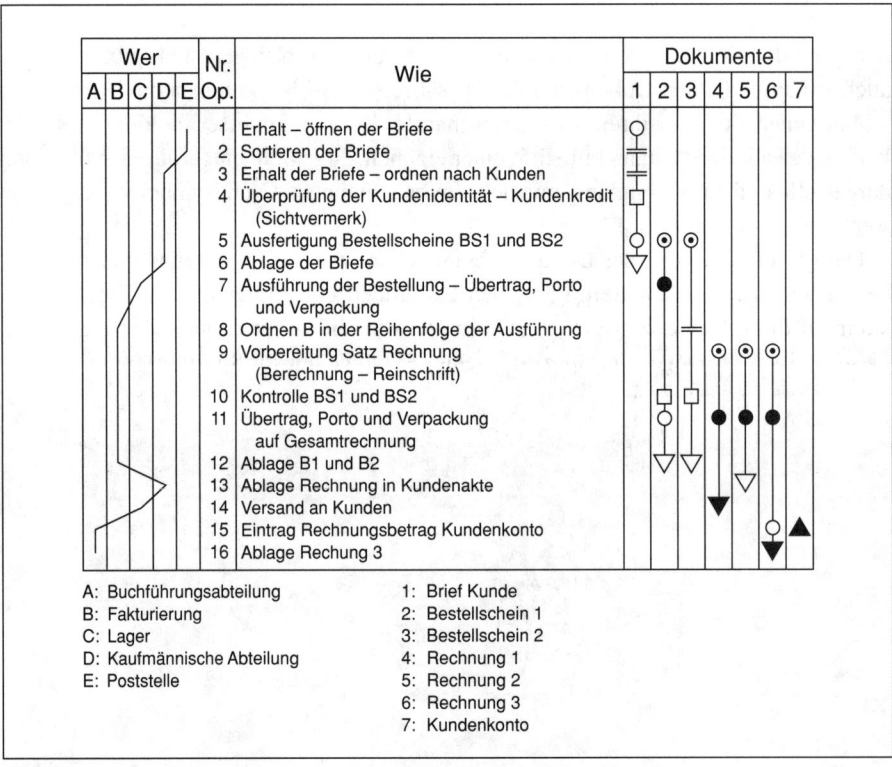

Beispiel einer Dokumentenablaufkarte (vgl. Schmidt, 1989)

DOKUMENTENABLAUFKARTE	
Bedingungen:	**Anwendungsbereich:**
• Träger und Aktivitäten bekannt	• Beschreibung eines Verwaltungsablaufs • Erfassung überflüssiger Operationen und Handlungen • Gedächtnisstütze und Lernhilfe
Vorteile:	**Nachteile:**
• Dimension „Wie" erkennbar • Darstellung von Verzweigungen erleichtert • Ablaufffluß übersichtlich • Inkohärenzen erkennbar • Klar und aussageträchtig	• Spezialisten vorbehalten • Verknüpfungen mit der Dimension „Wo" schwer erkennbar

2.3 Arbeitsablaufkarten

Unter dem Gesichtspunkt einer Formalisierung der Dimensionen des „Wer", „Was", „Wie" nach sequentiell angeordneten Arbeitsschritten und in Anwendung der Kenntnisse über räumliche und zeitliche Abfolgen wurden die Darstellungsmethoden für Arbeitsabläufe immer mehr verfeinert, indem man die auf einer Karte abgebildete Matrix immer stärker gliederte. Auf diese Weise läßt sich ein ganzer Komplex von elementaren Arbeitsschritten mit deren spezifischen Merkmalen unter den verschiedensten Aspekten und nach Möglichkeit auf ein und derselben Karte darstellen.

ARBEITSABLAUFKARTE	
Bedingungen:	**Anwendungsbereich:**
• Benutzer der Karte bekannt • Detailstruktur notwendig	• Voraussetzung für Detailanalyse von Arbeitsprozessen • Hilfe für Unternehmensberater
Vorteile:	**Nachteile:**
• Präzise Erfassung eines Ablaufs • Genaue Beschreibung unter Einbeziehung mehrerer Dimensionen	• Spezialisten vorbehalten • Schwer lesbar

Um die Argumente deutlich zu machen, die für eine ablauforganisatorische Verbesserung sprechen, muß die Beschreibung eines Prozeßablaufs eine Gegenüberstellung von Ist-Zustand und Soll-Zustand ermöglichen. Die räumliche und zeitliche Prozeßanalyse befaßt sich mit den Dimensionen des Arbeitsablaufs, dem Stellenablauf, der zeitlichen Dimension von Beginn und Ende eines Prozesses und dem räumlichen Aspekt, um in konstruktiver Weise die Objektfolge und die Anordnung physischer Kapazitäten kritisch zu durchleuchten.

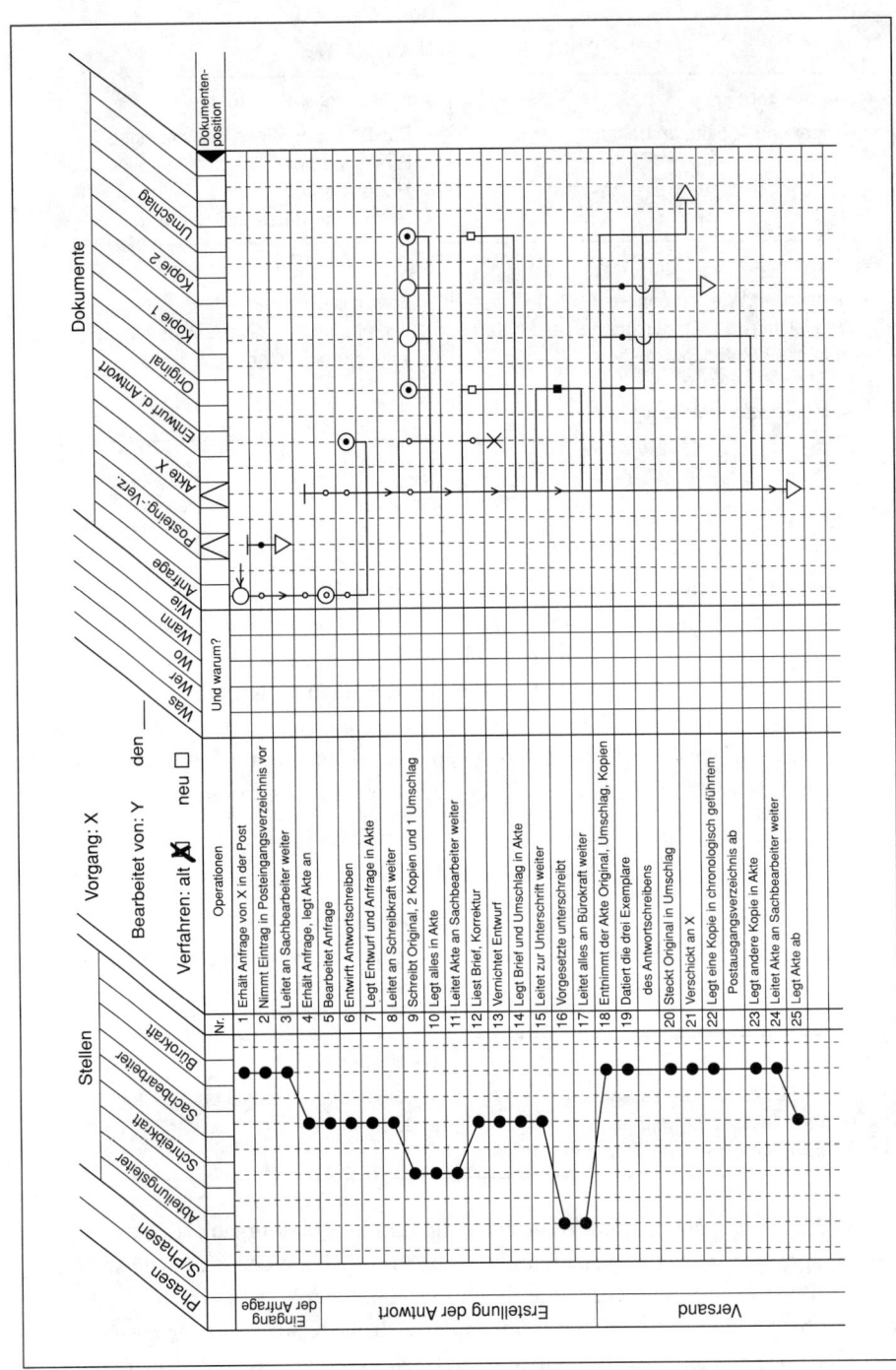

Diagramm nach Bernatene-Grün (ergänzt) (Bearbeitung einer externen Anfrage)

(vgl. Baratin/Guedon, 1971)

144

Gegenstand der Analyse		Ist	Soll	Verbesserungen
Abteilung Sparte ◯				
⇨		Meter	Meter	Meter
Beginn der Studie am: ☐				
▽		Minuten	Minuten	Minuten
△				
Abschluß der Studie		Zahl	Zahl	Zahl

Ablaufvorgang												Vorschläge				
Nr.	Aktivitäten	Verrichtung	Transport	Kontrolle	Wartezeit	Ablage	Meter	Zeit	Zahl	Vermeiden	Zusammenlegen	Ändern				Bemerkungen
												Ort	Weisung	Person	Verbessern	
		●	⇨	☐	▽	△										
		◯	➡	☐	▽	△										
		●	⇨	☐	▽	△										

Jede Aktivität vermerken
Symbole verbinden
Transportwege
Wartezeiten
Menge, falls notwendig
Änderungsvorschläge

Räumliche und zeitliche Analyse von Abläufen (vgl. Emery/Nankobogo, 1987; Feurer, 1961)

RÄUMLICHE UND ZEITLICHE ANALYSE	
Bedingungen:	**Anwendungsbereich:**
• Das Überflüssige vermeiden • Verbesserungsbedürftige produktive Aktivitäten	• Untersuchung einer Stelle • Analyse in Hinblick auf eine Reorganisation, z. B. auf die Umstellung auf EDV
Vorteile:	**Nachteile:**
• Vollständige Beschreibung eines Prozeß-vorgangs • Vergleichsmöglichkeit zwischen Ist- und Soll-Zustand • Synthetischer Ansatz • Verbindung von räumlichen und zeitlichen Erkenntnissen	• Spezialisten vorbehalten • Interaktionen werden weniger deutlich als bei Anwendung eines PERT-Systems • Beschränkt auf den untersuchten Vorgang

b) Programmablauf- und Arbeitsflußdiagramm

Auf dem Weg zu einer Formalisierung vollständiger Abläufe von Aktivitäten und Leistungen haben sich verschiedene Modelle einer systematischen Prozeßanalyse entwickelt. Diese Formalisierungen schließen die Akteure mit ein, wobei mit Hilfe von Diagrammen der Wiederholungscharakter in der Abfolge bestimmter Arbeitsschritte sichtbar gemacht wird und die verschiedenen Arten der Verknüpfung zwischen jedem Vorgang klar erkennbar werden. Diesem Diagrammtypus – den Blockdiagrammen – sind in erster Linie die Programmablauf- und Arbeitsflußdiagramme zuzurechnen. Flußdiagramme sind eine Verbindung von ausformulierter Beschreibung und grafischer Darstellung der hauptsächlichen Arbeitsschritte, die durch eine klare Strukturierung in der Präsentation dann verfeinert werden . Eine kritische Durchleuchtung von Prozessen und Abläufen wird dadurch erleichtert, und die Handhabung dieser organisatorischen Hilfsmittel ist einfach und somit jedem zugänglich. Ein solches Diagramm ist leicht verständlich, was nicht zuletzt ein Resultat der Verwendung von Symbolen ist. Bei der Darstellung komplexerer Prozesse läßt sich das Programmablaufdiagramm dahingehend variieren, daß die wesentlichen Informationen über eine Mindestabfolge zusammengefaßt und beschrieben werden, das heißt, man bildet eine Art Paket von Arbeitsschritten und definiert diese nach ihrem größten gemeinsamen Nenner.

PROGRAMMABLAUFDIAGRAMM	
Bedingungen:	**Anwendungsbereich:**
• Alle hauptsächlichen Operationen sowie mögliche Alternativen sind bekannt	• Formalisierung der detaillierten sequentiellen Anordnung sich wiederholender Aktivitäten • Klärung möglicher Entscheidungen im Verlauf regelmäßig wiederkehrender Aktivitäten
Vorteile:	**Nachteile:**
• Analysiert und zerlegt Vorgangsfolgen • Macht Auswahlkriterien im Ablauf sichtbar • Reduziert das Textvolumen • Überschaubar und verständlich • Hinweis auf Unregelmäßigkeiten im Detailablauf	• Mangelnde Flexibilität im Fall komplexer Prozesse • Wenig anpassungsfähig • Beschränkt auf die Dimensionen „Was" und „Wie"

146

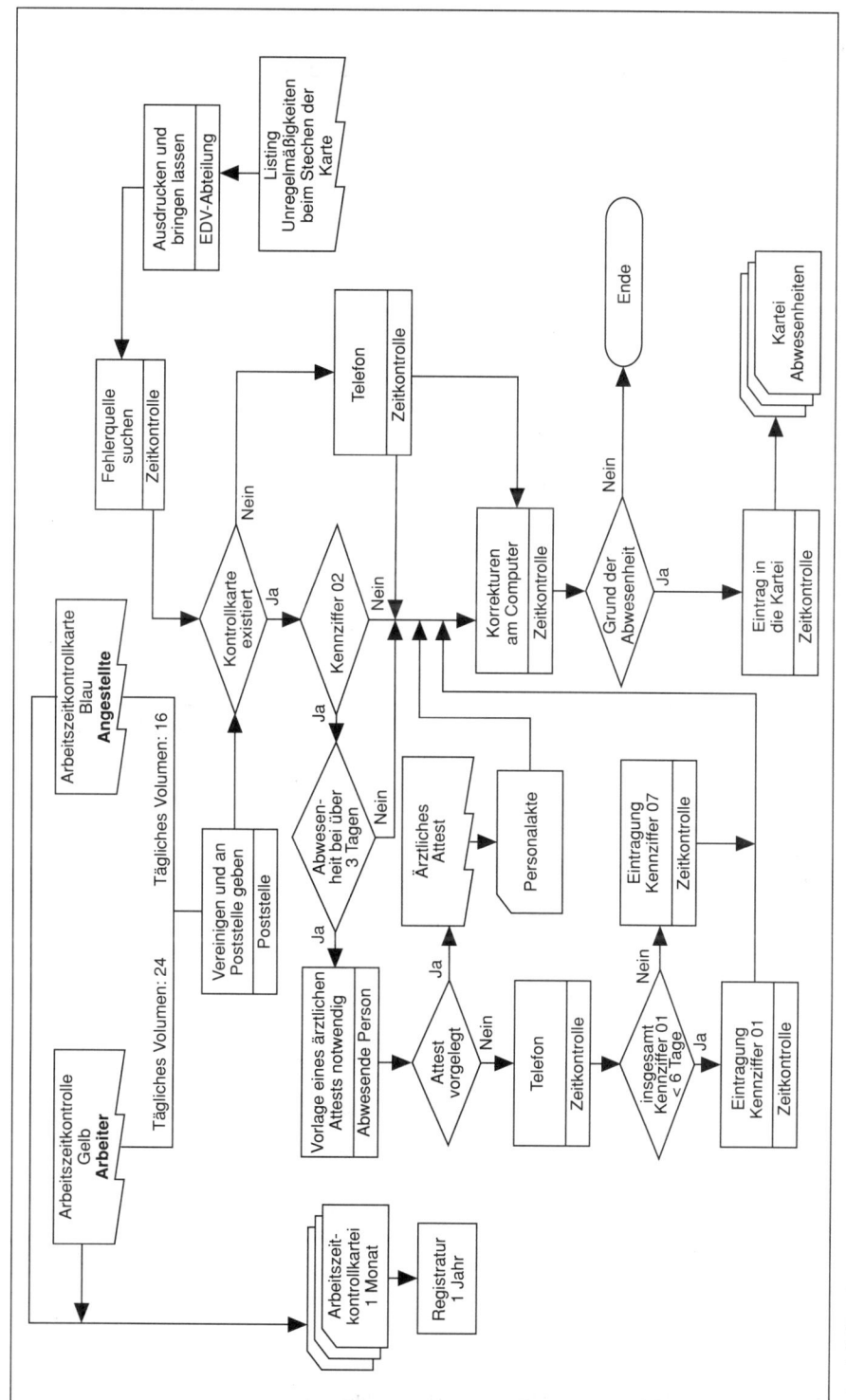

Beispiel für ein Programmablaufdiagramm

147

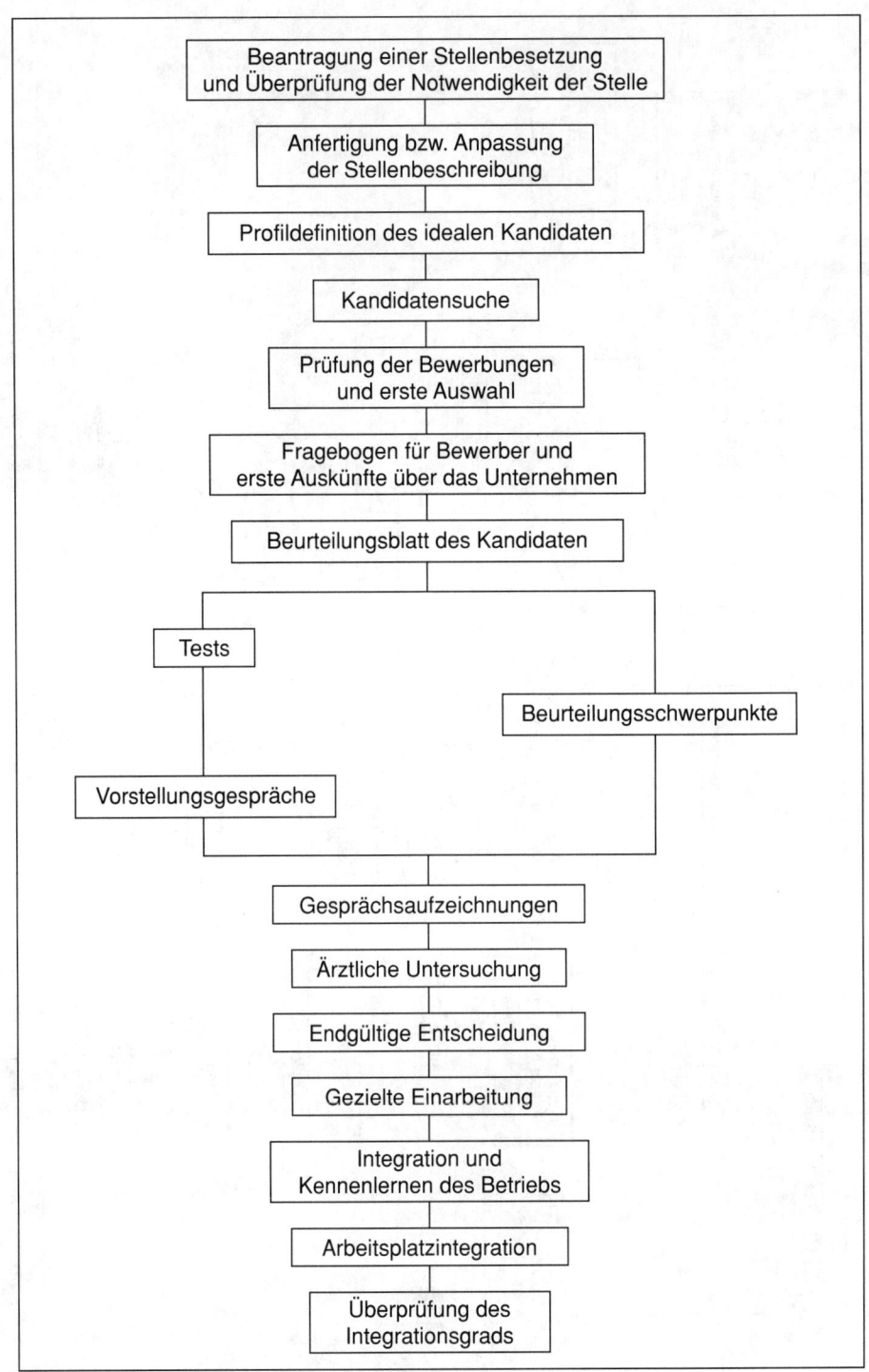

Beispiel eines Arbeitsflußdiagramms: Prozeß einer Neueinstellung

148

ARBEITSFLUSSDIAGRAMM	
Bedingungen:	**Anwendungsbereich:**
• Kenntnis der einzelnen Arbeitsschritte und ihre Zusammenfassung zu Einheiten • Auswahlkriterien zwischen jedem Vorgang sind festgelegt	• Allgemein verständliche Darstellung der sequentiellen Anordnung von Aktivitäten • Gedächtnisstütze • Feststellung von Schwachstellen im Detailablauf der Operationen • Zuweisung von Verantwortlichkeiten für eine Gesamtheit von Arbeitsschritten
Vorteile:	**Nachteile:**
• Zusammenfassung von Arbeitsschritten • Schnelle Erfaßbarkeit des Wesentlichen • Darstellung der verantwortlichen Einheiten	• Reduzierte analytische Durchdringung • Beschränkt auf den Hinweis auf grobe Unregelmäßigkeiten

V. Fazit

Trotz ihrer Tendenz zur räumlichen und zeitlichen Fixierung geben Abläufe Aufschluß über den dynamischen Aspekt der Detailgestaltung eines sozialen Systems. Dennoch sollte der Organisator nicht allzu stark in die Arbeitsverrichtung der Ausführenden eingreifen, denn sie ist oft das Ergebnis eines persönlichen Lernprozesses, der in Hinblick auf eine bestimmte Tätigkeit stattgefunden hat. Wesentlich wichtiger ist es, die Ablaufziele zu erkennen und aus ihnen fundierte Argumente eines kritischen Ansatzes zur Verbesserung des Ist-Zustands zu entwickeln. In besonderem Maße sind Kompetenzen und Erwartungen der Mitarbeiter zu berücksichtigen, wenn Teilabläufe unter dem Aspekt der sequentiellen Anordnung von Arbeitsschritten gestaltet werden. Die Einbeziehung menschlicher Bedürfnisse in die Prozeßentwicklung kann dann zur Herausbildung von Leitmotiven beitragen, auf die man sich allerorts beruft, wie etwa „Qualität über alles", „Reibungslose Organisation" oder „Arbeitszufriedenheit". Was nun die praktische Anwendung organisatorischer Hilfsmittel, vor allem die Umsetzung, aber auch Infragestellung von Abläufen anbelangt, so würde ein systemischer Ansatz jeden Prozeß zunächst in seiner Ganzheit sehen, bevor er ihn in seinen Teilen analysiert. Unter diesem Aspekt wäre es sinnvoll, sich den zuletzt dargestellten Instrumenten zuzuwenden und sie als Bestandteil eines Ganzen, einer ganzheitlichen Organisation zu betrachten.

4. Kapitel

Organisation und Management aus ganzheitlicher Sicht

Warum wenden heutige Unternehmen soviel Zeit auf, um sich mit organisatorischen Fragen zu beschäftigen? Ein Unternehmen, das seine Strukturen und seine Prozesse beherrscht, bewältigt es auch seine Organisation? Ist das, womit wir uns bisher beschäftigt haben, ein notwendiges, aber für die Lebensfähigkeit des Systems nicht ausreichendes Gerüst? Was ist Organisation nun genaugenommen? Diese Frage wird uns im nachfolgenden detailliert beschäftigen.

I. Fragen, die vorab zu klären sind

Wenn man über die Organisation eines Unternehmens, einer Abteilung oder einer Stelle nachdenkt, fragt man sich meist zunächst: Wie lassen sich Arbeiten vereinfachen, wo liegt die beste Lösung, damit das Ganze reibungslos funktioniert? Ein Problem scheint aufgetreten zu sein, weil eine bestimmte Aktivität nicht von den geeigneten Personen verrichtet wird oder weil zuviel unterschiedliche Einheiten an dem Arbeitsgang beteiligt sind. Eine andere Störung, so wird etwa vermutet, tritt deswegen auf, weil Teile eines Arbeitsprozesses ungeordnet und unlogisch ablaufen. Oder man weist auf eine Unzweckmäßigkeit der Mittelverwendung hin, um eine Erklärung für Fehler oder Verzögerungen zu geben. In einer solchen Situation kann etwa eine kritische Fragenliste, die einen Überblick über die Unternehmensstrukturen und -prozesse ermöglicht, gute Dienste leisten. Ein Beispiel hierfür ist der nachstehende „Fragebogen", der einige der wichtigen, vorab zu klärenden Fragen enthält, aus denen sich die Symptome eines organisatorischen Mißstands ableiten lassen.

Diese Schlüsselfragen, so haben wir gesagt, helfen Symptome von Störungen innerhalb des Ganzen aufzuzeigen. Es kann sein, daß diese ausschließlich strukturbedingt sind und das aufgetretene Problem tatsächlich durch eine Vereinfachung der Arbeitsgänge oder eine bessere formale Organisationsstruktur zu lösen ist. In diesem Fall können die hier dargestellten Hilfsmittel korrigierend einwirken und zu einer kontextbezogenen Lösung führen. Organisation ist aber nicht nur ein Konglomerat von Strukturen mit einer dynamischen Komponente in Form der Arbeitsabläufe. Sie ist im Unternehmen weit mehr als nur die Summe der Strukturen und Prozesse, etwa in den technologischen, wirtschaftlichen oder sozialen Aspekten. Wir wollen zwar den Formalcharakter der Organisationsgestaltung, auf den wir bisher eingegangen sind, nicht aus den Augen verlieren, sollten aber etwas Distanz gewinnen, um uns neuen Perspektiven zu öffnen und um auf diese Weise die verschiedenen Faktoren einer Organisationsveränderung besser beherrschen zu können.

Dimensionen		Schlüsselfragen
Objekt	Was?	Beschreibung der Aktivität, der Aufgabe oder der hauptsächlichen Operationen
Ausführender	Wer?	Hinweis auf die Ausführenden der Arbeitsschritte und genaue Angaben zu den einzelnen Personen und Stellen „Wer wirkt an der Erstellung des Jahresbudgets mit?"
Raum	Wo?	Räumliche Anordnung des Arbeitsplatzes und der Betriebsmittel. Wo wird die Arbeit verrichtet? Wohin gehen die Personen? Wohin bewegen sich die Objekte? Wo werden Informationen gesammelt? Welche Werkstatt, welche Einheit, welche Stelle innerhalb der Organisation sind Durchlaufstationen? Woher kommen die Informationen, die Dokumente, die Sachmittel . . .?
Zeit	Wann?	Zu welchem Zeitpunkt des Jahres, des Monats, der Woche oder des Tages wird die Arbeit verrichtet? Wann endet sie, wann beginnt sie? Wie ist die zeitliche Abfolge der Arbeitsvorgänge? Zu welchem Zeitpunkt sollen Informationen abgerufen werden? Wann werden sie verfügbar sein?
Art und Weise	Wie?	Wie wird die Arbeit verrichtet, welche Mittel sind verfügbar, welche Mittel sind notwendig, welche Verfahren finden Anwendung?
Menge	Wieviel?	Welche Menge bildet eine Kontrolleinheit? Welches ist die optimale Losgröße? Wieviel Arbeitsschritte werden pro Zeiteinheit verrichtet?
Zielgerichtetheit	Warum?	Welches ist das Aufgabenziel? Welchem Zweck dient die sequentielle Anordnung der Arbeitsschritte? Existiert eine Beziehung vom Typ Leistungserbringer/-abnehmer unter den Mitarbeitern? Welcher Gesamtzielsetzung entspricht die Logik der Ablauffolge? Ermöglicht die erstellte Leistung die Entwicklung des Ganzen? Tragen die hierfür notwendigen Aktivitäten zur individuellen Entwicklung der Personen bei, die diese verrichten?

(Nach Lemaître/Maders, 1989)

RICHTLINIEN FÜR DIE SWISSAIR ORGANISATION

1. ORGANISATIONSPRINZIPIEN

Unser Erfolg hängt primär davon ab, ob und wie rasch wir in der Lage sind, unsere unternehmerische Haltung, unsere Leistungen – und somit **unsere Organisation** – auf den steten Wandel der Markt- und Umweltverhältnisse auszurichten.

Wirtschaftlichkeit

Unsere Aufbau- und Ablauforganisation reflektiert die Ausrichtung unseres verfügbaren Leistungspotentials auf eine größtmögliche Ergiebigkeit unserer unternehmerischen Leistungsprozesse.

Gestaltungsmerkmale:
* Ablaufoptimierung innerhalb der Wertschöpfungsketten
* Keine Doppelspurigkeiten
* Stab-Linien-Verhältnis
* Schnittstellenoptimierung
* Eigenleistung versus Fremdleistung

Markt- und Kundennähe

Mit unserer Organisationsstruktur bauen wir den kürzesten Weg zum Kunden – dessen individuelle Bedürfnisse stehen im Mittelpunkt unserer Aufgaben, Ziele und Verantwortungen.

Gestaltungsmerkmale:
* Kurze Informations- und Entscheidungswege (Anzahl Führungsebenen)
* Produkt/Leistungsgebiet als Einheit
* Klarer Leistungsauftrag
* Wahrnehmbare Kosten- und Ertragsverantwortung

Führbarkeit

Unserer Organisationsstruktur legen wir die Ausrichtung der verfügbaren Kräfte auf gemeinsame Aufgaben zugrunde. Kompetenzen, Pflichten und Informationswege regeln wir nach dem Prinzip einer zielbewußten und partnerschaftlichen Zusammenarbeit.

Gestaltungsmerkmale:
* Schlüsselfunktionen im Führerkreis
* Klare „Line of command"
* Leitungsspanne (niedriger Koordinationsbedarf)
* Controlling
* Stufengerechte Kompetenzen

Mensch und Arbeit

Wir pflegen strukturelle Voraussetzungen zur Entfaltung der Fähigkeiten unserer Mitarbeitenden durch geeignete Formen der Arbeitsgestaltung unter Berücksichtigung ihrer individuellen Bedürfnisse und der betrieblichen Notwendigkeiten.

Gestaltungsmerkmale:
* Ganzheitlichkeit der Aufgaben
* Angemessene Vielfalt der Arbeitsformen
* Individuelle Arbeitsgestaltung
* Klare Leistungsanforderungen
* Handlungs- und Entscheidungsspielraum, Verantwortung, Selbststeuerung
* Entwicklungs- und Lernmöglichkeiten

2. AUFBAUORGANISATION

Der Organisationsstruktur liegt die gesamtunternehmerische Aufgabengliederung und Stellenbildung mit deren Leistungsbeziehungen zugrunde.

2.1 Stellenbildung

Ein auf Grund seiner qualitativen und quantitativen Kapazität in sich abgegrenzter Aufgabenkomplex mit unbefristetem Leistungsauftrag bezeichnen wir als **Organisationsstelle.** Die funktionale Identifikation der Stellenaufgabe innerhalb des Gesamtunternehmens erfolgt durch die **Stellenbezeichnung.** Stellenbezogene **Postkurzzeichen** dienen postalischen Zwecken.

2.2 Leitungsspanne

Die Leitungsspanne umfaßt die horizontale Stellengliederung mit definierter Leitungsbeziehung als Führungsebene. Die Leitungsspanne soll zur Förderung eines kooperativen Führungsstils durch Delegation von Verantwortung möglichst breit gehalten werden. Sie stellt keine starre Größe dar, sondern richtet sich nach den führungsspezifischen Erfordernissen des gesamten Aufgabenbereiches.

2.3 Führungsebenen

Das Maß der Delegation von Leistungsverantwortung bestimmt die Tiefe der vertikalen Stellengliederung und somit die Anzahl der Führungsebenen. Zwecks Verkürzung der Dienstwege ist die zulässige Anzahl Führungsebenen ab Stufe Departement wie folgt geregelt:
- **Linienfunktionen max. sechs Führungsebenen,**
- **Supportfunktionen max. vier Führungsebenen.**

Für Supportfunktionen, deren Aufgabe bzw. Personalkörper eine weitergehende Strukturierung erfordert, wird die Beanspruchung einer weiteren Führungsebene durch den zentralen Organisationsfachdienst nach folgenden Kriterien beurteilt:
- Artengliederung mit ganzheitlichen Aufgaben,
- Mengengliederung nach Anzahl Mitarbeitenden.

2.4 Stellenbezeichnung/Postadressen

Organisationsstellen im **Inland** erhalten der Unterstellungsfolge entsprechende Postkurzzeichen.

Im **Ausland** sind Post- und Telefaxadressen identisch. Vergleichbare Funktionen tragen einheitliche Bezeichnungen, international festgelegte IATA/SITA – Codes haben gegenüber internen Bezeichnungen Vorrang.

2.5 Stellenbesetzung/Stellvertretung

Die Übernahme der Verantwortung für eine mit Leistungsauftrag und Anforderungsprofil definierte Stelle gilt als **Ernennung.** Die Vorgesetzten sind für die Regelung der Stellvertretung verantwortlich. Die Stellvertretung dient der Sicherstellung der kontinuierlichen Aufgabenerfüllung, jedoch nicht der Personennachfolge.

StellvertreterInnen handeln eigenverantwortlich im Rahmen der stellenbezogenen Befugnisse.

2.6 Unterschriftsberechtigung

Die Unterschriftsberechtigung umfaßt differenzierte Arten der Zeichnungsberechtigung:
- **Kollektiv-Unterschrift/Kollektiv-Prokura (ad personam)**
- **Handlungsvollmacht (stellenbezogen)**
- > Weisung D-120/Unterschriftenregelung für Zeichnungsberechtigte

3. ORGANISATORISCHE VERÄNDERUNGEN

Unsere Organisationsgestaltung basiert auf Teilprozessen der Planung, Umsetzung und Dokumentation organisatorischer Veränderungen. Diese stehen im Einklang mit unseren Organisationsprinzipien unter Berücksichtigung aktueller wirtschaftlicher Randbedingungen.

Der zentrale Organisationsfachdienst stellt die Wahrung gesamtunternehmerischer Gestaltungsaspekte innerhalb der Teilprozesse sicher.

Organisatorische Vorhaben, welche die bestehende Aufgabenverteilung verändern oder interdepartementale Abläufe tangieren, sind vor Antragserstellung beim zentralen Organisationsfachdienst anzumelden.

Der Organisationsfachdienst begutachtet organisatorische Vorhaben bezüglich des Vorgehens und unterstützt die Antragstelle bei der Umsetzung ihrer Organisationsziele.

Die administrative Abwicklung personeller und/oder organisatorischer Veränderungen innerhalb der Führungsstruktur ist im Rahmen der Antrags- und Entscheidungskompetenzen (Anhang 1/A-C) geregelt. Das Antragsverfahren mittels **Organisationsantrag** (Anhang 2) betrifft:

3.1 Strukturelle Änderungen
  – **Neustrukturierung, neue Stelle/Funktion**
  – **Änderung Stellenbezeichnung/Telexadresse**
  – **Stellenaufhebung**
  > Anhang 1A/Antrags- und Entscheidungskompetenzen

3.2 Personelle Änderung / Unterschriftsberechtigung
  – **Ernennung/Versetzung/Ausscheidung von Kaderangehörigen innerhalb der Führungsebenen C-F.**
  Bei Versetzung hat der/die übernehmende Vorgesetzte den Antrag zu stellen.
  > Anhang 1B/Antrags- und Entscheidungskompetenzen.

  – **Erteilung/Löschung der Zeichnungsberechtigung ad personam (Prokura) gem. Weisung D-120.**
  Antragstellung durch Bereichs- bzw. Dept.-Leiter.

3.3 L&H-Stelleneinreihung
  Die Bewertung von L&H-Funktionen erfolgt durch die departementale bzw. interdepartementale Einreihungskommission. Dazu gelten die für das Einreihungssystem angewandten Kriterien, Wert-Maßstäbe und Zuordnungsrichtlinien.
  > Anhang 1C/Antrags- und Entscheidungskompetenzen.

3.4 Handlungsvollmacht
  Erteilung/Löschung der stellenbezogenen Zeichnungsberechtigung (i.V.) gem. Weisung D-120.
  Antragstellung durch Bereichs- bzw. Dept.-Leiter.

3.5 Postadressen
  Zur Gewährleistung eines effizienten Informationsflusses kann für Stellen mit verschiedenen Standorten die Zuteilung separater Postadressen beantragt werden.

4. DOKUMENTATION

4.1 Kadercode
Im Personalinformationssystem Compaß erfolgt die Erfassung mittels <u>vierstelligem Kader-code</u>:

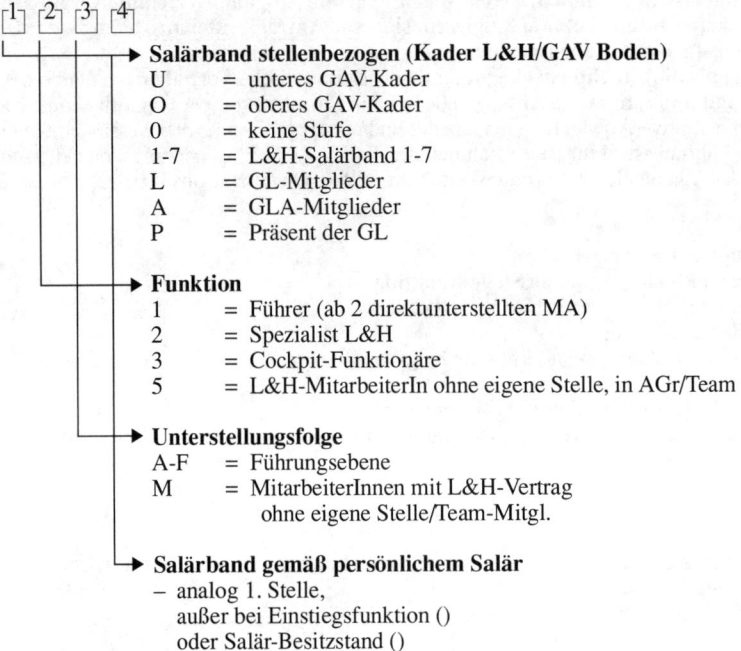

Salärband stellenbezogen (Kader L&H/GAV Boden)
U	= unteres GAV-Kader
O	= oberes GAV-Kader
0	= keine Stufe
1-7	= L&H-Salärband 1-7
L	= GL-Mitglieder
A	= GLA-Mitglieder
P	= Präsent der GL

Funktion
1	= Führer (ab 2 direktunterstellten MA)
2	= Spezialist L&H
3	= Cockpit-Funktionäre
5	= L&H-MitarbeiterIn ohne eigene Stelle, in AGr/Team

Unterstellungsfolge
A-F	= Führungsebene
M	= MitarbeiterInnen mit L&H-Vertrag ohne eigene Stelle/Team-Mitgl.

Salärband gemäß persönlichem Salär
– analog 1. Stelle,
 außer bei Einstiegsfunktion ()
 oder Salär-Besitzstand ()

4.2 Organigramme/Leistungsaufträge
Strukturelle Änderungen der Führungsebenen A-F erscheinen in den Organigrammen. Diese werden zusammen mit den Leistungsaufträgen der Führungsebenen AB, B, C, sowie den Org.-Richtlinien für die Gesamtunternehmung im Organisationshandbuch ORM publiziert.

Der Präsident der Geschäftsleitung

O. Loepfe

Antrags- und Entscheidungskompetenzen
(Weisung D-119/Anhang 1)

**(A) Strukturänderungen,
Schaffung neuer Stellen bzw. Kaderfunktionen**

Führungsebene (FE)	Antrag	Beurteilung	Entscheid
C	**Bereich bzw. Dept.**	**POP / P**	**GLA**
D	**Vorgesetzte FE: C**	**POP / P** ①- - - - -	**Dept.** P / Dept.
E	**Vorgesetzte FE: C**	**Pers.-Dienst / POP** ①- - - - -	**Dept.** P / Dept.
F	**Vorgesetzte FE: D**	**Pers.-Dienst / POP** ①- - - - -	**Vorgesetzte FE: C** P / Dept.

① = Wenn Beurteilung P-Stelle negativ, Entscheid durch - - - - -

(B) Ernennungen/Kadermutationen

Führungsebene (FE)	Antrag	Beurteilung	Entscheid
C	**Bereich bzw. Dept.**	**P**	**GLA**
D	**Vorgesetzte FE: C**	**Pers.-Dienst / POP** ①- - - - -	**Dept.** P / Dept.
E	**Vorgesetzte FE: C**	**Pers.-Dienst / POP**	**Dept.**
F	**Vorgesetzte FE: D**	**Pers.-Dienst / POP**	**Vorgesetzte FE: C**

① = Wenn Beurteilung P-Stelle negativ, Entscheid durch - - - - -

Ⓒ **L&H – Stelleneinreihung**

Beantragtes Salärband	Antrag	Beurteilung	Entscheid
1 und 2	**Vorgesetzte**	**Departmentale Einreihungs- kommission (DEK)**	**Dept.**
3 bis 7	**Vorgesetzte**	**Interdepartmentale Einreihungs- kommission (IEK)** (Einreihungsempfehlung durch DEK)	**P** Nach Rücksprache mit Bereichs- bzw. Dept.-Leiter

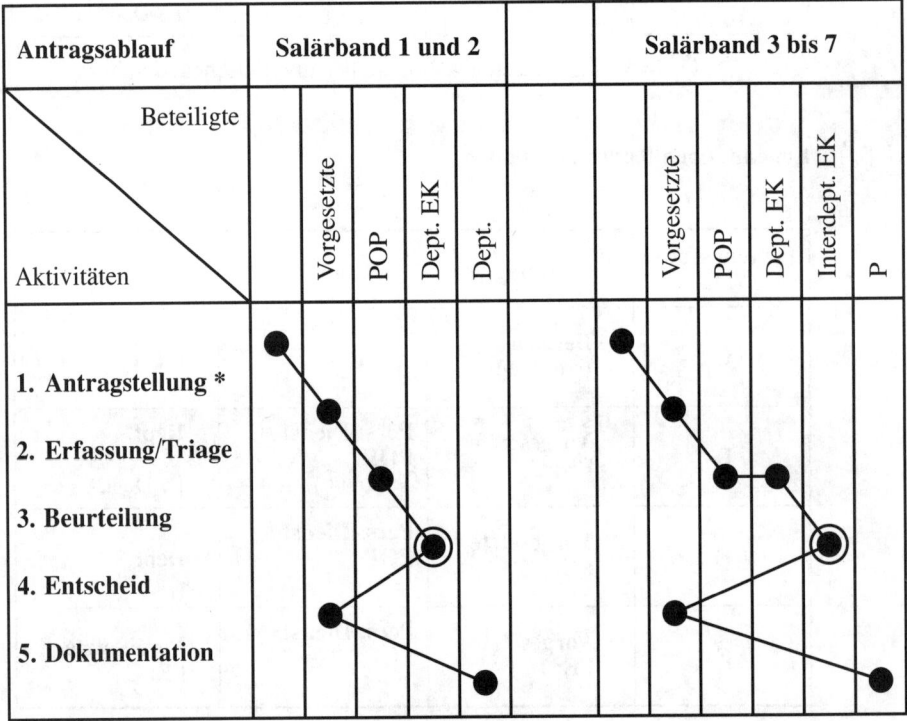

* = Organisationsantrag mit Leistungsauftrag und Anforderungsprofil

swissair   **Organisationsantrag** | Nr. |
(Antrags- und Entscheidungsablauf gem. Weisung D-119)

An: POP

Von: .... (Antragsteller)   auszufüllende Felder

☐ Personelle Änderung/Unterschriftsberechtigung   A   C

☐ Organisatorische Änderung   B   C

Inkraftsetzung per: ....

Ⓐ Personelle Änderung/Unterschriftsberechtigung

Name/Vorname: .... Personal-Nr.: ....

Funktion: .... Postkurzzeichen: ....

Bisheriges Postkurzzeichen: ....   bisher: ☐☐☐

Kadercode   neu: ☐☐☐

Prokura (personenbezogen) ☐ neu ☐ löschen

Ⓑ Organisatorische Änderung

☐ Neustrukturierung   ☐ Änderung Funktionsbezeichnung/Telexadresse
☐ Neue Funktion/Einreihung Salärband/Stufe*   ☐ Änderung Salärband/Stufe*
☐ Handlungsvollmacht (funktionsbezogen)   ☐ Aufhebung Funktion

* Leistungsauftrag und Anforderungsprofil beilegen!

Funktionsbezeichnung
  deutsch oder französisch: ....

      englisch: ....

Postkurzzeichen: .... Telexadresse: .... Tel.-Nr.: ....

☐ Führungsfunktion   ☐ Funktionär/in flieg. Personal   Anzahl   ☐
☐ Spezialistenfunktion   ☐ Teilautonome Arbeitsgruppe   Mitarbeiter/innen

Salärband/Stufe   bisher: ☐   Führungsebene   bisher: ☐
(L&H 1-7)   neu: ☐   (A-F)   neu: ☐

Postkurzzeichen vorgesetzte Stelle: ....

Beilagen: ☐ Leistungsauftrag ☐ Organigramm ☐ Sammelantrag ☐ ....
         ☐ Anforderungsprofil

Verteiler: Antragsteller (via Dept.-Koordinator)   ☐ COMPASS
           Personaldienst   ☐ ORM

Form. 3290

Ⓒ Begründung durch <u>Antragsteller:</u>

Datum: .... Postkurzzeichen: .... Unterschrift: ....

Unterschrift Departmentskoordinator: ....

Beurteilung durch <u>Organisationsfachdienst/POP:</u>

Datum: .... Unterschrift: ....

Beurteilung durch <u>Personaldienst</u> bzw. <u>Chef P:</u>

Datum: .... Postkurzzeichen: .... Unterschrift: ....

Beurteilung durch <u>Einreihungskommission</u> DEK-.......	IEK
Datum: .... Vis:	

Entscheidung gemäß Kompetenzordnung: (Nach Unterschrift bitte retour an POP)

bewilligt / abgelehnt

PKZ: .... Datum:	Chef P Datum: ....
Vis:	Vis: ....

160

II. Perspektiven des organisatorischen Gestaltens

Naturgemäß wird jedes Unternehmen mit seiner Entstehung eine soziale Institution: Es gibt Leistungen an seine Mitglieder und an seine Umwelt ab, um Bedürfnisse und Erfordernisse zu befriedigen, und schafft sich einen Rahmen für die Erfüllung der Aufgaben, die die von ihm beschäftigten Personen tagtäglich zu verrichten haben.

Organisation ist notwendig, um die Befriedigung der Bedürfnisse und Anforderungen nicht nur jetzt, sondern auch in Zukunft zu gewährleisten, wobei vorausgesetzt wird, daß mögliche Veränderungen das Unternehmen dazu veranlassen können, bisher verfolgte Unternehmensziele in Frage zu stellen oder zu überprüfen, wie das Überleben des Systems auf einem als richtig erkannten Weg gestaltet werden soll.

Wenn wir weiterhin davon ausgehen, daß ein Unternehmen sich dessen „bewußt" ist, warum es existiert, das heißt, wenn die Unternehmensmitglieder für sich eine konsensuale Zukunftsperspektive festgestellt haben und es ihnen gelungen ist, sich in ihrem Verhalten auf bestmögliche Weise mit diesen Perspektiven zu identifizieren, stellt sich das Problem, wie sich die auf das Unternehmen wirkenden Bedingungen in Einklang bringen lassen. Wie läßt sich diese Perspektive auf bestmögliche Weise in das Tagesgeschäft einbringen, wie läßt sich das, was sie impliziert, in Hinblick auf eine optimale Ressourcenverteilung und Projektrealisation berücksichtigen?

In der Organisationslehre gibt es je nach Forschungstradition und Beobachterinteresse drei Sichtweisen, die von verschiedenen Managementtheorien vertreten werden (vgl. auch Simonet, 1984). In einem Unternehmen läßt sich das eine oder andere Konzept in der einen oder anderen Form konkret nachweisen, oder, was manchmal erstaunlich ist, es existiert unausgesprochen, ohne schriftlich festgelegt zu sein, in bestimmten Verhaltensweisen oder unternehmensspezifischen Werthaltungen, die von dem transportiert werden, was man gemeinhin „Unternehmenskultur" nennt.

Als erstes möchten wir auf das Konzept der *ökonomischen Perspektive* hinweisen. Danach gibt es eine genaue Definition der richtigen und zweckmäßigen Vorgehensweise, um „das gut zu machen, was zu machen ist"; es stützt sich auf den Grundsatz der Arbeitsteilung, die nach einem wirtschaftlich-rationalen Prinzip der Ressourcenverteilung erfolgt und letztlich darauf hinausläuft, daß „Teile" einer Arbeit oder Aufgabe von verschiedenen Personen möglichst effizient und effektiv verrichtet werden. Man bedient sich dabei eines Koordinationsorgans, damit alle Aufgaben räumlich und zeitlich kohärent im Sinne festgelegter Leistungsziele erfüllt werden. Für den einzelnen bestehen genau abgegrenzte Kompetenz- und Verantwortungsbereiche, und die beste Art und Weise, das, was zu machen ist, gut zu machen, richtet sich nach den Kosten, das heißt nach der maximalen Wirtschaftlichkeit im Einsatz von Sachmitteln und Ressourcen zur Erreichung maximaler Rentabilität.

Ein weiterer Ansatz ist die *verhaltenswissenschaftliche Perspektive*, die sich stärker mit dem Menschen befaßt; sie geht von Ganzheiten, zusammengesetzt aus Individuen, aus, durch die sich die Verhaltenweise des einzelnen im Verlauf von Interaktionen mit anderen Unternehmensmitgliedern steuern und regeln läßt. Der verhaltenstheoretische Ansatz hat zu der Erkenntnis geführt, daß es Interaktionsganzheiten, Gruppen, gibt, die über eigene Verhaltensnormen verfügen. Diese können von der Zielrichtung des Unternehmens bestimmt werden, sie können aber auch für jede Gruppe gesondert bestehen, dem Sinn entsprechend, den diese ihrer Handlung durch die Interaktionen zwischen den Gruppenmitgliedern geben. Die Abgrenzung von Kompetenzen und Verantwortlichkeiten der einzelnen Gruppenmitglieder erfolgt nicht mehr unbedingt auf der Grundlage der Aufgabe, sondern gemäß den Interaktionsprozessen, die die Aufgabe innerhalb der Gruppe auslöst. Organisation ist hier von grundlegender Bedeutung, denn sie gibt die Möglichkeit, die Verhaltensweisen der Mitglieder in Hinblick auf einen bestimmten gruppenverträglichen Autonomiegrad nicht nur zu kanalisieren, sondern auch zu steuern. Die Unternehmensorganisation muß eine Ordnung schaffen, die die Interaktionen lenkt und den Mitgliedern, und sei es auch nur implizit, Grenzen setzt, deren Überschreitung die Identität und Autonomie der Gruppe bedrohen würde. Die verhaltenswissenschaftliche Perspektive führt zu einer Hinwendung zum Menschen und der Funktion, die er innerhalb des Unternehmens in Beziehung zu einer bestehenden Struktur erfüllt.

Allerdings ist der Einfluß der Umwelt sowie anderer systeminterner Faktoren nicht ausdrücklich Gegenstand dieser Sichtweise, die sich auf der Verhaltensebene mit der Entwicklung des Unternehmens und seiner Mitglieder befaßt. Der dritte Aspekt, die *systemtheoretische Perspektive,* setzt bei den Theorien über das Management der Komplexität an. *Einzelpersonen, Gruppen* und *Unternehmen* beeinflussen in hohem Maße ihre *Umwelt* und werden ebenso von dieser beeinflußt. Je nach Beobachterinteresse und der gewählten Beobachterperspektive lassen sich Interaktionen zwischen diesen vier Ganzheiten feststellen. Organisation hat hier die Aufgabe, einen Raum zu schaffen, in dem diese Interaktionen, wenn auch nicht beherrschbar, so doch in ihrer Vielzahl und im Ausmaß ihrer Wirkweise überschaubar werden. Die Organisationsgestaltung besteht somit zum Teil aus Abläufen und einer Struktur, die einen Rahmen beschreiben, ein Repertoire möglicher Verhaltensweisen und Aktivitäten, die zur Zielerreichung des Unternehmens in seiner Umwelt beitragen.

Der Rahmen, in dem die Individuen wirken und sich entwickeln und der von der Organisation geschaffen wird, ist der Ausdruck einer gewissen Ordnung „der Dinge": Er legt zum Beispiel die Bewegungen von Material, Informationen oder Personen fest; und diese Ordnung kann sich unter dem Einfluß der Interaktionen innerhalb einer umfassenden Ganzheit, die das Unternehmen darstellt, verändern. Das Unternehmen als Rahmen organistorischen Gestaltens kann unterschiedliche Verhaltensweisen hervorbringen, die an die Veränderungen der Umwelt und der Unternehmenssituation angepaßt sind. In diesem Fall ist die Umwelt als umfassender Rahmen zu betrachten, der die verschiedenen Komponenten des ökonomischen Systems umschließt, in dem sich das Unternehmen entwickelt.

Interessant an der systemtheoretischen Perspektive ist vor allem der Aspekt der unterschiedlichen Sichtweisen, die den jeweiligen Beobachtungsrahmen bestimmen: In der Tat können diese selbst zu einem umfassenden Rahmen werden, zu einem Ganzen, wenn unsere Beobachtung dem Inhalt oder den Teilen des Ganzen gilt. Daher führen Erklärungen auf den verschiedenen Beobachtungsebenen nicht notwendigerweise zu einer allgemeingültigen Erklärung eines bestimmten Phänomens. So kann zum Beispiel das Vorhandensein von Gruppen innerhalb eines Unternehmens zu verschiedenen internen Organisationsformen bei jeder einzelnen Gruppe führen, je nachdem, welche Beziehungen zwischen den Gruppenmitgliedern und ihrer Umwelt bestehen. Die Organisation der Gruppe ergibt sich in diesem Fall durch die Interaktion zwischen Arbeitsprozessen, Struktur, Zielgerichtetheit und Umwelt der Gruppe. Auf einer höheren Ebene ergibt sich das gleiche Bild für das Unternehmen, wo auch *Prozesse, Struktur, Zielgerichtetheit und Umwelt* in Interaktion zueinander treten.

Die wichtigsten Prinzipien in Zuordnung zu drei Organisationsperspektiven

In Hinblick auf seine Zielsetzung ist das Unternehmen weitgehend unabhängig. Es kann bei der Frage nach der *Zweckmäßigkeit von Organisation* auf der Ebene des einzelnen, der Gruppen und des Unternehmens auch bei der Lebensfähigkeit des Systems in seiner Umwelt ansetzen. Das führt uns zur Frage zurück, was man eigentlich unter dem Begriff „Organisation" zusammenfaßt.

Organisation umfaßt alles, was innerhalb eines soziotechnischen oder sozialen Systems Ordnung schafft. Diese Ordnung setzt voraus:

- eine ziel- und zweckorientierte Ausrichtung des Systems
- einen verhaltensorientierten Bezugsrahmen
- eine spezifische Systemidentität
- eine eigene, auf sich selbst bezogene interne Funktionsweise

Daraus ergeben sich die drei Bedeutungen des Wortes Organisation:

Tätigkeit (Gestaltungshandlung)	Bezugsrahmen (Zustand nach der Gestaltungshandlung)	Institution (System)
Strukturieren, (re)organisieren, sich so verhalten, daß eine Ordnung entsteht. Das heißt:	Beziehungs- und Interaktionsgefüge, formale und informale Strukturen und Prozesse, die, auf ein Ziel/Aufgabenerfüllungen gerichtet, bewußt oder unbewußt geschaffen werden bzw. entstehen. Das heißt:	Soziotechnisches oder soziales System. Personen, technische Mittel, Material werden auf Zweck und Ziel/ Aufgabenerfüllungen gerichtet eingesetzt. Das heißt:
Regeln schaffen, Beziehungen zwischen Menschen, aber auch zwischen Menschen und Maschinen festlegen	Beziehungen und Interaktionen zwischen Menschen, Informationen, Maschinen . . .	Ein formal oder informal entstandenes System
Werte, wünschenswerte Verhaltensweisen, Ziele definieren	Konkrete oder symbolische Elemente der jeweiligen systemspezifischen Kultur	Ein System, das sich aus Akteuren zusammensetzt, die unterschiedliche Rollen übernehmen und verschiedene Aktivitäten verrichten
Die Personalführung wahrnehmen durch: • Aufgaben zusammenfassen • Einheiten bilden • hierarchische Beziehungen strukturieren • das Verhalten der Mitarbeiter lenken • usw.	Organisatorische Hilfsmittel: • Organigramm • Funktionendiagramm • Flußdiagramm • Unternehmensleitbild • Wertesystem • usw.	Eine Institution: • Unternehmen • Krankenhaus • Verwaltungsbehörde • politische Partei • nichtstaatliche Organisation • usw.
Das heißt auch: **Organisation**	**der Organisation**	**der Organisation**

Definition der Organisation

Nach Abklärung dieser Grundbegriffe möchten wir nunmehr deutlich machen, daß Organisation eine beabsichtigte Ordnung darstellt, die mindestens *drei wesentliche Gestaltungsziele* beinhaltet:

- Organisation will erstens sowohl interne als auch externe Bedürfnisse des Unternehmens befriedigen. Sie befaßt sich mit den *individuellen und kollektiven Bedürfnissen* der Menschen, die sich aus den Erwartungen der Mitarbeiter an die Firma und an ihre Arbeit herleiten; sie gestaltet die für die Befriedigung sozialer Bedürfnisse notwendigen Rahmenbedingungen.
- Organisation verfolgt weiterhin die wirtschaftlichen Ziele eines auf Produktivität gerichteten sozialen Systems, das Inputs in Outputs umwandelt; sie schafft die Voraussetzung für eine effiziente Mittelverwendung und für Effektivität in Hinblick auf die Zielerreichung, z. B. Befriedigung der Kundenwünsche.
- Die Organisation berücksichtigt ebenfalls von außen kommende *Anforderungen*, denn es ist wünschenwert, daß sich ein Unternehmen aktiv und passiv an gesellschaftliche Entwicklungen, an Nachfragefluktuationen und ganz allgemein an Veränderungen der Umweltbedingungen anpaßt. Flexibilität ist eine unverzichtbare Voraussetzung für die zukünftige Entwicklung des Unternehmens, und wenn es der Organisation gelingt, ein Gleichgewicht zwischen den externen Umweltbedingungen und der internen Organisationsstruktur aufrechtzuerhalten, so ist die Lebensfähigkeit des Unternehmens in Hinblick auf seine Entwicklung gewährleistet.

Im Lichte dieser drei wichtigsten Gestaltungsziele muß sich das Unternehmen nunmehr mit dem Problem der Formalisierung von Zielen befassen – ein Ziel wird durch Erfüllung von Aufgaben erreicht –, es muß die wesentlichen Aktivitäten der Aufgaben- oder Zielerfüllung festlegen und so vorgehen, daß etwas Dauerhaftes und Lebensfähiges entsteht, das mit dem Willen und der Akzeptanz der Unternehmensmitglieder in Einklang steht, um auf diese Weise den Fortbestand des Unternehmens langfristig zu sichern.

Ziele der Aufgabenerfüllung werden in Form von Arbeitsschritten oder Arbeitsprozessen durch die Führungskräfte festgelegt, die das Unternehmen auf diese Weise darin unterstützen, einen bestimmten Kurs zu verfolgen, ähnlich wie es mit einem Unternehmensleitbild oder der Festlegung einer bestimmten Unternehmenspolitik beabsichtigt wird.

Organisation soll ferner das System in die Lage versetzen, die eigenen systembildenden Elemente räumlich und zeitlich zu verknüpfen und auf diese Weise zur Bildung und Erhaltung einer Organisation, einer Gesamtordnung beizutragen. Dies gilt in erster Linie für Strukturen und Prozesse.

Organisation im Sinne eines „Verknüpfens von Elementen durch einen oder mehrere *Organisatoren*" ist sicherlich nicht für jedes System notwendig. Aus systemischer Sicht gibt es organisierte Formen, die nicht das Gestaltungsergebnis eines verantwortlichen Organisators sind, sondern sich durch eine Art Selbstverknüpfung ergeben, die Sachmittel, Aktivitäten, interpersonelle Informationen in Beziehung setzen und Machtverhältnisse durch die Betroffenen selbst regeln; und dann wird man ganz naiv und sehr zu Recht feststellen, daß dieses soziale System funktioniert!

Organisation hat die Aufgabe, *Beziehungsverhältnisse* zwischen der Arbeit mehrerer Personen *zu gestalten*, ihnen die für ihre Aufgabenerfüllungen notwendigen *Mittel zu-*

zuweisen und sachdienliche *Informationen zu kanalisieren*, die von einem Vorgesetzten, einem ranghöheren Unternehmensmitglied oder aus dem Umfeld einer Arbeitsstelle kommen. Nach traditionellem Verständnis gestaltet der Organisator die Grundstruktur der Organisation, Informations- und Arbeitsprozesse, Organisationsimplementierung sowie Objekt- und Materialfluß und legt die Merkmale einer jeden Tätigkeit fest, die von einem Organisationsmitglied verrichtet wird: was seine Stelle beinhaltet und welche Laufbahnentwicklung ihm offensteht. Struktur und Arbeitsabläufe helfen dem einzelnen Mitarbeiter, Beziehungsverhältnisse und das Wesen von Personengruppen zu erkennen, ein Wissen, ohne das ihm seine Arbeit vielleicht sinnleer erscheinen würde.

Organisation beschränkt sich jedoch nicht auf die zuvor genannten Gestaltungsaktivitäten, man erwartet von ihr auch, daß sie innerhalb des Unternehmens abstrakte, aber doch erfahrbare *Dimensionen gestaltet*. Der Organisator kann zum Beispiel die sehr umfangreiche und vielschichtige Aufgabe haben, die Segmentierung einer operationalen Ebene in verschiedene Einheiten vorzunehmen, die in der Lage sein sollen, ausführende Funktionen des Unternehmens zu erfüllen; wenn sich nun eine solche Differenzierung als zu stark erweist und zur Abschottung bisher durchlässiger Organisationseinheiten führt, muß der Organisator gegebenenfalls auch Integrationsprozesse generieren, damit die verschiedenen Einheiten wieder ein kohärentes Ganzes bilden.

So kann es die Situation erfordern, daß der Organisator die spezifischen Funktionen aller *drei Führungsebenen* bestimmt und verantwortlich ist für die zielgerichtete Gestaltung von Beziehungsverhältnissen zwischen Umwelt und Unternehmen – *normative* Führung –, die langfristige Lenkung dieser Beziehungsverhältnisse von innen nach außen – *strategische* Führung – und die Ausführung der Unternehmensfunktionen in der Unternehmensumwelt – *operative* Führung.

Die Frage des Gleichgewichts zwischen den beiden Gestaltungsaktivitäten, *Differenzierung* und *Integration*, stellt sich zunächst systemintern, ihre volle Tragweite erreicht sie jedoch erst im Zusammenhang mit den Beziehungen des Unternehmens zu seiner Umwelt und der jeweiligen Umweltsituation. Organisation will durch eine Struktur und auf Dauer angelegte Prozesse die Stabilität des sozialen Systems gewährleisten und es im Gleichgewicht zwischen den Erwartungen der In- und Umwelt halten.

Heute werden *auch neue Anforderungen an die Organisation* gestellt, bedingt durch das Auftauchen neuer Phänomene im sozialen Bereich. Die Werte ändern sich; die Märkte, die zwar nach wie vor geregelt sind, stehen im Zeichen der Liberalisierung, sie erreichen mehr und mehr weltweite Dimension – Trend zur Globalisierung –; der Wettbewerb verschärft sich, mitunter auch unter ehemaligen Geschäftspartnern; die Flexibilität wird zum Hauptanliegen, und Patentrezepte bleiben ohne Wirkung. Die Unternehmenskultur – dieses eher vage, aber im Unternehmen verankerte Konzept, das die Werte der Vergangenheit, Gegenwart und Zukunft implizit und explizit umschließt – kann nicht nur Anpassungsprozesse erleichtern, sondern auch die Durchsetzung von Strategien und die Entwicklung von Strukturen hemmen. Die Beziehungen zwischen Strategie, Kultur und Struktur sind für ein soziales System lebenswichtig, und wer über Strukturentwicklung nachdenkt, muß auch die beiden anderen Lenkungsparameter in seine Überlegungen einbeziehen.

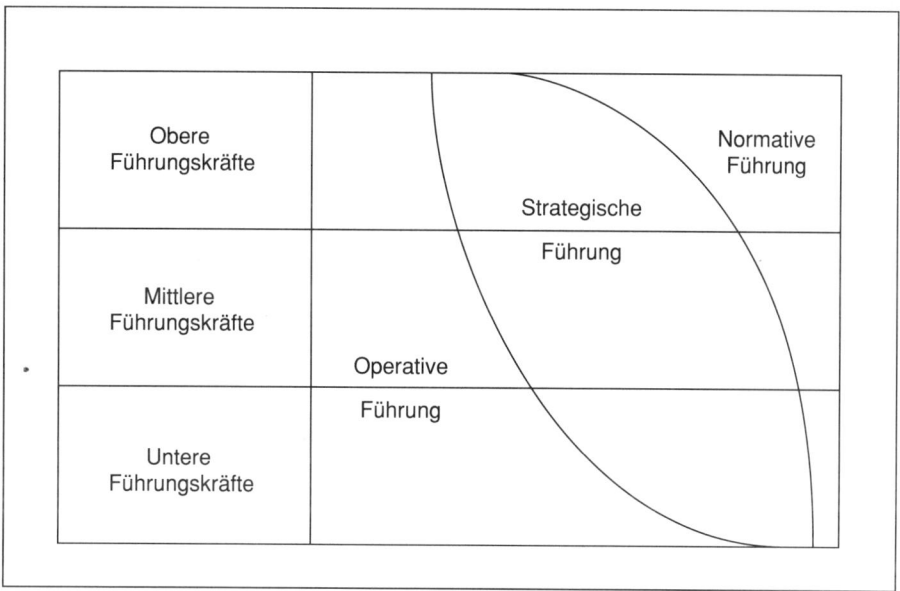

Verteilung operativer, strategischer und normativer Führungsaufgaben

Der Organisator erkennt, daß er eine besondere Sichtweise einnehmen und entwikkeln muß, um komplexe und ganzheitliche Problemstellungen lösen zu können. Es genügt nicht, Fragen routinemäßig anzugehen und sich lediglich um die Erhaltung der bereits erreichten Stabilität zu bemühen. Der Gestaltungswille – oder zumindest die Bereitschaft zu einer gestaltungsaktiven Einstellung – sollte in einem sozialen System, das sich den Herausforderungen der Zukunft stellt, in allen Bereichen, im gesamten Unternehmen redundant gegeben sein. Es dürfte sich lohnen, über die Stichhaltigkeit dieser Behauptung später nachzudenken!

Im Zusammenhang mit Alter und Größe des Unternehmens, mit seiner wirtschaftlichen und umweltbedingten Situation erhält der Begriff des „Design", das heißt der Modellierung systembildender Elemente, herausragende Bedeutung. Welche Rahmenbedingungen für Aktivitäten, Personen, Beschaffung und Verwendung von Sachmitteln und Informationen gewährleisten eine optimale Funktionsweise des Unternehmens? Wie läßt sich eine räumliche und zeitliche Anordnung von Strukturen und Prozessen verwirklichen, die den formalen und informellen Aspekten aller in einem System anzutreffenden Beziehungen und Bedürfnissen Rechnung trägt? Wie sollen die Aufgaben verteilt und funktionale Interaktionen zwischen den Posten geschaffen werden, die mit unterschiedlichen Verantwortlichkeiten, Kompetenzen, Rechten und Pflichten ausgestattet sind? Wie kann dies in einer Weise geschehen, die Einzelpersonen, Gruppen und Einheiten in eine für die Zielerreichung eines Systems oder ganz allgemein eines sozialen Gebildes notwendige Gesamtordnung eingliedert? Wie sollen Unternehmenskultur, Selbstorganisationsphänomene und unvorhergesehene Entwicklungen Berücksichtigung finden, wenn Organigramme, Stellenbeschreibungen, Funktionendiagramme, Arbeitsablaufdiagramme oder Organisationshandbücher – Instrumente der formalen Regelung – alle Abläufe festschreiben? Diese obengenannten Aspekte, die sich rational oder formal nicht ohne weiteres einordnen lassen, sind jedoch lebenswichtig für ein Unternehmen. Mit ihnen drückt sich ein Sinngehalt aus, den man bei der Unternehmensbetrachtung nicht einfach übergehen oder ausklammern kann, um sich nicht mit ihm auseinandersetzen zu müssen.

Natürlich müssen die Aktivitäten von Einzelpersonen in bezug auf die Stelle und die Aufgaben von Personengruppen innerhalb der Sparten bzw. Abteilungen – jener „Organe" die sich von Subsystem zu Subsystem weiter gliedern – festgelegt und sowohl Einzelpersonen als auch Organen bestimmte Funktionen zugewiesen werden. Mit Blick auf die Herausforderungen der Zukunft müssen wir uns jedoch heute in stärkerem Maße informellen Aspekten der Organisation zuwenden, Wertesysteme, Denkmodelle oder individuelle Erwartungen beachten und können unser Organisationsverständnis nicht länger auf den bloßen Einsatz der altbekannten, rational erfaßbaren Instrumente beschränken.

III. Die Organisation als Ganzes

Die Organisation eines vom Menschen zweckorientiert geschaffenen und auf Zielerreichung angelegten sozialen Systems schafft eine gewisse Ordnung, die als Ganzes in ihrer Gesamtheit erfaßt wird. Wer nun die Organisation eines solchen Gebildes verstehen will, darf sich nicht auf eine Analyse der systembildenden Strukturen und Prozesse beschränken. *Die Ordnung als ganzheitliches Ergebnis der Gestaltungshandlung und Prozesse besteht vielmehr in einer synthetischen Sichtweise des in seiner Umwelt wirkenden Systems.* Organisation in einem sozialen System ist demnach ein Ganzes, das sich zusammensetzt aus den vorhandenen Instrumenten, die die logische Abfolge von Handlungen bestimmen, und den vorhandenen Beziehungen, die auf die Erfüllung einer Aufgabe gerichtet sind. Die Gestaltungshandlung des Menschen ist demnach nur ein Teil der Prozesse, die ein Ordnungsgefüge schaffen, erhalten und entwickeln. In nicht geringerem Maße sind aber auch alle Interaktionsbeziehungen zwischen den systembildenden Elementen Teil dieser ordnenden Prozesse.

Die Kohärenz der Organisation eines Systems mit zielgerichteter Funktionsweise beruht auf der *Kongruenz* von instrumentalen Elementen – Struktur, Prozesse – und Beziehungselementen. So kann ein Beobachter in der Außenbetrachtung feststellen, daß sich das System in der Beziehung zu seiner Umwelt selbst organisiert. Durch Eingriffe, die aufgrund einer Gestaltungshandlung, etwa durch einen externen Unternehmensberater – der möglicherweise die Organisation des Systems nicht als ein Ganzes begreift – vorgenommen werden, kommt es unter Umständen zu Reaktionen und Abwehrmechanismen von seiten der verschiedenen Systemteile, Interaktions- und Beziehungseinheiten. In diesem Fall führt eine exogene oder endogene Veränderung dazu, daß das System von sich aus in eine Organisationsveränderung eintritt. Als Folge daraus ändert sich auch die von außen erkennbare Ordnung. Diese neue Ordnung kann sich hemmend auswirken und die Effizienz oder Effektivität der Organisation beeinträchtigen.

Die Organisation kann unter Verwendung der gleichen Strukturen oder, allgemein gesprochen, der gleichen organisatorischen Hilfsmittel unterschiedliche Ordnungen bilden, so wie auch durchaus die Möglichkeit besteht, daß dieselbe Ordnung bei Verwendung unterschiedlicher Hilfsmittel entsteht. In einem funktionierenden sozialen System ändert sich das für dieses System bezeichnende Element der Interaktion und Beziehung beständig, und die sich im Verlauf ihrer Entwicklung verändernde Organisation kann jede beliebige Richtung verfolgen. Von Menschen gestaltete soziale Systeme können jedoch versuchen, organisatorische Wege zu beschreiten und Maßnahmen zu ergreifen, die sie möglichst nah an die Erfüllung ihrer Zweck- und Zielsetzung heranführen. Sie können sich für Gestaltungsmethoden und Rahmenbedingungen der Evolution entscheiden, die ihnen eine gewisse Autonomie sichern und die Chance einer optimalen Zielerreichungseffizienz bieten. Man kann in diesem Zusammenhang von der *Anpassungsfähigkeit* der Organisationsstruktur sprechen. Eingriffe dieser Art sind als solche kein Hinweis auf die Ordnung eines sozialen Systems – eine neue Struktur entwerfen und durchsetzen ist nur ein Teil dessen, was man mit den Begriffen organisieren und Organisation bezeichnet –, und sie sind auch keine Garantie für eine erfolgreiche Umsetzung der Gestaltungsabsicht. Die Integration von Interventionen in Beziehungsprozesse kann bei den betroffenen Systemteilen, der Organisation oder dem System als Ganzheit unerwartete Veränderungen generieren.

Man kann Organisation in ihrer Bedeutung nicht auf eine monokausale, lineare Kette von Gestaltungsakten reduzieren. Löst man einen bestimmten Aspekt heraus, um den Gestaltungsakt zu rechtfertigen, nimmt man der Ordnung etwas von ihrer Bedeutung und von ihrem Wesensmerkmal der Unvorhersehbarkeit. Die Organisation ist ein Ganzes, sie wird von Instrumenten und Beziehungen gebildet, deren Wirkungsweise zu einer bestimmten Ordnung führt, einer Ordnung, die sich im Verlauf von Störungen und im Laufe der Zeit verändert. Wir wollen hier von Organisation *als einer Ganzheit* sprechen *und definieren sie als Ausdruck einer zweck- und zielgerichteten, auf Dauer angelegten Ordnung.* Unser Organisationsbegriff schließt *sowohl die Gestaltungshandlung als auch das Gestaltungsergebnis* ein und wird somit rekursiv verwendet. Organisation als Prozeß und Ergebnis stellt zugleich die Frage nach dem *Warum* und dem *Wie* von Organisation.

Organisation nach unserem Verständnis ist nicht gleichzusetzen mit dem Organ, das in sozialen Institutionen in der Form einer Organisationsabteilung anzutreffen ist. Organisation betrifft alle Organe, Einheiten oder Subsysteme, die ein soziales System bilden. Organisation als ein Ganzes gibt auch eine Antwort auf wirtschaftliche, strukturelle und führungsbedingte Notwendigkeiten, die in gleichem Maße für alle Subsysteme gelten, die man z. B. in einem Unternehmen antreffen kann.

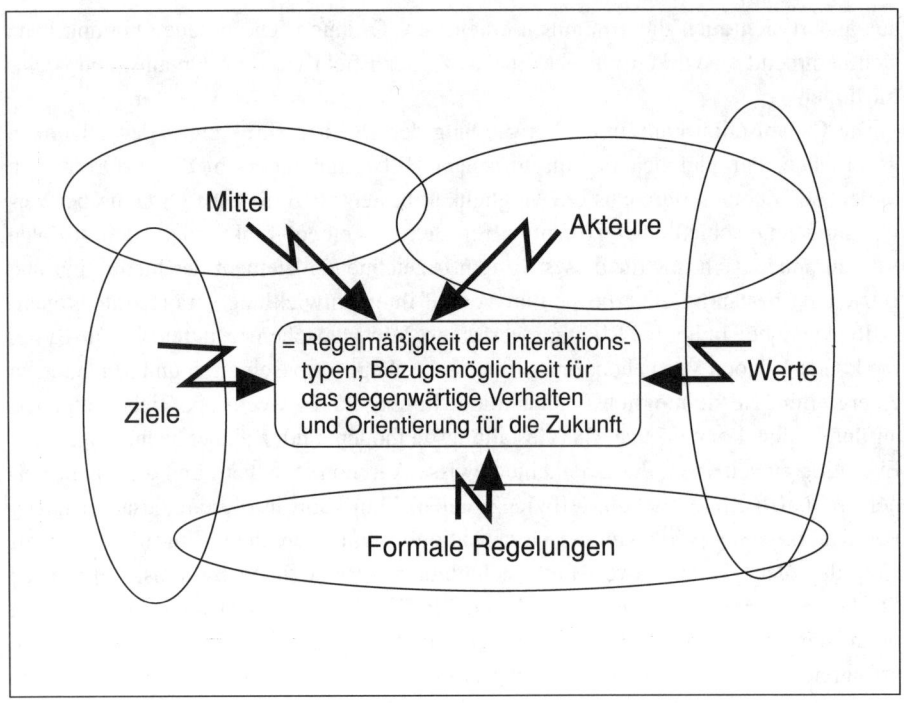

Merkmale der Organisation

Die Effektivität einer Organisation wird letztlich gemessen an der *Produktivität* – ökonomischer Aspekt –, der *Bedürfnisbefriedigung* der Mitarbeiter – sozialer Aspekt – sowie den Erwartungen der Kunden – konsumorientierter Aspekt – und den Leistungen – Aspekt der Anpassungsfähigkeit von Produkten, Strukturen, Prozessen, Personen und des Führungssystems in Hinblick auf die Umweltdynamik. Ein Unternehmen kann somit der Zielgerichtetheit seiner Funktionsweise nicht ausweichen, und die vielfältigen Aspekte der Funktionsweise begründen die Notwendigkeit von Selbstorganisation, Organisation, Desorganisation und Reorganisation eines Leistungsrahmens. In diesem Sinne *ist Organisation eine Managementfunktion*, wenn nämlich Management als die Gestaltung und Lenkung der Gesamtheit eines sozialen Systems und als die Bearbeitung aller in einem sozialen Gebilde auftretenden Probleme verstanden wird.

IV. Management aus ganzheitlicher Sicht

Ein soziales System entsteht, existiert und entwickelt sich in den Funktionen seiner Systemmitglieder. Damit unterscheidet es sich von technischen Systemen, deren Handlungslogik entweder einfach oder kompliziert, nicht aber komplex sein kann. Die Funktionen einer Maschine zum Beispiel werden nach bestimmten Normen oder feststehenden Leistungszielen geregelt, und die Handlungsabläufe gestalten die Umwandlung von Ressourcen in vorhersehbare Leistungsergebnisse. Greift ein Organisator ein, so handelt er als Problemlöser, der die Probleme durch die Rückführung auf eine Ursache-Wirkungs-Kette weitgehend identifiziert. Dabei wird die Kluft zwischen den Ausführenden des „Hier und Jetzt" und den „Gestaltenden", die die Zukunft antizipieren und reflektieren, durch technische Systeme noch vergrößert. Wir verwenden den Begriff *kompliziert* im Sinne von „schwer zu verstehen", wie etwa ein Physikbuch, das die Quantenmechanik behandelt, schwer zu verstehen ist; Teile und Inhalt – Kapitel, Seiten und Abschnitte –, die das Buch, als System verstanden, bilden, sind „statisch", und man wird keine durch dynamische Interaktion dieser verschiedenen Teile des Ganzen (des Werks) hervorgerufene interne Entwicklung feststellen können. Nach der abendlichen Lektüre wird man dieses System „Buch" am nächsten Morgen ganz sicherlich unverändert vorfinden. Setzt man seine Lektüre dort fort, wo man sie am Vorabend unterbrochen hat, werden sich Seiten und Abschnitte, wie man feststellen wird, in genau demselben Zustand befinden; das Buch ist nach wie vor schwer zu verstehen, es ist aber keineswegs komplex. Man kann *verstehen*, was dort Zeile für Zeile geschrieben steht, indem man sich mit einem Lexikon versieht, parallel ein entsprechendes Studium absolviert oder die Geduld aufbringt, in jahrelanger Arbeit die Inhalte autodidaktisch zu erschließen.

Völlig anders verhält es sich mit sozialen Systemen, wo das Verhalten der Menschen, die Anzahl und Dynamik der Beziehungsverhältnisse und somit das gesamte in seine Umwelt eingebettete System die Richtung beeinflußt, in der sich das Systemganze entwickelt. Während der Mensch in Konfrontation mit einem technischen System versucht, Probleme aufzulösen und zu zerlegen, um sie durch das Verständnis der Teile besser bewältigen zu können, fordert die Lösung der für soziale Systeme charakteristischen komplexen Probleme „Vernetzungen", die allzu partielle Bezugsrahmen und Sichtweisen durch Verbindungen erweitern. Bei einem komplexen Problem ist es nicht möglich, die Realität der Situation außerhalb des umfassenden Interaktions- und Beziehungsgefüges zu definieren, das die Funktion des Problemteils in einem größeren Ganzen festlegt. Die *Komplexität* richtet sich nach den möglichen Zuständen, die ein System durch die Interaktion seiner Teile untereinander und des Ganzen mit seiner Umwelt annehmen kann. Komplexität bemißt sich nach der Varietät der Verhaltensmöglichkeiten, über die ein bestimmtes System verfügt und die es gestalten kann. Ein soziales System, das in seiner Umwelt eine Aufgabe übernimmt, bearbeitet Probleme, die das Systemganze betreffen, und gibt sich nicht unbedingt mit isolierten Teillösungen zufrieden. Diese Betrachtungsweise wirft Fragen in Hinblick auf die herkömmliche Auffassung von Unternehmensführung auf, die vielfach unter das dreifache Motto „Vorausschauen, Lenken, Kontrollieren" oder „Planen, Koordinieren, Kontrollieren" gestellt wurde. In der Tat muß ein soziales System in einer globalen Umwelt, in der die Beziehungsdynamik politische, rechtliche, ökonomische, soziale, ökologische und technologische Dimensionen umspannt und Problemlösungsansätze immer komplexer gestaltet, neue Fähigkeiten entwickeln, um sich schnell und unter möglichst geringem Improvisationszwang der veränderten Umwelt anpassen zu können.

Was bedeutet Management aus ganzheitlicher Sicht? Wie soll ein soziales System, ein dynamisches Ganzes modelliert, konzipiert, gelenkt und entwickelt werden, um dem Anspruch der Ganzheitlichkeit zu genügen? Der Begriff *Management* ist in diesem Fall als ein *Lenken ziel- und zweckgerichteter sozialer Systeme* zu verstehen, die eine doppelte Rolle annehmen: Sie sind Träger von Projekten innerhalb eines evoluierenden Supersystems – eine Luftfahrtgesellschaft zum Beispiel verbessert die Verkehrsverbindung zwischen geografisch weit auseinanderliegenden Flugzielen –, und sie bilden bestimmte systemeigene und unverwechselbare Merkmale heraus.

Diese Merkmale sind Elemente eines umfassenden ganzheitlichen Ansatzes und bilden das Managementkonzept, das wir unserem Verständnis für die Lebensfähigkeit, Evolution und Entwicklung eines sozialen Systems zugrunde legen. Sie sind:

- *das Ganze und die Teile*
- *das Netzwerk*
- *das System und seine Umwelt*
- *die Komplexität*
- *die Ordnung*
- *die Lenkung*
- *die Entwicklung*

Diese Elemente werden ausführlich in dem Werk „Anleitung zum ganzheitlichen Denken und Handeln" (Probst/Ulrich, 1989) behandelt, und wir wollen hier nur einige Punkte aufnehmen, die an anderer Stelle noch vertieft werden. Nehmen wir das Beispiel eines Unternehmens: Es besteht aus einem *Ganzen* und den miteinander verknüpften *Teilen*. Letztere – Abteilungen, Gruppen oder Einzelpersonen – verfolgen zwar eigene Ziele, sind aber als Gesamtheit Träger einer gemeinsamen Aufgabe. Bei der Darstellung des Organisationsbegriffs haben wir gesehen, daß innerhalb eines sozialen Systems von sich aus ein Interaktionsnetz entsteht, das sowohl durch die formalen und informellen Beziehungen als auch durch die zwischen diesen und unter den Personen bestehenden Funktionen repräsentiert wird. Bei intern autonomer Veränderung ist das Unternehmen zugleich in ein ökonomisches, soziales, rechtliches und technologisches Beziehungsgeflecht eingebettet, das als Ganzes seine *Umwelt* bildet. Die Umwelt gestaltet aber auch die Unternehmensevolution, und diese wiederum trägt durch ihre Werte zu Veränderungen in der Umwelt bei. Die Interaktionen des Ganzen in seinen Teilen, der Teile des Unternehmens untereinander und der Umwelt mit dem Unternehmen schaffen innerhalb des sozialen Systems eine gewisse Ordnung und dynamische Beziehungskonfigurationen. *Komplexität* charakterisiert die Interaktionen und die Beziehungsdynamik, die das Unternehmen beeinflussen. *Ordnung* eines sozialen Systems ist ein folgerichtiges Merkmal von Organisation im weitesten Sinne, sie nimmt verschiedene Formen an und verändert sich im Laufe der Zeit. *Lenkung* als Fähigkeit ist die Eigenschaft eines Systems, sich zielgerichtet zu steuern und unter Kontrolle zu halten. Lenkung kann demnach auch solchen Faktoren Rechnung tragen, die dem festgesetzen Ziel entgegenwirken und wie bei den Mechanismen der Selbstkontrolle eines sozialen Systems regulierend oder verstärkend wirken. *Entwicklung* ist das Element, das dem Ganzen und seinen Aktivitäten Perspektiven einer qualitativen Verbesserung eröffnet, indem sie zukünftige Veränderungen in einen Kontext integriert, der die Entfaltung von Kenntnissen und Fähigkeiten des in einer stets sich ändernden Umwelt wirkenden Menschen begünstigt. Entwicklung setzt Lernprozesse voraus, die die gesamte soziale Institution betreffen; mit ihr erhalten die Systemmitglieder und das Kollektiv die Möglichkeit, die Zweckmäßigkeit von Interventionen, Verhaltensregeln, Denk- und Handlungsstrukturen zu hinterfragen.

Die Wahrnehmung dieser sieben Elemente ermöglicht dem ganzheitlichen Management, die Komplexität eines sozialen Systems in seiner Dynamik zu bearbeiten, ohne die Evolution und die Entwicklung dieses Systems in einer ihrerseits dynamischen Umwelt aus den Augen zu verlieren.

Das Unternehmen als soziales System verfügt über eine ganze Reihe von Verhaltensmöglichkeiten, mit denen es seine Wahrnehmung und Bewältigung von Komplexität beeinflussen kann. Um ein System unter Kontrolle zu halten und auf bestmögliche Weise bestimmte gewünschte Zustände zu erreichen, kann die Wahrnehmung der Komplexität des Unternehmens und seiner Umwelt Maßnahmen begünstigen, die diese Komplexität einschränken oder erweitern. Bisher setzte der Managementbegriff fast ausschließlich bei reduktionistischen Maßnahmen an. Ein Unternehmen jedoch, das sich durch Flexibilität und Langfristdenken auszeichnen will, muß die *Variationsmöglichkeiten zwischen einer Erweiterung und Verringerung von Komplexität* je nach Zustand des Unternehmens und seiner Umwelt ausschöpfen. Die Varietät eines offenen Systems erhöhen bedeutet – wenn wir einmal das Beispiel einer Gefängnisverwaltung nehmen –, die Zahl der Vorschriften und Verpflichtungen zu verringern, damit nachgewiesenermaßen gewalttätige Häftlinge wählen dürfen, in welchem der eingerichteten Arbeitszentren sie ihre Tagesarbeit verrichten wollen, wobei die Arbeitszentren eine doppelte Funktion erfüllen: Hier sollen Leistungen für die Gesellschaft außerhalb der Gefängnismauern erstellt und die Energie der Gefangenen kanalisiert werden. Die Gefangenen müssen sich allerdings an bestimmte Auflagen halten, die sich auf ihren biophysiologischen Tagesablauf beziehen: Einhaltung der Essenszeiten zum Beispiel und der Rundgang im Gefängnishof. Man kann auch unter Berücksichtigung eines genauen Zeitplans eine Aufsichtsperson benennen – jeder Häftling kann Aufsichtsperson sein –, die dafür sorgt, daß alles seine Ordnung hat, ohne daß man die Zahl der Gefängniswärter erhöhen muß. Der Gefängnisdirektor kontrolliert die potentielle Varietät des Systems, indem er an wenigen strategischen Punkten Videokameras anbringen läßt, die von einem bestimmten Kontrollraum aus nur von einem Aufsichtsbeamten bedient werden können, vor allem aber sorgt er für eine Stärkung des Selbstverantwortungsgefühls der Häftlinge innerhalb der Gefängnismauern. Gesetzt den Fall, es kommt in diesem System wegen auftretender Konflikte unter den Häftlingen zu einer Unruhe oder latenten Revolte. Die Gefängnisverwaltung beschließt, ihre wahrgenommene Systemkomplexität durch neue Vorschriften zu verringern: Es werden Sicherheitszonen eingerichtet – sie verhindern, daß Häftlinge in größerer Zahl zusammenkommen; die Zahl der angebrachten Videokameras wird erhöht, und man spricht die

Drohung aus, Unruhestiftern die Besuchszeiten zu streichen; die Funktion des aufsichtsführenden Häftlings wird abgeschafft und die Zahl der Aufsichtsbeamten erhöht; sozusagen als Krönung des Ganzen geht man dazu über, sämtliche Entscheidungen in die Hand des Gefängnisdirektors zu legen. Man kann also ein potentiell komplexes System durch erhöhte Kontrollvarietät (Mehrfachkontrolle) „beherrschen", und zwar in einem Ausmaß, daß deren Redundanz (aufsichtsführende Häftlinge und Videokameras) der Varietät des kontrollierten Systems (man kann nicht immer jedem Häftling einen Aufsichtsbeamten zur Seite stellen) entspricht. Man kann aber auch, wenn das System zu komplex ist, um unter Kontrolle gehalten werden zu können, diese Komplexität auf klassische Weise verringern, indem man Möglichkeiten der Bewegung und des Verhaltens durch mehr Vorschriften und Pflichten einschränkt und gleichzeitig Kompetenzen und Befugnisse zentralisiert.

DIE SPANNUNGSFELDER DER ORGANISATION		
• Zentralisierung	<----------------------------->	• Dezentralisierung
• Differenzierung	<----------------------------->	• Integration
• Standardisierung	<----------------------------->	• Flexibilisierung
• Spezialisten	<----------------------------->	• Generalisten
• Kontrolle	<----------------------------->	• Autonomie
• Anpassung	<----------------------------->	• Beeinflussen
• Stabilität	<----------------------------->	• Evolution
• Identität	<----------------------------->	• Innovation

Oft ist es also die *Handlung, die aus einer Entscheidung folgt*, die die Verhaltensmöglichkeiten auf eine minimale Palette einschränkt. Allerdings kann die Entscheidung auf einer Problemlösungsmethode beruhen, die die Verhaltensvarietät, die ein soziales System innerhalb eines gegebenen Rahmens annehmen kann, generiert.

Strategische Entscheidungen, die den Evolutionsrahmen langfristig beeinflussen, werden in diesem Fall auf Abstraktionsebenen entwickelt, die eine synthetische Sicht des Verhaltensrepertoriums eines sozialen Systems ermöglichen. Der kurzfristige Evolutionsrahmen kann durch Entwürfe möglicher Interaktionen zwischen einem sozialen System und seiner Umwelt erweitert werden, und konkrete Anforderungen der Umwelt können einem sozialen System durch erkennbare Chancen und Bedrohungen verschiedene Richtungen weisen, ein Punkt, an dem das ganzheitliche Management ansetzt, so wie es auch die Stärken und Schwächen des Systems analysieren wird, um dessen Funktionsweise zu verbessern. In einer ganzheitlichen Sicht bedeutet Unternehmensführung die Schaffung eines zielgerichteten Bezugsrahmens, das Vorhandensein von Entscheidungs- und Lenkungsprozessen, die auf die Interaktionen aller Teile wirken. Das ganzheitliche Management unterstützt vor allem die Fähigkeiten, die der Gestaltung und Verbesserung des Systems, seines Verhaltenspotentials und seiner Leistungen dienen, und schafft dadurch die Voraussetzung für eine Entwicklung in Richtung auf das Client System, das sich aus den Mitarbeitern, den „Abnehmern" von Leistungen, den „Stakeholders", zusammensetzt. Eine soziale Institution unterhält interaktive Austauschbeziehungen zu seiner Umwelt. Dieser Rahmen, wirtschaftlicher, politischer oder moralischer Natur, in dem sie sich entwickelt, prägt die Beziehungen und möglichen Interaktionen. Die Lenkung einer sozialen Institution, die im Sinne des ganzheitlichen Managements als ein System der Problembearbeitung verstanden wird, impliziert die Einbeziehung einer normativen Dimension, die neben strategischen und operativen Dimensionen gegeben sein muß.

Die *normative Führung* bemüht sich um die Gestaltung und Modellierung eines Konzepts, das die Ordnung und die Verhaltensmuster eines der Umwelt gegenüber offenen sozialen Systems erkennbar macht. Mit dieser neuen Dimension werden übergeordnete Werte festgelegt, und es entsteht eine „Ethik des Unternehmens", die die grundlegenden Entscheidungen und konkreten Handlungen des sozialen Systems leitet. Die Entstehung und Verbreitung dieser Werte sind höchst selten dem „erleuchteten" Geist eines einzelnen zu verdanken. Sie sind vielmehr das Ergebnis eines Konsenses, der aus den Interaktionen zwischen der Umwelt und dem sozialen System hervorgeht und auf einer Pluralität von Werten beruht, mit denen sich die Mitglieder eines sozialen Systems identifizieren. Der Unternehmenskonsens entsteht als solcher nicht durch ein Dogma oder durch Grundregeln und strikte Vorschriften. Er resultiert aus *unternehmensinternen Prozessen, die Sinn schaffend und Sinn machend* das Verhalten einer Gemeinschaft, bestehend aus Einzelpersonen, bestimmen.

Diese Prozesse legen die Funktion des Unternehmens in einer Gesellschaft fest, und die Gesellschaft wiederum ist gekennzeichnet durch die Schwierigkeit, einheitliche, auf dem Konsens aller Menschen dieser Erde beruhende Normen zu schaffen. In dem begrenzten Rahmen eines sozialen Systems ist der Konsens möglich, selbst wenn er aus Konflikten hervorgeht. Denn die normative Dimension der Unternehmensführung wird nicht vom geschäftsführenden Direktor hervorgebracht, der sich am Wochenende eine Unternehmensmoral für sämtliche Mitarbeiter ausdenkt. Es geht hier vielmehr um einen Prozeß der Suche nach Sinnhaftigkeit, nach einer Möglichkeit, sie zu modellieren, um Entscheidungen und Handlungen in Einklang zu bringen, das Verhalten der Mitglieder im Sinne einer unverwechselbaren und identifizierbaren Einheit zu bestimmen und der Wertepluralität zu genügen, die sich in einem Unternehmen ausdrückt.

Mit dieser normativen Dimension wird es möglich, die unterschiedliche Handlungslogik des Unternehmens, die Handlungen selbst, die Zielsetzungen und somit die Existenz eines Unternehmens in der Gesellschaft zu hinterfragen. Wir befinden uns damit auf einer Abstraktionsebene, die sich anders darstellt als die Fragen nach der Strategie und Aufgabenerfüllung, die sich auf den Überlebenswillen des Unternehmens in seiner Umwelt beziehen. Die normative Dimension lenkt und entwickelt in den Verhaltensweisen Grundsatzentscheidungen und Sinnhaftigkeit. Sie hinterfragt die Zweckmäßigkeit von Beziehungen zwischen einem Unternehmen und der Gesellschaft und ermöglicht einen die Handlungen leitenden Wertekonsens. Ihrem Wesen nach gestaltet sie den jeweiligen Verhaltenskontext, der nicht nur auf Überleben, sondern auf die Lebensfähigkeit und die Entwicklungsfähigkeit des Unternehmens oder eines sozialen Systems im weitesten Sinne abzielt. Kurz gefaßt:

```
                        Die Organisation betrifft:

                                  Mittel

            Menschen                              Kommunikation
                            Ziele
    Aufgaben                                                Umwelt
                        Beziehungen
                                              Strategien
        Kompetenzen
                                Werte
            Befugnisse                          Strukturen
                        Normen
```

Elemente der Organisation

V.   Fazit

Dieses letzte Kapitel geht weit über den Rahmen rein formalstruktureller Überlegungen der Organisationsgestaltung hinaus. Es stellt die verschiedenen Arten des Organisationsverständnisses dar, geht aber auch auf die verschiedenen Komponenten ein, die auf die Gestaltungshandlung Einfluß nehmen können. Zweifellos braucht jedes Unternehmen einen Rahmen, in den sich seine Aktivitäten einordnen lassen. Aus diesem Grund sind wir im ersten Teil ausführlich auf die formalen Aspekte der Organisation eingegangen. Werden jedoch diese grundlegenden Gestaltungsvoraussetzungen beherrscht, so muß sich das Unternehmen auch entwickeln und verändern können, um der Änderungsdynamik der Umwelt oder internen Veränderungen der Unternehmensziele Rechnung tragen zu können. Als Beispiel hierfür wurde im ersten Kapitel die Entwicklung der Firma *Logimed* beschrieben, die gezeigt hat, daß unter anderem die Anpassung an den Markt und der Wille zum Wachstum die Strukturgestaltung des Unternehmens fortlaufend beeinflußt haben. Die Gestaltungshandlung wird hier zu einem ständigen Prozeß der *Reorganisation*. Um dieser gewachsen zu sein, muß jeder Manager über ausreichende Kenntnisse der wichtigsten Instrumente der Struktur- und Prozeßgestaltung verfügen, so wie sie in dem vorliegenden Teil beschrieben wurden. Mindestens ebenso wichtig ist jedoch das Verständnis ganzheitlicher Organisationsprozesse, die uns mit sehr unterschiedlichen Anforderungen an das Unternehmen konfrontieren. Die Teile zwei und drei dieses Werkes sind eine Weiterführung unserer Überlegungen in diesem Sinne. Der nun folgende Teil *„Führen des organisatorischen Wan-*

176

dels,, wird sich in erster Linie mit den Erscheinungen der internen Veränderung eines Unternehmens und dem Lenken der Organisationsfähigkeit befassen. Wir werden feststellen, wie sich die im ersten Teil erworbenen Kenntnisse umsetzen und in einen größeren Sinnzusammenhang des Unternehmensverständnisses einbringen lassen, um Reorganisation erfassen und gestalten zu können. Dies führt uns zu den wichtigsten Fragen, denen sich der Manager von heute angesichts der fortlaufenden und tiefgreifenden Veränderungen unseres sozioökonomischen Umfelds stellen muß, wenn er sich um die Lebensfähigkeit und Entwicklung seines Unternehmens oder einer organisatorischen Einheit bemüht.

Zweiter Teil: Führen des organisatorischen Wandels

5. Kapitel

Gründe für den organisatorischen Wandel

Wenn der Kundendienst eines mittelständischen Unternehmens oder die Führungsspitze eines multinationalen Konzerns eine Reorganisation der Strukturen und Prozesse für nötig hält, bedeutet dies, daß offensichtlich ein Problem wahrgenommen worden ist, das eine solche Maßnahme unumgänglich macht. Dieser organisatorische Wandel läuft immer mehr oder weniger nach demselben Schema ab, nicht weil alle Unternehmen dabei auf die gleiche Art und Weise vorgehen, sondern weil es zwangsläufig immer wieder um dieselben – wenn auch unterschiedlich deutlich zutage tretenden – Fragestellungen geht. Der zweite Teil dieses Werkes befaßt sich mit den wichtigsten Phasen des organisatorischen Wandels. Bevor wir jedoch näher darauf eingehen, möchten wir uns zunächst der Frage widmen, welches die Gründe für eine Reorganisation sein können und wann ein solcher Schritt ins Auge gefaßt werden sollte.

I.   Sinn und Zweck der Organisation

Die Frage nach dem Management eines organisatorischen Wandels stellt sich immer dann, wenn sich herausstellt, daß die existierenden Strukturen und Prozesse nicht mehr ihrem ursprünglich vorgesehenen Zweck und den ursprünglichen Zielen entsprechen. Zum besseren Verständnis der Schwachstellen, die in einem sozialen System auftreten können, sei zunächst einmal geklärt, wozu ein Unternehmen oder eine Gemeinschaft überhaupt eine Organisation braucht. Hier ist in erster Linie zu sagen, daß sowohl beim einzelnen als auch in der Gruppe das Bedürfnis nach gemeinsamen Werten und Regeln, kurz, nach einem kohärenten Bezugsrahmen besteht, nach dem man sich in seinem Handeln richten kann. Das soll nicht heißen, daß der Mensch unbedingt feste, von einer übergeordneten Instanz vorgeschriebene Regeln braucht. Der Bezugsrahmen kann vielmehr vom einzelnen oder auch von der Gemeinschaft selbst definiert werden. Wenn sechs Reisende in einem Zugabteil sitzen, legt keiner einen Verhaltenskodex fest, sondern jeder entscheidet selbst, wie er sich in der Gruppe verhält: Der eine verkriecht sich hinter seiner Zeitung, der andere fängt ein Gespräch mit einem der Mitreisenden an, der seinerseits versucht, ihm zu verstehen zu geben, ab welchem Punkt er dieses Eindringen in seine Privatsphäre als störend empfindet oder nicht. Nach ein paar Minuten weiß jeder, wer von den anderen nichts gegen eine Unterhaltung hat, ob er rauchen darf oder wie weit er die Beine ausstrecken kann, ohne daß sich die anderen belästigt fühlen. Die Gruppe hat sich stillschweigend einen Rahmen geschaffen, innerhalb dessen jeder sein Verhalten selbst festlegt und der von allen mehr oder minder bewußt eingehalten oder überschritten wird.

Nun haben aber Reisende selten ein gemeinsames Ziel, zumal sie nur vorübergehend eine Gemeinschaft bilden. In einer Familie, einem Unternehmen, Sportverein, Verband oder einer Partei gibt es nicht nur viel mehr, sondern auch weitaus komplexere Regeln, seien sie nun explizit festgelegt oder nicht. Sie entstehen nach und nach, je nach den Erfahrungen, die die Gemeinschaft im Laufe der Zeit gemacht hat. Sie ergänzen und bestätigen einander, bis schließlich ein Rahmen entsteht, der für Einheitlichkeit im Denken und Handeln sorgen soll. Mit zunehmender Ausprägung des Bezugsrahmens fällt es jedem Angehörigen der Gruppe leichter, sein Verhalten und Handeln einzuordnen und dabei nicht nur seinen eigenen Wünschen Rechnung zu tragen, sondern gleichzeitig auch Rücksicht auf die Gruppe als Ganzes zu nehmen. Jeder weiß im großen und ganzen, was er in welcher Situation zu tun hat und warum. So wissen zum Beispiel die Spieler einer Basketballmannschaft, daß das Training jeden Mittwoch um 20 Uhr stattfindet, daß es verboten ist, die Halle mit Straßenschuhen zu betreten und wer wen bei einem Auswärtsspiel mitnimmt. Auf dieser Grundlage kann jeder seine Abende entsprechend gestalten, selbst bestimmen, was er zum Training anzieht und wie er hinkommt. Je deutlicher die Richtung vom gemeinsamen Bezugsrahmen vorgegeben wird, desto sicherer wird der einzelne in seinen Entscheidungen. Jeder weiß, daß er nicht ohne Anhaltspunkte auf sich allein gestellt ist, sondern daß eine gemeinsame – explizite oder implizite – Norm existiert, die seinem Handeln einen Sinn gibt, so daß es sowohl ihm selbst als auch den anderen als richtig erscheint. Da sich dabei jeder nach den Werten und Überzeugungen richtet, kommt auch Vertrauen in die Folgen des eigenen Handelns hinzu.

Je größer das Gefühl der Sicherheit ist, desto eher ist das Ergebnis der Handlungen des einzelnen in der Gruppe schlüssig, das heißt, desto eher entspricht es seinen Erwartungen. Es geht hier nicht darum, einen Beweis für die Richtigkeit des Sprichworts „Wo ein Wille ist, ist auch ein Weg" zu liefern, sondern vielmehr darum aufzuzeigen, daß der feste Glaube an eine Sache deren Eintreten begünstigen kann. So lassen sich manchmal unerklärliche Dinge einzig und allein deshalb verwirklichen, weil irgend jemand sie als normal und unumgänglich hielt – Merton (1948), Rosenthal (1976) und Watzlawick (1988) sprechen in diesem Kontext von einer „self-fulfilling prophecy", einer sich selbst bewahrheitenden Voraussage. Ein bekanntes Beispiel hierfür ist das Experiment, das man an einem amerikanischen College in einer Klasse mit durchweg „normal begabten" Schülern durchgeführt hat. Zu Beginn des Schuljahres teilte man den Lehrern mit, in dieser Klasse sei eine Elite von Schülern, die die Abschlußprüfungen mühelos bestehen dürften. Die Lehrer stellten sich darauf ein und glaubten, ohne sich selbst zu vergewissern, an die angeblich herausragende Intelligenz ihrer Schüler. Dieser feste Glaube führte schließlich dazu, daß auch die Schüler davon überzeugt waren. Erstaunlicherweise hatten sie dann am Schuljahresende tatsächlich überdurchschnittlich gute Noten, und das trotz ihrer alles in allem kaum ausreichenden Prädisposition. Aber kommen wir auf das Unternehmen zurück. Dieses schafft sich einen Rahmen, der Interpretationsspielräume und Einflußmöglichkeiten absteckt. Er beeinflußt das Handeln jedes einzelnen Systemmitglieds und damit zugleich auch die erzielte Wirkung. Die Strukturen werden dem System angepaßt: In der Regel kennt jeder die augenblickliche Lage, die angestrebten Ziele und die Art und Weise, wie diese erreicht werden sollen. In einem Unternehmen, in dem sich die Mitarbeiter sicher fühlen, werden daher anstelle von Defensivstrategien, die der unternehmerischen Zielsetzung jedes wirtschaftlichen Betriebs zuwiderlaufen, eher Strukturen und Vorgehensweisen entwickelt, mit deren Hilfe sich diese Sicherheit nutzbringend in den Dienst der gemeinsamen Sache stellen läßt. Nehmen wir als Beispiel zwei Firmen, die gleitende Arbeitszeit eingeführt haben – die eine, Hewlett-Packard z.B. –, weil es auf der Linie der gelebten Personalpolitik lag, die andere, weil es dem „Zeitgeist" entsprach und man ja außerdem ab und zu „den Gewerkschaften ein wenig entgegenkommen muß". Im ersten Fall wurde die Entscheidung aus Überzeugung und Vertrauen heraus, im zweiten dagegen mit Mißtrauen getroffen. Bei Hewlett-Packard kann sich jeder seine Arbeitszeit selbst einteilen. Teams richten sich bei ihren Aktivitäten nach ihrem Arbeitsrhythmus. Diese Praxis wirkt produktivitätssteigernd. Die andere Firma wird dagegen erst einmal in die hochentwickelte Technologie elektronischer Stempeluhren investieren und dann extra eine neue Stelle einrichten, die die Stempelzeiten überprüft, was von der Belegschaft als eine Art Betriebspolizei aufgefaßt werden wird, und zwar um so mehr, je größer das Mißtrauen unter den Mitarbeitern ist. In diesem Fall müßte eine Vorschrift erlassen werden, die die Toleranzgrenze festlegt. Ein Verstoß gegen die betriebsinterne Vorschrift kann dann aber sehr leicht zu einer regelrechten Verletzung des Arbeitsvertrags werden, so daß sich die gleitende Arbeitszeit letzten Endes als viel starrer erweist als die festen Arbeitszeiten, denn früher war es immerhin noch möglich, sich irgendwie mit seinem Vorgesetzten zu arrangieren.

Je fester das Vertrauen in die Richtigkeit der angestrebten Entwicklung ist, desto eher stellt sich die gewünschte Wirkung ein, was wiederum zu einer Bestätigung und Weiterentwicklung der neuen Organisation führt, die sich ja augenscheinlich bewährt hat. Der Erfolg rechtfertigt im nachhinein alles, was bisher an Strukturen geschaffen wurde, insbesondere den gemeinsamen Bezugsrahmen. Dieser entwickelt sich kontinuierlich weiter und dient dazu, die Legitimität des Bezugsrahmens bei allen Entscheidungen im Unternehmen oder im Team zu erhöhen und zu bestätigen. Je mehr der Organisationsprozeß so verstärkt wird, das heißt je mehr die Organisationsmitglieder zu seinem Fortbestand beitragen und je weniger sie ihn in Frage stellen, desto kohärenter und verläßlicher wird der Bezugsrahmen, und desto größer wird das daraus resultierende Gefühl der Zusammengehörigkeit.

Diese Wirkungskette (kohärenter Bezugsrahmen – zielgerichtetes Handeln – Vertrauen in das eigene Handeln – gewünschte Wirkung – Weiterentwicklung des

Organisationsprozesses) ist in gewisser Weise der Motor des organisatorischen Gestaltens. Das erklärt, warum immer dann, wenn mehrere Personen zusammen sind, sofort ein Rahmen festgelegt wird, der das Handeln und Verhalten innerhalb der Gruppe bestimmt. Das gleiche gilt für das Unternehmen. Dieser Kreis ist geschlossen und läuft stetig ab, denn jedes Element verstärkt das nachfolgende.

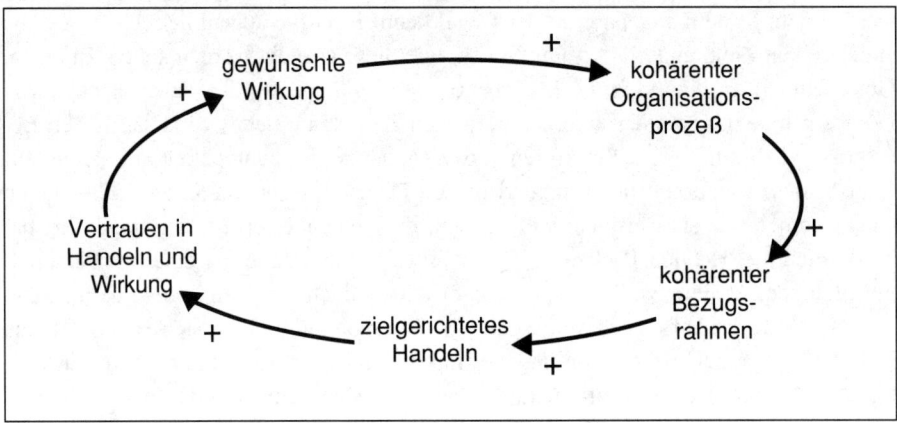

Motor des organisatorischen Gestaltens

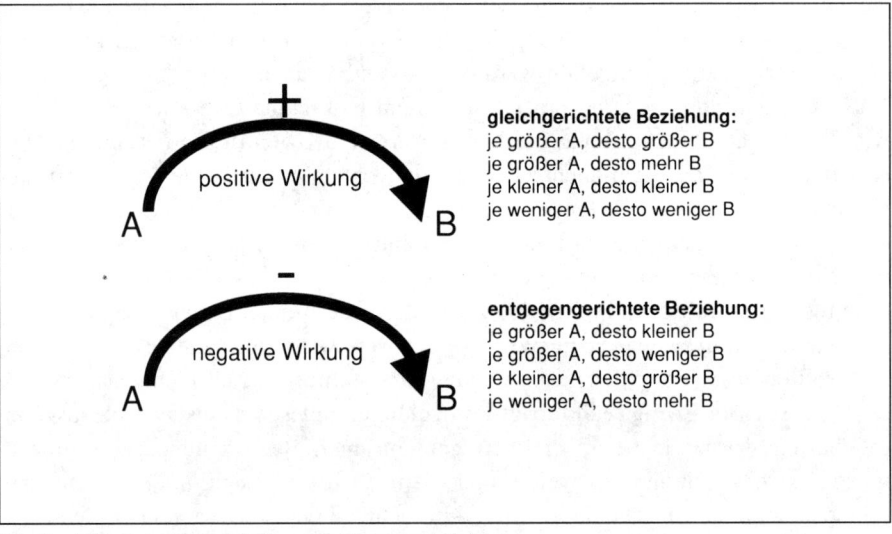

Die Beziehungsarten: gleich- und entgegengerichtet

Ein System organisiert sich, um einen Bezugsrahmen zu haben, der den Systemmitgliedern das nötige Vertrauen in das Handeln verleiht, was sich auf die Ergebnisse der Aktivitäten des Ganzen auswirkt und damit den Organisationsprozeß als solchen rechtfertigt.

Unsere schematische Darstellung reicht jedoch nicht aus, um die Komplexität der Unternehmensorganisation zu veranschaulichen, denn ein Unternehmen besteht ja nicht unabhängig von Zeit und Umwelt, und jede dieser Größen steht wiederum in Wechselwirkung mit anderen Faktoren. Dem eigenen Bezugsrahmen stehen aber auch noch die anderer Systeme entgegen. Außerdem wird die Betriebsstruktur auch von den Vorstellungen des Firmeninhabers und des Vorstands geprägt, während sich das Leistungsprogramm nach der vorhandenen Technologie oder nach dem Kundenkreis richtet. Wir haben im ersten Teil unseres Buches bereits dargelegt, welche Struktur sich in welchem Fall am besten eignet. Aber die Situation ändert sich ständig und mit ihr das Unternehmen. Abgesehen davon läßt sich mit bestimmten Handlungen, sobald externe Faktoren ins Spiel kommen, nicht immer die gewünschte Wirkung erzielen. Bei solchen Veränderungen oder Überraschungen handelt es sich um „Störungen", die sich auf den Organisationsprozeß auswirken. Das Unternehmen reagiert damit auf Veränderungen seiner Umwelt, was eine Weiterentwicklung der betrieblichen Strukturen zur Folge hat.

II. Sinn und Zweck der Reorganisation

Eine Weiterentwicklung des Unternehmens geht Hand in Hand mit einer Änderung der Strukturen. Ob diese Entwicklung als Folge des Wachstums und der daraus entstandenen neuen Bedürfnisse nun bewußt gelenkt wird oder völlig „unkoordiniert" verläuft, es handelt sich auf jeden Fall um einen evolutionären Prozeß auf der Grundlage der bestehenden Strukturen, die nach und nach neu konzipiert werden. Daß sich ein System zu einer mehr oder weniger völligen Umstrukturierung seines allgemeinen Bezugsrahmens und damit zu einer Reorganisation veranlaßt sieht, kann die unterschiedlichsten Gründe haben, denn sowohl die Umwelt als auch die internen Komponenten ändern sich, zum Teil infolge gezielt ergriffener Maßnahmen, zum Teil aber auch trotz Gegensteuerung seitens des Unternehmens. Solche Entwicklungen erfordern zum einen Verhaltensänderungen, zum anderen aber erst eine Anpassung des betrieblichen Bezugsrahmens und eine Neugestaltung des Organisationsprozesses. Das Unternehmen kann sich in so einem Fall auf zweierlei Art und Weise verhalten. Es beschließt zum Beispiel, aktiv auf seine Umwelt zu (re-)agieren, und versucht, dergestalt Einfluß auf sie zu nehmen, daß von dort nur mehr für das Unternehmen (relativ leicht) zu bewältigende Schwierigkeiten kommen oder sich gar Chancen bieten, die es ergreifen kann. Dafür gibt es mehrere Möglichkeiten; denken wir etwa an Werbung, die dem Verbraucher suggerieren soll, daß ein seit langem auf dem Markt befindliches Produkt nach wie vor seine Daseinsberechtigung hat (Beispiel: Das Unternehmen Rhône-Poulenc schreibt, nichts beweise, daß phosphathaltige Waschmittel die Umwelt mehr belasten als solche mit anderen Wirkstoffen). Es wird eventuell auch Druck auf den Gesetzgeber ausgeübt, um geplante nachteilige Vorschriften zu verhindern, und es werden Strategien entwickelt, mit deren Hilfe ein Konkurrent vom Markt gedrängt werden soll. Das Unternehmen sorgt selbst für neue Rahmenbedingungen, nimmt Einfluß auf den Markt, sieht zukünftige Entwicklungen voraus oder wirkt sogar aktiv darauf hin.

Manche Entwicklungen entziehen sich jedoch der Einflußnahme des Unternehmens, zum Beispiel wenn sich das gesamte Wertesystem einer Gesellschaft ändert oder eine fremde Unternehmenskultur in ein bestehendes System integriert werden muß, etwa bei Unternehmenszusammenschlüssen. Dies hat interne Umstrukturierungen zur Folge, die man nicht als passive Entwicklung verstehen sollte, sondern vielmehr als eine aktive Anpassung der internen Strukturen zur Erhaltung der Lebensfähigkeit des Systems. Statt aktiv auf eine Veränderung der Umwelt hinzuwirken, paßt sich die Organisation an.

Natürlich kann eine Firma gleichzeitig nach außen und nach innen tätig werden. Die beiden aufgeführten Möglichkeiten schließen einander nicht aus. Ob man nun versucht, sich der Umwelt anzupassen oder sie „unternehmensgerecht" zu machen, die Reorganisation ist in jedem Fall ein Instrument zur gezielten Neugestaltung des betrieblichen Bezugsrahmens. Die Entscheidung für einen organisatorischen Wandel hängt somit von der Bereitschaft und der Fähigkeit des Unternehmens ab, sich einerseits den veränderten externen oder internen Faktoren anzupassen – beide sind oft eng miteinander verknüpft – und andererseits diese durch aktive Einflußnahme möglichst gut mit der Unternehmenspolitik in Einklang zu bringen. Das wirft zwangsläufig die Frage auf, welche internen oder externen Faktoren zwingende Gründe für eine Umstrukturierung darstellen oder zumindest so beeinflußbar sind, daß sich ein Unternehmen ihretwegen zur Reorganisation veranlaßt sieht. Hierbei sollte man die „zwingenden Gründe" jedoch nicht negativ auffassen, sondern vielmehr als starken äußeren Einfluß, der das Unternehmen zum Handeln zwingt. Es handelt sich also eher um innovationsfördernde Impulse.

a) Die wichtigsten Reorganisationsfaktoren

1. Technologie

Nehmen wir als Beispiel den ständigen Wertewandel in der Gesellschaft. Lebensstandard und Bildungsstand entwickeln sich unaufhörlich weiter. Subjektive Wahrnehmung, Anschauungen, Motivation und Bedürfnisse werden immer vielfältiger. Ständig kommen neue Produkte auf den Markt, um die Bedürfnisse der Menschen zu befriedigen oder neue zu wecken. Die Einführung neuer Produkte bringt gleichzeitig aber auch jedesmal eine mehr oder weniger radikale Änderung der Produktionsverfahren mit sich. Neue Fertigungsmethoden und Technologien führen zu einer Infragestellung der organisatorischen Strukturen der Produktionsabteilung. Die alten Funktionsweisen sind nicht mehr adäquat und verlangen nach einer Reorganisation.

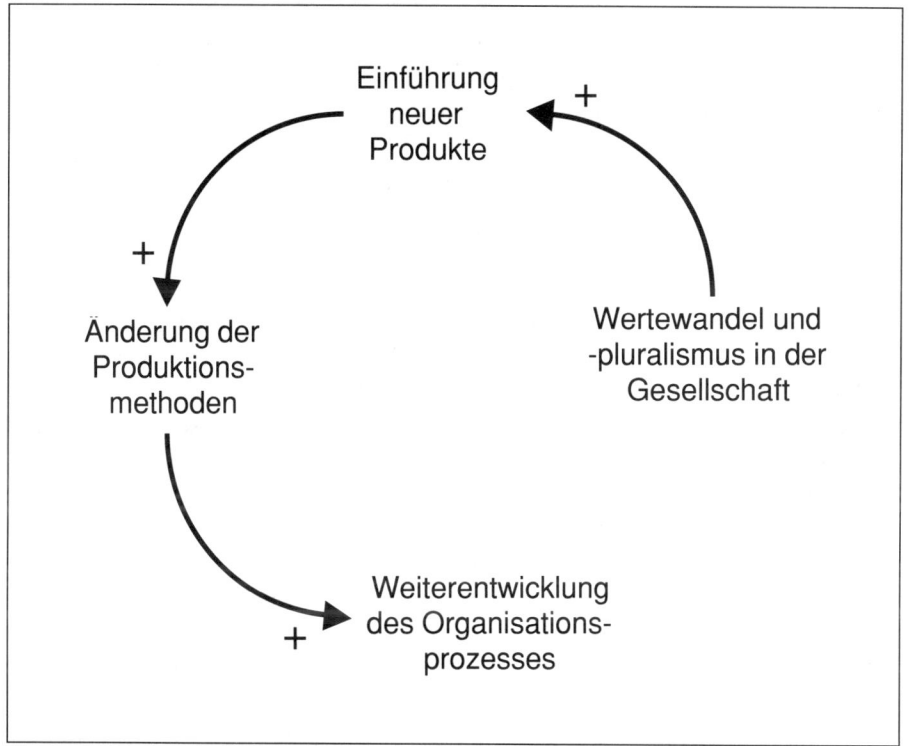

Einfluß „technologischer Veränderung"

Der technologische Fortschritt kann einen großen Änderungsdruck erzeugen. Das Unternehmen steht vor der Alternative, sich entweder den moderneren Methoden der Konkurrenz anzupassen oder selbst neue Verfahren zu entwickeln. Es muß auf jeden Fall alle Ressourcen mobilisieren, damit sich die Investition lohnt. In einem solchen Fall kann es zum Beispiel darum gehen, die Produktion zu automatisieren, den Produktionsprozeß insgesamt effizienter zu gestalten oder die Verwaltung auf EDV umzustellen. Eine Qualitäts- und Produktivitätssteigerung läßt sich unter anderem durch mehr oder weniger weitreichende Umstrukturierungen erreichen, sei es bei bestimmten Arbeitsplätzen – Neudefinition des Arbeitsinhalts, da der Stelleninhaber künftig am Computer arbeitet –, auf Abteilungsebene – Überprüfung der Arbeitsabläufe und Neuverteilung der Aufgaben auf der Grundlage der neuen Arbeitsmethoden –, auf Geschäftsbereichsebene – Reorganisation der Werkhallen infolge einer partiellen Umstellung auf Robotertechnik – oder auch auf Unternehmensebene – allgemeine Umstrukturierung aufgrund völlig neuer Produktions- und Vertriebsmethoden.

Um zu verdeutlichen, welche Rolle die Technologie für die Organisation spielt und inwieweit ihrem Einfluß Grenzen gesetzt sind, muß man die Wechselbeziehung Technologie – Organisation aus ganzheitlicher Sicht näher analysieren. Zunächst jedoch eine Definition des Begriffs „Technologie":

> **Unter Technologie versteht man die in einem Unternehmen eingesetzten Werkzeuge, Maschinen, Werkstoffe, Techniken, Verfahren und Methoden sowie, im weiteren Sinne, das daraus abgeleitete Know-how.**

Technologie ist also ein weiter Begriff, der sowohl Materielles (Maschinen) als auch Immaterielles (Methoden) umfaßt. Unternehmen und Technologie sind in enger Wechselwirkung miteinander verbunden. Ersteres ist bestrebt, die Ergebnisse des technologischen Fortschritts in seine internen Prozesse zu integrieren, und trägt selbst zu diesem Fortschritt bei, indem es Neues entwickelt, wenn auch keine neuen Materialien, so doch zumindest eigene Verfahren. Der Einsatz der neuesten Technik ist einerseits fast ein „Muß“, da technische Innovationen das Ergebnis der von den kollektiven Bedürfnissen geprägten Entwicklung unserer Gesellschaft sind. Wenn sie schließlich zur Einsatzreife gelangen, werden sie in der Regel sehr bald von der Konkurrenz übernommen (horizontaler Transfer). Andererseits ist das Schritthalten mit der technologischen Entwicklung für sich allein genommen keine Erfolgsgarantie, denn wissenschaftlicher Fortschritt setzt das ernsthafte Bedürfnis voraus, kreativ zu sein und sich den Herausforderungen der Wissenschaft zu stellen. Jeder Innovation geht also eine Entwicklungsphase voraus: vom eigentlichen Denkanstoß im Rahmen der Grundlagenforschung bis hin zur kommerziellen Nutzung (vertikaler Transfer). Wer sich heute von der Konkurrenz abheben will, darf nicht mehr einzig und allein auf die Maschinen setzen, denn die kann sich auch die Konkurrenz beschaffen. Es gilt vielmehr, der Konkurrenz immer einen Schritt voraus zu sein, möglichst durch selbständiges Ingangsetzen von Innovationsprozessen, durch frühzeitiges Vorhersehen technologischer Entwicklungen, durch Ausarbeitung von Strukturen für eine möglichst schnelle und effiziente Anpassung und indem man sich im gleichen Maße auf die Menschen konzentriert, die mit den Maschinen umgehen müssen, wie auf die Technologie selbst.

Wie eine auf neue Technologien gestützte Reorganisation aussieht, läßt sich am Beispiel des Peugeot-Werks Mühlhausen besonders gut verdeutlichen. Als der Peugeot 205 im Jahre 1983 in Serie ging, steckte der Konzern mitten in der Krise. Er hatte in den vorangegangenen Geschäftsjahren regelmäßig Verluste hinnehmen müssen, die manuelle Fließbandfertigung war nicht nur zeitaufwendig, sondern auch noch kostenintensiv, und obendrein sagte man den Peugeot-Modellen nur durchschnittliche Qualität nach. Die Einführung eines neuen Modells, das in Mühlhausen montiert werden sollte, schien damals die Gelegenheit zu sein, das Werk von Grund auf zu modernisieren und den Fertigungsprozeß durch Einsatz von Robotern zumindest teilweise zu automatisieren, was die Konkurrenz zum Teil bereits getan hatte. Die elsässischen Automobilwerke hatten noch die Strukturen von früher, denen die vor langer Zeit mit der Gewerkschaft getroffenen Vereinbarungen zugrunde lagen, das heißt deutlich voneinander abgegrenzte Aufgabenbereiche und Arbeitsinhalte, die in dieser Form längst nicht mehr existierten. Jeder hatte seinen Platz und seine Aufgabe in einem genau festgelegten linearen Arbeitsprozeß und einer klassischen Hierarchie: Arbeiter, Werkmeister, „Chef". Die neuen Maschinen erforderten jedoch andere Qualifikationen, vielseitig einsetzbare Teams und damit verbunden eine Umstrukturierung der Stellen und Abteilungen. Das Werk stand vor einer schwierigen Entscheidung, aber es ging um die Wettbewerbsfähigkeit des Konzerns. Es galt, sich möglichst schnell anzupassen, zu modernisieren und entsprechende organisatorische Maßnahmen zu ergreifen, so daß mit Hilfe der neuen Maschinen eine Produktivitäts- und Qualitätsoptimierung erreicht werden könnte. Die Leitung des Peugeot-Werks Mühlhausen entschied sich für die neue Technologie und richtete gleichzeitig folgende Frage an die Belegschaft: „Was muß alles neu organisiert werden und wie?" Damit setzte Peugeot einen Prozeß in Gang, der firmenintern mit der Abkürzung „ISOAR" (Impakt sozialer und organisatorischer Veränderungen infolge der Automatisierung und des Einsatzes von Robotertechnik) bezeichnet wurde.

Wie wir bei der Beschreibung der Wechselbeziehungen zwischen Unternehmen und Umwelt noch sehen werden, hängt die Entwicklung der Unternehmensstruktur teilweise davon ab, wie das Unternehmen dem technologischen Fortschritt gegenübersteht. Folgende Gründe können also ausschlaggebend für eine Reorganisation sein:

> **Eine Reorganisation wird als nötig erachtet, wenn**
> - **die betrieblichen Strukturen der allgemeinen technologischen Entwicklung angepaßt werden müssen,**
> - **die Strukturen den Einsatz der betriebsinternen technischen Innovationen ermöglichen sollen,**
> - **Informationen aus der Unternehmensumwelt auf tiefgreifende Veränderungen hindeuten.**

2. Strategie

Parallel zu seinem internen Funktionieren und Geschehen projiziert ein Unternehmen ein Image in die Gesellschaft, es positioniert sich. Das Image hängt zum einen natürlich von der Produktqualität ab, wird zum anderen aber auch vom Verhalten gegenüber den Kunden und der Unternehmensumwelt im allgemeinen bestimmt. Die Gesellschaft bewertet eine Firma nämlich nicht nur nach ihren Produkten, sondern auch nach ihrer Einstellung zum Umweltschutz, ihrer Ethik und ihrem Verhalten gegenüber den Mitarbeitern. So gilt IBM zum Beispiel als besonders forschungs- und innovationsorientiert, und dieses Image hat mit Sicherheit ebensosehr zum Verkaufserfolg beigetragen wie die Qualität der von diesem in der Fachpresse oft nur noch „Big blue" genannten Unternehmen hergestellten Computer. So etwas ist natürlich nicht in jeder Gesellschaft möglich, sondern vom jeweiligen Wertesystem abhängig. Wertewandel und -pluralismus zwingen manche Firmen dazu, sich praktisch ständig neu zu positionieren, ihre Identität zu behaupten, sich nach außen anders darzustellen und ihr Verhalten entsprechend zu ändern. Eine entsprechend häufige Änderung und Anpassung der Organisationsstrukturen und -prozesse kann einen Vertrauensverlust und Unsicherheit mit sich bringen.

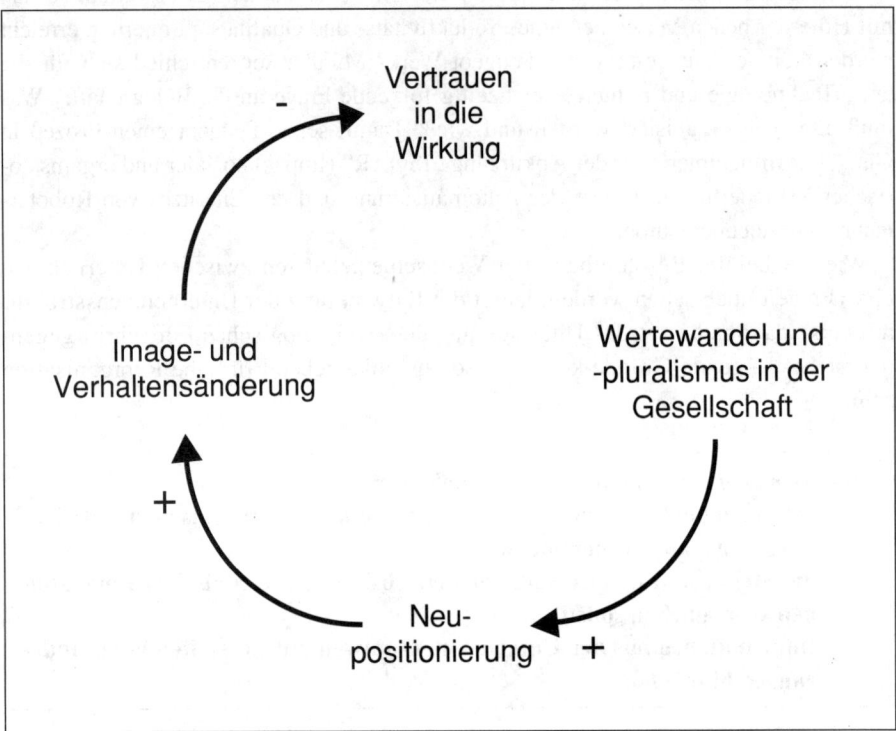

Einfluß von „Neupositionierung"

Die neue Strategie bleibt also nicht ohne Folgen für die Organisation. Doch bevor wir hier tiefer ins Detail gehen, sei kurz erläutert, was man überhaupt unter Strategie versteht. Ein Strategienbündel zielt zunächst einmal langfristig darauf ab, das Unternehmen als zweckorientiertes System innerhalb seiner Umwelt zu positionieren. Das ist eine komplexe Aufgabe, denn immerhin gilt es in einem Stadium, in dem noch alles ungewiß ist, eine „endgültige" Entscheidung zu treffen, das heißt bestimmte Verhaltens- und Vorgehensweisen festzulegen, von denen die Zukunft des gesamten Unternehmens abhängt. Aber gehen wir noch genauer auf den Begriff „Strategie" ein, der heute in Lehre und Praxis sehr häufig, wenn auch in unterschiedlicher Bedeutung, gebraucht wird. Er tauchte in der Betriebswirtschaft gegen Ende der sechziger Jahre auf. Er folgt auf das, was man „langfristige Planung" nannte, und spiegelt das Bedürfnis wider, die Ziele und wichtigsten grundlegenden Beziehungen des Unternehmens im voraus festzulegen. Zusammenfassend läßt sich folgendes sagen (vgl. Tabatoni/Jarniou, 1975):

190

> **Eine Strategie bestimmt die Wahl einer Anzahl sogenannter strategischer Entscheidungskriterien, die für die Aktivitäten und Strukturen einer Organisation eine langfristige und eindeutige Orientierung erlauben.**

Laut dieser Definition bietet das Organisieren und damit eine potentielle Reorganisation die Möglichkeit einer gezielten und effizienteren Haltung in den Bereichen mit den größten Erfolgspotentialen. Angesichts der Änderungsdynamik der Umwelt muß sich das Unternehmen auf erfolgversprechende Strategien und Maßnahmen konzentrieren: Welchen Märkten sollte man sich zuwenden? Welche Produkte sind durch verkaufsfördernde Maßnahmen zu unterstützen? Welche Produkte sollten vom Markt genommen werden? Welche Mittel oder Methoden sind anzuwenden? Die Strategien und Maßnahmen sind offensichtlich in großem Maße von der Umweltentwicklung abhängig. Aus diesem Grund ist eine sorgfältige Analyse aller verfügbaren Informationen – über das Unternehmen und seine Umwelt, seine Betätigungsfelder, den Markt, die Konkurrenz und das Wertesystem der Gesellschaft – erforderlich, damit das Leistungsprogramm, die Wachstums- und Marketingstrategien sowie die Personal- und Finanzpolitik in sich schlüssig und unter Berücksichtigung der Interdependenzen festgelegt werden können. Diese Analyse bildet die Grundlage der Geschäftsstrategie, die die allgemeine Stoßrichtung für jede Schlüsseleinheit – die sogenannten „strategischen Geschäftseinheiten" – vorgibt. Darunter fällt jedoch nicht die allgemeine Unternehmensstrategie, die dazu dient, die verschiedenen Geschäftsstrategien miteinander in Einklang zu bringen, für homogene Prozesse und Strukturen zu sorgen und außerdem ein einheitliches unternehmensspezifisches Wertesystem zu schaffen. Dieses Strategienbündel sollte es einem Unternehmer ermöglichen, aktiv auf seine Umwelt einzuwirken.

Aufgrund der strategischen Entscheidungen wird das Unternehmen sowohl nach außen als auch nach innen tätig. Der interne Bezugsrahmen muß den jeweiligen Strategien angepaßt werden, und gegebenenfalls ist eine Reorganisation ins Auge zu fassen. Vielleicht entscheidet man sich für eine Gliederung nach Marktbereichen beziehungsweise Regionen, um künftig das Güter- und Dienstleistungsangebot auf die lokalen Bedürfnisse abzustimmen, oder – wenn eine Diversifizierung zur gleichzeitigen Abdeckung mehrerer Bereiche angestrebt wird – für eine Gliederung nach Produktbereichen. Denkbar wäre auch, den einzelnen Einheiten innerhalb des Unternehmens unter Vorgabe genau definierter Ziele größere Freiräume zuzugestehen, so daß sie selbständiger und flexibler arbeiten können. Nehmen wir zum Beispiel die Fluggesellschaft Swissair mit Sitz in einem Land, das zur Zeit noch nicht EG-Mitglied ist. Gerade die rasanten Entwicklungen im Flugverkehr – Liberalisierung, Überlastung der Flughäfen, Absprachen und Unternehmenszusammenschlüsse – machen langfristige Prognosen äußerst schwierig. Bisher hatte die Gesellschaft immer mit ihrem erstklassigen Service und der großen Sicherheit ihrer Maschinen herausragen können, was sich für die mit Stolz erfüllten Mitarbeiter in entsprechenden Arbeitsbedingungen ausdrückte. Mittlerweile bieten aber auch andere Fluggesellschaften einen nicht minder guten Service.

Die 5 Strategiebereiche von Swissair (1988)

Die Firmenleitung beschloß daher 1988, ihre Strategie auf die besonderen Bedürfnisse der Kunden auszurichten und auf größere Flexibilität zu setzen. Dadurch konnte sich das Unternehmen auf die geänderten oder besonderen Ansprüche der Fluggäste einstellen. Der Service sollte persönlicher werden. Um diese größere Kundennähe zu erreichen, mußte Swissair zusätzliche Teilstrategien entwickeln, zum Beispiel die Zusammenarbeit mit anderen renommierten Fluggesellschaften wie SAS, Singapore Airlines, Austrian Airlines oder Delta zur Nutzung von Synergieeffekten und zum Personalaustausch sowie dem Austausch im Bereich der Logistik. Eine weitere Teilstrategie sah die völlige Umgestaltung der Marketingpolitik vor und eine dritte die aktive Förderung von Mitarbeitern durch individualisierte Möglichkeiten der beruflichen Weiterbildung. Gleichzeitig sollten die bestehenden Strukturen mit Hilfe einer vierten Teilstrategie so gestaltet werden, daß sie eine optimale Umsetzung des neuen Firmenkonzepts gewährleisteten. Die Kommunikationswege zwischen der untersten und obersten Hierarchieebene mußten verkürzt und der Markt in neue autonome geographische Bereiche eingeteilt werden. Außerdem mußte die Entscheidungskompetenz dezentralisiert und auf die zuständigen Einheiten übertragen werden. Entsprechend der neuen Strategie hat die Gesellschaft einen umfassenden Reorganisationsprozeß in Gang gesetzt: Verringerung der Hierarchieebenen von neun auf vier bei den Stabsstellen (Finanzen, Personal, EDV ...) beziehungsweise auf sechs bei den Linienstellen (Wartung, Bodenpersonal, Kabinenpersonal ...); Festlegung von 16 Hauptrouten, Umstrukturierung des Leistungsangebots unter Berücksichtigung der ganzheitlichen Aufgabenstellung. Der Übergang von einer allgemeinen zu einer eher kundenorientierten Marketingstrategie brachte für die Swissair große strukturelle Veränderungen mit sich.

Solche Veränderungen haben bereits weitreichende Auswirkungen. Zu noch größeren organisatorischen Umwälzungen kommt es jedoch bei Firmen, die in enger Wechselbeziehung mit anderen Systemstrukturen stehen: Ein Aufkauf der französischen Fluggesellschaften UTA und Air Inter durch Air France bringt nicht nur finanzielle Überlegungen mit sich, und auch die Frage, ob das neue Unternehmen staatlich oder privat sein soll, ist noch nicht die Hauptschwierigkeit. Die wichtigste Frage der neuen Unternehmensleitung ist vielmehr die Entscheidung zwischen getrennter Verwaltung der drei Einzelgesellschaften (Zusammenfassung lediglich bei der Konsolidierung der Bilanz) und verstärkter Integration zur Erzielung eines gewissen Synergieeffekts. Die zweite Möglichkeit bedeutet natürlich eine mehr oder weniger radikale Umstrukturierung, deren Ausmaß bei einer völligen Verschmelzung allerdings noch viel größer wäre: Sämtliche internen Mechanismen des aufgekauften Unternehmens müssen dann nämlich mit denen des Aufkäufers in Einklang gebracht und koordiniert werden. Gleichzeitig ändern sich die Entscheidungswege, und die Aufgaben werden neu verteilt. Dieses bleibt eventuell jedoch ohne Folgen für das Top-Management des aufkaufenden Unternehmens, während bei Fusionen und jeder anderen Form enger Zusammenarbeit ja gerade auf dieser Ebene oft alles umgekrempelt wird. Unter Umständen müssen zwei völlig verschiedene Strukturen und Arbeitsmethoden, schlimmstenfalls sogar gegensätzliche Unternehmenskulturen unter einen Hut gebracht werden. Man denke nur an die gegenwärtigen Schwierigkeiten westlicher Firmen bei der Zusammenarbeit mit ihren ungarischen, chinesischen oder russischen Partnern. Es ist im übrigen nichts Neues, daß die Befürworter einer Fusion im nachhinein meist erstaunt darüber sind, daß sich die Strukturen und Kulturen als so inkompatibel erweisen konnten und infolgedessen der Zusammenlegung „zweier so komplementärer Technologien und Märkte" im Weg standen. Nehmen wir ein Beispiel für einen Zusammenschluß: das aus der Fusion von Sperry und Burroughs hervorgegangene Unternehmen Unisys. Wenn es der neu entstandenen Firma auch gelungen ist, sich einen Platz unter den fünf Größten der Computerbranche zu sichern, so mußten doch immerhin zwei völlig unterschiedliche Rechnerkonzepte miteinander in Einklang gebracht werden – mit allem, was damit an Forschungs-, Herstellungs-, Marketing- und Vertriebsaufwand oder auch nur an Produktphilosophie verbunden ist. Auch heute noch behaupten manche Anwender, Probleme gäbe es überhaupt nur deshalb, weil man es eben nicht mehr mit der gewohnten Sperry-Qualität zu tun habe – ein schlagender Beweis dafür, daß es dem Unternehmen noch nicht ganz gelungen ist, sich ein eigenes Image aufzubauen.

Zusammenfassend lassen sich daher folgende Gründe für eine Reorganisation anführen:

Eine Reorganisation wird als nötig erachtet, wenn
- **die Organisationsstruktur völlig neuen Strategien angepaßt werden muß,**
- **sich das Unternehmen für flexible Strukturen entscheidet, die bei zukünftigen Strategieänderungen entsprechend umgestaltet werden können,**
- **die Unternehmensstrategien eine starke Interaktion mit anders strukturierten Systemen vorsehen.**

---

3. Unternehmenskultur

Der Wertewandel in unserer Gesellschaft betrifft sowohl die Gruppe potentieller Kunden als auch die der Unternehmensmitglieder. Heute stellen die Kunden ganz andere Ansprüche an die Produkte. Für die Hersteller bedeutet dies ständige Suche nach neuen Technologien sowie Verbesserung ihrer strategischen Positionierung. Aber die Kunden sind zugleich auch Arbeitnehmer und erwarten von ihrem Arbeitgeber heutzutage etwas anderes als früher. In der heutigen Zeit gehören eine verantwortungsvolle Tätigkeit, persönliche Entfaltung, ein abwechslungsreicher Aufgabenbereich, nachvollziehbare Unternehmensziele und -politik für viele immer häufiger zu den ausschlaggebenden Entscheidungskriterien bei der Arbeitssuche. Die geänderten Bedürfnisse der Mitarbeiter spielen somit eine nicht gerade unbedeutende Rolle bei der Gestaltung des betrieblichen Bedingungsrahmens. Angesichts des Wertewandels könnte man beispielsweise Aufgaben und Kompetenzen neu auf die einzelnen Handlungsträger verteilen.

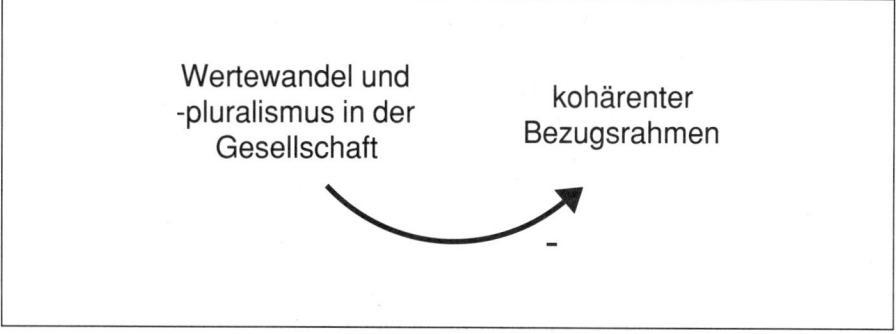

Einfluß „kultureller Rahmenbedingungen"

Der Fortbestand der Unternehmensstruktur hängt daher wesentlich davon ab, ob und inwieweit sie zur Unternehmenskultur paßt. Jedes System – und damit auch seine Mitglieder – wird durch die bestehenden Normen geprägt und legt ausgehend von bestimmten Denkweisen, Werten und Vorstellungen, die sich im Laufe der Jahre mehr oder weniger bewußt herausgebildet haben, neue Normen fest. Die Gesamtheit all dieser Normen ist die Unternehmenskultur, wobei man gerade in unserem Kontext nicht vergessen darf, daß Unternehmenskultur, wirtschaftliche Umwelt und Produktion in enger Wechselbeziehung zueinander stehen.

> **Als Unternehmenskultur bezeichnet man die Gesamtheit aller Normen, Werte und Denkmuster, die das Verhalten sämtlicher Organisationsmitglieder sowie den betrieblichen Bezugsrahmen bestimmen.**

Da der betriebliche Bezugsrahmen von der Unternehmenskultur geprägt wird, ist diese außerdem ein wichtiger Faktor beim organisatorischen Gestalten. Man sieht, daß sich hinter diesem abstrakten Begriff etwas verbirgt, was die Unternehmensstruktur immerhin auf vielfältige Weise beeinflußt. Ein traditionsreicher Familienbetrieb weist häufig eine straffere Hierarchie auf als ein junges Unternehmen der Computerbranche, das von guten Freunden oder Kollegen gegründet wurde, die vorher zusammen in einem Unternehmen derselben Branche gearbeitet hatten. Genauso geht es in einer Großbank oft weitaus bürokratischer zu als in einem kleinen Verlag. Aber auch dort besteht eine ständige Wechselwirkung zwischen Unternehmenskultur und Umwelt. Ob sich die Firma neue Märkte erschließt, expandiert, ihre Produkte den Qualitätsansprüchen der Kunden nicht mehr genügen oder ob sich die Wertvorstellungen der Gesellschaft und damit auch die Bedürfnisse der Systemmitglieder ändern, die betrieblichen Normen sind in unserer schnellebigen Zeit einem ständigen Wandel unterworfen. Und wenn die Gesellschaft oder auch die Organisationsmitglieder ihre Meinung in einem so grundlegenden Punkt wie der Legitimität der Unternehmensphilosophie ändern – man denke hier nur an die immer nachdrücklicheren Forderungen der Umweltschützer –, hat dies zwangsläufig eine Anpassung des Systems an die neuen Gegebenheiten und gegebenenfalls eine Reorganisation zur Folge.

Je nach Strategie kann eine Firma natürlich auch aus eigenem Antrieb die Schaffung einer neuen Unternehmenskultur beschließen. Dabei stellt sich allerdings nach wie vor die Frage, inwieweit sich diese wirklich bewußt gestalten läßt (vgl. Klimecki/Probst, 1991). Wie dem auch sei, es scheint zumindest allgemein anerkannt zu sein, daß man sie mit Hilfe bestimmter bewußt herbeigeführter „Störereignisse" beeinflussen kann, ohne jedoch deren genaue Wirkung vorhersagen zu können. Nehmen wir ein konkretes Beispiel: Manche Handwerksbetriebe betonen immer wieder, sie seien nicht nur stolz auf ihre Erzeugnisse, sondern auch auf deren Qualität und Einzigartigkeit. Dies galt lange Zeit für die Schweizer Uhrenindustrie. Aber infolge des geänderten Konsumverhaltens der Uhrenkäufer, die in den siebziger Jahren die Uhr nicht mehr als Schmuckstück, sondern als einen Gebrauchsgegenstand ansahen und sich daher immer mehr japanischen Erzeugnissen zuwandten, haben manche der betroffenen Firmen versucht, sich ohne Abstriche an Qualität stärker an den Bedürfnissen und am Geschmack der Kunden zu orientieren, statt auf technische Perfektion zu setzen. Sie haben daraufhin ihre eigene Strategie entwickelt, das heißt Uhren hergestellt, die als modisches Accessoire gedacht waren. Man denke hierbei vor allem an die Swatch. Künftig trug man eben nicht mehr sein Leben lang dieselbe Uhr, um sie dann den Enkeln zu vererben, sondern hatte praktisch zu jedem Kleidungsstück die passende Uhr. Dieses vielzitierte Beispiel illustriert die Folgen eines radikalen Wertewandels besonders gut. Oft geht der Wille zur Neugestaltung der Unternehmenskultur – wie auch in unserem Beispiel – Hand in Hand mit einer völligen Umstrukturierung des Unternehmens auf der Grundlage der geänderten Werte, die es sich zu eigen zu machen gilt.

Eine Reorganisation wird als nötig erachtet, wenn
- **sich Werte, die ein Unternehmen prägen, grundlegend ändern,**
- **sich die Wertvorstellungen der Gesellschaft wandeln,**
- **eine neue Unternehmenskultur angestrebt wird.**

---

4. Machtstruktur

Der Wertewandel in der Gesellschaft wirkt sich aber auch noch in anderer Weise auf das Unternehmen aus. Die Tatsache, daß zum Beispiel immer wieder neue Produkte auf den Markt kommen und ständig neue Herstellungsverfahren entwickelt werden, macht es für eine Firma immer wichtiger, umfassend informiert zu sein. Da ein Unternehmen ständig auf dem laufenden sein muß, was Neuerungen bei der Konkurrenz, technische Möglichkeiten zur Produktverbesserung und potentielle neue Marktanteile betrifft, braucht es jemanden, der über die entsprechenden Informationen verfügt. Man wird daher stets um ein ausgeglichenes Machtverhältnis zwischen Spezialisten und Generalisten bemüht sein, das jedoch immer wieder neu festgelegt werden muß. Spezialisten verfügen in einem bestimmten Bereich über das nötige Know-how. Generalisten denken dagegen ganzheitlich. Die Unternehmensleitung muß daher Aufgaben und Kompetenzen je nach Sachlage so verteilen, daß beide Seiten harmonisch zusammenarbeiten können und sich gegenseitig ergänzen. Wenn eine Funktion plötzlich besonders wichtig für die Erreichung des Unternehmensziels wird, muß man die jeweilige Person mit den nötigen oder gewünschten Befugnissen ausstatten und ihr die Möglichkeit geben, gestaltend auf die Organisation und den betrieblichen Bezugsrahmen einzuwirken. Die Strukturen müssen dann dementsprechend geändert werden.

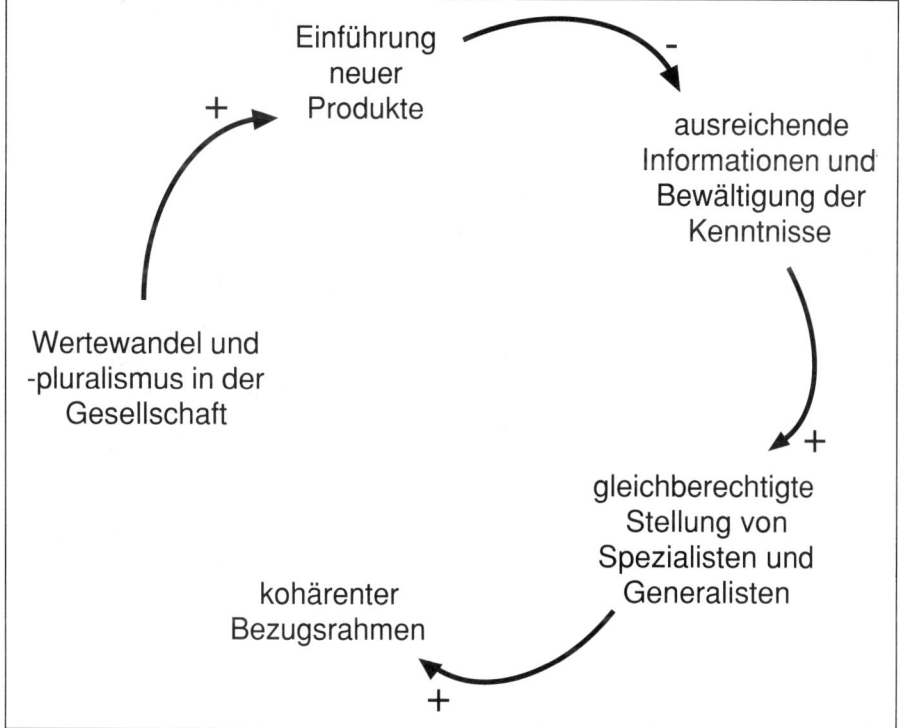

Einfluß der „Rollenstruktur"

Gerade das Unternehmen als soziales System bietet vielfältige Möglichkeiten der Rollen- und Kompetenzverteilung zur Regelung der Beziehungen zwischen den Aufgabenträgern. Ohne näher auf die komplexe Thematik der Machtverteilung eingehen zu wollen, möchten wir hier dennoch deutlich machen, inwieweit die Machtstruktur für eine Umstrukturierung ausschlaggebend sein kann. Macht kann als die Fähigkeit angesehen werden, andere mit Hilfe von Weisungen zu einem bestimmten Handeln zu veranlassen. Ausgehend von unserer Definition der Organisation läßt sich dagegen folgendes sagen (vgl. Perrow, 1986; Mintzberg, 1983; Pfeffer, 1981):

197

> **Macht bedeutet, einen einzelnen oder eine Gruppe dazu zu bringen, einen bestimmten Bezugsrahmen als Entscheidungs-, Handlungs- oder Bewertungskriterium zu akzeptieren.**

Die Machtverteilung kann den der Reorganisation vorangehenden Entscheidungsprozeß entweder verzögern oder beschleunigen. Abgesehen von den Möglichkeiten der informellen Einflußnahme im Rahmen der zwischenmenschlichen Beziehungen verleiht die betriebliche Hierarchie jedem einzelnen ein bestimmtes Gewicht bei Diskussionen über die zukünftige Strategie. Die Frage, ob man diejenigen, die für die Früherkennung von Umweltveränderungen zuständig sind, das heißt an den Schlüsselstellen sitzen, oder in der Entwicklung arbeiten, mit bestimmten Weisungsbefugnissen ausstattet oder nicht, beziehungsweise ob sie ihre Kompetenzen behalten haben oder eventuell sogar noch ausbauen konnten, ist zugleich ein Indikator dafür, wieviel Bedeutung das Unternehmen externen Informationen und Innovationen beimißt. Nehmen wir als Beispiel einen Industriebetrieb, der die Abteilung Forschung und Entwicklung der naturgemäß konservativen, ein gewisses Know-how bewahren wollenden Produktionsabteilung unterordnet, und einen anderen Industriebetrieb, der eine Stabsstelle auf höchster Ebene ins Leben ruft, die die Informationen über die bestehenden und zukünftigen Möglichkeiten des Technologieeinsatzes sammelt. Vergleicht man die beiden Strukturen, liegt es auf der Hand, daß die zweite Firma eher neue Technologien einführen wird, zum einen aufgrund der strategischen Position der dafür verantwortlichen Schlüsselstelle, zum anderen auch, weil eine Umstrukturierung der Produktion weniger „Bremswirkung" auf die Entwicklungstätigkeiten hätte. Bei der Festlegung der Unternehmensziele und der entsprechenden Ressourcenzuweisung handelt es sich um weitreichende Entscheidungen, die die zukünftige Stoßrichtung bestimmen, wobei oft gerade die Grundlagen, auf der die Entscheidungen getroffen worden sind, in Frage gestellt werden. Die freiwillige Reorganisation, die weder durch einen kürzlich erfolgten Wechsel an der Spitze – etwa nach Übernahme durch ein anderes Unternehmen – noch durch eine katastrophale Finanzlage bedingt ist, spiegelt eine gewisse Fähigkeit zur Reflexion und Selbstkritik wider sowie die Fähigkeit, von dieser rechtzeitig und sinnvoll Gebrauch zu machen.

Danach muß man sich überlegen, ob und wo Mißverhältnisse in der Machtverteilung zwischen den von der Umstrukturierung betroffenen Personen entstanden sind. Technologie und Unternehmenskultur sind zum Beispiel eng miteinander verknüpft, und es genügt bereits, daß die in der Abteilung Forschung und Entwicklung Beschäftigten im Ernstfall weniger Gewicht hätten als die Wächter über Unternehmenskultur und Fortbestand des Unternehmens, und schon würden die (notwendigen) technologischen Umstrukturierungen aus Sorge um die Kontinuität zurückgestellt werden. Im umgekehrten Fall würde sich die Unternehmensführung dagegen eventuell voreilig für eine Umstrukturierung entscheiden, obwohl die Unternehmenskultur durchaus auch andere, weniger einschneidende Maßnahmen erlaubt hätte. Es ist ohne weiteres denkbar, daß zwei Faktoren, die eine Reorganisation nötig werden lassen, sich zu einem bestimmten Zeitpunkt völlig im Interessengegensatz befinden. In diesem Fall steht das Unternehmen als Ganzes vor der wichtigen Aufgabe der Konfliktbewältigung, damit sachliche Diskussionen nicht in reine, jegliche Initiative hemmende Kompetenzstreitigkeiten ausarten.

Dabei ergeben sich im übrigen auch noch andere Probleme: interne Machtkämpfe, ausgelöst durch Karrieredenken oder den Wunsch nach Erhaltung des Status quo. Immerhin hat eine Reorganisation allein aufgrund der Zusammenfassung und Neugliederung von Abteilungen eine umfassende Änderung der Macht- und Aufgabenverteilung zur Folge, was sich für manche als Karrieresprungbrett erweisen kann, während andere in ihrer Karriere zurückgeworfen werden. Daher versuchen die Angehörigen der Führungsspitze in Krisensituationen bewußt oder unbewußt, die Reorganisation entweder aktiv herbeizuführen oder zu verhindern, je nachdem, wie sich dies auf ihre persönliche Situation auswirkt. Ein solches Verhalten läßt sich nur schwer vermeiden, da sich immer irgendwelche plausiblen Erklärungen finden lassen, die man je nach Situation entweder als Grund für oder als Argument gegen eine Neuordnung der innerbetrieblichen Machtverhältnisse anführt. Wenn zukünftige Entwicklungen so schwer vorherzusehen sind wie etwa bei der Unternehmensstrategie, kann es grundsätzlich mehrere völlig entgegengesetzte Entscheidungsmöglichkeiten geben, von denen manche auf die Erhaltung der bestehenden Strukturen und Funktionsweise ausgerichtet sind, während andere eine mehr oder weniger radikale Neugestaltung der Organisation zur Folge hätten, wobei jede für sich genommen durchaus einleuchtend ist.

Darüber hinaus sollte man auch die Bedeutung der Unternehmensidentität und des Unternehmensimages nicht unterschätzen, zumal Arbeitssuchende ihren potentiellen Arbeitgeber auch nach der hierarchischen Ausrichtung beurteilen. Wenn das Unternehmen beispielsweise Innovatoren sucht, die überholte Verfahren oder zu konformistische Produkte durch neue ersetzen sollen, kann man gleich jegliche Hoffnung aufgeben, wenn man die neuen Mitarbeiter an Stellen setzt, wo ihre Initiativen von einer viel zu starren Bürokratie im Keim erstickt werden. Wenn es dem Unternehmen nicht gelingt, seine internen Probleme zu lösen, kann es dies auch nicht unbedingt von einem externen Berater erwarten, der seine Fähigkeiten unter solchen Umständen ja nur begrenzt einsetzen kann. Darauf weisen auch die von Pinchot (1985) aufgestellten „Zehn Gebote für den Intrapreneur" hin, jenen mit entsprechenden Kompetenzen ausgestatteten Einzelpersonen oder Gruppen, die die Ressourcen und Freiräume, die das Unternehmen ihnen bietet, kreativ nutzen, um schließlich ihre eigenen Ideen und Wertvorstellungen in die Betriebsstruktur einzubringen.

Die Unternehmensleitung sollte sich daher eingehend mit der Frage der Machtverteilung auseinandersetzen, zumal sich diese auch auf den betrieblichen Bezugsrahmen auswirkt. Organisatorisches Gestalten besteht unter anderem darin, sich Gedanken zu machen, welchen Stellen strategische Bedeutung zukommt, und darüber hinaus die Beziehungen zwischen den Systemmitgliedern und Gruppen durch Schaffung geeigneter Kommunikationswege zu regeln.

10 Gebote für den „Intrapreneur"

1. Komme täglich zur Arbeit mit der Bereitschaft, dich feuern zu lassen.

2. Umgehe alle Anweisungen, die dich daran hindern, deinen Traum zu verwirklichen.

3. Unternimm alles, um dein Projekt fortzuführen, ganz gleich, was in deiner Stellenbeschreibung steht.

4. Suche dir Mitarbeiter, die dich dabei unterstützen.

5. Folge deiner Intuition, welche Leute du aussuchst, und arbeite nur mit den besten.

6. Arbeite im Untergrund, solange du irgendwie kannst – Publicity löst den Immunmechanismus eines Unternehmens aus.

7. Setze nie auf ein Rennen, an dem du nicht beteiligt bist.

8. Denke daran, daß es einfacher ist, um Vergeben als um Erlaubnis zu bitten.

9. Bleibe deinen Zielen treu, aber bleibe auch realistisch im Hinblick auf die Wege zu ihrer Erreichung.

10. Erkenne deine Sponsoren an.

Quelle:
PINCHOT, Gifford III.: Intrapreneuring: Why you don't have to leave the corporation to become an entrepreneur.
New York – Cambridge 1985, S. 22

Regeln des Intrapreneur

Eine Reorganisation wird als nötig erachtet, wenn
- die Organisationsstruktur den bestehenden Machtverhältnissen und Stärken angepaßt werden soll,
- die Beziehungen zwischen den Systemmitgliedern durch Vorgabe neuer Verhaltensweisen nach den Vorstellungen der Unternehmensleitung gestaltet werden sollen,
- die Umwelt die innerbetriebliche Machtverteilung offensichtlich mißbilligt.

Wie wir gesehen haben, kann die Machtstruktur zugleich Auslöser und Ergebnis organisatorischen Gestaltens sein. Bleibt noch zu klären, inwieweit das Resultat dieses Prozesses – die Organisationsstruktur – für den betrieblichen Bezugsrahmen relevant ist.

5. Unternehmenskonfiguration

Angesichts des Wertewandels in der Gesellschaft – unabhängig davon, ob das Unternehmen reagiert oder proaktiv handelt – läßt sich folgendes sagen: Je starrer und statischer der Betrieb, desto eher wird jede Neuerung als Bedrohung, als potentielle Gefahr für die bestehende Ordnung empfunden. Die wachsende Änderungsdynamik der Umwelt und die immer breiter gefächerten Bedürfnisse der Kunden, die ein immer individuelleres Eingehen auf deren Wünsche erfordern, setzen große Flexibilität voraus. Aber Flexibilität bedeutet gleichzeitig auch potentielle Inkohärenz, zum Beispiel wenn die eine Zweigstelle einer Autovermietungsfirma einem Kunden einen Mercedes zum Preis eines Golfs zur Verfügung stellt, weil gerade alle Kleinwagen vermietet sind, während eine andere zu einem solchen Entgegenkommen nicht bereit ist. Solche Heterogenität entgeht den Angehörigen eines flexiblen Systems natürlich nicht, und oft kommen sie damit gerade dann nicht zurecht, wenn sie vorher an eine streng bürokratische Organisation gewöhnt waren. Einheitliche Verfahrensrichtlinien gibt es nicht mehr. Im schlimmsten Fall kommt es zu einer Vertrauenskrise, die eine Reorganisation nötig macht.

Bisher haben wir den Ausdruck „Umstrukturierung" zwar als gleichbedeutend mit „Reorganisation" gebraucht, dennoch sei an dieser Stelle darauf hingewiesen, daß ersterer nur einen Teilaspekt der Reorganisation darstellt. Letztere umfaßt nämlich nicht nur eine Änderung der bestehenden Strukturen, sondern gleichzeitig auch der betrieblichen Normen, Prozesse und Funktionsweisen. Daher ist die Struktur, wie wir sie im ersten Teil unseres Buches behandelt haben, nur ein Teil der Organisation, ihr formaler Aspekt, und als solcher in die Konfiguration eingebunden. Diese läßt sich in ihrer systemischen, konstruktivistischen Bedeutung folgendermaßen definieren (vgl. Bouchikhi, 1990):

> **Unter der Konfiguration eines Unternehmens versteht man ein geordnetes Gefüge von Regelungen und betriebsspezifischen Merkmalen, die sich in den kollektiven Handlungen der Systemmitglieder widerspiegeln. Konfigurationsparameter sind unter anderen Alter, Größe, Struktur oder interne Funktionsweise der Organisation.**

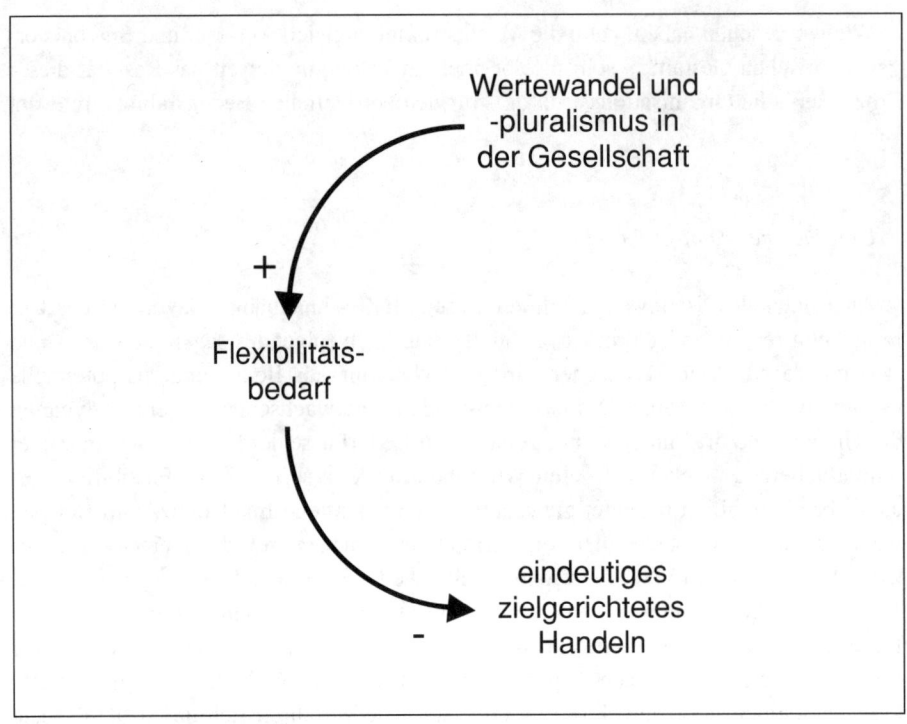

Einfluß auf die Flexibilität im Handeln

Der Begriff „Konfiguration" schließt zum einen die im ersten Teil behandelten formalen Aspekte der Aufbau- und Ablauforganisation (Organigramm, Funktionendiagramm etc.) ein, hinzu kommt jedoch noch eine – häufig vernachlässigte – symbolische Dimension, die sich aus den Werten und Normen der Mitglieder und des Unternehmens ableitet. So gesehen kann eine Reorganisation auch dann nötig werden, wenn sich die Konfiguration nicht mit der Strategie, der Technologie, der Kultur oder den angestrebten beziehungsweise bestehenden Machtverhältnissen vereinbaren läßt. Die Konfiguration kann absolut betrachtet weder „gut" noch „schlecht" sein, sondern immer nur in bezug auf die Unternehmensziele beurteilt werden. Es läßt sich daher folgendes sagen: Eine Reorganisation wird immer dann nötig, wenn das Unternehmensziel, das man mit der Konfiguration – also auch mittels der bestehenden Strukturen – erreichen wollte, nicht mit dem tatsächlichen Resultat übereinstimmt. Eine neue Organisationsstruktur ist immer dann vonnöten, wenn bestimmte institutionalisierte Entscheidungs- oder Kommunikationskanäle blockiert sind oder die Früherkennung nicht mehr gewährleistet ist, das heißt die „Sensoren" falsch positioniert sind und infolgedessen Veränderungen der Umwelt nicht mehr rechtzeitig erfassen beziehungsweise die Informationen innerhalb des Unternehmens nicht an alle Betroffenen weiterleiten können. Die bestehenden Machtverhältnisse entscheiden dann darüber, ob die notwendigen Umstrukturierungen durchgeführt oder zurückgestellt werden. Wie wir bereits gesehen haben, sind die Strukturen zugleich formaler und instrumenteller Aspekt der

Organisation. Sie sind das am leichtesten zu handhabende Instrument, wenn es darum geht, gestaltend auf das Wertesystem, den Bezugsrahmen und die interne Funktionsweise des Unternehmens einzuwirken. Wenn neue Verhaltensmuster geschaffen und ein anderer Kurs eingeschlagen werden sollen, reichen Worte allein nicht aus. Man muß das Problem angehen. Wenn zum Beispiel der Minister für Erziehung und Bildung eine Reform der Gymnasiallehrpläne vorschlägt, dann tut er dies unter anderem zwar auch in Kenntnis der Beweggründe für die vorangegangenen Schülerproteste, dennoch verbirgt sich hinter dieser Maßnahme in erster Linie die Absicht, zunächst einmal einen Rahmen zu schaffen, der den Betroffenen die Möglichkeit gibt, ihr Verhalten zu ändern. Politiker sollten jedoch ebenso wie Unternehmensleiter immer daran denken, daß die Organisation ein komplexes Gefüge ist und die Strukturen allein nicht garantieren können, daß sie auch tatsächlich den Erwartungen oder Vorstellungen ihres geistigen Vaters entspricht.

Auch die Größe eines Unternehmens (vgl. Mintzberg, 1982; Blau, 1970) ist – ebenso wie das Alter oder die Rechtsform einer Organisation – sozusagen ein „natürlicher" Bestandteil der Konfiguration. Wenn sich eine Veränderung der Konfiguration jedoch – unter anderem – in Form radikaler kultureller oder technologischer Umwälzungen ausdrückt, wird sie zu einem Steuerungs- und Reorganisationselement für den Fall, daß die Unternehmenspolitik zum Beispiel auf Erzielung von Größenvorteilen (Economie of Scale), Ausbau der Betätigungsfelder oder auch direkt in einer Änderung der Betriebsgröße bestehen. Zusammenfassend kann man sagen, daß folgende Gründe für eine Reorganisation sprechen:

Eine Reorganisation wird als nötig erachtet, wenn
- **die Konfiguration nicht systemgerecht ist,**
- **mittels einer veränderten Konfiguration neue Typologien für eine umfassende Verhaltensänderung erreicht werden sollen (neue Verhaltensmuster),**
- **nur eine Änderung der Konfiguration ein optimales Eingehen auf die Umwelt ermöglicht.**

---

6. Änderungsdynamik

Die aufgeführten Beispiele illustrieren die ständigen Wechselwirkungen zwischen den betriebsinternen Prozessen, die Triebfeder jeder Organisationsgestaltung sind, und der Unternehmensumwelt. Die Umweltfaktoren beeinflussen die internen Prozesse und umgekehrt. Ohne Anspruch auf Vollständigkeit erheben zu wollen, haben wir doch immerhin die fünf wesentlichen Bereiche herausgestellt, die mit all ihren internen und externen Aspekten in engem Zusammenhang mit der Organisationsstruktur stehen.

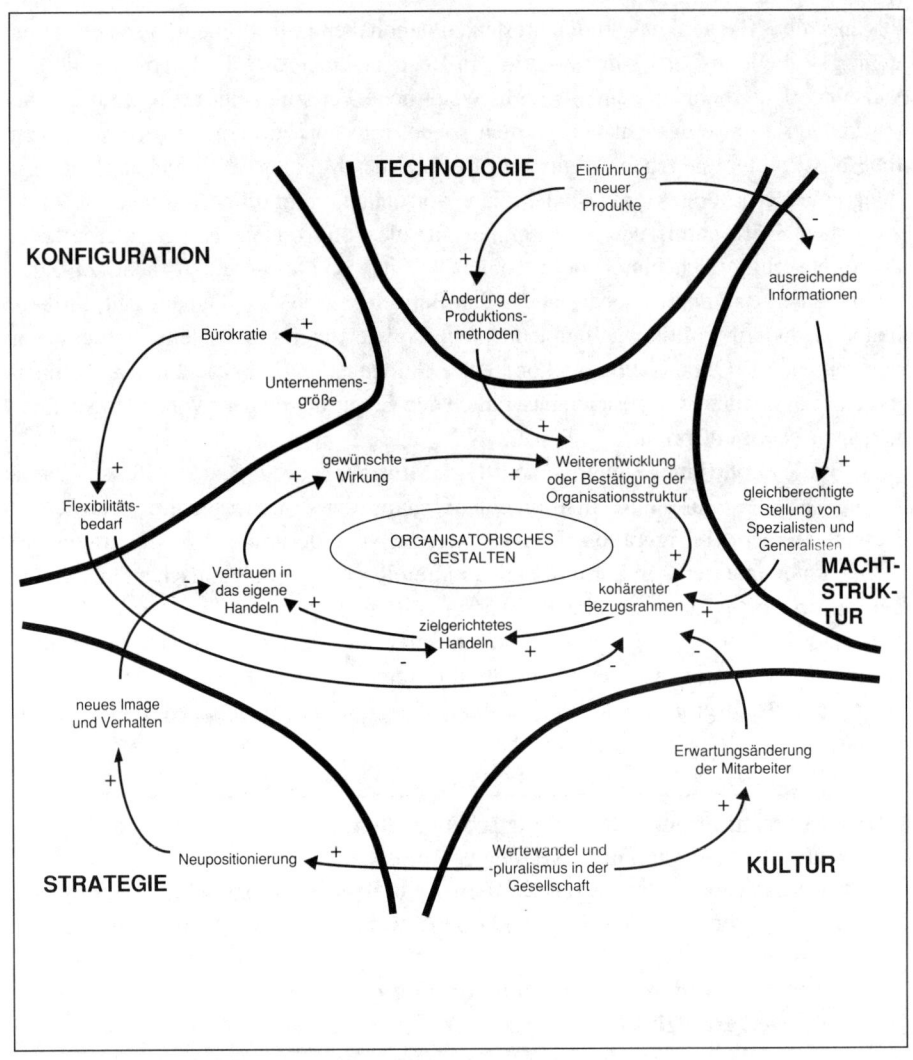

Vernetzte Auslösemechanismen für Reorganisation

Wie jede Entscheidung ist natürlich auch unsere Unterteilung der Reorganisations-gründe in fünf Kategorien willkürlich. Dagegen ließe sich zum Beispiel sagen, daß sich die fünf Bereiche mehr oder minder überschneiden beziehungsweise dieses oder jenes, was bei uns lediglich als Unterpunkt erwähnt wird, ebensogut als Hauptpunkt hätte aufgeführt werden können. Solche Überlegungen sind jedoch müßig, denn in er-ster Linie geht es ja darum, die Mechanismen der Umstrukturierung zu verstehen – das heißt die Wechselwirkung zwischen Umwelt und betriebsinternen Faktoren – und zu erkennen, daß eine Reorganisation durch verschiedene grundlegende Faktoren ausge-löst werden kann, sei es, daß sich das Unternehmen der neuen Entwicklung anpaßt oder daß es diese bewußt in die gewünschte Richtung lenkt. Die Bedeutung der Reorganisation des Systems richtet sich nach dessen Flexibilität und der damit verbundenen Fähigkeit, auf Veränderungen bestimmter Faktoren zu reagieren oder diese vorherzusehen. Welche Überlegungen der Reorganisation zugrunde liegen, hängt dagegen im wesentlichen davon ab, inwieweit das Unternehmen Veränderungen der wichtigsten internen oder externen Impulse – Konfiguration, Strategie, Technologie, Unternehmenskultur, Machtstruktur – und ihrer Interaktionen tatsächlich vorsehen kann beziehungsweise wie flexibel es darauf reagiert.

Soviel als erster Überblick über die Faktoren, die die Organisationsstruktur bestimmen und den Reorganisationsprozeß auslösen können. Wie wir gesehen haben, kann ihre Veränderung entweder eine Umstrukturierung nach sich ziehen oder als Ergebnis aus einer solchen hervorgehen. Damit wissen wir zwar, welche Faktoren an diesem Prozeß beteiligt sind, die Suche nach den Reorganisationsgründen wirft jedoch noch weitere Fragen auf. Wann müssen diese Faktoren berücksichtigt werden? Wann und warum sollte ein Unternehmen auf Umweltveränderungen reagieren? Auf diese Fragen wollen wir im folgenden eingehen.

ÄNDERUNGSDYNAMIK ALS REORGANISATIONSFAKTOR	
Variablen	**Verhaltensdynamik**
Strategien	Veränderung der Marktsituation: Sättigung, Deregulierung, weltweite Öffnung, Protektionismus, neue Marktlücken, regionale Wettbewerbssituation...
Machtstruktur	Änderung des Führungsstils: Transfer der finanziellen Entscheidungskompetenz von den Firmeninhabern auf das Management, Machttransfer von Spezialisten auf Generalisten, Umstrukturierung der Hierarchie je nach Informationsbedarf ...
Kultur	Kulturentwicklung: Hedonismus, Konsumhaltung, autoritäre Haltung, Puritanismus, Änderungswiderstand, Wahrung des Status quo, Streben nach neuen Werten: demokratischer, partizipativer, patriarchalischer Führungsstil ...
Konfiguration	Von den individuellen Aufgaben zum Kollektiv: Kooperation und Konkurrenz unter den Mitarbeitern, erhöhtes Sicherheitsstreben, Innovationsbedarf, Bemühungen um Konsensfindung, kollektives statt individuelles Handeln, Autonomiestreben und Wunsch nach Kontrolle, Kosten und Wachstum unter Kontrolle halten ...
Technologie	Verbesserung des Know-how: Joint Ventures, Zusammenschlüsse, Kooperation, Akquisition, externe und interne Innovation, Weitergabe von Know-how, Kopieren der von der Konkurrenz eingesetzten Technologie ...

b) Der evolutionäre Prozeß des Unternehmens

Unternehmen und Umwelt stehen in ständiger Wechselbeziehung zueinander. Ohne Umwelt kein Markt, kein Daseinszweck, und auch die Daseinsform wird durch die Umwelt geprägt, genauer gesagt durch den juristischen, kulturellen und soziologischen Rahmen, den sie dem Unternehmen liefert. Daher stellt jede Änderung der Beziehungen zwischen einem sozialen System und seiner Umwelt die Legitimität seiner Entscheidungen, Ziele und Normen in Frage. Anders ausgedrückt: Wenn sich die Unternehmensumwelt ändert, wenn das Unternehmen versucht, sich neu zu positionieren, wenn betriebsinterne oder -externe Informationen auf eine Änderung der Beziehungen hindeuten, kann das Unternehmen entweder bewußt auf seine Umwelt Einfluß nehmen und/oder sich ihr anpassen.

Reorganisationsbedarf und Reorganisationsbereitschaft hängen von der „Entwicklung" der Firma und der mit ihr interagierenden Umwelt ab. Ein Unternehmen evolviert sich nämlich ständig weiter. Das mag zwar banal klingen, aber wenn man sich mit den Mitarbeitern verschiedener Betriebe unterhält, stellt man zwar ziemlich bald tatsächlich Veränderungen wie Umsatzsteigerung oder Diversifizierung, oft aber auch jede Menge Konstanten fest: „Wir sind ein Familienbetrieb. Hier muß sich der Nachwuchs erst bewähren, bevor er einen verantwortungsvollen Posten bekommt." „Unsere Chefs haben sich immer um alles gekümmert und gewußt, wie der Hase läuft. Wir brauchen diese modernen japanischen Managementmethoden nicht." „Bei uns ist die Werbung schon immer Sache der Verkaufsabteilung gewesen. Alle unsere Auslandsniederlassungen werben mit den gleichen Slogans, und bisher hat das noch immer gut funktioniert." Diese häufigen Reaktionen lassen sich leicht nachvollziehen: Das Unternehmen wird als eine Maschine mit einem mehr oder weniger gut geölten, gut oder schlecht funktionierenden Räderwerk aufgefaßt.

Auch dem Menschen sagte man lange Zeit eine rein mechanische Funktionsweise nach. Leberkrebs galt früher als eine – vermutlich vererbte – Störung des Stoffwechsels infolge einer unausgewogenen Ernährung. Und wenn der Patient obendrein auch noch an Depressionen litt, dann lag das selbstverständlich an seiner Krankheit. Heute zieht man abgesehen von den obengenannten Faktoren zusätzlich den Alltagsstreß, die Lebensgewohnheiten des Kranken und seine psychische Verfassung in Betracht. Dabei kann sich sogar herausstellen, daß der depressive Zustand eine der Krankheitsursachen ist. Daher ist es nicht weiter verwunderlich, daß manche Patienten lieber den Mont-Blanc besteigen und dabei noch Besserung erfahren, als sich den endlosen Chemotherapien zu unterziehen.

Dieser kleine Exkurs soll keinesfalls Anlaß zu allgemeingültigen esoterischen Schlußfolgerungen geben, sondern einfach nur zeigen, daß der Mensch alles andere als eine Maschine ist. Und da das Unternehmen als soziales System zum größten Teil aus Menschen besteht, ist es auch viel eher mit einem Lebewesen vergleichbar als mit einem Uhrwerk oder Computer. Und wie jeder lebende Organismus evolviert auch das Unternehmen, eine Tatsache, derer sich Führungskräfte und Mitarbeiter stets bewußt sein sollten.

Es stellt sich nunmehr die Frage, was man unter der Evolution eines Organismus und der eines Unternehmens zu verstehen hat. Man muß sich zunächst einmal darüber im klaren sein, daß sich ein Organismus seine eigenen Strukturen schafft – er organisiert sich sozusagen selbst – und daß seine interne Ordnung ihm nicht von außen aufgezwungen wird. Selbst wenn er in seinen „Entscheidungen" von äußeren Sachzwängen beeinflußt wird und selbst wenn es sich dabei um lebenswichtige Entscheidungen handelt, bleibt er doch immer sein eigener Herr und bestimmt allein, was er zu tun hat. Die Anpassung an die Umwelt ist für ihn immer nur eine Möglichkeit unter vielen, und vielleicht sind ja die Dinosaurier und so manches Unternehmen gerade deshalb untergegangen, weil sie sich eben nicht für diese Möglichkeit entschieden haben.

Aber die Anpassungsfähigkeit ist bei weitem nicht das einzige Überlebenskriterium, wie man lange Zeit in Anlehnung an die Darwinsche Selektionstheorie geglaubt hat. Systeme und ihre Umwelt verändern sich ko-evolutiv gemeinsam, beeinflussen sich gegenseitig und nutzen einander. Infolge ihrer ständigen internen Evolution können sie gar keine ausgewogenen statischen Gebilde sein, sondern gelangen ab und zu sogar an einen kritischen Punkt, an dem sie sich eine neue interne Ordnung zulegen müssen. Dies ist der Zeitpunkt für eine Reorganisation, die zwar eine Reaktion auf die gleichzeitige Entwicklung von System und Systemumwelt sein mag, aber dennoch nicht primär durch Signale aus der Umwelt ausgelöst wird, sondern durch den Vergleich der gegenwärtigen Situation mit den Erfahrungen der Vergangenheit, die als Entscheidungskriterien in die Überlegungen einbezogen werden. Nachdem infolge des steigenden Bedarfs an netzwerkfähigen Betriebssystemen das neue Mehrplatzsystem Unix auf den Markt gekommen war, legte jeder Computer-Hersteller dementsprechend seine zukünftige Geschäftspolitik fest. IBM konzentrierte sich auf die Weiterentwicklung des Betriebssystems MS-DOS und alles, was damit zusammenhing, wohl wissend, daß es diesem seine führende Stellung am Markt verdankte. Unisys machte sich dagegen mit einem anderen System, OS/2, einen Namen, wurde damit allerdings nicht die Nummer eins. Für die OS/2-Hersteller war dies jedenfalls eine gute Gelegenheit, ihre Geschäftspolitik künftig mehr auf UNIX-Systeme und den entsprechenden Markt auszurichten. Die Umwelt bestimmt also weder die Organisationsstruktur noch die Entscheidungen einer Firma. Es ist vielmehr die interne Entwicklung, die ein Unternehmen vor neue Entscheidungen stellt, je nachdem, was es tatsächlich von den Veränderungen seiner Umwelt wahrnimmt (vgl. Capra, 1983). Daher muß man wissen, welches Evolutionsstadium das Unternehmen gerade durchläuft, um die noch zurückzulegende Wegstrecke richtig abschätzen zu können und darüber hinaus zu erkennen, inwieweit die betrieblichen Größen – Konfiguration, Kultur, Strategie, Machtstruktur, Technologie – im Einklang mit der Systemumwelt sind.

Genau diesem Zweck dient das am Anfang von Teil eins dargestellte Evolutionsmodell (vgl. Greiner, 1972, 1977). Es beschreibt die wichtigsten evolutionären Entwicklungs- und Umstrukturierungsphasen eines Unternehmens. Dabei handelt es sich, wie bereits gesagt, um ein Modell, das keinerlei Anspruch auf Allgemeingültigkeit erhebt. Auf jeden Fall läßt sich mit seiner Hilfe der „Reifegrad" einer Firma sehr gut einschät-

zen. Die Unternehmensgeschichte beinhaltet einen Entwicklungs- und Veränderungsprozeß im Bereich des Managements und der Organisation, wobei sich jede evolutionäre Phase durch ihren eigenen Führungsstil und ihre eigene Unternehmensphilosophie auszeichnet, deren Institutionalisierung irgendwann Probleme aufwirft und das
Wachstum behindert, worauf eine Phase der Umwälzung folgt, in der beides durch etwas völlig Neues ersetzt wird. Jede Etappe – Wachstum durch Kreativität, durch straffere Führung, durch Delegation, durch Koordination, durch mehr Teamgeist oder
durch Unternehmensentwicklung – ist Teil des betrieblichen Reifeprozesses und erfordert eigene Lösungskonzepte und Organisationsstrukturen.

Wie schon gesagt stellt unser Modell kein Universalentwicklungsschema dar,
das sich ohne weiteres auf jeden Einzelfall übertragen ließe. Es gibt im übrigen
auch noch andere, weniger lineare Modelle (vgl. Mintzberg, 1982). Außerdem bleiben manche Unternehmen, die auf einem relativ kleinen Markt tätig sind, lange auf
derselben evolutionären Stufe stehen, während andere aufgrund einer raschen Erweiterung ihrer Produktpalette oder dank des besonderen Weitblicks ihrer Manager
einige Phasen auslassen. Eine Organisation schafft sich jedoch trotz allem immer
einen richtungweisenden Bezugsrahmen, innerhalb dessen sie experimentiert, dazulernt und sich entwickelt, bis er den Anforderungen der parallelen Unterneh-
mens- und Umweltevolution nicht mehr genügt, das heißt bis zu dem Zeitpunkt, da
nur eine Umstrukturierung die Fortsetzung des Veränderungsprozesses ermöglicht.
Daher muß sich ein Manager immer vor Augen halten, daß eine Reorganisation
weder eine Katastrophe noch ein notwendiges Übel ist, sondern vielmehr die Gelegenheit bietet, in eine neue Phase einzutreten, daß dieser Prozeß aber auch mit hohen Kosten und großen Risiken verbunden ist. In diesem Bewußtsein sollte er versuchen, die Vorboten eines bevorstehenden Wertewandels richtig zu deuten oder
diesen rechtzeitig vorherzusehen, sämtliche Konsequenzen seiner Lösungsvorschläge zu bedenken und den anderen Systemmitgliedern klarzumachen, daß diese
Lösungen nicht endgültig sind.

Hier tritt das sogenannte „Früherkennungssystem" (Ulrich/Probst, 1987) auf den
Plan. Es kann entweder nach innen oder nach außen gerichtet sein. Gemeint sind
damit die Schlüsselstellen innerhalb des Unternehmens, deren Inhaber in der Lage
sein müssen, Veränderungen des Kundenverhaltens, der Umwelt und des betrieblichen Wertesystems umgehend zu erfassen. Welchen Stellen diese Funktion zugewiesen wird, ist von Firma zu Firma verschieden. Es kann sich dabei zum Beispiel
um eine Einheit zur Beobachtung der technologischen Entwicklung handeln, die
Informationen über technische Innovationen sofort an die entsprechenden Stellen
weiterleitet, oder um die Marketingabteilung, die jede Änderung des Kundengeschmacks registriert, oder auch um die Personalabteilung, die in ständigem Kontakt mit den Mitarbeitern steht – Aufgaben, die in der Regel Stabsstellen, die Bera-
terfunktion haben, zugewiesen werden. Aber auch der Inhaber einer Linienstelle
auf der untersten Hierarchieebene kann eine solche Funktion wahrnehmen, denn
oft hat er direkten Kundenkontakt und erfährt als erster, inwiefern sich die Ansprüche geändert haben. Die gesammelten Informationen gibt er in der Regel nach

oben weiter, sofern das nicht an der Anzahl der Hierarchieebenen oder den zu starren Strukturen scheitert. Daraus läßt sich eine weitere Priorität für die Reorganisation ableiten: Sie soll dem Unternehmen nämlich in erster Linie ermöglichen, sich der Umwelt und den verschiedenen Einflußfaktoren anzupassen und sich außerdem so zu strukturieren, daß es die entsprechenden Faktoren beeinflussen und ihre Veränderungen schneller erfassen kann.

Eine Reorganisation wird als nötig erachtet, wenn
- **die Organisationsstruktur in einem oder mehreren Punkten nicht mehr den Anforderungen der Umwelt genügt,**
- **das Unternehmen mittels einer partiellen Änderung der internen Ordnung auf die Umwelt einwirken möchte,**
- **der Austausch von Informationen zwischen Unternehmen und Umwelt signalisiert, daß sich die Organisationsstruktur auf Dauer nicht mit den Unternehmenszielen vereinbaren läßt.**

III. Der Reorganisationsprozeß

Wir haben gesehen, welche Beweggründe für eine Reorganisation sprechen und welche Kriterien das Unternehmen seinen Überlegungen zugrunde legt, wenn es beschließt, auf die Umweltdynamik zu reagieren, indem es die verschiedenen Einflußgrößen – Kultur, Konfiguration, Machtstruktur, Strategien, Technologien – neu konzipiert. Wir möchten noch einmal betonen, daß die Untergliederung in fünf Kategorien nur eine Möglichkeit unter vielen ist. Es geht uns hierbei darum, die Wechselwirkungen zwischen Unternehmen und Umwelt zu verdeutlichen. Die einzige Dimension, die wir bewußt nicht explizit aufgeführt, sondern nur andeutungsweise erwähnt haben, ist der *Mensch*. Es versteht sich von selbst, daß die Koevolution einer Firma und ihrer Umwelt – ein entscheidender Faktor jeder Reorganisation – eng mit der Entwicklung des Menschen und der Gesellschaft zusammenhängt (vgl. Seurat, 1987), denn letztlich ist es der Mensch, der die Geschicke der Organisation leitet, der in und mit ihr lebt. Der Mensch verleiht ihr erst ihre Gestalt. Seine Verhaltensvielfalt (Varietät) ist unter anderem Ausdruck „intuitiver Strategien", spielerischen Handelns, das dem Bedürfnis entspricht, sich innerhalb eines Bezugs- und Bedingungsrahmens zu behaupten, zu entwickeln und zur Identitätsfindung beizutragen, wobei dieser Rahmen sowohl stabilisierenden als auch evolutionären Charakter hat.

Reorganisieren heißt handeln, nachdem man erkannt hat, daß sich die notwendige Weiterentwicklung der Firma nicht mit den bestehenden – festgefügten – Strukturen erreichen läßt. Um das Ausmaß dieser Inkompatibilität abschätzen zu können, muß der verantwortliche Manager zum einen die Ziele definieren und zum anderen die Ist-Situation genau analysieren. Diese beiden Phasen sind die Grundlage jeder Reorganisation. Zuvor muß allerdings das Problem richtig erkannt werden.

Sorgfältiges Analysieren erspart der Firma spätere Kurskorrekturen. Man sollte sich daher stets vor Augen halten, daß Flexibilität, Entschlossenheit und Geduld wesentlich für den Erfolg sind. Man kann zwar beschließen, bewußt auf die Umwelt oder Unternehmenskultur einzuwirken, sollte sich jedoch nicht einbilden, die Folgen dieses Eingreifens mit hundertprozentiger Sicherheit abschätzen oder die neue Stoßrichtung bestimmen zu können. Entscheidend ist, daß man das Ziel kennt und flexibel ist, was die Mittel und Wege zu dessen Erreichung angeht, ohne dieses Ziel aus den Augen zu verlieren. Anders ausgedrückt: Man kann zwar die Normen und den Bezugsrahmen eines Systems ändern, wie das jedoch geschehen soll, läßt sich nicht bis ins letzte Detail planen. Zur Überwachung der möglichen Entwicklungspfade stehen einem verschiedene Analyse- und Prognoseinstrumente zur Verfügung, unter anderen Szenario-Technik und Netzwerkdarstellungen (vgl. Ulrich/Probst, 1987). Aber ohne Geduld geht es nicht, denn so einschneidende Maßnahmen wie die Umstrukturierung einer Organisation brauchen Zeit, bis sie greifen. Auch wenn das Ziel bekannt ist, kann es nicht binnen kürzester Frist erreicht werden. Vielmehr muß man auf dem Weg dorthin aus Erfahrungen lernen, sich mit Umwegen abfinden und ständig Kurskorrekturen vornehmen (vgl. Crozier, 1989).

Die Lenkung des Reorganisationsprozesses erfordert daher eine Methode, damit eventuell auftretende Fehlentwicklungen erkannt werden und man entsprechend gegensteuern kann. So wird man zunächst die Reorganisationsziele formulieren sowie die Unternehmens- und Umweltsituation analysieren. Bevor man sich jedoch für oder gegen eine Reorganisation entscheidet und die dafür nötigen Ressourcen – personelle, strukturelle und finanzielle – einteilt, müssen mehrere Fragen geklärt werden: Wie ist die augenblickliche Situation? Welches Problem gilt es zu lösen? Welche Ziele sollen erreicht werden? Welches sind die betroffenen Parameter und Größen, welche Wechselbeziehungen bestehen zwischen ihnen? Danach wird das Netzwerk der Interaktionen zwischen den verschiedenen Einflußgrößen analysiert. Welches sind die Einflußgrößen? Welcher Zusammenhang besteht zwischen ihnen? Welche Rolle spielen die personellen und räumlichen Ressourcen und die verfügbare Zeit? Dann gilt es, Änderungspotentiale zu erkennen und zu modellieren. Zu diesem Zweck wägt man Stärken und Schwächen der Schlüsselfaktoren des derzeitigen Systems, Chancen und Gefahren der Umwelt gegeneinander ab und erstellt mögliche Entwicklungsszenarien. Außerdem zeigt der verantwortliche Manager Möglichkeiten der Handlungsorientierung auf, das heißt, er versucht das Problem zu bewältigen, indem er Lösungskonzepte erarbeitet und ein Früherkennungssystem einrichtet, das rechtzeitig die Folgen der neuen Strategien signalisiert. Danach wendet er sich der Aufgabe der strategischen Planung zu, bewertet und wählt geeignete Strategien aus und überlegt, wie sie in die Praxis umgesetzt werden können. Dann folgt die Durchführung der Strategie, das heißt zunächst einmal deren Implementierung. Da eine Organisation nicht statisch ist, sondern sich ständig weiterentwickelt, ist ein Informations- und Überwachungssystem vonnöten, damit man in jeder Phase weiß, ob die Strategien immer noch den Erfordernissen der Situation entsprechen. Dabei kann sich unter Umständen herausstellen, daß erneut Verbesserungsbedarf auftritt, so daß ein neuer Änderungsprozeß in Gang gesetzt werden muß. Gute oder schlechte Methoden gibt es ebensowenig wie gute oder schlechte Organisationskonzepte. Da sich die Umweltfaktoren zwangsläufig ständig ändern, geht es eigentlich nur darum, ob die getroffene Entscheidung zu einem bestimmten Zeitpunkt in einem bestimmten Kontext den Erfordernissen der Situation entspricht.

Reorganisation ist daher nichts anderes als die Suche nach Lösungen und deren Umsetzung, was im Prinzip für jedes Vorhaben gilt. Die Durchführung neuer Projekte wirft nämlich immer organisatorische Fragen auf, da jedesmal eine bestehende Ordnung in Frage gestellt wird, deren Änderung eventuell zu neuen Verhaltensweisen und einer neuen Ordnung führt, die man zunächst einmal unter Kontrolle bringen muß. Wir möchten daher kurz beschreiben, wie ein solches (Re)Organisationsprojekt aussehen könnte, und die einzelnen Schritte schematisch darstellen.

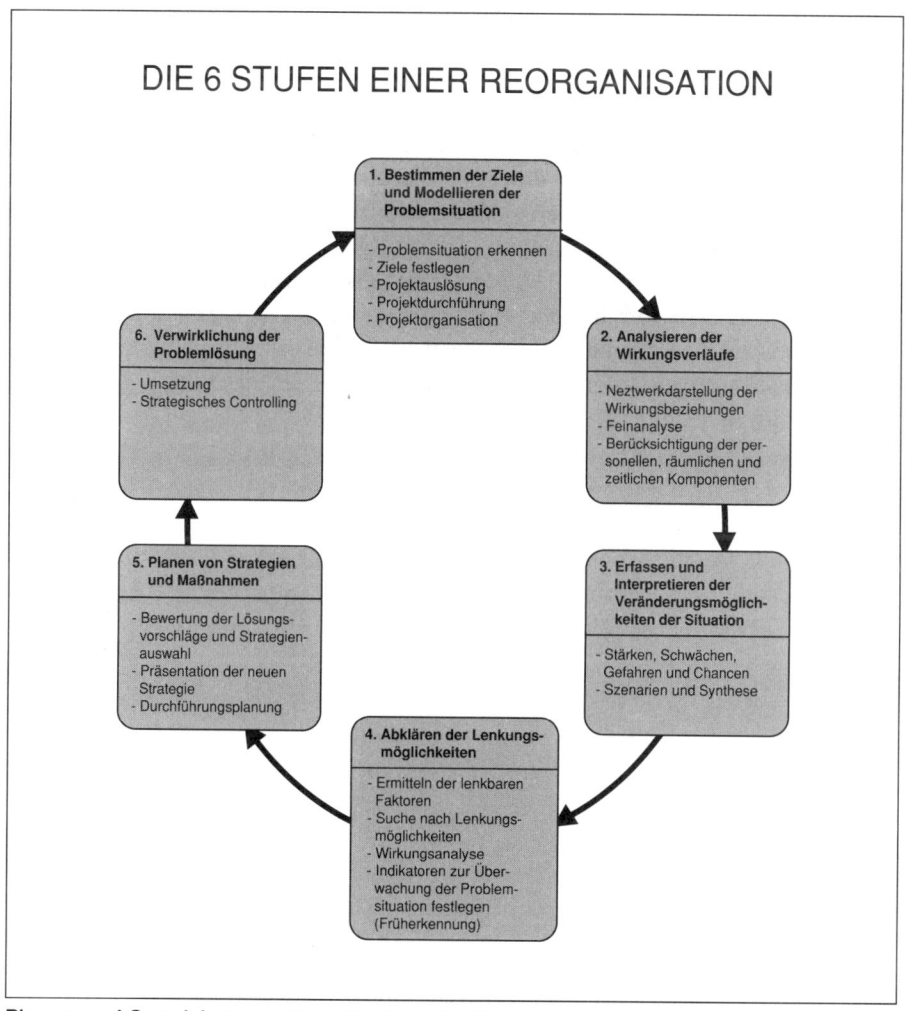

Phasen und Grundelemente eines (Re)Organisationsprozesses

Diese grobe Schematisierung ist keineswegs als revolutionäre Anleitung für Manager gedacht, sondern spiegelt ganz einfach die Überlegungen jeder Organisationseinheit angesichts komplexer Probleme wider, bei denen die üblichen Patentrezepte versagen. Natürlich überspringen manche Unternehmen die eine oder andere Phase, was allerdings die erfolgreiche Durchführung des Projekts gefährden könnte. Wir möchten im folgenden einen typischen Projektverlauf schildern, das heißt ein Modell entwerfen, das als Orientierungshilfe für die Praxis gedacht ist und alle zu berücksichtigenden Punkte in ihrer chronologischen Reihenfolge behandelt. Es liegt nicht in unserer Absicht, mit den bestehenden Managementkonzepten – zum Beispiel die Organisationsentwicklung, auf die wir in Teil drei zu sprechen kommen werden – zu konkurrieren. Unser Modell soll vielmehr die verschiedenartigen Probleme aufzeigen, die beim Reorganisieren auftreten können, entweder im Prozeßverlauf selbst oder in Zusammenhang mit anderen Einflußgrößen wie dem Menschen, finanziellen Sachzwängen, Umweltfaktoren. Man kann es entweder als ausführliche Anleitung oder auch nur als schematischen Überblick über einen bereits bekannten Prozeß nehmen. Diese Entscheidung sei dem Leser überlassen.

Die folgenden Kapitel, in denen der Verlauf der einzelnen Phasen geschildert wird, wenden sich daher an Führungskräfte, die in ihrer beruflichen Praxis mit der einen oder anderen Situation konfrontiert sind. Sie sollen ihnen Antworten auf ihre Fragen geben und ihnen zugleich helfen, falsche Schlußfolgerungen infolge einer zu vereinfachenden Sichtweise zu vermeiden. Aus diesem Grund werden wir sowohl im Text als auch in Schaubildern verschiedene wichtige Aspekte des Reorganisationsprozesses wie zum Beispiel die Kommunikation behandeln. Gerade die Schaubilder sind für alle, die vor der schwierigen Aufgabe der Reorganisation stehen, eine praktische Hilfe, da sie alle wichtigen Schritte auf einen Blick zeigen.

6. Kapitel

Bestimmen der Ziele und Modellieren der Problemsituation

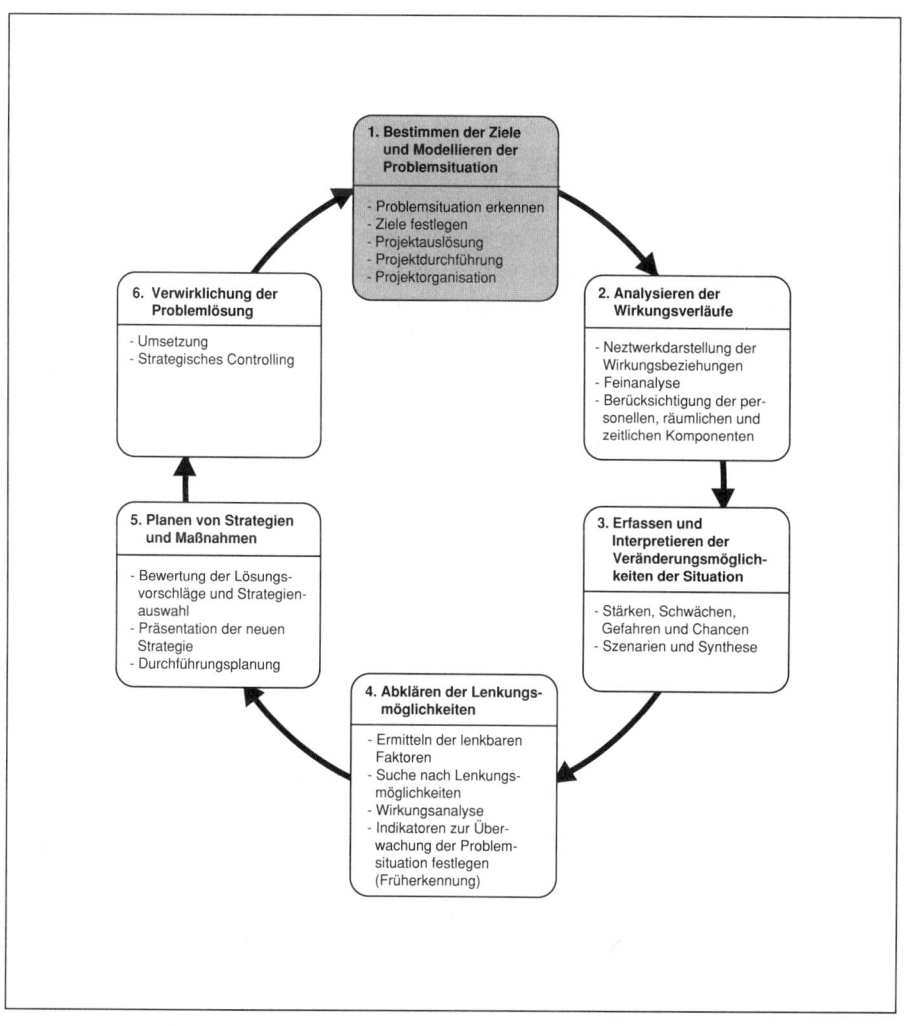

Die erste Phase der Reorganisation – Analyse der Situation, Formulierung der Ziele sowie Auswahl der Mittel und Wege zu deren Realisierung – ist zugleich auch die wichtigste. Oft neigt man unter Zeitdruck dazu, voreilig Lösungen zu entwickeln, die sich aufgrund einer meist unzulänglichen Analyse der Situation dann jedoch entweder schwer oder nur bedingt umsetzen lassen, so daß letzten Endes mehr Probleme entstehen als gelöst werden. Man sagt, unsere größten ungelösten Probleme von heute seien sozusagen die Restposten unseres Problemlösens und unserer Eingriffe von gestern. Komplexe Probleme lassen sich eben nicht einfach lösen. Es ist deshalb auf jeden Fall ratsam, sich eingehend mit einer Problemsituation auseinanderzusetzen, denn die Zeit, die man zu Beginn investiert, spart man in der Regel später.

Auf die erste entscheidende Phase der Problemerfassung folgen die Formulierung der Ziele, die Projektauslösung, die Auswahl des Projektteams und die Festlegung des groben Ablaufplans.

I. Problemsituation erkennen

In der Einführung haben wir bereits auf viele Faktoren hingewiesen, die ausschlaggebend für eine Reorganisation sein können. Man muß sie jedoch erst einmal erfassen können. In der Praxis sieht es oft so aus, daß irgendwo im Unternehmen zwar eine organisatorische Schwachstelle entdeckt und eindeutig als kultureller, technologischer oder anderer Natur identifiziert wurde, man der Sache jedoch nicht unbedingt weiter auf den Grund geht. Infolgedessen büßt der betriebliche Bezugsrahmen an Kohärenz ein, ist die Einheitlichkeit im Handeln nicht mehr gegeben, herrscht nicht mehr überall dasselbe Vertrauen, werden unterschiedliche Ergebnisse erzielt und unterschiedlich interpretiert. Die zuvor geschaffene Organisationsstruktur wird dadurch zwar beeinträchtigt, entwickelt sich aber dennoch weiter, solange niemand lenkend eingreift. Lenkung setzt aber voraus, daß die Schwachstelle als Problem angesehen wird, das heißt als Diskrepanz zwischen einem Soll- und einem Ist-Zustand, zwischen angestrebter und tatsächlicher Situation. Um eine solche Abweichung zu erkennen, muß man sich über die Zielsetzungen im klaren sein und die Ist-Situation regelmäßig unter diesem Gesichtspunkt analysieren oder zumindest jede Entwicklung erfassen, die für den Fortbestand und das Wachstum der Firma von Bedeutung ist. Das ist unter anderem der Zweck eines Management-Informations-Systems (MIS). Ebenso wie im Finanzwesen kann man mit Hilfe dieses Instruments ausgewählte Kennzahlen mit den Unternehmenszielen vergleichen. Außerdem läßt sich feststellen, wie gut eine Organisation funktioniert. Natürlich gibt die Übersicht eines MIS keinen Aufschluß darüber, ob Strukturen oder Unternehmenskultur mit den Zielsetzungen vereinbar sind, da qualitative Aspekte nicht erfaßt werden können. Greift man sich dagegen einige meßbare Parameter heraus oder auch ein paar der ihrem Einfluß unterliegenden Faktoren – die Personalfluktuation ist zum Beispiel ein gutes Barometer für das Arbeitsklima einer Abteilung –, lassen sich bestimmte Symptome mit dem MIS sehr wohl erfassen, so daß man eine gute Ausgangsbasis für eine gründlichere Analyse hat. Dies wird jedoch nur selten getan, wenn man lediglich das vage Gefühl hat, daß „irgend etwas" nicht stimmt. Deshalb muß dieses „irgend etwas" zunächst einmal anhand von MIS-Daten, Umfragen, Interviews oder anderen Methoden der Informationsbeschaffung genauer bestimmt werden.

An dieser Stelle sei ausdrücklich darauf hingewiesen, daß der Begriff „Problem" keinerlei negative Konnotation hat. Ein Problem ist in erster Linie eine Herausforderung, und zwar eine, die nicht einfach so entsteht, sondern für die man selbst verantwortlich ist. Für eine Verbrauchermarktkette, die sich eine Umsatzverdoppelung innerhalb von fünf Jahren als Ziel gesetzt hat, kann die Tatsache, daß es kaum noch Grundstücke für neue Niederlassungen gibt, durchaus ein Problem sein. Jedes Unternehmen muß sich immer wieder neuen Herausforderungen stellen, was seinen Fortbestand oder seine Expansionsfähigkeit angeht. Herausforderungen sind destabilisierende Momente. Erst durch sie kann sich das System weiterentwickeln. Sie sind der Motor des Organisationsprozesses. Zusammenfassend läßt sich folgendes sagen:

Da die Entwicklung einer Organisation von komplexen, nicht meßbaren Faktoren bestimmt wird, muß man die Zielsetzungen genau kennen. Ein organisatorisches Problem drückt sich formal in einer Diskrepanz zwischen Soll-und Ist-Zustand aus.

MANAGEMENT – INFORMATIONS-SYSTEM

Prinzip:

Ein MIS ist das Bindeglied zwischen dem Entscheidungsträger und dem von ihm gelenkten System. Es umfaßt eine Reihe von Grafiken und Kennzahlen, anhand derer man die Entwicklung neuralgischer Bereiche überwachen kann. Ein MIS gibt nicht nur Aufschluß über die Vergangenheit, sondern sollte außerdem Hinweise auf zukünftige Entwicklungen enthalten und – wenn möglich – Entscheidungsmöglichkeiten aufzeigen. Insofern ist es also nicht nur als Überblick über die Daten des betrieblichen Finanz- und Rechnungswesens gedacht, sondern als Spiegel des gesamten Unternehmensgeschehens.

Anwendung:

Finanzwesen, Sozialbilanz, Marktbeobachtung etc.

Vorgehensweise:

Nach Saulou (1982) geht man in folgenden sieben Schritten vor:
1) Auswählen der Kontrollobjekte
2) Festlegen der Kennzahlen (Indikatoren), die die Subsysteme (Input, Verarbeitung, Output) charakterisieren
3) Bewerten der Zuverlässigkeit der Indikatoren mit Hilfe von Periodizitätstests (Veränderungen der Indikatoren von einem Zeitraum zum anderen)
4) Auswählen einer ausreichenden Anzahl von Indikatoren (5 bis 9)
5) Wahl der Präsentationstechnik (Zahlenreihen, Grafiken, Verwendung von Symbolen, Farben…)
6) Vergangenheitsdaten als Bezugsgrößen sowie Ober- und Untergrenzen für die Datenerfassung festlegen
7) Entwerfen des MIS (Art des Datenträgers, äußere Form, Aktualisierung)

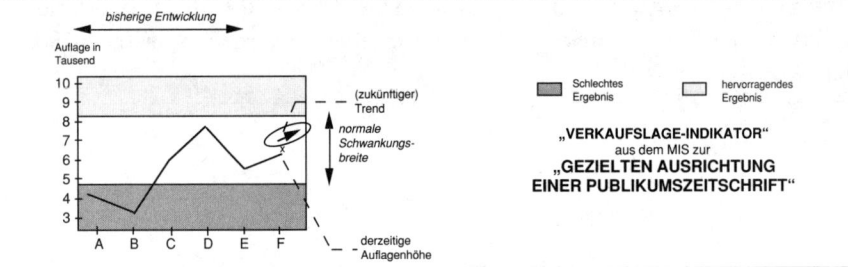

Vorteile:

- Stellt Informationen je nach den Bedürfnissen des Entscheidungsträgers dar
- Bildet eine Schnittstelle zwischen dem Mittel (Informationssystem) und dem Zweck (Entscheidungsfindung)
- Ermöglicht rechtzeitiges Handeln und Reagieren
- Erlaubt eine gezielte Überprüfung anhand einiger weniger Kennzahlen
- Gibt Aufschluß über die allgmeine Firmensituation
- Gut zur Darstellung quantifizierbarer Sachverhalte geeignet
- Leicht lesbar
- Kostengünstig

Nachteile:

- Erfordert zusätzlichen Einsatz von Szenarien und Simulationsmethoden zur Lösung strategischer Probleme
- Wird leicht zum Selbstzweck (Stabsstelle)
- Stellt das Problem oder die Entscheidung möglicherweise zu vereinfachend oder reduktionistisch dar
- Verlangt eine gewisse analytische Eigenleistung des Entscheidungsträgers

216

ANALYSE DER PROBLEMSITUATION	
Anmerkung: Der nachstehende Fragenkatalog ist eine Verbesserung der klassischen Methode der sechs W-Fragen: wer, wann, was, wo, wie und warum?	
Beschreibung der Problemsituation	
Analyse durchgeführt von:	Datum:
Was? • Welches Objekt? • Welcher Fehler? • Welches Problem?	
Wer? • Wer ist betroffen? • Wer ist Ausführender? • Wer ist beteiligt? • Wer ist verantwortlich?	
Von wem? • Von wem kommen Objekte, Schriftstücke, Informationen oder Anweisungen?	
Für wen? • Für wen bzw. auf wessen Weisung wird gehandelt? • Für wen ergibt sich dadurch ein Problem?	
Wo? • Wo wird gehandelt? • Wo tritt ein Problem auf? • Wohin gehen Objekte, Schriftstücke, Informationen?	
Woher? • Woher kommen Objekte, Schriftstücke, Informationen?	
Wie? • Wie werden die Aufgaben ausgeführt? • Arbeitsmethoden? • Einfluß auf die Qualität?	
Wieviel? • Um welche Menge geht es? • Ausmaß? • Kosten/Nutzen?	
Warum? • Gründe für das Handeln? • Problemursachen?	
Wann? • Wann ist es passiert? • Wie lange wird es dauern? • Welche Bedingungen müssen erfüllt sein?	
Besondere Bemerkungen und Ideen	

BILANZANALYSE

Prinzip:

Die verschiedenen Bilanzen geben am Ende eines bestimmten Zeitraums Aufschluß über die Unternehmensaktivitäten. Sie berücksichtigen den Zusammenhang zwischen der Unternehmensgeschichte und dem bisher Erreichten einerseits und dem Ergebnis des laufenden Geschäftsjahres andererseits. Sie zeigen deutlich auf, in welchen Bereichen noch unternehmenspolitische Fortschritte vonnöten sind, während das MIS die Entwicklungen der einzelnen Bereiche darstellt.

Anwendung:

Folgende Bilanztypen sind derzeit am weitesten verbreitet:

Geschäftsbilanz:

Enthält natürlich alle finanziellen Daten, deckt aber außerdem auch Probleme in anderen Bereichen wie Lagerhaltung, Investitionen, Kundenbetreuung etc. auf.

Sozialbilanz:

Umfaßt alle Daten über die Beziehungen zwischen Unternehmen und Mitarbeitern, unter anderem Angaben über: Löhne und Gehälter, Qualifikationen, betriebliche Aus- und Weiterbildungsmöglichkeiten, Altersstruktur sowie Anzahl der Arbeitsunfälle oder Fluktuation je nach Abteilung.

Öko-Bilanz:

Enthält Daten über alle umweltfreundlichen und -schädlichen Unternehmensaktivitäten. Dieser Bilanztyp wurde von einigen Unternehmen, deren umweltschädigende Einflüsse die Öffentlichkeit betreffen, eingeführt (McDonald's, Swissair ...) und gibt unter anderem Aufschluß darüber, inwieweit die Abfallprodukte einer Firma einer Wiederverwertung zugeführt und welche Schadstoffe an die Umwelt abgegeben werden. Oft geht diese Bilanz über die rein ökologische Bestandsaufnahme hinaus (erfaßt wird z. B. auch eine auf Förderung von Fahrgemeinschaften abzielende Personalpolitik).

Vorgehensweise:

1) Auswählen der Kontrollbereiche
2) Definition und Sammeln aller relevanten Daten
3) Bestandsaufnahme bei den Kontrollobjekten und Ordnen der Daten
4) Jährliche Aufstellung der Öko-Bilanz auf der Grundlage der im MIS, in der Erfolgsrechnung oder anderen Quellen enthaltenen Daten
5) Analysieren der Einzelposten zur Ermittlung derjenigen Bereiche, in denen die Ziele nicht verwirklicht wurden

Vorteile:	**Nachteile:**
• Gibt Aufschluß über einen längeren Zeitraum. • Unbefriedigende Ergebnisse lassen sich nicht mit dem Argument konjektureller Einflüsse beschönigen. • Ordnet eine Fülle von Daten. • Ermöglicht eine ständige Überprüfung der übergeordneten Schlüsselwerte des Unternehmens.	• Gilt für ein ganzes Jahr. • Das Erkennen der eigentlichen Problemursachen anhand der aufgelisteten Symptome setzt eine gründliche Analyse voraus. • Erfaßt nur quantifizierbare Sachverhalte.

MITARBEITERBEFRAGUNG ALS INSTRUMENT DER SYSTEMANALYSE

Prinzip:

Regelmäßige oder sporadische Gespräche mit den Mitarbeitern liefern wertvolle Informationen über das Betriebsklima. Diese Methode, die sich darauf stützt, daß der einzelne seine Probleme besser kennt als Außenstehende, gibt den Mitarbeitern Gelegenheit, Mißstände oder deren Symptome aus ihrer Sicht zu schildern.

Anwendung:

Es gibt verschiedene Methoden der Mitarbeiterbefragung, zum Beispiel:

Fragebogen (bzw. Meinungsumfrage):

Der Fragebogen wird an alle Mitarbeiter der anvisierten Abteilungen verteilt und gibt Aufschluß darüber, wie sie ihr Verhältnis zum Unternehmen in bestimmten Fragen empfinden. Regelmäßige Umfragen zeigen außerdem Veränderungen der Mitarbeitermentalität sowie des Betriebsklimas auf und deuten rechtzeitig auf Probleme in den zwischenmenschlichen Beziehungen oder in der Organisation hin. Die Fragenbogen sollten mehrheitlich nach dem Multiple-Choice-Prinzip aufgebaut sein, das heißt vorgegebene Auswahlantworten enthalten.

Interviews:

Interviews werden mit einer repräsentativen Auswahl von Mitarbeitern geführt und ermöglichen eine ausführlichere Diskussion über wichtige Punkte. Vor allem ist es möglich, das Stadium reiner Emotionalität zu überwinden, präzise Fragen zu stellen und hinter einer ablehnenden Haltung unter Umständen ein organisatorisches Problem zu entdecken. Interviews ermöglichen in der Regel keine quantitativen oder statistischen Schlußfolgerungen. Dafür sind die Ergebnisse aber qualitativ weitaus wertvoller als die aus Fragebogen gewonnenen Erkenntnisse.

Der „direkte Draht":

Der direkte Draht ist eine Möglichkeit des freiwilligen Interviews. Jeder Mitarbeiter kann sich am Telefon zu einem – eventuell vorgegebenen – Punkt äußern oder einfach darlegen, was ihm Probleme bereitet, womit er zufrieden ist und wo er Bedenken hat. Da diese Methode eine Fülle wertvoller Informationen liefert, aber nicht immer zuverlässig funktioniert, dient sie vor allem als thematische Anregung für Fragebogen oder Interviews.

Andere:

Schriftliche Anfragen an die Unternehmensleitung, Gespräche zwischen Angehörigen der Führungsspitze und Mitarbeitern sowie offene Briefe in der Werkszeitung sind weitere Möglichkeiten der Mitarbeiterbefragung, mit deren Hilfe sich ein Sachverhalt entweder vollständig oder teilweise analysieren läßt.

Vorgehensweise:

Zunächst muß die gewünschte Informationsart festgelegt werden. Danach richtet sich alles weitere:
1) Welche Fragen soll man stellen?
2) Welche Abteilungen werden befragt?
3) Sollen die Befragungen periodisch durchgeführt werden?
4) Welche Art der Befragung wird verwendet?

In der auf dieser Grundlage erstellten Diagnose muß die Art der Befragung berücksichtigt werden (offene oder geschlossene Fragen? Wurden die Fragebogen an alle oder nur an eine bestimmte Zielgruppe verteilt? Etc.). Außerdem darf man keine voreiligen Schlüsse ziehen, wie die erfaßten Probleme zu lösen sind, da es sich dabei oft nur um Symptome handelt.

Vorteile:	**Nachteile:**
• Mitarbeiter sind bereit, zur Problemlösung beizutragen.	• Einbeziehung der Mitarbeiter weckt Hoffnungen, die kaum alle zu erfüllen sind.
• Die aufgedeckten Probleme können mit dem üblichen Kontroll- und Analyse-Instrumentarium nicht erfaßt werden.	• Gefahr voreiliger Schlußfolgerungen auf der Grundlage von Umfragen ohne statistische Gültigkeit.
• Erfassung qualitativer Probleme.	• Zeit- und arbeitsaufwendig.
• Wertvoller Ausgangspunkt für eine gründlichere Studie.	

II. Ziele festlegen

Nach der Erfassung eines Problems und der Entscheidung für die Durchführung eines Reorganisationsprojekts muß man die nötigen Vorkehrungen treffen, um die Organisationsstruktur dem neuen Ziel anzupassen. Dieses Ziel, das sich als unvereinbar mit den bestehenden Strukturen und Prozessen erwiesen hat, ist jedoch nur schwer zu konkretisieren; es stellt gewissermaßen eine langfristig zu realisierende Vision dar. Als Peugeot 1983 den Einsatz neuer Technologien in der Fertigung beschloß, geschah dies mit dem Ziel, Autos herzustellen, die denen der Konkurrenz in bezug auf Qualität in nichts nachstanden. Für das Unternehmen hieß es zunächst: „Wir müssen unser Image wettbewerbsfähig gestalten." Eine Herstellung mit höchster Qualität läßt sich nicht improvisieren, so wurden die Ziele dann konkreter: Peugeot nahm sein „ISOAR" getauftes Reorganisationsprojekt in Angriff. (ISOAR = sozialen und organisatorischen Veränderungen infolge der Automatisierung und des Einsatzes von Robotertechnik.)

Zielsetzungen des Projekts ISOAR von Peugeot:

1. Festlegen organisatorischer und sozialer Rahmenbedingungen, die das Erlernen automatisierter Fertigungstechniken fördern, damit der neue Peugeot 205 unter den besten Voraussetzungen vom Band laufen kann.

2. Überlegungen über die Auswirkungen der Automatisation, damit zukünftige Investitionen in diese Technik sowie die Umschulung der Mitarbeiter langfristig geplant werden können.

3. Einbeziehen der Mitarbeiter in den Entscheidungsprozeß, so daß jeder seine Ideen einbringen und sich unvoreingenommen auf die neuen Entwicklungen einstellen kann.

Beispiel für Zielsetzungen aus dem Automatisierungsbereich und einer Reorganisation

Die Formulierung der Ziele erfüllt vor allem den Zweck, die operationellen Aspekte der vom Unternehmen oder einer Abteilung neu entwickelten Strategie zu beschreiben. So gesehen ist sie unerläßlich, damit alle vom Änderungsprozeß betroffenen Systemmitglieder den neuen Kurs kennen. Die Unternehmensziele sind genau genommen der sichtbare, bekannte Teil des Bezugsrahmens, der der Tätigkeit jedes einzelnen zugrunde liegt. Sie bestimmen das Handeln und sind ausschlaggebend für Änderungen und Verbesserungen der Arbeitsmethoden und Strukturen. Nichts wirkt sich destabilisierender auf die Mitarbeiter einer Einheit aus als eine In-Frage-Stellung ihrer Tätigkeit, ohne daß sie Hintergründe und Zweck kennen, zum Beispiel wenn auf höherer

Entscheidungsebene eine Diskrepanz zwischen der Wirklichkeit und den anvisierten Zielen festgestellt und eine Reorganisation beschlossen wurde. Sofort wird der Bezugsrahmen als inkohärent, inadäquat oder unvollständig empfunden. Außerdem nimmt man auch den Mitarbeitern ihren ganz persönlichen Arbeitsrahmen, indem man ihn ebenfalls in Frage stellt, ohne die Betroffenen über die Hintergründe des Wandels aufzuklären. Daraus läßt sich die zweite wichtige Funktion der Unternehmensziele ableiten: die des Kommunikationsmittels, mit dessen Hilfe man sowohl den Betriebsangehörigen als auch der unmittelbaren Unternehmensumwelt erläutern kann, was getan wird und aus welchen Gründen dies geschieht.

Kommunikation ist unerläßlich, denn menschliches Handeln setzt Einsicht voraus. Der einzelne in seiner ganz persönlichen Situation muß mit Hilfe seiner kognitiven Fähigkeiten und seiner subjektiven Wahrnehmung verstehen können, warum er bestimmte Tätigkeiten ausführen soll. Ohne vorherige Bekanntgabe klarer, reiflich durchdachter Ziele wird selbst das beste Projekt scheitern oder zumindest erheblich an Substanz verlieren: Zum einen besteht die Gefahr, daß die Akteure der Reorganisation unbewußt die Ziele auf ihre persönliche Weise auslegen, zum anderen werden die Systemmitglieder mit Sicherheit eine Umstrukturierung ablehnen, die sie weder verstehen noch gutheißen. Ein häufiges Beispiel aus der Zeit des wachsenden Computereinsatzes in den Büros ist die Umstellung ganzer Abteilungen auf EDV. Das Unternehmen oder die Abteilung, die sich zu diesem Schritt entschlossen hat, zielt damit vielleicht auf Produktivitätssteigerung, Vereinheitlichung der Arbeitsweise, Qualitätsverbesserung oder Schaffung abwechslungsreicherer Aufgaben für die Beschäftigten ab. Um dies in klare, einsichtige Ziele umzusetzen, müssen Minimal- und Maximalerwartungen formuliert werden: „Künftig werden alle Schriftstücke, die mindestens einmal pro Woche bearbeitet werden, in den PC eingegeben; Statistiken, die mehr als einen halben Arbeitstag in Anspruch nehmen, werden per Computer erstellt; alle Mitarbeiter der Abteilung müssen sich mit dem Computer so weit vertraut machen, daß sie täglich anfallende Arbeiten erledigen können, auch wenn diese nicht direkt zu ihrem Aufgabenbereich gehören." Ohne diese genauen Anweisungen würde jeder seine eigenen Vorstellungen durchsetzen wollen oder die Neuerung sogar mit der Begründung ablehnen, er sei schließlich auch ohne diese „neumodischen Maschinen" sehr gut zurechtgekommen. Können sich die für die Reorganisation Verantwortlichen nicht einigen, sind die Ziele zugleich ein konkreter Bezugsrahmen, anhand dessen beurteilt wird, was unabdingbar, fakultativ, unnötig oder sogar kontraproduktiv ist.

Jeder organisatorische Wandel muß mit klar umrissenen, vernünftig formulierten Zielen begründet werden, damit Zweck und Grenzen dieser Maßnahme für alle einsichtig sind.

ZIELHIERARCHIE

Prinzip:
Um zu wissen, wie es in Zukunft weitergehen wird, muß jede Gruppe und jeder einzelne mit den Unternehmenszielen vertraut sein und außerdem klar umrissene Teilziele für den eigenen Aufgabenbereich haben.

Anwendung:
Formulierung der Unternehmensziele, partizipatives Management by Objectives, Projektplanung und -durchführung

Vorgehensweise:
Checkliste zur Zielbestimmung:
- Handelt es sich bei dem Ziel wirklich um einen endgültig angestrebten Zustand, eine zu er-erreichende Schwelle, ein Endprodukt, ein bestimmtes Know-how?
- Welcher Art ist das Ziel, und wie wichtig ist dessen Realisierung?
  - „unabdingbar": Das Ziel muß unbedingt erreicht werden, weil es gesetzlich vorgeschrieben ist oder der Fortbestand der Unternehmung davon abhängt.
  - „bedingt erforderlich": Das Ziel muß unter der Bedingung erreicht werden, daß bestimmte Grenzen und Vorgaben eingehalten werden.
  - „wünschenswert": Das Ziel ist eine Wunschvorstellung, die man gerne verwirklichen würde, bringt auf jeden Fall konkreten Nutzen, ist jedoch für den Fortbestand des Unternehmens nicht unbedingt erforderlich.
- Wurden bei der Zielformulierung alle Aspekte berücksichtigt?
- Ist das Ziel mit der Unternehmenspolitik und der Corporate Identity vereinbar?
- Steht es im Widerspruch zu anderen Zielsetzungen?
- Gibt es ein Instrument zur Erfassung der Zielerreichung und des Zielerreichungsgrads?
- Ist das Ziel realisierbar?
- Wurde für die Zielerreichung eine bestimmte Frist festgesetzt?
- Fällt das Ziel in den Aufgabenbereich der betroffenen Stelle oder Abteilung?
- Wer ist davon betroffen?
- Wurden die zur Zielerreichung nötigen Mittel bewilligt?
- Wurden alle Betroffenen ausreichend informiert?
- Welches sind die Teilziele?

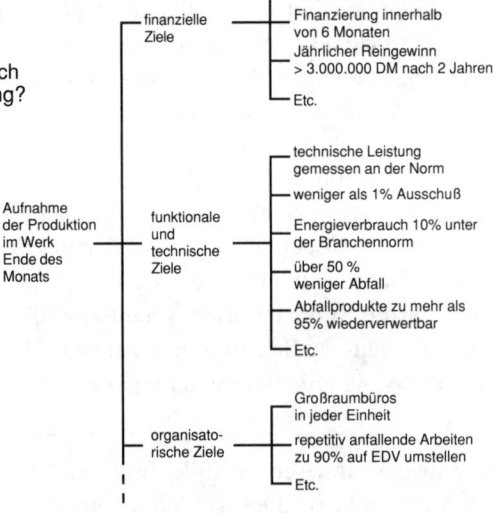

Aufnahme der Produktion im Werk Ende des Monats

finanzielle Ziele
- Kosten < 1.000.000 DM
- Investitionsrentabilität: 5% jährlich nach 2 Jahren
- Finanzierung innerhalb von 6 Monaten
- Jährlicher Reingewinn > 3.000.000 DM nach 2 Jahren
- Etc.

funktionale und technische Ziele
- technische Leistung gemessen an der Norm
- weniger als 1% Ausschuß
- Energieverbrauch 10% unter der Branchennorm
- über 50 % weniger Abfall
- Abfallprodukte zu mehr als 95% wiederverwertbar
- Etc.

organisatorische Ziele
- Großraumbüros in jeder Einheit
- repetitiv anfallende Arbeiten zu 90% auf EDV umstellen
- Etc.

Vorteile:	Nachteile:
● Klare Ziele ● Erleichtert die Aufgabenkoordinierung und -verteilung	● Reduktionistisch und meist rein quanitativ ● Erschwert Initiativen

III. Projektauslösung

Nachdem das Problem erfaßt und die Ziele definiert worden sind, kennt man sowohl den augenblicklichen als auch den angestrebten Zustand. Ausgehend von den Rahmenbedingungen der Problemsituation sollte man sehr genau prüfen, ob man wirklich einen Reorganisationsprozeß auf Unternehmens- oder Abteilungsebene in Gang setzen möchte, bevor man über die notwendigen strukturellen und personellen Ressourcen entscheidet. Denn bei jedem Problem – sei es nun finanzieller, geschäftspolitischer oder organisatorischer Art – können zunächst einmal Maßnahmen zu dessen Lösung ergriffen werden. Die Frage ist nur, ob sich deren Ausführung für das Unternehmen auch lohnt (vgl. Kriterien für eine potentielle Projektstudie).

a) Einfache oder komplexe Problemsituation

Im täglichen Leben und erst recht im Berufsalltag stoßen wir immer wieder auf zwei verschiedene Arten von Problemen. Die einen sind einfach gelagerte Probleme, die verlangen, daß man sich mit dem Sachverhalt gründlich auseinandersetzt, wobei manchmal eine zusätzliche Qualifikation oder die Hilfe eines Spezialisten erforderlich ist. Das Ausfüllen der Steuererklärung, Reparaturen am Auto oder die Einstellung einer temporären Arbeitskraft als Ersatz für die Sekretärin gehören zu den „Problemen", die wir ohne fremde Hilfe bewältigen können. Wir brauchen nur das nötige Geld und die nötige Zeit. Die anderen, die komplexen Problemsituationen, verändern sich rasch und schließen Personen ein, auf deren Reaktionen wir keinen Einfluß haben. Infolgedessen kann man nur Vermutungen anstellen, sich informieren und Szenarien entwickeln, wenn man an der Börse spekuliert, seinen Kindern Nachhilfeunterricht erteilt oder auf dem japanischen Markt Fuß fassen möchte. Die Ungewißheit wird sich dabei jedoch unabhängig von den eingesetzten Mitteln nie beseitigen lassen.

Organisatorische Probleme sind selten einfach. Andererseits gehören sie für manche Mitarbeiter zum täglichen Aufgabengebiet. Wenn der Zweigstellenleiter einer Bank plötzlich gezwungen ist, die Arbeit eines abwesenden Mitarbeiters auf die anderen zu verteilen, stößt er eventuell auf Schwierigkeiten, die er aber relativ einfach bewältigen kann. Bevor die gleiche Bank jedoch die Umstellung auf ein anderes Datenverarbeitungssystem und damit verbunden eine allgemeine Neufestlegung der Aufgabeninhalte beschließt, hat sich zuvor ein kompetentes Projektteam, das im Ernstfall den Zweigstellenleitern beratend zur Seite stehen könnte, Gedanken über die Verteilung der Aufgaben in den einzelnen Zweigstellen gemacht. Der Reorganisationsprozeß oder einfacher ausgedrückt die Evolution der Organisation kann offensichtlich auf verschiedenen Ebenen stattfinden. Daher können Problemsituationen, die für die eine Ebene Anlaß für ein Projekt oder eine genauere Analyse sind, für die nächsthöhere Ebene völlig einleuchtend sein. Wenn wir von der Projektauslösung sprechen, sollten wir dies unter Berücksichtigung der Entscheidungsebenen tun.

Die Umstrukturierung einer Organisation ist eine komplexe Aufgabe, deren Bewältigung die Abgrenzung der davon betroffenen und dafür verantwortlichen Hierarchieebenen voraussetzt, die dann über die Durchführung des Projekts entscheiden.

b) Machbarkeit und Nutzen

Machbarkeit des organisatorischen Wandels hat nichts damit zu tun, ob dieser möglich ist oder nicht. Wenn einem auch nicht immer alles gelingen mag, so kann man es doch zumindest versuchen. Es geht hier vielmehr um die Frage, ob der Wandel „nützlich" und mit dem Bezugsrahmen, den übergeordneten Werten und Normen des Unternehmens, und der jeweiligen Branche vereinbar ist. Stehen die erforderlichen Mittel in angemessenem Verhältnis zum erhofften Nutzen? Liegen die angestrebten Ziele auf einer Linie mit der Unternehmenspolitik? Dabei handelt es sich nicht nur um rein finanzielle Fragen. Ein Projekt soll nicht nur Gelder verschlingen, sondern soll in erster Linie rentabel sein. Hierbei ist wesentlich, was das Unternehmen unter Rentabilität verstehen will. Manche Unternehmen verfolgen ausschließlich finanzielle Ziele: „Jede Investition muß innerhalb von 18 Monaten einen Return on Investment in Höhe von 3% abwerfen." Anderen geht es dagegen eher um das Image: „Wir sind für jede Investition, die eine Qualitätsverbesserung unserer Produkte ermöglicht", oder um die Geschäftspolitik: „Wir wollen auf dem osteuropäischen Markt Fuß fassen." Der Verantwortliche muß also Kriterien für die Entscheidung über die Durchführung des Projekts festlegen. Bei ihrer Auswahl muß er die Unternehmenspolitik, die externen Einflußgrößen – Gesetze, Umwelt, Wettbewerbssituation usw. – sowie seine eigenen Vorstellungen über die Art und Weise der Einflußnahme auf das Umfeld berücksichtigen. Danach überprüft er das Projekt auf seine Durchführbarkeit hin, bevor er sich schließlich dafür oder dagegen entscheidet. Ungeachtet der Machbarkeit muß man sich natürlich auch die Frage stellen, ob das Projekt wirklich erforderlich ist. Es wäre äußerst kontraproduktiv, einen so kostspieligen Prozeß in Gang zu setzen, wenn davon nur ein geringer Teil der Unternehmensaktivitäten profitieren würde.

> **Ein Reorganisationsprojekt wird immer dann in Angriff genommen, wenn sich dadurch die Organisationsstruktur besser mit den Unternehmenszielen (finanziellen, sozialen, leistungsbezogenen oder technologischen) in Einklang bringen läßt und die dafür vorgesehenen Mittel und Wege mit den betrieblichen Werten und Normen vereinbar sind.**

IV. Projektdurchführung

Nachdem man sich für die Durchführung eines Projekts entschieden hat, besteht der nächste – wichtige – Schritt in der Auswahl der Angehörigen des Projektteams. Denn auch das beste Projekt kann nur dann erfolgreich durchgeführt werden, wenn die richtigen Leute dafür ausgewählt wurden. Wie wichtig die Wahl des Projektteams ist, sieht man an den möglichen Katastrophen. Die NASA, die chemische Industrie oder die Atomindustrie müssen aufgrund ihres besonders gefährlichen Betätigungsfelds ständig auf Sicherheit bedacht sein, um die nicht gerade geringen potentiellen Gefahren abzuwenden, und außerdem Rechenschaft über ihre Aktivitäten ablegen. Der Erfolg eines Unternehmens ist das Ergebnis jahrelanger Forschung und Entwicklung, und Großprojekte können bereits an Mißverständnissen scheitern. Hätte man nicht *vor* der Explosion der Raumfähre „Challenger" auf den Ingenieur hören können, der in seinem Bericht bereits auf die Gefahr eines Versagens der Kunststoffdichtungen an den Treibstoffraketen hingewiesen hatte? Hatte er innerhalb der NASA eventuell nicht genügend Gewicht (vgl. Regester, 1990)? Auf unserem Gebiet verhält es sich genauso: Die beste Idee ist zum Scheitern verurteilt, wenn ihre Verwirklichung der falschen Person obliegt – mag diese in ihrem Fach auch noch so kompetent sein – oder wenn diejenigen, die an den Schlüsselpositionen sitzen, ausgeschlossen werden. Es stellen sich daher zwei Fragen: Wen soll man mit der Durchführung einer Reorganisation beauftragen, und wie wählt man Leute aus, die von ihren Fähigkeiten her der Aufgabe gewachsen wären?

a) Festlegen der zu besetzenden Funktionen

In vielen Fällen hat man sich nie die Frage gestellt, wer alles für die Projektdurchführung gebraucht wird. Viele Unternehmen handeln daher in bewährter Manier, ohne sich Gedanken zu machen, welche Arten von Funktionen überhaupt besetzt werden müssen, während auf die Auswahl der einzelnen Personen Stunden verwendet werden. Einige Firmen übertragen diese Aufgabe einem Projektteam der Abteilung „Organisation und Logistik". Andere ziehen einen externen Berater hinzu, mit dem sie regelmäßig zusammenarbeiten, oder auch einen betriebsinternen Spezialisten, der für solche Aufgaben zuständig ist. Gegebenenfalls wird ein Qualitätszirkel eingerichtet, sofern diese Praxis im Unternehmen verbreitet ist. Eventuell nimmt das Umfeld der neu zu organisierenden Einheit das Problem aber auch gar nicht wahr, weil der Umstrukturierungsprozeß von Anfang bis Ende vom Leiter der betroffenen Einheit in die Hand genommen wird.

Unabhängig vom Umfang der geplanten Reorganisation und der davon betroffenen Ebene kann man also entweder allein oder im Team agieren, mit oder ohne Hilfe interner oder externer Spezialisten. Da verschiedene Funktionen besetzt werden müssen, ist es auch für Unternehmen mit einer gewissen Routine in diesem Bereich empfehlens-

Prinzip:
Die Kriterienliste für Projektstudien gibt auf der Grundlage unterschiedlich gewichteter Kriterien Aufschluß darüber, ob ein Projekt nötig ist oder nicht. Sie enthält außerdem Angaben darüber, inwieweit das Unternehmen überhaupt zur Durchführung eines organisatorischen Wandels in der Lage ist und welchen Zwängen es unterliegt.

Anwendung:
bei Analysen, als Entscheidungshilfe bei Überlegungen über die Fortsetzung eines Projekts, in der Vorbereitungsphase und bei der Ausarbeitung der Handlungspläne, zur Beurteilung, ob ein Projekt wünschenswert, vernünftig, dringend erforderlich und zu verkraften ist.

Vorgehensweise:
Wenn möglich Arbeitsgruppen bilden; die für die Vorabanalyse relevanten Faktoren auswählen und gewichten; ausgewählte Kriterien in Frageform formulieren, um anhand der Antworten ein qualitatives Urteil abgeben zu können; Auswahlantworten festlegen; Gewichtung mit der Beurteilungsnote multiplizieren und Endsumme ausrechnen.

Faktoren	Gewichtung			Kriterien	Beurteilungsnote				Gewichtung x Beurteilungsnote
	1	2	3		1	2	3	4	
Umfang				Erlaubt die bestehende Organisation die eigene Durchführung des Projekts?	75-100%	50-74%	25-49%	0-24%	
Know-how				Kann man sich auf Erfahrungen stützen?	75-100%	50-74%	25-49%	0-24%	
Betroffene Einheiten				Wie viele Einheiten sind an der Projektdurchführung beteiligt?	0-24%	25-49%	50-74%	75-100%	
Anforderungen				Kosten? Termin? Anforderungen an die Leistungsbereitschaft?	unwesentlich	gering	durchschnittlich	hoch	
Bedeutung				Wirkt sich das Projekt auf Gewinn und Wettbewerbsfähigkeit aus?	sehr gering	gering	durchschnittlich	hoch	
Dringlichkeit				Steht der Fortbestand des Unternehmens auf dem Spiel?	klein	schwach	mittel	hoch	
Risiken				Welche Folgen hätte ein Scheitern (d. h., Ziele sind nicht realisierbar)?	vernachlässigbar	gering	mittel	hoch	
Häufigkeit				Wird das gleiche oder ein ähnliches Projekt öfter durchgeführt werden?	ja	wahrscheinlich	eher nicht	nein	
Kostenauswirkungen				Kann das Unternehmen den finanziellen Mehraufwand verkraften?	nein	eher nicht	wahrscheinlich	sicher	
								Endsumme	

Endsumme > 36 Punkte heißt im allgemeinen, daß ein Projekt ins Auge gefaßt werden kann.

Aus den Unterlagen des Projektmanagement-Seminars, BWI, Eidgenössische Technische Hochschule Zürich, 1987

wert, das Problem aufs Neue durchzudenken. Denn bevor man sich mit dem Persönlichkeitsprofil derjenigen beschäftigt, denen gegebenenfalls die Aufgaben übertragen werden, sollte man erst einmal die zu besetzenden Posten als Managementinstrumente, als Mittel zum Zweck betrachten, denn jede einzelne Funktion – Projektleiter, Manager, interner oder externer Berater, Arbeitsgruppenmitglied – trägt auf ihre Weise zur Durchführung des Projekts bei, wobei dieser Beitrag je nach Situation von unterschiedlich großem Nutzen sein kann.

Ebensowenig wie ein Arbeiter ständig Kreuzschlitzschraubenzieher oder Achtkantschlüssel benutzt, müssen auch wir uns in unseren Entscheidungen nach den Erfordernissen der Situation und unseren Zielen richten. Welche Funktion wann und für welche Art von Umstrukturierung wichtig ist, hängt von unseren Strategien, Wertvorstellungen, Arbeitsmethoden, Technologien, Machtverhältnissen, Systemstrukturen und Verfahrensweisen ab, und zwar sowohl von den bestehenden als auch von den für die Zukunft angestrebten.

1. Einfluß der Technologie auf die Projektdurchführung

Zunächst müssen zwei Fragen beantwortet werden, die weitgehend unabhängig voneinander zu betrachten sind: Soll der organisatorische Wandel auf dem Einsatz neuer Technologien aufbauen? Nach welchen Methoden soll die Veränderung erfolgen?

Ist die Reorganisation zumindest teilweise durch die Einführung neuer Technologien bedingt, kommt manchen Funktionen besondere Bedeutung zu. Waren neue Maschinen (mechanische oder elektronische) für eine bestimmte Einheit zu beschaffen, hat man zum Beispiel lange geglaubt, man brauche einfach nur das Beste zu kaufen, zu reorganisieren und schließlich noch das Personal entsprechend zu schulen. Meistens wurde ein Spezialist, der sich mit der neuen Technologie auskannte, mit diesen Fragen betraut. Aber zahlreiche Erfahrungen und Mißerfolge haben bewiesen, daß ein gutes Gerät, das von den zukünftigen Anwendern akzeptiert wird, besser ist als ein ultramodernes Hochleistungsgerät, das entweder gar nicht oder falsch benutzt wird. Es ist daher äußerst wichtig, daß diejenigen, die die neue Maschine benutzen sollen, an den Überlegungen über die zukünftigen Strukturen und Verfahrensweisen beteiligt sind, ja sogar an der Entscheidung darüber, welche Maschine schließlich gekauft wird. Man denke nur an die Werbung von Apple: Der beste PC ist weder der leistungsfähigste noch der mit dem schnellsten Prozessor, sondern derjenige, den alle benutzen wollen. Wer heute auf der Grundlage neuer Technologien reorganisieren will, muß die zukünftigen Anwender an der Entscheidung teilhaben lassen, nicht nur, damit die Maschine später auf weniger Ablehnung stößt, sondern auch, damit die Mitarbeiter Gelegenheit haben, ihre eigenen Bedürfnisse, Lösungsvorschläge und Ideen in bezug auf den Umgang mit der neuen Technik einzubringen. Man begeistert die Mitarbeiter nicht für eine Neuerung, indem man sie ihnen aufzwingt, sondern indem man die Betroffenen in den Entscheidungsprozeß einbezieht. In Frankreich wird diese Praxis zum Teil vom Gesetzgeber unterstützt, wenn auch aus anderen Gründen. Immerhin sind in Frankreich vor der Einführung neuer Technologien Gespräche mit den Gewerkschaftsvertretern zwingend vorgeschrieben.

Eine weitere wichtige Funktion ist die des Beraters. Ob intern oder extern, er muß sozusagen die Verbindung zwischen den Menschen und der Maschine sein, das heißt für ein möglichst harmonisches Miteinander sorgen, und das trotz des Änderungswiderstands derjenigen, deren Arbeitsinhalt plötzlich ganz anders aussehen soll. Er kann den Mitarbeitern zu mehr Aufgeschlossenheit gegenüber den neuen Technologien verhelfen und gleichzeitig die Änderungswünsche der zukünftigen Benutzer an die Spezialisten oder Konstrukteure weitergeben. Seine Aufgabe besteht also unter anderem darin, den Mitarbeitern bei der Formulierung ihrer Bedürfnisse zu helfen und sie mit dem neuen Gerät vertraut zu machen. Für diese Funktion sind Führungseigenschaften weniger wichtig. Man muß vielmehr zuhören und weiterleiten können. Ohne die Unterstützung des Beraters stünde der Mensch der Maschine womöglich wie einem Feind gegenüber. Dies wurde vor einiger Zeit in einem Experiment von den Mitarbeitern des Labors für Anomalienforschung an der Universität Princeton, New Jersey, näher untersucht. Dabei stellte sich heraus, daß sogar die angebliche objektive Neutralität der Maschine vom Menschen beeinflußt werden kann. Folgendes wurde beobachtet: Ein Computer simulierte auf dem Bildschirm das Werfen einer Münze, ohne daß der davor sitzende Mensch irgendeinen Einfluß auf das Geschehen hätte nehmen können. Wie oft die eine oder andere Seite der Münze oben lag, wich nach mehreren hunderttausend Würfen von der theoretischen Wahrscheinlichkeit von 50 zu 50 ab und war außerdem von Testperson zu Testperson verschieden. Bei Herrn X lag „Kopf" in 50,2%, bei Frau Y dagegen in 49,9% aller Fälle oben. Uns mag der Unterschied gering erscheinen, statistisch ist er jedoch relevant. Die Einstellung des Menschen zur Maschine sollte also nicht unterschätzt werden, vor allem nicht im Unternehmenskontext, denn die Maschine wird ja vom Menschen bedient. Der Berater ist daher eine Art Vermittler, der für eine positive Einstellung gegenüber der neuen Technologie sowie ihren nutzbringenden Einsatz sorgen soll.

Betrachten wir ein ähnliches, weniger materielles Problem: Man darf nicht vergessen, daß Reorganisation ohne eine Methode, eine Technik undenkbar ist. Wenn diese auch dem Berater oder Manager, der sie anwendet, vertraut sein mag, so kann sie dennoch in einigen Fällen dem Mitarbeiter, der oft gar nicht weiß, warum überhaupt reorganisiert wird und warum gerade auf diese Weise, völlig undurchsichtig erscheinen. Und genau hier kann der Projektleiter vermittelnd eingreifen, was einen großen Teil seiner Bedeutung ausmacht. Ebenso wie der Berater Vermittler zwischen Mensch und Maschine sein kann, vermittelt der Projektleiter häufig zwischen den Betroffenen und dem Berater. Er muß einerseits darauf achten, daß seine Kollegen mit der Zeit die neue Vorgehensweise verstehen und nach erfolgreichem Lernprozeß übernehmen, andererseits aber auch darauf, daß die neue Methode weder linear noch um jeden Preis umgesetzt werden muß. Er muß sich für die Beibehaltung des Bezugsrahmens, der Arbeitsgewohnheiten und der Wertvorstellungen der betroffenen Einheit einsetzen, damit der Berater wenn schon nicht die von ihm geplanten Maßnahmen, so doch zumindest die Fristen und die Vorgehensgeschwindigkeit noch einmal überdenkt.

INTERNER ODER EXTERNER BERATER?

Prinzip:

Der – interne oder externe – Berater soll Einfluß auf die Systemmitglieder oder die gesamte Organisation nehmen, besitzt jedoch in der Regel nicht die Kompetenzen, über Änderungen zu entscheiden oder sie auch durchzuführen und durchzusetzen. Das Unternehmen muß sich – sofern die Wahlmöglichkeit besteht – entscheiden, ob es einen externen Berater einstellt oder lieber einen Mitarbeiter bittet, für die Dauer des Projekts die Beraterrolle zu übernehmen. Letzterer hat den Vorteil, die Firma bereits zu kennen, dafür kann ersterer eher neue Ideen einbringen.

Anwendung:

beim Ermitteln und Bewerten der Bedürfnisse, zum Bestimmen der Ziele und bei der Lösungssuche; als begleitende Maßnahme in der Durchführungsphase und zur Fortschrittsbewertung.

Der interne Berater	**Der externe Berater**
Vorteile	**Vorteile**
• Ist eher langfristig tätig und permanent anwesend.	• Ist durch seinen Status „geschützt" und keinerlei Druck „von oben" ausgesetzt.
• Ist unerläßlich bei häufig wiederkehrenden Problemen	• Hat oft einen unparteiischen Standpunkt.
• kann schnell handeln, da verfügbar.	• Stellt seine speziellen Kenntnisse und Fähigkeiten kurzfristig und effizient in den Dienst des Unternehmens.
• Mitarbeiter fassen schneller Vertrauen zum internen Berater, da er derselben Firma angehört und für dieselben Werte eintritt.	• Ist in seiner zeitlichen Verfügbarkeit nicht eingeschränkt und besitzt oft wertvolle Informationen aus dem Kreise seiner Partner oder aufgrund von Erfahrungen.
• Erkennt leichter die Bedürfnisse des Unternehmens.	• Muß nicht unbedingt Rücksicht auf die Unternehmenspolitik nehmen.
• Erleichtert die Zusammenarbeit in Unternehmen, die darauf bedacht sind, daß keine heiklen betrieblichen Informationen nach außen dringen.	• Hat einen bestimmten Auftrag und wird oft auf höchster Ebene tätig.
Nachteile	**Nachteile**
• Kann aufgrund bestimmter Einflüsse oder Interessen leicht parteiisch werden.	• Das Hinzuziehen eines externen Beraters verändert häufig die Problemsituation.
• Hat nicht immer einen klar definierten Status und kann sich nicht so leicht dem Druck seiner Vorgesetzten entziehen.	• Das Vertrauen, das man dem externen Berater eigentlich entgegenbringen sollte, wird oft von der Angst vor dem Ungewissen überschattet. Vertuschung und Täuschung können zur Regel werden.
• Muß sich eventuell an eine vorgegebene Politik halten.	• Da der externe Berater den Betriebsalltag meist nicht miterlebt, erkennt er auch nicht unbedingt die Ursachen für Ungewißheit oder Spannungen.
• Häufige Übernahme von Beraterfunktionen kann die zeitliche Verfügbarkeit einschränken.	• Die zeitlich befristete Tätigkeit birgt die Gefahr in sich, daß die Empfehlungen des Beraters von den betrieblichen Machtzentren nicht mehr beherzigt werden, sobald der Berater die Firma verlassen hat.
	• Eventuell können sich die Betriebsangehörigen nicht mit den Lösungsvorschlägen des Beraters identifizieren, was zu verstärktem Änderungswiderstand führen würde.

Das mag zum Teil so klingen, als solle man den Weg des geringsten Widerstands gehen, zumal dazu geraten wird, die Technologie dem Menschen anzupassen, aber vergessen wir nicht, daß diese Anpassung ein kontinuierlicher, auf Gegenseitigkeit beruhender Prozeß ist. Technologischer Fortschritt ist vor allem aus Wettbewerbsgründen ein Muß geworden. Es geht also um die Wege, die man in diesem Bereich beschreitet, wobei zu beachten ist, daß Fortschrittlichkeit im technologischen Bereich wichtiger ist als die Bewahrung des Bewährten.

> **Wenn es um die technologischen Aspekte der Reorganisation geht, müssen diejenigen, die später mit den neuen Technologien umzugehen haben, unbedingt am Überlegungsprozeß beteiligt sein.**

2. Einfluß der Strategie auf die Projektdurchführung

Wir haben bereits erwähnt, daß auch die Wahl neuer Strategien ein Reorganisationsfaktor sein kann. Ob man nun eine Kostensenkung, mehr Kundennähe, größere Entfaltungsmöglichkeiten für die Mitarbeiter oder den Vorstoß in einen neuen Produkt- oder Marktbereich anstrebt, eine der wichtigsten Funktionen in diesem Prozeß ist die des Projektleiters. Damit verliert auch das Projektteam nicht an Wichtigkeit, zumal es für die Internalisierung der neuen Ziele sorgt. Außerdem liefert einem der ständige Gedankenaustausch viele interessante Anregungen. Gleichzeitig kann der Berater dabei helfen, Verbindungen zwischen dem Expliziten, den Strategien, und dem Impliziten, den daraus sich ergebenden neuen Verhaltensweisen, herzustellen oder aufzuzeigen. Aber der Garant für die Beibehaltung des gewählten Kurses ist und bleibt der Projektleiter. Er ist das Bindeglied zwischen den strategischen Entscheidungen und den Angehörigen seines Teams, die für die Bewertung und Umsetzung zuständig sind. Er muß die Richtung weisen und die Ziele immer wieder neu erläutern, da zwangsläufig jede Menge unterschiedliche Vorschläge kommen, sobald bekannt wird, daß eine Kursänderung geplant ist. Er ist in gewisser Weise ein Hüter der „unternehmerischen Gesetze", das heißt der Strategien, denn er muß ständig darauf achten, daß die Reorganisation auch in die gewünschte Richtung verläuft. Insofern bildet die Position eine ideale Aufgabe für Mitarbeiter von Linieninstanzen, die aufgrund ihrer Tätigkeit den Unternehmensalltag relativ genau kennen und obendrein regelmäßig über die Entscheidungen der Führungsspitze informiert werden. So wäre es zum Beispiel naheliegend, die Durchführung einer durch eine neue Marketingstrategie bedingten Reorganisation einer Führungskraft der betroffenen Abteilung zu übertragen, die weiß, was die neue Strategie im einzelnen für den Betrieb bedeutet, warum man sich für sie entschieden hat und wie man sie am besten umsetzen kann.

> **Die strategischen Aspekte eines organisatorischen Wandels sollten möglichst dem Projektleiter überlassen werden; die Klärung dieser Fragen zählt zu seinen Hauptaufgaben.**

230

3. Einfluß der Unternehmenskultur auf die Projektdurchführung

Nicht selten bringt die Einführung neuer Technologien oder Strategien und die damit verbundene Reorganisation eine – zumindest partielle – Veränderung der Kultur des Unternehmens oder des betroffenen Subsystems mit sich. Doch auch wenn diese Faktoren alle eng miteinander verknüpft sind, kommt es, wie wir gesehen haben, auch vor, daß man mit dem expliziten Ziel reorganisiert, im Unternehmen ein neues Wertesystem, einen neuen Bezugsrahmen und neue Verhaltensweisen zu schaffen. So kann sich die Unternehmensleitung zum Beispiel die Förderung der Kommunikation und die Einbeziehung der Mitarbeiter der unteren Ebenen in den Problemlösungsprozeß – eventuell in Form von Teamarbeit – als Ziel gesetzt haben. Sie könnte auch beschließen, von einem autoritären zu einem partizipativen Führungsstil überzugehen. An dieser Stelle sollte man sich vielleicht ein wenig näher mit der Rolle des oder der Manager beschäftigen. Man darf nicht vergessen, daß eine auf Kulturveränderung abzielende Reorganisation weiter geht als eine rein technologische, bei der sich vor allem die Arbeitsmethoden ändern, oder eine strategisch bedingte, bei der sich der Zweck der Handlungen ändert. Eine Änderung der Unternehmenskultur betrifft unmittelbar die Werte der Arbeit. Die alten Handlungskriterien „gut" und „schlecht" bekommen eine andere Bedeutung, und die Handlungen werden unter einem ganz neuen Gesichtspunkt betrachtet. Es geht nicht mehr darum, ein mit anderen Verfahren hergestelltes Produkt zu verkaufen oder es an jemand anderen zu verkaufen, sondern vielmehr darum, auf andere Art und Weise zu verkaufen. Der Mensch lernt ziemlich schnell, dasselbe Produkt mit anderen Werkzeugen oder Maschinen oder auch ein völlig neues Produkt herzustellen. Dagegen kann er sich nur schwer damit abfinden, daß er künftig zusammen mit anderen Werten arbeiten soll. Eine Änderung der Werte und Normen erfordert daher immer ein hohes Maß an Geduld, ein Ablösen von „Bewährtem" und vor allem ein ständiges Vor-Augen-Halten des neuen Bezugsrahmens. In diesem Feld sind Manager sowohl auf Unternehmens- als auch auf Abteilungsebene besonders wichtig. Sie müssen überall dort, wo Chaos zu herrschen scheint, den Weg weisen und die Ziele aufzeigen. Man sollte jedoch nicht vergessen, daß dies lediglich *eine* – nicht immer vorhandene – Möglichkeit der Motivierung ist. Außerdem darf sie nicht „aufgepfropft" werden, da sonst jegliche Individualität der Mitarbeiter verlorenginge und damit auch die Aufgeschlossenheit gegenüber neuen Strategien. Handlungen und Verhalten des Managers müssen in erster Linie schlüssig sein, damit sie in Zeiten der Orientierungslosigkeit ihren Zweck als Orientierungshilfe erfüllen. Der Manager gibt die Richtung vor, und die Mitarbeiter versuchen, sie mit ihren persönlichen Wertvorstellungen in Einklang zu bringen. Ein Manager kann unmöglich alles gestalten und überwachen, aber er muß zumindest Klarheit in bezug auf seine Wertvorstellungen schaffen, denn man erwartet von ihm, daß er im Unternehmen lenkend handelt.

> **Den kulturellen Aspekten der Reorganisation sollten möglichst jenen Mitgliedern Rechnung tragen, die für die Festlegung der Normen des Unternehmens oder eines Subsystems und ihre eventuelle Änderung zuständig sind, das heißt die oberen Führungskräfte.**

Nur selten wird die Umverteilung der Macht explizit als Grund für eine Reorganisation angeführt. Aber was der Unternehmensleitung auch immer als Vorwand dient – mehr Freiraum für die Forschung, Arbeitsteilung oder Teamwork –, die vorgebrachten strategischen Gründe lassen meist den Willen erkennen, zum Beispiel Innovationen nicht mehr von den möglicherweise etwas einseitigen Ansichten eines Produktmanagers abhängig zu machen, die Omnipotenz mancher innovationsfeindlicher Spezialisten abzubauen oder offensichtlich blockierte Kommunikationswege zu öffnen. Man muß dabei verstehen, daß wir hier nicht von den Menschen sprechen, sondern von den Funktionen als solchen. Kommen wir noch einmal auf unsere Beispiele zurück. Jeder weiß, daß es nur allzu menschlich ist, wenn ein Produktmanager in erster Linie an seine engeren Mitarbeiter denkt, wenn ein Spezialist vor allem Kapital aus seinen Fachkenntnissen schlagen und anerkannt sein möchte oder wenn jemand an verantwortungsvoller Stelle bestimmte Informationen aus Angst vor den eventuellen katastrophalen Folgen zurückhält. Aber der menschliche Aspekt ist nun einmal nicht mit nutzenbringend für das Unternehmen gleichzusetzen. Letzteres Verhalten zeugt nicht von einer ganzheitlichen Denkweise, sondern geht auf rein individuelle, partikulare Überlegungen und Interessen zurück. Aufgabe der Manager ist es, darauf zu achten, daß das System solche Alleingänge nicht auch noch begünstigt. Die Organisationsstruktur ist entsprechend zu gestalten. Eine Reorganisation hat immer eine umfassende Neuverteilung der Macht zum Ziel und wird nicht nur wegen einer Einzelperson durchgeführt, die man überzeugen, versetzen oder schlimmstenfalls entlassen könnte, statt unüberlegt einen langwierigen, kostspieligen Prozeß in Gang zu setzen.

Da eine Reorganisation zahlreiche Personen und Funktionen in Frage stellt, wird sie von den Mitarbeitern oft als Angriff auf ihre Individualität empfunden. Das ist keineswegs nur eine Abwehrreaktion. Wer so reagiert, projiziert das Problem in den zwischenmenschlichen Bereich, statt einzusehen, daß es sich um ein Mißverhältnis in der Kompetenzverteilung handelt. Es ist wichtig zu akzeptieren, daß derartige Reaktionen vorkommen. Aufgrund der vielfältigen informellen Beziehungen entstehen sowohl Sympathien als auch Antipathien. Die Machtverhältnisse können sogar zu einem Politikum werden (vgl. Pfeffer, 1981), wenn die Reorganisation zu Konflikten führt, die durch einen mangelnden Konsens in bezug auf die Ziele, die Interdependenzen zwischen den Subsystemen oder die Erkenntnis, daß nicht genügend Ressourcen zur Verfügung stehen und die bestehenden Technologien durch die Reorganisation gefährdet werden könnten, noch verstärkt werden. Eine Reorganisation zur Neuordnung der Machtverhältnisse ist insofern riskanter, als sie die Führungsspitze vor wichtige Entscheidungen stellt. Bevor man eine solche Maßnahme ins Auge faßt, sollte man erstens für möglichst große Offenheit und Klarheit in der Kommunikation sorgen und zweitens darauf achten, daß diejenigen, die die Umstrukturierung durchführen sollen, wirklich „neutral" sind. Um welche Funktionen es auch immer gehen mag – Manager, Projektleiter, Arbeitsgruppen, Spezialisten, interne oder externe Berater –, die Personen, die man dafür auswählt, sollten in erster Linie eine große Distanz und Objektivität besitzen. Selbst wenn die herangezogenen Leute nach einem Kompromiß suchen, der ohne klare Linie bleibt und letztlich für keinen Beteiligten befriedigend ist, sollte dies nicht als ein Aufgeben der ursprünglichen Ziele intepetiert werden. Man muß begründen können, warum gerade dieses Team mit der Umstrukturierung betraut wurde, und versuchen, ein in sich kohärentes Team zusammenstellen, damit nicht unnötig der Eindruck entsteht, man habe eine Fehlentscheidung getroffen. Das Team muß daher neben der Erledigung seiner eigentlichen Aufgabe den anderen Mitarbeitern einen Bezugsrahmen, seine Werte und seine Entscheidungskriterien vermitteln können, damit die Betroffenen das „Wie" und „Warum" seines Handelns nachvollziehen können. Dies gilt um so mehr, als es von sich behauptet, dem Ganzen neutral gegenüberzustehen.

Natürlich besteht auch die Möglichkeit, überhaupt nicht zu kommunizieren und die Reorganisation jemandem anzuvertrauen, der im Betrieb für eine klare Handschrift bekannt ist und sich vermutlich nicht gerade um Objektivität bemühen wird. Das führt jedoch zwangsläufig zu Änderungswiderständen, die bei solchen Prozessen ohnehin schon zur Genüge auftreten. Im Falle einer Umverteilung der Macht eignet sich ein externer Berater besonders gut als *Change Agent*, auch wenn man diesem eventuell mit Mißtrauen begegnet. Er unterliegt häufig weniger betriebsinternen Einflüssen und Machtverhältnissen.

> **Eine Reorganisation der Machtstruktur muß mit einem Höchstmaß an Kommunikation und Objektivität durchgeführt werden (zum Beispiel durch einen externen Berater), damit Änderungswiderstände infolge mangelnder Einsicht möglichst gering gehalten werden.**

5. Einfluß der Konfiguration auf die Projektdurchführung

Der einzige Fall, der gemäß unserem Modell noch fehlt, ist die durch eine Disfunktionalität der Unternehmenskonfiguration bedingte Reorganisation. Auch wenn man sich, ohne daß die Marktsituation dies erfordern würde, für eine klarere Definition der Stellen sowie eine Änderung der betrieblichen Strukturen und Prozesse entscheidet, damit das System insgesamt flexibler und weniger bürokratisch wird und sich den zukünftigen Entwicklungen der Gesellschaft besser anpassen kann, muß man zuvor reiflich überlegen, welche Akteure in den organisatorischen Wandel einbezogen werden sollen. Da eine solche Umgestaltung unmittelbar die tägliche Funktionsweise der Organisation als Ganzes betrifft, sei es nun die einer Einheit oder einer Abteilung, muß jede einzelne geplante Maßnahme nachvollziehbar sein. Eine Reorganisation wird nahezu optimal verlaufen, wenn möglichst viele Personen, die als Änderungsvektoren fungieren, an ihrer Durchführung beteiligt sind. Das bedeutet, daß man die Erarbeitung einer neuen Organisationsstruktur nicht mehr nur einem externen Berater und einem Projektleiter überlassen darf, die mit Betroffen oder mit Spezialisten zusammenarbeiten, sondern daß man zusätzlich „Multiplikatoren" schulen und einbeziehen muß, die auf Wunsch oder Anregung der Projektleitung überall dort intervenieren, wo dies nötig sein könnte. Ihre Aufgabe ist es, dafür zu sorgen, daß der organisatorische Wandel wie geplant weiterverfolgt wird, und eventuelle Feedback-Informationen zu sammeln. Die „Multiplikatoren", bei denen es sich um interne Berater, Coaches, Teammitglieder, Spezialisten oder extra mit dieser Aufgabe betraute Mitarbeiter handeln kann, haben also abgesehen von ihrer eigentlichen Funktion noch eine weitere. Sie sind jedoch kein zusätzliches Projektteam. Im Gegenteil, da sich ein Unternehmen einen unnötig großen personellen Aufwand nicht leisten kann, werden sie dezentral in jeder neu zu strukturierenden Einheit eingesetzt, wo sie zugleich als Berater und Projektleiter fungieren.

Die Konfigurationsaspekte einer Reorganisation sind Sache der „Multiplikatoren". Ihre Aufgabe ist es, die Mitarbeiter mit den strategischen Entscheidungen vertraut zu machen und Informationen über die Akzeptanz und das Verständnis zu sammeln und zurückzumelden.

Betrachten wir die Reorganisation und ihre Hauptakteure noch einmal im größeren Kontext. Man reorganisiert nicht, um neue Verhaltensmuster zu schaffen, wenn kein entsprechendes strukturelles Ziel besteht. Ein Unternehmen, das völlig neue Strategien entwickelt, wird sich mit Sicherheit bei gleicher Gelegenheit überlegen, ob nicht auch ein Teil seiner Technologien sowie die gegenwärtigen Machtverhältnisse änderungsbedürftig sind. *Da alle diese Faktoren eng miteinander verknüpft sind, bleibt keiner von ihnen, wenn er Auslöser für eine Reorganisation ist, ohne Einfluß auf die anderen.* Alle von uns erwähnten Akteure können also theoretisch an der Umstrukturierung mitwirken. Man muß sich unter Berücksichtigung der Zielsetzungen lediglich überlegen, wieviel Gewicht und welche Kompetenzen jeder einzelne von ihnen haben soll. Die operativen, technologischen Aspekte der Reorganisation sind vor allem Sache der Mitarbeiter. Die strategischen Fragen obliegen den Führungskräften des mittleren und oberen Managements. Für die kulturellen Aspekte und die Normen ist die Unternehmensleitung zuständig. An einer Umgestaltung der Konfiguration sollten dagegen möglichst viele mitwirken, während die Änderung der Machtstruktur vor allem neutrale Personen mit klar abgegrenzten Funktionen erfordert. Alle diese Akteure müssen miteinander harmonieren, denn jeder bringt seine – zielorientierten und zweckdienlichen – Ansichten in einen schwierigen Prozeß ein. Zusammenfassend läßt sich folgendes sagen: *Die Durchführung des organisatorischen Wandels kann verschiedene Akteure einschließen. Daher müssen die Auswirkungen des Projekts auf jeden einzelnen Unternehmensbereich von vornherein klar aufgezeigt werden, damit die Betroffenen gemeinsam auf die Ziele hinarbeiten können.*

DELEGATION

Prinzip:

Delegation als Instrument der Unternehmensführung ermöglicht die Entlastung einer Führungsinstanz. Sie ermutigt die Mitarbeiter zur Übernahme von Verantwortung und läßt ihnen zugleich einen größeren Freiraum. Außerdem trägt sie zur Erweiterung der Handlungsverantwortung bei. Die Kompetenzübertragung erweist sich als um so nützlicher, je umfangreicher die Unternehmensaktivitäten werden.

Anwendung:

Delegation kommt immer dann in Betracht, wenn sich jemand verstärkt wichtigen Sonderaufgaben widmen muß und sich der Routinearbeit entledigen möchte. Ein typisches Beispiel ist das im wesentlichen auf Delegation beruhende Management by Objectives.

Vorgehensweise:

- Definieren des Ziels und Festlegen des Zeitplans.
- Delegieren interessanter Aufgaben (nicht nur solcher, die man selbst nicht erfüllen möchte).
- Bewerten, inwieweit jeder einzelne zur Zielerreichung beitragen kann.
- Genaues und verständliches Erklären der Aufgabe unter Hinweis auf den einzuhaltenden Termin.
- Festlegen der Leistungsstandards, nach denen jeder Mitarbeiter beurteilt wird.
- Überprüfen, ob der Mitarbeiter verstanden hat, was von ihm erwartet wird, indem man ihn bittet, seine Aufgabe noch einmal kurz mit eigenen Worten zu umreißen.
- Optimale Bedingungen für die Erfüllung der delegierten Aufgabe schaffen (Kenntnisse, Material, Geräte, Informationen zur Verfügung stellen; Mitarbeiter mit ausreichenden Kompetenzen ausstatten und ihm genügend Zeit lassen).
- Kompetenzen je nach Fähigkeiten auf die einzelnen Mitarbeiter übertragen.
- Mitarbeiter weder über- noch unterschätzen.
- Mitarbeiter auf die Möglichkeit hinweisen nachzufragen, wenn irgend etwas nicht klar ist oder fehlt.
- Sich an die anfangs festgelegten Regeln halten.
- Dem Mitarbeiter vertrauen und sich nicht einschalten, wenn er nicht von sich aus um Unterstützung bittet.
- Regelmäßig motivieren
- Konstruktive Kontrolle zu bestimmten, vorher angekündigten Zeitpunkten.
- Ehrliches, offenes Feedback (auch unangenehme Dinge zur Sprache bringen).
- Dafür sorgen, daß der Mitarbeiter seine Fehler selbst erkennt und korrigiert.
- Dem Mitarbeiter bei erfolgreicher Aufgabenerfüllung danken und ihn beglückwünschen.
- Beim nächsten Mal eine schwierigere Aufgabe delegieren, damit der Betroffene dazulernt.

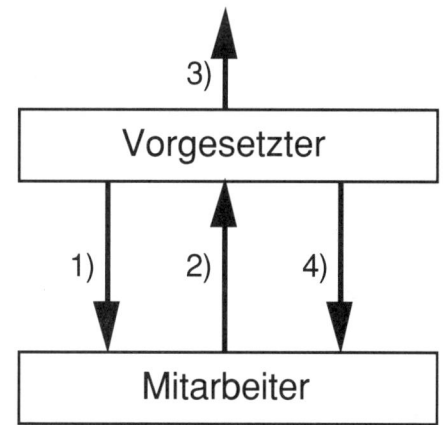

Formal gesehen gliedert sich der Delegationsprozeß in folgende vier Phasen:

1) Übertragung (begrenzter) Kompetenzen von einem Vorgesetzten auf einen Mitarbeiter.

2) Der Mitarbeiter übernimmt damit eine gewisse Verantwortung gegenüber seinem Vorgesetzten (sekundäre Verantwortung).

3) Der Delegierende trägt gegenüber seinem Vorgesetzten weiterhin die Hauptverantwortung, unter anderem auch für die Handlungen seines Mitarbeiters.

4) Der Delegierende ist für die Schulung und die Weiterentwicklung seines Mitarbeiters verantwortlich, damit dieser die ihm übertragenen Aufgaben erfüllen kann. Er muß außerdem darauf achten, daß die delegierte Aufgabe durchführbar ist, um den Mitarbeiter nicht zu entmutigen.

WIRKUNGSKREISLAUF DER DELEGATION

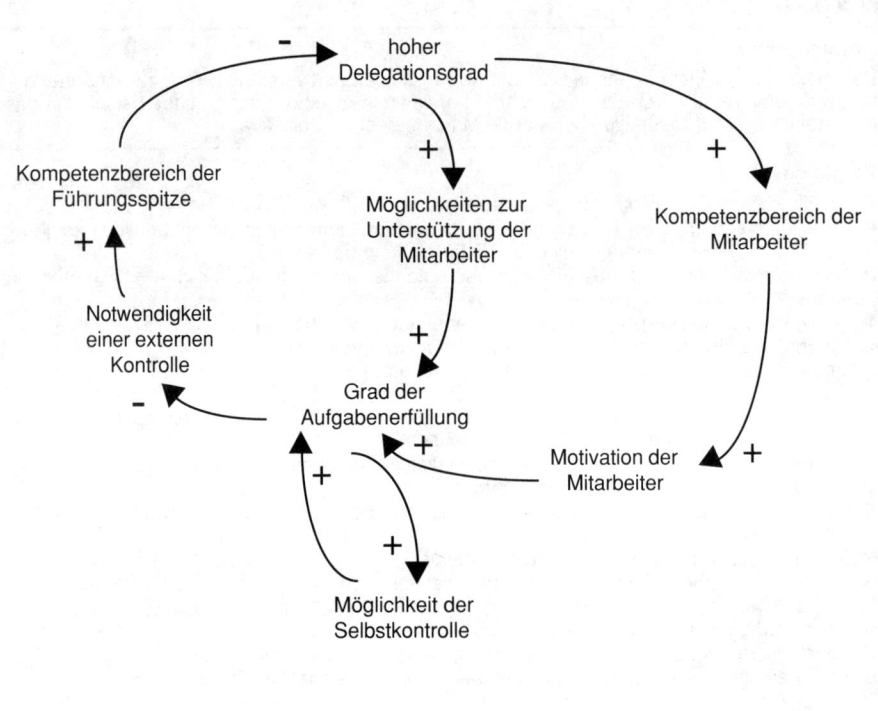

Voraussetzungen:

● Bei den Führungsinstanzen muß ein echter Wille zur Übertragung von Kompetenzen und Verantwortung bestehen.
● Die Organisation muß gegenseitiges Vertrauen und vor allem die gegenseitige Anerkennung individueller Fähigkeiten fördern.
● Schwierige Aufgaben dürfen nicht zu weit nach „unten" delegiert werden, da sonst der Mitarbeiter seiner Aufgabe womöglich nicht gewachsen ist.
● Der Mitarbeiter muß alle nötigen Informationen erhalten.

Was sich im allgemeinen nicht delegieren läßt:

● die Verantwortung für die delegierten Aufgaben gegenüber dem eigenen Vorgesetzten
● langfristige Entscheidungen
● Führungsaufgaben, Leadership
● die Kontrolle über das Ganze
● Sanktionen sowie jede Art von unangenehmer Entscheidung
● Entscheidungen von großer wirtschaftlicher Tragweite

236

b) Auswählen der Teamangehörigen

Die funktionale Rollendefinition, wie wir sie vorgenommen haben, geht Hand in Hand mit der Auswahl derjenigen, die diese Funktionen übernehmen sollen. Denn es kommt immer vor, daß jemand eine auf dem Papier genau definierte Aufgabe auf seine Weise auslegt. Daher ist die Auswahl der Akteure – seien es interne oder externe Bewerber – von größter Bedeutung.

Ob man nun einen neuen Mitarbeiter einstellen oder einen anderen versetzen möchte, damit er am Projekt mitwirken kann, die Methoden des Anwerbens und Auswählens entwickeln sich ständig weiter und lassen immer weniger Spielraum für Subjektivität. Ausschlaggebend soll nicht mehr nur der erste Eindruck sein, das heißt das Vorstellungsgespräch oder die Bewerbungsunterlagen. Heute wird vielmehr Homogenität, was Verhalten und Ansichten der Teamkollegen betrifft, großgeschrieben. Ein Hilfsmittel für die Auswahl des Projektleiters, das aber auch auf alle anderen Teamangehörigen angewendet werden kann, ist auf Seite 242 beschrieben. Wir dürfen jedoch den Kontext, das heißt die Rahmenbedingungen, nicht außer acht lassen. Bei dieser Methode handelt es sich nämlich nicht um ein „Allzweck-Mittel", sondern um ein Instrument, das mit Bedacht eingesetzt werden sollte. Wir stellen daher im folgenden zunächst eine kontextbezogene Betrachtung des Anwerbens und Auswählens von Mitarbeitern an, bevor wir uns den Kriterien bei der Auswahl des Beraters zuwenden.

1. Kontextbezogenes Anwerben von Mitarbeitern

Eines der klassischen Rekrutierungshilfsmittel ist die Stellenbeschreibung. Wie oft gibt es Anlaß zur Beschwerde, weil jemand der Aufgabe, für die man ihn eingestellt hatte, nicht zur Zufriedenheit ausführt und sein ganzes Verhalten überhaupt auf mangelnde Einsatzbereitschaft schließen läßt. Aber wer stellt sich die Frage, ob sich die Vorstellung, die sich die betreffende Person aufgrund der Stellenbeschreibung von der Arbeit gemacht hatte, mit den Erwartungen der Abteilung deckt? Damit wollen wir keineswegs für noch detailliertere Lastenhefte plädieren. Diese mögen noch so vollkommen sein, jedes Unternehmen hat nun einmal seine eigenen Vorstellungen, auch wenn es um die Erfüllung ein und derselben Aufgabe geht. Manche Banken setzen Kundenbetreuung mit dem Verweisen an die zuständigen Angestellten gleich, und unter Schalterdienst verstehen sie das Bearbeiten von Ein- und Auszahlungen sowie die Abwicklung des bargeldlosen Zahlungsverkehrs. Für andere besteht Kundenbetreuung darin, daß man nach den Wünschen der Kunden fragt, sie berät, ihre Daten speichert und gegebenenfalls an einen Kollegen weiterleitet, während zum Schalterdienst Ein- und Auszahlungen, das Einlösen von Schecks, aber auch das Hinweisen auf Anlagemöglichkeiten und, falls der Kunde Interesse zeigt, das Verweisen an den zuständigen Anlageberater zählt. Besonders in letzterem Fall hätte eine noch genauere oder konkretere Stellenbeschreibung überhaupt keinen Sinn: „Hinweisen auf Anlagemöglichkeiten" könnten einige so verstehen, daß sie etwas verkaufen sollen, während sich andere darauf beschränken, Auskünfte zu erteilen, die den Kunden möglicherweise interessieren könnten.

Der optimale Einsatz eines Rekrutierungshilfsmittels setzt daher eine kontext-, das heißt unternehmensbezogene Anwendung voraus. Schließlich geht es nicht darum, eine Maschine für eine rein mechanische Arbeit auszuwählen, sondern eine Stelle, für die ein bestimmtes Persönlichkeitsprofil erforderlich ist, mit einem geeigneten Menschen zu besetzen. So gesehen darf man die Stelle nicht als eine Aneinanderreihung von mehr oder weniger physischen Arbeitsabläufen beschreiben, sondern als Teil eines Ganzen, das heißt der Dienstleistung. Gleichzeitig muß man die *Abteilungs- und Unternehmensziele definieren, die mit der Arbeit des Stelleninhabers erreicht werden sollen.* In einer Zeit, in der Mitarbeiter kündigen, „weil das Unternehmen nicht mehr ihren Vorstellungen von Umweltschutz und Integrität entspricht", muß man ihnen die Möglichkeit geben, sich ein Bild von den Werten, Normen und Zielen ihres zukünftigen Arbeitgebers zu machen, damit keine der beiden Seiten – Arbeitgeber wie Arbeitnehmer – unnötig ihre Zeit investiert, bevor sie sich dann doch von der anderen Seite trennt.

Das gleiche gilt für die Auswahl eines Projektleiters oder der Angehörigen eines Projektteams, denn man kann sich nicht für etwas engagieren, von dessen Richtigkeit man nicht überzeugt ist. Die Projektziele müssen daher von Anfang an in aller Deutlichkeit dargelegt werden, mehr noch als die Aufgaben, die der einzelne dann später erfüllen muß.

> **Die Auswahl des mit der Durchführung der Reorganisation betrauten Teams setzt eine klare Beschreibung sowohl der Projektziele als auch der anfallenden Aufgaben voraus.**

2. Kontextbezogenes Auswählen von Bewerbern

Die Rekrutierung besteht darin, mögliche Interessenten auf eine freie Stelle aufmerksam zu machen. Als nächstes gilt es, unter all denen, die ihre grundsätzliche Bereitschaft signalisiert haben, die geeignete Person auszuwählen. Hierfür gilt fast dasselbe wie für die vorangegangene Phase. Wer heute einen neuen Mitarbeiter einstellen will, muß auf den Arbeitskontext und die Ziele mindestens genauso ausführlich eingehen wie auf die eigentliche Aufgabe. Außerdem sollte man bei der endgültigen Auswahl nicht nur die Fähigkeiten und Persönlichkeit, sondern auch die Motivation der Bewerber berücksichtigen. Hat man ein Idealprofil vor Augen, schweben einem natürlich zunächst bestimmte berufliche Kenntnisse, Fähigkeiten und Erfahrungen vor, die der Bewerber vorweisen muß. Eine Sekretärin sollte dreisprachig sein. Bewerber für einen verantwortungsvollen Posten sollten mindestens eine dreijährige Erfahrung im Ausüben von Führungsfunktionen haben. Aber oft reichen Fachkenntnisse allein nicht aus. Wie oft haben Personalchefs schon bedauert, einen Bewerber ablehnen zu müssen, weil er leider nicht allen Anforderungen entsprach, ihnen jedoch aufgrund seiner Einstellung, seines Charakters und seiner dynamischen Persönlichkeit weitaus geeigneter schien als die anderen Bewerber. Das wirft natürlich die Frage nach der Gewichtung der Einstellungskriterien auf. Spanisch läßt sich zum Beispiel viel leichter erlernen als Dienst am Kunden. Einstellungen und Charakter zählen daher oft mehr als Berufskenntnisse, sofern man bereit ist, in die nötige Schulung und Ausbildung zu investieren. Es empfiehlt sich, lieber jemanden einzustellen, der der augenblicklichen oder angestrebten Unternehmensphilosophie entspricht, als einen Spezialisten, der sich später als Einzelgänger erweist, ineffizient arbeitet oder seine Informationen nicht weitergibt. Neben den rein beruflichen, konkreten und leicht festzulegenden Kriterien muß man ein Persönlichkeitsprofil entwerfen, dem der Bewerber weitgehend entsprechen sollte. Zu diesem Zweck greifen die Unternehmen immer häufiger auf die verschiedenen Methoden der Persönlichkeitsanalyse zurück wie zum Beispiel Graphologie, Analyse der Körpersprache, Psychologie, ja sogar auf Astrologie, Chirologie oder Numerologie. Obwohl man solchen Methoden allgemein mit Skepsis begegnet – und das mit Recht, denn dabei geht es darum, den Menschen in seinem tiefsten Inneren zu ergründen –, müssen wir feststellen, daß das Ergebnis meist zutrifft (in zwei Drittel aller Fälle, wie manche Graphologen behaupten). Das Ergebnis ist insofern zutreffend, als es die Charaktermerkmale einer Person zu einem bestimmten Zeitpunkt – außerhalb des Unternehmenskontextes – aufzeigt. Modernen Unternehmen liegt bei der Einstellung jedoch viel mehr daran zu erfahren, wie sich der Bewerber später bei der Arbeit in sein Umfeld einfügt. Eine Stellenbeschreibung ist für den Bewerber eigentlich nur dann von Nutzen, wenn er gleichzeitig mit den für seine Arbeit relevanten Werten und Zielsetzungen der Abteilung und des Unternehmens vertraut gemacht wird. Motivation und Wertvorstellungen des Bewerbers sind mindestens ebenso wichtig wie die Frage, ob er dreisprachig und aufgeschlossen ist. Jemand kann durchaus kontaktfreudig sein, gute Führungseigenschaften besitzen oder über einen analytischen Verstand verfügen, was sich im übrigen mittels einer Charakterstudie objektiver und deutlicher feststellen läßt als anhand eines im persönlichen Gespräch gewonnenen Eindrucks. Worüber die Studie jedoch keinen Aufschluß gibt, ist die Frage, ob die betreffende Person nur unter bestimmten Voraussetzungen so ist, die in der bestimmten Form vielleicht nie wieder gegeben sein werden. Daß jemand in seiner alten Firma Verantwortungsbewußtsein und gute Führungseigenschaften bewiesen hat, weil er so in den Genuß einer gehobenen Stellung kam oder weil er einen besonders guten Kontakt zu den ihm unterstellten Mitarbeitern hatte, heißt noch lange nicht, daß er in seiner neuen Firma die gleichen Qualitäten aufweisen wird, wenn dort Mitarbeitern in gehobener Stellung zum Beispiel keine Privilegien eingeräumt werden (oder seine neuen Mitarbeiter ihm deutlich kritischer gegenüberstehen). *Was jemand tut, ist daher nicht so wichtig wie die Frage, was ihn dazu bewegt*, welche Ziele er damit verfolgt und welche Voraussetzungen dafür erfüllt sein müssen.

Es ist natürlich schwierig, alle diese Punkte unter Kontrolle zu haben, und es liegt nicht in unserer Absicht, diese oder jene Methode zu empfehlen oder eine andere als schlecht hinzustellen. Es soll hier lediglich darauf hingewiesen werden, daß die Methoden als solche kein Patentrezept sind, sondern vielmehr kontextbezogen eingesetzt werden müssen, wobei man eben den zukünftig relevanten Kontext dem Bewerber vermitteln und sich letzteren als Teil desselben vorstellen können muß.

PERSONALAUSWAHLMETHODEN

Prinzip:
Neben dem immer noch unerläßlichen persönlichen Gespräch stehen zusätzlich verschiedene wissenschaftliche Methoden zur Persönlichkeitsanalyse zur Verfügung, die die Auswahl der am besten geeigneten Person erleichtern.

Anwendung:
Wenn unter mehreren internen oder externen Bewerbern die richtige Person für einen wichtigen Posten im Unternehmen oder in einem Projektteam ausgewählt werden soll.

Vorgehensweise:
Es gibt verschiedene Methoden, die die Persönlichkeit des Bewerbers unter verschiedenen Gesichtspunkten beleuchten:

Persönlichkeitstests
bestehen aus einer Zusammenstellung einfacher, sich zum Teil ergänzender Fragen – entweder auf einem Formular oder im Computer –, deren Auswertung Rückschlüsse auf die wichtigsten Charakterzüge des Bewerbers zuläßt.

Persönlichkeitsanalysen
beruhen auf der Ansicht, daß unsere Körpersprache im wesentlichen von unserer Lebenseinstellung bestimmt wird und daß man den Charakter eines Menschen unter anderem an seiner Handschrift (Graphologie), seinen Gesichtszügen (Morphopsychologie) und seinen Händen (Chirologie) erkennt.

Rollenspiele
werden oft mit mehreren Bewerbern gleichzeitig durchgeführt, bei denen die Kandidaten eine bestimmte Situation nachstellen müssen. Man beobachtet die Reaktionen der Bewerber in einer Situation, die mit der zukünftigen Arbeitssituation vergleichbar ist.

Assessment Center
Hier können mehrere der obengenannten Methoden gleichzeitig eingesetzt werden. Beim sogenannten „Assessment Center" handelt es sich meist um eine Veranstaltung außerhalb des Unternehmens, bei der die Kandidaten mehrere Tage lang mit Hilfe von Rollenspielen, Interviews, Persönlichkeitstests und/oder -analysen genauestens beobachtet werden.

Vorteile:	**Nachteile:**
• Vervollständigt den im persönlichen Gespräch gewonnenen Eindruck.	• Zu statisch.
• Erhöht die Objektivität.	• Bewerber wird in einer wirklichkeitsfremden Situation beurteilt.
• Erlaubt eine Beurteilung unter verschiedenen Gesichtspunkten.	• Weist eine gewisse Fehlerquote auf; Fehlinterpretationen sind möglich.

Um die richtigen Personen für die Durchführung einer Reorganisation auszuwählen, darf man sie nicht nur nach ihren beruflichen Fähigkeiten und ihrer Persönlichkeit beurteilen, sondern muß darüber hinaus auch ihre Motivation ergründen und sich sicher sein, daß sie hinter den Projektzielen stehen.

3. Auswählen des externen Beraters

Für die Auswahl des externen Beraters gilt im großen und ganzen dasselbe wie für die bereits behandelte Rekrutierung betriebszugehöriger und -fremder Mitarbeiter. Der Berater mag noch so professionell sein, er ist und bleibt ein Mensch und wird sich um so mehr engagieren, je besser er sich mit seiner Aufgabe identifizieren kann. Natürlich gibt es Methoden für die Auswahl externer Berater, vorausgesetzt, im Einzugsbereich des Unternehmens stehen überhaupt mehrere geeignete Kandidaten zur Auswahl.

Aber auch diese Methoden sollten unter Berücksichtigung der Unternehmenskultur angewandt werden. Ein externer Berater wird immer ein wenig als Fremder angesehen, der wieder für Ordnung sorgen soll. Auch wenn man intern die Einschaltung eines Beraters zur Überprüfung der Finanzen, Strategien oder – in unserem Kontext – der Organisation für unumgänglich hält, werden Verständnis und Akzeptanz um so größer sein, je mehr sein Vorgehen mit den Unternehmenszielen im Einklang zu sein scheint. *Vertrauen* ist also ein wesentlicher Faktor. Eine 1987 von Oriaform, einer Beratungs- und Schulungsfirma der Computerbranche, diesbezüglich durchgeführte Studie hat deutlich gezeigt, daß sich zwei Drittel aller Unternehmen bei der Wahl eines Beraters entweder von der Mundpropaganda oder aber dem Prestige seiner anderen Kunden leiten lassen.

Auch der Manager, der die Durchführung der Reorganisation einem externen Berater überträgt, muß ständig in Kontakt mit dem von ihm eingeschalteten Spezialisten bleiben, nicht nur, um ihm seine Vorstellungen zu erläutern, sondern auch, um dessen Handeln nachvollziehen zu können. Bei seiner Auswahl ist es vorteilhaft, sich auf eine der gegebenen Methoden und nicht allein auf den gesunden Menschenverstand oder seine Menschenkenntnis zu stützen. Letztere hat ihre Grenzen, vor allem wenn man meint, sich an eine betriebsfremde Person wenden zu müssen. Aber auch hier ist eine Methode nur dann sinnvoll, wenn sie kontextbezogen angewandt wird. Vertrauen stellt sich erst ein, wenn sich Berater und Kunde über die Ziele und die dabei zu respektierenden Werte einig sind. *Wenn ein externer Berater eingeschaltet werden muß, sind Vertrauen und Konsens in bezug auf die Projektziele mindestens genauso wichtige Auswahlkriterien wie die berufliche Qualifikation.*

Die Entscheidung darüber, wer an der Reorganisation mitwirken soll, richtet sich nicht nur danach, inwieweit die Kandidaten den Anforderungen des Projekts gerecht werden, sondern auch nach ihrer Motivation und ihren Vorstellungen, die der Erreichung der Unternehmensziele nicht im Weg stehen dürfen.

AUSWAHL DES PROJEKTLEITERS

Prinzip:
Das Entwerfen eines Idealprofils erleichtert die Auswahl des am besten geeigneten Kandidaten.

Anwendung:
Kann bei jeder Art von Mitarbeiter-Auswahlverfahren angewandt werden, sei es für ein spezielles Projekt oder allgemein bei der Einstellung neuer Mitarbeiter.

Vorgehensweise:
Nachdem man ausgehend von verschiedenen Kriterien (Gewichtung von 1 bis 5; 1 = unwichtig, 5 = unverzichtbar) das Profil des für den Posten ideal geeigneten Kandidaten entworfen hat, versucht man, unter den Bewerbern denjenigen zu ermitteln, der dem am ehesten gerecht wird.

Beispiel: Kriterien für die Auswahl eines Projektleiters

Kriterien	Gewichtung von 1 bis 5	Idealprofil					Kandidatenprofil				
		1	2	3	4	5	1	2	3	4	5
Verantwortungsbewußtsein		☐	☐	☐	☐	☐	☐	☐	☐	☐	☐
Rasche und sichere Risikoeinschätzung		☐	☐	☐	☐	☐	☐	☐	☐	☐	☐
Durchhaltevermögen		☐	☐	☐	☐	☐	☐	☐	☐	☐	☐
Fachkenntnisse auf folgenden Gebieten		☐	☐	☐	☐	☐	☐	☐	☐	☐	☐
Allgemeine Kenntnisse		☐	☐	☐	☐	☐	☐	☐	☐	☐	☐
Ganzheitliches Denken		☐	☐	☐	☐	☐	☐	☐	☐	☐	☐
Rentabilitätsbewußtsein		☐	☐	☐	☐	☐	☐	☐	☐	☐	☐
Verhandlungsgeschick		☐	☐	☐	☐	☐	☐	☐	☐	☐	☐
Verwaltungsgeschick		☐	☐	☐	☐	☐	☐	☐	☐	☐	☐
Gesundheitszustand		☐	☐	☐	☐	☐	☐	☐	☐	☐	☐
Belastbarkeit		☐	☐	☐	☐	☐	☐	☐	☐	☐	☐
Fähigkeit zur Delegation		☐	☐	☐	☐	☐	☐	☐	☐	☐	☐
Objektivität		☐	☐	☐	☐	☐	☐	☐	☐	☐	☐
Verhandlungsmacht (intern)		☐	☐	☐	☐	☐	☐	☐	☐	☐	☐
Persönliche Disziplin		☐	☐	☐	☐	☐	☐	☐	☐	☐	☐
Organisationstalent		☐	☐	☐	☐	☐	☐	☐	☐	☐	☐
Natürliche Autorität		☐	☐	☐	☐	☐	☐	☐	☐	☐	☐
Koordinationsfähigkeit		☐	☐	☐	☐	☐	☐	☐	☐	☐	☐
Fähigkeit zur Ausbildung von Mitarbeitern		☐	☐	☐	☐	☐	☐	☐	☐	☐	☐
Rasche Auffassungsgabe		☐	☐	☐	☐	☐	☐	☐	☐	☐	☐
Systematisches, rationelles Arbeiten		☐	☐	☐	☐	☐	☐	☐	☐	☐	☐
Bereitschaft zur Weiterbildung		☐	☐	☐	☐	☐	☐	☐	☐	☐	☐
Geistige Flexibilität		☐	☐	☐	☐	☐	☐	☐	☐	☐	☐
Fähigkeit zur Selbstkritik		☐	☐	☐	☐	☐	☐	☐	☐	☐	☐
		☐	☐	☐	☐	☐	☐	☐	☐	☐	☐
		☐	☐	☐	☐	☐	☐	☐	☐	☐	☐
		☐	☐	☐	☐	☐	☐	☐	☐	☐	☐

V. Projektorganisation

Die Auswahl der Akteure geht Hand in Hand mit der Projektorganisation. Es läßt sich nicht sagen, welche Rollen wahrgenommen werden sollen, solange man nicht festgelegt hat, was alles getan werden soll, und umgekehrt. Kurz gesagt, Strukturen und Akteure existieren nebeneinander, müssen sich gemeinsam entwickeln und Gegenstand ein und desselben Entscheidungsprozesses sein. Und wenn wir hier zuerst auf die Auswahl der Personen eingegangen sind, so ist darin keinerlei Gewichtung zu sehen. Einerseits dürfen bei der Gestaltung der Organisation die verfügbaren personellen Ressourcen nicht völlig unberücksichtigt bleiben, gleichzeitig sollte man aber auch versuchen, die gesamte Belegschaft für die Schaffung der angestrebten Strukturen zu mobilisieren. Die Organisation ist, wie wir bereits gesehen haben, ein Bezugsrahmen, der sich ständig weiterentwickelt, weil sich auch die in ihm lebenden Individuen und Gruppen weiterentwickeln. Ob es sich um ein Unternehmen, einen Verband oder ein Projektteam handelt, *die Beziehungen zwischen einer Organisation und ihren Mitgliedern beruhen auf gegenseitiger Anpassung.*

Reorganisieren heißt eine angemessene Projektstruktur schaffen, die jedem einzelnen seinen Platz zuweist, so daß er zur erfolgreichen Durchführung des Projekts beitragen kann. Entsprechend werden Handlungsebene, Aufgaben und Kompetenzen festgelegt. Darüber hinaus muß man allen ihre Aufgabe in bezug auf Kommunikation, Berichterstattung, Kontrolle und Zeitplan erläutern. Im Grunde schafft man auf diese Weise eine Organisation innerhalb der Organisation.

a) Formalisieren des Projekts

Ebenso wie das Unternehmen eine interne Ordnung braucht, um zu funktionieren, muß auch für die Reorganisation, unabhängig davon, ob sie von einem einzelnen oder einem Team durchgeführt wird, ein Handlungsrahmen geschaffen werden. Immerhin läuft während dieses Prozesses im Unternehmen wie gewohnt alles weiter. Wenn man sein Auto in die Werkstatt gibt, kommt es auf die Hebebühne, so daß der Kfz-Mechaniker es sich in aller Ruhe genau anschauen, das eine oder andere Teil ausbauen oder die seiner Meinung nach erforderlichen Tests durchführen kann. Wenn ein Unternehmen seine Organisation ganz oder teilweise neu gestaltet, steht der Betrieb dagegen nicht still, Produktion und Verkauf werden weiter durchgeführt. Das Betriebsgeschehen behindert und beeinflußt den Reorganisationsprozeß, der seinerseits das Betriebsgeschehen beeinflußt. Die Reorganisation ist also in gewisser Weise eine Störung, wenn auch mit dem Ziel, eine systemgerechtere Ordnung zu schaffen. Das führt zwangsläufig zu Änderungswiderständen. Meistens wehren sich die Betroffenen gegen solche Störungen, weil sie Angst vor einer radikalen Änderung ihrer Gewohnheiten und Arbeitsinhalte haben. Angesichts einer solchen Haltung läßt sich mit dem organisatorischen Wandel nur dann die gewünschte Wirkung erzielen, wenn die Projektleitung entweder die nötigen Kompetenzen besitzt oder genügend Unterstützung bekommt, um ihre Vorstellungen durchsetzen zu können.

Die Planung der Reorganisation gehört ebenso zu den Aufgaben eines Managers, auf welcher Ebene er auch immer tätig sein mag. Bevor wir uns jedoch mit den verschiedenen Strukturformen der Projektorganisation befassen, möchten wir noch auf einiges hinweisen, was bei der Durchführung unbedingt zu beachten ist und im übrigen auch dann zutrifft, wenn diese einer Einzelperson obliegt.

PROJEKTAUFTRAG / MANDAT FÜR ORGANISATORISCHEN WANDEL	
Prinzip: Der Projektauftrag oder Reorganisationsauftrag ist eine schriftliche Fixierung sämtlicher Angaben zur Strukturform des Projekts, wobei jeder Einzelpunkt spezifiziert und schriftlich festgehalten wird.	
Anwendung: Bei jeder Art von Projekt, vor allem wenn ein externer Berater hinzugezogen wird.	
Vorgehensweise: Festgelegt werden die wesentlichen Punkte der ersten Projektphase: 1) Definieren des Problems 2) Bestimmen der Projektziele 3) Projektverantwortlicher 4) Teammitglieder 5) Aufgaben des Teams 6) Entscheidungskompetenzen 7) Verantwortung der Gruppe 8) Strukturform des Projektes 9) Betroffene Unternehmensbereiche 10) Hindernisse 11) Zeitplan 12) Budget 13) Kommunikationsprozesse	
Vorteile: • Vertragliche Grundlage; wichtig im Falle späterer Konflikte. • Kommt beiden Seiten (Projektmitarbeitern und Betroffenen) bei ihren Diskussionen in der Planungsphase entgegen.	**Nachteile:** • Statisch. • Kreativitätshemmend.

1. Aufgaben, Verantwortung, Kompetenzen

Wie wir gesehen haben, ist keine Entscheidung optimal oder die bestmögliche. Man kann nie alle Informationen berücksichtigen und muß daher je nach den angestrebten Zielen und den eigenen Kompetenzen entscheiden, unter welchen Gesichtspunkten man eine Situation beurteilt. In unserem Kontext bedeutet dies, daß die neu zu strukturierende Einheit die Projektorganisation möglichst selbst in die Hand nehmen sollte. Wenn eine Reorganisation des gesamten Unternehmens geplant ist, kann es sein, daß der Generaldirektor die Projektdurchführung persönlich überwachen möchte. Geht es dagegen um die Reorganisation einer für einen bestimmten Marktbereich zuständigen Einheit, ist deren Leiter für das Projekt verantwortlich. So können die Verantwortlichen unmittelbar an Ort und Stelle tätig werden. Trotzdem wird bei der Projektdurchführung auch von der Möglichkeit Gebrauch gemacht, Befugnisse und Kompetenzen an die betroffenen Einheiten zu delegieren. Der Generaldirektor kann zum Beispiel nur die groben Richtlinien vorgeben und für den Gesamterfolg des Projekts verantwortlich sein. Manchmal ist es zweckmäßiger, wenn sich die Subsysteme je nach ihren Bedürfnissen selbst organisieren und die auf ihrer Ebene lenkbaren Faktoren festlegen, denn immerhin wissen sie am besten, welche Beziehungen sie zu welchen Einheiten unterhalten. Delegation ermöglicht unmittelbares, gezieltes Eingreifen und effizientere Informationsauswertung. Außerdem entwickeln die Mitarbeiter dadurch ein größeres Verantwortungsbewußtsein. Die Führungsinstanzen werden entlastet, da sie Routineaufgaben auf andere übertragen können. *Ein Reorganisationsprojekt muß so konzipiert sein, daß man am neuralgischen Punkt ansetzen kann, ohne von den anderen Mitarbeitern oder durch Druck „von oben" behindert zu werden. Die Strukturform richtet sich nach der neu zu organisierenden Einheit und kann unter Umständen auch auf Delegation beruhen.*

Mit dem Festlegen, auf welcher Ebene der organisatorische Wandel stattfinden soll, ist es jedoch noch nicht getan. Man muß gleichzeitig für die nötige Transparenz sorgen, damit alle, Mitwirkende wie Betroffene, über die Aufgaben und die Ziele des Projektverantwortlichen oder -teams informiert sind. Soll der Aufgabenbereich einer bestimmten Einheit neu strukturiert werden? Oder soll die Arbeitsweise verändert werden? Könnte dies unter Umständen sogar die Einheit als solche in Frage stellen? Man sollte hier keinen zu engen Rahmen für die Analyse der Unternehmenssituation wählen. Immerhin kann man nicht von vornherein wissen, was man später noch feststellen und welche Lösungen man vorschlagen wird. Stehen die Ziele dagegen bereits zu Beginn des Prozesses fest, müssen sie für alle Betroffenen verständlich formuliert werden, damit keine falschen Vorstellungen und damit verbunden fehlgeleitete Ansichten aufkommen. *Eine Reorganisation braucht eine Struktur, die die Erfüllung eines klar definierten Auftrags gewährleistet, aber nicht unbedingt bis ins kleinste Detail festgelegt sein muß. Der Auftrag muß in Einzelaufgaben aufgegliedert werden, mit denen man die Betroffenen vertraut macht.*

Jede Reorganisation, und sei sie noch so notwendig oder willkommen, löst verschiedene Reaktionen unter den Systemmitgliedern aus: Unzufriedenheit, Widerstände, Furcht, aber auch falsche Erwartungen. Die bestehende Ordnung soll abgeschafft und durch eine neue ersetzt werden, von der man sich erst ein Bild machen kann, nachdem sie verwirklicht worden ist. Phantasie tritt an die Stelle der Vernunft. Manche Mitarbeiter behindern den Prozeß noch zusätzlich, indem sie Gerüchte in Umlauf setzen oder absichtlich Informationswege blockieren. Solche Reaktionen werden durch Unsicherheit ausgelöst und sind mehr oder weniger unvermeidlich. Dessen muß sich die Projektleitung bewußt sein. Manche Informationen sind unverzichtbar, wenn es darum geht, die richtige Entscheidung zu treffen, und müssen daher zugänglich sein. Dies erklärt, warum es für die erfolgreiche Durchführung der Reorganisation so wichtig ist, daß der Projektleiter oder auch das Team Verantwortung tragen. Welche Informationen sollen einem Mitarbeiter zugänglich sein? An welchen Zusammenkünften oder Entscheidungen darf/soll er teilnehmen? Welche Grenzen sind dem Handlungsspielraum des Teams gesetzt? Inwieweit sind die Lösungskonzepte überhaupt realisierbar? Das Team sollte die Verantwortung für sein Handeln tragen und seine Pflichten genau kennen, sowohl bei Entscheidungen, die andere betreffen, als auch im Vorfeld der Entscheidungsfindung. Der deutliche Hinweis auf die große Verantwortung kann zwar die Widerstände nicht verhindern, macht aber zumindest deren Tragweite deutlich. Das Zurückhalten einer Information ist nicht mehr eine harmlose „Unterlassung" gegenüber einem Kollegen, dessen genaue Funktion man nicht kennt, sondern ein Verstoß gegen die für jedes Systemmitglied bestehende Pflicht zur Weitergabe von Informationen. *Was in den Verantwortungsbereich des Projektteams fällt, muß für alle verständlich definiert werden, etwa in Form von allgemeinen Richtlinien, an die sich jeder halten kann.*

„In unserer Firma herrscht die Konferitis." „Vor lauter Besprechungen kommt man gar nicht mehr zum Arbeiten." „Ich frage mich, warum es so viele Projektgruppen und nie eine Entscheidung gibt." Solche Bemerkungen sind heutzutage keine Seltenheit. Man verschanzt sich mehr und mehr hinter kurzfristigen Aufgaben. Auch hinter diesem Bestreben steckt eigentlich nur der Versuch, tiefgreifende Änderungen vor sich herzuschieben, indem man sich in Routineaufgaben flüchtet. Denn auch wenn der Alltag ständig wieder neue Überraschungen bringt, so ist es doch immerhin möglich, diese ad hoc mit Hilfe bewährter Methoden in den Griff zu bekommen. Auf Tagesereignisse wird mit Entscheidungen reagiert, die für den einzelnen zwar oft zufriedenstellend, für das Unternehmen dagegen alles andere als positiv sind, wenn sie nicht auf einer Linie mit der Unternehmenspolitik liegen. Aber diese rasche Entscheidungsfindung – die im Hinblick auf das Problem im übrigen sehr nützlich ist – hat manchmal zur Folge, daß Führungskräfte und Mitarbeiter eine falsche Meinung von der Projektgruppe bekommen, die den organisatorischen Wandel vorbereiten soll. Langfristiges Planen und Gestalten einer möglichst adäquaten Organisationsstruktur unter Berücksichtigung der Einflußfaktoren, Unternehmensziele und Szenarien für die Entwicklungsmöglichkeiten von Markt und Gesellschaft erfordert Zeit. Wenn die organisatorischen Entscheidungen glaubwürdig und realisierbar sein sollen, ist es daher von entscheidender Bedeutung, die Kompetenzen der am Projekt beteiligten Akteure klar festzulegen. Besteht ihre Aufgabe in der Analyse oder in der Durchführung? Sind sie überhaupt befähigt, Vorschläge zu machen oder irgendwelche Änderungen vorzunehmen? Wird durch diese Änderungen der Arbeitsinhalt der betroffenen Stellen in Frage gestellt? Treten die Beschlüsse des Teams mit sofortiger Wirkung in Kraft?

Wird vorher mit den Betroffenen darüber diskutiert, oder müssen die Entscheidungen von einer übergeordneten Instanz genehmigt werden? Auch hier geht es uns nicht darum, für alle möglichen Varianten der Reorganisation die besonderen Rechte des oder der Verantwortlichen aufzulisten. Starre Strukturen beeinträchtigen die Durchführung, zumal sich nie alles vorhersehen läßt. Wir wollen vielmehr die Kompetenzen der Projektgruppe aufzeigen, nicht nur, um Furcht und Mißtrauen abzubauen, sondern auch, um den Teammitgliedern klarzumachen, wie weit ihre Kompetenzen gehen. Nichts ist frustrierender, als sich mit einem Problem zu beschäftigen und kurz vor dem Ziel aufgrund fehlender Kompetenzen der „Aufgabe" enthoben zu werden.

An der Durchführung des organisatorischen Wandels sind zahlreiche Personen mit unterschiedlichen Funktionen beteiligt, deren Handlungsebene, Aufgaben, Verantwortung und Kompetenzen von vornherein klar, aber nicht zu detailliert festgelegt werden müssen.

---

2. Kommunikationsprozesse

Wir haben bisher gesehen, daß vor der Durchführung der Reorganisation zunächst einmal die Struktur und Einordnung des Projekts festgelegt werden muß, damit der Status des Projektteams innerhalb des Unternehmens geregelt ist. Reorganisieren ist meist die Aufgabe einer mehr oder weniger großen Gruppe mit eigener Dynamik, eigener interner Ordnung und eigenem Bezugsrahmen. Es ist daher angebracht, sich etwas näher mit der Funktionsweise eines solchen Projektteams zu beschäftigen.

Das mit der Reorganisation beauftragte Projektteam sollte möglichst gute Arbeitsbedingungen haben, um die ihm zur Verfügung gestellten Ressourcen nutzbringend einsetzen zu können. Das Team an sich ist bereits eine Investition, und natürlich stellt keine Firma gern Mitarbeiter von ihrer normalen Tätigkeit frei oder investiert viel Zeit in die Auswahl der Teammitglieder, nur damit am Ende einige von ihnen wegen der mangelnden Harmonie innerhalb der Gruppe zum Schweigen beziehungsweise zur Unproduktivität verurteilt sind. Das ist übrigens häufiger der Fall, als man gemeinhin annimmt. Wie oft hat die Tatsache, daß sich in der Gruppe einer als dominierend erweist, die irrationale Einflußnahme des Projektleiters auf die Mitglieder seines Teams oder die Bildung verschiedener Interessengruppen schon zu einseitigen Entscheidungen geführt, die ein einzelner genausogut hätte treffen können. Denn auch wenn die Gruppenarbeit einerseits den Vorteil hat, daß man mehrere Standpunkte gegeneinander abwägen, über seine persönlichen Vorbehalte mit den anderen diskutieren und eventuell ihr Verständnis wecken kann, so birgt diese Praxis doch andererseits auch ein gewisses Risiko in sich. Jeder übernimmt eine Rolle, und wenn das Rollenverhalten nicht in die gewünschte Richtung gelenkt wird, kann es passieren, daß man sich in endlosen Diskussionen über nebensächliche Aspekte des Problems verliert oder den für die Analyse der Situation relevanten Faktoren nicht genügend Beachtung schenkt. Oft hat der Berater die Aufgabe, solche Gefahren zu erkennen, das Team darauf aufmerksam zu machen und jeden entsprechend seinen Fähigkeiten einzusetzen. Diese Aufgabe könnte unter anderen Bedingungen auch dem Projektleiter obliegen. Auf jeden Fall scheint ein *Promotor* oft unverzichtbar zu sein.

Sollen mit der Reorganisation dagegen individuelle Initiativen und Potentiale gefördert werden, bietet sich auch eine andere Vorgehensweise an. Betrachtet man die Reorganisation nämlich als einen alltäglichen Reflexions-, Handlungs- und Entscheidungsprozeß, dann muß jeder lernen, die Veränderung auf seiner Ebene zu bewältigen. Daher ist es oft von Vorteil, die Gruppe sich selbst zu überlassen, damit sie sich durch schrittweises Vortasten eine adäquate interne Ordnung selbst schafft. Eine Methode ist um so besser, je individueller sie ausgearbeitet wurde und je weniger sie aus einer Auflistung der zu respektierenden Punkte hervorgegangen ist. An die Stelle des Promotors tritt in diesem Fall der *Moderator*. Seine Aufgabe besteht nicht darin, die Fäden zu ziehen, damit jeder in einer bestimmten Weise handelt, sondern vielmehr darin, die Entstehung eines klar definierten, gruppeneigenen Bezugsrahmens zu fördern.

Im einen wie im anderen Fall muß der Promotor beziehungsweise der Moderator wissen, welche Punkte noch zu klären sind, bevor das Team seine Arbeit aufnehmen kann. Dazu gehören das Ansetzen von Besprechungen, die Untergliederung in Einzelaufgaben, die Entscheidung, wer welche Probleme analysiert, die Übertragung von Verantwortung sowie Koordination und Synthese. Ebenso wie ein Geschäftsbereich Teil des Ganzen ist, zugleich aber auch nach eigenen internen Regeln funktioniert, fügt sich auch ein Reorganisationsprojekt in die Gesamtstruktur ein und entwickelt dort seine eigene Funktionsweise. Die Entscheidung darüber richtet sich aber auch zum Teil nach der allgemeinen Firmenpraxis, unter anderem bei der Ernennung des Sitzungsleiters und der Aufgabenverteilung, zum Teil aber auch nach den externen Einflußfaktoren, beispielsweise die Terminplanung für Problemanalyse und Projektdurchführung, die Berichterstattung und die Projektdurchführungskontrolle. Aber selbst in letzterem Fall bleibt den Projektverantwortlichen genügend Handlungs- und Entscheidungsfreiraum. Zur Projektorganisation gehört also auch das Festlegen einer Strukturform, die es jedem ermöglicht, sich in das Team, das sich nicht selten aus Angehörigen unterschiedlich arbeitender Geschäftsbereiche zusammensetzt, zu integrieren. *Da an einem Reorganisationsprojekt viele verschiedene Personen mitwirken, sind bestimmte Regelungen als Arbeitsgrundlage unerläßlich. Sie werden entweder gleich zu Beginn von den Initiatoren des Projekts festgelegt, wobei ein Promotor ihre Einhaltung überwacht, oder unter der Leitung eines Moderators von der Gruppe selbst aufgestellt.*

Die Projektorganisation ist mit Ausnahme der Regelung gruppeninterner Arbeitsabläufe und Beziehungen eher nach außen gerichtet. Es geht uns hier vornehmlich um die Kommunikationsbeziehungen und -prozesse, und zwar nicht die innerhalb der Gruppe, sondern die zwischen dem Projektteam und seinem Umfeld, das heißt dem

248

Unternehmen, den Angehörigen der betroffenen Einheiten, sofern sie nicht selbst am Projekt mitwirken, sowie den Kunden, den Lieferanten oder der Presse (je nach Stellung des Unternehmens und Umfang der Reorganisation). Da der organisatorische Wandel unmittelbar die Wertvorstellungen der Mitarbeiter betrifft, sind Ungewißheit und dadurch bedingte Ängste nicht auszuschließen. Es empfiehlt sich daher, alle Betroffenen ständig mit kohärenten Informationen zu versorgen.

Aber Kohärenz heißt nicht unbedingt Transparenz. Ziele, Rechte und Kompetenzen des Projektteams müssen zwar klar kommuniziert werden, aber genausogut kann es sich unter Umständen als nötig erweisen, den Inhalt der Problemanalyse bis zur endgültigen Entscheidung über das zukünftige Vorgehen geheimzuhalten. Man muß sich in beiden Fällen lediglich konsequent verhalten und darf nicht etwa ohne eine gründliche Abwägung der möglichen Folgen einige wenige Informationen durchsickern lassen, die dann erst recht den Ruf nach umfassenderer Information laut werden lassen. Im umgekehrten Fall – bei lückenloser, regelmäßiger Information – würde es dagegen sehr schlecht aufgenommen werden, wenn eine grundlegende, für das Gesamtverständnis unverzichtbare Information zurückgehalten wird, weil sie als zu brisant gilt. Die zukünftige Politik kann so oder so aussehen, die Kommunikationsprozesse sollten jedoch auf jeden Fall mehr oder weniger präzise schriftlich fixiert werden. Auch hier braucht man sich nicht unnötig in Details zu verlieren. Ein paar professionell formulierte Zeilen reichen völlig aus, um eine glaubwürdige Kommunikation zu gewährleisten, aber darauf kommen wir später noch zu sprechen. *Angesichts der Ängste und Erwartungen, die mit jedem Reorganisationsprojekt verbunden sind, muß das verantwortliche Team bei der Kommunikation konsequent eine klare Linie verfolgen.*

Wir haben gesehen, daß die Durchführung einer Reorganisation nicht nur eine eigene Struktur innerhalb des Unternehmens erfordert – zumindest für eine befristete Zeit –, sondern darüber hinaus nach eigenen, internen Regeln abläuft.

> **Jede Reorganisation erfordert projektgerechte Kommunikationsprozesse. Diese müssen weder besonders detailliert festgelegt noch identisch mit den sonstigen internen Kommunikationsprozessen sein. Als ein nach außen offenes Subsystem sollte das Projektteam dennoch die Art der Interaktionen mit seinem Umfeld näher definieren.**

Soviel zur Institutionalisierung der Reorganisation. Ein Projektteam – ob es nur für befristete Zeit besteht oder nicht – hat seine eigene interne Ordnung, Strukturen und Verfahrensweisen. Man hört jedoch nie davon, daß irgendwo ein Reorganisationsdirektor oder -leiter gesucht wird! In manchen Unternehmen gibt es dafür zwar eine Logistik-Abteilung, diese befaßt sich allerdings meist mit den technischen Aspekten der Organisation, zum Beispiel EDV oder die Weitergabe von Informationen. Die Reorganisation, ein normales und häufiges Ereignis in der Evolution eines Unternehmens, gehört daher letzten Endes zu den Alltagsaufgaben des Managers. Im folgenden werden wir sehen, warum.

PROJEKTKOMMUNIKATION

Prinzip:
Es geht darum, alle Betroffenen zu informieren, das heißt sowohl die direkt am Projekt Beteiligten als auch diejenigen, die später mit der neuen Organisation leben sollen.

Anwendung:
Bei allen Projekten, mit Ausnahme solcher, die aufgrund besonderer technologischer oder strategischer Aspekte strengste Geheimhaltung erfordern.

Vorgehensweise:
Zweigleisig: Es geht zum einen um die Gestaltung der Kommunikationsprozesse innerhalb der Projektgruppe, zum anderen müssen Mitarbeiter und Unternehmensleitung informiert werden.

Interne Kommunikation:
1) schriftlich:
- Schaffung einer formellen Berichterstattung; Festlegen eines Klassifizierungssystems für alle projektrelevanten Schriftstücke

Beispiel:
1 Projektorganisation
1.0 PROJEKTSTRUKTUR
1.0.0 Organigramm
1.0.1 Aufgabenbeschreibung
1.1 PROJEKTPLANUNG
1.1.0 Projektbeginn
1.1.0.0 Auswählen der Teammitglieder
1.1.0.1 SCHULUNG
1.1.1 Problemanalyse
1.1.2 Lösungssuche
1.1.3 Durchführungsphase
2 Angehörige der Projektgruppe
...

- Zentralisieren sämtlicher Schriftstücke, damit diese allen Teammitgliedern zugänglich sind.
- Alle Teamangehörigen sollten automatisch informiert werden.

2) mündlich und elektronisch:
- Regelmäßige Besprechungen aller Teammitglieder, bei denen jeder oder jedes Team den anderen über den Verlauf seiner Arbeit und die dabei aufgetretenen Probleme unterrichtet, damit alle einen Überblick über den Fortgang des Projekts bekommen.
- Regelmäßige Besprechungen der Projektuntergruppen.

Berichterstattung:
- Unternehmensleitung regelmäßig über den Fortgang der Arbeit informieren.
- Informationsveranstaltungen für alle Betroffenen, die selbst nicht am Projekt mitwirken; Reaktionen beobachten; Vorschläge anhören.
- Kontaktaufnahme und Erfahrungsaustausch mit anderen Projektleitern. (Welche Schwierigkeiten sind aufgetaucht?)
- Der Unternehmensleitung schriftlich über die vor der Durchführung zu treffenden Entscheidungen – einschließlich der jeweiligen Termine – Bericht erstatten.

Vorteile:	**Nachteile:**
<ul><li>Ermöglicht einen reibungslosen Austausch der projektrelevanten Informationen sowohl innerhalb des Teams als auch zwischen Team und Unternehmen.</li><li>Hilft den Betroffenen, sich auf die neuen Verhältnisse einzustellen.</li><li>Hält die Unternehmensleitung auf dem laufenden und verhindert einen Interventionismus aufgrund fehlender Informationen.</li></ul>	<ul><li>Informationsvielfalt kann für Projekt-Außenstehende zu Überforderung oder Undurchsichtigkeit führen.</li></ul>

b) Die Projektstruktur

Nach Abklärung aller im vorigen aufgeführten Punkte kann man die Projektstruktur festlegen (vgl. Staerkle, 1988). Es gibt verschiedene Modelle, die die zahlreichen beschriebenen Aspekte berücksichtigen. Erstens: die reine Projektorganisation für wichtige Projekte mit hohem Aufgaben- und Kostenvolumen, bei der das Projektteam als eigenständige Abteilung neben der Leitung der vom Projekt betroffenen Einheit existiert. Zweitens: die Projektkoordination, bei der unter der Leitung einiger weniger Vollzeit-Projektverantwortlicher mehrere organisatorische Einheiten zusammenarbeiten. Drittens: die Matrix-Projektorganisation, eine Kombination der ersten beiden Formen, die sich besonders dann anbietet, wenn abteilungsüberschreitendes Vorgehen sowie kontinuierliche Mittelzuweisung erforderlich sind. Die Entscheidung über die Strukturform des Projekts richtet sich nach der Anzahl der Personen, die aus der Grundstruktur herausgelöst werden müssen, um am Projekt mitwirken zu können. Müssen zu diesem Zweck Spezialisten von ihren eigentlichen Aufgaben freigestellt werden, heißt das nicht nur, daß man eventuell einen Ersatz für sie finden muß, sondern auch, daß sie nach Beendigung des Projekts wieder in ihren alten Aufgabenbereich eingegliedert werden müssen. Je nach Komplexität des Projekts stellt sich die Frage, ob das Projektteam autonom und ohne Störungen von außen arbeiten können soll oder ob der Betrieb wie gewohnt weiterlaufen kann. Eine Neuverteilung der Kompetenzen im Rahmen einer reinen Projektorganisation ist nämlich mit beträchtlichem finanziellen Aufwand verbunden. Gleichzeitig bietet aber gerade diese Struktur am ehesten die Möglichkeit, die Projektkosten in Grenzen zu halten. Man denke nur an die zusätzlich anfallenden Kosten, wenn das Projekt bestimmte Fristen nicht einhält, beziehungsweise an die möglichen Einsparungen, wenn seine Durchführung weniger Zeit in Anspruch nimmt als geplant. Um den Erfolg eines Projektes zu bewerten, muß zwischen denjenigen Kriterien, die unbedingt erfüllt sein müssen, und solchen, die lediglich wünschenswert sind, unterschieden werden. Außerdem sollte man im Auge behalten, was das Projekt maximal kosten darf, bis wann es spätestens abgeschlossen sein sollte und welches die Mindestanforderungen bezüglich Qualität sind. Um all dem gerecht zu werden, kann das Unternehmen natürlich Reorganisationsspezialisten hinzuziehen. Der Begriff „Spezialist" sollte dabei als „jemand, der mit einer Sache vertraut ist" verstanden werden. Er kann auf Wunsch als Promotor oder, wenn das Projekt bereits angelaufen ist, als Moderator fungieren. Alles andere, das heißt der Projektverlauf an sich, ist dagegen Sache der Generalisten, die sich in verschiedenen Unternehmensbereichen auskennen und sich mit Detailfragen im Notfall an die Mitarbeiter wenden können, die ihr Aufgabengebiet am besten kennen. Es ist daher nicht weiter verwunderlich, daß den Generalisten heutzutage immer größere Bedeutung zukommt, nicht weil Fachkenntnisse nicht mehr gefragt sind, sondern weil der effiziente Einsatz jeder Art von Fähigkeit eine ganzheitliche Sichtweise voraussetzt. Deshalb wird der organisatorische Wandel mehr und mehr zur Angelegenheit aller Systemmitglieder, die nicht mehr nur ihren eigenen Aufgabenbereich sehen, sondern sich darüber hinaus auch noch mit den Unternehmenszielen auseinandersetzen. *Angesichts der wachsenden Komplexität des Unternehmensgeschehens und der kontinuierlichen Evolution des Systems darf eine Reorganisation nicht mehr ausschließlich Sache der Spezialisten sein, sondern muß alle Mitarbeiter einschließen, wobei erstere ihr Fachwissen und letztere ihre individuellen Fähigkeiten und Kenntnisse einbringen können.*

Die Projektorganisation kann für die Teammitglieder entweder Vollzeit- oder Teilzeitaufgabe sein. Es ist durchaus möglich, nur zwei Tage pro Woche am Projekt mitzuwirken, was allerdings den Nachteil hat, daß die Arbeit nur sehr langsam vorangeht. Gleichzeitig – und das ist wiederum ein Vorteil – ließe sich die Projektarbeit so problemlos in die täglichen Routineaufgaben der Mitwirkenden integrieren, so daß diese nicht nur Reorganisationsspezialisten sind, sondern zugleich ganz normale Angestellte oder Führungskräfte, die parallel zur Arbeit am Projekt ihre eigentliche Aufgabe erfüllen.

Abgesehen davon könnte man das Prinzip der Einbindung des Projekts in die tägliche Arbeit ohne weiteres zur goldenen Regel erheben, denn die Weiterentwicklung der Organisation bedeutet letztlich nichts anderes, als daß sich der individuelle Handlungsrahmen jedes einzelnen fortwährend ändert. Wenn man sich darüber hinaus vor Augen hält, daß jeder sowohl kurzfristig – Bewältigung täglich anfallender Probleme und Routineaufgaben – als auch langfristig handeln muß – Planung und Organisation seiner Arbeit unter Berücksichtigung der möglichen Einflußfaktoren –, scheint es naheliegend, zumindest einen Teil seiner Zeit auf die Reorganisation zu verwenden. Dabei handelt es sich im Grunde um eine Investition, die von allen gemeinsam beschlossen wird und jedem günstige Arbeitsbedingungen in einem dynamischen, sich ständig verändernden Umfeld gewährleisten soll. Die Projektstruktur legt zwar die Modalitäten der Durchführung fest – und damit auch den zeitlichen Einsatz jedes Mitwirkenden –, die Vorgehensweise in der Vorbereitungsphase bleibt dagegen letzteren überlassen. Jeder muß einen Teil seiner Zeit auf organisatorische Überlegungen verwenden, deren Ergebnis sich dann entweder in konkretem individuellem Handeln oder gegebenenfalls in einem Projekt ausdrückt.

Auch wenn sich die Mitwirkung aller als eine Notwendigkeit erweist, muß in dieser Hinsicht einiges bedacht werden. Im Anfangsstadium sind Schulungsveranstaltungen und Konferenzen für die kollektive Problemerfassung unerläßlich. Vor allem muß man jeden einzelnen dazu bringen, sich über seine eigene Rolle und seine Zeiteinteilung Gedanken zu machen. Eines ist sicher: Je mehr Projekte durchgeführt werden, kleine oder große, desto weniger Zeit bleibt für die tägliche Arbeit. Das kann mangelnde Motivation oder sogar Widerstände nach sich ziehen, zumal die gewohnten Arbeitsbedingungen durch die Umstrukturierungen immer wieder neu in Frage gestellt werden. Daher muß jeder lernen, sich zunächst einmal selbst zu organisieren. Zur Einteilung seiner Arbeitszeit stehen ihm mehrere organisatorische Hilfsmittel zur Verfügung. Solche Instrumente sind heutzutage unverzichtbar, da im Hinblick auf die steigenden Personalkosten und den internationalen Konkurrenzdruck weder Zeit noch Talente verschwendet werden sollten. Diese Hilfsmittel können nur dann sinnvoll eingesetzt werden, wenn erstens jeder die Prioritäten vor Augen hat – Handeln *und* Planen –, und zweitens jedem der Nutzen der Reorganisation einleuchtet. Die Aufgabe der für die Projektplanung Verantwortlichen besteht unter anderem darin, den anderen zu erklären, daß sich der vorübergehende zeitliche Mehraufwand in absehbarer Zeit für alle – quantitativ oder qualitativ – lohnen wird. *Die Mitwirkung am organisatorischen Wandel kann entweder Vollzeit- oder Teilzeitaufgabe sein beziehungsweise im Rahmen der täglichen Routinearbeit stattfinden. In jedem Fall müssen die Akteure Prioritäten setzen, das heißt mit der Organisation zunächst einmal sich selbst organisieren.*

Die Festlegung der Projektstruktur ist die erste Voraussetzung für eine erfolgreiche Reorganisation. Ebenso wie das Unternehmen braucht auch das Projektteam einen Bezugsrahmen.

Die für die Reorganisation Verantwortlichen müssen sich bei ihrer Arbeit an klar definierte Richtlinien halten können. Diese beinhalten Angaben über die Handlungsebene sowie die Rechte, Pflichten und Kompetenzen der Teammitglieder im Verhältnis zu denen der anderen Mitarbeiter. Aber auch die interne Ordnung und die Kommunikationsbeziehungen innerhalb der Gruppe müssen geregelt werden. Struktur und Vorgehensweise können entweder von einem Team festgelegt werden, das sich ausschließlich mit der Reorganisation befaßt, oder von Mitarbeitern, die dies parallel zu ihrer eigentlichen Arbeit tun.

Die Problemerfassung, die Bestimmung der Ziele und die Analyse der Situation lassen sich nicht voneinander trennen, ebenso wie auch die Auslösung eines Reorganisationsprojekts sowie die Festlegung seiner Struktur und der dafür benötigten Ressourcen Hand in Hand gehen müssen. Unsere Betrachtungen sollten daher nicht als eine Auflistung von isolierten Faktoren verstanden werden, sondern vielmehr als eine ganzheitliche Darstellung der zu berücksichtigenden Parameter. Darauf aufbauend kann man zur Feinanalyse übergehen, die in der Praxis von der Gruppe oder Einzelperson, die mit der Durchführung betraut worden ist, vorgenommen wird.

Bestimmen der Ziele und Modellieren der Problemsituation heißt:
- **Ein Problem, genauer gesagt eine Abweichung zwischen Soll und Ist, erfassen.**
- **Ziele definieren, um aufzuzeigen, was sich gemessen an der Ist-Situation alles ändern soll.**
- **Sich für eine Reorganisation entscheiden, wenn diese das beste Mittel zur Zielerreichung zu sein scheint.**
- **Überlegen, welche Funktionen im Rahmen der Projektdurchführung zu besetzen sind, und die Kandidaten für die einzelnen Posten nach ihrer Qualifikation und Persönlichkeit auswählen.**
- **Eine zielkonforme Projektstruktur und Vorgehensweise ausarbeiten.**

REINE PROJEKTORGANISATION

Prinzip:

Die Projektgruppe ist aus der Grundstruktur herausgelöst und organisatorisch verselbständigt. Dem Projektleiter steht ein Team zur Seite, dessen Mitglieder vorübergehend von ihrer eigentlichen Aufgabe entbunden werden.

Anwendung:

Bei Großprojekten wie zum Beispiel umfassenden Umstrukturierungen, Gründung von Zweigstellen, Errichtung eines neuen Werks, Forschungsprojekte usw. In manchen Unternehmen, beispielsweise Software-Firmen, arbeiten ständig mehrere autonome Projektgruppen gleichzeitig an verschiedenen Projekten.

Voraussetzungen:

● Alle Teammitglieder arbeiten ausschließlich am Projekt.
● Qualifizierter und mit großen Kompetenzen ausgestatteter Projektleiter.
● Ständiger Informationsaustausch unter den Teammitgliedern.

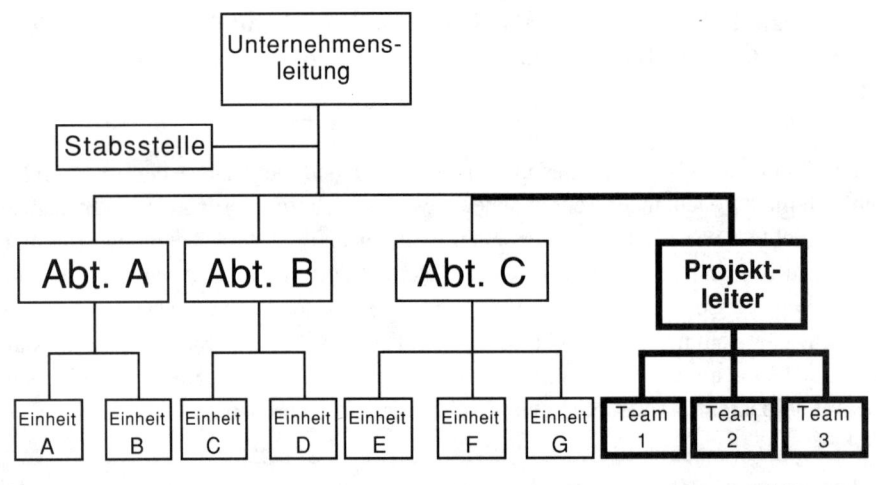

Vorteile:	**Nachteile:**
● Vermeidung von Autoritätskonflikten dank Machtzentralisierung.	● Mitarbeiter werden vorübergehend aus der Grundstruktur herausgelöst, um am Projekt mitwirken zu können.
● Mitarbeiter arbeiten ausschließlich am Projekt.	● Die Reintegration der Teammitglieder in die Grundstruktur könnte sich als problematisch erweisen.
● Ermöglicht schnelles Reagieren.	
● Alle Teammitglieder können sich mit dem Projekt identifizieren.	● Der Erfolg des Projekts hängt aufgrund seiner Stellung zum großen Teil vom Projektleiter ab.
● Relativ einfache Koordination.	

PROJEKTKOORDINATION

Prinzip:

Lediglich der Projektleiter oder bestenfalls einige wenige Teammitglieder sind von der Linien-struktur unabhängig. Die anderen behalten ihren Platz innerhalb der betrieblichen Hierarchie und wirken nur zeitweilig am Projekt mit.

Anwendung:

Bei kleineren, nicht dringenden Projekten, zum Beispiel Reorganisation einer Abteilung, Weiter-entwicklung eines Neben-Produkts usw.

Voraussetzungen:

● Reibungsloser Informationsfluß
● Gute Koordination zwischen den Mitwirkenden und dem Projektleiter bzw. der Projektgruppe
● Kein Termindruck in bezug auf die Durchführung

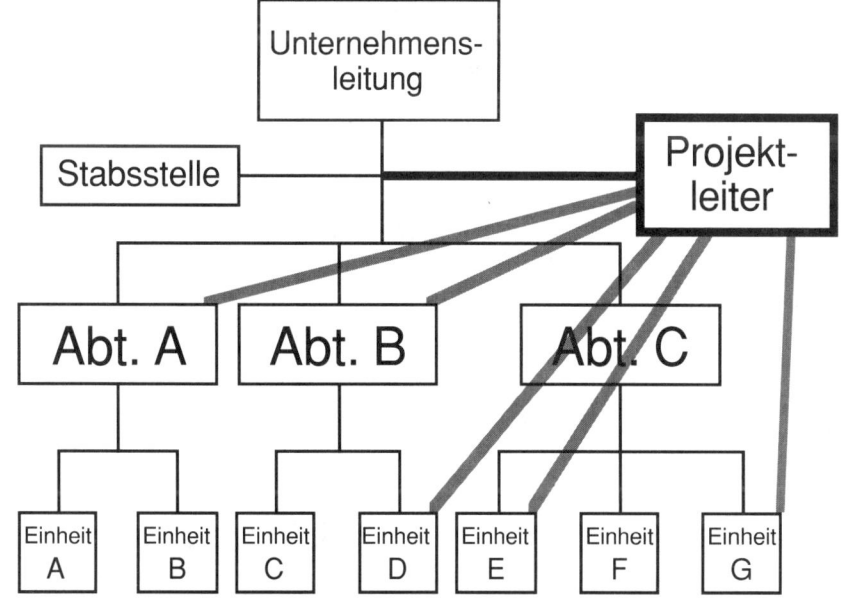

Vorteile:

● Keine Änderung der Grundkonfiguration.
● Große Flexibilität der Mitarbeiter, die an mehreren Projekten gleichzeitig mitwirken können.
● Geringe Überlagerung mit der Grundstruk-tur; kostengünstig.
● Zentrale Planung und Kostenkontrolle.

Nachteile:

● Keine klare Zuordnung der Gesamtverant-wortung, da der Projektleiter keine Ent-scheidungskompetenz besitzt.
● Lange Reaktionszeiten, da sich die Pro-jektverantwortlichen nur bei Arbeitssitzun-gen sehen.
● Schwierigkeiten bei der Koordination zwi-schen Angehörigen verschiedener Abtei-lungen.
● Langatmige Entscheidungsprozesse, da Beschlüsse von den Vorgesetzten der Linieninstanzen vorübergehend zurückge-stellt werden können.

MATRIX-PROJEKTORGANISATION

Prinzip:

Eine Matrixstruktur kann zwei- oder mehrdimensional sein und deckt im allgemeinen drei Dimensionen ab: Funktions-, Produkt- und/oder Marktbereiche. Sie eignet sich besonders gut für die Projektstruktur, wenn bestimmte Fähigkeiten, Geräte oder Räumlichkeiten für mehrere Projekte gleichzeitig gebraucht werden

Anwendung:

Bei gleichzeitig laufenden Großprojekten, die zum Teil mit denselben materiellen und personellen Ressourcen durchgeführt werden. Diese Art von Projektstruktur findet man häufig in Bauunternehmen, für die jede Baustelle ein Projekt darstellt und alle zur selben Innung gehörenden Handwerker in einer Abteilung zusammengefaßt sind.

Voraussetzungen:

- Ausgezeichnete Koordination zwischen den Projekt- und Abteilungsleitern
- Klar voneinander abgegrenzte Kompetenzbereiche
  Die Verantwortung ließe sich z.B. folgendermaßen aufteilen:

  Verantwortungsbereich des Projektleiters:
  – Was? (Art der Tätigkeit und angestrebte Qualität)
  – Wo? (Ort des Einsatzes)
  – Wann? (chronologischer Ablauf des Produktionsprozesses, Dauer des Projekts)

  Verantwortungsbereich der Abteilungsleiter (der funktionalen Linieninstanzen):
  – Wer? (Bestimmung der Aufgabenträger)
  – Wie? (Arbeitsweise, eingesetzte Technologie)
  – Mittel? (Maschinen, Werkzeuge, Werkstoffe)
  – Woher? (Beschaffung von Rohstoffen, Maschinen und Personal)
  – Wohin mit den Ressourcen? (Wo können Mitarbeiter und Sachmittel nach dem Projekt eingesetzt werden?)
- Gute Synchronisation auf Führungsebene.

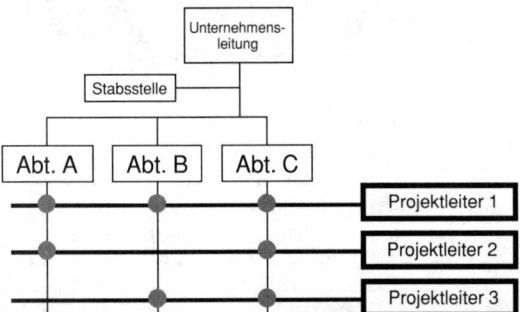

Vorteile:

- Die Verantwortung liegt eindeutig beim Projektleiter.
- Mitarbeiter entwickeln Fachkenntnisse, die sie auch bei anderen Projekten anwenden können.
- Größeres Sicherheitsgefühl bei den Mitarbeitern der betroffenen Abteilung, da sie ihren gewohnten Bezugsrahmen nicht verlieren.
- Flexible Organisation je nach Fortgang des Projekts.

Nachteile:

- Birgt ein gewisses Konfliktpotential zwischen Linieninstanzen und Projektgruppen in sich.
- Jeder Mitarbeiter ist mehreren Vorgesetzten unterstellt und weiß möglicherweise nicht, wessen Weisungen er befolgen soll.
- Kostenintensiv.

WAHL DER RICHTIGEN PROJEKTSTRUKTUR			
Kriterien	Strukturformen		
	Reine Projekt-organisation	Projekt-koordination	**Matrix-projekt-organisation**
Bedeutung des Projekts	sehr groß	eher gering	groß
Projektumfang	sehr groß	eher gering	groß
Unsicherheit bezüglich der Ziele	sehr groß	gering	groß
Technologie	neu	Standard	bedeutend
Dringlichkeit	groß	mittel	mittel
Voraussichtliche Projektdauer	lang	kurz	mittel
Komplexität der Problemsituation	groß	gering	mittel
Zentralisierungs- u. Koordinierungs-bedarf	sehr groß	mittel	gering
Zeitlicher Einsatz	Vollzeit	sporadisch	Teilzeit
Profil des Projektleiters	hoch qualifiziert	(teil-)qualifi-ziert/weniger wichtig	qualifiziert
Kooperation mit den Linieninstanzen	gering	sehr groß	groß
Verfügbarkeit der Teammitglieder	voll	partiell	mittel
Notwendigkeit der Identifizierung mit dem Projekt	groß	gering	mittel

257

BESTIMMEN DER ZIELE UND MODELLIEREN DER PROBLEMSITUATION:		
AUSWÄHLEN DER INSTRUMENTE		
Problemerfassung	• Kennziffern MIS	S. 216
	• Analyse der Problemsituation	S. 217
	• Wertanalyse	S. 276
	• Mitarbeiterbefragung	S. 219
	• Bilanzenanalyse	S. 218
Bestimmen der Ziele	• Zielhierarchie	S. 222
	• Führung durch Zielvereinbarung	S. 222
Projektauslösung	• Eisenhower-Prinzip	S. 131
	• Kriterienkatalog für Projektstudie	S. 226
Projektdurchführung	• Auswahlmethoden	S. 240
	• Stellenbeschreibung	S. 81
	• Auswählen der Berater (intern/extern?)	S. 229
	• Auswählen eines Projektleiters	S. 242
	• Delegation	S. 235
Projektorganisation	• Projektauftrag	S. 244
	• Projektstruktur	S. 251
	• Projektplanungsmethoden	S. 257
	• Projektkommunikation	S. 250
	• Gantt-Diagramm	S. 123
	• Netzplantechnik (PERT)	S. 126

7. Kapitel

Analysieren der Wirkungsverläufe

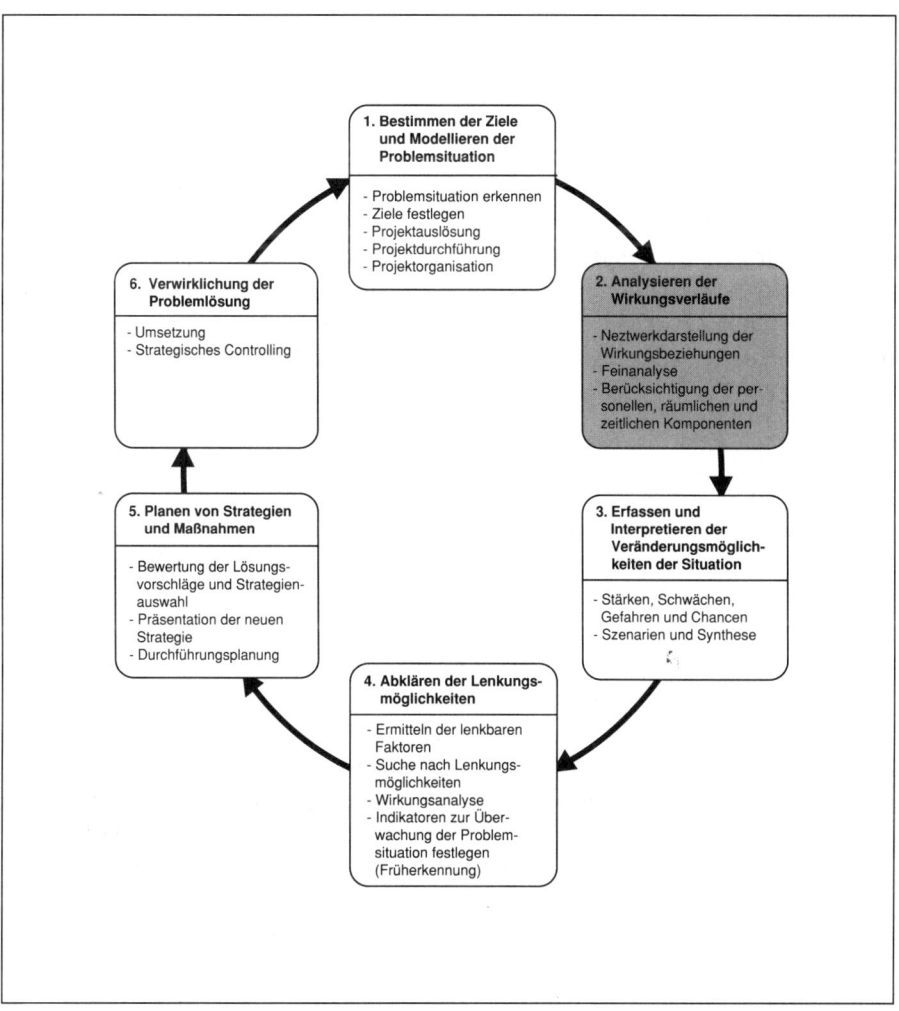

Nachdem die Ziele bestimmt, die Reorganisation beschlossen und die Mittel zugeteilt worden sind, können sich die Projektverantwortlichen der Analyse der Problemsituation zuwenden. Für das Projektteam geht es jetzt nicht nur darum, jeden einzelnen der zahlreichen Kontextfaktoren, sondern auch die zwischen ihnen bestehenden Wechselbeziehungen zu analysieren, um rechtzeitig zu erkennen, inwieweit ihr Wandel beziehungsweise ihre Evolutionsperspektiven den betrieblichen Bezugsrahmen verändern und wie man diesen gestalten könnte, so daß er sich auch im neuen Kontext als kohärent erweist. Das schließt die personelle, räumliche und zeitliche Planung ein, die in nicht unwesentlichem Maße bestimmt, wie die zukünftige Lösung, das heißt die Umstrukturierung, aussehen soll.

I. Netzwerkdarstellung der Wirkungsbeziehungen

Seit dem 17. Jahrhundert hat man unter dem Einfluß von Descartes und anderen Philosophen lange geglaubt, es gäbe für jedes Problem *eine* optimale Lösung. Man mußte es nur richtig erkennen und dann lösen. Die Analyse der Einflußgrößen sowie der Schlüsselvariablen ist im Grunde die logische Folge dieser Methode: Man versucht, jede Situation in ihre spezifischen Einzelfaktoren zu zerlegen, um zu wissen, was man tun beziehungsweise wie man reorganisieren soll. Diese Zerlegung mag zwar wesentlich für das Verständnis des Ganzen sein, die Einflußgrößen sind jedoch eng miteinander verknüpft.

Es geht zunächst einmal darum, die *Wirkungsbeziehungen* und *Interdependenzen* zwischen den verschiedenen Einflußgrößen und Schlüsselvariablen aufzuzeigen. Organisatorische Problemsituationen sind nämlich selten einfach. Um das Problem richtig anzugehen, darf man daher nicht nur nach *einer* möglichen Ursache suchen. Probleme werden je nach den persönlichen Gesichtspunkten und je nach Blickwinkel unterschiedlich wahrgenommen und interpretiert. Diese sich teilweise ergänzenden oder widersprechenden Meinungen gilt es zur Kenntnis zu nehmen und richtig zu bewerten. Wenn es z. B. um eine Produktionssteigerung geht, wird der Marketingleiter mit Sicherheit einen anderen Standpunkt vertreten als der Produktionsleiter. Für ersteren stehen die Bedürfnisse der Kunden und die Vermeidung von Engpässen in der Lagerhaltung im Vordergrund, während letzterem eher ein reibungsloser Produktionsablauf und die damit verbundene Umstrukturierung seiner Werkhallen am Herzen liegen werden. Hier empfiehlt sich ganzheitliches Denken: Man muß versuchen, die wichtigen Einzelfaktoren zu ermitteln, zu analysieren und zum Ganzen in Beziehung zu setzen, wobei man immer die Rahmenbedingungen der Problemsituation berücksichtigen sollte. Diese Überlegung mag banal und schwer realisierbar erscheinen, zeigt jedoch eines der Hauptprobleme im modernen Management auf: In komplexen Problemsituationen ist eine zu vereinfachende Sicht der Dinge fehl am Platze, da sie die wirklichen Schlüsselfaktoren außer acht läßt und zu Lösungen führt, die letzten Endes noch viel gravierendere Probleme schaffen als die, die man ursprünglich lösen wollte. Um dies zu vermeiden, muß man die Interdependenzen zwischen den Ursachen, Wirkungen und Wirkungsverläufen kennen. Als beispielsweise die Rüstungsfirmen infolge der amerikanisch-sowjetischen Abrüstungsvereinbarungen und der damit verbundenen Kürzung des Verteidigungsetats spürbare Auftragsrückgänge verzeichneten, waren ihre Überlegungen ziemlich einfach: „Wir machen Verluste, weil die westlichen Länder als Abnehmer ausfallen. Also müssen wir uns andere Kunden suchen." Dieser Beschluß hat unter anderem zu vermehrten Waffenlieferungen in den Irak geführt, was nicht nur eine Veränderung der Kräfteverhältnisse in der gesamten Region zur Folge hatte, sondern außerdem juristische Probleme für die Firmen mit sich brachte, die dadurch in ihrem Land nicht mehr die gewohnte politische Unterstützung fanden. Es ging nämlich um weit mehr als die Suche nach neuen Absatzmärkten: geopolitische Veränderungen, Bewußtseinswandel in bezug auf die Aufrüstung, veränderte Bündnissituation, neue Instabilitäten, Bedrohung durch neu entstandene politische Gruppierungen, Umstrukturierungsmöglichkeiten für die Rüstungsindustrie und nicht zuletzt die Tatsache, daß bestimmte Rüstungsgüter nicht in potentielle Krisengebiete exportiert werden sollten – all diese Faktoren mußten berücksichtigt werden. Wir möchten damit keineswegs ein moralisches Werturteil abgeben, sondern lediglich eine Tatsache feststellen: Komplexe Problemsituationen erfordern ganzheitliches Denken und eine Analyse der Auswirkungen der beschlossenen Strategien:

- Welcher Art ist der Einfluß, der von einem Element auf ein anderes ausgeübt wird?
- Welche Intensität weist die Wirkung auf?
- Wie ist der Zeitverlauf zwischen Ursache und Wirkung?

Nehmen wir ein anderes Beispiel: Die Erforschung der menschlichen Intelligenz und ihrer Struktur hat Licht in die Diskussion über den Einfluß von Vererbung und Milieu gebracht. Man kann weder behaupten, daß Intelligenz in den ersten sechs Lebensjahren entsteht, noch daß sie ausschließlich auf das soziale Milieu zurückzuführen ist, in dem ein Kind aufwächst. Beide Faktoren spielen eine Rolle. Sie beeinflussen sich gegenseitig und bilden zusammen mit dem Kind – als einem Organismus, in dem sich Stoffwechselvorgänge abspielen und der seine Umwelt auf seine Weise, gefärbt von seinen Wertvorstellungen, über Nerven und Sinnesorgane wahrnimmt – ein Ganzes, welches sowohl seine Entwicklung als auch sein Leben als Erwachsener beeinflußt. Der Mensch ist zugleich Rahmen und Ergebnis seiner individuellen Entwicklung. Soziales, wirtschaftliches und politisches Umfeld bestimmen ebenso wie die Sozialisationsfaktoren (Erziehung, Verhalten der Eltern, Beruf), was der Mensch im Laufe der Zeit lernt. Wer eine der beiden Einflußgrößen außer acht läßt, schließt mit seiner zu vereinfachenden Sicht der Dinge und der menschlichen Natur von vornherein eine mögliche Erklärung aus.

Das gleiche gilt für das Reorganisationsprojekt. Es ist einerseits durch externe Einflüsse bedingt, spiegelt andererseits aber auch die Entschlossenheit zur Schaffung einer neuen Konfiguration wider. Und dieser Wunsch läßt sich nur mittels einer geeigneten Modellierung der komplexen Wechselbeziehungen zwischen Unternehmen und Umwelt verwirklichen. Dafür empfehlen wir die Netzwerkdarstellung, mit deren Hilfe die verschiedenen Wirkungsbeziehungen zwischen den internen und externen Einfluß-größen visuell verdeutlicht werden können.

Was spricht eigentlich für die Netzwerkdarstellung beziehungsweise gegen Diagramme der Projektplanung und -kontrolle (vgl. Gantt-Diagramm oder PERT) oder auch gegen ein traditionelles Kennziffern-MIS? Wenn es um ein technisches System mit einem Steuerungs- und Kontrollzentrum ginge mit allen möglichen Sensoren oder Instrumenten zur Korrektur von Abweichungen, wie man sie zum Beispiel in einem Cockpit findet, wäre dagegen überhaupt nichts einzuwenden. Aber das Unternehmen ist kein technisches System, in dem sich alles mehr oder weniger vorhersehen läßt. Außerdem löst das Verhalten der Individuen oft „Teufelskreise" aus, die man unbedingt rechtzeitig vorhersehen muß. So hat zum Beispiel die Nachricht von der Erkrankung eines bedeutenden Staatschefs schon so manches Mal spontane Verhaltensänderungen bei den Börsenspekulanten bewirkt. Die rückläufige Kursentwicklung hat dann ihrerseits die Börsianer in ihren Erwartungen bestätigt und damit die ohnehin schon vorhandene Baisse-Tendenz noch verstärkt. Auch die Modebranche ist ein gutes Beispiel für teils vorhersehbare, teils aber auch spontane Entwicklungen. Je nachdem, in welchem Marktsegment ein Unternehmen tätig ist, lassen sich Produktlinien und Lebenszyklus der Produkte mehr oder weniger genau vorhersehen. Daher ist es äußerst wichtig, auf Anzeichen für Trendverschiebungen sowie Schwell- und Umkippeffekte zu achten, die etwa Marktsegmente mit hohem Ertragspotential deutlich machen können.

Für den Manager ist es von großem Nutzen, die Situation aus seiner Sicht modellieren zu können. Das Netzwerk bietet ihm die Möglichkeit, sich genau die Bereiche herauszugreifen, um die es ihm geht, und gleichzeitig auch die Verhaltensaspekte der zueinander in Beziehung gesetzten Faktoren qualitativ zu erfassen. Man kann ein Problem also unter Berücksichtigung verschiedener Gesichtspunkte umreißen und außerdem auch noch die Schlüsselvariablen darstellen, die sich aus der Analyse der Problemsituation ergeben haben. Diese von H. Ulrich und G. Probst in ihrem Werk *Anleitung zum ganzheitlichen Denken und Handeln* (1987) beschriebene Methode läßt sich ohne weiteres auch auf Management und Organisation übertragen, wie unser Schema am Anfang dieses Teils zeigt (vgl. auch die praktischen Anwendungen zum vernetzten Denken in Probst/Gomez 1992).

Die Netzwerkdarstellung ermöglicht:
- **die Darstellung der Problemsituation aus der Sicht des Beobachters**
- **die Berücksichtigung verschiedener Gesichtspunkte und Blickwinkel**
- **ein ständiges Überprüfen des Systems und der ihm eigenen Verhaltensvarietät**
- **das Auswerten von Informationen**
- **das Planen und Simulieren von Handlungen und Anpassungsmaßnahmen**
- **das Erfassen komplexer Problemsituationen**

ANALYSE DES WIRKUNGSNETZWERKS

Prinzip:

Die Erstellung eines Netzwerks ermöglicht die schematische Darstellung einer bestimmten Situation unter Hervorhebung der wesentlichen Einflußfaktoren und ihrer Wechselbeziehungen. Mit Hilfe dieser Methode läßt sich eine Problemsituation auch in ihrer Dynamik erfassen, da der Zeitverlauf zwischen Ursache und Wirkung dargestellt werden kann. Komplexe Situationen lassen sich so besser überblicken. Außerdem ermöglicht das Netzwerk ein effizienteres Handeln, da es nicht nur die lenkbaren Einflußgrößen aufzeigt, sondern auch Aufschluß über die Wirkung einer Maßnahme auf die anderen Faktoren gibt. Aus einem Netzwerk gehen auch die einzelnen Indikatoren, Radarfaktoren hervor.

Anwendung:

Ein Pfeil mit einem „+" steht für eine gleichgerichtete Veränderung. Ein Pfeil mit einem „–" steht für eine entgegengerichtete Veränderung. So entstehen stabilisierende und destabilisierende Regelkreise, wobei sich bei letzteren die einzelnen Elemente gegenseitig aufschaukeln (verstärken), während sich stabilisierende durch Selbstregulierung auszeichnen. Nachdem man den Zeitverlauf zwischen Ursache und Wirkung bestimmt hat, kann man Szenarien ableiten und vor allem entscheiden, wo und wann man lenkend eingreifen sollte.

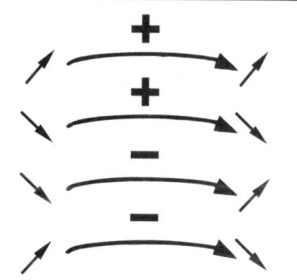

Destabilisierende Wirkungsbeziehungen

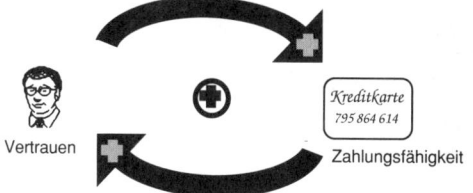

Vertrauen

Zahlungsfähigkeit

Kreditkarte
795 864 614

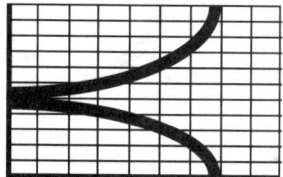

Stabilisierende Wirkungsbeziehungen

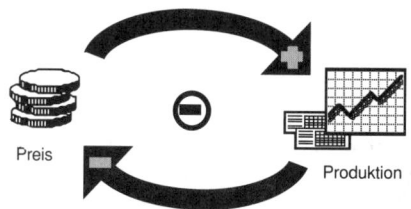

Preis

Produktion

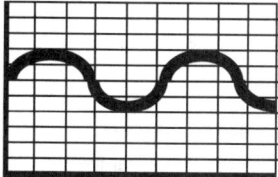

ANALYSE DES WIRKUNGSNETZWERKS

Anwendungsbeispiel:

Ein einfaches Netzwerk für einen Zeitschriftenverlag: Dargestellt werden die Beziehungen zwischen den einzelnen Elementen sowie die stabilisierenden und destabilisierenden Regelkreise. (vgl. ausführlicher Probst/Gomez 1992)

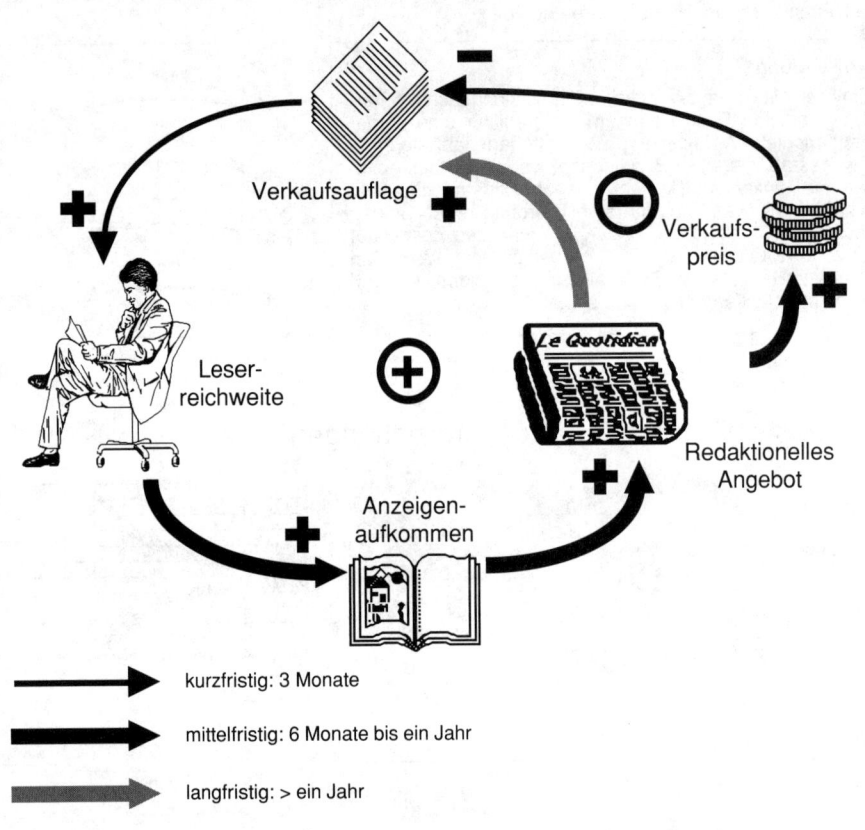

Verkaufsauflage

Verkaufs-preis

Leser-reichweite

Redaktionelles Angebot

Anzeigen-aufkommen

kurzfristig: 3 Monate

mittelfristig: 6 Monate bis ein Jahr

langfristig: > ein Jahr

Vorteile:	**Nachteile:**
● Ganzheitliche Darstellung	● Schwer realisierbar
● Erfassung der Komplexität	● Für Außenstehende schwer verständlich
● Berücksichtigung der Dynamik	
● Übersichtlich, gute Lesbarkeit für „Netz-denker"	

EINFLUSSMATRIX

Prinzip:

Die Einflußmatrix gibt Aufschluß über die Wirkungsintensitäten zwischen den verschiedenen Faktoren, was sich mit einer einfachen Grafik nur schwer darstellen ließe.

Anwendung:

Die zuvor festgelegten Faktoren (siehe vorhergehendes Schaubild) werden in die Einflußmatrix eingetragen. Danach wird die Intensität der Wirkung jedes Faktors auf jeden anderen geschätzt (0 = keine Wirkung; 3 = starke Wirkung).

Beispiel: Einflußmatrix für den Zeitschriftenverlag

Einfluß von / auf	Verkaufs-auflage	Leser-reichweite	Anzeigen-aufkommen	Redak-tionelles Angebot	Verkaufs-preis	Summe E (Einfluß-nahme)
Verkaufsauflage	–	3	3	1	2	9
Leserreichweite	0	–	3	2	0	5
Anzeigen-aufkommen	1	1	–	2	2	6
Redaktionelles Angebot	3	3	1	–	2	9
Verkaufspreis	3	2	1	1	–	7
Summe B (Beeinflußbarkeit)	7	9	8	6	6	

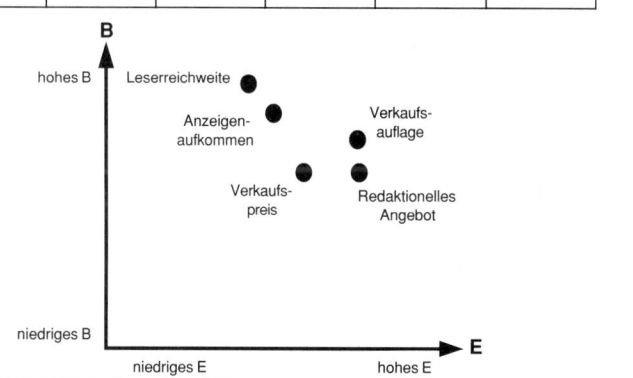

Typisieren der Elemente je nach den folgenden Kriterien:

Einflußnahme / Beeinflußbarkeit	geringer Einfluß (niedriges E)	starker Einfluß (hohes E)
starke Beeinflußbarkeit (hohes B)	reaktives Element	kritisches Element
geringe Beeinflußbarkeit (niedriges B)	träges Element	aktives Element

Bei unserer Art von Problemsituation – der Reorganisation – muß man sich zunächst überlegen, welche Folgen diese für die Strategie, die Unternehmenskultur etc. hätte, bevor man konkrete Maßnahmen beschließt. Die von uns bereits beschriebenen Einflußfaktoren wirken nämlich gegenseitig aufeinander ein, so daß es gefährlich wäre, sie isoliert zu betrachten. Man sollte sich daher bei jedem Problem Gedanken machen, wie es sich auf andere betriebliche Einflußgrößen auswirken könnte. Arbeitet das Unternehmen mit überholten Technologien, sollte man sich noch vor der Entscheidung für eine Umstellung des Fertigungsprozesses überlegen, welche strukturellen Folgen dies hätte. Mit Hilfe einer Matrix, wie sie auf Seite 265 dargestellt ist, lassen sich die einzelnen Einflußgrößen miteinander in Beziehung setzen.

Dieser Fragenkatalog zur Ermittlung der Wechselwirkungen zwischen Unternehmenskultur, Strategien, Kompetenzen, Konfiguration und Technologien ist natürlich bei weitem nicht erschöpfend, sondern ließe sich unendlich erweitern. Auf jeden Fall geht daraus sehr deutlich hervor, daß die Aufspaltung in fünf Bereiche zwar eine übersichtlichere Darstellung der Problemsituation ermöglicht, aber dennoch reine Theorie ist. Man muß auch die Verbindungen zwischen den einzelnen Parametern sehen und sich ihrer Bedeutung sowohl im Vorfeld der Reorganisation als auch später in der Durchführungsphase bewußt sein. Ihr Einfluß auf die Entscheidungsfindung hängt davon ab, wieviel Bedeutung man ihnen beimißt, wie wichtig sie für das Unternehmen sind und wie man den *Zweck der Organisation und die Funktion dieser Faktoren innerhalb derselben* einschätzt.

Der Reorganisationsprozeß wird von den Wechselwirkungen zwischen verschiedenen internen und externen Faktoren – Kultur, Strategie, Technologie, Konfiguration, Machtstruktur – beeinflußt, die man in ihrer Gesamtheit und als in ihre eigene Umwelt eingegliedert betrachten sollte.

All diese auf vielfältige Weise miteinander zusammenhängenden Fragen zeigen, wie nützlich die Netzwerkdarstellung ist. Bevor man jedoch ein solches Netzwerk erstellt, muß man zunächst jede seiner möglichen Komponenten sehr genau analysieren.

II. Feinanalyse

Hierbei handelt es sich um die Analyse der verschiedenen im Netzwerk aufgeführten Einflußgrößen.

Beispielhafte Abhängigkeiten und Fragestellungen	
	Die Technologie ist abhängig von...
den Strategien	Strebt das Unternehmen kostengünstigere standardisierte Produktionsverfahren, Innovation um jeden Preis oder die handwerkliche Fertigung niedrigerer Stückzahlen an? Müssen die im Hinblick auf Wettbewerbsfähigkeit und Produktivität festgelegten Ziele unbedingt erreicht werden?
der Unternehmenskultur	Hat das Unternehmen schon immer als eines der ersten neue Technologien eingesetzt? Werden die Mitarbeiter entsprechend geschult, oder stellt man von vornherein nur solche mit Berufserfahrung ein? Liegt den Mitarbeitern mehr an ihrem Beruf als an ihrer Firma?
der Machtstruktur	Wie wichtig sind dem Unternehmen Spezialisten und Mitarbeiter mit unmittelbarem Kontakt zur Umwelt? Verfügen diese über die nötigen Kompetenzen, um sich durchsetzen zu können? Werden Investitionen in neue Technologien hauptsächlich von den Technikern oder den Kaufleuten beschlossen?
der Konfiguration	Werden die Techniker in die Einheiten integriert, in denen sie tätig werden sollen, oder in eigenen, autonomen Einheiten zusammengefaßt?

	Die Strategie ist abhängig von...
den Technologien	Setzt das Unternehmen bei seinen Technologien eher auf Qualität oder/und auf Quantität? Stützt es sich auf ein überholtes Know-how und einen einzigen Produkttyp, auf dem zugleich sein Image beruht? Waren die letzten Innovationen rentabel?
der Unternehmenskultur	Ist die Situation des Unternehmens von einem (einzigen) Produkt geprägt? Sind die Mitarbeiter stolz oder zufrieden, was ihre Arbeit und die Produkte ihrer Firma betrifft? Ist diese nach außen hin offen, vor allem international gesehen?
der Machtstruktur	Hat die Unternehmensleitung konkrete strategische Ziele? Werden die Strategien von Spezialisten entwickelt oder von ganzheitlich denkenden Generalisten?
der Konfiguration	Verfügt das Unternehmen über eine Abteilung für strategische Planung? Ist der Entscheidungsprozeß genau festgelegt, oder werden strategische Entscheidungen von der Unternehmensleitung getroffen?

	Die Unternehmenskultur ist abhängig von...
den Technologien	Gehört das Unternehmen dem sekundären oder tertiären Sektor an? Wie sieht es mit der Entwicklung/dem Einsatz neuer Technologien aus? Gehört das Unternehmen zur Spitzentechnologie-Branche? Müssen die Mitarbeiter oft an Schulungen teilnehmen, um sich mit den neuen Arbeitsmethoden vertraut zu machen?
den Strategien	Will das Unternehmen neue Märkte erobern oder die bereits bestehende Position halten? Ist das Unternehmen regional, national oder international tätig? Soll zur Erreichung der Ziele verstärkt auf den Beitrag der Mitarbeiter gesetzt werden? Betreibt das Unternehmen intern und extern eine offene Kommunikationspolitik?
der Machtstruktur	Wird die Firma von einem charismatischen Chef mit starker Persönlichkeit geführt, der die Unternehmenskultur nach seinen Vorstellungen gestaltet? Haben die einflußreichen Gruppen im Unternehmen ihre eigene Kultur?
der Konfiguration	Ist das Unternehmen starr oder flexibel strukturiert? Ist es zentralisiert oder dezentralisiert? Laufen die betrieblichen Prozesse nach einem festen Schema ab, oder haben die Mitarbeiter einen gewissen Handlungsfreiraum?

	Die Machtstruktur ist abhängig von...
den Technologien	Stellt das Unternehmen Spitzentechnologie her und ist daher stark auf eine gut funktionierende Forschungs- und Produktionsabteilung angewiesen? Setzt es Verfahren ein, die den wiederholten Einsatz von Spezialisten erfordern? Sind die Stellen allen zugänglich?
den Strategien	Zielen die Strategien auf zentrale oder dezentrale Führung ab? Stehen bei der Strategieformulierung Finanzwesen, Marketing, Forschung oder Produktion im Vordergrund?
der Unternehmenskultur	Werden die Entscheidungskompetenzen streng nach hierarchischen Kriterien vergeben? Liegen sie bei einigen wenigen, oder hat jeder Mitarbeiter einen gewissen Entscheidungsfreiraum und Verantwortungsbereich?
der Konfiguration	Nimmt die Leitung bewußt Einfluß auf die Gestaltung der betrieblichen Machtstruktur? Wenn ja, wie? Inwieweit wird Widerspruch bei der Ausarbeitung und Umsetzung von Maßnahmen geduldet? Wem wird die Kontrolle übertragen?

	Die Konfiguration ist abhängig von...
den Technologien	Gehört das Unternehmen dem sekundären oder tertiären Sektor an? Setzt es Spitzentechnologie ein? Ist der Einsatz der Technologien durch strenge Auflagen geregelt? Beruht die Produktion auf Einzel-, Serien- oder Fließbandfertigung? Sind die Arbeitsinhalte weitgehend formalisiert?
den Strategien	Ist die Unternehmensumwelt komplex? Ist sie dynamisch? Zielen die Strategien auf Rationalisierung, Diversifizierung oder Zusammenschlüsse mit anderen Firmen ab? Beruht die Organisation auf einer Gliederung nach Funktions-, Markt- oder Produktbereichen, oder handelt es sich um eine Matrixorganisation? Weist die Umwelt Diskontinuitäten auf, die die Organisation vor neue Aufgaben stellen?
der Unternehmenskultur	Hat das Unternehmen eine lange Tradition? Kümmern sich der Firmeninhaber oder die Angehörigen der Geschäftsleitung um jede Einzelheit? Werden die Aufgaben im Unternehmen traditionsgemäß eher voneinander abgegrenzt oder integriert? Ist das Arbeitsklima durch informelle Beziehungen oder durch formelle Verfahrensrichtlinien und Kommunikationsbeziehungen gekennzeichnet?
der Machtstruktur	Unterliegt das Unternehmen einer strengen externen Kontrolle? Sind die Strukturen unter der Leitung einer Einzelperson entstanden? Wird die Verteilung der Aufgaben auf die Geschäftsbereiche von Gruppen beeinflußt, die ziemlich großes Gewicht im Betrieb haben? Versuchen einige, ihre formelle Macht auszubauen, indem sie ihre Weisungsbefugnisse auf immer mehr Mitarbeiter ausdehnen?

a) Interne Faktoren

Wenden wir uns der Evolution des Unternehmens und seiner Umwelt zu, denn bevor man sich für eine Umstrukturierung entscheidet, muß gerade die Eigendynamik beider Systeme in ihren groben Zügen berücksichtigt und analysiert werden, damit man das Problem im Kontext sehen kann. In den Kapiteln über „Sinn und Zweck der Organisation/Reorganisation" sind wir ja bereits ausführlich auf die Wechselwirkungen zwischen Konfiguration, Kultur, Strategien, Machtverteilung und Technologien eingegangen und wollen daher diese Begriffe nicht noch einmal allgemein betrachten, sondern vielmehr aufzeigen, welche Fragen man sich stellen muß, um erfolgreich zu (re)organisieren. Anhand der einzelnen Punkte läßt sich dann auf der Grundlage der verfügbaren Informationen ein Netzwerk erstellen, wobei jeder Punkt auf folgende Fragen hin untersucht werden sollte:

- **Wie sieht die augenblickliche Unternehmenssituation aus?**
- **Welches Ziel verfolgt das Unternehmen?**
- **Welche organisatorischen Folgen hätte dieses Ziel?**

Dies stellt dann die prinzipielle Projektanalyse dar, da sie Aufschluß über die Schlüsselfaktoren gibt, nach denen sich wiederum die Art der Problemlösung richtet. Wir schlagen vor, sich dabei auf folgende Fragen zu stützen, die auf die klassischen sechs „W"-Fragen zurückgehen.

1. Konfiguration

Wie ist die augenblickliche Unternehmenssituation?
- Größe, Alter des Unternehmens?
- Hat sich das Unternehmen stark spezialisiert?
- Wie werden die verschiedenen Aktivitäten miteinander in Einklang gebracht?
- Werden die Unternehmensziele klar und für alle verständlich kommuniziert?
- Wie ist die Machtstruktur?
- Ist die Struktur flexibel?
- Ist sie anpassungsfähig?
- Fördert sie Kreativität, Initiativen, Innovationen?
- Kennt jeder seine Funktion innerhalb des Ganzen?
- Nach welchen Grundsätzen wird gehandelt, delegiert, koordiniert und informiert?

Das ist natürlich nur eine unvollständige Checkliste, eine Feststellung des Ist-Zustands, die weder als „gut" noch als „schlecht" bezeichnet werden kann. Sie eignet sich in Abhängigkeit von den Zielen, die das Unternehmen festlegt, nachdem es bestimmte Fehlentwicklungen erkannt hat. Wichtig ist, daß man die problemrelevanten Faktoren herausgreift. Daher die folgende Frage:

Welches ist unser Ziel?
- Wollen wir flexibel sein und schnell handeln können?
- Brauchen wir größere Stabilität?
- Sind wir bemüht, inkongruente Prozesse zu rationalisieren?
- Wollen wir die Entscheidungskompetenz zentralisieren oder dezentralisieren?
- Wollen wir mehr oder weniger Transparenz?

Auch hier gilt: Ein Reorganisationsziel, das allen Firmen gemeinsam wäre, kann es nicht geben. Denn auch wenn der allgemeine Trend in Richtung Flexibilität, Polyvalenz und Dezentralisierung geht, gibt es immer noch zahlreiche Fälle, in denen Autorität und eiserner Wille gefragt sind, etwa beim Krisenmanagement – wenn es darum geht, dem Unternehmen über eine schwierige Phase hinwegzuhelfen –, oder auch eine stärkere Spezialisierung kann sinnvoll sein, beispielsweise zur Erhaltung und Weiterentwicklung von Fachkenntnissen. Vergleicht man die Antworten auf die ersten beiden Fragen, erkennt man ziemlich deutlich, welche Schwierigkeiten im Verlauf der Reorganisation auftreten können:

Wie wirkt sich unser Ziel auf die Unternehmenskonfiguration aus?
- Wie soll die neue Unternehmensstruktur aussehen?
- Welche Fortschritte und Veränderungen sind zu erwarten?
- Welche Schwierigkeiten struktureller Art lassen sich mit Sicherheit nicht vermeiden?
- Welche der strukturellen Parameter sind unsere Hauptstärken?
- Welches sind unsere Hauptschwächen?

Diese Fragen muß sich jedes Unternehmen stellen, das einen Umstrukturierungsprozeß in Gang setzt. Aber damit die Umstrukturierung auch wirklich eine Reorganisation ist, das heißt alle Voraussetzungen für ein langfristiges Funktionieren der neuen Strukturen gegeben sind und das Ganze nicht nur ein kurzsichtiges Behandeln von Symptomen ist, müssen die zukünftigen Strukturen unter Berücksichtigung des Rahmens, in den sie sich einfügen sollen, analysiert werden. Nachdem man sich für eine Reorganisation entschieden hat, sollte man sich daher zunächst einmal fragen, was diese für die Evolution des Unternehmens bedeutet. Wie sieht die augenblickliche Lage aus? Wie soll es weitergehen? Was wollen wir sein? Welche Veränderungen bringt das mit sich? Außerdem muß sowohl die derzeitige als auch die angestrebte Konfiguration in ihrer Eigenschaft als Hilfsmittel analysiert werden, die in enger Wechselbeziehung mit den anderen betrieblichen Parametern – Unternehmenskultur, Strategien, Technologien, Macht – und der Unternehmensumwelt steht. Es geht uns hier nicht um eine hierarchische Gewichtung der einzelnen Elemente, sondern darum aufzuzeigen, daß es sich um Größen handelt, die sich gegenseitig beeinflussen und die man infolge der Erkenntnisse aus den Analysen der anderen Parameter immer wieder unter einem neuen Gesichtspunkt betrachten sollte.

Welche Einflußgrößen sollte man herausgreifen?

Wie haben im ersten Teil gesehen, daß Unternehmen unterschiedlich strukturiert sein können, wobei jede Strukturform ihre eigenen Merkmale aufweist und dementsprechend unter ganz bestimmten Voraussetzungen gewählt wird. Die Reorganisation hängt daher von den Zielen des Unternehmens und dessen langfristiger strategischer Positionierung ab. Was soll man tun, um sich den Umweltveränderungen künftig besser anpassen zu können? Welche Probleme lassen sich mit Hilfe des Früherkennungssystems lösen? Dabei geht es um diejenigen Elemente, die ihre „Sensoren" sowohl

PARETO-PRINZIP

Prinzip:

Die grafische Darstellung des Pareto-Prinzips gibt Aufschluß über die besonders neuralgischen Punkte, so daß man von vornherein weiß, mit welchen Handlungen sich die größte Wirkung erzielen läßt und keine Zeit mit Nebensächlichkeiten verliert. Das Paretosche Gesetz besagt, daß 80% aller Ergebnisse auf 20% aller möglichen Ursachen zurückzuführen sind.

Anwendung:

Bei allen vielschichtigen Problemen zur Bestimmung der Hauptursachen.

Vorgehensweise:

Man ermittelt die Auftrittshäufigkeit aller möglichen Ursachen und erstellt zwei Balkendiagramme: Das eine enthält die prozentualen, das andere die addierten Auftrittshäufigkeiten. Dabei stellt sich oft heraus, daß man mit einer Beseitigung der drei häufigsten Ursachen bereits rund 80% aller Fälle abgedeckt hat.

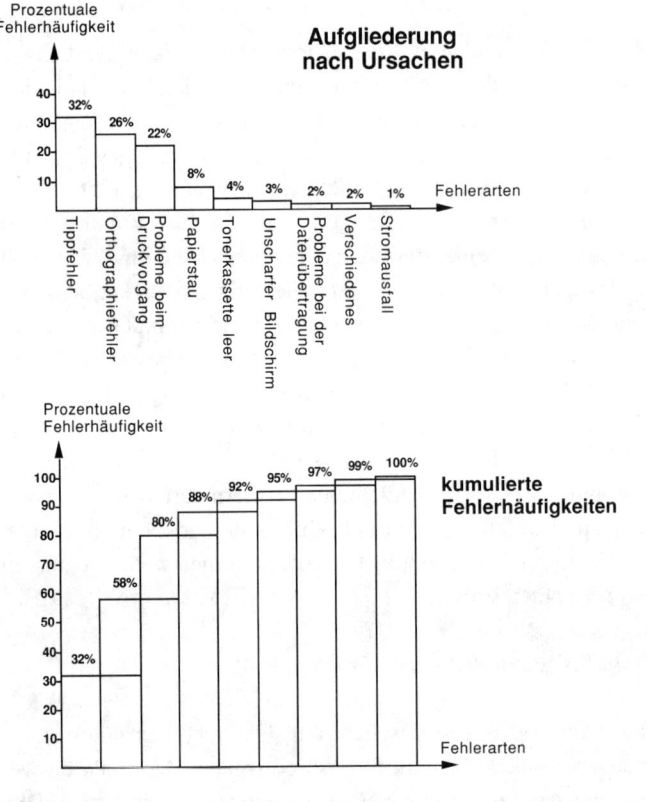

Vorteile:

● Leicht anwendbar und lesbar
● Praktische Entscheidungshilfe

Nachteile:

● Reduktionistisch und quantitativ
● Läßt Wechselwirkungen zwischen den Ursachen außer acht

272

nach innen als auch nach außen richten können, um Veränderungen und Neuerungen in einem bestimmten Bereich frühzeitig aufzudecken. Marketing-, Forschungs- und Personalabteilung könnten zum Beispiel die evolutionären Veränderungen in den Bereichen Kundenkreis, Technologie oder personelle Ressourcen verfolgen. Diese Einschränkung ist allerdings fakultativ. Genausogut könnte das Unternehmen aus jeder Funktion einen „Sensor" zur frühzeitigen Erkennung eventuell geänderter Wertvorstellungen der Kunden machen.

> **Zusammenfassend läßt sich sagen, daß es sich bei den ausgewählten Einflußgrößen um Parameter handelt, die unmittelbar beeinflußt werden von**
> - **den Zielen und der damit verbundenen Umstrukturierung,**
> - **den Früherkennungssensoren,**
> - **der allgemeinen Änderung der Konfiguration.**

Auf die anderen internen Faktoren werden wir im folgenden eingehen.

2. Technologie

Wie ist die augenblickliche Unternehmenssituation?
- Lassen sich die Unternehmensziele mit Hilfe der derzeitig eingesetzten Technologien erreichen?
- Wer arbeitet mit diesen Technologien und wie?
- Verfügt das Unternehmen über ein besonderes Know-how?
- Was tut es für dessen Weiterentwicklung?
- Wird die technologische Entwicklung durch entsprechende Schulung und Initiativen ausreichend gefördert?
- Werden Leistungspotential und Ressourcen in diesem Bereich optimal genutzt?

Man sieht: Die Bestandsaufnahme im Bereich der Technologie ist eher ein Gradmesser für deren Leistungsfähigkeit als ein absoluter Wert. Die beste Technologie besitzt nur einen geringen Nutzen, wenn sie falsch eingesetzt wird. Man muß sich daher fragen, wie Mitarbeiter und Firma ihr Know-how in den Dienst der Technologie stellen können, so daß sie unter anderem besser abschätzen können, wo sich Innovationschancen bieten und wo es reicht, den anderen Firmen zu folgen. Diese Faktoren sind weitgehend ausschlaggebend dafür, wie schnell sich ein Unternehmen auf neue Technologien und die damit verbundene Umstrukturierung einstellen kann. Das Problem besteht in der Regel weniger darin, einen oder mehrere hochqualifizierte Techniker zu finden, die in der Lage sind, neue Maschinen zu entwickeln und den Betrieb auf diese umzustellen, sondern vielmehr darin, daß die Betroffenen die neuen Technologien akzeptieren und möglichst optimal einsetzen sollten. Wenn man dies erreichen möchte, ist eine Neudefinition der Arbeitsinhalte weit wichtiger als rein finanzielle Anreize.

Welches ist unser Ziel?

- Streben wir eine Pionierstellung an?
- Wollen wir die bestehenden Technologien effizienter und zeitsparender einsetzen?
- Wollen wir uns spezialisieren?
- Geht es uns darum, einen ganzen Bereich in den Griff zu bekommen?
- Was ist uns wichtiger? Streben wir nach Innovation oder Anpassung?
- Würden wir gern unsere eigene Technologie entwickeln oder lieber eine bereits bestehende übernehmen?
- Wollen wir ein individuelles oder eher einheitliches Technologiekonzept?

Selbst wenn ein Unternehmen Technologien von der Konkurrenz übernimmt, muß es gleichzeitig innovativ tätig sein, und sei es nur, um das Übernommene zu verbessern. Peter Drucker (1985) unterscheidet vier Innovationsstrategien:

1. Das Beste möglichst schnell in die Tat umsetzen.
2. Dort tätig werden, wo die Konkurrenz nicht vertreten ist.
3. Marktlücken ausfindig machen und besetzen.
4. Die wirtschaftlichen Charakteristika eines Produkts, Markts oder einer ganzen Branche ändern.

Je nachdem, wofür man sich entscheidet, müssen zwangsläufig unterschiedliche Prioritäten bei der Nutzung und Zuweisung der Ressourcen gesetzt werden. Schnell und gleichzeitig effizienter als die Konkurrenz zu handeln bedeutet, daß Produktion und Vertrieb einen großen Teil der Ressourcen beanspruchen, und verlangt außerdem ein klar umrissenes Ziel. Wenn es dagegen darum geht, Marktlücken zu finden und zu besetzen, sind individuelle Freiräume und Kreativität sowie eine verstärkte Förderung der Forschung weitaus wichtiger. Die technologisch bedingte Reorganisation und das Ergebnis dieses Prozesses hängen damit in großem Maße von den Zielsetzungen ab, die nicht nur rein technischer Natur sein müssen. Aus einer Studie über die Einführung von Computern in 55 Abteilungen von insgesamt 26 amerikanischen Privatfirmen geht hervor, daß es den Managern in erster Linie um eine effizientere Verwaltung ging, wobei sie sich nicht überlegt hatten, inwieweit sich dies auf die Arbeitsinhalte und die Entfaltungsmöglichkeiten der Betroffenen auswirken würde (vgl. Gutek/Bikson/Mankin, 1984). Das bestätigt auch eine andere, in der amerikanischen Zeitschrift *Fortune* veröffentlichte Studie, derzufolge die Verwaltungsabteilungen amerikanischer Firmen heute nicht effizienter arbeiten als in den sechziger Jahren, da die Umstellung auf Computer nicht mit einer gleichzeitigen Neudefinition der Arbeitsinhalte verbunden war.

Es empfiehlt sich, die Umstellung auf neue Technologien nur dann ausschließlich Technikern anzuvertrauen, wenn diese gleichzeitig auch die soziologischen und psychologischen Aspekte der Arbeit im Auge haben. Da mittlerweile immer mehr Firmen eine Abteilung „Organisation und EDV" einrichten, müssen unter anderen auch die Informatiker umdenken und dürfen den Menschen nicht mehr als ein „Gewohnheitswesen" betrachten, das auf jede neue Entscheidung entweder mit Zustimmung oder Ablehnung reagiert. Die verbesserte Zugänglichkeit von Informationen und ein allgemein höherer Bildungsstand haben dazu geführt, daß sich der Mensch nicht mehr in ein festes Schema pressen läßt. Er wehrt sich häufig dagegen, mit einer bestimmten, unveränderlichen Rolle identifiziert zu werden. Es kann durchaus sein, daß dieselbe Person heute im Anzug bei Bocuse ißt und morgen in Jeans bei McDonald's beziehungsweise ein Wochenende in einem New Yorker Luxushotel verbringt, um im darauffolgenden Urlaub mit dem Rucksack zu Fuß den Amazonasdschungel zu durchqueren. Das Unternehmen muß daher zu folgenden Punkten klar Stellung beziehen: Aufgabeninhalt: Umfaßt die Aufgabe neben der reinen Durchführung auch die Planung und Kontrolle? Berufliche Anforderungen: Erfordert die Aufgabenbewältigung besondere Fähigkeiten, Kenntnisse oder ein besonderes Know-how? Möglichkeiten sozialer Interaktion: Inwieweit wird und muß das Unternehmen Kooperation und Teamwork fördern? Selbständigkeit: Wie kann man den Mitarbeitern die Möglichkeit geben, ihre Aufgabe eigenverantwortlich auszuführen, um sie nicht durch unnötige Vorschriften „von oben" zu demotivieren? Welche Aus- und Weiterbildungsmöglichkeiten bestehen oder sind einzusetzen (vgl. Ruch/Spinas/Ulich, 1989)? Natürlich bleiben diese organisatorischen Ziele nicht ohne Folgen für:

- die betrieblichen Strukturen
- den Menschen: Eine zu diesem Thema vom Schweizer Bauunternehmen Zschokke durchgeführte Studie zeigt, daß der Mensch bei der Arbeitsplatzsuche hauptsächlich auf drei Punkte Wert legt: Betriebsklima, Aufgabenvielfalt sowie Aus- und Weiterbildungsmöglichkeiten.
- die Technologie: Da die leistungsfähigste Maschine nicht unbedingt auch auf die größte Akzeptanz stößt, ist nicht gesagt, daß sich mit ihr der größte Nutzen erzielen läßt.

Nachdem alle nötigen Entscheidungen getroffen wurden, muß man sich Gedanken darüber machen, was deren Umsetzung an Material erfordert und wie die neue Organisationsstruktur aussehen soll.

Welche Folgen hat das für die Organisation im Bereich der Technologie?
- Muß die Technologie angepaßt werden, oder müssen wir uns ihr anpassen?
- Für welche Technologie haben wir uns entschieden?
- Welche Änderungen bringt das für unsere Mitarbeiter mit sich?
- Wie können wir unsere Mitarbeiter darauf vorbereiten?
- Welche Art von Arbeitsorganisation kommt den Mitarbeitern am ehesten entgegen?
- Welche Anpassungsprobleme werden bei den Mitarbeitern auftreten?

WERTANALYSE

Prinzip:

Dieses Instrument beleuchtet Produktion und Verwaltung unter dem Gesichtspunkt des Wertes, den Güter und Dienstleistungen für den Kunden oder diejenige Person, für die sie bestimmt sind, haben.

Folgende fünf Arten lassen sich unterscheiden:

- Tauschwert: beruht auf dem Verhältnis zwischen Angebot und Nachfrage (Geldsumme).
- objektiver Gebrauchswert: mißt den objektiven Nutzen der Ware oder Dienstleistung.
- subjektiver Gebrauchswert: beruht auf der subjektiven Wertschätzung einer Ware oder Dienstleistung.
- ökonomischer Wert: definiert als die Summe der Kosten für die Arbeit, Rohstoffe etc., die zur Herstellung der Ware erforderlich sind.
- Zusatzwert: berücksichtigt zusätzliche Eigenschaften, die für die Erfüllung des Hauptzwecks der Ware oder Dienstleistung nicht erforderlich sind, diese jedoch aufwerten.

Zweck der Wertanalyse ist die Optimierung des Kosten-Nutzen-Verhältnisses. Dafür müssen entweder der Nutzen des Produkts erhöht oder die Herstellungskosten gesenkt werden. In der Praxis berücksichtigt diese Analyse die Rohstoff-, Produktions-, Verwaltungs-, Lager- und Vertriebskosten.

Die Wertanalyse ist funktionsbezogen, das heißt, sie untersucht den Zweck, dem das Analyseobjekt dient. Dabei wird untersucht, ob Schriftstücke, Werkzeuge und Maschinen eventuell besser genutzt werden könnten und bestimmte, im Laufe der Zeit zur Routine gewordene Verfahrensweisen überhaupt noch effizient und notwendig sind. Die Wertanlage kann außerdem zur Verbesserung der Arbeitsbedingungen benutzt werden.

Anwendung:

Die Wertanalyse kann bei allen repetitiv anfallenden Aufgaben im Bereich Produktion und Verwaltung durchgeführt werden.

Vorgehensweise:

Nach der im Sora Management (1975) beschriebenen Methode:
- Vorbereitende Maßnahmen (Orientierung)
  - Objekt auswählen und Umfang der Analyse festlegen
  - Arbeitsgruppe bilden
  - Verfügbares Budget ermitteln
  - Ziel festlegen
  - Arbeitsplan aufstellen
- Ermitteln und Prüfen des Ist-Zustandes (Information, Reflexion)
  - Funktionen überprüfen
  - Kosten überprüfen
- Erarbeiten von Lösungsvorschlägen (Spekulation)
  - Was kann man anders machen?
- Prüfen und Bewerten von Lösungsvorschlägen (Evaluation)
  - Lösungen auswählen
  - Verbesserungsvorschläge erarbeiten
- Verwirklichen der Lösung (Implementierung)
  - Versuche, Kontrollen, Entwicklungen
  - Lösungen formalisieren
  - Durchführende schulen, Sachmittel kaufen
  - Planung
  - Erfolgskontrolle

Die betroffenen Mitarbeiter werden mehrmals zu den Besprechungen eingeladen, damit man sich ihre Meinung anhören und sie am (Entscheidungs-)Prozeß beteiligen kann. So wird man bei der Umsetzung der Lösungen auf weniger Änderungswiderstand stoßen.

Voraussetzungen:

Die Mitarbeiter der von der Analyse betroffenen Einheiten müssen bereit sein, eng mit den Durchführenden zusammenzuarbeiten. Diese Bereitschaft kann sich manchmal erst nach relativ langer Zeit einstellen.

Vorteile:	**Nachteile:**
• Bietet interessante Rationalisierungs-möglichkeiten in Produktion und Verwaltung. • Mitarbeiter werden in den Entscheidungs- und Umstrukturierungsprozeß einbezogen.	• Sehr analytisch und umständlich. • Sehr zeitaufwendig für die Mitarbeiter der von der Analyse betroffenen Einheiten. • Läßt oft die qualitativen und personellen Aspekte eines Problems und manchmal auch die Wechselbeziehungen zwischen den Abteilungen außer acht.

Heute muß ein Unternehmen immer damit rechnen, daß seine Technologie von der Konkurrenz übernommen werden kann, die dann im großen und ganzen die gleichen Verfahren anwendet. Man hebt sich also nicht mehr durch die Technologie von der Konkurrenz ab, sondern vielmehr durch die Art und Weise, wie sie genutzt wird, und – wie bereits erwähnt – wie gut das Verhältnis Maschine - Mensch ist. Das erklärt die große Bedeutung der obigen Fragen. Man muß von vornherein klären, wie schnell die neuen Technologien eingeführt werden sollen und inwieweit dies die Mitwirkung der Mitarbeiter erfordert. Es ist deshalb notwendig, in jeder Phase darauf zu achten, daß sich die neue Technologie nicht als kontraproduktiv erweist, weil sie zum Beispiel die Arbeit eintöniger, komplizierter und undurchsichtiger macht sowie stärkere Arbeitsteilung und ein immer höheres Arbeitstempo erfordert. Schrittweises Optimieren hat sich hier schon oft als sinnvoller erwiesen als kurzfristiges Maximieren.

Welche Einflußgrößen sollte man herausgreifen?

Wie wir gesehen haben, ist es wichtig, die Mitarbeiter in die technologische Reorganisation einzubeziehen. Dem Unternehmen geht es dabei nicht einzig und allein darum, seiner sozialen Verantwortung gerecht zu werden. Jeder Mensch ist bis zu einem gewissen Grad anpassungsfähig, was ihm, sofern er sich dieser Eigenschaft bewußt ist, zugute kommt und ihm zum Beispiel ermöglicht, eine Maschine bestmöglich zu nutzen, statt sie einfach nur mechanisch zu bedienen.

> **Berücksichtigt werden müssen alle Aspekte, die mit**
> - **den Technologien,**
> - **den Humanressourcen und**
> - **dem Früherkennungssystem zusammenhängen, mit dem sich Chancen und Gefahren bei den Interaktionen zwischen Mensch und Maschine erfassen lassen.**

3. Strategien

Wie ist die augenblickliche Unternehmenssituation?
- Welches sind die Stärken und Schwächen des Unternehmens?
- Welche Gefahren und Chancen birgt die Umwelt in sich?
- Welches sind die derzeitigen und zukünftigen Konkurrenten?
- Welche Substitutionsprodukte sind auf dem Markt?
- Welche Stellung haben Lieferanten und Kunden?
- Wie sieht es zur Zeit mit Größenvorteilen/Kapitalbedarf aus?
- Wie sieht es mit der Produktdifferenzierung aus? Welche Vertriebskanäle werden genutzt?
- Profitiert die Organisation als solche vom derzeitigen Zustand?
- Welche Strategien verfolgt das Unternehmen?
- Was tut das Unternehmen als Ganzes für die Umsetzung seiner Strategien?

Die Unternehmensstrategie besteht nicht einfach nur aus einer von der Marketingabteilung formulierten Leitlinie. Aus der Sicht des Top-Managements müssen die Ziele durch den kollektiven Einsatz aller Mitarbeiter erreicht werden, wenn das Unternehmen in der heutigen Zeit wettbewerbsfähig bleiben will: Die Mitarbeiter in der Verwaltung dürfen sich nicht auf routinemäßige administrative Aufgaben beschränken, ebenso wie auch die Arbeiter noch etwas anderes können müssen, als Schrauben anziehen. Dies macht ein ganzes Bündel von Sekundärstrategien nötig, mit deren Hilfe die Unternehmenspolitik mit den Strategien der verschiedenen Einheiten in Einklang gebracht werden kann. Außerdem muß das Hauptziel allen bekannt sein, damit jeder den Sinn seiner Arbeit erkennt. Die Kommunikation erhält somit eine grundlegende strategische Bedeutung. Man muß also die „strategische Situation" des Unternehmens mit allem, was dazugehört – Unternehmenspolitik, Mittelzuweisung und Organisation – überprüfen.

Welches ist unser Ziel?
- Wollen wir uns aus Gründen der Kostenverhältnisse vergrößern?
- Wollen wir uns differenzieren?
- Arbeiten wir auf größere Diversifikation hin?
- Sind wir auf der Suche nach Unternehmen, die wir aufkaufen oder mit denen wir fusionieren könnten? Suchen wir Partner?
- Müssen unsere Strukturen der Unternehmenspolitik besser angepaßt werden?

Eine klare Definition der Unternehmensstrategien sowie der Sekundärstrategien – vor allem im Bereich der Organisation – ist daher eine wesentliche Voraussetzung für den Erfolg. Es ist nämlich äußerst gefährlich, sich in irgendeiner Weise auf dem Markt profilieren zu wollen, um dann hinterher die Versprechungen nicht einhalten zu können. Ein enttäuschter Kunde ist ein verlorener Kunde, der obendrein auch noch Negativwerbung macht. Man braucht nur daran zu denken, wie sehr die Streiks 1987 der französischen Eisenbahngesellschaft SNCF geschadet haben, und das zu einem Zeitpunkt, da diese gerade im Begriff war, sich ein neues Image als modernes, zukunftsorientiertes und kundennahes Unternehmen aufzubauen. Die SNCF hatte es offensichtlich versäumt, vollends auf eben diesen Zukunftskurs umzuschwenken, von dem in der PR-Kampagne die Rede war. Diese Vorsicht und Berücksichtigung des ganzheitlichen und komplexen Charakters der Problemsituation waren dagegen mit Sicherheit gute Ratgeber, als man eine Abspaltung der France Télécom von der französischen Post in Erwägung zog. Man darf nicht vergessen, daß die strategischen Ziele nicht etwa nur in der Strategieumsetzung an sich bestehen, sondern ganzheitlich zu betrachten sind. Es genügt daher nicht, einfach nur die „strategischen Geschäftseinheiten" optimal zu strukturieren. Statt dessen müssen integrierende, unternehmensumfassende Strategien entwickelt werden. Wettbewerbsstrategien sind zum Beispiel sehr gut geeignet – etwa die Erstellung einer Matrix für die strategische Positionierung –, um die Stärken und Schwächen einer strategischen Geschäftseinheit zu ermitteln. Die Darstellung auf Seite 285 gibt einen Überblick über die Anwendungsmöglichkeiten dieser Strategien.

Welche Folgen hat das für unsere strategische Organisation?
- Welche Funktionen und Aktivitäten werden hauptsächlich betroffen sein?
- Worauf muß die Organisation als Ganzes ausgerichtet sein?
- Wie kann man den Mitarbeitern die neue Strategie näherbringen?
- Wie kann man die Mitarbeiter motivieren?

Die neue(n) Strategie(n) kann/können nämlich eine völlig neue Verteilung der Aufgaben auf die einzelnen Funktionsbereiche des Unternehmens mit sich bringen. Das Bemühen, die Kosten unter Kontrolle zu halten, ruft zum Beispiel den Controller auf den Plan. Gleichzeitig werden Berichtswesen und Berichterstattung intensiviert, die Verantwortlichkeiten werden nach klaren Kriterien übertragen und vorwiegend quantitative Einzelziele eindeutig festgelegt. Demgegenüber würde eine Differenzierungsstrategie vor allem der Forschung, Entwicklung und dem Verkauf den Vorrang geben, wobei gleichzeitig auf die Koordinierung zwischen den Abteilungen geachtet werden muß. Außerdem muß das Unternehmen ein subjektives anstelle eines rein quantitativen Anreizsystems schaffen und verschiedene Vergünstigungen bieten, um ideenreiche und kreative Arbeiter mit entsprechender technischer Qualifikation rekrutieren zu können (vgl. Mintzberg, 1982; Porter, 1986).

In die gleichen Überlegungen läßt sich auch eine von Alfred Chandler (1989) durchgeführte Studie über die Entwicklung von Dupont de Nemours, General Motors, Standard Oil und Sears Roebuck einordnen, in deren Verlauf er zu der Erkenntnis gelangte, daß die Struktur eines Unternehmens ein Koordinierungs-, Beurteilungs- und Planungsinstrument ist, ohne das die Erreichung der Ziele, die Umsetzung unternehmenspolitischer Grundsatzentscheidungen und das harmonische Zusammenspiel der Ressourcen nicht denkbar wären. Ohne die anderen – nichtstrategischen – Aspekte der Organisationsstruktur und ihren Einfluß auf letztere leugnen zu wollen, möchten wir dennoch näher auf Chandlers Gedankengänge eingehen. So geht zum Beispiel *internes Wachstum* zur Erweiterung der Produktionskapazitäten Hand in Hand mit einer Reorganisation des Top-Managements und der Unternehmensleitung, damit die Probleme im Bereich Unternehmensführung und Rechnungswesen sowie bei der Rationalisierung der Produktionsabläufe beseitigt werden können. *Externes Wachstum* zwingt das Unternehmen dagegen eher zur Einrichtung mehrerer Abteilungen unter zentraler Führung, die die Verantwortlichen regelmäßig zu abteilungsübergreifenden Sitzungen lädt, um zu koordinieren, Konflikte zu schlichten und Einzelziele im Sinne der allgemeinen Unternehmenspolitik festzulegen. Im Falle einer *Diversifikationsstrategie* hat das Unternehmen dagegen oft mit einer Aufblähung des Verwaltungsapparates zu kämpfen, wobei die in den verschiedenen Bereichen anfallenden Verwaltungsaufgaben nicht immer identisch sind. Welche Synergieeffekte ließen sich zum Beispiel zwischen der Verkaufsabteilung des französischen Bauunternehmens Bouygues und der von TF1 erzielen? Es empfiehlt sich daher, die strategischen Geschäftseinheiten zu dezentralisieren und mehrere zentrale Führungsinstanzen einzurichten, die jeweils für einen Produktbereich verantwortlich sind, während sich die Geschäftsleitung einzig und allein der Unternehmensführung als Ganzes widmet.

Das bringt uns auf L. Greiner und seine Studie zum Thema Unternehmensentwicklung zurück, aus der hervorgeht, daß es während der Wachstumsphasen zu Führungskrisen, Autonomieverlust und Schwierigkeiten bei der Kontrolle kommen kann, so daß schließlich Reorganisationen nötig werden. Diese Studie zeigt zwar deutlich die Auswirkungen auf die neu entstandenen Strukturen, sofern diese auf eine der obengenannten Strategien zurückzuführen sind, läßt jedoch *Kooperationsstrategien*, wie sie heute von mehr und mehr Unternehmen (gezwungenermaßen) verfolgt werden, völlig außer acht.

Infolge der rasanten Entwicklung im Verkehrs- und Kommunikationswesen werden die Entfernungen zwischen den verschiedenen Märkten zusehends geringer. Die am wenigsten wettbewerbsfähigen Unternehmen, sei es in finanzieller, sozialer Hinsicht oder in bezug auf ihre Produkte, verlieren nach und nach ihre Kunden und laufen Gefahr, vom Markt gedrängt zu werden. Wenn sich Unternehmen in einer solchen Situation jedoch aus strategischen Gründen zusammenschließen, können sie ihre Schwächen zumindest teilweise kompensieren, indem sie sich auf diese Weise die physischen Ressourcen und Absatzmärkte sowie das Know-how und Kapital des Partners erschließen. Selbst für ein multinationales Unternehmen sind Marktbeherrschung und Erhaltung beziehungsweise Ausbau eines Wettbewerbsvorteils ohne die Kooperation mit einem anderen Unternehmen kaum zu erreichen.

Es gibt allerdings viele verschiedene Formen der Kooperation. Eine davon – es ist fast ein wenig gewagt, diese als „Kooperation" zu bezeichnen – besteht im Erwerb der Kapitalmehrheit am Partnerunternehmen. Dies geschieht durch Fusion oder Akquisition, was ja bereits im Zusammenhang mit Chandlers Studie als Beispiel für externes Wachstum erwähnt wurde.

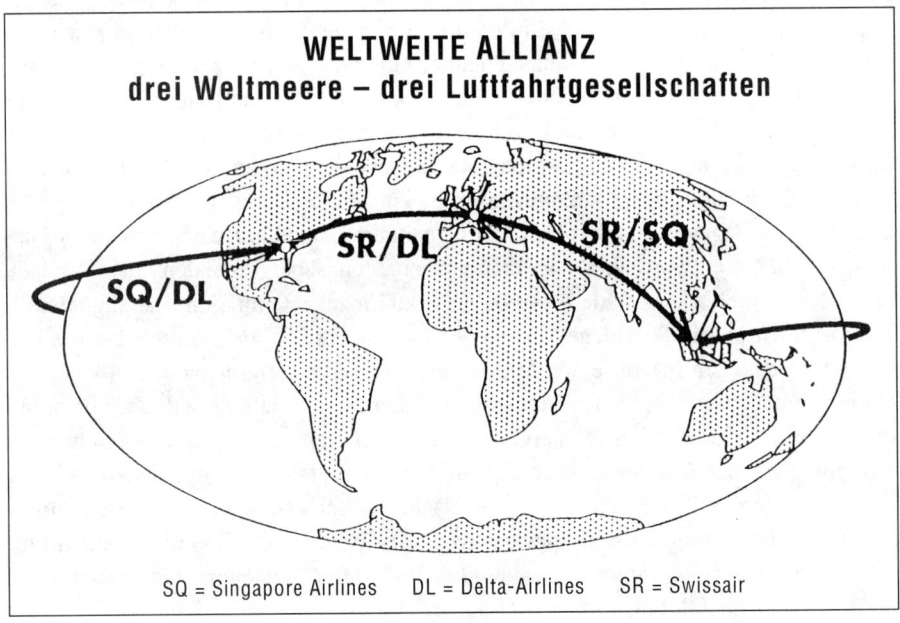

WELTWEITE ALLIANZ
drei Weltmeere – drei Luftfahrtgesellschaften

SQ = Singapore Airlines   DL = Delta-Airlines   SR = Swissair

Eine andere Möglichkeit ist die rein vertragliche Kooperation mit oder ohne Aktienerwerb. Dabei werden die unterschiedlichsten Vereinbarungen getroffen: von der Zusammenlegung der Forschungsaktivitäten über die Lizenznahme bis hin zur Arbeitsteilung. Ein typisches Beispiel hierfür ist der Kooperationsvertrag zwischen Singapore Airlines, Delta Airlines und Swissair.

Diese drei Fluggesellschaften decken den gesamten Erdball ab. Die erste fliegt vor allem die Route Europa - Asien und innerhalb Asiens, die zweite bietet Flüge zwischen Asien und den USA sowie Inlandsflüge in den Vereinigten Staaten an, während sich die dritte auf die Flugroute USA - Europa und Flüge innerhalb Europas spezialisiert hat. Sie haben ihre Abflugzeiten aufeinander abgestimmt und werben zum Teil auch gemeinsam. Das hat zahlreiche organisatorische Konsequenzen: Die Vereinbarungen wurden zunächst einmal durch einen gegenseitigen Aktienerwerb in Höhe von 5% des Firmenkapitals besiegelt, wodurch jede Gesellschaft ein nicht gerade unbedeutendes Recht zur Kontrolle der Geschäftspolitik der anderen erhielt. Intern bedeutete dies eine gewisse Angleichung der Arbeitsweise und Qualitätsstandards. In der Praxis findet unter anderem ein Austausch von Personal statt, und darüber hinaus ist in manchen Ländern immer nur eine der drei Gesellschaften vertreten, die in ihren Büros auch stellvertretend für die beiden anderen Flugreservierungen vornimmt, wodurch die allgemeinen Betriebskosten gesenkt werden sollen.

Neben Mehrheitsbeteiligung und reiner Arbeitsteilung hebt sich jedoch mehr und mehr eine dritte Form der Kooperation heraus: *das Joint Venture. Dabei handelt es sich um eine Vereinbarung über die Zusammenlegung von finanziellen Mitteln, Technologien mehrerer Unternehmen und/oder gemeinsamen Führungspotentialen zur Erreichung gemeinsamer Ziele, insbesondere in den Bereichen Marketing, Produktion, Forschung und Entwicklung.* In der Praxis können solche Abkommen unterschiedlich aussehen: eine bedeutende finanzielle Beteiligung am Partner und Ausgliederung einer Joint-Venture-Einheit, Gründung eines neuen eigenständigen Unternehmens oder einer halb privaten, halb staatlichen Mischform. Die Entstehung dieser neuen Kooperationsform hat im wesentlichen drei Gründe. Da wäre zunächst einmal der Druck, der in sozialistischen Staaten auf Privatfirmen ausgeübt wurde, die sich dort niederlassen wollten, dies aber nur dann durften, wenn sie mit dem Joint Venture einen für alle Seiten akzeptablen Status hatten: Das betroffene Unternehmen umgeht auf diese Weise sowohl zollrechtliche Hindernisse als auch diplomatische Schwierigkeiten, während der Staat beziehungsweise die Wirtschaft von den marktwirtschaftlichen Impulsen profitiert. Der zweite Grund – frei von geopolitischen Erwägungen – ist die Möglichkeit der Streuung des finanziellen Risikos bei Projekten, an denen mehrere Firmen beteiligt sind, die aufgrund ihrer zu geringen Größe das Projekt allein jedoch nicht durchführen könnten. Airbus Industries ist hierfür ein gutes Beispiel, denn Entwicklung und Bau des Airbus hätten für Aerospatiale, British Aerospace und MBB eine unverhältnismäßig hohe Investition dargestellt. Ist das Produkt jedoch erst einmal auf dem Markt, kann es durchaus zu Streitigkeiten um die alleinige Übernahme der

Produktion kommen, wie man an den Franzosen sieht, die die Fertigung gerne in Toulouse zentralisieren würden. Ausschlaggebend für ein Joint Venture kann drittens der Wunsch sein, Größenvorteile zu erzielen, das Know-how bestimmter Konkurrenten für sich zu nutzen oder seine Marktanteile auszubauen, wenn die nötige Finanzkraft für den Aufkauf der Konkurrenzfirma, die all dies bieten würde, nicht vorhanden ist. In diesem Fall ist das Joint Venture eigentlich nur eine Notlösung. Man möchte keine Wettbewerbsnachteile erleiden und kooperiert deshalb, nicht um hinterher gemeinsam zu siegen, sondern weil man allein nicht siegen kann. Das zeigt bereits eine der Gefahren für den Erfolg dieser Form der Kooperation aus strategischen Gründen. Der Fortbestand des Joint Venture hängt in großem Maße von dessen Organisation ab, vor allem was Machtverteilung, Entscheidungsprozesse und Konfliktbewältigung angeht.

Die Struktur eines Joint Venture wird größtenteils in den ersten Gesprächen zwischen den „Eltern", das heißt den zukünftigen Partnern, festgelegt. Es zeichnet sich zwangsläufig ein bestimmtes Kräfteverhältnis ab. Je mehr Ressourcen und Know-how ein Partner bieten kann, desto stärker ist seine Verhandlungsposition. Umgekehrt gilt: Je mehr eine Firma auf die Zusammenarbeit angewiesen ist, desto schwächer ist ihre Verhandlungsposition. Es gibt daher zwei Formen von Joint Ventures: Bei der einen übernimmt einer der Partner die Leitung, während bei der anderen alle Beteiligten gleichgestellt sind. Die Form bestimmt dann die wichtigsten organisatorischen und strategischen Entscheidungen. Aber auch wenn einige Joint Ventures durchaus erfolgreich sind – in der Computerbranche wären zum Beispiel AT & T und Olivetti zu nennen, die gemeinsam versuchen, auf ausländischen Märkten Fuß zu fassen, oder Boeing, Mitsubishi, Fuji und Kawasaki, die ihre Technologien zusammengelegt und so unter anderem die Kosten für Kurzstreckenflugzeuge verringert haben –, ist diese Form der Kooperation weiterhin mit Schwierigkeiten verbunden. Wie soll man zwei oder mehrere Unternehmen mit völlig unterschiedlicher Arbeitsorganisation zusammenführen? Wie soll man fähige Mitarbeiter dazu bringen, innerhalb der neu geschaffenen Struktur sich einzufügen? Wie läßt sich langfristig eine einheitliche Strategie verfolgen? Wie können zwei Unternehmenskulturen unter einen Hut gebracht werden? Woher soll man wissen, ob der Partner auch langfristig zuverlässig ist? Es ließen sich einige Beispiele für weniger erfolgreiche Zusammenarbeit anführen, etwa das Joint Venture zwischen Dow Chemical und Korean Pacific Chemicals, bei dem jeder dem anderen von vornherein die Fähigkeit zur Mitwirkung am gemeinsamen Management abgesprochen hat. Dieses Beispiel zeigt, wie schwierig es immer noch ist, vom Konkurrenzdenken plötzlich auf Kooperation umzuschalten, mit allem, was das an Konzessionen und Konflikten mit sich bringt. Ein Joint Venture kann nur dann erfolgreich verlaufen, wenn die Organisation der „Eltern" den Bedürfnissen des „Kindes" gerecht wird und ihrerseits bei der Festlegung der neuen Strukturen ausreichend berücksichtigt wird.

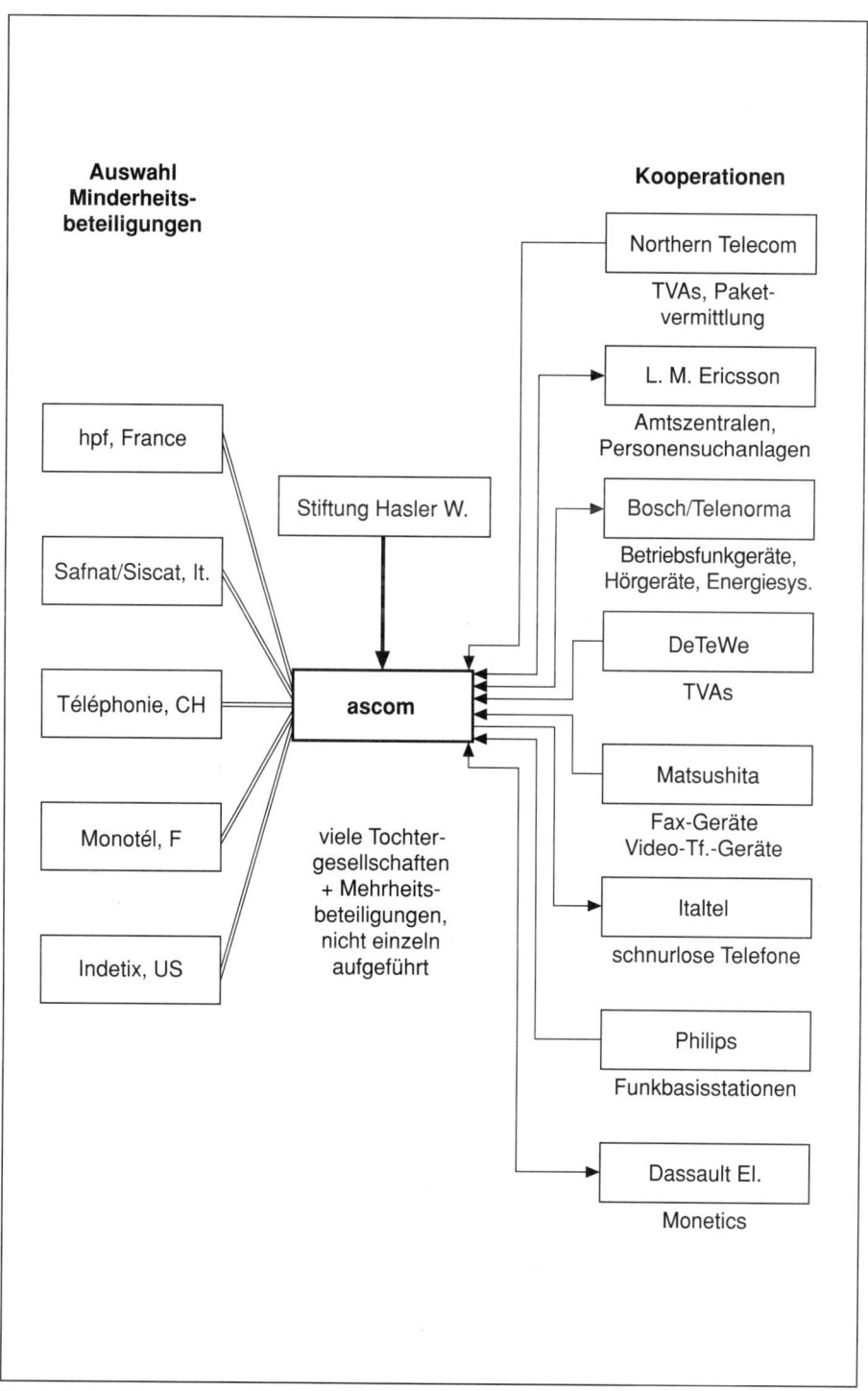

**Auswahl
Minderheits-
beteiligungen**

Kooperationen

hpf, France

Safnat/Siscat, It.

Téléphonie, CH

Monotél, F

Indetix, US

Stiftung Hasler W.

ascom

viele Tochter-
gesellschaften
+ Mehrheits-
beteiligungen,
nicht einzeln
aufgeführt

Northern Telecom

TVAs, Paket-
vermittlung

L. M. Ericsson

Amtszentralen,
Personensuchanlagen

Bosch/Telenorma

Betriebsfunkgeräte,
Hörgeräte, Energiesys.

DeTeWe

TVAs

Matsushita

Fax-Geräte
Video-Tf.-Geräte

Italtel

schnurlose Telefone

Philips

Funkbasisstationen

Dassault El.

Monetics

Strategische Allianzen und Partnerschaften (vgl. Rühle 1992, S. 147)

283

Die Verfolgung mehrerer Strategien eines Unternehmens kann nicht ohne Folgen für die Konfiguration bleiben. Natürlich muß letztere darauf abzielen, eine möglichst gute Umsetzung der ursprünglichen zu gewährleisten. Bei der Ausarbeitung der Strategieziele sollte man sich allerdings auch der Bedeutung der bereits bestehenden Strukturen bewußt sein. Es gibt dabei zahlreiche klassische Hilfsmittel zur Ermittlung der Stärken und Schwächen eines Unternehmens im Hinblick auf bestimmte Gefahren und Chancen der Umwelt, und diese Stärken und Schwächen sind häufig strukturell bedingt... Auf jeden Fall darf eine Reorganisation weder vor der Strategieentwicklung noch im nachhinein zum Zweck ihrer besseren Umsetzung erfolgen. Sollte sie sich als notwendig erweisen, ist sie vielmehr fester Bestandteil des strategischen Gesamtkonzepts.

Eine Reorganisation integriert also
- **ein strategisches Gesamtkonzept,**
- **die Umsetzung der Unternehmenspolitik,**
- **die Einrichtung eines Früherkennungssystems an den strategisch wichtigen Stellen.**

Die Wechselwirkungen zwischen Strategie und Struktur machen deutlich, daß dieses Problem auch einen metastrukturellen Aspekt beinhaltet. Bekanntlich kann die Unternehmenspolitik nur dann erfolgreich umgesetzt werden, wenn alle betroffenen Bereiche, vor allem die Mitarbeiter, einbezogen werden, was im übrigen zu den wichtigsten Aufgaben der Organisatoren zählt. Dieser Aspekt ist nicht nur für die Strategie, sondern auch für die Unternehmenskultur von Bedeutung, denn immerhin geht es um die betrieblichen und individuellen Werte, die sich mehr oder weniger mit den neuen Strategien und Strukturen vereinbaren lassen, wie wir anhand einiger Beispiele bereits gesehen haben. Auch dies gilt es zu berücksichtigen, bevor man die Reorganisation in Angriff nimmt. Wie und warum, werden wir im folgenden sehen.

DIE SECHS WICHTIGSTEN STRATEGIEARTEN		
Portfolio-Normstrategien	• Desinvestitionsstrategie	Teile des Unternehmens veräußern, um Ressourcen für erfolgversprechendere Teile freizumachen
	• Abschöpfungsstrategie	Position halten und so lange als möglich hohe „Cash flows" generieren, ohne dabei zusätzliche Mittel zu binden
	• Investitionsstrategie	Ausbau der Marktposition durch gezielte Investitions- politik
	• Segmentationsstrategie	Konzentration der Kräfte und Investitionen auf attrakti- ve Märkte, um eine Wettbewerbsposition aufzubauen
Wettbewerbsstrategien	• Kostenführerschaft	Produktions- und Gemeinkostenvorteile gegenüber der Konkurrenz erzielen und durch tiefe Preise Marktanteile gewinnen
	• Differenzierung (Leistungsführerschaft)	Gezieltes Abheben der eigenen Produkte und Dienst- leistungen gegenüber der Konkurrenz durch Innovation und Service
	• Konzentration auf Marktnische	Konsequente Ausrichtung auf bestimmte (Teil-) Märkte, Kundengruppen, Technologien, Absatzmärkte, Regionen
	• Neue Regeln im Markt	Ein „neues Spiel" aufziehen, die Markt- und Branchenregeln bewußt verletzen und neu gestalten
Produkt / Marktstrategien	• Marktdurchdringung	Intensivierung der Marktbearbeitung, Kosten/Preis- senkung und ähnliche Maßnahmen, um den Markt besser in den Griff zu bekommen
	• Marktentwicklung	Erschließung neuer Abnehmerschichten, Bereitstel- lung neuer Verwendungszwecke, Dienstleistungen, Vertriebswege und Problem(System)lösungen
	• Produktentwicklung	Entwicklung neuer Produkte und Produktlinien
	• Diversifikation	Mit neuen Produkten in neue Märkte eindringen, sei es durch gezielten Eigenaufbau oder Akquisitionen
Synergie-Strategien	• Technologieorientierung	Konzentration auf Produkte oder Leistungen, die auf der gleichen Produkttechnologie basieren oder mit denselben Produktionsmitteln hergestellt werden
	• Abnehmerorientierung	Anbieten von allen Produkten, die eine Bedürfnis- situation eines Kundenkreises zu befriedigen ver- mögen (z. B. alle Produkte für Skifahrer)
	• Funktionsorientierung	Bereitstellung einer breiten Produktpalette zur Erfül- lung einer bestimmten Funktion (z. B. Beleuchtung)
Integrationsstrategien	• Vorwärtsintegration	Erschließung eines direkten Zuganges zum Markt, bspw. durch Aufbau einer eigenen Absatzorganisa- tion oder die Zusammenlegung von Handelsstufen
	• Rückwärtsstrategien	Stärkung der eigenen Position durch Sicherung der Beschaffungsquellen und Realisation von Kostenvor- teilen durch Integration vorgelagerter Stufen
Kooperative Strategien	• Kapitalbesitzorientierte Strategie	Ressourcen und das Know-how werden durch Über- nahmen oder Fusionen erworben. Interne „Ventures" verhindern das Verlassen von Know-How und Ideen und kontrollieren das Wachstum
	• Teilkapitalorientiert	Joint Ventures und Investitionen in Fremdunterneh- mungen um Informationen zu gewinnen, Risiken zu teilen, Know-How zu gewinnen, Economies of scale zu verbessern oder Marktanteile aufzubauen
	• Vertragsorientiert	Forschungsgemeinschaften, Lizenzen, Joint-Bidding und andere Kooperationsverträge um Vorteile zu ver- wirklichen

Wie ist die augenblickliche Unternehmenssituation?
● Wodurch zeichnet sich die Untenehmenskultur aus?
● Ist sie offen für Änderungen?
● Ist der Führungsstil autoritär, patriarchalisch, partizipativ, kooperativ, demokratisch?
● Können sich viele mit der Unternehmenskultur identifizieren?
● Ist sie einheitlich oder haben sich viele Subkulturen herausgebildet?

Bevor man reorganisiert, muß man sich über Kultur, Wesen und Identität des Unternehmens im klaren sein. Hier steht man jedoch nichtgreifbaren Aspekten gegenüber, die in Zusammenhang mit dem Betriebsklima und den zwischenmenschlichen Beziehungen stehen und sich nicht so leicht quantifizieren und identifizieren lassen wie irgendein Werkstoff. Die Unternehmenskultur wird geprägt durch

● die Geschichte des Unternehmens (seine Entwicklung, seine geschichtlichen Schlüsseldaten, seine „Helden"),
● das Image des Firmengründers (sein Verhalten, seine Ansichten, seine Erfolge),
● die arbeitstechnischen Aspekte (Technologien, Know-how, Mitarbeiter),
● das Wertesystem (Ansichten über „gut" und „schlecht", Gerechtigkeitsempfinden),
● die Normen (Regelungen, Berufsethik, Leitmotive),
● den Sprachgebrauch (eigener Firmenjargon, Fachsprache),
● die Strukturen (Kommunikationswege, Hierarchie, Flexibilität),
● Überzeugungen und Tabus.

Die Unternehmenskultur läßt sich nicht einfach bestimmen, sondern muß vielmehr anhand einer Reihe „kultureller Symptome" ergründet werden:
● Persönlichkeitsprofil der Angehörigen der Führungsspitze (persönliche Werte, Karriere, Charisma)
● Persönlichkeitsprofil der Mitarbeiter (soziokulturelles, berufliches und pädagogisches Milieu)
● Traditionen und Symbole (zwischenmenschliche Beziehungen, Lage der Büros, Betriebsfeste)
● Kommunikation (intern oder extern, offen oder eingeschränkt)
● Strategien (Art, Inhalt, Effizienz)
● Führungsstil und Management (zentral oder dezentral, analytisch oder ganzheitlich)

Auch wenn die Kultur eines Unternehmens offensichtlich schwer greifbar ist, muß man einen fundierten Eindruck von ihr bekommen, bevor man handelt, denn auch die beste Entscheidung läßt sich nicht umsetzen, wenn sie mit den betrieblichen Werten nicht vereinbar ist. Bisher existiert jedoch noch keine überzeugende Methode zur Erforschung dieses Phänomens. Der Berater verteilt meist Standard-Fragebogen an die

Mitarbeiter, um herauszufinden, wie sie ihre Firma sehen. Ein genaueres Bild liefern ihm Dokumentationsauswertung, eine Betriebsbesichtigung oder die Beobachtung der Kommunikationsbeziehungen. Es gibt aber auch Methoden zur Analyse der Unternehmenskultur, wie sie zum Beispiel von der Firma 1 + 1 Consultants entwickelt wurde. Sie liefert stichhaltige Informationen, anhand derer sich die qualitativen Aspekte zumindest teilweise ermitteln lassen. Dabei werden für bestimmte Dimensionen der Unternehmenskultur – hier Führungsstil, Strategie, Organisation, Handlungsimpulse und sozialer Dialog – jeweils vier Entwicklungsmöglichkeiten tabellarisch dargestellt, um den Ist- und den Soll-Zustand zu bestimmen.

Entwick-lungsgrad	DIMENSIONEN DER KULTURVERÄNDERUNG				
	Leitung	Strategie	Organisation	Handlungs- und Lenkungs-impulse	Sozialer Dialog
3	**Kollegium**	**Produktivität des vernetzten Systems**	Multipolares Netz	**Vertrag**	Schritt für Schritt
2	*Vorstand*	*Marktanteile*	**Matrix**	*Norm*	**Persönliches Gespräch**
1	Chef und Ausführende	Chancen nutzen	*Vertikale Beziehungs-gruppen*	Richtlinie	*Viele mit vielen*
0	Chef	Beobachten	geografisch	Weisung	Gleiche mit Gleichen

Quelle: 1 + 1 CONSULTANTS
Beispiel: frz. Elektrizitätswerke

Legende: *Kursiv: Ist-Zustand*
Fett: nächster Schritt

Methode zur Analyse der Unternehmenskultur

Welches ist unser Ziel?
- Welche Linie wollen wir zukünftig verfolgen?
- Wollen wir uns neuen Strategien oder einer veränderten Umwelt anpassen?
- Möchten wir eine neue Phase in der Unternehmensentwicklung/-geschichte einleiten?
- Welche Ethik liegt unserem Handeln zugrunde?
- Für welche Werte treten wir ein?
- Wie sollen die Entscheidungsprozesse aussehen?
- Wie wollen wir die Informationsbeziehungen gestalten?
- Nach welchen Kriterien sollen Evolution und Entwicklung bewertet werden?

Die Unternehmensziele prägen in vielerlei Hinsicht auch die Unternehmenskultur. Diese kann je nach Unternehmenspolitik kundenorientiert (Eingehen auf die Bedürfnisse des Kunden), kostenorientiert (Kostenminimierung) oder innovationsorientiert (Einsatz der neuesten Technologien) sein. Sie ist ausschlaggebend dafür, welche organisatorischen Maßnahmen ergriffen werden, zum Beispiel Festlegen der Machtverhältnisse, präzise Stellenbeschreibungen, Bilden von Projektgruppen oder firmenspezifische Besonderheiten. Das Unternehmensziel bestimmt also weitgehend die interne Ordnung und die Unternehmenskultur, die ihrerseits die Zielerreichung beeinflußt und stark vom Evolutions- und Entwicklungsgrad der Firma abhängt. Die Entscheidungen sind demnach nichts anderes als Einflußgrößen, die früher oder später entweder eine Änderung des bestehenden Wertesystems bewirken oder mit diesem nicht vereinbar sind und daher eine „Revolution" nötig machen, das heißt eine neue Unternehmensphilosophie als auslösender Faktor für eine Reorganisation darstellen. Wenn ein Unternehmen seine hierarchische Gliederung von Grund auf umstrukturiert, ist es daher meist üblich, daß es sich gleichzeitig ein neues „Firmencredo" zulegt, in dem sich die Wertvorstellungen der Führungsspitze widerspiegeln. Auf diese Weise erreicht man zwei Ziele: Zum einen läßt sich dadurch die Reorganisation, die oft schmerzhafte Anpassungsprozesse mit sich bringt und von den Mitarbeitern schlecht aufgenommen wird, rechtfertigen und begründen, zum anderen wird gleichzeitig ein neuer Bezugsrahmen geschaffen.

Welche Folgen hat das für unsere Unternehmenskultur?
● Wird sie sich stark verändern?
● In welche Richtung könnte sie sich entwickeln?
● Welche Konflikte könnten daraus entstehen?
● Auf welche Änderungswiderstände werden wir stoßen?

Die Unternehmenskultur ist also ein Bezugsrahmen. Jeder einzelne kann bestimmen, welche Haltung er innerhalb dieses Rahmens oder auch in bezug auf ihn einnehmen möchte. Er legt mehr oder weniger offiziell die groben Verhaltensrichtlinien fest, läßt aber auch genügend Freiräume. Die Einführung neuer Werte verändert gleichzeitig auch die von der Gemeinschaft akzeptierten Verhaltensmuster, denn immerhin geht es um die Berechtigung der Handlungen und Entscheidungen. Die Betroffenen sehen darin verständlicherweise eine radikale Veränderung, die plötzlich die Legitimität ihrer bisherigen Handlungen in Frage stellt. Sie werden dadurch destabilisiert und verlieren ihren Rückhalt sowie ihre Sicherheit. Wenn die Führungsspitze eine Reorganisation beschließt, mit der sie entweder bewußt oder unbewußt Einfluß auf die Unternehmenskultur nimmt, müssen mehrere – mit der Natur des Menschen zusammenhängende und unabänderliche – Faktoren berücksichtigt werden. Zunächst einmal der Zeitfaktor. Jeder Mitarbeiter muß *seinen neuen Platz innerhalb der neuen Unternehmenskultur finden*, die im übrigen nicht von heute auf morgen, sondern vielmehr allmählich entsteht, wobei sich jeder immer wieder neu positioniert. Es dauert also einige Zeit, bis sich die neue Kultur durchgesetzt hat. Der zweite Faktor ist die Reaktion der Mitarbeiter. *Man-*

che werden die neuen Werte sofort übernehmen, weil diese eher ihren persönlichen Wertvorstellungen entsprechen, und treiben damit die neue Entwicklung voran. Ein Unternehmen sollte daher die Gesellschaft und die individuellen Wünsche nicht außer acht lassen. *Andere werden dagegen so weit wie möglich an der alten Kultur festhalten.* Da sie den Prozeß passiv bremsen, überträgt man ihnen meist Routineaufgaben ohne strategische Bedeutung. *Einige werden* zum Zeichen ihres Widerstands *die neue Kultur bewußt ignorieren* und sich durch Unterlaufen des neuen Bezugsrahmens ihre eigenen Freiräume schaffen. Aber sie können auch die neue Kultur festigen, weil sie sie zumindest verstanden haben und darauf reagieren. Von ihnen geht jedoch die größte Gefahr und der aktivste Widerstand aus. Gleichzeitig sind sie ein Potential, auf das man zählen kann. Denn wenn sie sich mit den neuen Werten auseinandergesetzt haben und sie „akzeptieren", heißt das immerhin, daß sich diese qualitativ nicht allzusehr von ihren eigenen unterscheiden können. Hinter ihrem Widerstand verbergen sich oft weniger ideologische Gründe als vielmehr Macht- und Kompetenzstreitigkeiten. Schließlich gibt es noch die schwer faßbare Gruppe all derjenigen *Mitarbeiter, die meistens das tun, was von ihnen verlangt wird,* ohne den Sinn wirklich einzusehen. Sie handeln zwar entsprechend der neuen Unternehmenskultur, stehen jedoch nicht wirklich dahinter, sondern sind immer ein wenig verloren und desorientiert. Indirekt erweisen sie sich eher als Störfaktor.

Die Unternehmenskultur beeinflußt das Verhalten. Das gleiche gilt aber auch umgekehrt. Die vielfältigen oben beschriebenen Handlungen und Reaktionen prägen die neue Firmenkultur nicht weit entfernt von dem, was man erstrebte, da sie sich aus dem Bestehenden heraus entfaltet sowie nach den ursprünglichen Zielsetzungen richtet. Sie kann sich allerdings in der Ausprägung einiger qualitativer Merkmale von der „erhofften" Kultur unterscheiden. Wenn ein Unternehmen beispielsweise in großem Stil Standardreisen für die mittleren Einkommensschichten anbietet, ist es vermutlich unmittelbar gewinnorientiert, das heißt, ihm liegt daran, mengenmäßig möglichst viel zu verkaufen. Wenn dann jedoch eine Reorganisation durchgeführt und damit eine neue, kundenorientierte, auf die individuellen Bedürfnisse abgestimmte Politik eingeführt wird, ist die allmählich neu entstehende Unternehmenskultur wohl kaum auf Kosten oder Innovationen (in unserem Fall neuartige Reise- und Urlaubsangebote) ausgerichtet. Sie könnte sich aber beispielsweise in Richtung einer Rentabilitätsorientierung entwickeln. In diesem Fall würde nur dann ein individuellerer Service eingeführt werden, wenn das bestehende Standardangebot darunter nicht leidet und das Ganze mehr einbringt als der Verkauf einer Massenware.

Daraus lassen sich zwei Schlüsse ziehen. Zum einen, daß die Unternehmenskultur ein komplexes, beeinflußbares Gebilde ist, das gleichzeitig aber auch leicht zu einem Spiel des Zauberlehrlings werden kann. Man sollte sich stets vor Augen halten, daß man die bestehenden Werte nicht einfach abschaffen kann. Statt dessen sollte man den persönlichen Zielsetzungen der Mitarbeiter Rechnung tragen, sie anhören und nicht versuchen, sie zu manipulieren. Der Mensch ist keine Maschine. Zum anderen kommt der Kommunikation große Bedeutung zu. Man muß wie gesagt zuhören können, um *mit* den Mitarbeitern und nicht gegen sie oder ohne sie zu handeln, und mit ihnen reden, um ihnen die Hintergründe des Wandels zu erklären. Wir alle machen Entwicklungen durch, aber dafür müssen wir erstens einen Grund haben und zweitens den Sinn und Zweck dieser Veränderung kennen. Man sollte nicht glauben, daß alles, was dem Reorganisationsbestreben eines Managers im Weg steht, einfach aus der Welt geschafft werden kann, indem man die Angehörigen der Führungsspitze entläßt und neue Mitarbeiter einstellt. Man kann natürlich versuchen, Mitarbeiter zu finden, die dieselbe Philosophie haben wie die vom Unternehmen angestrebte, wodurch sich in schweren Krisensituationen Maßnahmen und Strategien schneller umsetzen lassen, aber abgesehen von diesem Einzelfall muß man sich darüber im klaren sein, daß der Firma durch ein solches Vorgehen ein wertvolles Potential an Kenntnissen, Know-how und Beziehungen verlorengeht bzw. verschlossen bleibt. Zudem wird die Unternehmenskultur ja nicht ausschließlich vom Top-Management bestimmt.

Welche Einflußgrößen sollte man herausgreifen?

Eine Reorganisation geht – wie beschrieben – meist mit einer Entwicklung der Unternehmenskultur einher. Diese gilt es zu erkennen und zu verstehen, wenn man Mißerfolge vermeiden möchte. Dem Früherkennungssystem kommt in dieser Hinsicht doppelte Bedeutung zu: Es ist zum einen nach außen gerichtet (rechtzeitiges Erkennen der für Unternehmen und Mitarbeiter relevanten Veränderungen in der Gesellschaft), gleichzeitig aber auch nach innen, um den durch die systeminhärente Änderungsdynamik ausgelösten Wertewandel innerhalb des Unternehmens zu erfassen.

Das Netzwerk muß Aufschluß geben über
- **die bestehende Unternehmenskultur,**
- **die systemeigenen Entwicklungsfaktoren,**
- **die „Sensoren", die diesen Prozeß rechtzeitig wahrnehmen können.**

Auch hier sei ausdrücklich betont, daß das Unternehmen nicht zum Spielball der Ereignisse werden darf. Ob man sich für eine weitgehende Änderung der Unternehmenspolitik entscheidet oder nicht und ob diese mit den bestehenden kulturellen Normen vereinbar ist oder nicht, eine Reorganisation bringt auf jeden Fall eine Änderung des Bezugsrahmens mit sich. Aus diesem Grund muß man dessen Entwicklung, die – wie wir ebenfalls gesehen haben – unter anderem auch von den internen Machtverhältnissen bestimmt wird, genauestens verfolgen.

5. Machtstruktur

Wie ist die augenblickliche Unternehmenssituation?
- Welches sind die Machtzentren?
- Wie äußert sich ihre Macht? Welche Struktur liegt ihr zugrunde?
- Inwieweit wird ihre Macht durch die Struktur legitimiert?
- Sind sie eher aktiv oder passiv, eher Bremsklötze oder Triebfedern?

Welches auch immer die objektiven Gründe für eine Reorganisation sein mögen, man darf nie vergessen, daß diese lediglich den Zweck hat, das Unternehmen einer bestimmten Situation anzupassen oder auf eine Situation hinzuführen. Sie ist also zwangsläufig das Ergebnis eines subjektiven Prozesses, da jeder die Situation anders sieht. Jeder Entscheidungsträger nimmt die Umwelt auf seine Weise wahr, hält bei der Umstrukturierung diesen oder jenen Aspekt für wesentlich und hat überhaupt diesbezüglich seine eigene Meinung. Man muß also im voraus abklären, wer im Verlauf des Prozesses welche Rolle spielen könnte, was heutzutage in den Unternehmen nur zum Teil getan wird. Ein Manager muß seine Freunde und Feinde kennen und darf sich nicht darauf verlassen, daß schon alles gut gehen wird, nur weil er meint, die Optimallösung gefunden zu haben. Er muß auch die Grenzen seiner Macht kennen und wissen, welche Mittel er einsetzen darf und welche nicht.

Bei Henry Mintzberg (1986) finden wir eine Klassifizierung der internen und externen Machtfaktoren. Zunächst die fünf externen: Firmeninhaber, Partner, Arbeitnehmervertreter, Öffentlichkeit sowie die leitenden Gremien (Vorstand und Aufsichtsrat), die zum Teil aus Vertretern der vier anderen Kategorien bestehen. Wird die Organisationsstruktur also wirklich von den Firmeninhabern bestimmt? Juristisch gesehen ja, aber inwieweit sie wirklich die Fäden in der Hand haben, richtet sich nach ihrem Einfluß und danach, wie sehr sie in die Organisation eingebunden sind. In Großunternehmen kommt es ohnehin immer seltener vor, daß die große Gruppe der Kapitaleigner die Geschäftspolitik bestimmt. Als Paribas privatisiert wurde, ging das Unternehmen von einem Besitzer mit alleinigen Machtbefugnissen, dem Staat, in die Hände unzähliger Aktionäre über, denen wenig daran gelegen war, sich in die Unternehmensführung einzumischen.

Die Partner des Unternehmens – Lieferanten, Kunden, Partnerfirmen und Konkurrenten – besitzen zwar keinerlei institutionelle Macht, aber wenn man auf bestimmte Ressourcen angewiesen ist, sind die Lieferanten sehr wohl in einer gewissen Machtposition. Man denke nur an die Abhängigkeit der Industrieländer von den Erdöl exportierenden Staaten. Außerdem gilt folgendes: Je kontinuierlicher und persönlicher die Beziehungen zwischen einem Unternehmen und seinen Partnern sind, desto größer ist der Einfluß letzterer auf die internen Entscheidungsprozesse.

Die Arbeitnehmer können über die Gewerkschaften von außen Macht ausüben. Wie groß diese ist, richtet sich nach der symbolischen Stellung ihrer Firma innerhalb der Branche. Das Mitspracherecht kann auch durch eine Beteiligung am Unternehmen begründet sein. Mit dem Beschluß, Belegschaftsaktien auszugeben, räumten Darty und Moulinex ihren Mitarbeitern gleichzeitig ein nicht unwesentliches Kontrollrecht in bezug auf die Geschäftspolitik ein.

Die Öffentlichkeit bezieht ihre Macht aus der Tatsache, daß die Firma der Gesellschaft gegenüber Verantwortung trägt. Hier lassen sich verschiedene Machtgruppen unterscheiden: von Verbraucher- und Umweltschutzverbänden über die Regierung bis hin zur Presse.

Die Aufsichtsrats- oder Verwaltungsratsmitglieder nehmen über den Vorstandsvorsitzenden direkt Einfluß auf die Organisation. Aber im Grunde stehen sie dabei unter dem Druck des/der wichtigsten externen Machtfaktor(en). Auch innerhalb des Verwaltungs- oder Aufsichtsrats versucht im übrigen jeder, seine persönliche Macht auszuspielen. Häufig ist er selbst ein Instrument, entweder in den Händen eines dominierenden Machthabers oder der Vertreter der verschiedenen externen Machtgruppen oder – falls sich diese passiv zeigen – der Angehörigen der Firma, denen in diesem Fall die Macht übertragen wird. Aber kommen wir noch einmal auf Paribas und Darty zurück: Natürlich müssen sich Macht und Befugnisse des Aufsichtsrates danach richten, ob er einem alleinigen, institutionellen Firmeninhaber (dem Staat), einer Einzelperson (Herrn Darty) oder einer Vielzahl von Kapitaleignern (Mitarbeitern oder Betriebsfremden) verpflichtet ist.

Auch die interne Machtkonstellation wird durch fünf Hauptakteure bestimmt: den Vorstand(svorsitzenden), die Führungskräfte des mittleren Managements, die Operatoren (operative Tätigkeiten kontrollierend), die Systemanalytiker (Controller etc.) und die Spezialisten der Logistik. Der Vorstand(svorsitzende) verfügt aufgrund seiner Stellung sowohl über formelle als auch über informelle Macht. Er vertritt das Unternehmen nach außen und ist zugleich Vorbild für die Mitarbeiter. Er ist der einzige, der mit allen in Verbindung steht, und hat als einziger ein ganzheitliches Bild von der Organisation und ihren internen Mechanismen. Seine Macht gründet sich auf eben jene Kenntnisse sowie seine übergeordnete Autorität.

Für die Macht der Führungskräfte des mittleren Managements gilt das gleiche wie für den Vorstand(svorsitzenden), sie wird jedoch um so geringer, je weiter man die hierarchische Leiter hinabsteigt.

Die operative Gruppe fühlt sich im allgemeinen von der restlichen Organisation unabhängig. Sie haben ihre Existenzberechtigung auch ohne sie. Je größer ihre Qualifikationen, desto umfangreicher ihre Macht, denn immerhin ist das Unternehmensgeschehen teilweise von ihr abhängig. Außerdem hält sie sich für nicht beeinflußbar.

Aufgabe der Systemanalytiker, zu denen unter anderen auch die Controller oder die Revisoren zählen, ist es, formale Kontrollinstrumente zu schaffen und effizient einzusetzen. Da sie beratende Funktion haben, sind sie von der Organisation so gut wie unabhängig. Genau genommen beruht ihre Macht darauf, daß sie persönliche Kontrolle durch bürokratische ersetzen.

Die Mitarbeiter im Logistik-Bereich besitzen nur dann Macht, wenn sie entsprechend qualifiziert sind, indem sie eine Arbeit verrichten, auf die das ganze Unternehmen angewiesen ist. Ein Beispiel: Ein Bote, der sich ungerecht behandelt fühlt, überbringt Schriftstücke mit Verspätung.

Im Grunde können alle Mitarbeiter – mit gewissen Einschränkungen – Macht ausüben, was sich für die Organisation als mehr oder weniger nützlich oder verheerend erweisen kann. Dieses hängt davon ab, ob die internen Machtverhältnisse durch eine übergeordnete Autorität in Gestalt eines Vorstandsvorsitzenden, durch bürokratische Vorschriften, eine gemeinschaftsfördernde Ideologie, die Erteilung von Sonderbefugnissen oder machtpolitische Manöver geprägt werden. All diese Einflußfaktoren bestehen nebeneinander, aber einer von ihnen ist meist vorherrschend und damit bestimmend für die interne Machtverteilung und den Charakter des Unternehmens. Die häufig im Laufe der Unternehmensgeschichte entstandene Machtstruktur muß man unbedingt berücksichtigen, bevor man eine Entscheidung trifft, die diese auf die eine oder andere Weise betrifft.

Welches ist unser Ziel?
- Wollen wir eine externe Kontrolle?
- Wie sollen die Ressourcen verwaltet werden?
- Wieviel Freiraum soll den Geschäftseinheiten in bezug auf die Verwaltung der Ressourcen eingeräumt werden?
- Muß die Organisationsstruktur durch die Art der Entscheidungsprozesse gerechtfertigt sein?
- Sollen die verantwortlichen Akteure autonom sein?

Die Verteilung und der Gebrauch der Macht wirken sich hauptsächlich auf die Entscheidungen aus, und zwar sowohl auf die strategischen als auch auf die operativen (vgl. Pfeffer, 1981). Man muß sich daher darüber im klaren sein, daß die Gestaltung der internen Entscheidungsprozesse eigene Mechanismen auslösen wird, die sich positiv oder negativ auf das Unternehmen als Ganzes auswirken können. Ein System mit straffer Hierarchie, in dem die Entscheidungsträger uneingeschränkte Macht haben, erleichert zwar die Entscheidungsfindung, aber wahrscheinlich würden die Ausführenden ihrerseits versuchen, sich eigene Freiräume zu schaffen, indem sie Informationen zurückhalten oder bei der Erfüllung ihrer Aufgaben nur gerade eben soviel Einsatzbereitschaft zeigen wie nötig. Nehmen wir als Beispiel eine Bank, in der sämtliche Entscheidungen vom Zweigstellenleiter allein getroffen werden und alle Angestellten dem Leitsatz „Der Kunde ist König" verpflichtet sind. Die Angestellten haben praktisch keine Wahl: Sie tun entweder das, was von ihnen verlangt wird, oder gar nichts mehr. Die einzige Möglichkeit, ihre Unzufriedenheit dem Vorgesetzten oder Kunden gegenüber auszudrükken, besteht darin, die Arbeit zu verweigern. Wird ihnen dagegen ein Teil der Entscheidungsbefugnisse übertragen – zum Beispiel in bezug auf die Art und Weise, wie sie ihre Arbeit zu verrichten haben –, können die Mitarbeiter über die reine Arbeitsverweigerung hinaus zwischen mehreren Alternativen wählen. Aber natürlich würden in einem solchen System Entscheidungsprozesse mehr Zeit in Anspruch nehmen als in einem, in dem ein einzelner alle Entscheidungsgewalt auf sich vereinigt.

Wer welche Macht haben soll, läßt sich unter anderem an folgendem ablesen: Bereitstellung von Ressourcen, Prestige, Legitimität, Belohnungen, Sanktionen, Verantwortung, finanzielle Mittel – lauter Instrumente, mit denen man die neuen Machtverhältnisse und Entscheidungsprozesse festigen kann. Daran, ob ein Team für seine Arbeit dem ganzen Unternehmen, seinem Chef oder nur sich selbst gegenüber verantwortlich ist, erkennt man seine wirkliche Macht. Leistungsbewertungen, Beförderungen, Höhe der Löhne und Gehälter, Bewilligung von Budgets oder auch Sanktionen bekommen dadurch eine doppelte Funktion: Sie dienen nicht nur der Gestaltung der Organisationsstruktur, sondern auch der Formalisierung der Machtverhältnisse.

Welche Auswirkungen hat das auf die Machtverhältnisse?
- Wie lassen sich die neuen Machtverhältnisse institutionalisieren?
- Welche Auswirkungen hätte das auf die Funktionsfähigkeit unserer Strukturen?
- Werden alle im Unternehmen um Konsens bemüht sein oder eher auf Konfrontationskurs gehen?
- Versucht man, Konflikte für beide Seiten zufriedenstellend zu lösen, oder wird es immer einen Sieger und einen Verlierer geben?

In der heutigen Zeit kann sich Macht nicht mehr einfach nur auf Weisungen und Richtlinien gründen, seien diese schriftlich oder mündlich, denn der moderne Arbeitnehmer hat eine Ausbildung und außerdem bestimmte Bedürfnisse, die über das rein Finanzielle hinausgehen, mit dem er seinen Lebensunterhalt bestreitet. Selbst diejenigen, die täglich ihre acht Stunden absolvieren, ohne ersichtlichen Wert auf Verantwortung zu legen, haben das Bedürfnis nach Selbständigkeit und Anerkennung ihrer Leistung, aber auch nach Kommunikation und einem einsichtigen Bezugsrahmen. Heute gibt es keinen allmächtigen Chef oder Kunden mehr, was nicht heißen soll, daß der Firmenchef das Unternehmen nicht mehr leitet oder der Dienst am Kunden unwichtig geworden ist. Im Gegenteil, in Zukunft wird Partnerschaft großgeschrieben, was sowohl den Meinungsaustausch als auch Initiativen fördert. Partnerschaft heißt nicht Gleichheit, sondern Kommunikation zur Schaffung optimaler Bedingungen für die Erreichung eines gemeinsamen Ziels. Grundlage für das Handeln der Mitarbeiter (der „Verlierer") sollte nicht mehr die Macht des Kunden oder Chefs (des „Gewinners") sein. Statt dessen sollten alle ein Interesse haben, gemeinsam erfolgreich zu sein. Hinter dieser scheinbar banalen Aussage verbirgt sich ein mittlerweile unumstößlich gewordenes Erfolgsrezept. Wenn zum Beispiel die Angestellten in den Reservierungsbüros der British Airways nicht mehr hinter einem Schalter sitzen, sondern die Kunden neben sich bedienen, kann der Kunde den Reservierungsvorgang am Bildschirm mitverfolgen. Bei Problemen erkennt jeder sofort die Schwierigkeiten des anderen. Das schafft eine angenehme Atmosphäre und erleichtert die Kommunikation. Zweck einer Reorganisation kann demnach auch die Änderung der internen Machtverhältnisse sein.

Welche Einflußgrößen sollte man herausgreifen?

Daß jemand seine Macht gebraucht, gehört zu den unvermeidbaren Tatsachen des Unternehmensalltags, die nur schwer in den Griff zu bekommen sind. Man sollte nicht dem Irrtum verfallen, ein Unternehmensleiter könne sich, indem er einfach seine Macht ausspielt oder ein Exempel statuiert, aus jeder Situation herausmanövrieren. Man kann niemandem das Recht verwehren, seine Macht einzusetzen, aber alles mit Maß und Ziel. Man kann daher nicht erwarten, daß eine Organisationsstruktur, die man flexibler gestalten wollte, dies dann auch tatsächlich ist, wenn die Machtverhältnisse unverändert bleiben. Und da man nicht davon ausgehen kann, daß ein Chef von sich aus auf seine formelle Autorität verzichtet, müssen die Mittel und Wege zur Erreichung dieser größeren Flexibilität ständig überprüft und korrigiert werden.

> **Aus der Analyse der Problemsituation gehen folgende Erkenntnisse hervor:**
> - **die augenblicklichen Machtverhältnisse**
> - **die derzeitige Machtstruktur im Vergleich zur ursprünglich angestrebten**
> - **die Informationen, die im Verlauf der Reorganisation benötigt werden, um den Übergang von der alten zur neuen Machtstruktur kontrollieren zu können**

Wie wir gesehen haben, müssen verschiedene organisatorische Parameter berücksichtigt werden, die bei einer Reorganisation in enger Wechselbeziehung zueinander stehen. Es handelt sich also um Einflußgrößen, die man weder außer acht lassen noch isoliert betrachten darf. Daher ist der Erfolg einer Reorganisation nur dann gewährleistet, wenn sich gleichzeitig die verschiedenen Einflußfaktoren, die in diesem Prozeß eine Rolle spielen, entsprechend verändern.

In unseren Ausführungen haben wir öfters größere Kundennähe oder Flexibilität als Beispiel genannt, was natürlich bereits auf die besondere Bedeutung hindeutet, die dem Marketing und den personellen Ressourcen unter all den Faktoren zukommt, die die Organisationsstruktur beeinflussen oder von ihr beeinflußt werden. Deswegen sollte der finanzielle Aspekt jedoch nicht vernachlässigt werden, da das erwerbswirtschaftlich geführte Unternehmen in erster Linie gewinnorientiert agiert. Finanzielle Überlegungen stehen wohl am Anfang jeder Reorganisation, im Sinne der Notwendigkeit einer Rationalisierung, die in der Firma Größenvorteile realisieren oder – was heute nicht minder wichtig ist – den optimalen Einsatz der Ressourcen gewährleisten soll. Jede Art von Organisation funktioniert nämlich grundsätzlich nur dann, wenn genügend Ressourcen zur Verfügung stehen. Der voraussichtliche Return on Investment sowie der Geschäftserfolg sind wichtige Entscheidungskriterien im Rahmen der Reorganisation. Natürlich kann eine Strategie auf Kostensenkung abzielen, eine Technologie aus Gründen der Lohnkostenminimierung entwickelt werden, eine Unternehmenskultur vor allem gewinnorientiert sein, eine Organisationsstruktur der Abteilung Finanzen ein ziemlich großes Gewicht verleihen oder der Firmeninhaber das Zentrum der Macht sein. All diese Beispiele belegen, daß sich die Finanzen aus dem Unternehmensalltag nicht wegdenken lassen. Sie beeinflussen die Abteilungen Marketing, Forschung und Produktion, werden ihrerseits von diesen beeinflußt und schlagen sich folglich auch in den verschiedenen Einflußgrößen nieder. Ein Unternehmen mag zwar versuchen, an den sichtbaren, formalen Aspekten dieser Parameter etwas zu ändern, deswegen ist seine Philosophie jedoch noch lange nicht mit den neuen betrieblichen Werten oder denen der Gesellschaft – und damit auch nicht mit denen der Mitarbeiter oder Kunden – vereinbar. Die Reorganisation umfaßt daher auch eine bewußte, wohlüberlegte und im Rahmen des Möglichen kontrollierte Einflußnahme auf diese Faktoren.

Die möglichen Einflußgrößen sind allerdings nicht nur innerhalb des Unternehmens, isoliert von allen Umwelteinflüssen, zu suchen. Sie sind weder statisch noch unternehmensspezifisch und dürfen außerdem nicht losgelöst vom vorherrschenden Denken und von der allgemeinen Entwicklung der Sitten betrachtet werden. Um ihren wahren Einfluß zu erfassen, muß man sie erstens als lenkbar, aber nicht vollständig beherrschbar betrachten und zweitens den Einfluß der Umwelt auf die Entwicklung der Organisationsstruktur genau analysieren. Das Früherkennungssystem darf also nicht nur nach innen gerichtet sein, da so die Gefahr besteht, daß nur Signale wahrgenommen werden, die sich selbst rechtfertigen – d. h. durch die betrieblichen Werte bedingt sind – und Umweltentwicklungen unberücksichtigt lassen. Zur Analyse der Einflußgrößen und der Unternehmensentwicklung gehört daher auch die Beobachtung der Unternehmensumwelt.

b) Die Umweltentwicklung

Wie viele Unternehmen haben ihr Image eingebüßt oder sind untergegangen, weil sie komplexe Probleme mit statischen Lösungskonzepten aus der Welt schaffen wollten, ohne so die Umweltdynamik zu berücksichtigen? Zum Beispiel die europäische Stahlindustrie oder der Schiffbau. Wie viele andere konnten sich dagegen erfolgreich behaupten, weil sie es verstanden haben, ihre Umwelt zu analysieren und zu beeinflussen? McDonald's setzt beispielsweise nicht nur auf Sauberkeit, sondern bemüht sich gleichzeitig auch um ein Image als umweltbewußtes Unternehmen, und BSN wirbt sogar mit seinem Firmencredo, das eine seiner Stärken darstellt und mit dem sich sowohl der einzelne als auch die dynamische Unternehmensumwelt insgesamt identifizieren können.

Die Beispiele zeigen, wie wichtig es für ein System ist, sich der ständigen Interaktion mit seiner Umwelt bewußt zu sein. Das hat vor allem zwei Gründe:

- Das Unternehmen muß in der Lage sein, auf externe Störungen zu reagieren, indem es einen günstigen Zeitpunkt abwartet, sich auf die Problemsituation einstellt und versucht, diese so gut es geht zu beseitigen. Noch besser wäre es, wenn es vorhersehbare Änderungen der Umwelt antizipieren könnte, um rechtzeitig Aktionsprogramme auszuarbeiten, die es ihm ermöglichen sollen, potentielle Chancen bestmöglich zu nutzen, Gefahren zu vermeiden oder zumindest Vorsorgemaßnahmen für den Fall ihres Eintretens zu treffen, um den Schaden möglichst gering zu halten.
- Es muß wissen, inwieweit es seinerseits Einfluß auf die Veränderung der Umweltkonstellation nehmen kann, um sich synchron mit der Umwelt weiterzuentwickeln und seine zweckgerichtete Funktion erfüllen zu können.

Diese Umwelt, die in der heutigen Zeit eine hohe Dynamik aufweist, besteht aus einer Vielzahl von mehr oder weniger genau umrissenen, strukturierten, formalen Einheiten, die miteinander in Wechselbeziehung stehen und auf das System in unterschiedlicher Weise einwirken.

Jede Handlung einer dieser Einheiten wirkt sich unmittelbar auf die verschiedenen Umweltteilbereiche aus, denen die Einheit angehört. Eine Erhöhung der Löhne und Gehälter bei der Firma X führt zu steigendem Wohlstand bei den Mitarbeitern, die daraufhin anspruchsvoller werden und mehr konsumieren werden. Außerdem werden die Mitarbeiter der Firma Y ihre Löhne und Gehälter mit denen von X vergleichen, was eventuell – falls die unzufriedenen Mitarbeiter streiken – zu Spannungen führt, nicht nur zwischen der Firma und ihren Angestellten, sondern auch zwischen ihr und den Gewerkschaften, den Verbrauchern, den Lieferanten und allen anderen, die in irgendeiner Weise mit ihr zu tun haben. Oder nehmen wir eine Großbank, die ihre Zinsen erhöht. Prompt werden die meisten anderen Banken – wenn nicht sogar alle – ebenfalls ihre Zinspolitik überprüfen und anpassen.

Jede Handlung wirkt sich also auch auf andere Systeme aus. Aber auch eine unterlassene Handlung kann Konsequenzen haben: Wenn die Unternehmen der westlichen Welt infolge einer Senkung der Fertigungskosten für einige in Südostasien hergestellte Produkte Marktanteile verlieren, werden manche von ihnen beschließen, ihre Kosten ebenfalls zu senken, indem sie Abstriche bei der Qualität machen. Wenn jedoch nur ein einziger Konkurrent nicht mitzieht, könnten sie infolge ihrer neuen Strategie ihre alten Kunden verlieren, an deren Stelle nicht unbedingt neue, weniger anspruchsvolle oder weniger finanzkräftige Kunden treten.

Was auch immer die Unternehmen beschließen, ihre Entscheidung bleibt auf keinen Fall ohne Folgen für die verschiedenen externen Systeme. Das System beeinflußt seine Umwelt, die ihrerseits einen zum Teil nicht gerade unbedeutenden Einfluß auf das System hat. So ändert das Unternehmen im Laufe seiner Entwicklungsgeschichte infolge zahlreicher „Störereignisse" mehrmals seinen Kurs. Die Verantwortlichen müssen ihrerseits zur richtigen Zeit die sich bietenden Chancen nutzen und potentiellen Gefahren vorbeugen. Langfristige strategische Prognosen sind jedoch insofern sehr komplex, als es dabei um schwer beherrschbare Ereignisse geht, die von anderen Systemen ausgehen und sich oft erst später abzeichnen werden.

Die genaue Kenntnis der Umwelt und ihrer vielfältigen Facetten ist daher eine unerläßliche Voraussetzung für den Erfolg einer Firma beziehungsweise der Reorganisation: Welche Schwierigkeiten, Chancen, Reaktionen und Veränderungen könnten sich daraus ergeben? Man muß also tiefer in die Materie einsteigen. Wir haben bereits im Einführungskapitel des ersten Teiles die verschiedenen Umweltsysteme vorgestellt, in die ein Unternehmen oder jedes andere soziale System eingebettet ist. Es handelt sich dabei um die

- *ökologische Umwelt,*
- *technologische Umwelt,*
- *ökonomische Umwelt,*
- *soziale Umwelt,*
- *politische Umwelt,*
- *juristische Umwelt.*

Wir möchten im folgenden auf jedes Umweltsystem einzeln eingehen, wobei sich die Grenzen zwischen den Systemen aufgrund der bestehenden Interaktionen nicht immer eindeutig ziehen lassen. Eine Störung in der Unternehmensumwelt wirkt sich daher immer auf mehrere Teilbereiche aus. Als nach Deutschland auch die meisten anderen europäischen Länder beschlossen, künftig nur noch Autos mit Katalysator zu bauen, waren davon viele Bereiche betroffen. Die geplante Schadstoffverringerung zielte natürlich zunächst auf die ökologische Umwelt ab, während die technische Umwelt den Katalysator ermöglicht hatte. Auch wirtschaftlich zeigten sich einschneidende Konsequenzen: zum einen für die Hersteller von Katalysatoren, die darin eine unerwartete Chance sahen, und zum anderen für die Automobilhersteller, die ihre Fahrzeuge dem neuen Konzept anpassen und ihre Preise aufgrund der Mehrkosten neu festsetzen mußten. Natürlich schalteten sich auch die Politiker in die Diskussion ein, indem sie sich für oder gegen den Katalysator aussprachen, wobei sie sich wiederum von der sozioökonomischen Struktur ihres Wählerpotentials leiten ließen. Auch hier sind verschiedene Früherkennungssysteme vonnöten, denn solche Veränderungen der Umwelt können eine Reorganisation nötig machen und müssen außerdem im Falle einer solchen unbedingt berücksichtigt werden.

1. Ökologische Umwelt

Infolge des gestiegenen Umweltbewußtseins stehen gerade ökologische Probleme häufig im Mittelpunkt der Diskussion. Da sich die Öffentlichkeit mehr und mehr mit Themen wie Umweltverschmutzung, Naturschutz und Reinhaltung der Atmosphäre beschäftigt, können es sich Firmen und andere Systeme nicht mehr leisten, diesen Aspekt ihrer Umwelt zu ignorieren. Der Beitrag zum Umweltschutz ist mittlerweile sogar zu einem wichtigen Argument im Wettbewerb geworden und steht bei vielen Unternehmen daher weit oben in der Prioritätenliste. Immerhin geht es um das Image des Unternehmens. Als Beispiele hierfür seien die Maßnahmen genannt, die Sandoz ergriffen hat, nachdem die Verschmutzung des Rheins 1986 das Image der Firma stark in Mitleidenschaft gezogen hatte, oder das nicht minder geringe Engagement der größten Erdölgesellschaften – BP, Esso, Elf und Shell – für das „umweltfreundliche Benzin".

Das Unternehmen bekommt seinerseits die Veränderungen der ökologischen Umwelt zu spüren. Nachdem es beispielsweise mehrere Winter in Folge nicht geschneit hatte, mußten sich die Hotelbesitzer in den Skigebieten für ihre mittlerweile deutlich zurückgegangene Anzahl von Gästen neue Beschäftigungsmöglichkeiten einfallen lassen. Ebenso stellt ein Ölteppich nicht nur die regionale Fischereiwirtschaft vor große Probleme, weil die Fischgründe nicht mehr nutzbar sind, sondern gleichzeitig auch die gesamte Touristikbranche.

Manchen Industrien kam das gestiegene Umweltbewußtsein zugute. Man denke nur an den ökologischen Anbau oder die Hersteller von Solarkollektoren. Diese Erfindung gehört zwar eigentlich in den Bereich der Technologie, Auslöser waren jedoch überwiegend ökologische Faktoren.

Gerade in diesem Bereich unterliegen die Unternehmen immer strengeren gesetzlichen Auflagen. Jedes potentiell umweltschädliche Produkt muß ebenso wie die Verfahren zu seiner Herstellung drakonischen Normen entsprechen. Natürlich können diverse Lobbys aus der Industrie – Hersteller von Kühlschränken oder Spraydosen zum Beispiel – die Entwicklung vorübergehend aufhalten, aber langfristig kann die Regierung weder die grundlegenden ökologischen Probleme noch den Bewußtseinswandel der Wähler unberücksichtigt lassen. Das Verursacherprinzip – wer die Umwelt mit Schadstoffen belastet, muß auch dafür aufkommen – zwingt mittlerweile alle Unternehmen dazu, die Umweltverträglichkeit ihrer Aktivitäten genau zu überprüfen, vor allem, seit die Kosten für Filtervorrichtungen deutlich unter den Geldstrafen bei Nichteinhaltung dieser Vorschrift liegen. Für die Papierindustrie, einen der großen Umweltverschmutzer, ist dies mit erheblichen Kosten in Form von Steuern oder teuren Anlagen zum Ausfiltern von Schadstoffen verbunden.

Die Darstellung der Problemsituation in einem Netzwerk muß gegebenenfalls auch folgende Überlegungen einschließen:
- **Umweltbewußtsein**
- **ökologische Umwelt**
- **das Früherkennungssystem, mit dem Veränderungen in diesem Bereich rechtzeitig erfaßt werden können**

Bei diesen Beispielen haben wir uns zwar bewußt auf einige wenige Hauptaspekte beschränkt, sie zeigen aber dennoch deutlich die Wechselwirkungen zwischen den verschiedenen Teilbereichen der Systemumwelt, vor allem im Hinblick auf die Frage, ob bestimmte Technologien erforderlich sind, um den immer neuen ökologischen Anforderungen gerecht zu werden.

2. Technologische Umwelt

Die ständige Suche nach neuen, leistungsfähigeren, weniger kostspieligen, kundengerechteren und für den Benutzer weniger gefährlichen Maschinen hat eine permanente Weiterentwicklung der technologischen Umwelt zur Folge. Jedes Unternehmen muß sich dem anpassen, investieren, sich strukturieren und gegebenenfalls reorganisieren, um seine Marktstellung zu sichern oder auszubauen. Ein Blick auf die Krise der lothringischen Stahlindustrie, des französischen Schiffbaus oder der Schweizer Uhrenindustrie zeigt, wie gefährlich es ist, wenn man damit zu lange wartet.

Die Gefahr ist um so größer, als die Wirkung eines Unternehmens auf seine Umwelt nicht gerade gering ist und eventuell sogar weitreichende Reformen in der betroffenen Branche zur Folge haben kann. Man denke nur an die pharmazeutischen Forschungslabors einiger großer Basler, Mannheimer oder Lyoner Firmen, die ständig an einer Verbesserung ihrer Wirkstoffe arbeiten. Der mit der Vermarktung dieser Produkte erwirtschaftete Gewinn kommt seinerseits wieder unmittelbar der Forschung und Entwicklung zugute. Dies setzt außerdem die Konkurrenz unter Zugzwang und schlägt sich nicht zuletzt auch in zahlreichen Verbesserungen in der Medizin, Landwirtschaft (Dünger) und Nahrungsmittelindustrie (Farb- und Konservierungsstoffe) sowie allen anderen Sektoren, die auf bestimmte Chemikalien angewiesen sind, nieder.

Manchmal wird auch ein Produktionsverfahren oder verwaltungstechnisches Konzept von einem Unternehmen entwickelt und in andere Unternehmen „exportiert". So hat sich zum Beispiel das von Charmilles Technologies A. G. entwickelte System zur automatisierten Lagerverwaltung als so effizient erwiesen, daß die Firma es auch anderen Industriebetrieben anbieten konnte.

Für das Unternehmen ist es also äußerst wichtig, den technologischen Entwicklungen seiner Umwelt Rechnung zu tragen, sie zu fördern und ein entsprechendes Früherkennungssystem einzurichten. Großunternehmen aus der Spitzentechnologie-Branche haben dafür Stellen zur Beobachtung der technologischen Entwicklung geschaffen, deren Mitarbeiter einzig und allein die Aufgabe haben, die Innovationen in diesem Bereich zu verfolgen und Szenarien für mögliche zukünftige Veränderungen zu entwerfen.

Ein Netzwerk, das die Aspekte der technologischen Umwelt miteinbezieht, umfaßt
- **die branchenüblichen Technologien,**
- **Innovationen,**
- **die geeigneten Stellen zur Beobachtung der technologischen Entwicklung.**

Im Bereich der Technologie zeigt sich die Umweltdynamik in aller Deutlichkeit: Der Wettbewerb ist so hart, daß jede Innovation automatisch von der Konkurrenz aufgegriffen wird, die sie eventuell noch verbessert, um damit obendrein die Marktanteile des eigentlichen Erfinders anzugreifen, sie kostengünstiger einsetzt beziehungsweise verkauft oder sie ganz einfach gleichzeitig mit der Firma, die sie entwickelt hat, aufkauft, wogegen die Juristen selbst unter Berufung auf das Patentrecht oder die geltenden Vorschriften für Übernahmen nicht besonders viel ausrichten können. Außerdem steht auch die technologische Umwelt in enger Verbindung mit den wirtschaftlichen Entwicklungen.

3. Ökonomische Umwelt

Das wirtschaftliche Umfeld eines Unternehmens umfaßt im wesentlichen die Lieferanten, die Kunden, das Vertriebsnetz sowie die Zulieferer, Partner und Konkurrenten. Zwischen dem System und seiner Umwelt findet ein Austausch von Rohstoffen, Fertig- und Halbfertigprodukten, Dienstleistungen, Kapital, Patenten, Informationen und Humanressourcen statt. Da sich all diese in der Regel leicht quantifizieren lassen, kann man bewußt dafür sorgen, daß der Austausch zwischen beiden Seiten ausgeglichen ist.

Wenn etwas in die eine Richtung fließt, kommt etwas Entsprechendes in gleichem Umfang (meistens gemessen an seinem monetären Wert) zurück. Aber das muß nicht unbedingt so sein: Der Austausch kann unter Umständen auch nur eine Richtung (ökonomische Aspekte) weisen, zum Beispiel bei gemeinnützigen Unternehmen, die ihre Dienstleistungen unentgeltlich erbringen. Die Gegenleistung ist hier eher im soziologischen, persönlichen Bereich zu suchen (Dienst am Menschen, Stolz, soziale Verantwortung).

Doch neben den eigentlichen Unternehmen gehören zur ökonomischen Umwelt auch noch andere wirtschaftliche Institutionen wie Handelskammern und Börsen. Letztere, das heißt der Markt, den Anleger und Firmen vorzugsweise für ihren Kapitaltransfer wählen, sind nur eines von vielen Beispielen für wirtschaftliche Interaktionen, durch die dieser Bereich seine eigene Ordnung erhält. Es liegt auf der Hand, daß jede Firma in ein bestimmtes wirtschaftliches Umfeld eingegliedert ist, dessen Veränderungen sie unbedingt im Auge behalten muß, um sich vor Gefahren schützen und Chancen besser nutzen zu können. Wichtige Anhaltspunkte für antizipative Entscheidungen liefern der Firma unter anderem Studien über die langfristige wirtschaftliche Entwicklung der westlichen Länder, vor allem in ihrer Branche, so daß eine Umstrukturierung vorgenommen werden kann, noch bevor die Probleme auftreten. Zu diesem Zweck gibt es zahlreiche Indikatoren wie zum Beispiel die Wettbewerbssituation. (Werden in Zukunft immer mehr Unternehmen in einer expandierenden Branche oder immer weniger in einer stagnierenden tätig sein?) Außerdem kann das Unternehmen verfolgen, wieviel in seiner Branche in Anlagegüter investiert wird. Ein rückläufiger Absatz von Werkzeugmaschinen deutet beispielsweise auf eine Stagnation oder einen Rückgang des Umsatzes in der gesamten Branche hin. Diese Indikatoren können gegebenenfalls eine Reorganisation auslösen. Und gerade die Tatsache, daß die Wirtschaft in so viele Bereiche hineinspielt, macht die Public Relations zu einer sehr wichtigen Aufgabe der Unternehmensleitung. Der Kontakt zu politischen und industriellen Kreisen oder zum Markt (Messen und Ausstellungen) bietet die Möglichkeit, die Firma nach außen darzustellen, neue Kontakte zu knüpfen und wichtige Informationen über wirtschaftliche Trends zu erhalten.

In die Netzwerkdarstellung der Problemsituation muß folgendes eingehen:
- **das wirtschaftliche Umfeld**
- **die Bereiche der Wirtschaft, in denen gerade Veränderungen stattfinden**
- **die Stellen, die als Früherkennungssystem für diesen Bereich fungieren könnten**

Aufgrund der Bedeutung der Wirtschaft für die anderen Bereiche der Unternehmensumwelt sowie der Komplexität wirtschaftlicher Handlungen sieht sich die moderne Gesellschaft immer mehr veranlaßt, diesen Bereich mit Hilfe gesetzlicher Vorschriften und Regelungen unter Kontrolle zu halten.

4. Juristische Umwelt

Kein Unternehmen kann seine juristische Umwelt ignorieren, da sie seinem Handlungsspielraum Grenzen setzt und außerdem den Rahmen der Gesellschaftsordnung absteckt, in die das Unternehmen eingegliedert ist. Dies geschieht auf dem Wege einer mehr oder weniger strengen Gesetzgebung, die Rechte und Pflichten des Unternehmens festlegt und es gegebenenfalls vor skrupellosen Gegnern und Widersachern schützt.

Gesetzesänderungen machen oft umfangreiche betriebsinterne Umstrukturierungen nötig. Nehmen wir ein Beispiel: Angenommen, beim Volksbegehren hätte sich die Mehrheit der Schweizer für die von Bürgerinitiativen geforderte Abschaffung der Armee ausgesprochen. Wie hätten die vielen Unternehmen reagiert, die das Verteidigungsdepartement zu ihren Kunden zählen? Welche Umstrukturierungen hätten verhindern können, daß diese Betriebe ganz geschlossen werden? Und was wäre aus all den Mitarbeitern geworden, deren berufliche Qualifikation praktisch von heute auf morgen nicht mehr gefragt gewesen wäre? Die Abrüstungsverhandlungen der Supermächte und die Bemühungen um ein Verbot der C-Waffen stellen im übrigen sämtliche Rüstungsunternehmen der westlichen Welt vor dasselbe Problem. Die Tatsache, daß ein Meinungswandel in der Öffentlichkeit und eine Veränderung der geopolitischen Konstellation auch eine Änderung der Gesetze nach sich ziehen kann, zeigt, welch wichtige Rolle die Zweckbestimmung eines Unternehmens im Laufe seiner Koevolution mit der Umwelt spielt.

Auch die Steuergesetzgebung sowie Vorschriften zum Arbeitnehmer- und Umweltschutz illustrieren, was eine juristische Entscheidung bewirken kann. Die Einführung oder Abschaffung einer bestimmten Steuer – ein klassisches Instrument der Wirtschaftspolitik – kann sich auf die augenblickliche und zukünftige Finanzlage der Firmen auswirken. Sie kann auch ausländische Unternehmen, die mit dem Gedanken spielen, in dem betroffenen Land eine Niederlassung zu gründen, in ihrer Standortwahl beeinflussen. Die Gründung der Europäischen Gemeinschaft, innerhalb der es keine Handelshemmnisse mehr geben sollte, ist ein gutes Beispiel für die Entwicklung in diesem Bereich. Dank der Abschaffung von Zöllen und Importkontingenten können sich Unternehmen ohne weiteres auf ausländischen Märkten niederlassen, wo für sie dieselben Bedingungen gelten wie für ihre Konkurrenten. Sind deswegen alle Hindernisse beseitigt? Nein, denn auch im Ausland müssen die Unternehmen Entwicklungen rechtzeitig vorhersehen können, um nicht vom Markt verdrängt zu werden.

Abgesehen davon hängen Rechte und Pflichten eines Unternehmens nicht zuletzt auch von dessen Rechtsform ab. Die Rechtsform ist nicht nur bestimmend für die Flexibilität der Strukturen, ohne die eine schnelle Anpassung nicht möglich wäre, sondern auch für eventuelle – zum Teil gewichtige – steuerliche Vergünstigungen sowie den Wirkungsgrad, den das Unternehmen mit seinen Aktivitäten erreicht.

Je nach Blickwinkel erweisen sich die Gesetze für das Unternehmen entweder als hinderlich oder aber als nützlich und sogar notwendig. Die Möglichkeit der Anmeldung zum Patent schützt den Erfinder eines neuen Produkts zum Beispiel davor, daß seine Idee von einer großen Firma, die über die nötigen finanziellen und technischen Mittel zu dessen Herstellung und Vermarktung verfügt, einfach „gestohlen" wird. Es kommt auch vor, daß gesetzliche Auflagen oder Freiräume Unternehmen dazu veranlassen, sich in bestimmter Weise zu strukturieren. Große Unternehmen haben eine Rechtsabteilung, die sich mit juristischen Problemen befaßt und die Veränderungen in diesem Bereich verfolgt. Wie gesagt ist ja das Unternehmen an Vorschriften, Verordnungen und Gesetze gebunden, die zu den Instrumenten gehören, mit denen der Staat die wirtschaftlichen Weichen stellt. Und wenn der Gesetzgeber an irgendeiner Stelle restriktiv eingreift, beinhaltet dies nicht selten Handlungsalternativen, die als Chance für einen bestimmten Bereich der Wirtschaft gedacht sind. Werden die Unternehmen zum Beispiel bei der Einstellung von Langzeitarbeitslosen von den Sozialabgaben befreit, können sie zum einen Kosten einsparen und obendrein auch noch ihr soziales Image verbessern, ohne dabei ein besonders großes Risiko einzugehen (je nachdem, welche Stellen sie mit den neuen Mitarbeitern besetzen).

Bei einer Reorganisation muß unter anderem folgendes bedacht werden:
- **juristische Normen**
- **eventuelle Chancen aufgrund einer günstigen Gesetzeslage**
- **die Einrichtung eines Früherkennungssystems, zum Beispiel im Rahmen einer Rechtsabteilung**

Die Möglichkeiten, auf die juristische Umwelt einzuwirken, beschränken sich im wesentlichen auf die Bildung von Interessengruppen mit ausreichendem Einfluß, zumindest im Vergleich zu den Kreisen, mit denen sie es zu tun haben werden. Denn die Ausarbeitung und die Verabschiedung von Gesetzen, Normen und Richtlinien hängt zum großen Teil von den Machtverhältnissen in der Politik ab.

5. Politische Umwelt

Wir möchten diesen Bereich, der kaum vom juristischen zu trennen ist – denn zum einen sind die Gesetze das formelle Ergebnis der Entscheidungen einer Gesellschaft, zum anderen geht es hierbei gerade um die Aufteilung der legislativen, exekutiven und judikativen Gewalt –, trotz allem einzeln aufführen als die Gesamtheit aller grundsätzlichen Entscheidungen eines Volks oder einer Regierung. So gesehen kann natürlich auch die politische Umwelt von großer Bedeutung sein, wie diverse Verstaatlichungs- und Privatisierungsphasen gezeigt haben. Ein Regierungswechsel bedeutet für ein Unternehmen unter Umständen gar Wechsel des Besitzers sowie Änderung der Geschäftspolitik, des Managements und des Führungsstils. Das führt natürlich zu weitreichenden Umstrukturierungen, die – wenn sie nicht im voraus geplant, reiflich durchdacht und in die richtige Richtung gelenkt werden – großen Schaden anrichten können.

Auch die politischen Parteien und Anschauungen, die Menschen verbinden, die eine gemeinsame Sache verfechten, gehören zu den Faktoren, die das Unternehmen berücksichtigen muß. Dies kann sich unter anderem in der Entstehung von Arbeitgeberverbänden ausdrücken. Manchmal führen interne Konflikte zu Streiks, die weniger durch die firmenspezifische Situation bedingt, sondern eher politisch motiviert sind und dann von Unternehmensleitung, Führungskräften und Arbeitnehmervertretern gemeinsam gelöst werden müssen. Wenn langfristige Entscheidungen oder Strategien mit Schwierigkeiten verbunden sind, kann dies also unter Umständen auf politische Instabilität zurückzuführen sein. Gerade hier spielen die Unternehmen eine wichtige Rolle. Sie beeinflussen Veränderungen der Gesellschaft ebenso wie Staat und Öffentlichkeit. Die Entscheidungen der Unternehmen können früher oder später die gesamte Bevölkerung betreffen. Als die Firma Lesieur als eine der ersten in Frankreich Quality Circles einführte, leistete sie damit einen nicht unwesentlichen Beitrag zur Schaffung einer neuen Form des Meinungsaustauschs zwischen Arbeitgeber und Arbeitnehmern. Die Firma Lesieur – ein vielzitiertes Beispiel – kann zu Recht von sich behaupten, sie sei zumindest teilweise für die Verbreitung dieser Praxis verantwortlich, die mittlerweile auch etwa im Sozialversicherungswesen und bei der Polizei angewandt wird und (in Frankreich) sogar schon gesetzlich verankert ist. Dies ist politisch gesehen ein weiterer Baustein zur Schaffung eines politischen Kontextes, in dem der einzelne weniger behütet wird und mehr Verantwortung für sich selbst trägt.

Auch die politische Umwelt kann im Rahmen der Reorganisation eine Rolle spielen. Daher muß unter anderem auch folgendes berücksichtigt werden:
- **politischer Druck**
- **die Verpflichtung gegenüber dem politischen Umfeld**
- **die Einrichtung geeigneter Instanzen, die sich mit diesem Bereich befassen**

Veränderungen in der Einstellung zu bestimmten Fragen, zum Beispiel der Wandel der Arbeitgeber-Arbeitnehmer-Beziehungen (Übergang vom Klassenkampf zur Mitbestimmung), dürfen vom Manager nicht übersehen werden. Das erklärt das wachsende Interesse der Entscheidungsträger für soziologische Analysen.

6. Soziale Umwelt

Der soziale Aspekt umfaßt alle menschlichen Komponenten, die eng oder entfernt mit dem System in Zusammenhang stehen. Manchmal sind zahlreiche Menschen oder Interessengemeinschaften von den Entscheidungen oder Handlungen des Systems betroffen. Die verschiedenen betriebsinternen Gruppen sowie die externen wie zum Beispiel Gewerkschaften, Arbeitsämter, Berufsschulen, Verbraucherschutzverbände, Arbeitgeberverbände oder – in größerem Kontext gesehen – die Einwohner einer Stadt, einer Region, eines Landes sind Beweis genug für die Vielzahl der Sozialpartner, mit denen es ein System zu tun hat.

Jedes Unternehmen hat eine mehr oder weniger ausgeprägte Kultur, durch die das Verhalten der Mitarbeiter mehr oder weniger bewußt geregelt wird, was ihre Integration in das System erleichtern und festigen soll. Diese Grundsätze können entweder offiziell wie das schriftlich fixierte Firmencredo von McDonald's, das in den meisten Restaurants dieser Kette aushängt, oder implizit sein, was im allgemeinen in relativ kleinen Gruppen der Fall ist, in denen bestimmte Verhaltensweisen stillschweigend von allen Mitgliedern „beschlossen" werden. Das Image des Unternehmens hängt stark von dessen Kultur ab, deren Wirkung auf die Umwelt wiederum ein Schlüsselfaktor der Unternehmensführung ist. Da die Unternehmenskultur unter anderem von der Wechselwirkung zwischen den Führungsgrundsätzen der Geschäftsleitung, den Organisations- und Kommunikationsprinzipien einerseits und den Erwartungen, Ansichten und Funktionen der Mitarbeiter andererseits geprägt wird, zeigt sich wieder, wie wichtig es ist, daß sich die Firma und ihre soziologische Umwelt synchron entwickeln. Das Unternehmen kann sich nicht langfristig der Tatsache, daß sich die modernen Gesellschaftssysteme unaufhaltsam weiterentwickeln, entgegenstellen. So sind zum Beispiel auch die materiellen und psychologischen Arbeitsbedingungen Aspekte der sozialen Umwelt. Wenn sie sich mit den gegenwärtigen sozialen Vorstellungen decken, können sich die Mitarbeiter frei entfalten, und die Unternehmensleitung hätte weit weniger Probleme. Werden sie dagegen vom Personal als unbefriedigend empfunden, muß man über kurz oder lang auf entsprechende Unzufriedenheit und Forderungen seitens der Gewerkschaft gefaßt sein.

Das System muß also diesen externen Faktoren Rechnung tragen, auch wenn es sie teilweise beeinflussen kann. Zu diesem Zweck muß es sich die nötigen Informationen über Veränderungen in der Gesellschaft beschaffen, sei es aus soziologischen Studien, durch den Dialog mit den Sozialpartnern oder mit Hilfe verschiedener im Rahmen des Marketing durchgeführter Studien.

Zu den im Netzwerk dargestellten Einflußgrößen gehören außerdem:
- das Wertesystem der Gesellschaft
- soziologische Entwicklungen
- das Früherkennungssystem für diesen Bereich

Nach unserer kurzen Charakterisierung der sechs Bereiche der Unternehmensumwelt können wir uns leicht vorstellen, wie viele Wechselwirkungen zwischen ihnen bestehen. Die Abgrenzung ist daher eine künstliche. Es hängt von der jeweiligen Problemsituation ab, ob ein Unternehmen es für nötig hält, seine Umwelt in Subsysteme zu unterteilen. Wenn sich ein Großunternehmen Gedanken über den Führungskräftenachwuchs macht, kann es selbstverständlich seine Umwelt als eine Kombination aus beruflichem, pädagogischem und soziologischem Umfeld betrachten. Auf jeden Fall lassen sich die Entwicklungen der Unternehmensumwelt sowie eventuelle Chancen und Gefahren am besten mit Hilfe eines Früherkennungssystems erfassen.

c) Das Netzwerk

Nach all dem sollte man jedoch nicht dem Irrtum verfallen, ein Unternehmen müsse sich reorganisieren, um unbedingt eine Einheit zur Beobachtung der technologischen Entwicklung, eine Rechtsabteilung, eine PR-Abteilung oder ein Früherkennungssystem für alle von uns beschriebenen Umweltbereiche einzurichten. Was bei Dupont de Nemours mit seinen 12 000 Angestellten vielleicht noch möglich wäre, ist für ein mittelständisches Unternehmen eine unverhältnismäßig hohe Investition. Zum einen muß man sich entscheiden, unter welchem Gesichtspunkt diese Möglichkeit betrachtet werden soll. Wenn eine Firma die Notwendigkeit einer Änderung ihrer Organisation akzeptiert, kann sie die für sie wichtigen Umweltbereiche festlegen und sich dann nur auf diese konzentrieren. Außerdem sind für die Beschaffung von Informationen über die Unternehmensumwelt Offenheit und Spürsinn aller Betriebsangehörigen mindestens genauso wichtig wie die Schaffung organisatorischer Einheiten, die ausschließlich mit dieser Aufgabe betraut sind. Die Beobachtung der technologischen Entwicklung könnte aber zum Beispiel von den Mitarbeitern der Forschungsabteilung übernommen werden, während die Personalabteilung für die Beobachtung der soziologischen Veränderungen, die Marketingabteilung für die Erfassung wirtschaftlicher Tendenzen und die Unternehmensleitung für die politische und juristische Umwelt zuständig sein könnten. In kleinen Firmen ist es häufig der Unternehmer selbst oder die Geschäftsleitung, die diese Funktion der Früherkennung wahrnehmen (müssen).

Wir haben in diesem Kapitel einen Überblick über die internen und externen Faktoren gegeben, die das Unternehmensgeschehen beeinflussen. Wir haben außerdem gesehen, daß sie sich gemeinsam entwickeln und auch, wie die Organisation diesen Faktoren Rechnung tragen kann. Jedes mit einem organisatorischen Problem konfrontierte Unternehmen erhält so Aufschluß über diejenigen Faktoren, die es in seiner spezifischen Situation berücksichtigen muß, um seine Ziele zu erreichen. Abschließend läßt sich folgendes sagen:

> **Zur Feinanalyse der Problemsituation eines Systems, das sich für eine Reorganisation entschieden hat, gehört zunächst einmal die genaue Untersuchung der internen und externen Einflußgrößen, die von einem Unternehmen zum anderen variieren können. Daher müssen die Projektmanager entscheiden, welche dieser Aspekte und Blickwinkel sie in ihrer spezifischen Situation für relevant halten, um daraufhin ein Netzwerk der Wirkungsbeziehungen zwischen den einzelnen Faktoren zu entwerfen.**

Die Feinanalyse erfolgt im allgemeinen jedoch sowohl vor Ort als auch auf dem Papier. Aus diesem Grund ist es notwendig, einige Punkte herauszugreifen, die die Durchführung der Analyse auf die eine oder andere Weise beeinflussen können.

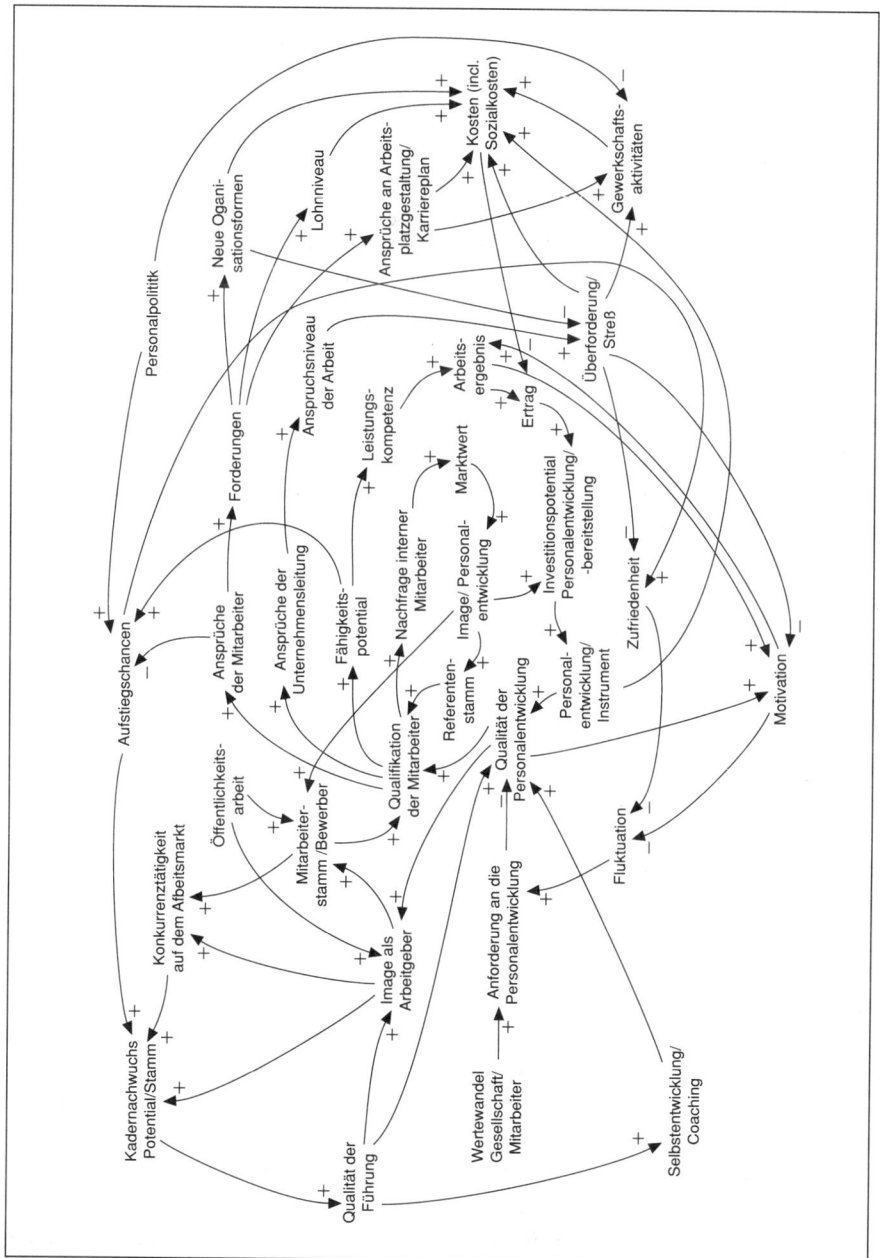

Erfassen der Wirkungsbeziehungen am Beispiel der Personalentwicklungsperspektive

307

III. Die Bedeutung der personellen, räumlichen und zeitlichen Komponenten

Nachdem wir uns mit dem Gegenstand der Feinanalyse beschäftigt haben, wollen wir diese nunmehr im Projektkontext ansiedeln. Dieser wird durch die Projektziele und -bestimmungen festgelegt. Es kommt nur selten vor, daß im Anschluß an die Analyse der Problemsituation nicht eine Studie der von der Umstrukturierung betroffenen Arbeitsplätze durchgeführt wird, vor allem wenn es sich um ein Projekt mit größerer Tragweite handelt. Es gibt zahlreiche Instrumente zur Erfassung des Ist-Zustands, so daß sich die wichtigen Faktoren der Situation und ihre Wechselwirkungen gut ermitteln lassen. Doch auch diese Instrumente werden zwangsläufig in einem bestimmten Kontext eingesetzt. Wer auch immer sie anwendet, muß sich der Faktoren bewußt sein, die eventuell die Ergebnisse und die erfolgreiche Durchführung der Analyse beeinflussen könnten. Er darf nicht vergessen, daß *er* zwar weiß, was er tut, und auch das „Wie" und „Warum" seines Handelns kennt, seine Gesprächspartner aus den betroffenen Einheiten, das heißt diejenigen, die er befragt und von denen er sich eine Aufstellung ihrer Aufgaben geben läßt, jedoch nicht immer die gleiche Vorstellung von Sinn und Zweck seiner Tätigkeit haben. Sie entwickeln deshalb ihre ganz persönlichen Ängste und Erwartungen. Auch die räumlichen Gegebenheiten sind ebenso wie der Zeitfaktor nicht ohne Bedeutung für das Ergebnis der Analyse. Wir werden uns daher ein wenig näher mit diesen Komponenten befassen.

a) Die Mitarbeiter

Es geht uns hier nicht darum, die einzelnen Akteure zu bestimmen – befragte Mitarbeiter auf der einen und Angehörige des Projektteams auf der anderen Seite –, sondern vielmehr darum, die verschiedenen Rollen und Ansichten zu beleuchten, die sich im Laufe ihrer Wechselbeziehungen herausbilden.

Wenn es etwas gibt, worüber sich Fragesteller und Befragte einig sind, dann ist es die Tatsache, daß die Analyse einem bestimmten Zweck dient, über den die Auffassungen der beiden Seiten allerdings auseinandergehen können.Das hat zunächst einmal zur Folge, daß die Befragten nicht auf die tatsächlich gestellten Fragen antworten, sondern auf die ihrer Vorstellung nach gestellten. Dies ist nicht nur auf den Interpretationsspielraum zurückzuführen, den die Formulierung der Anleitungen oder Fragen zuläßt. Die Fragen bei einem Interview, die Angaben auf einem Formular oder das Thema einer Gruppenarbeit können noch so klar und präzise umrissen sein, trotzdem wird jeder sie auf seine Weise interpretieren und sich fragen, was man eigentlich von ihm will und was sich dahinter verbirgt. Und genau auf das, was er sich bei diesem Thema vorstellt, wird er in der Regel auch antworten. Nehmen wir zum Beispiel einen Fragebogen zur Ermittlung der Zeit, die die Angehörigen einer bestimmten Abteilung für die Bewältigung ihrer verschiedenen Aufgaben benötigen. Man sollte meinen, daß es nichts Objektiveres gibt als eine solche Quantifizierung. Aber wenn der Befragte glaubt, daß sich dahinter die Absicht verbirgt, einen Computer zur Erledigung der repetitiv anfallenden Arbeiten einzusetzen und denjenigen, die bisher damit betraut waren, einen anderen Verantwortungsbereich zu übertragen, wird er sich – wenn ihm daran liegt, die Arbeit abzugeben – zumindest unbewußt entweder mehr Zeit dabei lassen oder einfach eine mehr als tatsächlich benötigte Dauer angeben. Wenn er dagegen den Eindruck hat, daß durch den Einsatz von EDV-Anlagen Arbeitsplätze eingespart werden sollen, wird ihm nicht daran gelegen sein, daß ein Computer seine Arbeit übernimmt. In diesem Fall wird er möglicherweise mit allen Mitteln versuchen, den Eindruck zu erwecken, als könne er innerhalb kürzester Zeit eine Vielzahl von Aufgaben erledigen.

Dies ist natürlich nur ein Beispiel, denn jeder entwickelt in solchen Situationen seine eigenen Strategien, die sich nur schwer klassifizieren lassen, was im übrigen auch nicht in unserer Absicht liegt. Unser Beispiel gibt jedoch Aufschluß über verschiedene Aspekte der Analyse. Zum einen muß man dem Befragten immer verständlich machen, worum es eigentlich geht, und zwar sowohl aus Respekt ihm gegenüber als auch aus dem Bestreben heraus, seinem persönlichen Interpretationsspielraum Grenzen zu setzen. Die Anzahl der individuellen Interpretationsmöglichkeiten läßt sich nicht vollkommen reduzieren, was im übrigen auch gar nicht wünschenswert wäre. Wenn man auf die Zusammenarbeit angewiesen ist, erweist es sich allerdings als nützlich, den Spielraum in akzeptablen Grenzen zu halten, wobei diese durchaus variieren können, je nachdem, ob man eher quantitative oder qualitative Angaben braucht. Einen unbegrenzten Interpretationsspielraum darf es jedoch auf keinen Fall geben. Daher muß man dem Befragten möglichst klar und ausführlich den Zweck der Studie erläutern, an der er meist unfreiwillig mitwirkt.

Auch die Formulierung der Fragen oder die Angaben auf den Fragebogen müssen unmißverständlich sein. Wenn der Befragte den Zweck der Studie verstanden und eingesehen hat, wäre es schade, seinen Interpretationsspielraum durch ungenaue Fragen oder eine für Laien unverständliche Fachsprache zu „verwässern". Klarheit heißt jedoch nicht unbedingt Genauigkeit. Man kann zum Beispiel bewußt unpräzise Fragen stellen, um Aufschluß über die persönlichen Eindrücke und Ansichten des einzelnen zu erhalten. Die Fragen sollten jedoch immer verständlich bleiben.

Der letzte Punkt, den wir in diesem Zusammenhang noch betonen möchten, ist die Beziehung zwischen Fragesteller und Befragtem, denn irgendeine Art von Beziehung besteht immer. Wenn die Personalabteilung Fragebogen an die Mitarbeiter der Produktionsabteilung austeilt, dann haben die Befragten meist vorher schon mit der Personalabteilung Kontakt gehabt. Und wenn es bisher noch keine Verbindung gegeben hat, wird eben jene nicht vorhandene Beziehung die Meinung der Mitarbeiter in bezug auf die Befragung bestimmen. Beim Interview stellt sich unweigerlich eine direkte zwischenmenschliche Beziehung ein, die in nicht unwesentlichem Maße die Antworten des Befragten bestimmt. Wer hat sich bei einer Meinungsumfrage auf der Straße nicht schon von dem aufmunternden Lächeln des Fragestellers zu einem „Ja" anstelle eines „ohne Meinung" als Antwort auf eine undurchsichtige Frage hinreißen lassen? Die Hauptschwierigkeit für den Fragesteller besteht darin, den goldenen Mittelweg zu finden, das heißt, sich nicht zu sehr auf die Seite des Befragten zu stellen, da er ihn so womöglich beeinflussen könnte, gleichzeitig aber auch Mißtrauen oder Gleichgültigkeit auf beiden Seiten zu vermeiden, weil er dem Befragten in diesem Fall Sinn und Zweck der Befragung nur schwer verständlich machen könnte. Mit anderen Worten: Er wird sich um ein vom Vertrauen bestimmtes Klima bemühen.

Bei einer Studie, von der das Schicksal einer Organisation abhängt und damit auch das der Organisationsmitglieder, müssen sowohl der Zweck der Befragung als auch die Fragen unmißverständlich sein. Voraussetzung für ein gutes Gelingen ist gegenseitiges Vertrauen zwischen Fragesteller und Befragtem.

Unabhängig von der Art der Beziehungen zwischen den beiden Seiten werden die Betroffenen das geplante Projekt auf jeden Fall nach ihren eigenen Kriterien beurteilen. Da sie nicht alle Fakten kennen und nur teilweise am Projekt mitwirken, werden bei ihnen bestimmte Erwartungen und Ängste geweckt, die je nach Person und Kontext mehr oder weniger starke negative Gefühle gegenüber dem System erzeugen können, und auch wenn diese Gefühle nur unterschwellig vorhanden sein sollten, bleiben sie nicht ohne Folgen für die Weiterführung des Projekts.

Wenden wir uns zunächst einmal den Erwartungen zu. Sie können beispielsweise beruflicher Art sein: Dank der Reorganisation des gesamten Unternehmens oder einer Abteilung steht der korrekten Erledigung einer bestimmten Aufgabe jetzt nichts mehr im Weg! Endlich werden Initiativen gefördert! Eine repetitiv anfallende, unterfordernde Aufgabe wird nun maschinell ausgeführt! Das Problem bleibt jedoch: In der Vorbereitungsphase bringt jeder seine eigenen Vorstellungen je nach seinen persönlichen Wünschen vor, ohne daß es eine Möglichkeit gäbe, die Ideen zu kanalisieren und denen der anderen gegenüberzustellen. Und wenn dann hinterher die Wünsche und Vorstellungen der Mitarbeiter wie ein Kartenhaus in sich zusammenfallen, führt dies zu Enttäuschungen, die den Mitarbeitern sehr schnell die Begeisterung nehmen werden, worunter wiederum die Umsetzung der Lösung leiden könnte. Man hat auf dem Papier vielleicht eine perfekte Organisationsstruktur entworfen, deren neue Möglichkeiten in der Praxis dann jedoch nur zum Teil genutzt werden. Statt dessen begnügt man sich weiterhin mit den alten offiziellen Kommunikationswegen.

Außerdem darf man nicht vergessen, daß die geäußerten Erwartungen nur die Spitze des Eisbergs sind. Viele hegen im Zusammenhang mit der Reorganisation auch die Hoffnung auf eine Beseitigung diverser Mißstände oder die Schaffung einer günstigeren Konstellation. Es ist daher wichtig, alle diese Komponenten zu berücksichtigen. Das soll nicht heißen, daß man alle auf das genaueste analysiert, um sie dann im Rahmen des Möglichen zu eliminieren, was mit Sicherheit nicht gelingen würde. Im Gegenteil, sie sollen vielmehr deutlich zutage treten, damit sich sowohl Befragte als auch

Fragesteller ihrer bewußt werden. Letztere bekommen so eine Grundlage, eine Reihe von Kriterien, auf deren Basis sie die Ergebnisse ihrer Studie den anderen vermitteln können. Man kann nämlich niemanden interviewen, befragen oder beobachten, ohne ihn nicht zumindest in Kurzform über die Ergebnisse der Untersuchung zu informieren, denn genau das erwarten die Betroffenen. Diese Information wird um so besser aufgenommen, je deutlicher daraus die Bedeutung des organisatorischen Wandels hervorgeht – auch im Hinblick auf die allgemeinen Erwartungen – und es sich nicht einfach nur um eine Zusammenfassung der persönlichen Schlußfolgerungen der Fragesteller handelt.

Analysiert man die Unternehmenssituation unter dem Gesichtspunkt einer geplanten Reorganisation, muß man sich zwangsläufig auch mehr oder weniger intensiv mit den Organisationsmitgliedern befassen. Die Kursänderung weckt bestimmte Erwartungen und Ängste, derer sich die Angehörigen des Projektteams bewußt sein müssen, um darauf antworten oder zumindest begründen zu können, warum darauf keine Rücksicht genommen werden konnte.

Abgesehen von den Erwartungen sind auch die Ängste der Mitarbeiter zu berücksichtigen. Und wenn eine nicht erfüllte Erwartung einen starken Motivationsverlust bewirken kann, weil ein Traum nicht in Erfüllung gegangen ist, können Ängste – ob sie nun berechtigt sind oder nicht – sogar einen mehr oder minder deutlich zutage tretenden Änderungswiderstand auslösen, denn hier geht es um das Bedürfnis eines jeden nach Sicherheit. Und damit ihnen die gewohnte Grundlage nicht völlig entzogen wird, sind viele Mitarbeiter bereit, für den Fortbestand ihrer Werte zu kämpfen, das heißt, sich gegen die neue Organisation aufzulehnen beziehungsweise ihr oder auch dem Projektteam bewußt „Knüppel zwischen die Beine zu werfen": von Arbeitsniederlegung über Zurückhalten wichtiger Informationen und Einschaltung der Presse bis hin zum Bummelstreik. Wenn sich ein Mensch bedroht fühlt, greift er zu allen ihm möglichen Mitteln.

In solchen Situationen nutzt es nichts, berechtigte Ängste auf irgendeine Weise abbauen zu wollen. Werden Gerüchte über geplante Entlassungen dementiert und nachträglich dann doch Entlassungen angekündigt, kann sich die Unternehmensleitung in den Augen der übriggebliebenen Betriebsangehörigen nur diskreditieren. Außerdem können heftige Reaktionen seitens der Gewerkschaften die Folge sein. Umgekehrt hat es natürlich keinen Sinn, die Mitarbeiter unbegründet in Panik zu versetzen. Man sollte vielmehr für möglichst große Klarheit in bezug auf die Informationen über die voraussichtlichen Reorganisationsmaßnahmen sorgen und sich um einen konstanten Dialog mit den Betroffenen bemühen, statt sich einfach über ihre Ängste hinwegzusetzen. Das Projektteam hat außerdem die Aufgabe, all denen die neue Richtung zu weisen, die sie noch nicht kennen oder die sie in Zweifel ziehen.

In diesem Zusammenhang hört man auch oft die Befürchtung, es könnte sich womöglich überhaupt nichts ändern. Hierbei handelt es sich eher um eine Erwartung. Man erwartet oder befürchtet, daß sich etwas ändert, tut sich jedoch nichts, riskiert man auch nichts.

Die Ängste, die durch die Ankündigung einer Reorganisation geweckt werden, sind auf die dadurch hervorgerufene Unsicherheit zurückzuführen. Man sollte sie daher ernst nehmen und möglichst ausführlich und regelmäßig über den Fortgang des Projekts berichten, damit die verunsicherten Mitarbeiter im neuen System ihren Platz finden.

Man sieht, daß der organisatorische Wandel in der Analysephase vor allem die Individuen betrifft, da in diesem Stadium ein ständiger Kontakt zwischen denjenigen, die das alltägliche Unternehmensgeschehen bestimmen, und denen, die mit der Umstrukturierung beauftragt sind, erforderlich ist.

GRUPPENARBEIT

Prinzip:
Gruppenarbeit ist nicht nur eine Zusammenfassung individueller Potentiale. Sie ist immer dann sinnvoll, wenn das Miteinander sowie Kreativität und der Meinungsaustausch wesentliche Faktoren für die erfolgreiche Durchführung einer Projektstudie sind oder wenn die von der Reorganisation zukünftig Betroffenen aktiv am Projekt mitwirken sollen. Sie können ihre Erfahrungen aus dem Arbeitsalltag einbringen und sich an der Durchführung beteiligen, um so zum Erfolg des Projekts beizutragen und es ihren Bedürfnissen anzupassen. Die Kenntnis der Vor- und Nachteile der Gruppenarbeit erleichtert dem Manager die Wahl der für eine Steigerung der Effizienz am besten geeigneten Form.

Anwendung:
Gruppenarbeit ist sinnvoll, wenn
- verschiedene Standpunkte berücksichtigt werden müssen,
- Kenner der Gruppe die Entscheidungsfindung erleichtern,
- die Gruppe unmittelbar von der Entscheidung betroffen ist,
- die Gruppe die Entscheidung selbst umsetzen muß,
- die Gruppe einen größeren Beitrag leisten kann als der einzelne,
- die Gruppenangehörigen sich untereinander besser kennenlernen sollen,
- alle Gruppenangehörigen genügend Zeit für ihre gemeinsame Arbeit haben,
- die Entscheidung warten kann, bis die Gruppe zusammentritt,
- Konsens gewünscht wird,
- eine Änderung der Verhaltensweisen auf dem Wege des Meinungsaustauschs und der Konfrontation unter den Gruppenmitgliedern herbeigeführt werden soll.

Vorgehensweise:
Der Erfolg hängt von folgenden Faktoren ab:
- Größe der Gruppe (3 bis 12 Personen)
- Bedeutung, die die Gruppenangehörigen ihrer gemeinsamen Arbeit beimessen (Meinungsaustausch)
- Gefühl der Gruppenzugehörigkeit
- Identifikation aller Gruppenmitglieder mit den Zielen
- Verhalten des Leaders und sein Verhältnis zur Gruppe
- Gleichverteilung der Beiträge zur Gruppenarbeit
- Möglichkeiten jedes einzelnen, um Einfluß auf die Gruppe zu nehmen
- Charakter der einzelnen Gruppenmitglieder und ihre Bedeutung für die Gruppe
- Gegenseitiges Anerkennen innerhalb der Gruppe
- Kommunikation innerhalb der Gruppe
- Zusammenhalt der Gruppe
- Wertvorstellungen der Mitglieder
- Häufigkeit der Gruppenzusammenkünfte
- Arbeitsbedingungen und -methoden

Kriterien für die Auswahl der Gruppenmitglieder
- Kompetenz und/oder Erfahrung
- Bedeutung des Kandidaten für die Gruppe
- Beitrag des Kandidaten zur Gruppenarbeit
- Entscheidungskompetenz
- Informationen, über die der Kandidat verfügt
- Einfluß auf Personen, die es zu überzeugen gilt
- Fähigkeit zur Arbeit im Team
- Verhalten, sofern der Kandidat selbst von den Entscheidungen der Gruppe betroffen wäre
- Lernbereitschaft

ROLLE DES MODERATORS

- Gruppenmitglieder bei der Erreichung eines bestimmten Ziels unterstützen (Lokomotivfunktion)

  - Informationen liefern
    (Daten, Fakten, Kenntnisse zur Verfügung stellen)
  - Informationen beschaffen
    (Daten, Fakten, Kenntnisse anderer nutzen)
  - Zur Mitwirkung ermuntern
    (Mitarbeiter nach ihrer Meinung und ihrem Standpunkt fragen)
  - Initiative zeigen
    (Vorschläge machen)
  - Meinungen resümieren und zur Synthese bringen
    (zu lang geratene Vorträge kürzen, zwei oder drei verschiedene Ansichten mittels Synthese zusammenfassen)
  - Lösungen ausarbeiten
    (Lösungsvorschläge machen)
  - Bezugspunkte aufzeigen
    (die Situation der Gruppe darlegen)
  - Ideen und Handeln koordinieren
    (auf Ähnlichkeiten und Wiederholungen hinweisen)

- Den Gruppenmitgliedern die Mitwirkung an der gemeinsamen Arbeit erleichtern (Integrationsfunktion)

  - Meinungen und Äußerungen anhören und wiederholen
    (zeigen, daß man zuhört; Interaktionen fördern)
  - Gruppenmitglieder zur Meinungsäußerung ermutigen; auf Äußerungen reagieren
    (Interesse zeigen, reagieren, zuhören)

- Auf die Einheit innerhalb der Gruppe achten (Förderung der Kohärenz)

  - Spannungen abbauen; für Harmonie sorgen; sich Konflikten stellen
    (über unangenehme Dinge diskutieren, Konflikte entschärfen)
  - Gefühle der Gruppe verbalisieren
    (latente Gefühle ausdrücken)
  - Gruppeninterne Prozesse analysieren
    (emotionale und zu impulsive Äußerungen zur Kenntnis nehmen und objektivieren)

- Das Bewußtsein schärfen (Sensibilisierungs- und Entwicklungsfunktion)

  - Ideensuche, Denkprozesse, Infragestellungen fördern
    (dafür sorgen, daß Ideen durchgespielt und Informationen ausgetauscht werden können)
  - je nach Bedarf provozieren oder destabilisieren
    (einzelne nach ihrer Meinung zu bestimmten Punkten fragen, denen die Gruppe ostentativ ausweicht)

Der Moderator darf nicht etwa seine persönlichen Interessen in den Vordergrund stellen, sondern muß in erster Linie die Ziele der Gruppe im Auge haben.

Typische Verhaltensmuster *autoritär* geführter Gruppen	Typische Verhaltensmuster *partizipativ* geführter Gruppen
• Individualismus	• Gruppendenken
• Geringe Identifizierung mit der Gruppe	• Starke Identifizierung mit der Gruppe
• Ziele der einzelnen Mitglieder decken sich nicht mit denen der Gruppe.	• Gemeinsame Ziele, die entsprechend den Erwartungen der einzelnen festgelegt werden.
• Häufiger Gebrauch von Ausdrücken wie „ich", „mein", „für mich" etc.	• Häufiger Gebrauch von Ausdrücken wie „wir", „unser", „für uns" etc.
• Geringer Arbeitseifer	• Große Einsatzbereitschaft
• Gruppe arbeitet nur, wenn der Leiter anwesend ist.	• Gruppe arbeitet auch, wenn der Leiter nicht anwesend ist.
• Fehler werden irgendeinem Sündenbock angelastet.	• Eingeständnis von Fehlern und bewußter Lernprozeß
• Beschwerden, sobald sich die Gruppe überlastet fühlt.	• Jeder „packt mit an".

314

DIE VERSCHIEDENEN DISKUSSIONSTYPEN INNERHALB EINER GRUPPE

Der Besserwisser

Der Dickhäuter

Der Gutgewillte

Der Blasierte

Der Gewiefte

Der Querulant

Der Schwätzer

Der Schüchterne

Der Verschlossene

Diskussionstyp	So verhalte ich mich als Diskussionsleiter
Die streitsüchtige Bulldogge... widerspricht auf aggressive Art und gefällt sich im destruktiven Kritisieren.	Sachlich und ruhig bleiben, Streitgespräche vermeiden. Ihn zu einem konstruktiven Beitrag motivieren.
Das positive Pferd... ist sanftmütig und selbstsicher, geht zügig und direkt auf das Ziel los.	Ihn bewußt in die Diskussion miteinbeziehen, indem er zum Beispiel gebeten wird, zu einem strittigen Punkt Stellung zu nehmen
Der allwissende Affe... weiß alles besser und unterbricht stets mit Einwänden, Behauptungen und Zitaten.	Nie direkt auf seine Rede eingehen, er weiß es immer besser. Geschlossene Fragen stellen, die nur mit einem Wort (zum Beispiel „ja", „nein" oder „vielleicht") beantwortet werden können.
Der redselige Frosch... redet, redet, redet um des Redens willen.	Ihn taktvoll unterbrechen. Redezeiten festlegen. Geschlossene Fragen stellen (s. unter „Der Allwissende")
Das schüchterne Reh... schweigt am liebsten und enthält sich der Meinung.	Sein Selbstvertrauen stärken, indem er Erfolgserlebnisse hat. Leichte, direkte Fragen stellen. Seine Antworten loben und seine richtigen Erkenntnisse an passender Stelle nochmals unter Namensnennung einfügen.
Der ablehnende Igel... macht auf Opposition, weist alles zurück und will sich nicht in die Diskussionsrunde integrieren.	Nicht krampfhaft versuchen, ihn umzustimmen bzw. zu beteiligen. Geduld haben. Ihn von seinen Erfahrungen berichten lassen. Seine Erkenntnisse und Erfahrungen anerkennen. Ehrgeiz wecken.
Das träge Flußpferd... ist uninteressiert, wortkarg und gelangweilt, sitzt einfach da.	Direkt nach seiner Meinung fragen. Ihm Erfolgserlebnisse geben. Ihn dazu motivieren, daß er seine Erfahrungen einbringt.
Die erhabene Giraffe... ist überheblich, eingebildet, dominierend und sehr empfindlich auf Kritik.	Keine offenen Fragen (zum Beispiel: „Was meinen Sie dazu?") stellen, sondern geschlossene. Die Ja-aber-Technik benutzen, zum Beispiel: „Sie haben völlig recht, allerdings..." oder „Natürlich richtig, nur bedenken Sie, daß..."
Der schlaue Fuchs... wartet nur darauf, Sie bei der ersten Gelegenheit hinterrücks hereinzulegen.	Ruhig bleiben, konzentriert zuhören. Ihm unter Umständen andeuten, daß sein Verhalten auch Grenzen hat. Möglichst wenig direkte Antworten geben. Seine Fragen zur Stellungnahme an die anderen Sitzungsteilnehmer weitergeben.

b) Die Räumlichkeiten

Wie wir gesehen haben, erfordert die Analyse der Unternehmenssituation eine enge und offene Zusammenarbeit zwischen den Mitarbeitern und den Verantwortlichen. Die Umgebung, in der die Untersuchung durchgeführt wird, beeinflußt die Kooperationsbereitschaft der Mitarbeiter sowie ihre Reaktion auf dieses „Eindringen" in ihre Arbeitswelt. Als Rahmen für die Analyse ist auch die Umgebung relevant: Hier hat der Mitarbeiter seinen Platz, hier wird er gefordert. Hiermit verbindet er Hoffnung, Entspannung, aber auch gewisse Zwänge. Wird der Einfluß dieses externen Faktors verkannt, könnten darunter die Beziehungen zwischen den potentiellen Lieferanten nützlicher Informationen und dem mit der Befragung Beauftragten oder dem Moderator des Projektteams leiden. Das erklärt vielleicht, warum das sogenannte „Management by wandering around", der direkte Kontakt zwischen Arbeitgeber und Arbeitnehmern an deren Arbeitsplatz, heute so beliebt ist. Ein Beispiel: Der Produktionsleiter begibt sich in die Werkhalle, um vor Ort offen mit den Facharbeitern zu diskutieren. Hätte er mit seinem Bestreben, die „Basis" anzuhören und zu motivieren, genausoviel Erfolg, wenn er alle in sein vornehmes Büro in die Chefetage zitieren würde? Wenn man sich vor Ort „umschaut", kann man, statt wie üblich den Arbeitsplatz in typischer Vorgesetztenmanier zu inspizieren oder die Moral der Mitarbeiter zu kritisieren, auch den Eindruck vermitteln, man interessiere sich für das, was dort vor sich geht. Dann muß man aber auch bereit sein, denjenigen, die dort arbeiten, zuzuhören, da sich hier Erwartungen, Ängste, Forderungen und latenter „Schlendrian" entwickeln. Die Berücksichtigung der räumlichen Umgebung als eine sich in den Ansichten und Verhaltensweisen der Individuen widerspiegelnde Einflußgröße bereichert das Ergebnis der Studie um wichtige qualitative Aspekte.

Das bringt uns auf die Frage nach der Wahl der Umgebung für die Analyse oder Erhebung. Im Idealfall wird die Studie an einem neutralen Ort in ungezwungener, vertrauensvoller Atmosphäre durchgeführt, damit sich die Gesprächspartner entspannen können. „Die Situation bestimmt die Umgebung", lautet hier die Devise. Es gibt jedoch auch einige Leitlinien, die einem die Entscheidung für diese oder jene Räumlichkeit erleichtern. Abgesehen vom Geräuschpegel gibt es noch eine Reihe anderer externer Faktoren, die die Kooperationsbereitschaft des Befragten bestimmen: Geht es um ein heikles Thema? Werden Personen oder Dinge aus dem unmittelbaren Arbeitsumfeld in Frage gestellt? Sind irgendwelche schriftlichen Unterlagen oder Geräte erforderlich? Die Arbeitsplatzstudie liefert mit Sicherheit wertvolle qualitative Informationen über einen Mitarbeiter in seinem „natürlichen Milieu", über sein Verhalten sowie externe Einflüsse und Störungen. Wenn man ihn lange genug beobachtet, kann man zum Bespiel ermitteln, was alles von ihm erwartet wird, welche Routineaufgaben oder Probleme er zu bewältigen hat und wie er dies tut. Dafür gibt es spezielle Erhebungstechniken wie beispielsweise Beobachtungen am Arbeitsplatz. Besteht der Zweck der Befragung dagegen darin, Eindrücke und Verbesserungsvorschläge zu sammeln, z. B. für Gruppenarbeit, sind Räumlichkeiten, die den Meinungsaustausch begünstigen, eher geeignet, etwa eine gemütliche Ecke in der Kantine, ein Konferenzraum oder besser noch ein ruhiger Ort außerhalb der Firma, wo man sich ungestört unterhalten kann. Immer häufiger finden solche Gespräche an abgeschiedenen Orten statt, in Seminarzentren, in Konferenzräumen von Hotels oder in Klöstern. Die Entfernung zur Arbeitsstätte ist oft von Vorteil: Die Mitarbeiter sehen vieles kritischer, können besser nachdenken und entwickeln ein völlig neues Verständnis für die Notwendigkeit der Zusammenarbeit mit anderen und die Bedeutung der täglich anfallenden Aufgaben. Gerade die Entfernung kann Menschen, die sonst nur wenig Kontakt untereinander haben und sich auch nicht die Zeit zum eigenen und gegenseitigen Kennenlernen nehmen, einander näherbringen.

Wichtig ist, daß man die Räumlichkeiten wählt, die für die Durchführung der Studie am besten geeignet sind. Der Fragesteller weiß mit zunehmender Erfahrung immer besser, welche Umgebung für seine Zwecke optimal ist. Im übrigen liefert die Analyse der Arbeitsumgebung eine Reihe interessanter Informationen über den Arbeitsplatz wie Alter, architektonische Gestaltung, praktische und dekorative Einrichtung, Raumaufteilung, Farben, Plakate, Dekor, Ausstattung mit gemeinschaftlich genutzten Geräten (Kopierer, Faxgeräte, Drucker), Gestaltung der Flure, Größe der Fahrstuhlkabinen, Anzahl der Telefone und Aufenthaltsorte für die Kaffeepause. All diese äußeren Merkmale geben Aufschluß über die Arbeitsatmosphäre, die Mentalität derer, von denen sie konzipiert wurden, und nicht zuletzt auch über die Corporate Identity. Dabei handelt es sich um Instrumente der Kommunikation, mit denen sich das Unternehmen in eine bestimmte normative Richtung lenken läßt. Man spricht in diesem Kontext auch von „symbolischen Managementfaktoren", denn die Arbeitsumgebung kann die Mitarbeiter in ihrer Ansicht über die Beziehungen untereinander bestärken oder beeinflussen, die betrieblichen Werte widerspiegeln, mit denen sich die neuen Mitarbeiter dann entweder identifizieren oder nicht, und außerdem Verhaltensregeln erkennen lassen, die als Bezugspunkt für den Austausch unter den Mitarbeitern dienen. Nehmen wir zum Beispiel Schaubilder über die Entwicklung der Arbeitsproduktivität, Rauchverbotsschilder in den Werkhallen, Firmensitze, die grauen Betonbunkern ähneln, oder auch das grelle Rot oder Blau mancher Arbeitsuniformen – all das ist Ausdruck des betrieblichen Wertesystems und der Unternehmensidentität. Die Mitarbeiter werden tagtäglich davon beeinflußt, ohne sich dessen immer bewußt zu sein. Anhand der subjektiven Empfindungen und Äußerungen der Mitarbeiter läßt sich beurteilen, inwieweit der Ist-Zustand mit dem angestrebten Soll-Zustand übereinstimmt.

Wenn sich eine Änderung der Werte auf den Einflußfaktor Arbeitsumgebung auswirkt, ist es naheliegend, daß sie nicht ohne Folgen für die Arbeit an sich bleibt. Mit dem Abbau rein mechanischer Arbeitsgänge wird zugleich eine Produktivitätssteigerung angestrebt. Im Rahmen der Bemühungen um eine größere Wettbewerbsfähigkeit des ganzen Unternehmens werden zum Beispiel auch Studien über die Ergonomie des Arbeitsplatzes durchgeführt. Von denjenigen, die diese Studie vornehmen, erwarten die Mitarbeiter unter anderem, daß sie ihr Bedürfnis nach Sicherheit am Arbeitsplatz berücksichtigen sowie all jene Anforderungen, denen der Arbeitsplatz gerecht werden muß, um eine optimale Ausführung der Aufgaben zu gewährleisten. Die Studie konzentriert sich vor allem auf die Arbeitsmethoden, Arbeitsgeräte und räumliche Aufteilung des Arbeitsplatzes. Auch wenn sich einige Menschen schon dann besser entfalten, wenn man ihnen etwas mehr Beachtung schenkt, sollte man deswegen nicht den Arbeitsablauf, die zeitliche Abfolge der Arbeitsgänge und die Gestaltung des Arbeitsplatzes außer acht lassen, die einen möglichst reibungslosen Arbeitsablauf ermöglichen sollten.

ERGONOMIE DES ARBEITSPLATZES

Prinzip:

Ziel der ergonomischen Arbeitsplatzgestaltung ist es, dem Mitarbeiter bestimmte Bewegungen zu erleichtern, damit er erstens rationeller und zweitens bequemer arbeiten kann. So sorgt man zum Beispiel im Rahmen des Möglichen dafür, daß der Mitarbeiter häufig benutzte Geräte, Werkteile und Maschinen leicht erreichen kann. Aber zur Ergonomie gehört außerdem auch die Schaffung optimaler Arbeitsbedingungen (Temperatur, Lichtintensität, Lärmpegel, Farben, Körperhaltung ...)

Anwendung:

Bei allen Arbeitsplätzen, vor allem bei solchen, wo der Mitarbeiter längere Zeit in derselben Haltung arbeitet.

Vorgehensweise:

Unten sind als grober Überblick über dieses Gebiet einige ergonomische Normen aufgeführt. Ausführlichere Erläuterungen findet man bei Grandjean (1983) und Strafor (1990).

Temperatur:

- Die zugelassene Raumtemperatur liegt in der Regel bei:
  20°C im Winter
  zwischen 20° und 24° im Sommer

Luftfeuchtigkeit:

- Der untere Grenzwert von 30% sollte in Büros niemals erreicht werden (da sonst körperliche Beschwerden auftreten können wie Reizung der Atemwege, Brennen der Augen, statische Aufladung).
- Nicht geheizter Raum
  (Temperatur zwischen 18° und 24°):   Luftfeuchtigkeit zwischen 30 und 70%
- Geheizter Raum: Luftfeuchtigkeit zwischen 40 und 50%

Lärm:

Hörschwelle	0 db
Bibliothek	30–40 db
Büro	50–70 db
Lastwagen	80–100 db
Preßlufthammer	100–110 db
Düsenflugzeug (Start)	120–130 db
Schmerzgrenze	140 db

Arbeitsplatzgestaltung:

- Normale Büroarbeit, sitzende Tätigkeit:
  Optimale Höhe der Arbeitsfläche (rund 27 bis 30 cm über der Sitzfläche)

Männer	74 bis 78 cm
Frauen	71 bis 74 cm

- Maschineschreiben, sitzende Tätigkeit
  Optimale Höhe der Arbeitsfläche

Männer	rund 68 cm
Frauen	rund 65 cm

Licht und Farben

- Reflexionsgrad in Prozent des einfallenden Lichts

Farbe und Materialien	Reflexionsgrad (%)
Weiß	100
Aluminium, weißes Papier	80-85
Elfenbein, zitronengelb	70-75
Knallgelb, ocker, hellgrün, blau, blaßrosa, creme	60-65
Gelbgrün, hellgrau, rosa, orange, graublau	50-55
Kalk, helles Holz, himmelblau	40-45
helle Eiche, Putz	30-35
Dunkelrot, grasgrün, Holz, blattgrün, olivgrün, braun	20-25
Dunkelblau, purpur, rotbraun, schiefergrau, dunkelbraun	10-15
Schwarz	0

- empfohlener Reflexionsgrad

Decke	80-90%
Wände	40-60%
Möbel	25-45%
Maschinen und andere Geräte	30-50%
Fußboden	20-40%

- Bewertung der Lichtintensität (natürliche Lichtquelle)

Lichtintensität am Arbeitsplatz in Lux	Bewertung der Lichtverhältnisse
150	sehr schlecht
300	schlecht
500	mittel
1000	gut

- Wirkung der Farben auf die Psyche

Farbe	Entfernungsempfinden	Temperaturempfinden	Wirkung auf die Psyche
Blau	weit weg	kalt	entspannend
Grün	weit weg	kühl	sehr entspannend
Rot	nahe	warm	sehr stimulierend
Orange	sehr nahe	sehr warm	aufputschend
Gelb	nahe	sehr warm	aufputschend
Braun	sehr nahe (Platzangst)	neutral	aufputschend
Violett	sehr nahe	kalt	Aggressivität, Unruhe, Müdigkeit

Um den ergonomischen Anforderungen gerecht zu werden und gleichzeitig eine optimale Nutzung der Arbeitsplätze zu garantieren, haben sich manche Unternehmen bemüht, die Arbeitsplätze möglichst angenehm, praktisch, gemütlich und offen zu gestalten. In den modernen Großraumbüros herrscht häufig eine kommunikationsfördernde Atmosphäre. Die Mitarbeiter sind lediglich durch Stellwände voneinander getrennt. Türen gibt es nicht. Statt dessen arbeiten alle in einem großen Raum, ohne sichtbare hierarchische „Rangabzeichen". Der für eine Arbeit benötigte Platz kann je nach Bedarf relativ problemlos vergrößert werden. Bei diesen offen gestalteten Büroräumen, die häufig großzügig mit Grünpflanzen ausgestattet sind, kommt zusätzlich noch ein symbolischer Aspekt hinzu: Die Räumlichkeiten sollen die Unternehmenskultur in Richtung zwischenmenschliche Kontakte, Aufgeschlossenheit, kollektives strategisches Denken, Zusammenarbeit, Dialog und Achtung der Kollegen lenken. Diese moderne Art der Bürogestaltung weist jedoch auch einige Nachteile auf: Arbeiten, von denen eine kontinuierliche Lärmbelästigung ausgeht, müssen anderswo ausgeführt werden, manche Mitarbeiter empfinden das ständige Kommen und Gehen eventuell als unangenehm, oft muß noch ein geschlossener Raum für vertrauliche oder persönliche Gespräche vorhanden sein, und außerdem können einen die Kollegen zu jeder Zeit stören.

Die Arbeitsplatzstudie liefert auf jeden Fall zahlreiche Informationen über das Wertesystem, die Machtverhältnisse, den Führungsstil sowie die konkrete räumliche Umsetzung des Organigramms. Sie sensibilisiert für bestimmte Fragen oder wirft weitere Fragen in bezug auf die Wechselwirkungen zwischen den verschiedenen Einflußgrößen auf.

c) Der Zeitfaktor

Die Zeit ist ohne Zweifel ein entscheidender Faktor für die erfolgreiche Durchführung einer Reorganisation oder eines Projekts. Auf der einen Seite sollte der festgelegte Zeitplan eingehalten werden, auf der anderen Seite ist es jedoch oft schwierig, den Einfluß des Zeitfaktors bei der Projektplanung richtig einzuschätzen. Dagegen lassen sich die Bedeutung der räumlichen Gegebenheiten und ihr Einfluß auf unsere Entscheidungen viel leichter fassen. Planen ist nicht nur deshalb so schwierig, weil man im voraus wissen muß, was wie lange brauchen wird, sondern vielmehr deswegen, weil man auch die Auswirkung einer Handlung auf alle folgenden berechnen muß. Wenn wir es mit einem komplexen Wirkungsverlauf zu tun haben, in dem die verschiedenen Elemente untereinander verbunden sind und jederzeit irgendeine Störung möglich ist, können wir uns bei der Planung lediglich auf die Wahrscheinlichkeitsrechnung stützen. Dies wird noch dadurch erschwert, daß man ja nicht nur die Kenntnisse und Fähigkeiten der Mitarbeiter berücksichtigen muß, sondern auch noch Imponderabilien wie deren Motivation, Erwartungen oder Ängste, die den Reorganisationsprozeß sowohl beschleunigen als auch bremsen können. Es nutzt überhaupt nichts, im Eiltempo voranschreiten zu wollen, wenn Änderungswiderstände auch dem besten Willen keine Chance lassen.

Das bedeutet, daß die mit der Analyse der Problemsituation Beauftragten genügend Zeit brauchen, um sich über die subjektiven Wahrnehmungen der Mitarbeiter klarzuwerden, um herauszufinden, inwieweit diese bereits die Notwendigkeit einer Reorganisation erkannt haben. Dies geschieht, um möglichst sowohl im Unternehmen als auch in seiner Umwelt alle nötigen Informationen zu sammeln und um die Wechselwirkungen zwischen den Einflußgrößen zu erkennen und aufzuzeigen, wie das Unternehmen handeln beziehungsweise reagieren könnte. Zweck ihres Handelns ist es, einen zeitlichen Rahmen für den möglichen Projektverlauf festzulegen, die lenkbaren Einflußfaktoren, ihre Intensität sowie potentielle Reaktionen beziehungsweise eine mögliche Umkehr der Entwicklung aufzuzeigen, kurz gesagt, Lenkungs- und Steuerungsfähigkeiten für den Fall zu schaffen, daß irgendeine Störung eintritt oder das Projekt außer Kontrolle gerät.

Da der Betrieb während der Reorganisation weiterläuft, kommt es zwangsläufig zu Störungen, die Kurskorrekturen nötig machen. Um nicht einem permanenten Änderungsdruck ausgesetzt zu sein – es gibt nämlich immer Personen, die mit ihrem Verhalten die Durchführung des Projekts behindern –, muß man den Mitarbeitern des Projekts genügend Zeit lassen, sich Gedanken darüber zu machen, was die Reorganisation für sie persönlich bedeutet. Das heißt auch, daß man sich, abgesehen von der Zeit, die man für die Analyse der bestehenden Organisationsstruktur benötigt, auch noch die Zeit nehmen muß, Moderatoren für diesen Prozeß zu schulen. Bei Swissair hat die Untersuchungsphase drei Monate gedauert. In dieser Zeit ließ sich zunächst einmal der Ist-Zustand genau erfassen, auf dessen Grundlage dann die Umstrukturierung geplant und bewertet wurde. Alles in allem benötigte das Projektteam ein Jahr für die Vorbereitung der Reorganisation. Dieser Zeitraum wird gleichzeitig dafür genutzt, möglichst viele Mitarbeiter auf die neue strategische Sichtweise vorzubereiten.

Bei der Durchführung erweist sich die Zeit als kritischer Faktor, denn immerhin sind davon die täglich anfallenden Arbeiten in nicht unwesentlichem Maße betroffen. Die Arbeitsinhalte müssen neu festgelegt werden. Außerdem wird es einige Zeit brauchen, bis sich die neuen Kommunikationsformen durchgesetzt haben, bis man die Tätigkeit der einzelnen und die der Arbeitsgruppen koordiniert hat und die Mitarbeiter in ihrem Verhalten gegenüber Kunden oder Kollegen auf die neue Linie umgeschwenkt sind. Indem man die Logistik plant und ganztägige Schulungs- oder Informationsveranstaltungen ansetzt, schafft man eine gute Grundlage nicht nur für die Vermittlung einer neuen Strategie, sondern auch für die Bewältigung potentieller Konflikte unter den Mitarbeitern, die ad hoc nur schwer zu lösen wären.

Wir sehen, daß man bei einer Reorganisation sowohl *auf die Zeit vertrauen* muß als auch auf die Natur des Menschen und seine Fähigkeit, ein sinnvolles Projekt zu verstehen und sich mit ihm zu identifizieren. Man muß einen Kontext schaffen, innerhalb dessen die Mitarbeiter selbst die Richtigkeit der Entscheidungen, egoistische Haltungen und durch Unsicherheit bedingte Ängste erkennen. Ein organisatorischer Wandel – wir haben dies unter anderem bereits am Beispiel der Unternehmenskultur erläutert – bringt sowohl für die Organisation als auch für die Mitarbeiter neue Werte, Erwartungen, Verhaltensweisen und Bedürfnisse mit sich, mit denen sich alle identifizieren müssen. Auf die Zeit vertrauen heißt den einzelnen und seine Psyche respektieren, die man nicht auf einen Schlag verändern kann. Tut man dies nicht, muß man mit Änderungswiderständen, versteckter Sabotage, Untergrabung der Autorität und Demotivierung der Mitarbeiter rechnen, was langsam, aber sicher die Arbeitsatmosphäre beeinträchtigt und gleichzeitig Gerüchte aufkommen läßt. Auf die Zeit vertrauen heißt aber auch bereit sein, Fehler zu akzeptieren, um daraus zu lernen, und mit den Mitarbeitern zu reden, statt Anweisungen zu geben.

Die Bedeutung des Zeitfaktors läßt sich also nicht von der Hand weisen. Eine neues Budgetierungssystem läßt sich zum Beispiel nicht so ohne weiteres innerhalb von sechs Monaten einführen. Man sollte daher sämtliche Maßnahmen gründlich im voraus planen, die Grenzen des alten Systems aufzeigen, aber auch eventuell vorhandene Chancen erkennen. Dafür bieten sich verschiedene Erhebungstechniken und organisatorische Diagnostikinstrumente an. Vor allem aber muß man sich die notwendige Zeit geben.

d) Erhebungstechniken

Unsere obigen Ausführungen führen uns zu den Erhebungstechniken. Diese dienen vor allem zur Beschaffung nützlicher Informationen innerhalb des Unternehmens sowie in dessen Umwelt. Zu diesem Zweck kann man auf folgende Instrumente zurückgreifen: Selbstaufschreibung, Interview, Fragebogen, Multimomentaufnahme, Dokumentenauswertung, Beobachtungen. Der betroffene Mitarbeiter kann seine Tätigkeiten, Antworten und Eindrücke entweder selbst aufschreiben, oder ein anderer führt die Erhebung durch und beschafft sich die für ihn relevanten Informationen durch Beobachtung des Mitarbeiters. Die Daten werden entweder auf einem Formular erfaßt (Fragebogen) oder informell im Rahmen eines offenen Interviews gesammelt und gegebenenfalls auf ihre quantitativen oder qualitativen Aspekte hin analysiert.

Welches Instrument man einsetzt, muß jedoch von Fall zu Fall entschieden werden, denn häufig meint man, mit Hilfe eines Interviews den Schlüssel zu einer Person, ihren Fähigkeiten und ihren Ängsten gefunden zu haben. Die Aussagekraft der Informationen hängt jedoch davon ab, ob die gewählte Methode dem situativen Kontext entspricht. In Situationen, in denen sich der Befragte verunsichert oder eingeschüchtert fühlt, wie so häufig bei einer Reorganisation, verhält er sich eventuell ganz anders und gibt andere Antworten als bei Beratungen über die Entwicklung eines neuen Produkts, bei denen seine Fähigkeiten, Ideen und Kreativität gefragt sind. Erhebungen versetzen den Befragten oft in eine Situation, der er psychisch nicht immer gewachsen ist, und verständlicherweise hat er auch Angst davor, sich völlig „auszuliefern". Das erklärt die Bedeutung derjenigen Methoden, die es den Mitarbeitern ermöglichen, sich selbst zu beobachten oder auf der Grundlage der Ergebnisse verschiedener Analysen an der Lösungssuche mitzuwirken. Man kann die Ergebnisse auch interpretieren, so daß Tendenzen erkennbar werden, die für den einen oder anderen Organisator von Bedeutung sind. Die Aussagekraft der Ergebnisse muß auf jeden Fall relativiert werden. Mitarbeiter vermeiden es, eigene Meinungen zu äußern, oder geben etwa manipulierte Aussagen ab. Dieser Tatsache müssen wir in Erhebungen Rechnung tragen.

Die Erhebungen sollen einen Überblick über die verschiedenen Sichtweisen vermitteln und es gegebenenfalls auch ermöglichen, fest verankerte Meinungen ein wenig zu „korrigieren". Die Wahrheit über eine Situation, ein Objekt oder ein In-

322

dividuum findet man auf diese Weise jedoch selten – um nicht zu sagen nie – heraus. Daß die Ergebnisse fehlerhaft sind, liegt aber auch in der Natur der Erhebungstechniken. Dafür sorgen psychologisches Moment und Interpretationsspielraum. Aber trotz dieser Nachteile sollten sich Manager oder Projektteams nicht nur auf ihre persönliche Sicht der Veränderungen von Unternehmen und Umwelt stützen, sondern zu Vergleichszwecken auch auf diese Instrumente zurückzugreifen, die ihnen zusätzlich zu ihrem eigenen Eindruck wertvolle Informationen liefern können.

Die Durchführung einer Reorganisation erfordert wie jedes andere Projekt eine detaillierte Analyse der Hintergründe. Zu diesem Zweck existieren zahlreiche Erhebungstechniken. Sie müssen jedoch je nach Kontext eingesetzt werden und den durch die räumlichen Gegebenheiten, den Zeitfaktor, die Akteure und die Methode als solche bedingten Interferenzen Rechnung tragen. Sie eignen sich hervorragend als Ergänzung zu den von Planungsgruppen und Quality Circles durchgeführten Analysen, da die Akteure der Reorganisation diese Methoden selbst anwenden.

Die Analyse der Wirkungsverläufe umfaßt folglich:
- **eine genaue Analyse der Einflußfakoren: projektspezifische und andere**
- **eine Auflistung aller für die Problemsituation und Zielerreichung relevanten Faktoren**
- **eine Netzwerkdarstellung der Wirkungsbeziehungen zwischen den einzelnen Einflußfaktoren**
- **die Wahl einer geeigneten Umgebung, eines angemessenen Zeitraums, geeigneter Personen und entsprechender Erhebungstechniken, um möglichst aussagekräftige Daten zu erhalten**

ANALYSIEREN DER WIRKUNGSVERLÄUFE: AUSWÄHLEN DER INSTRUMENTE		
Wirkungsbeziehungen	• Netzwerk	S. 263
	• Einflußmatrix	S. 265
Feinanalyse	• Pareto-Prinzip	S. 272
	• Wertanalyse	S. 276
	• Arbeitsganganalyse (Simogramm)	S. 116
	• Flußdiagramme, Netzpläne	S. 119
	• Soziogramm	S. 119
	• Umweltanalyse	S. 342
	• Quality Circles	S. 528
	• Organisationsentwicklung	S: 559
Zeit, Orte, Akteure	• ergonomische Normen	S. 318
	• Gruppenarbeit	S. 313
	• Rolle des Moderators	S. 314
	• Selbstaufschreibung	S. 324
	• Interview	S. 325
	• Fragebogen	S. 326
	• Formulierung von Fragen	S. 327
	• Beobachtung	S. 329
	• Multimomentaufnahme	S. 330
	• Dokumentenauswertung	S. 332

SELBSTAUFSCHREIBUNG

Prinzip:
Der Mitarbeiter sammelt selbst alle gewünschten Informationen, die er in einen extra für diesen Zweck ausgearbeiteten Vordruck einträgt.

Anwendung:
Zur Definition der Arbeitsinhalte oder zur Bewertung der eigenen Leistung.

Vorgehensweise:
Beispiel für einen Vordruck

Voraussetzungen:
- Vorbereitung und Einverständnis der betroffenen Mitarbeiter
- Motivation und Ausdauer beim Ausfüllen der Formulare

Tätigkeiten	Anzahl der Tätigkeiten innerhalb einer bestimmten Zeit (in Min.)							Anzahl	aufge-brachte Zeit	% vom Wochen-pensum	Bemerkungen
	-5	-10	-15	-20	-25	-30	*+30				
Post	I	I	I			I	60	5	110	9%	
Berichte		I	II					3	47.5	4%	
Besprechungs-vorbereitungen		I		I		I		3	62.5	5%	
Besprechungen		I				I	120 80	4	240	20%	
Telefonate (aktiv)	II	II						4	20	2%	
Telefonate (passiv)	II			II				4	40	3%	
Verlassen des Ar-beitsplatzes			II	II			70	5	150	13%	
Pausen			I	II				3	32.5	3%	
besondere Tätigkeiten (Kurzbeschreibung) *Mithilfe beim Umzug in anderes Büro (2 Std. 50 Min.)*										14%	
Durchschnittszeiten für die Errechnung der Gesamtdauer	2.5	7.5	12.5	17.5	22.5	27.5	*		Gesamt min.	Gesamt in %	

Anzahl der Wochenstunden __20__ x 60 = **1200** | **100**

- In die Spalte „+ 30" werden alle Aktivitäten mit einer Dauer von über einer halben Stunde eingetragen (auf volle Zehner auf- oder abrunden).

Vorteile:
- Personenbezogen
- Liefert eine Fülle von Informationen gleichzeitig
- Leichte Auswertung

Nachteile:
- Ausfüllen des Formulars ist mit großem Aufwand verbunden.
- Reduktionistisch und vor allem rein quantitativ.
- Der Betroffene könnte sich unter Druck gesetzt fühlen oder bewußt falsche Angaben machen, falls er die Erhebung als Produktivitätskontrolle auffaßt.

INTERVIEW

Prinzip:

Das Interview wird in den verschiedensten Situationen eingesetzt und ermöglicht einen direkten persönlichen Kontakt zwischen zwei oder mehreren Personen. Der Interviewer lenkt aus seiner starken Position heraus das Gespräch in die von ihm festgelegte Richtung. So kann er sich die gewünschten Zusatzinformationen beschaffen. Diese Konstellation sowie der eventuell bei einigen Fragen noch hinzukommende Überraschungseffekt bringen den Befragten in eine psychische Streßsituation, so daß er versuchen wird, möglichst wenig von sich preiszugeben.

Der durch die Gesprächssituation bedingte psychische Streß kann sogar der eigentliche Zweck des Interviews sein. Man will testen, wie der Befragte auf Streß reagiert – ein mögliches Selektionskriterium. Meistens soll jedoch gerade dieser psychische Druck vermieden oder zumindest vermindert werden.

Anwendung:

Bei unvollständigen Informationen oder zur Bestätigung bereits vorhandener Informationen; besonders häufig bei der Einstellung neuer Mitarbeiter.

Vorgehensweise:

Je nachdem, wie das Interview geführt wird, unterscheidet man drei verschiedene Formen:
* *Standardisiertes Interview*
  * Auf der Grundlage eines Formulars
  * Art und Reihenfolge der Fragen stehen von vornherein fest.
  * Antworten sind mehr oder weniger standardisiert (Multiple- Choice-Verfahren).
* *Halbstandardisiertes Interview*
  * Flexiblerer Fragenkatalog
  * Interviewer verwendet eigene Formulierungen.
  * Reihenfolge der Fragen richtet sich nach dem Interviewten.
* *Nichtstandardisiertes Interview*
  * Leitfaden, Schlüsselbegriffe als einzige Grundlage
  * Ablauf steht nicht von vornherein fest.

Man kann Interviews auch nach der Intensität, mit der sie geführt werden, unterscheiden, die eventuell im Laufe des Gesprächs variiert.
* *Entspanntes Gespräch*
  * Der Interviewte soll sich entspannen; ungezwungene Atmosphäre.
  * Beiderseitiger Informationsaustausch.
* *Neutrales Gespräch*
  * Diskussion wird systematisch immer wieder auf das eigentliche Thema gelenkt.
  * Distanz, jedoch keinerlei Aggressivität.
* *Aggressives Gespräch*
  * Verhörsituation
  * Aggressives Verhalten; man versucht bewußt, den Interviewten zu destabilisieren, um seine Reaktionen in Streßsituationen zu testen.

Voraussetzungen:

In den meisten Fällen muß der Interviewer darauf achten, daß das Gespräch in ungezwungener, vertrauensvoller Atmosphäre stattfindet, damit sich der Interviewte entspannen kann. So erhält der Interviewer eher Antworten auf seine Fragen.

Außerdem sollten die Fragen in einfacher, klarer und für den Interviewten verständlicher Sprache gestellt werden. Sie sollten kurz sein und dürfen nicht durch komplizierte Formulierungen aufgebläht werden. Vorsicht ist auch bei emotionalen Fragen und solchen, die ein Werturteil enthalten, geboten. Diese dürfen erst in völlig entspannter Atmosphäre gestellt werden.

Ein überstürztes Vorgehen sollte vermieden werden! Der Interviewtermin muß sehr sorgfältig ausgewählt werden. Das gleiche gilt für den Ort. Man wählt in der Regel einen dem Interviewten bekannten Ort, etwa seinen Arbeitsplatz, wo er weniger gehemmt ist und außerdem alle Materialien und Informationen, die er für seine Erklärungen benötigt, sofort bei der Hand hat.

Vorteile:	Nachteile:
• Sehr nützlich zur Vervollständigung oder Ergänzung von zuvor mit Hilfe einer anderen Methode gesammelten Informationen. • Persönlicher Kontakt, keine Zwischenschaltung physischer Datenträger.	• Sehr zeitaufwendig. • Frühere Differenzen zwischen den Gesprächspartnern könnten eventuell den Verlauf des Interviews beeinträchtigen. • Je nach Art des Interviews ist es oft schwierig, die Informationen gründlich auszuwerten.

FRAGEBOGEN

Prinzip:
Die Fragen stehen auf einem Vordruck, den der Betroffene ausgefüllt zurückgibt.

Anwendung:
Zur Ermittlung einfacher Tatbestände in großen Zielgruppen.

Vorgehensweise:
Die Ausarbeitung des Fragebogens erfordert größte Sorgfalt und ist mit Sicherheit die entscheidende Voraussetzung für brauchbare, stichhaltige Ergebnisse. Das umfaßt folgende Schritte:
- Innerhalb der Zielgruppe eine repräsentative Auswahl der zu befragenden Personen treffen.
- Bei der Ausarbeitung auf alle bereits vorhandenen Informationen zurückgreifen.
- Ein oder mehrere Interviews durchführen, die die Zusammenstellung des Themenkatalogs sowie die Formulierung der Fragen erleichtern.
- Die Fragen sorgfältig formulieren.
- Eine Anleitung für das Ausfüllen des Fragebogens verfassen sowie ein Begleitschreiben, in dem der Nutzen der Aktion erklärt und den Befragten für ihre Mitarbeit gedankt wird.
- Den Fragebogen von ungefähr zehn Testpersonen ausfüllen lassen, um zu prüfen, ob Fragen und Antworten verständlich sind und der Spielraum für die Antworten nicht zu groß ist.
- Notwendige Korrekturen vornehmen.
- Den Fragebogen kopieren und verteilen.

Voraussetzungen:
Die Fragen müssen sich auf präzise Sachverhalte beziehen und dürfen nur eine begrenzte Anzahl von Auswahlantworten zulassen (Multiple Choice).
Die Formulierungen sollten einfach und auf jeden Fall für alle leicht verständlich sein.
Derjenige, der die Aktion durchführt, muß wissen, welche Arten von Antworten möglich sind.

Vorteile:	**Nachteile:**
<ul><li>Kann in relativ kurzer Zeit in einer ziemlich großen, weiträumig verteilten Zielgruppe angewandt werden.</li><li>Leicht auszuwerten, sofern der Fragebogen sorgfältig ausgearbeitet wurde.</li><li>Kostengünstig.</li></ul>	<ul><li>Ermöglicht kein näheres Eingehen auf bestimmte Punkte.</li><li>Oft nur geringe Antwortquote.</li><li>Der Befragte kann bei mißverständlichen Fragen in der Regel keine zusätzlichen Erklärungen verlangen.</li></ul>

FORMULIERUNG DER FRAGEN	
Grundregeln	**Wirkungen der Regeln**
Mit Einführungsfragen beginnen	Sorgt für entspannte Atmosphäre
In der Einführung ein Beispiel bringen	Gesprächspartner ist weniger verunsichert
Kurze Fragen	Weckt die Kooperationsbereitschaft; begünstigt kurze Antworten, die nicht über den (Zuständigkeits-) Bereich des Interviewten hinausgehen
Allgemeine Fragen als Überleitung	Fördert die Antwortbereitschaft
Keine nachhakenden Fragen	Interviewer und Interviewter behalten den Überblick; vergrößert die Chance, vollständige Antworten zu bekommen
Fragen in der Alltagssprache formulieren	Befragter kann sich mit den Fragen identifizieren
Konkrete Fragen stellen	Verkürzt die Antworten; bremst Redselige; fördert das Verständnis; kommt direkt zum Kern der Sache
Nicht zu oft nach Vergangenem fragen	Je seltener der Befragte unterbrochen wird, desto eher ist er zum Weiterreden bereit
Redundante Fragen vermeiden	Roter Faden bleibt erkennbar; verkürzt die Dauer des Interviews
Offene Fragen stellen	Weckt die Antwortbereitschaft; läßt dem Befragten Zeit zum Überlegen; ermutigt zur Erläuterung neuer Standpunkte; weniger einengend; ermöglicht die Überprüfung der auf geschlossene Fragen gegebenen Antworten.
Entweder alle Auswahlantworten vorgeben oder keine	Verhindert Manipulationen und Spekulationen
Emotionale Fragen und Suggestivfragen vermeiden, solange die Antwortbereitschaft noch nicht erkennbar ist	Größere Offenheit; Befragter sagt, was er denkt; weniger Widerspruch
Reihenfolge der Fragen richtig festlegen	• Einführungsphase: Sympathie, Vertrauen und Kooperationsbereitschaft wecken • Befragungsphase: Informationen sammeln • Schlußphase: Atmosphäre entschärfen und nochmals an die Kooperationsbereitschaft appellieren
Ab und zu schweigen	Bringt den Befragten dazu, länger nachzudenken
Anonymität wahren	Begünstigt ehrliche Antworten selbst auf heikle Fragen
Sich allmählich zu quantitativen Aspekten vortasten	Der Befragte soll sich der Bedeutung seiner quantitativen Angaben bewußt sein
Nicht hetzen	Setzt den Befragten nicht unter Druck; wohlüberlegte Antworten

FRAGE-TYPEN			
Frage-Typen	**Kennzeichnung**	**Beispiel**	**Wirkung/Einsatz**
aufschließende Frage	skizziert Thema	Welche Probleme sehen Sie hier?	öffnet das Interview
abschließende Frage	beendet Gesprächs-abschnitt	Können Sie mir noch einmal die wichtigsten Punkte nennen?	strukturiert das Gespräch
allgemeine Frage	breite Antwort-möglichkeit	Welches sind Ihre Aufgaben?	weckt Auskunftsbereitschaft, macht Gesprächspartner sicher, vorzugsweise Einsatz zu Beginn eines Gesprächs
konkrete Frage	enge Antwort-möglichkeit	Welches ist der nächste Bearbeitungsschritt?	strafft, bremst Vielredner
offene Frage	W-Fragen (wie, warum, wodurch)	Wie machen Sie das?	weckt Auskunftsbereitschaft, gibt Frager Zeit zum Nachdenken
geschlossene Frage	Antwort: „Ja", „Nein"	Kennen Sie den Ablauf?	Beschleunigung des Interviews zur Bestätigung/ Verständnis-prüfung erleichtert die Auswertung hilft Verweigerern
direkte Frage	Thema wird unmittelbar angesprochen	Wie machen Sie das?	Einbeziehung Äußerungen ohne Umschweife
indirekte Frage	Umweg zum Thema	Wie denkt man in Ihrem Hause über…?	gibt Ausweichmöglichkeiten, stellt nicht bloß, speziell bei heiklen Themen
Suggestivfrage	fordert bestimmte Antwort heraus	Sie sind doch auch der Meinung…? Gehe ich richtig in der Annahme…?	Manipulation, Bevormundung, Wiederholung
„ehrliche" Frage	keine Herausfor-derung bestimm-ter Antwort	Wie stehen Sie dazu?	läßt Befragtem Freiheit fördert das Mitdenken
Meinungsfrage	nach Einstellung des Befragten	Wie sehen Sie das?	oft Vorstufe zur Verhaltensfrage läßt erkennen, ob Verhaltens-frage „zumutbar"
Verhaltensfrage	nach tatsächli-chem Verhalten	Und wie machen Sie das?	engt ein zwingt dazu, die „Fahne zu zeigen"
kluge Frage	Frager will eigenes Wissen demonstrieren	Welche Determinanten sozialer Strukturen – die ja bei XYZ detailliert diskutiert werden – halten Sie denn für praktisch relevant?	Selbstdarstellung des Fragers will beeindrucken meist Abwehrreaktion beim Be-fragten
Gegenfrage	statt einer Antwort	Was würden Sie denn da machen?	ausweichendes Verhalten, meist Zeichen von Unsicherheit oder Unschlüssigkeit, legitimes Mittel des Fragers, um Interviewcharak-ter zu erhalten
rhetorische Frage	erwartet keine Antwort	Ja, was sollen wir da tun? Ich meine…	Vorspann zu eigenen Äußerun-gen, erweckt nicht mal den An-schein einer Frage

328

BEOBACHTUNG

Prinzip:
Der Beobachter verfolgt aufmerksam, was um ihn herum vor sich geht.

Anwendung:
Zur Beschaffung von Informationen über einen bestimmten Arbeitsplatz, Arbeitsabläufe oder die Reaktion der Mitarbeiter auf bestimmte Störungen.

Vorgehensweise:
Der Beobachter ist entweder Außenstehender oder selbst am Arbeitsprozeß beteiligt. In jedem Fall registriert er direkt oder indirekt alles, was ihm auffällt, wie zum Beispiel:
- allgemeine Verhaltensweisen in der betroffenen Einheit
- Arbeitsfluß innerhalb einer Abteilung
- zwischenmenschliche Beziehungen
- Führungsqualitäten eines Vorgesetzten
- etc.

Es können außerdem Zeitstudien durchgeführt werden, bei denen die Dauer bestimmter, im voraus festgelegter Arbeitsgänge gestoppt wird. Man kann sich beispielsweise an folgende, in mehrere Phasen unterteilte Vorgehensweise halten:
- *Vorbereitungsphase*
  Aufgabeninhalte und Arbeitsplatzumfeld werden in groben Zügen definiert.
- *Ausarbeiten eines Beobachtungsschemas*
  Ermöglicht effizienteres Arbeiten vor Ort. Zu diesem Zweck werden beispielsweise die fünf „W"-Fragen gestellt.
- *Eigentliche Beobachtung*
  Diese kann folgendes beinhalten:
    - Entwurf des Arbeitsplatzes und seines Umfelds
    - Schema für die Vorgehensweise des Ausführenden
    - Beobachtung mehrerer Arbeitszyklen
    - Aufgliederung der Arbeit in Einzelschritte
    - Messung der Entfernungen, der körperlichen Anstrengung, der Menge und der benötigten Zeit
    - Liste der qualitativen Leistungskriterien
    - Statistik der Unregelmäßigkeiten und Zwischenfälle
- *Aufbereiten und Auswerten der gesammelten Daten*
  Macht die Analyse überhaupt erst brauchbar. Die ausgewerteten Ergebnisse sind beispielsweise nötig, um Stellenbeschreibungen, Funktionendiagramme etc. zu erstellen.

Aufgrund der Subjektivität dieser Methode sollten vor allem **gruppeninterne Prozesse** erfaßt und nicht etwa einzelne Persönlichkeiten einseitig beurteilt werden.

Voraussetzungen:
Die zu beobachtenden Tätigkeiten sollten möglichst leicht mit dem Auge zu erfassen sein. Diese Voraussetzung ist manchmal (etwa bei der Analyse des Arbeitsklimas in einer Werkhalle) nicht gegeben.

Vorteile:	Nachteile:
• Keine Einschaltung Dritter; Beobachter ist zugleich derjenige, der die Informationen benötigt. • Die Ergebnisse entsprechen in quantitativer wie auch in qualitativer Hinsicht ziemlich genau der Realität.	• Zeitaufwendig. • Sehr subjektiv und einseitig. • Beobachter könnte die Beobachteten in ihrem Verhalten beeinflussen. • Manchmal bekommt man nicht das zu sehen, was man eigentlich beobachten wollte. • Verdeckte Beobachtung könnte als Spionage oder Kontrolle aufgefaßt werden.

MULTIMOMENTAUFNAHME

Prinzip:
Diese Erhebungstechnik stützt sich auf eine Vielzahl von Stichprobenbeobachtungen zur Analyse des Ist-Zustands (einer Person, Abteilung, Maschine ...). Oft wird dabei mit Hilfe der Wahrscheinlichkeitsrechnung auf die Gesamtheit geschlossen.

Anwendung:
Zur Analyse von Systemen, in denen sich bestimmte Situationen mehr oder weniger oft wiederholen; sehr nützlich für die Stellenbeschreibung.

Vorgehensweise:
Der Beobachter notiert bei jeder Augenblicksbeobachtung den jeweiligen Ist-Zustand. So erhält er nach und nach zahlreiche Einzeldaten, anhand derer er den Auslastungsgrad ermitteln kann. Dabei wird folgendermaßen verfahren:
- Ziel bestimmen.
- Modalitäten der Beobachtung festlegen.
- Anzahl der erforderlichen Beobachtungen und Rundgänge ermitteln.
- Den Weg für den Rundgang und Beobachtungsorte festlegen.
- Zeitpunkt für den Beginn des Beobachtungsrundgangs vorgeben.
- Das Formular, in das die Ergebnisse eingetragen werden sollen, entwerfen.
- Betroffene, Betriebsrat etc. informieren.
- Ergebnisse in das Formular eintragen.
- Auswerten.

Beispiel: Strichliste für die an einem Arbeitsplatz anfallenden Tätigkeiten

Tätigkeiten	Stichproben	Insgesamt	Stich-proben in %
Einlegen der Werkteile	JHI JHI JHI JHI JHI	35	20.5
Bedienen der Maschine	JHI JHI JHI JHI JHI JHI JHI JHI JHI JHI	50	29.2
Herausnehmen der Werkteile	JHI JHI JHI JHI III	23	13.5
Transportieren der Paletten	JHI JHI JHI III	18	10.5
Wartung der Maschine	JHI JHI III	13	7.6
Pannen	JHI JHI II	12	7.0
Gespräch mit dem Vorgesetzten	JHI	5	2.9
andere	JHI JHI JHI	15	8.8
Insgesamt		171	100%

Festlegen des Beobachtungszeitplans
Der Beobachtungszeitplan läßt sich beispielsweise anhand einer Reihe von Zufallszahlen zwischen 1 und 60 festlegen. Jede Zahl auf der unten dargestellten Zahlenliste bestimmt die jeweilige Zeitspanne zwischen den Rundgängen.

Beispiel:

	Beginn:	07 h 42
54		08 h 36 = 7 h 42 + 54 Min.
24		09 h 00 = 8 h 36 + 24 Min.
05		09 h 05
04		09 h 09
32		09 h 41
20		10 h 01
etc.		

Zufallszahlen zwischen 1 und 60

42	54	24	05	04	32	20	53	02	...

Beispiel für die Verwendung einer Tabelle zur Analyse des Ist-Zustands mehrerer einfacher Systeme (begrenzte Anzahl möglicher Zustände). Daten aus 120 Beobachtungen.

Uhrzeit	System 1: Maschine A			System 2: Maschine B			System 3: Maschine C			System 4: Maschine D		
Zustand	Be-trieb	Still-stand	au-ßer Be-trieb	Be-trieb	Still-stand	au-ßer Be-trieb	Be-trieb	Still-stand	au-ßer Be-trieb	Be-trieb	Still-stand	au-ßer Be-trieb
07 h 42	X			X				X		X		
08 h 36		X			X			X		X		
09 h 00	X				X			X		X		
09 h 05	X				X		X					X
09 h 09	X				X		X			X		
09 h 41		X		X				X				X
10 h 01		X			X				X	X		
...												
Insgesamt	74	45	1	34	78	8	16	47	57	95	25	0
Prozentsatz	62%	38%	1%	28%	65%	7%	13%	39%	48%	79%	21%	0%

Voraussetzungen:

Die beobachteten Personen müssen über den Sinn und Zweck der Beobachtungen informiert werden, damit sie diese nicht als Leistungskontrolle empfinden. Außerdem muß sich der Beobachter so diskret wie möglich verhalten, um den Arbeitsablauf nicht zu stören.

Vorteile:

- Zahlreiche Systeme können gleichzeitig beobachtet werden, weil jede Stichprobenaufnahme nur einen Augenblick dauert.
- Relativ genaue Ergebnisse.
- Sofern sich der Beobachter diskret verhält, wird der Arbeitsablauf nicht gestört, da die Mitarbeiter selbst keine Angaben machen dürfen.
- Schnelle Auswertung der Ergebnisse, die direkt in den Computer (Laptop) eingegeben werden können.

Nachteile:

- Nur sichtbare Tätigkeiten und Zustände können erfaßt werden.
- Kann zu Abwehrhaltung bei den Beobachteten führen.
- Bestimmte außergewöhnliche Ereignisse, die einen großen Einfluß auf den in einer Gruppe herrschenden Teamgeist ausüben könnten, bleiben unberücksichtigt.

DOKUMENTENAUSWERTUNG

Prinzip:

Die Dokumentenauswertung bezieht sich auf einen relativ kurzen Zeitraum. Sie vermittelt einen allgemeinen Überblick über den Informations- und Datenfluß. Bei den meisten Tätigkeiten werden nämlich entweder bereits bestehende Schriftstücke gebraucht oder neue erstellt.

Anwendung:

Zur Analyse einer Abteilung, eines Geschäftsbereichs oder des gesamten Unternehmens. Diese Technik kann auch für neue Mitarbeiter von großem Nutzen sein.

Vorgehensweise:

Man kann auf zweierlei Art vorgehen:

1) Inhaltliche Analyse:
(kulturelle und strukturelle Aspekte)
- Welche Informationen enthält das Dokument?
- Ist der Text in mehrere Sprachen übersetzt?
- In welchem Ton ist der Text gehalten?
- Sind Text und/oder Abbildungen farbig?
- Geben die Unterlagen Aufschluß über irgendwelche besonderen informellen Beziehungen zwischen den Abteilungen?
- Ist das Schriftstück Kommunikations- oder Informationsmittel?
- Sind die Unterlagen geheim, verteilt worden, allen zugänglich? Weiß man von ihrer Existenz?
- Entsprechen sie im Stil den anderen Schriftstücken?
- ...

2) Nutzenanalyse:
(Rationalisierung des Arbeitsablaufs)
- Ist das Schriftstück wirklich nötig?
- Von wem und für wen ist es erstellt worden?
- Wo wird es benötigt?
- Existiert ähnliches auch in anderen Abteilungen?
- Sind die darin enthaltenen Daten unbedingt erforderlich?
- Enthält es alle notwendigen Daten?
- Ist die Benutzung des Schriftstücks angezeigt?
- Läßt es sich eventuell im Computer speichern?
- Ist es entwicklungs- und anpassungsfähig?
- ...

Man kann entweder eine strukturierte oder eine unstrukturierte Analyse vornehmen:
- Strukturierte Analyse: Der Verantwortliche erstellt zuvor eine Liste derjenigen Kriterien, nach denen die Dokumentation ausgewertet werden soll.
- Unstrukturierte Analyse: Der Verantwortliche hält schriftlich alle Informationen fest, die ihm wichtig erscheinen, ohne dabei nach bestimmten Kriterien vorzugehen.

Beispiele für in Frage kommende Schriftstücke

- Briefe
- Akten
- Sitzungs- und Prüfungsberichte
- Protokolle
- Organigramme
- Stellenbeschreibungen
- Funktionendiagramme
- MIS-Kennziffern
- Laufkarten
- betriebliche und externe Regelungen
- arbeitsrechtliche Bestimmungen

- Lieferscheine
- Bestellscheine
- Leihscheine
- Beurteilungsformulare
- technische Dokumentation
- Stellenbesetzungspläne
- Organisationspläne
- Sicherheitsvorschriften
- Arbeitsanweisungen
- etc.

Voraussetzungen:

Muß mit anderen Methoden gekoppelt werden, damit unvollständige Daten ergänzt werden können.

Vorteile:	**Nachteile:**
• Liefert viele Informationen in kurzer Zeit.	• Unterlagen sind nicht immer aktuell.
• Informationen können nicht von einem Dritten verfälscht werden.	• Oft reduktionistisch.
• Keine Störung des Arbeitsablaufs.	• Kann sehr schnell subjektiv werden.
	• Manche Unterlagen sind nur schwer zu bekommen.

8. Kapitel

Erfassen und Interpretieren der Veränderungsmöglichkeiten

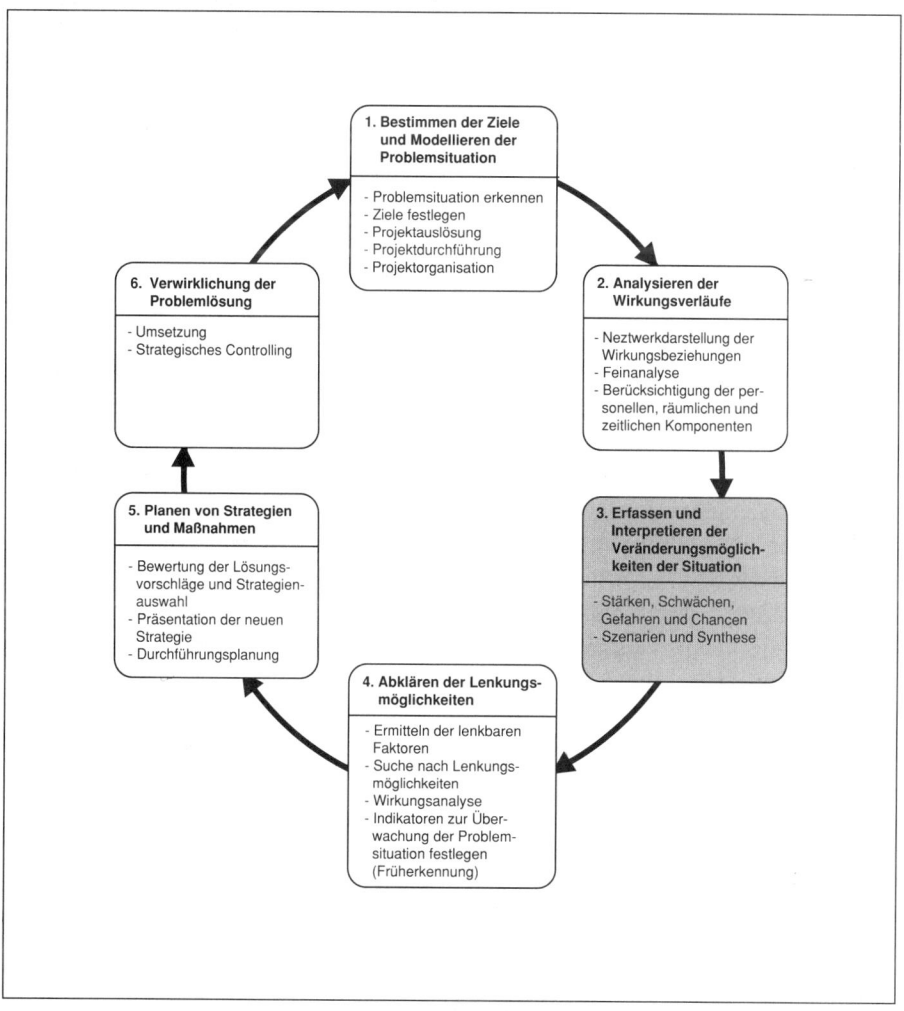

Mit Hilfe der Netzwerkdarstellung der Wirkungsverläufe zwischen den einzelnen Faktoren, die den Reorganisationsprozeß beeinflussen, erhält man ein Bild von der Problemsituation, allerdings ein statisches. Außerdem geht daraus nicht explizit hervor, in welchen Bereichen die von den Umstrukturierungen betroffene Firma oder Branche am ehesten handeln könnte. Aus unserer Darstellung müssen wir daher auch die Stärken und Schwächen unserer Firma sowie Chancen und Gefahren ersehen können. Außerdem muß man verschiedene Wirkungsverläufe im Netzwerk durchspielen können, um die verschiedenen möglichen Evolutionspfade aufzuzeigen und darauf aufbauend Szenarien zu erstellen. Manche mögen ja durchaus konkrete Vorstellungen von der Zukunft einer Organisation haben, aber Unkenntnis der Veränderungen in der Umwelt können ebenso wie interne Mißstände selbst die besten Ideen zum Scheitern verurteilen. Die Abbildung auf Seite 335 stellt die verschiedenen nicht beherrschbaren Beziehungen eines Unternehmens dar. Je weiter man sich vom Zentrum entfernt, desto häufiger hat man es mit nicht beeinflußbaren Faktoren zu tun, deren Bedeutung aber nicht unterschätzt werden sollte.

I.   Stärken, Schwächen, Chancen und Gefahren

Bei unserer Vorgehensweise sind nicht zuletzt die allgemeinen internen oder externen Parameter, die den Erfolg der Reorganisation begünstigen oder beeinträchtigen könnten, zu berücksichtigen. Es gilt also, die situativen Veränderungsmöglichkeiten zu ermitteln, ein Schaubild als Grundlage für die Überlegungen zu erstellen, das nicht nur die zukünftigen wahrscheinlichen Entwicklungen absteckt, sondern zugleich mögliche Verhaltensänderungen bei unvorhergesehenen Ereignissen aufzeigt. Zur Erfassung der Veränderungsmöglichkeiten einer Situation bietet sich eine systematische Methode an: die Analyse der Stärken, Schwächen, Chancen und Gefahren. Mit dieser Technik lassen sich der Ist-Zustand sämtlicher Schlüsselgrößen und die für sie relevanten Einfluß- und Handlungsfaktoren zusammenfassen. Es geht also nicht darum, alle Faktoren aus dem Netzwerk noch einmal aufzugreifen, sondern vielmehr darum, diejenigen auszuwählen, die man für erfolgversprechend beziehungsweise gefährlich hält. Die Begriffe Stärken oder Schwächen beziehen sich auf die betriebsinternen Parameter – unter anderem Absatz, Produktion, Qualifikation oder abnehmende Motivation der Mitarbeiter –, während mit Gefahren oder Chancen externe Faktoren verbunden sind, beispielsweise Marktschwankungen, Arbeitsmarktlage, Wettbewerbssituation.

Zusammengefaßt kann die Analyse der Stärken und Schwächen einer Firma betriebsspezifische Potentiale und Gefahrenmomente aufdecken. Mögliche Verhaltensänderungen lassen sich auf diese Weise darstellen. Sie sind jedoch nur dann sinnvoll, wenn sie angesichts einer unkalkulierbaren, sich ständig ändernden Umwelt auch tatsächlich umgesetzt werden. Ausschlaggebend für diese interne und externe Änderungsdynamik sind zum Beispiel der Zeitfaktor sowie die Frage, ob die Organisation auch den Anforderungen der veränderten Umwelt gerecht wird.

334

Es kann vorkommen, daß die Analyse der Stärken, Schwächen, Chancen und Gefahren ganz andere Probleme aufdeckt als die ursprünglich festgestellten, aufgrund derer die Reorganisation beschlossen worden war. So kann sich die Führungsspitze beispielsweise an einen Mitarbeiter oder externen Berater wenden, um ein vermeintliches Motivationsproblem zu beseitigen, die daraufhin vorgenommene Analyse der Stärken, Schwächen, Chancen und Gefahren deckt jedoch den harten Konkurrenzkampf in der gesamten Branche, Schwachstellen in der Unternehmensstrategie, Orientierungslosigkeit der Mitarbeiter oder auch eine zu starre, bürokratische Hierarchie auf. Wie dem auch sei ...

> **Ziel der Analyse ist es, die günstigen Einflußfaktoren (Stärken und Chancen) aufzuzeigen sowie diejenigen, die es im Auge zu behalten gilt, weil sie mögliche zukünftige Entwicklungen gefährden könnten (Gefahren und Schwächen).**

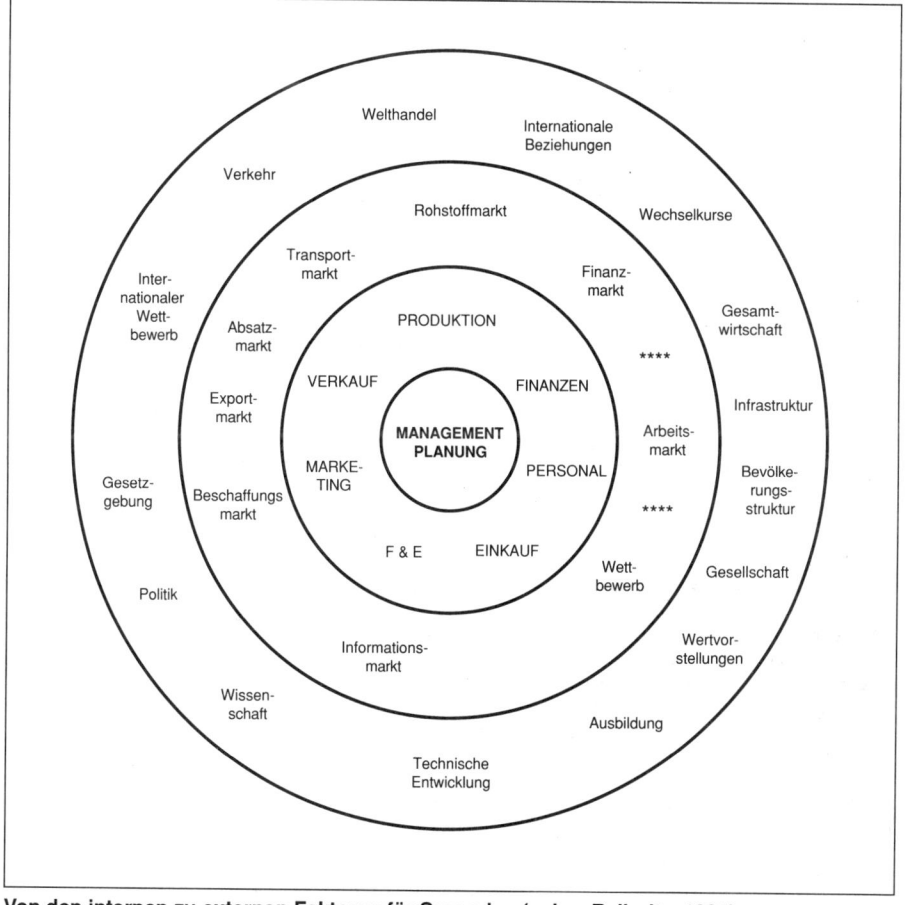

Von den internen zu externen Faktoren für Szenarien (vgl. v. Reibnitz, 1991)

ANALYSE DER STÄRKEN, SCHWÄCHEN, CHANCEN UND GEFAHREN

Prinzip:
Die Ergebnisse einer systematischen Analyse der Unternehmens- und Umweltsituation können in einer Aufstellung erfaßt und vervollständigt werden, aus der die augenblicklichen internen Einflußgrößen (Stärken und Schwächen) sowie die zukünftigen externen Faktoren (Chancen und Gefahren der Umwelt) hervorgehen.

Anwendung:
Im Anschluß an die Analyse der Problemsituation. Dabei wird alles aufgezeigt, was für die Ausarbeitung von Szenarien sowie die Lösungssuche relevant sein könnte.

Vorgehensweise:
- 1. Schritt:
  Bestandsaufnahme: Analyse der Stärken und Schwächen
- 2. Schritt:
  Interpretation des Änderungspotentials der Umwelt (Werte- und Trendwandel in der Gesellschaft; technologische Entwicklungen...)
- 3. Schritt:
  Berücksichtigen der Gefahren und Chancen für die Machbarkeit und den Verlauf des geplanten Projekts
- 4. Schritt:
  Festlegen von Maßnahmen, um die für Unternehmen und Projektverlauf bestehenden Gefahren abzuwenden (Vorkopplung)
- 5. Schritt:
  Aufstellen eines Maßnahmenkatalogs, der sich im wesentlichen auf die beeinflußbaren Faktoren bezieht (Lenkungsstrategien)
- 6. Schritt:
  Vergleichen der empfohlenen Maßnahmen mit den betriebs- oder projektspezifischen Stärken und Schwächen zur Überprüfung ihrer Durchführbarkeit

---

Beispiel: Analyse einer Fluggesellschaft

Stärken:
- Finanzen: außergewöhnliche Verbesserung der Geschäftsergebnisse
- Technik: ausgezeichnete Wartung
- Unternehmenskultur: Mitarbeiter stehen voll hinter den hohen Qualitätsstandards des Service-Angebots
- Buchungsmöglichkeiten: Einbindung in ein internationales Reservierungsnetz
- F & E: verstärkte Innovationstätigkeit im Hinblick auf zusätzliche Leistungen
- Personal: gute Ausbildung und günstige Arbeitsmarktlage

Schwächen:
- Organisation: langsame Entscheidungsprozesse; Hierarchie/Stabsstellen spielen eine zu große Rolle; geringe Koordinierung unter den Abteilungen
- Finanzen: allgemeine Stabsstelle trägt den Bedürfnissen der einzelnen Einheiten nicht immer Rechnung
- Strategie: kein strategisches Konzept
- Kostensituation: hohe Personalkosten
- Inlandsflüge: 2% der Einnahmen
- Konjunkturabhängigkeit: Wechselkursschwankungen ausländischer Währungen haben großen Einfluß auf die Geschäftsergebnisse

Chancen:
- Beteiligungen und Kooperationsabkommen
- Entwicklung der angegliederten Unternehmen
- Qualität der Humanressourcen auf dem Arbeitsmarkt
- Steigender EDV-Bedarf

Gefahren:
- EG-Politik und Liberalisierung im Luftverkehr
- Überlastung der Flughäfen
- Wachsende Bedeutung interkontinentaler Fluggesellschaften
- Marktdichte

Vorteile:
- Erfaßt alle strategisch wichtigen internen und externen Einflußgrößen.
- Ganzheitliche Darstellung als Entscheidungsgrundlage.
- Leicht durchzuführen.

Nachteile:
- Interaktionen bleiben unberücksichtigt.
- Konzentriert sich eventuell auf einige wenige deutlich erkennbare Aspekte.
- Erfaßt unter Umständen nur die Symptome.

LISTE DER MÖGLICHEN STÄRKEN, SCHWÄCHEN, CHANCEN UND GEFAHREN

Stärken/Schwächen:
- Produktqualität
- Sortimentsbreite und -tiefe
- Produkt-/Markenimage
- Investitionen
- Preisstruktur
- Finanzlage
- Liquiditätsgrad
- Rohgewinn
- Selbstfinanzierungsgrad
- Verfügbare Mittel
- Qualität der Werbung
- Effizienz der verkaufsfördernden Maßnahmen
- Vertriebsorganisation
- Qualifikation der Verkäufer und Verkaufserfolg
- Beraterqualitäten der Verkäufer
- Kundenkontakt
- Lieferfristen
- Produktionskapazitäten
- Qualität und Produktivität der Fertigung/des Leistungsangebots
- Umfang des EDV-Einsatzes
- Technischer Stand der Anlagen
- Qualifikation der Mitarbeiter
- Fluktuationsgrad
- Betriebsklima
- Kreativität und Innovationspotential der Mitarbeiter
- Übertragung von Veranwortung auf die Mitarbeiter
- Flexibilität, Anpassungs- und Reaktionsgeschwindigkeit
- Quantität und Qualität der Rahmenbedingungen
- Ausbildungsmöglichkeiten
- Identifizierung mit dem Unternehmen
- Einheitliches Firmencredo
- etc.

Chancen/Gefahren:
- Marktvolumen und -wachstum in der jeweiligen Branche
- Potentielle Marktanteile
- Preisschwankungen oder -stabilität
- Substituierbare Produkte
- Arbeitsmarkt
- Stellung der Vertriebsunternehmen
- Stabilität des Kundenstamms
- Anstieg der Nachfrage oder Kaufkraft
- Auswirkungen der Wechselkurse
- Entwicklung des Wettbewerbs
- Technologische Entwicklung
- Konjunktur
- Politische Situation
- Gesetzliche Auflagen
- Einfluß der Gewerkschaften oder anderer Interessenverbände
- Marktdichte
- Spezialisierungsgrad des Marktes
- Finanzierungsmöglichkeiten
- etc.

II. Szenarien und Synthese

Die Ermittlung der Einflußfaktoren ist langfristig gesehen natürlich nur dann sinnvoll, wenn sich ihre Entwicklung mit Hilfe einer dynamischen Sichtweise der Situation vorhersehen läßt. Die klassischen Prognosemethoden ermöglichen zwar die Planung eines Systems, weisen jedoch zahlreiche Schwachstellen auf, sobald gewisse Imponderabilien ins Spiel kommen. Dabei werden die untersuchten Größen z. B. der Einfachheit halber auf ihre quantifizierbaren Aspekte reduziert, selbst wenn es um die potentiellen qualitativen Entwicklungen eines Systems geht. Für die Prognose technischer Entwicklungen – zum Beispiel bei der Planung eines landwirtschaftlichen Betriebs – liefern diese Methoden wertvolle Ergebnisse. Doch sobald man es mit sozialen Systemen zu tun hat, erhält man bereits weniger verläßliche Resultate. Die klassische Planung läßt zum Beispiel die Menschen und die sich ständig ändernden komplexen zwischenmenschlichen Beziehungen als Einflußfaktoren völlig außer acht, weshalb man dafür sorgen muß, daß jeweils alle anderen Bedingungen gleich bleiben – das brühmte „ceteris paribus" –, um die Tragweite der geplanten Maßnahmen im einzelnen vorhersehen zu können.

Es empfiehlt sich eher, Szenarien für die möglichen Entwicklungen eines sozialen Systems zu erstellen, zum Beispiel bei einer Reorganisation. Die Szenarien werden auf der Grundlage aller zum Zeitpunkt der Systemanalyse verfügbaren Daten und Kenntnisse ausgearbeitet, wobei häufig neben der wahrscheinlichsten Entwicklung auch noch eine optimistische und eine pessimistische Variante erstellt werden. Szenarien sollen einerseits einen ganzheitlichen Überblick vermitteln, andererseits aber auch präzise, das heißt kurz und klar sein. Kommen wir noch einmal auf einen unserer Einflußfaktoren zurück: die Werthaltungen in der Gesellschaft, die sich unter anderem mit wachsendem Umweltbewußtsein ändern. In diesem Fall könnte ein Szenario Aufschluß darüber geben, welche Möglichkeiten das Unternehmen bei der Gestaltung seiner zukünftigen Produktpalette hat, so daß es seine Produkte in Zukunft auf die neuen Anforderungen abstimmen kann.

Was macht jetzt das für die Szenarioerstellung zuständige Team, nachdem es für die Szenariobereiche die einzelnen Einflußfaktoren und Schlüsselgrößen bestimmt hat? Wurde für die Analyse der richtige Zeithorizont gewählt? Immerhin werden sich Unternehmen und Umwelt langfristig anders verhalten als zum Zeitpunkt der Analyse. Einige Faktoren wirken und reagieren schneller als andere. Die Komplexität der heutigen Welt macht es daher noch wichtiger, potentielle Veränderungen sowie ihre Intensität und den Zeitpunkt ihres Eintretens im voraus zu erfassen und zu interpretieren. Diese Änderungen lassen sich zum Teil vorhersehen, indem man die wahrscheinlichste Entwicklung, das sogenannte Trendszenario, in allen Varianten „durchspielt". Es brauchen sich nur die allgemeinen Rahmenbedingungen zu ändern, und schon könnte sich daraus eine für das Unternehmen nachteilige oder sogar gefährliche Konstellation ergeben. Ausgehend von einer – wahrscheinlichen – überraschungsfreien Entwicklung kann dann ein optimistisches und ein pessimistisches Szenario für den Fall erstellt werden, daß sich das Unternehmen, sein

Betätigungsfeld oder seine Umwelt plötzlich in eine andere Richtung entwickeln sollten. Hier ließen sich zwar entsprechende Kurskorrekturen vornehmen, für die man jedoch – und das ist die Hauptschwierigkeit – den richtigen Zeitpunkt wählen muß. Die Möglichkeit, sich auf aussagekräftige Indikatoren zu konzentrieren, erweist sich somit als einer der Hauptvorteile der Szenariotechnik.

Szenarien sind im Grunde nichts anderes als Denkrahmen, die das Modellieren der Situation und die Darstellung potentieller Entwicklungen vereinfachen. Es geht dabei nicht um die Darstellung *des* Ist-Zustands, wie man es von den klassischen Methoden gewohnt ist, deren einziger Zweck darin besteht, die Komplexität unserer modernen Welt weniger komplex darzustellen. Szenarien ändern sich vielmehr zusammen mit den Einflußfaktoren und Beziehungen. Sie stützen sich auf die Ergebnisse aus Analysen der Unternehmens- und Umweltsituation. Außerdem weisen sie noch zwei weitere interessante Eigenschaften auf: Erstens können potentielle Verhaltensweisen als Reaktion auf eventuelle externe Veränderungen in Form von Entwicklungslinien grafisch dargestellt werden, und zweitens lassen sich zusätzliche Einflußfaktoren und Schlüsselgrößen problemlos in die Szenarien integrieren, was eine fundierte Ausarbeitung potentieller neuer Verhaltensweisen ermöglicht.

Die Untersuchung der Veränderungen bestimmter Einflußgrößen kann eventuell eine erneute Analyse der Chancen und Gefahren nötig machen, deren Ergebnisse, nachdem man sie mit den Stärken und Schwächen des Unternehmens oder Projekts verglichen hat, in die Simulation der zukünftigen Entwicklung eingehen. Irgendwann muß man diesen Prozeß jedoch künstlich stoppen. Dann wird unter Berücksichtigung der ursprünglichen Ziele ermittelt, mit welchen Veränderungen zu rechnen ist. Daraufhin werden organisatorische Maßnahmen zur Beeinflussung der lenkbaren Faktoren vorgeschlagen und zusätzliche Eventualpläne ausgearbeitet, die zur Anpassung an Entwicklungen der nicht lenkbaren Faktoren dienen. Die Tabelle auf Seite 341 verdeutlicht noch einmal die Unterschiede zwischen den herkömmlichen Planungsmethoden und der Szenariotechnik.

Fazit: Szenarien ermöglichen keine rigorose Planung der zukünftigen Entwicklung einer Organisation, sondern die schematische Darstellung und Simulierung verschiedener möglicher Evolutionen der internen und externen Einflußfaktoren. Auf der Grundlage eines „überraschungsfreien", eines optimistischen und eines pessimistischen Szenarios kann der Manager festlegen, wie das Unternehmen im jeweiligen Fall reagieren sollte.

SZENARIOTECHNIK

Prinzip:

Dynamische, evolutionäre Darstellung von wahrscheinlichen oder unerwarteten Entwicklungen einer Situation mit dem Ziel, die Situation unter Kontrolle zu halten und gegebenenfalls Korrekturmaßnahmen zu ergreifen.

Anwendung:

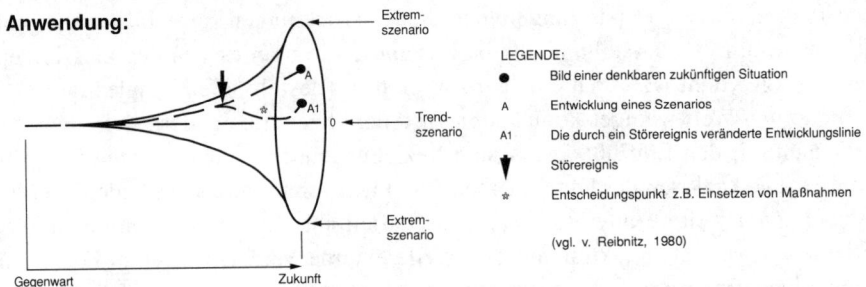

LEGENDE:

●   Bild einer denkbaren zukünftigen Situation

A   Entwicklung eines Szenarios

A1   Die durch ein Störereignis veränderte Entwicklungslinie

▼   Störereignis

✲   Entscheidungspunkt z.B. Einsetzen von Maßnahmen

(vgl. v. Reibnitz, 1980)

Vorgehensweise:

Beispiel: Festlegen möglicher Verhaltensweisen für ein wöchentlich erscheinendes Blatt

Entwicklung	Chancen	Gefahren
Trendszenario		
● Weniger Hedonismus und statusbegründetes Konsumverhalten	● Ausrichtung auf „neue Werte"	● Zeitschrift fördert diese Haltung und verliert an Boden
● Familienleben steht im Vordergrund	● Aus dem Wochenblatt eine Zeitschrift für die ganze Familie machen	● Sinkende Auflagenhöhe
● Kritische Haltung gegenüber Luxusartikeln und der dazugehörigen Werbung		● Anzeigenerlöse gehen deutlich zurück
● Größeres Interesse für Umweltfragen und Umweltschutzverbände	● Reportagen über Umweltthemen; Überschriften entsprechend wählen	
● Bedürfnis nach mehr Eigenständigkeit und Verantwortung am Arbeitsplatz	● Enfaltungs- und Kreativitätspotential nutzen	● Umstrukturierung und Vertrauensverlust
● Arbeitgeber sollte den Wertvorstellungen der Gesellschaft entsprechen	● In Leitartikeln die großen Ideale verteidigen	● Diskrepanz zwischen den Artikeln und der betrieblichen Realität
Alternativszenarien		
● Suche nach einer Führungspersönlichkeit, einem „allmächtigen" Chef (1)	● Entscheidungsprozeß zentralisieren	● Wertewandel; Konflikte unter den Mitarbeitern
● Größeres Vertrauen in die Technologie (2)	● Größtmögliche Umstellung auf EDV; Artikel über technologische Entwicklungen	● Abbau von Arbeitsplätzen; Verunsicherung der Mitarbeiter

Vorteile:	**Nachteile:**
● Dynamisch	● Ohne EDV-Unterstützung lassen sich die Werte nur schwer miteinander verbinden.
● Auch unwahrscheinlich erscheinende Entwicklungen werden berücksichtigt	● Sehr komplex, wenn die Wahrscheinlichkeiten mehrerer Entwicklungsmöglichkeiten kombiniert werden sollen
● Ermöglicht rechtzeitiges Agieren statt Reagieren	

	Herkömmliche Planung	Simulations-methode	Szenario-technik
Grundlage für die Prognose	Mechanisches, eindimensionales Verhältnis zwischen Input und Output (Formel)	Ausgangspunkt ist eine detaillierte, situationsbezogene Theorie, auf deren Grundlage ein Modell ausgearbeitet wird	Multidimensionale Betrachtung
Informationsquellen	Quantitative Daten	Im wesentlichen quantitative Daten; qualitative Einflüsse werden eventuell überprüft (Sensitivitätsanalyse)	Quantitative und qualitative Daten; Expertenwissen
Anzahl der Prognosen	Eine	Viele (alle denkbaren)	Mehrere (3 bis 5)
Berücksichtigung von Störereignissen	Nicht gegeben	In der Regel nicht gegeben; eventuell bei sehr aufwendigen Analysen	Auf das Wesentliche beschränkt
Kosten	Gering	Hoch	Mittelgroße Flexibilität

Verstehen und Interpretieren der Veränderungsmöglichkeiten heißt:

● Die Situation in Form einer Synthese der Stärken und Schwächen des Unternehmens darstellen.
● Die Situation in Form einer Synthese der sich aus der Umwelt ergebenden Chancen und Gefahren darstellen.
● Intensität, Ausmaß und Dauer potentieller Entwicklungen des Unternehmens und seiner Umwelt auf der Grundlage der Netzwerkdarstellung bestimmen.
● Mögliche Verhaltensänderungen mit Hilfe von Szenarien, die die Umweltentwicklung erfassen, festlegen.

UMWELTANALYSE

Prinzip:
Die Mitarbeiter eines Unternehmens verlieren nach und nach die Entwicklung der wirtschaftlichen Umwelt aus den Augen, weil mit Hilfe der Unternehmenskultur ein sich selbst genügender Bezugsrahmen geschaffen wird. Die Beobachtung der Umweltentwicklung ist jedoch von größter Bedeutung, damit das Unternehmen offen für Neuerungen bleibt und potentielle Gefahren rechtzeitig erkennt.

Anwendung:
In allen Firmen, vor allem solchen, deren strategische Position durch den harten Wettbewerb ständig in Frage gestellt wird oder werden könnte.

Vorgehensweise:
Dank der Einrichtung verschiedener Früherkennungssysteme kann das Unternehmen seine Umwelt auf vielfältige Art und Weise beobachten. Dafür gibt es unter anderem folgende Möglichkeiten:

Hinzuziehen von Experten in den verschiedenen strategisch wichtigen Bereichen. Ermöglicht wird die Anhörung eines „neutralen" Spezialisten, der zu mehreren Firmen Kontakt hat.

Konjunkturprognosen – seien es offizielle Berichte über sozioökonomische Trends oder Studien von Konjunkturexperten – liefern allgemeine Daten über Veränderungen und Tendenzen eines Markts oder Gesellschaftssystems.

Die *Fachpresse* (Tageszeitungen, Wochen- oder Monatszeitschriften) berichtet über Neuerungen sowie die wichtigsten Erfolge und Mißerfolge in einem bestimmten Bereich, gibt aber zugleich auch Denkanstöße, was dessen Entwicklung betrifft. Sie liefert außerdem gegebenenfalls nützliche Informationen über die Konkurrenz.

Fachbücher gehen in die Tiefe und enthalten Vorschläge für Produktions- oder Führungsmethoden, die in verschiedenen Unternehmen bereits angewendet worden sind.

Symposien, Messen, Kolloquien, Seminare oder zwischenbetriebliche Konferenzen ermöglichen nicht nur einen Ideenaustausch, sondern gleichzeitig auch einen Vergleich der technologischen Entwicklungen und Erfahrungen auf dem Gebiet der Unternehmensführung zwischen den Führungskräften und Angestellten verschiedener Unternehmen derselben Branche.

Meinungsumfragen geben dem Unternehmen Aufschluß über sein Image sowie das seiner Produkte oder ganz allgemein über die Entwicklung des Kundengeschmacks. Diese Technik erfordert ein gewisses Knowhow, denn erstens sollte die Methode zuverlässig sein, und zweitens müssen die Ergebnisse richtig ausgewertet werden. Gegenstand der Umfrage kann zum Beispiel ein bestimmtes Produkt oder auch die Attraktivität einer Firma als Arbeitgeber sein.

Marktanalysen sind teilweise enger gefaßte, in jedem Fall aber konkretere Umfragen zur Ermittlung der Erwartungen einer bestimmten Kundenzielgruppe. Sie wenden sich an die „Insider", das heißt die wichtigsten Verbraucher eines bestimmten Marktes, und dienen dem Unternehmen zur Verfeinerung seiner Strategie.

Gespräche mit den wichtigsten Kunden, die im Alltag von den Verkäufern geführt werden, aber auch im Rahmen regelmäßiger Zusammenkünfte mit den Hauptkunden stattfinden können, geben dem Unternehmen Aufschluß darüber, was in den Augen derer, die sein Leistungsangebot am besten kennen, verbessert werden sollte.

Die *Fluktuation* bedeutet einerseits zwar Verlust von Know-how infolge des Weggangs von Mitarbeitern, bringt zugleich aber auch neue Standpunkte, Produktionsverfahren, Führungsmethoden, Verhaltensweisen und eventuell sogar wertvolle Informationen über die Konkurrenz mit sich.

Vorteile:	**Nachteile:**
• Althergebrachte Meinungen werden in Frage gestellt und langfristige Überlegungen begünstigt. • Innovationsfördernd. • Zeigt verschiedene Standpunkte auf, was gerade angesichts komplexer Probleme unerläßlich ist.	• Könnte sowohl die unternehmerischen Initiativen als auch die Unternehmensidentität unter dem Vorwand einer Anpassung um jeden Preis untergraben. • Infolge der Fülle von Informationen läßt sich die Spreu nur schwer vom Weizen trennen.

ERFASSEN UND INTERPRETIEREN DER VERÄNDERUNGSMÖGLICHKEITEN AUSWÄHLEN DER INSTRUMENTE		
Stärken, Schwächen, Chancen, Gefahren	• Analyse der Stärken, Schwächen, Chancen und Gefahren • Liste der möglichen Stärken, Schwächen, Chancen und Gefahren	S. 336 S. 337
Szenarien und Synthesen	• Szenariotechnik • Umweltanalyse • Computersimulation	S. 340 S. 342 S. 341

9. Kapitel

Abklären der Lenkungsmöglichkeiten

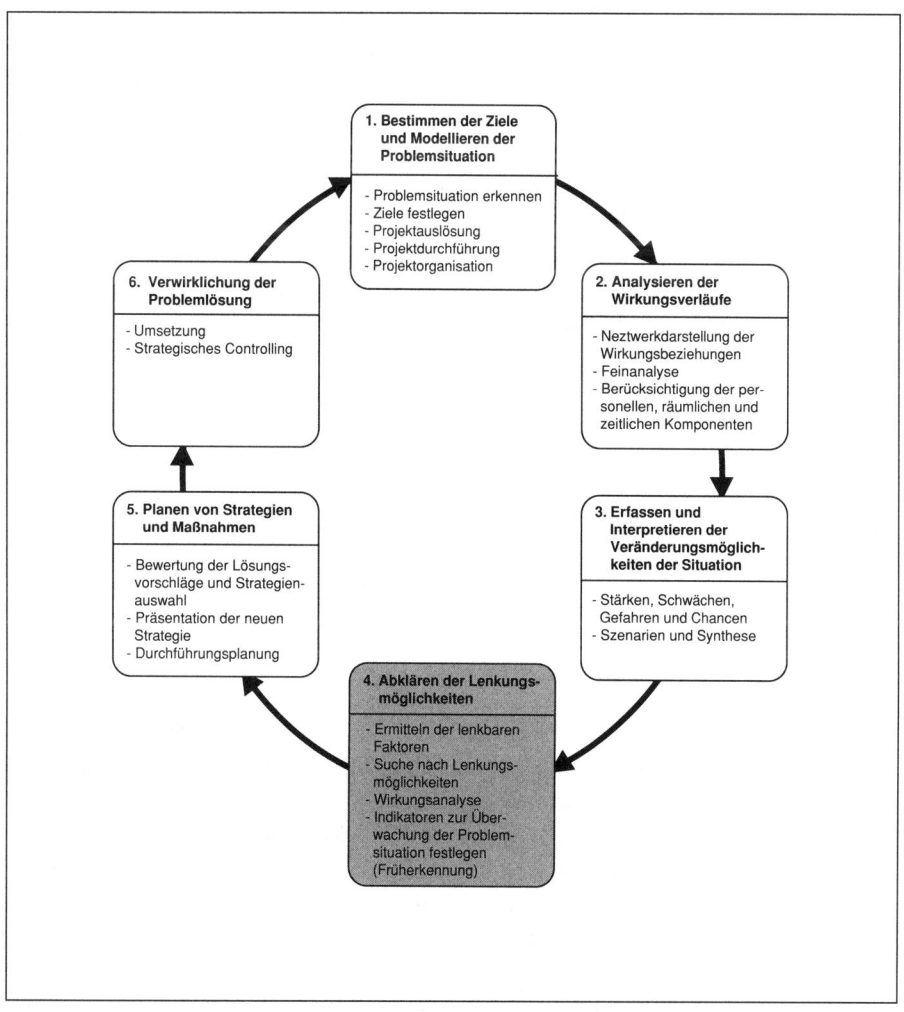

Nach Abschluß der Analysephase kann die Lösungssuche beginnen, und man kann gar nicht nachdrücklich genug auf die Einhaltung dieser Reihenfolge hinweisen, denn in der Praxis werden die Lösungen oft bereits entwickelt, bevor man die Situation erschöpfend analysiert hat. Dieses übereilte Vorgehen birgt jedoch die große Gefahr in sich, daß einige Aspekte des Problems unberücksichtigt bleiben. Schlimmer noch: Solange das Problem nicht richtig erkannt wurde, handelt es sich bei jedem Verbesserungsvorschlag lediglich um die subjektive Meinung eines einzelnen oder einer Gruppe, über die sich schon allein deshalb diskutieren ließe, weil jeder seine eigenen Vorstellungen und Werte hat. Im Verlauf eines Umstrukturierungsprozesses – mit allem, was dieser an Erwartungen und emotionalen Ängsten mit sich bringt – begünstigen solche Diskussionen weder die Akzeptanz des Projekts noch den Konsens in bezug auf die Unternehmensziele. Wenn eine gründliche Analyse der Situation dagegen die wichtigsten Stolpersteine aufgezeigt hat und die Ziele des Projekts klar festgelegt worden sind, verfügen die Akteure der Reorganisation über eine solide Grundlage, anhand derer sie Lösungen ausarbeiten können, sowie über entsprechende Argumente zur Rechtfertigung ihrer Entscheidung. Die Definition der Ziele und die Analyse der Situation machen aus der Subjektivität einzelner eine unternehmensspezifische Subjektivität, mit der sich alle Betroffenen leichter abfinden können. Objektivität ist nämlich nie gegeben, wenn man eine Firma oder eine Einheit unter einem bestimmten Gesichtspunkt, das heißt im Hinblick auf das zu erreichende Ziel, betrachtet. Aber die einzige Subjektivität, die innerhalb des Unternehmens akzeptiert wird, ist die des gesamten Systems, das die Firma oder die betroffene Einheit sowie seine eigenen Unvollkommenheiten nach seinen Kriterien beurteilt. Die Akteure dürfen daher in den vorhergehenden Phasen keinerlei Abstriche bei der Gründlichkeit ihres Vorgehens machen, denn je mehr Zeit man in die Analyse investiert, desto schneller und reibungsloser lassen sich die Lösungen verwirklichen.

I. Ermitteln der lenkbaren Faktoren

Zwischen diesen beiden Phasen müssen die Lösungen jedoch zunächst einmal gesucht und ihre möglichen Konsequenzen bedacht werden. Der erste Schritt besteht in der Ermittlung der vom Unternehmen lenkbaren Faktoren. Da in ein Netzwerk unter Umständen die unterschiedlichsten Aspekte wie beispielsweise die erforderliche Qualifikation der Mitarbeiter oder das geltende Arbeitsrecht eingehen, liegt es auf der Hand, daß eine bestimmte Lösung nur dann in Frage kommt, wenn sie nicht auf einen Faktor zielt, auf den die Projektleitung keinerlei Einfluß hat, etwa unsere beiden obigen Beispiele. Größere Unsicherheit herrscht auch bei der Frage, ob zum Beispiel die Umstrukturierung einer Produktionseinheit in den Zuständigkeitsbereich der Projektgruppe fällt. Eventuell muß letztere dies mit der Unternehmensleitung klären. Gleichzeitig ist es angesichts der Komplexität mancher Probleme nur allzu menschlich, Lösungen zu entwickeln, die von der Zustimmung einer höheren Instanz abhängig sind, denn so kann man gegebenenfalls seine eigenen Fehler mit der Inkompetenz seiner Vorgesetzten erklären. *Vor der Ausarbeitung von Problemlösungen muß man daher unbedingt zuerst diejenigen Parameter im Netzwerk ermitteln, an denen sich etwas ändern läßt, das heißt die vom Projektteam lenkbaren Faktoren.*

II. Lösungssuche

Hierbei handelt es sich um die kreativste Phase des Reorganisationsprozesses. Ein und dasselbe Problem läßt sich theoretisch auf vielerlei Art und Weise lösen. Da man nicht im voraus entscheiden kann, welches die beste Lösung ist, muß man seiner Phantasie freien Lauf lassen, damit möglichst viele Ideen zusammengetragen werden. Unsere Beschreibung einiger Methoden der Ideenfindung (Kreativitätstechniken) enthalten auch ein paar praktische Anwendungsbeispiele. Oft neigt man in der Gruppe angesichts zuvor gemachter, offensichtlich unsinniger oder der Unternehmenspraxis zuwiderlaufender Lösungsvorschläge zu sehr zur Selbstzensur. Bei einem völlig neuen Problem ist es jedoch durchaus möglich, daß sich die alten Verfahrensweisen als ungeeignet erweisen. Im übrigen liefern die Ideen so viele Anregungen, daß man seiner Phantasie nicht von vornherein die Zügel anlegen sollte. Hinterher ist immer noch genug Zeit, die Ideen unter dem Gesichtspunkt ihres Beitrags zur Zielerreichung sowie ihrer Machbarkeit zu bewerten. In dieser Phase sind Offenheit und uneingeschränkte Kreativität gefragt. Nur so erhält man möglichst viele verschiedene Vorschläge.

Die Phantasie kann zusätzlich noch dadurch beflügelt werden, daß man den betrieblichen Rahmen verläßt, um sich dessen zwangsläufig einengendem Wertesystem zu entziehen. Denn jedes System hat seine Normen, die bestimmte Verhaltensweisen ausschließen und von denen sich jeder mehr oder weniger bewußt beeinflussen läßt. Es gibt mehrere Möglichkeiten, sich diesem Einfluß zu entziehen. Die erste ist „physischer" Natur: Man veranstaltet außerhalb des Unternehmens ein Seminar oder einen Workshop, zur Abwechslung zum Beispiel in landschaftlich schönem Rahmen. Dort sind die Gruppenmitglieder entspannt und haben den nötigen Abstand zu den betrieblichen Konventionen, so daß sie sich eher trauen, bei der Ideenfindung die ausgetretenen Pfade zu verlassen. Eine zweite Möglichkeit besteht darin, sich seiner Umwelt soweit wie möglich zu öffnen, indem man sich darüber informiert, was anderswo – in anderen Unternehmen oder im Ausland – getan wird, etwa durch Betriebsbesichtigungen, Lesen von Büchern oder Artikeln in der Fachpresse, Gesprächen mit Spezialisten oder – bei Großprojekten – durch ein Praktikum in einer ausländischen oder inländischen Firma. So hat sich Hewlett Packard zum Beispiel in puncto Unternehmensführung von Procter & Gamble inspirieren lassen. Hewlett Packard hat sich für ein Großunternehmen aus einer anderen Branche entschieden, um aus einem völlig anders gearteten Betrieb möglichst viele neue Eindrücke zu gewinnen. Die Kreativität profitiert davon natürlich um so mehr, je intensiver man solche Gelegenheiten nutzt. Außerdem darf man nicht vergessen, daß es nicht darum geht, einfach nur das zu kopieren, was anderswo getan wird und sich mit Sicherheit nicht so ohne weiteres auf die eigene Firma übertragen läßt. Es geht vielmehr darum, seinen Horizont zu erweitern, den man ohnehin hinterher bei der Bewertung der Lösungsvorschläge wieder einengt, dann allerdings nicht mehr willkürlich, sondern bedingt durch die Projektziele, die betrieblichen Normen und die Machbarkeit der Vorschläge.

Wenn der Kreativität in keiner Weise Grenzen gesetzt sind, werden einige Vorschläge mit ziemlich großer Sicherheit Probleme aufwerfen, die man vorher nicht bedacht hatte. Es ist bekannt, daß verschiedene Menschen ein und denselben Gegenstand oder dasselbe Bild unter verschiedenen Gesichtspunkten betrachten. Und je mehr der einzelne von der Richtigkeit seiner Sichtweise überzeugt ist, desto weniger ist er bereit, auf die der anderen einzugehen. Diese Aussage läßt sich durch ein bekanntes Experiment belegen: In diesem berühmten „Trugbild" erkennen manche eine alte, andere dagegen eine junge Frau.

Alte oder junge Frau? Verschiedene Perspektiven

Bei einer Umstrukturierung der Marketingabteilung in einem nach Produktbereichen gegliederten Unternehmen könnte eventuell die Einrichtung einer Zentraleinheit vorgeschlagen werden, die für die Koordinierung und Zusammenarbeit zwischen den einzelnen Produktbereichen sorgen soll. Dies könnte aber unter Umständen zu Problemen in der Produktion führen, wenn diese nach dem „Just-in-time"-Prinzip erfolgt, wo der Verkauf die Herstellung zieht.

Statt diesen Vorschlag jedoch einfach unter den Tisch fallen zu lassen, sollte man sich vielleicht etwas eingehender mit den Kommunikationsprozessen und der Weitergabe der Produktionsaufträge zwischen der Marketingabteilung und den Produktionsstätten jedes einzelnen Produktbereichs befassen. Die Tatsache, daß man bereits in die Phase der Lösungssuche eingetreten ist, zieht nicht automatisch einen Schlußstrich unter die Analysephase. Der von uns beschriebene organisatorische Wandel darf nicht als starrer, linearer Prozeß aufgefaßt werden. Bei der Analyse einer komplexen Situation kann man nicht alles berücksichtigen. Daher ist es nur allzu natürlich, daß man einmal getroffene Entscheidungen gegebenenfalls rückgängig macht. Alles andere wäre kontraproduktiv. Man darf vor allem nicht davor zurückschrecken, noch einmal Zeit in eine bereits für beendet gehaltene Analyse zu investieren, da daraus erheblicher Nutzen resultieren kann. Eine Frage unberücksichtigt zu lassen, heißt nur selten, daß lediglich ein einziger Punkt übergangen wurde. Mit großer Wahrscheinlichkeit werden auch andere Aspekte der untersuchten Situation beeinflußt. Bevor man also beschließt, diesen Punkt auszulassen, sollte man unbedingt seine Wirkungen auf andere Faktoren abklären.

Die Suche nach Problemlösungen im Rahmen der Reorganisation erfordert größtmögliche Kreativität, Offenheit gegenüber der Umwelt und Loslösung von den betrieblichen Normen. Außerdem darf man keinen Vorschlag unter dem Vorwand verwerfen, er mache ein erneutes Aufgreifen bereits zuvor geklärter Fragen nötig. Der Problemlösungsprozeß sollte nämlich nicht linear, sondern interaktiv und iterativ verstanden werden.

BRAINSTORMING

Prinzip:
Eine Gruppe von Mitarbeitern, die alle von dem zu lösenden Problem betroffen sind, kann durch Spontaneität und Synergieeffekte interessante Ideen hervorbringen. Jeder Vorschlag – sei er nun fundiert oder völlig abenteuerlich, vernünftig oder nicht – besitzt einen gewissen Wert, denn selbst wenn er letzten Endes doch nicht aufgegriffen wird, kann er dennoch zur endgültigen Lösungsfindung beitragen. Brainstorming ist ein nützliches Hilfsmittel bei der Lösungssuche oder Ideenfindung in allen Situationen, in denen Kreativität und Originalität gefragt sind. Es empfiehlt sich, diese Methode eher bei weniger komplexen Problemen anzuwenden.

Anwendung:
Wenn Bedarf an neuen, spontanen Ideen besteht.

Vorgehensweise:
Man stellt eine Gruppe aus 5 bis 15 Personen mit unterschiedlicher hierarchischer Stellung und verschiedenartiger Ausbildung zusammen. Einer übernimmt die Rolle des Moderators und schreibt alle Ideen an eine Tafel oder auf die Folie eines Overheadprojektors. Osborn schlägt eine Reihe von Anregungen vor, die man in Form einer Liste an die Teilnehmer verteilen kann. Sie enthält folgende Punkte:

- anpassen
- verändern
- maximieren
- minimieren
- ersetzen

- anders ordnen
- Problem von einer anderen Seite beleuchten
- Elemente miteinander kombinieren
- andere Verwendung

Danach werden die Ideen geordnet und auf ihre Machbarkeit hin überprüft.

Voraussetzungen:
- Positive Einstellung gegenüber eigenen und fremden Ideen; keine Kritik, nicht einmal an Lösungen, die sich nur entfernt auf das Problem beziehen.
- Anfangs sollte ausschließlich die Quantität der Ideen zählen.
  Es sollten möglichst originelle und neue Vorschläge gemacht werden, eventuell auch ohne Rücksicht auf Vernunft oder Logik.
- Die Beiträge der anderen sollten unvoreingenommen beurteilt werden und zu Verbesserungsvorschlägen anregen.

Bemerkung:
Neben den verschiedenen Spielarten dieser Methode gibt es auch die schriftliche Version: das Brainwriting. Jeder Teilnehmer schreibt eine oder mehrere Ideen auf ein Stück Papier. Nach einer Weile gibt jeder das Blatt an den Nachbarn zu seiner Rechten weiter, der die niedergeschriebene Idee noch weiter ausbaut oder weiterentwickelt. So geht es weiter, bis jedes Blatt einmal die Runde gemacht hat. Danach kann man die Vorschläge laut vorlesen, darüber diskutieren und auf dieser Grundlage weiterdenken.

Vorteile:	**Nachteile:**
- Viele Ideen in relativ kurzer Zeit. - Verschiedene Ideen mehrerer Personen werden zusammengetragen. - Einfach zu organisieren.	- Manche Ideen sind realitätsfremd, da die dafür kompetenten Mitarbeiter nicht immer anwesend sind.

SYNEKTIK

Prinzip:
Bei der Synektik geht es darum, in der Gruppe Probleme anhand von Analogien und Vergleichen mit der Natur oder ähnlichen Situationen zu lösen.

Anwendung:
Bei der Suche nach Lösungen für allgemeine Probleme.

Vorgehensweise:
- Man bildet eine Gruppe aus maximal 10 Mitarbeitern verschiedener Fachbereiche und Hierarchieebenen.
- Zu Beginn der Sitzung schildern der Moderator und die betroffenen Personen kurz das Problem.
- Zum besseren Verständnis der Problemsituation folgt eine Diskussion, in der dann die ersten Lösungsvorschläge gemacht werden können.
- Das Problem wird anschließend klar und für jeden verständlich formuliert.
- Die Teilnehmer suchen nach Analogien – im allgemeinen zur Natur.
- Man überlegt sich, wie die Natur in einem solchen Fall reagiert.
- Analogien zwischen der Art und Weise, wie sich die Natur anpaßt, und der eigenen Problemsituation werden aufgezeigt.
- Im Anschluß daran werden die Lösungsvorschläge für das betriebliche Problem festgehalten.
- Die Ideen zur Lösung technischer Probleme werden zur Bewertung an Fachleute weitergeleitet, die Neuerungen gegenüber aufgeschlossen sind.
- Die Ergebnisse sind den Teilnehmern der Sitzung anschließend mitzuteilen.

Regeln für das Gruppenverhalten:
- Keine Kritik an den Lösungsvorschlägen, die in der Phase der Ideenfindung gemacht werden; keine Werturteile abgeben.
- Möglichst konkrete und präzise Vorschläge machen.
- Die anderen nicht unterbrechen.
- Finanzielle Probleme meiden.
- Die Teilnehmer je nach ihren persönlichen Eigenschaften in die Moderation einbinden.
- Den Ablauf der Sitzung zu Beginn klar schildern.
- Lösungsvorschläge für alle sichtbar schriftlich fixieren (Tafel, Overheadprojektor etc.).

Vorteile:	**Nachteile:**
• Lösungssuche wird nicht durch die psychologischen Aspekte des Problems beeinträchtigt.	• Analogiensuche ist oft schwierig.
• Kreativitätsfördernd durch Übertragung des Problems auf einen anderen Bereich.	• Gefahr von Desinteresse bei den Gruppenmitgliedern.
• Hierarchische Stellung und Funktion der Gruppenmitglieder verlieren an Bedeutung.	• Problem wird eventuell nur oberflächlich behandelt.
	• Kompliziertes Umdenken von der Analogie auf die eigentliche Problemsituation.

MORPHOLOGISCHE METHODE

Prinzip:

Durch Zerlegen eines Problems in eine Reihe von Teilproblemen werden mit Hilfe dieser Methode Art und Struktur des Problems analysiert und dann systematisch und kreativ Lösungsmöglichkeiten gesucht. Das Kombinieren der Problemelemente mit den Elementarlösungen ermöglicht die Ausarbeitung, Auswahl und Bewertung einer „besten" Lösung.

Anwendung:

Das morphologische Schema kann bei der Ausarbeitung eines Informationssystems, der Suche nach Lösungen für organisatorische Probleme, der Auswahl der Betriebsmittel oder beim organisieren einer Veranstaltung eingesetzt werden. Wenn es sich um technische Probleme handelt, sollten Experten hinzugezogen werden.

Beispiel für ein mögliches Ergebnis: Entwicklung eines neuen Uhrenmodells
(1) Verwendung eines Gehäuses aus Stein, Perlmutt, Holz, Stahl etc.
(2) Verwendung von Batterien, Wasser, Biogas, Sonnenstrahlen als Energiequelle
(3) Fertigung manuell, halbautomatisiert, vollautomatisiert oder durch Einsatz von Robotern
   Beim Kombinieren der 3 Problemelemente mit jeweils 4 möglichen Elementarlösungen ergeben sich 64 Lösungsvarianten (4^3), die mit dem aktuellen Zustand verglichen werden können.

Vorgehensweise:

1) Problem präzise definieren und beschreiben, gegebenenfalls verallgemeinern.
2) Problemelemente durch Zerlegen des Problems in Teilprobleme bestimmen.
3) Kreative Suche nach Lösungsmöglichkeiten für jedes einzelne Problemelement.
4) Lösungsmöglichkeiten untereinander kombinieren, bewerten und mehrere Varianten herausgreifen.
5) Bestmögliche Lösung auswählen und umsetzen.

Beispiel: Organisation eines Büros mit Arbeitsbereich A und B

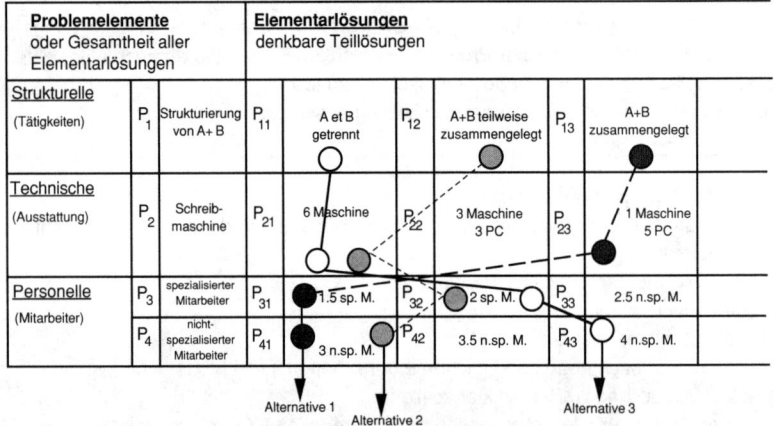

Vorteile:

- Praktisch für alle Arten von Problemen geeignet.
- Fördert diszipliniertes Überlegen
- Verhindert voreilige Entscheidungen
- Verallgemeinerung des Problems und Kombination verschiedener Parameter führen zu innovativen Lösungsvorschlägen.
- Vorurteile werden überwunden
- Indem man noch einmal von vorn anfängt, lassen sich weitere Lösungen erarbeiten
- viele verschiedene Lösungen
- Systematisches Vorgehen wirkt überzeugend
- Ermöglicht ein Ansetzen an den wesentlichen Problempunkten
- Leichte Anwendung
- Erleichtert fachübergreifende Arbeiten

Nachteile:

- Für komplizierte Bewertungen ist eventuell ein Computer erforderlich
- Eine zu hohe Anzahl von Parametern kann die Beteiligten wegen der Vielzahl von Varianten die Übersicht verlieren lassen
- Auswahl der optimalen Lösung ist schwierig

III. Konsequenzen der Lösungsvorschläge

Während die Lösungssuche frei von allen Zwängen und Konventionen sein sollte, muß man bei der Auswahl der richtigen Lösung größere Disziplin walten lassen. Das soll nicht heißen, daß man jetzt alle zuvor gemachten Vorschläge zensiert, sondern daß man sich bemüht, eine vernünftige, sinnvolle Wahl zu treffen. Der erste Schritt besteht in der Festlegung der Auswahlkriterien. Dabei kann man sich durchaus für mehrere entscheiden, sollte aber auf jeden Fall den Kontext des Projekts im Auge behalten. Die Kriterien lassen sich unmittelbar aus den Projektzielen ableiten: Jedes Ziel bestimmt mindestens ein Kriterium. Wenn also die Reorganisation hauptsächlich dem Zweck dient, den Mitarbeitern mehr Verantwortung zu übertragen, könnte ein Kriterium für die Auswahl des endgültigen Lösungskonzepts beispielsweise die daraus resultierende individuelle Entscheidungskompetenz sein. Die Auswahlkriterien hängen außerdem von den betrieblichen Normen ab, es sei denn, mit dem Projekt wird eine Änderung derselben angestrebt: Wenn z. B. die informelle Kommunikation im Vordergrund steht, muß ein Kriterium die Beibehaltung dieses Zustands beinhalten, damit der Informationsfluß nicht durch die Einführung zu restriktiver Regelungen behindert wird. Die Vorschläge werden außerdem auf ihre Realisierbarkeit hin überprüft. Wenn sich das Unternehmen in einer schwierigen finanziellen Lage befindet, mag eine völlige Umstrukturierung des Systems zwar nötig erscheinen, diese sollte aber auch finanziell tragbar sein. Die Investitionskosten dürfen gemessen an den gegenwärtigen Kapazitäten nicht zu hoch sein. Abgesehen davon sollten bei der Auswahl der Kriterien auch die Zukunftsperspektiven des Unternehmens und seiner Branche berücksichtigt werden. Mit Hilfe der Analyse der Chancen und Gefahren der Umwelt, der Stärken und Schwächen des Unternehmens konnten bereits Szenarien dargelegt werden, die die mögliche Entwicklungen der Situation beschreiben. Das folgende Schaubild gibt einen Überblick über den Ausarbeitungsprozeß für mögliche Lenkungsstrategien.

Langfristige Prognosen, wie sie noch vor einigen Jahren üblich waren, gelten mittlerweile, nachdem man sich der Änderungsdynamik der sozioökonomischen Faktoren und der Unmöglichkeit eines zuverlässigen Prognoseinstruments für diesen Bereich bewußt geworden ist, bei komplexen Problemen als mehr oder weniger überholt. An die Stelle einer exakten Vorhersage tritt mehr und mehr das Erstellen von Trendszenarien mit gleichzeitiger Berücksichtigung der günstigsten und ungünstigsten denkbaren Entwicklungen. So erhält man eine ganze Reihe möglicher Umweltveränderungen, aus der sich die wichtigsten Verhaltenskriterien ableiten lassen, so daß man auf jedes Ereignis entsprechend (re)agieren kann.

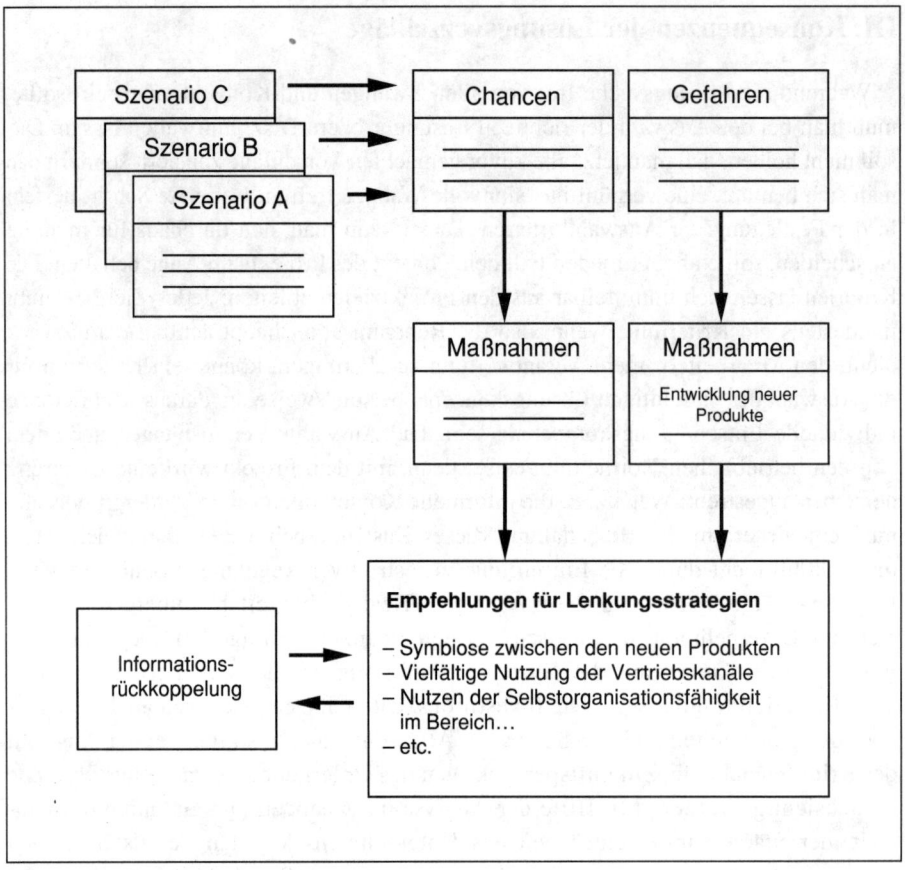

Von den Szenarien zu den Strategien

Um die Lösungsvorschläge im Hinblick auf die geplante Reorganisation richtig bewerten zu können, muß man eine Liste mit absoluten, vorrangigen, maximalen und minimalen Kriterien erstellen, wobei folgende Punkte ausschlaggebend sein sollten:
- Projektziele
- betriebliche Normen, die man beibehalten möchte
- Machbarkeit der Veränderung
- Szenarien für mögliche Veränderungen der Situation

IV. Indikatoren zur Überwachung der Problemsituation festlegen

Der organisatorische Wandel ist mit den Vorschlägen zur Problemlösung in eine konkretere Phase eingetreten. Jede mögliche Handlung stützt sich auf bestimmte, vom Unternehmen lenkbare und beherrschbare Faktoren. Der eigentliche Zweck der Reorganisation besteht jedoch angesichts der Überraschungen, die die Umwelt eventuell bereithält, nicht darin, automatisch einen Schritt auf den anderen folgen zu lassen. Ausgehend von den verschiedenen Szenarien für die Reorganisation kann man jetzt versuchen, die auf Veränderungen im Unternehmen oder seiner Umwelt hindeutenden Signale zu ermitteln, die das Unternehmen rechtzeitig vor möglichen Auswirkungen auf seine Schlüsselfaktoren warnen sollen. Man braucht sozusagen empfindliche Antennen zur Erfassung bestimmter Schwankungen, die auf eine grundlegende Veränderung der Wirkungsverläufe hinweisen. Ein Kontrollinformationssystem könnte im übrigen Aufschluß über die Auswirkungen der Reorganisationsmaßnahmen geben und trägt außerdem zur Spezifizierung bestimmter Richtgrößen bei, an denen sich mögliche Veränderungen frühzeitig ablesen lassen. Das Unternehmen richtet sich auf diese Weise ein Früherkennungssystem ein. Allerdings ist der gewählte Faktor nicht von Natur aus ein Früherkennungsindikator. Es kommt ganz darauf an, unter welchem Gesichtspunkt und wie man ihn betrachtet. Nehmen wir als Beispiel den Tachometer eines Autos. Dieser ist zugleich...

... ein Instrument zur nachträglichen Kontrolle (nachdem man Gas gegeben hat, nimmt die Geschwindigkeit tatsächlich zu) und
... ein Frühwarnindikator (man merkt vor einer Kurve, daß man zu schnell fährt).

Die Auswahl der Früherkennungsindikatoren zielt etwa darauf ab, konjunkturelle Veränderungen derjenigen Faktoren, auf die sich die Reorganisation stützt, frühzeitig zu erfassen. So kann man handeln, noch bevor man die Auswirkungen zu spüren bekommt, und damit eine grundsätzliche Infragestellung der neuen Organisation vermeiden. Da sich zukünftige Turbulenzen nicht vermeiden lassen, erweisen sich die Früherkennungsindikatoren auch bei der Verwirklichung der Lösungen als nützliche Instrumente zur langfristigen Steuerung.

Jetzt stellt sich natürlich die Frage, wie man einen Früherkennungsindikator bestimmt. Erstens müssen seine Signale – seien sie auch noch so schwach – wahrnehmbar sein, und zweitens darf eine Veränderung des jeweiligen als Indikator vorgesehenen Faktors nicht unmittelbar dem System schaden, das heißt, wenn er eine besorgniserregende Entwicklung signalisiert, muß das Unternehmen noch genügend Zeit für Korrekturmaßnahmen haben, bevor es diese Veränderungen zu spüren bekommt. Eine Preisschwankung von einem Dollar bei den in Südostasien hergestellten Mikrochips kann zum Beispiel darauf hindeuten, daß sich in acht bis neun Monaten auch die Computerpreise auf dem internationalen oder europäischen Markt ändern werden. Sind die Wachstumszahlen für Komponenten rückläufig, so kann Hewlett Packard – ein Unternehmen, das mit einem Früherkennungssystem arbeitet – entsprechende Lenkungsmaßnahmen ergreifen, um Einbußen mit entsprechender Zeitverzögerung bei anderen Produkten zu verhindern (vgl. Probst/Gomez 1989). Doch kommen wir auf die Organisation zurück: Ein deutlicher Anstieg der Mitarbeiterfluktuation im Bereich der Produktion einer Firma, die Robotertechnik einsetzt, könnte zum Beispiel ein Anzeichen dafür sein, daß sich das Image des Unternehmens in den Augen seiner Kunden ändern wird, was für die Firma dann eventuell Anlaß ist, an ihrem Image zu arbeiten. Die gestiegene Fluktuation ist dagegen kein Frühwarnindikator für die Produktqualität. Diese ist davon entweder bereits betroffen oder wird es zumindest sein, noch bevor eine motivationsfördernde Organisationsstruktur geschaffen werden kann.

Bevor man jedoch ein solches Informationssystem schafft, sollte man zunächst das bestehende Controlling-System überprüfen, denn oft ist das zur Überwachung der Projektdurchführung nötige Instrumentarium bereits vorhanden. In diesem Fall kann man entweder das bestehende System ausbauen oder ein neues, zweckmäßigeres mit direktem Bezug zum Projekt entwickeln. Das folgende Netzwerk zeigt ein solches Informationssystem für die Lenkung des Reorganisationsprozesses einer Publikumszeitschrift:

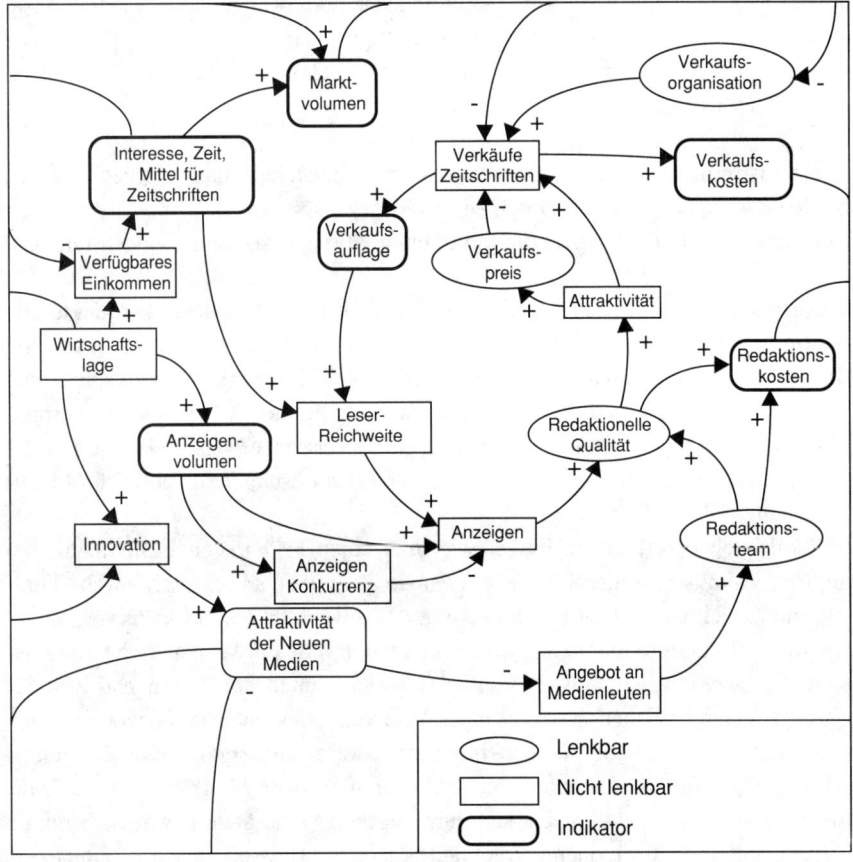

Lenkungsmöglichkeiten einer Publikumszeitschrift

356

Die Früherkennungsindikatoren werden auf der Grundlage der Netzwerkdarstellung der Unternehmenssituation unter denjenigen Faktoren ausgewählt, die lang- oder mittelfristig die für die Umsetzung der Lösungsvorschläge relevanten Schlüsselgrößen beeinflussen. Sollten sich diese Faktoren in Zukunft verändern, kann das Unternehmen potentiellen Turbulenzen rechtzeitig vorbeugen oder Chancen nutzen und so die Veränderungen der neuen Organisationsstruktur aktiv mitgestalten, statt über sich ergehen zu lassen.

Abklären der Lenkungsmöglichkeiten heißt:

● **Die beherrschbaren und nicht beherrschbaren Faktoren trennen, die organisierbaren Elemente der Situation bestimmen.**

● **Mit größtmöglicher Kreativität Lösungsvarianten für ein organisatorisches Problem finden.**

● **Vorschläge durch Aufzeigen ihrer möglichen Konsequenzen verbessern.**

● **Zusätzlich Früherkennungsindikatoren bestimmen, an denen sich im voraus Veränderungen derjenigen Faktoren ablesen lassen, die für die Verwirklichung der Problemlösung relevant sind.**

ABKLÄREN DER LENKUNGSMÖGLICHKEITEN AUSWÄHLEN DER INSTRUMENTE		
Ermitteln der beherrschbaren Faktoren	● Netzwerk der Wirkungsbeziehungen	S. 263
Lösungssuche	● Vereinfachung und Formalisierung der Prozeßabläufe ● Brainstorming ● Brainwriting ● Synektik ● Morphologische Methode	S. 137 S. 350 S. 350 S. 351 S. 352
Konsequenzen der Lösungsvorschläge	● Computersimulation ● Szenariotechnik	S. 341 S. 340
Früherkennungsindikatoren	● Analyse des Netzwerks der Wirkungsverläufe ● Auflistung der Faktoren	S. 356 S. 356

10. Kapitel

Planen von Strategien und Maßnahmen

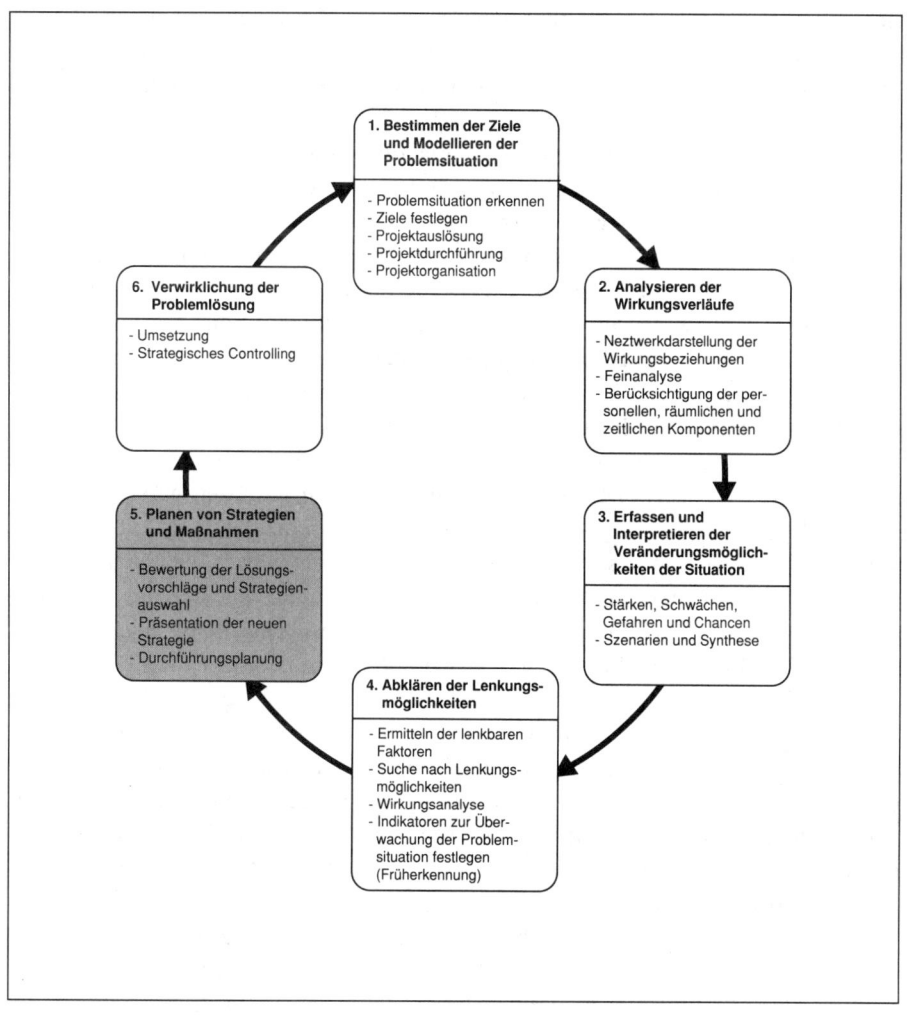

I. Bewerten der Vorschläge und Strategieauswahl

Nachdem die Lösungsvorschläge schriftlich fixiert und die Kriterien festgelegt worden sind, folgt als nächster Schritt der Auswahlprozeß der Lösung, indem man prüft, inwieweit die einzelnen Vorschläge den Kriterien gerecht werden. Es gibt mehrere Bewertungsmethoden, die diese Entscheidung erleichtern. Dabei werden die Lösungsmöglichkeiten mit den absoluten und vorrangigen Kriterien sowie den Maximal- und Minimalanforderungen an das Projekt verglichen und gewichtet. Auf dieser Grundlage trifft man dann seine Wahl. Hier muß man jedoch differenzieren. Ob ein Kriterium als „absolut" oder „vorrangig" betrachtet wird, richtet sich nach der Analyse der Problemsituation und den Unternehmenszielen. Bei der Gewichtung der Kriterien untereinander hat man dagegen einen etwas größeren Spielraum. Das ist nicht weiter schlimm, denn diese Art der Klassifizierung ist zwangsläufig subjektiv. Jetzt gilt es, Mittel und Wege zur Erreichung des Projektziels zu beschließen und den Betroffenen klarzumachen, welche Aufgabe man sich gestellt hat, und zwar nicht unter Verweis auf die Ziele, sondern unter Vorgabe eines Rahmens für den Reorganisationsprozeß. Die Ziele sind sozusagen *Leitlinien* für die Entwicklung des Unternehmens und seiner Mitarbeiter, von denen natürlich jeder die Ziele auf seine Weise auslegt. Die Kriterien sind dagegen *ein fester Rahmen*, innerhalb dessen Firma und Mitarbeiter ihre Organisationsstruktur und Verhaltensweisen festlegen. Die Klassifizierung der Kriterien fällt somit in den Verantwortungsbereich des für die Durchführung der Reorganisation zuständigen Projektteams und wird je nach Aufgabenstellung vorgenommen.

Eine nachträgliche Diskussion über die Richtigkeit dieser Vorgehensweise bringt relativ wenig. Wenn zwei Lösungsmöglichkeiten allen Kriterien gerecht werden, entscheidet man sich eben je nach der Bedeutung der einzelnen Kriterien für eine von beiden. Ob sie nun besser oder schlechter ist als die andere, läßt sich nicht sagen, da man zwar ahnen und simulieren, jedoch nie unter wirklich ähnlichen Bedingungen vergleichen kann. Wie soll man in der Umsetzungsphase sagen können, ob die andere Lösung nicht vielleicht größere Wirkung gezeigt hätte? Diese Frage läßt sich nicht einmal beantworten, wenn man plötzlich von der gewählten Lösung absieht, um die andere auszuprobieren, denn zu diesem Zeitpunkt ist die Situation ja bereits nicht mehr die gleiche, die Bedingungen haben sich geändert. Sollte sich die zweite Lösung in diesem Fall dann als erfolgreich erweisen, läßt sich nicht sagen, ob das nicht erst durch den ersten, weniger erfolgreichen Versuch ermöglicht wurde, der immerhin einen gewissen geistigen Wandel und eine Veränderung der internen Prozesse bewirkt hat.

Bei der Bewertung spielen auch die verschiedenen Einflußfaktoren, vor allem die Machtverhältnisse, eine Rolle. Im Sinne von Pfeffer (1981) heißt das: Je wichtiger die Entscheidung für das Unternehmen ist, desto eher erweisen sich die von den Machtverhältnissen geprägten Prozesse – Gruppendynamik, Konsensfindung, autoritärer Führungsstil – bei Diskussionen über die Richtigkeit einer Lösung als Politikum.

RENTABILITÄTSANALYSE

Prinzip:
Jedes Unternehmen ist in erster Linie gewinnorientiert und stützt sich auf seine soliden Finanzen. Bei jeder Reorganisation sollte daher zumindest langfristig ein bestimmter Return on Investment in Aussicht stehen. Folglich wird jedesmal die voraussichtliche und die tatsächliche Rentabilität ermittelt.

Anwendung:
Bei Projekten, vor allem solchen, die sich quantitativ erfassen lassen: Rationalisierung, Einführung neuer Technologien, Gründung einer neuen Niederlassung etc.

Vorgehensweise:
Es gibt verschiedene, miteinander kombinierbare Methoden zur Analyse der Rentabilität.

Amortisationsrechnung (Payback-Period)
Dabei wird errechnet, innerhalb welchen Zeitraums der Anschaffungswert einer Anlage aus den Erträgen wiedergewonnen werden kann. Hierbei wird die Dauer der Kapitalverwendung nicht berücksichtigt. Erfaßt werden lediglich die Risiken sowie die liquiden Mittel.

Return on Investment
Hierbei wird der mögliche jährliche Ertrag mit der Investitionssumme verglichen. Auf diese Weise läßt sich die Investitionsrendite berechnen. Zusätzlich muß jedoch auch noch der zeitliche Aspekt einkalkuliert werden.

Interner Zinsfuß
Diese Methode berücksichtigt auch den Zeitfaktor. Man ermittelt auf der Grundlage eines vorgegebenen Nutzungszeitraums, bei welcher Verzinsung sich die Investition lohnt. Der für ein geplantes Projekt prognostizierte Zins kann dann mit dem für andere Investitionen gültigen Zinsfuß verglichen werden. Daraufhin wird die Entscheidung für oder gegen das Projekt getroffen.

Kapitalwert
Man vergleicht die zu einem bestimmten Zeitpunkt erwarteten Einnahmen und Ausgaben. Diese Methode gibt Aufschluß über den Gewinn, den ein bestimmtes Projekt abwirft. Bei dieser Methode werden alle Einnahmen (laufende Einnahmen + Restwert) und Ausgaben (laufende Ausgaben + Anschaffungswert) auf den Kalkulationszeitpunkt mit einem gegebenen Zinsfuß – dem Kalkulationszins – abgezinst. Die Differenz der Gegenwartswerte ergibt den Kapitalwert der Investition. Diese Methode wird hauptsächlich bei Rationalisierungsprojekten angewendet, bei denen kaum investiert werden muß.

Kosten-Nutzen-Analyse
Bei jedem Vorschlag stellt man den zu erwartenden Gewinn den Projektkosten gegenüber, wobei qualitativen Kriterien soweit wie möglich Rechnung getragen wird. Diese Berechnung wird auch im Rahmen der Wertanalyse durchgeführt.

Payback
Hierbei wird ermittelt, wie oft die Anfangsinvestition während der voraussichtlichen Projektdauer aus den Erträgen wiedergewonnen wird. Anwendung vor allem bei kurzfristigen Projekten.

Vorteile:
- Verhindert Projekte, die nur deshalb durchgeführt werden, weil das zur Zeit alle Firmen machen.
- Projektverlauf läßt sich in jeder Phase mit den Erwartungen vergleichen.
- Wichtiges Auswahlkriterium zur Sicherung des Fortbestands des Unternehmens.
- Leicht anwendbar.
- Unmißverständliches Entscheidungskriterium.

Nachteile:
- Qualitative Aspekte eines Vorschlags bleiben unberücksichtigt.
- „Nebenwirkungen" des Projekts können nicht bewertet werden.
- Situation während des Projektverlaufs läßt sich nicht mit der ohne Projekt eingetretenen Entwicklung vergleichen.

QUALITATIVE ANALYSE EINES VORSCHLAGS

Prinzip:

Wie jedes andere Projekt umfaßt auch die Reorganisation eine Reihe schwer zu bewertender qualitativer Aspekte. Die Lösungen müssen im Einklang mit dem angestrebten Image, der gewünschten Unternehmensidentität, der Unternehmenskultur und den Strategien stehen. Daher muß zuvor abgeklärt werden, welche Auswirkungen die Vorschläge auf diese Faktoren haben könnten.

Anwendung:

Bei allen Projekten, vor allem solchen, die sich auf die qualitativen Aspekte eines Problems beziehen: Strategie, Kultur, Konfiguration, Machtverhältnisse oder Technologie.

Vorgehensweise:

Man überprüft, ob die Vorschläge den anfangs festgelegten Zielen entsprechen. z.B.:

Strategie:
Verschafft uns die Lösung den gewünschten Wettbewerbsvorteil?
Läßt sie sich schnell genug verwirklichen?
Etc.

Unternehmenskultur:
Läßt sich die Lösung mit unserem Image und unserer Unternehmensidentität vereinbaren?
Ermöglicht sie den Mitarbeitern eine bessere Bewältigung komplexer Probleme?
Etc.

Konfiguration:
Genügt die neue Struktur den Anforderungen des Marktes?
Ist sie entwicklungsfähig genug, um den Bedürfnissen der einzelnen Einheiten Rechnung tragen zu können?
Etc.

Machtstruktur:
Wird bei dieser Lösung die Verantwortung auf die richtigen – kompetenten – Personen übertragen?
Stellt die Lösung das gewünschte Gleichgewicht zwischen Spezialisten und Generalisten her?
Etc.

Technologie:
Wird die neue Organisation von den technologischen Neuanschaffungen getragen, oder verhält es sich eher umgekehrt? Besteht die Gefahr einer Schockwirkung?
Etc.

Außerdem muß überprüft werden, in welcher Hinsicht die Lösungsvorschläge über die Ziele hinausgehen oder von diesen abweichen, damit man sich für einen Vorschlag entscheiden oder aber die Ziele neu festsetzen kann, falls sich im Verlauf der Analyse neue Chancen oder Schwierigkeiten ergeben haben.

Vorteile:	**Nachteile:**
• Bezieht sich auf Aspekte, von denen langfristig der finanzielle Erfolg abhängt.	• Kann leicht subjektiv werden.
• Einheitliches Firmencredo und Unternehmensidentität bleiben erhalten.	• Nur in Verbindung mit einer Rentabilitätsanalyse sinnvoll.
• Erfaßt die Komplexität des Problems.	• Ein und dieselbe Lösung könnte sowohl Chancen als auch Gefahren mit sich bringen.
• Zeigt, wie wichtig der Zeitfaktor und eine nachträgliche schrittweise Anpassung der Lösung sind.	

Die Bewertung der Lösungsvorschläge erfolgt nach den aus der Analyse der Problemsituation abgeleiteten Kriterien, deren Gewichtung allerdings zwangsläufig subjektiv ist. Oft werden mehrere Lösungen den Kriterien gerecht. In diesem Fall kann man ihren jeweiligen Nutzen nur anhand von Simulationsmethoden miteinander vergleichen. Die Entscheidung wird also unter Berücksichtigung der Aufgabenstellung und der Klassifizierung der einzelnen Kriterien getroffen. Dabei wird man sich bewußt, daß es mehrere Lösungsmöglichkeiten gibt und jene, für die man sich schließlich entscheidet, zwar eine gute, aber nicht unbedingt die beste ist.

II. Präsentation der neuen Strategie

Nach all den Differenzierungen in bezug auf die verschiedenen Lösungsmöglichkeiten und unseren vorangehenden Ausführungen über die Art und Weise, wie das Reorganisationsprojekt von den Mitarbeitern empfunden wird, möchten wir jetzt auf die Präsentation der ausgewählten Lösung eingehen. Aufgrund der obigen Faktoren besteht nämlich die Gefahr, daß eine schlechte Präsentation selbst das beste Projekt bereits in der Anfangsphase scheitern läßt.

Die Projektorganisation ist an den betrieblichen Rahmen gebunden und erfolgt auf einer bestimmten Hierarchieebene. Da eine Reorganisation immer mehrere Einheiten betrifft, muß sowohl den Verantwortlichen als auch den Mitarbeitern der betroffenen Geschäftsbereiche mitgeteilt werden, was man beschlossen hat und was künftig in ihren Einheiten anders werden wird. Mit einer einfachen Aufzählung der voraussichtlichen Ergebnisse – und seien diese auch mit noch so großer Überzeugungskraft und der Entschlossenheit derer, die sich im Recht fühlen, vorgetragen – ist es jedoch nur selten getan. Natürlich eignen sich selbstsicheres Auftreten und Entschlossenheit am besten, wenn es darum geht, Personen, die nicht an der Ausarbeitung des Projekts beteiligt waren, die bevorstehende Entwicklung zu schildern. Hierbei sollte man nicht nur die gewählte Lösung und die Schlußfolgerung, sondern eher die Vorgehensweise sowie alles, was diese mit sich bringt oder was dafür spricht, erläutern. Die Betroffenen werden die Lösung viel eher akzeptieren, wenn sie die Argumentation nachvollziehen können und selbst zu denselben Schlußfolgerungen gelangen. Oder besser noch: Man bezieht die Betroffenen ein, so daß sie sich in die Lage des Projektteams versetzen und sich mit den angekündigten Maßnahmen identifizieren können. Dafür gibt es verschiedene Präsentationstechniken. Sie sorgen für eine optimale Kommunikation und verhindern so, daß das Projekt schon bei seiner Verkündung auf Zweifel und Ablehnung beziehungsweise später, in der Durchführungsphase, auf massive Änderungswider-

VORBEREITEN EINER KONFERENZ: CHECKLISTE

Fragenkatalog für den Konferenzleiter/Organisator:

- Welche **Themen** sollen angesprochen werden?
    - Bedeutung
    - Reihenfolge

- **Wer** soll an der Konferenz teilnehmen?
    - → Diejenigen, die über die nötigen Informationen verfügen.
    - → Diejenigen, die informiert werden sollen.
    - → Diejenigen, die über die nötige Entscheidungskompetenz verfügen.
    - → Diejenigen, die aufgrund ihrer analytischen Denkweise wertvolle Beiträge leisten können.
    - Sind all diese Personen von den zu behandelnden Themen betroffen?
    - Wer soll die Konferenz/die Diskussion leiten?
    - Wer führt das Protokoll?

- **Tag und Uhrzeit**?
    - → Wenn die meisten verfügbar sind.
    - → Wenn im Betrieb am wenigsten zu tun ist?

- Welcher Ort eignet sich am besten?
    - Saal
    - Größe
    - Räumliche Aufteilung (Konferenzraum, Hörsaal, Stühle um einen Tisch oder in Reihen, runder Tisch, Tische im Quadrat oder in U-Form angeordnet ...)
    - Ist der Raum zur vorgesehenen Zeit frei?
    - Sind die Techniker informiert und zum vorgesehenen Termin verfügbar?

- Wie soll die Einladung der Teilnehmer erfolgen?
    - Persönliches Schreiben
    - Rundschreiben
    - Electronic Mail
    - Anschlag
    - Telefonisch
    - Telefax

- Was muß auf der Einladung stehen?
    - Konferenzzweck
    - Ort
    - Raum
    - Datum
    - Uhrzeit
    - Teilnehmerliste
    - Dauer
    - Tagesordnung
    - Mitzubringende Unterlagen

Unterlagen, die noch vorher gelesen werden müssen, beilegen, sich dabei jedoch auf das nötige Minimum beschränken.

364

- **Welche Hilfsmittel werden benötigt?**
  - Rednerpult
  - Stand- oder Handmikro
  - Overheadprojektor und Schreiber
  - Diaprojektor mit Fernbedienung und Leuchtpfeil
  - Filmprojektor
  - Videorecorder
  - Bildschirm
  - Tafel und Tafelschreiber
  - Flip Chart und Schreiber
  - Tafel und Kreide (weiß und farbig)
  - Pinboard (Heftzwecken und/oder Magneten)
  - Kassettenrecorder
  - Computer mit großem Bildschirm (für Schemata, Graphiken, Kurven ...)
  - Simultanübersetzung
  - Gesprächsunterlagen, vorher zu verteilen
  - Kopierer
  - Telefon, Telefax, Telex etc...

- **Konferenzablauf**: Rolle des Konferenzleiters

  - **Einleitung**
    - Teilnehmern für ihre Anwesenheit danken.
    - Abwesende entschuldigen.
    - Situation noch einmal schildern.
    - Konferenzzweck erläutern.

  - **Hauptvorträge**
    - Vor allem diejenigen zu Wort kommen lassen, die einen Vortrag vorbereitet haben und daher den Rahmen für die Diskussion abstecken können.
    - Zu lange Redezeiten vermeiden.
    - Regelmäßig die Präsentationstechnik wechseln, um Eintönigkeit zu vermeiden.
    - Darauf achten, daß jeder zu Wort kommt.
    - Diskussion wieder auf das eigentliche Thema bringen, falls man sich zu sehr in Details verliert.
    - Teilnehmer zu Vorschlägen ermuntern.
    - Fragen je nach Charakter der einzelnen stellen.
    - Zu Entscheidungen ermuntern.
    - Zu möglichst klaren Anweisungen aufrufen.

  - **Schlußphase**
    - Gesagtes unter Hervorhebung der wichtigsten Punkte zusammenfassen.
    - Termine für die nächsten Konferenzen und weitere Vorgehensweise festlegen.
    - Anwesenden für ihre Mitarbeit danken.

  - **Nach der Konferenz**
    - Darauf achten, daß das Protokoll – einschließlich Zeitplan für die weiteren Schritte – korrekt aufgesetzt und an alle Konferenzteilnehmer geschickt wird.
    - Das in der Konferenz erbetene Informationsmaterial verschicken.

stände stößt. Ihre volle Bedeutung erhalten sie jedoch erst dadurch, daß es mit ihrer Hilfe möglich ist, die Betroffenen auf einen für sie offensichtlich neuen Weg zu bringen und ihnen die Gedankengänge des Projektteams zumindest einigermaßen verständlich zu machen. Wenn man verstanden werden will, muß man über das gleiche Thema sprechen wie sein Zuhörer und in dessen Sprache. Dementsprechend muß man, wenn man jemandem einen Vorschlag näherbringen will, an dessen Ausarbeitung er nicht beteiligt war, dafür sorgen, daß er die Problematik genauso sieht wie man selbst, und außerdem genau die Dinge ansprechen, die ihm am Herzen liegen. Auf wirklich konstruktive Weise kann dies eigentlich nur im Rahmen eines Dialogs im Verlauf der Präsentation geschehen.

> **Jedes Reorganisationsprojekt muß unabhängig von seiner Bedeutung den Mitarbeitern mit Hilfe bestimmter Techniken klar und verständlich nähergebracht werden. Außerdem muß man die Betroffenen in das Projekt einbeziehen, indem man ihnen schildert, welche Überlegungen zu den geplanten Lösungen geführt haben, noch bevor man auf die Lösungen als solche eingeht. Nur ein regelmäßiger Dialog kann ein optimales beiderseitiges Verständnis gewährleisten.**

III. Durchführungsplanung

Jede Lösung – sei sie nun für ein organisatorisches Problem oder irgendein anderes – muß sich auf genaue Fakten und Zahlen stützen. Dadurch lassen sich die für ihre Verwirklichung nötigen Ressourcen quantifizieren und der für deren Einsatz richtige Zeitpunkt ermitteln. Wirklich optimal ist ein Projekt nämlich nur dann, wenn es keine unverhältnismäßigen Investitionen erfordert. Ergebnisse, die man erzielen könnte, wenn alle erdenklichen Mittel zur Verfügung stünden, sind oft Gegenstand des kollektiven Wunschdenkens, zugleich jedoch utopisch. Es geht nicht mehr darum, irgendwelche Ideen oder Vorschläge zu produzieren, sondern vielmehr etwas Konkretes in die Tat umzusetzen. Zu diesem Zweck muß man die Durchführung einschließlich der dafür erforderlichen Mittel planen und einen Zeitplan aufstellen, wobei gleichzeitig zu bedenken ist, daß der Betrieb ja weiterläuft. Die Maßnahmen greifen sowohl kurz- als auch mittel- und langfristig. Es kann hier also nicht darum gehen, eine endgültige Vorgehensweise festzulegen, die auf jeden Fall beibehalten wird, bis die Ziele erreicht sind. Die Planung muß daher Feinsteuerungsmaßnahmen und die Möglichkeit einer späteren Anpassung an neue Gegebenheiten einschließen, aber auch die wichtigsten Leitlinien für jeden verständlich und nachvollziehbar aufzeigen.

BUDGETIERUNG

Prinzip:

Die Budgetierung der Kosten für die Projektdurchführung ermöglicht zum einen die Kontrolle der Kostenentwicklung, zum anderen die rationelle Zuteilung der für die einzelnen Stellen und Abteilungen erforderlichen Ressourcen. Außerdem werden die Verantwortlichen der für die Umsetzung der Maßnahmen zuständigen Einheiten dazu veranlaßt, sich über die anfallenden Kosten Gedanken zu machen.

Anwendung:

In allen Unternehmen, bei Projekten und im Unternehmensalltag.

Vorgehensweise:

Die Budgetierung erfolgt meist in zwei Richtungen:

Von oben nach unten:

Die Projektleitung verteilt nach Ermittlung der Kosten für die Durchführung der Maßnahmen die zur Verfügung stehenden Mittel.

Von unten nach oben:

Jeder Betroffene, der zugleich für ein Budget-Center verantwortlich ist, schätzt, wie hoch der Mittelbedarf seiner Einheit sein wird, damit diese die Leistungen erbringen kann, die von ihr erwartet werden oder die sie sich selbst als Ziel gesetzt hat.

Daraufhin erfolgt eine Gegenüberstellung beider Budget- Entwürfe, um die Höhe der verfügbaren finanziellen Mittel definitiv festzulegen. Dieses „Gegenstromverfahren" kann mehrere Durchäufe erfordern.

Schließlich wird während der gesamten Durchführungsphase und auch später, solange die neue Organisation besteht, eine *Abweichungskontrolle* durchgeführt, damit die Ausgaben möglichst gering gehalten oder bei Bedarf zusätzliche Mittel beschafft werden können.

Vorteile:

- Jede Stelle und Abteilung wird veranlaßt, ihren finanziellen Bedarf festzulegen und ihre Ausgaben zu kontrollieren.
- Unternehmensleitung muß sich um eine rationelle Zuteilung der verfügbaren Mittel bemühen.
- Entscheidungs- und Kontrollkriterium bei kostenintensiven Projekten.
- Gute Grundlage für Diskussionen und Vergleiche zwischen Abteilungen oder Geschäftsjahren.

Nachteile:

- Macht eine gerechte Bewertung schwierig.
- Erfaßt ausschließlich quantitative Aspekte.
- Schwierigkeiten bei der Zuteilung der Mittel, wenn mehrere Stellen oder Abteilungen beteiligt sind.
- Mittelzuweisung könnte unter Umständen automatisch erfolgen, ohne daß Schwankungen von einem Zeitraum zum anderen berücksichtigt werden.
- Eventuell unnötig umständliches Vorgehen bei der Durchführung zur Rechtfertigung der zugeteilten Mittel oder der Notwendigkeit zusätzlicher Gelder.

Zur Durchführungsplanung gehört außerdem, daß man die Rolle der einzelnen Akteure bestimmt. Sich in der Vorbereitungsphase die nötige Zeit zu lassen, ist eines der Geheimnisse für die erfolgreiche Durchführung eines komplexen, relativ langfristigen Projekts, das zahlreichen Einfluß- und Handlungsfaktoren unterliegt. Bei der Planung sind daher im wesentlichen folgende Fragen zu klären: Was soll zuerst umgesetzt werden? Wo? Unter wessen Leitung? Ein Pilotprojekt kann insofern eine sehr nützliche Hilfe sein, als es sich nach der Bewährungsphase eventuell auf einen großen Teil des Unternehmens anwenden läßt. Reorganisationsprojekte beinhalten nämlich immer einen gewissen Unsicherheitsfaktor, da die Problemlösung oft sämtliche bestehenden Strukturen „auf den Kopf stellt". Beispiel: die oben beschriebene Umstellung auf automatisierte Fertigung in den Peugeot-Werken in Mühlhausen und Sochaux. Außerdem muß man die Möglichkeit haben, Fehler zu korrigieren, das heißt rechtzeitig umzudenken und sich auf eine andere Vorgehensweise einzustellen, zumal es heute nicht mehr ausreicht, einfach nur Bewährtes besser zu machen. Hier können Planungsinstrumente wie die Netzplantechnik PERT Hilfestellung leisten. Sie dienen als formale Grundlage bei der Planung vorhersehbarer Ereignisse, des Ablaufs der einzelnen Projektphasen und bei der Zuteilung der nötigen personellen und materiellen Ressourcen. Die Kunst des Managers besteht dann darin, die neben diesen festen Bezugspunkten trotz allem immer noch bestehende Ungewißheit irgendwie in den Griff zu bekommen. *Die Planung eines Reorganisationsprojekts muß daher auch das Controlling einschließen. Gleichzeitig müssen die Kriterien für die Durchführung, der Zeitplan sowie die Rolle der Akteure festgelegt werden.*

Planen von Strategien und Maßnahmen umfaßt:

● **Das Auswählen der Lösung, wobei man sich nach den Unternehmens- und Projektzielen richten, aber auch die wahrscheinliche Entwicklung der Umwelt berücksichtigen sollte.**

● **Die Bekanntgabe der beschlossenen Maßnahmen, und zwar so, daß Zuhörer oder Leser im Verlauf der Problemschilderung möglichst zu denselben Schlußfolgerungen gelangen.**

● **Das Abklären der Modalitäten für die Verwirklichung der Problemlösung, das heißt den Zeitplan, die erforderlichen Ressourcen sowie den Zeitpunkt und die Kosten ihres Einsatzes festlegen.**

PLANEN VON STRATEGIEN UND MASSNAHMEN AUSWÄHLEN DER INSTRUMENTE		
Bewertung der Lösungsvorschläge und Strategieauswahl	• Qualitative Analyse • Rentabilitätsanalyse • Analyse nach dem Pareto-Prinzip • Wertanalyse • Computergestützte Entscheidungsfindung	S. 362 S. 361 S. 272 S. 276 S. 341
Präsentation der neuen Strategie	• Konferenzvorbereitung • Gruppenarbeit • Rolle des Moderators • Diskussionsleitung • Informationsmittel	S. 364 S. 313 S. 314 S. 315 S. 373
Durchführungsplanung	• Pläne und Budgetierung • PERT-Netzplan • Gantt-Diagramm • Programmablauf- und Arbeitsflußdiagramme • Partizipatives Management by Objectives	S. 367 S. 126 S. 123 S. 146 S. 543

11. Kapitel

Verwirklichung der Problemlösung

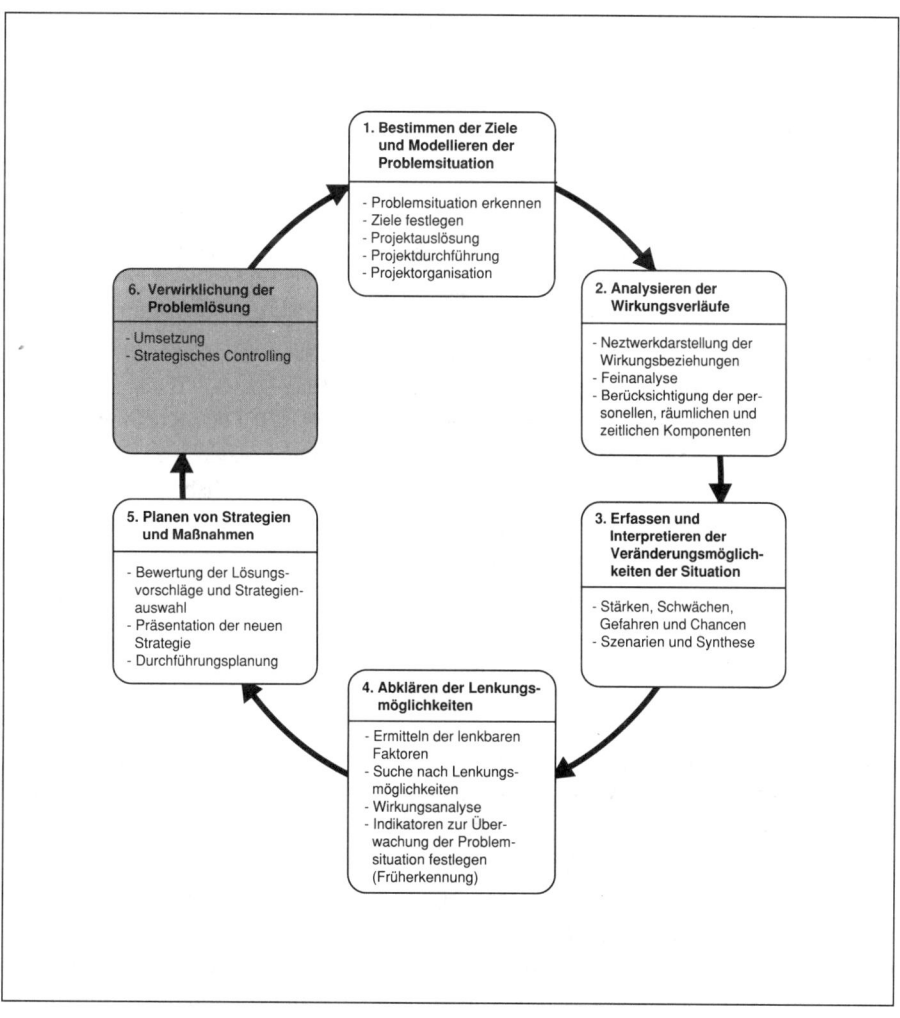

I. Umsetzung

Nachdem die Problemlösung präsentiert im Detail geplant und endgültig beschlossen worden ist, muß sie in die Praxis umgesetzt werden. Diese Phase erweist sich manchmal als sehr schwierig, da man den Bereich des Fiktiven verläßt und auch nicht mehr den Rückhalt des gesamten Teams hat, sondern versuchen muß, das Lösungskonzept mit der Wirklichkeit in Einklang zu bringen. In diesem Stadium spielen vor allem zwei Aspekte eine große Rolle: die Kommunikation, auf deren Bedeutung bereits mehrfach hingewiesen wurde, und der Kompromiß, der zwischen der konsequenten Umsetzung der ursprünglichen Entscheidungen und den unerläßlichen späteren Anpassungen des Projekts geschlossen werden muß.

a) Kommunikation

Wir haben gesehen, daß die Kommunikation während des gesamten Reorganisationsprozesses einen wesentlichen Beitrag zu dessen Erfolg leistet: Kommunikation mit den anderen Mitarbeitern zur Bekanntgabe der Ziele, der Rechte und Schlußfolgerungen des Projektteams fördern Verständnis und Akzeptanz; dies gilt auch für die Kommunikation innerhalb des Projektteams zur Schaffung des nötigen Freiraums für Kreativität und Meinungsaustausch zwischen Personen mit unterschiedlichen Ansichten. Die einzelnen Phasen des Kommunikationsprozesses haben nicht nur einen quantitativen Aspekt (Transparenz), sondern auch einen qualitativen (Verständlichkeit). Schließlich ist bei den Kommunikationsbeziehungen auch die Kohärenz ein wesentlicher Faktor, insbesondere was den Informationsgrad betrifft. Man kann nur jene Informationen unter Kontrolle haben, die man selbst abgibt. Dies liegt nicht daran, daß die Informationen keinerlei Interpretationsspielraum lassen, sondern weil jede Weitergabe und Annahme, so wünschenswert sie auch sein mag, immer fakultativ sein wird. Die Informationen beziehen sich fast immer auf die zukünftige Entwicklung der betroffenen Einheiten, die „bevorstehende Reorganisation", wobei diejenigen, die informiert sind, immer die Möglichkeit haben, nichts zu sagen und nicht zuzuhören, ebenso wie diejenigen, für die sie bestimmt sind, einfach beschließen können, nichts wissen zu wollen.

In der Umsetzungsphase ist Kommunikation dagegen nicht mehr nur wünschenswert, sondern unerläßlich. Man muß die Mitarbeiter über die laufenden Umstrukturierungen informieren, ihnen mitteilen, welche Verhaltensänderungen man von ihnen erwartet, und darüber hinaus die nötigen Direktiven geben. Außerdem muß ein ständiger Dialog stattfinden, um Anpassungsschwierigkeiten zu erkennen und abzuklären, welche davon auf die individuelle Haltung einer Einzelperson und welche auf eine Unzulänglichkeit des Lösungskonzepts zurückzuführen sind. Je intensiver die Kommunikation in den ersten Phasen gewesen ist und je mehr die Mitarbeiter in die Ausarbeitung des Projekts einbezogen worden sind, desto besser sind in der Durchführungsphase die Voraussetzungen für den Dialog zwischen dem Projektteam und den Betroffenen. So ist eher gewährleistet, daß die Vorgaben allen bekannt und verständlich sind.

INFORMATIONSMITTEL

Mündlich
- Informales Gespräch bei einem Treffen
- Persönliches Gespräch
- Telefonanruf
- Konferenz
    - zu Informationszwecken
    - zu Schulungszwecken
    - zur Entscheidungsfindung
    - zur Ideenfindung
    - zur Beschaffung von Informationen
- Vortrag
- Pressekonferenz
- Firmenbesichtigung (Tag der offenen Tür)
- Planungsgruppen
- Geschäftsessen zwecks Informationsaustausch
- Kaffeepause

Schriftlich
- Sitzungsprotokoll
- Kurzmitteilung
- Informationsbroschüre
- Rundschreiben
- Persönlich adressiertes Schreiben
- Management-Informations-System
- Statistiken
- Betriebszeitschrift
- Fachblätter und -zeitschriften
- Diskussionsberichte
- Meinungsumfragen
- Fragen an die Unternehmensleitung
- Ideenbox
- Pressespiegel
- Telex
- Telefax
- Listing

Audiovisuelle Information, EDV
- Visuelle Hilfsmittel
- Anschläge an zentralen Orten
    - Kurzmitteilungen
    - Grafiken
    - Schemata und Pläne
- Tafel (elektronisch, ...)
- Telekonferenz
- audiovisuelle Präsentationstechniken
- Film
- Bildschirmnachrichten
- Telefonnachrichten
- Durchsagen über Lautsprecher
- Datenbanken
- Electronic Mail

Kombinierte Methoden
- Informationsraum
- Empfangsveranstaltungen für neue Mitarbeiter
- Workshop
- Informationsaustausch bei Arbeitssitzungen

Die Kommunikationsmittel spielen in der Tat eine doppelte Rolle, und gerade in diesem Sinn sprechen wir von Dialog. Anfangs sind sie für das Projektteam ein Mittel zur Information über die Modalitäten und Konsequenzen des organisatorischen Wandels. Wie bereits erwähnt können von den Mitarbeitern, deren Arbeitsplatz völlig neu strukturiert wird, erhebliche Widerstände ausgehen. Die möglichen Reaktionen sind vielfältig: von der einfachen Behinderung der Durchführung über die Weigerung, die Änderungen so schnell wie möglich zu übernehmen, bis hin zur kollektiven Ablehnung in Form eines Streiks. Welches Ausmaß die Änderungswiderstände auch immer annehmen, sie lassen sich auf keinen Fall einfach so aus der Welt schaffen. Ein Streik – und das haben inzwischen schon viele verstanden – ist nicht nur Ausdruck der Ablehnung einer Neuerung. Zu einem Streik kommt es in der Regel vielmehr einige Zeit nach der Umstrukturierung, und dieser bezieht sich dann meist auf ganz konkrete Fragen, die auf den ersten Blick nichts mit dem Wandel zu tun haben: Löhne, Arbeitsbedingungen, Tarifverträge. Das sind die Themen, für die es zwischen Arbeitgebern, Gewerkschaften und Arbeitnehmern eine gesetzlich geregelte Verhandlungsbasis gibt. Deshalb ist es logisch, daß sich die Diskussion zunächst auf diese Themen konzentriert, obwohl das Problem eigentlich woanders liegt. Ein Streik bedeutet, daß die Mitarbeiter den Sinn einer Neuerung nicht verstanden haben und die Bedeutung der Reorganisation offensichtlich nicht deutlich genug erläutert wurde, aber auch, daß die Verantwortlichen die Interessen der Streikenden nicht berücksichtigt haben, denn auch diese haben ihren eigenen Bezugsrahmen und ihre eigene Sichtweise, die sie der anderen Seite gerne verständlich machen würden, damit ihre Ansichten nicht einfach unberücksichtigt bleiben. Viele sind durchaus bereit, sich zu engagieren und sich Mühe zu geben, möchten aber erstens gerne den Grund kennen und würden es zweitens gern sehen, wenn ihnen die Unternehmensleitung als Gegenleistung in bestimmten, für sie wichtigen Punkten entgegenkäme. Die Reorganisation kann entweder als Gefahr oder als Chance verstanden werden. Damit letzteres der Fall ist, was natürlich für das gesamte Unternehmen das beste wäre, muß man versuchen, die Verbesserungsvorschläge der Hauptbetroffenen einzubeziehen, was angesichts der Tatsache, daß auch sie einige ihrer eigenen Probleme gern gelöst sähen, nicht zwangsläufig im Widerspruch zu den Zielen der Reorganisation stehen muß.

Mit Hilfe der Kommunikation lassen sich in diesem Stadium Umstellungsschwierigkeiten, Forderungen und eventuell schon seit langem bestehende, aber aus Mangel an Gelegenheit nie zum Ausdruck gebrachte Bedürfnisse der Mitarbeiter ermitteln. Der Wandel stellt einen radikalen Eingriff in den Betriebsalltag dar, an den sich jeder im Laufe der Zeit gewöhnt hatte, weil sich dieser durch seine eigenen, betriebsspezifischen Kriterien selbst rechtfertigte. Wenn sich diese Kriterien jedoch plötzlich ändern, sagen sich die Mitarbeiter, daß dies vielleicht endlich die Gelegenheit sei, das zu ändern, was ihnen an ihrer Arbeit oder an ihrer persönlichen Situation schon immer mißfallen hat. Natürlich handelt es sich dabei oft auch um individuelle, gegen die Kollektivinteressen gerichtete Bedürfnisse. In manchen Fällen sind sie Ausdruck mangelnder Integrations- und Verantwortungsbereitschaft und mangelnden Vertrauens in die eigenen Fähigkeiten, bedingt durch die Gewißheit, daß in Zukunft höhere oder zu-

VORAUSSETZUNGEN FÜR GUTE KOMMUNIKATION IN ARBEITSGRUPPEN

Prinzip:

Eine gute Kommunikation innerhalb einer Gruppe sowie konstruktive Gespräche unter den Gruppenangehörigen stärken sowohl den Zusammenhalt als auch die Kooperationsfähigkeit und fördern darüber hinaus die Entwicklung kreativer Initiativen.

Anwendung:

Zur Lösung komplexer Probleme; bei Beurteilungsgesprächen und im Arbeitsalltag.

Ratschläge für den Moderator und die Teilnehmer:

A. Für Offenheit sorgen

- Konstruktive und entspannte Atmosphäre schaffen; den anderen zuhören.
- Nicht hetzen; die Gruppe soll sich langsam an ihre Arbeit herantasten; unnötigen Zeitdruck und Störungen von außen vermeiden.
- Informationen sammeln und Stellung beziehen.
- Probleme gemeinsam möglichst neutral beschreiben.
- Schwierigkeiten und Ziele gemeinsam aufzeigen.
- Lösungsvorschläge machen und gemeinsam darüber diskutieren, Kritik auf später verschieben.
- Lösungen unter Berücksichtigung der Interessengegensätze gemeinsam bewerten.

B. Reden und reden lassen

- Sich seines eigenen Images bewußt sein: Bei einer Konferenz werden Informationen über ein bestimmtes Thema, aber auch über die Teilnehmer ausgetauscht.
- Anzeichen nichtverbaler Kommunikation erkennen (Mimik, Gestik, Stimme, Nervosität, Kleidung ...), um beunruhigten Personen die Möglichkeit zu geben, ihre Bedenken zu äußern, statt sich zu isolieren.
- Eindrücke von tatsächlich Gesagtem beziehungsweise Symptome von der sich dahinter verbergenden
  Wirklichkeit unterscheiden, um falsche Interpretationen zu vermeiden; Fragen stellen und genauer auf die Thematik eingehen.
- Widerspruch akzeptieren; oft reagiert man voreilig, wenn man sich persönlich angegriffen fühlt (Aggression, Rückzug, Anpassung ...).
- Ein „idealer" Grad an Aufgeschlossenheit und Offenheit läßt sich nur schrittweise erreichen; jeder muß sich darüber im klaren sein, wie er sich nach außen hin geben bzw. wie er taktieren möchte, und die Grenzen dieser Taktik genau kennen.
- In einer Gruppe beeinflußt jeder jeden auf die eine oder andere Weise, selbst durch Schweigen. Jeder manipuliert die anderen bewußt oder unbewußt, um sie zu überzeugen oder sich zu behaupten; für die Gruppe ist es daher besser, wenn jeder seine Meinung sagt, zugleich aber auch die anderen ermuntert, sich ebenfalls zu äußern.

C. Integrieren

- Individuelle oder kollektive Barrieren aufdecken (negative Grundhaltung, Aggressivität, fixe Ideen, Utopien, Selbstanschuldigungen, Resignation, Konformismus, kollegiale Solidarität, Projektion, Rationalisierung, Nachlässigkeit, überdurchschnittliches Abgeben von Verantwortung); nicht um jeden Preis interpretieren; sensibilisieren und den Mitarbeitern die Möglichkeit zum Rollentausch geben, um versteckte Manöver zu vermeiden.
- Zu Widerspruch, aber auch zur gemeinsamen Ausarbeitung eines Projekts ermutigen.
- Konflikte im Sinne des Projektziels bewältigen.
- Durch Intensivierung der Diskussionen und Denkprozesse, Einbeziehen von Vorschlägen in den Projektentwurf und den Gebrauch von „ich" oder „wir" anstelle unpersönlicher Wendungen das Verantwortungsbewußtsein fördern.
- Achtung: Vorgesetzte neigen häufig zu Reaktionsformen, die die Kommunikation stoppen oder zurückbilden (vgl. kommunikationsfeindliche Bemerkungen).

Kreativitäts- und kommunikationsfeindliche Bemerkungen (nach Bloch/Hababou/Xardel, 1986)	**Die zehn Gebote für eine gute Verständigung** (nach Neuberger, 1982)
<ul><li>Das klappt doch nie.</li><li>Das ist unmöglich.</li><li>Ich habe schließlich auch noch etwas anderes zu tun!</li><li>Warum ändern? Es klappt doch auch so, und das ist ja wohl das Wichtigste!</li><li>Das wird doch überall so gemacht.</li><li>Bei uns ist das eben anders.</li><li>Das ist zu teuer.</li><li>Das geht Sie nichts an.</li><li>Darum geht es doch gar nicht.</li><li>Seit wann sind Sie eigentlich bei uns?</li><li>Und auf wen fällt das Ihrer Meinung nach zurück?</li><li>Ich habe keine Zeit! Warten wir erstmal ab.</li><li>Sehen Sie zu, wie Sie das hinkriegen!</li><li>Die Entscheidung liegt nicht bei mir.</li><li>Gute Idee! Geben Sie mir das irgendwann schriftlich.</li></ul>	<ul><li>Lassen Sie den anderen ausreden.</li><li>Sorgen Sie dafür, daß Ihr Gesprächspartner entspannt ist.</li><li>Hören Sie ihm zu, und zeigen Sie Ihre Zuhörbereitschaft.</li><li>Vermeiden Sie Störungen.</li><li>Urteilen Sie nicht, sondern versetzen Sie sich in die Lage Ihres Gesprächspartners.</li><li>Geduld! Hetzen Sie Ihren Partner nicht.</li><li>Verlieren Sie nicht die Beherrschung, und nehmen Sie nicht alles persönlich.</li><li>Lassen Sie sich von Kritik oder Angriffen nicht aus der Fassung bringen.</li><li>Stellen Sie Fragen.</li><li>Fallen Sie Ihrem Gesprächspartner vor allem nicht ins Wort.</li></ul>

SCHULUNGSTECHNIKEN

Prinzip:

Die mit einer Reorganisation verbundenen Veränderungen können oft nur nach einer entsprechenden Schulung der Betroffenen umgesetzt werden. Man muß sich also vorher Gedanken machen, was man tun kann, damit sie die Ausgangslage und die daraus für die Projektdurchführung gezogenen Schlüsse besser nachvollziehen können.

Anwendung:

Bei jedem Reorganisationsprojekt, an dessen Ausarbeitung die Betroffenen nicht alle direkt beteiligt waren.

Vorgehensweise:

Je nach Sachlage und Art der Kommunikation können verschiedene Schulungstechniken miteinander kombiniert werden; im Verlauf der Schulung werden die zuvor besprochenen Punkte zum Teil wieder aufgegriffen.

Instruktion:

Die klassische Form der Schulung. Sie beschränkt sich auf eine einfache Schilderung des Projekts. Da die Mitarbeiter die Problematik so nicht erfassen können und somit eventuell eine ablehnende Haltung entwickeln, sollte man diese Methode nur in Einzelfällen anwenden, zum Beispiel um die Mitarbeiter mit dem Wesentlichen vertraut zu machen oder um die für das Verständnis erforderlichen theoretischen Grundlagen zu vermitteln.

Interaktive Schulung:

Die interaktive Schulung behält das klassische Prinzip Lehrender/Lernender bei, stützt sich jedoch auf einen ständigen Dialog zwischen beiden Seiten. Der Schulungsleiter versucht, die Teilnehmer dazu zu bringen, das Problem selbst zu erkennen, Fragen zu stellen und ihre eigenen Schlüsse zu ziehen. Er gibt seine Informationen nur auf entsprechende Fragen hin an die Gruppe weiter.

Praktikum oder außerbetriebliche Schulung:

Die Teilnehmer sollen aus ihrem gewohnten Arbeitsalltag in eine mit der geplanten Reorganisation vergleichbare Situation versetzt werden. Dies kann in Form eines Praktikums in einem anderen Unternehmen geschehen, mit dem ein gegenseitiger Austausch von Mitarbeitern vereinbart wurde, oder auch in Form einer Schulung bei einem Berater beziehungsweise an einer Universität (MBA oder ähnliches), in deren Verlauf der Mitarbeiter Gelegenheit hat, mit Angehörigen anderer Firmen zu diskutieren, die vor den gleichen Problemen stehen.

Fallstudien:

Gründe und Lösungen für eine Reorganisation werden hierbei in kleinen Gruppen ausgehend von fiktiven oder realen, mit der Unternehmenssituation vergleichbaren Beispielen auf dem Wege der Analogiebildung gesucht. Die Gruppe arbeitet ihre Vorschläge auf der Grundlage der geschilderten Fälle aus und vergleicht sie dann mit der Situation der eigenen Firma. Diese Methode ist zwar sehr effizient, setzt jedoch gewisse theoretische Kenntnisse voraus, damit sich die Teilnehmer vom Betriebsalltag loslösen können.

Selbstschulung:

Förderung der Schulung einzelner Mitarbeiter, sei es in vorgegebenem Rahmen (Kurse, Praktika, ...) oder durch Lektüre. Fernkurse können vom Unternehmen her eingekauft und angeboten werden, eine Videothek und Bibliothek aufgebaut werden, u.a.m.

Seminare:

Mehrere Mitarbeiter besuchen für bestimmte Zeit eine Fortbildungsveranstaltung außerhalb des Unternehmens. Auf diese Weise können sie frei von allen Zwängen überlegen und untereinander oder mit dem Seminarleiter diskutieren, um bestimmte Punkte zu klären und ihre Änderungsvorschläge oder Vorstellungen in bezug auf die geplante Reorganisation zu formulieren.

Organisationsentwicklung:

Da diese Reorganisationsmethode auf der Philosophie beruht, daß man die Betroffenen in die Überlegungen und die Entwicklung neuer Strategien einbeziehen sollte, kann man sie mit Fug und Recht als Schulungsinstrument bezeichnen. Zum einen können sich die Mitarbeiter selbst Gedanken machen und sich über die Unternehmenssituation informieren, zum anderen lernen sie, Probleme unter einem bestimmten Gesichtspunkt gemeinsam anzugehen und zu bewältigen.

Vorteile:	**Nachteile:**
• Fördert Verständnis und Identifikation mit dem Projekt. • Ermöglicht Dialog. • Sorgt für ein einheitliches Firmencredo. • Läßt genügend Freiraum für neue Ideen.	• Könnte falsche Hoffnungen wecken oder Fragen aufwerfen, die unbeantwortet bleiben. • Hohe Anfangsinvestition; Rentabilität schwer einschätzbar.

mindest andere Anforderungen an die Mitarbeiter gestellt werden. Aber all diese Punkte lassen sich nicht vorab von den Führungskräften regeln, die immerhin nach ihren eigenen Wertvorstellungen handeln und die der ihnen unterstellten Mitarbeiter gar nicht so richtig kennen. Man muß daher zuhören können und die Kommunikation von unten nach oben fördern, um herauszufinden, welches die wunden Punkte sind, und dementsprechend seine Entscheidungen treffen. Das setzt jedoch eine Änderung der Grundeinstellung voraus: In Diskussionen gibt es nicht mehr automatisch einen „Sieger" und einen „Verlierer". Es geht vielmehr darum, die Bereitschaft zu konstruktiven, für beide Seiten zufriedenstellenden Verhandlungen zu wecken, in denen den Interessen aller Beteiligten unter Berücksichtigung einer kollektiven Herausforderung Rechnung getragen wird. Und auch wenn die neue Strategie darin besteht, das System um jeden Preis nach und nach den neuen Anforderungen anzupassen – ungeachtet der möglichen Konsequenzen –, dann hat man sich über letztere zumindest Gedanken gemacht, so daß man im Ernstfall entsprechend vorbeugen kann.

Die Umsetzung der organisatorischen Maßnahmen erfordert noch größeres Engagement und noch größere Professionalität, was die Gestaltung der Kommunikationsprozesse angeht, als die Planungsphase. Die Hauptbetroffenen müssen unmißverständlich über die Veränderungen ihrer persönlichen Arbeitssituation sowie die neuen Anforderungen an ihre Leistungsbereitschaft und ihr Verhalten informiert werden.

Die Kommunikation muß in Form eines Dialogs stattfinden, damit man sich während der gesamten Umsetzungsphase ein Bild von den wahren Problemen und Bedürfnissen der Mitarbeiter machen und diese nach reiflicher Überlegung gegebenenfalls verantwortungsbewußt in das Projekt einbeziehen kann.

b) Beibehalten der Ziele und Anpassungsfähigkeit

Wenn vom Eingehen auf die Betroffenen die Rede ist, hört man immer wieder dieselben Einwände. Ein erster Einwand gilt der erforderlichen Zeit. Es liegt auf der Hand, daß man in Krisenzeiten, wenn zum Beispiel eine wichtige Entscheidung innerhalb von zwei Tagen getroffen und umgesetzt werden muß, nicht erst lange die Mitarbeiter befragen und integrieren kann. Die Unternehmensleitung hat die Aufgabe, das Unternehmen so zu führen, daß Fortbestand und – wenn möglich – Geschäftserfolg gewährleistet sind. Die Führungsspitze wird dieser Aufgabe im allgemeinen durch schnelle und notfalls radikale Entscheidungen gerecht. Wenn es dagegen um einen langfristigen Prozeß geht, der auf eine tiefgreifende Veränderung des Unternehmens hinausläuft, ist dieser – tatsächlich gegebene – Zeitverlust dagegen eher als eine Investition anzusehen, die sich hinterher bezahlt macht. Die Umsetzung kann dann nämlich um so reibungsloser erfolgen, oder es ergeben sich in deren Verlauf sogar noch zusätzliche Möglichkeiten, die man ursprünglich gar nicht eingeplant hatte. Die Führungskraft muß daher von Fall zu Fall über die Art und Weise des Eingreifens in das Management eines Wandels entscheiden, denn sie kennt die Bedeutung und Dringlichkeit der Situation.

GRUPPENDYNAMIK

Prinzip:
Guppen sind keine endgültigen, statischen Gefüge, sondern unterliegen aufgrund der bereits bestehenden oder immer wieder neu hinzukommenden Beziehungen, Gefühle, Eindrücke, Absichten und Handlungen ständigen Veränderungen. In jeder Gruppe wechseln sich harmonische Phasen mit Krisen ab, und jede Gruppe hat ihre eigene Entwicklungsgeschichte, je nachdem, welche Ziele das Unternehmen verfolgt und welche Phasen zu diesem Zweck durchlaufen werden müssen.

Anwendung:
Bei der Gruppendynamik handelt es sich hierbei um einen Prozeß, der von einem Moderator gesteuert werden muß; sie wird häufig zu „Therapiezwecken" genutzt oder als Möglichkeit, kollektive an die Stelle von individuellen Bemühungen treten zu lassen (z.B. Kreativgruppen, Gruppenarbeit, Projektgruppen, Designergruppen, Entwicklungsteam…), vor allem aber zur Beibehaltung der Leitlinie für das gemeinsame Vorgehen bei Gefahr des Zusammenhaltsverlusts oder Abweichungen vom Geplanten.

Vorgehensweise: Allgemeine Zusammenhänge der Gruppendynamik

Die individuelle und kollektive Rollenverteilung innerhalb der Gruppe richtet sich nach deren Daseinszweck, nach den Zielen, mit denen sich jeder zunächst auseinandersetzt, um dann zu versuchen, sie mit seinen eigenen Vorstellungen zu vereinbaren, bevor er sie sich schließlich zu eigen macht oder auch nicht. Es besteht eine ständige Wechselwirkung zwischen dem offiziell vorgegebenen Ziel der Gruppe, dem jedes einzelnen Angehörigen und dem, was letzten Endes dann tatsächlich von der Gruppe angestrebt wird.
Eine Gruppe ist also weder ein Instrument zur Zielerreichung noch ein Prozeß zwischenmenschlicher Beziehungen, sondern vielmehr eine auf Interaktionen beruhende Kombination beider Aspekte.

Chancen:
- Gibt Anhaltspunkte und Aufschluß darüber, wo und wann der Moderator regulierend eingreifen soll (Konfliktbewältigung.)
- Der Moderator kann der Entwicklung in der Gruppe freien Lauf lassen und sich nur von Zeit zu Zeit über den Stand der Dinge informieren (richtungweisende Funktion).
- Die Anwendung eines schematischen Vorgehens verleiht Sicherheit und ermöglicht den nötigen Abstand zu den Ereignissen.
- Die Gruppendynamik fördert die persönliche Weiterentwicklung der Gruppenmitglieder und damit der Lernprozeß
- Bringt eventuell Ergebnisse, die weit über die Möglichkeiten des einzelnen hinausgehen

Gefahren:
- Dominierende Persönlichkeiten (Gruppenangehörige oder Moderatoren) können der positiven Weiterentwicklung der Gruppe im Weg stehen.
- Der Moderator muß die emotionalen, intellektuellen und sozialen Aspekte des Lernprozesses der Gruppe beherrschen.
- Wenn sich die Gruppe ungehindert entwickeln kann, sind Auflösung oder Spaltung nicht ausgeschlossen (Moderator schafft die Rahmenbedingungen).
- Die Gruppendynamik kann unerwünschte Wirkung haben, sobald die optimale Anzahl von Mitgliedern überschritten wird (Ziel wird aus den Augen verloren; Masseneffekt).

Der zweite Einwand bezieht sich auf die mangelnde Fähigkeit der Mitarbeiter, Führungsprobleme zu erkennen. Jeder kennt zwar seinen eigenen Platz im System, was jedoch häufig fehlt, ist die ganzheitliche Sichtweise, um erkennen zu können, ob diese oder jene Intervention und Verbesserung erfolgreich sind oder nicht. Dazu lassen sich zwei Dinge sagen. Zunächst zum Sachverhalt: Ob die Mitarbeiter ganzheitlich denken können oder nicht, hängt von der Unternehmensleitung ab. Wenn keinerlei Möglichkeit geboten wird, in anderen Bereichen zu arbeiten oder größere Aufgaben zu übernehmen, wenn sich die Mitarbeiter weder weiterbilden noch über den Gang der Geschäfte informieren können, wenn die Kontakte zwischen den organisatorischen Einheiten eher ignoriert als begünstigt werden, kurzum, wenn jeder mehr oder weniger vom allgemeinen Unternehmensgeschehen abgeschnitten wird, ist es kaum verwunderlich, daß sich in der Firma kein Kollektivbewußtsein entwickeln kann. Das zweite, was dazu zu sagen wäre, bezieht sich auf die Rolle des Projektteams. Einseitige Sichtweisen auf seiten der Mitarbeiter gibt es immer. Das Festhalten an der eigenen Verantwortung und die individuelle Persönlichkeit sind Grund dafür, daß trotz der Bemühungen der Firma um abteilungsübergreifende Zusammenarbeit manche ihre Scheuklappen nicht ablegen. Auf die Mitarbeiter eingehen und sie anhören heißt jedoch nicht blind alles zu übernehmen. In einem Reorganisationsprojekt lassen sich viele Dinge anpassen, andere jedoch nicht. Die durch die Projektziele und die neuen Strategien vorgegebene Stoßrichtung muß einen für beide Seiten festen Bezugsrahmen bilden. Auf die Mitarbeiter eingehen heißt daher in erster Linie, daß man ihre individuellen Bedürfnisse erkennt und je nach ihrem kollektiven Nutzen im Projekt berücksichtigt. Auch hier ist die klare Formulierung der Ziele von großer Bedeutung, da sie den Akteuren der Reorganisation als Kriterien bei der Bewertung von Vorschlägen aus den Reihen der Mitarbeiter dienen können. Wie auch immer die Entscheidung aussieht, sie muß den Mitarbeitern mitgeteilt und erläutert werden, damit diese sie zumindest ein wenig mittragen können und nicht das Gefühl haben, daß man über ihren Kopf hinweg entscheidet, was dem Projektverlauf und vor allem der Umsetzung nicht zuträglich wäre. *In der Umsetzungsphase einer Reorganisation kann man mit Änderungsvorschlägen seitens der Betroffenen rechnen. Es ist wichtig, daß man ihnen die Möglichkeit gibt, sich zu äußern, daß man auf sie eingeht, ihre Vorschläge – sofern sie im Einklang mit den Projektzielen sind – berücksichtigt und unter diesem Gesichtspunkt Stellung dazu nimmt.*

Von den unbedingt einzuhaltenden Leitlinien kann man auf die Anpassungsfähigkeit des Projekts schließen. Damit eine gewisse unabdingbare Flexibilität nicht verlorengeht – man kann nicht alles im voraus wissen, vorhersehen und im Griff haben –, dürfen die Leitlinien nicht mehr als ein paar klar umrissene Ziele sein, die sich auf das Wesentliche beschränken. Zu viele Details bilden ein starres und restriktives Gerüst aus Leitlinien, die man im nachhinein nicht mehr verbessern kann. Wenn dagegen wenig Klarheit in bezug auf die wesentlichen Punkte herrscht, weiß keiner, woran er sich halten soll, so daß die Umsetzung der Lösung eine einheitliche Linie vermissen läßt. Die Akteure der Reorganisation müssen

PSYCHOLOGISCHE VORAUSSETZUNGEN FÜR EINE ERFOLGREICHE REORGANISATION

- Betroffene, Vorgesetzte, Betriebsrat und Gewerkschaft müssen vor, während und nach der Reorganisation über alles informiert werden.

- Präzise, klare und für jeden verständliche Sprache.

- Problem zusammen mit den Mitarbeitern definieren, wenn möglich von diesen definieren lassen.

- Einbeziehen der Betroffenen in der Beratungs-, Planungs-, Analyse- und Durchführungsphase.

- Einbeziehen der Mitarbeiter in die Strategien- und Struktursuche, -bewertung und -auswahl.

- Ständiges Feedback, um die Mitwirkenden über die durch ihren Beitrag ermöglichten Synthesen und Entscheidungen zu informieren.

- Übertragen von Verantwortung auf die betroffenen Mitarbeiter und Zusage der Unterstützung durch die Organisatoren.

- Die Mitarbeiter müssen die Notwendigkeit der Reorganisation einsehen.

- Nachsicht und Geduld bei Anpassungsschwierigkeiten; Führungskräfte sollten Hilfestellung leisten.

- Rechtzeitige gründliche und differenzierte Schulung.

- Auf die Person abgestimmte Erklärungen zur Aktivierung individueller Potentiale.

- Realistische Terminplanung: längere Planungsphase, kürzere Durchführungsphase.

- Konkrete, eindeutige und zügige Umsetzung.

- Beibehalten einer klaren strategischen Stoßrichtung.

- Kulturelle und strukturelle Kohärenz bei der Umsetzung.

- Machtstreitigkeiten und Widerstände erkennen und unter Kontrolle halten.

- Ausreichende technische Qualifikation der Mitarbeiter.

- Sowohl die eigenen Fehler als auch die anderer erkennen und akzeptieren.

- Aktive, permanente Unterstützung der Reorganisation durch die Unternehmensleitung.

daher den goldenen Mittelweg finden. Sie erkennen so um so deutlicher, wie groß ihr Freiraum bei der Projektdurchführung tatsächlich ist. Sie müssen in der Lage sein, während des Dialogs mit den betroffenen Mitarbeitern im Laufe der Umsetzungsphase zu beurteilen, ob die Probleme oder Vorschläge in Richtung eines Lernprozesses gehen, in dessen Verlauf die neuen Normen vom System übernommen werden, ob sie das Projekt systemgerechter und besser machen oder ob sie es vielmehr in eine andere Richtung lenken, die lediglich den Interessen einzelner entgegenkommt. Dies ist keine leichte Aufgabe. Eine Reorganisation läßt sich nie genau so durchführen, wie es vom Projektteam geplant war, und schon gar nicht so, wie es sich jeder einzelne Teilnehmer vorgestellt hatte, denn schließlich sind bei einem solchen Prozeß Menschen betroffen. Daher ist es leicht möglich, daß die Projektverantwortlichen in der Durchführungsphase das Gefühl bekommen, ihnen würde ihr „Kind" weggenommen. Dieses nur allzu natürliche Gefühl darf jedoch nicht zu Abwehrreaktionen führen, mit denen jeder Änderungsvorschlag der Betroffenen sofort verworfen wird. Es ist völlig normal, daß diese, um ihrerseits hinter dem Projekt stehen zu können, versuchen, das Projekt auf ihre Weise durchzuführen. Sie verlangen eventuell nach Änderungen, deren Nutzen auf den ersten Blick nicht unbedingt ersichtlich sein mag. Stößt das Projekt nach diesen Änderungen jedoch allgemein auf größere Akzeptanz, sind sie als Zeichen eines erfolgreichen Projektverlaufs zu werten. Aus diesem Grund müssen die Projektverantwortlichen bereit sein, jeden Änderungsvorschlag, den ein einzelner, eine Gruppe oder eine Einheit in bezug auf die für ihn/sie relevanten Aspekte des Projekts macht, zu berücksichtigen, sofern er den Richtlinien für die Projektdurchführung nicht zuwiderläuft. Das Team muß die Änderungen allerdings mit den anderen Maßnahmen koordinieren und sich überlegen, ob eine minimale Änderung eines bestimmten Punktes eventuell als Übergangslösung ins Auge gefaßt werden könnte, bevor man schließlich den großen Schritt wagt. *Eine Reorganisation wirkt sich so sehr auf die Werte, zumindest die beruflichen, der Betroffenen aus, daß diese versuchen, das Projekt selbst in die Hand zu nehmen und je nach den spezifischen Bedürfnissen ihrer Einheit bzw. sogar je nach ihren eigenen Bedürfnissen zu verändern. Die Projektverantwortlichen müssen diese Wünsche erkennen, akzeptieren und – sofern sie mit den Projektleitlinien zu vereinbaren sind – berücksichtigen. Außerdem müssen sie abschätzen, ob die Änderungen dem Projekt langfristig zugute kommen könnten, und sie, falls dies der Fall sein sollte, entsprechend koordinieren.*

Die Verwirklichung des organisatorischen Wandels ist der Übergang von rein theoretischen Analysen, von Simulationen am grünen Tisch zur praktischen Anwendung am Menschen, was zwangsläufig einige Ungewißheit in sich birgt. Die Umsetzung in die Praxis schließt immer den Faktor Mensch ein, der vorher nicht konkret faßbar war. Daher gilt folgendes:

Eine Reorganisation erfordert:

- **Kommunikation von oben nach unten, das heißt, die Mitarbeiter müssen über die Ziele der Projektdurchführung und deren konkrete und abstrakte Konsequenzen informiert werden (Verfahrens- und Verhaltensweisen).**
- **Kommunikation von unten nach oben, indem man auf die Änderungsvorschläge der Mitarbeiter sowie ihr Bedürfnis nach Einbeziehung in das Projekt eingeht.**
- **Die Klärung der Frage, ob die vorgeschlagenen Änderungen projektgerecht sind und man sie berücksichtigen sollte, so daß auch die Mitarbeiter hinter dem Vorhaben stehen. Das Ergebnis der Bewertung wird den Betroffenen mitgeteilt und erklärt.**

II. Strategisches Controlling

Wie wir gesehen haben, entwickelt sich die Organisation einer Institution ständig weiter. Die Durchführung eines organisatorischen Wandels kann daher nicht als ein Vorgehen mit statischem Ergebnis betrachtet werden, das in seiner neuen Form garantiert erhalten bleibt. Damit die neue Struktur nicht von vornherein veraltet ist, sondern lebt, sich weiterentwickelt und den Systemmitgliedern die Möglichkeit zur Entfaltung gibt – zu beiderseitigem Nutzen –, ist eine ständiges Audit und Controlling erforderlich, mit deren Hilfe man überprüfen kann, ob die Anpassungen des Systems wünschenswert sind oder nicht.

a) Organisation oder Reorganisation?

Wenn Manager und Mitarbeiter – jeder auf seiner Ebene – an der Gestaltung der Organisation mitarbeiten und gegebenenfalls lenkend eingreifen, braucht die Firma keine tiefgreifenden Reorganisationen durchzuführen, sondern kann statt dessen kontinuierlich kleinere Änderungen am System vornehmen. Eine Reorganisation kann natürlich auch durchaus sinnvoll sein, zum Beispiel als eine Art „Aufrütteln" oder Radikaleingriff in festgefahrenen Situationen. Personelle Veränderungen sowie eine Änderung der Normen und Werte stellen das Bestehende vollständig in Frage und schaffen neue Gegebenheiten, die den Bedürfnissen und Anforderungen des Markts eher gerecht werden. Eine Reorganisation ist allerdings oft mit hohen Kosten verbunden: Bestimmte Fähigkeiten werden vorübergehend nicht gebraucht; ein Teil der Zeit muß in Aktivitäten investiert werden, die kurzfristig nur wenig produktiv sind; das Projekt verschlingt – je nach Größe des Unternehmens – einen nicht unerheblichen Teil der verfügbaren Mittel; Vertrauen und Begeisterung der Mitarbeiter schwinden zunächst einmal.

CONTROLLING

Prinzip:
Eigendynamik und Umwelteinflüsse sorgen dafür, daß sich eine Organisation ständig weiterentwickelt. Daher muß der Verlauf eines (Re-)Organisationsprojekts regelmäßig mit den ursprünglichen Zielsetzungen verglichen werden, damit man Abweichungen erkennen, sofortige
Korrekturmaßnahmen ergreifen und/oder die Projektziele neu festlegen kann.

Anwendung:
Bei jedem komplexen und dynamischen Organisationsprojekt.

Vorgehensweise:

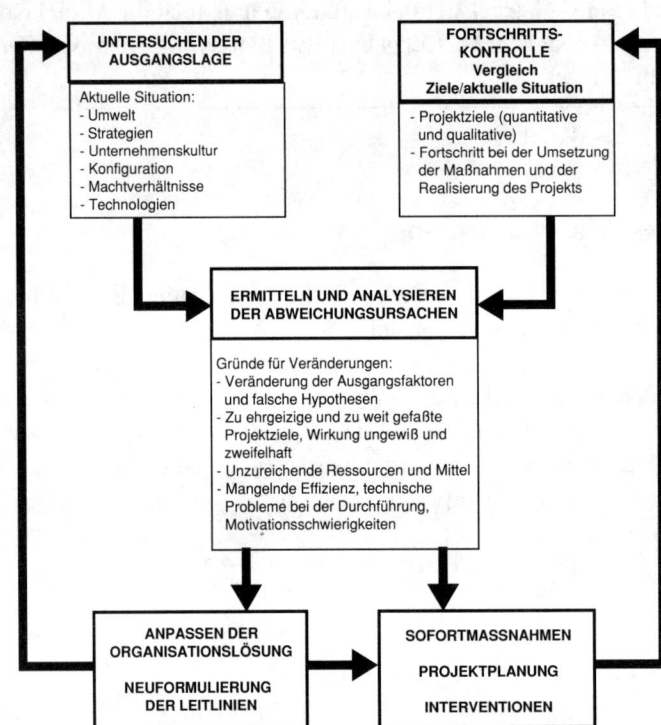

Das Controlling soll vor allem Interventionen um jeden Preis sowie ein nicht kalkuliertes
Laisser-faire in der Durchführungsphase der Reorganisation vermeiden helfen.
Denn:
- Ein Problem kann durchaus eine punktuelle, kurzfristige Ursache haben, gegen die sich sofort etwas unternehmen läßt, was allerdings Änderungen in der Projektplanung mit sich
  bringt. Solche Ursachen wären beispielsweise Fehlinformationen, Widerstände einiger weniger oder – wie vorherzusehen war – eine teilweise schlechte Zuweisung personeller und
  technischer Ressourcen. In diesem Fall wird die regelmäßige Fortschrittskontrolle nach entsprechenden Korrekturmaßnahmen fortgesetzt.
- Eine Abweichung zwischen Zielvorgaben und Ist-Zustand in der Durchführungsphase kann
  auch auf eine ungenaue, auf falschen Hypothesen beruhende Analyse zurückzuführen sein
  oder, was häufiger der Fall ist, auf eine schwer vorhersehbare Entwicklung

Vorteile:	**Nachteile:**
● Regelmäßige Überwachung der Reorganisation.	● Zufälliges läßt sich schwer von Grundsätzlichem unter-
● Objektive Bewertungsgrundlage; verhindert eine stim-	scheiden; daher immer etwas subjektiv.
mungsabhängige Einschätzung des Projekterfolgs.	● Bei Verzögerungen läßt sich nur schwer ermitteln, was
	auf den Lernprozeß und was auf Anpassungsschwierig-
	keiten seitens der Mitarbeiter zurückzuführen ist.

384

Außerdem sollte man nicht bei jedem Wechsel in der Führungsspitze gleich eine Reorganisation auslösen. Es ist viel wichtiger, Lenkungsmöglichkeiten und Handlungsspielraum miteinander in Einklang zu bringen. Organisation und Reorganisation verbinden Kalkulierbares mit Unkalkulierbarem, nämlich mit der Überzeugung, daß eine gleichzeitige Weiterentwicklung von Strategie und Organisation sinnvoll ist. Natürlich spricht einiges für eine Reorganisation, wenn sich überhaupt nichts bewegt, wenn die Mitarbeiter immer weniger Bezugspunkte und damit immer weniger Vertrauen in ihre Arbeitsumwelt haben, wenn niemand mehr von Innovation spricht, wenn die Firma nicht aus ihren Fehlern lernt und keinen Daseinszweck in der Gesellschaft findet.

Ein Controlling muß sein, damit man eventuellen Lenkungsbedarf erkennt. Viele Reorganisationsprojekte sind wegen mangelnder Kenntnis der möglichen Konsequenzen gescheitert, wenn zum Beispiel ein Unternehmen nicht die nötige Geduld aufbringt und die erst vor zwei Jahren eingeführte Struktur ändert, obwohl solche Maßnahmen frühestens nach drei Jahren greifen können, oder wenn ein Unternehmen die von einer sich ständig verschlechternden Einflußgröße ausgehenden Signale nicht rechtzeitig erkennt, wodurch das gesamte System schließlich so destabilisiert wird, daß sogar der Fortbestand der Firma in Gefahr gerät. Organisieren oder reorganisieren? Eigentlich geht es vielmehr darum, ein Gleichgewicht zwischen Verhaltensfreiräumen und Lenkungsbedarf herzustellen.

b) Hilfsmittel im Rahmen des Controlling

Die Ergebnisse menschlichen Handelns sind nicht immer vorhersehbar, obwohl sie sich teilweise leicht unter Kontrolle halten lassen – dies gilt zumindest für kurzfristige Handlungen bei relativ konstanten, überschaubaren Rahmenbedingungen. In diesem Fall kann das Controlling geplant und auf formale, quantifizierbare Aspekte ausgerichtet werden. Neuartige Erkenntnisse kommen nicht hinzu. Man macht einfach das, was man schon immer gemacht hat, nur besser. Lernprozeßkurven verlaufen grundsätzlich immer mehr oder weniger linear. Entwicklungstendenzen lassen sich darstellen, indem man die über einen längeren Zeitraum schrittweise vorgegebenen Richtwerte miteinander verbindet. Eine Abweichung der tatsächlichen Ergebnisse von diesen Werten läßt auf die Notwendigkeit von Korrekturmaßnahmen – Richtlinien, Erinnerung an die Ziele, Weiterbildung – schließen. In diesem Kontext geht es letztlich um operatives Management und Krisenmanagement.

Bei komplexen und dynamischen Reorganisationsprojekten ist es dagegen nicht immer möglich und außerdem auch nicht leicht, sich auf die Handlungen jedes einzelnen zu konzentrieren und diese einzeln zu evaluieren. Aufgrund der Interaktionen läßt sich der einzelne Beitrag auch kaum bewerten. Die Handlungen sollten daher eher in einem ganzheitlichen Kontext betrachtet werden, etwa auf Ebene der strategischen Geschäftseinheiten. Diese verfolgen ihre eigenen Ziele, die eine gute Grundlage für ein

FEEDBACK

Prinzip:
Feedback dient zur Kontrolle eines Prozesses und ermöglicht mittels Informationsrückkoppelung ein nachträgliches Korrigieren von Handlungen, Maßnahmen Verhaltensweisen oder Zielsetzungen.

Anwendung:
Feedback kommt bei folgenden Prozessen in Betracht:
– strategischen (z.B. Einführung und Kontrolle einer Unternehmenspolitik)
– operativen (z.B. kontinuierliche Anpassung der Produktion an das Auftragsvolumen)
– kommunikativen (z.B. Überprüfen, wie eine Mitteilung aufgenommen wurde)
– organisatorischen (z.B. Organisationsentwicklung)

Vorgehensweise:
Feedback ist ein nachträgliches Evaluations- und Korrekturinstrument. Dabei soll jedoch nicht überprüft werden, ob das Ergebnis an sich „gut" oder „schlecht" ist, damit entsprechend korrigiert werden kann. Derjenige, der ein Feedback bekommt, erhält vielmehr Informationen darüber, ob die von ihm beschlossenen Maßnahmen in Frage zu stellen sind oder die erwarteten Erfolge bringen.

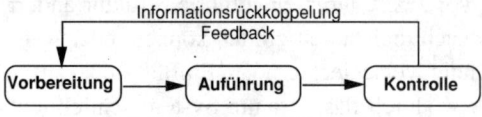

Entscheidungszyklus mit Feedback

Bei der Kommunikation innerhalb einer Gruppe garantiert das Feedback, daß der Prozeß nicht linear und unilateral (Anweisung), sondern in Schleifen (Anhörung anderer) abläuft. Derjenige, der das Feedback erhält, darf sich daher nicht nur dafür interessieren, ob seine Botschaft verstanden wurde, sondern muß gleichzeitig versuchen herauszufinden, wie sie verstanden wurde. Er kann notfalls andere Formulierungen wählen, statt immer wieder dasselbe zu sagen, bis es schließlich alle verstanden haben. Die Einhaltung bestimmter Regeln gewährleistet ein gutes Feedback innerhalb einer Arbeits- oder Projektgruppe:

Regeln für den Feedback-Geber	Regeln für den Feedback-Empfänger
1) Nicht urteilen oder bewerten, sondern sich auf die Wiedergabe seines persönlichen Eindrucks beschränken.	1) Feedback als Chance und Lernmöglichkeit auffassen.
2) Informationen beziehen sich lediglich auf das Verhalten des anderen in einer bestimmten Situation und beschreiben keine allgemeinen Verhaltensmuster.	2) Ein gutes Feedback beinhaltet immer einen großen Teil an wertvollen, positiv zu bewertenden Informationen, an Standpunkten, die einen bestimmte Dinge klarer sehen lassen.
3) Klare, verständliche und präzise Feedback-Information liefern.	3) Sich nicht vorschnell zu Defensivreaktionen und Rechtfertigungen hinreißen lassen.
4) Sowohl Fakten als auch Eindrücke – von der eigenen Person und vom anderen – weitergeben.	4) Ruhig und entspannt zuhören, nicht unterbrechen.
5) Streng zwischen Fakten und Eindrücken differenzieren.	5) Eindrücke und Empfindungen des anderen hinterfragen; im Dialog weitere Punkte klären.
6) Feedback ist nicht als Psychotherapie gedacht, obwohl es manchmal auch dazu dient, unterschwellige Konflikte aufzuzeigen und zu bewältigen.	6) Gespräch auf diejenigen Verhaltensweisen lenken, um die es im Feedback-Gespräch geht.
7) Persönliche Eindrücke dürfen sich lediglich auf die eigene Person und nie auf Abwesende beziehen.	7) Den anderen zur Formulierung seiner Eindrücke und Ideen in bezug auf die zukünftigen Änderungen ermutigen.
8) Der Gesprächspartner muß die Möglichkeit haben, zu den gelieferten Informationen Stellung zu nehmen.	8) Informationen niemals hinterher gegen den Feedback-Geber verwenden und ihm auch seine Offenheit nicht übelnehmen.

Voraussetzungen:
Feedback setzt die Existenz sowie den Einsatz eines Informationssystems voraus (z.B. Sprachgebrauch, Zuhören usw. zwischen den beteiligten Individuen/Datenbank und Bildschirm für automatisiertes Projekt-Controlling).

eigenes analytisches Hilfsmittel des Controlling bilden. Gleichzeitig läßt sich durch Vergleiche zwischen verschiedenen Gruppen herausfinden, wie das Projekt insgesamt aufgenommen wird und welche Grundhaltung gegenüber den vorgegebenen Zielen vorherrscht (Einverständnis oder Ablehnung). Notfalls kann man dann die Ziele entsprechend neu formulieren. Die Reorganisation als solche kann ohne weiteres als Lernprozeß verstanden werden, in dessen Verlauf man erkennt, welchen Einfluß die Übernahme von Verantwortung durch den einzelnen, das strategische Zukunftskonzept, die Vorgabe bestimmter Ziele sowie die begleitenden Maßnahmen für den Problemlösungsprozeß haben. Die Wahl der Controlling-Instrumente und -Methoden richtet sich nach den Zielen (finanzielle Ziele, Flexibilität, Motivation ...).

Mittels einer Analyse der natürlichen „Regelkreise" in einem Unternehmen kann man sowohl die Problemlösungen als auch die notwendigen Korrekturmaßnahmen auf die unternehmensspezifischen Vorgehensweisen abstimmen. Dadurch ist sichergestellt, daß weder die Kontrolle noch die Einführung neuer Maßnahmen den internen Mechanismen zuwiderlaufen. So bestehen weitaus größere Chancen, daß die neuen Strategien integriert und gegebenenfalls durch gezieltes Eingreifen zur rechten Zeit den Erfordernissen der Situation angepaßt werden können. Was die Terminplanung und die Einzelziele angeht, braucht man diesen nicht allzu große Bedeutung beizumessen, sofern ein kontinuierlicher Lernprozeß sowohl der einzelnen als auch des gesamten Systems gegeben ist. Allerdings sind regelmäßige Reports über Ergebnisse notwendig, damit die Mitarbeiter ihre Motivation, ihr Verantwortungsbewußtsein und ihr Vertrauen bewahren.

c) Folgen des Projekt-Controlling

Wie bereits erwähnt muß die Verwirklichung der Problemlösung evolutionär erfolgen, so daß der einzelne sein Verhalten selbst korrigieren, erweitern und sich der Umweltdynamik kontinuierlich anpassen kann. Wenn Schwierigkeiten auftreten, muß das System in der Lage sein, richtig zu reagieren und die Probleme eigenständig zu bewältigen. Es muß daher (relativ) autonom und unabhängig sein, damit es potentiellen Problemen gewachsen ist oder sie im Rahmen des Möglichen sogar vermeiden kann. Aber über diese Flexibilität hinaus muß es proaktiv handeln können, das heißt, seine Handlungen müssen die Möglichkeit einer eventuell erforderlichen Korrektur einschließen. Das bedeutet, daß es die möglichen Auswirkungen seines Handelns im System vorhersehen und im voraus festlegen muß, wie in einem bestimmten Kontext vorzugehen ist. Verwirklichung der Problemlösung und Überwachung müssen also als Lernprozeß verstanden werden, der eine aktive Zusammenarbeit von unten nach oben, von oben nach unten, zwischen Mitarbeitern gleicher und verschiedener Hierarchieebenen sowie ein motivationsförderndes, positives Arbeitsklima voraussetzt. Hier leistet die Unternehmensleitung einen wichtigen Beitrag. Sie muß nicht nur das System unter Kontrolle halten und die Folgen von Lenkungsmaßnahmen und Störereignissen aus der Umwelt einschätzen, sondern gleichzeitig die Entstehung eines starken Gemeinschaftsgefühls fördern. Wenn sie nicht vom Nutzen der Veränderungen überzeugt und entsprechend motiviert ist, werden sich ihre Einstellung und ihr Verhalten in Form von regelrechten Änderungswiderständen ausdrücken, die jeglicher Weiterentwicklung im Wege stehen. Mit Hilfe des Projekt-Controlling lassen sich außerdem Handlungsfreiräume aufdecken und Lernprozesse in Gang setzen, die auf ein neues, sinnvolles, weniger riskantes, die Wettbewerbsfähigkeit verbesserndes Verhalten hinauslaufen.

Die infolge des wachsenden Konkurrenzkampfes immer wichtiger werdende Anpassungsfähigkeit, die Notwendigkeit interner Flexibilität, die es dem Unternehmen ermöglicht, mit der Änderungsdynamik der Umwelt Schritt zu halten, und der offenkundige Wunsch der Mitarbeiter nach Selbstverwirklichung führen zu der Feststellung, daß man auch in der Schlußphase, in der die neue Organisationsstruktur gefestigt werden soll, die aktive Unterstützung der Mitarbeiter nicht vernachlässigen sollte. Mit Hilfe des Projekt-Controlling kann man nämlich auch in diesem Stadium Probleme aufdecken, die einen zum Ausgangspunkt zurückführen, und wieder heißt es dann: Ziele festlegen, Problemsituation modellieren und so einen neuen Lösungsprozeß in Gang zu setzen. Das Ende schafft also zugleich eine neue Ausgangssituation, der man sich mit großer Aufmerksamkeit widmen muß.

Das Projekt-Controlling einer Reorganisation unterscheidet sich insofern vom „klassischen" Unternehmens-Controlling, als es sich dabei weniger um eine Erfolgsbewertung handelt als um die Förderung einer kontinuierlichen Überwachung und Bewertung einer Entwicklung. Die vergangenheitsorientierten Analysen werden durch die Ergebnisse bestätigt und nicht durch die Mittel und Wege – außer wenn es sich um ein normatives Ziel handelt, um zu einem kohärenten Ganzen zu gelangen.

Die neue Situation ist ihrerseits die Grundlage zukünftiger Entwicklungen. Der Ist-Zustand wird dabei ständig mit den Wünschen und Vorstellungen der Mitarbeiter verglichen und die Entwicklung in die entsprechende Richtung gelenkt.

Die Verwirklichung der Problemlösung umfaßt:
- **Die Umsetzung der neuen Strategien, begleitet vom Dialog mit den Betroffenen, die mit dem neuen Kontext leben müssen.**
- **Die Anpassung der Problemlösung an die Bedürfnisse der Betroffenen unter Beibehaltung der groben Leitlinien und Projektziele.**
- **Die Überwachung der natürlichen Weiterentwicklung der neuen Organisation, damit die Ziele eventuell neu festgelegt oder die Entwicklungen gegebenenfalls gefördert werden können.**

KONFLIKTBEWÄLTIGUNG

Prinzip:
In einer Gemeinschaft und damit auch im Unternehmen sind Konflikte unvermeidbar. Sie zeigen einerseits Gegensätze auf und sorgen dafür, daß sich eine Situation verbessert, bringen andererseits aber auch Spannungen, Argwohn und Berechnung mit sich. Diese verschiedenen Aspekte gilt es zu erkennen und unter Kontrolle zu halten.

Anwendung:
Bei jeder Arbeit (in der Gruppe oder individuell), von der auch andere betroffen sind.

Vorgehensweise:
Konflikte entstehen immer dann, wenn mehrere Personen gleichzeitig etwas sich Ausschließendes (z. B. Ziele, Zuteilung von Ressourcen, Belohnungen) anstreben. Dabei kann es zu folgenden Konfrontationen kommen:
- Gruppe – Gruppe
- Einzelner – Gruppe
- Einzelner – einzelner
- Einzelner mit sich selbst (wenn Vorgesetzte und unterstellte Mitarbeiter gegensätzliche Erwartungen an den Betroffenen haben)

Es gibt verschiedene Strategien zur Konfliktbewältigung, deren Folgen man kennen muß (vgl. Cribbin, 1986).

Kurzfristig:
- Unterdrücken: Konflikt wird mittels Drohungen unterdrückt, schwelt jedoch weiter.
- Überzeugung: Funktioniert oft nur aufgrund der hierarchischen Stellung desjenigen, der überzeugen will.
- Koalition: Bietet größere Chancen, als Sieger aus dem Konflikt hervorzugehen, trägt jedoch nicht zu dessen Lösung bei.
- Desinteresse: Konflikt wird ignoriert oder dessen Bereinigung auf die lange Bank geschoben; er besteht daher mehr oder weniger unterschwellig weiter.
- Kompromiß: Man einigt sich auf einen Minimalkompromiß, der von beiden Seiten bei den ersten größeren Unstimmigkeiten als unzureichend empfunden wird.

Mittelfristig:
- Friedliche Koexistenz: Man bemüht sich um Toleranz auf allen Seiten, indem man den Konfliktparteien droht oder an ihren gesunden Menschenverstand appelliert. Gegenseitiges Verständnis und Austausch werden dadurch jedoch nicht gefördert. Innerhalb einer Gruppe könnte die Koexistenz außerdem durch einen Wechsel des Gruppenleiters gefährdet werden.
- Vermitteln: Eine neutrale Person vermittelt ohne Berücksichtigung hierarchischer Aspekte zwischen beiden Seiten und ruft zum Dialog auf. Dabei besteht jedoch die Gefahr, daß die beschlossene Lösung von einer Einzelperson abgelehnt wird, die meint, nicht die Möglichkeit gehabt zu haben, dem Vermittler ihren Standpunkt klar darzulegen.
- Konstruktive Konkurrenz: Konflikt wird nicht bereinigt; die Energien werden statt dessen in einen Wettbewerb unter den Beteiligten umgelenkt. Diese Methode birgt jedoch die große Gefahr gegenseitiger, kontraproduktiver Sabotageakte in sich, die die Aufmerksamkeit erneut auf den eigentlichen Konflikt lenken.

Langfristig:
- Gemeinsame Herausforderung: Man legt ein gemeinsames Ziel fest, das eine Zusammenarbeit beider Parteien unumgänglich, quasi lebensnotwendig macht. Einzelziele werden zugunsten der gemeinsamen Sache aufgegeben. Einzige Gefahren: Ablehnung oder Mißerfolg. In diesem Fall würden sich beide Seiten gegenseitig die Schuld zuschieben und die Fronten sich nur noch mehr verhärten.
- Konstruktive Verhandlungen: Die unterschiedlichen Sichtweisen werden in einem für alle Seiten zufriedenstellenden Kompromiß vereint. Das Problem besteht weniger darin, eine für alle Beteiligten vorteilhafte Lösung zu finden. Viel schwieriger ist es, sie zu der für die Lösungsfindung unerläßlichen Toleranz und Zusammenarbeit zu bewegen.
- Aufbrechen des traditionellen Beziehungsgefüges: regelmäßige Neubesetzung der Schlüsselfunktionen in den am Konflikt beteiligten Gruppen oder die Versetzung einzelner. Nach einer Weile glätten sich die Wogen oder die Konflikte werden, wie die Vendetta, mehr Gewohnheit als echte Konfrontation. Personelle Veränderungen sowie die damit verbundene Änderung der gruppendynamischen Prozesse sollten jedoch nur als ultima ratio eingesetzt werden, da die Gefahr besteht, daß die Versetzten frustriert werden und der dafür Verantwortliche an Glaubwürdigkeit verliert, wenn diese Maßnahme als Sanktion empfunden wird.

VERWIKLICHUNG DER PROBLEMLÖSUNG AUSWÄHLEN DER INSTRUMENTE		
Umsetzung	• Informationsmittel	S. 373
	• Arbeitsgruppen	S. 375
	• Schulungstechniken	S. 377
	• Nutzen der Gruppendynamik	S. 379
	• Kenntnis der psychologischen Voraussetzungen für den Erfolg einer Reorganisation	S. 381
	• Organisationsentwicklung	S. 559
Strategisches Controlling	• Organisationales Controlling	S. 384
	• Feedback	S. 386
	• Konfliktbewältigung	S. 389
	• Beurteilungssysteme und -gespräche	S. 89
	• Kommunikationsvoraussetzungen	S. 375
	• Vorbereiten einer Konferenz	S. 324
	• Rolle des Moderators	S. 314
	• Diskussionsleitung	S. 315

12. Kapitel

Menschliches Verhalten als Motor der Organisation

Wir haben die verschiedenen Phasen, die ein System während des Organisationsprozesses durchläuft, aufgezeigt und diesen dabei stets aus der Sicht des Unternehmens, der Institution als Ganzes betrachtet, selbst dann, wenn wir auf die Bedeutung des Faktors Mensch eingegangen sind. Die Individuen waren bisher immer „nur" Angehörige des besagten Systems. Es versteht sich jedoch von selbst, daß kein Unternehmen ohne seine Mitarbeiter existieren könnte. Von diesen gehen nämlich wichtige Impulse für die Entwicklung des Unternehmens aus. Ausschlaggebend hierfür ist der persönliche Bezugsrahmen jedes einzelnen, der glücklicherweise weit über den beruflichen hinausgeht. Es stellt sich daher die Frage, ob es nicht sinnvoller gewesen wäre, das Unternehmen als Ergebnis freiwilligen, interaktiven menschlichen Handelns zu sehen – das heißt vom „humanistischen" Standpunkt aus –, oder ob auch unsere systemorientierte Sichtweise ihre Berechtigung hat. Außerdem wäre es interessant zu wissen, ob das Individuum innerhalb der Organisation – welcher Art sie auch immer sein mag – Gestaltender oder Gestalteter ist.

Die klassischen Verhaltensforscher haben sich mit der Beziehung Stimulus – Reaktion beschäftigt und das Verhalten des Menschen auf einen direkten Einfluß – eventuell über eine weitere Reizvariable – zurückgeführt. Nach Meinung der Behavioristen wird das Verhalten des Menschen durch einen auslösenden Reiz – beispielsweise Belohnung oder Strafe – bestimmt, der eine Antwort des Organismus, eine Reaktion, auslöst. Motivation ist demnach eindimensional zu verstehen: Auf eine Aktion folgt eine Reaktion.

Stimulus → Reaktion

Die Gestaltpsychologen haben ihrerseits die These vertreten, daß der Mensch nicht einfach nur auf Reize reagiert, sondern daß er fähig ist, seine Wahrnehmung individuell zu gestalten. Die Natur des Menschen bleibt auch aus diesem Blickwinkel eine deterministische.

Stimulus → Mensch als kognitiver Organismus → Reaktion

Der konstruktivistische Ansatz definiert Verhalten dagegen als „bewußtes Handeln des Organismus zur Befriedigung der Bedürfnisse, wie sie je nach der von ihm wahrgenommenen Realität entstehen" (vgl. Rogers, 1951). Die Realität ist also kein objektives, aus Reizen bestehendes Ganzes, sondern das Ergebnis subjektiver Wahrnehmungen und Vorstellungen. Es gibt demnach nicht nur *eine* Realität, sondern viele individuell wahrgenommene Realitäten. Das führt zu der Schlußfolgerung, daß ein Gegenstand, den man vor sich sieht, nur dadurch existiert, daß er dort hingestellt wurde und man ihn als solchen wahrnimmt.

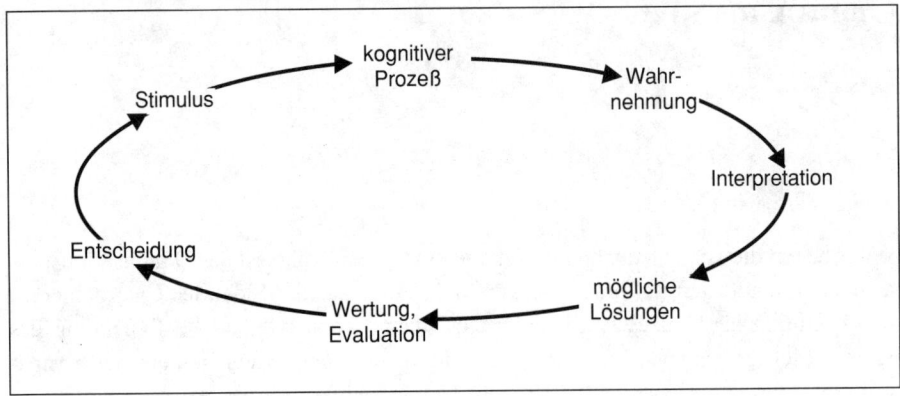

„Wahr-Nehmung" und Wirklichkeit

Das Verhalten hängt hier nicht nur von Reizen ab, sondern auch von den Motiven, den Werten, dem Wissen, den persönlichen Eigenschaften, den Einstellungen, dem Milieu, dem Erbgut, dem Status, der Funktion, den Erwartungen und dem Menschenbild einer Person und vor allem von ihrem augenblicklichen und langfristigen Vorhaben. Das menschliche Verhalten ist demzufolge nicht von vorherbestimmenden, leicht lenkbaren Größen abhängig und auch kein reiner Willensakt, sondern vielmehr ein Prozeß ständiger Interaktionen zwischen einer Person und ihrer Umwelt.

Individuelles Verhalten und Gruppenverhalten sind miteinander verknüpft. Sie bedingen sich gegenseitig. Defensivmechanismen und Zugehörigkeitsbedürfnis bestimmen beispielsweise Interaktionen, die zu Koalitionen, Aufspaltung, Konflikten etc. führen. Die Intensität dieser Interaktionen hängt gleichzeitig aber auch davon ab, welche Rolle der einzelne übernehmen kann, darf, will und muß, ebenso wie vom Status der Gruppenmitglieder, der Kommunikationsstruktur sowie den Erwartungen und Ängsten innerhalb der Gruppe. Das Systemverhalten interagiert folglich mit individuellem Verhalten. Wir haben bereits am Anfang dieses Kapitels auf die große Bedeutung eines kohärenten Bezugsrahmens hingewiesen, der notfalls mittels einer Reorganisation geschaffen werden muß. Dieser Rahmen gilt jedoch für völlig verschiedene Individuen, deren Verhaltensvarietät es immer schwieriger macht, Interaktionen vorherzusehen. Auf diesen Grundlagen basiert auch (der Erfolg des) „Chaos Management" (vgl. Peters, 1988). Die Vorgehensweisen und Handlungsweisen passen sich der Situation an. Es gibt keine universellen Organisationsstrategien mehr. Der Führungsstil wird auf die komplexen sozialen Bedürfnisse der Mitarbeiter abgestimmt: Manchmal muß man die Zügel locker lassen, manchmal aber auch anziehen (vgl. Weick, 1976). Der Mensch braucht auf jeden Fall Informationen, mit denen er sich identifiziert oder die ihm erlauben, sich eben auszuschließen. Er kann sie dann mit Blick auf seine eigene Zukunft konstruktiv interpretieren und wird auf diese Weise vielleicht motiviert, an einem bestimmten Vorhaben, der Gestaltung der Organisation, weiter mitzuwirken, weil er diese als Teil seiner selbst empfindet.

Dies erklärt uns vielleicht am besten, welcher Sinn und welche Bedeutung der Reorganisation zukommt. Wenn ein soziales System seine Umwelt als dynamischen Bezugsrahmen betrachtet, der sich deutlich von seinem internen Bezugsrahmen abhebt, kann es einen *Unterschied konstruieren* und „erhält" auf diese Weise die für seinen Fortbestand und seine Entwicklung notwendigen Informationen. Solange es besteht und sich weiterentwickelt, kennt sich ein System – Individuum, Gruppe oder Unternehmen – jedoch zu keinem Zeitpunkt wirklich hundertprozentig: Es durchschaut weder die Komplexität der Interaktionen innerhalb seiner Organisation noch die seiner Umwelt. Wenn dies der Fall wäre, würde sich das System in jeder Hinsicht selbst bestimmen, und jede Störung wäre gewissermaßen schon vorprogrammiert. Man würde sie bereits erwarten und könnte entsprechend vorbeugen.

Das hat zur Folge, daß sich ein System ständig bewußt oder unbewußt verändert, was zum einen auf die Interaktionen zwischen System und Umwelt, zum anderen aber auch auf die Interaktionen zwischen jedem seiner autonom entscheidenden Mitglieder und dem System selbst zurückzuführen ist. Anders ausgedrückt, eine Reorganisation ist im Grunde nichts anderes als ein natürlicher Organisationsprozeß komplexer Systeme, ein kontinuierlicher Strukturierungsprozeß, ausgelöst durch die Hypothese, daß eine Organisation sich zwar eventuell mehr oder weniger langfristig stabilisieren, sich aber keinesfalls der Dynamik der Informationen entziehen kann, die ihre Identität immer wieder in Frage stellt. Die Frage ist daher nicht, ob dieses oder jenes Verhalten erforderlich ist, weil der Ist-Zustand vom vorgegebenen Ziel abweicht – ein Postulat, wie es in der entscheidungsorientierten Lehre vertreten wird –, sondern vielmehr, ob sich die Identität des Systems in der Umwelt behaupten kann und ob der Unternehmenszweck im Hinblick auf die Umwelt sowie diejenigen, die ihr angehören, angesichts der Informationen, die man aus der Abgrenzung System/Umwelt erhält, immer noch seine Gültigkeit hat. Aber wie läßt sich dies feststellen? In der Praxis stehen dem System verschiedene Bilanzen als Orientierungshilfe zur Verfügung: technologische und technische Bilanzen, Ökobilanz, Sozialbilanz... Aber diese vermitteln lediglich einen statischen Eindruck von der Gegenwart, wobei latente Prozesse, die eventuell sogar die Zukunft des Systems in Frage stellen könnten, nicht unbedingt berücksichtigt werden.

Jede Organisation ist zum einen ein System aus Handlungen, Verhaltensweisen und Kommunikationsbeziehungen gegenüber den Individuen, die in diesem System arbeiten, und besitzt zum anderen eine ganz spezifische Identität, die es von seiner Umwelt abgrenzt und gleichzeitig ausschlaggebend dafür ist, wie eben jene Handlungen, Verhaltensweisen und Kommunikationsbeziehungen von den Systemmitgliedern empfunden werden. Jeder ist zugleich *Gestalteter* und *Gestaltender* und somit in gewissem Maße *Gemanagter* und *Manager*, *Organisierter* und *Organisator*. Diese Dualität birgt jedoch eine gewisse Schwierigkeit in sich: Jede

Handlung, auch die im Namen des Systems, erfolgt letzten Endes durch die Individuen, und jeder Akteur, Manager oder Organisator ist zugleich ein Beobachter, der dynamische Beziehungen auf seine Weise, in seinem Kontext, wahrnimmt und interpretiert. Dabei besteht die große Gefahr, daß er sich seine Aufgabe durch Grundsätze und Überzeugungen erleichtert wie beispielsweise: „Wenn sich ein Mitarbeiter falsch verhält, muß man ihn umgehend bestrafen, und schon herrscht wieder Ordnung", „Wenn das Personal unproduktiv arbeitet und keine Arbeitsmoral hat, kann dem durch eine Umstrukturierung der Stellen und hierarchischen Beziehungen abgeholfen werden" oder „Die Menschen sind faul; ohne Befehle und Kontrolle tun sie überhaupt nichts". Hierbei handelt es sich jedoch nur um ein *reduktionistisches Verständnis* des Verhaltens einer Einzelperson, einer Gruppe oder eines Systems. Der Einfluß anderer Faktoren, die wesentlich für das Verständnis des Systemverhaltens sind, wird dabei völlig außer acht gelassen. Hier reichen flüchtige Erklärungen oder die Frage nach Ursache und Wirkung allein nicht aus. Dem Organisator oder Manager geht es vielmehr um das *richtige Verständnis der Prozesse* – individueller, betriebsinterner und solcher zwischen Unternehmen und Umwelt –, damit er in die Lenkung eingreifen und Prozesse unter Kontrolle halten kann. Es kann jedoch keineswegs Sinn der Sache sein zu reorganisieren, um alles zu wissen, zu erfahren und alles zu ändern, was angesichts der verborgenen Dimensionen einer Persönlichkeit, einer Organisation oder eines Unternehmens auch gar nicht möglich wäre. Die Aufgabe des Managers ist es, das System in die richtige Richtung zu lenken. Dabei sollte er seine Fähigkeiten nutzen und ausbauen, je nachdem, welche Ziele er sich selbst gesetzt hat und welche bereits vorgegeben sind.

Wie soll jedoch die Auswahl dieser Ziele erfolgen? Außerdem stellt sich die Frage, ob manche Systemmitglieder im Endeffekt nicht mehr gestaltet werden oder mehr gestalten als andere. Wir möchten an dieser Stelle die von Tannenbaum (1967) entwickelte Definition der verschiedenen Handlungs- und Interventionsmöglichkeiten aufgreifen, die sich aus der Typologie von Interaktionen zwischen Vorgesetzten und Mitarbeitern ergeben, wie sie auch im Verlauf von Reorganisationsprozessen auftreten.

Gemeint sind die verschiedenen Führungsstile, die vor allem von den Zielen, der Bedeutung der Motivation für die Organisationsdynamik, den Machtverhältnissen oder der Persönlichkeit der Gruppenmitglieder bestimmt werden. Jeder, insbesondere der Gruppenleiter, kann seine Interventionen auf vielfältige Art und Weise ausrichten:

● auf die Aufgabe oder den Mitarbeiter
● auf den Menschen als Instrument
● auf den Menschen als Organismus oder soziales Wesen mit bestimmten Bedürfnissen
● auf den Menschen als Problemlöser
● auf den Menschen als komplexes Wesen
● auf den Menschen als verantwortlich handelndes Wesen

Durch die Entscheidung für eine Perspektive, auf wen oder was die Interventionen ausgerichtet werden sollen, beeinflußt der Leiter einer Abteilung oder Firma natürlich den allgemeinen Bedingungsrahmen für die firmen- oder abteilungsinternen Beziehungen und damit auch die Konfiguration der dem Handeln der Mitarbeiter zugrundeliegenden Verhaltensmuster. Dennoch steht es jedem frei, die innerhalb des abgegrenzten Systems Unternehmen vorgegebene Ordnung zu akzeptieren, indem er sich entweder integriert oder Außenseiter bleibt. Außerdem bestimmt jeder selbst, welchen Beitrag er zur Weiterentwicklung des Systems leistet, und zwar durch seine Handlungen, seine Widerstände und seine Haltung. *Jeder einzelne ist durch sein Verhalten Motor des kontinuierlichen Organisationsprozesses.*

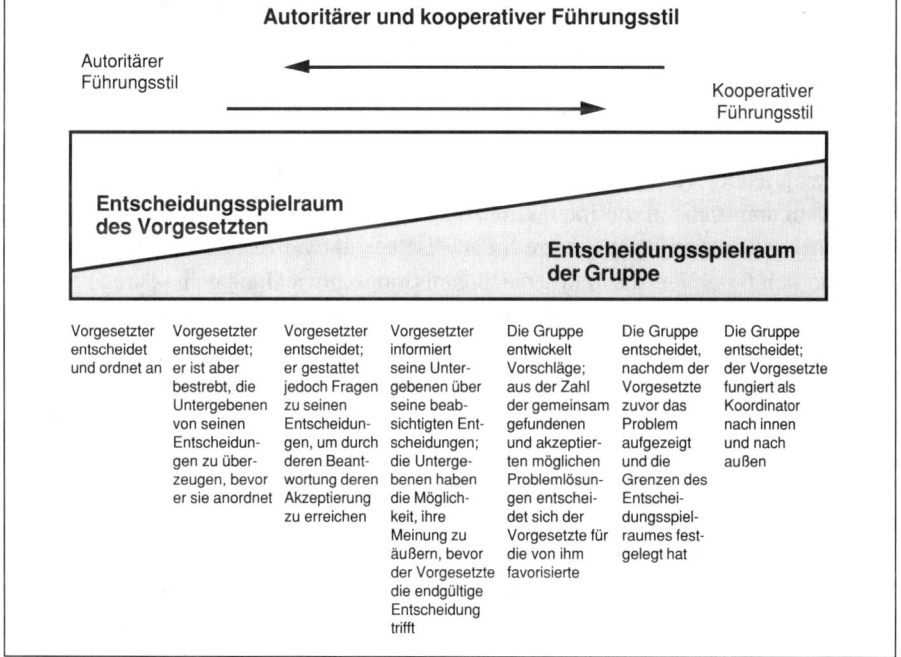

Führungsstile (nach Tannenbaum, 1967; vgl. Staehle, 1982)

Diese Bemerkungen sind keineswegs utopisch, und wenn sich ihnen zahlreiche Einwände entgegensetzen lassen, dann vor allem deshalb, weil diese Freiheit und Verantwortung in einem Kontext mit gewissen vorgegebenen Zwängen ausgeübt werden, deren zukünftige Entwicklung sich manchmal, deren gegenwärtiger Zustand sich aber in jedem Fall beeinflussen läßt. So ist es für einen Alleinstehenden immer leichter, sich für sechs Monate auf eine Bohrinsel versetzen zu lassen, als für jemanden, der verheiratet ist und zwei Kinder hat. Auch wenn beide zum großen Teil selbst für ihre familiäre Situation und den davon abhängigen mehr oder weniger großen Handlungs- und Entscheidungsfreiraum verantwortlich sind, ist der Kontext zum Zeitpunkt der Entscheidung bereits vorgegeben. In einem Unternehmen, in dem einer allein unmöglich alle Parameter unter Kontrolle haben kann, erweist sich die hierarchische Struktur für den Leiter auf jeden Fall als eine Erleichterung bei der Gestaltung des organisatorischen Rahmens. Aber wie groß sein Freiraum auch sein mag, er kann seine Vorstellungen nur dann durchsetzen, wenn diese von den Mitarbeitern akzeptiert und mitgetragen werden. Wenn sich der Manager nicht gerade selbst als einzigen Motor der Organisation sieht, wird er eher versuchen, unter Berücksichtigung individueller Initiativen einen entwicklungsfähigen Kontext zu schaffen. Dieses Bestreben zielt zum einen natürlich auf eine Förderung der Autonomie des einzelnen ab, trägt zugleich aber auch der Tatsache Rechnung, daß Freiräume die beste Garantie für Kreativität und Innovation – die Haupttrümpfe des modernen Unternehmens – sind. Die Entwicklung des einzelnen sowie die des Unternehmens, in dem er arbeitet und lebt, scheinen sich nur schwer voneinander trennen zu lassen. Deshalb müssen wir uns im dritten Teil unseres Werkes mit der Frage beschäftigen, welche Philosophie der Gestaltung der neuen Organisation zugrunde liegen soll. In diesem Teil sind wir bewußt nicht auf formale Reorganisationsmethoden wie beispielsweise die „Organisationsentwicklung" eingegangen. Diese stützt sich zum Teil zwar auf dieselbe Philosophie wie unsere Vorgehensweise, zielt jedoch vor allem darauf ab, menschliches Handeln unter Kontrolle zu halten, indem man sich auf die Interaktionen zwischen Mensch und System konzentriert. Wir haben eine vorgegebene, starre Sichtweise bewußt vermieden – auch wenn es um einen an sich flexiblen Ansatz wie die Organisationsentwicklung geht –, um alle zu berücksichtigenden Faktoren behandeln zu können. Unser Ziel bestand in erster Linie darin, die verschiedenen Handlungsmöglichkeiten im Rahmen der Reorganisation aufzuzeigen. Wir haben daher die Hauptphasen beschrieben und sind auf die wesentlichen Fragen sowie die wichtigsten, für diesen Zweck adäquaten Methoden eingegangen. Der Mensch ist dabei zugleich Zentrum und Mitglied eines übergeordneten Ganzen, das unbedingt berücksichtigt werden muß. Wir schlagen daher vor, eine Problemsituation ganzheitlich zu betrachten, so daß man Aufschluß darüber erhält, was man angesichts eines komplexen Problems alles *machen kann*. Außerdem muß man wissen, was man innerhalb dieses Rahmens *machen will* und welchen *Zweck* wir mit unserem Handeln verfolgen, was sich in unserer Gesellschaft, in der Sinnhaftigkeit und Wertbezogenheit eine immer größere Rolle spielen, unmittelbar auf den Erfolg eines Unternehmens auswirkt und *entwicklungsorientierte Vorgehensweisen* unumgänglich macht.

Der Rahmen der Reorganisation, wie wir ihn beschrieben haben, muß, wenn er sich langfristig bewähren soll, eine Mitwirkung der Mitarbeiter an einem gemeinsamen Ziel anstreben und sich auf konkrete, die Interaktion begünstigende Methoden stützen, das heißt auf einen entwicklungsfördernden Kontext. Im dritten Teil werden wir anhand unserer ganzheitlichen Sichtweise darlegen, wie jeder einzelne diesen Kontext auf seiner Ebene im Hinblick auf die *Entwicklung des Ganzen, eines Subsystems oder seiner Stelle* mitgestalten kann. Dabei wird sowohl der Organisation als auch der Führung eine noch größere Bedeutung zukommen, da sich ein System nicht nur durch die ihm angehörigen Individuen auszeichnet, sondern auch durch ein eigenes systematisches Verhalten sowie Lern- und Entwicklungsprozesse, die es zu gestalten und lenken gilt.

Dritter Teil   Fördern der Unternehmensentwicklung

13. Kapitel

Handlung und Bezugsrahmen

Um das „Leben" einer Organisation verstehen zu können, muß man zunächst die Merkmale ihrer Konfiguration, Technologie, Kultur, Strategien, Machtverhältnisse und spezifischen Umwelt kennen (vgl. Teil zwei: Organisationsmethodik für die Führung des Wandels). Erst die Gesamtheit dieser Spezifitäten gibt uns die Möglichkeit, eine Ganzheit von anderen Ganzheiten zu unterscheiden und den Rahmen festzulegen, in den sich ihre Handlungen einfügen. Jede Handlung, ob sie von einem einzelnen, einer Gruppe, einer Institution oder einer ganzen Gesellschaft ausgeht, vollzieht sich in einem Kontext von Gesetzen, Regeln, Gewohnheiten und auch Moral. Diese Gesamtheit hat nahezu Rechtscharakter, sie bildet die Grundlage einer jeden Rechtsordnung. In erster Linie aber hat sie eine kulturelle Dimension: Sie schafft ein kohärentes Wertesystem, und zwar nicht einfach im Sinne einer Unterscheidung von „gut" oder „schlecht", sondern eher als etwas, das „einer Logik entspricht", „schlüssig" ist. Dieses System gilt als Bezugsrahmen für die Menschengruppe, die ihn angenommen hat, er schafft die Möglichkeit zu entscheiden, was für die Gruppe annehmbar oder nicht annehmbar ist.

Damit erfüllt der Bezugsrahmen einen doppelten Zweck. Er wird einerseits mehr oder weniger unbewußt ein Begriff für das, *was der Handlung einen Sinn „gibt"*. Er schafft die Wahlmöglichkeit, etwas zu tun oder nicht zu tun, die jeder einzelne oder jede Einheit hat, die als Systemmitglied diesen Rahmen als gültig anerkennt. Wir können Initiative ergreifen, ohne davon unsere Vorgesetzten in Kenntnis zu setzen, oder uns ganz nach ihren Vorstellungen verhalten; wir können Waffen für Länder der Dritten Welt herstellen oder vorübergehend auf den Export von Waren nach Südafrika verzichten; wir können gegen gesetzliche Vorschriften des Umweltschutzes verstoßen oder diese streng einhalten; immer wird es der Bezugsrahmen sein, der unsere Wertsetzung legitimiert: Wir können uns in Übereinstimmung mit ihm befinden, im Widerspruch zu ihm stehen oder außerhalb dieses Rahmens agieren, stets ist unser Handeln eingebunden und bezogen auf das Wertesystem, in dem wir leben. Wir können uns ihm nicht entziehen. Somit gibt dieser Bezugsrahmen die Leitlinien unseres Handelns vor, an denen wir uns nach eigener Entscheidung orientieren.

Zum anderen hat dieser Rahmen in erweitertem Sinn den Zweck, die Grenzen unserer Freiheit festzulegen: Welche Handlungen sind erlaubt, welche Mittel zulässig, um das angestrebte Ziel zu erreichen? Da es einer Gesellschaft im allgemeinen nicht möglich ist, ein gültiges und vollständiges Urteil über ein System lediglich mit dem Hinweis auf die durch den Rahmen bedingten guten Absichten zu fällen, neigt sie dazu, ihr Urteil auf das zu stützen, was sie täglich sieht, nicht auf das Warum, sondern auf das Wie. Führungskräfte zum Beispiel, die sich für Eigeninitiative aussprechen, diese aber de facto hemmen, indem sie die Initiative doch wieder selbst übernehmen oder Eigeninitiative nicht selbst mit Nachdruck beweisen, wirken an der Schaffung eines unflexiblen und in Hierarchiedenken erstarrten Rahmens mit. Legt man dagegen Wert auf tatsächliche Förderung von Eigeninitiative, wird der Bezugsrahmen mehr oder weniger implizit deutlich machen, wie weit Eigeninitiative gehen kann, ohne sich schädlich auf das Systemganze auszuwirken: Man würde es zum Beispiel den Verkäufern freistellen, wichtigen Kunden Rabatt einzuräumen, ihnen aber nicht die Entscheidung überlassen, wer ein wichtiger Kunde ist. Der Bezugsrahmen legt demnach ein Bündel mehr oder weniger unterschiedlicher Zielrichtungen als Grundlage bestehender Handelsmöglichkeiten fest und richtet sich dabei nach den Szenarien, die mit Blick auf diese grundlegenden Leitlinien plausibel erscheinen.

Dieses kulturelle Gebilde ist zwar insofern die Grundlage unserer Gesellschaften und Persönlichkeiten, als es ihnen Handlungsmöglichkeiten, Auswahlkriterien und Ansätze zur Evaluation bietet, es wirft aber auch Probleme auf. Zweifellos wird unser Handeln durch das kohärente Wertesystem legitimiert und geleitet. Aber letzteres entsteht auch durch die Handlung, es wird durch Menschen oder Systeme im Verlauf ihrer Handlungen errichtet. Allgemein gesprochen bestätigt die rahmenbezogene Handlung durch ihr Ergebnis die Gültigkeit des Rahmens selbst. Nun kann es vorkommen, daß diese Ergebnisse Entdeckungen darstellen. Diese entstehen durch Interferenz mit den Handlungen anderer Systeme, durch Kommunikation mit der Kohärenz eines anderen Wertesystems, eines anderen Bezugsrahmens. Mit hoher Wahrscheinlichkeit werden sich die Ergebnisse, zu denen man gelangt ist, an der herrschenden Logik reiben und dazu führen, daß die „Entdecker" die Kohärenz ihres eigenen Bezugsrahmens in Frage stellen, es sei denn, sie schließen sich künstlich gegenüber ihrer Umwelt ab. So können Personen, die in einem Unternehmen beschäftigt sind, das mit elektronischer Arbeitszeitkontrolle und Stechuhren arbeitet, „weil man ja weiß, daß ohne diese Kontrollmöglichkeit jeder mogeln würde", Anstoß an dieser Regelung nehmen, wenn sie in näheren Kontakt zu Mitarbeitern eines anderen Betriebs treten, wo jeder völlig selbständig über seine Arbeitszeit Rechenschaft ablegt, ohne daß dies irgendwelche Probleme zu bereiten scheint. In diesem Fall entsteht von innen heraus ein Bedürfnis, das System zu verändern; angesichts der beständigen Entdeckung unbekannter Gegebenheiten hat der Mensch das Bedürfnis, zu verstehen und das Unbekannte in einen logischen Rahmen einzuordnen, der Sicherheit und überschaubare Verhältnisse schafft. Jeder Mensch, jedes Unternehmen und jedes Gesellschaftsgebilde entwirft seinen Bezugsrahmen nach den „Entdeckungen", die man allmählich macht, es sei denn, man weigert sich, diese Entdeckungen zur Kenntnis zu nehmen.

Man muß aber auch erkennen, daß sich jede Ganzheit mit ihrer Entstehung einen eigenen Bezugsrahmen schafft, was sie dazu befähigt, nach eigenen Maßstäben die Außenwelt zu beurteilen und eine eigene Auffassung von Gut und Böse, von „Wahrheit", zu entwickeln. Beim Schweizerischen Bankverein wählt man zum Beispiel die Führungskräfte nach ihrer Berufserfahrung aus, ganz im Gegensatz zu der Banque Nationale de Paris, die junge Studienabsolventen bevorzugt. Es kann also sein, daß Handlungen, die aus der Sicht des eigenen Systems berechtigt und kohärent erscheinen, von anderen Systemen als sinnleer beurteilt werden. Durch das für das Leben in einer Gemeinschaft typische Zusammenspiel von Zugeständnissen und wechselseitiger Beeinflussung entsteht ein Bedürfnis, diese offensichtliche Inkohärenz zu korrigieren.

Letzlich ist es, wie wir gesehen haben, so, daß sich Systemmitglieder im allgemeinen in zweifacher Weise auf ihren Rahmen beziehen, um Handlungen des Systems zu evaluieren: Sie tun dies entweder ideologisch – entsprechen die Absichten von X unserer Sichtweise der Dinge? –, oder pragmatisch – ist das Verhalten von X annehmbar, oder, anders ausgedrückt, ist es in unseren Augen Ausdruck einer Absicht, die mit unseren Werten übereinstimmt, oder fügt es sich in den Katalog von Handlungen ein, die wir in Hinblick auf unsere Werte für förderlich halten? Natürlich läßt sich im Fall der pragmatischen Lösung leichter entscheiden.

Gleichwohl gibt es, abgesehen von wichtigen äußeren Zwängen, die gelegentlich auch einen willkommenen Vorwand abgeben, eine Reihe von im wesentlichen durch den Menschen bedingten Mikrophänomenen, die interferierend zwischen die Absicht – das „Was und Warum" – und die Handlung – das „Wie" oder zumindest, wie sie verstanden wird – treten. Und dies um so mehr, als wir aufgrund der beschleunigten Kommunikationsmöglichkeiten unserer Zeit davon ausgehen müssen, daß nichts auf Dauer statisch ist und sich alles ständig verändert, eben auch innerhalb der Zeit, die zwischen Entscheidungsfindung und Entscheidungsausführung liegt. Die Schwierigkeit der Kohärenz von Reden und Handeln macht den Bezugsrahmen zu einem wenig verläßlichen Instrument der Evaluation und führt deshalb zu Spannungen. Diese Spannungen kann der Mensch durch zwei Möglichkeiten des Verstehens abbauen: Er kann die Handlung in Frage stellen und an dem Ausführenden zweifeln oder den Bezugsrahmen in Frage stellen, in den sich die Handlung einpaßt; er kann aber auch beide in Frage stellen. Ein typisches Beispiel hierfür liefert die Politik, wo jeder Finanzskandal dazu führt, daß der Mann auf der Straße dem betreffenden Politiker sein Vertrauen entzieht und zugleich immer weniger an die Funktionsfähigkeit der Institutionen glaubt.

Die Tatsache, daß Bezugsrahmen in Frage gestellt werden und Änderungsbedürfnisse entstehen, kann nicht ohne Folgen bleiben. Man glaubt nicht mehr – weder innerhalb noch außerhalb des Systems – an Ziele, Werte oder Leitlinien des Systems. Und in Erweiterung – nachher oder als Symptom schon vorher – glaubt man auch nicht mehr an die Entscheidungen, die getroffen werden, um diese Ziele zu erreichen oder diese Werte zu realisieren. Ein Unbehagen, ein schlechtes Gefühl stellt sich ein und schafft das Bedürfnis, einen neuen Rahmen zu gestalten. So lassen sich in der Regel auch die Machtkämpfe unter Subsystemen erklären, bei denen jeder seinen eigenen Rahmen als den für das gesamte System „allein gültigen" durchsetzen will. Hier wird erneut das Phänomen der Macht in der Definition deutlich, die wir im zweiten Teil dieses Buches gegeben haben. Sie ist die Fähigkeit, einer Person oder einer Personengruppe einen bestimmten Bezugsrahmen als Kriterium der Reflexion, des Handelns und der Evaluation vorzugeben. Diese Konfrontation von Willensakten der Machtaus-übung kann sich sehr unterschiedlich entwickeln, sie kann ebenso zu Krieg wie zu der Suche nach dem Konsens führen. Sie kann auf eine bloße Modellierung hinauslaufen oder auf die Errichtung eines völlig neuen Wertesystems.

Handlung und Bezugsrahmen eines Systems legitimieren sich gegenseitig bis zu dem Zeitpunkt, wo das Ergebnis einer Konfrontation der Handlung mit anderen Bezugsrahmen die Kohärenz des eigenen Bezugsrahmens stört.

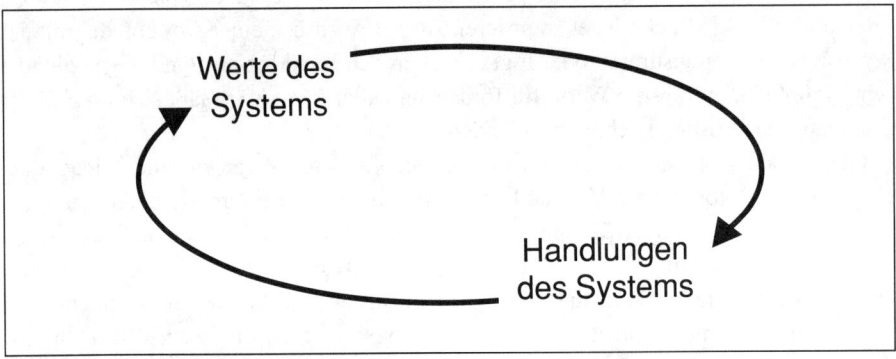

Bis zu einer bestimmten Epoche unserer Geschichte war es möglich, sich vor Stö-rungen abzuschotten, die aus der Konfrontation mit anderen Bezugsrahmen zu be-fürchten waren. Die Inkohärenz konnte dem anderen angelastet werden, man konnte ihn ignorieren und weiter so handeln, als wäre nichts geschehen. Für die Länder des COMECON zum Beispiel war die Marktwirtschaft ein völlig unsinniges System, ge-gen das sie sich durch reine „organisatorische Schließung" abschirmten, was ihnen die Möglichkeit gab, ihr eigenes System weiter aufrechtzuerhalten und sich künstlich al-lem zu verschließen, was ihnen fremd war (vgl. Maturana/Varela, 1987; Go-mez/Probst, 1985; Mingers, 1989). Heutzutage jedoch nehmen die Kommunikations-möglichkeiten derart zu, daß Abtrennungen dieser Art sehr schnell ihre Wirkung ver-lieren, da kein System autark und isoliert von jenen bestehen kann, mit denen es Infor-mationen austauscht.

Im nachfolgenden wollen wir nun untersuchen, wie diese Interaktionen zwischen Systemen und somit zwischen Bezugsrahmen zu veränderten Anforderungen an sozia-le Systeme und zu einem *entwicklungsorientierten* Unternehmensmanagement führen.

I. Die neuen Anforderungen an das Unternehmen

Durch ihre aktive Beteiligung am Leben der Gesellschaft werden Unternehmen tagtäglich mit anderen Wertesystemen konfrontiert: denen von Kunden, Lieferanten, Konkurrenten, Gewerkschaften, ökologischen Bewegungen, anderen Interessengruppen, Regierungen, kurz, mit denen aller Systeme, die der Unternehmensumwelt angehören. Interaktionen dieser Art sind geprägt von Anforderungen, die durch diese externen Systeme entstehen und sowohl quantitativer Natur – Lieferung von X Tonnen des Produkts Y zu dem und dem Zeitpunkt – als auch qualitativer Natur sein können – normengerechte Produktion bei Vermeidung von Kontakten zwischen Arbeitskraft und einem gesundheitsgefährdenden Produkt. Diese Anforderungen führen in dem Maße, in dem sie immer stärker und in regelmäßigen Abständen in Erscheinung treten, zu Infragestellungen des für das Unternehmen geltenden Bezugsrahmens. Das Unternehmen muß daher der aktuellen, evolutiven Entwicklung dieser Anforderungen mit Blick auf ihre Inhalte und Ausmaße Rechnung tragen.

a) Neue Technologien

Es wird mehr und mehr zum Gemeinplatz, auf die rasche technologische Entwicklung hinzuweisen und zu betonen, wie wichtig es für Unternehmen ist, Innovationen in ihre Produktionsprozesse und Arbeitsabläufe generell zu integrieren. Wie wir bereits im zweiten Teil dieses Buches gesehen haben, muß das Unternehmen von heute über ein technologisches Überwachungssystem verfügen, um Umweltveränderungen in diesem Bereich rechtzeitig wahrnehmen zu können.

Der Aspekt, den wir in diesem Zusammenhang beleuchten wollen, ist qualitativ jedoch etwas anders zu sehen. Bei den neuen Technologien handelt es sich heute unverkennbar vor allem um die Elektronik, die eine immer größere Rolle in unserem Leben, vor allem aber in unserem beruflichen Alltag spielt. Das bedeutet zum einen, daß auch die Kommunikationswege in zunehmendem Maße elektronisch gesteuert sind, und zum anderen, daß diese eine ständige Beschleunigung aller Prozesse der Informationsübertragung bewirken.

Wenn die Kommunikationswege elektronisch gesteuert sind, ergibt sich für das Unternehmen daraus als erste Konsequenz, daß seine Konfrontation mit Systemen seiner Umwelt vorrangig auf diesem Wege stattfinden wird. Es ist daher von entscheidender Bedeutung, daß sich das Unternehmen für die Beteiligung an dieser Art von Informationsaustausch entsprechend ausstattet, um so früh wie möglich in Interaktion zu anderen Bezugsrahmen treten zu können und Veränderungen seiner Umwelt wahrzunehmen. Damit wird jedes Unternehmen, zumindest wenn es über eine gewisse Größe verfügt, den Schritt in das Zeitalter der Informatik und der Telematik tun müssen, wenn es den Anschluß an sein Umfeld nicht verlieren will.

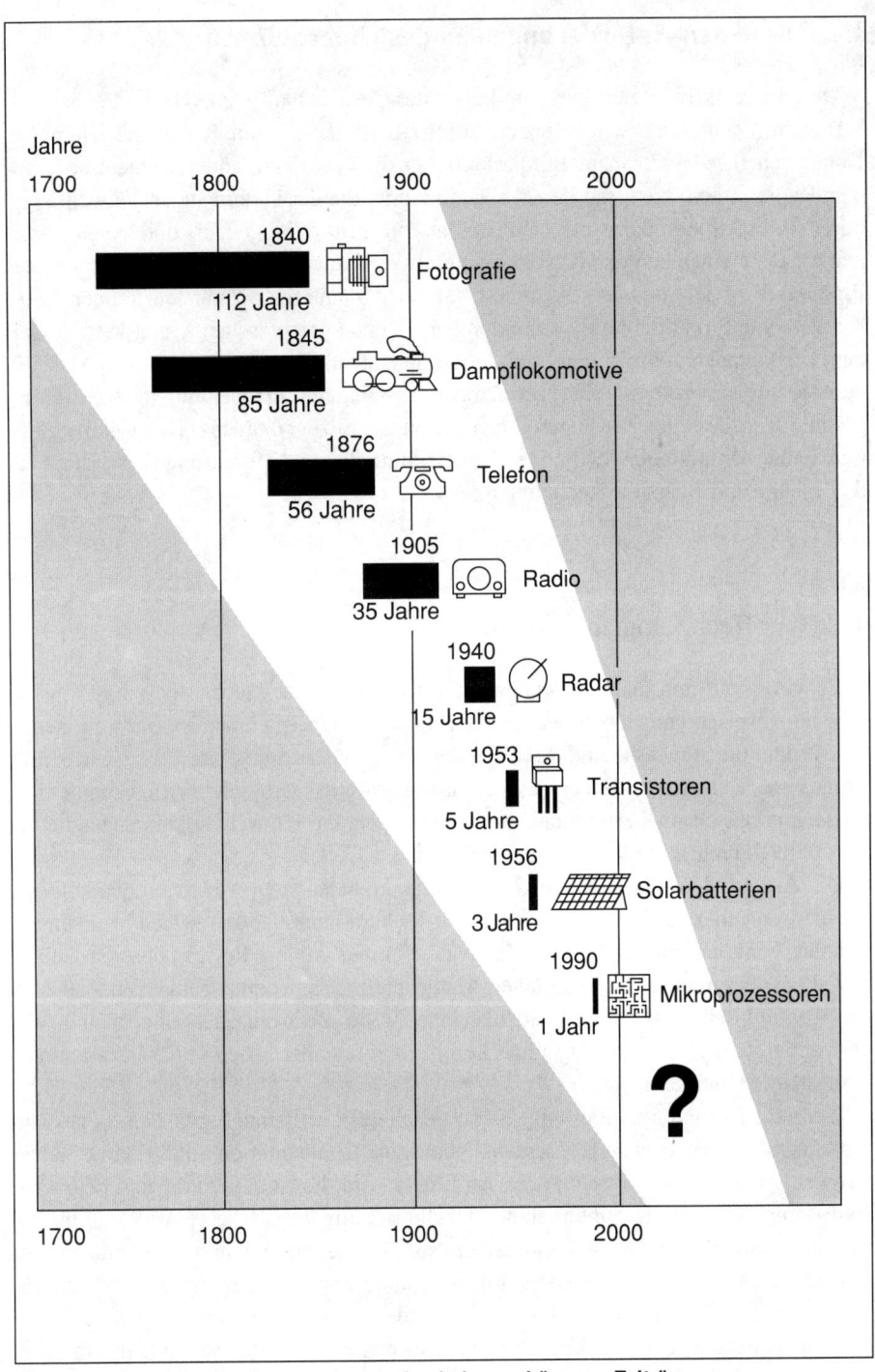

Die Dynamik des Unternehmens - Innovation in immer kürzeren Zeiträumen
(vgl. Sutter, 1988)

404

Parallel zu der Entwicklung der Kommunikationsmöglichkeiten werden Informationen immer rascher ausgetauscht. Es ist nicht einmal mehr etwas wirklich Außergewöhnliches, wenn ein Mitarbeiter zuerst aus der Presse statt über interne Betriebskanäle erfährt, daß seine Firma von einer anderen übernommen wurde. Schon ein Telex genügt, um Rundfunk und Fernsehen zu informieren, während man in der Firma selbst zunächst einen „annehmbaren" Text hätte aufsetzen müssen, den man dann in den Computer eingegeben, vervielfältigt und verteilt hätte. Aus der Information wird in diesem konkreten Fall die Bestätigung einer Information. Unter einem anderen Aspekt dagegen kommt es vor, daß eine Information, die eine Sachlage verändert, kaum eingetroffen, bereits von einer anderen dementiert oder neu formuliert wird. Die zahlreichen Botschaften, die uns täglich erreichen, verändern unaufhörlich unsere Sichtweise. Unser Bezugsrahmen wird beständig von dem eines anderen Systems „unter Beschuß" genommen. Es liegt also auf der Hand, daß der Zeitraum, in dem eine Wahrheit eine Wahrheit bleibt, immer kürzer wird.

> **Die neuen Technologien am Ende unseres Jahrhunderts beschleunigen in erheblichem Maße den Informationsaustausch zwischen Systemen, die zunehmend damit rechnen müssen, daß ihr Bezugsrahmen in Frage gestellt wird.**

b) Evolution der Aufgabengestaltung

Die Gestaltung von Unternehmensaktivitäten hat sich in Richtung auf eine Komplexitätserhöhung verändert. Früher gab es einseitigere Problemsituationen, in denen man nur eine bestimmte Frage klären mußte, um eine Problemlösung herbeizuführen. Das war manchmal kompliziert, schwierig, aber mit Geduld und Methodik zu bewältigen. Heute haben wir es mit komplexen Situationen zu tun, das heißt mit Situationen, die innerhalb relativ kurzer Zeit eine Reihe unterschiedlicher Zustände annehmen können, die im einzelnen nicht vorhersehbar sind. Wir verweisen in diesem Zusammenhang auf die vielfältigen Bedingungen, denen ein Unternehmen heute unterliegt, die durch *Wettbewerb, Globalisierung und Konzentration der Märkte, fortschreitende Liberalisierung des Handels, Innovationen, Konzernstrukturen, denen sie als Teile angehören, und Entwicklung der Wertvorstellungen der Gesellschaft* entstehen. Angesichts dieser Einflußgrößen ist das wesentliche Merkmal eines zeitgemäßen Managements nicht so sehr das technologische, sondern mehr und mehr das soziale Wissen: Wie motiviert und hilft man, lernen zu lernen.

1. Wettbewerbsfähigkeit

Wir wollen uns an dieser Stelle eingehender mit den obengenannten Phänomenen befassen und aufzeigen, welche Bedeutung sie für das Unternehmen haben und welchen Einfluß sie auf seine Aktivität und sein Management nehmen. Zunächst zur Wettbewerbsfähigkeit: Die Beschleunigung von Kommunikationsprozessen, aber auch der Verlauf der Zeitgeschichte führen dazu, daß es, auch für ein mittelständisches Unternehmen, in immer geringerem Maße möglich ist, die externe Konkurrenz vom eigenen Markt fernzuhalten. Aus diesem Grund richtet sich das Angebot von Gütern und Dienstleistungen zunehmend an eine soziokulturelle Zielgruppe und immer weniger an einen geografisch definierten Kundenkreis. Man verkauft Chianti nicht mehr an den Italiener und Bordeaux an den Franzosen, sondern ersteren an Liebhaber der italienischen Küche und letzteren an Kenner der französischen Küche. Es überrascht nicht, daß dies einerseits zu mehr Wettbewerb führt, eine Entwicklung, die sich im übrigen parallel zu der Errichtung des europäischen Binnenmarktes vollzieht und zum anderen nachweislich solchen Unternehmen Wachstum beschert, die auch auf Export setzen (vgl. z. B. die Studie über die mittelständische Industrie in Frankreich, Debrinay, 1990). Internationale Wettbewerbsfähigkeit läßt sich jedoch nicht improvisieren und führt auch zu Konsequenzen im Bereich der Kontaktaufnahme mit der Außenwelt, ein Aspekt, den wir im Zusammenhang mit der genannten Untersuchung aus dem Jahr 1990 näher beleuchten wollen.

Zunächst zu den *Informationspraktiken*: Der Bericht zeigt, daß die erfolgreichen Unternehmen ihr Hauptaugenmerk auf Innovation richten und alle neuen Entwicklungen, aber auch lokale Besonderheiten in Hinblick auf Märkte, Technologien, Lieferantenpolitik und Humanressourcen aufmerksam verfolgen. Dies setzt eine gezielte und absichtsgeleitete Strategie voraus, die Sensorfunktionen schafft, um Informationen aus den „sendenden" Bereichen aufzunehmen. Es geht vor allem darum, die Aufmerksamkeit auf den Kunden zu richten, wobei man sich in der Regel der „umgekehrten Pyramide" (vgl. Carlson, 1984) bedient, das heißt einer Politik, wie sie die Scandinavian Airlines System oder Digital Equipment Corporation praktizieren. Sie besteht darin, den Mitarbeiter, der Kundenkontakt hat, als das wichtigste Glied in der hierarchischen Kette und die am besten geeignete Person zu betrachten, um die Wünsche derer zu ermitteln, die sich an das Unternehmen wenden. Dabei ist es mit dem einfachen Hinhören nicht getan. Man muß die Information akzeptieren, sie als solche bearbeiten und anerkennen, daß sie sich im Widerspruch zu früheren Verhaltenslogiken befinden und Veränderung bewirken kann. Zunehmender Wettbewerb bedeutet also, daß der Bezugsrahmen des Systems Unternehmen in regelmäßigen Abständen in Frage gestellt und dies akzeptiert wird. Diese Einstellung befähigt das System, seinerseits Vorschläge zu machen, dem Markt neue und nützliche Leistungen anzubieten. Wir wollen hier deutlich machen, daß es für das Unternehmen nicht nur darum geht, sich auf nachgewiesene Bedürfnisse einzustellen, sondern vielmehr darum, auf der Grundlage eigener Entscheidungen und in voller Kenntnis der wirkenden Umweltparameter innovativ tätig zu werden.

406

Auf dem Fortbildungssektor, so heißt es im Bericht, zeigt sich eine auffällige Diskrepanz zwischen Firmen, die ad hoc handeln – oder auch nicht handeln! –, und solchen, die sich auf eine mittel- und langfristige Vision stützen, indem sie *rasche organisatorische Umgestaltungen und eine bessere Qualifikation ihrer Mitarbeiter fördern.* Somit lassen sich zwei selbstproduzierende und kontraproduktive Zyklen feststellen, nach denen man die Unternehmen unterscheiden kann. Diejenigen, deren Organisation sich entwickelt und in denen die Fortbildung bereits ihren festen Platz hat, zeigen sich gerade in diesen Bereichen auch immer in stärkerem Maße evolutiv und vorausschauend. Meist sind dies größere Unternehmen mit eher jüngeren Managern an der Spitze. Unternehmen dagegen, die wenig in Fortbildung investieren, tragen sich kaum mit dem Gedanken, in diesem Bereich etwas zu verändern, was allerdings nicht ausschließt, daß sich das Verhalten im Laufe der Zeit von sich aus ändert, dann aber nicht unbedingt in der gewünschten Richtung...

Das Fazit lautet: Je mehr ein Unternehmen in die Fortbildung investiert und sich in seiner Organisationsgestaltung weiterentwickelt, um so mehr wird es sich gegenüber neuen Methoden und Inputs öffnen und um so mehr wird es eine Infragestellung seiner Werte zulassen. Dies hat auch die Geschäftsführung der British Airways verstanden, als sie im Zuge der Privatisierung ihres Unternehmens die völlige Neugestaltung ihrer Gesamtkonfiguration dazu nutzte, sehr massiv in eine äußerst umfangreiche Fortbildungskampagne zu investieren. Leistungsverbesserung ist demnach mit dem ausdrücklichen Willen verbunden, neue Ideen und Infragestellungen anzunehmen, gleichzeitig aber an deren Konzeption durch die Anwendung einer aktiven und antizipierenden Strategie mitzuwirken.

Vertriebsnetze: Firmen, die im Ausland aktiv sind, werden oft mit ihnen unbekannten Märkten konfrontiert, mit bestimmten, in ihrem Verhalten nationalistischen Kundentypen, mit lokalen Normen und Besonderheiten. Export, richtig verstanden, läßt sich nicht auf den Versuch reduzieren, Verkaufspunkte über die eigenen Grenzen hinaus auszubreiten. Der gleiche Bericht macht deutlich, daß Export nur erfolgreich sein kann, wenn die Firma an Ort und Stelle niedergelassen ist oder eine gezielte Strategie der Kooperation mit lokal ansässigen Partnern verfolgt. In der Tat sind mehrere Formen eines transnationalen Marketings vorstellbar. Eine besteht darin, für jeden Auslandsmarkt ein eigenes Produkt anzubieten. Dieser Trend wird allerdings immer schwächer, da er eine Kostenminimierung im Sinne der Economies of Scale für Produktion, Vertrieb und Kommunikation verhindert. Die zweite Form, bekannt unter der Bezeichnung „Global Marketing", basiert auf der Vorstellung, daß die kulturellen Unterschiede allmählich verschwinden werden und damit zu rechnen ist, daß sich in Zukunft typische Standardprodukte überall in der Welt verkaufen lassen. Dies gilt aber wohl nur für bestimmte, fast ausnahmslos aus einer beherrschenden Kultur hervorgegangene Produkte (Levis Jeans, MacDonald's Fast Food, Coca-Cola, Swatch, Perrier oder nordamerikanische Rockmusik). Und auch diese wird man nicht unbedingt mit derselben Verpackung oder auf den gleichen Vertriebswegen anbieten. Für die meisten Produkte oder Leistungen garantiert der dritte Weg die besten Chancen auf Erfolg: die Strategie des interkulturellen Marketings. Man geht von einem identischen, aber modular konzipierten Produkt aus, an dem sich bestimmte Merkmale verändern lassen, und versucht festzustellen, welche von ihnen innerhalb eines bestimmten geografischen Absatzbereiches modifiziert werden müssen, damit das Produkt erfolgreich abgesetzt werden kann (vgl. Usunier/Sissmann, 1986). Abweichungen in den Merkmalen sind im wesentlichen durch kulturelle Unterschiede begründet, da jedes Volk – nicht unbedingt jede Nation – bestimmte Gepflogenheiten, Gewohnheiten, aber auch Regeln und Gesetzmäßigkeiten bewahrt. Und die einzige Möglichkeit, diese länderspezifischen Besonderheiten zu *verstehen* und zu *erkennen*, sich so auf sie einzustellen, daß sie in die Produktpolitik einbezogen werden können, bleibt die direkte Konfrontation mit ihnen, indem man sich an Ort und Stelle niederläßt oder einen ortsansässigen Partner einschaltet. Unterschiede zu akzeptieren, bewußt gleichartige oder nicht gleichartige Leistungen anzubieten setzt also die Infragestellung einer einheitlichen Unternehmenskultur voraus, der Kultur, die das Produkt in seiner ursprünglichen Gestalt hervorgebracht hat und rechtfertigt.

Keiner kann überall der Beste sein: ein Gemeinplatz, der jedoch für konkurrenzfähige Unternehmen auf eine regelrechte Strategie hinausläuft, mit der sie Beziehungs- und Partnerschaftsnetze bilden. Es mag hierbei um Handelsgeschäfte gehen oder um die Vergabe von Aufträgen an Zulieferfirmen, um Beschaffung oder Forschung und Entwicklung – die Konkurrenz zwingt die Unternehmen, mit anderen zusammenzuarbeiten, um die eigenen Stärken zu vergrößern und Schwächen zu vermindern. Angesichts der Globalisierung von Angebot und Nachfrage ist es tatsächlich nicht mehr möglich, im Alleingang die Bedürfnisse aller Kunden der Triade (Europa – Nordamerika – Japan) befriedigen zu wollen: Man kann nicht mehr auf die Fähigkeiten der anderen verzichten, sich nicht mehr langfristig die ausschließliche Verwertung der eigenen technologischen Erkenntnisse sichern, und vor allem kann man nicht mehr allein den Anstieg der Fixkosten bewältigen, der durch die Automation und die Entwicklung innovativer Ideen hervorgerufen wird (vgl. Ohmae, 1990). Dies alles sind Gründe, die für die Bildung von Allianzen sprechen, für die Kooperation von Unternehmen, die sich in den allgemeinen Kontext einer Öffnung über die Grenzen des Unternehmens hinaus einpaßt: Man kann nicht kooperieren, ohne dem anderen die Tür zu dem eigenen System zu öffnen, das heißt, ohne die Infragestellung des Bezugsrahmens zuzulassen, an dem sich das eigene Handeln normalerweise orientiert. Der britische Hardware-Produzent ICL hat hierzu einen Thesenkatalog erstellt („Was ist zu tun, damit eine Allianz erfolgreich ist"), in dem diese Vorstellung sinngemäß mehrfach formuliert wird: „Gegenseitige Achtung und Vertrauen sind wesentlich." „Sie müssen zweifellos Opfer bringen." „Es ist wichtig, daß Sie dazu von Anfang an bereit sind." „Gehen Sie auf die Probleme Ihres Partners ein, und zeigen Sie sich flexibel." „Denken Sie daran, daß sich die Kulturen von Ländern und von Unternehmen von Ihrer Kultur unterscheiden. Erwarten Sie nicht, daß ein Partner genauso wie Sie handelt oder reagiert." Die Komplexität des Austauschs in einer Partnerschaftsbeziehung erfordert einen konstruktiven Dialog, bedarf der Selbstbehauptung, aber auch ausreichender Bereitschaft, die Werte des anderen anzunehmen und gegebenenfalls die eigenen in Frage zu stellen. Wie zutreffend die vorangegangenen Ausführungen sind, läßt sich an der gegenwärtigen Situation des Beziehungsnetzes unter Luftfahrtgesellschaften nachweisen, die ein beeindruckendes Beispiel für die Zusammenarbeit zwischen Unternehmen gibt.

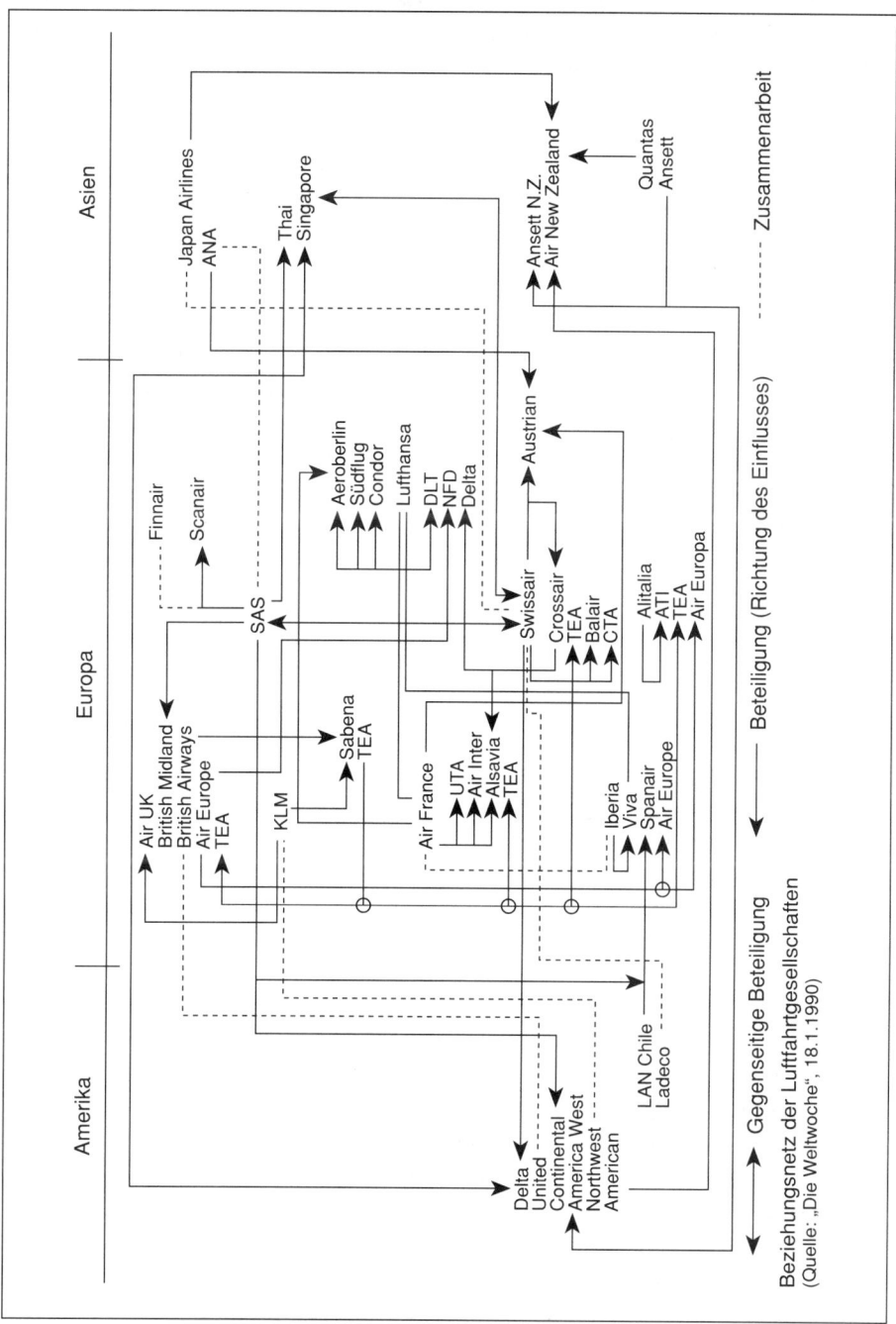

Beteiligungsbeziehungen und Zusammenarbeit am Beispiel der Airlines (1991)

Technologiemanagement: Der Bericht über die Klein- und Mittelbetriebe weist darauf hin, daß die Effizienz von Forschung und Entwicklung keineswegs eine Frage der Anpassung an den Absatz ist und auch nicht ausschließlich von dem Einfallsreichtum findiger Techniker abhängt, die neue Produkte entwickeln, sondern daß sie das Ergebnis eines ständigen Dialogs zwischen Verkäufern, Forschern und Kunden darstellt. Die Verkäufer holen Informationen ein, die die Aufgabenstellungen der Forscher fortlaufend in Frage stellen. Letztere wiederum beeinflussen mit ihren Vorstellungen den Markt. Auch hier geht es darum, die Infragestellung von Königsstraßen der Gewohnheit zuzulassen, sich gegebenenfalls von den „Melkkühen" des Unternehmens abzuwenden, gleichzeitig aber auch die eigenen Argumente für eine bestimmte Produktionsstrategie nach außen zu tragen.

> **Wettbewerbsfähigkeit ist komplex und mehrdimensional: Vielfalt der Informationen, Märkte, Technologien, Konkurrenten, Vertriebs- und Partnerschaftsnetze sind die Merkmale der Unternehmenstätigkeit. Erfolgreiche Firmen haben sich dafür entschieden, sich ganz auf den Markt und die Entwicklungen einzustellen, entsprechend hinzuhören und sensitiv zu sein, dabei aber ihre kreative Fähigkeit zu bewahren. Dies setzt die permanente Infragestellung des Erworbenen und der Verhaltensweisen des Systems Unternehmen voraus.**

2. Liberalisierung und Konzentration

Der Wettbewerb wird immer härter und internationaler. Dabei nimmt die Komplexität seiner Erscheinungen zu, gleichzeitig aber kommt es in vielen Wirtschaftszweigen zu einem Phänomen der *Liberalisierung*, und das bedeutet *Globalisierung* und *Konzentration* des Marktes. Die Liberalisierung folgt auf den Protektionismus lokaler und nationaler Wirtschaftssysteme früherer Zeiten. Volkswirtschaften von heute bieten nicht mehr von allem etwas an, vielmehr haben sich für jede von ihnen durch schnelle und weitverzweigte Transport- und Kommunikationswege Lücken und Chancen ergeben: Lücken insofern, als bestimmte Produkte von anderen kostengünstiger oder mit einem besseren Preis-Leistungs-Verhältnis angeboten werden, wie der erfolgreiche Absatz japanischer Kraftfahrzeuge in den USA und Europa zeigt; Chancen, weil umgekehrt jedes Land über eigene absatzstarke Produkte verfügt, die es exportieren kann, wie an dem Beispiel der Firma Alsthom-Atlantique zu erkennen ist, die mit ihren Hochgeschwindigkeitszügen mehr und mehr ins Geschäft kommt.

Das Gesetz des freien Wettbewerbs hat die Karten neu verteilt, daher die hoffnungslose Situation der Stahlindustrie in Lothringen und der Werften in Le Havre. Unter dem Druck der Konsumenten, aber auch der Unternehmen, die an kostengünstigeren oder qualitativ besseren Rohstoffen oder Halbfertigprodukten interessiert sind, beginnen die Gesetzgeber, ihre Grenzen gegenüber den ausländischen Produkten und Leistungen mehr und mehr zu öffnen, mit allen Konsequenzen, die dies für die Umstellung der lokalen Volkswirtschaften hat: Immer mehr Arbeitskräfte und Kapital müssen aus nicht konkurrenzfähigen Sektoren abgezogen und Sektoren mit hohem *Mehrwert* (vgl. Rappaport, 1986) zugeführt werden. Die Liberalisierung der Märkte hat Folgen – manchmal sehr schmerzliche – für die Industriestrukturen einer Nation oder einer Region, sie wirkt sich aber auch in erheblichem Maße auf die Zusammensetzung der betroffenen Sektoren aus. Die Märkte folgen dem Trend zur Globalisierung, sie beginnen sich auszudehnen und, zum Teil, einheitlicher zu werden. Sich ausdehnen bedeutet zunächst, daß ein starker zusätzlicher Bedarf entsteht, der einer Reihe von neuen Unternehmen, die diesen Bedarf decken können, den Zugang zum Markt eröffnet. Überall entstehen neue, mehr oder weniger innovativ ausgerichtete Unternehmen. Wie gesagt werden die Märkte aber auch zum Teil einheitlicher. Sie bewahren zwar eine gewisse lokale Färbung, lassen aber meist grundsätzliche Tendenzen erkennen, an der sie ihre Leistungserstellung orientieren. Da keiner in der Lage ist, die Welt allein mit seinen Produkten abzudecken, schließen sich die Firmen zusammen, treffen Partnerschaftsabkommen oder kaufen sich untereinander auf: Damit sind wir beim Phänomen der Konzentration. Nehmen wir als Beispiel die Bereiche Informatik und Luftverkehr. Beide Branchen haben im Laufe der letzten zehn Jahre einen gewaltigen Aufschwung erlebt. Ihre Leistungen waren früher für eine „Elite" bestimmt. Heute hat nahezu jeder, und sei es auch nur aufgrund seiner beruflichen Tätigkeit, die Möglichkeit, mit einem Computer zu arbeiten oder ein Flugzeug zu nehmen. Zahlreiche Unternehmen sind entstanden, die diese neuen Märkte zu erobern versuchten: Hersteller von sehr billigen IBM-kompatiblen PCs, Chartergesellschaften, Ausbildungseinrichtungen für Informatik oder Wiederverkäufer, Tour Operators und Reisegesellschaften. Allerdings liegen bei diesen Unternehmen die Fixkosten gegenüber den Umsätzen oft zu hoch, was durch unzureichende Betriebsgröße bedingt ist. Die Kunden wenden sich mehr und mehr an die „Großen", die meist billiger und seriöser sind. Unter den „Kleinen" überleben nur diejenigen, die ein wirklich besonderes Produkt anbieten, das auf eine Marktlücke trifft und wegen seines hohen Spezialisierungsgrades von großen Konzernen nicht produziert wird, weil dies mit ihrer Strategie der Economies of Scale nicht zu vereinbaren wäre. Sperry und Burroughs fusionieren, Club Mediterranée und Nouvelles-Frontières haben es versucht. Air France kauft UTA, Olympic Airways verdankt sein Überleben griechischen Reedern. Siemens erwirbt Nixdorf, versucht dann, eine Partnerschaft mit Bull einzugehen und mit Olivetti, einer Gesellschaft, die selbst Tochter des stark diversifizierten Konzerns von Carlo di Benedetti ist. Die Globalisierung der Wirtschaft schafft somit neue, komplexere Austauschbeziehungen, weil man nicht mehr nach der üblichen Kette „Lieferant-Hersteller-Verteiler-Kunde" verfährt, sondern mit mehreren von ihnen in Verbindung tritt, wobei jeder von ihnen außerdem Mitglied verschiedener Systeme ist, deren Parameter er nicht alle beherrscht und denen er Rechnung tragen muß.

> Ein Unternehmen muß seine Identität behaupten, sich aber auch der Außenwelt gegenüber öffnen und darf nicht zögern, seine Gewohnheiten und seine Politik vollständig zu ändern, um zu überleben. Stets allein den gleichen Weg fortzusetzen gelingt nur noch einigen wenigen „Privilegierten", nämlich dort, wo Konzerne und Holdings immer mehr Umweltbereiche abdecken.

3. In einer Konzernstruktur leben

Unternehmen rapportieren häufig nicht mehr einer lokalen Instanz, einem Staat, einer Familie oder einem Berufsstand. Sie sind mehr und mehr in Konzerne oder Gruppen mit vielfältigen Strukturen und Vernetzungen eingebunden oder stehen in interner Konkurrenz zu ihnen, was mit erheblichen Auswirkungen auf die Komplexität der Beziehungsverhältnisse verbunden ist.

Schon bei Angliederung einer neuen Einheit an einen Konzern hat das neue Mitglied einen beachtlichen Aufwand an Zeit und Energie zu erbringen, bis es gelernt hat, sich den Planungs- und Entscheidungsmechanismen der Muttergesellschaft anzupassen und sich auf deren Personalpolitik einzustellen. Dies ist um so bemerkenswerter, als das hiermit Erworbene nicht als definitiv betrachtet werden kann, da sich die großen Industriekonzerne, wie eine Studie von Michael Porter (1989) zeigt, von 50-75% ihrer Erwerbungen, je nach Branche, langfristig wieder trennen. Außerdem, wie G. Brau (vgl. CISMA 1984) für die Firma Rhône Poulenc feststellt, liegt die Schwierigkeit darin, „in großen Unternehmen das Klima eines mittelständisches Betriebes herzustellen, in dem die Entscheidungsstrukturen jedem seinen Teil an Verantwortlichkeit überlassen". Im Grunde gibt es vier Motive, die das Kaufinteresse der großen Industrie- und Dienstleistungskonzerne bestimmen: reines Portfoliomanagement, Reorganisation des Unternehmens mit dem Ziel, seinen Wert zu steigern, um es dann wieder zu verkaufen, bessere Nutzung interner Synergieeffekte (Produktion, Forschung) durch den Transfer von Kernfähigkeiten oder die Aufteilung von Aktivitäten und damit von Kosten, auf die wir bereits wiederholt eingegangen sind (vgl. Porter, 1989). In allen vier Fällen wird das Ideal der Autonomie verschiedener Einheiten mit Koordination auf Konzernebene angestrebt. Natürlich soll jede Einheit Gewinne erzielen, allerdings ohne dazu ein destruktives Konkurrenzverhalten gegenüber den anderen Konzernunternehmen anzunehmen. Häufig ist diese „gesunde" Konkurrenz, wenn sie im richtigen Maß genutzt wird, das Ergebnis einer Gesamtkoordination, die man durch ein auf Konzernebene praktiziertes Management by Objectives erreicht, wobei nahezu alle für die Zielerreichung notwendigen Mittel und Befugnisse delegiert werden. Man errichtet in diesem Fall relativ unabhängige *strategische Geschäftseinheiten*, die wie autonome Unternehmen geführt werden und bestimmte Ziele erreichen sollen, nicht zuletzt das der Erwirtschaftung von Gewinnen. Übrigens kann sich ein Un-

412

ternehmen auch mit dem Ziel, rentable Bereiche von nichtrentablen besser abgrenzen zu können, in strategische Geschäftseinheiten aufspalten und jede von ihnen mit eigener Rechtspersönlichkeit ausstatten.

Wir wollen hier nicht anfangen, eine Vorlesung über Strategie zu halten. Uns geht es vielmehr um die aktuellen Tendenzen in diesem Bereich und ihre Auswirkung auf die Unternehmensorganisation. Die Muttergesellschaft muß sich mit den verschiedenen Unternehmenskulturen auseinandersetzen und die Konzernunternehmen ihrerseits mit der Kultur des Konzerns, ohne dabei die eigene Identität zu verlieren. Nicht selten stellt man sich die Frage, ob es überhaupt eine Konzernkultur gibt. Welche Beziehung besteht etwa beim größten französischen Nahrungsmittelkonzern BSN zwischen Tafelwasser (Evian) und Joghurt (Danone)? Und dennoch haben diese beiden Firmen größtes Interesse daran, mit dem Management der BSN optimal zusammenzuarbeiten, das seinerseits dem Eigenleben der mit dem Konzern verbundenen Firmen Rechnung tragen muß. Und dann stößt man auf Annoncen, in denen junge Nachwuchskräfte mit einer kulturellen Botschaft geworben werden – „Lebensstil ist Verkaufsstil" –, versehen mit dem doppelten Emblem „Gervais-Danone" und „BSN".

Percy Barnevik, Geschäftsführer des Konzerns Asea Brown Boveri, erläutert die Dezentralisierung in strategische Geschäftseinheiten wie folgt: „ABB ist eine Organisation, die drei interne Widersprüche in sich trägt. Wir wollen global und lokal, groß und klein sein und streben eine totale Dezentralisierung bei zentraler Konsolidierung und Kontrolle an. Wenn wir diese Widersprüche lösen, haben wir einen echten Organisationsvorteil erreicht" (vgl. Barnevik, 1991). Es ist für einen Konzern dieser Größenordnung – etwa 240000 Mitarbeiter in aller Welt – außerordentlich wichtig, jeden Kunden persönlich anzusprechen, seine durch die Kultur seines Landes bedingten Gewohnheiten und Wahrnehmungen zu berücksichtigen. Aus diesem Grunde hat jede der verschiedenen strategischen Geschäftseinheiten der ABB eine eigene Kultur, die in bestmöglicher Weise auf das Land des jeweiligen Standorts abgestimmt ist. Allerdings muß eine ganzheitliche Sichtweise bewahrt werden, um dem Gesamtunternehmen einen Corpsgeist zu vermitteln, und es erweist sich außerdem als notwendig, einen ständigen Kontakt der Subsysteme untereinander und dieser mit der Leitung herzustellen.

Immer häufiger treffen Unternehmenskulturen aufeinander, und zwar in zunehmend komplexer und vielfältiger Weise. Partner von heute sind unter Umständen Konkurrenten von gestern, die zukünftigen Filialen oder die Muttergesellschaften unserer Kunden. Unter diesem Aspekt ist es illusorisch zu glauben, ein Unternehmen könne sich von seiner Umwelt abschotten; im Gegenteil, es liegt in seinem eigenen Interesse, diese zu verstehen, die Unterschiedlichkeit, mit der sie das System konfrontiert, zu akzeptieren und als Bereicherung zu empfinden.

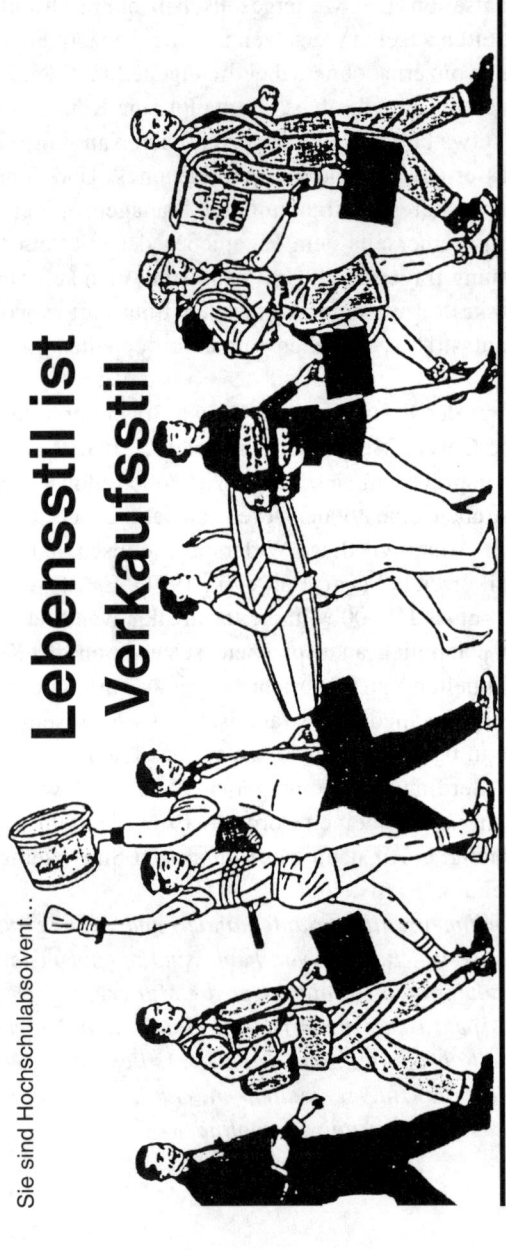
414

> Die Komplexität der Umwelt- und Konkurrenzbedingungen, denen das Unternehmen unterliegt, verändert unaufhörlich seine Aktivitäten, das heißt die Bedingungen der Zielerreichung, und bewirkt durch diese Tatsache, daß sich die langfristige Aufrechterhaltung eines starren, auf Dauer angelegten Bezugsrahmens als unzeitgemäß erweist.

c) Veränderung in den Werthaltungen

Die Tendenz zur Umweltkomplexität mit der daraus erwachsenden Forderung nach einer Öffnung von seiten der Unternehmen hat eine Entsprechung im Unternehmen selbst. Sie geht einher mit einer veränderten Einstellung zur Arbeit im Leben des einzelnen. Dieser macht seine Leistungsbereitschaft nicht mehr nur von materiellen Anreizen abhängig. Die postmaterialistischen Werte, die sich mehr und mehr verbreiten, beinhalten ein Streben nach Selbstbestimmung, Selbstverwirklichung in der Arbeit und Selbstentfaltung. Im Unterschied zu der Zeit, nachdem der Höhepunkt des materialistischen Anspruchsdenkens überschritten war, das heißt unmittelbar nach dem ersten Ölschock, wird die Persönlichkeitsentfaltung immer weniger als etwas gesehen, was man von der Arbeitszeit trennen könnte. Man arbeitet nicht mehr acht Stunden pro Tag, um sich seinen Lebensunterhalt zu verdienen oder eine Freizeitbeschäftigung zu finanzieren. Im Gegenteil, man möchte die Antinomie von Arbeit und Freizeit überwinden und zu einer umfassenderen Sichtweise gelangen, die beides in Übereinstimmung bringt mit den eigenen Wünschen und Vorstellungen, die eine Selbstverwirklichung auch am Arbeitsplatz ermöglicht, sei es durch den Inhalt der Arbeit oder deren Gestaltung (vgl. Lalive D'Epinay-Garcia, 1989; Dyllick/Probst, 1983). So kommt es, daß Führungskräfte heutzutage mehr und mehr eine Position suchen, wo sie ihr Streben nach Freiheit, Kreativität oder Herausforderung verwirklichen können, sogar unter Einbeziehung ihres Privatlebens.

Christian kommt und geht

Bei IBM versteht man ihn.
Er nutzt die Gelegenheit.

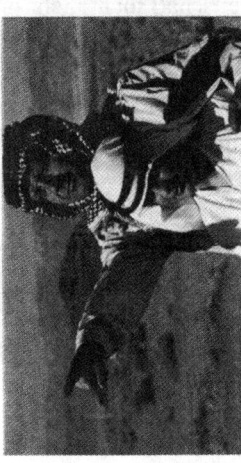

Christian De Pallières, in Jordanien

Faszination südlicher Sonne und ferner Länder! Sie prägt ein ganzes Leben, wird zu einer unwiderstehlichen Anziehungskraft. Wenn man einmal auf den Geschmack gekommen ist, wie Christian De Pallières, möchte man sie nicht mehr missen. Und so hat auch dieser begabte Hochschulabsolvent, der 1965 bei IBM anfängt, nur einen Gedanken: Aufbrechen und eine Niederlassung in Nordafrika errichten. Man erklärt ihm, daß die Führungskraft seines Formats mit einem „so ausgeprägten Sinn für Verantwortung", noch dazu in einem so stark expandierenden Unternehmen, eigentlich nur für die Vereinigten Staaten in Frage kommen. Aber er bleibt hartnäckig und kann sich durchsetzen: Man überträgt ihm die Verantwortung für die Entwicklung des Unternehmens in Marokko. Drei Jahre lang erkundet er das Land mit seiner Frau und seinen vier Kindern. Seine Rückkehr nach Paris, 1973, begeistert ihn wenig, zumal ihn das Projekt, das ihm die Firma anbietet, wenig zusagt. Und da entsteht in seiner kleinen, sehr dynamischen Familie ein ungewöhnlicher Plan: mit dem Wohnmobil um die Welt reisen und singen. Die Begeisterung der Kinder und das Organisationstalent seiner Frau, Marie-France, sorgen schließlich dafür, daß dieser Traum immer konkretere Formen annimmt. Und eines schönen Morgens, im Jahre 1975, steht Christian De Pallières vor seinem Abteilungsleiter und überreicht ihm, etwas unsicher, seine kleine „Personalakte", von seinen Kindern entsprechend illustriert. Und er vernimmt die Antwort: „Ich mag Leute, die etwas wagen." „Nicht schlecht! Aber damals gab es in Frankreich noch nicht den einjährigen Bildungsurlaub. Es wäre die Premiere gewesen. Die Akte geht bis zum Vorstand, der sich bereit erklärt, den Ingenieur bei seiner Rückkehr wieder an seinem Arbeitsplatz und mit den gleichen Bezügen einzusetzen. Und so macht sich die Familie auf den Weg mit dem Wohnmobil nach Asien, über Deutschland und die Türkei (1), 18 Monate voller Abenteuer und Traumerlebnisse, Maharadscha-Paläste, Sandstürme, Überfälle von Plünderern... Es fällt nicht leicht, nach einer solchen Reise an den Computer zurückzukehren! „Ich bin voller Energie", sagt dazu Christian De Pallières, der wegen seiner internationalen Erfahrung im Auslandsgeschäft eingesetzt wird. Aber dieser Ausflug in die Welt genügt ihm nicht. 1985, da capo! Jetzt soll die Reise nach Afghanistan und dann nach China gehen. Auch jetzt gibt IBM grünes Licht und hat inzwischen eine Rechtskonstruktion gebastelt: Der „unbezahlte Urlaub" nach dem IBM-Modell, etwas flexibler als der einjährige Bildungsurlaub, der 1984 gesetzlich verankert wird. Auch diesmal gibt es bei der Rückkehr keinerlei Probleme für den Gewohnheitstäter, der wieder einmal aufgetankt hat und voller Vitalität und Initiativen steckt. Seine Dynamik trägt Früchte: 1990 wird er zum Leiter der Abteilung für Informatik und Telekommunikation befördert. Christian De Pallières hat nicht den Eindruck, daß er seine Träume der Karriere geopfert hat. Vielleicht ist sie etwas verspätet gekommen, aber diese Verzögerung war die Reise wert. Und auch sein Status als Manager hindert ihn keineswegs daran, wieder an Reisen zu denken. Diesmal lockt die Seidenstraße. ■

F.-x.B.

(1) „Quatre Enfants et un rêve" („Vier Kinder und ein Traum", AdÜ) Familie des Pallières. Albin Michel.

Gleichzeitig kommt es immer häufiger vor, daß bestimmte Personen – Führungskräfte ebenso wie Angestellte – es ablehnen, in Banken, im Nuklearbereich, in der Rüstung, in der Chemie oder für eine stark umweltbelastende Firma zu arbeiten, weil dies ihrer persönlichen Überzeugung entgegensteht. Außerdem legen viele großen Wert darauf, ihre arbeitsfreie Zeit selbst bestimmen zu können. Hierzu zwei Beispiele: Das Personal der Swissair hatte die Möglichkeit, individuell zwischen verschiedenen Modellen auszuwählen, die die wöchentliche Arbeitszeit und die Zahl der Urlaubstage regelten: Die meisten sprachen sich für längere Urlaubszeiten aus und damit für mehr Arbeitsstunden pro Tag. Die Firma Lambert-Motoren AG, Schweizer Hersteller von Werkzeugmaschinen, beschloß, eine individuelle Arbeitszeitgestaltung einzuführen, die jedem die Möglichkeit gibt zu kommen, wann er will, und solange zu bleiben, wie er will, unter der Voraussetzung, daß der Produktionsablauf innerhalb des Teams mit den Kollegen koordiniert wird und mindestens eine Person ständig in der Werkstatt anwesend ist. Von Jahr zu Jahr bestimmt jeder Angestellte seine wöchentliche Arbeitszeit, die allerdings nicht unter 10 und nicht über 43 Stunden liegen darf. Im übrigen toleriert die Personalabteilung eine Fluktuation bis zu 15 Stunden Abwesenheit pro Monat – die nachzuarbeiten sind –; erst wenn dieses Maß überschritten ist, wird der Angestellte zur Rechenschaft gezogen. Natürlich bleiben einige bei der 40-Stunden-Woche, andere wiederum arbeiten nur 30 Stunden pro Woche oder 9 Monate im Jahr. Das Individuum verändert sich also, seine Bedürfnisse auch. Folgende Grundtendenzen lassen sich zusammenfassen:

In der Lebensplanung des einzelnen verliert die Arbeit immer mehr ihre beherrschende Rolle.

- Die Menschen verspüren zunehmend den Wunsch, die Arbeit in ein umfassendes Lebenskonzept zu integrieren.
- Partizipative Arbeitsformen sind mehr und mehr gefragt.
- Zwingender denn je stellt sich die Frage nach Sinn und Ethik der Unternehmensziele und Arbeitsbedingungen.
- Die Werte des Industriezeitalters verschwinden mehr und mehr.
  Angesichts dieser Veränderungen stellt sich dem Unternehmen das Problem, wie sich diese erfolgreich integrieren lassen. Natürlich wäre es möglich, starr auf den sakrosankten Grundsätzen der Rationalität und Disziplin zu bestehen. Aber Rationalität bedeutet nicht mehr Rentabilität, wenn man sie als mechanische Ausschaltung der vielfältigen Wünsche aus den Aktivitäten des einzelnen begreift. Die Schwierigkeiten, die mit der Lenkung so flexibler Systeme wie die oben beschriebenen verbunden sind, werden in der Regel ausgeglichen durch die Anziehungskraft des Unternehmens auf Stellenbewerber und durch das persönliche Engagement der Mitarbeiter. Man muß sich an dieser Stelle klarmachen, daß Flexibilität und Freiheit zwar nicht automatisch zu mehr Motivation und Kreativität der Mitarbeiter führen, aber langfristig doch die Conditio sine qua non bleiben. Motivation ist nicht etwas, das man einem anderen vermittelt, es ist ein Potential, das die Person in sich trägt (vgl. Herzberg, 1968). Diese intrinsische Eigenschaft ist jedoch weder angeboren noch unveränderbar.

Sie setzt sich zusammen aus intellektueller Neugier, dem Wunsch zu wachsen, sich zu entwickeln und einem gewissen Bedürfnis, seinem Leben einen Sinn zu geben. Sie überträgt sich auf den Alltag in zwei unterschiedlichen Formen dynamischen Verhaltens. Die erste ist ereignisbezogen und mit einer bestimmten Situation verbunden: „Mit dem und dem Chef, an der und der Stelle habe ich sehr viel gelernt." Die zweite ist tiefergehend, sie basiert auf der Entwicklung der Person: „Ich wollte immer selbständig in Funktionen tätig sein, bei denen zwischenmenschliche Beziehungen an erster Stelle stehen." Was die ereignisbezogene Motivation anbelangt, so schwindet sie in dem Maße, als sich die Person an das, was sie tut, und an die Vorteile, die sie daraus gewinnt, gewöhnt. Ein Vorgesetzter kann nicht ständig neue „Ereignisse" schaffen, um die Untergebenen zu motivieren. Die zweite Form der Motivation ihrerseits wird durch die Tatsache erschwert, daß die Menschen in der Regel wenig Zeit damit verbringen, über ihr Leben nachzudenken und herauszufinden, was sie eigentlich wollen. Manager müssen also in der Lage sein, sich besser auf die Leute einzustellen, als letztere es selbst tun, vor allem aber müssen sie einen flexiblen Rahmen schaffen, in dem jeder seinen Weg finden und sich selbst bestimmen kann. Denn die Förderung der persönlichen Reife ist nach wie vor ein besserer Weg zu freiwilligem Handeln als die Schaffung eines Systems sozialen Handelns als Reifungsmotor (vgl. Le Saget, 1988). Das wachsende Bedürfnis nach freier Meinungsäußerung signalisiert lediglich den Wunsch eines jeden, für sein individuelles Handeln einen Weg zu finden und zu wählen.

Die Wertvorstellungen der Menschen und somit auch der Mitarbeiter in einem Unternehmen haben sich geändert. Das Unternehmen darf sich dieser Entwicklung nicht verschließen und muß ihr Rechnung tragen. Das ist sicher richtig, der Weg dahin wird jedoch infolge der Globalisierungstendenzen, von denen wir im Zusammenhang mit der Konkurrenz gesprochen haben, durch ein zusätzliches Hindernis erschwert: die Verschiedenheit der jeweiligen Kulturen (vgl. Hofstede, 1980; Klimecki/Probst, 1992; Cascio et al., 1992). Hierarchische Beziehungen, Personalführung und Informationsfluß werden überall in der Welt anders verstanden und gehandhabt. Kulturelle Unterschiede führen dabei weniger zu Meinungsverschiedenheiten als zu Mißverständnissen, die häufig erst dann erkennbar werden, wenn irgendeine Aktion in Gang gesetzt werden soll. Erschwerend kommt hinzu, daß es in einem Unternehmen wenig Toleranz im Hinblick auf die Verfahrensweise des anderen gibt, wer immer das auch sein mag. Man sollte daher sehr vorsichtig sein, wenn großangelegte Konzepte der „Einigung" angegangen werden sollen; nicht, daß sie unnötig wären, aber ihre Abfassung und Durchsetzung erfordert ein hohes Einfühlungsvermögen in Hinblick auf Divergenzen von Wertesystemen (vgl. Rodgers, 1988).

> **Der Unternehmenserfolg beruht auf der Qualität seiner Mitarbeiter, deren Wertvorstellungen und Bestrebungen sich laufend ändern. Das Unternehmen von heute muß sich diesen Bestrebungen seiner Mitarbeiter öffnen, ihre Wertvorstellungen zur Kenntnis nehmen und sie in seine Vorgehensweise einbeziehen.**

Man beginnt heutzutage, die kulturellen Unterschiede zwischen zwei Unternehmen oder zwei verschiedenen Weltregionen ernst zu nehmen. Man weiß, daß man nicht irgend etwas irgendwo bei irgendeinem Partner durchsetzen kann. Aber vielleicht sollte man nicht vergessen, daß diese Unterschiede, wenn auch in geringerem Maße, auch zwischen Personen bestehen, die aus demselben Land, aus derselben Stadt stammen. Sie treten sicherlich weniger in rein kultureller Hinsicht in Erscheinung als vielmehr in Unterschieden des persönlichen Wertesystems. Was für den einen wichtig und plausibel ist, ist es nicht unbedingt auch für den anderen. Dies wird um so deutlicher, als man in Unternehmen die Wertvorstellungen von Führungskräften und Angestellten miteinander vergleicht. Wie wir gesehen haben, verwirklichen sich erstere im Unternehmen, während letztere dies dank bzw. außerhalb des Unternehmens tun. Im Grunde lag die Schwierigkeit organisatorischer Gestaltung von jeher darin, diese beiden Tendenzen durch die Emergenz von Zielen und Prozessen in Einklang zu bringen, und man ließ sich dabei von der Vorstellung leiten, die man sich im Laufe der Jahre von den Bestrebungen und Fähigkeiten des Menschen machte. Mit dieser Evolution, die die Organisationstheorien durchlaufen haben, wollen wir uns im nachstehenden befassen.

II. Evolution des Managements

In dem Maße, in dem sich die vorangehend geschilderten Phänomene verstärkten, veränderte sich im Laufe dieses Jahrhunderts auch das Management, das wichtige Entdeckungen verarbeitete, aber auch den Anforderungen eines neuen Menschenbilds Rechnung trug. Die gesamte neuere Geschichte der Organisation, über die wir in der nachstehenden Tabelle einen kurzen Überblick geben wollen, führt uns Schritt für Schritt zu jenem Bedürfnis nach Dialog und Öffnung, das sich uns zum Teil bereits im vorangehenden andeutete (vgl. auch Kieser, 1993).

Ab dem Zeitpunkt, zu dem man begann, über gut funktionierende Organisationsformen nachzudenken, stand für die Unternehmer – von einigen wenigen Ausnahmen abgesehen – stets das Streben nach einer kognitiv-instrumentellen Rationalität und Effizienz im Vordergrund. Es überrascht also nicht, daß der erste organisationstheoretische Ansatz auf Überlegungen zurückgeht, die auf Produktivitätssteigerung durch wissenschaftliche Betriebsführung abzielten, auf Überlegungen also, die zu Beginn des Jahrhunderts angestellt wurden, zu einer Zeit, in der die Technologie eine vielversprechende Entwicklung erkennen ließ, die Unternehmen überwiegend als Familienbetrieb geführt wurden, das Wirtschaftssystem auf einer Kapitalverteilung basierte, die der von Marx untersuchten sehr ähnlich war, und wo der Erfolg eines Unternehmens gleichgesetzt wurde mit dem Ansammeln von Gütern im privaten Besitz.

	Klassischer Ansatz	Human-Relations-Ansatz	Neoklassischer Ansatz	Kybernetischer Ansatz	Entscheidungs-orientierter Ansatz	Systemischer Ansatz
Gegenstand der Untersuchung	Aufgaben und Aktivitäten	Motivation, Individuen	Struktur, Organisation, Technologie	Handlungen und Ergebnisse	Entscheidungs-findung	Allgemeines System
Schlüsselfaktoren	Maschine, Mensch, Gewinn	Mensch, seine Bedürfnisse, Gruppe, Interaktionen	Umwelt, Situation, Gewinn	Rückwirkung der Ergebnisse auf die Handlung, Information, Kontrolle	Mensch, Situation, Auswahlkriterien, Information	Umwelt, interne Situation, Beziehungen
Merkmale des Menschen	Mechanische Rolle	Soziale und mechanische Rolle	Adaptiv, umweltbezogen evolutiv	Adaptiv, Versuch-Irrtum-orientiertes Lernen	Administrative Rolle und komplexe Funktionsweise	Komplexe Rolle, im Detail nicht vorhersehbar, kognitives Lernen
Beiträge der Lehre	Spezialisierung, detaillierte und präzise Organisation als Garant für Produktivität	Bedürfnisbefriedigung als Auslöser von Motivation und Produktivität	Anpassung des Unternehmens an die externen Bedingungen als Voraussetzung des Überlebens	Anpassung der Handlung durch Korrektur nach Feststellung der Abweichung zwischen Ziel und Ergebnis	Lenkung des Systems durch Interaktion von beschränkten individuellen Sichtweisen	Gesamtschau, verschiedene Betrachtungsstandpunkte in Hinblick auf Prozesse und Ergebnisse
Wichtige Vertreter	Taylor, Fayol, Weber . . .	Mayo, Maslow, Herzberg, McGregor, Argyris, Likert . . .	Woodward, Chandler, Drucker, Lawrence & Lorsch, Burns & Stalker, Perrow, Mintzberg, Blake & Mouton	De Rosnay, Ashby, Beer, Shannon & Weaver, Gomez, Krieg . . .	Simon, March, Cyert, Barnard . . .	Ackoff, LeMoigne, Emery, Trist, Boulding, Morgan

Übersicht über Merkmale und Schwerpunkte der Ansätze

a) Klassischer Ansatz

Wir stehen am Anfang des 20. Jahrhunderts. Ingenieure wie Taylor und Betriebswirtschaftler wie Fayol – der Soziologe Weber bildet hier eine gewisse Ausnahme – legen die Prinzipien und Formen der Arbeit für eine erfolgreiche Unternehmensführung fest. Die Arbeiter dieser Generation sind in der Regel nicht fest angestellt, sie werden für einen Tag verpflichtet – jeden Morgen „auf Arbeitssuche" an den Toren der Fabrik –, und die Sicherung des Unterhalts für sich und ihre Familien hängt im wesentlichen von der Qualität ihrer Arbeit ab, von ihrer „Folgsamkeit" gegenüber einem sehr patriarchalischen System und vom Fortbestand der Industrie, von der sie abhängen. Es leuchtet also ein, daß man, um die Gewinne zu steigern, mehr von den Angestellten und Arbeitern verlangt. Und es scheint ebenfalls logisch, daß man, um mehr Leistung von den Mitarbeitern fordern zu können, zunächst daran denkt, sie finanziell besserzustellen. Die Einführung eines Stücklohnsystems hat somit a priori keine negative Konnotation; man glaubte, auf diese Weise das dringlichste Bedürfnis des Arbeiters befriedigen zu können (vgl. Taylor, 1911). All diese Überlegungen, wie immer man sie auch im nachhinein bewertet hat, lassen sich aus dem Kontext der Zeit rechtfertigen. Man setzt die Arbeitsweise des Menschen mit einer Maschine gleich; sie muß „gut funktionieren", um möglichst effizient zu produzieren. Die Produktion ihrerseits wird standardisiert und die Fließbandarbeit eingeführt, sinnbildlich dafür steht das Modell T von Ford. Im Grunde befaßt sich die Arbeitsorganisation nicht mehr nur mit den Fähigkeiten und Fertigkeiten der Arbeitskräfte, sondern wird zum Instrument in den Händen der Unternehmensführung.

Frederick Winslow Taylor (1856-1915) gilt als Vater der Betriebsorganisation; der Amerikaner, aus Irland stammend, durchlief im Laufe seines Lebens die gesamte Hierarchie der Midvale Steel Company, wo er zunächst angelernt, dann zum Ingenieur und später zum Direktor befördert wurde. 1893 nahm er seinen Abschied, da er sich der Entwicklung und Verbreitung seiner Theorien widmen wollte, blieb aber Betriebsberater für das Ingenieurwesen. Er ist also kein Theoretiker, sondern ein Praktiker, ein Kenner der verschiedenen Abläufe industrieller Tätigkeiten im Kontext seiner Zeit, der uns ein Scientific Management vorschlägt, das er auf folgende Prinzipien gründet:

1. Die Mitglieder des Managements registrieren, klassifizieren die Kenntnisse und Aktivitäten der Arbeiter und setzen sie in wissenschaftliche Gesetzmäßigkeiten um.
2. Das Management wählt die Angestellten nach ihren Fähigkeiten aus und bildet sie aus.
3. Zwischen Management und Arbeitern entsteht eine enge Zusammenarbeit, um sicherzustellen, daß alle Verrichtungen in optimaler Weise und nach wissenschaftlichen Methoden durchgeführt werden.
4. Es besteht Arbeitsteilung zwischen den Mitgliedern des Managements – Organisation, Planung – und den Arbeitern – Ausführung –, die nach den Fähigkeiten und Kompetenzen des einzelnen vorgenommen wird.

Dank dieser Vorstellungen, die sich heutzutage in der einen oder anderen Form allgemein durchgesetzt haben, konnte das handwerklich organisierte Unternehmen zu einem Industrieunternehmen werden. Der Arbeitnehmer, der früher sein Handwerk am Arbeitsplatz erlernte und je nach Fähigkeit ausführte, entwickelt sich weiter und wird nun nach bestimmten Standards und in Richtung auf eine optimale Aufgabenerfüllung ausgebildet. Die Produktivität steigt und entsprechend dazu die Vergütung der Arbeiter. Man geht davon aus, daß die Vergütung dort, wo sich der Taylorismus durchsetzte, zwischen 33 und 100% anstieg.

Während Taylor seine Doktrin über die Aufgabenerfüllungsprozesse formuliert, entwickelt der Franzose Fayol (1841-1925) die Prinzipien über die gesamtbetriebliche Führung: „Die anweisende Autorität muß stets anwesend, zumindest aber vertreten sein." Ausgehend von dem Bürokratieverständnis aus der Zeit Richelieus verfaßt er die Administrationslehre. Er gliedert das Unternehmen in sechs Funktionen, die er in zwei große Gruppen zusammenfaßt:

- ressourcenschaffende Funktionen: Technik, Absatz und Finanzen
- betriebsmittelerhaltende Funktionen: Rechnungsführung, Sicherheit, Administration

Außerdem definiert er 14 allgemeine Verwaltungsprinzipien für die betriebliche Führung:

1. Arbeitsteilung
2. Autorität und Verantwortung
3. Disziplin
4. Einheit der Auftragserteilung (für jeden Untergebenen nur einen Vorgesetzten)
5. Einheit der Leitung (ein Leiter und ein Plan für ein Ziel)
6. Unterordnung von Einzelinteressen unter das Gesamtinteresse
7. Zufriedenstellende Vergütung für das Unternehmen und die Angestellten
8. Zentralisierung
9. Klare Autoritätshierarchie (pyramidenförmige Strukturen)
10. Ordnung (ein Platz für jeden und jeder an seinem Platz)
11. Gleichheit
12. Firmentreue der Mitarbeiter
13. Initiative
14. Corpsgeist

Fayol möchte seine Prinzipien nicht als starre Regeln verstanden wissen, sondern als ein den Besonderheiten des Unternehmens und seiner Führung anpaßbares Instrumentarium. Diese Überlegungen haben zu Hilfsmitteln der Präsentation und Klärung von Strukturen geführt, zu Organigrammen, Stellenbeschreibungen und Formalisierung betrieblicher Abläufe. Es ist unbestritten, daß viele Unternehmer in diesem Bereich und auch in Hinblick auf eine Reihe der vorgenannten 14 Punkte noch heute die Ideen Fayols anwenden, oft sogar, ohne sich dessen bewußt zu sein.

Als letzter großer Gedankenvater der klassischen Organisationslehre gilt Max Weber (1864-1920), der sich hinsichtlich der Funktionsweise eines Systems auf ein Bürokratiemodell stützt, das eine klare hierarchische Gliederung und die Besetzung der Stellen mit entsprechend qualifizierten Personen vorsieht. Angestellte sind nach Weber „Amtsträger" und

1. als freie Menschen nur im Rahmen ihrer Amtspflichten verantwortlich,
2. in eine Amtshierarchie eingebunden,
3. mit den Kompetenzen ihres Amtes ausgestattet,
4. nach bescheinigter Fachqualifikation rekrutiert,
5. erhalten eine feste Besoldung in Geldform mit Anspruch auf Altersversorgung,
6. haben eine berufliche Laufbahn, die an der Betriebszugehörigkeit und an den Verdiensten der Person orientiert ist und
7. sind einer strengen und homogenen Amtsdisziplin unterworfen.

Diese drei theoretischen Ansätze bewirkten einen beträchtlichen Fortschritt im Bereich der Unternehmensorganisation und des Managements. Viele dieser Prinzipien werden auch heute noch erfolgreich angewandt, vor allem im Bereich der Produktion. Obwohl hier von Vorreitern die Rede ist, läßt sich nicht verkennen, daß sie vom Geist ihrer Zeit geprägt waren. Es herrscht Dichotomie zwischen Führungs- und Ausführungsaufgaben, Qualifikationsanforderungen werden immer weniger gestellt, es kommt zu einer Mechanisierung der Arbeit. Man glaubt, daß der Mensch dem Unternehmen seine Arbeitskraft zur Verfügung stellt, wenn entsprechende Vergütungsanreize gegeben sind. Daß mit der Erfüllung des Arbeitsvertrags auch andere Bedürfnisse verbunden sein könnten, wird nicht in Erwägung gezogen. Vergessen wir nicht, daß der Mensch in den Augen der Philosophen von damals seine Arbeitskraft dem Arbeitgeber „vermietet". Die Konsumgesellschaft steckt noch in den Kinderschuhen. Geld repräsentiert den Einsatz, der über Kräfteverhältnisse entscheidet. Es gibt Reiche und Arme, eine Art Aufteilung in „Kasten", die, wie es scheint, so gut wie unveränderbar sind. Und es gibt scheinbar feststehende Gesetze der Natur und des Lebens. Der wissenschaftliche Fortschritt ermöglicht die Entdeckung des Universums, aber – und das ist die Sicht jener Zeit – als das, was es ist, und nicht als ein evolutives System. Jede Entdeckung, gleich welcher Größenordnung, gilt als eine Leistung des Menschen, die man unverzüglich in einen bereits bestehenden Bezugsrahmen einordnet, nie jedoch als etwas Unvorhergesehenes, das eben diesen Rahmen in Frage stellen könnte. Von dem Arbeiter, der zu dieser Zeit meist zwölf Stunden am Tag an sechs Tagen der Woche arbeitet, wird angenommen, daß seine größte Sorge darin besteht, gut zu „funktionieren" und somit für seinen Lebensunterhalt sorgen zu können. Daher gilt:

> Nach dem klassischen Konzept vollzieht sich Unternehmensorganisation nach starren, strengen Regeln, die eine rationelle Bewältigung des Alltagsgeschäfts ermöglichen. Für die Anhänger dieser Lehre ist der Mensch keine Maschine, er funktioniert aber wie eine Maschine.

b) Beziehungsorientierter Ansatz (oder Human-Relations- Bewegung)

Nach dem, was wir heute über die Welt und das Universum wissen, ist es nicht verwunderlich, daß die Prinzipien des Scientific Managements teilweise in Frage gestellt wurden. Besonders überraschend ist vielleicht die Tatsache, daß dies im Verlauf von Experimenten geschah, die von Elton Mayo zusammen mit einer Gruppe von Psychologen in den Hawthorne-Werken der Western Electric Company, USA, durchgeführt wurden, um die Taylorschen Theorien zu belegen. Wir befinden uns im Jahre 1924, in der Zeit zwischen den beiden Weltkriegen. Der Erste Weltkrieg hat alle gesicherten Positionen erschüttert, die Globalisierung der Wirtschaft setzt ein, die Vereinigten Staaten festigen ihre Vorherrschaft in der Welt. Die durch die Schrecken des überstandenen Krieges hart geprüften Frauen drängen nun als Arbeiterinnen in die Unternehmen und verändern die bis zu diesem Zeitpunkt stark maskulin geprägten Modalitäten der Organisation. Eingedenk der zahllosen Toten, die es in der Zeit zwischen 1914 und 1918 gegeben hat, verbreitet sich mehr und mehr die Ansicht, daß man nicht lebt, um zu arbeiten und zu sterben, die „verrückten" Jahre sind angebrochen. Inspiriert von der russischen Revolution engagiert man sich für eine Vereinigung der Arbeiterklasse , die meist vor dem Krieg gegründeten Gewerkschaften erleben einen machtvollen Aufschwung, Streiks werden organisiert, um von den „Unternehmern" mehr Geld, aber auch eine Verkürzung der Arbeitszeit zu fordern. Die Bevölkerung beginnt, ein politisches Bewußtsein zu entwickeln, die sozialistische Arbeiterinternationale zerfällt in zwei Lager, in die kommunistisch orientierte, vom Geist der Revolution beseelte Bewegung und in die sozialistische Strömung, die eher eine Beteiligung an den amtierenden Demokratien anstrebt. Das weltwirtschaftliche Wachstum, zum Teil ermöglicht durch Bodenschätze aus den Kolonien, die dank der verbesserten Transportmöglichkeiten nun auch in westlichen Ländern zur Verfügung stehen, erfährt eine bessere Verteilung unter den sozialen Schichten. In der Krise, die nun folgt, gelingt es der Arbeiterbewegung, sozialistische, popularistische oder nationalistische – später in einigen Fällen auch faschistische – Strömungen in die verschiedenen westlichen Machtstrukturen zu bringen. In Frankreich führt die Volksfront den bezahlten Urlaub ein. Der Mensch und Arbeiter wird nach wie vor als ein Produktionsmittel gesehen, das Ruhe, Freizeit und Wertschätzung braucht.

Kehren wir zu den Experimenten von Elton Mayo zurück, der mit seiner Arbeit in der Western Electric eine Bewegung auslöste, die man heute als verhaltensorientiert oder Human-Relations-Bewegung bezeichnet und die sich nahtlos in den oben beschriebenen Kontext einfügt. Mayo und eine Gruppe von Psychologen stützten ihre Experimente auf eine Arbeitshypothese von Taylor über die Beziehungen zwischen äußeren Arbeitsbedingungen und Produktivität. Sie veränderten dabei in einer Werkstatt, in der eine Gruppe von Arbeitern ihren Arbeitsplatz hatte, bestimmte äußere Arbeitsbedingungen – insbesondere die Beleuchtung. Die Arbeiter zeigten sich erfreut über die besseren Lichtbedingungen an ihrem Arbeitsplatz, und die Produktion stieg in dem Maße, in dem die Lichtstärke zunahm. Als nun aber die Psychologen in einer anderen Werkstatt die Lichtstärke herabsetzten, war auch in dieser zweiten Gruppe ein Produktivitätsanstieg zu verzeichnen. Die Forschungsgruppe setzte ihre Arbeit über fünf Jahre hinweg fort, um diese neue, damals überraschende Hypothese zu bestätigen: Rationalisierungsmaßnahmen und die Einführung eines Leistungslohns reichen nicht aus, man muß darüber hinaus den Menschen als soziales Wesen in Betracht ziehen, das Bedürfnis nach Anerkennung hat.

Die Theorien haben sich bis zum heutigen Tage ständig in dieser Richtung weiterentwickelt, und sie prägen noch immer in entscheidendem Maß das moderne Unternehmen. Um nur die wichtigsten Forschungsbeiträge zu diesem Thema zu nennen, möchten wir uns nun den Arbeiten von Maslow, Herzberg und McGregor zuwenden. Zunächst ein Wort zu Abraham Maslow, der versucht hat, dieses Phänomen mit seinem bekannten Modell einer „Bedürfnispyramide" festzuhalten. Nach Maslow (1954) strebt der Mensch zunächst nach Befriedigung seiner physiologischen Grundbedürfnisse: Essen, Kleidung. Er sichert sich dann bis zu einem bestimmten Grad gegenüber Gefahren und Bedrohungen ab, bevor er seinen sozialen Bedürfnissen nachgeht, Freundschafts- oder Gruppenbeziehungen aufnimmt. Erst wenn diese drei Bedürfnisse, von Maslow als Bedürfnisse niederer Ordnung (physiologische Bedürfnisse, Sicherheitsbedürfnisse, Bedürfnisse nach sozialen Kontakten) bezeichnet, befriedigt sind, werde sich der Mensch Bedürfnissen höherer Ordnung zuwenden: Anerkennung finden (Wertschätzung, Achtung von seiten der anderen, Autonomie) und sich selbst verwirklichen (sich entwickeln, sich entfalten, sich bestätigen, die eigene Kreativität zum Ausdruck bringen). Daher wird in der Literatur bei den ersten drei Bedürfnissen auch von Defizitmotiven, bei den letzteren von Wachstumsmotiven gesprochen. Der Mensch würde sich demnach in Stufen verändern, wobei ein befriedigtes Bedürfnis seine motivierende Wirkung verliert.

Diese Einteilung ist natürlich nur mit Einschränkungen richtig. Nehmen wir das Beispiel eines Künstlers, der es vorzieht, nach eigenen Vorstellungen, seiner Inspiration folgend, zu malen, statt Bilder zu produzieren, die ihm ein Minimum an Erfolg und demnach seinen Lebensunterhalt sichern würden. Ähnliches gilt für den Ingenieur, der seine Ideen alleine aus einem leidenschaftlichen Interesse heraus verwirklichen möchte, statt die finanzielle Unterstützung einer großen Firma wahrzunehmen. Die

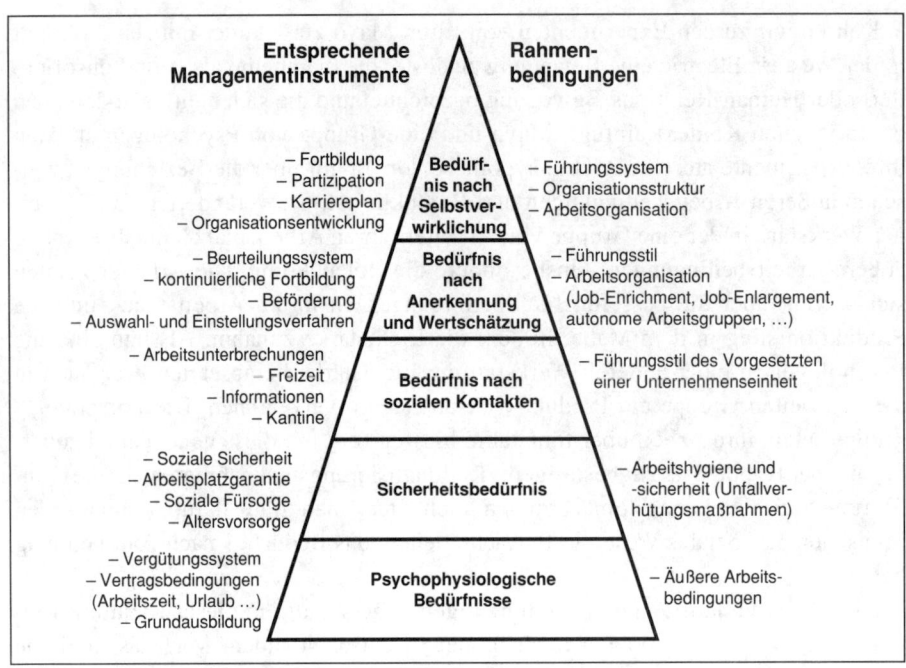

Entsprechende Managementinstrumente | **Rahmenbedingungen**

– Fortbildung
– Partizipation
– Karriereplan
– Organisationsentwicklung
Bedürfnis nach Selbstverwirklichung
– Führungssystem
– Organisationsstruktur
– Arbeitsorganisation

– Beurteilungssystem
– kontinuierliche Fortbildung
– Beförderung
– Auswahl- und Einstellungsverfahren
Bedürfnis nach Anerkennung und Wertschätzung
– Führungsstil
– Arbeitsorganisation
(Job-Enrichment, Job-Enlargement,
autonome Arbeitsgruppen, …)

– Arbeitsunterbrechungen
– Freizeit
– Informationen
– Kantine
Bedürfnis nach sozialen Kontakten
– Führungsstil des Vorgesetzten
einer Unternehmenseinheit

– Soziale Sicherheit
– Arbeitsplatzgarantie
– Soziale Fürsorge
– Altersvorsorge
Sicherheitsbedürfnis
– Arbeitshygiene und
-sicherheit (Unfallver-
hütungsmaßnahmen)

– Vergütungssystem
– Vertragsbedingungen
(Arbeitszeit, Urlaub …)
– Grundausbildung
Psychophysiologische Bedürfnisse
– Äußere Arbeits-
bedingungen

Bedürfnishierarchie nach Maslow (bearb. nach Maslow 1954 und Schwarz/Dewarrat 1980)

verschiedenen Bedürfnisse treten keineswegs immer streng hierarchisch, eines nach dem anderen auf. Maslows Pyramide ist jedoch insofern interessant, als sie das Vorhandensein verschiedener Bedürfnisse beim Menschen schematisch darstellt und somit zu einer Weiterentwicklung der Vorstellung beiträgt, daß die Motivation des Menschen nicht ausschließlich auf ökonomischen Faktoren beruht. Im übrigen hat die Tatsache, daß man der Führung von Humanressourcen immer mehr Beachtung schenkte, zur Entwicklung unterschiedlicher Methoden geführt, die auf das eine oder andere dieser Bedürfnisse eingehen.

Die Theorie von den Bedürfnissen als Quelle der Motivation wurde von Herzberg im Jahre 1959 aufgenommen und verfeinert. Auf der Grundlage umfangreicher Studien, die in zahlreichen Unternehmen durchgeführt wurden, konnte dieser Forscher für den Menschen in seiner Arbeit grundsätzlich zwei Arten von Bedürfnissen nachweisen: die extrinsischen Faktoren und die intrinsischen Faktoren. Extrinsische Faktoren sind das, was das Unternehmen seinen Mitarbeitern bietet: Lohn, Arbeitsbedingungen, technische Ausstattung zum Beispiel. In der Regel ist ihre motivierende Wirkung nur von sehr kurzer Dauer: Eine Aufbesserung der Bezüge wird bestenfalls einige Tage für Leistungssteigerung sorgen. Umgekehrt aber werden diese Faktoren bei unangemessener Berücksichtigung zu *Determinanten der Unzufriedenheit*, zu „Hygienefaktoren": Eine unangemessene Vergütung kann den Angestellten in seiner Aufgabenerfüllung bremsen. Die intrinsischen Faktoren dagegen beziehen sich auf Aspekte der Selbstverwirklichung, die der einzelne in seiner Arbeit finden kann. Das Fehlen dieser Faktoren führt nicht selten zu einer Demotiva-

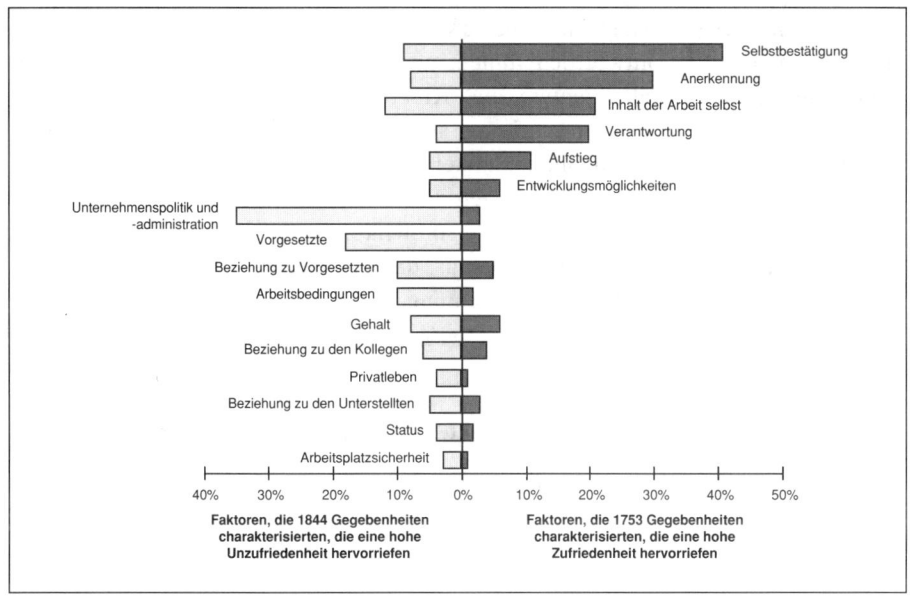

Das Arbeitsverhalten beeinflussende Faktoren (vgl. Herzberg, 1977)

tion: keine Verantwortung zu tragen, für die persönlichen Verdienste keine Anerkennung zu finden führt bei den meisten Menschen dazu, daß sie sich ganz auf sich zurückziehen und gleichgültig verhalten. Bietet man ihnen dagegen die Chance, über diese Elemente zu verfügen, so lassen sie sich dadurch *motivieren*, sie reagieren auf *Motivatoren*.

Nach diesem Konzept wird der Mensch weiterhin als ein Wesen mit sehr widersprüchlichen Reaktionen betrachtet, die sich jedoch in zwei Typen von Verhaltensweisen einteilen lassen: Entweder der Arbeitnehmer schaltet ab (vom Standpunkt des Unternehmens aus gesehen), wenn die äußeren Bedingungen ihn nicht mehr befriedigen; oder er steigert seine Arbeitsleistung, wenn seine inneren Bedürfnisse erfüllt sind. Vor demselben gedanklichen Hintergrund versuchte McGregor 1960 nachzuweisen, daß die Arbeitseinstellung der Angestellten in geradezu fataler Abhängigkeit von dem Verhalten des Managements zu sehen ist. Wenn die Unternehmensleitung ihre Mitarbeiter als Angestellte vom Typ X (von McGregor verwendete Bezeichnung) einordnet – das heißt als einen Durchschnittsmenschen, der eine angeborene Abneigung gegen Arbeit hat, es vorzieht, an die Hand genommen zu werden, sich vor Verantwortung drücken möchte und keinerlei Ehrgeiz besitzt –, so wird sie ein autoritäres und bürokratisches Verhalten entwickeln, das auf Kontrolle, Steuerung, Strafe und Belohnung, „auf Zuckerbrot und Peitsche" angelegt ist. In einem solchen Kontext können die Mitarbeiter ihre Fähigkeiten und Vorstellungen nicht formulieren und „bestätigen" mehr und mehr das Bild, das die Führungskräfte sich von ihnen machen. Ordnet jedoch das Unternehmen seine Mitarbeiter dem Typ Y zu – und sieht in ihnen Menschen, für die „körperliche und geistige Anstrengungen" beim Arbeiten als ebenso natürlich gelten wie Spiel und Ruhe, die in

427

der Lage sind, sich selbst zu lenken und zu kontrollieren, die auf Ziele hinarbeiten, für die sie sich selbst verantwortlich fühlen, und über ein ungenutztes Potential an Vorstellungskraft, Einfallsreichtum und Kreativität verfügen, das sie einsetzen möchten –, dann wird das Unternehmen seine Mitarbeiter dazu ermutigen, ihren Beitrag zur Lösung der Probleme zu leisten, es wird Aufgaben delegieren und dezentralisieren. Ein Managementverhalten dieser Art wird dem einzelnen die Möglichkeit geben, diesen Aspekt seiner Persönlichkeit tatsächlich zu verwirklichen. McGregor geht im übrigen nicht davon aus, daß das menschliche Wesen entweder dem Typ X oder Y angehört. Seiner Meinung nach wird sich jeder in seinem Ver-

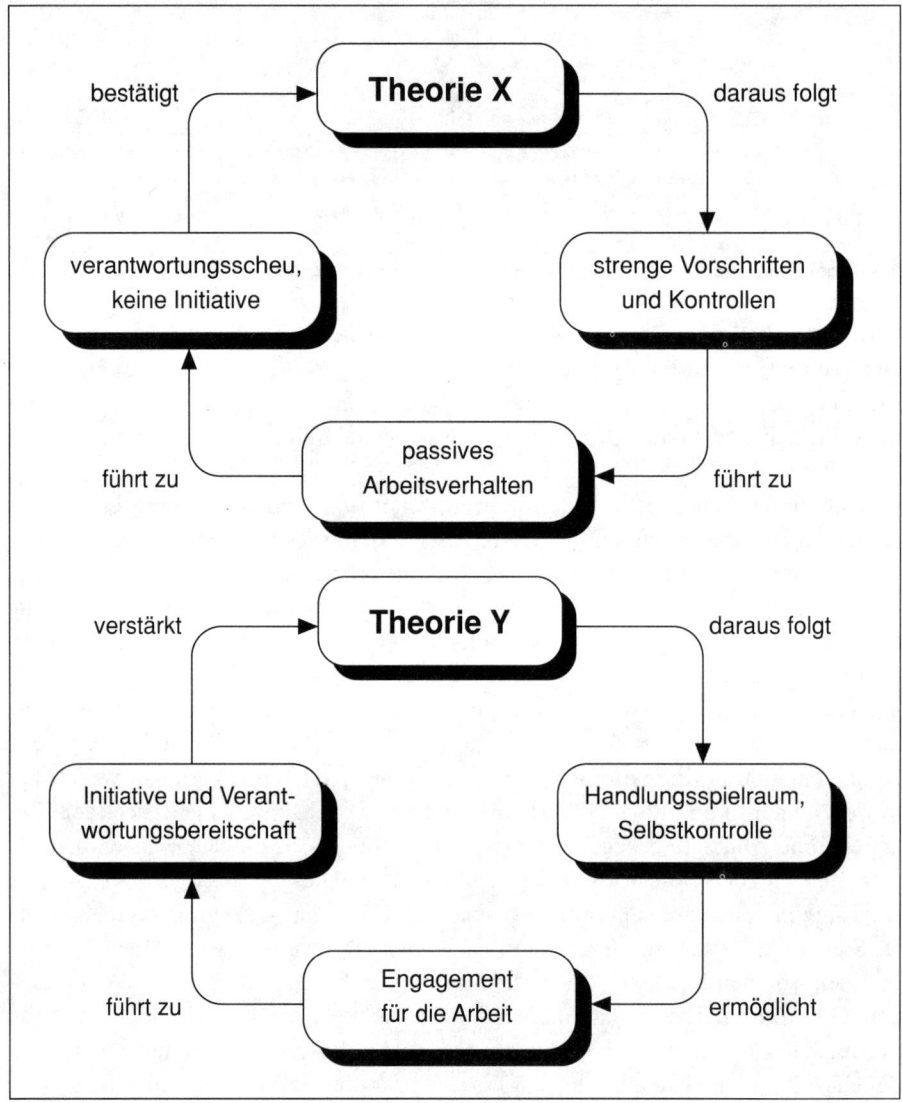

Kreisläufe zu Theorie X und Theorie Y nach McGregor (Ulich/Baitsch/Alioth, 1983)

428

halten entweder dem Typ X oder dem Typ Y annähern, je nachdem, in welchem Arbeitskontext er sich befindet.

Mit der nachstehenden Abbildung, vgl. Seite 430, die die beiden Möglichkeiten eines Gestaltungsansatzes für Büroautomation darstellt, geben wir ein konkretes Anwendungsbeispiel für die Theorie von McGregor und verdeutlichen auf diese Weise die voranstehenden Ausführungen.

> **Der verhaltenstheoretische Denkansatz unterstreicht die Emergenz der menschlichen Dimension im Unternehmen. Der Mensch ist nicht mehr länger ein isoliertes, nur funktionelles Wesen, sondern Mitglied einer Gruppe, zu der er eine mehr oder weniger starke Zugehörigkeit entwickelt.**

THEORIE X	THEORIE Y
Der Mensch hat eine angeborene Abneigung vor der Arbeit und versucht, sie so weit wie möglich zu vermeiden. Deshalb müssen die meisten Menschen kontrolliert, geführt und mit Strafandrohung gezwungen werden, einen produktiven Beitrag zur Erreichung der Organisationsziele zu leisten. Der Mensch möchte gerne geführt werden, er möchte Verantwortung vermeiden, hat wenig Ehrgeiz und wünscht vor allem Sicherheit.	Der Mensch hat keine angeborene Abneigung gegen Arbeit, im Gegenteil, Arbeit kann eine wichtige Quelle der Zufriedenheit sein. Wenn der Mensch sich mit den Zielen der Organisation identifiziert, sind externe Kontrollen unnötig; er wird Selbstkontrolle und eigene Initiative entwickeln. Die wichtigsten Arbeitsanreize sind die Befriedigung von Ich-Bedürfnissen und das Streben nach Selbstverwirklichung. Der Mensch sucht bei entsprechender Anleitung eigene Verantwortung. Einfallsreichtum und Kreativität sind weitverbreitete Eigenschaften in der arbeitenden Bevölkerung; sie werden jedoch in industriellen Organisationen kaum aktiviert.

Theorie X und Y nach: McGregor (1960. S. 33ff. und 47f.)

Alle Forschungsbeiträge, die sich aus diesem konzeptionellen Ansatz entwickelten, wurden mit dem Argument kritisiert, daß der wirtschaftliche und soziale Faktor des Unternehmens unberücksichtigt bleibe. Mit ihm wurde jedoch ein neues Element in den Vordergrund gestellt, der Mensch. Aber auch Human-Relations-Konzepte sehen den Menschen noch als ein Wesen, das sich am Wohlbefinden des Unternehmens orientiert und ein von außen, in diesem Fall von der Unternehmensführung, vorbestimmtes Verhalten annimmt. Mit dieser Sichtweise, so haben wir festgestellt, wird weiterhin ein Menschenbild vertreten, das den Menschen als Maschine sieht ohne individuelle Entscheidungsfreiheit, eine Sichtweise, die sich nach dem Zweiten Weltkrieg weitgehend ändern sollte.

„NEGATIVE ALTERNATIVE"	„POSITIVE ALTERNATIVE"
Starke Arbeitsteilung, das heißt Aufteilung der Arbeitsaufgaben in Teiltätigkeiten, die von je verschiedenen Mitarbeitern ausgeführt werden und nur geringe Anforderungen stellen. Arbeitsplatzcomputer werden je nach Arbeitsplatz für unterschiedliche, aber jeweils nur für einzelne Funktionen eingesetzt.	*Geringe Arbeitsteilung,* das heißt Integration von Tätigkeiten zu ganzheitlichen Arbeitsaufgaben mit Entscheidungskompetenzen und hohen Anforderungen. Einheit von Planen, Ausführen und Kontrollieren.
Einseitige Mensch-Maschine-Funktionsteilung: Möglichst alle vom Computer ausführbaren Funktionen werden automatisiert. Beim Menschen verbleiben Resttätigkeiten.	*Sinnvolle Funktionsteilung zwischen Mensch und Computer.* Automatisierung, nicht nach dem Prinzip „soviel wie möglich", sondern nach dem Prinzip „nur soviel wie nötig bzw. sinnvoll", das heißt angemessene Nutzung menschlicher Stärken und Nutzung des Computers lediglich als Werkzeug.
Zentralisierte Organisationsstruktur und zentrale Datenverarbeitung mit wenig Möglichkeiten, mehr als Einzelinformationen an den einzelnen Arbeitsplätzen zu verarbeiten.	*Dezentralisierung der Organisationsstruktur* zum Beispiel durch Schaffung von teilautonomen Arbeitsgruppen sowie durch Funktions- und Entscheidungsdezentralisierung.
Steile Hierarchie mit herkömmlichen Funktionsstufen; starke Kontrollbedürfnisse der Vorgesetzten, die wenig Vertrauen in die Eigenmotivation ihrer Mitarbeiter haben.	*Abbau von Hierarchiestufen* durch weniger vertikale Arbeitsteilung (flachere Hierarchien), beispielsweise durch Integration von anspruchsvoller Sachbearbeitung in die Sekretariatsarbeit.
Räumliche Auslagerung von Schreib- und Datenerfassungsarbeiten je nach Arbeitsanfall. Diese werden in Form von *individueller Telearbeit* von Gelegenheitsangestellten zu Hause ausgeführt.	Möglichkeiten zu *kombinierter Telearbeit.* Der Mitarbeiter können auf Wunsch teilzeitlich zu Hause oder in Satellitenbüros in Wohnortnähe arbeiten.
Keine individuellen flexiblen Arbeitszeiten.	*Flexible Arbeitszeitregelung*

Gestaltung der Büroautomation aus verschiedenen Perspektiven nach McGregor (vgl. Ruch/Spinas, Ulrich, 1989)

c) Neoklassischer Ansatz

Der Zweite Weltkrieg und seine Folgen haben das Denken und Handeln des Menschen tiefgreifend verändert. Auf geopolitischer Ebene kommt es zu wechselnden Blockbildungen: deutsch-sowjetischer Nichtangriffspakt, sein Scheitern, Trennung der Welt in zwei Blöcke mit gleichzeitigem Aufstieg der Wirtschaftsmacht Japan, zunehmende Unabhängigkeit der ehemaligen Kolonien, die unter Opfern oder durch Krieg erlangt wird. Im Bereich der Wissenschaft legt Einstein in seinen Arbeiten die Relativitätstheorie dar. Wirtschaftlich gesehen führt der Wiederaufbau allmählich zu „allgemeinem" Wohlstand und zur Konsumgesellschaft, die Rollenverteilung ist allerdings weniger starr, die Ansammlung von Vermögen findet nicht mehr in Familien, sondern in Unternehmen statt. Alles wird „relativ", man sucht nach neuen Dogmen, nach neuen Bezugsrahmen, die aber eher auf Opportunismus basieren. Sie gehen gewissermaßen von günstigen Bedingungen aus. In der ideologischen Auseinandersetzung zwischen den Blöcken wird das Bedürfnis nach einem weltumspannenden Ideal bewußt empfunden, auf dem Höhepunkt des Industriezeitalters erscheint der Mensch als ein integrierender Bestandteil seiner Umwelt.

Die Organisationstheorie, die diese Gesamtentwicklung in ihre Forschungsbemühungen einbezieht, sucht auch ihrerseits einen Weg, um die aufkommende Unsicherheit zu beherrschen und neue Regeln zu schaffen. Das neoklassische Konzept ist ein Beispiel für dieses Vorgehen, das man mit folgendem Satz kennzeichnen kann: „Es gibt nicht bessere oder schlechtere Organisationsformen, sie sind nur nicht alle gleich effektiv" (vgl. Lawrence/Lorsch, 1978). Es geht um die Kontingenztheorie: Umwelt und interne Bedingungen bestimmen die Organisation. In diesem Sinne unternahm Alfred Chandler in den 50er Jahren eine Untersuchung über die Evolution der amerikanischen Industrie, dargestellt anhand der Geschichte von vier der größten Unternehmen Amerikas: Dupont de Nemours, General Motors, Standard Oil of New Jersey und Sears & Roebuck. Er stellt zunächst fest, daß diese Gesellschaften vier wichtige Phasen durchlaufen: eine anfängliche Expansion verbunden mit einer Ansammlung von Ressourcen; Verwaltung dieser Ressourcen; Expansion durch Schaffung neuer Produkte oder die Eroberung neuer Marktsegmente, um die Vollbeschäftigung dieser Ressourcen zu gewährleisten; schließlich Gestaltung einer neuen Organisationsstruktur zur Gewährleistung einer rentablen und konstanten Vollbeschäftigung der Ressourcen im Verhältnis zur Nachfrage. In dieser letzten Phase spielt die Kontingenz eine besondere Rolle, wobei angesichts der Notwendigkeit, das Unternehmen nach seiner Diversifizierung zu reorganisieren, zwei mögliche Reaktionen festgestellt worden sind. Die erste ist eine Reaktion der Anpassung: Die Struktur wird in diesem Fall durch die Schaffung zusätzlicher funktionaler Abteilungen innerhalb des bestehenden Rahmens umgestaltet. Diese Anpassung reicht jedoch nicht aus, wenn die Komplexität und die Diversifizierung des Unternehmens weiterhin zunimmt: Die Belastung durch unerläßliche Koordinationsaufgaben würde die Unternehmensführung überfordern. In dieser zweiten Situation erweist sich die wesentliche Bedeutung einer kreativen Vorgehensweise, die die Führungskräfte von Routinearbeiten der betrieblichen Führung durch

Dezentralisierung der Verantwortlichkeiten entlastet. Die Unternehmensstruktur ist also nicht mehr gleichzusetzen mit einer rationalen Organisation seiner humanen und technischen Ressourcen, sondern ist das Ergebnis einer notwendigen Anpassung der Ressourcen an die Nachfrage. Die Strategie bestimmt die Struktur.

Für Joan Woodward, Professorin der Industriesoziologie in London, ist es vor allem die Fertigungstechnologie, die diese Struktur bestimmt. Zu dieser Schlußfolgerung kam sie nach einer Untersuchung, die sie in etwa 100 Industrieunternehmen der Grafschaft Essex (Großbritannien) in der Zeit zwischen 1953 und 1957 durchführte. Sie klassifizierte die Unternehmen nach ihrem technischen Produktionssystem – Einzelfertigung, Serienfertigung bzw. Fließfertigung – und stellte fest, daß Unternehmen mit dem gleichen Fertigungssystem vergleichbare Organisationsstrukturen aufwiesen und daß die erfolgreichsten unter ihnen die allgemeinen Organisationsmerkmale ihrer Kategorie aufwiesen.

Dieselbe Richtung verfolgten T. Burns und G.M. Stalker (1961), als sie in den 50er Jahren eine empirische Studie über die schottischen Unternehmen der Elektroindustrie erstellten. Diejenigen Unternehmen, deren Management nicht in der Lage war, sich den technologischen und kommerziellen Veränderungen anzupassen, befanden sich in einer hoffnungslosen Lage. Burns und Stalker erklären diese Tatsache mit dem Hinweis auf zwei unterschiedliche Systemtypen: das mechanistische System, das statischen Umweltbedingungen angepaßt ist, und das organische System, das sich dank einer lernfähigen Struktur allmählich auf evolutive Veränderungen des Umfelds einstellen und sich der dynamischen Umwelt anpassen kann. Die erfolglosen Unternehmen waren gescheitert, weil sie nicht in der Lage waren, von einer mechanistischen Organisationsstruktur zu einer eher organischen Struktur überzugehen, und dies, weil sie ihrem Wesen nach mechanistisch angelegt waren. In einem mechanistischen System stellt in der Tat jede Innovation Status und Befugnisse der Mitarbeiter in Frage, die sich darum jeder Veränderung widersetzen. Der Bezugsrahmen erträgt keine Veränderungen. So müssen die Bedingungen und vor allem die Stabilität der Umwelt den Strukturtyp bestimmen.

Die Harvard-Professoren Paul Roger Lawrence und Jay William Lorsch führen die Arbeiten von Woodward sowie Burns und Stalker weiter und entwickeln die Kontingenztheorie. Lawrence und Lorsch vertreten die Ansicht, daß Organisation in der Lage sein muß, einer mehrdimensionalen Umwelt entgegenzutreten: im Bereich der Technologien, Märkte, Regeln u.a. Sie differenziert sich also, damit sich jede der Systemeinheiten auf ein bestimmtes Umweltsegment beziehen und seine organisatorische Struktur der Stabilität oder Dynamik der jeweiligen Dimension anpassen kann. Es bestehen somit strukturelle Unterschiede zwischen verschiedenen Abteilungen, die aber dennoch eine Ganzheit, das Unternehmen, bilden sollen. Anhand einer empirischen Studie aus den Jahren zwischen 1963 und 1966 bestätigen die beiden Forscher anschließend ihre Theorien. So hatte zu dieser Zeit zum Beispiel ein Unternehmen der kunststoffverarbeitenden Industrie eine kaum strukturierte Abteilung Forschung und Entwicklung – Vorraussetzung für Fortschritts- und Innovationsdynamik – und eine standardisierte Produktion – technologische Umwelt statisch und vorhersehbar. Mit wachsender Differenzierung eines Unternehmens nehmen auch die Mittel, die die Firmen zur Integration der Mitarbeiter in das Systemganze anwenden, zu, denn es entsteht ein dringender Koordinationsbedarf. Umwelt und Umweltbedingungen gestalten somit die Organisation durch Differenzierung und Integration.

Fertigungssystem Produktionstyp	Transformationszyklus		Beziehungen zwischen den Funktionen
	Kritische Funktion		
Einzel- und Klein-serienfertigung, Auftragsfertigung	Marketing Forschung und Entwicklung	Fertigung	Täglich operative Beziehungen
Massenfertigung und Großfertigung	Forschung und Entwicklung Fertigung	Marketing	Nur normaler Infor-matinsaustausch
Prozeßfertigung, kontinuierliche Fertigung	Forschung Marketing und Entwicklung	Fertigung	Nur normaler Infor-matinsaustausch

Merkmale des Fertigungssystems/Produktionstyps als Organisationsgrundlage (Woodward, 1965)

MECHANISTISCHES SYSTEM	ORGANISCHES SYSTEM
1. Aufteilung von Problemen und Aufgaben unter Spezialisten	1. Kontinuierliche Neufestsetzung individuel-ler Aufgaben
2. Mehr oder weniger völlig isolierte Ausführung jeder Aufgabe von der Aus-führung aller übrigen Aufgaben	2. Partizipation jedes einzelnen weit über die Grenzen seiner Verantwortlichkeiten hinaus
3. Kontrolle der Aufgabenerfüllung durch den unmittelbaren Vorgesetzten	3. Verzweigtes Netz von Kontrolle, Autorität und Kommunikation
4. Genaue Arbeitsfestsetzung für jede funk-tionale Aufgabe	4. Problemkenntnis über die gesamte Orga-nisationsstruktur verteilt, nicht nur auf der
5. Hierarchische Gliederung	obersten Ebene vorhanden
6. Problemkenntnis nur an der Unter-nehmensspitze vorhanden	5. Zahlreiche Kommunikationsbeziehungen in horizontaler Richtung
7. Kommunikationswege nahezu ausschließ-lich vertikal	6. Kommunikation vor allem als Information und Stellungnahme, weniger in Form von
8. Betonung auf Loyalität und Gehorsam	Anordnungen und Entscheidungen
9. Interne Problemkenntnis wird höher bewertet als Gesamtkenntnis	7. Fachkenntnis wird höher bewertet als Loyalität

Merkmale von Organisationsformen nach T. Burns und G. M. Stalker, 1961 (bearbeitet von Scheid, 1980, S. 39)

> Die neoklassische Theorie hat bestimmte Begriffe eingeführt, wie Dezentralisierung, produktorientierte oder marktorientierte Divisionalisierung, Ergebniskontrolle, und setzt sich für die Annahme kontingenter Strukturen ein, d. h., sie postuliert, daß es eine optimale Organisation nur im Bezug zu ganz bestimmten Situationen gibt, und lehnt die Vorstellung einer allgemein gültigen Lösung ab.

Nach diesem Organisationsverständnis ist das Unternehmen weder verantwortlich für seine Handlungen noch Herr über seine Entscheidungen, es ist auf eine adaptive und reaktive Perspektive reduziert. Die Beschäftigung mit den Inhalten der Kontingenztheorie ist nützlich und erhellt die Strukturen unserer Unternehmen. Aber selbst auf ihrem Gebiet bleiben Fragen offen: Sie bietet keine Lösungsvorschläge dafür, wie die Anpassung der Organisationsformen an die Anforderungen der Umwelt überwacht werden kann, um beispielsweise festzustellen, wann ein statischer Umweltfaktor dynamisch wird.

d) Kybernetischer Ansatz. Ein Beispiel: Das lebensfähige System

Nach dem erfolgreichen Durchbruch der kybernetischen Wissenschaft begann man in den fünfziger Jahren, das Phänomen der kontinuierlichen Anpassung des Unternehmens an seine Umwelt zu untersuchen. Die theoretische Grundlage dieser Denkrichtung geht jedoch auf die dreißiger Jahre zurück, als Walter B. Cannon das Phänomen der Homöostase nachwies, d. h. die Tendenz der Systeme, in einem Gleichgewichtszustand zu verharren. Cannon konnte auf diese Weise aufzeigen, wie sich die Körpertemperatur ausgleicht, wie die Körperwärme auf äußere Temperaturschwankungen reagiert und sich reguliert. Der Begriff des Feedback wird konkret wahrgenommen: Bei Wärmeeinwirkung zum Beispiel registriert der Körper die Information und entwickelt Reaktionen wie etwa die Transpiration; er nimmt dann die veränderte Körpertemperatur wahr und korrigiert in Rückwirkung die eigenen Reaktionen. Man kann diesen Systemtypus wie in nachstehender Abbildung generalisieren (vgl Gomez, 1981; Gomez/Probst, 1985).

Dieses Phänomen, das die Interaktionen zwischen einem System und seiner Umwelt darstellt, bleibt sehr adaptiv und evolutiv. Es wurde im Zweiten Weltkrieg und in der Zeit danach von Experten der Ballistik weiterentwickelt, denen es gelang, bei der Lenkung von Raketen das Zielsuchverfahren einzuführen. Wenn sich das Ziel bewegt, registriert die in eine bestimmte Richtung abgeschossene Rakete die Ortsveränderung und korrigiert ihre Flugbahn. Norbert Wiener verhalf dieser Theorie der Regelmechanismen zu dem notwendigen Durchbruch und wird als Vater der Kybernetik betrachtet.

Kybernetik ist als solche keine Managementschule oder Organisationstheorie im engeren Sinne. Sie spielte eine Rolle in der Informationstechnik und bei der Erfindung der ersten Computer durch Shannon und Weaver (1949) oder von Neumann (1958), bei der Entstehung der ersten Automaten, der Modellierung von Produktions- und Planungsprozessen und selbstverständlich auch in zahlreichen Bereichen, die außerhalb

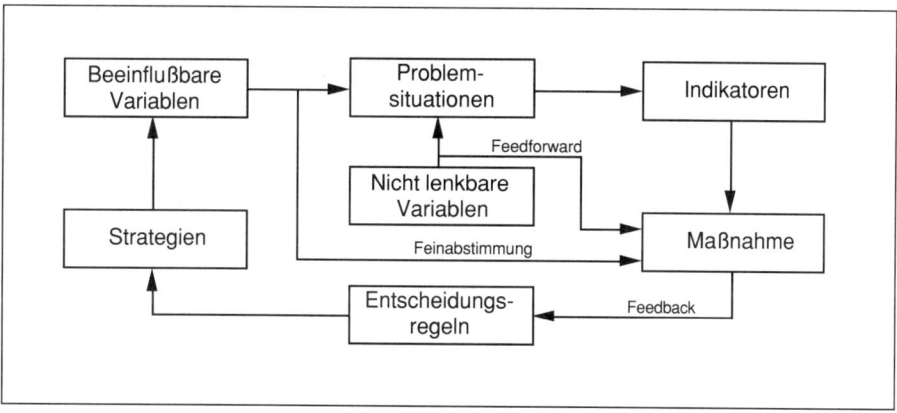

Modell des Regelmechanismus

des Unternehmens liegen (vgl. von Neumann, 1958). Die Kybernetik ist Bestandteil der Systemtheorie, die wir später behandeln. *Vor allem aber hat mit ihr der organische Ansatz seinen Höhepunkt erreicht, da sie den Menschen als eine biologische Einheit versteht, die sich fortlaufend durch Informationsaustausch ihrer Umwelt anpaßt.* Diese Sichtweise hat selbstverständlich Konsequenzen für die Art und Weise, wie von Menschen geschaffene Organisationsformen zu betrachten sind, und es bietet sich an, in diesem Zusammenhang auf das Modell des lebensfähigen Systems von Stafford Beer einzugehen.

Der englische Betriebswirtschaftler Beer hatte die Idee, eine Parallele zu ziehen, eine Analogie herzustellen zwischen der Funktionsweise eines Unternehmens und dem zentralen Nervensystem des Menschen. Durch Generalisierung der beiden konzeptuellen Modelle, die auf seiner Wahrnehmung der Lenkungsmechanismen beruhten, kommt er zu einem wissenschaftlichen Modell.

Für Beer repräsentiert das Zentralnervensystem ein lebensfähiges System, das mit allen für das Überleben notwendigen Funktionen und Beziehungen ausgestattet ist. Es mußte also möglich sein, die Unternehmensorganisation analog zu ihm zu verstehen. Ein lebensfähiges System ist ein System, das in der Lage ist, ein eigenes, autonomes Leben zu haben, was nicht ausschließt, daß es in Interaktion zu seiner Umwelt tritt. Überträgt man diese Vorstellung auf das Unternehmen, muß man die klassische Vorstellung des Organigramms aufgeben und sich vor allem den wichtigsten Funktionstypen zuwenden.

Nach Beer lassen sich fünf Subsysteme oder Funktionen unterscheiden, die ein lebensfähiges System charakterisieren. Die erste – das System 1 – bildet die Basisebene der Organisation. Es handelt sich hier um die bekannte operationelle Ebene. Sie ist eine relativ autonome (Teil-)Einheit, besteht aus einem Operationstypus, hat ein eigenes Management und unterhält eigene Beziehungen zu ihrer Umwelt. Das System 1 kann mehrfach in einem lebensfähigen System gegeben sein.

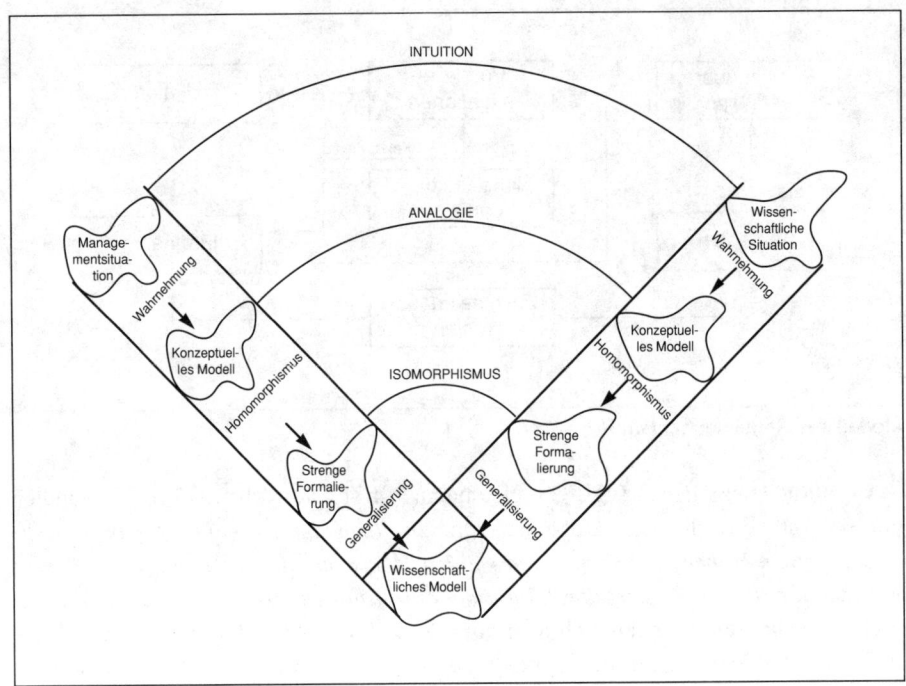

Das Wesen eines wissenschaftlichen Modells (nach Beer, 1966, S. 114)

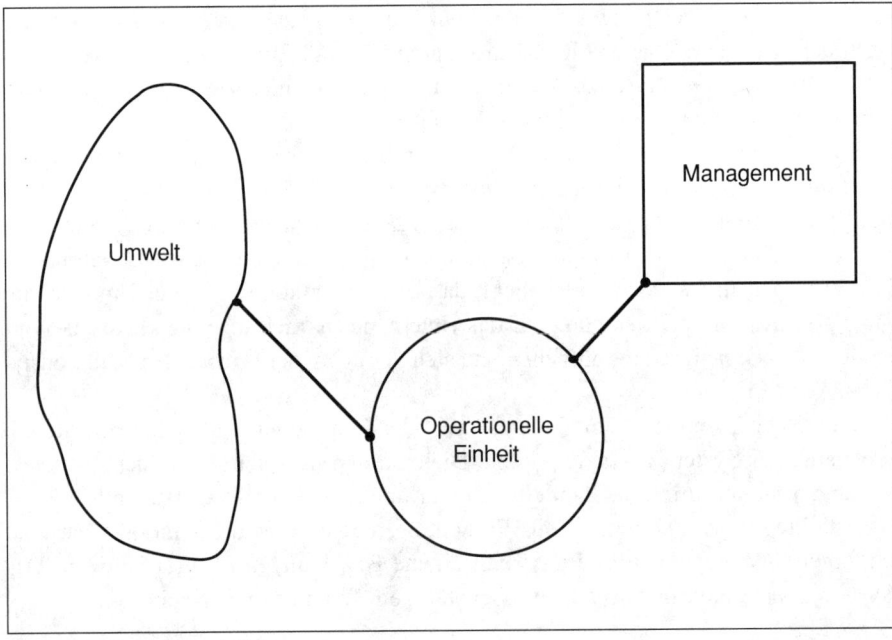

System 1 (nach Beer, 1979)

436

Gemeint sind die elementaren, für ein Systemganzes notwendigen Operationen. Zwischen den Ganzheiten, die jeweils ein System 1 bilden, bestehen Wechselwirkungen, und dieser Prozeß generiert seine eigenen Rückkopplungen. Wenn letztere Probleme aufdecken, d. h., wenn ein Regelungsbedarf entsteht, muß also eine weitere Funktion in Kraft treten. Diese wird von dem System 2 übernommen, dessen Aufgabe es ist, Abweichungen der Teil-Ganzheiten zu überwachen und zu koordinieren. Zwischen System 1 und 2 gibt es keine hierarchische Rangfolge. So kann zum Beispiel eine Personalabteilung damit beauftragt werden, zwischenmenschliche Probleme, die in einem Produktionsteam aufgetreten sind, zu lösen.

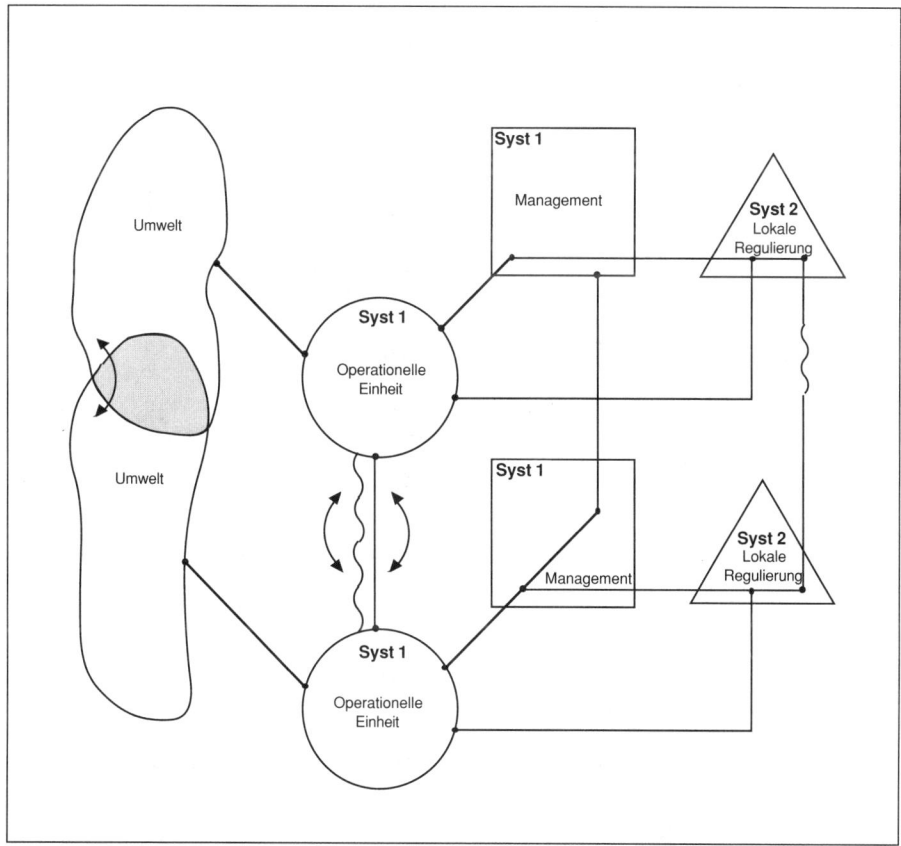

System 2 (nach Beer, 1979)

Diese beiden Systeme erfordern damit das Vorhandensein eines Metasystems, das System 3, das über den für die täglichen Entscheidungen im Bereich der relativ autonomen Aktivitäten notwendigen Gesamtüberblick über das Unternehmen verfügt. Es gewährleistet die Koordination zur Erreichung von Synergieeffekten.

Aber wie System 1 und 2 ist auch System 3 auf das Hier und Jetzt der Unternehmenstätigkeit gerichtet. Das Unternehmen muß sich aber auch mit seiner Zukunft befassen und mit dem, was in der Außenwelt geschieht. Diese Zukunftsorientierung für das größere Ganze wird von einem System 4 übernommen, das nicht unbedingt im Rahmen einer bestimmten Abteilung oder anderweitigen Anbindung tätig wird, sondern an unterschiedlichen Stellen des Unternehmens. Die Sensorfunktionen, die wir im zweiten Teil dieses Werkes beschrieben haben, sind Merkmal dieses Systems. Ein System 5 schließlich legt die übergeordnete Politik des Ganzen fest und stellt dabei die Balance zwischen Zukunft und Gegenwart her, indem es zum Beispiel über die Investitionspolitik entscheidet. Auch diese Funktion kann auf das gesamte Unternehmen verteilt sein. Sie wird nicht ausschließlich von dem geschäftsführenden Direktor und dem Verwaltungsrat übernommen.

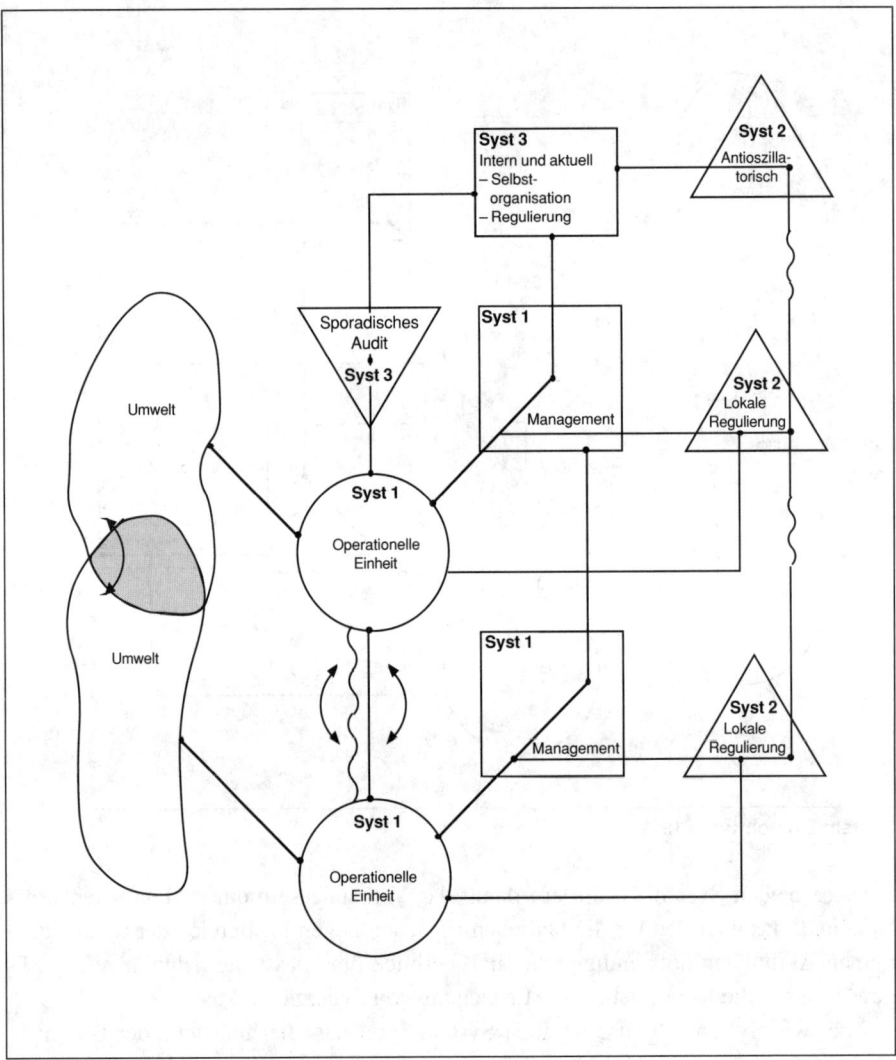

System 3 (nach Beer, 1979)

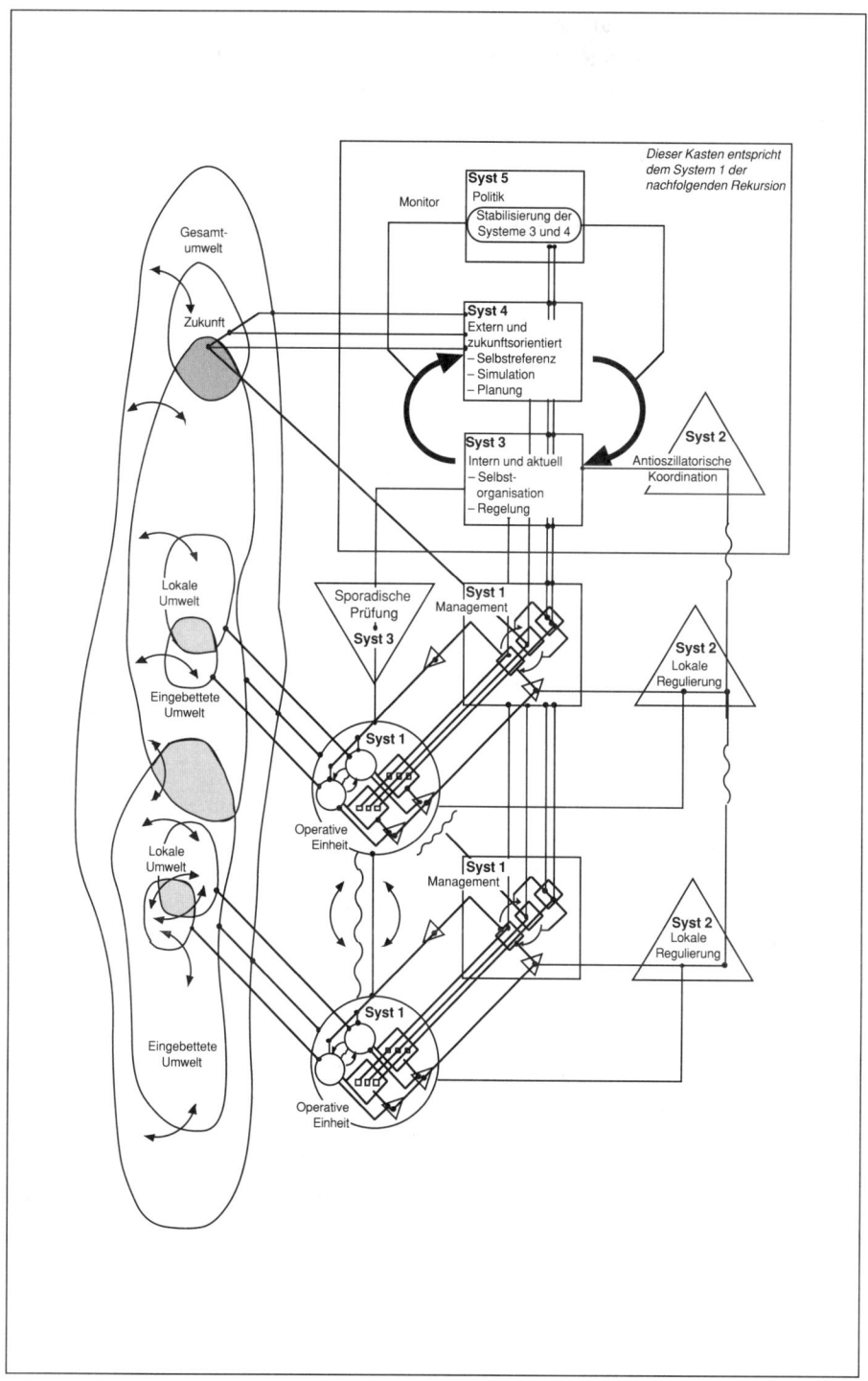

Modell des lebensfähigen Systems (nach Beer, 1979)

439

Wichtig ist, daß Beer auf die Tatsache hinweist, daß das System 1 – operative Einheit – selbst ein lebensfähiges System darstellt, das dieselben fünf Funktionen, so wie sie im vorangehenden beschrieben wurden, aufweist.

Überblick über die fünf Systeme:

System 1   Operationelle Einheit, die ihrerseits über die Struktur eines lebensfähigen Systems verfügt

System 2   Antioszillatorische Funktion zur Vermeidung übermäßiger Fluktuationen, die auf Interaktionen zwischen den Systemen vom Typ 1 zurückzuführen sind

System 3   Verantwortlich für die Organisation der laufenden und internen Aktivitäten des Ganzen, System der Überwachung und Koordination des Ganzen

System 4   Detektor für zukünftige Situationen und Veränderungen der Umwelt des Gesamtunternehmens

System 5   Suche nach dem Gleichgewicht zwischen den Systemen 3 und 4, Festlegung der Gesamtpolitik, der Prioritäten, der langfristigen Ziele und Investitionsentscheidungen

Weiterführende Erklärungen wären notwendig, um mit diesem Modell arbeiten zu können. Stafford Beer hat es in zahlreichen Unternehmen angewendet, u.a. auch in Chile im Rahmen eines nationalen Programms unter Salvador Allende. In verschiedenen Unternehmungen bildete es außerdem einen Denkrahmen für Organisationsprojekte (vgl. Gomez, 1981; Espejo/Schwaninger, 1992). Mit diesem Modell bewirkt S. Beer eine Innovation, indem er das Unternehmen als eine Gesamtheit interagierender Systemaktivitäten und nicht als eine Hierarchie von Aufgaben oder Stellen betrachtet. Unter dem jeweiligen System ist deshalb keine Abteilung oder Sparte zu verstehen, sondern eine Funktion, die an einer oder mehreren Stellen des Unternehmens wahrgenommen werden kann. Das lebensfähige System von Beer zeichnet sich dadurch aus, daß es das Unternehmen als ein „lebendes" Ganzes versteht, das sich in einem ständigen Informationsaustausch mit seiner Umwelt befindet und seine Reaktionen ihr jeweils anpaßt. Auf diese Weise funktionieren die biologischen Organismen unserer Welt. Das Modell von Beer bleibt jedoch schwerpunktmäßig auf Lenkungssysteme bezogen. Es geht insbesondere nicht auf die Frage der – bewußten oder unbewußten – Ziele ein, d. h., es berücksichtigt weder die absichtsvollen Gestaltungsziele, die sich jedes humane System freiwillig setzt, noch die Art und Weise, wie Individuen versuchen, ihre Möglichkeiten einzusetzen, um diese Ziele zu erreichen.

> Nach dem kybernetischen Konzept funktionieren das Unternehmen, seine Einheiten und seine Mitglieder wie biologische Organismen. Sie handeln mit Bezug auf ihre Umwelt und korrigieren ihre Handlungen je nach den Ergebnissen und Informationen, über die sie aufgrund eben dieser Handlungen verfügen.

Im Verlauf unseres Jahrhunderts und in dem Maße, in dem sich Kommunikations- und Austauschprozesse aller Art entwickelten, traten verschiedene grundsätzliche Fragen auf, die die mechanistische oder biologische Sicht des Menschen tiefgreifend veränderten. Immer häufiger war es nicht mehr möglich, einfach nur darauf zu warten, daß eine adaptive Rückkopplung die Lösung eines Problems herbeiführen würde oder daß der sichtbarste Aspekt auch jener Punkt sein müßte, an dem der Lösungsprozeß ansetzen sollte. Nehmen wir als Beispiel die Energieerzeugung. Atomstrom ist sauber, er ermöglicht Ländern, die nicht über fossile Brennstoffe verfügen, eine relativ autonome Energieversorgung, er gilt als ausgereifte Spitzentechnologie, kann exportiert werden und schafft Arbeitsplätze für qualifizierte Kräfte. Jedoch sind die nicht vorhersehbaren Folgen katastrophal für Umwelt und Bevölkerung ... Wasserkraft ist sauber, wirtschaftlich, sicher und kontrolliert, umweltfreundlich. Aber das Flußnetz ist begrenzt, und die Staudämme gefährden das ökologische Gleichgewicht der Flüsse, also unseres Wassers ... Die Wärmekraft ist seit langem erforscht, die Versorgung eines Gebiets kann über zahlreiche Punkte dezentral erfolgen, sie birgt kein Katastrophenrisiko. Mit ihr setzt jedoch eine langsame Verschmutzung ein, sie führt zu einer besorgniserregenden Abnahme der Bodenschätze unserer Erde und macht für westliche Länder kostspielige Importe unausweichlich ... Sonnenenergie ist sauber, ökologisch völlig unbedenklich, an keine geografischen Voraussetzungen gebunden. Sie ist jedoch teuer in den Anfangsinvestitionen, erfordert sehr viel Platz für die Ausstattung unästhetischer Industriekomplexe und gilt als wenig erforscht ...

Diese Aussagen sind in ihrem Gehalt nicht unbedingt wörtlich zu nehmen, sie sollen lediglich deutlich machen, daß ein Problem, wenn man es unter verschiedenen Aspekten betrachtet, komplex, ja unlösbar erscheint. Und daß wir es uns nicht mehr erlauben können, lediglich wie eine Maschine oder ein Tier zu reagieren. Wir müssen entscheiden, welchen Standpunkt wir einnehmen, welches Ziel wir verfolgen wollen und müssen die Gesamtheit aller Phänomene, die in einer bestimmten Situation zusammenwirken, in Betracht ziehen. Das gleiche gilt für das Unternehmen, wie unsere Untersuchung über die Komplexität seiner Umwelt gezeigt hat. Das erklärt die Bedeutung eines Forschungsinteresses, das an der Komplexität ansetzt, sich aber auch verstärkt darum bemüht, Organisation eher prozessual als statisch zu begreifen.

e) Entscheidungsorientierter Ansatz

Die ersten Schritte in diese Denkrichtung machte Chester Barnard (1938), der darlegte, daß das Vorhandensein von Organisation auf der Kooperation seiner Mitglieder beruhe. Die Bereitschaft, am Leben einer Organisation teilzunehmen, beruht seiner Meinung nach nicht auf einer naturgemäßen Unterwerfung unter die Systemführung, sondern auf den „Berechnungen" des einzelnen Menschen, der die eigenen Vor- und Nachteile gegenüber dem einen oder anderen Systemverhalten abwägt. Organisation ist demnach bewußt, absichtsvoll und zielgerichtet. Sie wird von einer Gesamtheit von Handlungen gebildet, die sich aus der Kontrolle und der Ausrichtung seiner Teile ergibt. So gesehen besteht die Aufgabe des Managers in absichtsvollen, bewußten und zielgerichteten Verhaltensanweisungen, die bei den Unternehmensmitgliedern nach entsprechender Prüfung zu unterschiedlichen Entscheidungen führen. Der Manager muß das System mit dem für diese Entscheidungen notwendigen Kommunikationsnetz ausstatten und die Unternehmensziele festlegen. Dies sind nach Barnard die beiden wichtigsten Aufgaben des Managers.

In diesem Denkmodell beginnen, zunächst noch implizit, Begriffe wie Entscheidung und freier Wille im Zusammenhang mit individuellen und unternehmerischen Interessen eine Rolle zu spielen. Herbert Simon, der bis heute der einzige Betriebswissenschaftler ist, der für seine Arbeiten einen Nobelpreis erhalten hat, entwickelte seine eigenen Vorstellungen auf der Grundlage dieser entscheidungsorientierten Konzepte. Das eigentliche Problem der Unternehmensführung liegt seiner Meinung nach nicht darin, wie man produziert, sondern wie man mehrere Ebenen und mehrere Zentren in eine Entscheidungsstruktur einpaßt, von der die Handlung abhängt. Denn die Leistungsfähigkeit des Unternehmens wird bestimmt durch das Netz der Beziehungsverhältnisse zwischen den verschiedenen Entscheidungszentren, von der Zweckmäßigkeit der festgelegten Ziele, dem Informationsaustausch und den Anreizen, die für die Verhaltenskonvergenz gegeben werden. Dieses Problem ist um so schwerwiegender, als jedes Unternehmensmitglied auf seine Weise ein Entscheidungzentrum darstellt. Denn selbst solche Aufgaben, die weitgehend auf sich wiederholenden Vorgängen zu beruhen scheinen, bergen für denjenigen, der sie ausführt, eine gewisse Interpretationsbreite. Dieser Freiraum wächst natürlich mit zunehmender Aufgabenkomplexität. Simon (1983) ist nicht der Ansicht, daß Angestellte, die vor eine Entscheidung gestellt werden, systematisch und ausschließlich ihre eigenen Interessen im Auge haben. Aber sie werden ihnen trotz allem Rechnung tragen, und daraus ergeben sich Probleme der Anpassung und Koordination. Die Gesamtharmonie wird demnach weitgehend davon abhängen, in welcher Weise es der Unternehmensleitung gelingt, seine Mitarbeiter so zu führen, daß sie der Organisation (auch innerlich) beitreten und ihre Ziele annehmen.

Dieses Ziel kann nach Simon weder durch eine Spezialisierung noch durch eine Verstärkung der Kontrollen erreicht werden. Die Beitrittsentscheidung ist in der Tat nur möglich, wenn sie aus freiem Willen erfolgt, und dies wird umso leichter sein, wenn die Angestellten über eine vollständige, nicht gefilterte Information verfügen.

442

Organisation muß demnach als ein Ganzes betrachtet werden, das in Abhängigkeit zu seinem Ziel steht. Simon faßt seine Überlegungen in vier Punkten zusammen.

Erstens: Das Studium einer sozialen Organisation besteht darin, ein Strukturgebilde aus Kommunikation, Information und Beziehungsverhältnissen zwischen den Personen, die die Gruppe bilden, zu betrachten. Das Verhalten der Gesamtstruktur wird von der Wirkungsbeziehung der elementaren Verhaltensweisen abhängen, d. h. von der Interaktion zwischen den Zielen des Unternehmens, der Identifikation der Mitarbeiter mit den Zielen und den Interessen der Mitarbeiter. Diese Interaktionen können gegebenenfalls die Durchsetzung allgemeiner Unternehmensziele stören. Denn der einzelne kennt nur einen Bruchteil der Folgen, die sich aus seiner Handlung ergeben, und hinsichtlich der Folgen, die er kennt, ist es für ihn schwierig abzuschätzen, wie das Unternehmen diese beurteilt. Und da wir angesichts einer bestimmten Situation in der Regel nur eine beschränkte Anzahl von Wahlmöglichkeiten in Betracht ziehen, wird eine Person als Organisationsmitglied eher dazu neigen, in gewohnter Weise und damit subjektiv und nicht objektiv begründbar zu handeln .

Zweitens: Simon schlägt vor, die übliche und stereotype Vorstellung von Unternehmenszielen zu überwinden und eine globalere Sichtweise anzunehmen, die sich weniger auf die systeminterne Verbreitung einiger Standardsätze beschränkt, sondern das Ziel der Organisation als eine Größe begreift, die sich innerhalb eines Unternehmens bei beständigem Wechselspiel von Aufgaben und Bedingungen entwickelt. Diese Bedingungen verändern sich im Laufe der Zeit und werden von jedem je nachdem, welchen Platz er einnimmt, unterschiedlich wahrgenommen. Die Identifizierung der tatsächlichen Ziele des Unternehmens ergibt sich dann aus der Interpretation der vielen verschiedenen Entscheidungszentren, die es gebildet hat.

Diese Art des Problemansatzes führt Simon zu seinem dritten Punkt, seiner These von der beschränkten Rationalität. Ihr zufolge ist der Manager kein Entscheider, der auf mechanistische Weise die Mittel und Möglichkeiten seiner Einheit im Hinblick auf die Maximierung klarer und einfacher Ziele kombiniert, sondern jemand, der angesichts der Vielfältigkeit und Unvorhersehbarkeit situationsbedingter Variablen und Verhaltensweisen versucht, die Komplexität durch eine Entscheidung zu bewältigen, die er in Abhängigkeit von Elementen fällt, die er für besonders zweckdienlich hält. Die Rationalität dieses Vorgehens wird noch weitergehend beschränkt durch die Tatsache, daß jedes Informationssystem an Grenzen stößt, Grenzen, die den Manager daran hindern, über die Informationen zu verfügen, die notwendig wären, um feststellen zu können, wer oder was im Sinne des Systems zweckdienlich ist.

Dieser Begriff der beschränkten Rationalität findet jedoch nicht nur auf Manager, sondern auch auf jeden Mitarbeiter Anwendung. Damit die Entscheidungen, die von diesem Prinzip geleitet sind, mit den Unternehmenszielen konvergieren, müssen diese auch von den Mitarbeitern angenommen werden . Die Rolle der Autorität wird damit neu definiert: Sie soll wichtige Informationen verbreiten und die für die Konvergenz notwendigen Anreize schaffen, da Konvergenz nicht erzwungen werden kann.

Die Arbeiten von Herbert Simon beeinflussen auch noch heute in erheblichem Maße Forschung und Praxis im Bereich der Organisation. Auf sie stützt sich auch weitgehend das entscheidungsorientierte und systemische Denken von E. Heinen, C. Lindblom, W. Kirsch, K. Deutsch, Jean-Louis Le Moigne.

> **Der entscheidungsorientierte Ansatz ermöglicht eine Sichtweise, die das Unternehmen als ein System von zum Teil bewußten und entscheidungsbezogenen Interaktionen sieht. Der Begriff der Entscheidung gibt dem Individuum seine menschliche Dimension zurück und positioniert den Menschen in bezug auf die Institutionen, an denen er teilnimmt.**

Dieses Konzept konzentriert sich jedoch im wesentlichen auf die Innenwelt des Systems und geht kaum auf solche Wahlmöglichkeiten ein, die sich aus einer absichtsgeleiteten Verhaltensorientierung angesichts der wirkenden Umweltbedingungen ergeben. So geht Simon in seiner Theorie davon aus, daß die Akzeptanz der Gruppenziele durch die Mitglieder vom Informationsmanagement abhängt, keinesfalls aber von einem gemeinsamen Willen zur Zielerreichung innerhalb eines Unternehmens. Sie führt jedoch zu einem neuen konzeptionellen System, wie dies auch bei der systemischen Denkweise der Fall ist.

f) Systemischer Ansatz

Unsere Darstellung der verschiedenen Organisationstheorien durchzieht wie ein roter Faden die enge Wechselbeziehung, die zwischen ihnen und ihrem geschichtlichen Umfeld besteht. Der wissenschaftliche Fortschritt und die jeweilige Sicht der Dinge wirken unaufhörlich auf die Denkweise einer Gesellschaft und ihrer Mitglieder. Den ersten organisationstheoretischen Ansätzen lagen ein Weltverständnis und eine Problemlösungsmethodik zugrunde, die im wesentlichen analytisch ausgerichtet waren.

In der Tat wurde zunehmend das gesamte westliche Denken von den Themen geprägt, die René Descartes im 17. Jahrhundert in seiner Schrift „Discours de la méthodc" darlegte. Descartes vertrat die Ansicht, daß ein Problem begriffen und bewältigt werden kann, wenn man es soweit wie möglich in Einzelgrößen zerlegt, um die Ursachen des Problems zu entdecken und zu untersuchen. Diese sogenannte analytische oder mechanistische Methode befaßte sich bevorzugt mit den Teilen und ihren Einzelgrößen. Sie verstärkte noch die Dominanz der Physik durch ihren spezifischen Ansatz, den Zustand der Welt und der von ihm generierten Situationen zu erklären. Später findet sich diese analytische Methode in zahlreichen anderen Bereichen wieder, wobei sich jeder Forscher nur innerhalb der eigenen Grenzen bewegt, um das eine oder andere Mikrophänomen zu erklären und ohne dabei die anderen Wissenschaften einzubeziehen. Mit zunehmendem Kenntnisstand innerhalb der Disziplinen stellte man jedoch fest, daß es trotz unterschiedlicher Forschungsinhalte ähnliche Forschungsergebnisse gab, und diese Analogien waren beeindruckend. Gleichzeitig wurde es immer schwieriger, komplexen Situationen mit sehr unterschiedlichen Implikationen auf der Erkenntnisebene nur mit einer einzigen wissenschaftlichen Disziplin entgegenzutreten. Forscher wie Ludwig von Bertalanffy (1951) versuchten daraufhin, und mit Erfolg, allgemeine Prinzipien durch Modellierung offensichtlich unlösbarer, multidisziplinärer Probleme zu formalisieren. Die späteren Arbeiten von Heisenberg über die Unschärfe und von Einstein über die Relativität haben schließlich den Beweis dafür erbracht, daß das Ganze nicht in seinen Teilen begriffen noch durch sie erklärt werden kann und daß der Wahrnehmungsstandpunkt entscheidend ist.

Mit diesen neuen Erkenntnissen wurde man sich der Bedeutung bewußt, die Phänomene wie Ordnung, Unordnung und Interaktionsdynamik zwischen den Teilen und einem Ganzen haben. Die Verhaltensweisen der Teile, jedes für sich genommen, reichten als solche nicht aus, um das allgemeine System zu erklären. Ihre Beziehungen untereinander sowie ihre Beziehung zum Ganzen zwingen zur Synthese ebenso wie zur Analyse, zur Untersuchung der Verhaltensweise des Ganzen ebenso wie seiner Teile. Diese Denkrichtung führte zunächst zur Entwicklung der Kybernetik, auf die an anderer Stelle bereits eingegangen wurde und die bisweilen auch als „erste systemische Ebene" bezeichnet wird. Die Relativitätstheorie und die Unschärferelation haben dann aber, wie bereits erwähnt, die Bedeutung der Subjektivität, der Perspektive, aus der heraus ein Phänomen beobachtet wird, deutlich gemacht. Damit wird jede rein „natürliche" Erklärung eines Problems ausgeschlossen, da dem Menschen die Fähigkeit zuerkannt wird, über seine Wahrnehmung des Problems selbst zu entscheiden. Mein Problem ist damit nicht unbedingt auch Ihr Problem! Was für mich ein ökonomisches „Problem" ist, erscheint Ihnen vielleicht als ein politisches „Problem"!

Um ein System verstehen zu können, muß auch seiner Umwelt Rechnung getragen werden. Diese ist dynamisch, sie verändert sich beständig, und die Beziehungen zwischen dem System und seiner Umwelt verändern sich. Das bedeutet, daß die Umwelt aus der Sicht des jeweiligen Beobachters einmal günstig, einmal ungünstig auf das System, auf seine Ziele wirken kann. Dieser Sachverhalt läßt sich ebenso wenig wie spätere Störungen vorhersehen, indem man zukünftige Zustände aus der Vergangenheit ableitet, da sich die Bedingungen der Um- und Inwelt ständig verändern. Und doch gilt, daß vor allem das System Unternehmen auch morgen leben muß, in einer Umwelt, die nicht mehr die von heute ist. Mehrere Verhaltensweisen sind möglich (vgl. Ackoff, 1981): die Reaktion, d. h. die nachträgliche Anpassung an die neuen kontextuellen Anforderungen; die Inaktivität, d. h. die aktive oder passive Verschleppung, die angesichts jeglicher Umweltveränderung erfolgt; weiterhin die Proaktion, die versucht, Umweltveränderungen zu beschleunigen und an ihnen mitzuwirken; die Interaktion schließlich, die sich durch ein zukunftsgerichtetes Verhalten auszeichnet, das in einer Vergangenheit und in erworbenen Grunderkenntnissen wurzelt. Das systemische Konzept tritt für Interaktion ein, dies aber setzt eine Betrachtungsweise voraus, die den Strukturen des Ganzen, den Individuen, dem System und seiner Umwelt Rechnung trägt.

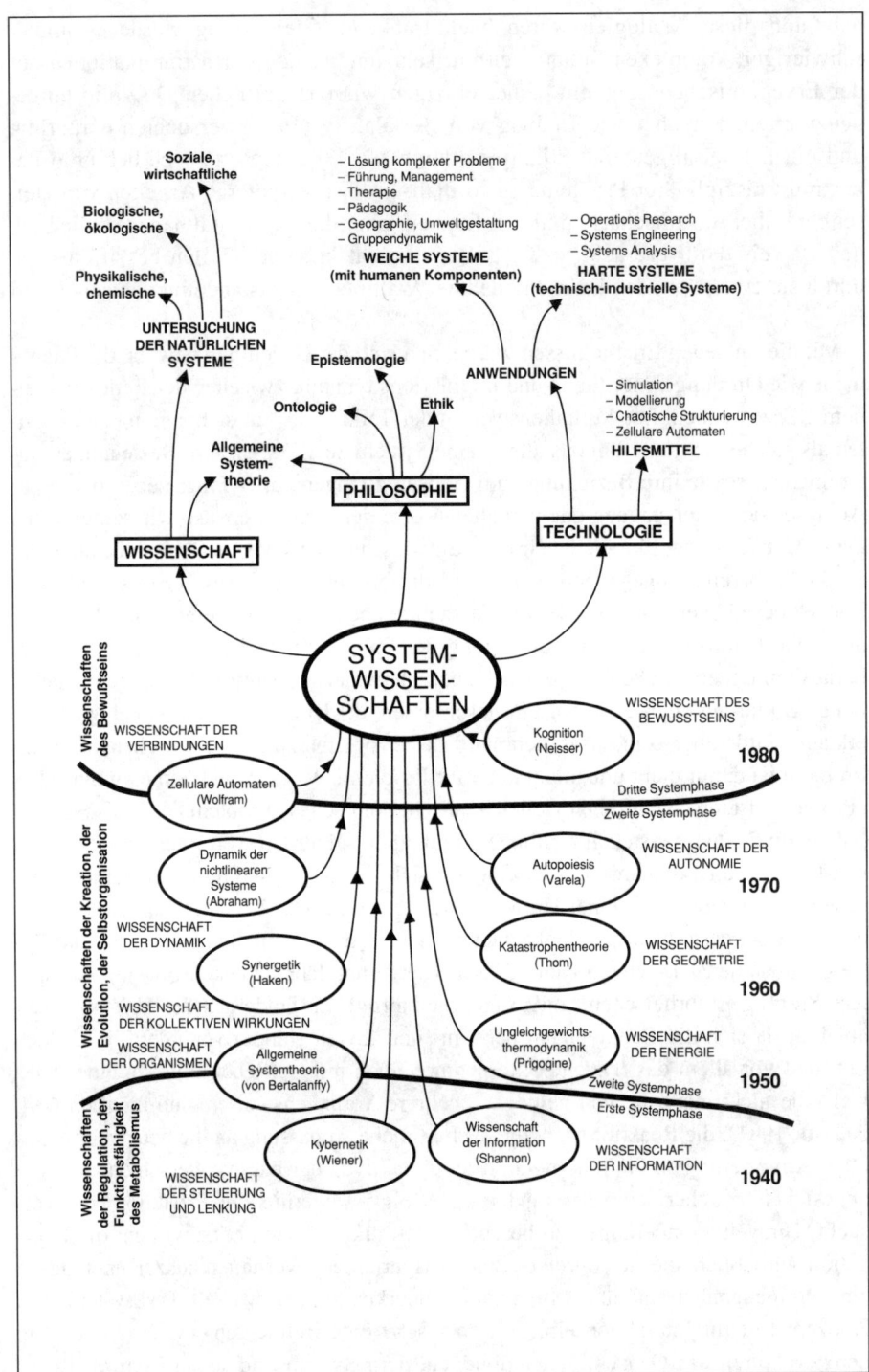

Entwicklung der systemtheoretischen Ansätze (nach Eric Schwarz, 1989)

Mit anderen Worten, man muß eine ganzheitliche Sicht der Dinge annehmen, das Ganze und seine Teile, das Netzwerk der zwischen ihnen bestehenden Interaktionen, die Beziehungen des Systems zu seiner Umwelt, die Komplexität des Ganzen, die interne Ordnung des Systems, seine Lenkung und Entwicklung betrachten (vgl. Probst/Ulrich, 1989).

> **Die Systemische Sichtweise betrachtet die humanen Organisationen weder als mechanische noch als biologische Einheiten, sondern als vom Menschen bewußt oder unbewußt initiierte und gestaltete Systeme, als soziotechnische oder soziale Gebilde. Der Mensch hat die Fähigkeit, die Mechanismen des Unternehmens bewußt zu verändern, zum Beispiel um seine eigenen Ziele zu integrieren.**

Das bedeutet, daß der Mensch die Verantwortung für seine Entscheidungen trägt, daß er diese zielgerichtet treffen kann und daß die Kohärenz des Ganzen nur dann ermöglicht wird, wenn die internen Prozesse der Entscheidungsfindung und Wertsetzung eindeutig partizipativ gestaltet sind.

Die systemtheoretischen Modelle beinhalten noch eine ganze Reihe weiterer Implikationen, auf die wir hier aber nicht erschöpfend eingehen wollen. Wir möchten uns lediglich auf ihre Schlußfolgerungen stützen, indem wir daran erinnern, daß der gegenwärtige Stand der Wissenschaft das Ergebnis eines historisch fundierten ganzheitlichen Prozesses darstellt. Er kann also nicht als unveränderbar und statisch gesehen werden, sondern als Ausgangspunkt nachfolgender Entwicklungen. In unserem Bemühen, die Situation und Progression der Organisationstheorien zu umreißen, erscheint es uns sinnvoll, einerseits an die vier Grundsätze Descartes zu erinnern, die den wesentlichen Prinzipien Taylors zugrunde lagen, und zum anderen die vier systemtheoretischen Prinzipien vorzustellen, die Jean-Louis Le Moigne in seiner „Allgemeinen Systemtheorie" (1984) darlegt:

DIE VIER HAUPTREGELN DES „METHODENDISKURSES" NACH DESCARTES	DIE VIER HAUPTREGELN DES „NEUEN METHODENDISKURSES" NACH LE MOIGNE
Die *erste* besagt, niemals eine Sache als wahr anzuerkennen, von der ich nicht evidentermaßen erkenne, daß sie wahr ist: Das heißt, Übereilung und Vorurteile sorgfältig zu vermeiden und über nichts zu urteilen, was sich meinem Denken nicht so klar und deutlich darstellt, daß ich keinen Anlaß hätte, daran zu zweifeln.	*Grundregel der Zweckmäßigkeit*: Darin übereinkommen, daß jedes Objekt, das wir betrachten, durch die impliziten oder expliziten Absichten des Modellierenden definiert ist. Es sich niemals verbieten, diese Definition in Frage zu stellen, wenn sich, da sich unsere Absichten ändern, die Wahrnehmung, die wir von diesem Objekt hatten, verändert.
Die *zweite*, jedes Problem, das ich untersuchen werde, in so viele Teile zu teilen, wie es angeht und wie es nötig ist, um es leichter zu lösen.	*Grundregel der ganzheitlichen Sichtweise*: Das Objekt, das wir mit unserem Verstand erfassen wollen, stets als ein Teil betrachten, das in einem umfassenderen Ganzen eingebettet ist und in ihm wirkt. Es in erster Linie ganzheitlich, in seiner funktionalen Beziehung zu seiner Umwelt zu betrachten ohne Rücksicht auf seine interne Struktur, deren Vorhandensein und Einheit nie als endgültig erworben gelten kann.
Die *dritte*, in der gehörigen Ordnung zu denken, d. h., mit den einfachsten und am leichtesten zu durchschauenden Dingen zu beginnen, um so nach und nach, gleichsam über Stufen, bis zur Erkenntnis der kompliziertesten aufzusteigen, ja selbst in Dinge Ordnung zu bringen, die natürlicherweise nicht aufeinander folgen.	*Teleologische Grundregel*: Das Objekt nicht als solches interpretieren, sondern in seinem Verhalten, ohne dieses Verhalten von vornherein mit Hilfe von Gesetzen, die eine eventuelle Struktur impliziert, erklären zu wollen. Dieses Verhalten verstehen sowie auch die Ressourcen, die es in Hinblick auf die Ziele freisetzt, welche der Modellierende dem Objekt in freier Entscheidung zuweist. Die Identifizierung dieser hypothetischen Ziele als einen rationalen Denkvorgang begreifen und darin übereinkommen, daß ihre Darstellung nur sehr selten möglich sein wird.
Die *letzte*, überall so vollständige Aufzählungen und so allgemeine Übersichten aufzustellen, daß ich sicher bin, nichts zu vergessen. Jene langen Ketten ganz einfacher und leichter Begründungen, die die Geometer zu gebrauchen pflegen, um ihre schwierigsten Beweise durchzuführen, erwecken in mir die Vorstellung, daß alle Dinge, die menschlicher Erkenntnis zugänglich sind, einander auf dieselbe Weise folgen, und daß, vorausgesetzt, man verzichtet nur darauf, irgend etwas für wahr zu halten, was es nicht ist, und man beobachtet immer die Ordnung, die zur Ableitung der einen aus den anderen notwendig ist, nichts so fernliegt, daß man es nicht schließlich erreicht, und nichts so verborgen sein kann, daß man es nicht entdeckt. (Zitiert nach Gäbe,L.: Von der Methode, Meiner, Hamburg 1960)	*Grundregel der Musterbildung*: Darin übereinkommen, daß jede Darstellung subjektiv ist, nicht etwa durch ein Versagen des Modellierenden, sondern von ihm beabsichtigt. Folglich nach konkreten Möglichkeiten suchen, die Selektion der als zweckmäßig erachteten Ordnungsmuster zu lenken und die vordergründige Objektivität einer erschöpfenden Erfassung aller in Betracht kommender Elemente ausschließen.

systemtheoretische Prinzipien im Methodendiskus (nach Le Moigne, 1984)

III. Emergenz und Notwendigkeit der Entwicklung

a) Von der Produktivität zur Entwicklung

Mit dem, was im vorangehenden ausgeführt wurde, wollen wir keineswegs sämtliche Ergebnisse früherer Mangagementkonzepte verwerfen. Der allmähliche Übergang von der klassischen Theorie zur Systemtheorie ist nicht irgendeiner Mode zuzuschreiben, er ist Antriebskraft und Folge sich entwickelnder Denkweisen und Kenntnisse. Modeerscheinungen im Bereich des Managements treten zwar von Zeit zu Zeit auf, beziehen sich aber mehr auf die Anwendung dieser Theorien, darauf, daß man in dem einen oder anderen Unternehmen Organisationstheorien in die Praxis umsetzt, ohne lange nachzudenken, ohne die Rahmenbedingungen zu verändern und ohne sie entsprechend zu adaptieren. Wer ohne langfristige Perspektive und Vision handelt, verhält sich in der Tat meist modebezogen, modernistisch. *Wir dagegen meinen, wenn wir von Entwicklung sprechen, eine tiefgreifende und evolutive Veränderung des jeweiligen Systems, eine Mutation, die zu einem Prozeß der Erweiterung führt, ein Prozeß, der das Potential der Reflexion, Selbstthematisierung, Flexibilität und Kontext für sinngebende Systemhandlungen vergrößert.*

Spannen wir noch einmal den Bogen: Bestimmte Aspekte des Taylorismus müssen weiterhin berücksichtigt werden – die Zerlegung der Arbeitsprozesse hat viel zu ihrer Informatisierung beigetragen –, die Human-Relations-Tradition behält ihren Platz – mit ihr fand der gesamte Komplex der humanen Dimension Eingang in die Unternehmensorganisation – , die Kontingenztheorien haben nichts von ihrem Wert verloren – es gibt keine unveränderbaren Regeln, die unter allen Bedingungen gelten würden –, die Kybernetik ist nicht vergessen – ihre wichtigsten Beiträge finden sich in der Systemtheorie wieder –, Entscheidungsprozesse bekommen wir besser in den Griff – indem wir die Bedeutung der Problemdarstellung sowie Konvergenz bzw. Divergenz in bezug auf die Ziele besonders beachten –, und das Verdienst der Systemtheorie schließlich ist ihr ganzheitlicher Ansatz und die Tatsache, daß sie die Entscheidung des Menschen, sein Werk, in ein neues Licht setzt. Im Grunde sind wir in etwas weniger als einem Jahrhundert von der Suche nach einem produktiven, allein gewinnorientierten Unternehmen zu der nach einer Institution übergegangen, die ihren eigenen Platz in der Gesellschaft behauptet. Gewinnerzielung ist nur eines der unternehmerischen Ziele, das vordringliche der Eigentümer oder des Geschäftsführers.

> **Ein Unternehmen kann seine vielfältigen Aufgaben nur wahrnehmen, wenn es sie in Einklang bringt und ihre Komplexität bewältigt. Um dies zu erreichen, muß es lernen, muß es andere Sichtweisen akzeptieren und sich innerhalb seines Bezugsrahmen evolutiv verändern, um die Ziele und die unterschiedlichsten Bedingungen, mit denen es konfrontiert wird, einordnen zu können, d. h., es muß sich entwickeln.**

Und die notwendige Grundlage dieser *Entwicklung*, wenn sie mehr sein soll als nur ein Wort, ist das *Wissen* des Systems, sein *Können*, d. h. seine Handlungsfähigkeit angesichts der Systembedingungen, und das *Wollen* derer, die das System lenken bzw. in ihm arbeiten.

b) Was ist Entwicklung?

Wir möchten an dieser Stelle zunächst näher ausführen, was Entwicklung ist. Dieser Begriff, der oft und in unterschiedlichen Zusammenhängen verwendet wird, hat für uns eine im wesentlichen systemische und qualitative Konnotation.

Systemisch insofern, als es hier um die Entwicklung des Ganzen geht, um das Unternehmen zum Beispiel. Die Entwicklung des Menschen ist zwar wichtig, bildet aber eher einen der Vektoren und eines der Ziele der Unternehmensentwicklung. Entwicklung nach dem heutigen Organisationsverständnis und in dem im nachfolgenden unterlegten Sinn *besteht in einer Philosophie des Eingreifens und Lernens, die bei den Beziehungen zwischen den Systemteilen untereinander und den Systemteilen mit der Umwelt ansetzt.*

Qualitativ insofern, als Entwicklung die Erweiterung der Varietät bezeichnet, die der Institution im Hinblick auf Handlungs- *und* Problemlösungsmöglichkeiten zur Verfügung steht. Das heißt, daß ein Unternehmen, das sich entwickelt, in die Lage versetzt wird, mehr unterschiedliche Situationen zu bearbeiten, was nicht einfach quantitativ zu verstehen ist, sondern bedeutet, daß sich das Wesen dieser Situationen ändert. Mit anderen Worten, die Probleme, die das Unternehmen nunmehr zu lösen vermag, unterscheiden sich nicht nur in dem einen oder anderen ihrer Elemente. Es ist vielmehr die gesamte Vorgehensweise – Reflexion, Selbstthematisierung, Flexibilisierung, Sinngebung –, die eine andere geworden ist, nicht nur im Hinblick auf die Handlungen, sondern vor allem in der Art und Weise, wie die Verantwortlichen vorgehen und ihre Vorgehensweise begreifen. Somit gewährleistet Unternehmensentwicklung auch ein verbessertes Potential, um später auftretenden neuen Wirklichkeiten entgegenzutreten. Das heißt allerdings auch nicht, daß das System mit jeder Situation fertig wird, es ist nun aber so weit entwickelt, daß es Problemlösungen findet. Es hat dann gelernt zu lernen.

Denn heute, um es deutlich zu sagen, geht es nicht mehr ausschließlich um konkrete und sofortige Ergebnisse, wichtig ist auch der generierende Prozeß, in den die Handlungen eingebettet sind. In einer sich ständig verändernden Welt ist es sinnlos, Methoden zu erlernen oder unveränderbare Verfahrensweisen anzunehmen. Besser ist es, lernen zu lernen, d. h. zu verstehen, wie neues Wissen erworben werden kann. Ebensowenig organisiert man ein Unternehmen, um ihm die neue Funktionsweise zu geben. Man organisiert es so, daß es in der Lage ist, sich zu reorganisieren. Das heißt, man gibt ihm die Struktur, die es ihm angesichts veränderter Anforderungen ermöglicht, sich ohne Eingreifen von oben evolutiv zu entwickeln. In der gleichen Sichtweise „organisiert" man einen Kontext, der die Selbstorganisation fördert. Man sollte auch Kultur nicht lenken, sondern Kultur kultivieren, d. h. an der Emergenz von Werten mitwirken, die dazu beitragen, daß sich Werte entfalten können, wie etwa im Fall der Toleranz, die gegenüber Initiative und neuen Ideen geübt werden sollte. Wenn das Unternehmen diese Vorgehensweise zweiter Ordnung annimmt, hat es sich qualitativ entwickelt. Es hat ein höheres Lernniveau erreicht, in dem es nicht mehr Methoden erlernt, sondern lernt, wie es vorgehen muß, um neue Methoden zu lernen. Es wird sich seines Lernaktes bewußt.

Unternehmensentwicklung kann sich also nicht auf Wachstum beschränken, das sich in Betriebsgröße und Umsatzzahlen zeigt. Es geht vielmehr darum, ein höheres Niveau kollektiven Lernens zu erreichen. Dieser Weg kann und muß verfolgt werden. Das Unternehmen hat größtes Interesse daran zu lernen, lernen zu lernen, ein Lernverhalten dritter Ordnung anzunehmen, weil ihm auf diese Weise ethische Grundsätze und diesbezügliche Entscheidungen sehr viel klarer zu Bewußtsein kommen. Damit hier nicht der Eindruck eines bloßen Wortspiels entsteht, möchten wir unsere Vorstellung anhand eines einfachen bzw. vereinfachenden Beispiels deutlich machen. Wir gehen zunächst nicht von einer Institution, sondern von einer Einzelperson aus. Auf der ersten Stufe erlernt sie eine Sprache, indem sie sich zum Beispiel Wortschatz und Grammatik erarbeitet. Auf der zweiten Stufe lernt sie zu lernen: Sie erwirbt das Wissen, daß sie sich, wenn sie eine neue Sprache beherrschen will, in das Land dieser Sprache begeben muß, um sie dort zu lernen. Auf dem dritten Niveau lernt sie dann schließlich, lernen zu lernen: Sie begreift, *wie* und *warum* sie verstanden hat, daß sie zum Erwerb der gewählten Fremdsprache in die betreffende Sprachregion fahren muß, eine Erkenntnis, die sie unter Umständen aufgrund einer Reihe richtiger bzw. korrigierter Erfahrungen erworben hat. Jeder höheren Lernstufe entspricht demnach eine qualitativ „höhere" kognitive Ebene, auf der es möglich wird, die Funktionsweise der niedrigeren Stufen zu erkennen. Dieses Beispiel läßt sich auf das Unternehmen übertragen. Auf der ersten Stufe lernt das Unternehmen, ein neues Produkt herzustellen. Auf der zweiten lernt es, wie es den Lernprozeß der Herstellung gestaltet: Es beherrscht die Bedienung und das Testen von Maschinen und Ausbildungsprozesse; die Mitglieder wissen, wann sie was zu tun haben. Auf der dritten Stufe lernt das Unternehmen, wie es lernen kann, den Lernprozeß der Herstellung zu gestalten: Man kommt vielleicht zu der Einsicht, daß dieser nur durch kollektives Lernen mit Hilfe von Arbeitsgruppen und Austauschprogrammen möglich ist.

Wir sehen also, daß das Unternehmen Entwicklung braucht, um sich selbst kennen und beherrschen zu lernen. Mit dem Begriff der Entwicklung ist jedoch noch ein weiterer Punkt verbunden, der den Bereich der Erkenntnis betrifft: Man kann einen Prozeß, den man durchläuft, nur dann bewußt verstehen, wenn man sich selbst auf einer höheren Entwicklungsstufe befindet. Das gilt für Unternehmen ebenso wie für Menschen.

> **Um an der Entwicklung des Unternehmens mitzuwirken, um die dafür not-
> wendigen Bedingungen zu schaffen, muß der Manager zumindest die Grund-
> lagen des dritten Lernniveaus erwerben, d. h., er muß wissen, wie er den
> Kontext gestaltet, in dem ein Unternehmen als Ganzes lernt zu lernen.**

Es folgen nun einige allgemeine Überlegungen, dann werden wir die Basiskonzepte
der Entwicklung darlegen, die notwendigen Perspektiven für ihre Anwendung beschreiben und schließlich einige konkrete Gestaltungshilfen vorstellen.

c) Grundvoraussetzungen der Entwicklung

Wie läßt sich eine Institution in einer Umwelt, die beständig an Komplexität – und
somit Dynamik – zunimmt, so konstruieren und organisieren, daß sie sich anpaßt, daß
sie langfristig lebensfähig ist, erfolgreich lebt, sich aber auch entwickelt? Verschiedene
Überlegungen gehen heute in diese Richtung, alle basieren auf der systemischen bzw.
ganzheitlichen Wahrnehmung unserer Welt. Oft jedoch stoßen sie auf ein ganz erhebli-
ches Hindernis: das Fortbestehen der früheren mechanistischen Sichtweise, die tief in
uns verankert ist und noch immer von vielen, oft ohne daß sie sich dessen bewußt
sind, verteidigt wird. Die nachstehende Übersicht verdeutlicht in Stichworten die Unterschiede zwischen den beiden gegensätzlichen Managementvorstellungen, nach denen sich heutige Unternehmen einordnen lassen (vgl. Königswieser, 1990; Capra,
1986; Probst, 1986).

Das Problem dieser gegensätzlichen Philosophien und Bezugsrahmen liegt in der
destabilisierenden Wirkung der systemisch Denkenden auf die analytisch Denkenden.
*Das systemische und ganzheitliche Denken bevorzugt nicht die eine Sichtweise gegen-
über der anderen, sondern will eine Verbindung zwischen beiden herstellen.* Es setzt
sich durch, nicht weil es einer Mode, sondern einer Notwendigkeit folgt. Diejenigen
aber, die sich auf eine eher konventionelle Auffassung vom Leben beziehen, und das
gilt vor allem für das Leben in einem Unternehmen, lassen sich gerade wegen der
Starrheit ihres Bezugsrahmens von jeder Veränderung verunsichern. Sie kämpfen gegen die Veränderung an und widersetzen sich damit der Entwicklung, obwohl sie oftmals vom Gegenteil überzeugt sind. Sie leben weiterhin in der Illusion, alles tun zu
können und zu müssen, wollen alles direkt kontrollieren. Man mag hier an einen Gärtner denken , der an der Blütenkrone einer Blume zieht, um sie zum Wachsen zu bringen. Dabei liegt es auf der Hand, daß er nur dann zu befriedigenden Resultaten, zu einer voll entfalteten Blume gelangen wird, wenn er die geeigneten Voraussetzungen für
ihr Wachstum schafft. Und wenn sie wächst, spielt es keine Rolle, ob sie fünfzehn oder
sechzehn Blütenblätter trägt. Der Gärtner hat Vertrauen in die Natur, in sich selbst. Eine Organisation des Mißtrauens, der Kontrolle, schadet jedoch jeder autonomen Entwicklung.

MERKMALE DES ANALYTISCHEN ANSATZES	MERKMALE DES SYNTHETISCHEN ANSATZES
– Lineare, mechanistische und analytische Reflexion	– Vernetztes Denken, Interaktivität
– Eindimensional	– Multidimensional
– Vereinfachung	– Akzeptanz der Komplexität
– Klare Abgrenzungen, Transparenz	– Grenzen zu entdecken, zu erfinden, fließende Konturen
– Sicht- und Arbeitsweise des Spezialisten	– Sicht- und Arbeitsweise des Generalisten
– Vorhersehbarkeit, Sicherheit	– Unvorhersehbarkeit, Unsicherheit, Szenarien
– Vorhersage und Planung	– Vision, Intuition, mögliche Szenarien
– Geplanter Wandel	– Evolution der Konfigurationen
– Strukturbezogene Entscheidungen	– Prozeßentwicklung, Entwicklung eines Kontextes
– Analyse durch Zerlegung, „Mikro"	– Analyse durch in Zusammenhang setzen, Einflußnahme, „Makro"
– Hierarchische Struktur	– Heterarchische Struktur
– Unabhängigkeit	– Autonomie, Selbstorganisation, Lebensfähigkeit
– Ziel: Stabilität, Sicherheit	– Ziel: Flexibilität, Gleichgewicht zwischen Veränderung und Kontinuität
– Grenze, Abschottung	– Interaktion, Öffnung
– Definitive Problemlösungssuche	– Suche nach Chancen, Möglichkeiten
– Beseitigung von Widersprüchen	– Umgang mit Widersprüchen
– Effizienz	– Effektivität
– Optimalisieren	– Harmonisieren
– Algorithmisch	– Heuristisch
– Manager-Macher	– Manager-Wegbereiter, Kultivierer
– Regelungen, Anweisungen	– Spielregeln
– Wiederholungen	– Innovationen
– Retrospektive, Retroaktive	– Evolutiv, zukunftsgerichtet
– Machen, leiten, einführen	– Entwickeln, katalysieren, fördern, unterstützen
– Logisch	– Psychologisch
– Regeln	– Ausgleichen
– Druck, Macht, Außenkontrolle	– Selbstkontrolle, Selbstverantwortung
– Objektivität	– Subjektivität
– Richtig oder falsch	– Von Wahrnehmungsstandpunkten abhängig, Entsprechung
– Perfektion	– Recht auf Irrtum
– Übereinstimmung	– Dissonanz möglich
– Vollständige Beherrschung weniger Elemente	– Unvollständige Beherrschung zahlreicher Elemente
– Ziel: Wissen wie	– Ziel: Verstehen, wissen warum

Ganzheitlicher/Systemischer Ansatz

Wie wird man nun zu einem Gärtner für das Unternehmen? Eine notwendige Voraussetzung dafür, daß ein Klima der Motivation entsteht, ist ein sehr hohes Maß an kommunikativen Fähigkeiten. Man muß in der Lage sein, seine Handlungen, seine Werte zu erläutern, und man muß zuhören können, verstehen und den Umständen Rechnung tragen. Und dies wirklich ohne Bevormundung, ohne Manipulation, nicht, weil man sich an bestimmte in Wirtschaftskreisen vertretene Thesen halten will. Das bedeutet aber auch die Bereitschaft, innerhalb einer gewissen Kontinuität den Wandel der Werte zu akzeptieren und zu bewirken. Auf dem Bestehenden aufzubauen ermöglicht die Nutzung vorhandener Kräfte, hindert aber nicht daran, Strukturen zu verändern, um andere, flexiblere Verhaltensweisen zu generieren. Aber Neues akzeptieren, die Ängste vor Unbekanntem ablegen und mit anderen kommunizieren und teilen braucht viel Geduld und Vertrauen. Die Integration oder Entwicklung einer neuen Art zu denken und zu handeln führt zu einer tiefgreifenden Umgestaltung, das dürfen wir nicht vergessen. Geduld und Toleranz bedeuten jedoch nicht Untätigkeit. Zum einen ist das Konkrete Stütze und idealer Vektor psychologischer Entwicklungen, und zum anderen heißt Gärtner sein, ständige Aufmerksamkeit walten zu lassen, auch Dünger einzusetzen. So gesehen ist die Hinzuziehung von hochqualifizierten, autonomen, sachkundigen, entwicklungsorientierten Mitarbeitern nur ein Beitrag dazu, daß das System allmählich lernt, sich selbst zu lenken, sich selbst zu organisieren, ein Phänomen, das von weiteren Verhaltensweisen begleitet sein muß: vollständige Information und Kommunikation, Bevorzugung von Gesamtaufgaben, Errichtung einer flachen, hierarchischen Gliederung mit entsprechender Vernetzung und Transparenz, um nur einige Beispiele zu nennen.

Das systemische Denken, das Bild des Gärtners, lehrt uns im übrigen auch, daß jede Handlung den Prozeß ebenso benötigt wie das Ergebnis. Der Gärtner pflanzt und pflegt, er erschafft nicht. Die Blume entwickelt sich nach eigener Weise, selbst wenn hierfür die Handlung des Gärtners nicht ohne Bedeutung bleibt. In dieser Weise *verstehen wir ein soziales System als ein umweltoffenes Ganzes, das sich selbst organisiert, seine eigene erkennbare Identität besitzt, seine Werte, seinen Bezugsrahmen, seine Verhaltenskonfigurationen, seine Grenzen, seine Beziehungen, und das sich im Austausch mit seiner Umwelt entwickelt. Das Leben des sozialen Systems hängt also davon ab, welchen Sinn es sich gibt, welches Ziel es verfolgt, gleichzeitig aber generiert es auch Sinn und Zielvorstellungen.*

Damit sind selbstorganisierte Entwicklung und Evolution des Unternehmens latent vorhanden. Um sie zu fördern, muß man ihren Mechanismus verstehen. Das System muß lernen, nicht nur die Komplexität zu erkennen und zu bewältigen, sondern auch die Tatsache, daß die Vielzahl von Handlungen eines Unternehmens je nach Wahrnehmungsstandpunkt verschiedene widersprüchliche Interpretationen einschließt. Die Instabilität, die offensichtliche Nichttransparenz verlangen vom Unternehmen, daß es mit diesen Widersprüchen lebt. Entwicklungsorientierte Organisation bedeutet somit die Gestaltung einer multidimensionalen Struktur, die ihre eigenen Widersprüche, ihre verschiedenen Interpretationen und eine gewisse Instabilität in sich trägt. Man muß in der Tat zur Kenntnis nehmen, daß es illusorisch wäre, der Umwelt- und Systemkomplexität mit dem Versuch einer einfachen Struktur entgegenzutreten, selbst wenn diese sicherer erscheint. Dies wäre etwa so, als wollte man sich mit ein und demselben Typ Kleidungsstück gegen Kälte, Regen, Schnee und Sonne schützen. Seit den Anfängen der Systemtheorie hat man nachweisen können, daß das Lenkungssystem zumindest ebensoviel Varietät enthalten muß wie die zu lenkende Situation: So lautet das *Varietätsgesetz* (vgl. Ashby, 1958). Denselben Sachverhalt zeigt das bekannte Beispiel von der Komplexitätsbewältigung in Gefängnissen (vgl. Teil eins: Gestalten der Organisation). Das Varietätsgesetz impliziert verschiedene Punkte:

1. Man muß die Komplexität soweit wie möglich reduzieren, ohne sie jedoch zu zerstören. Sie zu akzeptieren und zu reduzieren bedeutet, Möglichkeiten zu schaffen, ihre Wirkung zu beobachten und zu überwachen. Techniken der Analyse im Netzwerk (vgl. Probst/Ulrich, 1989), der Beobachtung und der Stimulierung sollen hierzu einen Beitrag leisten. Wieder einmal wird die Zweckmäßigkeit von Sensorenfunktionen deutlich, die an den strategisch wichtigsten Punkten, in ausreichendem Maße über das gesamte System verteilt, vorzusehen sind. Angesichts der beständigen Interaktionen zwischen System und Umwelt muß das Unternehmen ständig Informationen aufnehmen, die es für seine Reflexion, Infragestellung und Evolution benötigt.

2. Entwicklung schließt eine Variable ein, die eine Vielzahl von Implikationen hat, oft aber vernachlässigt wird: die Zeit. Das Leben des Unternehmens ist als Phänomen zu komplex, als daß es nur *gegenwärtig* sein könnte. Zukünftige Veränderungen können ohne Risiko nicht vorausgesagt werden. Verläufe und Abschnitte der Systemgeschichte werden im Momentanen nicht erkennbar, prägen aber das Bestehende. Die augenblickliche Situation kann demnach nur konstruiert werden, wenn sie in Bezug zu einer fortlaufenden Zeitachse gesetzt wird, die in eine gemeinsame *Vergangenheit* zurückreicht – Traditionen, Erfahrungen, Sinn, den man rückwirkend den Ereignissen gibt – und in die *Zukunft* gerichtet ist – Handlungen, Strategien, Ziele. Langfristige Entwicklung verlangt Vertrauen und Geduld, aber auch Kommunikation: Letztere bleibt bei einer Veränderung des kognitiven Zustands des Systems die einzige Möglichkeit, den Entwicklungsprozeß in ein raum-zeitliches Kontinuum, d. h. selbstreferentiell und eingebettet in die geschichtliche Perspektive des Systems einzuordnen.

3. Die Identität des Systems, seine Abgrenzungen und seine Autonomie sind Faktoren, deren Gestaltung für die Entwicklung des Ganzen unerläßlich bleiben. Das Unternehmen muß sich selbst erkennen und sich vom „Rest der Welt" deutlich unterscheiden können, selbst wenn seine Grenzen sich verändern. Die Abgrenzung eines Systems erfolgt demnach in einem fortlaufenden, für die Findung der „Corporate Identity" wesentlichen Prozeß (vgl. Luhmann, 1971; Hayoz, 1991). Diese Identität muß sich nach außen mitteilen, um die Trennung zwischen dem Innen und Außen, dem „Wir" und den „Anderen" erkennbar zu machen. Dies bedeutet im übrigen auch eine Klärung der Erwartungshaltung des Unternehmens, da mit der Abgrenzung sowohl das Bestehende als auch das Wünschenswerte zum Ausdruck kommt.

Wie man sieht, stellt sich der entwicklungsorientierte Ansatz der Unternehmensorganisation mit allem, was er an Akzeptanz von Komplexität und Instabilität beinhaltet, als ein evolutionärer und nicht revolutionärer Prozeß dar. Von größter Bedeutung ist dabei die Erkenntnis, daß der Übergang zu einer höheren kognitiven Stufe nur durch Interaktion zwischen der Vergangenheit, der Gegenwart und Zukunft möglich ist bzw. daß die Konstruktion von morgen nur auf dem Weg der Austauschbeziehungen zwischen dem Ereignis von heute und dem Bezugsrahmen von gestern erfolgen kann.

Unternehmensentwicklung bedeutet eine tiefgreifende und evolutive Veränderung, die das System in starkem Maße prägt und in einen Prozeß einbezieht, der sein Potential an Reflexion, Selbstthematisierung, Flexibilität, Hinterfragung und Einordnung der eigenen Handlungen erweitert. Sie ermöglicht damit dem System, neue Probleme zu lösen, unbekannte und komplexe Situationen zu lenken.

Aus diesem Grunde muß die Entwicklung, die hier in einigen allgemeinen Prinzipien aufgezeigt wurde, auf klaren Grundregeln beruhen, die die Möglichkeit schaffen, mit den ständig auftretenden Widersprüchen umzugehen. Diesen eher formalen Aspekten der Dinge wollen wir uns im nachfolgenden zuwenden.

14. Kapitel

Basiskonzepte eines entwicklungsorientierten Managements

Wenn man angesichts der wachsenden Komplexität unserer Welt die Notwendigkeit der Förderung der Unternehmensentwicklung zur qualitativen Erhöhung des Handlungs- und Reaktionspotentials anerkennt, muß man zunächst abklären, was dies für den Manager, die Führungskraft und den Organisator, aber auch für jeden einzelnen im Hinblick auf seine persönliche Verantwortung bedeutet. Auf diese Frage möchten wir im folgenden unter Bezugnahme auf die Basiskonzepte des entwicklungsorientierten Managements näher eingehen (vgl. Klimecki/Probst/Eberl, 1991; Probst, 1987).

Es sei an dieser Stelle ausdrücklich darauf hingewiesen, daß es sich dabei weder um Methoden handelt noch um Leitlinien, sondern vielmehr um Annahmen, um Vorbedingungen. Diese Vorbedingungen sind mehr oder weniger manifeste beziehungsweise latente betriebliche Sachverhalte. Den Führungsinstanzen kommt die Aufgabe zu, diese Sachverhalte im Interesse des Systems und seiner Angehörigen zu gestalten und lenken, das heißt sie müssen...

1. wichtige Veränderungen erkennen, selektieren und interpretieren,
2. organisationales Lernen fördern,
3. die Fähigkeiten des Systems zur Selbstorganisation, vor allem dessen Autonomie, erhöhen.

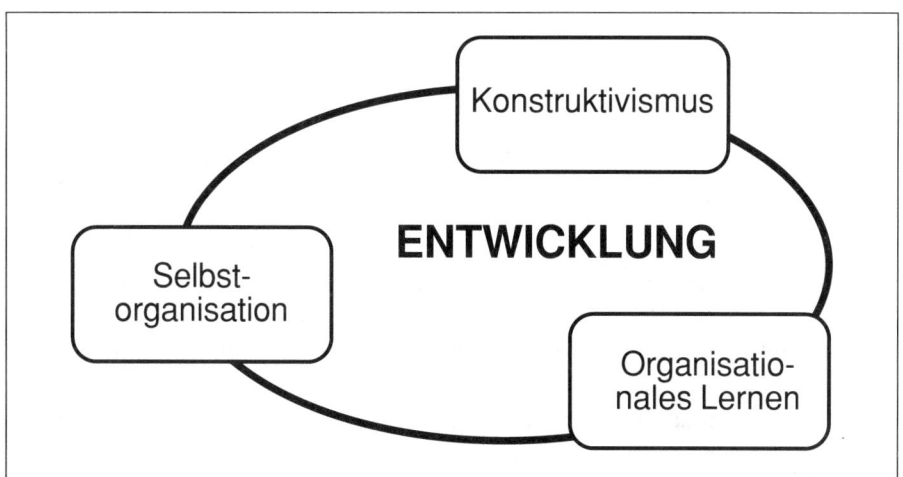

Die Basiskonzepte des entwicklungsorientierten Managements

457

I. Wirklichkeits- und Sinnkonstruktion

a) Subjektive Wirklichkeitskonstruktion

Wie wir gesehen haben, werden Ereignisse von Individuen und Institutionen je nach deren Bezugsrahmen, Wertesystem und Denkmustern wahrgenommen und bewertet. Unsere Wahrnehmung, unser Gehirn, konstruiert *eine* Wirklichkeit unter vielen. Es gibt daher keine allgemeingültige, objektive Wirklichkeit, sondern vielmehr verschiedene Möglichkeiten, eine „Tatsache" wahrzunehmen und zu interpretieren (vgl. Watzlawick, 1988; von Glaserfeld, 1988; Probst, 1986). Jede dieser Wirklichkeitsinterpretationen kann durchaus kohärent sein, je nachdem, welcher Bezugsrahmen ihr zugrunde liegt. Daß der Islam den Frauen vorschreibt, einen Schleier zu tragen, und das im 20. Jahrhundert, gilt in der westlichen Welt als totalitäre, reaktionäre und absurde Zwangsmaßnahme. Die Moslems sind ihrerseits der festen Überzeugung, daß eine unverschleierte Frau unter anderem der geheiligten Institution der Familie schadet, weil sie jeden ihr begegnenden Mann zum Ehebruch verführt. Natürlich kann keiner dem anderen recht geben, da jeder nach seinen eigenen Denkschemata urteilt, indem er unter dem Einfluß eines umfassenderen gesellschaftlichen Prozesses eine Wirklichkeit konstruiert.

Daher kommt es auch für einen Manager nicht in Betracht, seine Werte langfristig jedem einzelnen seiner Mitarbeiter zu oktroyieren, indem er einfach seine Vorstellungen verkündet und diese als die neue, adäquate Wirklichkeit hinstellt. Die Änderung eines Wertesystems läßt sich nicht erzwingen. Sie wird vielmehr von demjenigen, der diese Werte vertritt, im Verlauf seines eigenen Lernprozesses entweder akzeptiert oder nicht. Nun ist das Unternehmen aber meist bestrebt, eine einheitliche, das Gemeinschaftsgefühl fördernde Kultur zu vermitteln. Nach außen geschieht dies über die Werbekampagnen des Unternehmens, genauer gesagt über die darin enthaltene zentrale Botschaft. Die *Société Générale* stellt sich zum Beispiel vor allem als europaorientierte Bank dar, während bei der *Crédit du Nord* der Kunde im Vordergrund steht. Das Personal steht allerdings nur dann in seiner Gesamtheit hinter diesen Prinzipien, wenn sie eine Realität beinhalten, die jedem die für die Konstruktion seiner Wirklichkcit und seine Entwicklung notwendigen Bezugspunkte liefert.

Die Konstruktion einer intersubjektiv geteilten Wirklichkeit wird dadurch ermöglicht, daß sich die Angehörigen eines Unternehmens freiwillig einen bestimmten Bezugsrahmen zu eigen machen. Dieser Prozeß wird zwar durch die zwischen den einzelnen Mitgliedern bestehenden Interaktionen begünstigt, muß jedoch zunächst auf individueller Ebene stattfinden. Man kann jenen zwar fördern, aber nicht automatisieren.

Unter bestimmten Umständen kann es allerdings vorkommen, daß sich die Mitarbeiter den Bezugsrahmen nur widerwillig zu eigen machen, weil sie ihn für das geringere Übel halten. Das ist vor allem dann der Fall, wenn ein Individuum innerhalb des Systems dominierend ist oder über genügend Macht verfügt, um das Verhaltensrepertoire einzuschränken. Selbst wenn man sich *a priori* nicht mit dem Bezugsrahmen identifizieren kann, wird einem die Entscheidung mehr oder weniger dadurch abgenommen, daß es keine besseren oder den eigenen Erwartungen eher gerecht werdenden Alternativen gibt. Dies kann durch einen gewissen Fatalismus, bedingt durch eine starke Abgeschlossenheit des Systems sowie die Präsenz einer omnipotenten Person, noch verstärkt werden.

In modernen Unternehmen sind der Omnipotenz jedoch weitaus engere Grenzen gesetzt, da die Kollektivität eine wichtige Rolle bei der Gestaltung der betrieblichen Wirklichkeit spielt. „Vorprogrammierte" betriebliche Traditionen – Weihnachtsfeiern, Feiern anläßlich bestimmter Leistungen, „garden-parties", auf denen die Manager die Belegschaft bedienen – sind daher zugleich ein Mittel zur Schaffung oder Erhaltung eines Bezugsrahmens, der nach dem Willen der Manager zum Allgemeingut werden und möglichst auch in das Verhalten eingehen soll. Manche Mitglieder der Führungsspitze erweisen sich als „große Führer". Sie mischen sich gelegentlich unter die Belegschaft oder stellen sich in den Dienst der Projekte der ihnen unterstellten Mitarbeiter. Sie beweisen damit, daß es durchaus möglich ist, verschiedene Rollen zu übernehmen und trotzdem seine Identität zu wahren oder auch die Hierarchieebene zu wechseln, um zu anderen Sichtweisen zu gelangen. Wirklichkeiten sind trotz eines Grundkonsenses über das, was für wirklich gehalten wird, nicht für alle identisch. Jeder einzelne konstruiert vielmehr Wirklichkeiten, indem er in einem bestimmten Kontext handelt und kommuniziert. Um die Entstehung einer „Wirklichkeit" zu begünstigen, aus der sich eine allen Systemangehörigen gemeinsame Sichtweise bei der Interpretation von Chancen und Risiken, Möglichkeiten und Zwängen ergeben könnte, darf man Entwicklung nicht einfach nur als eine Verhaltensmodifikation verstehen, sondern vielmehr als eine Änderung der individuellen und kollektiven, vom sozialen System geteilten kognitiven Strukturen.

b) Geteilte Wirklichkeitskonstruktion

Intersubjektiv geteilte Wirklichkeit ist zum Beispiel das, was ein Manager meint, wenn er sich nach zehn Jahren bei Procter & Gamble im Unternehmensrat seiner neuen Firma mit den Worten „Ich bin ein Procterianer" vorstellt. Diese Äußerung beinhaltet so viele vage und zugleich konkrete Ideen und Konzepte, daß man sich unter einem „Procterianer" alles mögliche vorstellen könnte. Wenn man ihm zuhört, hat man den Eindruck, er sei stark mit einer bestimmten Tradition verhaftet, die er als Teil seiner Identität empfindet. Die Sicherheit, die in seinen Worten zum Ausdruck kommt, ermöglicht es ihm vielleicht, auf der Grundlage einer Wirklichkeit, die er sich zu eigen macht und die sich in den zukünftigen Ergebnissen seiner Arbeit widerspiegeln soll, sein Handeln unter einem bestimmten Aspekt zu sehen und den Sinn und Zweck dieses Handelns zu erkennen. Procter & Gamble ist für seinen dezentralisierten, partizipativen Führungsstil bekannt, bei dem den Mitarbeitern ein hohes Maß an Verantwortung eingeräumt wird. So sind zum Beispiel kleine Einheiten für den gesamten Lebenszyklus eines Produkts oder einer Produktgruppe auf einem bestimmten Markt zuständig. Ein „Procterianer", wie wir ihn uns vorstellen, muß entschlußfreudig und kritisch, flexibel und prinzipientreu, verantwortungsbewußt, kunden- und marktorientiert sowie effizient sein... Das hervorstechendste Merkmal ist jedoch, daß er all diese ihn auszeichnenden Eigenschaften in den Interaktionen mit Kollegen und betriebsfremden Gesprächspartnern unter Beweis stellen muß, zum Beispiel bei Verhandlungen mit Werbefachleuten. Glücklicherweise kann außer ihm selbst niemand diese Interaktionen steuern oder kontrollieren. Die intersubjektiv geteilte Wirklichkeit – in unserem Fall die Tatsache, ein Procterianer zu sein – wird somit zur Grundlage der Bereitschaft, auf ein rational erscheinendes Ziel hinzuarbeiten – Ausbau des Marktanteils oder erfolgreiche Abwicklung von Verhandlungen – und damit letzten Endes die Zukunft zu gestalten. Die kollektiv geteilte Wirklichkeit wird somit zu einem identitäts- und kommunikationsfördernden Faktor (vgl. Berger/Luckmann, 1986).

Jede Managementhandlung, sei sie nun symbolischer oder substantieller Natur, wird tatsächlich sofort entsprechend dem betrieblichen Wertesystem interpretiert (vgl. Probst, 1987), das seinerseits die Managementhandlung beeinflußt. Soziale Systeme sind gewachsen und haben im Verlauf dieses Prozesses eine gewisse Tradition, eine eigene Kultur entwickelt. Letztere ist für die Koexistenz der Systemmitglieder unerläßlich, da sie formelle und informelle Regeln für ihr Verhalten und ihre Interaktionen aufstellt. Das Erstaunlichste an diesem aus dem Konzept der kollektiv geteilten Wirklichkeit resultierenden Phänomen ist, daß es, nachdem es in der Gründungsphase durch einen Basiskonsens über die Zwecke und Ziele der Institution zustande gekommen ist, habitualisiert wird. Die daraus hervorgegangene systemeigene Wirklichkeit hebt sich dann nach und nach von der Um-Welt ab, bis sie schließlich als allgemeingültig und objektiv gegeben betrachtet wird. In gewisser Weise kann man sagen, daß sich die Firmengründer trotz ihrer individuell verschiedenen Wertvorstellungen auf ein gemeinsames Ziel einigen, das im Laufe der Jahre zu einem Bezugsrahmen wird, der dann als die einzige, objektive Wirklichkeit gilt. Jeder einzelne – ob der Daseinszweck des Unternehmens für ihn nun der Kunde (IBM), die Innovation (3 M), der Mensch (Dupont dc Nemours) oder die Erfüllung öffentlicher Aufgaben (Post) darstellt – ist von der Richtigkeit seiner Ansicht überzeugt, die er für objektiv und allgemeingültig hält.

> **Das Individuum ist in der Lage, einzeln oder innerhalb einer Gruppe eine Wirklichkeit so stringent zu konstruieren, daß sie zur Quelle seines Wissens, zur Grundlage seines Denkens wird. Dieses Phänomen gilt es im Rahmen der Organisation zu berücksichtigen. Es macht nämlich besonders deutlich, daß der Manager bei jeder seiner Handlungen zugleich auch seine Ziele und persönlichen Wertvorstellungen darlegen muß.**

c) Das Prinzip der Toleranz

Auch auf der Grundlage einer gemeinsamen Philosophie lassen sich übereinstimmende Sichtweisen nicht ohne weiteres erreichen. Es gibt nicht nur eine, sondern immer viele verschiedene Wirklichkeiten. Jede wahrgenommene Handlung, jede Äußerung ist nicht *die* Wirklichkeit, sondern lediglich eine unter vielen. Daher gilt es zu tolerieren, daß neben der eigenen auch andere Wirklichkeitsinterpretationen bestehen (vgl. von Foerster, 1988; Probst, 1986). Für das System ist es oft sogar von großem Nutzen, wenn es unterschiedliche Betrachtungsweisen derselben Situation begünstigt, nicht nur, damit jeder die Möglichkeit hat, seinen Standpunkt darzulegen, sondern auch, weil sich eine multiple Wirklichkeit am besten mit Hilfe unterschiedlicher Standpunkte erfassen läßt. Für die erfolgreiche Umsetzung der Internationalisierungsstrategie von Gervais-Danone waren zum Beispiel mehrere Faktoren ausschlaggebend: zum einen die Kenntnis der Bestimmungen des Lebensmittelrechts bezüglich des Anteils lebender Kulturen im Joghurt, zum anderen aber auch die Ernährungsgewohnheiten in den einzelnen Exportländern, der Stellenwert dieses Produkts, protektionistische Bestrebungen in manchen Ländern, eventuell in Frage kommende Partner, Flexibilität in der Herstellung, Änderung der Rentabilitätsnormen sowie die Anpassungsfähigkeit der Mitarbeiter im Hinblick auf die Herstellung neuer Produkte. Läßt man nur eine einzige Sichtweise zu, kann eine komplexe, widersprüchliche Umwelt langfristig nicht erfaßt werden, ohne daß man früher oder später an gewisse Grenzen stößt. Wenn ein Unternehmen seinen Mitarbeitern keinerlei neue Betrachtungsweisen zugesteht, könnte dies nicht nur die Erreichung dieses oder jenes Ziels gefährden, sondern zugleich Mißtrauen gegenüber dem bestehenden Wertesystem aufkommen lassen bzw. bereits vorhandenes Mißtrauen noch verstärken. Eine Institution muß daher unbedingt einen den Meinungsaustausch begünstigenden Kontext schaffen, so daß sich beim Eintritt eines Ereignisses oder bereits vorher eine kollektiv geteilte Wirklichkeit konstruieren läßt.

Dies kann man jedoch nicht durch vorgetäuschtes Eingehen auf die verschiedenen Betrachtungsweisen der Systemangehörigen erreichen. Es muß sich dabei vielmehr um einen ehrlichen, offenen Prozeß handeln – ohne Ausübung von Zwang oder spätere Sanktionen –, wobei jedes Verwerfen einer Hypothese mit entsprechenden Argumenten begründet wird, damit die Individuen auch in Zukunft ihre Ideen vorbringen. Viel zu oft läßt man die Mitarbeiter reden, ohne sich Gedanken über ihre Äußerungen zu machen oder sich zu bemühen, sich ihrem Bezugsrahmen zu öffnen. Das Gesagte wird folglich nach der eigenen Sichtweise interpretiert. Es kommt aber auch vor, daß eine Idee kommentarlos verworfen wird, obwohl man ihrem Urheber damit jegliche Möglichkeit nimmt, diese Entscheidung nachzuvollziehen.

> Die Konstruktion eines institutionellen kognitiven Bezugsrahmens muß, wenn sie überhaupt einen Sinn haben soll, aus einer echten Gegenüberstellung verschiedener Wirklichkeitsinterpretationen resultieren und darf nicht etwa dadurch zustande kommen, daß ein Individuum einer Gruppe seine Konstruktion von Wirklichkeit aufzwingt. Natürlich läßt sich dieser Prozeß durch den Manager lenken und beeinflussen, langfristig hängt der Erfolg jedoch von dessen Toleranz und Offenheit gegenüber Widerspruch ab.

Sonst könnte man sich in der Tat fragen, wie man von den Mitarbeitern verlangen soll, daß sie auf der Grundlage von Werten, die im Grunde nicht die ihren sind, Verantwortung übernehmen.

d) Das Prinzip der Verantwortung

Die Anschauung, daß jedes Individuum seine eigene Wirklichkeit konstruiert, führt unweigerlich dazu, daß man es allein für sein Denken, Wissen und somit auch für sein Tun verantwortlich macht (vgl. Glaserfeld, 1988). Wenn sich ein Unternehmen „seine Wirklichkeit konstruiert", resultiert dies aus einem Prozeß, in den alle Systemangehörigen mehr oder weniger deutlich einbezogen sind, je nachdem, wie partizipativ der Führungsstil ist. Jedes Individuum trägt somit einen Teil der Verantwortung für das Verhalten des Systems. Ein Abschieben der Verantwortung auf die Umwelt, auf die naturgegebenen Voraussetzungen des Individuums bzw. auf den Abteilungs- oder Unternehmensleiter ist daher nicht mehr möglich.

Absolut gesehen ist der Mensch folglich immer für seine Werte, sein Tun, sein Eintreten für diese oder jene Sache bzw. seine Zugehörigkeit zu diesem oder jenem Unternehmen verantwortlich. Denken wir etwa an Albert Camus' Essay „Der Mythos von Sisyphos", in dem der Autor den Menschen allein für seine Entscheidung – Leben oder Selbstmord – verantwortlich macht. Aber ebenso wie das Ganze nicht die Summe seiner Teile ist, ist auch die Systemverantwortung nicht die Summe der individuellen Verantwortungen der Systemmitglieder. Die Interaktionen zwischen letzteren machen eine klare Definition der Verantwortungsbereiche schwierig, was im übrigen auch nicht unbedingt wünschenswert ist, wenn mehrere Personen an den betrieblichen Prozessen mitwirken sollen. Aber auch wenn ein Unternehmen in eigenem Namen handelt, geschieht dies durch die Individuen, ebenso wie die Systemverantwortung letztlich in individuellen Handlungen zum Ausdruck kommt, wobei es dem Akteur frei steht, diese auszuführen oder nicht. Der Begriff Verantwortung bezeichnet eine bewußte Entscheidung, die Wahl zwischen handeln, nicht handeln oder anders handeln. Aber diese Entscheidung, die dem Menschen überlassen ist, hängt im wesentlichen von vier Faktoren ab: *seinem Wissen*, *seinem Können*, *seinem Wollen* und *seinem Dürfen*. Auch für sie ist der einzelne selbst verantwortlich. So bemüht er sich vielleicht, ein bestimmtes Wissen oder bestimmte Fähigkeiten zu erwerben, einen Freiraum zu schaffen, um seinem Willen Ausdruck zu verleihen, und wird gleichzeitig auch noch seiner moralischen Pflicht gerecht. Aufgrund der Interaktionen zwischen diesen Faktoren kann der Mensch Szenarien konstruieren, um seine zukünftigen Möglichkeiten zu „erkennen". So hätte zum Beispiel ein Soldat, der im Krieg vor dem Dilemma steht „töten oder getötet werden", natürlich im voraus wissen können, daß sich seine Entscheidungsmöglichkeiten eines Tages auf diese beiden Alternativen beschränken würden. Das System ist nicht anstelle des einzelnen für die Informationen zuständig, die dieser benötigt, um eine Entscheidung treffen zu können. Es ist vielmehr für seine Geschlossenheit beziehungsweise Offenheit verantwortlich und damit für die Entwicklungsmöglichkeiten, die es bietet. Nehmen wir auch hier zur Veranschaulichung ein Beispiel aus der Politik. In einem totalitären Regime ist jeder einzelne für den Machtmißbrauch des Systems verantwortlich, denn jeder könnte sich auf die eine oder andere Weise zumindest ein paar Informationen beschaffen, um zu erkennen, was um ihn herum vor sich geht – auch wenn er sich dadurch in Gefahr bringt –, und sich dann entscheiden, ob er mitmacht oder etwas gegen das Regime unternimmt. Dagegen bestimmt das System und mit ihm diejenigen, die an seiner Spitze stehen, die Haltung des gesamten Volks: Wenn man jeglichen Kontakt mit dem Ausland verbietet und unterbindet, werden die meisten das Gefühl haben, in einem unvollkommenen, aber unabänderlichen System zu leben. Folglich werden sie nicht ohne weiteres in der Lage sein, ihre Werte in Frage zu stellen und Alternativlösungen zu entwickeln. Die Auseinandersetzung mit der Umwelt nicht fördern heißt zur Starrheit des Bezugsrahmens beitragen. Dieses Verantwortungsverständnis ist auf Anhieb vielleicht nicht so leicht nachvollziehbar, ist jedoch in Situationen, in denen sich angesichts der Komplexität viele hinter der bekannten Bemerkung „die brauchen doch nur..." verschanzen, unabdingbar. Für das Unternehmen bedeutet dies, daß jeder innerhalb eines bestimmten Rahmens für das, was er tut und tun kann, sowie für das, was das Unternehmen tut und tun kann, verantwortlich ist. Das System und diejenigen an seiner Spitze bestimmen dagegen den Entwicklungsspielraum, den sie dem System zugestehen. Nehmen wir als Beispiel eine Fabrik, die große Mengen umweltschädlicher Abfälle ins Meer leitet, weil dies wirtschaftlicher ist als Recycling. Der dafür zuständige Mitarbeiter ist insofern für sein Tun und seine Firma verantwortlich, als seine Handlung im Betrieb als richtig gilt, was nicht etwa auf Vorschriften, sondern vielmehr auf eine entsprechende geistige Haltung, den Bezugsrahmen, die Machtstruktur und den psychologischen Druck zurückzuführen ist, der im Unternehmen auf die Mitarbeiter ausgeübt wird. Für die Gesellschaft bedeutet dies, daß sie nicht beide Seiten einzeln, sondern vielmehr die eine in bezug auf die andere beurteilen sollte. Eine Firma, die ihre Entwicklung aktiv fördert, individuellen Initiativen freien Lauf läßt, den Empfindungen der ihr angehörigen Individuen Rechnung trägt und sich einem kritischen Vergleich ihrer Werte mit denen anderer Systeme stellt, zeichnet sich zum einen dadurch aus, daß sich ihre Handlungen sicherlich eher mit den gesellschaftlichen Normen vereinbaren lassen, und zum anderen dadurch, daß die Systemmitglieder klar die Verantwortung tragen und sie nicht auf das System als Ganzes „abschieben".

Man kann allen Angehörigen eines Unternehmens Verantwortung übertragen, ja sogar einen Kontext schaffen, in dem sie von sich aus Verantwortung oder Pflichten übernehmen. Aber damit sie dieser wirklich gerecht werden, wie gewünscht, müssen sie sich unter den bestehenden Möglichkeiten und denkbaren Alternativen aus freien Stücken für die Verantwortung entschieden haben. Damit das Individuum eine solche Entscheidung trifft, muß man seine subjektive Wirklichkeitskonstruktion berücksichtigen, um sie in die Konstruktion einer intersubjektiv geteilten institutionellen Wirklichkeit integrieren zu können, und außerdem zu ihrer Entwicklung beitragen.

Zusammenfassend lassen sich folgende Thesen formulieren:

Die von uns wahrgenommenen Wirklichkeiten sind „erfundene"; wir sind für ihre Konsequenzen verantwortlich.
Soziale Systeme brauchen ein gemeinsames Fundament an intersubjektiv geteilten Wirklichkeitskonstruktionen. Diese ermöglichen es, Sinn und Identität des Systems zu erkennen und zur Bezugsgröße von Handlungen zu machen.
Eine Wirklichkeit oder Wahrheit darf nicht als statisch betrachtet werden, sondern sie wird fortlaufend neu konstruiert.
Damit diese Wirklichkeitskonstruktion der Komplexität unserer Umwelt gerecht wird und die Akteure innerhalb des Systems wirklich Verantwortung tragen, müssen sowohl das System als auch jedes seiner Mitglieder tolerieren, daß neben der eigenen Wirklichkeitsvorstellung auch noch andere bestehen, und deren Entwicklung begünstigen.

II. Organisationales Lernen

Eine weitere Vorbedingung für die Systementwicklung ist der institutionelle Lernprozeß. Systeme sind lernfähig; sie lernen anders als ihre Mitglieder, zum Teil mehr, zum Teil weniger, und manchmal gehen ihre Lernprozesse in eine andere Richtung als die ihrer Angehörigen, getreu dem Prinzip „Das Ganze ist etwas anderes als die Summe seiner Teile". Nehmen wir ein bekanntes Beispiel aus der französischen Politik. Die Erfahrungen seit Beginn der Fünften Republik – dominierende Stellung des Staatspräsidenten gegenüber den beiden Kammern der Nationalversammlung – veranlassen Politiker einschließlich der Präsidentschaftskandidaten seit 15 Jahren dazu, sich für eine Verkürzung der Amtszeit des Staatsoberhaupts von sieben auf fünf Jahre auszusprechen. Diese Ansicht wird auch von der Mehrheit der Bevölkerung geteilt. Doch gerade wegen dieser Machtkonstellation hat sich das politische System in Frankreich zumindest bisher nicht in diese Richtung entwickelt. Das System hat folglich nicht gelernt, was aus den ihm angehörigen Mitgliedern geschlossen werden könnte. In der Innenpolitik hat aber im Laufe der Jahre zumindest teilweise ein Machttransfer vom

Staatspräsidenten auf den Premierminister stattgefunden. Das Lernen eines sozialen Systems ist daher nicht mit der Summe individueller Lernprozesse gleichzusetzen. Letztere sind allerdings eine unverzichtbare Voraussetzung für institutionelles Lernen. Wir werden uns deshalb zunächst dem individuellen Lernen zuwenden.

a) Individuelles Lernen

Moderne Unternehmen räumen der Weiterbildung eine Sonderstellung unter ihren Entwicklungsstrategien ein. Sei es technische oder Führungsschulung, sei es Schulung im Umgang mit Menschen oder kaufmännische Schulung, ein kontinuierlicher Lernprozeß der Mitarbeiter scheint nur durch Praktika und Seminare gewährleistet zu sein. Man sollte jedoch nicht vergessen, daß der Mensch vor allem aus seinen Erfahrungen im Alltag lernt. Jeder erarbeitet sich Tag für Tag sein persönliches Verständnis von Wirklichkeit durch Interpretation der von ihm empfangenen Informationen sowie der Resultate seines täglichen Handelns.

Deshalb ist es in einer Institution unabhängig von den Qualitäten der Führungskräfte ausgeschlossen, daß es diesen vollständig gelingt, Verhalten und Kultur zu lenken. Jedes Individuum lernt auf seine Art und Weise entsprechend seinen eigenen Sichtweisen und Bedürfnissen. Man muß sich des Phänomens des individuellen Lernens bewußt sein, bevor man versucht, jemandem ein bestimmtes Wissen beziehungsweise eine bestimmte Leitlinie „aufzuoktroyieren". Es stellt sich daher die Frage, *wie* und *warum* der Mensch lernt.

1. Warum der Mensch lernt

„Wir werden geboren, um zu lernen und im Laufe der Zeit unser Potential zu entdecken" (H. Trocmé-Fabre, 1987). Der Mensch versucht seit jeher, Sinn und Zweck seines Erdendaseins zu begreifen, seine Grenzen zu erkennen, um diese möglichst erfolgreich überschreiten zu können und sich auf der Grundlage seiner Erkenntnisse eine neue Zukunft zu konstruieren. Was uns jedoch hier interessiert, ist weniger der Grund, warum der Mensch nach Wissen strebt, als vielmehr der Nutzen eben dieses Wissens. Genauer gesagt, wir möchten aufzeigen, in welchen Situationen der Mensch das Bedürfnis nach Wissen hat und welchen Dingen er sich in solchen Fällen zuwendet.

Der Mensch muß seinem Leben einen Sinn geben können, er muß mindestens ein Ziel haben. Blickt man diesbezüglich auf die Entwicklung der Wissenschaften, des Denkens und der Philosophie zurück, stellt man fest, daß der Mensch lange Zeit geglaubt hatte, dieser Sinn werde ihm von außen – nach abendländischem Glauben von Gott (vgl. Leibniz, Descartes) – gegeben. Später hat sich dann allmählich die Auffassung durchgesetzt, das Leben als solches habe gar keinen Sinn, und jeder lebe vielmehr entsprechend seiner eigenen Sinnkonstruktion (vgl. Kierkegaard). Das erklärt das Phänomen der Kultur, der *Konstruktion* eines Systems gemeinsamer Werte innerhalb einer Gruppe. Auf dem Gebiet der Individualpsychologie haben sich Psychiatrie und Psychotherapie von der Analyse des Geschlechtstriebs (vgl. Freud) oder der unbewußten Rollen (vgl. Jung) mehr und mehr in Richtung Logotherapie, d. h. der Behandlung durch Einbeziehung des Geistigen, entwickelt. Inzwischen hat man erkannt, daß zahlreiche psychische Störungen dadurch entstehen, daß dem Betroffenen ein Sinn, ein Ziel, das heißt der Bezugspunkt im Leben fehlt (vgl. Frankl). Bei Nietzsche heißt es, daß sich jemand, der einen Sinn in seinem Leben sieht, nur wenig Gedanken darüber macht, wie er lebt. Und um eben diesen Sinn, den er seinem Leben gibt, konstruieren, untermauern, verstehen, gegebenenfalls anpassen und in seine Umwelt einordnen zu können, ist der Mensch bemüht zu lernen, das heißt, um sich einen Bezugsrahmen zu schaffen, der ihm als Orientierung, als Grundlage, als Bezugspunkt, als „Theorie" dient.

Wie wir gesehen haben, interagieren Bezugsrahmen und Handlung. Dies trifft sowohl für die Institution als auch für das Individuum zu. Das Handeln richtet sich nach dem Bezugsrahmen, da dieser ein Wertesystem schafft, in das die Handlung integriert werden muß, was man im Englischen als „the espoused theory" (vgl. Argyris/Schön, 1978), als offizielle oder angenommene Theorie oder auch als „Hinterkopftherie" bezeichnet. Gemeint sind „offiziell vereinbarte" Theorien, a priori solche, die zu einem bestimmten Zeitpunkt einer Handlung vorausgehen und auf der Grundlage der vorangegangenen Lernprozesse – seien diese nun experimenteller oder rein theoretischer Natur – entstanden sind. Andererseits handeln wir keineswegs immer nach dem, was wir sagen oder denken. Es besteht eine gewisse Diskrepanz zwischen dem Handeln und der persönlichen Ideologie, insbesondere wenn wir mit einer Situation konfrontiert sind, die wir als solche oder in ihren Auswirkungen nicht vorhergesehen haben. In diesem Fall handeln wir instinktiv und entwerfen dabei a posteriori unsere „theory-in-use", „kollektive Gebrauchstheorie", die ihrerseits unseren Bezugsrahmen ergänzt, modifiziert und neu gestaltet.

Diesen beiden Arten von Theorien, von Interaktionen zwischen Wertesystem und Handlung, entsprechen zwei verschiedene Lernweisen. Die eine besteht darin, sich bewußt all diejenigen Kenntnisse anzueignen, mit denen sich die von uns in unserer Gebrauchstheorie wahrgenommenen Lücken und Inkohärenzen beseitigen oder rechtfertigen lassen. Wenn zum Beispiel diese Ausführungen Ihr Interesse wecken und dazu führen, daß Sie sich Fragen über Ihre frühere und derzeitige Einstellung gegenüber Veränderungen und Neuerungen stellen, spielen Sie jetzt vielleicht mit dem Gedanken, noch tiefer in die Materie einzudringen, Fachliteratur zu diesem Thema zu lesen oder an Seminaren teilzunehmen. In diesem Fall handelt es sich um ein Streben nach Wissen, das es Ihnen ermöglicht, sich Ihren persönlichen Bezugsrahmen entsprechend Ihren Interessen auf der Grundlage einer Selbstreflexion, einer adaptiven Konsolidierung Ihres subjektiven Sinnkonstrukts und Ihrer Zielsetzungen zu schaffen.

Die andere Lernweise besteht darin, daß der Mensch dem Bedürfnis, seine Erfahrungen aus dem Alltag in seinen Bezugsrahmen einzubeziehen, gerecht wird. Letzterer kann auf diese Weise modifiziert, angepaßt oder sogar radikal verändert werden. Ein Widerspruch zwischen den eigenen Erfahrungen und der Gebrauchstheorie wirkt sich

466

mehr oder weniger destabilisierend auf das individuelle Sinnkonstrukt aus. Der einzelne muß einen Sinnbezug zu seinem Handeln herstellen und es rechtfertigen können. Sein Handeln wird durch seine Erfahrungen bestimmt, was ihn dazu veranlaßt, Theorie und Praxis einander gegenüberzustellen und aus beiden „Bereichen" das herauszugreifen, was er im Hinblick auf eine Änderung seines Bezugsrahmens und eine Neudefinition des Zwecks seiner Handlungen für relevant hält.

Zusammenfassend läßt sich sagen, daß der Mensch seine Kenntnisse entweder bewußt erweitert, um seinen Bezugsrahmen zu konstruieren beziehungsweise zu konsolidieren, oder diesen gegebenenfalls neu gestaltet, indem er seine Erfahrungen mit seinem Wissen konfrontiert und vergleicht. Diese beiden parallelen Methoden, die selbstverständlich keinerlei Anspruch auf Ausschließlichkeit erheben, bilden die Grundpfeiler des individuellen Lernens. Die eine bezieht sich auf unsere Konstruktion von Wirklichkeit, die andere auf die Wirklichkeit in ihrer konkreten Ausprägung. Bei Edgar Morin (1973) heißt es: „Es gibt keine Grenze zwischen dem Realen und dem Imaginären." Das Imaginäre ist insofern konkret, als es uns ermöglicht, all das, was wir nicht verstehen, zu erklären und zu akzeptieren. Es wird somit zu unserem festen Glauben, zu einem Mythos, der unser Handeln bestimmt. „Das Imaginäre wird unmittelbar von unseren bewußt nach innen gerichteten Sinnen erfaßt. Es unterliegt nicht denselben Gesetzen wie die physische Realität. Diese ist zeitgebunden. Das Imaginäre hat weder Vergangenheit noch Zukunft, es ist atemporell. Fehlt die physische Realität, fehlt auch die zeitliche Dimension." „Wir *haben* keine Träume und auch keine Vorstellungen, wir *leben sie beziehungsweise leben in ihnen*" (vgl. Epstein, 1974). Ohne an dieser Stelle sämtliche Erkenntnisse der Psychologie und der Humanwissenschaften resümieren zu wollen, läßt sich folgendes sagen...

> **Der Mensch lernt entsprechend seinem Bezugsrahmen und im Hinblick auf diesen. Der Lernprozeß wird außerdem durch die Ereignisse und Erfahrungen bestimmt, die seinen evolutionären Prozeß kennzeichnen.**

2. Wie der Mensch lernt

Aus obigen Ausführungen geht hervor, daß der Lernprozeß durch ein ursprünglich verfolgtes Ziel ausgelöst wird. Wie der Mensch lernt, hängt davon ab, warum er lernt. Wir haben nicht die Absicht, eine neue Lehr-/Lernmethode zu entwickeln, sondern möchten uns an dieser Stelle auf diejenigen Aspekte beschränken, die mit dem System als Ganzem interagieren.

Der Mensch als offenes System

Der erste Aspekt bezieht sich auf die Lernbereitschaft. Diese ist nach wie vor weitaus wichtiger als die effektive Leistung des lernenden Subjekts, denn gerade die Bereitschaft zum Lernen ist langfristig ausschlaggebend für die Einbeziehung neuer Kenntnisse in den Bezugsrahmen. So geht es zum Beispiel Mitarbeitern, die jede neue

Leitlinie sofort mit allen ihnen zur Verfügung stehenden Energien umsetzen, oft nur darum, sich durch ihre Effizienz zu profilieren. Dabei ist jedoch nicht immer gewährleistet, daß sie sich der neuen Norm in ausreichendem Maße geöffnet haben, um ihre Tragweite voll zu erfassen, so daß sie sie bei unerwarteten Ereignissen u.U. nicht richtig interpretieren können. Der Mensch lernt nur, wenn er offen und lernwillig ist, das heißt, wenn er Lust zum Lernen hat – sei es, um seine „theory-in-use", die Gebrauchstheorie zu konsolidieren – oder, wenn er lernen muß, um seine Erfahrungen in seine Theorie einzubeziehen. Innerhalb des Unternehmens läßt sich dies nur durch eine Aufhebung der Stabilität bewirken, indem man zum Beispiel Beförderungen bekanntgibt (Mitarbeiter ist motiviert, sich auf eine neue Stelle vorzubereiten) oder aber mögliche Entlassungen ankündigt (Mitarbeiter möchte wissen, warum er für die Firma nicht mehr von Nutzen ist und wie er es weiterhin sein könnte). Das erklärt, warum es so schwierig ist, in einem Unternehmen Neuerungen einzuführen, solange noch kein Problem aufgetreten ist: Stabilität läßt nämlich oft gar nicht erst das Bedürfnis aufkommen, Bezugsrahmen und neue Erfahrungen einander gegenüberzustellen, da letztere noch gar nicht vorhanden sind oder Konflikte nicht wahrgenommen werden (vgl. Trocmé-Fabre, 1987).

Der Empfänger bestimmt die Botschaft

Der zweite Aspekt des individuellen Lernens, auf den wir eingehen möchten, ist der, daß ein Lernender – ob er seinen Bezugsrahmen erweitern oder neu gestalten will – dies aus einem persönlichem Wunsch oder Bedürfnis heraus tut und sich somit nur das zu eigen macht oder behält, was er will, und nicht alles, was ihm im Rahmen einer Ausbildung an Informationen geboten wird oder was er aus seinen eigenen Erfahrungen lernen könnte. Dies geschieht, indem er die Informationen entsprechend seinen Wünschen, Bedürfnissen und seiner Sinnkonstruktion interpretiert. Anders als eine Maschine, der man eine Information liefern muß (Input), um ein bestimmtes Ergebnis zu erhalten (Output), ist das menschliche Gehirn ein System, das sich selbst reguliert, indem es die empfangenen Informationen („intake", wie es K. Pribram, 1975, nennt) entsprechend seinen „Filtern" – Sprache, frühere Erfahrungen, Ziele, Motivation oder Demotivation – verifiziert und interpretiert. Daher nützt es dem Unternehmen nichts, die Leitlinien immer wieder nur aufzuzeigen, um die Individuen auf diese Weise zu einem einheitlichen Verhalten zu bewegen. Es genügt auch nicht, daß die Leitlinien klar definiert sind, sie müssen im Rahmen eines Meinungs- und Erfahrungsaustausches in der Gruppe erörtert werden. Eine kollektiv geteilte Sichtweise könnte vielleicht nach und nach eine Interaktion zwischen Gemeinschaft und Individuen auslösen und jene dazu veranlassen, die vorgegebenen Leitlinien ihren Bedürfnissen anzupassen.

Komplementarität und Verflechtung von Lernniveaus

Ein dritter Aspekt ist die Funktionsweise unseres Zentralnervensystems. Unser Gehirn ist in mehrere Bereiche aufgeteilt, die unserem Bedürfnis nach Abstraktem, Konkretem, Imaginärem und Realem gerecht werden. So haben die beiden Hirnhälften klar voneinander getrennte Funktionen: Die rechte Hälfte ist überwiegend für die Sinnesempfindungen zuständig, die linke dagegen eher für geistige Analysen. Mintzberg (1990) schreibt: „Bei den meisten Menschen (mit Ausnahme der großen Gruppe der Linkshänder) scheint die linke Hirnhälfte im wesentlichen linear zu funktionieren, die Informationen zirkulieren sequentiell, Bit für Bit, in einer bestimmten Reihenfolge. Bei der Sprache ist diese Linearität wohl am deutlichsten ausgeprägt. Im Gegensatz dazu scheint die rechte Hirnhälfte auf die gleichzeitige Verarbeitung von Informationen spezialisiert zu sein, das heißt, sie funktioniert wohl mehr nach dem ‚holistischen‘ Prinzip (Verstehen durch ganzheitliche Sichtweise) oder durch Herstellen von Sinnzusammenhängen. Ihre wichtigste Funktion ist vermutlich das Erkennen von Bildern.“

Die Komplementarität der beiden Hirnhälften erklärt unser *Bedürfnis nach Synthese und Analyse* im Verlauf des Lernprozesses (vgl. Hampden-Turner, 1990). Für den Manager bedeutet dies, daß eine Information, die eine Veränderung, einen Lernprozeß auslösen soll, nicht isoliert vermittelt werden sollte, sondern im Zusammenhang mit den allgemeinen Leitlinien, die jeder auf seine Weise auslegt und in seinen persönlichen Bezugsrahmen integriert. Außerdem sind zusätzliche Erklärungen erforderlich, damit der Mitarbeiter eine nicht ausschließlich subjektive Verbindung zwischen der Information und seiner persönlichen Sinnkonstruktion herstellen kann. Transparenz begünstigt also die Entstehung eines kollektiv akzeptierten Sinnbezugs.

> **Wenn ein Unternehmen nach der Erfassung einer destabilisierenden Veränderungsmöglichkeit durch einen der Sensoren seines Früherkennungssystems individuelles Lernen für nötig hält, muß es einen klaren Lernvertrag mit den Mitarbeitern schließen. Das heißt, es muß seine Ziele und deren Berechtigung deutlich machen, gleichzeitig aber auch dafür sorgen, daß der Lernprozeß die Austauschbeziehungen, Experimentierfreudigkeit, Transparenz und die Entwicklung kognitiver Strukturen fördert.**

Änderungswiderstand – und damit die Weigerung zu lernen – ist häufig darauf zurückzuführen, daß man ausschließlich aus den Erfahrungen lernt. Wenn der individuelle Bezugsrahmen nicht genügend ausgeprägt und komplex ist und dem einzelnen nicht erlaubt, die Elemente des Wandels mit seiner Sinnkonstruktion in Einklang zu bringen, werden die als Störung empfundenen Ereignisse eventuell plötzlich in grundlegendem Widerspruch zu seiner Sicht der Dinge stehen, ohne daß er sie mit dem nötigen Abstand betrachten und erklären könnte. Er wird folglich versuchen, sie zu leugnen oder als nicht wünschenswert hinzustellen. Das Unternehmen ist nicht dafür verantwortlich, auf welche Art und Weise jemand gelernt hat, bevor er eingestellt wurde, auch wenn es sich dabei um ein wichtiges Auswahlkriterium handeln kann. Es muß jedoch regelmäßig sämtliche Informationen liefern, die die Mitarbeiter benötigen, um die Ereignisse verstehen, ihren Bezugsrahmen erweitern und sich persönlich entwickeln zu können.

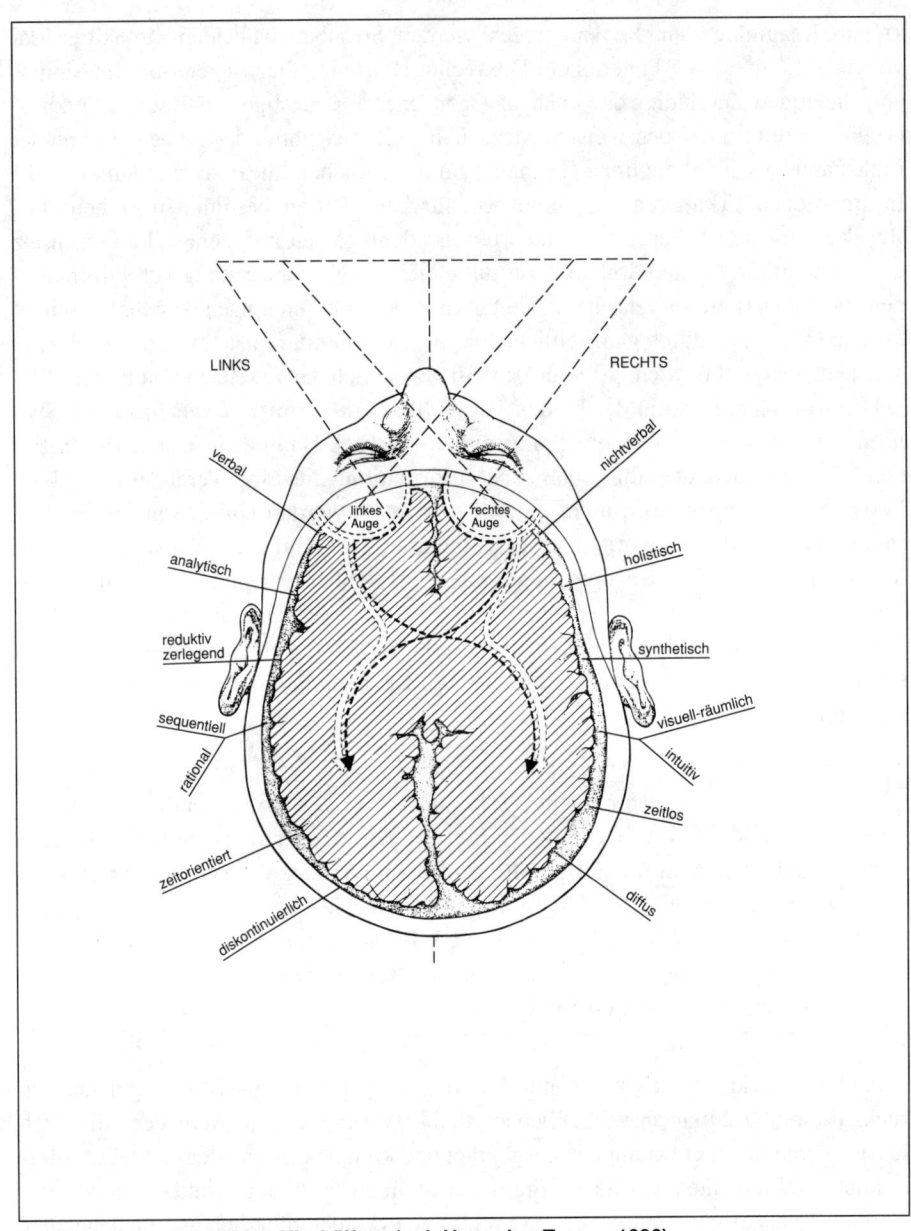

Die Funktionen der beiden Hirnhälften (vgl. Hampden-Turner, 1990)

b) Institutionelles und organisationales Lernen

1. Zum Phänomen des organisationalen Lernens

Der Begriff des Lernens mag zwar in bezug auf das Individuum relativ klar sein, dies ist jedoch keineswegs der Fall, wenn man ihn auf eine Gemeinschaft anwendet. Kann man tatsächlich sagen, daß eine Gesellschaft, eine Nation, ein Unternehmen unter anderem aus den Fehlern der Vergangenheit lernt? Lange Zeit glaubte man, daß sich das Kollektivbewußtsein, vorausgesetzt ein solches existiert tatsächlich, dank der Lernprozesse aller Angehörigen der Gemeinschaft verändert. Dann hat sich jedoch der Begriff des „organisationalen Lernens" allmählich durchgesetzt, nachdem man Diskrepanzen zwischen Gruppenverhalten und individuellen Absichten festgestellt hatte.

Der Lernprozeß einer Organisation ist nicht mit der Summe der individuellen Lernprozesse der Organisationsmitglieder gleichzusetzen. Daß eine Organisation weniger „wissen" kann, haben wir bereits durch ein Beispiel belegt. Es ist aber auch möglich, daß das System gewissermaßen mehr „weiß". Der Erfahrungsaustausch kann zum Beispiel dazu führen, daß eine Gemeinschaft aufgrund der verschiedenen individuellen Charaktere ihrer Mitglieder ein bestimmtes Verhalten zeigt, obwohl sich ihre Mitglieder im Privatleben – oder wenn jeder für sich arbeiten würde – niemals von sich aus so verhalten würden. So kann beispielsweise auf Unternehmensebene abgesprochen werden, die Produktion des Produkts Y einzustellen, obwohl jeder einzelne in Unkenntnis der von seinen Kollegen ausgehenden Zwänge für sich geglaubt hatte, das Produkt auf diese oder jene Weise retten zu können. In diesem Fall hat die Erfahrung über Konzepte und Ideen gesiegt. Bevor wir jedoch näher auf das Konzept des organisationalen Lernens eingehen, möchten wir das von Argyris und Schön in ihrem Werk „Organizational learning" (1978) angeführte Beispiel aufgreifen.

Vor einigen Jahren beschloß das Top Management eines Unternehmens mit einem Umsatz von mehreren Milliarden Dollar, ein bestimmtes Produkt X, das sich als Fehlschlag erwiesen hatte, aus dem Produktionsprogramm zu nehmen. Die durch seine Vermarktung entstandenen Verluste beliefen sich auf über 100 Millionen Dollar. Mindestens fünf Personen wußten bereits sechs Jahre vor dieser Entscheidung, daß das besagte Produkt für das Unternehmen ein Verlustgeschäft war. Drei von ihnen waren Werksleiter und jeden Tag direkt mit den Produktionsproblemen konfrontiert. Die zwei anderen arbeiteten in der Marketingabteilung und hatten ihrerseits erkannt, daß sich die Probleme in der Herstellung nicht ohne größeren Kostenaufwand lösen ließen, was infolge des daraus resultierenden Preisanstiegs wiederum die Wettbewerbsfähigkeit des Produkts stark beeinträchtigt hätte. Mehrere Gründe waren ausschlaggebend dafür, daß die Unternehmensleitung diese Informationen nicht früher erhielt. Zum einen waren die Mitarbeiter überzeugt, daß sich die Folgen der Fehlentscheidung durch erhöhten Einsatz beheben lassen würden und der Erfolg so doch noch gewährleistet werden könnte. Aber je mehr sie sich engagierten, desto deutlicher wurde ihnen das Ausmaß des anfänglichen Irrtums bewußt. Nun mußte die Führungsspitze informiert werden, und zwar so, daß sie die schlechte Nachricht nicht einfach ignorieren konnte. Die Mitarbeiter und ihre Vorgesetzten waren sich jedoch darüber im klaren, daß das Top Management die schlechte Nachricht nur in Verbindung mit erfolgversprechenden Alternativvorschlägen gut aufnehmen würde und die Unternehmensleitung im übrigen felsenfest davon überzeugt war, daß sich das Produkt X gegenüber allen vergleichbaren Konkurrenzprodukten durchsetzen würde. Daher ging viel Zeit mit dem Verfassen von Berichten verloren, in denen die „Wirklichkeit" so aufbereitet wurde, daß sie keinen Schock für das Top Management darstellte. Die Angehörigen des mittleren Managements hielten diese Berichte jedoch für zu vage und zu offen. Seit sie die Produktions- und Marketingstudien, auf deren Grundlage die Produktion für das Produkt X aufgenommen worden war, abgeschlossen hatten, wurde die Richtigkeit ihrer Analysen immer wieder durch die Berichte der Ausführenden in Frage gestellt. Sie wollten Zeit gewinnen, um diese zweifelhaften Prognosen verifizieren und Korrekturmaßnahmen ausarbeiten zu können. Wenn man die schlechten Nachrichten schon „nach oben" weitergeben mußte, dann wollte man zumindest gleichzeitig erfolgversprechende Alternativvorschläge unterbreiten. Und so verging die Zeit. Als sich die Richtigkeit der „von unten" geäußerten Zweifel bestätigte, verhielt sich das mittlere Management nicht anders, als es die Mitarbeiter der unteren Ebenen einige Zeit zuvor getan hatten. Die Informationen, die schließlich bis zur Unternehmensleitung gelangten, waren so bruchstückhaft, daß sie nicht mehr die wahre Tragweite des Problems widerspiegelten. Die Führungsspitze fuhr also fort, sich für das Produkt X einzusetzen, um sich die für seine Produktion nötigen finanziellen Mittel zu sichern, was wiederum eine völlige Orientierungslosigkeit bei den Angehörigen des unteren Managements bewirkte. Ihre Berichte wurden daraufhin immer seltener und immer weniger alarmierend. Gleichzeitig wandten sie sich verstärkt an das mittlere Management. Wenn Werksmeister und Angestellte den Werksleiter fragten, wie es um ihren Arbeitsplatz bestellt sei, antwortete er, daß sich die Unternehmensleitung mit der Situation beschäftige, aber weiterhin hinter dem Produkt stehe, so daß sich die Werksmeister schließlich nicht mehr von dem Problem betroffen fühlten.

Die Normen des Unternehmens standen offensichtlich einer Überprüfung und Erörterung der Ziele entgegen und führten obendrein zu einer positiven Darstellung negativer Sachverhalte. Zwischen diesen beiden Widersprüchen – einerseits lernen, um bestimmte Fehler nicht zu wiederholen, andererseits lernen, um einen Kontext zu erhalten, in dem weiterhin Fehler gemacht werden; einerseits die Fähigkeit des unteren Managements, Probleme aufzudecken, anderseits jedoch dessen gleichzeitige Verschleierungstaktik beziehungsweise Verschleierung der Verschleierung – lassen sich bestimmte Parallelen ziehen. Die Unternehmensangehörigen stehen vor einem klassischen Dilemma, dem sogenannten *double bind*, der „Doppelbindung" (Bateson, 1980): Informieren sie ihre Vorgesetzten über Fehler, stellen sie damit die angeblich über jeden Zweifel erhabenen Normen in Frage; verschweigen sie die Probleme, setzen sie einen Prozeß in Gang bzw. tragen zur Verstärkung eines bereits existierenden Prozesses bei, der die Entdeckung und Korrektur von Fehlern hemmt. Diese Fähigkeit, Fehler zu entdecken und durch Aufzeigen alternativer Handlungsmöglichkeiten zu korrigieren, ist ein bedeutender Teil des organisationalen Lernens.

> **Organisationales Lernen ist die Fähigkeit einer Institution als Ganzes, Fehler zu entdecken, diese zu korrigieren sowie die organisationale Wert- und Wissensbasis zu verändern, so daß neue Handlungskriterien und -strategien erzeugt werden.**

2. Handlungstheorien: offizielle Theorie und Gebrauchstheorie

Institutionales Lernen besitzt eine eigenständige Qualität, die sich von der des individuellen Lernens insofern unterscheidet, als institutionales Lernen von den Wechselbeziehungen zwischen den verschiedenen Teilen des Ganzen beeinflußt wird (vgl. Hedberg, 1981, S. 6; Daft/Hubert, 1987; Shrivastava, 1983). So wären zum Beispiel selbst die besten Fußballspieler der Welt nur dann eine gute Mannschaft, wenn sie fähig wären zu lernen, im Team zu arbeiten und ein kohärentes Ganzes zu bilden, in dem jeder seine Rolle innerhalb der Mannschaft akzeptiert... Argyris und Schön (1978) haben versucht, die Problematik des Lernens zu modellieren. Sie nähern sich dem Beriff des organisationalen Lernens, indem sie zunächst auf das Reservoire organisationalen Wissens, sog. Handlungstheorien, aufmerksam machen. Wie bereits erwähnt, unterscheiden sie zwischen „espoused theory"und „theory-in-use".

„Espoused Theory" oder offizielle Handlungstheorie:

> **Die offiziell angenommenen Handlungstheorien, denen Leitbild, Projekte, Zweck, Strategien, Ziele, Kultur, Strukturen sowie die Machtverhältnisse und Technologien des Unternehmens zugrunde liegen, bilden den Bezugsrahmen der Institution im Hinblick auf ihre Kontinuität und ihren institutionellen Charakter, der das Bild bestimmt, das sich Öffentlichkeit und Mitarbeiter vom Unternehmen machen.**

Diese offiziellen Handlungstheorien sind entweder formeller oder auch informeller Ausdruck des Unternehmenszwecks – unter anderem in wirtschaftlicher, sozialer und ökologischer Hinsicht. Bei Argyris (1985) heißt es, daß es sich bei diesen angenommenen Theorien um diejenigen handelt, nach denen Individuen oder Institutionen offiziell ihr Handeln ausrichten.

Damit das System als Ganzes eine eigene Identität besitzt – eine „Corporate Identity" –, muß innerhalb des Unternehmens ein möglichst breiter Konsens über die offiziellen Handlungstheorien herrschen. Diese sind das Resultat der unternehmenspolitischen Vorstellungen des Top Managements und der wichtigsten Sensoren des Früherkennungssystems, die aufgrund ihrer Positionierung in der Lage sind, Veränderungen der Unternehmensumwelt wahrzunehmen und dementsprechend den Kurs festzulegen. Die Mehrheit der Mitarbeiter ist folglich nicht an der Ausarbeitung dieser Theorien beteilt und muß sie daher in gewisser Weise erst „erlernen", das heißt sie auf ihre Weise in den eigenen Bezugsrahmen einordnen. Dies ist besonders wichtig für die Entwicklung der individuellen kognitiven Strukturen, die es den Mitarbeitern ermöglichen, die Handlungen des Systems, in dem sie arbeiten, zu verstehen und darüber hinaus in ihrem beruflichen Kontext Lernen zu lernen, so daß sie in neuen Situationen Verhaltensweisen finden, die mit dem Ganzem vereinbar sind. Dies wird besonders gut durch das Leitbild des in der Bauindustrie tätigen multinationalen Unternehmens Hilti illustriert (vgl. Seite 478).

Daneben erkennt man in der Praxis auch deutlich, wie wichtig ein charismatischer Führer ist – etwa vom Schlage eines Riboud, Lagardère, Reuter oder Hayek. Er kann die Leitlinien festlegen, die Ziele klar definieren, für die nötige Dynamik und Destabilisierung sorgen, durch die individuelle Lernprozesse in Gang gesetzt werden, Gruppen zusammenstellen, in denen ein besonders fruchtbarer Meinungs- und Erfahrungsaustausch und damit auch ein effizienter „intake" von Informationen stattfindet, auf Fragen und Unsicherheiten eingehen und so eine zu der aus den Zielen hervorgegangenen Synthese komplementäre Analyse ermöglichen. Unter einem solchen Unternehmensleiter hätten die Individuen die Möglichkeit, ihre Lernprozesse in das Ganze einzuordnen. Da jedoch jeder die offiziellen Theorien auf seine Weise auslegt, da jeder seine eigenen Erfahrungen macht, kann das System als Ganzes nicht das lernen, was seine Mitglieder bereits wissen, wie in unserem Beispiel vom Produkt X.

Theories-in-use oder Gebrauchstheorien

Argyris (1982) definiert die sogenannten Gebrauchstheorien (theories-in-use) als diejenigen Theorien, die sich von den Handlungen ableiten lassen, diejenigen, die die gelebten Werte in sich vereinen. Die Gebrauchstheorien werden meist nicht öffentlich im Unternehmen diskutiert. Wir sind uns ihrer im übrigen nur selten bewußt, was es schwierig macht, sie zu erkennen und zu beobachten.

> **Die organisationsinternen „theories-in-use" resultieren aus den individuellen und den kollektiv geteilten Erfahrungen, den zwischen ihnen bestehenden Wechselbeziehungen sowie einer Gegenüberstellung der Erfahrungen und des institutionellen Bezugsrahmens.**

3. Lernebenen

Argyris und Schön (1978) unterscheiden dann zwischen zwei Arten von Lernprozessen: Single-loop- und Double-loop-Learning. Single-loop-Learning bezeichnet eine Regulierung des Systems auf der Grundlage einer ihm auferlegten Norm. Zu Single-loop-Learning kommt es, wenn Fehler entdeckt werden, diese korrigiert werden und das System wieder auf die vorgegebene Norm ausgerichtet wird. Dies macht das nachfolgende Schaubild deutlich. Der Lernprozeß beinhaltet eine Regulierung von Abweichungen auf Standards, indem negative Feedbackinformationen als Stimuli für die Adaption wirken (vgl. zum „Anpassungslernen" Probst, 1993).

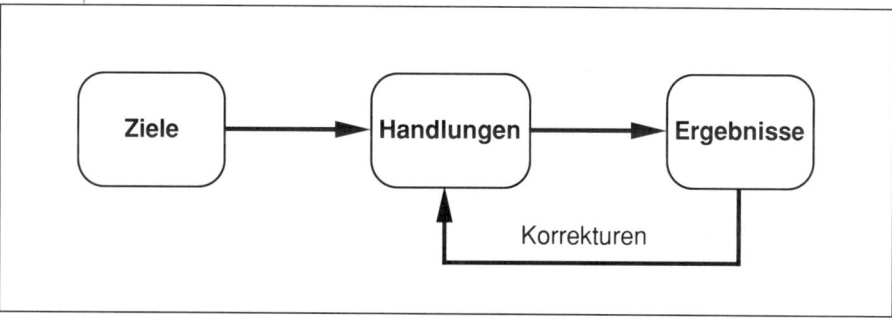

Single-loop-Learning

Auf diese Weise festigt und verstärkt man „alte, bewährte Gewohnheiten" durch Verbesserung des Bestehenden. Wenn zum Beispiel ein Produkt als „cash cow" positioniert ist, wird das Unternehmen seinen Spezialisierungsgrad noch erhöhen und die Integration der Subsysteme sowie seine streng hierarchische Gliederung verstärken. Die Kommunikationsbeziehungen sind in diesem Fall vor allem leistungsorientiert und folglich weder besonders entwickelt noch besonders intensiv. Die Strukturen sind vermutlich relativ starr, der Flexibilität wird keine große Bedeutung beigemessen, oder sie gehört nicht einmal zum Firmenkonzept.

Dagegen ermöglicht Double-loop-Learning die Erschließung, Bewertung und Verbreitung von Wissen sowie die eigenständige Entwicklung neuer Kenntnisse durch Modifikation der Handlungstheorien. Es bietet außerdem die Möglichkeit der *Infragestellung des institutionellen Bezugsrahmens,* indem es zur Konfrontation von organisationalen Hypothesen, Normen und Handlungen kommt. Durch kritische Prüfung der bisherigen Handlungstheorien besteht die Möglichkeit der Modifizierung von Zielen (vgl. zum „Veränderungslernen" Probst, 1993).

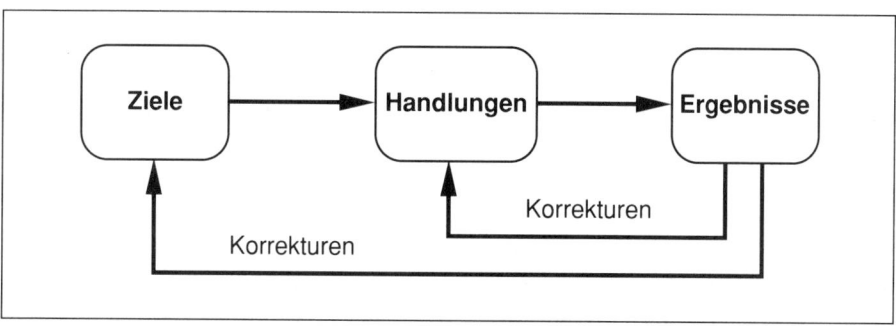

Double-loop-Learning

Die Ziele und Betrachtungsweisen einer Gemeinschaft und des einzelnen Mitglieds stimmen nie vollständig überein, was im übrigen nicht nur im Hinblick auf das Lernen und Ausprobieren, sondern auch aus entwicklungsorientierter Sicht gar nicht wünschenswert wäre. *Organisationales Lernen soll konstante Austauschbeziehungen zwischen der Institution und ihren Angehörigen ermöglichen. Die Konstruktion einer kollektiv geteilten Wirklichkeit beruht auf der (bewußten) Gestaltung eines Bezugsrahmens als Resultat der Analysen betriebsinterner und -externer Gegebenheiten. Er wird Individuen vermittelt, damit sie ihn ihren persönlichen Bedürfnissen anpassen können, zum einen durch Erweiterung oder Neugestaltung ihres eigenen Bezugsrahmens, zum anderen aber auch dadurch, daß das Ergebnis eben dieses Prozesses der Anpassung und praktischen Anwendung des neuen Rahmens durch das Individuum oder das Subsystem dem Management zwecks Modifizierung des Sinnbezugs des ursprünglichen Bezugsrahmens mitgeteilt wird. Damit verändern sich auch die Handlungstheorien und werden durch neue ersetzt.*

Dieser Interaktionszyklus ist ein wesentlicher Pfeiler der Entwicklung. Er ermöglicht es dem einzelnen und dem Kollektiv, gemeinsam zu lernen, den Lernprozeß nach und nach immer mehr zu steuern und von einer Entwicklungsstufe zur nächsthöheren überzugehen. Wir gewinnen dadurch einen Eindruck von den Eigenschaften, die der Manager eines solches Prozesses aufweisen muß: Er muß zugleich Führer und Moderator sein, muß die treibende Kraft der Meinungsbildung sein, aber zugleich in der Lage sein, seine Meinung je nach den Vorschlägen und Bedürfnissen der Mitarbeiter zu ändern. Unter diesem Gesichtspunkt betrachtet heißt zuhören nicht einfach nur, daß man die Mitarbeiter fragt, wie sie eine bestimmte vorgegebene Leitlinie umzusetzen gedenken, sondern daß man vielmehr ihre Kommentare zu eben jenen Leitlinien berücksichtigt (vgl. Crozier, 1989).

Damit das Unternehmen lernen und sich entwickeln kann, ist daher eine flexible Organisation vonnöten, in der jeder einzelne experimentieren und eventuell auch Fehler machen kann, ohne daß dies nennenswerte Folgen hätte. Darüber hinaus muß er seine Erfahrungen und Schlußfolgerungen an die anderen Systemmitglieder weitergeben können. Aus dieser Sicht erweist sich ein gewisser Handlungs- und Meinungsspielraum im Rahmen der angenommenen offiziellen Theorien als unerläßlich. Nur so können die Systemangehörigen ihre Individualität entfalten und die Theorien auf ihre Weise interpretieren. Nur so stellen sie ein echtes Entwicklungspotential für das Ganze dar. Die individuellen Lernprozesse bestimmen den Bezugsrahmen des Unternehmens, denn schließlich handelt die Organisation durch die Individuen beziehungsweise durch die Gruppen, zu denen sich die Individuen innerhalb des Systems zusammenschließen, und macht durch sie ihre Erfahrungen.

Manager, die diese Art von Interaktionen fördern möchten, sind somit zugleich Moderatoren und Führungspersönlichkeiten. Sie schaffen ein Ganzes, in das sie die vielen verschiedenen Teile, für die sie verantwortlich sind, einordnen. Sie sind offen für Dialog und Initiativen (Destabilisierung der bestehenden Ordnung), sie sind fähig, individuelle Meinungen und Verhaltensweisen zu erkennen und zu begünstigen („intake" von Informationen), und außerdem bestrebt zu verstehen, warum und auf welche Art und Weise diese oder jene Person eine bestimmte Erfahrung gemacht hat, um diese in das Ganze zu integrieren (Verknüpfung von Analyse und Synthese).

Wenn sich die Handlungsergebnisse nicht mit den Erwartungen decken, können die Mitglieder einer Institution durch eine entsprechende Änderung ihrer Vorstellungen, Pläne und Aktivitäten dafür sorgen, daß Handlungserwartungen und -ergebnisse wieder miteinander übereinstimmen. Wenn sie einen Fehler in den institutionellen „theories-in-use" entdecken, korrigieren sie ihn. Dieser grundlegende Lernprozeß veranlaßt sie, Erwartungen und Ergebnisse untereinander abzustimmen und somit die Infragestellung der Gebrauchstheorien zu bestätigen (Argyris/Schön, 1978).

Die zwei Lernebenen von Argyris und Schön lassen sich nun noch um ein weiteres, höheres Niveau ergänzen. Diese Lernebene, die von Gregory Bateson als Deutero-Learning bezeichnet wurde, hat Lernen zum Objekt des Lernens. Zentraler Bestandteil dieses Lernens wird demnach die Einsicht in die Kontexte der Problemlösung. Damit geht eine Verbesserung der Qualität des Lernprozesses einher, die letztlich zum Lernen zu lernen führt. Hier geht es nicht mehr ausschließlich um eine eventuelle Änderung von betrieblichen Normen und Wertvorstellungen, sondern vielmehr um eine Modifizierung der Denkweise, der Analyse der Problemsituation und der Kritik an der Ist-Situation. Wenn Lernen selbst zum Objekt des Lernens wird, so ist nicht nur die Infragestellung der Gebrauchstheorien ausschlaggebend, sondern die Fähigkeit der Reflexion und des Bewußtwerdungsprozesses

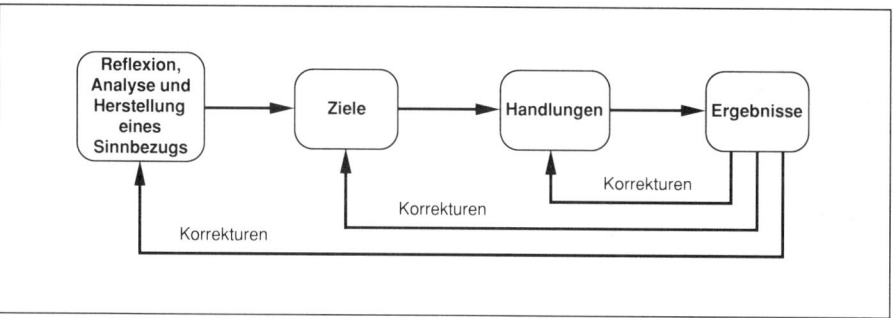

Deutero-Learning: Lernen zu lernen

Deutero-Learning drückt sich in der Einbeziehung von Entwicklungsprozessen in unsere Analyse, unsere Überlegungen, unsere Problemlösungsmethoden und unsere Philosophie aus. Es geht nicht mehr darum, Ziele, Strategien und betriebliche Strukturen zu modifizieren. Vielmehr müssen wir unsere Denkweise und auch uns selbst ändern. Dadurch entwickeln wir erst die grundlegende Fähigkeit zur Selbstkritik, zur Infragestellung unserer kognitiven Strukturen sowie des Sinnbezugs unserer Handlungen.

Vision

Wir schaffen Mehr Wert

Der professionelle Kunde im gewerblichen und industriellen Bauwesen will ein umfassendes Problemlösungsangebot mit Beratungskompetenz und der Bereitschaft der Serviceleistung auch nach dem Verkauf. Das allein bringt ihm echten Nutzen.

Leadership makes the difference | HILTI

Wir wollen führend sein am Markt

Wir erheben den Anspruch, in unserem Markt als das führende Unternehmen anerkannt zu werden. Durch Spezialisierung und fokussierte Bearbeitung klar definierter Marktsegmente. Durch Kundenorientierung und Kundennähe. Durch ein weltweites Direktvertriebs- und Servicesystem. Durch die Begrenzung unseres Angebotes auf Sortimente, die sich durch Sicherheit, Qualität, Anwendungsfreundlichkeit und Innovation auszeichnen. Eine umfassende Marktleistung, die uns klar vom Wettbewerb differenziert.

Wir haben erfolgreiche Mitarbeiter

Arbeit soll nicht irgendeine Beschäftigung sein, sondern eine Quelle des persönlichen Wachstums. Sie entspringt den Freiräumen zur Selbstentfaltung, dem Übernehmen und Tragen von Verantwortung, dem aktiven Mitgestalten am gemeinsamen Erfolg. Das gibt der Arbeit Sinn und verschafft persönliche Erfüllung.

Wir leben Leadership

Leadership leben heißt den permanenten Wandel als Chance sehen. Heißt gemeinsame Werte und Ziele haben, zu persönlichem Commitment und zur Zusammenarbeit bereit sein. Leadership leben bedingt ein Verhalten, das von Offenheit, Kreativität, Fairneß und dem Willen zur ständigen Verbesserung geprägt ist. Bedeutet das Wissen um die hohe Selbstverantwortung für die Gestaltung der Zukunft.

Leitbild

1: Wir decken den Bedarf von ausgewählten professionellen Kunden im gewerblichen und industriellen Bauwesen. Weltweit. Unsere Marktleistung ist die umfassende Problemlösung. Mit Systemen von Geräten, Werkzeugen und Elementen, die technologisch hochwertig, anwendungsfreundlich und sicher sind. Ergänzt durch die richtige Software, unsere Beratungskompetenz und Serviceleistung. Damit schaffen wir echten Kundennutzen, untrennbar verbunden mit dem Markennamen Hilti. **2:** Wir sichern uns eine direkte und dauerhafte Kundenbeziehung durch unser weltweites Direktvertriebs- und Servicesystem. Es ist darauf ausgerichtet, den unterschiedlichsten Kundenbedarf differenziert und umfassend wahrzunehmen und zu decken. Und es erlaubt uns, Veränderungen am Markt frühzeitig zu erkennen und flexibel zu agieren. **3:** Wir messen einer starken Marktstellung hohe Bedeutung bei. Wir konzentrieren uns auf Marktsegmente, in denen wir als Spezialisten durch das Schaffen von Mehr Wert Marktführung erreichen können. Wir leisten damit einen Beitrag zu qualifiziertem Wachstum für uns und andere. **4:** Wir werden dem Anspruch auf Marktführung nur durch herausragende Leistung gerecht. Wir erbringen diese durch Qualität, permanente Innovation in allen Bereichen, den Einsatz moderner Technologien und Verfahren, durch internationalen Erfahrungsaustausch und anpassungsfähige Führungsprozesse. **5:** Wir leisten unseren Beitrag zur Erhaltung und Verbesserung unseres natürlichen Umfeldes und unserer natürlichen Umwelt. Damit sichern wir unsere gemeinsame Zukunft. Ganzheitliches Denken und verantwortliches Handeln sind die Voraussetzung. **6:** Wir pflegen eine Unternehmenskultur, die von gemeinsamen Werten und Zielen geprägt ist. Diese sind: persönliches Commitment, Zusammenarbeit und ein offenes und faires Verhalten im Umgang miteinander. Deshalb pflegen wir auch in allen unseren Geschäftsbeziehungen ein faires und partnerschaftliches Verhalten, das zu langfristigen und soliden Beziehungen führt. Wir sind aufgeschlossen gegenüber dem Neuen und streben nach ständiger Verbesserung ... wir sind kreativ. **7:** Wir wissen, wie wichtig unsere Mitarbeiter für den Erfolg sind. Deshalb brauchen wir Menschen mit einer hohen persönlichen und beruflichen Qualifikation und einem hohen Grad an Selbstverantwortung und Eigeninitiative. Mitarbeiter mit der Bereitschaft zur Leistung und der Fähigkeit zur Teamarbeit. Mitarbeiter, die sich und andere begeistern können und sich für unsere gemeinsamen Werte und Ziele voll einsetzen. Davon sollen ihr Verhalten und unser Führungsstil geprägt sein. **8:** Wir wissen, wie wichtig die persönliche Entfaltung unserer Mitarbeiter ist. Eigeninitiative und Förderung durch das Unternehmen sind Voraussetzung. Wir leisten unseren Beitrag dazu. Denn unsere Mitarbeiter sollen möglichst aktiv zur Gestaltung und Entwicklung des Unternehmens beitragen. Dafür sind wir bereit, sie den hohen Anforderungen entsprechend zu honorieren und durch Vorsorge zu schützen. **9:** Wir müssen einen Gewinn erwirtschaften, der es uns erlaubt, die Existenz und die langfristige Weiterentwicklung des Unternehmens zu sichern und eine angemessene Verzinsung des investierten Kapitals zu ermöglichen. Gewinn ist nicht unser einziges und oberstes Unternehmensziel – aber wir betrachten ihn als wesentliche Voraussetzung für die Wahrung unserer Entscheidungsfreiheit und Souveränität.

Vision und Leitbild der Firma Hilti

c) Der Lernvertrag als Beispiel des Managements des organisationalen Lernens

Organisationales Lernen ist nicht ohne weiteres möglich, vor allem, weil es sich dabei um einen komplexen, dynamischen Prozeß handelt, der durch die Interaktionen zwischen den individuellen Lernvorgängen, aber auch zwischen den verschiedenen Funktionen der Individuen innerhalb des Systems geprägt wird. Auch wenn das Unternehmen darauf hinwirken kann, daß eine kollektiv geteilte „theory-in-use" sowie das für deren Akzeptierung nötige Wissen an die Mitarbeiter weitergegeben wird, auch wenn es dafür sorgen kann, daß sich eine Gelegenheit bietet, die gemeinsame Sinnkonstruktion aufgrund der im Alltag gemachten Erfahrungen in Frage zu stellen, so kann es dennoch lediglich zum individuellen Lernen beitragen, indem es einen Kontext schafft, in dem sich die Lernprozesse völlig ungehindert auf ihre Weise artikulieren können. Lernen muß daher als integrierender Bestandteil der „Doppelhelix" der menschlichen Existenz betrachtet werden (vgl. Trocmé-Fabre, 1987).

Jede Veränderung setzt zunächst einmal einen *Prozeß des Verlernens* voraus. Dabei werden alte, zum Teil fest verankerte Gewohnheiten aufgegeben. Das ist einer der Hauptgründe für die Änderungswiderstände, mit denen Manager unter Umständen konfrontiert sein können. Argyris (1985) hat diese systematische Rechtfertigung des Bestehenden zur Vermeidung von Infragestellungen als „defensive routines" bezeichnet. Gemeint sind alle Handlungen oder Leitlinien, die darauf abzielen, den mit dem Lernprozeß verbundenen Schwierigkeiten und Problemen aus dem Weg zu gehen, die gleichzeitig aber auch die Beseitigung der Ursachen eben jener Schwierigkeiten und Probleme verhindern.

An dieser Stelle bietet es sich an, die Beziehungen zwischen Unternehmen und Individuum unter ihrem vertraglichen Gesichtspunkt näher zu beleuchten. Der Arbeitsvertrag, der den Mitarbeiter sozusagen an die Institution „bindet", hat auch heute häufig noch die Form eines Vertrags zwischen Angestelltem und Chef. Er umfaßt die materiellen Aspekte einer zeitlich festgelegten Zurverfügungstellung von Arbeitskraft gegen Entgelt. Heute, da Ethik in der Unternehmensführung eine immer größere Rolle spielt, weil Organisationen aller Art die Evolution der Gesellschaft genauso oder sogar noch stärker beeinflussen als der Staat oder die Bevölkerung, sollte man sich aus gegebenem Anlaß vielleicht doch wieder darauf besinnen, daß der Vertrag eigentlich ein strukturelles Element mit einem nicht zu unterschätzenden Einfluß auf die Arbeitskultur ist. Ein moralischer „Lernvertrag", bei dem sich Arbeitgeber und -nehmer verpflichten würden, voneinander zu lernen, wobei zugleich die Ziele, die Kriterien für die Fortschrittsbewertung, die Strategien, die Freiräume und die Rolle jedes einzelnen festgelegt würden, hätte gewisse Vorteile. Der Mitarbeiter hätte die Gewißheit, einen bestimmten Freiraum für seine persönliche Entwicklung und seine Initiativen zu haben. Das Unternehmen könnte seinerseits sicher sein, seine qualitativen Anforderungen an seine Mitarbeiter klar definiert zu haben. Ein solcher Vertrag wäre nicht zuletzt auch ein nützliches Rekrutierungs-, Selbstselektions- und Beurteilungsinstrument, da auf diese Weise auch die qualitativen Anforderungen an die Arbeitsbeziehungen festgelegt würden.

Organisation und Organisationsmitglieder lernen voneinander. Ihre Veränderungsprozesse sind zwar nicht identisch, aber komplementär: Die Entwicklung des Systems wird durch die seiner Angehörigen begünstigt und umgekehrt. Um solche Lernprozesse in Gang zu setzen und zu lenken, muß man zum einen bestehende Konflikte erkennen, zum anderen die Ziele und Entscheidungsprozesse des Ganzen in Frage stellen.

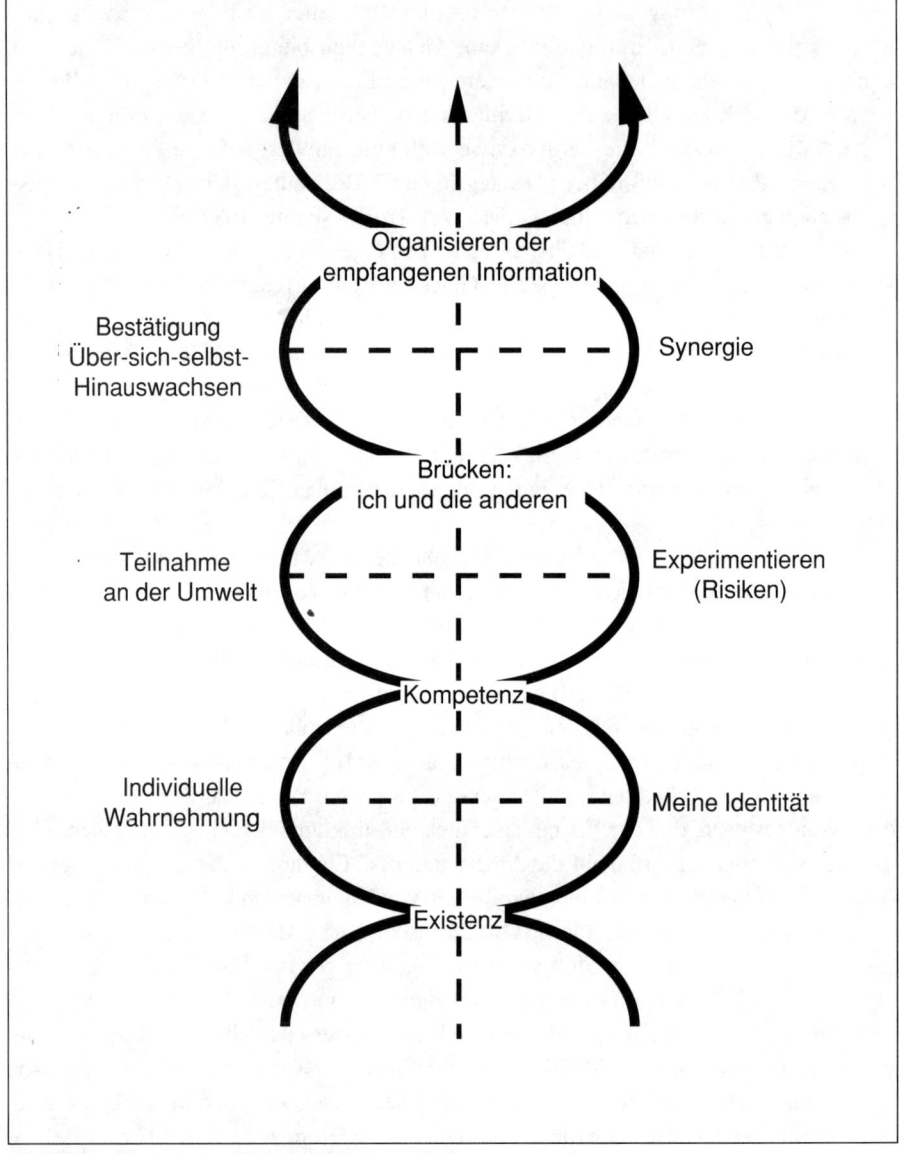

Die Existenzspirale (nach Trocmé-Fabre, 1987)

III. Selbstorganisation

Auch wenn Entwicklung aus einer permanenten, kollektiv geteilten Wirklichkeitskonstruktion innerhalb des Systems Unternehmen resultiert, so leistet dennoch jedes Individuum seinen persönlichen Beitrag zu diesem Prozeß. Entwicklung ist das Ergebnis eines Prozesses der Selbstorganisation, das heißt das Ergebnis der Interaktionen und Austauschbeziehungen zwischen den Angehörigen des Ganzen und somit auch der Autonomie, die jeder individuellen Wirklichkeitsvorstellung eingeräumt wird. Im Verlauf dieses Prozesses entstehen neue systemspezifische Ordnungsmuster, die nicht nur das Ergebnis der Handlungen eines Managers, Organisators oder Planers sind. Genauer gesagt, wenn ein Manager an der Gestaltung des institutionellen Bezugsrahmens mitwirkt, dann tut er dies in seiner Eigenschaft als Mitglied des Systems, in dem er sich entwickelt. Dabei kann er nicht ohne weiteres alles in die von ihm gewünschte Richtung lenken, da seine Handlungen und Entscheidungen mit denen der anderen Systemangehörigen interagieren. Er ist ein Teil des Ganzen und kein außenstehender Kontrolleur. Die Gestaltung und Lenkung eines komplexen sozialen Systems ist diffus über das gesamte System verteilt. Organisation, Bezugsrahmen und interne Ordnung sind das Resultat der Interaktionen zwischen allen Systemangehörigen, die bewußt oder unbewußt, formal oder informal an der Konstruktion der systemeigenen Wirklichkeit mitwirken. Das Prinzip der Selbstorganisation gilt daher für verschiedene Ebenen – für das Ganze ebenso wie für die Teile, von denen jeder seine eigene Funktion hat, für Abteilungen, Geschäftsbereiche, Zweigstellen, Qualitätszirkel sowie Lernoder Projektgruppen. Selbstorganisation ist eine wesentliche Voraussetzung für das Überleben eines Systems in einer komplexen, dynamischen, widersprüchlichen Umwelt sowie für die Entwicklung des Systems, und zwar aus folgenden Gründen (vgl. Königswieser et al., 1990; Capra, 1986; Probst, 1981):

1. Ein soziales System wie beispielsweise ein Unternehmen läßt sich nicht wirklich kontrollieren. Es kontrolliert sich selbst. Unabhängig von externen Zwängen konstruiert und gestaltet es seinen eigenen Bezugsrahmen, seine eigenen Handlungsmuster.
2. Identität, Kultur und Bezugsrahmen eines Systems stehen in ständiger Interaktion mit ihrer Umwelt und verändern sich aufgrund dieser wechselseitigen Austauschbeziehungen.
3. Mitarbeiter und Manager sind wichtige Bestandteile des Systems. Aber weder die einen noch die anderen bestimmen allein Verhalten und Entwicklung des Ganzen. Dieses wird vielmehr durch die systemeigenen Ordnungsmuster, die Systemhandlungen und den institutionellen Bezugsrahmen beeinflußt. Denn auch wenn das Unternehmen das Ergebnis menschlichen Gestaltens ist, muß man sagen, daß es zwar ohne den Menschen nicht existieren könnte, der Mensch den institutionellen Bezugsrahmen jedoch nicht allein bestimmt: Zu den ausschlaggebenden Faktoren gehören unter anderen nämlich auch Technologie, Wirtschaft, strukturelle Gegebenheiten, Gesetze, „Spielregeln" und Machtstrukturen. Das System kann zwar ohne die Individuen nicht existieren, dennoch ist die Summe der Individuen nicht das

System. Nehmen wir ein Beispiel aus der Natur: Ohne Bäume gäbe es keinen Wald. Das, was den Wald kennzeichnet, sind jedoch seine internen Interaktionen, sein Ökosystem, die Eichhörnchen, die Pilze, die Feuchtigkeit etc. Jeder Baum ließe sich durch ein neues Bäumchen ersetzen, das man an dieselbe Stelle pflanzt und das künftig dort wächst, ohne daß die obengenannten Eigenschaften des Systems dadurch wesentlich in Frage gestellt würden, auch wenn das neue Bäumchen ihre Evolution beeinflußt. Das gleiche gilt für das Unternehmen. Seine Angehörigen als solche stellen nur selten ein Problem dar, sondern bestenfalls das Symptom einer Dysfunktionalität, eines Mißstands.

4. Innerhalb von sozialen Systemen bilden sich Widersprüche und unterschiedliche Rollen heraus. Kennzeichnend für solche Systeme ist ein hoher Varietätsgrad. Jede Neuerung ist daher Chance und Risiko zugleich. Sie ist *a priori* weder gut noch schlecht.

5. Paradoxerweise muß man sich ändern, um sich treu zu bleiben, um seine Identität zu bewahren! Denken wir etwa an seismische Phänomene. Solange sich die tektonischen Schichten der Erdkruste gegeneinander verschieben und alle Platten koevolutiv in Bewegung sind, bleibt alles, was sich an ihrer Oberfläche befindet, intakt. Wenn dagegen ihre unebene Oberflächenstruktur diese Verschiebungen verhindert, bleibt das gesamte Gefüge statisch. Allerdings geben die Platten in diesem Fall früher oder später unter dem Druck nach. Die Folge ist ein Erdbeben.

Damit aus diesen Gestaltungsaktivitäten eine dem Unternehmen eigene Identität hervorgeht, muß man die *Charateristika der Selbstorganisation* des jeweiligen Systems erkennen, akzeptieren und fördern (vgl. Probst, 1987), das heißt dessen Komplexität, Selbstreferenz, Redundanz und Autonomie.

a) Komplexität

Das Unternehmen ist eine Verflechtung mehr oder weniger unabhängiger Systeme, von denen solidarische Zusammenarbeit erwartet wird. Diese paradoxe Darstellung bedeutet, daß Individuen, Abteilungen, Unternehmen, Muttergesellschaft oder Holding – das heißt alle Teile des Ganzen – miteinander gekoppelt sein müssen, um gemeinsam den Auftrag und Zweck des Systems zu erfüllen und dessen Ziele zu verwirklichen. Es liegt jedoch in der Natur der Dinge, daß diese Kopplungen im Laufe der Zeit zu- oder abnehmen, sich miteinander verbinden oder ganz aufbrechen, kurz, ihre Struktur verändert sich laufend. Die Komplexität eines Unternehmens, sein paradoxer Charakter – als Ganzes ist es eins und doch vielfältig –, geprägt durch eine dynamische Verflechtung physischer, monetärer und informationeller Ströme sowie unterschiedliche Motivationen, nähern sich asymptotisch einer Grenze, wenn man das System ungehindert zwischen Ordnung und Unordnung hin und her schwanken läßt, wenn man ihm zugesteht, sich seine eigene Harmonie zu schaffen. In der Systemtheorie bezeichnet man diese als „dynamisches Fließgleichgewicht". Denn in einem selbstorganisierenden System führen jedes Gerücht und jede Störung zu einer „Reorganisation" des Ganzen in Richtung auf ein neues Gleichgewicht, das ein außenstehender Beobachter nicht unbedingt hätte vorhersehen können. Die Angehörigen eines Unternehmens arbeiten zum Beispiel ganz anders, wenn sie erfahren, daß eine Umstrukturierung geplant ist.

Diese Komplexitätserhöhung durch Selbstorganisation bedeutet nicht, daß das System bei der Verfolgung seines ökonomischen Ziels, des Verkaufs seiner Leistungen, deswegen zwangsläufig erfolgreicher oder weniger erfolgreich ist. So besteht zum Beispiel das Risiko, daß die Individuen keine Verantwortung mehr übernehmen wollen und in dem Laisser-aller ein Anzeichen für eine Neugestaltung ihrer persönlichen Freiräume sehen, was eher dazu führen würde, daß sich das System von seinem Ziel, seinem Auftrag entfernt. Dies ist ein Risiko, das die Befürworter der Dezentralisierung wohl oder übel eingehen müssen. Die echte Selbstorganisation, ohne Leiter und Leitung, bedeutet nicht, daß das daraus hervorgehende Ergebnis auch adäquat ist. Komplexitätsbewältigung erfordert daher ein Minimum an Intervention, damit das System nicht starr auf einen Gleichgewichtszustand zustrebt, der der Erreichung des Ziels im Weg steht. Komplexität und Komplexitätsbewältigung werden folglich durch die interpersonellen Beziehungen sowie die Lenkung ihrer Dynamik bestimmt und nicht durch die Individuen selbst. So können weder die Intervention des Menschen noch die Auswirkungen seines Handelns die Beziehungen aufbrechen oder zerstören, die dem Ganzen seinen harmonischen Charakter in bezug auf ein bestimmtes Projekt oder die Kooperation unter den Elementen verleihen. Das Unternehmen steht vor einem *„double bind"*, einer doppelten Verpflichtung, der es gleichermaßen gerecht werden muß: gegenüber der Umwelt (Erfüllung seines Unternehmenszwecks) und gegenüber sich selbst (Berücksichtigung der Infragestellungen durch die Subsysteme). Ein Unternehmen mit Hilfe von Komplexität zu organisieren heißt in gewisser Weise den besten Weg im Hinblick auf eine harmonische Verflechtung der verschiedenen Ebenen – Umwelt, Unternehmen, Einheiten, Individuen – zu finden.

Die Komplexität sozialer Systeme resultiert demnach aus der Tatsache, daß sich die Beziehungen zwischen ihren Elementen laufend ändern. Deshalb lassen sich weder die zukünftigen Veränderungen eines bestimmten Elements noch die des Ganzen im einzelnen vorhersagen – seien es Veränderungen ohne konkreten Anlaß oder Veränderungen infolge eines Störereignisses. Ein Beobachter verfügt angesichts der Diversität, der Dynamik und der Komplexität des Ganzen letzten Endes nur über sehr beschränkte Informationen. Er kann lediglich „Mustervoraussagen" über die Zukunft eines Systems treffen.

Ein Manager kann deshalb langfristig nicht alles im Unternehmen leiten – von der Planung über die Durchführung bis hin zur Kontrolle –, ohne sich zu irren, ohne sich gelegentlich inkonsequent zu verhalten. Er ist auf die Unterstützung seiner Mitarbeiter angewiesen, nicht nur, weil er ihnen einen Teil seiner Aufgaben überträgt, sondern auch, um sich ein Bild von ihren Ansichten, Informationen und Interpretationen in bezug auf alles, was seine Abteilung betrifft, machen zu können. Dies ist eine *Conditio sine qua non* für den richtigen Umgang mit Komplexität, denn deren Varietät läßt sich – wie wir bereits erwähnt haben – nur durch eine entsprechende Varietät des Systems erfassen.

Übertragen auf die Entwicklung des Systems bedeutet dies vor allem, daß es sinnlos ist, ein präzise definiertes Ziel unilateral festlegen zu wollen. Viel sinnvoller ist es, Leitlinien oder Entwicklungspfade aufzuzeigen, auf die der Manager das Ganze ausrichten kann, wobei er dem System jedoch einen gewissen Evolutionsspielraum, einen Freiraum zur Integration der systeminhärenten Interaktionen und ihrer Wirkungen läßt.

b) Selbstreferenz

Ein auf sich selbst bezogenes System erkennt man daran, daß sowohl das Wertesystem als auch die Handlungsmuster aus sich selbst heraus entstehen und sich selbst rechtfertigen wie in einem geschlossenem Kreislauf. Dies wird durch die nachfolgende Abbildung – eine Hand, die sich selber zeichnet – illustriert.

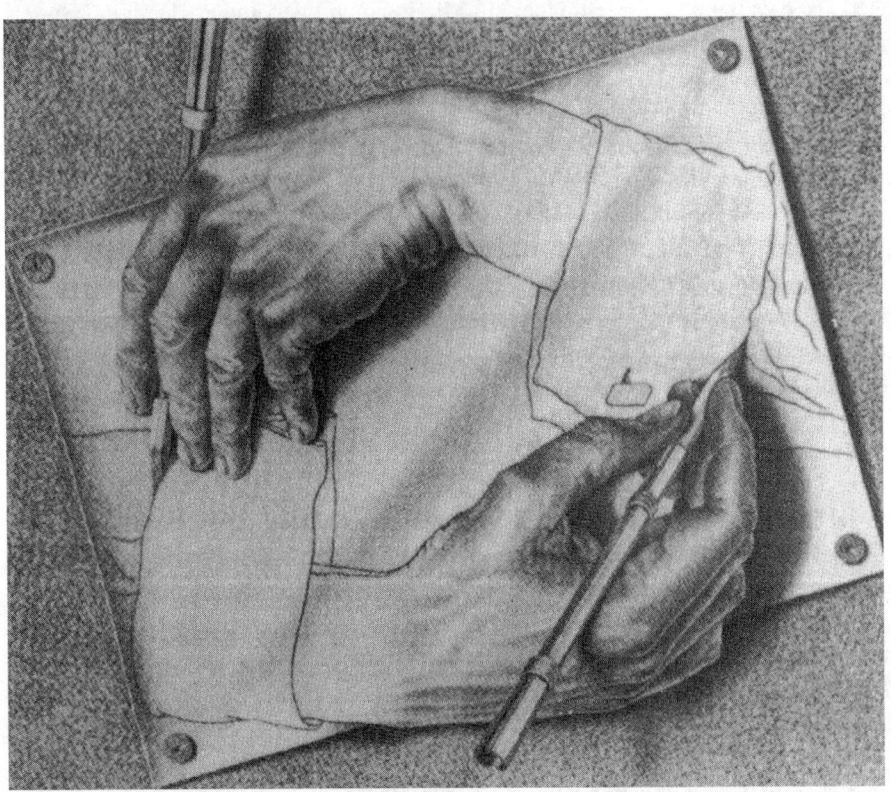

Zeichnen von M. C. Escher, 1948, als Beispiel der Selbstreferenz
© 1948 M. C. Escher/Cordon Art-Baarn-Holland.

Aus konzeptioneller Sicht kann sich Selbstreferenz als etwas schwer Greifbares erweisen, denn sie bedeutet, daß man alles gleichzeitig ist: Bild und Zeichner, Richter und Prozeßpartei oder, innerhalb einer Arbeitsgruppe, Vorgesetzter und

Mitarbeiter derselben Hierarchieebene. Wie ist Selbstreflexion möglich? Wie kann man gleichzeitig „Selbst" und „Umgebung" sein? Selbstreferenz schafft eine Paradoxie, den berühmten *„double bind"*, der zu Schizophrenie führen kann (vgl. die in Palo Alto entwickelte Theorie der Schizophrenie – Bateson, 1980). Das Selbst wird zum Gegenstand der Reflexion. Man betrachtet es aus der Perspektive eines anderen wie in einem Spiegel. Nach dieser neuen Theorie der Schizophrenie wird der Schizophrene zwar von den anderen für verrückt gehalten, verhält sich aber dennoch sich selbst gegenüber kohärent. Um sich in seiner Umwelt zu begreifen, konstruiert er sich ausgehend vom Selbst seine eigene Welt, die zugleich Selbst und Umgebung ist.

Uns geht es jedoch weniger um die individuelle Ebene. Selbstreferenz ist die Eigenschaft eines Systems, das sich selbst betrachtet, das sich seine eigene Logik konstruiert. Das System braucht aber auch die anderen, um mit Hilfe des von ihnen erhaltenen Feedbacks seine Grenzen zu definieren, um seine spezifischen Funktionsweisen ebenso wie seine Fähigkeit, Kohäsions- und Zerstörungskräfte in sich zu vereinen, zu erkennen, um sich von der Umgebung abzuheben. Selbstreferenz heißt nicht die Existenz des anderen leugnen, sondern sich im Hinblick auf die Reproduktion des Selbst von ihm unterscheiden. Das gleiche gilt für die Identität eines Unternehmens: Sie ist dann gegeben, wenn der andere, in diesem Fall die Umwelt, aus der Sicht seines „Selbst" als „anderer" existiert und auf diese Weise zur Unterscheidung zwischen „Selbst" und „Nicht-Selbst" beiträgt. Durch Selbstreferenz schafft sich ein Unternehmen selbst seine Identität und Organisation, die es als Ganzheit definieren. Jedes Verhalten des Systems wirkt auf sich selbst zurück, auf das interaktive Zusammenspiel der Teile im System und auf dessen Bezugsrahmen. Dieser bestimmt das Systemverhalten. Das System gestaltet ihn und wird seinerseits von ihm gestaltet. Selbstreferenz ist insofern gegeben, als der Bezugsrahmen systemspezifisch ist und in keiner Weise von der Umwelt geprägt wird. Man bezeichnet dies als Geschlossenheit der Organisation. Das System bringt aus sich selbst genügend innere Kohäsionskräfte hervor, die eben jene Organisation aufrechterhalten und Selbstbestimmung, Selbstreflexion und Lernen ermöglichen (vgl. Probst, 1987; Gomez/Probst, 1985).

Pragmatisch ausgedrückt: Wenn sich beispielsweise eine bestimmte Einheit, Abteilung oder Filiale eigenständig entwickeln soll, muß man ihr die Möglichkeit geben, sich ihre eigenen Regeln im Hinblick auf ihre Funktionsweisen, Traditionen, Routinen sowie Reflexions-, Konzeptions- und Kontrollprozesse zu schaffen. Eine rein externe Kontrolle führt fast zwangsläufig dazu, daß das System lediglich ein Konglomerat von Individuen ist, die nicht gemeinsam zum Erfolg des Ganzen beitragen, da sie einem von außen kommenden Gesetz, einer externen Kraft gehorchen, die als nicht greifbarer, sozusagen übernatürlicher Zwang empfunden wird und nicht als Beurteilung des eigenen Fortschritts und der eigenen Leistung.

Um sich entwickeln zu können, muß ein System seinen Bezugsrahmen unter Kontrolle haben. Letzterer sollte aus den Interaktionen zwischen den individuellen Entwicklungsprozessen der Mitarbeiter und der Entwicklung des Systems hervorgehen.

c) Redundanz

Wir haben bereits mehrfach darauf hingewiesen, daß sich ein System aufgrund des interaktiven Zusammenspiels seiner Teile selbst gestaltet und entwickelt. Der kontinuierliche Organisationsprozeß des Systems ist – und auch das haben wir bereits gesehen – das Resultat der Entscheidungen der Organisatoren sowie der Vorschläge und des Handeln jedes einzelnen an seinem Arbeitsplatz. Natürlich gibt es zahlreiche Unternehmen, in denen der Abteilungsleiter die alleinige Entscheidungskompetenz hat. Er kann dies als Übertragung besonderer Machtbefugnisse auffassen, wodurch die ihm unterstellten Mitarbeiter zu reinen Ausführenden werden, oder aber als das Recht, im Anschluß an einen Entscheidungsprozeß auf seiner Handlungsebene, zu dem alle Mitarbeiter auf die eine oder andere Weise beigetragen haben, die endgültige Entscheidung zu treffen.

Ein selbstorganisierendes System entspricht eher diesem zweiten Charakteristikum, da das organisatorische Gestaltungspotential nicht bei einer zentralen Macht konzentriert, sondern diffus über das ganze System verteilt ist. Daraus resultiert eine gewisse Redundanz des Systems, da mehrere seiner Mitglieder über dieselben Fähigkeiten verfügen. Mehrere Personen könnten somit – vor allem aufgrund der zwischen ihren individuellen Handlungen bestehenden Interaktionen – eine Handlung ausführen. Dies kommt natürlich dem Ganzen zugute. Wenn Mitglieder in der Lage sind, mehrfach Rollen und Funktionen zu übernehmen, vergrößert sich das Potential undifferenzierter Elemente, das heißt gleicher Verhaltensweisen und Fähigkeiten. Die Individuen mögen zwar unterschiedliche Funktionen haben, dennoch entsteht aufgrund der Redundanz ein allen gemeinsames Potential.

Ein selbstorganisierendes System weist oft eine positive Veränderungsrate seiner Redundanz auf (von Foerster, 1960). Das heißt, daß eine bestimmte Redundanzschwelle überschritten werden muß, bevor die Komplexität (Differenziertheit) eines Systems erkennbar wird, und daß paradoxerweise diese Redundanz (Undifferenziertheit) abnimmt, sobald ein Störereignis eintritt. Wie schwierig es ist, einen Kompromiß zwischen Komplexitätsvergrößerung und Komplexitätsbewältigung durch Redundanz zu finden, wissen die Angehörigen autonomer Arbeitsgruppen nur allzu gut. Sie sollen nämlich in der Lage sein, je nach Bedarf unterschiedliche Funktionen zu übernehmen. Wenn ein unvorhergesehener Auftrag kommt, muß jeder flexibel sein. Der eine wird dann vielleicht zum Arbeiter, der andere zum Laufburschen und der dritte zum Justierer, zumindest solange die Gruppe auf das „Störereignis" reagieren muß. Wenn letzteres wiederholt eintritt, wird die Komplexität in der autonomen Gruppe nach und nach einer starren Form der Arbeitsorganisation Platz machen. Dies führt zu einer immer stärkeren Rollenverteilung und -bewahrung auf Kosten der funktionalen Redundanz. Die Redundanz eines Systems zu erhalten und diese eine bestimmte Schwelle überschreiten zu lassen heißt, dem System die Möglichkeit zu geben, neue Situationen zu interpretieren, statt sie zu fürchten. Das bedeutet auch, daß der Sinnbezug zu einem Störereignis nicht mehr aus einem Sicherheitsbedürfnis heraus, sondern dank eines entsprechenden Kommunikationskontextes und Verhaltensrepertoires hergestellt wird. Schulung trägt unter anderem zur Erhaltung der Redundanz und ihrer stetigen Erneuerung bei.

Eine weitere Möglichkeit zur Erlangung von Redundanz innerhalb des Unternehmens besteht in der Schaffung eines „organisatorischen Potentialüberschusses" (vom englischen „organizational slack"; vgl. Cyert/March, 1963), das heißt, man stellt mehr Ressourcen zur Verfügung, als der normale Betrieb erfordern würde. Dabei kann es sich um finanzielle Mittel oder zusätzliche personelle Ressourcen für bestimmte Einheiten, um Schulungen oder zusätzliche Zeit – die bekanntlich immer knapp bemessen ist – für bestimmte Individuen handeln oder auch um die Übertragung von Handlungs- und Entscheidungskompetenzen auf Abteilungen in Bereichen, in denen sie normalerweise nur ausführende Hilfsstelle sind. Dies widerspricht natürlich dem weitverbreiteten Grundsatz der optimalen Ressourcenverwendung. Dieser behält aber dennoch seine Gültigkeit, vor allem in Zeiten finanzieller Engpässe. Wenn das Unternehmen jedoch innovationsorientiert ist, sich schnell anpassen und verändern können und die Entwicklung seiner Mitarbeiter sowie des Ganzen fördern möchte, können sich dank dieses „organizational slack" Kreativitätspotentiale völlig frei von finanziellen oder strukturellen Zwängen artikulieren. Dabei kann die Aufgabe des Managers zum Beispiel darin bestehen, ein Gleichgewicht zwischen der Tendenz zur Redundanz und der Optimierung des Ressourceneinsatzes herzustellen, vor allem indem er festlegt, bei welchen Funktionen ein solcher Überschuß nützlich oder notwendig ist.

Eine gewisse Redundanz ist darüber hinaus eine wichtige Voraussetzung für Flexibilität. Wenn zwei oder mehr Mitarbeiter über ein ähnliches Know-how verfügen, kann jeder ohne weiteres den anderen bei Abwesenheit vertreten. Ohne diesen vorübergehend nicht ausgeschöpften Potentialüberschuß ist ein System nicht lebensfähig. Bei diesem Überschuß kann es sich um Arbeitskraft, ein Gut, ein Werkzeug, aber auch um Verhaltensmöglichkeiten und Leistungsreserven handeln... Die Entwicklung wird somit zur Angelegenheit aller. Jeder trägt auf seiner Ebene dazu bei, so daß die evolutionären Prozesse des Systems von allen mitgetragen werden. Daraus folgt in erster Linie, daß die Entwicklung eines Unternehmens nur aus einem partizipativ gestalteten, fluktuierenden Prozeß resultieren kann.

d) Autonomie

Ein System ist dann autonom, wenn die Beziehungen und Interaktionen, die das System als Einheit definieren und außerdem erklären, warum das System gerade das tut, was es tut, nur durch das System selbst bestimmt werden. Anders ausgedrückt, eine Ganzheit ist autonom, wenn sie selbst die Elemente ihres Bezugsrahmens, nach denen sie ihr Handeln ausrichtet, sowie die einzelnen Aspekte dieses Handelns, aus denen sich ihre Daseinsberechtigung als soziales System ableiten läßt, bestimmen kann. Autonomie bedeutet jedoch keine Unabhängigkeit von der Umwelt, sondern vielmehr, daß ein System in einem von Umwelteinflüssen geprägten Kontext grundsätzlich frei ist, seine Ziele und Zwecke sowie die Mittel und Wege zu deren Erreichung zu bestimmen. Es muß sich selbst rechtfertigen, seine Handlungsmöglichkeiten selbst generieren und dadurch seinen Bezugsrahmen konsolidieren können, allein, ohne Intervention von außen, und zwar in dem von äußeren Einflüssen und Störungen determinierten Kontext.

Übertragen auf das Unternehmen bedeutet dies, daß sich eine Abteilung nicht qualitativ entwickeln kann, wenn ihr, nachdem ihr Auftrag gegenüber dem Ganzen definiert wurde, die spezifischen Ziele, Prozesse, Funktionsweisen und ein präziser Handlungsrahmen aufgezwungen werden. Die betroffene Abteilung weiß oder spürt selbst am besten, was sich verbessern oder verwirklichen läßt und welche Art von Beziehungen sie unterhält. Man kann zum Beispiel ein Subsystem weder dadurch in Richtung Innovation lenken, daß man als Außenstehender Stellenbeschreibungen entwirft oder festlegt, in welcher Form die Berichterstattung oder die Konsultation der Mitarbeiter zu erfolgen hat, noch durch eine exakte Definition der Art der angestrebten Innovationen. Grobe Zielvorgaben, die allgemeinen Unternehmensleitlinien und eine konkrete Aufgabenstellung müssen dem Subsystem als Orientierung reichen. Auf dieser Grundlage muß es selbst seinen Weg finden und seine eigene Wirklichkeit konstruieren können.

Die Entwicklungsprozesse eines selbstorganisierenden Systems werden also nicht durch die Umwelt definiert – auch dann nicht, wenn diese im wesentlichen das Unternehmen ist, dem das betreffende System angehört –, sondern sind vom System autonom gestaltbar. Das schließt jedoch nicht aus, daß man bei den im Verlauf dieses Prozesses entwickelten Lösungen den Umwelteinflüssen sowie den internen Regelungen und Bedürfnissen des Systems Rechnung trägt.

Neue Ordnungsmuster in einem System lassen sich nicht nur auf die Gestaltungsleistungen der Planer und Organisatoren, sondern auch auf das interaktive Wechselspiel aller Systemteile zurückführen.

Ein soziales System ist grundsätzlich autonom, seine Ziele und Zwecke zu wählen.

Soziale Systeme sind aktiv. Sie können jederzeit neue Handlungsmöglichkeiten generieren, die nicht allein auf eine Veränderung in der Umwelt zurückzuführen sind.

IV. Zusammenfassung

Konstruieren von Wirklichkeiten, Lernen und Selbstorganisation sind, wie wir gesehen haben, die Basiselemente der Unternehmensentwicklung. Dabei handelt es sich jedoch nicht um Methoden im eigentlichen Sinne. Jedes soziale System – unabhängig von seinem spezifischen Charakter und den innerhalb des Systems bestehenden Zwängen – konstruiert sich mehr oder weniger unabhängig eine intrinsische Wirklichkeit. Die Selbstorganisation mag teilweise etwas eingeschränkt sein, trotzdem schafft sich jedes organisierte, aus Individuen bestehende System Freiräume, innerhalb derer jeder einzelne seine Bezugspunkte finden kann, sowie ein gewisses Maß an Autonomie. Außerdem steht fest, daß ein System zwangsläufig aus seinen Erfahrungen lernt – ob dieser Prozeß nun gelenkt wird oder nicht.

Das Erkennen dieser Phänomene ermöglicht mehr noch als die Tatsache, daß man sie akzeptiert, ihre bewußte entwicklungsbezogene Gestaltung. Eine qualitative Entwicklung des Ganzen findet nur dann statt, wenn alle drei Parameter bekannt sind und harmonisch aufeinander abgestimmt werden. *Wenn man Harmonie als die Ausgewogenheit der Interaktionen zwischen den Teilen eines Ganzen und die dadurch ermöglichte gemeinsame Ausrichtung der individuellen Werte und Handlungen auf ein und dasselbe Gesamtziel definiert, kann man Harmonie als einen wesentlichen Zweck des entwicklungsorientierten Managements bezeichnen.*

Natürlich kann Harmonie nicht über Konflikte oder durch bestimmte Ereignisse bedingte Störungen hinwegtäuschen, die u. U. eine Veränderung des Systems auslösen. Harmonie drückt vielmehr den langfristigen Fortbestand einer gewissen Einheit des Unternehmens als Ganzes aus. Daß man die Voraussetzungen für ein die Harmonie förderndes Management von Entwicklungsprozessen erkennt, reicht allein jedoch nicht aus. Damit diese Voraussetzungen tatsächlich geschaffen werden können, sind geeignete Rahmenbedingungen, das heißt *entwicklungsbezogene Gestaltungsperspektiven*, erforderlich, die den Teilen des Ganzen gewisse Freiräume zugestehen, zum anderen aber auch das „Wir-Gefühl" stärken, so daß alle auf das gemeinsame Ziel hinarbeiten. Dieses wird im folgenden näher beschrieben.

WAS VOM MITARBEITER ERWARTET WIRD	WAS VOM MANAGER, VON DER ORGANISATION UND VOM UNTERNEHMEN ERWARTET WIRD
• Initiativ- und Innovativdenken • Selbstkritik, Bereitschaft zur Infragestellung • Bereitschaft zur persönlichen Entwicklung im Hinblick auf die Entwicklung des Unternehmens • Offenheit gegenüber Veränderungen und Instabilität • Neue Standpunkte • Streben nach einem bestimmten Ideal	• Schaffung von entwicklungsförderlichen Kontexten • Konstruktive Konfliktbewältigung • Vernetztes Denken • Einbeziehen der Kunden, Mitarbeiter etc. in das Ganze • Definieren klarer Leitlinien • Freiräume, Autonomie und Flexibilität in bezug auf letztere

15. Kapitel

Entwicklungsbezogene Gestaltungsperspektiven

Man kann Entwicklungsprozesse unterstützen, indem man Freiräume schafft, in denen sich das Selbstentwicklungspotential der Systemangehörigen und der Organisation entfalten kann. Dieser Aufgabe kann man nur gerecht werden, indem man alle Mitarbeiter des Unternehmens einbezieht, da jeder seine Aktivitäten, seine Persönlichkeit und seine Beziehungen zu den Kollegen selbst am besten kennt. Jedes Individuum kann den ihm angemessenen Freiraum folglich zumindest teilweise selbst gestalten. Daher sind verschiedene Gestaltungsperspektiven für die Schaffung eines Kontextes erforderlich, der sowohl die individuelle Entwicklung als auch die des Ganzen begünstigt. Diese Perspektiven sind pragmatische Leitlinien zur Förderung und Umsetzung der drei im vorigen Kapitel beschriebenen Basiskonzepte des entwicklungsorientierten Managements.

I. Identität

Jedes System, jedes Unternehmen hat seine eigene Identität. Wir denken dabei zuerst vielleicht an ein Firmencredo und seine Selbstdarstellungsformen, aber auch an seine Daseinsform, sein internes Image und vor allem die Art und Weise, wie Ereignisse und Handlungen im Unternehmen interpretiert werden. Da soziale Systeme ständig mit ihrer Umwelt interagieren, tragen sie zur Evolution der Gesellschaft bei und werden ihrerseits von der Gesellschaft beeinflußt. Ihre Existenz, ihre Handlungen und ihre Zwecke werden durch die Sinnkonstrukte ihrer Gründer und Mitglieder determiniert.

> **Unter Identität versteht man das, was ein System von anderen unterscheidet, was es einmalig und eindeutig erkennbar macht. Die auf den systemspezifischen Ordnungsmustern beruhende Identität kommt sowohl in der Kultur und der strukturellen Konfiguration als auch im Eigenbild des Unternehmens oder den Verhaltensmustern seiner Mitarbeiter zum Ausdruck.**

Im übrigen ist die Identität eines Systems, insbesondere die des Unternehmens, nur dann gegeben und gewährleistet, wenn der Sinnbezug seines Handelns für alle Systemmitglieder nachvollziehbar ist. Das System hat nämlich seinen eigenen, unverwechselbaren Bezugsrahmen. Mit seinen spezifischen, aus einer systemeigenen Wirklichkeitskonstruktion resultierenden Merkmalen spiegelt sich dieser häufig in Manifestationen des Unternehmens wider. Er wird jedoch nur dann verstanden und akzeptiert, wenn er harmonisch gestaltet ist, das heißt, wenn er in seiner spezifischen Ausprägung zu einer gewissen Einheitlichkeit der Wahrnehmung bei den Individuen beiträgt. Ein Kunde, der regelmäßige Kontakte zu einem Unternehmen unterhält, kann dessen „Gesicht" natürlich erkennen und deuten, auch wenn es ihm fremd ist, sofern es sich nicht ändert. Wenn er es dagegen jedesmal mit einem anderen Verkäufer zu tun hat und dieser obendrein eine andere Haltung zeigt und andere Bedingungen auszuhandeln versucht als sein Vorgänger, wird der Kunde schließlich nicht mehr wissen, wie er sich verhalten soll. Wahrscheinlich wird er sich einen anderen Lieferanten suchen, es sei denn, das Unternehmen genießt eine Monopolstellung.

Die Identität einer Firma zeigt sich in der nach außen vermittelten Persönlichkeit sowie häufig im daraus entstehenden Image; sie wird jedoch im wesentlichen innerhalb des Systems konstruiert und wahrgenommen. Sie ist das, was die Organisation von ihrer Umwelt unterscheidet (vgl. Hayoz, 1991). Sie ist der spezifische, von der Kultur getragene und seinerseits die Kultur tragende Sinnbezug eines Systems. Die Identität resultiert aus der Intersubjektivität der Elemente, die im Unternehmen miteinander kommunizieren. Sie beruht auf einer grundlegenden Organisation der Beziehungstypologien innerhalb des Ganzen, einer Organisation mit stabilem „Bezugsrahmen", auch wenn sich die formellen Strukturen, die die Beziehungen zwischen den Einheiten und Individuen regeln, ändern (vgl. Gomez/Probst, 1985).

Unter diesem Gesichtspunkt betrachtet ist der Bezugsrahmen – wie bereits erwähnt – das erworbene Wissens- und Erkenntnisprogramm eines sozialen Systems zur Interpretation der Erfahrungen und zur Generierung von Handlungen. Er ist jedoch nicht einfach nur ein Managementinstrument. Er ist historisch gewachsen und hat sich aus der Tradition heraus im Verlauf eines kontinuierlichen Selbstorganisationsprozesses entwickelt. Er kann von allen Systemangehörigen beeinflußt werden, einschließlich der Manager, ist jedoch von keinem allein gestaltbar. Deshalb muß sich das mittlerweile von vielen Kommunikatoren und Managern eingesetzte, auf der Unternehmenskultur basierende symbolische Management auf eben jenen Bezugsrahmen stützen. Die Einrichtung von Großraumbüros und die Förderung eines freien Informationsflusses mit Hilfe einer offenen Firmenzeitung lassen sich ohne weiteres bewerkstelligen. Aber nicht unbedingt immer! Damit dies gelingt, muß das Unternehmen die Handlungen aus sich selbst hervorbringen, und außerdem müssen diese Handlungen von seinen Mitgliedern auch nachgefragt werden. Man kann die Mitglieder aber auch vor neue Gegebenheiten und Rahmenbedingungen stellen, das heißt sie überraschen und ihnen gleichzeitig helfen, den Grund für die Neuerungen zu verstehen. Anders ausgedrückt, der Bezugsrahmen kann modifiziert und neu gestaltet werden. Dies führt jedoch nur dann zu einer Entwicklung des Systems, wenn die Systemangehörigen aktiv an der Gestaltung des Bezugsrahmens mitwirken und diesen qualitativ verbessern. Würde man versuchen, den Inhalt des offiziellen Bezugsrahmens ohne Einbeziehung der betroffenen Individuen zu verändern, hätte dies den Verlust des systemspezifischen

Sinnbezugs und der Systemidentität zur Folge. In diesem Fall müßten sich neue Ordnungsmuster im Verlauf eines langwierigen Orientierungs- und Positionierungsprozesses der verschiedenen Subsysteme und Individuen herausbilden. Das Resultat wäre ein neuer Sinnbezug, ein neuer, anderer, aber nicht unbedingt besserer Bezugsrahmen.

Ändern um des Änderns willen führt jedoch zu nichts. Ein entwicklungsorientiertes Management erfordert Entschlossenheit und Geduld. Nehmen wir als Beispiel eine Firma, die im Rahmen ihrer Analysen festgestellt hat, daß es ratsamer wäre, sich mehr am Kunden zu orientieren und sich bei der Produktgestaltung weniger vom Perfektionismus als vielmehr von den Wünschen der Verbraucher leiten zu lassen. Die Unternehmensleitung wird im Hinblick auf die Schaffung eines Sinnbezugs verkünden: „Unser Ziel ist der Dienst am Kunden." Außerdem wird sie jeden Mitarbeiter bitten, sich daran zu halten und künftig weniger die eigene Perfektion als vielmehr die Bedürfnisse der Kunden in den Vordergrund zu stellen. In diesem Fall ist mit Widerständen und Unsicherheit bei den Mitarbeitern zu rechnen, vor allem wenn die Unternehmenskultur bisher immer auf die Herstellung möglichst hochentwickelter Produkte ausgerichtet war! Wenn man dagegen den Lernprozeß fördern möchte, indem man den Individuen erklärt, wie und warum sich die Gegebenheiten geändert haben, können sie aufgrund ihres Wissens, ihrer Lebenserfahrungen und der Wahrnehmung ihrer Umwelt selbst einen neuen Sinnbezug herstellen. Dieser könnte folgendermaßen lauten: „Unser Produkt im Dienst des Kunden." Das heißt, man ist nach wie vor stolz auf seine Leistung, versucht jedoch gleichzeitig, diese mit Hilfe des Kunden Schritt für Schritt zu verändern. Das ist nicht weiter dramatisch, da das Unternehmen in diesem Fall den neuen Kurs bereits integriert hat. Es wird nicht einfach mechanisch einen Slogan umsetzen, dessen Sinn es noch nicht voll erfaßt hat, sondern seine Energien zur Erschließung neuer Potentiale einsetzen. Dies wird viel Zeit in Anspruch nehmen, denn das, woran die Firma arbeitet, ihre Identität, ihre „Corporate Identity", ist etwas Langfristiges und gründet sich auf Sinnbezug, Kultur und Bezugsrahmen.

> **Die Identität eines Unternehmens kann nur aus einer Gestaltung des Bezugsrahmens durch diejenigen, die mit dem Bezugsrahmen leben müssen, resultieren. Diese können sich nicht mit fragmentarischen Leitmotiven zufriedengeben, um die Komplexität unserer Welt verstehen, erklären und sich mit ihr auseinandersetzen zu können. Sie benötigen genügend Informationen und genügend Spielraum, um sie zu ihrem bereits bestehenden Rahmen in Bezug zu setzen, um anhand der Daten ein für sie logisches Netzwerk zu erstellen, das es ihnen ermöglicht, ihr erworbenes Wissen und ihre Kenntnisse auch unter veränderten Bedingungen einzusetzen.**

Dank des Strebens nach Bewahrung der Identität können die Manager eines Unternehmens den Mitarbeitern einen Sinnbezug als Grundlage für die Konstruktion einer intersubjektiv geteilten Wirklichkeit liefern, und zwar im Alltag wie auch bei unvorhergesehenen Ereignissen. Das Streben nach Identität ermöglicht außerdem Selbstreferenz und schafft somit einen Kontext für die Selbstorganisation der Subsysteme und des Ganzen. Nicht zuletzt begünstigt die Identität auch die Infragestellung der Systemziele; sie bildet nämlich einen Rahmen, dessen potentielle Inkohärenzen institutionelle Lernprozesse auslösen können. Diesen überaus wichtigen Punkt werden wir im Zusammenhang mit der Beschreibung der modernen Managementinstrumente noch einmal aufgreifen.

II. Heterarchie

Jede Handlung, die zur Herstellung einer Ordnung in einem System beiträgt, ist letzten Endes ein organisatorischer Gestaltungsakt. Aber was ist eigentlich Ordnung? Grob gesagt handelt es sich dabei um ein den Systemmitgliedern bewußtes oder unbewußtes Regelwerk, das die potentiellen Verhaltensmuster des Systems determiniert. So ist zum Beispiel das Erlassen von Gesetzen ein Mittel organisatorischen Gestaltens, denn ein Gesetz schafft eine Ordnung, indem es Verhaltensspielräume absteckt. Im Unternehmen geschieht dies durch die schriftliche Fixierung bestimmter Prozesse und Verfahrensweisen.

Der Begriff der Ordnung sollte jedoch über seine übliche Konnotation – Dirigismus – hinaus in seiner vollen Bedeutung verstanden werden. Seit Jahrhunderten wird Ordnung als etwas empfunden, dessen Gestaltung im wesentlichen in den Händen einer zentralistischen, übergeordneten, patriarchalischen Macht liegt und von dieser delegiert wird. Diese Vorstellung kommt auch in dem Begriff Hierarchie, „heilige Ordnung", zum Ausdruck. Von der gottgewollten Ordnung – repräsentiert durch den Monarchen – bis hin zu der vom Unternehmensleiter oder Staatspräsidenten geschaffenen Ordnung hat man unter diesem Konzept lange Zeit die übereinander angeordneten Autoritätsebenen verstanden, wobei jede für all das verantwortlich ist, was die unmittelbar untergeordnete Ebene betrifft. Die daraus resultierende analytische, lineare Sichtweise unserer Welt hat sich in der Folge so fest verankert, daß bei einer Auflehnung gegen die bestehende Ordnung, wie uns erst die jüngste Vergangenheit gezeigt hat, entweder ein Wechsel der Führung und nicht etwa eine Änderung der Ordnung (siehe das zentralistische kommunistische Regime) oder aber die Abschaffung der Ordnung gefordert wurde. Einen Zustand ohne jegliche Ordnung, die Anarchie, gibt es insofern nicht, als zwei Personen, sobald sie zweckgerichtete Beziehungen zueinander aufnehmen, diese unwillkürlich organisieren.

Die Tatsache, daß das übliche und lange Zeit als einzig gültig angesehene Ordnungskonzept zahlreiche Lücken aufweist, wird jedoch nicht in Frage gestellt. Seit Anfang des 19. Jahrhunderts haben Ethnologen wie William Bateson, dessen Thesen später von Philosophen wie Wilhelm Reich aufgegriffen wurden, gezeigt, daß viele Völker in den Anfängen ihrer Existenz eine andere – im wesentlichen matriarchalische – Gesellschaftsordnung hatten als heute. Die Familie bestand aus der Mutter und ihren Kindern. Die Verteilung der Verantwortlichkeiten änderte sich von Fall zu Fall, je nach

Problemsituation. Der derzeitige Trend in unserer Gesellschaft, der Zerfall des traditionellen Familienverbands, die langsam, aber stetig schwindende Macht der Diktatoren sowie die wachsende Wahlmüdigkeit deuten darauf hin, daß man in kleinen Schritten wieder zur alten Sichtweise findet: An die Stelle der „omnipotenten" Verantwortungsträger tritt allmählich wieder ein eher matriarchalisches Ordnungskonzept. Die Komplexität unserer heutigen Gesellschaftssysteme macht es für den einzelnen unabhängig von seinem Potential unmöglich, die Umwelt und das von ihm geleitete System genügend zu kennen und zu beherrschen, um es allein lenken zu können. Bestimmten Situationen ist nun einmal der eine oder andere aufgrund seiner besseren Voraussetzungen eher gewachsen. Jeder gestaltet durch sein Verhalten die Systeme, denen er angehört. Ordnung muß also wieder situativ, fluktuierend und adaptiv werden. Sie muß in dynamischer Weise vielfältig sein. Dieses Konzept bezeichnet man als Heterarchie.

> **Unter Heterarchie versteht man das Prinzip fluktuierender hierarchischer Beziehungen zwischen Individuen oder Systemen. Das bedeutet, daß sich die hierarchischen Strukturen je nach Bedarf umkehren lassen, ebenso wie die für die hierarchische Ordnung ausschlaggebenden Kriterien – Kompetenz, Status, Ansehen usw. – von Fall zu Fall verschieden sein können.**

Heterarchisch denken heißt beispielsweise akzeptieren, daß ein selbstorganisierendes System nicht völlig autonom, sondern auch heteronom ist, zumindest potentiell, daß es zugleich Ordnung und Unordnung, Beeinflussender und Beeinflußter, Gestalter und Gestalteter ist und die ihm angehörigen Individuen zugleich Gelenkte und Lenker sind, kurz, daß die Regelung eines Systems dem klassischen Rückkopplungsprinzip aus der Kybernetik – „Das Steuernde steuert das Gesteuerte" und „Das Gesteuerte steuert das Steuernde" – gehorcht. Heterarchie bedeutet folglich Fluktuation hierarchischer Strukturen und nicht etwa, daß Hierarchie überhaupt nicht vorhanden ist. Wenn es dem Unternehmen zum Beispiel darum geht, sich ein neues Image zu schaffen, werden dem für die externe Kommunikation Verantwortlichen aufgrund seiner Kenntnisse vielleicht größere Entscheidungskompetenzen eingeräumt als seinem Vorgesetzten, dem Leiter der Marketingabteilung. Die Flexibilität drückt sich in diesem Fall nicht darin aus, daß man eine auf struktureller Macht beruhende Hierarchie respektiert, sondern daß man die Entscheidungen demjenigen überträgt, der über die meisten Informationen verfügt. Aus entwicklungsorientierter Sicht ist Kompetenz-Redundanz eine unverzichtbare Voraussetzung für eben jene Flexibilität, die auch in modernen Unternehmen noch viel zu oft fehlt. Heterarchien sind aus mehreren, voneinander relativ unabhängigen „Akteuren", „Entscheidungsträgern" oder „Potentialen" zusammengesetzte Handlungs- oder Verhaltenssysteme, in denen es keine dauerhafte zentrale Kontrolle gibt, sondern die Führung des Systems in Konkurrenz und Konflikt, in Kooperation und Dominanz, in Sukzession und Substitution sozusagen immer wieder neu ausgehandelt wird oder von Subsystem zu Subsystem beziehungsweise von Potential zu Potential wandert (vgl. Bühl, 1987; Taschdjian, 1981). So war Honda, wie Likubo (1990) schreibt, „anfangs ein einziges Unternehmen, das später in drei Subsysteme mit eigenem Profit Center aufgeteilt wurde... Wenn sich eine Organisation vergrößert, neigt sie dazu, ihre Dynamik zu verlieren und bürokratisch zu werden. Genau dies will die Unternehmensleitung bei Honda auf jeden Fall vermeiden. Die Dynamik läßt sich unter anderem dadurch bewahren, daß man flexibel bleibt und Mut zur Veränderung hat. Ein Ereignis, das sich vor rund dreißig Jahren bei Honda zutrug, illustriert dieses Prinzip und erklärt außerdem, warum Honda keinen internationalen Sitz hat. Anfang der fünfziger Jahre wurde eine Auslandsabteilung nach einem Jahr wieder aufgelöst, weil man der Meinung war, sie würde schlecht funktionieren. Sie hatte nämlich eine klare Trennlinie zwischen internen und internationalen Angelegenheiten gezogen und so die Effizienz des gesamten Betriebs gefährdet." Heute liegt die Leitung der Auslandsgeschäfte daher nicht mehr bei einer zentralen Stelle, sondern ist über den Konzern verteilt. Inkohärenzen und potentielle Konflikte zwischen den Subsystemen werden von Fall zu Fall und nicht etwa generell gelöst.

Das Konzept der Heterarchie wird *a priori* nicht bereitwillig von Systemen akzeptiert, die streng hierarchischen, disziplinarischen Prinzipien gehorchen. So kann sich das Management eines Unternehmens beispielsweise für die Einführung eines partizipativen Führungsstils entscheiden und beschließen, die Beziehungsregeln für die Individuen an der „Basis" – ein Ausdruck, der auf eine lineare Sichtweise der hierarchischen Strukturen schließen läßt – zu ändern, und trotzdem auf Widerstände, Weigerung, ja sogar Drohungen stoßen, die eine Änderung dieser neuen Beziehungsregeln unter Einschluß eben jener „Basis" nötig machen. Mit Beziehungsregeln sind in erster Linie die Entgeltregelungen, die Verteilung der Humanressourcen auf die einzelnen Arbeitsplätze oder die Art der Kommunikation zwischen den Hierarchieebenen gemeint. Wenn man nämlich einmal von der Absicht an sich absieht, spiegelt sich in diesen Entscheidungen natürlich ein eher einseitiger Gebrauch der hierarchischen Macht wider. Der Widerstand kann etwa so aussehen, daß – wie man 1986 bei der französischen Eisenbahngesellschaft SNCF gesehen hat – Eisenbahner gegen die Einführung eines Leistungslohns protestieren, einen Streik ausrufen und die Unternehmensleitung auf diese Weise an den Verhandlungstisch zwingen; daß Stewardessen sich dagegen wehren, nur auf bestimmten Flugrouten eingesetzt zu werden, und die Unternehmensleitung daraufhin ihre Entscheidung rückgängig machen muß; oder daß Belegschaftsmitglieder, die keiner Gewerkschaft angehören, einen Sitz im Aufsichtsrat verlangen und somit die betrieblichen Prinzipien der Übertragung von Verantwortung und der Orientierung an den Interessen der Mitarbeiter in Frage stellen.

Heterarchie ist jedoch nicht das Ergebnis einer militanten Aktivität, eines revolutionären Willens zur Machtübernahme, sondern, wenn man so will, einfach nur das Ergebnis einer umständehalber getroffenen, alle Eventualitäten regelnden Entscheidung hinsichtlich der Verteilung unbestimmter Verantwortlichkeiten (vgl. Hedlund, 1986). Eine Handlung kann eine radikale Änderung der Situation auf Kosten der Intention, selbst der besten, ihres Initiators bewirken. Heterarchie heißt folglich auch, daß jeder für das Ziel des Unternehmens verantwortlich ist, und zwar aufgrund der Rolle, die er in diesem Zusammenhang eventuell früher oder später zu spielen hat. Heterarchie kehrt die Repräsentation des Systems als solche um.

Aus makroskopischer Sicht läßt sich daher folgendes sagen:

... Ein heterarchisches System zeichnet sich zweifellos durch das Fehlen eines permanenten dominanten Zentrums aus. Die Subsysteme – oder Zentren – eines heterarchisch organisierten Systems können jedoch je nach ihren Kompetenzen und Fähigkeiten auf bestimmten Gebieten und zeitweise eine dominierende Stellung erlangen. Da sich die Kompetenzen im Laufe der Zeit ändern können, ist diese Macht – oder der Einfluß, den ein Zentrum auf die anderen nehmen kann – folglich nicht dauerhaft gegeben, sondern hängt von den jeweiligen „Wettbewerbsvorteilen" der einzelnen Subsysteme ab.

... Das setzt eine Vielzahl verschiedener Zentren voraus, die alle Dimensionen des Systems einbeziehen müssen – Funktionen, Geographie, Produkte, Kunden... –, und zwar auf dem Wege einer Kombination der klassischen Organisationsprinzipien. Heterarchie sieht keine auf Systemebene definierte „Standard"-Organisation für die einzelnen Subsysteme vor. Jedes Subsystem organisiert sich so, daß es die vielfältigen Dimensionen des Ganzen je nach seinen spezifischen Eigenschaften einbeziehen kann.

... Die Festlegung der Strategie eines heterarchischen Systems ist nicht das Exklusivrecht eines bestimmten Zentrums. Die Strategie resultiert vielmehr aus den unterschiedlichen strategischen Sichtweisen der Subsysteme. Jedes einzelne hat in gewisser Weise eine Verpflichtung, nicht nur sich selbst, sondern auch dem Ganzen gegenüber. Es gibt keinen formalen, definitiven Unterschied mehr zwischen Denkzentren – Hauptverwaltung, Holding, Stabsstelle – und Handlungszentren – Mitarbeiter, Profit Center, operative Einheiten.

... Damit die einzelnen Einheiten ihrer strategischen Rolle gerecht werden können, benötigen sie sämtliche Informationen über das System als Ganzes. Diese Information erlaubt es jedem Subsystem, die Systeminteressen bei seinen lokalen Aktivitäten zu berücksichtigen und somit zur Kohärenz des Ganzen beizutragen.

... Ein weiteres Merkmal eines heterarchischen Systems sind die Kopplungsmuster zwischen den einzelnen Teilen, wobei letztere Art und Intensität dieser Kopplungsbeziehungen praktisch frei festlegen. Sie können sich außerdem im Laufe der Zeit ändern, wodurch es jedem Zentrum ohne größere Schwierigkeiten möglich ist, Beziehungen zu systemfremden Elementen zu unterhalten: Joint Ventures, Zulieferer etc. Die Einheitlichkeit des Ganzen wird in erster Linie durch normative Lenkungsmechanismen gewährleistet. Die Systemkultur wird somit zu einem wesentlichen Faktor für den Systemzusammenhalt. Aufgrund ihrer Bedeutung als Instrument zur Koordinierung und Vertrauensbildung unter den einzelnen Einheiten trägt sie dazu bei, daß partikulares, kurzfristiges Denken zugunsten einer ganzheitlichen, langfristigen Sichtweise aufgegeben wird.

Das Konzept der Heterarchie eignet sich gewiß gut für Systeme der Zukunft und die Bewältigung der aktuellen Probleme, läßt sich jedoch nicht ohne weiteres und uneingeschränkt auf die heutige Gesellschaft und die heutigen Mentalitäten anwenden. Heterarchie birgt nämlich die Gefahr latenter Macht- und Einflußstreitigkeiten in sich, durch die eine Ordnung geschaffen werden könnte, die zwar nur informell und „halb-offiziell" sein mag, aber dennoch genauso stabil ist wie eine hierarchische Ordnung. Die Situation muß auch bestimmen, wo und warum sich die klassische Hierarchie als notwendig erweist: Die Vertretung einer Firma nach außen erfordert zum Beispiel häufig die Institutionalisierung der Funktion desjenigen, der die Firma repräsentiert, als Garant für dessen Verhandlungsposition.

> **Heterarchie entsteht dadurch, daß Verantwortungs- und Kompetenzbereiche sowie Kontrollinstanzen nur virtuell gegeben sind und nur je nach den Gegebenheiten der Umwelt oder Interaktionssituation aktiv werden. Zwei Ebenen sind daher unverzichtbar: die der Individuen und Arbeitsteams, die für Denkprozesse und Handlungen zuständig sind, und die der Koordination, die die Aufgabe hat, die Ziele für die einzelnen im Hinblick auf den Systemzweck abzustimmen und Interaktions- und Austauschprozesse zu koordinieren und zu überwachen.**

Heterarchie ermöglicht aufgrund der geteilten, fluktuierenden Eigenverantwortung beziehungsweise Weisungsabhängigkeit die Konstruktion einer das „Wir-Gefühl" stärkenden Wirklichkeit. Sie unterstützt das Lernen insofern, als sich die Ziele der verschiedenen aufeinanderfolgenden „Führungskräfte" voneinander unterscheiden und daher koordiniert, das heißt miteinander verglichen werden müssen. Schließlich begünstigt Heterarchie auch die Selbstorganisation, indem sie komplexe Handlungsmöglichkeiten angesichts einer komplexen Umwelt anbietet und die Autonomie des Systems fördert, das nicht mehr von einer einzigen „omnipotenten" Person abhängig ist. Wir werden im Laufe des nächsten Kapitels noch sehen, wie sich dies mit Hilfe moderner Organisationsformen, die diese fluktuierende, flexible und anpassungsfähige Hierarchie ermöglichen, umsetzen läßt.

III. Flexibilität

Flexibilität ist ein Begriff mit vielen Konnotationen, der in modernen Unternehmen immer häufiger zu hören ist. Aus entwicklungsorientierter Sicht wird sie sowohl auf Gestaltungsebene (zur Unterstützung der Selbstorganisation, der Konstruktion eines Sinnbezugs oder des organisationalen Lernens) als auch auf operativer Ebene wirksam (als Instrument zur Schaffung heterarchischer Strukturen, einer Identität oder zur interaktiven Ausrichtung des Handelns).

Was ist also unter Flexibilität zu verstehen? Zunächst einmal ist zu sagen, daß es sich dabei nicht um einen absoluten Begriff handelt. Flexibilität entsteht dann, wenn ein oder mehrere „Objekte" in Bezug zueinander gesetzt werden. Ein Gelenk ist flexibel, wenn die beiden Teile, die es miteinander verbindet, beweglich sind.

Ein Schlauch ist flexibel, wenn sich die einzelnen Partikel des Materials, aus dem er besteht, gegeneinander bewegen können.

Von der Organisation könnte man daher sagen, daß sie flexibel ist, wenn sie es dem System erlaubt, sich im Verhältnis zu den anderen Systemen immer wieder neu zu positionieren. Das heißt, daß sich der Bezugsrahmen und all die anderen Bezugsrahmen – in erster Linie die der Subsysteme –, die mit ihm zusammenhängen und ihn in Frage stellen, im Verhältnis zueinander verändern können.

> **Organisationelle Flexibilität erlaubt Koevolution des institutionellen Bezugsrahmens und der Systemumwelt entsprechend den zwischen beiden Seiten ausgetauschten Informationen sowie Koevolution der verschiedenen Handlungsmuster und Wahrnehmungen innerhalb des Systems und des ihnen zugrundeliegenden Bezugsrahmens. Flexibilität ist durch eine Vielzahl alternativer Handlungsmöglichkeiten gekennzeichnet.**

Wenn es um die Konstruktion eines gemeinsam geteilten Sinnbezugs auf Unternehmensebene geht, bietet Flexibilität genügend Freiraum für individuelle Handlungen unter Berücksichtigung der Leitlinien des Ganzen, so daß neue „theories-in-use" entstehen und Freiräume für Initiativen und Handlungsalternativen geschaffen werden, die zur Konstruktion des Ganzen beitragen. Wenn die unternehmensspezifische Wirklichkeit von Dauer sein soll, muß das System sie kontinuierlich mit den neuen Tendenzen und Gegebenheiten in der Umwelt konfrontieren und seine Sichtweisen entsprechend modifizieren. Wenn die Mitarbeiter aufgrund mangelnder Flexibilität nicht in der Lage sind, diese von den bestehenden Leitlinien nicht vorhergesehenen Neuerungen auf ihre Weise zu deuten und zu erfassen, wird das System sich weder qualitativ verbessern noch entwickeln können.

In selbstorganisierenden Systemen müssen sich Autonomie, Redundanz, Komplexität und Selbstreferenz unbedingt auf (potentielle) Flexibilität im Handeln und Denken stützen. Zur Bewältigung der Komplexität – die ohnehin niemand vollständig erfassen und verstehen kann – reichen klare, starre Prozesse nicht aus. Das System muß diese interpretieren und bei unvorhergesehenen Ereignissen autonom, aber auf der Grundlage der vorgegebenen Prozesse handeln. Zu diesem Zweck muß es vielfältige alternative Verhaltensmuster entwickeln, die es ihm erlauben, auf jedes neue Problem entsprechend zu (re)agieren.

Unter dem Gesichtspunkt des organisationalen Lernens kann man Flexibilität als die permanente Gegenüberstellung von „theories-in-use" und Wirklichkeitswahrnehmungen sowie deren Fähigkeit zur Koevolution betrachten. Flexibilität ist daher eine unabdingbare Voraussetzung für eine wirkliche Änderung des Bezugsrahmens und umgekehrt.

Flexibilität bedeutet folglich Koevolution zweier Bezugsrahmen beziehungsweise von Rahmen und Handlung. Sie kann auf verschiedenen Ebenen gegeben sein:

- auf Makroebene, durch Tarifverträge, die einen großen Freiraum lassen, was die Art der Beziehungen zwischen Arbeitgebern und Gewerkschaften angeht
- auf Mesoebene, durch die Einrichtung von autonomen Profit Centern mit weitreichenden Entscheidungskompetenzen
- auf Mikroebene, zum Beispiel durch die Einführung flexibler Arbeitszeiten

Wenn Flexibilität jedoch Koevolution bedeutet, ist es aus flexibilitätsorientierter Sicht natürlich undenkbar, Bezugsrahmen und Handlung beziehungsweise Wertvorstellungen der Subsysteme und Wertesystem des Unternehmens völlig zu entkoppeln. Auch wenn sich jedes Element auf seine Weise artikuliert, ergeben sie doch gemeinsam ein ganzheitliches Bild der Firma. Wir sollten uns daher etwas ausführlicher mit dieser Ambivalenz zwischen Stabilität des Ganzen und Flexibilität seiner Funktionsweisen beschäftigen.

Auch wenn sich die starren Kopplungsmuster mechanistischer Systeme – wie es zahlreiche Unternehmen selbst in den letzten zwanzig Jahren noch waren – angesichts des durch den radikalen Wertewandel in der Umwelt bedingten Anpassungs- und Änderungsbedarfs kaum werden behaupten können, ist eine völlige Entkopplung des Bezugsrahmens sowie der Handlungen von Subsystem und System keine Alternative, denn in diesem Fall verliert das System seine Identität und damit seinen Sinnbezug, seine Daseinsberechtigung. Flexibilität muß daher ein relativer Begriff bleiben, wobei in sozialen Systemen immer Kopplungsbeziehungen bestehen müssen. Auch der Grad der Flexibilität muß anpassungsfähig und je nach Situation sowie Elastizität des Ganzen veränderbar sein.

Elastizität ist sozusagen der zwischen zwei Systemen zulässige Flexibilitätsgrad, der es beiden ermöglichen muß, ihre Identität als Ganzes zu bewahren. So kann die Firma Tefal zum Beispiel unter ihrem Namen alle Produkte entwickeln, die sie auf dem französischen Markt verkaufen will. Im Export ist diese Handlungsfreiheit jedoch eingeschränkt. Hier benötigt Tefal die Zustimmung der Muttergesellschaft SEB, da die Produkte des Konzerns im Ausland häufig unter dem Namen Calor verkauft werden. Das Dreiergespann SEB-Calor-Tefal ist insofern flexibel, als jedes Subsystem eigene Initiativen ergreifen kann. Im Export hat man diese Flexibilität jedoch eingeschränkt, um dem einheitlichen Image von Calor nicht durch eine inkohärente Produktpalette zu schaden. Die Elastizität des Ganzen drückt sich folglich in einer auf den französischen Markt beschränkten Flexibilität der einzelnen Subsysteme aus. Wenn die Flexibilität über dieses Maß hinausginge, wäre die Identität des Systems als Ganzes gefährdet. Flexibilität ist auch kein statischer Begriff: Der Konzern SEB kann ein anderes Prozedere auf ausländischen Märkten beschließen und beispielsweise bestimmen, daß künftig jede der drei obengenannten Firmen ihre Produkte unter dem eigenen Namen vertreibt. In diesem Fall wäre Tefal völlig autonom. Flexibilität wird folglich durch eine mehr oder weniger lose, aber dennoch existente Kopplung zwischen den Subsystemen und dem System, zwischen den Handlungen des Systems und dessen Bezugsrahmen ermöglicht. Dabei lassen sich drei Arten von Kopplungsbeziehungen unterscheiden (vgl. Klimecki/Probst/Eberl, 1991):

500

- Verhaltensbezogene Kopplungsmuster, auf die die Subsysteme – Individuen, Abteilungen und Zweigstellen – ihre Denk- und Handlungsprozesse ausrichten und die durch formale Verfahrensregeln, Steuerungs- und Organisationsstrukturen gegeben sind.
- Zielbezogene Kopplungsmuster, die durch die Festlegung der Systemziele, der Strategien und der Ziele, die sich daraus für jeden einzelnen ableiten lassen, entstehen, um dem Ganzen eine einheitliche Richtung zu geben.
- Sinnbezogene Kopplungsmuster, die jedem einzelnen die grundlegenden Merkmale des gemeinsamen Bezugsrahmens verdeutlichen und aus den geteilten, die Systemidentität gewährleistenden unternehmenskulturellen Werten und Normen hervorgegangen sind.

Das Gleichgewicht zwischen Stabilität und Flexibilität läßt sich folglich auf unterschiedliche Art und Weise herstellen. Die Entwicklung des Ganzen hängt von der Gestaltung dieser drei Arten von Kopplungsbeziehungen ab, die einerseits lose genug sein müssen, damit jeder Teil des Systems seine Flexibilität bis an die Grenzen seiner Elastizität ausschöpfen kann, was andererseits jedoch auch bedeutet, daß diese Elastizität von Fall zu Fall angepaßt und neu festgelegt werden muß. So kann man sich zum Beispiel für eine „Sinn"-Kopplung zwischen den Subsystemen entscheiden, durch die Werte und Bezugsrahmen so beeinflußt werden, daß sich die verschiedenen Verhaltensweisen frei artikulieren können, ohne den zulässigen Elastizitätsgrad zu überschreiten. Die in dem Leitbild enthaltenen Ziele müssen so formuliert sein, daß es nicht nötig ist, bestimmte Verhaltensweisen durch dirigistische Vorschriften und Vorgaben eines genau definierten Rahmens zu erzwingen. Diese Kopplung durch Festlegung eines Sinnbezugs für das System muß mit einer gewissen Flexibilität bei der Festlegung einhergehen: Man tritt nämlich nur dann für bestimmte Werte ein, wenn diese in Frage gestellt werden können. Der Begriff der Elastizität zeigt daher die individuellen Grenzen der Flexibilität innerhalb des Ganzen auf.

Die Kopplung sollte sinnbezogen, aber zugleich offen sein (vgl. Weick, 1976), denn der Sinnbezug muß aus einem kontinuierlichen Selbstbestimmungsprozeß des Unternehmens und seiner Angehörigen resultieren. Die Identität muß ganzheitlich durch langfristiges Konstruieren einer systemspezifischen Kultur auf der Grundlage der Gebrauchstheorien der Subsysteme geschaffen werden. Es ist zum Beispiel interessant, wie manche Firmen das Recht ihrer Mitarbeiter auf Eigeninitiative betonen – damit ist der Sinnbezug gegeben – und gleichzeitig innerhalb des Systems „Erfolgsnachrichten" verbreiten, die einerseits die Richtigkeit dieser Politik bestätigen, andererseits aber auch Fehler aufzeigen, wodurch die Politik wiederum in Frage gestellt wird. Diese Vorgehensweise ermöglicht – falls ihr Zweck nicht gerade in der Rechtfertigung einer Politik durch sich selbst besteht – eine schrittweise Infragestellung und Verbesserung der Ziele, Flexibilität sowie die Schaffung einer Systemidentität.

In einem ausschließlich auf sich selbst bezogenen Kontext können jedoch keine Initiativen entstehen. Diese erfordern nämlich Interaktivität, durch die der Ideenaustausch, die Generierung alternativer Handlungsmöglichkeiten und die Erweiterung des

Verhaltensrepertoires gefördert werden. Damit sich Interaktivität frei entfalten kann, ist eine gewisse Entkopplung der hierarchischen Beziehungen nötig, so daß jedes Subsystem mit jedem anderen kommunizieren kann. Gleichzeitig ist aber auch eine gewisse Kopplung erforderlich, damit Vorschläge aus ganzheitlicher Sicht bewertet werden können. Auch hier muß ein Gleichgewicht gegeben sein, vor allem angesichts der fluktuierenden, situativ und funktional zu den jeweiligen Problemstellungen veränderbaren Hierarchie (vgl. für die praktische Umsetzung der Flexibilisierung auch Klimekki/Probst/Gmür, 1993).

> **Kopplung und Entkopplung ergänzen einander, da Flexibilität auf keinen Fall mit Anarchie oder dem Fehlen jeder internen Ordnung gleichzusetzen ist. Wenn die Handlungen flexibel mit dem Bezugsrahmen des Unternehmens gekoppelt sind, muß der Sinnbezug relativ stabil und vorbestimmt sein, auch wenn seine spätere schrittweise Infragestellung nicht ausgeschlossen ist.**

Flexibilität trägt damit zur Konstruktion einer Wirklichkeit bei, die aller Wahrscheinlichkeit nach eher eine kollektiv geteilte Wirklichkeit darstellt, als wenn durch starre, dogmatische Konstruktionen ein Resultat angestrebt wird. Außerdem schafft Flexibilität Freiräume für Initiativen und schafft damit die Basis für neue Lernprozesse.

IV. Die Gestaltung eines entwicklungsorientierten Kontextes

Entwicklungsorientiertes Management erfordert einen Kontext, der sowohl der Identität als auch der heterarchischen Ausgestaltung und der Flexibilität des Systems förderlich ist. Wir haben bereits einige Beispiele für die praktische Anwendung dieser Prinzipien angeführt, die jedoch zur Klärung des Begriffs „entwicklungsfördernd" allein nicht ausreichen. Man muß zunächst einmal sagen, daß diese Prinzipien nur dann effizient sind, wenn sie Ausdruck einer entsprechenden Geisteshaltung sind. Abgesehen davon kann ein geringes Maß an Flexibilität gekoppelt mit einigen wenigen Bemühungen um eine Änderung der hierarchischen Strukturen natürlich keine Wirkung zeigen, was dann unweigerlich zu der Ansicht führt, diese Methoden seien reine Theorie, wenn man nicht von ihrer Richtigkeit an sich überzeugt ist. *Entwicklung erfordert interaktive Prozesse sowie die kollektive Anwendung der Prinzipien der Identität, Heterarchie und Flexibilität.*

Vor allem gilt es, sich von den klassischen dogmatischen Sichtweisen zu lösen, die dem partizipativen, demokratischen Management eine autoritäre, voluntaristische Führung entgegensetzen. Es ist weder effizient noch entwicklungsfördernd, stets alle Entscheidungen zentral treffen zu wollen oder ständig um einen allgemeinen Konsens bemüht zu sein. Läßt man dagegen langfristig die Ausführenden alle operativen Entscheidungen und die Strategen alle strategischen Entscheidungen treffen – eines der Hauptmerkmale partizipativen Managements –, läuft dies auf eine Spaltung des Unternehmens in zwei Lager hinaus: auf der einen Seite die Technokraten, auf der anderen die Mitarbeiter der Linieninstanzen. Die Verbindung von intersubjektiv geteilter Wirklichkeitskonstruktion, Selbstorganisation und organisationalem Lernen bedeutet nicht Streben nach einem Mittelweg zwischen Ordnung und Unordnung, sondern vielmehr ein ständiges Hin und Her zwischen diesen beiden Polen. Für die Gestaltung der Identität, Heterarchie und Flexibilität bedeutet dies konkret, daß man nicht einiges klar definieren und anderes offenlassen darf, sondern daß man eine konsequente Linie verfolgen muß, diese bewußt Störungen und Infragestellungen aussetzt, um sie den veränderten Gegebenheiten anpassen zu können.

> **Die Unternehmensentwicklung zu lenken heißt daher weder anderen seine Sichtweisen aufzuzwingen, noch sich um einen Minimalkonsens zu bemühen, noch zu versuchen, einen Kompromiß zwischen beidem zu finden. Gefordert ist vielmehr ein dynamischer Konsens. Das heißt, daß man sich ständig um einen klaren normativen und strategischen Kurs bemüht, diesen aber gleichzeitig den internen und externen Infragestellungen aussetzt, um innovative Synergien freizusetzen.**

Aber wer bestimmt diesen normativen Kurs? Wer provoziert die Störungen? Wer setzt das Synergiepotential frei? In einem nach dem Prinzip der Heterarchie – das heißt, jeder ist auf seiner Ebene ein Manager – funktionierenden System hängt dies davon ab, wer in der jeweiligen Situation über die nötigen Informationen und Kompetenzen verfügt. Wenn die Synergie etwa zu einer Änderung der Unternehmenskultur führt, geschieht dies wahrscheinlich im Rahmen eines ganzheitlichen, alle Systemangehörigen einbeziehenden Prozesses. Ist dagegen ein Ausbau der Wettbewerbsposition auf einem bestimmten Markt geplant, genügt es, wenn der Leiter der Verkaufsabteilung die entsprechende Entscheidung trifft. Auf jeden Fall drücken sich entwicklungsorientiertes Management und Bemühen um einen dynamischen Konsens für den einzelnen konkret in einer *interaktiven und komplementären Ausrichtung des Handelns* aus.

a) Proaktivität

Proaktivität bedeutet, Umwelterwartungen – im weiteren Sinne – an das eigene Handeln zu berücksichtigen, so daß dieses Handeln dann wieder auf die Erwartungen zurückzuwirkt. Das erfordert natürlich vernetztes Denken. Auf diese Weise läßt sich das Netzwerk der komplexen Erwartungen besser erfassen, ihre Veränderungen vorhersehen und ihre Wirkungen durch den Aufbau neuer Verhaltenspotentiale antizipieren. Dies trägt dazu bei, daß das System aktiv auf die Erwartungen einwirken kann.

Konkret geht es hier darum, eine „Marketing"-Haltung auf sämtliche Funktionen und Aktivitäten einer Firma auszudehnen. Indem eine Firma die Sichtweisen ihrer „stakeholders" als Spiegel für ihre eigenen Stärken und Schwächen benutzt, kann sie ihre Handlungen und ihr Image in der Umwelt gegebenenfalls überdenken beziehungsweise neu definieren. Dadurch werden Sinn und Zweck des Systems immer wieder neu in Frage gestellt, was ihr einen harmonischen „Balanceakt" zwischen aktiver Veränderung und Erhaltung von Bewährtem ermöglicht.

Das Flexibilitätspotential des Unternehmens wird durch die ständige Auseinandersetzung zwischen dem Unternehmensimage und den Wahrnehmungen der Umwelt – das heißt durch einen geschickten Einsatz der Früherkennung – aufgebaut. Dazu gehört auch die Auseinandersetzung mit den Vorstellungen und Werten der Mitarbeiter, die Teil der Umwelt sind.

b) Prosozialität

Der kontinuierliche Ziel- und Zweckbestimmungsprozeß darf kein Privileg der Führungskräfte sein. Statt dessen sollten alle Systemangehörigen auf die eine oder andere Weise in den Prozeß einbezogen werden. Dies erfordert eine prosoziale Gestaltung der kollektiven Interaktionsprozesse.

Unter Prosozialität sind jedoch nicht etwa freiwillige Sozialleistungen wie Kinderkrippen, Anspruch auf einen Firmenparkplatz, zusätzliche Urlaubstage, flexible Arbeitszeiten oder ähnliches zu verstehen. Es geht vielmehr darum zu erkennen und zu akzeptieren, daß die Zugehörigkeit zum System bei den Mitgliedern Wünsche, Ängste und Gefühle weckt, die nicht ohne Folgen für die Funktionsweise des Ganzen bleiben. Daher müssen ihre Sinnbezüge in die Handlungen und die Konstruktion des Systems einbezogen werden.

Zu diesem Zweck muß man Prosozialität als die Schaffung zwischenmenschlicher Beziehungen verstehen, die von wechselseitigem Vertrauen, gegenseitiger fachlicher und personeller Akzeptanz, Kooperationsbereitschaft und Toleranz gegenüber alternativen Sichtweisen, die es in die Konstruktion des Ganzen einzubeziehen gilt, geprägt sind. Problemsituationen werden in direkten Auseinandersetzungen gelöst, entsprechend einer Kommunikationsethik, die auf möglichst große Offenheit ausgerichtet ist. Flexibilität entsteht also aufgrund des Vertrauens in das eigene Potential sowie in das der Gruppe.

c) Partizipation

Führungskräfte verfolgen mit der Förderung der Partizipation meist zwei Ziele: zum einen die Mobilisierung der Ressourcen und Fähigkeiten der Mitarbeiter, zum anderen die Übernahme von Verantwortung durch die Individuen. Ein und derselbe Begriff läßt sich jedoch auf vielerlei Art und Weise auffassen. Partizipation, ja! Aber wer? Wie? Und woran?

Partizipation muß von den Managern als Einbeziehung der Mitarbeiter in die verschiedenen Unternehmensprozesse verstanden werden. In zahlreichen Firmen beschränkt sich die Partizipation auf die Führungskräfte. Dabei haben alle Mitarbeiter einen gewissen Einfluß auf die Aktivitäten des Ganzen. Jeder kann Vorschläge machen und einen wertvollen Beitrag zur Bewältigung seiner täglichen Aufgaben leisten. Außerdem muß jeder seinen Teil der Verantwortung tragen, was nicht möglich ist, wenn man die Mitarbeiter wie Kinder behandelt, denen man einfach Anweisungen gibt, ohne ihre Wünsche zu berücksichtigen, oder wenn man sich einbildet, die Mitarbeiter besser zu kennen als sie sich selbst.

Abgesehen davon zählt nicht nur die Absicht, sondern auch die Art und Weise, wie diese verwirklicht wird. Partizipation darf nicht einfach nur ein Alibi sein, die künstliche Einbeziehung des einzelnen, ohne daß daraus konkrete Konsequenzen gezogen werden. Mitarbeiter aufzufordern, Lösungsvorschläge zu machen und ihre Meinung zu äußern, und nicht darauf zu reagieren erweist sich in der Praxis als äußerst demotivierend. Nicht daß man unbedingt sämtliche Ideen der Mitarbeiter in die Tat umsetzen müßte, aber man sollte letzteren zumindest ein Feedback geben als Erklärung, warum dieser oder jener Vorschlag angenommen oder verworfen wurde. Partizipation kann sich auf Dauer nicht bewähren, wenn dieses Verhalten einzig darin besteht, daß man andere Firmen kopiert. Partizipation muß von einer authentischen *Politik der Offenheit und der Orientierung an den Interessen der Mitarbeiter* getragen werden, die jedem die Möglichkeit gibt, seine Meinung zu äußern und die anderen für seine Initiativen zu gewinnen.

Diese beiden Konzepte setzen sich allmählich durch. Wenn es dagegen um den Inhalt geht, um die Themen, an denen sich Partizipation orientiert, ist festzustellen, daß diese häufig nur als ein Prozeß aufgefaßt wird, der den Mitarbeitern Gelegenheit gibt, „operative Vorschläge" zu machen. Versteht man Partizipation dagegen als Entscheidungsprozeß, haben die Individuen die Möglichkeit, ihre unterschiedlichen Bedürfnisse und Interessen zu artikulieren. Außerdem begünstigt Partizipation in diesem Fall die Suche nach Handlungs- und Verhaltensalternativen, da jedem bewußt ist, daß er später mit der gewählten Handlungsoption leben muß. Partizipation heißt demnach, daß man eine liberale Selbstregulierung des Systems fördert, statt einen pseudopartizipativen Führungsstil zu praktizieren und angeblich auf die Mitarbeiter einzugehen, indem man sie in einen von den Führungskräften vorherbestimmten Entscheidungsprozeß einbezieht (vgl. Kappler, 1987; Crozier, 1989; Crozier/Friedberg,1977).

Der dynamische Konsens muß aus den Systemzielen und der Bewältigung von Störungen, die das System betreffen, hervorgehen, und zwar auf dem Weg einer aktiven Auseinandersetzung mit der Umwelt. Rechtzeitiges Erkennen der Umweltveränderungen gehört daher zu den wichtigsten Aufgaben eines an der Nahtstelle zwischen Unternehmen und Umwelt positionierten Managers. Er muß die Mitarbeiter über die von ihm wahrgenommenen Tendenzen informieren und außerdem deren mögliche Folgen vorausdenken. Zu diesem Zweck bezieht er die Ideen und Gefühle der Mitarbeiter in seine Überlegungen ein, was jedoch voraussetzt, daß er in der Lage ist, Symptome von Ursachen zu unterscheiden. Der Konsens – das sei noch einmal betont – muß aus einem Prozeß hervorgehen, in dem jeder einzelne veranlaßt wird, über seine Motivation nachzudenken, damit am Ende eine solide gemeinsame Handlungsbasis entsteht.

Grundlage der Unternehmensentwicklung ist die Konstruktion einer system-spezifischen Wirklichkeit, die Schaffung einer gewissen Fähigkeit zur Selbst-organisation und die Förderung organisationalen Lernens. Die Umsetzung dieser Konzepte stützt sich ihrerseits auf die drei Prinzipien entwicklungsbe-zogenen Gestaltens – Identität, Heterarchie und Flexibilität –, mit denen man sich bei allen Entscheidungen, die die personellen Ressourcen oder die Orga-nisation betreffen, auseinandersetzen muß.

Im folgenden Kapitel wollen wir auf verschiedene, zum Teil bereits weitverbreitete Organisationsinstrumente und Managementmethoden eingehen, die sich je nach Art der Anwendung und Interpretation als besonders entwicklungsfördernd erweisen.

16. Kapitel

Instrumente als Gestaltungshilfen eines Managements von Entwicklungsprozessen

Die Gestaltungsperspektiven Identität, Heterarchie und Flexibilität finden in modernen Unternehmen in verschiedener Form Anwendung. Die jeweils angewandten Methoden müssen jedoch in eine ganzheitliche, entwicklungsorientierte Vorgehensweise integriert sein. Es wäre illusorisch, langfristig eine Politik mit Hilfe der nachfolgend beschriebenen Instrumente verfolgen zu wollen, ohne diese in ein umfassenderes, auf organisationales Lernen abzielendes Managementkonzept einzubinden. Heute weiß man zum Beispiel, daß Qualitätszirkel, die sich in den letzten Jahren immer mehr durchgesetzt haben, zwar zur Lösung konkreter Probleme beitragen, jedoch kein Patentrezept darstellen, mit dem man jeder neuen Situation begegnen kann. Diejenigen Unternehmen, die die Einführung von Qualitätszirkeln gefördert haben, weil sie meinten, auf diese Weise der mangelnden Motivation ihrer Mitarbeiter abhelfen zu können, sind kläglich gescheitert. Dagegen ist es denjenigen Firmen, die eine Plattform für die Umsetzung bewußt partizipativ gestalteter Strategien und Werte gefunden haben, gelungen, diese Praxis zum Nutzen des Systems beizubehalten. Manager müssen also Instrumente konzipieren, die den Anforderungen entwicklungsorientierter Gestaltungsperspektiven gerecht werden, und diese im Hinblick auf die Erzielung von Synergieeffekten richtig koordinieren können.

Was den ersten Punkt angeht, stehen dem Manager verschiedene Methoden organisatorischen Gestaltens zur Verfügung, die sich auf die individuelle Aufgabenstruktur, auf die Struktur der Teamarbeit oder auf die konkreten Entwicklungsprozesse im Unternehmen beziehen können. Diese Methoden werden von einem Unternehmen zum anderen unterschiedlich interpretiert. Wir möchten sie im folgenden näher beschreiben und gleichzeitig auf einige dabei zu berücksichtigende Bedingungen eingehen, da die Art ihrer Anwendung entscheidend zur Entwicklung des Ganzen beiträgt.

I. Entwicklungsorientierte Aufgabenstrukturierung

Für die ersten Organisationsformen, die sich um eine Abkehr vom Taylorismus und dessen rein instrumentellem Verständnis von Mensch-Maschine bemüht haben, stand zunächst einmal die Tätigkeits- und Aufgabenstruktur des Individuums am Arbeitsplatz im Vordergrund. Nachfolgend wollen wir uns deshalb mit drei Möglichkeiten zur besseren Einbindung dieser Tätigkeiten in das Ganze auseinandersetzen: Job-Enlargement, Job-Enrichment und Job-Rotation. Im Grunde wird keines dieser drei Konzepte sämtlichen entwicklungsbezogenen Gestaltungszielen gerecht, dennoch trägt jedes auf die eine oder andere Weise zumindest zu einigen bei. Wir werden im folgenden untersuchen, auf welche Weise dies geschieht.

a) Job-Enlargement (Aufgabenerweiterung)

Dieses Konzept beruht auf der Ansicht, daß eine weniger monotone Arbeit die Motivation und damit auch die Produktivität eines Mitarbeiters erhöht (vgl. Maisonneuve, 1984). Es geht unmittelbar auf den Human-Relations-Ansatz zurück und soll den Unzulänglichkeiten abhelfen, die durch die vom Taylorismus so vielgepriesene Spezialisierung bis in die kleinsten Arbeitsschritte entstanden sind. Dabei geht es hier weniger um eine qualitative als um eine quantitative Abwechslung, wo sich das Anforderungsniveau der Tätigkeit nicht wesentlich verändert.

> **Job-Enlargement ist die Vergrößerung des Tätigkeitsumfangs durch Zusammenfassung mehrerer gleichartiger oder ähnlicher Teilaufgaben.**

Dies ist also nicht mit größerer Verantwortung verbunden, sondern bedeutet lediglich mehr Abwechslung sowie die Möglichkeit, zusätzliche Qualifikationen zu erwerben. Nehmen wir einfache Beispiele: Jemand, der bisher nur Teile zusammengeschraubt hat, wird diese künftig auch ölen, oder jemand, der bislang nur Telefondienst verrichtet hat, wird in Zukunft auch Besucher empfangen und die Post sortieren. In die gleiche Richtung geht die Raumgestaltungsinitiative einiger Filialen der Schweizerischen Bankgesellschaft: Viele Einzelschalter sind wie kleine Inseln im Raum verteilt. Die übliche physische Trennung Bankangestellter/Kunde wird aufgehoben, so daß dem persönlichem Dialog nichts mehr im Weg steht. Der Bankangestellte ist nicht mehr auf eine bestimmte Aufgabe spezialisiert, sondern in der Lage, auf viele Bedürfnisse des Kunden einzugehen. Dadurch wird sein Tätigkeitsumfang erweitert. Man spricht in diesem Fall von einer horizontalen Integration von Einzelaufgaben mit gleichem Anforderungsniveau.

Dieses Instrument wird häufig instinktiv eingesetzt. Um seine Entwicklungsleistung zu beurteilen, können wir es den im vorangehenden Kapitel beschriebenen Gestaltungsprinzipien gegenüberstellen.

PERSPEKTIVEN	JOB-ENLARGEMENT
Identität	Der einzelne integriert sein Handeln in einen übergeordneten Bezugsrahmen und sieht dadurch mehrere Teile des Ganzen, vielleicht sogar das Endprodukt.
Heterarchie	Da Aufgaben derselben Ebene zusammengefaßt werden, wird die hierarchische Struktur in keiner Weise beeinflußt.
Flexibilität	Der Mitarbeiter verrichtet weiterhin einfache, zum Teil repetitiv anfallende Aufgaben. Wird durch die Aufgabenerweiterung dagegen eine größere Varietät bei den miteinander in Zusammenhang stehenden Aufgaben bewirkt, verstärken sich die Interaktionen, und das System wird flexibler, was den Einsatz der Humanressourcen betrifft.

Die Wirklichkeiten bleiben die vom Individuum konstruierten. Job-Enlargement bietet ihm kaum mehr Möglichkeiten, den Sinnbezug seines Handelns zu erkennen. In bezug auf die Selbstorganisationsfähigkeit läßt sich dagegen sagen, daß Job-Enlargement die Redundanz fördert, wenn dieses Konzept im Rahmen von Gruppenarbeit angewandt wird. Die Angehörigen des Teams können einander bei Abwesenheit vertreten. Die von den Individuen entwickelten Fähigkeiten sind allerdings auf die Erfüllung der ihnen anvertrauten Aufgabe gerichtet und nicht auf die Integration der Handlungen in das Ganze. Für das Unternehmen bedeutet dies, daß lediglich Single-loop-Learning stattfindet. Job-Enlargement trägt also nur wenig zum Erkennen und Verstehen von Komplexität durch das Individuum bei. Job-Enlargement begünstigt jedoch Interaktionen, da verschiedene Aufgaben von ein und derselben Person ausgeführt werden. Diese bekommt einen größeren Abstand zu ihrer Arbeit, da sie sie im Zusammenhang mit anderen Aufgaben derselben Art sieht, was wiederum der Zusammenarbeit zwischen Mitarbeitern derselben Hierarchieebene oder derselben Abteilung zugute kommt: Sie verstehen einander besser, da jeder einen besseren Einblick in die Aufgaben der anderen hat. Job-Enlargement ist zum einen ein Mittel zur Beseitigung von Monotonie am Arbeitsplatz, zum anderen aber auch *ein erster Schritt in Richtung Entwicklung*. Wird dieses Konzept in einer Abteilung angewandt, deren Aktivitäten gewöhnlich auf viele Mitarbeiter verteilt sind, ermöglicht es die Herstellung einer Verbindung zwischen den einzelnen Stellen und zwischen den Stelleninhabern, da diese einen Überblick über verschiedene Aufgaben bekommen. Job-Enlargement kann daher als Ergänzung zu anderen, ganzheitlich ausgerichteten, lernorientierten Methoden auf seine Weise zur Unternehmensentwicklung beitragen.

b) Job-Enrichment (Aufgabenbereicherung)

Auch Job-Enrichment soll der Monotonie am Arbeitsplatz entgegenwirken. Das Gefühl der Eintönigkeit stellt sich beim Menschen nicht nur aufgrund repetitiv anfallender, identischer Arbeitsschritte ein. Natürlich ist jeder in der Lage, notfalls fünftausend Briefe zu kuvertieren, wenn dies die einzige Möglichkeit ist, das von uns selbst vorgegebene Ziel zu erreichen. Langeweile kann genausogut dadurch entstehen, daß der Mitarbeiter den Sinn seines Handelns nicht nachvollziehen kann und folglich den Eindruck bekommt, er könne niemals selbständig etwas ändern. Deshalb muß man ihm, zumindest teilweise, die Möglichkeit zur Ausführung vor- oder nachgelagerter Arbeitsschritte – von der Konzeption bis zur Realisierung – geben, was sich dann positiv auf Produktivität und Effizienz auswirkt.

> **Unter Job-Enrichment versteht man die Integration strukturell verschiedenartiger Arbeitselemente oder -funktionen zu einer umfassenden Arbeitseinheit.**

Ein Arbeiter bereitet zum Beispiel seine Maschine und sein Werkstück vor, bearbeitet letzteres und kontrolliert, ob es in seiner endgültigen Form innerhalb der Toleranzgrenzen liegt. Eine Assistentin öffnet und liest die Post, hat Zugang zu den Akten und beantwortet selbst die meisten Anfragen. Bei der Zeitarbeitsfirma *Adia Interim* ist für jede Berufssparte ein und dieselbe Person für den Empfang der Bewerber, die Registratur, den Kontakt mit den Kunden und die im Rahmen dieser verschiedenen Aktivitäten anfallenden Sekretariatsarbeiten zuständig. Job-Enrichment erleichtert es also den Mitarbeitern, Verbesserungsvorschläge hinsichtlich ihrer Arbeitsorganisation zu machen.

PERSPEKTIVEN	JOB-ENRICHMENT
Identität	Der einzelne kann sein Handeln besser in seinen persönlichen Bezugsrahmen einordnen, da verschiedene Phasen des Arbeitsprozesses in seinen Aufgabenbereich fallen.
Heterarchie	Da die Aufgaben auf unterschiedlichen Ebenen anfallen, wird die hierarchische Struktur etwas aufgelockert; ein und dieselbe Person plant, entscheidet und handelt.
Flexibilität	Der Mitarbeiter führt komplexere, zusammenhängende Aufgaben aus und ist dadurch eher in der Lage, sich auf Neues einzustellen.

Job-Enrichment fördert sowohl die Redundanz als auch die Fähigkeit zur Komplexitätsbewältigung und bildet die Grundlage für die Tätigkeit autonomer Arbeitsgruppen. Die Fähigkeiten, die das Individuum dank der Aufgabenbereicherung entwickelt, dienen jedoch in erster Linie der Erfüllung seiner Aufgabe und nicht der Integration seines Handelns in das Ganze. Der einzelne kann individuell Lernen lernen, was dem Unternehmen vermutlich jedoch lediglich in Form eines Single-loop-Learning zugute kommt. Trotzdem trägt Job-Enrichment zweifellos zur Attraktivität der Arbeit und zu deren besserer Einordnung in den persönlichen Bezugsrahmen des Individuums bei. Der Mensch ist zufriedener, wenn er seine Arbeit vom ersten bis zum letzten Schritt selbst ausführen und überblicken kann. Dank der Anwendung dieses Konzepts konnte AT&T die Fluktuationsrate seiner Angestellten um 27% herabsetzen und die Anzahl seiner Beschäftigten reduzieren. Mehr noch als das Unternehmen profitiert jedoch der Mitarbeiter vom Job-Enrichment, wobei seine persönliche Entwicklung nicht automatisch auch dem Unternehmen zugute kommt, da Job-Enrichment auf das Individuum und nicht explizit auf die Nutzung der dadurch erworbenen Kenntnisse und Fähigkeiten auf Unternehmensebene ausgerichtet ist. Job-Enrichment ermöglicht es dem Individuum, den Sinn seiner Tätigkeiten zu verstehen sowie seine Kenntnisse und Fähigkeiten anzupassen, zu modifizieren und zu verbessern. Ebenso wie Job-Enlargement ist auch Job-Enrichment ein erster Schritt in Richtung Autonomie und Übertragung von Verantwortung. Eine wirkliche Entwicklung des Systems ist mit Hilfe dieses Konzepts aber nur dann zu erreichen, wenn es kombiniert mit anderen gruppenorientierten Instrumenten eingesetzt wird. Darauf werden wir später noch zu sprechen kommen.

c) Job-Rotation (Aufgabenwechsel)

Job-Rotation beruht zum einen auf der Ansicht, daß man die Funktionsweise des Unternehmens nur dann verstehen und sich folglich nur dann auf Innovationen einstellen kann, wenn man die verschiedenen Unternehmensaktivitäten wirklich kennt. Zum anderen begünstigt der Tätigkeitswechsel der Mitarbeiter neue Ideen und komplementäre Standpunkte in den Subsystemen. Außerdem bietet er jedem die Möglichkeit zur persönlichen Veränderung und Entwicklung dank der ständigen Auseinandersetzung mit neuen Herausforderungen.

> **Job-Rotation bezeichnet den Tätigkeitswechsel und -austausch der einzelnen Mitarbeiter untereinander.**

Dieser Wechsel kann auf verschiedene Art und Weise erfolgen:

Erstens: Mit Hilfe einer Beförderung läßt sich ein „diagonaler" anstelle eines „vertikalen" Verlaufs der Karriere erreichen. So wird ein Lagerarbeiter beispielsweise erst Werkmeister in der Kundendienstabteilung und dann Leiter der Einkaufsabteilung. Diese „Diagonale" kann – wie im Fall der *Banque Nationale de Paris* – auch eine geographische sein: Der stellvertretende Leiter einer Zweigstelle im Departement Pas-de-Calais kann nur dann zum Zweigstellenleiter aufsteigen, wenn er sich in eine andere Einheit im selben Departement versetzen läßt.
Zweitens: Die zweite Möglichkeit besteht darin, bei der Anwendung dieses Prinzips auf derselben Hierarchieebene zu bleiben. Ein Mitarbeiter kann beispielsweise alle fünf Jahre in eine andere Einheit versetzt werden, ohne daß sich dadurch unbedingt etwas an seinen Verantwortlichkeiten ändert. Eine Sekretärin der Personalabteilung wird auch nach ihrer Versetzung in die Marketingabteilung Sekretariatsarbeit verrichten.

Drittens: Es ist auch möglich, den Arbeitsplatz in kürzeren Abständen zu wechseln, und zwar unter dem gleichen Gesichtspunkt wie beim Job-Enlargement. Ein Arbeiter einer Kanalbaufirma arbeitet zum Beispiel einige Wochen auf einer Baustelle, wo er PVC-Rohre verlegt, um anschließend auf einer anderen Baustelle gußeiserne Rohre zu verlegen. Die Tätigkeiten unterscheiden sich zwar von der Technik her, das Interventionsniveau ist jedoch das gleiche.

Viertens: Man kann auch innerhalb eines Teams nach einem genau festgelegten Verantwortungsverteilungsplan die Tätigkeit wechseln, zum Beispiel montags Produktion, dienstags arbeitsvorbereitende Tätigkeiten, mittwochs Kontrolle, donnerstags Instandhaltung, freitags Reparatur.

Wie man also sieht, kann Job-Rotation sowohl als Job-Enlargement als auch als Job-Enrichment konzipiert sein: entweder als Aneinanderreihung (sukzessiver Austausch) verschiedener Tätigkeiten (erst A, dann B, dann C) oder als repetitiver Wechsel (erst A, dann B, dann C, dann wieder A, dann B und dann C). Schematisch läßt sich dies folgendermaßen zusammenfassen:

	SUKZESSIVER AUSTAUSCH	REPETITIVER WECHSEL
Job-Enlargement	Beispiel 2	Beispiel 3
Job-Enrichment	Beispiel 1	Beispiel 4

Die Entwicklungsleistung dieses Konzepts hängt natürlich von der Art seiner Anwendung ab. Allgemein läßt sich jedoch folgendes sagen:

PERSPEKTIVEN	JOB-ROTATION
Identität	Der einzelne kann seine Arbeit besser in einen kollektiven Bezugsrahmen einordnen, da er mehrere Aspekte der Tätigkeitsbereiche kennt.
Heterarchie	Da oft verschiedenartige Aufgaben auf unterschiedlichem Niveau ausgeführt werden, wird Heterarchie begünstigt.
Flexibilität	Der Mitarbeiter entwickelt ein ganzheitliches Aufgabenverständnis. Er kann sich besser auf die jeweilige Situation einstellen. Interaktionen zwischen den Individuen verschiedener Bereiche werden gefördert. Neue Mitarbeiter und neue Leiter in einer Abteilung bedeuten zugleich auch neue Ideen.

Job-Rotation begünstigt die internen Austauschbeziehungen und festigt auf diese Weise die unternehmensspezifische Kultur. Redundanz, Fähigkeit zur Komplexitätsbewältigung und individuelle Lernprozesse werden gefördert. Job-Rotation wirkt sich demnach in vielerlei Hinsicht entwicklungsfördernd aus und ermöglicht es dem einzelnen, den Kontext, in den er eingebunden ist, besser zu verstehen und offener für andere Wirklichkeitswahrnehmungen zu sein, als dies der Fall wäre, wenn er immer dieselbe Arbeit ausführen würde. Job-Rotation kombiniert die Vorteile des Job-Enlargement mit denen des Job-Enrichment und kann im übrigen von deren allgemeiner Anwendung nur profitieren. Die Entwicklungsleistung dieses Instruments bezieht sich jedoch weniger auf das System als vielmehr auf das Individuum. Letzteres lernt, verschiedene Unternehmensprozesse zu bewältigen, und erreicht auf diese Weise ein höheres kognitives Niveau. Gleichzeitig wird seine Kooperationsfähigkeit verbessert. Die Interaktion zwischen den Systemangehörigen hängt jedoch von der Funktionsweise der Strukturen ab. Zusammenfassend kann man sagen, daß Job-Rotation den Mitarbeitern die Möglichkeit gibt, ihren Bezugsrahmen immer wieder anderen Wirklichkeitsvorstellungen gegenüberzustellen und zu verändern. Job-Rotation ist daher ebenfalls ein erster Schritt in Richtung Entwicklung. Aus entwicklungsorientierter Sicht ist dieses Konzept jedoch nur dann effizient, wenn es mit anderen Methoden gekoppelt wird, die die Nutzung sämtlicher dadurch geschaffenen Potentiale auf Systemebene ermöglichen. Das gleiche gilt im übrigen für Job-Enlargement und Job-Enrichment als Teilaspekte dieses Konzepts.

Der Einsatz von Instrumenten zur Förderung der persönlichen Entwicklung muß folglich mit gruppenorientierten Entwicklungskonzepten einhergehen. Darüber hinaus tragen aber auch andere Maßnahmen zur Förderung der persönlichen Entwicklung, die auf Einbeziehung des Individuums in das Ganze und Bewahrung der eigenen Identität abzielen, in nicht unwesentlichem Maße zur erfolgreichen Anwendung dieser Instrumente in der Praxis bei.

II. Instrumente zur Förderung der individuellen Entwicklung

Wir haben im Laufe unserer bisherigen Beschreibung entwicklungsorientierter Managementinstrumente gesehen, daß jedes von ihnen mit anderen Methoden gekoppelt werden muß, da alle gewisse Unzulänglichkeiten oder Schwachstellen aufweisen. Es stellt sich daher die Frage, wie ein solches Konzept gestaltet sein soll, damit es durch verschiedene andere Instrumente, die zwar einen geringeren Wirkungsgrad haben, aber trotzdem zur Konstruktion des Ganzen beitragen, sinnvoll ergänzt werden kann. Ohne Anspruch auf Vollständigkeit erheben zu wollen, möchten wir nachfolgend nur kurz auf einige davon eingehen und den interessierten Leser im übrigen auf die umfangreiche weiterführende Literatur zu diesem Thema verweisen.

a) Fortbildungsveranstaltungen

Um den geänderten Anforderungen des Wettbewerbs gerecht werden zu können, messen heute zahlreiche Unternehmen der betrieblichen Aus- und Fortbildung eine nicht unwesentliche strategische Bedeutung bei. Schulung ist als Ergänzung zu den Erfahrungen, die durch den Einsatz mancher Managementinstrumente ermöglicht werden, eine der zuverlässigsten Methoden, wenn es darum geht, eine offene Geisteshaltung zu fördern, das heißt, den Indivduen zu helfen, sich dynamischen Umwelten und den rasanten Entwicklungen anzupassen. Die Fluggesellschaft British Airways hat beispielsweise gleich nach ihrer Privatisierung auf Initiative ihres Vorstandvorsitzenden beschlossen, beträchtliche Summen in die Fortbildung zu investieren. Für das Unternehmen ging es darum, von einer staatlich subventionierten Firma mit hohem *„Verbeamtungsgrad"* zu einem wettbewerbsfähigen Privatunternehmen zu werden. Heute ist British Airways in Europa nicht nur die Nummer eins, was das Passagieraufkommen betrifft, sondern zählt darüber hinaus zu den Fluggesellschaften mit dem besten Service.

Aus entwicklungsorientierter Sicht geht das Konzept der beruflichen Weiterbildung über die reine Vermittlung von Kenntnissen bezüglich des Arbeitsinhalts einer Stelle hinaus. Sie dient zugleich der kollektiven Mobilisierung von Kreativität sowie der Förderung von Gruppenarbeit und -entscheidungen. Zu diesem Zweck müssen jedoch zunächst einmal sinnvolle Arbeitsplätze geschaffen werden, die Aussicht auf beruflichen Aufstieg bieten und nach und nach mit verschiedenen Personen besetzt werden. Gerade in dieser Hinsicht erweisen sich Job-Enrichment und Job-Rotation als besonders effiziente unterstützende Maßnahme.

Weiterhin läßt sich – ebenfalls unter dem Gesichtspunkt der Systementwicklung – folgendes sagen: *Fortbildungsveranstaltungen müssen eine Verbindung zwischen den Bedürfnissen des Systems und denen des Individuums herstellen.* Dazu muß man allerdings genau definieren, welche Art von Fähigkeiten aus systemischer Sicht zu fördern sind, und außerdem ermitteln, in welche Richtung die diesbezüglichen Wünsche der Mitarbeiter gehen. Dabei kann sich das jährliche Beurteilungsgespräch als äußerst hilfreich erweisen. Wir möchten im folgenden etwas näher auf diese Aspekte eingehen.

Was die allgemeine Aus- und Fortbildungspolitik betrifft, sind vor allem sechs Punkte herauszugreifen, mit denen sich das Unternehmen im Laufe seines evolutionären Prozesses je nach den veränderten Gegebenheiten immer wieder neu auseinandersetzen muß:

1) Definieren eines strategischen Konzepts, aus dem sich zwingend die folgenden fünf Punkte ergeben. Auf der Grundlage dieses Konzepts werden Ziele und Ablauf der Schulung sowie eventuelle weiterführende Fortbildungsveranstaltungen festgelegt.

2) Analysieren der strategischen Prioritäten und Bedürfnisse des Unternehmens. Die Mitarbeiter müssen in ihrem jeweiligen Aufgabenbereich und im Hinblick auf die Bewältigung ihrer spezifischen, mit den unter Punkt 1 definierten Zielen in Zusammenhang stehenden Probleme geschult werden. Außerdem hat Weiterbildung nicht nur einen praktischen, sondern auch einen symbolischen Wert. Die Gestaltung der Fortbildungskurse gibt Aufschluß darüber, welche Bedeutung die Unternehmensleitung der Weiterbildung ihrer Mitarbeiter beimißt. Eine gute Analyse muß ausgehend von den Interessen des Ganzen zu den individuellen Bedürfnissen der Mitarbeiter hinführen.

3) Ziehen einer klaren Trennlinie zwischen Fortbildung und anderen Schulungsformen sowie den spezifischen Managementmethoden des Unternehmens. Auf diese Weise wird die berufliche Fortbildung als ein langfristiger, karriererelevanter Prozeß angesehen, während die klassische Schulung eher kurzfristig angelegt ist und unmittelbar auf Steigerung der Effizienz am Arbeitsplatz abzielt. Es genügt nicht mehr, den Mitarbeitern das für die Bewältigung der verschiedenen im Unternehmen anfallenden Aufgaben erforderliche Know-how zu vermitteln. Man muß ihnen außerdem helfen, Lernen zu lernen, das heißt zu lernen, wie man angesichts unvorhergesehener Herausforderungen neue Lösungen entwickelt.

4) Auswählen geeigneter Lehrkräfte und Weiterbildungsprogramme. In den internen Fortbildungsinstanzen könnten ehemalige Mitarbeiter oder Verantwortliche des Schulungsteams mit der Durchführung von Veranstaltungen beauftragt werden. Externe Berater könnten zeitweise ihre Fachkenntnisse einbringen und damit einen anderen Einblick in die Materie vermitteln. Wendet man sich jedoch zu oft an sie, leistet man der Meinung Vorschub, es gäbe in der Firma niemanden, der für diese Aufgabe geeignet wäre. Dadurch löst man sowohl Widerstand als auch Desinteresse aus. Häufig ist dann zu hören: „Bei uns läuft das nun mal nicht so, wie *die* immer meinen."

5) Einbeziehen der Führungskräfte vor, nach und vor allem während der Schulung, um die Motivation der Mitarbeiter zu erhöhen.

6) Effizienz, Kosten und Qualität der Weiterbildungsprogramme formell bewerten.

Was die Kurse als solche und damit die Art und Weise, wie sie auf den einzelnen eingehen, betrifft, muß bei jeder Fortbildungsveranstaltung außerdem folgendes berücksichtigt werden (vgl. Trocmé-Fabre, 1987):

1) Lernziel klar definieren, das heißt Erfolgskriterien und Bewertungsmöglichkeiten festlegen.

2) Kontakt zum Lernenden herstellen, das heißt sich über seine Erwartungen, seine Einstellung zum Lernen, sein Potential – genutztes wie ungenutztes –, sein Persönlichkeitsprofil sowie seine Lernmethode klar werden und ihm gleichzeitig all diese Punkte bewußt machen.

3) Pädagogisches Konzept festlegen, das heißt Informationsquellen und Art der Informationsverarbeitung variieren (visuell, auditiv, aktiv, Reproduktion, Transfer ...); das jeweilige Stadium des Lernprozesses (Aufnahme, Verarbeitung, Anwendung) ermitteln; Information in Verbindung mit einem Bezugsrahmen vermitteln, aber zugleich auch individuell gestalten.

4) Den Lernenden fordern, indem man seine verschiedenen Bedürfnisse – zum Beispiel nach Automatismen, Beachtung, Differenzierung und Organisation – anspricht; den Lernenden zum analytischen Denken anregen, ihn aber auch seine Fähigkeit zur Synthese unter Beweis stellen lassen.

5) Für eine dem Lernen förderliche Umgebung sorgen; Pausen einplanen.

6) Zu Beginn der Schulung die einzelnen Punkte des Lernvertrags festlegen und erörtern.

DAS PERFORMANCE-PROJEKT VON PEUGEOT
Perspektiven der Aus- und Fortbildung im Hinblick auf
betriebliche Neuerungen und Veränderungen

- Das Performance-Projekt ist das Ergebnis der Überlegungen des Peugeot-Werks Sochaux zum Thema betriebliche Aus- und Fortbildung, die bei uns als INVE-STITION zur Sicherung des Fortbestands des Unternehmens angesehen wird. Nach den Krisenjahren 1980/84 hat das Werk 1985 schrittweise tiefgreifende Umstrukturierungen vorgenommen. Bis 1995 sollen fast neun Milliarden Francs in die Umstrukturierungen im technischen, organisatorischen und sozialen Bereich investiert werden, damit die Produktivität des Betriebs – im Einklang mit der allgemeinen Geschäftspolitik des PSA-Konzerns – jährlich um 10% gesteigert werden kann. Die Umstellung auf einen „zügigen Produktionsablauf" sowie die vollständige Modernisierung der Anlagen und die damit verbundene Umstellung auf modulare Automatisation erfordern zum einen die Mobilisierung sämtlicher Akteure, zum anderen aber auch entsprechende Fortbildungsmaßnahmen zur Vermittlung der erforderlichen Kenntnisse und Fähigkeiten.

- • PERFORMANCE ist ein GANZHEITLICHER und LOGISTISCHER Ausbildungsansatz:
  - GANZHEITLICH, weil sich EFFIZIENZ nur mit Hilfe einer Kombination von Motivation (Schulungen zur besseren Kenntnis der UMWELT), ALLGEMEIN-BILDUNG (Vermittlung von GRUNDWISSEN) und KOMPETENZ (TECHNI-SCHE Schulungen, PRAKTISCHE Schulungen vor Ort, METHODOLOGI-SCHE Schulungen) erreichen läßt.
  - LOGISTISCH, weil die Schulungen parallel zur Entwicklung neuer Produkte, Produktionsgeräte (und Managementkonzepte) stattfinden, damit die auf diese Weise mobilisierten und geschulten Mitarbeiter zum richtigen Zeitpunkt eingesetzt werden können.

- ••• PERFORMANCE stützt sich bei der Ermittlung der PROFILE auf das BAUKA-STENPRINZIP. Die einzelnen Profile bauen aufeinander auf:
  - Arbeitsplatzprofil: gibt Aufschluß über die zur Erreichung des Ziels erforderlichen Kenntnisse und Fähigkeiten
  - persönliches Profil: eine personenbezogene Bewertung der Ausgangskenntnisse und -fähigkeiten
  - individueller Schulungsbedarf, ermittelt durch direkten persönlichen Vergleich

- •••• Eine KONTINUIERLICHE UND STRENGE BEWERTUNG des Schulungserfolgs ist unerläßlich. Sie gewährleistet vor allem die Homogenität des Handelns sowie den effektiven Erwerb neuer Kenntnisse und Fähigkeiten und ermöglicht außerdem eine Verbesserung der Effizienz unserer Aus- und Weiterbildungskonzepte.

516

●●●●● PERFORMANCE gibt die allgemeine Richtung für die Schulungsmaßnahmen vor, die sich auf die folgenden fünf Bereiche konzentrieren:

- UMWELT: MOTIVATION setzt voraus, daß man versteht, warum bestimmte Phänomene eine Anpassung der wirtschaftlichen, technischen und sozialen Strukturen erfordern (internationaler Wettbewerb, Enwicklung der Märkte ...), und daß man sich der Ziele bewußt ist, die sich das Unternehmen für die nächsten Jahre gesteckt hat.
- ALLGEMEINE SCHULUNG mit dem Thema „Herausforderung allgemeine Bildungsstruktur". Dadurch soll jeder Akteur veranlaßt werden, die Auffrischung seiner Kenntnisse selbst in die Hand zu nehmen, damit das Unternehmen ihm darauf aufbauend im Rahmen der beruflichen Weiterbildung die für die Erfüllung seiner Aufgabe erforderlichen Kenntnisse und Fähigkeiten vermitteln kann.
- TECHNISCHE SCHULUNGEN, vor allem im Umgang mit den „neuen Technologien", die die richtige Bedienung und Instandhaltung der automatisierten Anlagen gewährleisten sollen, ohne daß dabei jedoch die Schulung für die „traditionelleren" Berufe in der Automobilindustrie vernachlässigt wird.
- PRAKTISCHE SCHULUNGEN VOR ORT sind eine unerläßliche Ergänzung zu den technischen Schulungen; sie finden im Werk statt, und zwar entweder in Lehrwerkstätten oder an Anlagen, die bereits in Betrieb sind.
- METHODOLOGISCHE SCHULUNGEN, ein sehr weiträumiger Bereich mit großem Fortschrittspotential. Vermittelt werden beispielsweise neue Konzepte zur INSTANDHALTUNG modernisierter Anlagen.

●●●●●● PERFORMANCE betont vor allem die grundlegende Bedeutung der FÜHRUNGSKRÄFTE, die neben ihren traditionellen Aufgaben zusätzlich einen pädagogischen Auftrag übernehmen sollen: Früher oder später wird jeder, der Verantwortung trägt (aufgrund seiner fachlichen Kompetenz oder seiner hierarchischen Stellung), danach beurteilt, inwieweit er sein Wissen und Know-how an seine Umgebung weitergeben kann. Diese „pädagogische Dimension" ist das augenfälligste Merkmal eines neuen „Kommunikationsstils", der darauf abzielt, die kollektive Leistungsfähigkeit von Kleingruppen zu fördern, die im Zuge des immer größeren Verbreitungsgrads einer engen Kunden-Lieferanten-Beziehung um „optimale Qualität" bemüht sind.

(Internes Dokument, Peugeot)

Das Performance-Projekt von Peugeot als Beispiel einer entwicklungsorientierten Ausbildung

Die Verbindung zwischen den makroskopischen und den mikroskopischen Aspekten der Weiterbildung kann, wie wir gesehen haben, im Rahmen des jährlichen Beurteilungsgesprächs hergestellt werden. Dabei handelt es sich bei der Beurteilung jedoch nicht um die Sanktionierung eines bestimmten Verhaltens, sondern vielmehr um eine gemeinsame Diskussion über das, was der Mitarbeiter bisher geleistet hat, was in Zukunft von ihm erwartet wird und welche Kenntnisse er sich im Rahmen von Fortbildungsveranstaltungen aneignen sollte, sei es zur besseren Bewältigung einer bereits bekannten Aufgabe oder zur Vorbereitung auf eine völlig neue Aufgabe.

Bis zu welchem Grad sich Weiterbildungsprogramme für ein Unternehmen genau rentieren, ist nur schwer zu ermitteln (vgl. Eichenberger, 1992). Ein nennenswerter Return on Investment läßt sich ohnehin erst ab einem gewissen Grad der Einbeziehung des Ganzen, das heißt des Unternehmens, in diesen Prozeß erzielen. So kann es sich zum Beispiel trotz der hohen Kosten als äußerst produktiv und gewinnbringend erweisen, ein Drei-Tage-Seminar außerhalb des Unternehmens als Auftakt zu einer ganzen Reihe von Fortbildungsveranstaltungen anzusetzen.

Ein Beispiel für eine entwicklungsorientierte Aus- und Fortbildungspolitik ist das von Peugeot in seinem Werk in Sochaux durchgeführte Projekt PERFORMANCE („Perspektiven der Aus- und Fortbildung im Hinblick auf betriebliche Neuerungen und Veränderungen").

Auch wenn Fortbildungsveranstaltungen nur dann zur Entwicklung des Unternehmens beitragen, wenn sie mit einer umfassenderen entwicklungsorientierten Politik einhergehen, sind sie dennoch ein wichtiger Pfeiler der Entwicklung. Diese Einsicht setzt sich allmählich auch in immer mehr Großunternehmen durch.

b) Mentoring, Patenschaft, Coaching und Counseling

Diese Konzepte sehen vor, daß jedem Mitarbeiter, der neu eingestellt oder – wenn es sich um ein großes Unternehmen mit sehr komplexen, differenzierten Aktivitäten handelt – in einen anderen Geschäftsbereich oder eine andere Abteilung versetzt wird, eine Art Betreuer zugeteilt wird. Dieser hat die Aufgabe, sowohl die materielle als auch die psychologische Integration seines Schützlings zu überwachen, das heißt, darauf zu achten, daß der neue Mitarbeiter die für die Erfüllung seiner Aufgabe erforderlichen Informationen erhält und entsprechend geschult wird, indem er sich in den ersten Tagen besonders intensiv um ihn kümmert und ihm auch später bei eventuellen Fragen zur Verfügung steht. Das bedeutet auch, daß er dafür sorgt, daß sein Schützling die Funktionsweisen der Firma, ihre wichtigsten Aktivitäten, ihre Produkte und die Firmenphilosophie kennenlernt, damit er sich ein Bild von seinem Arbeitgeber machen kann. Auch mit diesbezüglichen Fragen kann sich der Protégé jederzeit an seinen Betreuer wenden. Dieser wird ihm helfen, sich in seiner neuen Umwelt zu orientieren.

Bei diesem Konzept ist jedoch zwischen vier verschiedenen Anwendungsformen zu unterscheiden: Mentoring, Patenschaft, Coaching und Counseling. Im ersten Fall, dem

518

Mentoring, sucht sich der Mitarbeiter seinen Mentor häufig selbst aus. Letzterer gehört einer der oberen Hierarchieebenen an. So entsteht eine enge, auf gegenseitigem Vertrauen beruhende Beziehung, in der der Mentor sein Wissen und seine Erfahrung an seinen Protégé weitergibt. Er berät ihn, unterstützt ihn, öffnet ihm manche Tür, zeigt ihm anhand von Beispielen, wie er diese oder jene Aufgabe zu bewältigen hat und verlangt von Zeit zu Zeit bestimmte Leistungen von seinem Schützling. Diese Prozeß wird jedoch nur sporadisch eingesetzt, da sich die Institutionalisierung zwischenmenschlicher Beziehungen als schwierig erweisen kann. Außerdem kommen dafür ausschließlich Mitarbeiter mit vielversprechendem Potential in Betracht, die in der Lage sind, sich mit dem Unternehmen zu identifizieren.

Im zweiten Fall, der Patenschaft, entsteht eine informellere Beziehung. Der Pate ist dabei in der Regel ein Kollege, der sich um seinen Protégé kümmert, ihn berät, den anderen Mitarbeitern vorstellt oder mit der Unternehmenskultur vertraut macht. Dies erleichtert dem Schützling, der bei Integrationsschwierigkeiten oder privaten Problemen bei seinem Paten stets ein offenes Ohr findet, die Sozialisation und ermöglicht ihm darüber hinaus eine baldige Aufnahme seiner Tätigkeit. Es ist jedoch schwierig, Paten pädagogisch zu schulen und zu motivieren, und wenn es tatsächlich einmal gelungen ist, diese Hürde zu nehmen, besteht immer noch die Gefahr, daß derjenige sich mehr auf seine Aufgabe als Pate als auf seine eigentliche Arbeit konzentriert.

Die dritte Methode, das Coaching, erinnert an die im Sport weitverbreitete Praxis. Der *Coach*, das heißt der „Manager", kann seinem Mitarbeiter bei der Lösung konkreter Probleme helfen, indem er ihn persönlich berät. Durch Erläuterung neuer Methoden und aktive Unterstützung gibt er ihm die Möglichkeit, Lösungen von einer höheren Autoritätsebene aus durchzusetzen, als er es allein hätte tun können. Im Gegensatz zum langfristig angelegten Mentoring, etwa als karriereunterstützende Maßnahme, konzentriert sich Coaching eher auf kurzfristige Aspekte wie konkrete Aufgaben oder bestimmte Ergebnisse, die es zu erzielen gilt.

Im letzten Fall, dem Counseling, besteht ein direkter, enger Kontakt zwischen einem Mitarbeiter und seinem Vorgesetzten. Dieser unterstützt durch ein regelmäßiges, informelles Feedback die Entwicklung seines Schützlings. Diese Beziehung erfordert vor allem Vertrauen und Kooperationsbereitschaft. Sie hat den Vorteil, daß sie nach der Integration des neuen Mitarbeiters auf formeller Basis fortgesetzt werden kann, zum Beispiel im Rahmen des jährlichen Beurteilungsgesprächs.

Sowohl Mentor als auch Pate müssen sich natürlich freiwillig zur Übernahme dieser Aufgabe bereit erklären und in der Lage sein, Antworten auf die verschiedenartigsten Fragen zu geben. Sie sollten möglichst eine positive Einstellung haben, denn der Firma ginge ein beträchtliches konstruktives Potential verloren, wenn man einen neu eingestellten Mitarbeiter jemandem anvertrauen würde, der dazu beiträgt, daß sein Schützling einen demotivierenden ersten Eindruck von seiner Arbeit gewinnt. Diese Praxis bietet den Vorteil, daß jeder neue Mitarbeiter eine Bezugsperson zugeteilt bekommt, die ihm die Funktionsweisen des Unternehmens in groben Zügen erklärt, damit er diese nachvollziehen und verstehen kann. Sie begünstigt außerdem die Konstruktion kollektiv geteilter Wirklichkeiten, birgt andererseits aber auch die Gefahr einer zu einseitigen Sichtweise – der des Betreuers – in sich. Abgesehen davon muß sich jeder selbst orientieren und seinen Bezugsrahmen den neuen Gegebenheiten anpassen können. Für welche Form der Betreuung man sich letzten Endes entscheidet, will daher wohl überlegt sein, damit dieser in erster Linie persönliche Orientierungs- und Anpassungsprozeß nicht durch die Präsenz einer dominanten Persönlichkeit oder eines Betreuers, der grundsätzlich auf jede Bitte um Unterstützung eingeht, blockiert wird.

Patenschaft, Mentoring, Coaching und Counseling müssen als Instrumente zur Integration im zweifachen Sinne verstanden werden: Integration des neuen Mitarbeiters in die Unternehmenskultur, aber auch Integration der vom Mitarbeiter ausgehenden neuen Impulse, seiner Vorstellungen und seiner Ideen für das System, indem man ihm Mittel und Wege aufzeigt, seine Vorschläge in die Tat umzusetzen. Dieses Instrument ist daher in erster Linie unter dem Gesichtspunkt seiner potentiellen Entwicklungsleistung zu sehen und weniger als eine schnell die Integration fördernde Maßnahme. Erst die Einbindung in ein entwicklungsbezogenes Management läßt den wahren Nutzen dieser Methode erkennbar werden.

c) Job-Sharing

Der Taylorismus zeichnete sich, wie wir bereits erwähnt haben, unter anderem durch eine minutiöse Aufgabentrennung aus. Oft ist jedoch die zeitliche Quantifizierung der Tätigkeiten der konstanten Veränderung der Aufgaben nicht gewachsen. Das hat zur Folge, daß manche Mitarbeiter zu bestimmten Zeitpunkten unterbeschäftigt, die anderer Abteilungen dagegen überlastet sind.

Eine durch Rationalisierungsgründe bedingte Entlassung von kompetenten Mitarbeitern könnte sich negativ auf das Know-how der Firma auswirken. Mit Hilfe des Job-Sharing sollen deshalb Bedingungen geschaffen werden, die es mehreren Personen ermöglichen, sich im Rahmen einer Teilzeitbeschäftigung die Verantwortung für einen Arbeitsplatz zu teilen, indem sie sich bei der Erledigung der anfallenden Aufgaben ablösen.

Die Aufteilung wird nach drei Kriterien vorgenommen: Zeit, Arbeitsinhalt und Verantwortung. Die Mitarbeiter, die sich den Arbeitsplatz teilen, arbeiten zu unterschiedlichen Zeiten, so daß er ständig besetzt ist. Dies ist vor allem bei Telefonistinnen oft der Fall.

Zweck dieser Vorgehensweise kann aber auch die Nutzung der Kenntnisse und Fähigkeiten mehrerer Personen am selben Arbeitsplatz sein. So könnte man beispielsweise die Sprachkenntnisse einer Sekretärin mit der organisatorischen Effizienz eines anderen Mitarbeiters koppeln und den Arbeitsinhalt im Hinblick auf eine optimale Nutzung der individuellen Kenntnisse und Fähigkeiten jedes einzelnen unter den verschiedenen Personen aufteilen. Falls es sich als nötig erweist, können diese auch zur gleichen Zeit eingesetzt werden. Durch diese Praxis lassen sich unter Umständen auch Synergieeffekte erzielen.

Die Verantwortung, das dritte Kriterium, wird beim Job-Sharing auf mehrere Personen verteilt, statt bei einer allein zu liegen. Dies ist vor allem dann von Interesse, wenn keiner der Mitarbeiter das „Format" hätte, die mit der Stelle verbundene Verantwortung allein zu tragen.

Effizientes Job-Sharing setzt gute Kommunikation, Freiwilligkeit, kurzfristige Schulungsmöglichkeiten entsprechend den geänderten Anforderungen des Arbeitsplatzes und Kenntnis des Einflusses der damit verbundenen Aktivitäten auf das Ganze voraus. Job-Sharing ermöglicht Interaktionen, flexibles Handeln, Offenheit gegenüber anderen Sichtweisen und die Berücksichtigung individueller Wünsche.

d) Befristeter Austausch, Besuche bei anderen Einheiten, betriebliche Veranstaltungen

Auch andere Managementinstrumente haben sich im Hinblick auf die Konstruktion einer kollektiv geteilten Wirklichkeit sowie die Förderung von Interaktionen und Austauschprozessen bewährt, auch wenn einige von ihnen nur eine beschränkte Anzahl von Mitarbeitern betreffen. Ein *zeitlich befristeter Austausch von Mitarbeitern* zwischen verschiedenen Abteilungen gibt den Betroffenen zum Beispiel die Möglichkeit, vorübergehend in einer anderen Einheit zu arbeiten und deren Funktionsweise kennenzulernen. Dies ist natürlich vor allem bei Stellen von Nutzen, deren Aufgabeninhalte eng miteinander zusammenhängen, da die Stelleninhaber auf diese Weise die Arbeitssituation des anderen besser verstehen können. Sich in anderen Einheiten umzusehen dient der Beschaffung zusätzlicher Informationen sowie der Förderung der Entwicklung der betreffenden Abteilung durch den „Gast". Manche Unternehmen versuchen, die Praxis eines einjährigen Arbeitsplatztauschs zwischen zwei Mitarbeitern mit ähnlichen Arbeitsinhalten einzuführen, damit jeder neue Sichtweisen kennenlernt, neue Möglichkeiten der Aufgabenbewältigung entdeckt und dieses neue Wissen hinterher in seine eigentliche Arbeit und die seiner Einheit einbringen kann. Dies betrifft natürlich ausschließlich Führungskräfte und Mitarbeiter der Stabsstellen, aber warum sollte es nicht auch auf operativer Ebene möglich sein, zumal es bereits Qualitätszirkel oder andere Formen kollektiver Denkprozesse gibt, die es dem Mitarbeiter erlauben, an der Gestaltung seines Arbeitsrahmens mitzuwirken?

Besuche bei anderen Einheiten tragen in geringerem Umfang ebenfalls zur Konstruktion eines einheitlichen Bezugsrahmens bei. Ist es nicht paradox, daß in einem Unternehmen, in dem die „Corporate Identity" immer wieder betont wird, drei Viertel der Angestellten der Marketingabteilung noch nie die Produktionsstätten gesehen haben? Oder daß die in der Forschung und Entwicklung arbeitenden Ingenieure den „Technokraten da oben" noch nicht ein einziges Mal begegnet sind? Da jedes Subsystem dazu neigt, sich seine eigene „Subkultur" zu schaffen, sind Besuche bei anderen Einheiten eine gute Möglichkeit, die anderen Bezugsrahmen kennenzulernen, um sie daraufhin einander gegenüberzustellen und interferieren zu lassen.

Eine gewisse Interaktion und Dynamik, eine gemeinsame Basis läßt sich häufig auch auf dem Wege betrieblicher Veranstaltungen außerhalb der Firma erreichen. Ein gemeinsames Wochenende, ein gemeinsamer Abend für alle Mitarbeiter einer Abteilung beziehungsweise einen mehr oder weniger kleinen Kreis von Mitarbeitern, jährliche Betriebsfeiern in Form eines „gemütlichen Beisammenseins" eignen sich besonders gut zur Förderung der zwischenmenschlichen Kontakte und Austauschbeziehungen. Alles, was das Unternehmen für seine Mitarbeiter tut, stärkt das „Wir-Gefühl" in mehrfacher Hinsicht, auch wenn es sich dabei nicht immer um etwas Konkretes handelt. Denken wir etwa an die Werbekampagne, mit der Delta Airlines seinen Mitarbeitern für ihre Leistung und ihren Einsatz gedankt hat. Ein solches Vorgehen ist natürlich äußerst werbewirksam, trägt aber auch betriebsintern Früchte. Das gleiche gilt für bestimmte Marketingentscheidungen, die den internen Bereich in gleichem Maße betreffen wie die Umwelt. Als French Kiss beim America Cup für Frankreich startete, fieberten zum Beispiel zahlreiche Angestellte mit. Oder nehmen wir ein anderes Beispiel: Die Entscheidung der französischen Post, ein Boot beim Rennen des Globe-Challenge an den Start zu schicken, erwies sich als gemeinschaftsfördernd, zumal die Mannschaft unter den Postangestellten rekrutiert wurde. Diese symbolträchtigen Traditionen reichen wegen ihres punktuellen Charakters allein nicht aus, um das „Gesicht" eines Unternehmens zu verändern. Sie können aber aktiv zu dessen Entwicklung beitragen, falls dieser Prozeß entsprechend gelenkt wird, indem sie gemeinsame Interessen und Wirklichkeiten erkennbar werden lassen und die Entstehung einer Identität fördern.

e) Seminare

Auch Seminare eines Unternehmers gehören zu den außerbetrieblichen Veranstaltungen. Sie finden zwar in kleinerem Kreis statt, gehen dafür jedoch mehr in die Tiefe. Sie betreffen nämlich jeweils nur einige wenige Mitarbeiter, die sich für die Dauer des Seminars unter Ausschluß sämtlicher äußeren Zwänge gemeinsam über ein bestimmtes Thema Gedanken machen. Ein Seminar wird im allgemeinen außerhalb des privaten wie auch des beruflichen Rahmens zwischen Personen abgehalten, die sich in derselben Lernsituation befinden. Es wird ein Seminarziel festgelegt, damit der Sinn der Veranstaltung für alle Beteiligten erkennbar ist. Der Rhythmus Arbeitszeit/Pause ermöglicht auf ideale Weise Austausch und Gegenüberstellung unterschiedlicher Sichtweisen, zumal Funktion und Status, die jeder einzelne normalerweise innerhalb der Organisation hat, in diesem Rahmen keinerlei Rolle spielen. Seminare müssen, wenn sie ihren Zweck erfüllen sollen, lange genug dauern, damit Routinen abgebaut, verlernt und Lösungen entwickelt werden können, und außerdem einen Entwicklungsprozeß in Gang setzen, der es den Teilnehmern erlaubt, ihre Kenntnisse und Fähigkeiten bei ihrer Rückkehr ins „praktische" Leben zumindest teilweise umzusetzen. Persönlichkeit und Stellung der Moderatoren sind ebenso wichtig wie ihre Fähigkeit – die sie im übrigen mit den Managern der Firma teilen sollten –, auf Infragestellungen des betrieblichen Wertesystems zu reagieren, die in diesem ungezwungenen Rahmen meist nicht ausbleiben. Ein Management des organisationalen Lernens scheint daher notwendig, damit sich die Investition in Seminare für das Unternehmen bezahlt macht.

Seminare bieten mehrere Vorteile, die wir nachfolgend zusammenfassen möchten:

- Die Teilnehmer beschäftigen sich mit konkreten, bekannten Problemsituationen.
- Lernen, Lehren und Handeln finden nicht getrennt voneinander statt, sondern werden miteinander kombiniert.
- Methodische und inhaltliche Kenntnisse werden durch die Auseinandersetzung mit praktischen Fragen erworben, wobei Einsatz und Interventionen vom Kursleiter oder Berater gezielt vorgenommen werden.
- Die Probleme werden aus allgemeinen Situationen und Kontexten abgeleitet. Der Lerneffekt wird durch den gemeinsamen Prozeß der Lösungssuche, Bewertung und Reflexion erzielt, wobei all diese Fähigkeiten durch die Arbeit im Seminar aktiviert werden.
- Jeder ist zugleich Lehrer und Lernender. Auf diese Weise kann jeder vom Kenntnisstand und den praktischen Erfahrungen der anderen profitieren.
- Angewandte Kenntnisse können zu einem späteren Zeitpunkt erneut verwertet, interpretiert und umgesetzt werden.
- Das Seminarziel wird durch die Lenkung eines gruppendynamischen Prozesses erreicht, der sowohl die persönliche Entwicklung als auch die des Ganzen begünstigt.

Seminare sind heutzutage immer öfter auf die Erschließung der durch Gruppenarbeit freigesetzten Potentiale ausgerichtet. Dies ist ein wichtiger Punkt, auf den wir später noch zurückkommen müssen.

f) Flexible Arbeitszeiten

Natürlich kann jedes der obengenannten Konzepte von einer Person zur anderen völlig unterschiedlich interpretiert werden. Die Effizienz solcher Maßnahmen setzt jedoch gegenseitiges Vertrauen und einen Dialog zwischen Mitarbeiter und Unternehmen voraus. Grundlage dieses Vertrauens sollte außerdem das beide Seiten verbindende Interesse, die Gestaltung des Systems, sein. Damit Mitarbeiter und Unternehmen jedoch eine gemeinsame Basis finden, damit der Mitarbeiter einen Sinn darin sieht, die Unternehmenskonzepte in seinen persönlichen Bezugsrahmen zu integrieren, muß er dies selbst wollen und als Möglichkeit zur persönlichen Entwicklung auffassen. Er muß das Gefühl haben, frei über seine Zugehörigkeit zum System und über sein Handeln entscheiden zu können. Das System muß seinerseits flexibel genug sein, damit jeder seine persönlichen Ziele verwirklichen kann.

In der Praxis drückt sich individuelle Flexibilität, die ebenso wichtig ist wie die strukturelle Flexibilität des Unternehmens, in der Entscheidungsfreiheit bezüglich des

Hewlett-Packards Arbeitszeitmodell

freie Stunden

freie halbe/
ganze Tage

freie Wochen

Ruhestands-
regelungen

Tages-/
Wochen-
arbeitszeit

Monatsarbeitszeit

Jahresarbeitszeit

Lebensarbeitszeit

Bestehende
Arbeitszeitregelungen

• Gleitzeit
• Swingtime
• Überstunden-
  freizeitbonus
• Job-Sharing

Grundlage für das Arbeitszeitmodell bei Hewlett-Packard ist der mitarbeiterorientierte Führungsstil

• Mitarbeiter sind unser größtes Vermögen
• Vertrauen zu den Mitarbeitern
• Gleichbehandlung aller Mitarbeiter
• Verantwortung liegt bei Vorgesetzten und Mitarbeitern
• Keine Zeiterfassungs- bzw. Zeitkontrollsysteme wie z.B. Stechuhren

Grundstruktur des Arbeitszeitmodells von Hewlett-Packard

Hewlett-Packards Arbeitszeitmodell

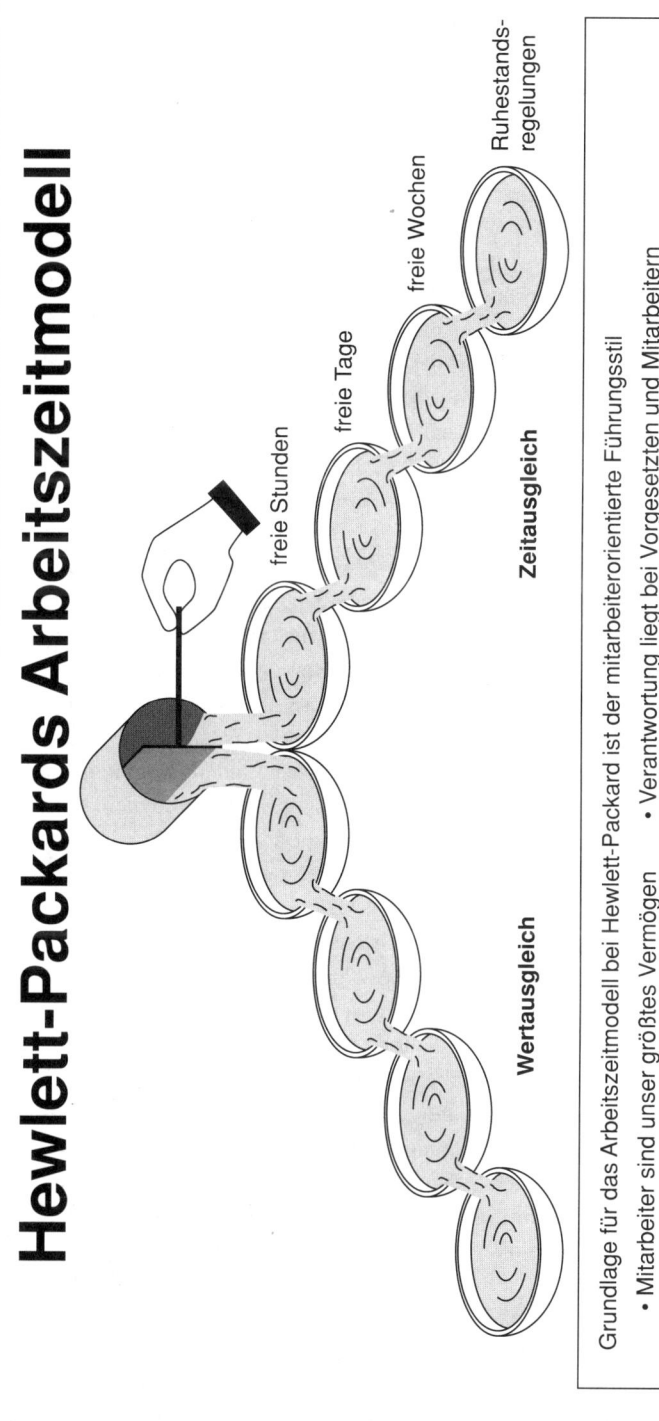

freie Stunden

freie Tage

freie Wochen

Ruhestands-
regelungen

Wertausgleich

Zeitausgleich

Grundlage für das Arbeitszeitmodell bei Hewlett-Packard ist der mitarbeiterorientierte Führungsstil

• Mitarbeiter sind unser größtes Vermögen
• Vertrauen zu den Mitarbeitern
• Gleichbehandlung aller Mitarbeiter

• Verantwortung liegt bei Vorgesetzten und Mitarbeitern
• Keine Zeiterfassungs- bzw. Zeitkontrollsysteme wie z.B. Stechuhren

[*hp*] **HEWLETT PACKARD**

GmbH, HP in Bildern 91/92 - 32

Nutzungsmöglichkeiten des Arbeitsmodells (1992)

zeitlichen Einsatzes aus. Manche arbeiten lieber nachts, frühmorgens oder auch zehn Tage hintereinander, um sich dann ein verlängertes Wochenende zu gönnen. Andere möchten vielleicht ein Jahr lang nur zu 60 Prozent eingesetzt werden, weil sie in der restlichen Zeit Theater spielen, einen Marketingkurs besuchen oder sich um ihre Kinder kümmern wollen. Einige würden sich gern acht Monate beurlauben lassen, um eine Weltreise zu machen, einen Roman zu schreiben oder als Lehrkraft an einer Schulung mitzuwirken. All dies stellt auf seine Weise eine persönliche Bereicherung dar, die sich, auch wenn sie in keinem unmittelbaren Zusammenhang zur Firma steht, nur positiv auswirken kann. Der Mitarbeiter bekommt dadurch – und das ist eine wesentliche Voraussetzung für einen konstruktiven Beitrag zum System – einen größeren Abstand zu seiner Arbeit. Er kann zum Beispiel andere Maßstäbe einbringen und aufgrund seiner neuen Ideen zur Gestaltung des institutionellen Bezugsrahmens beitragen. Er wird dem System stets konstruktiv, aber zugleich kritisch gegenüberstehen, da er noch andere Bezugspunkte im Leben hat. Und wenn er auf diese Weise die Wirklichkeit des Systems, zu dessen Gestaltung er beiträgt, besser versteht, wird er weniger bloßer Mitläufer als vielmehr Motor des Systems sein.

Nehmen wir als Beispiel das zur Zeit bei Hewlett-Packard in Deutschland praktizierte Arbeitszeitsystem. Die Firma hat noch vor der Verkürzung der gesetzlichen Wochenarbeitszeit im Einvernehmen mit der Belegschaft beschlossen, die alte Arbeitszeitregelung beizubehalten, wodurch die Mitarbeiter die Möglichkeit bekamen, ein „Zeit-Guthaben" – ähnlich wie ein Guthaben bei der Bank – anzulegen. Die persönliche Flexibilität des Mitarbeiters besteht darin, frei über sein „Zeit-Guthaben" verfügen zu können. Er kann sich zum Beispiel einige Stunden in der Woche beziehungsweise mehrere Tage im Monat frei nehmen oder auch seine Überstunden „ansparen" und irgendwann eine Woche oder einen Monat Urlaub machen. Dies ermöglicht es einem Mitarbeiter von Hewlett-Packard auch, bei weiterhin bestehendem Arbeitsverhältnis unter Umständen ein Jahr lang eine Ganztagsausbildung oder auch eine Weltreise zu machen.

Flexible Arbeitszeiten, Zusatzurlaub und befristete oder unbefristete Arbeitszeitverkürzung existieren bereits in zahlreichen Firmen, ohne sich jedoch unbedingt als entwicklungsfördernd zu erweisen. Ein effizienter Einsatz dieser Konzepte erfordert nämlich eine auf Vertrauen beruhende Organisation. Wenn die Arbeitszeit systematisch elektronisch kontrolliert wird, wenn vorübergehende Arbeitszeitverkürzungen nur im Zusammenhang mit einer dem Unternehmen unmittelbar zugute kommenden Weiterbildung gewährt werden, wenn Langzeitbeurlaubungen nur ab einer bestimmten Altersgrenze möglich sind, bei der man sicher sein kann, daß die in Frage kommenden Personen diese Möglichkeit, die Firma zu verlassen und sich einer anderen Aktivität zu widmen, nicht in Anspruch nehmen werden, ist dieses Vertrauen in keiner Weise gegeben. Dupont de Nemours, Hewlett-Packard, Sprecher und viele andere Firmen haben schon seit Jahren begriffen, daß Qualität nicht durch die quantitative Erfassung der Arbeitszeit durch eine Kontrollabteilung gewährleistet wird. Ein Unternehmen hat mehrere Möglichkeiten, zur Entwicklung der Mitarbeiter beizutragen. Dazu zählen unter anderem Fortbildungsveranstaltungen, Beförderungen, Tätigkeitswechsel, aber auch flexible Arbeitszeiten und -inhalte. Eine auf beiderseitigem Vertrauen beruhende Beziehung, in der die Mitarbeiter Verantwortung übernehmen und jeder das Gefühl hat, einen wichtigen Beitrag zum Ganzen zu leisten, läßt sich nur dann erreichen, wenn das Unternehmen verschiedene Möglichkeiten dieser Palette anbietet, ohne dabei in erster Linie an den eigenen Nutzen zu denken.

g) Komplementäre Maßnahmen

Es ist unmöglich, alle Aktivitäten und Maßnahmen zur Förderung der individuellen Entwicklung und damit der Entwicklung des Unternehmens erschöpfend zu behandeln. Ein kohärentes Management der Humanressourcen ist jedoch von entscheidender Bedeutung. Zu diesem Zweck genügt es nicht, sich einige der oben beschriebenen Maßnahmen herauszugreifen und nacheinander isoliert umzusetzen. Erforderlich ist vielmehr eine gleichzeitige Anwendung mehrerer komplementärer Methoden. Ebenso ist es wichtig, daß unter anderem auch die Entlohnungsgrundsätze dem Wesen und den Bestimmungen nach den Prinzipien des Personalmanagements entsprechen. Ob die Lohn- und Gehaltsskala formell festgelegt wird oder nicht, ob bei der Höhe des Entgelts in erster Linie die Erfahrung, die Zeugnisse, der Status der Stelle, ihre Bedeutung oder ihre Entwicklung im Vordergrund stehen, die Entlohnungsgrundsätze geben in jedem Fall auf ihre Weise Aufschluß über die Bedeutung, die die Unternehmensleitung diesem oder jenem Faktor beimißt. Sie müssen folglich zusammen mit den anderen komplementären Maßnahmen zur Förderung der persönlichen Entwicklung festgelegt werden. Diese Maßnahmen möchten wir zusammenfassend folgendermaßen charakterisieren:

PERSPEKTIVEN	METHODEN ZUR FÖRDERUNG DER PERSÖNLICHEN ENTWICKLUNG
Identität	Der einzelne lernt sich besser kennen und kann seine Beziehung zum Unternehmen und zu seiner Arbeit besser einordnen.
Heterarchie	Die persönliche Entwicklung ermöglicht es dem Menschen, seiner Verantwortung besser gerecht zu werden, trägt jedoch in keiner Weise zu einer entsprechenden Gestaltung des Systems bei.
Flexibilität	Der einzelne ist eher in der Lage, sich auf neue Aufgaben oder neue Situationen einzustellen.

Die persönliche Entwicklung trägt, wie bereits erwähnt, zur Entwicklung des Ganzen bei, da jeder seine subjektive Wirklichkeit besser wahrnehmen, das heißt diese im Zusammenhang mit der des Unternehmens sehen kann. Die Mitarbeiter werden selbständiger und sind eher zur Komplexitätsbewältigung in der Lage. Lernen ist jedoch zunächst ein individueller Prozeß. Später hat der Lernende dann *vielleicht* das Bestreben, das Gelernte an die Gruppe weiterzugeben. Um diesen Prozeß zu erleichtern, muß die Entwicklung des Individuums in Gruppenprozesse eingebunden werden beziehungsweise in die Prozesse anderer im Unternehmen existierender Subsysteme.

III. Strukturen der Gruppenarbeit

Die Tatsache, daß ein Mitarbeiter nur selten allein arbeitet und außerdem zahlreiche andere Angehörige des Unternehmens von den Folgen seiner Arbeit betroffen sind, trägt dazu bei, daß sich die Managementhandlungen immer mehr auf Teamarbeit konzentrieren. Einige Experimente in dieser Richtung erweisen sich als äußerst entwicklungsfördernd. Wir werden im folgenden noch die Gründe erkennen. Wir möchten jedoch zunächst auf Gruppen eingehen, die für befristete Dauer zur Bewältigung einer konkreten Aufgabe gebildet werden, bevor wir uns der Frage zuwenden, wie man die Zusammenarbeit operativer Einheiten gestalten könnte, die tagtäglich miteinander zu tun haben.

a) Temporäre Gruppen mit begrenztem Aufgabenbereich

Unter temporären Gruppen mit begrenztem Aufgabenbereich versteht man alle Gruppen, die von den Mitarbeitern eines Unternehmens für befristete Dauer zur Bewältigung eines bestimmten Problems gebildet werden, sei es in Form von Qualitätszirkeln oder anderen Gruppen – Task-Forces, Arbeitsgruppen, T-Groups (vgl. de Bettignies et al., 1975) etc. Diese Teams zeichnen sich ohne Ausnahme dadurch aus, daß sie generell auf freiwilliger Basis entstehen.

1. Qualitätszirkel

Qualitätszirkel sind im Laufe der letzten Jahre zu einer bewährten Unternehmenseinrichtung geworden. „Total quality" („zero defects") und Orientierung am Kunden waren und sind in Unternehmen Leitmotive, deren praktische Umsetzung in vielen Fällen mit Hilfe dieses Instruments ermöglicht wurde. In Frankreich haben Lesieur und Hewlett-Packard eine Vorreiterrolle gespielt, was die Einführung von Qualitätszirkeln betrifft. Nach und nach sind dann jedoch fast alle großen Firmen ihrem Beispiel gefolgt und haben nach mehr oder weniger reiflicher Überlegung in der einen oder anderen Form ebenfalls Qualitätszirkel eingeführt.

Dieses Konzept ist dennoch relativ neu. Die ersten Qualitätszirkel entstanden Anfang der sechziger Jahre in japanischen Großunternehmen. Sie waren das Resultat eines langen Evolutionsprozesses, der kurz nach dem Zweiten Weltkrieg eingesetzt hatte. Japan mußte damals seine gesamte Industrie neu aufbauen und sich außerdem ein neues Image schaffen, da man den Produkten „made in Japan" eine nur geringe Zuverlässigkeit nachsagte. Die Japaner stützten sich dabei auf Forschungen, die die Amerikaner in den Kriegsjahren im Bereich der statistischen Qualitätskontrolle angestellt hatten. Vor allem zwei amerikanische Experten, Professor E. Deming und Professor J. Juran, interessierten sich für dieses Problem, der eine für seinen quantitativen Aspekt, der andere dagegen mehr für die Frage, wie man sämtliche betrieblichen Ressourcen in dieser Hinsicht mobilisieren könnte. Die japanischen Unternehmensleiter kamen immer häufiger auf Seminaren zusammen, um über dieses Thema zu diskutieren. Das Konzept der Qualitätszirkel fand allmählich allgemeine Verbreitung und wurde von K. Ishikawa weiterverbreitet. Erst Anfang der siebziger Jahre fingen die großen amerikanischen und europäischen Firmen an, sich näher mit den „japanischen Managementmethoden" zu beschäftigen, und entdeckten ihrerseits das Instrument der Qualitätszirkel.

Ein Qualitätszirkel ist eine ständige, aus fünf bis zehn Personen desselben Arbeitsbereichs bestehende Gruppe, die regelmäßig zusammentritt, um gemeinsam Qualitätsprobleme oder andere mit ihrer Arbeit in Zusammenhang stehende Probleme zu erkennen, zu analysieren und zu lösen. Dabei gehen sie nach spezifischen, in erster Linie statistischen Methoden vor mit dem Ziel, die Funktionsweise ihrer Arbeitseinheit zu verbessern.

Um Sinn und Zweck dieser Methode zu verdeutlichen, möchten wir auf einige dieser Punkte etwas ausführlicher eingehen. Erstens: die Themenauswahl. Sie obliegt der Gruppe als Ganzes. Im Idealfall besteht über die zu behandelnden Themen ein Konsens, das heißt, jeder kann sich mit dem Problem identifizieren. Zweitens: die Häufigkeit der Treffen. Die Mitglieder des Qualitätszirkels treffen sich einmal pro Woche ein bis zwei Stunden während der Arbeitszeit. Man wartet mit der Lösung eines Problems folglich nicht erst, bis dieses tatsächlich auftritt. Es findet vielmehr ein kontinuierlicher Reflexionsprozeß statt. Im günstigsten Fall bestehen die Qualitätszirkel nicht nur für eine begrenzte *Dauer*. Sie entstehen nicht aus einer bestimmten Situation heraus, sondern eher aufgrund des ständig vorhandenen *Willens zur Qualitätsverbesserung*. Dieser Wille und das ständige Suchen nach *Verbesserung* in allen Bereichen – z. B. bei Dienstleistungen in Bezug auf Produkte, Vermarktung, Abläufe, Einkauf usw. – ist heute auch unter dem Titel Kaizen bekannt (vgl. Imai, 1992). Ein Qualitätszirkel befaßt sich nur mit einem Problem gleichzeitig. Ist dieses gelöst, wird das neue Thema festgelegt. Drittens sei darauf hingewiesen, daß der freiwillige Charakter dieser Praxis wichtig für die Effizienz des Qualitätszirkels ist: Ein unmotivierter Mitarbeiter wäre unproduktiv, langfristig sogar kontraproduktiv. Der Leiter der Abteilung, in der der Qualitätszirkel eingerichtet werden soll, hat daher die Aufgabe, darauf zu achten, daß nicht Mitarbeiter, die nicht das geringste Interesse an dieser Art von Arbeit haben, mehr oder weniger zwangsweise „abgestellt" werden. Sonst würde dieses Instrument aufgrund der psychologischen Spannungen unter den Gruppenmitgliedern jeglichen Sinn verlieren.

Qualitätszirkel dienen vor allem dem Zweck, das Potential der Mitarbeiter im Hinblick auf neue Ideen und Vorschläge zu aktivieren. Sie sind weder als Arbeitnehmervertretung noch als eine Art „Belegschaftsforum" zu verstehen, wie etwa die in Frankreich per Gesetz eingeführten *„groupes d'expression"*.[1] Es handelt sich vielmehr um regelmäßige Treffen, bei denen Probleme von denjenigen erörtert werden, die sie aus eigener Erfahrung kennen und daher am besten in der Lage sind, sie zu lösen. Die angesprochenen Themen und die Ziele sind also vielfältig. Sie lassen sich in drei Kategorien einordnen: Themen, die sich auf die Qualität an sich beziehen – Qualität des Produkts, des Dienstes am Kunden, der Produktion –, Themen, die die Produktivität betreffen – Arbeitsplatzgestaltung, Energiesparmaßnahmen, Verringerung der Maschinen-Stillstandzeiten, Verbesserung der Materialbeschaffung, Vereinfachung der Arbeits- oder Kontrollprozesse –, und Themen, die sich mit der Arbeitssituation befassen – Verbesserung der physischen Arbeitsumwelt, des Arbeitsklimas, der hierarchischen Beziehungen usw. Und da sich die behandelten Fragen niemals nur auf individuelle Fälle beziehen, sondern auf Situationen, die alle Mitglieder des Qualitätszirkels betreffen, ist dieses Instrument auch im Hinblick auf die Stärkung des Gemeinschaftsgefühls nicht zu unterschätzen: Das Gefühl, von den Problemen des Unternehmens betroffen zu sein, wirkt sich zusammen mit dem Bestreben, diese zu lösen, in der Regel motivationsfördernd aus – und sorgt zudem für geringere Fehlzeiten.

Diese Ziele lassen sich nicht einzig dadurch erreichen, daß sich mehrere Personen derselben Einheit einmal wöchentlich treffen. Ein gut funktionierender Qualitätszirkel erfordert bestimmte Strukturen und die langfristige Steuerung bestimmter, der Gruppendynamik förderlicher Prozesse. Was die Strukturen angeht, so werden vor der Einrichtung eines Qualitätszirkels häufig folgende projektbezogene Organe geschaffen.

- *Das Steuerungskomitee* besteht aus den Leitern der betroffenen Geschäftsbereiche. Es ist in gewisser Weise die zentrale Reflexions- und Entscheidungsinstanz. Es entscheidet zum Beispiel über die Einrichtung von Qualitätszirkeln, legt die Ziele fest und fördert die Anwendung dieses Konzepts. Letztlich entscheidet es auch über die Realisierung von Verbesserungsvorschlägen.
- *Die Koordinationsgruppe* ist genaugenommen eine Arbeitsgruppe, die sich operativ mit einem Großteil der mit der Einrichtung, Durchführung und Kontrolle verbundenen Probleme befaßt. Sie ist vor allem für die Lösung von Konflikten verantwort-

---

[1] Ein am 4. August 1982 verabschiedetes Gesetz über die Rechte der Mitarbeiter eines Unternehmens besagt unter anderem: Alle Beschäftigten eines Unternehmens haben unabhängig von ihrer politischen, gewerkschaftlichen und religiösen Zugehörigkeit das Recht, an ihrer Arbeitsstätte gemäß dem Wortlaut dieses Gesetzes ungehindert ihre Meinung zu äußern, soweit dies nicht gegen die verfassungsmäßige Ordnung verstößt.

lich, die zwischen zwei oder mehreren Zirkeln, die sich mit derselben Problemsituation beschäftigen, auftreten können.

- *Der Koordinator* oder Facilitator hat vor allem die Aufgabe, die Verbindung zwischen der „Basis" und den oberen Hierarchieebenen herzustellen und die Moderatoren der einzelnen Zirkel, solange diese bestehen, zu unterstützen. Er leistet methodische Hilfestellung und ist eine Art interner Berater, an den man sich bei eventuellen Problemen oder Fragen wenden kann. Falls notwendig, greift er selbst auf interne oder externe Berater bzw. Experten zurück.

- *Der Moderator* sollte im Idealfall der direkte Vorgesetzte aller Mitglieder des Zirkels sein, sozusagen der „niedrigste gemeinsame Vorgesetzte". Wir sind bereits im zweiten Teil unseres Werks ausführlich auf die Funktion des Moderators eingegangen. Dieser hat unter anderem die Aufgabe, „seinen" Zirkel zusammenzustellen, die Mitglieder im Hinblick auf eine harmonische Zusammenarbeit im Zirkel anzuleiten sowie Diskussionen zu moderieren und zu lenken. Dies geschieht vor allem, indem er für jedes Treffen neue Ziele festlegt, um Monotonie oder – bei langwierigen Problemlösungsprozessen – den Eindruck des „Auf-der-Stelle-Tretens" zu vermeiden.

- *Die Qualitätszirkel-Gruppe* bildet sich auf freiwilliger Basis. Die Mitglieder arbeiten alle in derselben Einheit oder haben ähnliche beziehungsweise miteinander verknüpfte Aufgaben. Bis auf wenige Ausnahmen sind alle ständige Mitglieder des Zirkels, da die Arbeitsgewohnheiten, Komplementäreffekte und methodischen Vorgehensweisen, die sich im Laufe der Zeit innerhalb des Zirkels herausbilden, wesentliche Faktoren für den Erfolg sind.

Eine gewisse Methodik bei der Problembewältigung scheint, wie Erfahrungen gezeigt haben, ebenfalls ein wichtiger Faktor für den Fortbestand eines Qualitätszirkels zu sein. Die ersten Monate nach seiner Einrichtung sind meist durch große Effizienz gekennzeichnet – selbst bei relativ geringer Arbeitsdisziplin –, weil alle dringenden und einfachen Probleme behandelt werden, für deren Lösung man sich in der betroffenen Abteilung bisher nie Zeit genommen hat. Die Zirkelmitglieder sind in dieser Phase folglich noch stark motiviert. Danach sind jedoch tiefergreifende, komplexere Probleme zu bewältigen. Wenn die Arbeit des Zirkels auch weiterhin Früchte tragen soll, was sowohl für die Gruppe wichtig ist, weil man natürlich einen gewissen Fortschritt sehen möchte, als auch für das Unternehmen, das schließlich in diese Praxis investiert, muß die Methodik ausgebaut und verbessert werden. Die Mitglieder des Zirkels müssen lernen, wie man komplexe Probleme erfaßt und welche Möglichkeiten zu ihrer Bewältigung existieren. Dabei können sie sich auf bereits bestehende Methoden stützen (vgl. Probst/Ulrich, 1989). Ohne eine Verbesserung der Methodik verliert der Qualitätszirkel meist bereits nach einem Jahr jegliche Effizienz.

Deshalb müssen die Mitglieder eines Qualitätszirkels ebenso wie die Moderatoren unbedingt geschult werden. Die Investition, die die Einrichtung eines Qualitätszirkels erfordert, mag zunächst beträchtlich erscheinen. Wie rentabel diese Methode ist, zeigen Art und Umfang der auf diese Weise bereits gelösten Probleme. Bei Lesieur,

Frankreich, hat man zum Beispiel ausgerechnet, daß sich der Return on Investment bei einem Qualitätszirkel pro Jahr durchschnittlich auf das Fünfeinhalbfache der Investitionssumme beläuft. Bei Nissan, einem Unternehmen, in dem zur Zeit über 4200 Qualitätszirkel existieren, soll die Investitionsrendite insgesamt sogar das 50- bis 100fache der Anfangsinvestition betragen.

PERSPEKTIVEN	QUALITÄTSZIRKEL
Identität	Der einzelne kann sein Handeln besser in einen kollektiven Bezugsrahmen einordnen, der sich allerdings auf seine Abteilung beschränkt.
Heterarchie	Da die Aufgaben allen Mitgliedern einer Abteilung gemeinsam sind, kann jeder seine persönlichen Fähigkeiten und Kenntnisse einbringen, wodurch Heterarchie innerhalb der Gruppe gefördert wird.
Flexibilität	Durch das Erlernen einer Problemlösungsmethodik sind die Mitglieder nach und nach immer mehr in der Lage, sich unterschiedlichen Situationen anzupassen.

Schritt für Schritt konstruiert sich der Zirkel seine eigene Wirklichkeit, es entsteht ein gemeinsamer Bezugsrahmen innerhalb der Abteilung, der jedoch all diejenigen ausschließt, die nicht dem Zirkel angehören, und der sich außerdem nicht unbedingt immer in den Bezugsrahmen des Ganzen einfügt. Hier zeigt sich die wichtige Rolle des Moderators. Er kann die innerhalb des Zirkels bestehende Tendenz zur Selbstorganisation, die mit den im Verlauf des Lernprozesses wachsenden Fähigkeiten und Kenntnissen der Mitglieder noch stärker wird, entweder fördern oder ihr entgegenwirken. Ein Qualitätszirkel befaßt sich stets mit operativen, abteilungsbezogenen Problemen. Dabei findet Single-loop-Learning statt. Ein umfassendes „organisationales" Lernen ist nur dann wirklich gegeben, wenn man sich methodisch mit den Infragestellungen des Bezugsrahmens auseinandersetzt, zu denen es nach der Bewältigung der ersten, einfachen Probleme unweigerlich kommt.

Qualitätszirkel stehen am Anfang zahlreicher anderer Formen der Teamarbeit. Sie haben die Weichen in Richtung Partizipation gestellt, haben allerdings auch ihre Grenzen. Da sie sich auf die operativen Aspekte der in einer Abteilung anfallenden Aufgaben beschränken, sind sie zwar ein erster möglicher Schritt im Rahmen der Einführung entwicklungsorientierter Managementinstrumente, gleichzeitig muß man sich jedoch auch über die konzeptionellen Probleme des Unternehmens Gedanken machen. Wenn die bereits geschilderte Arbeitssituation innerhalb des Zirkels durch zu viele „unantastbare" Zwänge beeinträchtigt wird, besteht die Gefahr der Demotivation. Der Qualitätszirkel ist also ein aus entwicklungsorientierter Sicht unerläßliches Instrument – sei es in seiner rein theoretischen Form oder in einer modifizierten Form –, dessen Entwicklungsleistung allein jedoch nicht ausreicht.

2. Andere Teamformen

Neben den Qualitätszirkeln existieren noch andere Formen der Teamarbeit im Rahmen von Ad-hoc-Gruppen, auf die wir jedoch nicht in aller Ausführlichkeit eingehen möchten. Ihre Zahl nimmt ständig zu, zumal jedes Unternehmen die bestehenden Formen seinen Bedürfnissen anpaßt. Dennoch seien nachfolgend einige Beispiele angeführt:

- *Projektgruppen*, auf deren unterschiedliche Strukturen wir bereits im zweiten Teil dieses Werks eingegangen sind. Hier geht es darum, daß sich Experten und Betroffene für einen begrenzten Zeitraum im Team um eine bestimmte Fragestellung kümmern.
- *Task-Forces* bestehen aus verschiedenen Experten oder Mitarbeitern, die sich in mehr oder weniger regelmäßigen Abständen treffen, um gemeinsam über ein Thema – häufig politischer oder strategischer Natur – nachzudenken. Es könnten sich zum Beispiel die Leiter der Produktions-, Marketing- und Finanzabteilung eines Industrieunternehmens einmal pro Halbjahr treffen, um den zukünftigen umweltpolitischen Kurs ihrer Firma sowie die damit verbundenen Strategien und Maßnahmen festzulegen.
- *Workshops*, bei denen Mitarbeiter wie bei Seminaren vorübergehend außerhalb ihres Arbeitsrahmens zusammenkommen. Während Seminare jedoch eher auf Förderung der individuellen Reflexion in der zu diesem Zweck gebildeten Lerngruppe abzielen – die Teilnehmer haben im Arbeitsalltag in der Regel keinen Kontakt zueinander –, liegt den Workshops die Intention zugrunde, ein gemeinsames Problem in einer kurzen, effizienten Arbeitssitzung im Team zu lösen. Die Teamangehörigen setzen sich dabei mit einer konkreten Situation auseinander. Außerdem können Workshops auch dazu dienen, sich im Team mit individuellen Problemen zu beschäftigen, die bei der Umsetzung der im Rahmen von Fortbildungsveranstaltungen erworbenen Kenntnisse im Arbeitsalltag auftreten können.
- *Informationssitzungen* dienen der regelmäßigen Weitergabe sowie dem Austausch neuer Informationen – etwa innerhalb einer Abteilung oder eines Geschäftsbereichs –, die sowohl den einzelnen als auch das Unternehmen als Ganzes betreffen. Auf diese Weise wird nicht nur der Informationsfluß, sondern auch die Verbreitung verschiedener Standpunkte ermöglicht, was wiederum die Herstellung eines gemeinsamen Sinnbezugs erleichtert.

Diese verschiedenen Formen der zeitlich begrenzten Teamarbeit sollen vor allem die Kreativität fördern, zur Entwicklung neuer Ideen und zum Meinungsaustausch anregen, Differenzen und Konflikte aufdecken, zu deren Bewältigung beitragen und damit in gewisser Weise auch die Konstruktion einer kollektiv geteilten Wirklichkeit, Lernprozesse und Selbstorganisation erleichtern. Dasselbe ließe sich auch im Rahmen einer permanenten Teamarbeit, allerdings im Laufe eines weitaus langwierigeren Prozesses, erreichen.

b) Permanente Teams: autonome Arbeitsgruppen

Heutzutage gibt es verschiedene Formen der permanenten Gruppenarbeit, da diese mittlerweile allgemein als innovations- und qualitätsfördernd anerkannt ist. Wir werden uns nachfolgend im wesentlichen mit den sogenannten *autonomen Arbeitsgruppen* beschäftigen. Sie sind in den sechziger Jahren entstanden, um der Anonymität und dem eingeschränkten Handlungsspielraum bei der Fließbandarbeit sowie dem dadurch bedingten Streß und der Entfremdung der Arbeit entgegenzuwirken. Dank der Arbeit innerhalb einer kleinen autonomen Gruppe soll der Mitarbeiter an seinem Arbeitsplatz außerdem wieder die familiäre, freundschaftliche Atmosphäre vorfinden, wie man sie in Handwerksbetrieben kennt.

Autonome Arbeitsgruppen weisen einen gewissen Grad kollektiver Selbstregulierung auf. Man ist bemüht,
- **in sich sinnvolle Aufgaben ganzheitlich auszuführen,**
- **die Aufgaben je nach Motivation, Fähigkeiten und Kenntnissen des einzelnen auf die Gruppenmitglieder zu verteilen,**
- **Produktions- und Qualitätsnormen zu definieren, deren Sinn für alle gleichermaßen nachvollziehbar ist,**
- **Monotonie innerhalb der Gruppe soweit wie möglich zu vermeiden.**

Dieses Konzept zeichnet sich durch Flexibilität und Anpassungsfähigkeit aus. Der Austausch von Informationen wird erleichtert, Planung und Durchführung finden interaktiv statt, die Strukturen werden auf das notwendige Minimum reduziert und die Ziele gemeinsam realisiert. Die Gruppe organisiert sich selbst, wobei sich die Mitglieder sowohl bei der Erledigung der verschiedenen Aufgaben als auch bei der Vertretung der Gruppe gegenüber dem Unternehmen abwechseln.

So verlockend es auch zu sein scheint, weist dieses Instrument dennoch einige Nachteile auf: zum einen die hohen Kosten, die mit der Einrichtung einer autonomen Arbeitsgruppe verbunden sind. Die übliche Verfahrensweise bei der Ressourcenzuteilung (Raum, Arbeitsgeräte, Werkzeuge, Maschinen, Material) wird dadurch in Frage gestellt. Die Mitarbeiter müssen geschult werden. Zum anderen kann es – je nachdem, in welchem Kontext dieses Instrument eingesetzt wird – passieren, daß sich die Mitarbeiter weigern, die in den Aufgabenbereich der autonomen Arbeitsgruppen fallende Verantwortung für die Planung und Kontrolle zu übernehmen, und daß sich die Führungskräfte des mittleren Managements ihrerseits beharrlich dagegen wehren, einen Teil ihrer Kompetenzen zu delegieren.

Das Konzept der autonomen Arbeitsgruppen wurde vor allem in der Industrie realisiert. Das in dieser Hinsicht bekannteste Beispiel ist Volvo. Dort wurden zahlreiche kleinere Gruppen von acht bis zehn Personen eingerichtet, die für die gesamte Montage eines Autos – vom ersten bis zum letzten Arbeitsschritt – zuständig sind. Die Anfangsinvestition belief sich auf knapp 400 Millionen Mark. Dem stand jedoch ein entsprechender Anstieg der Produktivität gegenüber. Gleichzeitig verringerten sich die Fehlzeiten um 50%, die Fluktuationsrate sogar um 80%. Allerdings wurde im Laufe der Zeit die Tendenz zur Spezialisierung innerhalb der Gruppe und damit zur Wiederherstellung einer traditionellen Struktur immer stärker (vgl. Raveleau, 1985). Die Autonomie hatte zur Folge, daß sich die Gruppe wie eine Organisation im kleinen verhielt mit ihren eigenen Lebenszyklen, vom informellen Austausch bis hin zur hierarchischen Strukturierung. Um dem abzuhelfen, haben manche Unternehmen – wie beispielsweise Peugeot in seinem Werk in Mühlhausen – *halb- oder teilautonome Arbeitsgruppen* eingerichtet, das heißt Teams, die die Autos nicht vollständig, sondern nur teilweise montieren. Die gesamte Montage ist also auf mehrere Teams – sogenannte Fertigungsinseln – verteilt. Diese Teams sind insofern nur teilautonom, als sie ihre Zwecke und Ziele innerhalb des Ganzen nicht allein bestimmen. Mit Hilfe dieses Konzepts lassen sich Bezugsrahmen und Handlungen des Teams mit denen des Unternehmens verknüpfen. Dadurch kann nicht nur ein „Ausscheren", sondern auch ein isolierter, von der Systemrealität abgekoppelter und somit nicht von dessen Erfahrungen profitierender evolutionärer Prozeß eines einzelnen Teams leichter verhindert werden.

PERSPEKTIVEN	AUTONOME ODER TEILAUTONOME ARBEITSGRUPPEN
Identität	Der einzelne kann sein Handeln besser in ein Ganzes, einen Bezugsrahmen, einordnen, der jedoch auf die Ebene der Gruppe beschränkt ist.
Heterarchie	Da die Aufgaben allen Mitgliedern einer Abteilung gemeinsam sind, kann jeder seine persönlichen Fähigkeiten und Kenntnisse einbringen, wodurch Heterarchie innerhalb der Gruppe gefördert wird.
Flexibilität	Die autonome Arbeitsgruppe ermöglicht eine Gegenüberstellung unterschiedlicher Standpunkte bezüglich eines gemeinsamen Problems innerhalb der betroffenen Einheit. Die Funktionsweise der Gruppe gewährleistet uneingeschränkte Flexibilität.

Zusammenfassend läßt sich folgendes sagen:

Die Gruppe konstruiert nach und nach ihre eigene Wirklichkeit und schafft sich einen gemeinsamen Bezugsrahmen, der in den institutionellen Bezugsrahmen integriert ist, vor allem, wenn es sich um eine teilautonome Arbeitsgruppe handelt. Autonome Arbeitsgruppen sind selbstorganisierende, lernfähige Systeme. Wenn das Gelernte jedoch nicht nach außen weitergegeben wird, findet organisationales Lernen ausschließlich innerhalb der Gruppe statt. Folglich muß man bei der Konzipierung und Einrichtung autonomer Arbeitsgruppen stets die Entwicklung des Ganzen im Auge behalten. Offensichtlich sind jedoch sinn- oder sogar funktionsbezogene Kopplungsbeziehungen unerläßlich, damit das System von den erworbenen Kenntnissen und Erfahrungen jeder autonomen Einheit profitieren kann. Wenn diese Teams langfristig lebensfähig sein sollen, müssen sie in ein ganzheitliches kontinuierliches Managementkonzept eingebunden werden, das ihnen einen Bezugsrahmen, einen anderen Daseinszweck als das Überleben als System im System gibt. Eine auf kollektiv geteilte Zielvorstellungen und Organisationsentwicklung (ein Instrument, auf das wir später noch zu sprechen kommen werden) ausgerichtete Managementphilosophie ist daher ein ideales Fundament für diese Praxis.

IV. Ganzheitliche Instrumente eines entwicklungsbezogenen Managements

Die von uns behandelten Managementinstrumente – ob sie sich nun auf die individuellen Aspekte der Arbeit, auf Gruppenprozesse oder auf die verschiedenen unterstützenden Maßnahmen beziehen – müssen mit einer ganzheitlichen entwicklungsorientierten Politik einhergehen. Der Leser wird bemerkt haben, daß wir bisher bei jedem Instrument gewisse Vorbehalte bezüglich der Effizienz geäußert haben, denn keines davon könnte allein die Konstruktion einer intersubjektiv geteilten Wirklichkeit, Selbstorganisation oder organisationales Lernen gewährleisten. Die meisten dieser Instrumente tragen allerdings dazu bei, sofern ihnen eine ganzheitliche Sicht und damit eine das Gemeinschaftsgefühl zwischen relativ unabhängigen Einheiten stärkende Politik zugrunde liegt, die gegebenenfalls in Frage gestellt werden kann. Die Tatsache, daß man Heterarchie fördern möchte, kann sich zum Beispiel als äußerst destabilisierend erweisen, wenn man keine Anleitung für die Umsetzung dieses Konzepts beziehungsweise die Bewältigung der daraus resultierenden Konsequenzen hat. Ebenso werden viele der von uns gemachten Vorschläge als Manipulationsversuche aufgefaßt werden, wenn sie nicht auf einer klaren, auf echte Partizipation ausgerichteten Politik beruhen. Wir möchten dieses Kapitel daher mit einer Darstellung und Prüfung verschiedener entwicklungsorientierter (im Sinne des von uns verwendeten Entwicklungsbegriffs) Managementmethoden abschließen. Wir werden drei wichtige Methoden herausgreifen, die einander eher ergänzen als ersetzen: Unternehmensleitbild, partizipatives Management by Objectives und Organisationsentwicklung.

a) Leitbild

> **Das Leitbild eines Unternehmens ist eine klare Auflistung und Definition der permanenten Werte und Ziele einer Institution, die als Orientierungsraster für das Selbstverständnis, das Verhalten und die Unternehmensentwicklung dienen.**

„Das Unternehmensleitbild enthält die grundsätzlichsten und damit allgemeingültigen, gleichzeitig aber auch abstraktesten Vorstellungen über angestrebte Ziele und Verhaltensweisen der Unternehmung. Es ist ein ‚realistisches Idealbild‘, ein Leitsystem, an dem sich alle unternehmerischen Tätigkeiten orientieren (oder auch orientieren sollten)“ (Brauchlin, 1984, S. 313; vgl auch Bleicher, 1992; Probst, 1983).

Was die obengenannte Definition konkret bedeutet, illustriert das Leitbild des auf dem Gebiet der Flugsicherung tätigen Unternehmens Swisscontrol (S. 538; vgl. dazu Probst, 1989).

Die darin aufgeführten Grundsätze beziehen sich nicht auf ein bestimmtes temporäres Ziel, das mehr oder weniger langfristig realisiert werden soll, sondern spiegeln das Firmencredo und die grundlegenden Motive der Mitarbeiter wider. Sie erläutern, warum ein Mitarbeiter in diesem Unternehmen arbeitet statt in einem anderen. Sie stehen für das, was wir im Zusammenhang mit dem Lernprozeß als „angenommene Theorien“ bezeichnet haben, und bilden praktisch die unumstößlichen Grundlagen des Bezugsrahmens. Sie sind Orientierungshilfen, Leitlinien und Bewertungskriterien zugleich. Sie stecken den Rahmen ab, innerhalb dessen sich jeder Mitarbeiter zum Handeln verpflichtet, oder besser gesagt, sie sind das Fundament, auf dem jeder Mitarbeiter seine eigene Wirklichkeitsinterpretation und seinen Bezugsrahmen konstruiert. Eine Firma, in der Flexibilität nicht nur ein leeres Wort ist, in der jeder praktisch eigenständig Verantwortung übernehmen kann und muß, braucht geradezu „heilige“ Bezugsregeln, damit Einheit und Zusammenhalt des Ganzen gewährleistet sind.

Wir möchten an dieser Stelle etwas näher auf die Einführung eines Leitbilds eingehen, genauer gesagt darauf, *wie* dieses formuliert und angewandt wird. Es geht nämlich nicht darum, mit Worten zu „jonglieren“, einen werbewirksamen Text zu verfassen und diesen dann in aufwendiger Aufmachung als Broschüre zu verteilen, um damit unmittelbar die Unternehmenskultur zu festigen. Die im Leitbild formulierten Grundsätze müssen den Mitarbeitern zum Beispiel im Rahmen von Seminaren oder Diskussionen mit der Belegschaft erläutert werden, damit jeder ihren Inhalt versteht und sich entsprechend seiner Persönlichkeit damit identifizieren kann. Das Leitbild und die Art seiner Einführung und Anwendung unterscheiden die Kultur eines Unternehmens von der der anderen. Den Führungskräften kommt dabei, sofern sie sich demonstrativ an die schriftlich fixierten Leitlinien halten, sozusagen eine Lokomotivfunktion zu. Sie leisten einen wichtigen Beitrag zur erfolgreichen Einführung des Leitbilds.

swisscontrol

Unternehmensleitbild

ZWECK DER UNTERNEHMUNG

Swisscontrol betreibt im öffentlichen Interesse im schweizerischen und im zugewiesenen Luftraum einen qualitativ hochstehenden, kundenorientierten zivilen Flugsicherungsdienst, der Gewähr für eine sichere, flüssige und wirtschaftliche Abwicklung des Flugverkehrs bietet.

LEISTUNGSWIRTSCHAFTLICHES LEITBILD

Wir wollen die Sicherheit und den bestmöglichen Fluß in der Abwicklung gewährleisten und setzen zu diesem Zweck ein umfassendes System der Qualitätssicherung ein.

Im Rahmen der verfügbaren Mittel und unter Beachtung wirtschaftlicher Gesichtspunkte sind wir bestrebt, die Kapazität unserer Dienste auf die Verkehrsnachfrage auszurichten.

Um eine optimale Leistung erbringen zu können, streben wir eine hohe Automatisierung an. Die Gestaltung der Mensch-Maschine-Schnittstelle muß den Bedürfnissen des Menschen Rechnung tragen. Wir wollen unsere Betriebssysteme so auslegen, daß sie mit denjenigen unserer Nachbarstaaten mindestens gleichwertig und kompatibel sind.

Im Interesse eines einheitlichen schweizerischen Flugsicherungssystems wollen wir mit unserer Fachkompetenz bei der Lösung aller Fragen der zivilen Flugsicherung mitwirken. Als Glied des europäischen Flugsicherungsnetzes wollen wir auch in internationalen Gremien intensiv und zukunftsgerichtet tätig sein.

Im Rahmen unserer Möglichkeiten erbringen wir auf unserem Fachgebiet Leistungen zugunsten Dritter zu mindestens kostendeckenden Preisen.

FINANZWIRTSCHAFTLICHES LEITBILD

Wir wollen unsere Leistungen wirtschaftlich erbringen und durch aussagekräftige Kennziffern ausweisen.

Von unseren Mitarbeitern erwarten wir ein kostenbewußtes und die Interessen des Unternehmens wahrendes Denken und Handeln.

Wir streben längerfristig eine leistungsbezogene Abgeltung an, um unsere finanzielle Verantwortung umfassender wahrnehmen zu können.

SOZIALES LEITBILD

Wir wollen die persönliche und berufliche Entfaltung unserer Mitarbeiter namentlich durch entsprechende Aus- und Weiterbildung fördern und damit auch den Nachwuchs an qualifizierten Fach- und Führungskräften sicherstellen.

Wir erwarten von unseren Mitarbeitern eine hohe berufliche und persönliche Qualifikation, entsprechende Leistungen und ein gut entwickeltes partnerorientiertes Verhalten. Aufgrund dieser Anforderungen verpflichten wir uns zu guten und fortschrittlichen Arbeitsbedingungen. Die Entlöhnung richtet sich nach dem Arbeitsmarkt sowie nach Funktion, Leistung und Erfahrung.

Wir fördern das Wohlbefinden, die Gesundheit sowie die soziale Sicherheit unserer Mitarbeiter und erwarten von ihnen persönliches Verantwortungsbewußtsein dem Unternehmen gegenüber.

Wir anerkennen und unterstützen die Tätigkeit unserer Personalkommissionen und -verbände und sind bestrebt, mit ihnen im Sinne echter Partnerschaft, zum Wohle des Unternehmens und seines Personals, zusammenzuarbeiten.

Durch eine offene Zusammenarbeit mit unseren Partnern sowie durch eine aktive Informationspolitik schaffen wir in der Öffentlichkeit ein Klima des Verständnisses und des Vertrauens für die Belange der Flugsicherung und des Unternehmens.

FÜHRUNGSBEZOGENES LEITBILD

Mit kooperativer Führung wollen wir die gute Zusammenarbeit zwischen Vorgesetzten und Mitarbeitern verwirklichen. Kooperativ führen bedeutet, daß die Mitarbeiter in Problemlösungs- und Entscheidungsprozessen mitwirken können. Dadurch sollen Initiative und Leistungswille des einzelnen gefördert und sein Erfahrungspotential genutzt werden.

Eine wesentliche Grundlage unseres Führungskonzeptes bildet die Vereinbarung von gemeinsam erarbeiteten und überprüfbaren Zielsetzungen, die sich an den Gesamtzielen des Unternehmens orientieren.

Die zielorientierte Führung erfordert eine effiziente gegenseitige Information als unerläßliche Voraussetzung. Zur systematischen Information wird ein stufengerechtes Controlling und ein internes Berichtswesen zur Verfügung gestellt.

Wir schaffen eine leistungsfähige Organisation mit möglichst kurzen Entscheidungswegen und berücksichtigen laufend die sich wandelnden Anforderungen. Wenn immer möglich, delegieren wir Aufgaben an jene Stufe, welche sie noch umfassend zu beurteilen vermag.

Wir streben eine ganzheitliche und kontinuierliche Planung an, die uns erlaubt, technische, betriebliche, soziale, ökologische, wirtschaftliche und politische Entwicklungen zeitgerecht zu berücksichtigen.

Von unseren Führungskräften verlangen wir im besonderen eine hohe Identifikation mit dem Unternehmen sowie beispielhaftes Verhalten.

Beispiel des Leitbildes der swisscontroll

Was die Beständigkeit der im Leitbild niedergelegten Werte angeht, ist zu sagen, daß sie aufgrund ihrer richtungweisenden Funktion Voraussetzung für deren Glaubwürdigkeit ist. Wenn sich die Mitarbeiter die Werte zu eigen machen, wenn sie den Rahmen für ihr Handeln und Denken auf dieser Grundlage entwerfen, dürfen die Werte nicht zu oft in Frage gestellt werden, indem man regelmäßig das gesamte Wertesystem ändert. Der Zweck des Leitbilds sollte daher weniger eine ausführliche Darlegung sämtlicher Unternehmensziele sein als vielmehr eine auf wenige Schlüsselsätze beschränkte Erläuterung des Unternehmenszwecks. Diese Leitsätze werden dann die Achsen der Kontinuität, sozusagen das statische Moment inmitten einer für den Fortbestand des Unternehmens unerläßlichen Flexibilität.

Bei der Ausarbeitung dieser übergeordneten Leitmotive gilt es, zwei Paradoxien zu berücksichtigen und in die Überlegungen einzubeziehen. Die eine betrifft das organisationale Lernen. So prägnant und wohlüberlegt das Leitbild auch sein mag, es besteht dennoch die Möglichkeit, daß die darin enthaltenen „Regeln für das Leben in der Gemeinschaft" eines Tages in Frage gestellt werden, wenn man feststellt, daß die Grundlagen des institutionellen Bezugsrahmens der Systemwirklichkeit nicht mehr gerecht werden. Das erfordert eine gewisse Flexibilität in der Auslegung des Leitbilds, das mit der Zeit von jedem individuell interpretiert wird und dessen eher symbolischer als formeller Charakter einen genügend großen Deutungsspielraum zuläßt, so daß man die darin niedergelegten Grundsätze durchaus in einigen Punkten ändern kann, ohne daß sie deswegen an Substanz verlieren würden. Flexibilität ist auch vonnöten, wenn die inzwischen eingetretenen Veränderungen es unmöglich machen, die ursprüngliche Sinnkonstruktion durch entsprechende Änderungen den neuen Gegebenheiten anzupassen. Da eine kollektive Bewußtwerdung gefordert ist, muß man, wenn man nicht möchte, daß diese Modifizierung eine reine Stilübung bleibt, einen intensiven Dialog mit den Mitarbeitern führen, damit sie Gründe und Art der Änderung nachvollziehen können. Auf diesen Punkt werden wir im Zusammenhang mit der Formulierung des Leitbilds zurückkommen.

Die zweite Paradoxie, die es zu bewältigen gilt, ist der permanente Antagonismus der Bedürfnisse: Bedürfnis nach Rahmenrichtlinien (Stabilität) einerseits und Bedürfnis nach Freiheit (Flexibilität) andererseits. Wenn man sich näher mit den psychologischen Prozessen einer Organisation beschäftigt, stellt man interessanterweise immer wieder fest, daß sich – wenn das Unternehmen autoritär und streng geführt wird – einige Mitarbeiter über den Mangel an Freiheit und den mangelnden Spielraum für Initiativen beklagen, während die Einführung eines partizipativen Führungsstils diejenigen Mitarbeiter, die sich am wenigsten damit abfinden können, veranlaßt, klare Linien und die Rückkehr einer „glaubhaften" Unternehmensleitung zu fordern. Auf das Wesentliche beschränkte Leitbilder haben zwar einerseits den Vorteil, daß sich jeder zumindest teilweise mit ihnen identifizieren kann, andererseits besteht aber auch die Gefahr einer zu heterogenen Auslegung, so daß die Mitarbeiter die Handlungen anderer, denen natürlich deren persönliche Interpretation zugrunde liegt, nicht nachvollziehen können. Deshalb ist es von größter Bedeutung, daß die im Leitbild enthaltenen Grundsätze sich auf alle wichtigen Bereiche beziehen – interne und externe –, die die Funktionsweise

540

des Unternehmens beeinflussen: Haltung gegenüber dem Kunden, der Gesellschaft, der Natur, dem kulturellen, strukturellen, strategischen, finanziellen und technologischen Rahmen sowie gegenüber den Beziehungen zu anderen Systemen. Außerdem muß jede Handlung eines Mitarbeiters – ob Führungskraft oder nicht –, von der auch andere Abteilungen oder Kollegen betroffen sind, unter Bezugnahme auf das Leitbild mitgeteilt und erklärt werden. Jedes Individuum, jede Einheit muß sich auf der Grundlage dieser Leitsätze selbst organisieren; die Konstruktion eines kollektiv geteilten Sinns beziehungsweise die Frage, welcher Art dieser Sinnbezug sein soll, erfordert dagegen einen Dialog.

Der nächste Punkt, auf den wir eingehen möchten, ist die Formulierung des Leitbilds. Dieses drückt einen Willen aus, keine Tatbestände. Es gibt Aufschluß über die Ziele (ein Wollen) und nicht über das bisher Erreichte. Daher hat die Aussage „Wir wollen im Dienst des Kunden stehen", auch wenn sie von einer staatlichen Institution mit hohem „Verbeamtungsgrad" kommt, nichts Überraschendes an sich. Der Weg dorthin mag lang sein, aber früher oder später kommt das Unternehmen nicht umhin, ihn einzuschlagen. Diese Aussage verliert allerdings jeglichen Sinn, wenn sie die Meinung einer einzigen Person oder einer sehr kleinen Gruppe von Führungskräften ausdrückt, die sonst von niemandem im Unternehmen geteilt wird. Wir wollen damit nicht sagen, daß man deshalb unbedingt versuchen sollte, im Unternehmen einen Konsens zwischen den unterschiedlichen Denkweisen herzustellen und mehrheitlich zu entscheiden! Wir sind vielmehr der Meinung, daß man sich auf die bestehenden Fähigkeiten, Kenntnisse und Werte stützen sollte. Wer verschiedene Unternehmensleitbilder miteinander vergleicht, stellt sehr schnell eine gewisse Ähnlichkeit fest, was die allgemeinen Leitlinien betrifft. Diejenigen Leitbilder, die vor rund zehn Jahren ausgearbeitet wurden, stellen die „Total quality" (zero defects) in den Vordergrund, die heutigen eher die Befriedigung der individuellen Bedürfnisse des Kunden („Customer focus"). Dabei handelt es sich zwar nur um Tendenzen, dennoch läßt sich das Leitbild trotz seiner stabilisierenden Funktion nicht vom jeweiligen „Zeitgeist" loslösen. Dies ist im übrigen nicht weiter verwunderlich, denn schließlich ist das Unternehmen Teil der Umwelt und wird als solcher von dieser beeinflußt, ebenso wie es seinerseits die Umwelt beeinflußt. Das Unternehmenspezifische des Leitbilds sind nicht die Ziele an sich – häufig haben verschiedene Firmen dieselben Themen –, sondern die Art und Weise, wie diese entsprechend den Kontingenzfaktoren und dem institutionellen Bezugsrahmen formuliert sind. Je nachdem, wie der einzelne diese Ziele interpretiert, hört man eventuell: „Ich arbeite lieber für diese als für jene Firma, weil ich selbst auch hinter den Werten stehe, die sie vertritt." Das Leitbild ist daher ein Hilfsmittel, sich eine Identität zu schaffen, das heißt, sich von der Konkurrenz abzuheben und sich als wirtschaftliche Institution mit eigenem Charakter darzustellen. Was dieser Darstellung konkret zugrunde liegt, weiß niemand besser als die Mitarbeiter. Wenn es um die Einführung eines Leitbilds geht, haben die Manager in der Anfangsphase zwar eine sehr wichtige Lokomotivfunktion, eine solide, konkrete Grundlage für diesen Prozeß ist jedoch nur dann vorhanden, wenn dabei den internen Werten Rechnung getragen, das heißt der jeweilige Entwicklungsgrad des Systems berücksichtigt wird. Entwicklung ist – wie bereits gesagt – das Resultat einer auf den vorhandenen Kenntnissen aufbauenden Konstruktion mit dem Ziel, eine höhere kognitive Ebene zu erreichen und nicht etwa eine Rekonstruktion aus dem Nichts. Es gibt nur wenige soziale Gebilde, bei denen eine völlige Zerstörung mit anschließendem Wiederaufbau einer Sanierung vorzuziehen wäre. Bei der Ausarbeitung des Leitbilds sollte man daher die internen und externen Früherkennungssysteme zu Rate ziehen und, wenn möglich, auch die Mitarbeiter befragen. Dadurch erhöht sich die Solidarität jedes einzelnen.

Inwieweit die Grundsätze des Leitbilds dann tatsächlich im Unternehmensalltag angewandt werden, hängt in großem Maße von deren Formulierung ab. Wenn sich viele Betriebsangehörige mit ihnen identifizieren können, wird es weniger Probleme geben, als wenn man Tausenden von Mitarbeitern eine ihnen fremde Einstellung aufzwingen müßte. Der sowohl in der Literatur als auch in der Praxis so vielgerühmte charismatische Führer hat nur so lange Lokomotivfunktion, wie er für die Verwirklichung tatsächlich bestehender Wünsche eintritt. Die Tatsache, daß jemand eine Gemeinschaft dank seines besonderen Führungsgeschicks dazu bringt, Ziele zu verfolgen, die eigentlich nicht die ihren sind, kann zwar nützlich sein, wenn es darum geht, einen bestimmten Prozeß auszulösen oder einen Ausweg aus einer unüberschaubaren, komplexen Situation zu finden, aber sobald sich wieder eine gewisse Stabilität eingestellt hat, wird jeder die Ereignisse und Richtlinien erneut auf seine Weise interpretieren. Die Folge sind Enttäuschung und Verlust des einheitlichen Firmencredos. Deshalb wird oft gesagt, daß derjenige, dem es gelingt, ein Unternehmen oder ein Land aus der Krise zu führen, nicht zwangsläufig auch der richtige Mann ist, um für die Kontinuität der Veränderung zu sorgen, sobald jeder in der veränderten Situation allmählich seine Bezugspunkte wiedergefunden hat. Die Geschichte ist reich an Beispielen dieser Art, und auch die jüngste Vergangenheit der Sowjetunion liefert uns einen Beweis dafür. Wenn die Grundsätze des Leitbilds zum Allgemeingut werden sollen, müssen sie zunächst einmal gemeinsam, d. h. auch unter Partizipation unterer Hierarchiestufen erstellt und dann offiziell kommuniziert werden, etwa im Rahmen von Informationssitzungen oder Diskussionen, die Gelegenheit bieten, sowohl Inhalt als auch Funktion der Leitlinien zu erläutern. Auch Seminare können in großem Maße dazu beitragen, daß sich die Hauptakteure des Systems der Leitlinien bewußt werden. Das Leitbild sollte im Rahmen des Möglichen auch in den Kommunikationsbeziehungen und Entscheidungen des Unternehmens zum Ausdruck kommen. Darüber hinaus ist es eine wertvolle Argumentationshilfe bei der Erläuterung der Systemhandlungen gegenüber der Belegschaft und der Öffentlichkeit. Nur wenn diese Grundsätze auch tatsächlich im Alltag angewandt werden – zunächst durch die Manager, denen in dieser Hinsicht eine entscheidende Funktion zukommt, später durch die gesamte Belegschaft –, besteht die Chance, daß sie von allen mitgetragen werden, denn auf diese Weise kann jeder die Leitgedanken leben, seine eigenen Erfahrungen sammeln, sich mehr oder weniger bewußt mit ihnen auseinandersetzen, sie interpretieren und sich sein eigenes Urteil bilden.

Das Leitbild ist ein sehr wichtiger Faktor im Rahmen der Konstruktion einer kollektiv geteilten Wirklichkeit, da sich Werte und angenommene Theorien im Leitbild allgemein formalisieren lassen. Die Entwicklungsleistung dieses Managementinstruments läßt sich zusammenfassend folgendermaßen beurteilen:

PERSPEKTIVEN	LEITBILD
Identität	Das Leitbild trägt zur Konstruktion eines kollektiv geteilten Sinnbezugs bei.
Heterarchie	Das Leitbild allein ist für diesen Bereich völlig ohne Bedeutung.
Flexibilität	Wenn das Leitbild dazu dient, den allgemeinen Rahmen abzustecken, innerhalb dessen jeder sein Handeln selbst bestimmen kann, erhöht es die Flexibilität.

Das Leitbild ist eine Grundlage für die Konstruktion einer kollektiv geteilten Wirklichkeit. Der Erfolg hängt jedoch davon ab, wie es interpretiert, eingeführt und angewandt wird und inwieweit es das Verhalten der Systemmitglieder prägt. Je nach Art der Anwendung kann es die Fähigkeit zur Selbstorganisation fördern, indem es eine Sinnkopplung zwischen der selbstorganisierenden Einheit und dem Ganzen herstellt. Ist das Leitbild dagegen unantastbar, werden Lernprozesse erschwert. Es ist ein ausgezeichnetes Kopplungsinstrument, eine Grundlage für die Konstruktion eines gemeinsamen Sinnbezugs, eines Gerüsts für den Bezugsrahmen, anhand dessen man interne oder das System betreffende Handlungen, Äußerungen und Ereignisse beurteilen und bewerten kann. Seine Funktion im Verhältnis zu den anderen entwicklungsorientierten Managementkonzepten und Gestaltungsperspektiven hängt allerdings wie gesagt von der Art seiner Anwendung ab. Es ist nämlich ohne weiteres möglich, ein Leitbild in einer autoritär und dirigistisch geführten Firma einzuführen, ohne daß sich dies in irgendeiner Weise entwicklungsfördernd auswirken würde. Das Leitbild ist somit eines der grundlegenden Managementinstrumente, dessen Entwicklungsleistung sich dadurch erhöhen läßt, daß man es in Verbindung mit anderen Hilfsmitteln einsetzt, auf die wir im folgenden zu sprechen kommen werden.

b) Partizipatives Management by Objectives
(Führung durch Zielvereinbarung)

Bevor wir näher auf dieses Thema eingehen, müssen wir zunächst definieren, was darunter zu verstehen ist und in welcher Form dieses Instrument in der Praxis eingesetzt wird. In modernen Unternehmen gibt das Leitbild Aufschluß über die Gesamtorientierung, von der für jedes Jahr konkrete Teilziele abgeleitet werden. Damit letztere erreicht werden, müssen sie auf die verschiedenen von ihnen betroffenen Personen oder Einheiten verteilt werden. Diese Verteilung kann durch Weisung von oben nach unten oder aber durch Einbeziehung der Mitarbeiter erfolgen. Dieses Instrument wird als „Management by Objectives" (MbO oder Führung durch Zielsetzung) – wegen seiner dirigistischen Aspekte – oder als „partizipatives Management by Objectives" (pMbO oder Führung durch Zielvereinbarung) – aufgrund seines partizipativen Charakters – bezeichnet. Meistens wird für beide Formen jedoch nur der erste Begriff verwendet. Zahlreiche Analysen haben gezeigt, daß Erfolg und Nutzen dieses Instruments in großem Maße von der Art seiner Verwendung abhängen (vgl. Drucker, 1977; Crozier, 1989). Wir unterscheiden zwischen MbO und pMbO und möchten uns nachfolgend letzterem, das heißt der entwicklungsfreundlicheren Form des MbO, zuwenden.

> **Partizipatives Management by Objectives ermöglicht es dem Unternehmen, seine allgemeinen Ziele zu definieren. Den Subsystemen bietet es die Möglichkeit, ihren Beitrag zur Realisierung dieser Ziele zu bestimmen, und den Individuen schließlich erlaubt es, im Rahmen eines Dialogs ihre Wünsche zu artikulieren und gleichzeitig festzulegen, welche Mittel für die Erreichung der Ziele erforderlich sind.**

Führung durch Zielvereinbarung hilft dem Unternehmen, sich auf seine Hauptaktivitäten zu konzentrieren und auf diesen Gebieten bessere Ergebnisse zu erzielen. Denn wenn die allgemeinen Ziele des Unternehmens erreicht werden sollen, müssen im Rahmen des pMbO sämtliche Aufgaben kritisch analysiert und die Hauptbereiche ermittelt werden, auf die es sich zu konzentrieren gilt. Auf diese Weise werden die Teilziele, die konkreten, an eine bestimmte Periode gebundenen Elemente des Gesamtziels, festgelegt. Partizipatives Management by Objectives ist somit die Verbindung zwischen Planung und Realisierung. Da die Ziele präzise und klar formuliert sein müssen, weiß jeder Mitarbeiter, welche Leistung von ihm erwartet wird. Gleichzeitig hat er die Gewißheit, daß er nicht nach willkürlichen, sondern eben jenen präzisen Kriterien beurteilt wird, und kann zudem seine Kreativität gezielt einsetzen, statt diese ohne die geringste Wirkung diffus in alle Richtungen zu streuen oder wie ein Don Quichotte gegen Windmühlen anzurennen. Führung durch Zielvereinbarung trägt zur Selbstorganisation des Systems bei, da jede Abteilung ihre Prioritäten und ihre Zeitplanung im Hinblick auf die des Systems selbst festlegt und bestimmt, auf welche Art und Weise diese Ziele erreicht werden sollen. Die Lenkung dieses Zielbestimmungsprozesses, der relativ viel Zeit in Anspruch nehmen mag, ist die Hauptaufgabe jedes Managers.

Die Umsetzung eines partizipativen Management by Objectives gliedert sich in vier Hauptphasen:

1) Gemeinsame Zielvereinbarung zu Beginn des Jahres
2) Kontinuierliche Selbstkontrolle im Hinblick auf die im Laufe des Jahres erzielten Fortschritte
3) Bewertung des Ist-Zustands zur Jahresmitte
4) Bewertung der Ergebnisse am Jahresende

Nr.	Tätigkeitsbereich/Zielsetzung	Maßnahmen	Termin	UL Nr.	UZ Nr.
D1	Das IFR-Verkehrsaufkommen in der bisherigen Qualität ohne systematische Verkehrseinschränkungen durch CH bewältigt.			–	1
D2	Den GAV partnerschaftlich und unter Aufrechterhaltung einer geordneten Betriebsabwicklung erneuert.		12.89	3.4	2
D3	Konzept für die Neuorganisation der Swisscontrol aufgrund der HAYEK-Studie erarbeitet und Sofortmaßnahmen ausgeführt.	Sofortmaßnahmen auf der Grundlage des Berichtes HAYEK und gemäß Entscheid des VR vollzogen	08.89	4.4	3
D4	Die Unternehmensplanung 1990-1994 erstellt.			4.5	4
D5	Vision Flugsicherung 2000 erstellt.			–	5
D6	Ein Qualitätssicherungssystem definiert.	Mandat an Projektgruppe zur Erarbeitung eines Konzeptes erteilt	12.88	1.1	6
D7	Neue Einsatzphilosophie der technischen Dienste definiert.			–	7
D8	Das Konzept Leistungserfassung der wichtigsten Dienstleistungen als Basis für ein Controllingsystem erstellt.			4.3	8
D9	Den Realisierungsplan ADAPT für die nächsten 5 Jahre genehmigt.			–	9
D10	Eine Neubewertung der Kaderstufen durchgeführt und durch den Verwaltungsrat genehmigt.			3.2	10
D11	Sondermaßnahmen für die mittelfristige Sicherstellung des Personalnachschubes und für die Kadernachfolge getroffen.			3.1	11
D12	Management by Objectives konsequent bis auf Stufe Sektor-/Dienststellenchef eingeführt.	Die Jahresziele 1989 bis Stufe Abteilung auf der Grundlage der Unternehmensziele nach MbO-Technik formuliert und von der vorgesetzten Stelle genehmigt	02.89	4.2	12
D13	Mitgestaltung der CH Luftfahrtpolitik	Antrag an BAZL betr. Einsitz sc in die Eidg. Luftfahrkommission	bereits erfolgt	1.4	–

Swisscontrol/D Zielsetzungen 1989 als Beispiel

Die Ziele ergeben sich, wie wir gesehen haben, zum einen aus der allgemeinen Unternehmenspolitik, zum anderen aber auch für den einzelnen aus den mit seiner Funktion verbundenen Hauptaufgaben sowie den ihm eventuell obliegenden Managementhandlungen. Die Hauptziele müssen sich im übrigen auf einige wenige Leitlinien beschränken, da eine zu große Anzahl von Zielen die Realisierung erschwert. Wenn jede Hierarchieebene eine Liste mit Zielen aufstellt, muß sich diese auf das Wesentliche beschränken. Die Zielbestimmung ist die wichtigste Phase dieses Prozesses. Die Endergebnisse des Unternehmens lassen sich nämlich beträchtlich verbessern, wenn die richtigen Maßnahmen in möglichst kurzer Zeit an der richtigen Stelle ergriffen werden. Dies wird durch eine sorgfältige Definition der Unternehmensziele bis zu den Zielen jedes einzelnen erheblich erleichtert. *Zu diesem Zweck müssen die Ziele möglichst klar, konkret und kurz formuliert sein. Sie sollten das erwartete Ergebnis und die Termine für dessen Realisierung beinhalten, verifizierbar sein und im Einklang mit den anderen Zielen stehen. Außerdem müssen sie realistisch, realisierbar, veränderbar, lohnend, stimulierend und anspruchsvoll zugleich sein.*

Die klare Formulierung der Ziele erweist sich häufig als schwierig, vor allem solange diese nicht akzeptiert werden. Der Mensch wehrt sich oft unbewußt gegen eine zu große Genauigkeit, wenn es um die Festlegung seiner Verantwortung geht, zum Teil, um sich für den Fall eines Mißerfolgs eine Tür offenzuhalten, vor allem jedoch, weil er nicht genau weiß, was er will und was er kann. Meistens erweist sich deshalb eine methodische Unterstützung in der Anfangsphase dieses Prozesses als notwendig.

Die Ziele wirken im übrigen unabhängig von ihren qualitativen Aspekten nur dann mobilisierend, wenn die Mehrheit der Mitarbeiter hinter ihnen steht und wenn sie aufeinander abgestimmt sind, sei es, daß die Mitarbeiter ständig über das jeweilige Gesamtziel informiert werden, sei es, daß jeder einzelne auf seiner Ebene in die Zielbestimmung einbezogen wird. Dies kann, sobald die Ziele für jede Ebene bekannt sind, im Rahmen einer Besprechung zwischen dem Verantwortlichen der jeweiligen Ebene und den ihm unmittelbar unterstellten Mitarbeitern geschehen. Dabei einigen sich die Beteiligten darüber, wie sie – jeder in Zusammenarbeit mit seiner Abteilung – zur Verwirklichung dieses Ziels beitragen werden. Dies ist eine nicht zu unterschätzende Gelegenheit, ein Feedback zu bekommen und das vereinbarte Ziel je nach den vorhandenen Ressourcen eventuell nach oben oder unten zu korrigieren. Natürlich werden manche Mitarbeiter das Potential ihrer Einheit unter- beziehungsweise überschätzen. Genau hier können aber gruppeninterne Prozesse Abhilfe schaffen. Die Gruppe kann psychologischen Druck erzeugen, der sich günstig auf den Leistungswillen des einzelnen auswirkt. Dem Vorgesetzten der Gruppenmitglieder kommt dabei die wichtige Aufgabe zu, abzuschätzen, welche Zieländerungen akzeptiert und berücksichtigt werden können. Danach präzisiert der Vorgesetzte in einem persönlichen Gespräch mit jedem seiner Mitarbeiter die vereinbarten Ziele, vor allem die Termine für deren Erreichung. Dieses Gespräch bietet dem Mitarbeiter zugleich die Gelegenheit, seine persönlichen Wünsche darzulegen. Das Gespräch muß schriftlich festgehalten werden, wenn dieses Instrument seine Eigenschaft als Beurteilungshilfsmittel behalten soll.

Während des gesamten Geschäftsjahres ist eine regelmäßige Selbstkontrolle im Hinblick auf die erzielten Fortschritte erforderlich, nicht um die Leistung des Mitarbeiters zu ermitteln oder zu kontrollieren, sondern im Gegenteil, um eine gewisse Flexibilität im Falle einer Änderung der Situation zu gewährleisten, vor allem jedoch, um die persönliche Entwicklung des Mitarbeiters zu fördern. Es geht darum, möglichst schnell Korrekturmaßnahmen ergreifen zu können, falls man eine Diskrepanz zwischen dem Ist-Zustand und dem Ziel feststellt – sei es in bezug auf die vereinbarten Ziele, sei es hinsichtlich der zu ihrer Erreichung verfügbaren Mittel. „Man" sollte in diesem Fall möglichst der mit dem Problem konfrontierte Mitarbeiter sein. Gespräche zwischen Vorgesetztem und Mitarbeiter – ob sie nun wöchentlich, monatlich oder zu bestimmten vorher festgelegten Terminen stattfinden – bieten die Gelegenheit, ausführlich auf ein bestimmtes Problem einzugehen, ohne daß die Gefahr besteht, vom Thema abzuschweifen, weil dieser oder jener das Problem nicht wahrhaben will. Diese Fortschrittskontrollen sind folglich eher als regelmäßige Bewertung der Situation durch den Mitarbeiter zu verstehen. Sie sollten eher einen informellen Charakter haben und nur als Grundlage für den Dialog zwischen Manager und Mitarbeiter dienen.

Die (halbjährliche) Leistungs-Ergebnis-Kontrolle kann dagegen einen offizielleren Charakter besitzen. Sie hat die gleiche Funktion wie die regelmäßige Fortschrittskontrolle, ermöglicht aber zusätzlich eine allgemeine Informationsrückkopplung an das Top Management und damit notfalls eine koordinierte Korrektur der Ziele oder der bereitgestellten Ressourcen. Die regelmäßigen Selbstkontrollen betreffen nämlich – sofern dabei kein Aspekt von entscheidender Bedeutung für das Ganze zutage tritt – den Mitarbeiter ausschließlich in seiner Eigenschaft als Individuum: Die Firma kann sich schließlich nicht täglich in Frage stellen. Die Leistungs-Ergebnis-Kontrolle nach einer längeren Periode bietet dagegen aufgrund der Tatsache, daß praktisch alle Mitarbeiter zur selben Zeit davon betroffen sind, die Möglichkeit, dem Management eventuell festgestellte Diskrepanzen oder neu aufgetretene zusätzliche Bedürfnisse mitzuteilen und damit – falls dies sich tatsächlich als notwendig erweisen sollte – durch Korrektur des Gesamtziels für eine bessere Koordinierung des Ganzen zu sorgen.

Schließlich findet eine Ergebnisbeurteilung am Jahresende statt. Sie ist Voraussetzung für die Glaubwürdigkeit und Effizienz des Konzepts der Führung durch Zielvereinbarung. Die Beurteilung bezieht sich auf:

● die wesentlichen Ziele der Unternehmung, der Abteilung oder des betroffenen Mitarbeiters. Inwieweit wurden diese erreicht? Inwieweit müssen sie im nächsten Jahr eventuell korrigiert werden?
● die allgemeinen Aufgaben sowie die Managementhandlungen des Beurteilten. Wie ist dieser seiner Verantwortung gerecht geworden?

Das Beurteilungsgespräch kann für diese Phase, die Ergebnisbewertung, von großem Nutzen sein und umgekehrt. Es ist wichtig, der Beurteilung, der Fortschrittskontrolle und den im Falle einer Abweichung ergriffenen Maßnahmen die richtigen Daten zugrunde zu legen, das heißt, man sollte sich vor allem darauf beziehen, *ob* das vorgegebene Resultat erzielt wurde, und nicht darauf, *wie* es erzielt wurde. Dennoch wird in einer Zeit, in der zahlreiche Firmen ihre eigene Philosophie und ihre firmenspezifischen Verhaltensgrundsätze aufstellen und institutionalisieren, das „Wie" ebenso wichtig wie das „Was". Der Zweck heiligt nicht mehr jedes beliebige Mittel, denn dieses ist als solches sowohl kulturelles als auch qualitatives Ziel.

Es gilt daher, den goldenen Mittelweg zwischen Einhaltung der wichtigsten Grundsätze eines Leitbilds und Einräumung eines genügend großen Handlungs- und Kreativitätsspielraums für die Mitarbeiter zu finden. Zu diesem Zweck muß man:

- die zu Beginn des Jahres vereinbarten überprüfbaren Ziele kontrollieren;
- die Art und Weise, wie diese Ziele verfolgt wurden, bewerten, und zwar im Rahmen eines Mitarbeitergesprächs, in dessen Verlauf sich beide Seiten darüber klar werden, was die Unternehmensgrundsätze für den betroffenen Bereich auf operativer Ebene bedeuten;
- den Beurteilten selbst entscheiden lassen, ob auch einzelne Bereiche angesprochen werden sollen, in denen er völlige Handlungsfreiheit hat. (Wie schnell wurde das Ziel erreicht? Delegieren von Verantwortung, Bewältigung der Konflikte unter den ihm unterstellten Mitarbeitern ...)

In zahlreichen Unternehmen, in denen diese partizipative Form des Management by Objectives praktiziert wird, sind davon ausschließlich obere Führungskräfte betroffen. Dies hat bei vielen unbewußt zu dem Glauben geführt, eine Führungskraft müsse sich im Rahmen ihrer Möglichkeiten von Jahr zu Jahr auf neue Herausforderungen einstellen, während die Mitarbeiter letzten Endes Jahr für Jahr dieselben Aufgaben ausführen würden, ohne einen wirklich neuen Beitrag zur Erreichung des Gesamtziels zu leisten. Wie soll man bei einer solchen Struktur die Kreativität der Mitarbeiter fördern und erreichen, daß auch sie hinter der Unternehmenspolitik stehen, wenn sie nicht einmal in die strategischen Prozesse des Unternehmens einbezogen werden? Partizipatives Management by Objectives ist, sofern es auf allen Hierarchieebenen eines Unternehmens praktiziert wird, eine ausgezeichnete Ausgangsbasis für die Konstruktion einer kollektiv geteilten Wirklichkeit und, je nachdem, wie es angewandt wird, ein Instrument zur Förderung der persönlichen Entwicklung sowie der des Unternehmens. Zusammenfassend läßt sich folgendes sagen:

Führung durch Zielvereinbarung ist die Grundlage für den Prozeß der Konstruktion einer kollektiv geteilten Wirklichkeit. Dieser Führungsstil ermöglicht es jeder Einheit, sich ausgehend von den zuvor vereinbarten Zielen selbst zu organisieren, um diese zu erreichen. Wenn jede Hierarchieebene Informationen über besondere Leistungen oder Probleme bei der Zielverwirklichung an die nächsthöhere weitergibt, werden außerdem Lernprozesse gefördert. Der Nutzen der Führung durch Zielvereinbarung hängt demnach in großem Maße davon ab, wie diese Methode angewandt wird. Wenn dieser Führungsstil wirklich partizipativ konzipiert ist – das heißt, wenn jede Abtei-

548

lung in Zusammenarbeit mit anderen Abteilungen die Art ihres Beitrags zur Erreichung der Unternehmensziele selbst bestimmen kann –, ermöglicht er es trotz des starren, bei der Festlegung der Zielhierarchie praktizierten Kaskadenverfahrens jeder Einheit, sich ausgehend von einem bestimmten Sinnbezug eine Wirklichkeit zu konstruieren. Wenn es sich außerdem um ein „echtes" Management by Objectives handelt, das heißt, wenn jeder seine Leistung selbst bewerten und die Mittel und Wege zur Erreichung eines Ziels selbst bestimmen kann, ist eine Voraussetzung für Selbstorganisation erfüllt. In diesem Fall bilden Ziele und Leitbild, sofern vorhanden, eine solide Verbindung zwischen jedem einzelnen Subsystem und dem Ganzen. Wenn außerdem die Bewertungen zu einer Infragestellung der ursprünglichen Ziele führen, kann das System zumindest teilweise lernen. Einen optimalen Nutzen bietet dieses Konzept jedoch nur dann, wenn zusätzlich noch andere Managementinstrumente eingesetzt werden, die vielfältige und heterarchisch gestaltete Kommunikationsbeziehungen fördern – als Gegenpol zu den nach dem Kaskadenprinzip ablaufenden, die Hierarchie festigenden Prozessen des pMbO. Die Vorteile dieses Konzepts liegen in der Klarheit und Bestätigung der bestehenden Strukturen, was andererseits jedoch einen gewissen Flexibilitätsmangel impliziert: Die Mitarbeiter konzentrieren sich oft nur auf ihre persönlichen Ziele, was sich zwangsläufig negativ auf die Erreichung des Gesamtziels auswirkt. Jeder verwendet seine Energien in erster Linie auf das, wonach er beurteilt wird – die Ergebnisse, die er selbst oder seine Einheit erzielt –, und neigt dazu, sich zu weigern, an der Lösung von Problemen mitzuwirken, die formell in den Verantwortungsbereich einer anderen Abteilung fallen. Dessen muß man sich bei der Einführung dieser Methode bewußt sein, um gleichzeitig komplementäre Maßnahmen ergreifen zu können, die die für die Unternehmensentwicklung unerläßlichen Interaktionen fördern.

PERSPEKTIVEN	PARTIZIPATIVES MANAGEMENT BY OBJECTIVES
Identität	Dank der im Rahmen des pMbO vereinbarten Ziele kann jede Einheit für eine bestimmte Periode einen Sinnbezug herstellen. Das pMbO ermöglicht die Konkretisierung der im Leitbild formulierten Ziele.
Heterarchie	Je nachdem, wie das pMbO eingeführt wurde und wie es eingesetzt ist, kann sich unter Umständen Kompetenz gegenüber der hierarchischen Stellung behaupten. Im übrigen wird durch diesen Prozeß jedoch eher eine starre Ordnung gefördert.
Flexibilität	Die klar vereinbarten Ziele lassen eine gewisse Flexibilität hinsichtlich ihrer Verwirklichung zu. PMbO trägt allerdings nicht unmittelbar zur Flexibilität bei. Es kann sich sogar als initiativ- und innovationshemmend erweisen.

Planungs-

PIB Informations- **Gespräch**

Beratungs-

Leitfaden

1. **Zweck**

Im Sinne unseres Unternehmensleitbildes sollen mit dem PIB-Gespräch folgende Ziele erreicht werden:

- Festigen der gegenseitigen Beziehung, Förderung der Information und Motivation
- Optimieren der Arbeitsleistung und des Arbeitsverhaltens
- Vereinbaren und Überprüfen von Zielen
- Förderung der Mitarbeiter und Entwicklung von Nachwuchskräften
- Förderung einer offenen Kommunikation

Im Unterschied zu den täglichen Gesprächen und Anweisungen wird mit dem PIB-Gespräch bezweckt, daß Vorgesetzter und Mitarbeiter sich über grundsätzliche Fragen des Arbeitsverhältnisses aussprechen, wie es für eine vertrauensvolle, fruchtbare Zusammenarbeit nötig ist.

2. **Gesprächspartner**

- Gesprächspartner sind grundsätzlich der Vorgesetzte und sein direkt unterstellter Mitarbeiter. Bei Bedarf kann der nächsthöhere Vorgesetzte beigezogen werden.
- Die Gespräche werden mit allen Kadermitarbeitern geführt. Wo immer möglich, sollen sie auch mit den übrigen Unterstellten geführt werden.
- Bei Konflikten, die nicht gemeinsam gelöst werden können, soll ein Vermittler beigezogen werden, der von beiden Gesprächspartnern akzeptiert wird (z. B. höherer Vorgesetzter, Personalchef).

3. **Zeitpunkt des Gesprächs**

- Die Gespräche finden jährlich statt. Sie sollen im 1. Quartal des Jahres durchgeführt werden und am 1. März abgeschlossen sein. Soweit möglich sollen sie hierarchisch von oben nach unten geführt werden.
- Bei Bedarf können zusätzliche Gespräche geführt werden, auch auf Initiative des Mitarbeiters hin (z. B. bei Versetzungen, Vorgesetztenwechsel, organisatorischen Änderungen).

4. **Gesprächsvorbereitung**

- Die Gesprächspartner vereinbaren den Gesprächstermin so, daß sie mindestens 1 Woche Zeit zur Vorbereitung haben.
- Für das Gespräch soll genügend ungestörte Zeit reserviert werden.
- Beide Gesprächspartner bereiten sich anhand dieses Leitfadens auf das Gespräch vor.
- Weitere Hilfsmittel für die Vorbereitung und Durchführung des Gesprächs sind Pflichtenhefte, Gesprächsnotizen und Zielvereinbarung des letzten Gesprächs, Unternehmens-, Abteilungs-, Betriebsziele usw.

5. **Gesprächsdurchführung**

- Ein gutes Ergebnis des PIB-Gesprächs hängt davon ab, ob es gelingt, ein konstruktives, von Vertrauen und Offenheit geprägtes Gesprächsklima zu schaffen.
- Während des Gesprächs sollen die Regeln der offenen Kommunikation angewendet werden (aktiv zuhören, Ich-Botschaft, Problemlösung).
- In besonderen Fällen kann das Gespräch unterbrochen und zu einem späteren Zeitpunkt weitergeführt werden.

550

Leitfaden

---

6. Gesprächsinhalt

Der Gesprächsablauf sollte nach den folgenden 5 Themen strukturiert werden:

- Zielüberprüfung
- Standortbestimmung
- Zielvereinbarung
- Förderung und Entwicklung des Mitarbeiters
- Würdigung der gesamten Arbeit

Die Gesprächsergebnisse sind schriftlich festzuhalten (siehe Punkt 7) Die folgenden Punkte/Fragen wollen Ihnen Anregungen geben für den Gesprächsablauf und -inhalt. Wichtig ist dabei, daß das Gespräch flexibel den Besonderheiten der Arbeitssituation angepaßt wird. Die Fragen sollen sowohl aus der Sicht des Vorgesetzten wie aus der Sicht des Mitarbeiters besprochen werden.

6.1 Zielüberprüfung

Unter diesem Punkt werden die im und seit dem letzten Gespräch vereinbarten Ziele mit den erreichten Ergebnissen verglichen.

❑ Welche Ziele konnten realisiert werden? Anerkennen guter Leistungen.
❑ Welche Ziele wurden nicht oder nur teilweise erreicht? Ursachen ergründen, Maßnahmen festlegen, Ziele, wo nötig, in neue Zielvereinbarung übertragen.

6.2 Standortbestimmung

Die Standortbestimmung dient dem Vorgesetzten und dem Mitarbeiter, sich periodisch Klarheit zu verschaffen über die Situation des Mitarbeiters in seinem Arbeitsumfeld. Dabei bietet sich die Chance, Stärken anzuerkennen, Schwächen festzustellen und Problemlösungen in die Wege zu leiten.

❑ Welche Stärken und positiven Seiten sollen lobend anerkannt werden?
❑ Welche Schwächen und Probleme sollen angesprochen und einer Lösung zugeführt werden?
❑ Bestehen bei den Aufgaben (Pflichtenheft), Arbeitszielen, Kompetenzen und Verantwortlichkeiten Unsicherheiten, die gelöst werden müssen?
❑ Gibt es Umstände, welche die Arbeiten behindern? Wie könnten sie behoben werden?
❑ Wie funktioniert die Beziehung und die Kommunikation zwischen Vorgesetztem und Mitarbeiter? Wie könnte sie gefördert werden? Sollte noch offener über Probleme gesprochen werden?
❑ Wie empfindet der Mitarbeiter die Führung durch den Vorgesetzten (Organisation, Anweisungen Information, Unterstützung, Kontrollen, Motivation etc.), und was könnte verbessert werden?
❑ Wie führt der Mitarbeiter sein Arbeitsteam (gleiche Punkte wie obige Frage)? Was könnte verbessert werden?
❑ Was bereitet dem Mitarbeiter Freude bei der Arbeit? Was macht ihm Sorgen? Wie sieht er die Zukunft?
❑ Wie funktioniert die Zusammenarbeit des Mitarbeiters mit Auftraggebern, „Kunden", zentralen Stellen, Arbeitskollegen? Was sollte verbessert werden?
❑ Wie verhält sich der Mitarbeiter in Sitzungen und Arbeitsgruppen? Was könnte verbessert werden?
❑ Weitere Besprechungspunkte nach Anregung des Vorgesetzten oder des Mitarbeiters.

551

6.3 Zielvereinbarung für die neue Periode

Der Zweck der Zielvereinbarung besteht darin, daß der Vorgesetzte und der Mitarbeiter gemeinsam die wesentlichen vorgesehenen Veränderungen in konkrete und überprüfbare Ziele fassen. Nur so kann sichergestellt werden, daß sich beide engagiert für die Zielerreichung einsetzen und Mißverständnisse vermieden werden. Die vereinbarten Ziele zeigen, auf welche Schwerpunkte sich der Mitarbeiter nebst den ständigen Aufgaben im kommenden Jahr konzentrieren soll. Bei der Zielformulierung ist die „Checkliste für das Festlegen von Zielen" zu beachten. Die Ziele sollen ins Formular „Zielvereinbarung" eingetragen werden.

❑ Ziele, abgeleitet aus übergeordneten Belangen, wie Unternehmenszielen, Abteilungszielen, Betriebszielen etc.
❑ Ziele aus der Zielüberprüfung und der Standortbestimmung (Punkte 6.1/6.2)
❑ Ziele zur Förderung und Entwicklung des Mitarbeiters (Punkt 6.4), um persönliche Mängel zu beheben oder Stärken zu vertiefen.

6.4 Förderung des Mitarbeiters

In der heutigen Tätigkeit

Unter Berücksichtigung von Zielüberprüfung, Standortbestimmung und Zielvereinbarung klären Vorgesetzter und Mitarbeiter gemeinsam ab, welche Förderungsmaßnahmen für die Entwicklung des Mitarbeiters nötig sind. Die Ergebnisse sind in der Gesprächsnotiz unter Punkt 4 festzuhalten.

❑ Können bei der jetzigen Tätigkeit alle Kenntnisse und Fähigkeiten des Mitarbeiters voll eingesetzt werden? Wo liegen ungenutzte Fähigkeiten?
❑ Wo liegen die Schwächen? Welche Weiterbildungsmaßnahmen sind nötig, damit der Mitarbeiter erkannte Schwächen bei der Erfüllung der Aufgaben abbauen oder die Aufgabe effizienter erfüllen kann?
❑ Welche Möglichkeiten der freiwilligen Weiterbildung könnten genutzt werden?
❑ Wo ist es sinnvoll, daß sich der Mitarbeiter als Mensch und Persönlichkeit weiterentwickelt?

Beim Wunsch nach beruflicher Veränderung

In diesem Fall sind die Ergebnisse im speziellen Formular „Individuelle Entwicklungsplanung für Kadermitarbeiter" festzuhalten und als Grundlagen für die Personalplanung dem zuständigen Personaldienst einzusenden. (Ab dem 2. Gespräch nur noch bei Veränderungen.)

❑ Welche beruflichen Ziele und Laufbahnerwartungen hat der Mitarbeiter kurz- und längerfristig?
❑ Welche Entwicklungsmaßnahmen zur Übernahme anderer Aufgaben könnten in Frage kommen?

6.5 Zusammenfassung des Gesprächs und Würdigung der gesamten Arbeit durch den Vorgesetzten

- Zur Abrundung des Gesprächs sollen die wichtigsten Erkenntnisse und Ergebnisse mündlich nochmals kurz zusammengefaßt werden. Es soll nochmals klar festgehalten werden, wer, was, bis wann, zu erledigen hat.
- Der Vorgesetzte würdigt die gesamte Arbeit des Mitarbeiters im vergangenen Jahr und hält diese Würdigung in der Gesprächsnotiz unter Punkt 5 schriftlich fest. Dabei sollen auch die ständigen und unproblematischen Arbeiten miteinbezogen werden. Diese Würdigung soll schwerpunktartig die guten Leistungen festhalten, auf Mängel hinweisen und die Erwartungen für das kommende Jahr aufzeigen.
- Abschließend sollen Termine für vorgesehene Zwischenkontrollen während des Jahres festgelegt werden.

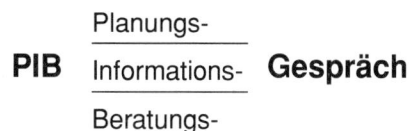

7. <u>Gesprächsunterlagen</u>

- Die Gesprächsergebnisse sind schriftlich in den folgenden Gesprächsunterlagen festzuhalten: Gesprächsnotiz, Zielvereinbarung, individueller Entwicklungsplan für Kadermitarbeiter.
- Die Gesprächsunterlagen werden vom Vorgesetzten erstellt. Sie können von Hand geschrieben werden.
- Der „individuelle Entwicklungsplan" ist in 1 Kopie dem zuständigen Personaldienst zuzustellen.

8. <u>Vertraulichkeit</u>

- Der Mitarbeiter erhält die Originale der Gesprächsunterlagen, der Vorgesetzte eine Kopie. Eine Kopie des „individuellen Entwicklungsplanes" geht an den zuständigen Personaldienst. Weitere Kopien dürfen nicht angefertigt werden.
- Der nächsthöhere Vorgesetzte informiert sich über das Gespräch durch Einsichtnahme in die Gesprächsnotiz.
- Nach Ablauf von 5 Jahren muß der Vorgesetzte die Gesprächsnotiz vernichten. Bis dahin hat er sie unter Verschluß aufzubewahren.
- Höhere Linien-Vorgesetzte sowie die Personalchefs (P, GA, ZA) können Einsicht nehmen.
- Bei Wechsel des Vorgesetzten werden dem neuen Vorgesetzten die Gesprächsnotizen übergeben.

9. <u>Sicherstellen der vereinbarten Maßnahmen/Zielsetzungen</u>

- Durch beidseitige Unterschrift bezeugen Vorgesetzter und Mitarbeiter ihr Einverständnis mit dem Inhalt der Gesprächsunterlagen.
- Mitarbeiter und Vorgesetzter können sich vor dem Unterschreiben eine Bedenkzeit von max. 1 Woche ausbedingen.
- Vorgesetzter und Mitarbeiter tragen gleichermaßen die Verantwortung für die Einhaltung der vereinbarten Maßnahmen und Ziele.
- Wenn nötig, sollen Zwischengespräche und -kontrollen während des Jahres vereinbart werden.

10. <u>Überwachung der PIB-Gespräche</u>

- Je die höheren Vorgesetzten veranlassen und überwachen die regelmäßige Durchführung der Gespräche.
- Die zuständigen Personaldienste (P für die zentralen Dienste in Bern, GA und ZA für die Regionen Genf und Zürich) kontrollieren den Eingang der „individuellen Entwicklungspläne" und veranlassen säumige Vorgesetzte zur Durchführung der PIB- Gespräche.

Der Leitfaden der swisscontrol für den Zielvereinbarungsprozeß und die Evaluation
Beispiel für die individuelle Entwicklungsplanung
Beispiele für das Mitarbeitergespräch im Rahmen des pMBo
Beispiel eines Zielvereinbarungsresultates bei der swisscontroll

Der Leitfaden der swisscontrol für den Zielvereinbarungsprozeß und die Evaluation

Planungs-
Informations- **Gespräch**
Beratungs-

PIB

**Individuelle
Entwicklungsplanung
für Kadermitarbeiter**

Mitarbeiter:	*Fritz Muster*	Vorgesetzter:	*P. Hängi*
Stelle/Funktion:	*SPX, Personalsachbearbeiter*	Jahr:	*1989*

A. Berufliche Ziele und Laufbahnerwartungen des Mitarbeiters:

Veränderung wird angestrebt: ☒ Ja ☐ Nein

Welche Veränderung wird angestrebt?
☐ Führungsaufgabe
☒ Sachbearbeiter/Experte
☐ Entlastung
☐ ....

B. Welche Stellen/Funktionen könnten für den Mitarbeiter in Frage kommen? Zu welchem Zeitpunkt?

*Weiterentwicklung zum Personalfachmann
Interesse für die Übernahme des Sektors Personal-
Beschaffung 1993*

**C. Welches Potential zur beruflichen Weiterentwicklung ist vorhanden, das in der heutigen Funktion
nicht genutzt werden kann?**

Kann gezielt Gespräche führen.

D. Es werden folgende Förderungs- und Entwicklungsmassnahmen vereinbart und vorgeschlagen:

Massnahmen:	Verantwortlich:	Termin:
- *Einführung in die Beschaffung von technischem Personal*	*SP 4*	*12/89*
- *20% Tätigkeit im Sektor SP 4. Übernahme von Aufgaben bei der Beschaffung von techn. Pers.*	*SP*	*ab 90*
- *IMAKA-Kurs "Personalassistent", 3 Semester als freiwillige Weiterbildung*	*SP / SPx*	*ab 10/89*

Ort/Datum:	*Bern, 6.6.89*	Der Mitarbeiter:	*F. Muster*
		Der Vorgesetzte:	*P. Hängi*
Kopie an:	*SP*	zuständigen Personaldienst (SP) GA, ZA)	

swisscontrol

PIB Planungs-Informations-Beratungs- **Gespräch**

Gesprächsnotiz

Mitarbeiter:	Fritz Muster	Vorgesetzter:	P. Hänngi

Stelle/Funktion: SPX, Personalsachbearbeiter   Jahr: 1989

1. Zielüberprüfung:
(Bemerkungen zur Zielerreichung gemäss Zielvereinbarung des Vorjahres)

- die vereinbarten Ziele 1988 konnten trotz erschwerender Umstände termingemäss erfüllt werden
- nur das Ziel "Konzept zur Vorbereitung auf die Pensionierung" wurde zu spät angepackt. Gleiches Ziel 1989.
- zusätzlich konnte erfreulicherweise das PC-Programm "Spesenverrechnung" erstellt und ausgetestet werden.

2. Standortbestimmung:

- als wichtigster Punkt wird die momentan gespannte Situation zwischen F.M. und P.H. besprochen. F.M. hat andere Erwartungen über seinen Arbeitseinsatz als P.H. Er möchte auch bei der Personalbeschaffung mitwirken, P.H. möchte ihn aber auf die EDV-gestützte Personalverwaltung spezialisieren.
Mit folgender Vereinbarung wird das Problem gelöst. F.M. konzentriert sich 1989 noch auf die Personalverwaltung und konsolidiert seine EDV-Kenntnisse. Ab 1990 wird er zu 20% bei der Personalbeschaffung eingesetzt. Beide Partner sind mit dieser Lösung zufrieden.
- F.M. schätzt im übrigen die zielgerichtete Führung durch seinen Chef, die es ihm erlaubt selbständig zu arbeiten. Er wäre aber froh, wenn sich P.H. zur Besprechung von Lösungsvorschlägen mehr Zeit nehmen könnte. P.H. sichert dies zu.
- P.H. seinerseits anerkennt die initiative, selbständige Arbeit seines Mitarbeiters. Besonders freut es ihn, dass F.M. im vergangenen Jahr das leidige Problem der 'AHV-Abrechnung' endgültig lösen konnte.

555

2. Standortbestimmung: (Fortsetzung)

- F.M. setzt gekonnt den PC als Arbeitshilfe ein. Er soll weiter
in der PC Anwendung gefördert werden. P.H. bittet F.M.
die anderen Mitarbeiter bei SP bei der Verwendung des
PC positiv zu unterstützen. F.M. wird dies gerne tun.

3. Zielvereinbarung: (Formular benutzen)

4. Förderung des Mitarbeiters:
(Bemerkungen dazu hier eintragen und Form.
'Individueller Entwicklungsplan' ausfüllen)

- Besuch des Kurses G0941 "Workshop Framework II/III"

- für die längerfristige berufliche Entwicklung siehe
"Individueller Entwicklungsplan"

5. Würdigung der gesamten Arbeit:

Herr Muster ist ein junger, dynamischer Mitarbeiter.
Er hat alle seine ständigen Aufgaben im vergangenen
Jahr zuverlässig ausgeführt und seine Ziele mit einer
Ausnahme erfüllt. Er zeigte besonderes Geschick beim Ein-
satz des PC als neue Arbeitshilfe. F.M. ist noch entwick-
lungsfähig und interessiert sich für die Personalbeschaffung.
Die persönlichen Differenzen wegen dieses Themas konnten
gelöst werden. Ähnliche künftige Probleme sollen in offenen
Gesprächen gelöst werden.
Zusammenfassend ist F.M. für seine Einsatzfreude und
qualitativ gute Arbeit im Jahre 1988 zu danken.

Die Richtigkeit dieser Gesprächsnotiz bestätigen:	Der Mitarbeiter: F. Muster
Ort/Datum: Bern, 6.6.89	Der Vorgesetzte: P. Hänggi
Beilagen: ☐ Zielvereinbarung 19....... ☒ Zielvereinbarung 19.88	☒ Persönlicher Entwicklungsplan

Beispiel für das Mitarbeitergespräch im Rahmen des pMBo

PIB   Planungs-
      Informations-   Gespräch
      Beratungs-

Zielvereinbarung

Mitarbeiter: Fritz MUSTER	Vorgesetzter: P. Häungi
Stelle/Funktion: SPX	Jahr: 1989

Nr.:	Zielsetzung (Ausgangslage, Problem):	Aktionsprogramme, Massnahmen:	Verant-wortlich:	Termin:
1	Konzept zur Vorbereitung auf die Pensionierung entwickelt und eingeführt		SPX	12/89
		– administrative Arbeiten geplant	SPX	6/89
		– Ausbildungsmassnahmen festgelegt	SPX mit SP3	7/89
		– Konzept mit Personalverbänden besprochen	SP	8/89
		– Konzept an PDK genehmigt	SP	9/89
2	Arbeitsabläufe in der Personalverwaltung analysiert und Verbesserungsvorschläge an SP1 eingereicht		SPX	10/89
3	Bei Spannungen oder Unsicherheiten sofort Gespräch mit Vorgesetzten gesucht und Probleme offen besprochen		SPX	laufend
4	Mitarbeiter bei SP bei der Anwendung des PC unterstützt		SPX	laufend

swisscontrol

%

557

Nr.:	Zielsetzung (Ausgangslage, Problem):	Aktionsprogramme, Massnahmen:	Verant-wortlich:	Termin:
5	F.M. ist in die Belange der Personalbeschaffung eingeführt und in der Lage unter Auf-zicht von SP4 technische Personal einzustellen.		SP4 mit SPX	12/85

Beispiel eines Zielvereinbarungsresultates bei der swisscontrol

558

c) Organisationsentwicklung (OE)

Geht man davon aus, daß sich das Leitbild vor allem auf die Konstruktion und die Formalisierung einer zukünftigen Unternehmenswirklichkeit bezieht und daß die partizipative Führung by Objectives die Selbstorganisation erleichtert – und obwohl diese beiden Managementmethoden sich ergänzen und jede auf ihre Weise das Lernen des Systems fördert –, orientiert sich die Organisationsentwicklung weitgehend am letztgenannten Konzept. Dieses geht auf die fünfziger Jahre zurück, in denen die Unternehmen nach Möglichkeiten suchten, sich den Veränderungen der Umwelt und der internen Systembedingungen anzupassen, und feststellen mußten, daß die bürokratischen Verfahrensweisen auf diesem Gebiet versagten.

Die Organisationsentwicklung (OE) ist sowohl eine Managementphilosophie als auch eine Methode im eigentlichen Sinne, was eine breite Basis für ihre Definition zuläßt. Für Richard Beckhard (1975), einer der Theoretiker, die auf diesem Gebiet arbeiten, besteht Organisationsentwicklung darin, verhaltenswissenschaftliche Konzepte und Ergebnisse in den Organisationen anzuwenden, um beabsichtigte Veränderungen mit dem Ziel einer effektiveren Organisation durchzuführen. An anderer Stelle ist zu lesen, Organisationsentwicklung sei eine Antwort auf Veränderung, eine komplexe erzieherische Strategie, die entwickelt wurde, um Überzeugungen, Verhaltensweisen, Werte und Strukturen der Organisationen zu verändern und sie in die Lage zu versetzen, sich neuen Technologien, Märkten und Herausforderungen sowie dem hohen Tempo fortschreitender Veränderung anzupassen (vgl. Bennis, 1979). Schließlich heißt es ...

> **„Der Organisationsentwicklung liegt die Hypothese zugrunde, daß Veränderung einen komplexen und langsamen Prozeß darstellt, der im Vorfeld eine gründliche Reflexion zur Beurteilung der Kultur, Geschichte und Anpassungsdynamik der Orgnisation erforderlich macht, bevor diese so gestaltet wird, daß sie selbst, nach Rückkopplung, eine Strategie entwickelt, die, gestützt auf eine spezifische, auf die Einzelsituation abgestimmte Methodik, die Selbstkorrektur der festgestellten Funktionsstörungen ermöglicht. Veränderung wird als etwas verstanden, was von den Akteuren des Systems zu bewältigen ist, die von ihren selbstgewählten Zielen geleitet werden, wobei der Berater nur noch die Rolle des Katalysators in einem Änderungsprozeß wahrnimmt.“**
> **(Vgl. de Bettignies et al. 1975)**

Diese, wenn auch sehr dichte Definition macht deutlich, daß Organisationsentwicklung als eine Aktivität zu verstehen ist, die sich auf die organisatorischen Probleme und Prozesse richtet und bei der man lernt, die verfügbaren Humanressourcen zu erkennen, zu entwickeln und zu erweitern. Die sehr unterschiedlichen Ziele der Organisationsentwicklung können wie folgt zusammengefaßt werden:

- Verbesserung der sozialen Kompetenz
- Entwicklung eines besseren Verständnisses unter den Arbeitsgruppen und innerhalb jeder einzelnen Arbeitsgruppe, um Spannungen abzubauen
- Entwicklung eines Team-Managements, um die Arbeitsweise in funktionalen Gruppen noch zweckbezogener zu gestalten
- Erhaltung bzw. Erhöhung der Arbeitszufriedenheit und Entfaltungsmöglichkeiten der Mitarbeiter
- Entwicklung eines lebensfähigen, weniger mechanistischen Systems (vgl. hierzu unsere Ausführungen zu den Grundvoraussetzungen der Entwicklung)
- und vor allem die evolutionäre Gestaltung einer Kultur, in der man sich der gelebten Werte bewußt wird und gemeinsam reflektiert, welche Werte als Grundorientierung gelten sollen.

Organisationsentwicklung als Änderungsprozeß wurde im Laufe der letzten dreißig Jahre auf sehr verschiedene Art und Weise modelliert und in konkrete Änderungsstrategien umgesetzt. Alle sind verhaltenswissenschaftlich orientiert und decken sich mehr oder weniger. Von manchen als Grundlagenmodelle bezeichnet, folgen nun drei Modellbeschreibungen mit dieser Philosophie:

Die drei Phasen von Kurt Lewin, die Aktionsforschung von Tom Gilmore und Larry Hirschhorn und der geplante Wandel (Planned organizational change) von R. Lippitt, I. Watson und B. Westley.

Diese drei Modelle schließen sich nicht aus, sie repräsentieren vielmehr mehr oder weniger detaillierte Prozesse, die von einer gemeinsamen Vorstellung – einem Drei-Phasen-Modell – ausgehen, die wir bei dem Psychologen Kurt Lewin finden. Anhand der drei Phasen dieser Methode wollen wir nun ausführen, was praktische Organisationsentwicklung bedeutet.

Ziel der ersten Phase ist das *Auftauen* des sozialen Systems, die Definition des festgestellten Problems und die Beurteilung der Situation. Es geht hier darum, die emotionalen Hemmschwellen bei und unter den Individuen zu durchbrechen, eine änderungsfreundliche Haltung zu bewirken, die Situation am Arbeitsplatz in Augenschein zu nehmen und die Kommunikation unter den verschiedenen Organisationsmitgliedern zu fördern. Dieser Prozeß wird in der Regel eher durch eine Mißstimmung, ein Bündel von Fragen, ausgelöst als durch ein festumrissenes Problem. Dieses muß daher zunächst definiert werden durch Auswertung der vorliegenden schriftlichen oder mündlichen Angaben und nach gezielten Gesprächen des Change Agent (d. h. des internen oder externen Beraters) mit den betroffenen Personen (bzw. mit einer repräsentativen Personenauswahl), wobei es keine Rolle spielt, welcher hierarchischen Ebene diese angehören. Der „Change Agent" erarbeitet aus diesem Material eine möglichst neutrale Synthese und versteht sich in dieser Phase als eine Art Spiegel der Erkenntnis. Danach gibt er ein Feedback an das *Client System* (d. h. in bezug auf das Unternehmen oder die betreffende Einheit). Auf das Feedback müssen offene Diskussionen mit den involvierten Personen stattfinden, wobei die Anwesenheit des Change Agent lediglich dazu dient, darauf zu achten, daß die Rollen und die institutionellen Statusmerkmale der Gesprächsteilnehmer die Kommunikation nicht lähmen. Er soll die Teilnehmer sogar entsprechend vorbereiten und mit dieser neuen Form der Gesprächsführung vertraut machen, in der jeder den anderen achten und jeder die Möglichkeit erhalten soll, seine eigene Meinung zu äußern.

DIE DREI PHASEN VON LEWIN	AKTIONSFORSCHUNG	GEPLANTER WANDEL (PLANNED ORGANIZATIONAL CHANGE)
Unfreezing (Auftauen)	Wahrnehmung eines Problems	Entwicklung eines Änderungsbedarfs
	Aufnahme der Beratertätigkeit	Aufbau von Beziehungen zwischen den am Wandel Beteiligten
	Sammeln von Angaben	Diagnostik
	Feedback an das Unternehmen und die betroffenen Mitarbeiter	
Move (Veränderung)	Suche nach geplanter Aktion	Prüfung von Alternativen
	Aktion	Konkrete Veränderung
Refreezing (Wiedereinfrieren)	Beurteilung, Evaluation	Verallgemeinerung und Stabilisierung der Veränderung
	Feedback an das Unternehmen und die betroffenen Mitarbeiter	
	Suche nach geplanter Aktion	
	Aktion	
	... usw. ... (fortlaufender Zyklus)	
		Beendigung der Beziehungsverhältnisse für eine Veränderung

Modelle der Organisationsentwicklung

Die zweite Phase, *die Veränderung*, hat das Ziel, Lösungsvarianten zu erarbeiten, die Auswahl der Ziele und der anzuwendenden Entscheidung vorzunehmen. Es geht hier um eine präzise Beurteilung der Organisation, Prüfung angemessener Gestaltungsalternativen, Erarbeitung von Problemlösungen unter Einbeziehung des gesamten Client System. Der Akzent liegt also im wesentlichen auf dem Problemlösungsprozeß. Für die Problemanalyse kann eine Reihe von Techniken eingesetzt werden, um unterschwellige Sorgen und Zweifel zu erkennen, Prioritäten zu setzen und diese in Bedürfnisse und konkrete Ziele umzuwandeln. In dieser Phase werden auch verschiedene

Strategien und die für die Durchführung notwendigen Pläne entwickelt. Man bemüht sich darum, neue Formen der Problemlösung zu entwickeln und das Client System auf die Veränderung vorzubereiten, vor allem durch Arbeit in der Gruppe, wo die betroffenen Individuen immer wieder zusammengeführt werden.

Am Ende steht das *Wiedereinfrieren* mit dem Ziel, die Veränderung zu implementieren und zu institutionalisieren. In dieser letzten Phase geht es für das Client System mit der Unterstützung des Change Agent darum, die im Verlauf der vorangehenden Phasen geplante Veränderung zu realisieren. Gemeinsam versichern sie sich der Kontinuität der Veränderungen, der Arbeitszufriedenheit derer, die mit diesen leben, und der Anpassung der Individuen an die neuen Normen. Der Prozeß muß sich dann fortsetzen und sich, mit oder ohne Hinzuziehung des Change Agent, bei jeder neuen, zu einem späteren Zeitpunkt auftretenden Problemsituation regelmäßig wiederholen.

Wir schließen unsere Ausführungen mit der Feststellung, daß Organisationsentwicklung als eine Gesamtheit geplanter Bemühungen betrachtet werden kann, die, sich ständig wiederholend, langfristig die Form einer Gesamtstrategie annehmen, in die sowohl die Unternehmensleitung als auch die Mitarbeiter einbezogen sind und die darauf abzielen, die Wahrnehmung der Akteure und der Change Agents so zu lenken, daß sie in einem Kontext der Lebensfähigkeit und der Entwicklung handeln und schließlich innerhalb des Unternehmens und seiner Umwelt Werte generieren.

Bei einem Programm der Organisationsentwicklung sind, wenn es erfolgreich sein soll, verschiedene Faktoren zu berücksichtigen. Zunächst muß eine für die Veränderung günstige Situation gegeben sein, d. h. ein Druck, der von innen oder von außen auf das Unternehmen wirkt in dem Sinn, daß ein Bedürfnis entsteht, die gewohnten Arbeitsstrukturen zu verändern. Die Unternehmensleitung ihrerseits muß sich in den Prozeß einschalten, ihn verfolgen und unterstützen. Die Mitglieder des Client System schließlich müssen aktiv mitwirken. Sie werden regelmäßig informiert und unmittelbar in das Geschehen einbezogen. Der Change Agent muß das Vertrauen der Betroffenen haben, über solide verhaltenswissenschaftliche Kenntnisse verfügen und die Arbeit mit Gruppen beherrschen. Der Prozeß muß langfristig angelegt sein und sich auf allen hierarchischen Ebenen auf eine transparente Informationsstruktur stützen können. Schließlich darf ein solcher Veränderungsprozeß nicht willkürlich ablaufen, sondern muß auf Ziele gerichtet sein, die eine regelmäßige Fortschrittsbeurteilung ermöglichen.

Organisationsentwicklung findet heutzutage immer häufiger Anwendung und wird unter dieser oder einer anderen Bezeichnung in immer mehr Unternehmen praktiziert, bei Peugeot, Swissair, Régie Autonome des Transports Parisiens oder Digital Equipment Corporation, um nur vier Namen zu nennen. Sie ist eher eine Methodik als eine Methode, eher eine prozessuale Philosophie als ein Standardprozeß. Sie basiert auf bestimmten Grundhaltungen und bemüht sich weniger um eine präzise, chronologisch angeordnete Verrichtungsabfolge, was nicht ausschließt, daß man für die Vorgehensweise selbst eine solide Technik vorsehen kann. So gesehen ist die präzise Anwendung der drei Phasen von Kurt Lewin nicht unbedingt gleichzusetzen mit Organisationsentwicklung, wenn diese nicht mit der richtigen Einstellung erfolgt. Umgekehrt kann Organisationsveränderung, so wie wir sie im zweiten Teil unseres Werkes schildern, in vielen Situationen und in unterschiedlicher Interpretation praktiziert werden und gegebenenfalls vorbehaltlos als Organisationsentwicklung verstanden werden. Es muß lediglich feststehen, wer (Unternehmensleitung, Berater, Mitarbeitergruppen ...) in welcher Phase (Zielfestlegung, Situationsanalyse, Problemlösungssuche ...) und in welcher Rolle (Auslöser des Prozesses, Change Agent, Client System ...) eingreift. Nach diesem Hinweis sollten wir nunmehr darauf eingehen, worin konkret der Unterschied zu sehen ist zwischen einem tatsächlich auf dieser Methodik beruhenden Ansatz und einer anderen Vorgehensweise, die sich auf die bloße Anwendung einer Verfahrensweise reduziert. Für Organisationsentwicklung ebenso wie für Qualitätszirkel gilt die Vorstellung, daß niemand ein Problem besser kennt als der, der es hat, das heißt der betroffene Angestellte oder Vorgesetzte. Aber da endet die Parallele bereits. Ein Qualitätszirkel ist nach dieser Feststellung ein Arbeitsinstrument, das einer Gruppe die Möglichkeit gibt, innerhalb eines als stabil angenommenen Bezugsrahmens eine operative Lösung für ein gegebenes oder ausgewähltes Problem zu erarbeiten. Die Organisationsentwicklung ihrerseits wird zu einer Managementmethode, indem sie Menschen dazu ermutigt, alles auszusprechen, was sie von einer bestimmten Sache halten, das gilt auch für die eigenen Ziele, Wünsche, Werte und persönlichen Strategien. Sie bemüht sich also vor allem um Probleme, die eine veränderte Einstellung oder Kultur erfordern, und nicht so sehr um wenig komplexe operative Gestaltungsaufgaben. Mit anderen Worten, die Organisationsentwicklung gibt, wenn notwendig, den Anstoß dazu, den Bezugsrahmen eines Unternehmens in Frage zu stellen und Vorschläge zu dessen Veränderung zu unterbreiten. Es geht hier also um ein partizipatives Management, um Mitverantwortung und umfassende Einbeziehung in die Funktionweise des Ganzen. Oft jedoch berührt dieser Prozeß das, was dem Menschen am meisten am Herzen liegt, das, wofür er arbeitet und/oder lebt. Der Mensch wird veranlaßt, seine beruflichen und zwischenmenschlichen Ideale zu formulieren. Da die Individuen als Gruppe angesprochen werden, stehen sie unter dem sich dort entwickelnden Druck starker psychologischer Phänomene, die den einzelnen und die Gruppe in erheblichem Maße beeinflussen. Damit ist die Möglichkeit der Manipulation gegeben, wenn man in einer Gruppe, einer Abteilung oder einem Unternehmen bewußt die Überzeugung entstehen läßt, daß es Entscheidung der Gruppe war, den einen oder anderen Wert zu entwickeln, obwohl dieser von Anfang an von der Unternehmensleitung im Laufe der vorbereitenden Gespräche eingeführt und in bestimmter Absicht angesprochen wurde. Langfristig gesehen erweist sich dieses Manöver jedoch als schlechte Strategie, da die Angestellten früher oder später die seinerzeit gefaßten Entscheidungen kritisieren und die Methode ablehnen werden. Eine gesunde Organisationsentwicklung ist in Hinblick auf ihre Ziele völlig unvoreingenommen, sie will einen absolut transparenten, sich frei entwickelnden, uneingeschränkten Gedankenaustausch zwischen sehr entfernten Abteilungen und Personen unterschiedlicher Rangordnung.

Im Überblick:

PERSPEKTIVEN	ORGANISATIONSENTWICKLUNG
Identität	Organisationsentwicklung will Sinn schaffen, indem sie den einzelnen ermutigt, das zu formulieren, was für ihn Sinn macht.
Heterarchie	Organisationsentwicklung fördert Heterarchie und soziale Fähigkeiten und berücksichtigt im Verlauf dieses Änderungsprozesses eher Situation als Titel.
Flexibilität	Organisationsentwicklung fördert Interaktivität, da sie versucht, jegliche Behinderung der Kommunikation auszuschalten. Der Prozeß der Veränderung und der daraus resultierenden laufenden Anpassung fördert die Flexibilität.

Im Rahmen der Organisationsentwicklung ist es mitunter schwer, zu einer neuen (kollektiven) Wirklichkeitskonstruktion zu ermutigen. Ob es gelingt, hängt davon ab, wie die Organisationsentwicklung in einem Unternehmen eingesetzt und wahrgenommen wird. Manchmal schadet sogar die Freiheit, die sie anbietet. Sie funktioniert bestmöglich in einem Kontext der Selbstorganisation. Da diese Philosophie Interaktionen, fortlaufende Anpassung und Infragestellung begünstigt, ermöglicht sie organisationales Lernen, regt zur Reflexion an und fördert die Autonomie. Organisationsentwicklung gibt damit dem Unternehmen die Möglichkeit, sich durch das Verständnis seiner Funktionsweise und die Infragestellung seiner routinemäßigen Abläufe zu entwickeln. Dieser Prozeß stößt aber auch auf Grenzen. Diese auf die Innenwelt des Systems gerichtete Suche, verbunden mit den gruppendynamischen Phänomenen, hat bisweilen zur Folge, daß die beteiligten Mitarbeiter versuchen, einen Minimalkonsens herzustellen, „gut miteinander auszukommen", sich in dem Systemganzen zu verstecken. Darum muß diese Philosophie, wenn sie eine qualitative Entwicklung des Unternehmens bewirken soll, von Individuen eingesetzt werden, die die Gruppen öffnen gegenüber der Außenwelt, gegenüber allgemeinen Unternehmenszielen und gegenüber zahlreichen Störungen, die allmählich dazu führen, daß mehr über die Gestaltung der Werteveränderung und des Bezugsrahmens nachgedacht wird als über die Veränderung selbst.

d) Wege zu einer entwicklungsfreundlichen Struktur

Man kann also sagen, daß die Organisationsentwicklung als ideale Ergänzung zum Unternehmensleitbild und zur Führung durch Zielvereinbarung dem Unternehmen ein Bündel von Managagementmethoden an die Hand gibt. Es ist aber, wie wir gesehen haben, nicht so sehr die Beherrschung spezieller Managementtechniken als vielmehr eine bestimmte Geisteshaltung, die zur Unternehmensentwicklung führt, wobei für die Hilfsmittel gilt, daß sie Gegenstand unterschiedlicher Interpretations- und Anwendungsmöglichkeiten sind. Managementinstrumente haben lediglich eine unterstützende Funktion. Sie ergänzen sich, je nachdem, welche Situation gegeben ist, wie die Funktionsweise eines Unternehmens verbessert werden soll oder welche Grundvoraussetzungen für die Unternehmensentwicklung fehlen. Ihre Kohärenz beruht nicht zuletzt auf einer geeigneten Struktur, d. h. auf einer *flachen „Hierarchie"*. Wenn sich nämlich ein Unternehmen in achtzehn hierarchische Ebenen gliedert, besteht wenig Aussicht, daß ein Leitbild bis zur Basis durchdringt, daß eine effektive partizipative Führung alle einbezieht, daß ein sensibles Eingehen auf die Menschen besteht. Heterarchie beginnt mit einem möglichst geringen Maß an Hierarchie, damit Kontakte erleichtert werden und der Informationsfluß auch von unten nach oben möglich ist. Viele Unternehmen haben sich heutzutage dieses Konzept zu eigen gemacht und die Zahl ihrer hierarchischen Ebenen drastisch reduziert. Die Förderung offener und wirklicher Kommunikation einerseits und die wirksame Beseitigung jeglicher Kommunikationsbehinderung andererseits bilden allein die echten Fundamente der Entwicklung und sind Stützen, die für entwicklungsorientierte Hilfsmittel unerläßlich sind.

Weitere organisatorische Änderungen sind notwendig, damit die auf eine Entwicklung des Ganzen gerichteten Managementmethoden greifen. Mit der Infragestellung des Taylorismus begann man, den Faktor Mensch stärker zu berücksichtigten (Roethlisberger, 1939), und in Weiterführung dessen wurde die Bedeutung der Gruppenarbeit entdeckt (Lewin, 1947). Alle bestehenden Methoden, die wir hier zum Teil vorgestellt haben, beruhen auf dem mikroskopischen Aspekt der Aktivitäten, das heißt auf der Art und Weise, wie diese von den Individuen und Ganzheiten ausgeführt werden. Selbst ein Unternehmensleitbild, so umfassend es auch sein mag, kann nur durch Identifizierung der betroffenen Personen oder Personengruppen mit den von ihm vertretenen Werten entstehen. Es ist unlösbar mit der bestehenden Gesamtstruktur verbunden, die die Implementierung eines Leitbildes verhindern oder fördern kann. Also muß auch die Struktur entwicklungsfreundlich entworfen werden. Ob diese nun mehr oder weniger flach ist, ändert wenig daran, daß sie zunächst einmal dafür gedacht ist, hierarchisch zu gliedern. Sie muß also andere Charakteristiken aufweisen, die die Identität, Heterarchie und Flexibilität günstig beeinflussen. Wir wollen in diesem Zumsammenhang auf einige aktuelle Tendenzen eingehen, die sich mit dem Gesamtkomplex der entwicklungsorientierten Organisationsgestaltung befassen.

1. Kollegialer Strukturansatz

Dieser Ansatz beruht auf der Vorstellung, daß Leistungsbereitschaft und Engagement der Mitarbeiter zunehmen, wenn sie sowohl an den Entscheidungen als auch an den Aufgabenerfüllungen ihrer Unternehmenseinheit beteiligt werden (Likert, 1961). Auf jeder hierarchischen Ebene arbeiten die Mitglieder eines Subsystems in einer halbautonomen Gruppe und benennen einen Delegierten, der sie in den Gremien der ranghöheren Ebene vertritt („Linking Pin").

Theoretisch verfügt die Organisationsentwicklung oder das partizipative MbO mit diesem Strukturtypus über eine günstige Voraussetzung für die Entwicklung des Ganzen. Praktisch aber ergibt sich ein erheblicher Nachteil dadurch, daß versucht wird, eine „demokratische" und kollegiale Funktionsweise in einen hierarchischen Bezugsrahmen einzubetten. Dies führt im allgemeinen dazu, daß es sich sowohl für die Beziehungen zur ranghöheren Ebene als auch im Hinblick das Zusammentragen von Kenntnissen einer bestimmten Unternehmenseinheit als notwendig erweist, einen mehr oder weniger feststehenden Verantwortlichen hinzuzuziehen. Man neigt dazu, ein und dieselbe Person damit zu beauftragen, die Beziehungen mit der jeweils übergeordneten Ebene wahrzunehmen und die Aktivitäten seiner Unternehmenseinheit zu koordinieren. Selbst wenn man eine Rotation institutionalisiert, legt man sich schließlich doch auf nur eine Person fest.

Kollegial orientiert sind auch die Überlegungen von Russell Ackoff (1981), der auf jeder hierarchischen Ebene einen Koordinationsausschuß vorsieht, dem die Verantwortlichen der Ebene, ihr Vorgesetzter und ein Teil ihrer direkt unterstellten Mitarbeiter angehören sollen. (siehe S. 568)

Dieses Modell, das insofern realistischer ist, als es auf der bekannten Pyramidenstruktur aufbaut, wird aus diesem Grunde von vielen Unternehmen angewandt, die sich um Partizipation und Information bemühen. Sein eigentlicher Nachteil liegt jedoch darin, daß die Heterarchie praktisch blockiert ist, wenn die Verantwortung einer Abteilung – unabhängig davon, um welche Aktivitäten es im einzelnen geht und wer diese effektiv verrichtet – ständig nur mit ein und demselben Verantwortungsträger verbunden wird. Dies kann zu Frustrationen bei innovationsfreudigen Mitarbeitern führen, wenn sie – zu Recht oder Unrecht – den Eindruck haben, daß ihre Ideen nur dem Ansehen ihres Vorgesetzten nützen, wenn dieser sie im Ausschuß, dem er angehört, vorträgt.

Eine andere Form der kollegialen Organisation besteht darin, sogenannte Entwicklungsgruppen einzusetzen. Man bezieht junge Führungskräfte oder Personen mit einem interessanten Entwicklungspotential in den Entscheidungsprozeß mit ein. Diese Personen „spielen" gewissermaßen Unternehmensführung, ohne über tatsächliche Entscheidungsbefugnisse zu verfügen. Man kann sich bei dieser Gelegenheit ein Bild von ihnen machen und vor allem an ihre Kreativität und neuen Ideen appellieren. Diese Struktur ist jedoch die Ausnahme.

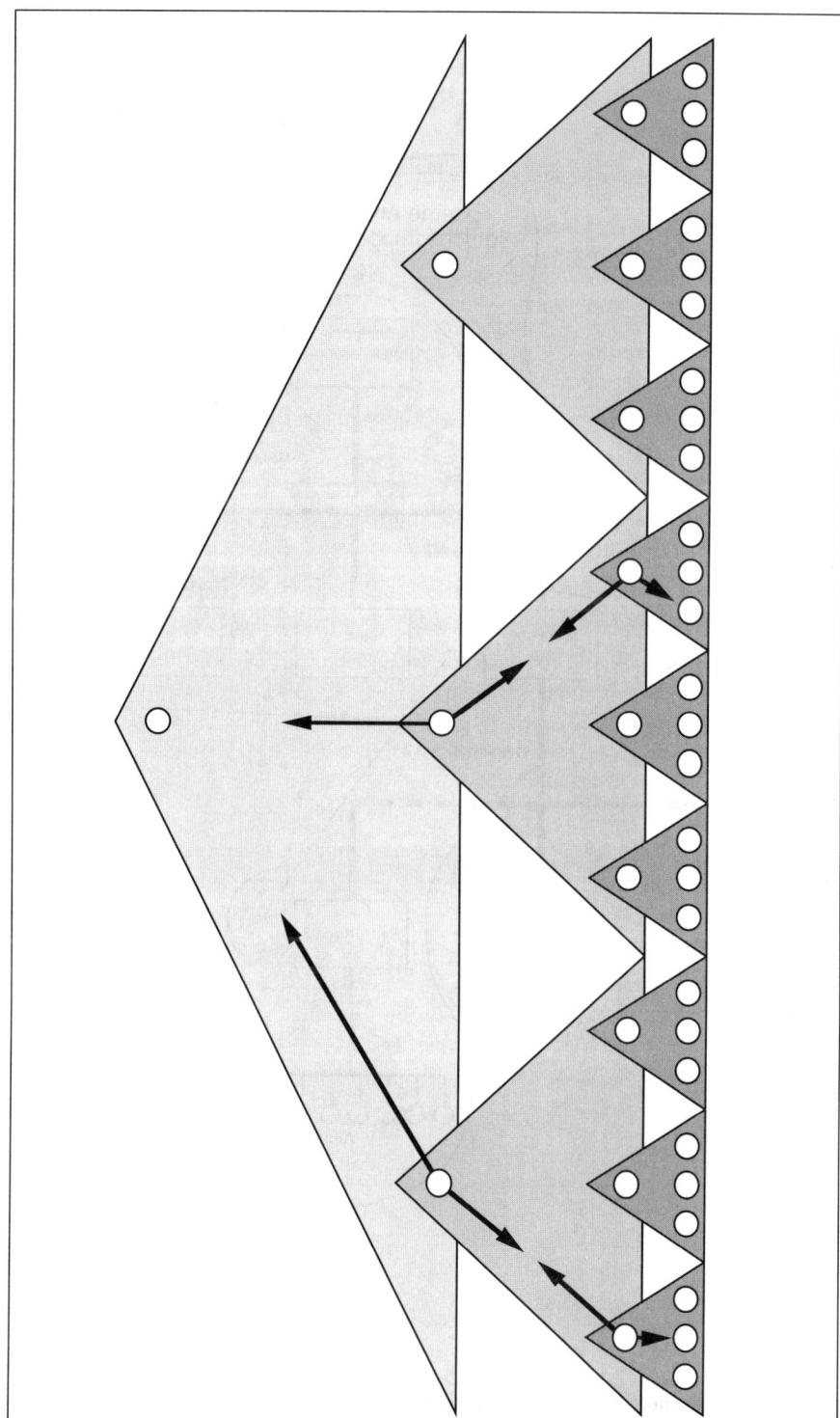

„Linking-Pin"-Struktur nach Likert, 1961

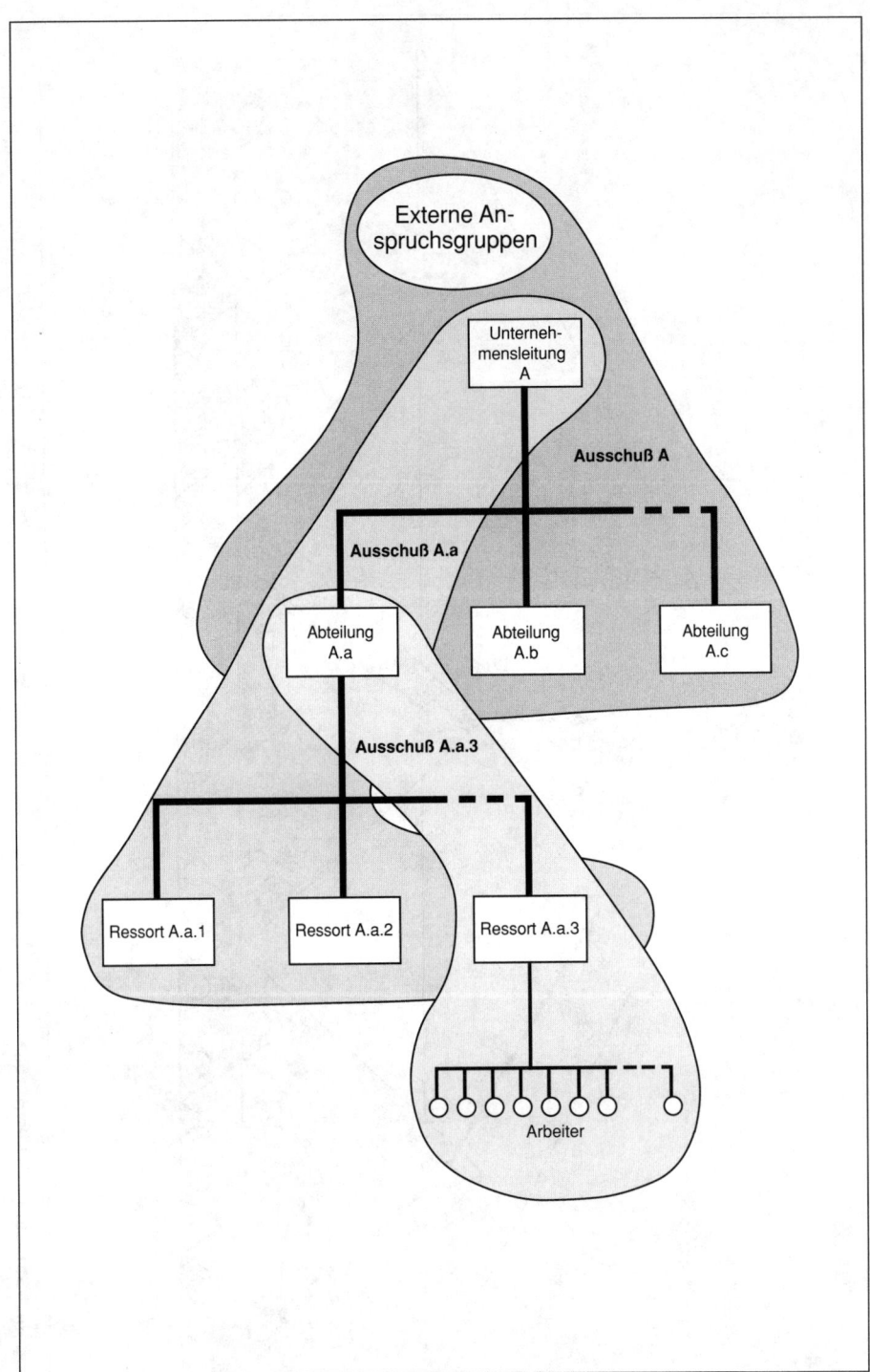

„Koordinationsausschuß"-Struktur nach R.L.Ackoff, 1981

Das Dilemma zwischen einer systemischen Funktionsweise der Unternehmensaktivitäten und dem rein analytischen Rahmen des Systems – jede Ebene gliedert sich in mehrere Unterebenen – ist nach wie vor eine der schwerwiegendsten Behinderungen für die Wirksamkeit entwicklungsorientierter Gestaltungsinstrumente. Die Bedrohung, die für sie von den herrschenden Machtverhältnissen ausgeht, wächst mit der Spannung zwischen dem einzelnen, der für eine Einheit verantwortlich ist, und der kollektiven Arbeit dieser Einheit. Es gibt deshalb verschiedene Versuche, Strukturen so festzulegen, daß funktionale und nicht hierarchische Beziehungen formalisiert werden.

So beginnt man zum Beispiel damit, statt des Organigramms ein Soziogramm als organisatorische „Karte" zu verwenden. Damit wird die Einordnung der Individuen nach der Wichtigkeit ihrer internen Kommunikationsverhältnisse mit anderen Unternehmensmitgliedern möglich. Das verwendete Verfahren läßt sich mit dem in der Medizin bekannten Scanner vergleichen: So wie man mit diesem durch einen Körper hindurchsehen kann, zeigt die organisatorische Karte die interne Funktionsweise einer Organisation unter den verschiedensten Blickwinkeln. Man erkennt gewissermaßen, wie das Unternehmen lebt, sowohl statisch – anatomisch – als auch dynamisch – physiologisch – gesehen, und versteht, warum es sich so oder so verhält. Diese Analyse ist qualitativ aussagefähiger als das traditionelle Organigramm, das auf die hierarchischen und formalen Beziehungen des Unternehmens reduziert ist. Es entstehen in der Tat zahlreiche informelle und laterale Austauschbeziehungen, die durch die offizielle Struktur hindurchgehen und ein eigenes informelles Kommunikationsnetz bilden, das erfaßt werden muß, wenn man die tatsächliche Funktionsweise der Organisation begreifen will. Das Soziogramm gibt in diesem Sinne auf folgende Fragen eine Antwort: Wie ist das Unternehmen außerhalb seiner hierarchischen Gliederung strukturiert? Wie verlaufen die Informations- und Entscheidungsflüsse?

Diese aus der Sozialpsychologie hervorgegangene Methode wendet ein klassisches Diagnoseverfahren an: In einer repräsentativen Auswahl von Mitarbeitern einer Firma werden anhand eines Fragebogens die Kommunikationsströme und deren Intensität erfaßt. Die schematische Darstellung erfolgt mit Hilfe von Halbkreisen, mit denen die Angestellten einer Abteilung, die untereinander die meisten Kontakte haben, zusammengefaßt werden. Anschließend verbindet man die Mitglieder der verschiedenen Abteilungen unter Berücksichtigung der Intensität ihrer Zusammenarbeit.

Vom traditionellen Organigramm und seinen Inhalten heben sich zusammenfassend solche neue Darstellungen durch ihren Einbezug der Interaktivität und der informellen Aspekte ab. Sie werden besonders im Rahmen von international tätigen Unternehmen, Fusionen, Akquisitionen, Joint Venture usw. benutzt. Aber auch in Klein- und Mittelunternehmen finden sich immer häufiger Darstellungen in der Form von „Soziogrammen", Kommunikationsflüssen, Netzwerken u.ä. Interessant erscheint hier besonders das NETMAP als zirkuläres Organigramm, das computergesteuert erstellt wird und die Machtstrukturen und informalen Informationsflüsse in einem Unternehmen oder in einer Abteilung oder Gruppe darstellt. Damit lassen sich relativ schnell und leicht Stärken und Schwächen visualisieren und analysieren. Bei der Erstellung dieses Diagramms werden auch Machtspiele, unternehmensinterne Geschichten, informale Beziehungen und Intensität der Beziehungen einbezogen. So erkennen wir Dominanzprobleme, Überlastungen, ungewöhnliche oder fehlende Beziehungen, Unausgewogenheiten.

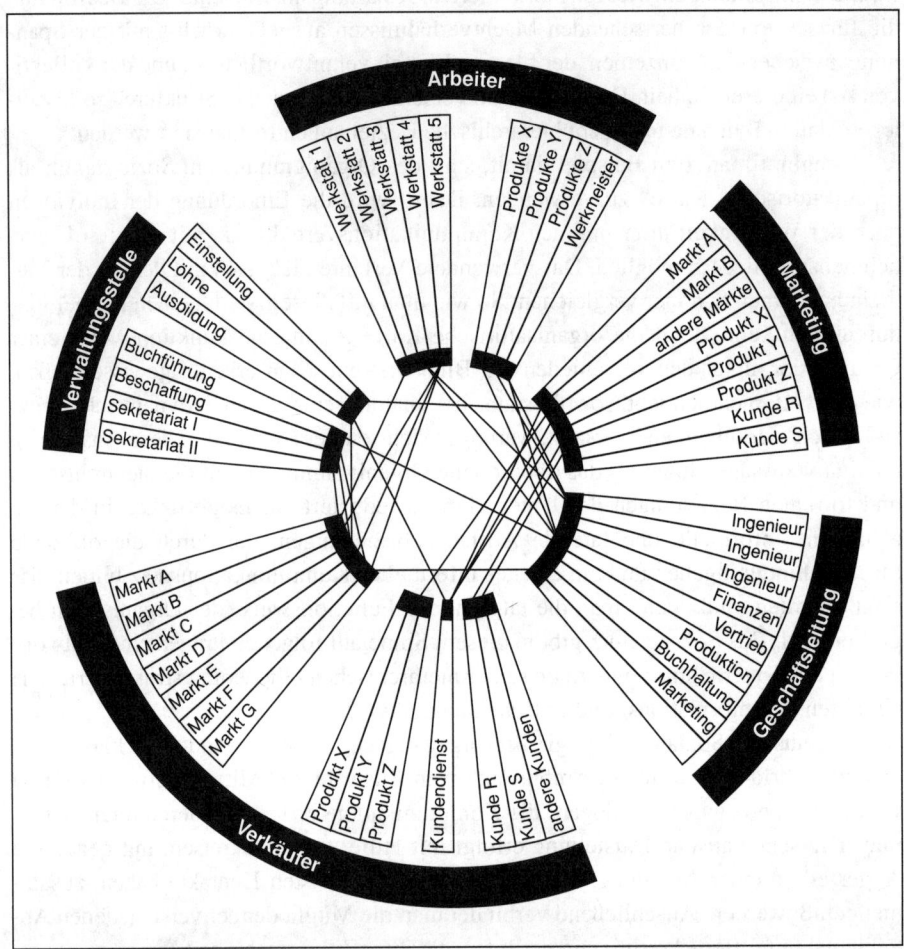

Beispiel eines Netmap-Organigramms (vgl. Berkes, 1987)

Auf diese Weise läßt sich etwa feststellen, zwischen welchen Teilen des Unternehmens Kommunikationsdefizite bestehen. Mit Hilfe einer Computersimulation lassen sich sogar bestimmte Auswirkungen organisatorischer Veränderungen ermitteln. Diese Präsentation der Organisation weist jedoch nach wie vor eine nach Funktionen, Produkten oder Märkten gegliederte Organisation auf und behält die offizielle Unternehmensstruktur bei. Sie zeigt zwar die lateralen Kooperationsbeziehungen zwischen den Subsystemen (vgl. Klimecki, 1985) auf, ändert aber nichts an der Konfiguration der of-

570

fiziellen Struktur. Interne Ungleichgewichte innerhalb der Ganzheiten sowie Beziehungssysteme innerhalb der Teile können so nicht sichtbar gemacht werden. Das Unternehmensverständnis, das diese Methode vermittelt, bleibt daher statisch und auf den Beziehungsaspekt beschränkt.

Dieses Strukturmodell hat die Tendenz, ein Beziehungsgefüge als Zustand zu präsentieren, obwohl sich angesichts der Komplexität unserer Welt gerade diese Beziehungen quantitativ und qualitativ sehr schnell verändern. Diese Darstellungsformen sind zwar realistischer und weniger hierarchisch konzipiert als die klassischen Organigramme, sie sind jedoch Hilfsmittel der Analyse, die nur Momentaufnahmen produzieren können. Aber wie dem auch sei, auch das auf diese Weise sichtbar gemachte Netzwerk trägt zu einem neuen Unternehmensverständnis bei.

3. Evolutiver Strukturansatz

Angesichts der Schwierigkeit, ein überzeugendes Strukturmodell zu errichten, das anpassungsfähig ist und die verschiedenen Beziehungsarten integriert, gibt es heute noch weitere Lösungsversuche, die nicht unbedingt auf das Organigramm zurückgreifen. Hierzu gehört zum Beispiel die *„Kleeblatt"-Organisation* . Dieses Konzept, das von Charles Handy (1990) stammt und von Phillip Bloch und Ralph Hababou (1991) weiterentwickelt wurde, löst sich von der Vorstellung eines monolithischen Unternehmens, das ein feststehendes Potential an Humanressourcen verwaltet. Es entwirft das Bild eines Kleeblatts, das sich aus drei Gruppen vom Typ partnerschaftlicher Akteure zusammensetzt, die sich bezüglich ihrer Motivation und Vergütung unterscheiden. Die erste Gruppe umfaßt die Vollzeitbeschäftigten, die, im allgemeinen stolz auf ihren Arbeitsplatz, bestrebt sind, ihren Beitrag zum kulturellen Kontext des Unternehmens zu leisten. Die zweite Gruppe besteht aus Einzelpersonen, Gruppen oder Gesellschaften, die in der Eigenschaft von Zulieferanten, gegebenenfalls aufgrund ihrer Kernfähigkeiten, einen Teil der Aufträge des Unternehmens ausführen. Die dritte Gruppe betrifft die Teilzeitbeschäftigten, die in der Regel großes Gewicht auf ihre persönliche Entwicklung legen – sie widmen den Rest ihrer Zeit einer Ausbildung oder einer anderen Beschäftigung, einer sozialen oder künstlerischen Tätigkeit – und sind oft sehr kreativ. Und wie bei jedem Kleeblatt, das zum Glücksbringer wird, gibt es auch hier ein viertes Blatt, den Schlüssel zum Erfolg, die Kunden, die heutzutage mehr und mehr als „Arbeitskräfte" das Produkt oder die Dienstleistung mitgestalten: Sie räumen bei McDonald's ihr Tablett ab, montieren Möbel von IKEA oder Conforama, heben Geld am Bankautomaten ab usw. Eine evolutive Struktur wird diese Verschiedenheiten berücksichtigen und wird die Gruppen den Notwendigkeiten entsprechend flexibel einordnen. Das Management der Humanressourcen ist nicht mehr durch den offiziellen Strukturrahmen des Unternehmens eingeschränkt.

In den gleichen gedanklichen Zusammenhang lassen sich auch die Arbeiten von Toffler (1991) einordnen, der von der *pulsierenden Organisation* spricht. Er geht von einer flexiblen Struktur aus, die sich in einer rhythmischen Bewegung ausdehnt und zusammenzieht. Eine Institution mit dem Auftrag, in regelmäßigen Abständen Volkszählungen durchzuführen, kann diesen Sachverhalt veranschaulichen. So steigt zum Beispiel beim Amt für Bevölkerungsstatistik in den USA die normale Zahl von 7000 Mitarbeitern auf 400 000 Beschäftigte, wenn eine Erhebung läuft. Für ein Unternehmen bedeutet dies, Vergabe unregelmäßig erfolgender Aufträge an Unterlieferanten, die Tendenz, bestimmte Funktionsbereiche als rechtlich selbständige Einheiten zu führen, die bei Bedarf gekauft oder verkauft werden können, aber auch die Ausschöpfung der verschiedenen Möglichkeiten, vertragliche Beziehungen zu gestalten. Es gibt Arbeitskräfte, die mit mehreren Firmen in Verbindung stehen und sich auf Anfrage zur Verfügung stellen, ohne daß dabei unbedingt eine Vermittlungsagentur für Teilzeitarbeit eingeschaltet wird; Spezialisten und Berater intervenieren gelegentlich; andere Personen, die nicht unbedingt auf ein festes Monatsgehalt angewiesen sind, führen Aufträge im Bereich der Datenverarbeitung in Heimarbeit durch oder verpflichten sich mit einer festen Wochenarbeitszeit. Die Implementierung eines solchen Strukturtyps wird vor allem dadurch erschwert, daß noch immer die Vorstellung von einer Arbeitgeber-Gewerkschaftsbeziehung besteht, in der Arbeitgeber, bewußt oder unbewußt, als Ausbeuter empfunden werden. Die lokale Anwendung dieses Modells auf der Basis vertrauensvoller zwischenmenschlicher Beziehungen ermöglicht in vielen Firmen anpassungsfähige Lösungen, die sowohl von dem Verantwortlichen einer bestimmten Einheit begrüßt werden als auch von den Mitarbeitern, die nun über einen Teil ihrer Zeit frei verfügen können.

Es gibt weitere Aspekte, ihrem Wesen nach noch informaler, die mehr und mehr die Ordnung der offiziellen Unternehmensstruktur stören (vgl.Toffler, 1991). So etwa die *Organisationen mit Doppelstruktur*, die in Wachstumsphasen ihre Strukturen und Prozesse hierarchisch gestalten und in Krisenzeiten eine völlig informelle Funktionsweise, gestützt auf kleine Gruppen, anwenden. Statt sich mit einer langsamen Verhaltensveränderung des Gesamtunternehmens auf eine neue konjunkturelle Situation einzustellen, wird mit dieser Doppelstruktur, die in ihren großen Zügen bereits festgelegt ist, eine schnellere Anpassung ermöglicht. Auch *Intrapreneure*, von dem Unternehmen mit parallelen Ressourcen ausgestattet, oder *Ad-hoc-Gruppen*, die versuchen, aus vorhandenen Mitteln das Beste zu machen, schaffen sich ohne besondere Beachtung der Gesamtstruktur ihre eigene Struktur, um innovative Ziele zu erreichen, die mehr oder weniger mit den Zielen des Unternehmens in Einklang stehen (vgl. Pinchot, 1985). Formaler gestalten sich die *Projektgruppen*, die ein besonderes, außergewöhnliches Ziel dadurch erreichen, daß sie sich vorübergehend aus der Alltagsstruktur des Unternehmens ausklammern.

So gibt es eine ganze Reihe von Denkmodellen, die die Starrheit der bestehenden Strukturformen in Frage stellen, eine Antwort suchen auf die sprunghaften Veränderungen der Umwelt und dem Impuls der internen Kreativitätspotentiale folgen.

4. Multidimensionale Struktur

Im Sinne der Arbeiten von Henry Mintzberg (1979) läßt sich Unternehmensorganisation als ein dynamisches Beziehungsgeflecht aus einer Vielzahl von Faktoren verstehen. Er hat den Versuch gemacht, bei der Darstellung der Funktionsweise und Evolution der Unternehmen die Kernaussagen sämtlicher Theorien, die es seit Beginn des Jahrhunderts gegeben hat, zu integrieren. Dies führt ihn zu einem Organisationsschema, das sich aus fünf Grundbausteinen (basic parts) zusammensetzt:

- das *operative Zentrum*, das sich aus den Unternehmensmitgliedern zusammensetzt, deren Arbeit in direktem Zusammenhang mit der Produktion von Gütern und Dienstleistungen steht
- die *strategische Spitze* – sie überwacht die Zweck- und Aufgabenerfüllung der Institution, indem sie den Bedürfnissen derer dient, die sie kontrollieren
- die *hierarchische Linie* als Verbindung zwischen der strategischen Spitze und dem operativen Zentrum
- die *Technostruktur*, die sich aus Analytikern, Antriebskräften und Baumeistern der Standardisierung innerhalb der Organisation zusammensetzt.
- die *logistische Unterstützung*, die von spezialisierten Einheiten in einer präzisen Funktion, ohne direkte Verbindung zur unternehmerischen Gesamtaufgabe, übernommen wird.

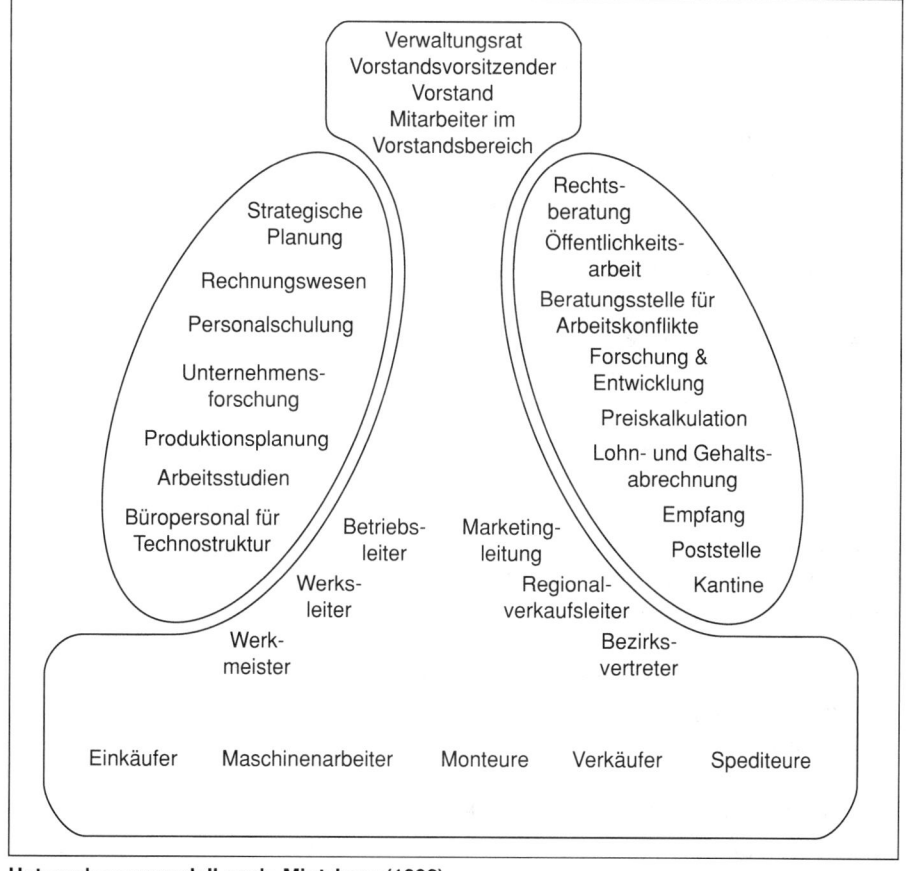

Unternehmensmodell nach Mintzberg (1992)

Diese Abteilungen sind für die jeweiligen Unternehmen von unterschiedlicher Bedeutung. In jedem Fall aber sind sie durch formale und informale Autoritäts-, Material-, Informations- und Entscheidungsflüsse miteinander verbunden. Wie diese Flüsse verlaufen, hängt von den internen Koordinationsmechanismen des Unternehmens ab. Mintzberg spricht von acht Einflußgrößen, nach denen sich die Möglichkeiten organisatorischer Gestaltung klassifizieren lassen, um stabile Verhaltensweisen zu schaffen und sowohl Austauschbeziehungen als auch Handlungen zu fördern:

- *Arbeitsspezialisierung*, horizontal nach den Prinzipien von Taylor (ein Mensch – eine Aufgabe), vertikal im Sinne der Theorie von Fayol (Unterscheidung Administration–Produktion) oder nicht vorhanden, wenn allgemein das Prinzip des Job-Enlargement Anwendung findet.
- *Verhaltensformalisierung*, durch Stellenbeschreibung oder Verhaltensregeln
- *Ausbildung und Sozialisierung*, mit deren Hilfe den Mitarbeitern Wissen und Normen der Organisation vermittelt werden sollen
- *Zusammenfassung zu Einheiten*, die Ressourcen gemeinsam verwenden können und auf der Grundlage informaler Kommunikationsformen funktionsfähig sind
- *Größe der Einheiten*, die im Sinne der gewünschten Standardisierung eingesetzt werden kann
- *Planungs- und Kontrollsystem*, mit dem Entscheidungen und nicht routinisierte Handlungen in den Tagesablauf integriert werden können
- *Verbindungsmechanismen*, die außerhalb der formalen Strukturen Kontakte fördern. Man könnte hier an Projektgruppen, ständige Ausschüsse oder Führungskräfte in bestimmten Koordinations- und Verbindungsstellen denken.
- *Dezentralisierung*, vertikal durch Delegation oder horizontal durch Übertragung von Entscheidungsprozessen auf Einheiten, die sich außerhalb der Linie befinden

Diese Parameter, die jedes Unternehmen in Hinblick auf seine Ziele gestaltet, lassen sich jedoch nicht von den Kontingenzfaktoren trennen, denen das Unternehmen unterworfen ist. Alter, Größe, technisches System, Systemumwelt sowie die Machtverhältnisse, die sich dort entwickeln, prägen die von einem Unternehmen angenommene Konfiguration. Mintzberg geht nun von fünf Typen einer strukturellen Konfiguration aus, zwischen denen sich die Unternehmen im Laufe ihrer Geschichte mehr oder weniger als Mischformen bewegen.

Mit dem multidimensionalen Ansatz wird versucht, die verschiedenen humanen, organisatorischen und umweltbezogenen Parameter eines Unternehmens zu integrieren (vgl. Bleicher, 1991), um Konfigurationstypen anzubieten, zwischen denen sich das Unternehmen je nach seinen Zielsetzungen und Bedingungskonstellationen bewegen kann.

Aber selbst wenn sich dieses Modell in seiner Entwicklung – unter anderem – auf Rollen stützt, die von Individuen übernommen werden, bleibt es doch weitgehend deskriptiv.

574

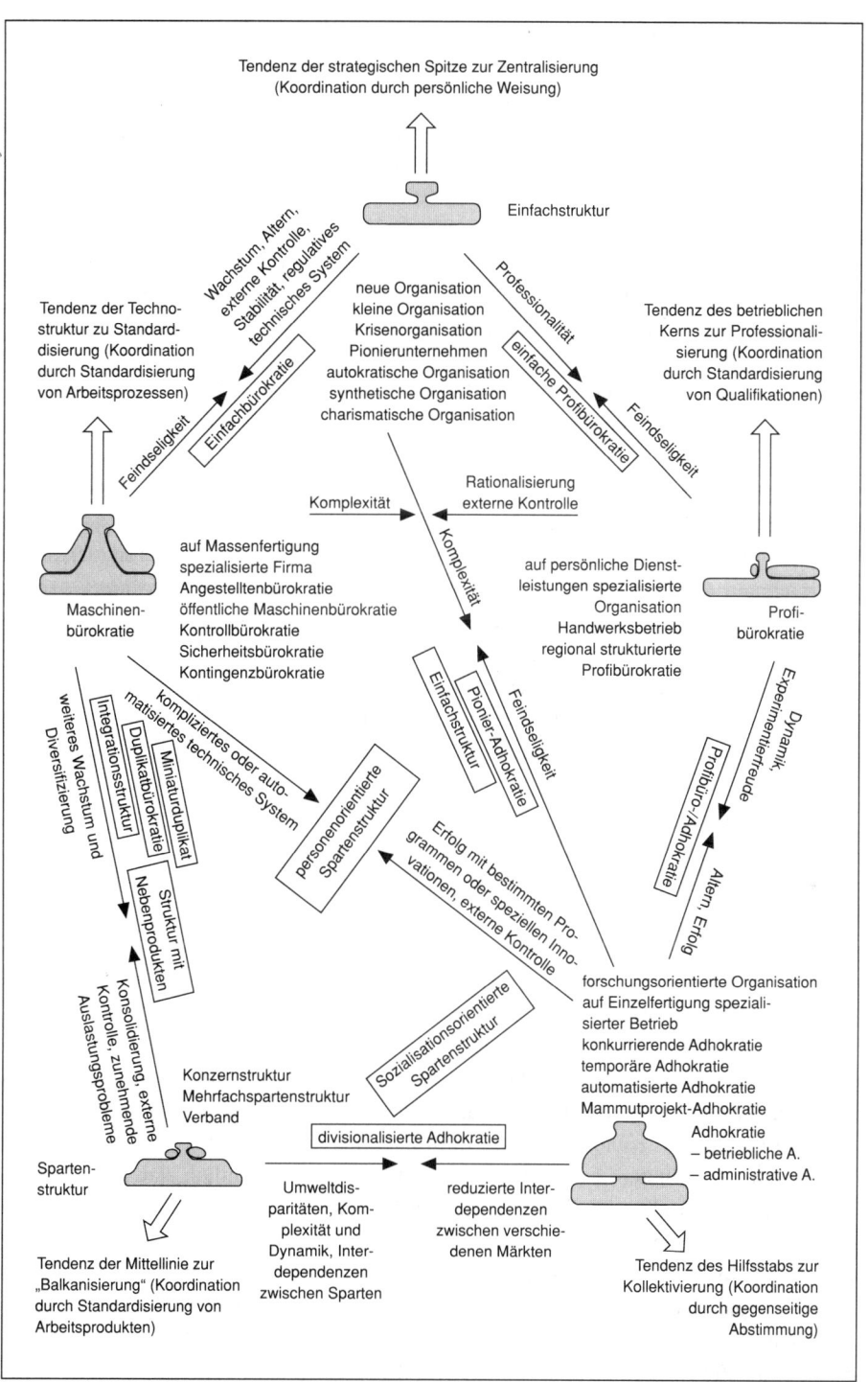

Konfigurationstypen nach H. Mintzberg (1992)

Müssen wir davon ausgehen, daß jede formale Struktur als entwicklungsschädlich zu sehen ist? Sicherlich nicht, denn wenn auch die evolutiven Organisationsformen zu mehr Flexibilität führen und die Vorstellung von einem Netzwerk das Verständnis für die Heterarchie erleichtert, so bleibt doch die Struktur im eigentlichen Sinn ein wesentlicher Faktor der Identität und Ausrichtung des Unternehmens. Damit nun die von uns vorgestellten Hilfsmittel der Unternehmensentwicklung nicht nur modellhaft abstrakt bleiben, sollte man darüber nachdenken, wie eine allgemeine Unternehmenskonfiguration gestaltet werden kann, wie andere Organisationsformen aussehen könnten, die *modularer* und *polyzentrischer* angelegt sind.

Wir schließen uns Bruno Jarrosson (1991) an, wenn er sagt: „Das Unternehmen vereinigt in sich unterschiedliche Fähigkeiten, es ist ein vielgestaltiges komplexes System. Um leben und produzieren zu können, ohne daß die Komplexität in Anarchie umschlägt, imitiert es die Natur und schafft sich Subsysteme. Es gliedert sich in Abteilungen, Sparten usw. Das wäre lobenswert, wenn es sich nicht in den meisten Fällen um eine nur sehr schwache Imitation der genialen Natur handeln würde. *Modulare* Unternehmen dagegen schließen gleichzeitig Systeme sehr unterschiedlicher Art ein (Menschen, Gruppen, kleine Unternehmen, Holdings), was dazu führt, daß sie die Vorteile der kleinen mit denen der großen Unternehmen verbinden und somit von beiden profitieren. Diese Konstruktion aus tatsächlich unterschiedlichen Systemen erhält ihre Flexibilität durch eine große Varietät von Beziehungen, die sie untereinander verbinden: Kunde-Lieferanten-Beziehung, Partnerschaft, Mutter-Tochtergesellschaft, Joint Venture ..."

Polyzentrismus seinerseits beschreibt die Struktur unserer Welt auf der Ebene der Makrostruktur ebenso wie auf der der Mikrostruktur. So geht man bei der Darstellung des Universums von etwas Abgeschlossenem aus, wobei jeder Punkt ein Zentrum darstellt, das sich in gleicher Entfernung von jedem anderen Ort auf der Weltkugel befindet. Auf eine völlig andere Dimension übertragen, setzt sich unser Gehirn aus verschiedenen Teilen, den Neuronen, zusammen, von denen jedes einzelne – zumindest in seiner allgemeinen Struktur – alle Informationen über das Ganze enthält und Informationen an alle übrigen Teile abgibt (vgl. Hampden-Turner, 1990). Ebenso ist jede Person in einem Unternehmen, jede Gruppe nicht nur ein Entscheidungszentrum, sondern auch Sender und Empfänger des normativen Unternehmenscodes, und gleichzeitig gehen von ihnen auch Handlungen und Informationen aus, die auf die In- und Umwelt des Systems gerichtet sind (vgl. Simon, 1960). Damit wird deutlich, daß jede Absicht, Interaktionen zwischen den Elementen eines Systems statisch und formal zu gliedern und zu strukturieren, nicht nur die Flexibilität einschränkt, sondern auch die spontane Emergenz einer geteilten Identität erschwert. Eine angemessene Struktur muß also in dem Sinn polyzentrisch sein, als sie von jeder Einheit von einem eigenen Betrachtungsstandpunkt her gesehen wird. Jede dieser Einheiten wird sich in einer solchen Struktur als Zentrum des Systems begreifen, dem es angehört. Unter dem Aspekt organisatorischer Hilfsmittel und Darstellungstechniken könnte man zum Beispiel das ei-

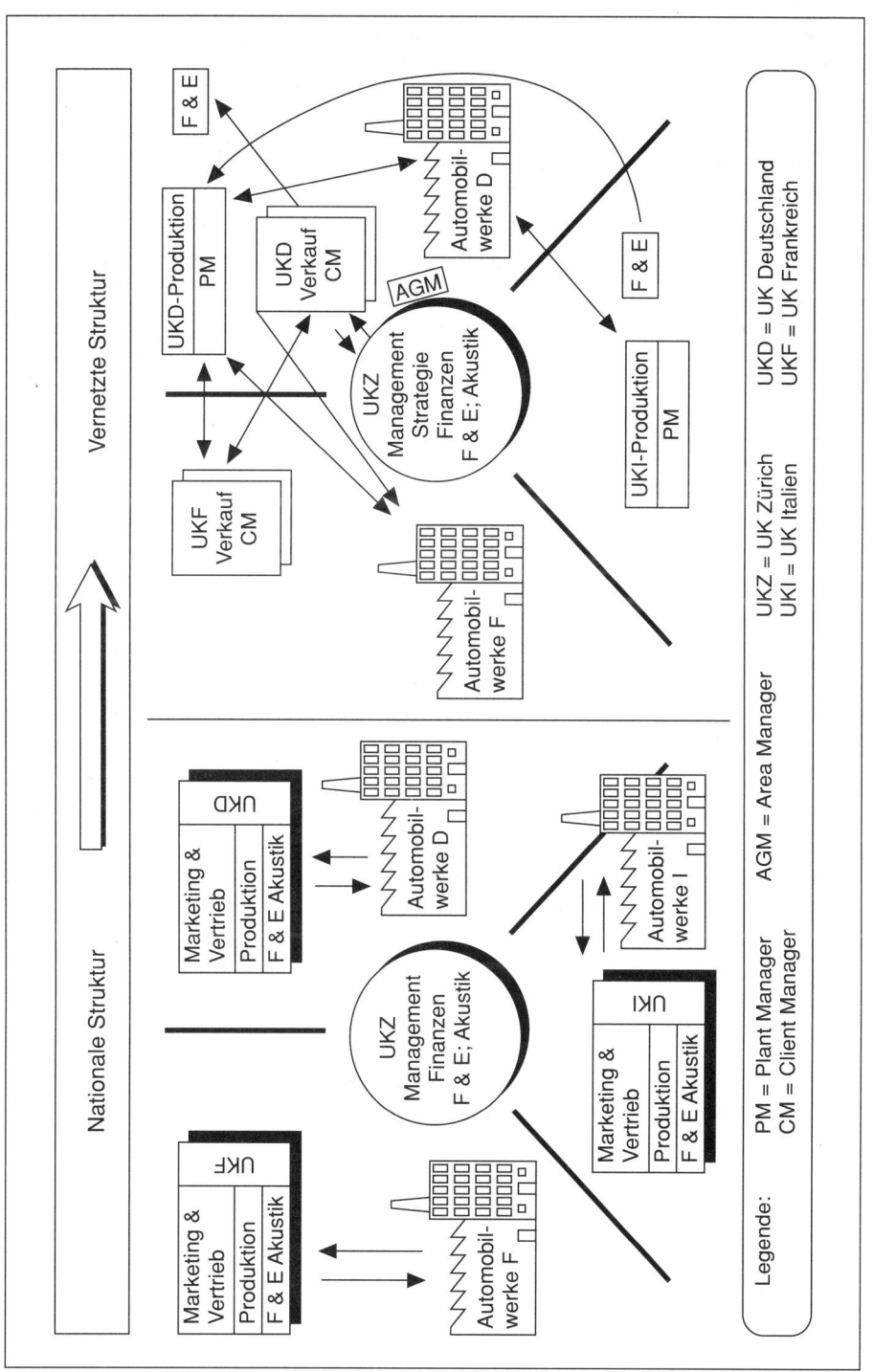

Von nationaler zu vernetzter Struktur (Beispiel: Unikeller; vgl. Rühle/Sauter 1992, S. 121)

577

ne, das herkömmliche Organigramm, das jede Untergliederung in ein ganz genaues, lineares Schema einpaßt, durch eine Palette sphärisch angeordneter Organigramme ersetzen. Auf diese Weise wird jede Einheit mit einem eigenen Schema dargestellt, in dessen Zentrum sie sich befindet und das die Beziehungen aufzeigt, die sie zu den übrigen, sie umgebenden Systemen und Subsystemen unterhält. Die Konfiguration einer Organisation ergibt sich folglich aus den operativen Abteilungen, wobei die Machtverhältnisse und Entscheidungskompetenzen sozusagen offiziell über das gesamte System verteilt sind (vgl. Bleicher, 1991a). Auf der Grundlage des Vertrauens und in Anerkennung der Tatsache, daß jedes Teil der Organisation im wesentlichen nach dem kulturellen Code und den geschichtlichen und strategischen Normen des Systemganzen – die den gemeinsamen Bezugsrahmen bilden (vgl. Koestler, 1958) – funktioniert, wird man bei polyzentrischen Strukturen Technologie, finanzielle Verantwortlichkeiten, Erfahrung und strategische Entscheidungen innerhalb der Tochtergesellschaften oder Unternehmenseinheiten verteilen oder sich verteilen lassen (vgl. Hedlund, 1986). Das konzeptionelle Merkmal der modularen bzw. polyzentrischen Struktur ist demnach die Integration der verschiedenen Prinzipien der Selbstorganisation, Heterarchie, vernetzten Beziehungen, Flexibilität, Autonomie und Evolutionsfähigkeit.

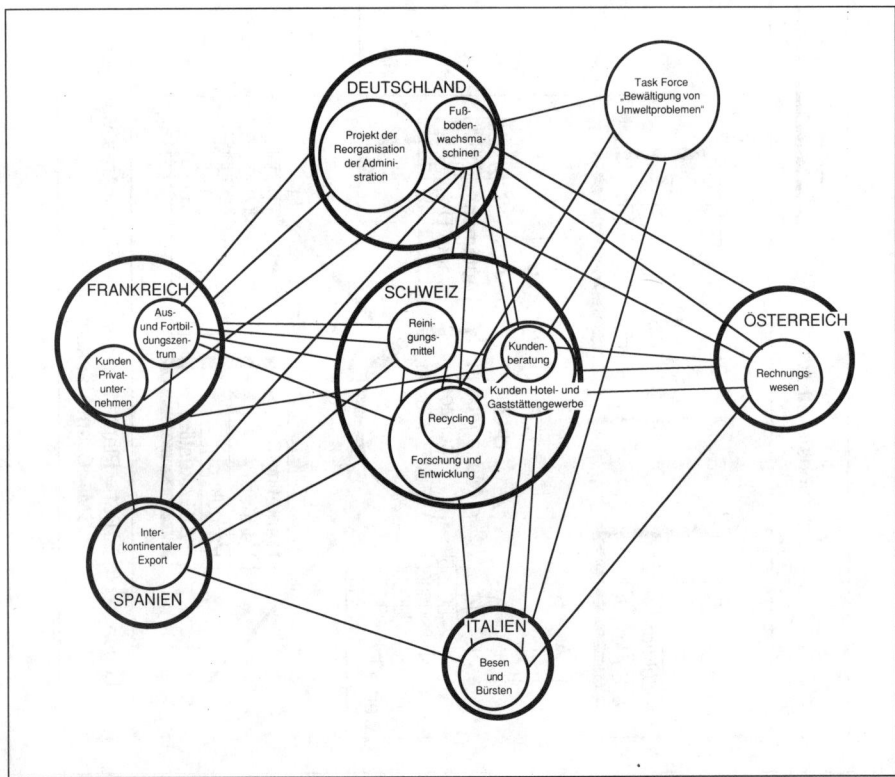

Beispiel eines Netzorganigramms

Dieser allgemeine Ansatz scheint mit einer ganzen Reihe von unterschiedlichen Beiträgen das aktuelle organisationstheoretische Forschungsinteresse zu charakterisieren. Evolutive Formen der Unternehmensführung, an denen weltweit intensiv gearbeitet wird, treten immer stärker in den Vordergrund; sie sind hervorgegangen aus Überlegungen und Studien über die Kopplung von Strategie und Struktur im Bereich der Organisation. Dies sind zwar nicht die einzigen Kontingenzfaktoren (vgl. Teil zwei: Lenken des organisatorischen Wandels), die ein Unternehmen beeinflussen bzw. auf die ein Unternehmen Einfluß nimmt. Ihre Bedeutung wächst jedoch angesichts der gegenwärtigen Dynamik des internationalen Kontextes. Mit Blick auf die neuesten Untersuchungen auf diesem Gebiet (vgl. Drucker, 1988; Prahalad/Hamel, 1990, 1991; Bartlett/Doz/Hedlund, 1990; Doz/Prahalad/Hamel, 1990; Bartlett/Goshal, 1990; Buchanan/McCalman, 1989) läßt sich aus den verschiedenen Beiträgen erkennen, daß diese notwendige Auseinandersetzung mit der Kopplung zwischen Strategie und Struktur (vgl. Chandler, 1989) eine stimulierende Wirkung hat und dazu führen wird, daß auch die Begriffe Macht, Kultur, Prozesse, Technologie und Verhaltensweisen der Führungskräfte im Sinne des Fortbestands und der Entwicklung des Unternehmens neu definiert werden. Worin bestehen nun für die Unternehmen die neuen Herausforderungen der neunziger Jahre? Gibt es eine allgemeine Grundkonzeption der Organisation – wir beschränken uns hier auf den Aspekt des Unternehmens als System –, mit der wir diesen Herausforderungen entgegentreten können?

Die klassischen Formen der Organisationsstruktur sind in der Literatur ausführlich beschrieben worden (vgl. Teil eins: Gestalten der Organisation), und sie können die Erwartungen von Anspruchsgruppen durchaus zufriedenstellen (vgl. Ackoff, 1987; Mitroff, 1983: „Stakeholders") , unter der Voraussetzung allerdings, daß das Unternehmen einen Markt ohne Handelshemmnisse vorfindet und die Komplexität seiner Mechanismen ohne größere Schwierigkeiten reduzieren kann. Angesichts der Wirklichkeiten jedoch, mit denen wir es heute zu tun haben und die jeder erkennen kann, ist diese Voraussetzung so gut wie nie gegeben. Die Wirtschaftsordnung als Ergebnis der internationalen Arbeitsteilung und des Welthandels, verstärkt durch die verschiedenen Formen des Protektionismus (Kartelle, Absprachen, nichttarifäre Handelshemmnisse ...), hat in der Vergangenheit sowohl für lokal ansässige Firmen als auch für solche, die ihre Handelstätigkeit über die nationalen Grenzen hinaus entwickelt haben, gute Voraussetzungen für eine relative Umweltstabilität geschaffen. Unter den günstigen Vorzeichen der jüngsten Wachstumsphase sah die Mehrzahl der Unternehmen, die die Entwicklung ihrer Geschäftstätigkeit als Expansion planten, keine Veranlassung, ihr Organisationskonzept zu revidieren. Die organisatorischen Grundlagen bestanden somit in der Durchsetzung von Maßnahmen zur Gestaltung einer hierarchischen Ordnung und logischen Verrichtungsabfolge der Aktivitäten (vgl. Probst, 1987). Die jüngsten Diskussionen über moderne Formen der Organisation und des Managements versuchen dagegen, diese statischen Modelle aufzugeben und die Spezifitäten der Umwelt mit denen des Unternehmens in Beziehung zu setzen. Polyzentrische Organisation versteht sich aus der Suche nach Strukturformen, die weder ausschließlich durch die Kräfte des Unternehmens und die Merkmale der lokalen oder nationalen Marktbedürfnisse bestimmt werden – typisches Beispiel die „professionellen" Klein- und Mittelbetriebe, die sich auf nationaler Ebene behaupten und/oder Marktnischen im Ausland wahrnehmen –, noch ausschließlich von den Kräften des Marktes beherrscht werden, wenn dieser mehrere Nationen oder gar Kontinente abdeckt – typisches Beispiel das internationale bzw. multinationale Unternehmen mit produkt-/marktorientierter Organisation. In unserer Vergangenheit gibt es die Herrschaft trutziger Lehensherren, aber auch den Aufbruch in den „Wilden Westen". Bleiben wir einmal bei diesen Bildern: Es geht heute darum, wirksame und leistungsfähige Strukturen zu schaffen, die sowohl an einen Palast erinnern – wehrhaft und uneinnehmbar, von Mauern umgeben, einsam gelegen, um sich herum das weite Land, das der Herrscher besitzt und bewirtschaftet –, und zum anderen an Zeltlager – zum Angriff gerüstet, reaktionsschnell, begünstigt durch seine mobile Infrastruktur, jederzeit verlegbar, falls Notwendigkeiten, Bedürfnisse oder Chancen dies erfordern. Wir sprechen im ersten Fall von einer *Palastorganisation* und im zweiten der Einfachheit halber von einer *Zeltorganisation* (vgl. Hedberg, 1984). Die Geschichte hat uns gelehrt, daß Paläste oftmals zu Vormachtstellungen ausgebaut wurden, die ihren Einfluß weit über die anliegenden Gebiete hinaus ausdehnten: Ihr Ziel war es, aufgrund von Wettstreit- oder Bündnisstrategien über andere Paläste, die ihrerseits Gebiete kontrolliert, zu herrschen. Die Geschichte der Wirtschaft hat hier ihre Entsprechung in der Entwicklung multinationaler Strukturen (Oligopole) zum Beispiel und in der Bedeutung, die den Auslandsmärkten zukommt, der Nutzung von Schlagkraft bzw. Widerstandsfähigkeit auf diesen Märkten. Diese Strategie wurde erhärtet durch die Errichtung von Organisationsstrukturen mit funktionaler und divisionaler Gliederung, vor allem aber durch die Matrix-Organisation.

Zelte, um dieses Bild noch einmal aufzunehmen, haben weiterhin den Vorteil, daß man ihre verschiedenen Vorteile beliebig nutzen kann: Leichtigkeit, müheloses Aufbauen und Abbrechen, günstige Voraussetzungen für die Implementierung auf dem – im Unterschied zum Palast – beschränkten Lebensraum, der ihnen zur Verfügung steht. In der Wirtschaft findet man diese Merkmale der Zeltstruktur in vielen Unternehmen. Sie siedeln ihre Geschäftstätigkeit zunächst in einem nationalen Rahmen an, entwickeln sich zu Gesellschaften, gründen Filialunternehmen, regionale bzw. landesweite Vertretungen und spezialisieren sich auf die Fertigung bestimmter Produkte, auf die für ihren Bereich einschlägige Forschung und/oder auf Vertrieb und Verkauf. Diese Unternehmen sind in der Lage, eine Marktlücke, ein Marktsegment wahrzunehmen und Wissen gewinnbringend einzusetzen. Die Schwierigkeiten beginnen erst in dem Augenblick, in dem sich die für eine lokale Ebene vorgesehene Struktur, die nun einer Strategie der Expansion und Wettbewerbsfähigkeit auf Auslandsmärkten genügen muß, sich mit anderen Konkurrenten nicht mehr messen kann, wobei die Gründe entweder in der kritischen Unternehmensgröße, in den Economies of Scale oder in der Größe des Marktes zu suchen sind.

Die Formen der Zelt- bzw. Palastorganisation entsprechen zwar den ihnen zugrundeliegenden Strategien, in der Praxis erfüllen sie jedoch nicht immer die Kriterien der Effektivität und Leistungsfähigkeit, die internationaler Wettbewerb, Deregulierung der Märkte und rasch wechselnde Verhaltensweisen auf der Ebene der Staaten, aber auch der Unternehmen und Konsumenten erforderlich machen. Eines der organisatorischen Ziele bestünde somit darin, eine Struktur oder eine daraus entwickelte Ordnung zu schaffen, die sowohl stabil als auch veränderbar ist. Das eigentliche Problem für Unternehmen, die ihre Positionen festigen und ihre Beziehungen zur Unternehmensumwelt besser beherrschen wollen, läge dann darin, Strategien des Wettbewerbs und der Kooperation zu generieren, um die Vorteile einer Palastorganisation mit denen einer Zeltorganisation zu verbinden. Interessanterweise ist heute festzustellen, daß der internationale Wettbewerb die großen Konzerne einerseits dazu zwingt, ihre kritische Größe zu erreichen, um weiterhin den Markt beherrschen zu können, sie andererseits aber veranlaßt, Möglichkeiten der Kooperation oder Allianz mit ihren Konkurrenten zu suchen, weil sie nicht alle Ressourcen haben oder die vorhandenen nicht effektiv und effizient nutzen können. Dies entspricht zwar in gewisser Weise dem Erfordernis der Flexibilität, hat aber den Nachteil, auf schwerfällige Strukturen zu treffen, die ein hohes Maß an Koordination und Kontrolle notwendig machen, was sich negativ auf unternehmerisches Denken und innovatives Handeln auswirkt. Ein Unternehmen, das Sparten, Abteilungen und Profit Center hat, die die eigenen Interessen – Budgetverwaltung zum Beispiel – verfolgen, ist nicht mehr allzu weit davon entfernt, eine ganzheitliche Organisation in Gang zu setzen, die die tatsächliche Möglichkeit bietet, Beziehungen unter den Teilen konsensual zu gestalten, um der Zielerreichung des Ganzen zu dienen. Zusammenfassend läßt sich also feststellen, daß Unternehmen, die eine Strukturform der Stabilität und der Veränderung anstreben, mit folgenden Herausforderungen konfrontiert sein werden:

- Ressourcenverwendung des Unternehmens verbessern
- Umweltchancen besser nutzen
- Unternehmenskontext besser nutzen

Ressourcenverwendung des Unternehmens verbessern

Lange Zeit beschäftigte man sich im Rahmen der Organisation vor allem mit der Frage der Zentralisierung bzw. Dezentralisierung von Entscheidungsbefugnissen, d. h. mit dem Problem der Verteilung humaner, technologischer und finanzieller Ressourcen. Die zentralistische Organisation sieht eine unmittelbare und ständige Kontrolle vor, strategische Entscheidungen werden gefällt ohne Berücksichtigung von Chancen, die die Einheiten gegebenenfalls ergreifen könnten. Der dezentralistische Ansatz dagegen ermöglicht die Einbeziehung der Einheiten in strategische und operative Entscheidungen, wobei ein Tochterunternehmen zum Beispiel Änderungen beschließen kann, die es, auf ihren Geschäftsbereich beschränkt, vornehmen möchte. Einer der Nachteile dieser Struktur besteht darin, daß sich das Unternehmen nicht immer in ausreichendem Maße auf seine Kernkompetenzen konzentrieren kann (vgl. Prahalad/Hamel, 1991), weil eine zu starke Differenzierung herrscht. Ressourcen werden übermäßig oder unzureichend genutzt. Hier läge das Gestaltungsziel darin, die Ressourcen an den Kernfähigkeiten auszurichten und nicht an den Endprodukten.

Umweltchancen besser nutzen

Multinationale bzw. verbundene Unternehmen vom Typ Muttergesellschaft/Tochterunternehmen gehen nach einer globalen strategischen Planung vor und müssen bei Veränderungen auf der Ebene der Unternehmenseinheiten ein hohes Maß an Koordinations- und Integrationsarbeit leisten. Die auf Informationen aus der Umwelt gerichteten Sensorfunktionen sind entweder bei der Muttergesellschaft angesiedelt oder werden einem Spezialzentrum zugeordnet, das den Auftrag hat, Bedrohungen und Chancen frühzeitig wahrzunehmen. Dies alles ist unter anderem die Folge einer hierarchisch gegliederten, funktionalen Organisation, aber auch einer von Portfoliostrategien bestimmten Planung. Autonomie, soweit sie in diesem Kontext besteht, ist auf den Geschäftsbereich einer Einheit beschränkt, wobei nicht erwartet wird, daß diese sich mit dem Gesamtpotential des Unternehmens im Bereich der Technologie, der Humanressourcen und Finanzen beschäftigt. Auf der anderen Seite haben die Einheiten dank ihrer Autonomie die Möglichkeit, neue Kernfähigkeiten und neue Produkte auf den Märkten ihres Geschäftsbereichs zu testen. Bei diesem Versuch, eine Umweltchance zu nutzen, kann sich allerdings herausstellen, daß die Einheit mehr Ressourcen benötigt, als ihr zugeteilt wurden. Die Früherkennung von Chancen kann sehr wohl für das Ressort nicht nur einer, sondern auch mehrerer Einheiten sein. Das bedeutet also, daß sich die Reflexion und die Handlungen der Unternehmensmitglieder auf ein regelrechtes Beziehungsgefüge von Interdependenzen zwischen dem Rahmen der Gesamtstruktur und dem lokalen Bezugsrahmen richten müsssen.

Bessere Nutzung des Unternehmenskontextes

Schwächen des Unternehmens können sich als Trumpf erweisen, sofern man sie unter dem Aspekt eines ganzheitlichen Managements betrachtet. In einer dynamischen und wettbewerbsorientierten Umwelt zum Beispiel kann ein quantitativer, analytischer und verfahrensbezogener Ansatz zu erstarrten Organisationsstrukturen führen. Ein ganzheitlicher Ansatz hingegen, der auch qualitative Aspekte integriert und besonderes Gewicht auf Fähigkeiten, Verantwortlichkeiten und Kommunikation legt, erlaubt die bestmögliche Nutzung eines Umstands, der auf den ersten Blick als Unternehmensschwäche erscheint. Eine Schwäche ist niemals absolut, sie richtet sich nach dem Kontext, in dem sie betrachtet wird. Im Grunde geht es darum, Bedingungen zu schaffen, die eine bessere Abstimmung zwischen den organisatorischen Fähigkeiten des Unternehmens, den Ressourcen, über die es verfügt, und die Art und Weise, wie es seine Funktionsweise versteht, ermöglichen.

Der Wille zur Entwicklung, der auf diese Herausforderungen eine Antwort finden muß, begründet das Interesse an der Emergenz komplexer Strukturformen, die Merkmale hochgradiger Differenzierung und Integration aufweisen. Im vorangehenden wurden zwar die grundsätzlichen Voraussetzungen einer entwicklungsfreundlichen Struktur geklärt, eine konkrete Struktur wurde aber, soweit erkennbar, nicht angeboten. Denn angesichts der Komplexität ist eine alleinige, statische und allgemeingültige Lösung nicht vorstellbar, und diese Erkenntnis hat sich für zahlreiche Unternehmen bestätigt. Es lassen sich jedoch in der Theorie ebenso wie in der Praxis *Tendenzen* ausmachen, die dahingehen, in der Mikro- oder Makrostruktur evolutive und polyzentrische Organisationsformen anzuwenden. Im einzelnen geht es um

- Steigerung des Unternehmenswerts und des Potentials seiner Einheiten;
- Konzentration der Aktivitäten auf die Kernfähigkeiten der Gruppe oder Firma;
- Globalisierung, Kooperation und Netzwerkorganisation;
- Streben nach unternehmerischem Denken und der Autonomie der Einheiten;
- Teamorganisation und parallele Strukturen;
- Management der Flexibilität;
- Symbolisches Management und Management der Werte.

Steigerung des Unternehmenswerts und des Potentials seiner Einheiten

Mit einer Struktur, die sich in Subsysteme gliedert und auf Beziehungen vom Typ Kunde-Lieferant basiert, kann man den Beitrag jeder Einheit zum Geschäftsverlauf des Gesamtunternehmens finanzwirtschaftlich feststellen, indem man zum Beipiel Profit Center errichtet. Diese Struktur ermöglicht darüber hinaus dem einzelnen, seinen Nutzen, seine Bedeutung und Verantwortlichkeit im Zusammenhang mit den seiner Aktivität vor- bzw. nachgelagerten Vorgängen besser wahrnehmen zu können (vgl. Crozier, 1989). Vor allem wird es auf diese Weise möglich, sich aus einer allzu massiven Bürokratie herauszulösen, zu der alle großen Unternehmen tendieren, indem sie die verschiedenen Aufgaben zu Tätigkeitskategorien zusammenfassen. Mit Strukturen dieser Art sind bessere Voraussetzungen gegeben, um in den verschiedenen Bereichen des Unternehmens Nutzenpotentiale aufzudecken – kostenreduzierende Maßnahmen können hierbei ebenso gemeint sein wie Know-how, Synergieeffekte, Organisation, Humanressourcen und Kooperationsmöglichkeiten – und zu erkennen, wo realisierbare, mit der Unternehmenstätigkeit zu vereinbarende Chancen für Aufschwung und Umstrukturierung bestehen und gewinnbringend wahrgenommen werden könnten. Diese Potentiale sind in der Tat latente oder effektive Konstellationen der Umwelt, des Marktes oder des Unternehmens, die mit Hilfe der Unternehmensaktivitäten zum Vorteil aller Interessengruppen genutzt werden können (vgl. Pümpin, 1989). Die Nutzung des Potentials, der Zeitpunkt und die Dauer seiner Nutzbarkeit, stellt einen *Mehrwert* dar. Da dieser allen Interessengruppen zugute kommt, erhöht er den Wert des Unternehmens gegenüber der Außenwelt und ihm selbst – und in letzter Instanz den Aktienwert (vgl.

Rappaport, 1986). Dieser organisationale Ansatz trägt zu einer gewinnbringenden Beteiligungspolitik bei, da die vom Konzern aufgekauften Unternehmen durch die Managementleistung einen gewissen Mehrwert erlangen und mit Gewinn wiederverkauft werden können (vgl. Gomez/Weber, 1989). Allgemein läßt er sich anwenden, indem man bestimmte Unternehmensaktivitäten oder ehemalige Geschäftsbereiche ausgrenzt und mit eigener Rechtspersönlichkeit ausstattet, so daß sie als eigene Unternehmen geführt und verkauft werden können. Sieht man einmal von dem rein finanziellen Aspekt ab, so handelt es sich hier in erster Linie um ein Managementinstrument von Holdinggesellschaften, eine Organisationsform, die mehr und mehr Unternehmen unabhängig von ihrer Größe annehmen. Dadurch daß sich der Wert des Unternehmens und seine Nutzerpotentiale feststellen lassen, ist das Unternehmen auch in der Lage, seine Kernkompetenzen festzustellen, zu bewerten und sich auf diese zu konzentrieren.

Konzentration der Aktivitäten auf die Kernkompetenzen der Gruppe oder der Firma

In den vergangenen Jahren haben zahlreiche Firmen versucht, die verschiedenen für sie wichtigen vorgelagerten bzw. nachgeordneten Produktions- und Absatzstufen zu integrieren. BSN – ursprünglich ein Hersteller von Glaswaren – erwarb zum Beispiel Unternehmen wie Kronenbourg (Bier), Evian (Mineralwasser) oder Lanson (Champagner): erst den Behälter, dann den Inhalt. In diesem Fall war das Endprodukt ausschlaggebend für Diversifikation und Ausweitung des Unternehmens. Das gleiche Denkmodell fand auch bei „kleineren" Unternehmen Anwendung. So hatte die skandinavische Luftfahrtgesellschaft SAS die Idee, ihren Kunden ein globales Leistungspaket anzubieten, sie sozusagen von der eigenen Haustür ab bis hin zu ihrem Hotel am Bestimmungsort zu betreuen und auf Wunsch sogar den Aufenthalt dort zu organisieren. Allerdings ist die Organisation von Aktivitäten zur Herstellung eines solchen kompletten Produkts, für das verschiedene Kernkompetenzen erforderlich sind, die gegebenenfalls den Ankauf von Firmen und Patenten sowie die Beschaffung von Material und Humanressourcen notwendig machen, mit hohen Kosten verbunden, zumal die für die Wettbewerbsfähigkeit unerläßlichen Economies of Scale nicht in gleichem Maße garantiert werden können. Deshalb neigt man heutzutage bei Unternehmenserweiterungen dazu, die Aktivitäten horizontal anzuordnen, um die eigenen Kernkompetenzen statt vertikal um ein Produkt zu gruppieren. Die Firma Canon zum Beispiel hat drei bereichsspezifische Kernkompetenzen – Feinmechanik, Feinoptik und Mikroelektronik – und stellt nicht nur Fotoapparate, sondern auch Drucker, Faxgeräte, Rechner, Kopierer und verschiedene Lasergeräte her. Dabei macht sie keineswegs den Versuch, den gesamten Produktionsablauf zu kontrollieren, wenn in die Fertigung fremde Kernkompetenzen eingehen; Canon hat einen sehr geringen Marktanteil bei Laserdruckern, hält aber 84% des Marktes für Druckerantriebsmotoren. Die Ausgangsprodukte werden also mit *Kernkompetenzen* angereichert, sie führen zur Errichtung von Unternehmenseinheiten oder Tochterunternehmen, die das Endprodukt herstellen bzw. vertreiben (vgl. Prahalad/Hamel, 1990). Strukturbezogen bedeutet dies wiederum, daß das gesamte Unternehmen modular und polyzentrisch konzipiert werden muß. Während man Einheiten, die Produkte herstellen bzw. vertreiben, als relativ unabhängige strategische Geschäftseinheiten organisieren kann, werden sich um die für die Produktionskette notwendigen Kernkompetenzen ein oder mehrere weitere Entscheidungszentren bilden, die weniger auf den Markt als auf langfristige Forschung und Entwicklung gerichtet sind. Diese Konfiguration verlangt enge Kooperationsbeziehungen zwischen den Zentren, die entweder alle dem Konzern angehören oder aber auch Einheit einer anderen Firma sein können, mit der ein entsprechendes Abkommen besteht.

Globalisierung, Kooperation und Netzwerkorganisation

Obwohl wir dieses Thema bereits zu Beginn dieses Teils angesprochen haben, scheint es uns interessant, es noch einmal kurz unter dem Aspekt der aktuellen Organisationstendenz zu beleuchten. Wenn in der Fachpresse Beispiele von Kapitalbeteiligungen an und Kooperationsabkommen zwischen Unternehmen dargestellt werden, sehen viele darin eine komplizierte, oft schwer verständliche Finanzkonstruktion. Natürlich ist der finanzielle Gesichtspunkt bei diesen Beteiligungsgeschäften von nicht zu unterschätzender Bedeutung, mehr und mehr treten jedoch strategische Überlegungen in den Vordergrund, die sich eher auf die Aktivität des Unternehmens beziehen als auf den Besitz eines bestimmten Kapitalanteils. In zunehmendem Maße kommen Joint Ventures zwischen Firmen zustande, von denen die eine das technische Know-how für die Herstellung einer Basiskomponente einbringt und die andere die Fähigkeit, diese Komponente in einem Fertigprodukt zu verarbeiten und es abzusetzen (vgl. Harrigan, 1987). Die beiden Riesen der Lebensmittelbranche, BSN und Nestlé, schließen eine Allianz, um zu gleichen Teilen das zur Privatisierung anstehende größte tschechische Unternehmen für Kekse und Schokolade zu übernehmen, und dies nur, weil BSN über das Know-how der Keksherstellung und Nestlé über das der Schokoladenherstellung verfügt. Auch innerhalb eines Unternehmens kann eine Einheit ein Kooperationsabkommen mit einem Zulieferer, einer anderen Firma oder einer ihrer Subsysteme, ja sogar mit einer Einheit des eigenen Konzerns schließen. Die verschiedenen Entscheidungszentren realisieren ihre Ziele in zunehmender Unabhängigkeit unter Berücksichtigung einer *ganzheitlichen* Organisation, und dies innerhalb eines Einzelunternehmens ebenso wie in einer Holdinggesellschaft. In der Tat haben wir bei unserer Darstellung der aktuellen Tendenzen bisher keinen Unterschied gemacht zwischen „einfachen" Unternehmen und ihren Abteilungen und den Konzernen mit ihren Tochterunternehmen. Denn diese Unterscheidung gibt es allmählich nur noch in rechtlicher und finanztechnischer Hinsicht, so stark sind die Gründe für eine Konzerngestaltung von einer Strategie der Kernkompetenzen bestimmt. Diese Strategie bewirkt, daß sich die Tochterunternehmen als Teil eines mehr oder weniger komplexen Beziehungsgeflechts verstehen, in dem sie ihren Beitrag leisten und miteinander kooperieren, ohne von dem Konzern kontrolliert zu werden. Damit gewinnt die Organisation des Konzerns, seine

Kultur, eine gewisse Homogenität, die wie in einem ganz normalen Unternehmen durch Austausch von Meinungen, Informationen und Technologie entsteht (vgl. Ghoshal/Bartlett, 1990; Cook, 1977). Umgekehrt ist auch die Funktionsweise von Einzelunternehmen immer weniger von der Allmacht eines zentralen Managements abhängig. Die Notwendigkeit, die Mechanismen des Unternehmens in Hinblick auf seine Ziele und Fähigkeiten in einer ganzheitlichen Sichtweise zu betrachten, bewirkt, daß die Verantwortungsträger der verschiedenen Unternehmensteile in geradezu föderativer Weise zusammenarbeiten und ihr eigenes formales oder informales Beziehungsnetz bilden (vgl. Probst/Ulrich, 1989). Innerhalb eines Konzerns ebenso wie innerhalb einer Einzelgesellschaft sind Kooperationen das Ergebnis wachsender Autonomie der verschiedenen Einheiten.

Streben nach unternehmerischem Denken und der Autonomie der Einheiten

Eine andere Tendenz unserer Zeit geht in der Tat dahin, den Unternehmenseinheiten ein immer stärkeres Maß an Autonomie zuzuweisen. Das zentrale Management legt zwar die Gesamtstrategie und Kernkompetenzen eines Unternehmens fest, seine Subsysteme jedoch gehen zu zweckgerichteter Selbstregulierung und Selbstlenkung über (vgl. Probst, 1987; Kirsch, 1992). Sie bilden ihre eigene Subkultur und beteiligen sich an der Reflexion über die Anpassung der Strategien an ihre Situation. Diese Tendenz gilt um so mehr, als eine allgewaltige Geschäftsleitung angesichts der zunehmenden Komplexität des Marktes nicht mehr vorstellbar ist. Sie kann sich – im Verbund mit den Tendenzen, die in diesem Zusammenhang vorgestellt wurden – nur dann erfolgreich durchsetzen, wenn bestimmte Voraussetzungen auf einer lokaleren Ebene als der, die wir bisher betrachtet haben, gegeben sind. Eigenständige Handlung, Entscheidung und Innovation, eine Denkweise, wie sie Unternehmer oder Intrapreneure auszeichnet (vgl. Drucker, 1985; Pinchot, 1985), sind notwendig, um die Mitglieder von Subsystemen in die Verantwortung für die Realisierung eines Gesamtergebnisses einzubeziehen. Die Führungskraft von heute soll sich nicht mehr als Leiter einer Abteilung, sondern als Leiter eines Unternehmens verstehen. Dies wird auch mit der Verallgemeinerung eines Modells versucht, das man als „Super-Leadership" (vgl. Manz/Sims, 1990) bezeichnet. Es geht hier nicht um ein weiteres Rezept für den „erfolgreichen Chef", sondern um einen allgemeinen Begriff, der das Wesentliche der modernen Managemententwicklungen subsumiert: Da die Mobilisierung von Humanressourcen für den Erfolg einer Firma sowohl qualitativ als auch quantitativ unerläßlich ist, muß ein Vorgesetzter seine Mitarbeiter dazu anleiten, sich selbst zu lenken, ohne ihn auszukommen, und sie glauben lassen, sie hätten ihre Aufgabe ohne ihn erfüllt. Man stößt hier wieder auf die bekannten Überlegungen zum Thema der Delegation und der Personalentwicklung. In ihrer Verwendung sind jedoch bei diesen beiden Begriffen paternalistische Konnotationen und Aspekte deutlich erkennbar, die in der einen oder anderen Weise doch wieder auf den „Chef" zurückführen. Die beginnende Evolution, von der hier die Rede ist, schließt den Begriff der Führungskraft nicht aus, sondern paßt ihn an die außerordentlich breite Palette von Entwicklungen an, für die eine Einheit gerüstet sein muß. Der Vorgesetzte kann nicht mehr alles machen, er muß sein Team so gestalten, daß es alles so tun und entscheiden kann, als sei er nicht da. Da sich der Vorgesetzte dieser Tatsache bewußt ist, umgibt er sich allmählich nicht mehr mit „inferioren" Unterstellten, sondern versucht Mitarbeiter zu gewinnen, die möglicherweise kompetenter oder mindestens ebenso kompetent sind wie er. Gleichzeitig verläßt er sich vertrauensvoll auf den Konzern, in den er seine Mitarbeiter integriert.

Teamorganisation und parallele Strukturen

Die Arbeit im Team ist heute in allen Unternehmen üblich. Dabei handelt es sich um Gruppen, die funktional, auf eine bestimmte Aktivität ausgerichtet sind, prozeßorientiert wie etwa Qualitätszirkel oder Gruppen in einer OE-Phase. Bisher erfolgte jedoch die Gestaltung dieser Teams in den meisten Fällen im Hinblick auf ihr Funktionieren und weniger ergebnisorientiert.

Ihre Kompetenzen waren daher häufig beschränkt, was zahlreiche autonome Gruppen zum Scheitern verurteilte. Eines der laufenden Experimente nach dem Vorbild der „high involvement teams" bei Digital Equipment Corporation geht dahin, einer Gruppe alle für die Zielerreichung erforderlichen Mittel zur Verfügung zu stellen. Der Gruppenprozeß ist durchgängig gegeben, er wird natürlich unterstützt durch die Entwicklung des einzelnen und des Ganzen, aber beide Phänomene werden ergebnisorientiert von der Gruppe gestaltet. Die Gruppen erhalten mehr Befugnisse, und man bringt ihnen auch mehr Vertrauen entgegen. Nach demselben Denkmodell bilden einige der Teams parallele Strukturen, um in uneingeschränkter Freiheit ein bestimmtes Projekt zu verfolgen oder ein Experiment zu realisieren. Gestützt auf das Verfahren der Aktionsforschung kann eine Gruppe ohne Rücksicht auf ein mögliches Scheitern innovativ in dem einen oder anderen Bereich tätig werden, sozusagen in kleinem Maßstab. Es gibt also immer wieder Versuche, Teamarbeit neu zu gestalten, wobei man auf den vorangegangenen Erfahrungen aufbaut. Im Mittelpunkt steht der Prozeß: das Vertrauen in seinen Ablauf, das Prozeßziel und die zur Zielerreichung notwendigen Ressourcen und Fähigkeiten. Teamorganisation ist zwar mit Koordinationsproblemen verbunden, leistet aber ohne Zweifel einen Beitrag zur Flexibilität des Ganzen.

Management der Flexibilität

Die Idee der Flexibilität ist keineswegs neu, Manager, Forscher und Berater predigen sie seit geraumer Zeit. Wir sind im übrigen an anderer Stelle bereits auf sie eingegangen (vgl. auch Klimecki/Probst/Gmür, 1993). Aber auch hier interessieren uns wieder die neuen Tendenzen ihrer Anwendung, Tendenzen, die sich im Grunde auf die polyzentrische und modulare Struktur heutiger Unternehmen stützen. Gesellschaften sind Paläste *und* Zelte (vgl. Hedberg/Nystrom/Starbuck, 1976; Hedberg, 1984). Das heißt, ein Teil ihrer Strukturen ist stabil, unbeweglich, der andere anpassungsfähig. Freiräume bleiben dort, wo sie möglich sind, dank der Verbreitung der elektronischen Datenverarbeitung zum Beispiel. Die elektronischen Verbindungen, die mit dem „Computer-integrated Manufacturing" (CIM) zwischen den Abteilungen eines Unternehmens möglich sind, erleichtern die praktische Anwendung des Just-in-time, die quantitative und qualitative Anpassung der Produktion an die Nachfrage des Kunden, aber auch die Verarbeitung aller damit verbundenen kaufmännischen und buchhalterischen Daten. Durch Modems ist es möglich, EDV-Arbeiten außer Haus zu vergeben, und ein Teil der Mitarbeiter von Hewlett-Packard oder der Stickereifirma Schläpfer bspw. ist zur Zeit in Heimarbeit tätig. Die technologischen Möglichkeiten entwickeln sich im Sinne einer erhöhten Flexibilität und somit auch zugunsten der Verwirklichung der übrigen hier beschriebenen Konzepte. Als Gegengewicht zum Prinzip der Flexibilität, das eine gewisse Distanz zum stabilen Kern des Unternehmens bewirkt, möchten wir noch eine letzte Tendenz vorstellen: das Management der Symbole und der Kultur.

Symbolisches Management und Management der Werte

Seit Beginn der achtziger Jahre wurde von den Managern das Phänomen der Unternehmenskultur immer stärker beachtet. Die Bedeutung überzeugender Werte wurde besonders in dem Buch von Peters und Watermann (1981) „Auf der Suche nach Spitzenleistung" betont, einem Bestseller der Fachliteratur zur Unternehmensführung. Die Schlüsse, zu denen dieses Werk führt, sind seither auf einige Kritik gestoßen, die sich vor allem auf den Versuch bezieht, die wesentlichen Faktoren für eine erfolgreiche Kultur zu definieren. In diesem Zusammenhang muß man bedenken, daß sich die Normen des Unternehmens trotz der föderativen Ausrichtung auf Vielfalt und Polyzentrismus stützen, eine Entwicklung, die sich mit wachsender Unternehmensgröße verstärkt. Im Zeichen der neuen Tendenz wird nun versucht, einerseits die Normen des Ganzen weiterhin zu verbreiten, um der

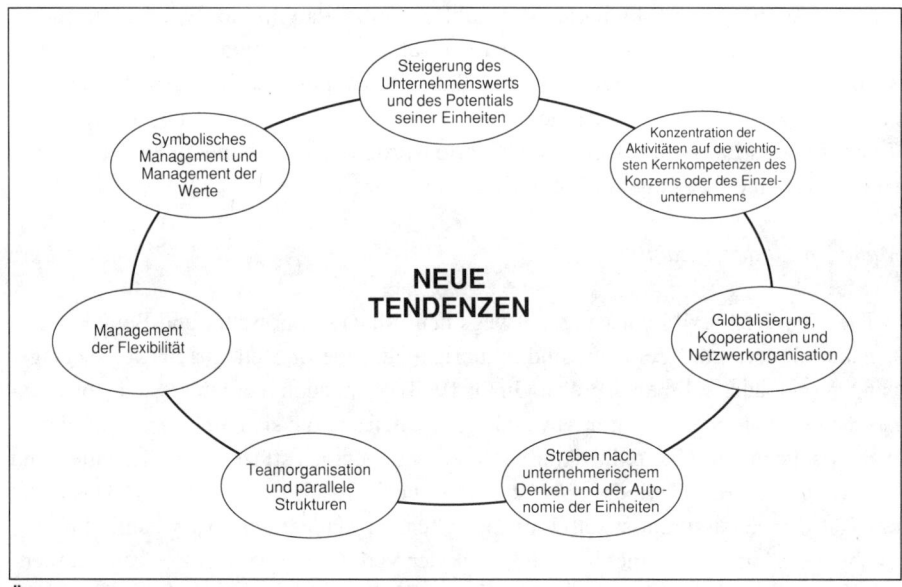

Überblick über neuere Tendenzen in der Organisation

588

Funktionsweise Halt zu geben, andererseits aber bewußt die tragenden Symbole und äußeren Anzeichen der Kultur – persönliches Verhalten der Führungskräfte, Entscheidungsbegründung, äußeres Erscheinungsbild, Selbstdarstellung, Verbreitung von „Anekdoten" ... – zu gestalten und gleichzeitig die kulturelle Komplexität des Unternehmens, seiner Einheiten und seiner Mitarbeiter zu integrieren. Man beginnt nach Bildern zu suchen, die Institutionen geistig-sinnhaft verständlich machen (vgl. Morgan, 1986). So kann man die Funktionsweise eines Unternehmens bspw. mit dem Theater vergleichen, in dem jeder seine Rolle spielt, einen bestimmten Charakter verkörpert und wo das Ganze in einer Einheit von Handlung und Sinn vom Betrachter Kunden wahrgenommen wird. Ist eine solche Analogie hergestellt, wird man sie so oft wie möglich den Mitgliedern des Systems mitteilen, um ihnen die Botschaft der Komplexität, der Vielfalt, aber auch des Gesamtergebnisses zu vermitteln.

PERSPEKTIVEN	NEUE STRUKTURIERUNGSTENDENZEN
Identität	Die Konzentration eines Unternehmens auf seine Kernkompetenzen fördert seine Einheit, fundiert durch Spezialisierung auf einige Bereiche, und damit seine Identität. Ebenso unterstützt das symbolische Management einer föderativen Kultur diese Perspektive und vermittelt in gewisser Hinsicht eine ganzheitliche Sichtweise: Beide Aspekte dienen der Abgrenzung des Systems gegenüber seinem Kontext.
Heterarchie	Das Streben nach der Autonomie der Einheiten und einem unternehmerischen Denken der Mitglieder, die stärkere Einbeziehung der Gruppen in eine ergebnisorientierte Arbeit oder die Bildung von Teams als parallele Struktur sind Praktiken, die Fähigkeiten erweitern und Innovation ermöglichen. Die Machtverhältnisse unter den Subsystemen verändern sich zwangsläufig, und Heterarchie entsteht. Sie wird gefördert durch Systeme mit Netzwerkorganisation, da in ihnen die Unternehmensleitung nicht ein unvermeidlicher Knotenpunkt sämtlicher Informationen und Entscheidungen ist.
Flexibilität	Das Management der Flexibilität läßt sich vor allem dank der elektronischen Datenverarbeitung als Prinzip in die Praxis umsetzen. Darüber hinaus fördern die verschiedenen Formen der Kooperation die modulare Anpassung des Unternehmens als Ganzes an die vielfältigen Bedingungen, denen es begegnet. Schließlich bewirkt die Strukturierung nach Aktivitäten, um Potentiale eines Unternehmens aufzudecken und zu fördern, die Abwendung von einer bürokratischen Funktionsweise und führt zu einer gewissen Flexibilität der Kunde-Lieferanten-Beziehungen zwischen den Einheiten.

Die neuen Tendenzen der Organisation und der Strukturgestaltung bemühen sich um eine Antwort auf die Komplexität unserer Gesellschaften, machen aber auch deutlich, daß das Unternehmen nicht mehr monolithisch zu sehen ist, sondern modular, wobei jedes Modul seine eigene Form entwickelt und ein Zentrum bildet, das Sinn, Entscheidung und Handlung generiert. Diese Strukturierungsversuche sind nicht immer parallel in den verschiedenen Teil-Unternehmen anzutreffen, sondern entstehen mitunter auch ohne eine gezielte Politik, die sie in Gang setzt. Man kann sagen, daß sie gewissermaßen das abbilden, was die Organisation von morgen sein wird. Sie schaffen einen Rahmen, eine Orientierung, und unter diesem Gesichtswinkel muß man sie betrachten. Ihre Anwendung hängt jedoch weitgehend von zukünftigen Interpretationen und Veränderungen ab, so daß wir an dieser Stelle nur die Empfehlung aussprechen wollen, sich mit Strukturen im Sinne einer Gesamtkonfiguration zu befassen, die die Implementierung entwicklungsfreundlicher Instrumente fördern.

V. Fazit

Es stellt sich nun die Frage, wie man mit den im Verlauf dieses Kapitels aufgezeigten Vorstellungen umgehen soll. Denn Organisation und Management betreffen ebenso das Individuum wie die Gruppe, die Maschine in gleichem Maße wie die Werte oder Strukturen. Job-Rotation, Organisationsentwicklung und Konzentration der Unternehmenskräfte auf bereichspezifische Kernkompetenzen – zum Beispiel – sind keineswegs drei konkurrierende Managementmodelle. Es handelt sich vielmehr um drei verschiedene Instrumente, die auf verschiedenen Ebenen ansetzen und sich durchaus ergänzen können. Das aber bedeutet, daß die Anwendung organisatorischer Hilfsmittel, so wie sie hier vorgeschlagen wurde, erst dann Organisation bedeutet, wenn sie integrierender Bestandteil einer ganzheitlichen Unternehmenspolitik und -strategie wird, die Ziele und Ressourcen, Vergangenheit, Zukunft und Gegenwart sowie alle Funktionen, vom Finanzwesen bis zum Marketing, einschließt. In Weiterführung dessen ist die Gestaltung der Hilfsmittel als solche das Ergebnis einer ganzheitlichen Vorgehensweise in dem Sinne, indem sie durch Lenkung ein Zusammenwirken dieser Instrumente zur Förderung der Unternehmensentwicklung ermöglicht und zur Zielerreichung des Unternehmens beiträgt. Wir möchten dieses Werk mit einer kurzen Darstellung dieser ganzheitlichen Vorgehensweise abschließen, um einige pragmatische Wege der Reflexion über die kombinierte Anwendung der in diesem Kapitel vorgestellten unterschiedlichen Methoden und Instrumente aufzuzeigen.

17. Kapitel

Entwicklungsorientiertes Management aus ganzheitlicher Sicht

Wie bereits ausgeführt, kann keines der im vorangehenden Kapitel vorgestellten Mittel zur Unternehmensentwicklung sämtliche Aspekte gleichzeitig berücksichtigen. Mit jedem Instrument werden bestimmte Fortschritte bei dem Erwerb von Fähigkeiten erzielt, neue Probleme, die in einem Unternehmen auftreten können, besser zu lösen. Lassen Sie uns an dieser Stelle eine Frage wiederaufnehmen, die wir schon verschiedentlich gestellt haben: Wie läßt sich eine ganzheitliche Politik entwickeln, die in harmonischer Weise verschiedene Methoden der Unternehmensentwicklung integriert?

I. Paradoxien eines entwicklungsorientierten Managements aus ganzheitlicher Sicht

Die Unternehmensentwicklung beruht auf dem Zusammenwirken von geteilter Wirklichkeitskonstruktion, Selbstorganisation und ständigem organisationalem Lernen. Emergenz und Anwendung dieser drei Konzepte sind erst möglich, wenn es gelingt, drei grundlegende Prinzipien in die Praxis umzusetzen: Identität, Heterarchie und Flexibilität. Wir haben bereits festgestellt, inwieweit jede der beschriebenen Methoden diesen Anforderungen entspricht oder nicht. Nun genügt es aber nicht, selbst wenn es unerläßlich ist, ein Maßnahmenpaket zu schnüren, um alle drei Prinzipien, eines nach dem anderen, zu erfüllen.

Unsere Welt ist zu komplex geworden, als daß wir noch immer die Gesamtheit aller Störungen, mit denen wir konfrontiert werden, mit analytischen Methoden beseitigen könnten. Zwei Gestaltungsinstrumente – das eine zur Förderung der Flexibilität, das andere zur Festigung der Identität – können sich in ihrer Anwendung sehr wohl widersprechen. Es ist von entscheidender Bedeutung, daß wir mit Rücksicht auf die Ziele, die wir erreichen wollen, und angesichts der Situation, in der wir uns befinden, diese im Rahmen der Führung einer beliebigen Einheit auftretenden Paradoxien wahrnehmen und auf bestmögliche Weise ausbalancieren. Wir kommen damit zu den *Widersprüchlichkeiten*, die sich bei gemeinsamer Anwendung der drei grundlegenden Prinzipien der Unternehmensentwicklung ergeben können.

Identität – Heterarchie

Zu der Herausbildung der Unternehmensidentität beizutragen, setzt voraus, daß ein *ganzheitlicher* Kontext geschaffen wird, der eine allen Mitgliedern und allen Ganzheiten gemeinsame Sinnstruktur generiert. Die Heterarchie fördern heißt dagegen einen Bezugsrahmen schaffen, in den sich die *lokalen* Aspekte des Unternehmens einpassen lassen, sowohl die Werthaltungen der verschiedenen Personen und Einheiten, die das Unternehmen bilden, als auch die Initiativen, die von ihnen ausgehen. Auf der Handlungsebene erfordert die Herausbildung einer Identität Kohärenz, das heißt eine zeitliche und symbolische Regelmäßigkeit in den Verhaltensweisen der Manager. Heterarchie dagegen impliziert eine gewisse Priorität, die okkasionellen, *ereignisabhängigen* Zuständen eingeräumt wird, wobei sich Fähigkeiten je nach Situation unterschiedlich artikulieren.

Flexibilität – Identität

Flexibilität fördern bedeutet zweifellos – wie wir bereits feststellen konnten – die Errichtung eines interaktiven, offenen, nach *außen* gerichteten und vor allem den Kunden zugewandten Kontextes. Identität dagegen entsteht durch Abgrenzung gegenüber anderen Systemen und ist zugleich das Ergebnis eines Prozesses, mit dem sich das System verschließt, nach *innen* richtet, sich den Mitarbeitern und dem Produkt zum Beispiel zuwendet. Parallel dazu erfordert Flexibilität die *Dezentralisierung* von Verantwortlichkeiten, Entscheidungen und Handlungen, während sich Identität auf die *Zentralisierung* von unternehmenspolitischen Maßnahmen und eine kernbezogene Festlegung der wichtigen Ziele stützt.

Heterarchie – Flexibilität

Heterarchie ist nur im Rahmen einer polyzentrischen Unternehmensstruktur möglich, daß heißt, sie setzt voraus, daß jeder Mitarbeiter entsprechend der jeweiligen Situation Ideen, Fähigkeiten und Entscheidungen hervorbringt und somit auf seine Weise potentiell verantwortlich ist. Flexibilität ihrerseits äußert sich, ohne die Pluralität auszuschließen, in einer flexiblen und adaptiven Verhaltensweise der Mitarbeiter in bezug auf eine gegebene Achse: Damit ist ein gesteuerter, gerichteter, eher linearer Kontext gemeint, an dem sich wechselnde Entscheidungen orientieren. Die Heterarchie schließlich setzt eine breite Palette antizipativer, absichtsgeleiteter, Einfluß auslösender Handlungen voraus, während die Flexibilität vor allem die Anpassungsfähigkeit des Systems, das heißt seinen für Informationen rezeptiven Charakter unterstreicht.

Die Gestaltung entwicklungsfreundlicher Prinzipien erfolgt durch ein interaktives Management, das den dynamischen Konsens sucht, das heißt ein Management, das sich weder mit einem der beiden zuvor genannten Paradoxien zufriedengibt noch mit einem Kompromiß zwischen beiden, sondern sich auf deren Unterschiede stützt. Wenn man nun all diese Aspekte gelten läßt und aus ihren Gegensätzlichkeiten Nutzen zieht, statt sie zu erleiden, ergibt sich folgendes ...:

Ein entwicklungsorientiertes Management aus ganzheitlicher Sicht wird sich auf eine Palette unterschiedlicher Maßnahmen stützen, die

— in ihrer Gesamtheit den Erfordernissen der Identität, Heterarchie und Flexibilität des Systems ensprechen;

— die Artikulierung aller paradoxen Faktoren des Unternehmens zulassen und mögliche Synergieeffekte zwischen diesen Aspekten fördern:

global	lokal
regelmäßig	ereignisbezogen
extern	intern
dezentralisiert	zentralisiert
polyzentrisch	monozentrisch
zirkulär	linear
Sender	Empfänger

— Handlungen und Absichten in Einklang bringen und in eine kontinuierliche Führungslinie umsetzen, die den Manager in seiner Kohärenz auszeichnet.

Maßnahmen und Elemente im Rahmen eines entwicklungsorientierten Managements

II. Ein Beispiel: Lafarge-Coppée

Um das Gesagte zu verdeutlichen, möchten wir ein Beispiel ganzheitlicher Entwicklungspolitik geben, die versucht, diese unterschiedlichen Faktoren weitgehend zu verbinden. Wir möchten jedoch darauf hinweisen, daß unser Beispiel zwar für ein bestimmtes Unternehmen gilt, daß dieses aber keineswegs als Modellfall zu verstehen ist. Jedes Unternehmen hat seine eigenen Bedingungen, seine eigenen Zielsetzungen, und das Management muß diesem Umstand Rechnung tragen. Im übrigen halten wir zwar eine entwicklungsorientierte Politik für notwendig, was aber weder bedeutet, daß sie als solche bereits ausreicht, noch, daß sie jederzeit sinngemäß und getreu angewendet wird. Die Unternehmensleitung von Lafarge-Coppée folgt einer Linie, die unsere Theorie stützt, wir können aber nicht abschätzen, ob das Unternehmen in der Art und Weise, wie sie diese interpretiert und anwendet, auch für die zukünftigen Herausforderungen gerüstet sein wird. Wie dem auch sei, dieser internationale Konzern mit 33 000 Beschäftigten befindet sich in voller Expansion und führt die Weltrangliste der Baustoffhersteller an.

Bertrand Collomb (1991), Vorstandsvorsitzender der Lafarge-Coppée, ist der Überzeugung, daß der Erfolg seines Konzerns auf vier wesentlichen Faktoren beruht:

Globalisierung, nicht nur im Sinne einer wachstumsorientierten Strategie, sondern auch als „Know-how-Sharing" im Bereich der Technologie und des Managements.

Langfristige Ausrichtung, daß heißt langfristige Perspektiven und Vision in Hinblick auf technologischen Fortschritt, Umwelt – die Zementindustrie hat das Ziel erreicht, daß eine umweltverträgliche Entsorgung durch Verbrennung möglich ist – und finanzielle Stabilität.

Management eines strategischen Portefeuille mit einem diversifizierten Bestand an beweglichen Aktivitäten, überschaubar und unter Kontrolle.

Organisation, Kultur, Gestaltung und Lenkung von Humanressourcen.

Die Konzernentwicklung basiert somit vor allem auf einer ganzheitlichen Führung, die der Evolution von Umwelt, Technologie, Strategie, der eigenen Konfiguration, der Unternehmenskultur und der Unternehmensmitglieder Rechnung trägt. Wir werden uns nun etwas näher damit befassen, wie das Management den vierten Erfolgsfaktor, die Organisation, entwicklungsfördernd einsetzt.

Der erste wichtige Schritt war die Erstellung eines Programms mit der Bezeichnung „Ziele 2000". Es enthält die klare Feststellung, daß das langfristige Ziel der Gesellschaft Lafarge-Coppée im Finanzbereich liegt und darin besteht, einen regelmäßigen Wertanstieg seiner Aktien zu erwirtschaften. Die Einführung dieses Leitbilds, das Bertrand Collomb allerdings nicht als solches verstanden wissen will, hat eine gewisse kulturelle Veränderung in einem multinationalen Konzern erforderlich gemacht, der sich im wesentlichen aus Ingenieuren und Leuten vom Bau zusammensetzt. Diese Veränderung stützte sich zum einen auf eine weite interne Verbreitung von Aktien, um den Beschäftigten Begriffe wie Dividende und Rendite vertrauter zu machen, zum anderen eine Vermittlung des Unternehmensziels durch intensive Kommunikation.

Der zweite Ansatz eines entwicklungsorientierten Managements besteht in der Politik, bei der Verfolgung des Gesamtziels Zentralisierung und Dezentralisierung zu vermischen. Zentralisierung äußert sich in der jährlichen Festsetzung des Ziels durch die Geschäftsführung, aber auch in dem Streben nach Kohärenz, die man in einem so großen Konzern aufrechterhalten möchte. Sie wird durch die ständige Betonung der kulturellen Identität von Lafarge-Coppée erreicht, wobei man bestimmte Leitgedanken in den Vordergrund stellt: Beschäftigung auf Dauer, seriöses Geschäftsgebaren, Ehrlichkeit gegenüber der Umwelt im weitesten Sinne und Achtung des Individuums. Dezentralisierung wird in Form einer Managementpolitik der kleinen Einheiten betrieben, die der Konzern für seine etwa 500 Fabriken mit ca. 100 Beschäftigten, aber auch für Betonwerke, die mit nur einem Mitarbeiter betrieben werden, einsetzt. Die Einheiten sind lokal gelenkt, sie legen zum Beispiel den Preis für Beton fest. Auf diese Weise wahrt jeder seinen Handlungsspielraum, um seinen Beitrag zum gemeinsamen Ziel zu leisten. Im übrigen richtet sich dieser Beitrag nach dem jeweiligen Unternehmenstyp, wobei eine Zementfabrik in der Langfristperspektive arbeitet, während ein Betonwerk unmittelbar auf lokale Fluktuationen auf den Baustellen reagieren muß.

Die allgemeinen Problemlösungen liegen bei dieser Struktur weniger in den Händen des Vorstands als bei den betroffenen Personen. Regelmäßige Zusammenkünfte geben denen, die sich in einer Problemsituation befinden, die Möglichkeit zu Diskussion und Gedankenaustausch, um gemeinsam Lösungen herbeizuführen. Dieser Prozeß mag in den Augen des Vorstands etwas langwierig erscheinen, aber „er funktioniert".

Mit einer Reihe von Maßnahmen wird diese Vorgehensweise aktiv unterstützt:

- intensives Streben nach interner Kommunikation durch Förderung der bereits erwähnten Zusammenkünfte, durch Betriebszeitung, Videoaufzeichnungen und Betriebsbesuche, die der Vorstand jeder der Einheiten abstattet
- betriebliche Fortbildungsmaßnahmen auf der Ebene des Konzerns mit dem Ziel, Mitarbeiter unterschiedlicher Tochterunternehmen und Kulturen interaktiv zusammenzuführen
- Förderung internationaler Karrieren mit dem Ziel, den Angestellten eine weltoffene Einstellung zu vermitteln und Führungskräften einen Gesamtüberblick über den Konzern sowie Einblick in dessen Vielfalt zu ermöglichen.

Mit diesen wenigen Angaben konnten wir uns bereits einen ersten Eindruck von der entwicklungsorientierten, ganzheitlich ausgerichteten Unternehmensführung der Firma Lafarge-Coppée verschaffen.

a) Methoden

Im Bereich der *Aufgaben*verteilung gehören Job-Rotation – ab einer gewissen hierarchischen Ebenen – und Job-Enrichment – innerhalb kleiner Einheiten, wo wenige Personen alle Aufgaben verrichten – zum Alltag. Der *einzelne* kann notwendige Schulungen durchlaufen und Austauschmöglichkeiten mit verschiedenen Einheiten – vor allem im Ausland – wahrnehmen. *Arbeitsgruppen* gelten als eines der wichtigsten Instrumente der Teamorganisation, ob sie nun die Form von Entscheidungskomitees oder Informationszusammenkünften annehmen. Aus *ganzheitlicher Sicht* übernimmt „Ziele 2000" die Funktion eines Unternehmensleitbilds, die Ziele sind klar formuliert, und die Struktur ist sowohl modular – Nebeneinander von großen Fabriken und kleinen Betonwerken – als auch dezentralisiert – in Hinblick auf die operativen Entscheidungen. Mit der Gesamtheit seiner Optionen verfügt Lafarge-Coppée über die für ein entwicklungsorientiertes Konzernmanagement notwendigen Basiselemente der Identität – Unternehmensleitbild, Job-Rotation . . . – Heterarchie – Arbeitsgruppen, modulare Strukturen . . . – und Flexibilität – Job Enrichment, Schulung, Entscheidungsfreiräume.

b) Unternehmenspolitik

Die Unternehmenspolitik realisiert sich in Maßnahmenprogrammen, die Synergien zwischen den im Leben des Unternehmens auftretenden paradoxen Faktoren herstellen sollen. So erweist sich die Ausrichtung der internen Kommunikationspolitik bei Lafarge-Coppée als global – Video – und lokal – Informationsveranstaltungen –, regelmäßig – Betriebszeitung – und ereignisbezogen – Besuch des Vorstands. Die Politik der Arbeitsorganisation ist gleichzeitig dezentralisiert – Handlungsspielraum für kleine autonome Einheiten – und zentralisiert – jährliche Festsetzung des Unternehmensziels –, extern – Globalisierung, flexibles Portefeuillemanagement – und intern ausgerichtet – Verbreitung von Belegschaftsaktien und Rentabilitätsziel –, linear – Prozeß der Führung durch Zielsetzung – und polyzentrisch – Ad-hoc-Sitzungen. Eine weitergehende Analyse in Form von Detailstudien übersteigt diesen Rahmen. Die hier aufgezeigten Wege der Reflexion sollen lediglich deutlich machen, wie man mit bestehenden oder noch zu entwerfenden Hilfsmitteln die Prinzipien eines ganzheitlich ausgerichteten, entwicklungsorientierten Managements gestalten kann.

c) Entwicklung

Natürlich kann man diese Verbindung von Unternehmenspolitik und Managementmethoden nicht verallgemeinern, da jedes Unternehmen mit seinen eigenen Situationen konfrontiert ist, seine eigene Kultur hat. Mehr noch: Die Art und Weise, wie man diese Methoden anwendet, ist mindestens ebeno wichtig wie die konzeptionelle Logik, die ihr zugrunde liegt . . . das Beispiel von Lafarge-Coppée will also lediglich Denkanstöße geben. Wir möchten noch einmal betonen, es soll dazu anregen, eine Palette von unterschiedlichen Maßnahmen zu modellieren und über ihre Implementierung nachzudenken.

Wir schließen unsere Ausführung mit einer Art Gebrauchsanweisung: Um die Möglichkeiten der organisatorischen Instrumente auszuschöpfen und die Entwicklung dadurch zu fördern, empfiehlt es sich, jederzeit die vier nachstehenden Fragen im Kopf zu haben:

- **Welche Hilfsmittel können in der gegenwärtigen Situation am wirksamsten eingesetzt werden, um Entwicklung zu ermöglichen?**
- **Wie soll man sie interpretieren und wie anwenden?**
- **Mit welcher Kombination organisatorischer Hilfsmittel lassen sich die besten Ergebnisse erzielen?**
- **Was muß verlernt werden und wie?**

III. Fazit

Am Ende unseres dreiteiligen Werks, in dem wir Probleme der Organisation und des Managements behandelt haben, so wie sie heute verstanden werden und sich stellen können, soll der Versuch gemacht werden, im Überblick die verschiedenen Erkenntnisse zu verbinden. Die erste besteht darin, daß das Unternehmen – oder jede andere Institution – ein System darstellt, für das die wichtigen organisatorischen Regeln der

Funktionsweise festgelegt werden müssen. Wir beschäftigen uns hier mit dem Aspekt der Makrostruktur, mit dem umfassenden *Wissen* des Organisators, das heißt mit den Fragen der *Organisationsgestaltung*. Es geht darum, Rahmenbedingungen für eine interne Ordnung des Ganzen zu gestalten, die den Gegebenheiten, denen das Unternehmen unterworfen ist, seiner Ziel- und Zweckgerichtetheit und den bewußten oder unbewußten Strategien Rechnung tragen.

Dieser erste Ansatz ergibt sich unmittelbar aus den traditionellen Denkweisen, so wie sie zu Beginn dieses Jahrhunderts entstanden. Sowohl Strukturen – dargestellt durch Organigramme, Stellenbeschreibungen und Funktionendiagramme – als auch Prozesse resultieren aus einem Willen, die Unternehmensaktivitäten zu zerlegen, ihren Ablauf zu planen, für jede Stelle feste Funktionsregeln festzulegen, Kompetenzen und Verantwortlichkeiten, die für die verschiedenen Situationen Anwendung finden sollen, im voraus zu bestimmen, um sich vor dem Unbekannten und der Zukunft abzusichern. Diese Tendenz führt zu einer gewissen Zentralisierung der Entscheidungsbefugnisse, zur Trennung zwischen den „körperlich Arbeitenden" und „Denkern", wobei letztere das operative System organisieren, sich dabei aber als Außenstehende des Systems betrachten. Es herrscht Aufgabenspezialisierung, die unmittelbar zu Produktivitätssteigerung führen, aber auch Kontrolle ermöglichen soll. Jede Stelle, jede Abteilung kann – wenn sie klar abgegrenzt ist – als Profit Center mit analysierbaren Ausgaben und Einnahmen geführt werden, anhand derer sich mit Hilfe einer Rentabilitäts- und Nutzwertanalyse feststellen läßt, wie die „beste" aller möglichen Organisationsformen aussehen könnte. Die Lenkung des Ganzen erfolgt über einen Informationsfluß, der in seinem formalen Bereich meist hierarchisch und vertikal verläuft.

Wissen ist, so wie wir es beschrieben haben, die Gesamtheit von Kenntnissen, über die ein Manager verfügen muß. Zunächst, um bestehende Strukturen verstehen zu können, aber auch um zu wissen, wie sich der allgemeine Aspekt seiner Verantwortlichkeiten gestalten läßt, gleichgültig ob es sich dabei um die konkrete Organisation seiner eigenen Arbeit, die eines Teams von sechs Personen oder um ein Unternehmen mit 10 000 Beschäftigten handelt. Wissen ermöglicht die institutionelle und konstitutionelle Konstruktion des Systems. Es birgt aber auch eine nicht zu unterschätzende Gefahr in sich: Es verleitet mehr oder weniger dazu, das Unternehmen und seine besonderen Eigenschaften als eine Maschine zu betrachten, die man von außen bedient und wie ein großer Zauberkünstler manipuliert. Reine Wissensanwendung bringt Mißtrauen hervor.

Aus diesem Grunde haben wir als nächsten Schritt versucht, den dynamischen, komplexen und humanen Aspekt der Institutionen zu verstehen, um festzustellen, was wir tun *können*. Die Welt ändert sich, die Märkte dehnen sich über die nationalen Grenzen hinaus aus, sie verzweigen und überschneiden sich. Die Bedingungen und Technologien verändern sich rasch, die Produktlebenszyklen verkürzen sich, während die Folgen unserer Entscheidungen im ökologischen, sozialen und geopolitischen Bereich langfristiger Natur sind. Angesichts dieser evolutiven Veränderungen verharren viele Unternehmen wie erstarrt, da die Schwerfälligkeit ihrer Strukturen schnelle Anpassung und Flexibilität verhindern. Immer häufiger treten Störungen auf, und postulierte Grundsätze lösen sich in nichts auf, sobald Widersprüche zwischen wirtschaftlichen, sozialen, technischen und ökologischen Verantwortlichkeiten des Systems auftreten. Die Aufgaben, die die Mitarbeiter innerhalb des Unternehmens zu erfüllen haben, sind ganzheitlicher, „sinnvoller" geworden. Gleichzeitig jedoch sind sie mit immer mehr, bisweilen widersprüchlichen Informationen verbunden, was zu Engagement, aber auch zu Verwirrung führt. Die Führungskräfte verfügen nicht mehr über sämtliche Daten, planen reicht nicht mehr aus, um auch realisieren zu können. Die Erkenntnis, immer weniger eingreifen zu können, mit immer komplexeren Sachverhalten konfrontiert zu sein, führt zu Verunsicherung. Immer häufiger trifft man auf (zu) stark vereinfachende Interpretationsversuche. Unter diesen Voraussetzungen genügt es nicht mehr, Strukturformen zu kennen, um *organisatorischen Wandel zu lenken*. Es müssen adäquate Rahmenbedingungen für die Situation und die zu erreichenden Ziele geschaffen werden. Die Rahmenbedingungen institutionalisieren die großen Linien der (zukünftigen) Funktionsweise des Unternehmens und bilden Ordnungsmuster. Nun treten jedoch Probleme im Bereich der Arbeitsvorgänge auf, die durch die gegensätzliche Interessenlage der herrschenden Kräfte entstehen und nicht durch die Konstitution des Systems bedingt sind. Ein „Herr Ökologie" und eine „Frau Qualität" oder ein Büro „Kundendienst" sind nicht in der Lage, Probleme auf einer allgemeinen Ebene zu lösen, die auf der Mikroebene auftreten und meist in sich widersprüchlich sind. Das eigene Können abzuschätzen besteht in diesem Fall darin, die allgemeinen Handlungsmöglichkeiten und die Rolle der Individuen angesichts der externen und internen Systemveränderungen zu evaluieren. Das heißt, es werden Radarfunktionen benötigt, die diese Veränderungen frühzeitig anzeigen und verschiedene Szenarien als Rahmenbedingungen des Unternehmens hervorbringen; weiterhin muß der für Innovation und schnelles Handeln und Agieren erforderliche Kontext geschaffen werden, ohne dabei die Verfolgung langfristiger Strategien und Ziele des Unternehmens zu vernachlässigen. Mit diesem Änderungsprozeß haben wir uns im zweiten Teil dieses Werks beschäftigt.

Es geht also darum, eine ganzheitliche Sichtweise anzunehmen, die Netzwerke der Interaktionen zwischen den verschiedenen Faktoren des Systemlebens in Betracht zu ziehen und sie als eine dynamische Ganzheit wie ein Ökosystem zu behandeln. Voraussetzung ist ein Management für die Systeminnenwelt – Beschäftigte, Organisation, Produktion, Kosten . . . – und die Systemumwelt – Marketing, Beschaffung, Finanzstrategien . . . – sowie eine Struktur, die zwar einen festen Bezugsrahmen aufweist, aber auch innovative Projekte gestalten kann. Allerdings wird man dem Aspekt des *Könnens* nicht gerecht, wenn man es bei einem Überblick über die Handlungsmöglichkeiten des Individuums und des Systems beläßt. Potentielle Chancen zu erkennen, die wesentlichen Bedingungen der In- und Umwelt zu berücksichtigen, die Komplexität der Situationen und der aus ihnen resultierenden Paradoxien in die Reflexion einzubeziehen, all dies könnte zu einem Gefühl der Ohnmacht führen, wenn sich die anstehenden Entscheidungen nicht an einer übergeordneten, motivierenden Zielvorstellung orientieren könnten, die Vektor und Grundlage der Kriterien darstellt, nach denen Optionen getroffen werden.

Aus dieser Sichtweise heraus haben wir uns im Teil drei mit dem Aspekt des *Wollens* befaßt. Dabei ging es uns nicht nur um die Tatsache, daß langfristiges Denken, das heißt eine Unternehmenslinie, notwendig ist, um Störungen zu überwinden und Widersprüche des Systems zu bewältigen, sondern auch darum, daß diese Sichtweise, wenn sie den Anspruch erhebt, die *Entwicklung des Unternehmens zu fördern*, unserer Meinung nach auf dem Glauben an den Menschen und an die Gesellschaft beruhen und sich auf eine Organisation des Vertrauens stützen muß.

Vertrauen setzt vor allem eine konstruktive Haltung voraus, das heißt, es muß ein gemeinsamer Sinnbezug deutlich gemacht werden, eine Daseinsberechtigung und eine Daseinsform, die innerhalb des Unternehmens von allen geteilt wird. Aber realistisch gesehen wird dieser gemeinsame Sinnbezug die Vielfalt individueller Interpretationen akzeptieren, sie tolerieren, Ergebnisverantwortung im Einzelfall ebenso wie für das Ganze fördern. Hier wird die Kommunikation in ihrer vollen Bedeutung erkennbar, da sie Meinungsaustausch, Konflikte und Übereinkünfte ermöglicht. Die Kommunikation unterstützt auch die Dynamik der Gruppe und des Systems und bewirkt somit die Integration der Individualitäten in ein System, welches sie als das ihre begreifen und gestalten können. Wir haben dieses Phänomen als Selbstorganisation bezeichnet, ein Konzept, das auf Autonomie, Selbstreferenz, Redundanz der Fähigkeiten und Anerkennung der Komplexität beruht.

Wenn wir die Suche nach dem Selbst und tägliche Selbstbestätigung in den eigenen Entscheidungen als Grundlage des Vertrauens begreifen, so wird verständlich, daß dieses nur aufrechterhalten werden kann, wenn es sich gegenüber dem Unbekannten und Neuen öffnet, statt abzuwarten, daß sich dieses dem System als unausweichliches Schicksal aufdrängt. Individuelles und organisationales Lernen bilden somit den dritten Teil des Programms für Manager; das heißt, daß sie wissen müssen, wie sie mit Störungen in einer von ihnen geführten Einheit umgehen können. Eine Einheit, die sich nicht an dem Erworbenen festklammert, was ohnehin früher oder später überholt sein wird, und es somit vermeidet, von irgenwelchen internen Revolutionen zum Nachgeben gezwungen zu werden, besitzt so gesehen eine Chance, neue Ereignisse – Technologien, Erwartungen der Kunden, Erwartungen neuer Mitarbeiter . . . – zu akzeptieren, sie zu interpretieren und gestützt auf die eigenen Fähigkeiten innovativ tätig zu werden, mit anderen Worten, sich zu entwickeln.

Das entwicklungsorientierte *Wollen*, das sich auf eine Organisation des Vertrauens gründet, muß einen gewissen Verlust an Können hinnehmen. Es geht nicht mehr darum, alle wesentlichen Informationen zu sammeln und die unterstellten Mitarbeiter für die Ausführung der eigenen Projekte arbeiten zu lassen, sondern vielmehr darum, eine Aufteilung der Aufgaben im Team zu ermöglichen, lernen zu lernen, sich gemeinsam den ständig wachsenden Herausforderungen zu stellen, die es in jedem System gibt.

Wir wollen uns nun dem letzten Punkt zuwenden. Jeder, der bei seinen Entscheidungen auf Grenzen stößt, die das Wissen, Können, Wollen ihm setzen, zweifelt unter Umständen an seinen Möglichkeiten. Der Widerspruch zwischen dem Druck, der durch kurzfristiges Erfolgsdenken entsteht, und der Geduld, die die Errichtung einer entwicklungsfreundlichen Kultur erfordert, löst sich sehr schnell zugunsten des Tagesgeschäfts, wenn Schwierigkeiten auftreten. Das heißt, das Wollen wird beschränkt auf den finanziellen Aspekt der Dinge, wobei in der Praxis vergessen wird, daß das wirtschaftliche Ergebnis im wesentlichen auf einer adäquaten und ganzheitlichen Gestaltung aller Elemente beruht, die die Unternehmensaktivitäten betreffen. Das Gleichgewicht zwischen *Wissen, Können und Wollen* stellt sich dann durch Einbeziehung der Anforderungen, Erwartungen und Normen der Gesellschaft her, das heißt durch das *Sollen*.

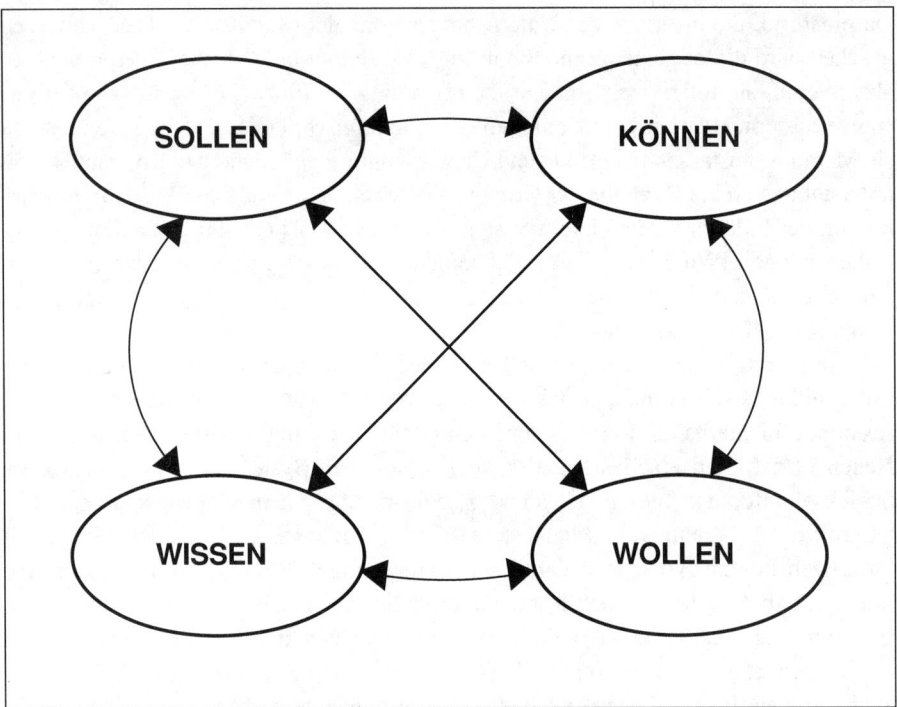

Organisation im Zusammenspiel von Wissen, Können, Wollen und Sollen

Das Unternehmen und die öffentlichen Institutionen, die verschiedenen Einrichtungen in unserem sozialen System, sind über ihre anfängliche Aufgabe, die für die einen wirtschaftlich, für die anderen karitativ oder logistisch, sogar politisch war, weit hinausgewachsen. Die Komplexität der Welt von heute, die Beschleunigung der Kommunikationsmöglichkeiten und die raschen Veränderungen, die Konfrontation mit neuen Situationen und die damit verbundenen ständigen Hinterfragungen haben allmählich die Allmacht und das Ansehen von zentralen Regelsystemen wie Staat und Kirche entthront. Es hat eine Zeit gegeben, in der die Regierungen für Recht sorgten und die Beachtung und Veränderung des gesetzlichen Rahmens kontrollierten, als die Religionen Begriffe wie „Wohlverhalten" in ihre moralische Wertordnung einreihten und jedes Wirtschaftsunternehmen den Willen verkörperte, in einem solchen Kontext zu handeln,

600

Neues zu schaffen und Gewinn zu erzielen – mit oder ohne Beachtung der Vorschriften. Heute zeigt sich eine Reihe paralleler Entwicklungen. Auf der einen Seite legen die Menschen ihr Schicksal nicht mehr vertrauensvoll in die Hände eines allmächtigen Staates, da dieser sich nur allzu oft unfähig gezeigt hat, widersprüchliche Probleme zu lösen und angesichts der komplexen Wirklichkeiten ein Ideal aufrechtzuerhalten. Auf der anderen Seite hat die Zunahme der Handlungs- und Kommunikationskanäle dazu geführt, daß jeder, der dies wünscht und über ein gewisses Maß an Wissen und Können verfügt, in einem bestimmten Bereich einen nicht kontrollierbaren Einfluß nehmen kann. Schließlich gibt es noch die demokratischen Spielregeln, die die Politiker zwingen, jede Situation ganzheitlich zu bewältigen, das heißt mit Rücksicht auf eine Vielzahl von Anspruchsgruppen, die gegensätzliche, aber dennoch legitime Interesssen vertreten. Früher lag das Können des Unternehmens im Finanzbereich, heute dagegen beschränkt sich sein Einfluß nicht nur auf wirtschaftliche Belange, sondern erstreckt sich auch auf den sozialen, kulturellen, politischen, rechtlichen und wissenschaftlichen Bereich, was sich in den Optionen, die es geltend macht, und dem Lobbying, das es ausübt, um diese durchzusetzen, manifestiert. Aus soziotechnischen Systemen sind soziale Systeme geworden, ihr Können, Wissen und Wollen hat sich erweitert. Handlungsmöglichkeiten und Einflußnahme haben entsprechend zugenommen. Aber damit fällt ihnen gegenüber der Welt auch ein Sollen zu, eine Verpflichtung, der sie sich nicht unter dem Vorwand entziehen können, ein Unternehmen habe nur eine Priorität, die der Gewinnerzielung, eine Betrachtungsweise, die bestenfalls in einem vergangenen Kontext zu rechtfertigen war. Rentabilität ist lebenswichtig und notwendig, sie ist aber weder von ausschließlicher noch absolut überwiegender Bedeutung.

Unternehmer behaupten, und sie räumen dieser Argumentation mehr Priorität ein als moralischen oder finanziellen Überlegungen, „die Beziehungen eines Unternehmens zu seinen Kunden, seinen Lieferanten und dem Personal müssen gut sein. Andernfalls wird der Kunde woanders kaufen, und die besten Mitarbeiter werden gehen" (Tapie, in: Dynasteurs 1991). Bernard Koechlin, Präsident der Zschokke Holding, geht sogar noch weiter: „Das Unternehmen muß in der Lage sein, sowohl die Bedürfnisse bzw. Erwartungen der Konsumenten als auch die Marktentwicklungen zu erkennen und seine Ressourcen an Arbeitnehmern, Ausrüstungsgütern und Kapital bestmöglich einzusetzen . . . Wenn sich das Unternehmen in dieser Weise gegenüber seinen Konkurrenten durchsetzt, wird es einen Gewinn erzielen, der das Ergebnis – und nicht das Ziel – seiner Tätigkeit darstellt . . . In einer freien Welt kann ein Unternehmen ohne Moral und Ethik – gerade weil Vorgesetzte, Mitarbeiter und Gruppen andere Erwartungen haben als nur die der Befriedigung ihrer materiellen Wünsche – weder das Vertrauen noch die Motivation aufrechterhalten, die für seinen Erfolg unerläßlich sind. Angesichts dieser Prämisse kann ein Unternehmen nur dann rentabel wirtschaften, wenn es zunächst einmal moralisch handelt. Wer das vergißt, kann sich vielleicht noch einige Jahre über Wasser halten, ist aber letztlich zum Scheitern verurteilt." Wir wollen hier nicht den Nachweis führen, ob diese Behauptungen für die betroffenen Unternehmen stimmen, sondern aufzeigen, daß das Unternehmen von heute aufgerufen ist, an der Schaffung einer ganzheitlichen, in Evolution begriffenen Ethik unserer Gesellschaft mitzuwirken. Jeder Manager und jeder einzelne im Rahmen seiner Möglichkeiten muß dieses Sollen als soziale Verpflichtung anerkennen und beachten, indem er sich in seinem Wissen, Können und Wollen behauptet, sich aber gleichzeitig den anderen Optionen gegenüber öffnet. Es ist ein sehr empfindliches Gleichgewicht, das zwischen dem von der Unternehmensphilosophie vertretenen Ideal, den Widersprüchen, auf die dieses Ideal stößt, und den angesichts der Komplexität und der Paradoxien jeder einzelnen Situation zwangsläufig partiellen Kenntnisse der Mitarbeiter entsteht. Eine kohärente Gestaltung dieses Gleichgewichts ist nur möglich, wenn man es in einem Wirkungszusammenhang mit dem allgemeinen System der direkten und indirekten Bezugspersonen des Unternehmens, das heißt mit einem Großteil der Gesellschaft, begreift. „Herrschen, ohne zu beherrschen" könnte das Leitmotiv heißen.

Welche Schlüsse lassen sich aus dem vorliegenden Werk für die Verantwortlichkeiten des Managers ziehen? Zunächst einmal hat jeder seine Rolle zu spielen, auf normativer ebenso wie auf strategischer und operativer Ebene. Normativ geht es darum, die Unternehmenskultur als einen potentiellen Erfolgsfaktor zu begreifen, der in Zusammenhang steht mit den zukunftsgerichteten Zielen des Unternehmens. Das heißt, der Manager leistet einen Beitrag zur Herausbildung des Wertesystems eines Unternehmens, indem er seine Rolle als Sinnträger wahrnimmt, wobei er in den Augen seiner Kollegen Beispiel und Objekt der Interpretation ist. Sinn muß sich, um glaubhaft zu erscheinen, sowohl auf wirtschaftliche und unternehmerische Aspekte stützen als auch auf die moralische Verantwortung gegenüber der Gesellschaft, auf die Beachtung bestimmter ethischer Grundsätze und auf ein partizipatives Management. Die Werte identifizieren das System, sie grenzen es gegenüber anderen Institutionen ab. Sie repräsentieren sein *Wollen*. Sie finden ihren Niederschlag in einer allgemeinen und gesellschaftsbezogenen Definition von „gut und böse" – die Ethik des *Sollens* –, die sie beeinflussen und durch die sie beeinflußt werden. Auf strategischer Ebene besteht die Herausforderung darin, diese normativen, kulturell fundierten Haltungen in eine Verhaltensweise zu integrieren, die nach außen gerichtet ist und sich offen und rezeptiv den Bedürfnissen der Kunden, der Marktentwicklungen und der Technologie zuwendet. Und dies unter Berücksichtigung des Zeitfaktors als einem wichtigen strategischen Aspekt, der die kurzfristigen Erfordernisse – Verkauf, Rentabilität, finanzielle Lebensfähigkeit – mit den langfristigen – Forschung, Positionierung, Identität – verbindet. Auf der operativen Ebene hat der Manager unter anderen die Aufgabe, über die Integration der verschiedenen Systemteile in ein Systemganzes zu wachen, das heißt über die Gestaltung einer harmonischen Verbindung zwischen Leistungserbringung und Zielerreichung, was insbesondere durch die Schaffung eines adäquaten Informationssystems gewährleistet werden soll.

Diese Führungslinien sind, wie wir im Verlauf dieses dreiteiligen Werks ausgeführt haben, konkret anwendbar, wenn man zum Beispiel die nachfolgenden Punkte beachtet:

- Strukturen: Errichtung einer fluktuierenden Hierarchie, einer Organisation, die Flexibilität ermöglicht. Transparenz der Strukturen, Prozesse, Entscheidungen. Strukturen, die sich auf Teamarbeit und Autonomie stützen und dem Erfordernis von Problemlösungen in stärkerem Maße Rechnung tragen als der Gestaltung des Tagesgeschäfts.

- Individuen: Annahme einer proaktiven, kommunikativen, interaktiven und partizipativen Verhaltensweise. Suche nach Mehrfachqualifikation und Selbstentwicklung. Akzeptanz von Störungen, Bewältigung von Paradoxien durch dynamischen Konsens.
- Technologien: Förderung von Technologien, die Aufteilung und Verteilung von Information begünstigen.
- Führung: Schaffung von Rahmenbedingungen, Kontexten. Vertrauensfundierte Führung, weniger externe Kontrolle. Einbeziehung unterschiedlicher Ebenen in Entscheidungsprozesse. Hinwendung zu Gruppendynamik, Toleranz, Offenheit, Experimenten. Mitteilung einer klaren Führungslinie, um Akzeptanz unscharfer Prozesse zu erleichtern.
- Aktivitäten: Gestaltung von gesamtheitlichen, integrierten, wenig gestückelten, dezentralisierten Aufgaben, teambezogen und auf ein quantifizierbares oder zumindest wahrnehmbares Ergebnis ausgerichtet.

Es gibt viele Arbeiten, die sich in diesem Zusammenhang mit den Merkmalen des „modellhaften" Managers, Vorgesetzten oder Unternehmers von heute beschäftigen. Aus einer Reflexion dieser Art kann eine Führungslinie abgeleitet werden, sie ist u.a. auch hilfreich im Zusammenhang mit Neueinstellungen, Maßnahmen der Personalentwicklung und Karriereplanung. Wir sind der Meinung, daß es für die Unternehmensführung von heute und morgen wichtig ist, zukünftige mögliche Verhaltensweisen durchzuspielen. Nach unserem Verständnis von Organisation und Management, das wir im Verlauf dieser drei Teile entwickelt haben, kann man davon ausgehen, daß der verantwortliche Mitarbeiter – ob als Führungskraft oder Angestellter – in der Lage ist oder sein wird, über die langfristigen Folgen seiner Handlungen nachzudenken. Aber auch, daß sein Interesse ebenso den Prozessen wie den Ergebnissen gilt, das heißt, daß er versucht, Initiative zu entwickeln, zu lernen, statt vorgefertigte und starre Methoden anzuwenden. Anpassungsfähigkeit sowie das Streben nach Interaktion und Entwicklung sollen von ganzheitlichem Denken und Handeln bestimmt sein und sich ebenso auf das Materielle wie auf das Symbolische richten. Der Manager, der sich der Organisationsproblematik bewußt ist, wird zur Synthese ebenso fähig sein wie zur Analyse, er wird zugleich Facilitator und Katalysator sein, indem er mit Sorgfalt den Rahmen schafft, in den sich die Arbeitsvorgänge einpassen; er wird letztlich seine Führungsrolle aufgeben und zum Moderator werden. Er soll das Lernen fördern und selber lernen, er soll Wissen übertragen, kommunizieren, einer Kollektivität Sinn vermitteln, sie zu Handlung und Interpretation motivieren. Wenn er jenseits der Theorie begreift, daß Management nicht eine zentrale Funktion in den Händen eines Führungsstabs weitab von der Realität des Alltags ist, dann wird es ihm möglich sein, Organisation zu gestalten, organisatorischen Wandel zu lenken und Unternehmensentwicklung zu fördern, indem er seine soziale Verpflichtung ernst nimmt und zu einer ganzheitlichen Ethik beiträgt.

Literaturverzeichnis

R.L. Ackoff, *A concept of coporate planning,* J. Wiley & Sons, New York, 1970.
- *Méthodes de planification dans l'entreprise,* Les Éditions d'Organisation, Paris 1973.
- *The art of problem solving,* J. Wiley & Sons, New York, 1978.
- *Creating the corporate future,* J. Wiley & Sons, New York, 1981.
- *Business ethics and the entrepreneur,* Journal of Business Venturing, N° 2, 1987.

H.E. Aldrich, *Technology and organizational structure; A reexamination of the findings of the Aston Group,* ASQ, 1972, p. 26-43.
- *Organization and environments,* Englewood Cliffs, New-Jersey, 1979.

A. Alioth, *Die Gruppe als Kern der Organisation,* in: Arbeit – Beispiele für ihre Humanisierung, Olten, 1983.

G. Archier, H. Sérieyx, *L'entreprise du 3e type, Éditions du Seuil, Paris, 1984.*

C. Argyris, *Integrating the individual and the organization,* J. Wiley & Sons, New York, 1964.
- *Participation et organisation,* Dunod, Paris, 1970.
- *Overcoming organizational defenses,* Allyn and Bacon, Boston, 1990.
- *Reasoning, Learning and Action,* San Francisco, 1982.
- *Strategy, Change and Defensive Routines,* Ballinger, London, 1985.
- *Skilled incompetence,* Harvard Business Review, sept-oct 1986.
- *Wenn Manager nicht offen miteinander reden,* Harvard Manager, Nr. 2, 1987, S. 7-10.
- *L'art de l'incompétence,* Harvard-L'Expansion, Automne 1988.

C. Argyris, D. Schön, *Organizational learning: A Theory of Action Perspective,* Reading, Mass., 1978.

W.R. Ashby, *Requisite variety and its applications for the control of complex systems,* in: Cybernetica 1, 1958.

H. Atlan, *Les morales du désordre,* Construire, N° 37, Novembre 1991.

H.C. Baratin, M.J. Guedon, *Organisation et méthodes dans l'administration publique,* Éditions Berger-Levrault, Paris, 1971.

C. Barnard, *The functions of the executive,* Harvard University Press, Cambridge, 1938.

P. Barnevik, *The logic of global business,* Harvard Business Review, March/April 1991.

– *Comment je construis une entreprise mondiale,* Harvard-L'Expansion, été 1991.

C.A. Bartlett, Y. Doz, G. Hedlund, *Managing the global firm,* Routledge, London & New York, 1990.

C.A Bartlett, S. Ghoshal, *Managing innovation in the transnational corporation,* in: Managing the global firm, C.A. Bartlett, Y. Doz et G. Hedlund (Ed.), London & New York, 1990.

A. Bartoli, *Communication et organisation,* Les Éditions d'Organisation, Paris, 1990.

G. Bateson, *Vers une écologie de l'esprit,* Seuil, Paris, 1980.
– *Ökologie des Geistes,* 2. Aufl., Frankfurt, 1988.

G. Bateson, *Mind and nature: a necessary unity,* Dutton, New York, 1979.

M. Bauer, *Resistance to change: a monitor of new technology,* The British Psychological Society Occupational Psychology Conference, Jan. 1990.

R. Beckhard, *Organization development: strategies and models,* Reading, Mass., Addison-Wesley, 1969 (Series: Addison Wesley series on organization development
– *Le développement des organisations: stratégies et modèles,* Dalloz, Paris, 1975.

S. Beer, *Decision and control,* J. Wiley & Sons, London, 1966.
– *Brain of the firm,* J. Wiley & Sons, London, 1972.
– *The heart of enterprise,* J. Wiley & Sons, Chichester, 1979.

U. Behm, *Umweltschutz und Wettbewerbsperspektiven,* ISC Management Symposium, St-Gallen, 1990.

W. Bennis, T. Thomas, *Managing change and conflict,* Harmondsworth, Middlesex, 1972.

W. Bennis, B. Nanus, *Diriger. Les secrets des meilleurs leaders,* Inter-Editions, Paris, 1985.
– *Leaders: The strategies for taking charge,* New York, 1985.
– *Führungskräfte,* Campus, Frankfurt, 1985.

W.G. Bennis, *Organization development: its nature, origins and prospects,* Addison-Wesley, Reading, Mass., 1969.

P. Berger, T. Luckmann, *The social construction of reality; a treatise in the sociology of knowledge,* 1966.
– *La construction sociale de la réalité,* Librairies des Méridiens, Klincksieck et Cie, Paris, 1986.
– *Die gesellschaftliche Konstruktion der Wirklichkeit,* Neue Aufl., Frankfurt, 1987.

L.J. Berkes, *Leveraging technology for competitive advantage: The case for organization design, undesign and redesign,* Netmap International Inc., New York, 1987, min. Manuskript.

L. v. Bertalanffy, *General system theory – a new approach to unity science,* in: Human Biology, 23:302ss, 1951.

W.R. Bion, *Experiences in groups,* Basis Book, New York, 1961.

P.M. Blau, *Formal theory of differentiation in organizations,* American Sociological Review, Vol. 35, Washington, 1970, S. 201-218.

P.M. Blau, R.A. Schoenherr, *The structure of organizations,* Basic, New York, 1971.

K. Bleicher, *Organisation. Formen und Modelle,* Gabler, Wiesbaden, 1981.
– *Das Konzept integriertes Management,* Campus Verlag, Frankfurt/Main, New York, 1991.
– *Organisation: Strategien, Strukturen, Kulturen,* Gabler, Wiesbaden, 1991.
– *Leitbilder,* Schäffer/Poeschel/NZZ, Stuttgart, 1992.

P. Bloch, R. Hababou, D. Xarde, *Service compris,* L'Expansion/Hachette/Jean-Claude Lattès, Paris 1986.

P. Bloch, R. Hababou, *Dinosaures et caméléons. Neuf paradoxes pour réussir dans un monde imprévisible,* J.-C. Lattès, Paris, 1991.

M. Boisvert, *L'organisation et la décision,* Les Éditions d'Organisation, Agence d'Arc, Paris, Montréal, 1985.
– *Le manager et la gestion,* Les Editions Agences d'Arc Inc., Montréal, 1981.

C. Bottin, *Diagnostic et changement. L'intervention des consultants dans les organisations,* Les Éditions d'Organisation, Paris 1991.

H. Bouchikhi, *Structuration des organisations,* Economica, Paris, 1990.

E. Brauchlin, *Schaffen auch Sie ein Unternehmungsleitbild,* Management Zeitschrift iO, Jg. 53, Nr. 7/8, Zürich 1984, S. 313-317.

D. Buchanan, *Job Enlargement is dead: long live High Performance Work Design,* in: Personnel Management (UK), N° 5, 1987.

D. Buchanan, J. McCalman, *High Performance Work Systems. The Digital Experience,* London, 1989.

T. Burns, G.M. Stalker, *The management of innovation,* Tavistock Institute, London, 1961.

W.L. Bühl, *Grenzen der Autopoiesis,* Kölner Zeitschrift für Soziologie und Sozialpsychologie 39, 1987.

R. Bühner, *Management-Holding,* DBW, 47/1, Wiesbaden, 1987.

M. Capet, G. Causse, J. Meunier, *Diagnostic, organisation, planification d'entreprise,* Economica, Paris, 1986.

F. Capra, *The turning point: science, society, and the rising culture,* 1982.
– *Wendezeit,* Scherz, Bern, 1983.
– *Le temps du changement,* Rocher, Monaco, 1986.

J. Carlzon, *Renversons la pyramide,* Inter-Editions, Paris, 1984.
– *Moments of truth,* Ballinger, Cambridge, 1987.

W.F. Cascio, H.J. Kriek, G.J.B. Probst, J.J. Mercier, *The transnational generalizability of knowledge and practices in the field of human resource management,* Diskussionspapier, Nr. 8, Universität Genf-Comin, 1992.

CISMA, *In: Les six vérités des entreprises qui réussissent,* Harvard-L'Expansion, été 1984.

A. Chandler, *Strategy and structure,* MIT Press, Cambridge MA, 1962.
– *Stratégies et structures de l'entreprise,* Les Éditions d'Organisation, Paris, 1989.

J.-C. Charrier, K. Kemoune, *Maîtriser l'organisation industrielle,* Les Éditions d'Organisation, Paris, 1989.

N.C. Churchill, V.L. Lewis, *Les cinq stades de l'evolution d'une PME,* Harvard-L'Expansion, Automne 1983, Paris, 1983.
– *The five stages of small business growth,* Harvard Business Review, Mai/Juni 1983.

B. Collomb, *Les conditions de succès et de développement d'un groupe industriel,* ISC, Leadership - The changing challenges, St-Gallen, 1991.

K.S. Cook, *Exchange and power in networks of interorganizational relations,* Sociological Quarterly, N° 18, 1977.

T. Copeland, J. Werner, *Proactive management of uncertainty,* The McKinsey Quarterly, 4/1990.

T. Copeland et al., *Measuring and managing the value of companies,* New York, 1990.

N. Cote, H. Abravanel, J. Jacques et L. Belanger, *Individu, groupe et organisation,* Gaëtan Morin, Montréal, 1986.

S. Craipeau, *Les nouveaux modes d'organisation du travail et les métiers de régulation,* AFCET Interfaces, N° 89, Paris, mars 1990.

J. Cribbin, *Leadership, your competitive edge,* Centre interdiscilinaire de Montréal, AMACOM, 1984/85.
– *Le leadership,* Les Editions de l'Homme, Montréal, 1986.

M. Crozier, *L'entreprise à l'écoute,* Inter-Editions, Paris, 1989.

M. Crozier, E. Friedberg, *L'acteur et le système,* Le Seuil, Paris, 1977.

M. Crozier, E. Friedberg, *Le pouvoir comme fondement de l'action organisée,* Gaëtan Morin, Montréal, 1986.

G. Cuendet, *Introduction à la gestion des systèmes sociaux d'action,* Lang, Bern, 1986.
– *Principe de la gestion,* vol. 1, Presses Polytechniques Romandes, Lausanne, 1981.

R.M. Cyert, J.G. March, *Processus de décision dans l'entreprise,* Dunod, Paris, 1970.
– *A behavioural theory of the firm,* Prentice Hall, Englewood Cliffs, 1963.

R. Daft, G. Huber, *How Organizations learn: A Communication Framework,* in: Research in the Sociology of Organizations, Ditomaso, N./Bacharach, S., London, 1987.

S.M. Davis, P.R. Lawrence, *Matrix,* Addison Wesley, Reading, Mass., 1977.

T.E. Deal, A.A. Kennedy, *Corporate culture,* Addison-Wesley Publishing Company, Reading, Massachusetts, 1982.

H.-C. De Bettignies et al., *Maitriser le changement,* Les Éditions d'Organisation, Paris, 1975.

G. Debrinay, *Les nouvelles lois de la compétitivité,* Harvard-L'Expansion, Printemps 1990.

R.P. Declerck, M.A. Creuer, *The strategic management of projects,* Lille, Institut d'administration des Entreprises, 1979.

– *Le management stratégique des projets,* Editions Hommes et Techniques, Paris, 1980.

Decville '90, *Change management: people and organization,* DEC, Genève, 1990.

Y. Doz, C.K. Prahalad, G. Hamel, *Control, change and flexibility: the dilemma of transnational collaboration,* in: Managing the global firm, C.A. Bartlett, Y. Doz, G. Hedlund (Ed.), Routledge, London & New York, 1990.

P. Drucker, *Managing in turbulent times,* London, Heinemann, 1981, und New York, Cambridge, Harper and Row, 1980.

– *Innovation and entrepreneurship: practice and principles,* London, Heinemann, 1985.

– *The new realities,* Harper and Row, Cambridge, New York, 1989.

– *People and performance: the best of Peter Drucker on management,* Heinemann, London, 1977.

– *The coming of the new organization,* Harvard Business Review, Jan./Feb. 1988.

– *Our entrepreneurial economy,* Harvard Business Review, Jan./Feb. 1984.

J.-P. Dupuy, *Ordres et désordres: enquête sur un nouveau paradigme,* Seuil, Paris, 1982.

T. Dyllick, *Zum Begriff des Sinns,* in: H. Ulrich et al., Grundlegung einer allgemeinen Theorie der Gestaltung, Lenkung und Entwicklung zweckorientierter sozialer Systeme. Diskussionsbeiträge des Instituts für Betriebswirtschaft (4), St. Gallen, 1984.

T. Dyllick, G.J.B. Probst, *Lebensgrundlagen und Werthaltungen im Wandel,* in: H. Siegwart, G.J.B. Probst, Mitarbeiterführung und gesellschaftlicher Wandel, Haupt, Bern, 1983.

P. Eichenbeger, *Betriebliche Bildungsarbeit - Return on Investment und Erfolgscontrolling,* DUV Gabler, Wiesbaden, 1992.

Y. Emery, F. Nankobogo, *S'organiser pour être compétitif,* Georg, Genève, 1987.

G. Epstein, *Phrenoblysis: Special Brain and Mind Growth periods. I. Human Brain and Skill Development. II. Human mental Development,* in: Development Psychobiology, 7 (3): 207-216, 1974.

R. Espejo, M. Schwaninger, *Organizational Fitness,* Campus, Frankfurt, 1993.

H. Fayol, *Principes généreaux d'administration. Administration industrielle et générale,* Dunod, Paris, 1956.

– *General and industrial management,* Pitman, London, 1988.

W. Feurer, *Brevier der Arbeitsvereinfachung,* Haupt, Berne, 1961.

S. Fink, *Crisis management. Planning for inevitable,* American Management Association, New York, 1986.

C.M. Fiol, M.A. Lyles, *Organizational Learning,* in: The Acadamy of Management Review, 19, 4: 803-813, 1985.

H.v. Foerster, *On self-organizing systems and their environments,* in: M.C. Yovits, S. Cameron, (Hrsg.), Self-organizing systems, Pergamon, New York, 1960.
– *La construction d'une réalité,* in: P. Watzlawick, L'invention de la réalité, Seuil, Paris, 1988.
– *Das Konstruieren einer Wirklichkeit,* in: P. Watzlawick, Hrsg., Die erfundene Wirklichkeit, 5. Aufl., Piper, München, 1988, S. 39-60

A.R. François, *Manuel d'organisation,* tome 2, Les Éditions d'Organisation, Paris, 1983.

E. Frese, *Grundlagen der Organisation,* Gabler, Wiesbaden, 2. Auflage, 1984.

M. Gautier, M.-C. Lupe, *Les tableaux de bord de la fonction personnel,* Entreprise moderne d'édition, Paris, 1975.

H. Geschka, R. Hammer, *Die Szenario-Technik in der strategischen Unternehmungsplanung,* in: D. Hahn, B. Taylor, (Hrsg.), Unternehmungsplanung Heidelberg, 1986.

J. Gharajedaghi, R. Ackoff, *Mechanisms, organisms and social systems,* Strategic Management Journal, Vol. 5, 1984.

M. Ghertman, *Le management stratégique de l'entreprise,* Presses Universitaires de France, Paris, 1989.
– *La prise de décision,* Presses Universitaires de France, Paris, 1981.

S. Ghoshal, S.K. Kim, *Building effective intelligence systems for competitive advantage,* Sloan Management Review, 1986.

S. Ghoshal, C.A. Bartlett, *The multinational corporation as an interorganizational network,* Acadamy of Management Review, N⁰ 15, 1990.

P. Gilbert, *Gérer le changement dans l'entreprise,* Les Editions ESF, Entreprise Moderne d'Edition, Librairies Techniques, Paris, 1988.

T.N. Gilmore, R.K. Kazanjlan, *Clarifying decision making in high growth ventures: the use of responsability charting,* Wharton Center for Applied Research, Philadelphia, 1988.

T.N. Gilmore, L. Hirschhorn, *Managing Human Resources in a declining context,* Strategic Human Resources Management, 1984.

T.N. Gilmore, *Developmental challenges in monitoring and oversight roles,* Wharton Center for Applied Research, Philadelphia, 1985.

J. Girin, *Recherches sur le langage dans la gestion des organisations,* Cahiers du Centre de Recherche en Gestion, 2, Ecole Polytechnique, Paris, 1989.

E. v. Glaserfeld, *Introduction à un constructivisme radical,* in: P. Watzlawick, L'invention de la réalité, Seuil, Paris, 1988.

– *Einführung in den radikalen Konstruktivismus,* in: P. Watzlawick, Hrsg., Die erfundene Wirklichkeit, 5.Aufl., Piper, München, 1988, S. 16-38.

P. Gomez, *Modelle und Methoden des systemorientierten Managements,* Haupt, Bern, 1981.

P. Gomez, G.J.B. Probst, *Organisationelle Geschlossenheit im Management sozialer Institutionen – ein komplementäres Konzept zu den Kontingenz-Ansätzen,* in: Delphin, Dt. Zeitschrift für Konstruktion, Analyse und Kritik. IV: 22-29, 1985. – Englische Version, *Organizational closure in management: a complementary view to contingency approaches,* in: Cybernetics and Systems 20, 1989, oder Diskussionspaper Nᵒ 9, COMIN, Universität Genf, 1992.

P. Gomez, B. Weber, *Akquisitionsstrategie – Wertsteigerung durch Übernahme von Unternehmungen,* Schäffer, Zürich/Stuttgart, 1989.

P. Gomez, *Neue Trends in der Konzernorganisation,* Zeitschrift für Führung und Organisation, Nᵒ 1, 1992.

F. Gondrand, *L'information dans les entreprises et les organisations,* Les Éditions d'Organisation, Paris, 1981.

P.S. Goodman, *Designing effective work group,* Jossey-Bass, San Francisco, 1986.

E. Grandjean, *Précis d'ergonomie,* Les Éditions d'Organisation, Paris, 1983.

L. Greiner, *Evolution and revolution as organizations grow,* in: Harvard Business Review, Nr. 7/8, 1972, S. 37-46.

– *De l'utilité des crises dans l'entreprise,* Harvard-L'Expansion, Été 1977, Paris, 1977.

E. Grochla (Hrsg.), *Handwörterbuch der Organisation,* Poeschel, Stuttgart, 1980.

B.A. Gutek, T.K. Bikson, D. Mankin, *Individual and organizational consequences of computer-based office information technology,* in: S. Oskamp (Hrsg.), Applied Social Psychology Annuals, Vol. 5, p. 231-254, Beverly Hills, Sage, 1984.

G. Haberland, *La gestion de l'entreprise en période de crise,* Entreprise Moderne d'Edition, Paris, 1975.

C.U. Haldimann, *Grenzüberschreitende „Just-in-Time"-Fertigung,* Management Zeitschrift industrielle Organisation, Nᵒ 4, Zürich, 1990.

G. Hamel, C.K. Prahalad, *Strategic intent,* Harvard Business Review, Mai/Juni 1989.

– *Les stratèges du soleil levant,* Harvard-L'Expansion, Automne 1990.

C. Hampden-Turner, *Atlas de notre cerveau. Les grandes voies du psychisme et de la cognition,* Les Éditions d'Organisation, Paris, 1990, *Modelle des Menschen,* Beltz, Weinheim, 1983.

C. Handy, *The Age of Unreason,* Arrow, London, 1990.

K.R. Harrigan, *Managing for joint-venture success,* Lexington Books, Lexington, Massachusetts, 1986.

– *Quasi-integration and vertical Joint Ventures,* Academy of Management Journal, November 1987.

N. Hayoz, *Société, Politique et Etat dans la perspective de la sociologie systémique de Niklas Luhmann,* Université de Genève, Faculté de sciences économiques et sociales, Genève, 1991.

B. Hedberg, *How Organizations Learn and Unlearn,* in: P. Nystrom, W. Starbuck (Ed.), Handbook of Organizational Design, Oxford, 1981.

B. Hedberg, *Organizations as tents – Über die Schwierigkeiten, Organisationsstrukturen flexibel zu gestalten,* in: H. Hinterhuber, S. Laske (Hrsg.), Zukunftsorientierte Unternehmungspolitik, Rombach, Freiburg i.B., 1984, p. 13-47.

B. Hedberg, P. Nystrom, W. Starbuck, *Camping on seesaws: prescriptions for a self-designing organization,* Administrative Science Quarterly, ASQ, 21, 1976.

G. Hedlund, *The Hypermodern MNC – A Heterarchy?,* Human Resource Management, N° 25, 1986.

F. Herzberg, *One more time: how do you motivate employees?,* Harvard Business Review, Jan./Feb. 1968.

– *A la recherche des motivations perdues,* Harvard-L'Expansion, 1977.

Hewlett-Packard, *HP Working Time Model,* Geneva, Hewlett Packard, HQ, 1991.

W. Hill, R. Fehlbaum, P. Ulrich, *Organisationslehre,* Vol. 1 et 2, Haupt, Bern, 3. Ausgabe, 1981.

Hilti AG, *Vision,* Schaarz, Liechtenstein, 1989.

L. Hirschhorn, T, Gilmore, *Emerging human ressource policies: action research for post-industrial economy,* Wharton School, Wharton Center for Applied Research, Philadelphia, 1987.

A. Hofmann, *Les graphiques dans la gestion,* Les Éditions d'Organisation, Paris, 1972.

D. Hofstadter, *Gödel, Escher, Bach: an eternal golden braid,* Vintage Books, New York, 1980.

– *Gödel, Escher, Bach: ein endlos geflochtenes Band,* Klett-Cotta, Stuttgart, 1985.

G. Hofstede, *Cultures' consequences: International differences in work-related values,* Beverly Hills, 1980.

M. Imai, *Kaizen - Der Schlüssel zum Erfolg der Japaner im Wettbewerb,* Langen-Müller/Herbig, München, 1992.

Ircom, *Le guide pratique de la communication,* Eyrolles, Paris, 1990.

B. Jarrasson, *Invitation à une philosophie du management,* Calmann-Lévy, Paris, 1991.

P. Jofre, G. Koenig, *Stratégie d'entreprise,* Economica, Paris, 1985.

R.M. Kanter, *The change masters,* Touchstone Book, New York, 1983.

E. Kappler, *Partizipation und Führung,* in: Handwörterbuch der Führung, A. Kieser/ G. Reber/R. Wunderer (Hrsg.), Poeschel, Stuttgart, 1987.

H. Kasper, *Die Prozeßorientierung in der Organisationstheorie,* in: M. Hofmann, L. von Rosenstiel (Hrsg.), Funktionelle Managementlehre, Springer, Berlin, 1988, S. 353-382.

A. Kieser, *Organisationstheorien,* Kohlhammer, Stuttgart, 1993.

A. Kieser, H. Kubicek, *Organisation,* Walter de Gruyter, Berlin, New York, 1983.

W. Kirsch, *Kommunikatives Handeln, Autopoiese, Rationalität,* Universität München, München, 1992.

R. Klimecki, *Laterale Kooperation,* Haupt, Bern, 1985.

R. Klimecki, G.J.B. Probst, *Entstehung und Entwicklung der Unternehmungskultur,* in: C. Lattmann, Hrsg., Unternehmungskultur, Physika, Heidelberg, 1989.

R. Klimecki, G.J.B. Probst, P. Eberl, *Systementwicklung als Managementproblem,* in: W. Staehle, P. Conrad, J. Sydow, Hrsg., Managementforschung, Band 1, Walter de Gruyter, Berlin, 1991, S. 103-162.

R. Klimecki, G.J.B. Probst, P. Eberl, *Perspektiven eines entwicklungsorientierten Managements,* Diskussionspapier, N° 5, Universität Genf, COMIN, Genf, 1991.

R. Klimecki, G.J.B. Probst, M. Gmür, *Flexibilisierungsmanagement,* in: Die Orientierung, Nr. 102, Schweizerischer Volksbank, Bern, 1993

R. Klimecki, G.J.B. Probst, *Interkulturelles Lernen,* in: K. Bleicher et al., Hrsg., Interkulturelles Management und seine Auswirkungen auf die Betriebswirtschaftslehre, Haupt, Bern, 1993.

A. Koestler, *Janus – A summing up,* Random House, New York, 1978.

H. Koontz, C. O'Donnell, *Les principes du management,* McGraw-Hill und Gérard & Co, Paris, 1973.

— *Principles of management: an analysis of managerial functions,* McGraw-Hill, New York, 1964.

F. Kramer, *Produktinnovation,* in: Die Orientierung, Nr. 66, Schweizerische Volksbank, Bern, 1977.

— *Problemlösungs-, Zielsetzungs- und Entscheidungssystematik in der Führungspraxis,* in: Die Orientierung, Nr.90, Schweizerische Volksbank, Bern, 1987.

R. Königswieser, C. Lutz (Hrsg.), *Das systemisch evolutionäre Management,* ORAC, Wien, 1990.

L'Express, *le va-et-vient de Christian,* Paris, 29/08/1991.

M. Laflamme, *Diagnostic organisationnel et stratégies de développement: une approche globale,* Gaëtan Morin, Chicoutimi, 1977.

C. Lalive D'Epinay, C. Garcia, *Le mythe du travail en Suisse,* Georg, Genf, 1989.

P. Lambert, *La fonction ordonnancement,* Les Éditions d'Organisation, Paris, 2. Auflage, 1975.

R. Larue de Tournemine, *Stratégies technologiques et processus d'innovation,* Les Éditions d'Organisation, Paris 1991.

E.E. Lawler, *Changing organizations: strategic choices,* University of Southern California, University Press, Center of Effective Organization, Los Angeles, 1987.

P.R. Lawrence, J.W. Lorsch, *Adapter les structures de l'entreprise; intégration ou différenciation,* Les Éditions d'Organisation, Paris, 1978.
– Organization and Environment: Managing differentiation and integration, Harvard University Press, Boston, 1967.

R. Leclère, *Les méthodes d'organisation et d'engineering,* Presses Universitaires de France, Paris, 1968.

M. Le Goc, *La concentration des entreprises,* Editions Hommes et Techniques, Suresnes, 1976.

P. Lemaître, H.-P. Maders, *Améliorer l'organisation administrative,* Les Éditions d'Organisation, Paris, 1989.

J.-L. Le Moigne, *La théorie du système général,* Presses Universitaires de France, Paris, 1984.

M. Le Saget, *Motivation d'hier, motivation d'aujourd'hui,* Harvard-L'Expansion, Hiver 1988/1989.

K. Lewin, *Frontiers in group dynamics: concept, method and reality in social science, social equilibria and social change,* Human Relations, 1947.
– *Resolving social conflicts,* Harper and Row, New York, 1948.

R. Likert, *New Patters of Management,* McGraw-Hill, New York, 1961.

H. Likubo, *Innovation in Japan – am Beispiel Honda,* Bulletin der Schweizerischen Kreditanstalt, Zürich, 1-2/1990.

R. Lippitt, J. Watson, B. Westley, *The dynamics of planned change,* Harcourt, Brace, New York, 1958.

N. Luhmann, *Sinn als Grundbegriff der Soziologie,* in: J. Habermas, N. Luhmann, (Hrsg.), Theorie der Gesellschaft oder Sozialtechnologie, Frankfurt a.M., 1971.
– *Soziale Systeme,* Suhrkamp, Frankfurt a.M., 1984.

J. Maisonneuve, *La dynamique des groupes,* P.U.F., Paris, 1968.
– *Psychologie sociale,* A.A.E.I.A.E., Paris, 1984.

C.C. Manz, H.P.J. Sims, *The potential for „groupthink" in autonomous work groups,* in: Human relations, 1982, p 773-784.
– *Superleadership,* Berkley Books, New York, 1990.

A.H. Maslow, *Toward a psychology of being,* Princeton, New Jersey, 1962.

H. Maturana, F. Varela, *The tree of knowledge: the biological roots of human under-standing,* New Science Library, Boston, 1987.

E. Mayo, *The human problems of an industrial civilization,* MacMillan, Boston, 1933.

– *The social problems of an industrial civilization,* Routlegde and Keegan, Boston, 1945.

D.C. McClelland, *Two faces of power,* Journal of International Affairs, 1970, p. 29-47.

D. McGregor, *The human side of enterprise,* McGraw Hill, New York, 1960.

J. Mélèse, *Approches systémiques des organisations,* Les Éditions d'Organisation, Paris, 1990.

J.-Y. Mercier, *La stratégie est l'affaire de tous,* in: Vers une école européenne du management stratégique, Kongressdokumentation, AFCET, Paris, 1990.

R. Merton, *The self-fulfilling prophecy,* Antioch Review, N° 8, p. 193-210, Glencoe, Illinois, 1948.

L. Miles, L. Challier, *Comment appliquer l'analyse de la valeur,* Les Editions de l'Entreprise SA, Strasbourg, 1984.

D.Q. Mills, *Rebirth of the Corporation,* J. Wiley, New York, 1992.

J. Mingers, *An Introduction to Autopoiesis-Implications and Applications,* Systems Practice, Vol. 2, No. 2, 1989.

H. Mintzberg, *The structuring of organizations: a synthesis of the research,* Englewood Cliffs, Prentice-Hall, New Jersey, 1979.

– *Power in and around Organizations,* Englewood Cliffs, Prentice-Hall, New-Jersey, 1983.

– *Power and organization life cycles,* Academy of Management Review, Vol. 9, N° 2, Hanover, Pennsylvania, 1984.

– *Mintzberg on management: inside our strange world of organizations,* Free Press, New York, 1989.

– *Die Mintzberg-Struktur - Organisationen effektiver gestalten,* Moderne Industrie, Landsberg/Lech, 1992, *Structures in fives,* Englewood Cliffs, Prentice-Hall, New Jersey, 1983.

P.H. Mirvis, *Organization development: an evolutionary perspective,* Research in Organizational Change and Development, Vol. 2, 1988.

I.I. Mitroff, *Stakeholders of the mind – The nature and function of archetypes in social and organizational life,* Jossey Bass, San Francisco, 1983.

R. Monie, *De l'évaluation du personnel au bilan annuel,* Les Éditions d'Organisation, Paris, 1986.

G. Morgan, *Images of organization,* Sage, Beverly-Hills, 1986.

– *Riding the waves of change,* Jossey-Bass, San Francisco, 1988.

– *Images of organization,* Sage, Beverly Hills, 1986.

E. Morin, *Le paradigme perdu: la nature humaine,* Seuil, Paris, 1973.

O. Neuberger, *Miteinander arbeiten – miteinander reden!*, Bayerisches Staatsministerium für Arbeit und Sozialordnung, München, 1982.

P. Nicolas, *La carte du changement culturel*, in: Vers une école européenne de management stratégique, Kongressdokumentation, AFCET, Paris, 1990.

P.C. Nystrom, W.H. Starbuck, *To avoid organizational crises, unlearn*, Organizational Dynamics, Spring-edition, 1984.

K. Ohmae, *Managing in a borderless world*, Havard Business Review, Mai/Juni 1989.
– *Comment construire une entreprise sans frontières*, Harvard-L'Expansion, Printemps 1990.

I. Orgogozo, H. Serieyx, *Changer le changement*, Seuil, Paris, 1989.

A. Pearson, *Building competitive edges for your company*, The International Management Development Review, Management Center Europe, Bruxelles, 1990.

C. Perrow, *Complex organizations. A critical essay*, Random House, New York, 3. Auflage, 1986.

T. Peters, *A passion of excellence: the leadership difference*, Collins, London, 1985.
– *Thriving on chaos: handbook for a management revolution*, MacMillan, London, 1987/1990.
– *In search of exellence: lessons from America's best-run companies*, Harper and Row, Cambridge, New York, 1981.
– *Auf der Suche nach Spitzenleistungen*, Moderne Industrie, Landsberg/Lech, 1984.

Peugeot, S.A., *Projet Performance*, internes Dokument, 1991.

J. Pfeffer, *Power in organizations*, Pitman Publishing Inc., Marshfield, Mass., 1981.

G. Pinchot, *Intrapreneuring: Why you don't have to leave the corporation to become an entrepreneur*, New York, Cambridge, 1985.

P. Poggioli, *La méthode PERT*, Les Éditions d'Organisation, Paris, 1986.

M. Porter, *Competitive strategy: techniques for analyzing industries and competitors*, Free Press, New York; Collier MacMillan, London, 1980.
– *Competitive advantage: creating and sustaining superior performance*, Free Press, New York; Collier MacMillan, London, 1985.
– *From competitive advantage to corporate strategy*, Harvard Business Review, Mai/Juni 1987.

C.K. Prahalad, G. Hamel, *Les grands groupes ne connaissent pas leur métier*, Harvard-L'Expansion, Hiver, 1990-1991.
– The core competence of the corporation, Harvard Business Review, Mai/Juni, 1990.

K. Pribram, *Languages of the brain*, trad. fr. Esprit, cerveau et conscience; in: Science et conscience, les deux lectures de l'Univers, Stock, Paris, 1980; New York, 1977.

G.J.B. Probst, *Kybernetische Gesetzeshypothesen als Basis für Gestaltungs- und Lenkungsregeln im Management*, Haupt, Bern, 1981.

– *Variationen zum Thema Management-Philosophie,* Die Unternehmung, Jg. 37, Nr. 4, 1983, S. 327-332.

– *Management als Konstruktion von Wirklichkeiten – die Konsequenz »Verantwortung«,* Delfin, eine Zeitschrift für Konstruktion, Analyse und Kritik, Nr. 7, 1986, S. 60ff.

– *Selbstorganisation,* Parey, Berlin, 1987.

– *Selbstorganisation und Entwicklung,* Die Unternehmung, Nr. 4, Vol. 41, 1987, S. 242-255.

– *So haben wir ein Leitbild eingeführt,* Management Zeitschrift io, Nr. 10, Zürich, 1989, S. 36-41.

– *Organisieren und organisationales Lernen,* Jahresbericht der Schweizerischen Gesellschaft für Organisation, Zürich, 1993.

G.J.B. Probst, R. Klimecki, *Entstehung und Entwicklung der Unternehmungskultur,* in: C. Lattmann, Hrsg., Die Unternehmungskultur, Physika, Heidelberg, 1990, S. 41-65; *Naissance et développement de la culture d'entreprise,* Cahier de discussion. Organisation et management, N° 1. Université de Genève, Département d'économie commerciale et industrielle, Genève, 1990.

G.J.B. Probst, H. Ulrich, *Pensée globale et management,* Les Éditions d'Organisation, Paris, 1989.

G.J.B.. Probst, P. Gomez, *Vernetztes Denken; Unternehmen ganzheitlich führen,* Gabler, Wiesbaden, 1. Aufl., 2. Aufl., 1989/1991.

G.J.B. Probst, J.-Y. Mercier, *Une pensée globale pour le management de la complexité et le développement de l'entreprise internationale,* Cahier de discussion, N° 4, Genève, 1991, in: P. Hermel, Management européen et international, Economica, Paris, 1993.

C. Pümpin, *Das Dynamik-Prinzip,* Econ, Düsseldorf, 1989.

C. Pümpin, C. Imboden, *Unternehmensdynamik,* Die Orientierung, Nr. 98, Schweizerische Volksbank, Bern, 1991.

T. Rankin, J. Mansell, *Integrating collective bargaining and new forms of work organizations,* in: National Productivity Review, 1986, p. 338-347.

A. Rappaport, *Creating shareholder value,* The Free Press, New York, 1986.

G. Raveleau, *Les cercles de qualité français,* Entreprise Moderne d'Edition, Paris, 1985.

M. Regester, *Corporate dialogue in crisis situation,* ISC Internationales Management Syposium, Vorbereitungsdokument, St-Gallen, 1990, S. 9-12.

U. von Reibniz, *Szenarien als Grundlage Strategischer Planung,* in: Harvard Business Manager, 1983.

– *Szenariotechnik,* McGraw-Hill, Hamburg, 1986.

– *Instrumente für die unternehmerische und persönliche Erfolgsplanung,* Gabler, Wiesbaden, 1991.

617

I. Rodgers, *Je pense que c'est l'original,* HM, 1961.
– *International: le défi des cultures différentes,* Harvard-L'Expansion, Automne 1988.

F.J. Roethilsberger, W.J. Dickson, *Management and worker,* Harvard Univ. Press, Cambridge Mass., 1939.

C.R. Rogers, *Client therapy: its current practice, implications and theory,* Hougton, Mifflin, Boston, 1951.
– *Le développement de la personne,* Dunod, Paris, 1970.

R. Rosenthal, *On the social psychology of the self-fulfilling prophecy: Further evidence for Pygmalion effects and their mediating mechanisms,* MSS Modular Publications, Module 53, New York, 1973.
– *Experimenter effects in behavioural research: Enlarged edition,* Irvington Publishers, New York, 1976.

R. Rosenthal, L. Jacobson, *Pygmalion in the classroom: Teacher expectation and pupils' intellectual development,* Holt, Rinehart & Winston, New York, 1968.

L. Ruch, P. Spinas, E. Ulich, *Computergestützte Büroarbeit,* Die Orientierung, Nr. 95, Schweizerische Volksbank, Bern, 1989.

E. Rühli, S. Sauter, Hrsg., *Strukturmanagement in schweizerischen Industrieunternehmen,* Haupt, Bern, 1992.

J.-Y. Saulou, *Le tableau de bord du décideur,* Les Éditions d'Organisation, Paris, 1982.

M. Scally, *Customer service – a total programme,* The International Management Review, Management Center Europe, Bruxelles, 1990.

J.-C. Scheid, *Les grands auteurs en organisation,* Dunod, Paris, 1980.

G. Schmidt, Grundlagen der Aufbauorganisation, Schmidt, IBO, Giessen, 1985.
– *Methoden und Techniken der Organisation,* Schmidt, IBO, Giessen, 1989a.
– *Organisation im Bankenbereich,* Schmidt, IBO, Giessen, 1989b.

E. Schwarz, *La révolution des systèmes: une introduction à l'approche systémique,* Delval, Cousset, 1988.
– *Conférence sur l'auto-organisation. Cours: Organisation et Management. Cycle de Licence en économie commerciale et industrielle,* COMIN, Université de Genève, 1989.

P. Schwarz, G. Dewarrat, *La gestion de la dimension sociale de l'entreprise: un concept intégré,* Chefs, 7-8, p. 4-10, 1980.

L. Sekiou, L. Blondel, *Gestion du personnel,* Les Éditions 4L inc & Les Éditions d'Organisation, Montréal & Paris, 1986.

R. Selfridge, S.L. Sokolik, *A comprehensive view of organizational development,* MSU Business topics, New York, 1975.

R. Semler, *Managing without manager,* Harvard Business Review, Sept./Okt. 1989.

P. Senge, *The fifth discipline. The Art & Practice of learning organizations,* Double Day Currency, New York, 1990.

H. Sérieyx, *Mobiliser l'intelligence dans l'entreprise,* Entreprise Moderne d'Edition, Paris, 1987.

– *Le zéro mépris,* Interéditions, Paris, 1989.

S. Seurat, *La co-évolution créatrice,* Rivages/Les Echos, Paris, 1987.

C.E. Shannon, W. Weaver, *The mathematical theory of communication,* Bell System Tech. J., Nr. 27, 1948, University of Illinois Press, Urbana, 1949.

P. Shrivastava, *A typology of organizational learning systems,* Journal of Management Studies, 20 (1), 1983.

H. Simon, *Administrative behaviour,* MacMillan, New York, 1957.

– *The new science of management decision,* Harper and Row, New York, 1960.

– *Decision Making and Administrative Organization. Administrative Behaviour,* Free Press, New York, 1965.

– *Administrative Behaviour. A Study of Decision-Making Processes in Administrative Organizations,* 5. Aufl., New York, 1983.

J. Simonet, *La maîtrise des méthodes d'organisation dans l'entreprise,* Les Éditions d'Organisation, Paris, 1984.

B.F. Skinner, *Beyond freedom and dignity,* Vintage Books, New York; Bantam Books, Toronto, 1972.

A. Smith, *An inquiry into the nature and causes of wealth of nations,* Modern Library, New York, 1937.

R. Staerkle, *Organisation,* Skriptum, Hochschule St-Gallen, St-Gallen, 1987/88.

W.H. Starbuck, F.J. Milliken, *Challenger: fine-tuning the odds until something breaks,* New York University, New York, 1988.

M. Steinmann, *Maîtriser le développement de l'entreprise publique ou privée,* Les Éditions d'Organisation, Paris, 1989.

P.J. Stone, R. Luchetti, *Your office is where you are!,* Harvard Business Review, März/April 1985.

Strafor, *Créer les espaces de bureau,* Collection „Nouveaux horizons", Nathan, Paris, 1990.

F. Sutter, *Zukunftsvisionen, die weit über das Jahr 2000 reichen,* Managment industrielle Organisation, N° 10, Zürich, 1988.

Swisscontrol, *Leitbild und Entwicklungsdokumente,* Bern, 1989.

B. Tabatoni, P. Jarniou, *Les systèmes de gestion, politique et structures,* PUF, Paris, 1975.

A.S. Tannenbaum, *Social psychology of the work organization,* Wadsworth, Belmont California; Tavistock, London, 1967.

F. Tapernoux, *Les centres d'évaluation „Assessment Centers",* Payot, Lausanne, 1984.

E. Taschdjian, *The role of ambivalence in heterarchic social systems,* in: Human Systems, Sociocybernetics, Management and Organizations, G. Lasker (Ed.), New York, 1981.

F.-W. Taylor, *Principles of scientific management,* Harper, New York, London, 1913.

R.-A. Thietart, *La stratégie d'entreprise,* McGraw-Hill, Paris, 1984.

P. Thorne, *Quality time bomb,* International Management, Oktober 1991.

P. Thureau-Dangin, *Ethique: le cynisme des cadres,* Dynasteurs, Septembre 1991.

A. Toffler, *Les nouveaux pouvoirs,* Fayard, Paris, 1991.
— *Powershift: knowledge, wealth and violence at the edge of the 21st century,* Bantam Books, New York, Toronto, 1990.

H. Trocmé-Fabre, *J'apprends, donc je suis,* Les Éditions d'Organisation, Paris, 1987.

E. Ulich, C. Baitsch, A. Alioth, *Führung und Organisation,* Die Orientierung, Nr. 81, Schweizerische Volksbank, Bern, 1983.

H. Ulrich, G.J.B. Probst, *Anleitung zum ganzheitlichen Denken und Handeln,* Haupt, 3. Aufl., Bern, 1992.

H. Ulrich, R. Staerkle, *Verbesserungen der Organisationsstruktur von Unternehmungen,* Betriebswirtschaftliche Mitteilungen, Haupt, Bern, Nr. 6, 1962.

J.C. Usunier, P. Sissmann, *L'interculturel au service du marketing,* Harvard-L'Expansion, Printemps 1986.

Y. Vignoles, *Bilan social et tableau de bord de l'entreprise,* Publi-Union Editions, Paris 1978.

J. von Neumann, *The computer and the brain,* Yale University Press, New Haven, 1958.

P. Wack, *Scenarios. Shooting the rapids,* Harvard Business Review, Nov./Dez. 1985, Boston, 1985.

P. Watzlawick, *Die erfundene Wirklichkeit,* Piper, München, 1981, 5. Aufl., 1988.
— *The inveted reality: how do we know, what we believe we know?,* contributions to constructivism, W.W. Norton, New York, London, 1984.

P. Watzlawick, J.H. Beavin et D.D. Jackson, *Une logique de la communication,* Seuil, Paris, 1972.
— *Pragmatics of human communication: a study of international patterns, pathologies, and paradoxe,* W.W. Norton, New York, 1967.
— *Menschliche Kommunikation,* Hans Huber, Bern, 1971.

M. Weber, *The Theory of Social and Economic Organization,* Free Press, New York, 1947.
— *Wirtschaft und Gesellschaft: Grundriss der verstehenden Soziologie,* J.C.B. Mohr (P. Siebeck), Tübingen, 1985.

K.E. Weick, *Educational organizations as loosely coupled systems,* Administrative Science Quarterly, ASQ, N° 21, 1976.

– *Organization design: organizations as self-designing systems,* Organizational Dynamics, 1977.

– *Management of organizational change among loosely coupled elements,* in: Change in organizations, P.S. Goodman et al. (Hrsg.), Jossey-Bass, San Franzisco, 1982, S 375-408.

Die Weltwoche, *Das Netz der Fluggesellschaften,* Zürich, 18/01/1990.

W. Werther, *Human ressources and personnel management,* McGraw-Hill, St. Louis, 1989.

W. Werther, K. Davis et H. Lee-Gosselin, *La gestion des resources humaines,* McGraw-Hill, Montréal, 1985.

H.S. Woodgate, *Planing by Network,* Van Nos Reinhold, 1968, Business Books England, 1977.

J. Woodward, *Industrial organization,* Oxford University Press, London, 1965.

ETH Zürich, *Unterlagen zum Seminar „Projektmanagement",* Betriebswirtschaftliches Institut, Zürich, 1987/88.

Stichwortverzeichnis

628